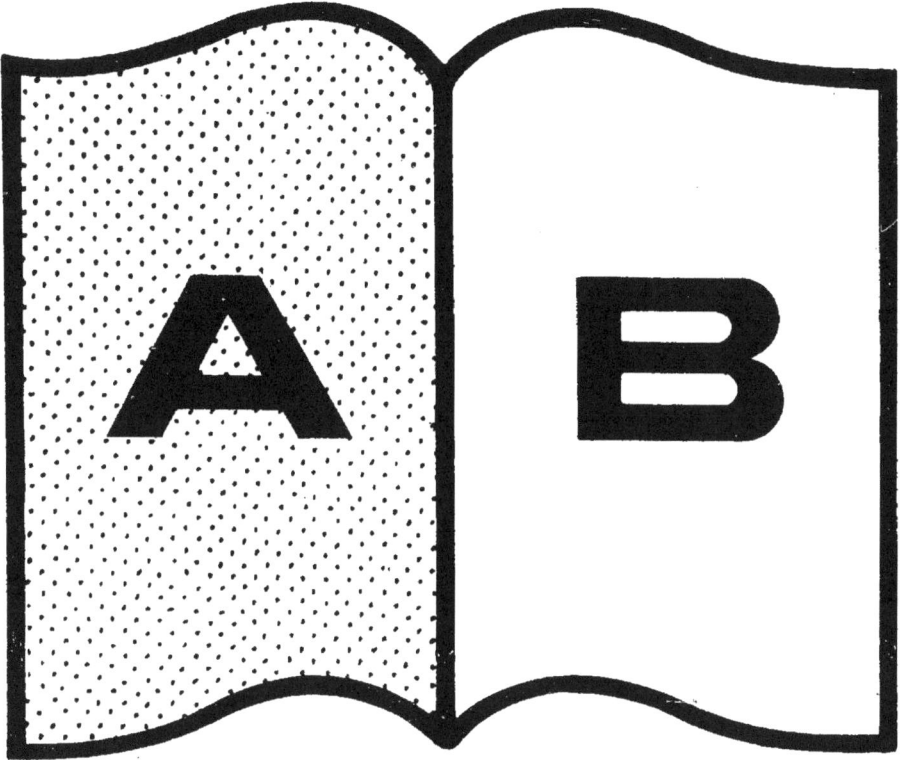

Contraste insuffisant

NF Z 43-120-14

RÉPERTOIRE GÉNÉRAL

SUR LE

SERVICE DE LA COMPTABILITÉ

DES

PERCEPTEURS-RECEVEURS MUNICIPAUX

CONTENANT

1° Les articles non modifiés de l'Instruction générale du 20 juin 1859 ;

2° L'extrait des Lois, Décrets, Ordonnances, Arrêtés, et l'analyse des Circulaires, Instructions, Décisions, etc., émanant des ministres de l'Intérieur et des Finances, et du directeur général de la Comptabilité publique ;

3° Le texte du Règlement sur les poursuites, et le résumé de la Jurisprudence sur cette matière, ainsi que sur le privilège du Trésor pour le recouvrement des contributions directes et taxes assimilées ;

4° La législation et les solutions de l'enregistrement concernant le timbre des quittances, reçus et décharges ;

5° Un tableau de rapprochement des articles de l'Instruction générale et autres instructions, Règlement sur les poursuites, Amendes, Chemins vicinaux, Circulaires, Solutions, etc., avec les numéros du Répertoire.

Par P.-J. SERRIER

Percepteur-Receveur municipal
Officier d'Académie

Un Répertoire doit être clair et précis.

QUATRIÈME ÉDITION, entièrement refondue et mise au courant de la Législation et de la Jurisprudence

Chez l'AUTEUR, à RUELLE (Charente)

et dans les principales librairies administratives

—

1906

RÉPERTOIRE GÉNÉRAL

SUR LE

SERVICE DE LA COMPTABILITÉ

DES

PERCEPTEURS-RECEVEURS MUNICIPAUX

Tous les exemplaires non revêtus de ma signature seront réputés contrefaits, et les contrefacteurs poursuivis conformément à la loi.

Fernier

RÉPERTOIRE GÉNÉRAL

SUR LE

SERVICE DE LA COMPTABILITÉ

DES

PERCEPTEURS-RECEVEURS MUNICIPAUX

CONTENANT

1° *Les articles non modifiés de l'Instruction générale du 20 juin 1859 ;*

2° *L'extrait des Lois, Décrets, Ordonnances, Arrêtés, et l'analyse des Circulaires, Instructions, Décisions, etc., émanant des ministres de l'Intérieur et des Finances, et du directeur général de la Comptabilité publique ;*

3° *Le texte du Règlement sur les poursuites, et le résumé de la Jurisprudence sur cette matière, ainsi que sur le privilège du Trésor pour le recouvrement des contributions directes et taxes assimilées ;*

4° *La législation et les solutions de l'enregistrement concernant le timbre des quittances, reçus et décharges ;*

5° *Un tableau de rapprochement des articles de l'Instruction générale et autres instructions, Règlement sur les poursuites, Amendes, Chemins vicinaux, Circulaires, Solutions, etc., avec les numéros du Répertoire.*

Par P.-J. SERRIER

Un Répertoire doit être clair et précis.

Percepteur-Receveur municipal
Officier d'Académie

QUATRIÈME ÉDITION, entièrement refondue et mise au courant de la Législation et de la Jurisprudence

Chez l'AUTEUR, à RUELLE (Charente)

et dans les principales librairies administratives

1906

ABRÉVIATIONS

Arr	Arrêt.
Arr. Cons. d'Ét.	Arrêt du Conseil d'État.
Arr. min.	Arrêté ministériel.
Art.	Article.
Bull. des com.	Bulletin des communes.
Circ. admin. contr. dir.	Circulaire de l'administration des contributions directes.
Circ. compt. publ.	Circulaire de la comptabilité publique.
Circ. Mar.	Circulaire du ministre de la Marine.
Circ. min. Just.	Circulaire du ministre de la Justice.
Circ. min. Fin.	Circulaire du ministre des Finances.
Circ. min. Inst. publ.	Circulaire du ministre de l'Instruction publique.
Circ. min. Int.	Circulaire du ministre de l'Intérieur.
C. civ.	Code civil.
C. comm.	Code de commerce.
C. for.	Code forestier.
C. instr. crim.	Code d'instruction criminelle.
C. pr.	Code de procédure civile.
Com. Durieu.	Commentaire Durieu.
Cour Cass.	Cour de cassation.
Décis. Cons. d'Ét.	Décision du Conseil d'État.
Décis. min. Fin.	Décision du ministre des Finances.
Décis. min. Int.	Décision du ministre de l'Intérieur.
Décis. min. Int. et Just.	Décision du ministre de l'Intérieur et de la Justice.
Décis. min.	Décision ministérielle.
Décr.	Décret.
Inst. chem. vicin.	Instruction sur les chemins vicinaux.
Inst. enreg.	Instruction de l'enregistrement.
Inst. gén.	Instruction générale.
Jug.	Jugement.
Jurisp.	Jurisprudence.
L.	Loi.
Lettre Mar.	Lettre du ministre de la Marine.
Ordonn.	Ordonnance.
Régl.	Règlement.
Rég. pours.	Règlement sur les poursuites.
Solut. enreg.	Solution de l'enregistrement.
Solut. min. Int.	Solution du ministre de l'Intérieur.
Trib. civ.	Tribunal civil.

AVERTISSEMENT

Le Répertoire général compte déjà vingt-cinq années d'existence ; il est aujourd'hui consulté plus que jamais par les comptables et les chefs de service.

Cet ouvrage qui, tout d'abord, était spécialement destiné aux percepteurs-receveurs municipaux, compte près de 6.000 souscripteurs et a trouvé sa place dans un grand nombre de bibliothèques (Ministères des Finances et de l'Intérieur, Inspection des finances, Comptabilité publique, Cour des Comptes, Conseil d'Etat, Conseils de Préfecture, Trésoriers-payeurs généraux, Receveurs particuliers, Percepteurs-receveurs municipaux, Maires, etc.

La quatrième édition que nous publions vient répondre aux nouvelles demandes qui nous ont été adressées et aux conseils qu'on a bien voulu nous donner pour nous aider à mettre cet ouvrage au courant de la législation et de la jurisprudence.

Cette nouvelle édition est entièrement à jour ; elle renferme non seulement toutes les instructions et règlements concernant le service, mais aussi une foule de questions de la plus haute importance pour les anciens comptables comme pour les nouveaux titulaires.

Les numéros de la troisième édition ont été conservés, avec cette différence que 660 de ces numéros ont été retouchés et qu'il y a été ajouté 230 numéros bis. Le numéro 3123 et dernier reproduit textuellement la loi du 9 décembre 1905 sur la séparation des Églises et de l'Etat ; cette loi mérite toute l'attention des comptables par suite des nombreuses dispositions qu'elle contient concernant les communes.

Dans le but de faciliter, au besoin, les recherches, nous avons ajouté : un tableau de rapprochement, une nomenclature des circulaires, solutions, etc., et une table analytique.

Les numéros gras inscrits sur cette table sont ceux qui font l'objet du CODE PRATIQUE DE LA COMPTABILITÉ DES COMMUNES ET DES ÉTABLISSEMENTS DE BIENFAISANCE. *Ce dernier ouvrage nous a été inspiré par un grand nombre de comptables et de municipalités ; il n'est qu'un extrait du Répertoire général comprenant seulement tout ce qui a trait au service municipal et hospitalier.*

L'expérience de quarante-deux années passées dans le service, aidée par les renseignements qu'on a bien voulu nous fournir, nous donne l'assurance que nous avons atteint le seul but que nous nous sommes toujours proposé : Etre utile.

P.-J. SERRIER.

Janvier 1906.

RÉPERTOIRE GÉNÉRAL

SUR LE

SERVICE DE LA COMPTABILITÉ

DES

PERCEPTEURS-RECEVEURS MUNICIPAUX

———— ⊷⊶ ————

A

Abandon de l'immeuble imposé.

1. — L'abandon de l'immeuble imposé au profit de la commune où est situé le terrain dispense le contribuable du payement de l'impôt. Mais les années dues antérieurement à l'abandon et l'année courante restent à la charge de l'ancien propriétaire. *(L. 3 frimaire an VII, art. 66 ; Com. Darieu, t. I, p. 424 et suiv.)* — V. BIENS INCULTES.

La déclaration d'abandon est faite par-devant le maire. Cette pièce est passible d'enregistrement.

Abattoirs publics.

1 bis. — *Taxe sur les viandes.* — Les communes soumises ou non à l'octroi, mais possédant un abattoir, ont le droit de taxer, au maximum à deux centimes (0 fr. 02) par kilogramme de viande nette, les viandes de toute nature abattues dans l'établissement.

Il peut être perçu par ces communes une taxe d'un centime (0 fr. 01) au maximum par kilogramme de viande nette, sur les viandes dites à la main ou foraines, pour frais de visite ou de poinçonnage ; mais, en aucun cas, cette taxe ne peut dépasser celle résultant de l'application du paragraphe précédent. *(L. 8 janv. 1903, art. 1er.)*

Dans les communes dépourvues d'un abattoir communal ou intercommunal, et dans les fractions de communes situées en dehors du périmètre fixé d'après l'article 2, une taxe d'un centime (0 fr. 01) au plus par kilogramme de viande nette qui y sera abattue peut être établie pour droit de visite et de poinçonnage.

La même taxe peut être établie pour les viandes importées du dehors ou abattues hors de la commune. *(L. 8 janv. 1903, art. 5.)*

Pour la location des abattoirs, V. n° 1802.

Abeilles. — V. POURSUITES, n° 2374.

Abonnement à diverses publications.

2. — Les sommes dues, soit par les commissaires de police, soit par les communes pour abonnement au *Journal des Commissaires de police*, sont centralisées aux caisses des receveurs des finances.

Il en est de même du montant des abonnements des communes au *Bulletin officiel du ministère de l'intérieur*, au *Bulletin annoté des lois* et autres publications administratives signalées par le ministère de l'intérieur comme des recueils utiles aux administrations municipales.

Ces natures de recettes se classent, parmi les cotisations, sous le titre de *fonds destinés aux frais d'abonnement à diverses publications. (Inst. gén., art. 626.)* — V. COTISATIONS MUNICIPALES, PIÈCES JUSTIFICATIVES, §§ 74 et 75.

3. — Les communes ne peuvent s'abonner à des journaux politiques. *(Cir. min. Int., 14 février 1878.)*

4. — Le recouvrement d'effets ou de prix d'abonnement à des publications diverses ne peut être fait ni par les fondés de pouvoir des receveurs des finances ni par les percepteurs. *(Circ. compt. publ., 27 novembre 1878, § 4.)* — V. n° 1413.

Abréviations.

5. — Les abréviations ne peuvent être admises. *(C. civ., art. 42 ; L. 25 ventose an XI, art. 13.)* — V. ERREURS D'ÉCRITURE.

Absence des comptables. — ARMÉE, CONGÉS.

Absence des redevables.

6. — L'insolvabilité ou l'absence des redevables du Trésor public est constatée par des procès-verbaux de perquisition ou de carence dressés par les huissiers, ou par des certificats délivrés, sous leur responsabilité, par les maires ou adjoints des communes de la résidence des redevables ou de leur dernier domicile. (*Arr. 6 messidor an X, art. 1er.*) — V. AMENDES, n° 459, AVERTISSEMENTS, CONTRAINTES EXTÉRIEURES, COTES INDUMENT IMPOSÉES, COTES IRRECOUVRABLES, POURSUITES.

Achats d'objets mobiliers. — V. PIÈCES JUSTIFICATIVES, § 89.

Accidents du travail (Loi sur les).

6 bis. — La circulaire de la comptabilité publique en date du 14 février 1900, § 4, énumère les articles 24 et 25 de la loi du 9 avril 1898, qui ont trait à la constitution du fonds de garantie. Celle du 14 novembre 1900 donne des instructions complémentaires.

La taxe pour fonds de garantie est de quatre centimes (0 fr. 04) additionnels qui sont ajoutés au principal de la contribution des patentes des industriels visés par l'article 1er.

En ce qui concerne les remises à allouer aux comptables, V. n° 1584 bis.

Pour la Caisse d'assurances. — V. n°s 819 et suiv.

Acomptes de payement sur contributions.

7. — Le débiteur ne peut pas forcer le créancier à recevoir en partie le payement d'une dette même divisible (*Code civil, art. 1244*). — Le percepteur peut cependant, afin de faciliter des contribuables peu aisés et montrant de la bonne volonté, recevoir des acomptes, à quelque somme qu'ils s'élèvent. Les acomptes reçus n'obligent pas, du reste, le percepteur à interrompre les poursuites. (*Com. Durieu, t. II, p. 41*) — V. IMPUTATION DE PAYEMENT, POURSUITES, n° 2359.

Acomptes de payement sur dépenses communales. — V. PAYEMENT n° 2120 ; PIÈCES JUSTIFICATIVES, TRAVAUX ET FOURNITURES.

Acquéreurs de coupes de bois.

8. — Les acquéreurs de coupes de bois représentent le propriétaire et peuvent, en cette qualité, être poursuivis à raison de la contribution foncière due par lui pour cette propriété. (*Arr. Cons. d'Et., 15 octobre 1826.*) — V. FERMIERS.

9. — Les bois qui ont été vendus peuvent, lorsqu'ils ont été abattus, être saisis pour obtenir payement de l'impôt foncier établi sur le sol d'où ils proviennent, bien que l'acquéreur en ait payé le montant. L'acquéreur aurait dû s'assurer, avant de se libérer, que l'impôt foncier, privilégié sur la coupe, avait été payé. *Trib. d'Évreux, 9 mai 1883 ; Cour de Rouen, 9 février 1884.*)

Acquéreurs d'immeubles. — V. MUTATIONS DE COTES, n° 1873 ; PRIVILÈGE DU TRÉSOR, n°s 2505 à 2526.

Acquisitions d'immeubles par les communes et les établissements de bienfaisance.

10. — Les conseils municipaux règlent par leurs délibérations les acquisitions d'immeubles, lorsque la dépense totalisée avec les dépenses de même nature pendant l'exercice courant ne dépasse pas les limites des ressources ordinaires et extraordinaires que les communes peuvent se créer sans autorisation spéciale. — V. n° 1658.

Ce n'est, en principe, que lorsque cette proportion est dépassée que les délibérations doivent être approuvées par l'autorité supérieure ; mais, dans tous les cas, quand il y a lieu de recourir à la voie de l'expropriation, une déclaration d'utilité publique, émanée de l'autorité compétente, est indispensable. (*L. 5 avril 1884, art. 68, § 3 ; Circ. min. Int., 15 mai 1884.*) — V. n° 1105, dernier alinéa.

Une circulaire du ministre de l'intérieur en date du 25 avril 1894, adressée aux préfets, fait connaître les instructions à suivre pour la procédure des enquêtes auxquelles doivent être soumis les projets de travaux pour lesquels les communes demandent la déclaration d'utilité publique.

11. — Les projets d'acquisitions d'immeubles qui engageraient les ressources du budget au delà d'une durée de six ans, doivent être soumis, comme en matière d'emprunt, à l'examen du ministre de l'intérieur. (*Circ. min. Int., 11 mai 1864 et 15 mai 1884.*)

12. — Lorsqu'il s'agit d'expropriations pour cause d'utilité publique, il est procédé d'après les règles établies par la loi du 3 mai 1841. Toutefois, en ce qui concerne les chemins vicinaux, les dispositions spéciales de la loi du 21 mai 1836 (*art. 15 et 16*) n'ont pas été modifiées par la loi de 1841.

Dans les deux cas, les comptables doivent notamment s'assurer que la transcription des actes translatifs de propriété (art. 16 de cette dernière loi) a été précédée des formalités de publication prescrites par le § 1er de l'article 15 et indiquées dans la nomenclature qui fait suite à l'article 1542 de l'Instruction générale. Si la transcription n'avait pas eu lieu en temps utile, ils devraient ne pas hésiter à exiger une transcription nouvelle et un nouveau certificat du conservateur, de manière que la date de la transcription fût toujours le point de départ du délai de quinzaine fixé par l'article 17 de la loi pour l'inscription des privilèges et hypothèques. La loi du 23 mars 1855 sur la transcription n'a pas eu pour effet de modifier les articles 15, 16 et 17 de celle du 3 mai 1841.

S'il s'agit de biens dotaux ou d'incapables, les contrats d'acquisition doivent rappeler l'autorisation donnée par le tribunal pour accepter les offres de l'Administration et doivent en outre indiquer les mesures de conservation ou de remploi qu'il a jugées nécessaires. — Si l'aliénation est permise par le contrat de mariage, l'autorisation judiciaire n'est pas exigée ; mais alors il est d'usage que le contrat de vente rappelle les conditions fixées pour le remploi du prix. A défaut de ce renseignement, le receveur doit se faire représenter, soit le contrat de mariage, afin d'y puiser les éclaircissements nécessaires sur l'étendue des droits du mari, soit un certificat de l'autorité qui a passé le contrat de vente, attestant, sur la déclaration des époux, que ces derniers se sont mariés sans contrat de mariage. Toutefois, pour les sommes au-dessous de 500 francs, on doit s'abstenir de demander la production du contrat de mariage, et, lors même que les femmes sont mariées sous le régime dotal, le payement peut être fait sans justification de remploi (Circ. compt. publ., 9 mars 1900, § 5).

Dans le cas où l'aliénation d'un bien dotal ne pourrait être faite, d'après le contrat de mariage, qu'à charge de remploi en immeubles, ou en valeurs déterminées, le receveur municipal ne peut effectuer le payement que lorsqu'il a été justifié d'un remploi conforme aux termes du contrat.

Les comptables peuvent, en ce qui concerne les acquisitions et les échanges d'immeubles, consulter utilement les paragraphes 55 à 58 de la nomenclature qui fait suite à l'article 1542 et qui a été déjà mentionnée. (Inst. gén., art. 1018 modifié.) — V. PIÈCES JUSTIFICATIVES, §§ 151 à 156, PURGE DES HYPOTHÈQUES.

13. — Indemnités par suite d'expropriation. — Les indemnités réglées par le jury sont, préalablement à la prise de possession, acquittées entre les mains des ayants droit. S'ils se refusent à les recevoir, la prise de possession a lieu après les offres réelles et consignations. (L. 3 mai 1841, art. 53.)

14. — Il n'est pas fait d'offres réelles toutes les fois qu'il existe des inscriptions sur l'immeuble exproprié ou d'autres obstacles au versement des deniers entre les mains des ayants droit. Dans ce cas, il suffit que les sommes dues par l'Administration soient consignées, pour être ultérieurement distribuées ou remises, selon les règles du droit commun. (Id., art. 54.)

15. — Si l'indemnité n'est ni acquittée ni consignée dans les six mois de la décision du jury, les intérêts courent de plein droit à l'expiration de ce délai. (Idem, art. 55.)

La portion des dépens mise à la charge du vendeur est déduite du prix d'acquisition en principal, et les intérêts sont calculés ensuite sur la somme nette. (Circ. compt. publ., 28 février 1889, § 8.)

16. — Les comptables doivent notamment s'assurer que la transcription des actes translatifs de propriété a été précédée des formalités de publication prescrites par l'article 16 de la loi de 1841. — V. ci-dessus, n° 12.

17. — Dans le cas prévu par l'article 53 de la loi précitée du 3 mai 1841, c'est-à-dire lorsque la partie refuse l'indemnité réglée par le jury, le receveur municipal remet à l'huissier chargé de faire les offres réelles, lequel en donne reçu, la somme à offrir et les pièces ci-après : 1° l'arrêté du maire prescrivant et motivant les offres et la consignation ; 2° la sommation par huissier constatant le refus de l'indemnité réglée par le jury ; 3° un mandat du maire au profit de l'ayant droit.

Si les offres réelles sont acceptées, il en est donné quittance (timbrée à 10 cent.), au bas du procès-verbal d'offres, par la partie prenante, qui doit, en outre, acquitter le mandat pour ordre et par duplicata.

Si, au contraire, les offres sont refusées, l'huissier en consigne le montant dans les vingt-quatre heures, à moins que le maire ne l'en ait dispensé par écrit, conformément à l'article 5 de l'ordonnance du 3 juillet 1816, auquel cas il rend immédiatement au receveur municipal la somme offerte. Ce comptable demeure alors chargé d'opérer la consignation dans les vingt-quatre heures. Il peut, d'ailleurs, par mesure de prudence, assister aux offres.

Les pièces à fournir à l'appui de la consignation sont : 1° une ampliation de l'arrêté du maire qui la prescrit ; 2° l'original de la sommation constatant le refus de l'indemnité ; 3° l'original du procès-verbal d'offres ; 4° l'original du procès-verbal de consignation. Le récépissé délivré par le préposé de la caisse des dépôts doit contenir le détail de ces pièces.

Quand la somme à offrir est un peu importante, il convient de charger un notaire de faire les offres. (Inst. gén., art. 1019.) — V. PIÈCES JUSTIFICATIVES, § 152.

Acquits des parties prenantes. — V. PAYEMENT DES DÉPENSES DES COMMUNES, n°s 2093 et suiv.

Actes de notoriété. — V. n° 2234.

Actes de poursuites. — V. Poursuites.

Actes et mesures conservatoires.

18. — *Conservation des biens et revenus des communes et établissements de bienfaisance.* — Les receveurs des communes et des établissements de bienfaisance sont tenus de faire, sous leur responsabilité personnelle, toutes les diligences nécessaires pour la perception des revenus, legs et donations et autres ressources ; de faire faire contre les débiteurs en retard de payer, et à la requête des maires, les exploits, significations, poursuites et commandements nécessaires ; d'avertir les administrateurs de l'expiration des baux ; d'empêcher les prescriptions; de veiller à la conservation des domaines, droits, privilèges et hypothèques ; de requérir, à cet effet, l'inscription au bureau des hypothèques de tous les titres qui en sont susceptibles ; enfin, de tenir un registre de ces inscriptions et autres poursuites et diligences.

Pour justifier de l'accomplissement de ces obligations, ils doivent produire, avec leurs comptes de gestion, un état *(Modèle n° 223)*, avec un tableau annexe *(Modèle n° 223 bis)*. *(Inst. gén., art. 849 et 1054.)* — V. Baux, Comptes de gestion, n°° 980 et 1043; Inscriptions hypothécaires, Legs et donations, Poursuites, n°° 2460 et suiv., Recouvrements, Rentes sur particuliers, Titres de recettes.

Actes notariés et administratifs.

19. — Tous les actes notariés et administratifs concernant les ventes, acquisitions, partages, transactions, acceptation de dons et legs, etc., qui ont été passés en vertu de délibérations municipales dûment approuvées, constituent des contrats de droit civil, et ne sont subordonnés à aucune approbation. *(Décis. Cons. d'Ét.,6 juill. 1863 ; Circ. min. Int. 24 fév. et 21 oct. 1864 ; Circ. compt. publ., 15 déc. 1864, § 3 ; Circ. min. Int. 15 mai 1884.)* — V. Adjudications, Baux, Enregistrement, États exécutoires, Inscriptions hypothécaires.

Les actes administratifs sont authentiques et font foi jusqu'à inscription de faux.— V. n° 24.

19 bis. — *Actes qui sont, suivant le cas, affranchis du timbre.* — Aux termes de l'article 6 de la loi de finances du 22 avril 1905, « les minutes, originaux et expéditions des actes ou procès-verbaux de vente, licitation ou échange d'immeubles, ainsi que les cahiers des charges relatifs à ces mutations, sont affranchis de tout droit de timbre ».

Par l'effet de cette disposition, tous les actes ou procès-verbaux de vente, licitation ou échange d'immeubles dressés, soit devant notaire, soit dans la forme sous signature privée, soit devant un fonctionnaire de l'ordre administratif, soit en justice, peuvent désormais être rédigés sur papier libre, en originaux, minutes, expéditions, grosses ou extraits ; les cahiers des charges qui précèdent ces actes ou procès-verbaux sont appelés à bénéficier de la même dispense.

L'exemption des droits de timbre n'est acquise qu'à l'acte ou au procès-verbal même qui constate la vente, la licitation ou l'échange et au cahier des charges qui le précède. D'autre part, elle n'est pas applicable, et le droit de timbre est maintenu, d'après l'article 7 de la loi nouvelle, si cet acte, ce procès-verbal ou ce cahier des charges renferme une ou plusieurs dispositions indépendantes donnant ouverture à un droit particulier d'enregistrement, conformément à l'article 11 de la loi du 22 frimaire an VII. L'article 7 ajoute toutefois qu'on ne peut considérer comme dispositions indépendantes, pour l'application de la présente loi, la procuration donnée dans l'un de ces actes pour toucher le prix ou la soulte, ou vendre les immeubles compris sur un cahier des charges ou procès-verbal de mise en vente, ainsi que toute déclaration de commande contenue en l'acte même, ou encore tout payement par subrogation effectué par un tiers en l'acquit de l'acquéreur. L'insertion d'une clause de cette nature dans un acte de vente, licitation ou échange d'immeubles, ou dans le cahier des charges y relatif, ne met donc pas obstacle à ce que l'acte ou le cahier des charges soit rédigé sur papier non timbré. Mais l'énumération du dernier paragraphe de l'article 7 est limitative, et toute autre stipulation rend indispensable l'emploi du papier timbré. *(Inst. enreg., 23 avril 1905, n° 3466.)*

20. — Les notaires doivent, à la demande des maires, délivrer sur papier libre deux copies des actes intéressant les communes passés en leur étude. *(Solut. min. Int. 1865, n° 44.)*

21. — Aux termes de la circulaire du ministre de l'intérieur aux préfets, en date du 27 octobre 1864, les maires doivent, de leur côté, adresser à la préfecture, immédiatement après les acquisitions, ventes, etc., deux copies sur papier libre des actes qui les constatent, l'une pour être transmise sans délai au receveur des finances de l'arrondissement, l'autre pour permettre à l'autorité préfectorale de vérifier si les conditions insérées dans les actes sont bien celles qui ont été prévues dans les arrêtés d'autorisation.

L'envoi des deux copies prescrit aux maires doit avoir lieu avant l'enregistrement des actes.

La copie envoyée au receveur des finances lui est exclusivement destinée et ne saurait dispenser de la délivrance de la grosse exécutoire qu'il doit transmettre au receveur municipal comme titre de recette. *(Solut. min. Int. 1865, n° 11.)* — V. ADJUDICATIONS, ALIÉNATIONS D'IMMEUBLES, COPIES, TITRES DE RECETTES.

Actes passés en pays étrangers (Légalisation des).

22. — Tous les actes notariés, ou sous signature privée, passés dans tous les pays étrangers, autres cependant que l'Angleterre (et ses possessions) et la république de l'Uruguay, peuvent être considérés comme valables, alors même qu'ils seraient traduits ou légalisés par les agents consulaires étrangers en France, au lieu de l'être par les agents consulaires français à l'étranger, à la condition, toutefois, qu'ils soient légalisés en dernier lieu au ministère des affaires étrangères à Paris.

En ce qui concerne les actes délivrés en Alsace-Lorraine, il y a lieu de continuer à appliquer les dispositions spéciales de la convention intervenue le 14 juin 1872 avec les gouvernements français et allemands, convention aux termes de laquelle les actes doivent être admis lorsqu'ils sont légalisés soit par le président du tribunal civil, soit par un juge de paix ou son suppléant. *(Circ. compt. publ. 10 oct. 1876, § 8.)*

Quant aux signatures des consuls italiens en France, elles sont acceptées par les comptables du Trésor, lorsqu'elles sont légalisées par le président du tribunal de première instance de leur ressort. *(Circ. compt. publ. 20 août 1877, § 3.)*

Actif des communes (Etat de l'). — V. n° 980.

Adjudicataires. — V. ADJUDICATIONS, PRIVILÈGE DU TRÉSOR, n° 2525 et suiv.

Adjudications.

23. — Les adjudications pour le compte des communes peuvent être passées par les maires sans l'intervention des notaires. *(Décis. min. Int. et Just. 21 nov. 1853 ; L. 5 avril 1884, art. 90, 6°.)*

Les actes ou procès-verbaux d'adjudication qui ont été passés en vertu de délibérations municipales dûment approuvées, lorsqu'il y a lieu, ne sont subordonnés à aucune approbation. — V. ACTES, n° 19 ; ALIÉNATIONS D'IMMEUBLES, BAUX, LOCATION DES PLACES, TRAVAUX ET FOURNITURES, etc.

24. — Un procès-verbal d'adjudication de travaux communaux est un acte authentique qui fait foi jusqu'à inscription de faux. *(Arr. Cons. d'Ét. 4 février 1887.)* — Mais il est à remarquer que si le caractère authentique est

reconnu aux procès-verbaux d'adjudication et autres actes administratifs analogues, la jurisprudence a toujours refusé de leur accorder la force exécutoire attachée aux actes notariés, et que les parties, pour obtenir l'exécution de ces actes, doivent recourir aux mêmes voies que pour les actes sous seing privé. *(Dalloz, 1888, 3° partie, p. 51, en note ; Arr. Cour d'appel de Besançon 1er février 1893 ; Dalloz 1893, 2° partie, p. 151 ; Cour de cass. 14 juin 1895.)*

25. — Lorsque le maire procède à une adjudication publique pour le compte de la commune, il est assisté de deux membres du conseil municipal désignés d'avance par le conseil, ou, à défaut de cette désignation, appelés dans l'ordre du tableau.

Le receveur municipal est appelé à toutes les adjudications.

Toutes les difficultés qui peuvent s'élever sur les opérations préparatoires de l'adjudication sont résolues, séance tenante, par le maire et les deux conseillers assistants, à la majorité des voix, sauf le recours de droit. *(L. 5 avril 1884, art. 89.)*

26. — Le receveur municipal doit veiller, sous sa responsabilité personnelle, à ce que les adjudicataires fournissent un cautionnement en argent, en immeubles, en rente sur l'État ou en obligations de la commune intéressée ; et, dans le cas contraire, exiger caution, à moins que cela ne lui paraisse inutile. Il lui est remis, à cet effet, une copie et, s'il est nécessaire, une expédition en forme du procès-verbal d'adjudication et du cahier des charges. *(Inst. gén., art. 1026).* — V. CAUTIONNEMENT, n° 863, INSCRIPTIONS HYPOTHÉCAIRES, n° 1690 et suiv.

27. — L'expédition timbrée, portant mention de l'enregistrement, du procès-verbal d'adjudication, est transmise au receveur municipal par l'intermédiaire du receveur des finances. — V. TITRES DE RECETTES.

28. — Le maire ou l'adjoint qui le remplace, ainsi que le receveur municipal, ne peuvent, sous peine de nullité, se rendre adjudicataires. *(C. civ., art. 1596 ; Inst. gén., art. 1273.)*

— Toutefois, en ce qui concerne le maire ou l'adjoint, cette interdiction ne s'applique qu'au maire seul. Elle ne s'étendrait soit à l'adjoint, soit aux conseillers municipaux, que dans le cas où ils remplaceraient le maire en sa qualité d'administrateur des biens de la commune, ou bien s'ils l'assistaient lors de l'adjudication de ces biens. *(Solut. min. Int., 1868, n° 27.)* — V. BAUX.

29. — Lorsqu'il y a lieu d'exercer des poursuites, les maires dressent, en vertu de l'article 154 de la loi du 5 avril 1884, un état exécutoire. — V. POURSUITES, n° 2462.

30. — Lorsque les adjudications doivent être passées au chef-lieu de la sous-préfecture, le cahier des charges stipule que les dépôts de garantie et les cautionnements seront versés directement, pour le compte des communes, à la caisse du receveur des finances. (*Inst. gén., art. 1028.*)

Adjudications pour travaux et fournitures. — V. Pièces justificatives, §§ 157 et 160 ; Travaux.

Adjudications et Marchés concernant les communes et les établissements publics (État des payements faits sur les). — V. nos 1476 et suiv.

Affermage. — V. Baux.

Affiches à placarder dans les bureaux des comptables. — V. n° 795.

Affouage.

31. — *Règlement.* — Les conseils municipaux des communes règlent la distribution, entre les habitants, des bois coupés à titre d'affouage, conformément à la loi du 23 novembre 1883 et 19 avril 1901, rappelées ci-après. Les délibérations doivent être approuvées par les préfets. (*Inst. gén., art. 870 ; L. 5 avril 1884, art. 140.*)

32. — *Partage.* — S'il n'y a titre contraire, le partage de l'affouage, qu'il s'agisse des bois de chauffage ou des bois de construction, se fait de l'une des trois manières suivantes :

1° Ou bien par feu, c'est-à-dire par chef de famille ou de ménage ayant domicile réel et fixe dans la commune avant la publication du rôle ;

2° Ou bien moitié par chef de famille ou de ménage et moitié par tête d'habitant remplissant les mêmes conditions de domicile ;

Est, dans les deux cas précédents, seul considéré comme chef de famille ou de ménage, l'individu ayant réellement et effectivement la charge et la direction d'une famille ou possédant un ménage distinct, où il demeure et où il prépare et prend sa nourriture ;

3° Ou bien par tête d'habitant ayant domicile réel et fixe dans la commune avant la publication du rôle.

En ce qui concerne les bois de construction, chaque année, le conseil municipal, dans sa session de mai, décide s'ils doivent être, en tout ou en partie, vendus au profit de la caisse communale ou s'ils doivent être délivrés en nature.

Dans le premier cas, la vente a lieu aux enchères publiques par les soins de l'adminis-

tration forestière ; dans le second, le partage a lieu suivant les formes et le mode indiqués pour le partage des bois de chauffage.

Les étrangers qui remplissent les conditions ci-dessus indiquées ne peuvent être appelés au partage qu'après avoir été autorisés, conformément à l'article 13 du Code civil, à établir leur domicile en France. (*L. 23 novembre 1883 et 19 avril 1901.*)

33. — *Taxes d'affouage.* — *Établissement des rôles.* — *Recouvrement.* — *Poursuites, etc.* — Les bois coupés à titre d'affouage doivent être délivrés sans autre rétribution, de la part des habitants, que celle des frais occasionnés par les coupes elles-mêmes ; ce n'est qu'en cas d'absolue nécessité que l'administration locale peut imposer, en sus des frais, le payement d'une somme à verser à la caisse municipale pour subvenir aux dépenses de la commune.

Le produit des taxes d'affouage doit toujours faire l'objet d'un article distinct dans les budgets et dans les comptes des communes, et ne jamais être confondu avec le produit des coupes de bois.

Lorsque l'affouage provient d'un bois domanial, le rôle ne doit jamais dépasser la somme strictement nécessaire à l'acquittement des frais d'exploitation ; les préfets sont tenus, le cas échéant, de réduire d'office le chiffre de la taxe assise sur chaque lot, de manière que le montant du rôle n'excède pas les frais dont il s'agit.

La répartition de la somme à imposer est faite au moyen de rôles ou d'états de distribution dressés par les maires et rendus exécutoires par le préfet.

Lorsque les taxes lui paraissent trop élevées, cet administrateur en opère également d'office la réduction.

De leur côté, les receveurs des finances ont à signaler au ministère les communes qui imposeraient sans nécessité des taxes sur l'affouage délivré aux habitants. (*Inst. gén., art. 870.*)

34. — Le préfet, immédiatement après avoir homologué le rôle d'affouage, doit l'adresser au trésorier général, pour être transmis au receveur municipal. Ce dernier comptable délivre, à chaque ayant droit, l'extrait qui le concerne et dans lequel est indiqué le délai fixé pour le payement de la taxe. Ce délai est déterminé par l'arrêté d'homologation, de manière que tous les bois délivrés ou vendus puissent être enlevés avant l'expiration du terme des vidanges réglé par le cahier des charges.

Nul habitant ne peut enlever sa portion d'affouage qu'en présence de l'entrepreneur de la coupe, qui n'y doit consentir que sur la représentation de la quittance du receveur municipal constatant le payement de la taxe, et du permis du maire apposé au dos de cette quittance ; les quittances délivrées sont soumises au timbre de 25 centimes si elles excèdent 10 francs, et il doit être délivré autant de quittances à souche que l'état de répartition des taxes comprend d'affouagistes. Les rôles d'affouage sont également passibles du timbre. Ils peuvent être rédigés sur des feuilles de papier timbrées à l'extraordinaire ou revêtues du timbre de dimension.

A l'expiration du délai fixé, le receveur municipal transmet à l'entrepreneur de la coupe l'état, visé par le maire, tant des habitants en retard de se libérer que de ceux qui ont acquitté la taxe, et cet entrepreneur demeure personnellement responsable, envers la commune, du payement des lots qui auraient été enlevés avant le payement, à moins qu'il n'ait fait constater cet enlèvement, dans le délai de trois jours, par des procès-verbaux réguliers, et qu'il ne les ait envoyés immédiatement au receveur municipal. Celui-ci doit alors diriger les poursuites contre les débiteurs, d'après les règles établies pour les contributions directes (V. n° 2460), sans préjudice des poursuites correctionnelles auxquelles l'enlèvement furtif pourrait donner lieu, s'il présentait des circonstances qui lui donnassent le caractère d'un délit.

Les poursuites administratives doivent être précédées d'une sommation gratis, laquelle, en cas de non payement intégral, est promptement suivie d'une contrainte nominative qui comprend tous les débiteurs, et, en vertu de cette contrainte, il est procédé successivement à la sommation avec frais, au commandement, à la saisie et à la vente, avec les formalités et dans les délais prescrits.

Les poursuites doivent s'étendre à la fois aux affouagistes signalés par les procès-verbaux d'enlèvement de lots, et à ceux qui, portés sur l'état dressé à l'expiration du délai fixé pour le payement des taxes, comme ne s'étant pas encore libérés, se seraient néanmoins emparés de leur lot, sans que le fait eût été constaté à la diligence de l'entrepreneur ; le tout sans préjudice du recours à exercer contre ce dernier.

L'obligation imposée aux entrepreneurs des coupes, de ne délivrer les lots que sur la production de la quittance du receveur municipal et du permis du maire, est consignée dans les procès-verbaux d'exploitation. Les receveurs municipaux doivent se faire délivrer une expédition de ces procès-verbaux, qui forment le titre en vertu duquel ils auront à diriger les poursuites contre les entrepreneurs qui auraient encouru la responsabilité stipulée dans le cahier des charges.

Les portions d'affouage non enlevées faute de payement de la taxe sont, à la diligence du receveur municipal, mises en vente par le maire, dans la forme des adjudications publiques, mais seulement jusqu'à concurrence du montant des taxes non acquittées et des frais de vente. Le surplus est délivré, en nature,

aux habitants auxquels ces mêmes portions auraient été attribuées. (Inst. gén., art. 871; Cir. compt. publ. 11 février 1882, § 6.) — V. Pièces justificatives, § 25, Poursuites, Privilège.

35. — Le rôle relatif à l'affouage ne saurait être entièrement assimilé à celui des contributions directes. Des règles concernant la matière, il résulte que l'affouagiste ne doit le payement de la taxe que s'il veut enlever la portion affouagère. Le refus d'acquitter la taxe n'est passible d'aucune peine. (Trib. civ. d'Apt. 2 juin 1891.)

36. — Lorsque la taxe relative au taillis et celle concernant la futaie sont portées sur des rôles différents, elles forment deux créances séparées, et les quittances distinctes délivrées aux affouagistes ne sont soumises au timbre de 25 centimes qu'autant que chacune d'elles se rapporte à une taxe excédant 10 francs. (Décis. min. Fin. 13 juin 1891 ; Inst. enreg. 6 juill. 1892, n° 2823, § 13.)

37. — Réclamations. — Les réclamations en décharge ou réduction sont du ressort du conseil de préfecture. (Inst. gén., art. 872.)

Il appartient également à la juridiction administrative de statuer sur toutes les réclamations qui peuvent s'élever à raison du mode de partage, et, par conséquent, sur les questions d'aptitude personnelle des prétendants-droit. (Trib. des conflits 4 juill. 1896.)

38. — *Ventes de coupes ou portions de coupes affouagères.* — Dans les communes dont les ressources sont insuffisantes pour le payement de leurs gardes champêtres et forestiers, ou pour l'acquit des charges et des contributions établies sur leurs bois et autres biens en jouissance commune, les coupes affouagères, au lieu d'être distribuées entre les habitants, peuvent être vendues sur l'autorisation du préfet. La vente en est faite alors par voie d'adjudication, mais, à raison de la faible importance de ces coupes, il n'est pas nécessaire que l'adjudication soit faite au chef-lieu de sous-préfecture ; le préfet désigne le lieu qui lui paraît le plus convenable. Le recouvrement du prix de cette adjudication est effectué selon les règles établies pour le prix de vente des coupes ordinaires des bois communaux. — V. n° 1242.

Lorsque l'évaluation excède 500 francs, la vente sur les lieux peut aussi être autorisée par le préfet, sur la proposition du conservateur, mais sous la condition que les produits seront préalablement exploités et façonnés. Ces ventes sont faites sous la présidence des maires et avec l'intervention des agents forestiers. (Inst. gén., art. 873.)

39. — *Vente des lots non retirés.* — La portion du prix demeurée libre concernant la vente des lots non retirés, doit être distribuée entre les affouagistes et non pas être versée dans la caisse municipale.*(Cons. d'Ét., 16 février 1894.)*

40. — *Coupes affouagères délivrées gratuitement.* — Les coupes affouagères délivrées gratuitement aux habitants ne constituent pas un revenu communal proprement dit ; elles ne doivent pas, dès lors, figurer dans les budgets,

Le produit estimatif de ces coupes fait l'objet, dans les écritures du receveur municipal, d'un compte d'ordre auquel est porté, tant en recette qu'en dépense, sur un certificat du maire, le montant de l'estimation qui a été faite des coupes dont il s'agit ; cette recette et cette dépense sont considérées comme des opérations exécutées hors budget.*(Inst. gén.,art. 874 et 1103.)* — V. Services hors budget.

41. — *Dépenses relatives aux coupes de bois d'affouages.* — Les dépenses relatives aux coupes de bois d'affouage doivent toujours faire l'objet d'un article distinct dans les budgets et les comptes des communes. Elles se composent ordinairement : 1° des frais de façonnage à payer à l'entrepreneur de la coupe; 2° des frais de transport des lots au domicile des ayants droit ; 3° du droit du vingtième à payer au Trésor sur l'estimation des bois distribués.

La justification de ces dépenses se fait d'ailleurs d'après les règles établies pour la comptabilité communale.*(Inst. gén., art. 1030.)* — V. Pièces justificatives, §§ 137 et 138.

Affranchissement. — V. Avertissements, Franchise.

Agent provisoire. — V. Gérant intérimaire.

Agent spécial.

42. — *Placement chez un percepteur dont le service est en souffrance.* — Lorsque l'examen du livre récapitulatif et des bordereaux d'un percepteur, ou toute autre vérification faite par le receveur des finances, lui donne lieu de reconnaître des retards et des irrégularités qui rendent nécessaire de soumettre ce percepteur à une surveillance particulière, il peut placer près de lui un *agent spécial.*

Cet agent a pour mission de diriger le percepteur, soit dans l'emploi des moyens propres à accélérer les rentrées, soit dans la régularisation de ses écritures ; à cet effet, le percepteur est tenu de lui communiquer tous les rôles, registres et pièces de sa comptabilité.

Au jour de l'entrée en fonctions de l'agent

spécial, la situation des divers services du percepteur doit être constatée par un bordereau de situation sommaire *(Modèle n° 308).*

L'agent spécial doit rendre compte de la situation dans laquelle il a trouvé le service par l'envoi à la recette particulière d'un état conforme au *résumé du procès-verbal (Modèle n° 267)* ; seulement, il n'a pas à remplir la dernière colonne du deuxième tableau : ce soin est laissé au receveur des finances.*(Inst.gén., art. 1297.)*

43. — La présence de l'*agent spécial* ne changeant les relations des percepteurs ni avec les contribuables ni avec les maires des communes de la perception, cet *agent* n'a pas besoin d'être accrédité par l'autorité locale ; il suffit que le receveur des finances donne connaissance à cette autorité de la mesure qu'il a cru devoir prendre, et qu'il rende compte immédiatement au ministère des finances *(Direct. du personnel et Dir. de la compt. publ.)* des motifs qui l'ont déterminée. Si la mesure a été prise par un receveur d'arrondissement, il doit en être rendu compte au ministère par l'entremise du trésorier général. Les rapports des receveurs des finances sur le placement des agents spéciaux doivent être faits avec précision et renfermer tous les développements nécessaires sur les motifs de la mesure.

En transmettant ces rapports au ministère des finances, le trésorier général n'a pas à adresser une copie du procès-verbal de vérification, mais seulement l'état ou extraits de procès-verbal mentionné plus haut et présentant la situation de la caisse, la situation des recouvrements, des indications sur la tenue des écritures et sur la comptabilité municipale, enfin des renseignements sommaires sur les faits particuliers venus à la connaissance des comptables supérieurs, ainsi que les observations de l'agent vérifié.

L'*agent spécial* a droit à une part plus ou moins forte des émoluments de l'emploi selon la durée de sa mission et la manière dont il l'a remplie ; l'indemnité est fixée par le ministre des finances, sur la proposition du receveur de l'arrondissement adressée à la direction générale de la comptabilité publique par l'entremise du trésorier général. Cette proposition doit être accompagnée d'un état *(Modèle n° 263)* présentant d'une manière distincte, la situation des recettes sur chacun des exercices en recouvrement, tant à l'époque du placement de l'*agent spécial,* qu'à celle de son retrait, et les remises afférentes aux opérations faites par l'*agent spécial.* La portion des remises dont il reste disponible fait retour au Trésor ; elle peut néanmoins être attribuée, en tout ou en partie, au percepteur près duquel l'*agent spécial* a été placé, suivant la nature des motifs qui ont nécessité l'emploi de cette mesure disciplinaire et le plus ou moins de zèle avec lequel il a concouru à l'amélioration du service. Dans tous les cas, un quart, au moins, du montant brut des émoluments lui est laissé comme représentant les frais de service aux termes de l'article 3 de la loi du 9 juin 1853. *(Inst. gén., art. 1298 ; Com. Durieu, t. 1, p. 119 et suiv.)* — V. GÉRANT INTÉRIMAIRE.

44. — Les agents spéciaux ont franchise avec les receveurs des finances. *(Circ. compt. gén. 25 janvier 1850.)*

Agent-Voyer. — V. CHEMINS VICINAUX, PRESTATIONS.

Agents de police communaux) Traitement des). — V. PIÈCES JUSTIFICATIVES, § 71.

Agents de poursuites. — V. PORTEURS DE CONTRAINTES, POURSUITES.

Agents du gouvernement. — V. POURSUITES, nᵒˢ 2642 et suiv.

Alcoomètres et densimètres (Droits de vérification des).

45. — La taxe est établie et recouvrée comme les droits de vérification concernant les poids et mesures. *(Décis. 27 déc. 1884, art. 5.)*

Aliénations d'immeubles.

46. — Lorsque des *meubles* ou *immeubles* appartenant aux communes *sont dans le cas d'être vendus,* la vente en est proposée par les conseils municipaux, dont les délibérations à ce sujet sont approuvées par les préfets. Les ventes autorisées sont faites aux enchères, et le versement du prix dans la caisse municipale est effectué suivant les conditions portées dans l'acte de vente.

L'aliénation des *bois communaux* doit être autorisée par le gouvernement. *(Inst. gén., art. 944 ; L. 5 avril 1884, art. 68, §§ 2 et 69.)*

47. — Le maire peut vendre à l'amiable, en vertu d'une délibération du conseil municipal, dûment approuvée, les objets de peu de valeur.

Les titres de recettes doivent, dans tous les cas, parvenir au receveur municipal par l'intermédiaire du receveur des finances. — V. ACTES, ADJUDICATIONS, COUPES DE BOIS, nᵒˢ 1242 et suiv. ; PIÈCES JUSTIFICATIVES, § 44.

Payements par anticipation. — V. nᵒˢ 1244 et suiv.

Intérêts dus sur les prix de ventes. — Calcul. — V. nᵒ 1724 et suiv.

48. — *Ventes de biens autorisées d'office sur la demande d'un créancier por-* *teur de titres exécutoires.* — La vente des biens mobiliers et immobiliers des communes, autres que ceux servant à un usage public, peut être autorisée, sur la demande de tout créancier, porteur de titre exécutoire, par un décret du Président de la République qui détermine les formes de la vente. *(Inst. gén., art. 945 ; L. 5 avril 1884, art. 110.)*

49. — Les créanciers des communes n'ont pas le droit de recourir contre elles aux voies ordinaires d'exécution. Il leur est interdit de pratiquer des saisies sur les biens communaux, soit mobiliers, soit immobiliers. *(Avis Cons. d'Et. 11 mai 1813 ; Cir. min. Int. 15 mai 1884.)* — V. SAISIES-ARRÊTS.

50. — *Biens appartenant aux établissements de bienfaisance.* — Les aliénations d'immeubles par les établissements de bienfaisance sont soumises aux mêmes règles et formalités que celles des communes ; mais l'arrêté autorisant la vente doit émaner du sous-préfet, s'il s'agit d'objets mobiliers autres que ceux de consommation ou de fournitures ordinaires. *(Décr. 13 avril 1861, art. 6, nᵒ 17 ; Circ. min. Int. 18 mai 1861, § 2, nᵒ 9.)* — V. BUREAUX DE BIENFAISANCE.

Aliénés.

51. — *Dépenses.* — Les *aliénés* traités dans les asiles publics ou privés forment deux catégories : l'une comprend les aliénés qui y sont placés volontairement par leur famille et dont le prix de pension est réglé amiablement entre elles et l'administration de l'asile ; l'autre catégorie se compose des aliénés dont le placement est ordonné par l'autorité publique.

Les dépenses relatives aux aliénés dont le placement est ordonné par l'autorité publique sont, en principe, à la charge des aliénés eux-mêmes ou des personnes qui leur doivent des aliments d'après les articles 205 et suivants du Code civil, et, à leur défaut, à la charge des départements ; toutefois, la loi appelle à y concourir les communes, et, s'il y a lieu, les hospices du domicile des aliénés. La portion des dépenses qui est supportée par les départements est mandatée sur la caisse des trésoriers généraux, au profit des receveurs des asiles. Quant aux sommes qui sont mises à la charge des communes ou des hospices, et à celles qui restent à la charge des aliénés ou de leurs familles, elles sont, d'après les règles indiquées ci-après, recouvrées par les soins des receveurs des finances ou des receveurs de l'enregistrement, et centralisées au budget départemental, pour être ensuite mandatées par les préfets au profit des asiles. *(Inst. gén., art. 617 ; Circ. compt. publ. des 31 janvier et 25 novembre 1872.)*

Les poursuites qui peuvent devenir nécessaires pour le recouvrement des sommes dues aux établissements publics d'aliénés à titre de dépenses d'entretien, de séjour ou de traitement des personnes qui y sont placées, doivent être exercées à la diligence de l'administration de l'enregistrement et des domaines.

Le président de la commission administrative d'un asile, administrateur des biens des aliénés non interdits, n'a pas qualité pour poursuivre devant les tribunaux civils la personne qui s'est engagée à payer le prix d'une pension d'aliéné, lorsque cette personne s'est bornée à opposer un refus de payement sans contester la validité de son engagement. (Arr. Cour de Cassation du 9 janvier 1899; Circ. compt. publ., 31 janv. 1901, § 3.)

52. — Les contingents des communes et des hospices sont, dans tous les cas, recouvrés par les receveurs des finances sur des états que fait dresser le préfet, d'après les bases de répartition proposées par le conseil général. Les sommes dues par les familles donnent également lieu à la formation d'états arrêtés par le préfet, les engagements, lorsqu'il en est souscrit, devant être conservés soit dans l'asile, soit à la préfecture ; ces états sont remis au trésorier général, qui en fait opérer le recouvrement, mais seulement par les moyens de persuasion. Si des poursuites deviennent nécessaires, elles doivent être exercées par les receveurs des domaines ; le trésorier général renvoie alors les titres de perception au préfet, afin que cet administrateur, après avoir, s'il y a lieu, fait donner un nouvel avertissement aux débiteurs en retard, adresse ces titres au directeur des domaines, avec invitation de faire commencer les poursuites. (Inst. gén., art. 618.)

53. — L'intervention de l'administration de l'enregistrement et des domaines ne dispense pas le receveur de l'hospice de provoquer, lorsqu'il y a lieu, les poursuites nécessaires pour assurer le recouvrement des droits et créances de l'établissement et de dresser l'état des sommes dues, qui doit être arrêté par le préfet et transmis au trésorier général, comme il est prescrit ci-dessus. (Arr. Cour des compt. 25 juin 1890.)

54. — Il est recommandé aux comptables de mettre tous leurs soins à ce que les sommes à payer, tant par les familles que par les communes et les hospices, soient acquittées pendant l'année pour laquelle elles sont dues, ou au moins avant la clôture de l'exercice.

Dans le cas où, après deux années révolues, il resterait encore des sommes à recouvrer, le préfet aurait à demander au conseil général les fonds nécessaires pour désintéresser l'asile ; ces fonds seraient mandatés, au nom du trésorier général, pour qu'il en pût faire recette, en acquit des titres de perception pris en charge dans sa comptabilité ; la rentrée des créances serait ensuite poursuivie pour le compte du département, à titre de *produits éventuels*, d'après un arrêté spécial que prendrait le préfet. (Inst., gén., art. 620.)

55. — *Récépissés et quittances.* — Les récépissés délivrés par les receveurs des finances pour les sommes payées par une commune à un hospice d'aliénés en ce qui concerne les pensions des aliénés indigents à la charge de cette commune sont exempts du timbre.

Il en est de même des quittances délivrées par les receveurs des établissements de bienfaisance pour frais de séjour des aliénés indigents dans les hospices.

Mais les quittances des pensions payées par les familles des aliénés non indigents sont sujettes au timbre de 25 centimes. (L. 13 brumaire an VII, art 16 ; Circ. compt. publ. 14 avril 1877, § 3.)

Dépenses des aliénés à la charge des communes. — V. Pièces justificatives, § 117.

56. — *Jurisprudence.* — L'inscription d'office au budget d'une commune des frais d'entretien d'un aliéné dans un asile public ne fait pas obstacle à ce que la commune exerce contre la famille de cet aliéné, le recours qui peut lui appartenir, et, par suite, la commune n'est pas recevable, pour contester la légalité de cette inscription, à exciper de ce que la famille pourrait contribuer à la dépense.

La commune tenue de fournir aux dépenses des aliénés indigents est celle où l'aliéné a son domicile de secours dans le sens du titre 3 du décret du 24 vendémiaire an II, c'est-à-dire un an.

Il suit de là qu'une commune ne peut se prévaloir des dispositions de l'article 108 du Code civil pour soutenir qu'une femme, qui avait son domicile de secours dans ladite commune, l'a perdu par le fait de son mariage avec un individu domicilié dans une autre commune, alors que cette femme a quitté la commune réclamante depuis moins d'une année. (Arr. Cons. d'Ét. 8 août 1882 ; Dalloz, 1884, 3° partie, p. 28.)]

57. — Un aliéné conserve le domicile de secours dans une commune où il l'avait acquis, tant qu'il n'a pas résidé dans une autre commune pendant la durée d'un an, nécessaire pour y acquérir un nouveau domicile. (Arr. Cons. d'Ét., 29 avril 1892 ; Dalloz 1893, 3° partie, p. 77.)

58. — L'article 36 de la loi du 15 juillet 1893 sur l'assistance médicale gratuite porte que les dispositions du décret du 24 vendémiaire an II sont abrogées en ce qu'elles ont de contraire à la présente loi.

Les règles sur le domicile de secours sont déterminées par le titre II de la loi de 1893. — V. Assistance médicale gratuite, n°° 610 à 613.

Allocation des centimes communaux. —
V. nᵒˢ 1668 et suiv.

Amendes et condamnations pécuniaires.
(Inst. 5 juillet 1895.)

TITRE PREMIER

Des éléments de condamnation et des agents de recouvrements.

59. — *Substitution des percepteurs aux receveurs de l'enregistrement.* *(Art. 1ᵉʳ de l'Inst.)* — Depuis le 1ᵉʳ janvier 1874, les percepteurs des contributions directes sont substitués aux receveurs de l'enregistrement pour le recouvrement des amendes et des condamnations pécuniaires autres que celles concernant les droits d'enregistrement, de timbre, de greffe, d'hypothèque, le notariat et la procédure civile.

59 bis. — Les percepteurs des contributions directes sont substitués aux receveurs de l'enregistrement pour le recouvrement des condamnations pécuniaires prononcées par les juridictions répressives *avec l'intervention d'une partie civile admise au bénéfice de l'assistance judiciaire.*

Le recouvrement des condamnations dont il s'agit est inscrit avec les opérations de trésorerie dans une colonne spéciale.

Les recettes faites à ce titre figurent à la 2ᵉ section § 1ᵉʳ du livre des comptes divers à un compte intitulé : *Frais divers d'assistance judiciaire dus aux officiers ministériels et autres. (Circ. compt. publ. 10 mars 1905, § 6.)*

60. — *(Art. 2 de l'Inst.)* — Le recouvrement des condamnations pécuniaires est effectué en Algérie par les receveurs des contributions diverses, sous le contrôle des directeurs et la responsabilité des receveurs des contributions diverses en vertu des dispositions du décret du 24 novembre 1884.

61. — *(Art. 3 de l'Inst.)* — Par amendes et condamnations pécuniaires il faut comprendre non seulement les amendes que l'administration a réunies sous le nom générique d'*amendes de condamnation*, mais encore tous les autres éléments de condamnation résultant des jugements ou arrêts rendus par les tribunaux répressifs. Tels sont : les décimes afférents au principal des amendes, la valeur des armes, engins et autres objets confisqués en matière de chasse ou de pêche, les restitutions et dommages-intérêts adjugés à l'État, aux départements et aux communes, les frais de justice, les droits de poste, etc.

62. — *Amendes pénales et amendes fiscales. (Art. 4 de l'Inst.)* — Les *amendes de condamnation*, par opposition aux *amendes de contravention*, que l'on désigne quelquefois

aussi sous le nom d'*amendes fiscales* ou de réparation, sont souvent qualifiées d'*amendes pénales* ou de répression.

Les *amendes de condamnation* s'appliquent aux contraventions de simple police, aux délits et aux crimes qu'elles ont pour objet de punir, et sont seules recouvrées par les percepteurs.

Les *amendes de contravention* se réfèrent particulièrement aux contraventions aux lois fiscales et restent dans les attributions des régies financières (enregistrement, douanes, postes, contributions indirectes), à la requête desquelles elles sont prononcées.

L'administration de l'enregistrement continue, en outre, à encaisser les amendes afférentes aux contraventions relevées dans son propre service.

63. — *Décimes. (Art. 5 de l'Inst.)* — Toute amende pénale prononcée en France est de droit soumise : 1ᵒ à un décime par franc, établi pour les besoins de la guerre par la loi du 6 prairial an VII ; 2ᵒ à un décime par franc, voté par les lois des 2 juillet 1862, article 14, et 23 août 1871, article 1ᵉʳ ; 3ᵒ à un demi-décime par franc, créé par l'article 2 de la loi du 31 décembre 1873, soit au total deux décimes et demi.

Ces deux décimes et demi sont ajoutés au principal de l'amende, que celle-ci résulte du jugement de condamnation ou d'une *substitution de peine* accordée par voie gracieuse.

64. — *Produit des confiscations. (Art. 6 de l'Inst.)* — Malgré l'abolition, en principe, de la confiscation générale *(L. 21 janvier 1790)*, des confiscations spéciales, résultant de lois particulières, peuvent être prononcées pour la répression de certains délits. Ces confiscations frappent les produits de ces délits ou les objets ayant servi à les commettre.

§ 1ᵉʳ. *Armes de chasse.* — L'article 16 de la loi du 3 mai 1844 sur la police de la chasse porte que tout jugement de condamnation prononcera la confiscation des armes, lorsque le délit aura été commis dans des conditions déterminées, et que, si elles n'ont pas été saisies, le condamné sera tenu de les représenter ou d'en payer la valeur, sans que cette valeur puisse être inférieure à 50 francs.

Les percepteurs en inscrivent le montant au titre des produits budgétaires, dans la colonne 10 de leur carnet *(Modèle nᵒ 10)*. Si les condamnés usent de la faculté, qui leur est donnée, de se libérer par le dépôt de leur fusil au greffe du tribunal qui a prononcé le jugement, la valeur représentative prise en charge par le percepteur est, dans ce cas, annulée à la fin de l'exercice, sur la production d'un certificat de dépôt *(T)* délivré par le greffier.

§ 2. *Engins de pêche.* — *Pêche fluviale.* — L'article 41 de la loi du 15 avril 1829 sur la pêche fluviale porte que les filets et engins de pêche, qui auront été saisis comme prohibés, ne pourront, dans aucun cas, être remis sous caution ; ils seront déposés au greffe et y demeureront jusqu'après le jugement pour être ensuite détruits. En cas de refus de la part des délinquants de remettre immédiatement le filet prohibé après la sommation du garde-pêche, ils seront condamnés à une amende de 30 francs.

Cette amende est recouvrée d'après les règles ordinaires.

§ 3. Contraventions maritimes.

Aux termes de l'article 17 de l'ordonnance du 13 mai 1818, les bateaux, filets et autres engins, aussi bien que les poissons et coquillages saisis pour contravention aux lois et réglements maritimes doivent être vendus aux enchères publiques par le *commissaire de l'inscription maritime*. En ce qui concerne la pêche du hareng *(Décr. 28 mars 1852, art. 6)*, la vente des cargaisons, bateaux, filets, etc., est effectuée par le *receveur des domaines*.

Nota. — La vente des poissons ou des coquillages saisis à la suite de contraventions fluviales ou maritimes est faite, sans délai et avant tout jugement, aux enchères dans la commune la plus voisine, en présence du receveur de l'enregistrement ou, à son défaut, en présence du maire, de son adjoint ou du commissaire de police.

Le produit de la vente est remboursé au prévenu sous déduction de 5 %, pour frais de régie et des frais de vente, s'il y a acquittement. Il est versé, pour son montant net, au percepteur par le fonctionnaire qui a assisté à la vente, quand le prévenu est condamné. La recette est alors portée au compte : *Produits des amendes et condamnations pécuniaires*.

Il résulte de ces dispositions que les percepteurs ne doivent intervenir à la vente des engins, poissons ou coquillages saisis ou abandonnés, qu'autant que cette vente a lieu en vertu d'une confiscation prononcée par un jugement dont l'extrait est consigné sur leurs carnets.

§ 4. Forêts.

— Les saisies pratiquées suivant les prescriptions de l'article 161 du Code forestier et des ordonnances des 22 février 1829 et 9 juin 1831, sont mises sous *séquestre* (bestiaux, voitures et équipages) ou déposées aux greffes (scies, haches, serpes, cognées, etc.).

La vente des bestiaux non réclamés dans les cinq jours du séquestre est faite aux enchères publiques par les soins de l'administration de l'enregistrement ; celle des autres objets est faite également par cette administration, mais en même temps que celle des autres objets déposés aux greffes. Les percepteurs n'ont pas à y intervenir.

§ 5. Maisons de jeu, etc.

— Les receveurs de l'enregistrement et des domaines sont exclusivement chargés de procéder à la vente et d'encaisser le produit de la vente des objets mobiliers résultant de confiscations prononcées au profit du domaine public. Telles sont les ventes du mobilier confisqué dans les maisons de jeu, celles des armes de chasse confisquées et déposées aux greffes, etc.

§ 6. Cautionnement de mise en liberté provisoire. (C. inst. crim., art. 114 à 121.)

— La confiscation s'applique également à la partie du cautionnement de mise en liberté provisoire garantissant la représentation de l'inculpé à tous les actes de la procédure et pour l'exécution du jugement. Du moment que l'inculpé, sans motif légitime d'excuse, est constitué en défaut de se présenter à la justice, cette part du cautionnement de la mise en liberté provisoire est confisquée au profit du Trésor, et encaissée à ce titre par l'administration des domaines.

La seconde partie du cautionnement garantit, dans l'ordre suivant, le payement : 1° des frais faits par la partie publique ; 2° de ceux avancés par la partie civile ; 3° des amendes *(C. inst., crim., art. 114)*. Lorsqu'elle ne donne lieu à aucune distribution, elle est retirée de la Caisse des dépôts et consignations par le percepteur consignataire de l'extrait du jugement, jusqu'à concurrence du montant des condamnations pécuniaires, sur la production d'un extrait ou d'une expédition du jugement de condamnation et d'un certificat du greffier attestant que la condamnation est définitive.

Les greffiers des tribunaux doivent mentionner sur les bordereaux d'envoi et sur les extraits de jugement *(art. 40)* l'existence des cautionnements de mise en liberté provisoire et le montant de la partie sur laquelle le Trésor peut exercer le prélèvement des frais de justice ou des amendes.

65. — *Frais de réparations, restitutions et dommages-intérêts au profit du Trésor, des départements et des communes. (Art. 7 de l'Inst.)* — En matière de *forêts*, de *roulage* ou de *voirie*, les condamnations prononcées, soit par les tribunaux de simple police ou de police correctionnelle, soit par les conseils de préfecture, peuvent mettre à la charge des condamnés des *frais de réparation* pour avaries ou dégradations causées par eux ou par leur fait. Il y a lieu, dans ce cas, de distinguer ceux qui sont attribués à l'État de ceux qui sont adjugés aux départements et aux communes. Les uns et les autres sont encaissés, il est vrai, comme produits budgétaires, au compte : *Produit des amendes et condamnations pécuniaires*. Mais ils doivent être consignés dans deux colonnes distinctes : les premiers, dans la colonne des : *Restitutions et dommages-intérêts au profit de l'État* ; les autres, dans la colonne des : *Frais de réparation, restitutions et dommages-intérêts attribués aux départements et aux communes (Modèle n° 14)*.

Les dommages-intérêts compris dans l'article 454 de l'Instruction générale du 20 juin 1859 sous la dénomination de : *Frais et honoraires pour travaux publics exécutés d'office ou de gré à gré à la charge des particuliers*, peuvent, en outre, donner lieu à la délivrance par les préfets de mandements exécutoires dont le recouvrement est poursuivi comme celui des taxes assimilées.

66. — *Frais de procédure dans l'intérêt des communes et des établissements publics. (Art. 8 de l'Inst.)* — Les frais relatifs aux procédures en matière correctionnelle et de simple police, suivies dans l'intérêt des communes et des établissements publics, sont avancés par les receveurs des finances d'après les règles suivantes, résultant des décisions ministérielles des 6 décembre 1876 et 15 mai 1883 :

1° Les taxes à témoins acquittées par les receveurs de l'enregistrement leur sont remboursées, en fin de mois, par les receveurs des finances ;

2° Les droits de timbre et d'enregistrement des jugements, des procès-verbaux et autres actes de procédure, également avancés par les receveurs de l'enregistrement, leur sont remboursés chaque mois par le trésorier-payeur général et sur la production d'états détaillés, certifiés par eux et visés par le directeur ;

3° Quant aux frais des exploits et des autres actes de signification et d'exécution que les jugements peuvent nécessiter, ils sont payés aux parties prenantes sur la taxe du juge par les receveurs des finances ou par les percepteurs, après que les pièces ont été revêtues du : *Vu bon à payer* du trésorier général.

67. — *(Art. 9 de l'Inst.)* — Les trésoriers généraux doivent porter dans leurs écritures, au débit du compte de trésorerie : *Frais de procédure dans l'intérêt des communes et établissements publics*, le montant de la dépense dûment justifiée. Les divers frais, dont chaque affaire a nécessité l'avance, sont totalisés et le recouvrement en est ensuite opéré par le percepteur consignataire de l'extrait du jugement, soit sur le condamné, soit, en cas d'acquittement ou d'insolvabilité de celui-ci, sur la commune ou l'établissement dans l'intérêt duquel les frais ont été exposés.

Les frais de procédure doivent figurer sur les extraits de jugements, avec une mention spéciale, sous la rubrique : *Frais de réparations, restitutions et dommages-intérêts attribués aux départements et aux communes*. Ils sont encaissés, comme produits budgétaires, au compte : *Produit des amendes et condamnations pécuniaires*.

Le compte : *Frais de procédure dans l'intérêt des communes et établissements publics*, laissé à découvert dans les écritures du trésorier général, est régularisé, en fin d'exercice, de la manière suivante : Si le recouvrement des frais a pu être effectué sur le condamné, il est délivré par le préfet un mandat d'attribution du montant de ces frais, au nom du trésorier-général, sur le crédit mis à sa disposition à cet effet conformément aux indications de l'article 474 ci-après. Si le recouvrement des frais n'a pu être fait, en raison de l'insolvabilité ou de l'acquittement du prévenu mis en cause, le mandatement de ces frais est demandé à l'ordonnateur de la commune ou de l'établissement dans l'intérêt desquels ces frais ont été exposés.

68. — *Frais de justice.* — *Dépenses.* — *Liquidation.* (*Art. 10, 11, 12 et 13 de l'Inst.*) — Ces articles sont sans objet pour les percepteurs.

69. — *Recouvrement des frais de justice.* (*Art. 14 de l'Inst.*) — Le recouvrement des frais de justice mis à la charge des condamnés incombe aujourd'hui aux percepteurs, et constitue un des produits du budget, au même titre que les amendes de condamnation (principal et décimes). Ils sont compris, à cet effet, sur les extraits de jugement et sont portés sur le carnet de prise en charge à tenir par le percepteur (*Modèle n° 10*) et sur le sommier de l'arrondissement (*Modèle n° 9*).

70. — *Erreurs dans les taxes des frais de justice.* (*Art. 15 de l'Inst.*) — Cet article est sans objet pour les percepteurs.

Il est justifié de l'exécution des ordres de reversement par l'envoi à l'administration de la justice, soit du récépissé du receveur des finances, soit de la quittance à souche du percepteur.

71. — *Droits de Poste.* — *Tarif.* — *Port des lettres.* — *Écritures*, etc. (*Art. 16, 17, 18 et 19 de l'Inst.*) — Ces articles sont sans objet pour les percepteurs.

Écritures des percepteurs. — V. n° 544.

72. — *Opérations de Trésorerie.* — *Consignation en matières de roulage et de navigation.* (*Art. 20 de l'Inst.*) — L'article 20 de la loi du 30 mai 1851 sur la police de roulage porte que : « Toutes les fois que le contrevenant n'est pas domicilié en France..., le maire arbitre provisoirement le montant de l'amende et, s'il y a lieu, les frais de réparation, et il en ordonne la consignation immédiate, à moins qu'il ne lui soit présenté une caution solvable. »

Lorsque le maire, faute de caution solvable, a ordonné la consignation du montant présumé de l'amende et des frais, la consignation est faite directement à la caisse du percepteur.

73. — *(Art. 21 de l'Inst.)* — Le ministre des travaux publics a appliqué le principe de ces dispositions aux *bateliers* pris en contravention aux règlements de police sur la navigation intérieure et à la police des ports maritimes de commerce (*Décr. 26 déc. 1879*), sans toutefois réclamer le concours du maire.

Par suite, lorsqu'un batelier étranger à la localité, est pris en contravention, il doit, pour continuer sa route, soit verser le montant des amendes, dommages et frais arbitrés par l'agent verbalisateur, soit présenter une caution qui en garantisse le paiement. Dans ce dernier cas, c'est au percepteur à apprécier le degré de solvabilité de la personne présentée. L'acceptation de la caution est faite alors, soit par acte sous seing privé, soit par acte notarié, suivant l'importance des garanties réclamées. En cas de contestation, c'est au receveur des finances ou, s'il y a lieu, au tribunal civil de l'arrondissement à se prononcer sur l'admission de la caution.

74. — *(Art. 22 de l'Inst.)* — Lorsque le versement des sommes arbitrées est effectué en numéraire, il est fait directement par la partie contrevenante à la caisse même du percepteur. S'il n'existe pas de percepteur dans la commune, l'agent rédacteur du procès-verbal peut exceptionnellement recevoir la consignation, sauf à en verser le montant au percepteur de sa circonscription dans le délai de *trois* jours. Dans ce cas, le percepteur, outre la quittance à souche ordinaire, donne reçu *par duplicata* de la somme versée au bas du procès-verbal.

75. — *(Art. 23 de l'Inst.)* — Les consignations constituent des opérations de trésorerie. Elles sont portées provisoirement par le percepteur dans la colonne 17 du carnet des prises en charge *(Modèle n° 10)*. De leur côté, les receveurs des finances les portent au crédit d'un compte de correspondants du Trésor, à ouvrir sous le titre de : *Consignations en matière de police de roulage et de navigation.*

La régularisation de cette opération a lieu ultérieurement, après l'expiration des délais d'opposition, d'appel ou de pourvoi, suivant que les sommes consignées doivent être portées en recette définitive, ou restituées en tout ou en partie aux ayants droit.

Si la somme consignée est égale ou intérieure au montant des condamnations prononcées, le percepteur consignataire en fait recette au compte : *Produit des amendes et condamnations pécuniaires*, et il adresse au receveur des finances la quittance à souche qu'il délivre et qui est admise par ce comptable comme pièce de dépense au compte : *Consignations en matière de police de roulage et de navigation.* La dépense au compte des consignations est, en outre, justifiée par une déclaration de versement au titre de *Produit des amendes.*

Lorsque la consignation est supérieure à la condamnation, le receveur des finances, après avoir passé les écritures ci-dessus pour le montant de la condamnation, rembourse le surplus à la partie condamnée.

Enfin, si le prévenu a été acquitté, la totalité de la consignation lui est restituée.

Les restitutions totales ou partielles sont justifiées par la quittance des ayants droit, appuyée d'un extrait des jugements ou des décisions portant condamnation ou acquittement.

76. — *Etat semestriel (Modèle n° 78) à établir par les receveurs des finances. (Art. 24 de l'Inst.)* — Sans objet pour les percepteurs.

77. — *Frais d'extraits d'arrêts et de jugements et frais de poursuites. (Art. 25 de l'Inst.)* — Sans objet pour les percepteurs.

78. — *Franchises postales relatives au service des amendes. (Art. 26 de l'Inst.)* — Par suite de la substitution des percepteurs aux receveurs de l'enregistrement dans le recouvrement des amendes et condamnations pécuniaires, les comptables des contributions directes jouissent des franchises postales accordées précédemment aux receveurs de l'enregistrement pour affaires de service, avec les *greffiers* des cours et tribunaux, les *agents forestiers*, les *commissaires de police*, les *conservateurs des hypothèques*, les *juges de paix* et les *procureurs de la République*. Les conditions de ces franchises sont indiquées ci-après :

79. — *Greffiers. (Art. 27 de l'Inst.)* — Aux termes de l'arrêté ministériel du 1er avril 1874 et de la décision ministérielle du 13 février 1880, « est admise à circuler en franchise, sous bandes, dans l'étendue du département, la correspondance de service échangée entre les greffiers des cours et des tribunaux et les trésoriers-payeurs généraux et receveurs des finances ».

80. — *Agents forestiers. Art. 28 de l'Inst.)* — Les rapports des comptables du Trésor avec les agents forestiers nécessitant entre les agents des deux services un échange de correspondance dans la circonscription de la conservation forestière et parfois dans les départements limitrophes, où habitent les délinquants, le ministre, à la date du 16 février 1874, a rendu la décision suivante :

« ARTICLE PREMIER. — Est admise à circuler en franchise, *sous bandes*, la correspondance de service échangée entre les conservateurs des forêts et les percepteurs, dans l'étendue de la circonscription forestière et des départements limitrophes.

» ART. 2. — Les droits de franchise actuellement accordés aux conservateurs des forêts, vis-à-vis des trésoriers-payeurs généraux et des receveurs particuliers des finances, dans les limites de la conservation forestière, sont étendus aux départements limitrophes de la conservation.

» ART. 3. — Les droits de franchise attribués aux inspecteurs, sous-inspecteurs et gardes généraux des forêts, vis-à-vis des trésoriers-payeurs généraux, des receveurs particuliers des finances et des percepteurs, limités actuellement à la circonscription départementale, s'exerceront, à l'avenir, dans l'étendue de la conservation forestière et des départements limitrophes de cette conservation. »

81. — *Fonctionnaires divers. (Art. 29 de l'Inst.)* — Une décision ministérielle du 21 décembre 1874 porte que les fonctionnaires désignés à l'état ci-après « sont autorisés à correspondre entre eux, en franchise, aux conditions et dans les limites indiquées dans cet état. »

DÉSIGNATION DES FONCTIONNAIRES entre lesquels LA CORRESPONDANCE VALABLEMENT CONTRESIGNÉE peut circuler en franchise [1].		FORME sous laquelle la CORRESPONDANCE doit être présentée.	CIRCONSCRIPTION dans laquelle la CORRESPONDANCE pourra circuler.
Commissaires de police.	Receveurs particuliers des finances................	S. B.	Arr. s.-pr.
	Trésoriers-payeurs généraux des finances..........	S. B.	*Idem.*
Conservateurs des hypothèques..........	Receveurs particuliers des finances............ ...	S. B.	Dép'.
	Trésoriers-payeurs généraux des finances.........	S. B.	*Idem.*
Juges de paix.........	Receveurs particuliers des finances................	S. B.	Arr. s.-pr.
	Trésoriers-payeurs généraux des finances.........	S. B.	*Idem.*
Procureurs de la République..........	Receveurs particuliers des finances................	S. B.*	*Idem.*
	Trésoriers-payeurs généraux des finances.........	S. B.*	*Idem.*
	Commissaires de police.........	S. B.	*Idem.*
Receveurs particuliers des finances..........	Conservateurs des hypothèques...................	S. B.	Dép'.
	Juges de paix............................	S. B.	Arr. s.-pr.
	Procureurs de la République.....................	S. B.*	*Idem.*
	Commissaires de police.........................	S. B.	*Idem.*
Trésoriers-payeurs généraux des finances.	Conservateurs des hypothèques............	S. B.	Dép'.
	Juges de paix.	S. B.	Arr. s.-pr.
	Procureurs de la République..	S. B.*	*Idem.*
La franchise réciproque est accordée aux percepteurs pour toutes les affaires de service autres que l'envoi des contraintes extérieures (*Circ. compt. publ. 21 juin 1898, § 11*) et la transmission des quittances d'excédent de versement dont il est question aux n°* 1496 et 1497................		S. B.	Dans toute la République.

1. S. B. signifie sous bandes.
S. B.* signifie sous bandes avec faculté de fermer, c'est-à-dire de mettre sous enveloppe ou sous pli, mais seulement en cas de nécessité.

Enfin, une décision ministérielle du 15 septembre 1875 a admis à circuler en franchise, *dans l'étendue du département*, la correspondance de service entre les procureurs de la République et les trésoriers généraux, correspondance qui, d'après le tableau ci-dessus, était limitée à l'arrondissement.

82. — *Algérie. (Art. 30 de l'Inst.)* — Aux termes d'une décision ministérielle du 27 août 1877, a été admise à circuler en franchise, *sous bandes*, et dans toute l'étendue de l'Algérie, la correspondance de service des directeurs des contributions diverses, avec les commissaires de police, les conservateurs des forêts, les conservateurs des hypothèques, les greffiers des cours et tribunaux, les inspecteurs des forêts, les juges de paix et les procureurs de la République.

83. — *Faculté d'affranchir aux taux des imprimés les avertissements envoyés aux condamnés. (Art. 31 de l'Inst.)* — Les avertissements adressés aux condamnés peuvent être affranchis au taux des imprimés, malgré les indications manuscrites que leur texte comporte *(art. 144)*. Les règles afférentes à ce mode d'envoi sont les mêmes que celles qui sont indiquées à l'article 1438 de l'Instruction générale du 20 juin 1859, concernant les avertissements relatifs au service des contributions directes.

En vertu de l'article 34 de la loi des finances du 26 juillet 1893 portant fixation du budget de 1894, les avertissements envoyés aux condamnés peuvent, sans perdre le bénéfice du tarif des imprimés sous bandes, être pliés en forme de lettres, à la condition qu'ils restent ouverts aux deux extrémités, de manière que le contenu puisse toujours être facilement vérifié.

Aux termes d'une décision ministérielle du 4 mai 1874, les formules d'avertissement du percepteur spécial des amendes à *Paris* peuvent être affranchies par avance par l'administration des postes, contre le versement du prix de cet affranchissement.

84. — *Percepteurs spéciaux des amendes. (Art 32 de l'Inst.)* — Dans certaines grandes villes comme Bordeaux *(Décis. min. 15 décembre 1874)*, Le Hâvre *(Déc. min. 13 mars 1890)*, Lyon *(Déc. min. 8 mai 1874)*, Marseille *(Déc. min. 27 novembre 1874)*, Paris *(Déc. min. 10 février 1874)*, Rouen *(Déc.*

min. *1er octobre 1886*) et Toulouse (*Déc. min. 20 juin 1876*), où le nombre des articles à recouvrer a une importance exceptionnelle et où les relations avec les parquets sont très fréquentes, le service des amendes et condamnations pécuniaires est confié à un percepteur spécial.

85. — (*Art. 33 de l'Inst.*). — Les percepteurs spéciaux sont assujettis à un *cautionnement*, dont le montant est déterminé par le ministre des finances et calculé (sauf pour Paris) sur les bases fixées par la loi du 27 février 1884.

86. — *Consultations et communications.* (*Art. 34 de l'Inst.*) — Toute demande d'avis, adressée à la Direction générale de la Comptabilité publique, doit faire l'objet d'un rapport motivé et soigneusement étudié ; il convient d'y joindre une copie de l'extrait de jugement, ainsi que les pièces (en original ou copie) relatives à l'affaire.

Mais les communications faites à l'administration centrale ont exclusivement pour but de faciliter son contrôle, elles ne sauraient en aucun cas déplacer la responsabilité, qui incombe tout entière aux receveurs des finances.

Toutefois, quand un jugement n'est pas entièrement favorable aux prétentions du Trésor, la Direction générale de la comptabilité publique se réserve le soin de décider s'il y a lieu d'en poursuivre le redressement par la voie de l'appel.

87. — (*Art. 35 de l'Inst.*) — La responsabilité du recouvrement incombe tout entière aux receveurs des finances, en leur qualité de chefs de service dans leur arrondissement ; par suite, c'est par leur intermédiaire que les communications, qu'entraîne le service des amendes, doivent avoir lieu (*art. 90*).

88. — *Correspondance.* (*Art. 36 et 37 de l'Inst.*) — Ces articles concernent les chefs de service.

TITRE II

Titres de Perception.

CHAPITRE Ier

ÉTABLISSEMENT ET ENVOI DES TITRES DE PERCEPTION.

89. — *Agents qui établissent le titre de perception.* (*Art. 38 de l'Inst.*) — En matière d'amendes, le titre de perception pour les comptables est l'*extrait*, délivré par le greffier, du jugement ou de l'arrêt rendu par les tribunaux compétents pour statuer sur le crime, le délit ou la contravention constatée[1].

1. L'extrait des jugements ou arrêts, même non revêtu de la formule exécutoire, constitue un titre complet emportant exécution parée et parfaitement régulier pour les poursuites quelles qu'elles soient,

pour une saisie immobilière, comme pour tout autre acte d'exécution. (*Cour Cass. arr. 28 janvier 1825 et 26 déc. 1859 ; Sirey, 1825, 1, 50 ; Dalloz, v° Jugement, n° 859 ; Avis du contentieux 19 juin 1893.*)

90. — *Autorités qui prononcent les amendes.* (*Art. 39 de l'Inst.*) — Les autorités qui ont qualité pour prononcer les condamnations pécuniaires sont les suivantes :

Les *tribunaux de police* pour les contraventions de simple police ;

Les *tribunaux correctionnels* pour les délits ;

Les *cours d'assises* pour les crimes ;

Les *cours d'appel*, lorsque les décisions antérieures sont revisées par ces juridictions ;

La *cour de cassation* ;

Les *conseils de préfecture*, pour les contraventions aux règlements sur la grande voirie et pour certaines infractions à la loi sur le roulage ;

Le *Conseil d'État*, comme juge d'appel en ces mêmes matières ;

Les *conseils de guerre* des armées de terre et de mer, pour les crimes et délits militaires ou maritimes, et les *tribunaux commerciaux maritimes*, pour les délits de navigation ;

Les *juges d'instruction* pour les amendes infligées aux témoins défaillants, lorsqu'il s'agit d'instances autres que les procès civils ;

Les *tribunaux consulaires* ;

Les *conseils de prud'hommes*.

91. — *Soins qu'exige la rédaction des extraits de jugement.* (*Art. 40 de l'Inst.*) — L'extrait du jugement ou d'arrêt est la pièce fondamentale sur laquelle, au point de vue du recouvrement, repose le contrôle de l'administration des finances. Il est, par suite, indispensable que ce document soit régulier en la forme et complet quant au fond (*Modèles n°s 1 et 2*).

En conséquence, il doit comprendre non seulement les indications très exactes des noms (nom patronymique des veuves et femmes mariées), prénoms, professions ou qualités, domicile, âge et lieu de naissance des condamnés ainsi que des personnes civilement responsables, de la juridiction qui a prononcé la sentence, des motifs et de la date de la condamnation, mais encore tous les éléments financiers qui se rattachent à cette condamnation, savoir : le montant de l'amende, avec distinction du principal et des décimes, et le détail des frais accessoires (valeur des armes et engins confisqués, restitutions et dommages-intérêts, frais de justice ou dépens liquidés par le jugement, avec distinction, s'il y a lieu, des frais de première instance, des frais d'appel (*art. 87 et 88*), des frais postérieurs, droits de poste, salaire des greffiers pour la rédaction des extraits et des bordereaux d'envoi, etc.). Il doit, en outre, mentionner s'il y a, ou non, solidarité, l'étendue de celle-ci, la durée de l'emprisonnement, et celle de la contrainte par corps, l'existence et le montant des cautionnements déposés en garantie des mises en liberté provisoire (*Bull. off. Just. 2e trim. 1878*), ainsi que le *quantum* des sommes consignées par les parties civiles (*Circ. Just. 11 janv. 1882*), s'il a été fait application de la loi du 26 mars 1891 (*art. 194*) ; et, en matière de roulage, de grande voirie, de chasse et de pêche, les noms, prénoms, qualité et domicile des agents verbalisateurs.

Les éléments financiers de chaque jugement ou arrêt sont reproduits en détail en marge de chacun des extraits et y sont totalisés. Les greffiers ajoutent au total ainsi obtenu l'allocation qui leur est due pour la rédaction des extraits et exécutoires, de manière à présenter dans un second total l'ensemble des droits à recouvrer sur les condamnés.

Les extraits délivrés par les greffiers des conseils de guerre doivent, en outre, relater en marge toutes les condamnations antérieurement encourues par le militaire, avec la mention précise des dates des jugements et des tribunaux qui les ont prononcés (*art. 111*).

92. — *Mentions que doivent comprendre les extraits de jugements en cas de suspension de la peine par suite de l'application de la loi du 26 mars 1891.* — Les greffiers doivent mentionner, dans le *corps de l'extrait*, le montant de l'amende encourue ainsi que la suspension prononcée par le tribunal, mais ils doivent s'abstenir de faire figurer cette amende dans les éléments financiers dont le détail, inscrit en marge de l'extrait, constitue le débet recouvrable sur le condamné.

Conséquemment, les comptables n'ont à prendre charge sur leurs sommiers et carnets que du montant des condamnations pécuniaires auxquelles ne s'applique pas la suspension. Ils n'ont pas à consigner le montant des amendes dont le payement a été suspendu par les juges. Il convient, toutefois, au point de vue du contrôle que pourrait nécessiter la constatation de la récidive, d'en faire mention en regard de l'article pris en charge. (*Circ.compt. publ. 8 déc. 1891, § 8, n° 2.*) — V. n°s 194 et suiv.

93. — (*Art. 41, 42, 43, 44 et 45 de l'Inst.*) — Ces articles ont trait à la vérification des extraits de jugements, aux numéros d'ordre à donner par les greffiers et, enfin, à la délivrance des extraits.

94. — *Signification des jugements. Délais d'appel et d'opposition.* (*Art. 46 de l'Inst.*), (modifié). — L'appel des jugements de simple police doit être porté au tribunal correctionnel : cet appel est interjeté par déclaration au greffe du tribunal qui a rendu le jugement dans les dix jours au plus tard après celui où il a été prononcé, et, si le jugement est par défaut, dans les dix jours au plus tard après la signification de la sentence à personne ou à domicile. Il est suivi et jugé dans la même forme que les appels des sentences de justice de paix. (*C. inst. crim., art. 151* ; *L. 6 avril 1897* modi-

fiant l'art. 174.) — La signification est faite, lorsqu'il y a lieu, par les soins et à la diligence du ministère public sans que les comptables aient à s'immiscer en aucune manière dans cette opération.

95. — (*Art. 47 de l'Inst.*) — L'appel des jugements rendus en matière correctionnelle doit être interjeté devant la Cour d'appel : pour les *jugements contradictoires*, dans les *dix* jours à partir de la prononciation du jugement, et pour les *jugements par défaut*, dans les *dix* jours après celui de la signification qui en a été faite à la partie condamnée ou à son domicile (*C. inst. crim., art. 203*).

Le délai pour former opposition aux jugements par défaut est de *cinq* jours à partir de la signification faite à *personne* (*C. inst. crim., art. 187*). — Si la signification n'a pas été faite à personne, ou s'il ne résulte pas d'actes d'exécution du jugement que le prévenu en a eu connaissance, l'opposition est recevable jusqu'à l'expiration du délai de la prescription de la peine (*L. 27 juin 1866*).

Mais, nonobstant cette dernière disposition, les greffiers doivent adresser des extraits aux agents des finances pour les jugements par défaut contre lesquels il n'a pas été formé opposition, dans les cinq jours de la signification, aux parquets et non à personne. Les jugements par défaut constituent, en effet, un titre exécutoire en vertu duquel des poursuites peuvent être exercées légitimement tant que le condamné n'a pas déclaré former opposition.

96. — (*Art. 48, 49, 50 et 51 de l'Inst.*) — Ces articles concernent la signification à faire par les parquets, la notification aux contrevenants et les pourvois en revision.

97. — *Délai d'envoi des extraits de jugements.* (*Art. 52 de l'Inst.*) — Les extraits de jugements ou d'arrêts sont envoyés par les greffiers aux agents des finances de leur arrondissement (au trésorier général dans l'arrondissement chef-lieu) : les *extraits provisoires*, dans un délai de *huit jours*, à partir du prononcé du jugement ; les *extraits définitifs* des jugements ou arrêts contradictoires, dans les *cinq* jours au plus tard de la date de l'enregistrement, c'est-à-dire dans les *vingt-cinq* jours de la date du jugement ou de l'arrêt, l'enregistrement devant être fait dans les vingt jours du prononcé du jugement (*L. 22 frimaire an VII, art. 20*), enfin, les extraits des jugements en matière d'ivresse ou rendus par défaut et ceux qui sont signifiés sur états de retardataires, dans les *dix-huit* jours de la signification desdits jugements. Les condamnés ont, en effet, dans ce cas, dix jours à partir de la signification pour interjeter appel de la condamnation prononcée contre eux, et celle-ci ne devient définitive qu'à l'expiration de ce délai. Ce n'est donc que de ce moment que doit partir le délai de huit jours accordé aux greffiers pour la délivrance de leurs extraits.

Quant aux extraits d'arrêts ou de jugements devenus définitifs par suite d'un rejet de pourvoi, ils doivent être envoyés dans un délai de 45 jours à partir de l'arrêt du rejet (Circ. compt. publ. 9 août 1904, § 10).

98. — (Art. 53 de l'Inst.) — Toutefois : 1° les extraits des arrêtés rendus par les conseils de préfecture doivent être remis au trésorier général, au plus tard, le *quatorzième* jour (le vingt-sixième dans la Seine) après la notification des arrêtés (Circ. Int. 12 juin 1878);

2° Les extraits des arrêts des conseils de guerre doivent être adressés au trésorier général dans un délai de *quatre* jours, à compter de celui où la sentence est devenue définitive. Le trésorier général accuse réception de ces extraits dans les *vingt-quatre* heures aux greffiers expéditeurs ;

3° Les extraits des jugements et arrêts rendus en *matière forestière* doivent être envoyés aux comptables, savoir :

Les extraits des jugements contradictoires, à l'expiration du délai d'appel (*dix* jours), lorsqu'il n'a été fait dans l'intervalle aucune déclaration d'appel ;

Les extraits des jugements par défaut, *quinze* jours après la signification, laquelle est faite par les agents forestiers *dix* jours après le prononcé de la sentence, soit un délai de *vingt-cinq* jours;

Les extraits des arrêts rendus sur appel : *quatre* jours après celui où l'arrêt a été prononcé, si le condamné ne s'est pas pourvu en cassation (Ordonn. 1er août 1827, art. 189).

Enfin, les extraits d'arrêts ou de jugements devenus définitifs par suite d'un rejet de pourvoi, *quarante-cinq jours* à partir de l'arrêt du rejet (Circ. compt. publ. 9 août 1904, § 10).

99. — *Bordereaux d'envoi des extraits de jugements.* (Art. 54, 55, 56, 57, 58, 59, 60, 61, 62, 63, 64 et 65.) — Ces articles concernent la transmission par les greffiers des extraits de jugements aux receveurs des finances.

CHAPITRE II

PRISE EN CHARGE DES EXTRAITS DE JUGEMENT.

100. — *Prise en charge par les receveurs des finances.* (Art. 66, 67, 68, 69, 70, 71, 72, 73, 74 et 75 de l'Inst.) — Ces articles ont trait au service des receveurs des finances.

101. — *Prise en charge par les percepteurs.* (Art. 76 de l'Inst.) — Les receveurs des finances, dès le lendemain de la réception des extraits d'arrêts ou de jugements, doivent transmettre avec une lettre d'envoi à ceux des percepteurs de leur arrondissement qu'ils concernent. Ils ont soin d'indiquer sur le bordereau d'envoi resté dans leurs bureaux la direction donnée à chaque extrait (art. 64).

Tous les articles inscrits dans le cours d'une année, même les articles reportés d'un exercice antérieur, en vertu de décisions préfectorales, appartiennent à l'exercice qui prend son nom de ladite année. En conséquence, tous les extraits de jugements, provisoires ou définitifs, qui parviennent à la recette des finances à partir du 1er janvier, appartiennent à l'exercice courant, lors même que, d'après la date du jugement ou de l'arrêt, les faits se rapporteraient à l'année précédente (Inst., art. 72).

102. — (Art. 77 de l'Inst.) — Les percepteurs prennent charge, dès leur *arrivée*, des extraits qui leur sont adressés par leur chef hiérarchique.

Carnet d'enregistrement n° 8. — Ils consignent *sommairement* sur un carnet d'enregistrement (Modèle n° 8) le montant des extraits provisoires qui figurent sur le bordereau d'envoi (art. 68). Le numéro d'ordre, assigné par la recette des finances à chacun des extraits, est reproduit sur le carnet, en regard de cette consignation.

Carnet de prise en charge n° 10. — Ils transcrivent *en détail* les extraits de jugements ou d'arrêts définitifs sur un carnet de prise en charge (Modèle n° 10) en indiquant en regard de chaque article le numéro d'ordre, qui lui a été assigné par la recette des finances, et la date de réception de l'extrait.

103. — (Art. 78 de l'Inst.) — Les percepteurs donnent immédiatement avis aux condamnés compris sur les extraits provisoires ou définitifs des condamnations prononcées contre eux et leur enjoignent de les payer. Ils emploient, à cet effet, la formule d'avertissement (Modèle n° 15). La date d'envoi de l'avertissement est mentionnée aux carnets prescrits à l'article précédent (art. 142). Si la partie paie volontairement le montant de l'extrait provisoire, celui-ci tient lieu d'extrait définitif et est consigné comme tel sur le carnet (Modèle n° 10). La somme recouvrée est transcrite sur le carnet des recouvrements. Le receveur des finances en prend charge sur le carnet (Modèle n° 9) à l'expiration du délai de recouvrement, au moment où l'état des retardataires lui est rapporté.

104. — *États des retardataires (extraits provisoires).* (Art. 79 de l'Inst.) — En cas d'abstention d'un ou de plusieurs des condamnés faisant l'objet d'extraits provisoires et *dans le délai d'un mois* à partir de la réception de ces extraits à la recette des finances, le percepteur envoie, par la voie hiérarchique, l'état des retardataires (Modèle n° 16) au magistrat (juge de paix ou commissaire de police) auquel incombe le soin de faire signifier les jugements non exécutés.

Sur la première page de l'état des retardataires, le percepteur indique, dans un cadre préparé à cet effet, le nombre et le montant, tant des extraits provisoires adressés par le receveur des finances, que des articles recouvrés et à recouvrer détaillés audit état. Le receveur des finances, avant de transmettre au juge de paix ou au commissaire de police ledit état et après en avoir reconnu l'exactitude, y appose son visa.

Cet état doit, en outre, contenir d'une manière très exacte tous les renseignements que le percepteur a pu recueillir sur la solvabilité des débiteurs, soit que ceux-ci aient le moyen de se libérer par leur travail ou par leur fortune personnelle, soit qu'ils puissent être aidés par leur famille. Ces indications sont très utiles, car c'est en grande partie d'après elles que les juges de paix ou les commissaires de police peuvent décider, s'il y a lieu ou non, de faire signifier les jugements.

105. — *(Art. 80 de l'Inst.)* — Dans le délai de *huit jours*, à partir de celui où il a reçu de l'administration des finances l'état des retardataires accompagné des renseignements recueillis sur la solvabilité des condamnés *(Cir. Just. 2 août 1890)*, le juge de paix ou le commissaire de police doit renvoyer cet état au receveur des finances. Il doit préalablement y avoir indiqué dans la colonne 11 et en avoir certifié sur la feuille de tête la suite donnée à chaque jugement par les mots : *signifié* ou *non signifié*.

106. — *(Art. 81 de l'Inst.)* — Le receveur des finances peut, en outre, s'il le juge utile, soumettre l'état des retardataires au contrôle et au visa du parquet du tribunal de première instance. Mais il lui est recommandé de ne recourir à cette mesure qu'autant que la décision du magistrat de police lui paraîtrait en désaccord avec les renseignements recueillis par lui sur la solvabilité des condamnés.

107. — *(Art. 82 de l'Inst.)* — L'état des retardataires, ainsi annoté, est annexé au bordereau d'envoi correspondant, comme titre d'*annulation* des articles non recouvrés et dont la signification a été jugée inutile.

108. — *(Art. 83 de l'Inst.)* — Quand la signification a été reconnue utile et que le jugement est devenu définitif à défaut d'opposition ou d'appel; le greffier substitue à l'extrait provisoire un extrait définitif comprenant les amendes et tous les frais, y compris ceux de signification, et portant le même numéro d'ordre que l'extrait provisoire qu'il remplace. Mais pour éviter que ces deux titres soient mis simultanément en recouvrement, les comptables doivent veiller, avec le plus grand soin, à ce que les extraits provisoires non recouvrés soient exactement rattachés à l'état des retardataires et portent une mention de référence aux extraits définitifs qui les annulent.

109. — *Transactions forestières.(Art. 84 de l'Inst.)* — La prise en charge des transactions forestières, acquittées dans les délais convenus, varie suivant que la transaction est antérieure ou postérieure au jugement.

Lorsque la transaction précède le jugement, la somme à inscrire sur le carnet ou sur le sommier, à titre de droit constaté, est celle qui figure comme recouvrée sur le carnet spécial des transactions *(art. 170)*.

Quand au contraire, la transaction est postérieure au jugement, acquittée dans les délais convenus, et par suite définitivement acquise au condamné, elle doit être considérée comme un titre de perception nouveau, et il convient d'annuler purement et simplement l'extrait de jugement consigné sur le sommier du receveur des finances et le carnet du percepteur.

La prise en charge du nouveau titre de perception est constatée, au moyen de l'inscription de la transaction recouvrée, sur le relevé trimestriel *(Modèle n° 20)* à établir par les receveurs des finances conformément aux prescriptions de l'article 128 de l'instruction du 5 juillet 1895.

D'autre part, pour justifier, en clôture d'exercice, l'annulation du montant de la condamnation primitive, les percepteurs doivent produire le bulletin de transaction à l'appui de leurs états de restes à recouvrer. Ils doivent en conséquence, revêtir l'extrait de jugement d'une mention à l'encre rouge rappelant d'une manière explicite qu'il y a eu transaction ; cet extrait est ensuite transmis au receveur des finances et conservé dans les archives de ce comptable, dans les conditions prévues à l'article 525 de l'instruction *(Circ. compt. publ. 8 mai 1899, § 1er)*.

Si la transaction n'est pas recouvrée, ou si le délinquant s'est libéré au moyen de prestations en nature *(art. 181)* soit avant, soit après jugement, les receveurs des finances et les percepteurs annotent les articles correspondants sur le carnet spécial des transactions, et ils n'en font mention au sommier ou au carnet des prises en charge que dans le cas où, un extrait ayant été délivré, il y aurait une prise en charge à faire admettre en non-valeur.—V. n°s 193 et suiv.

110. — *Bureau de consignation. (Art. 85 de l'Inst.)* — En principe, tous les extraits des jugements prononcés par les tribunaux de l'arrondissement doivent être pris en charge par le receveur des finances et par l'un des percepteurs de l'arrondissement. Ces comptables doivent ensuite en poursuivre le recouvrement personnellement, sauf à procéder, s'il y a lieu, par voie de *commission extérieure* [1], comme il sera expliqué ci-après.

1. La commission extérieure en matières d'amendes tient lieu de la contrainte extérieure en matière de contributions directes, la contrainte n'existant pas pour le recouvrement des condamnations pécuniaires *(art. 252, note)*. Par cette commission, le percepteur

donne pouvoir à l'un de ses collègues d'un département, ou d'un arrondissement autre que celui où il est en fonctions, de poursuivre, en son lieu et place et pour son compte, le recouvrement d'un extrait d'arrêt ou de jugement dont il a pris charge. Ce mode de procéder n'est pas employé entre les percepteurs d'un même arrondissement. Il suffit, dans ce cas, de faire prendre charge de l'extrait de jugement ou d'arrêt par le percepteur de la résidence du condamné.

111. — *(Art. 86 de l'Inst.)* — Si, parmi les extraits de jugements adressés à la recette des finances, il s'en trouve qui concernent des débiteurs domiciliés dans un autre arrondissement, ou même dans un autre département, ou des condamnés sans domicile fixe, le receveur des finances ne doit pas moins en prendre charge sur son sommier et en faire prendre charge par le percepteur du siège du tribunal qui a rendu la sentence. Ce dernier comptable adresse alors hiérarchiquement soit un certificat d'indigence ou de solvabilité, soit une commission extérieure *(Modèle n° 31)*, à celui de ses collègues dans la circonscription duquel est domicilié le condamné *(art. 140)*. — V. n°s 158 et suiv.

Il joint à la commission extérieure l'original de l'extrait de jugement, ainsi que toutes les pièces nécessaires au recouvrement de la condamnation. Le percepteur, *commis* au recouvrement de cet extrait, envoie au condamné l'avertissement réglementaire. Il ne doit rien négliger pour amener les débiteurs à se libérer du montant de la condamnation, soit immédiatement, soit même après le renvoi de la commission extérieure.

Lorsque l'extrait de jugement comprend plusieurs condamnés habitant des départements différents, il en est pris charge par le percepteur du siège du tribunal qui a rendu le jugement, et des copies certifiées de cet extrait sont adressées, par les soins du comptable consignataire, à chacun des trésoriers généraux intéressés. Mais, dans le cas où des poursuites sont nécessaires, elles ne peuvent être faites qu'en vertu d'une commission extérieure accompagnée de l'original de l'extrait de jugement. — V. n°s 158 et suiv.

112. — *Extraits d'arrêts d'appel. (Art. 87 de l'Inst.)* — Les extraits des arrêts rendus par les cours d'appel *(Modèle n° 2)* sont pris en charge par le percepteur du siège de la cour qui a prononcé la sentence. Ces extraits doivent comprendre les frais de première instance et d'appel. A cet effet, lorsque le condamné fait appel d'un jugement, le greffier de première instance transmet à son collègue de la Cour, avec un extrait du jugement, un état de liquidation comprenant tous les frais de première instance. Il n'est pas délivré, dans ce cas, d'extrait du jugement de première instance, au service des trésoriers généraux, afin de prévenir les doubles emplois qui pourraient se produire ; le greffier porte seulement sur le bordereau d'envoi le numéro du jugement en indiquant en regard qu'il a été interjeté appel.

113. — *(Art. 88 de l'Inst.)* — Si le jugement de première instance comprend plusieurs condamnés *solidaires*, dont quelques-uns seulement font appel, le greffier doit, dans ce cas, établir un extrait de jugement qui est pris en charge par le percepteur du siège du tribunal de première instance et dont le recouvrement est poursuivi, à la diligence de ce comptable, contre les condamnés non appelants. Cet extrait doit comprendre, non seulement les condamnations définitives, mais encore les condamnations dont il est fait appel, sauf règlement ultérieur lorsque la Cour aura rendu son arrêt. Le greffier, dans ce cas, doit faire mention sur l'extrait des appels interjetés.

Si l'appel supprime l'amende, tous les condamnés profitent de cette faveur, car la condamnation solidaire n'est qu'un moyen d'exécution ; or cette condamnation disparaît par suite de l'arrêt rendu en faveur de l'appelant. Si, au contraire, une amende plus forte est prononcée en appel, le condamné solidaire, qui n'a pas appelé, n'est tenu de la payer que dans la limite posée par le premier jugement. Il serait, en effet, contraire aux principes du droit criminel que la position d'un condamné pût être aggravée sans qu'il ait été mis en cause et sans qu'il ait pu se défendre.

Les comptables sont informés du montant définitif des condamnations éventuelles qu'ils sont chargés de recouvrer sur les condamnés solidaires non appelants au moyen d'*exécutoires supplémentaires* que doit leur délivrer le greffier de première instance, dès qu'il a été prévenu par son collègue de la Cour du résultat de l'appel. De son côté, le greffier de la Cour doit veiller à ce que les condamnations définitives du tribunal de première instance soient comprises dans la somme à réclamer aux condamnés qui ont interjeté appel. *(Circ. Just. 12 juin 1884).*

Dès qu'un comptable a recouvré dans ces conditions des condamnations *solidaires*, il doit aussitôt en avertir celui de ses collègues qui a également pris charge des mêmes condamnations, afin d'éviter qu'on ne poursuive le paiement de sommes déjà recouvrées. L'admission en non-valeur des sommes ainsi prises en charge par double emploi est justifiée, en fin d'exercice, par la production, à l'appui des états de restes, de la lettre d'avis du comptable qui en a constaté le recouvrement.

114. — *Extraits de jugements rendus en France et recouvrables en Algérie et réciproquement. (Art. 89 de l'Inst.)* — Les jugements rendus en France et recouvrables en Algérie et réciproquement sont pris en charge, comme il a été dit ci-dessus, sur les sommiers des chefs de service (receveurs des finances et directeurs des contributions diverses) et sur les carnets des comptables (percepteurs et receveurs des contributions diverses) chargés d'en assurer le recouvrement. Le comptable consignataire adresse ensuite à son collègue du domicile du condamné une commission extérieure, accompagnée de l'original de l'extrait de jugement.

115. — *(Art. 90 de l'Inst.)* — L'échange de la correspondance, ainsi que la transmission des extraits de jugements et des sommes recouvrées, a lieu, entre les trésoriers-payeurs généraux et les directeurs des contributions diverses de l'Algérie, par l'intermédiaire de la Direction générale de la comptabilité publique *(service des amendes).*

116. — *Extraits de jugements rendus en France et recouvrables dans les colonies et réciproquement. (Art. 91 de l'Inst.)* — Lorsqu'il s'agit de condamnations rendues en France contre des individus domiciliés dans les colonies, l'extrait de jugement est pris en charge par le receveur des finances et par le percepteur, de la manière indiquée à l'article 85.

Le percepteur adresse ensuite, par la voie hiérarchique, l'extrait de jugement accompagné d'une commission extérieure, au trésorier-payeur de la colonie. En cas de recouvrement, le trésorier colonial en transmet le montant au un mandat sur le Trésor au nom du trésorier général du département où a été faite la consignation, et renvoie en même temps l'extrait de jugement. Dans le cas contraire, il fournit les certificats d'absence ou d'indigence *(Modèle n° 87)* et autres pièces justificatives du non-recouvrement.

117. — *(Art. 92 de l'Inst.)* — A l'égard des jugements rendus dans une colonie et recouvrables en France, il y a lieu de distinguer entre les condamnations dont le montant est attribué au service local et celles qui doivent profiter au budget de l'Etat.

Toutes les condamnations prononcées par les tribunaux coloniaux profitent au budget local qui fait face aux frais occasionnés par le fonctionnement de la justice. Seules, les condamnations prononcées par les conseils de guerre et par les tribunaux maritimes profitent au budget de l'Etat.

1° Budget du service local. — Dans le premier cas, l'extrait de jugement est remis par le receveur de l'enregistrement au trésorier-payeur de la colonie, et celui-ci le transmet, par la voie hiérarchique, au trésorier général du département qu'habite le condamné, pour en faire opérer le recouvrement par voie de commission extérieure. Les sommes recouvrées sont adressées en un mandat sur le Trésor, à l'ordre du receveur de l'enregistrement, par l'entremise du trésorier-payeur de la colonie, ou, s'il n'y a pas de recouvrement, le renvoi de l'extrait de jugement est accompagné des pièces établissant l'inutilité des démarches faites en France.

2° Budget de l'Etat. — Au contraire, lorsque la condamnation doit profiter à l'Etat, l'ex-

trait de jugement, remis par le receveur de l'enregistrement au trésorier-payeur de la colonie et transmis par celui-ci en France, est pris en charge par le receveur des finances et par le percepteur du domicile du débiteur, et le recouvrement en est poursuivi au même titre que s'il s'agissait de jugements rendus en France. Un accusé de réception dudit extrait est renvoyé immédiatement au receveur de l'enregistrement de la colonie, pour lui servir de décharge, par les soins du receveur des finances ou du percepteur consignataire.

118. — *Extraits de jugements concernant les condamnés français domiciliés en Belgique et inversement.* — V. n° 428 et suiv.

119. — *Extraits d'arrêts et de jugements centralisés par le receveur central de la Seine. (Art. 93, 94 et 95 de l'Inst.)* — Ces articles sont sans objet pour les percepteurs.

120. — *Condamnations pécuniaires prononcées contre les marins de l'Etat. (Art. 96 de l'Inst.)* — Le recouvrement des amendes et condamnations pécuniaires prononcées contre les *marins de l'Etat,* dont les salaires sont saisissables en cas de débet envers le Trésor *(Décr. 11 août 1856, art. 250; Décr. 7 nov. 1866, art. 58),* donne lieu à des mesures d'exécution variant suivant les juridictions dont émanent les condamnations prononcées.

121. — *Condamnations prononcées par les juridictions maritimes. (Art. 97 de l'Inst.)* — Les commissaires du gouvernement près les juridictions maritimes doivent transmettre directement au ministère de la marine, avec les copies et extraits de jugements prescrits par les articles 181 et 213 du Code maritime, les extraits exécutoires destinés au recouvrement des sommes dues à l'Etat. Ceux-ci, indépendamment des indications réglementaires, doivent comprendre le lieu de détention du condamné *(Lettre Mar. 24 oct. 1890),* de la division d'immatriculation du marin (Cherbourg, Brest, Lorient, Rochefort ou Toulon) et le nom du bâtiment à bord duquel il est embarqué ou de celui dont il provient. Ils sont adressés immédiatement au ministère des finances *(Direct. générale de la compt. publ., service des amendes),* qui les fait parvenir au *receveur central de la Seine, chargé de leur centralisation.* Le percepteur des amendes doit ensuite, dans les *quarante-huit* heures, envoyer, par la voie hiérarchique, au percepteur du lieu de détention du condamné, un avertissement financier qui est remis au commandant de la prison militaire.

En cas de changement d'établissement pénitentiaire ou de mise en liberté du condamné, le commandant de la prison militaire doit faire connaître au percepteur de sa réunion, en lui renvoyant l'avertissement, le lieu où a été transféré le détenu ou la localité dans laquelle il a déclaré se retirer après sa libération.

En clôture d'exercice, le receveur central de la Seine établit le relevé *(Modèle n° 22)* prescrit par l'article 93.

122. — *Condamnations prononcées par les juridictions ordinaires. (Art. 98 de l'Inst.)* — Les condamnations pécuniaires prononcées par les *juridictions ordinaires* contre des marins ou des militaires de l'armée de mer et assimilés sont recouvrées de la manière suivante :

Le percepteur auquel est adressé un extrait de ces condamnations envoie immédiatement l'avertissement réglementaire au préfet maritime de la circonscription judiciaire dont relève le tribunal qui a prononcé la condamnation.

L'autorité maritime doit alors diriger cette pièce sur le régiment ou sur le dépôt de l'homme, s'il s'agit d'un militaire ou d'un marin à terre, et sur le port comptable du bâtiment pour les individus embarqués. Les avertissements pour lesquels on n'a pu trouver le destinataire sont renvoyés directement à l'agent qui les a établis, avec tous les renseignements pouvant lui permettre d'exercer des recherches dans la direction où l'on a des raisons de croire que se trouve le condamné.

Pour assurer l'exécution de ces instructions, les comptables doivent se reporter au décret du 23 janvier 1889 qui détermine les parties du territoire de la République sur lesquelles s'étend le ressort des tribunaux et des conseils de guerre de chaque arrondissement maritime.

123. — *Marin détenu. (Art. 99 de l'Inst.)* — Le percepteur qui a reçu l'avertissement concernant un individu débiteur de condamnations maritimes doit veiller à ce que le montant des condamnations pécuniaires, réserve faite du montant des débets envers la marine, soit prélevé, soit sur les sommes déposées à la caisse des gens de mer au nom des marins condamnés, soit sur la portion disponible de leur solde [1] lors du décomptage des rôles.

1. La solde des marins de l'État est liquidée et mandatée, non pas dans le port où ils sont immatriculés, mais dans celui où sont centralisées les dépenses du bâtiment à bord duquel ils sont embarqués ; c'est donc près de l'administration de ce port qu'il importe de faire les démarches nécessaires en vue d'assurer le recouvrement des sommes dues au Trésor.

Il est, d'ailleurs, recommandé aux commissaires, qui sont avertis par les extraits des jugements dont ils sont détenteurs du montant des condamnations pécuniaires prononcées contre les détenus, de procéder d'office aux prélèvements prescrits par la circulaire de la marine du 10 décembre 1875. A cet effet, tous les trois mois, ils doivent récapituler, sur un bordereau spécial, les sommes qu'ils ont ainsi perçues et ils en font le versement entre les mains du percepteur de leur localité *(Circ. Mar. 5 novembre 1879).*

Les recouvrements ainsi opérés sont versés par le percepteur au receveur des finances de son arrondissement qui s'en charge, en recette, à titre de *recouvrements en vertu de contraintes et de commissions extérieures*, et le montant en est transmis par la trésorerie générale, suivant les formes ordinaires, au receveur central de la Seine.

124. — *Marin réintégré à son corps. (Art. 100 de l'Inst.)* — Lorsqu'un marin, après avoir purgé sa peine corporelle, est réintégré dans son corps sans avoir payé intégralement le montant des condamnations pécuniaires prononcées contre lui, tant avant qu'après son entrée au service, le corps auquel il appartient n'est tenu de faire aucune avance de fonds ; mais il doit assurer, autant que possible, le recouvrement des sommes dues au Trésor par *prélèvement* sur la masse individuelle du condamné *(Circ. Mar. 4 nov. 1878).* Il importe toutefois que celle-ci ne se trouve pas réduite à une somme inférieure à 35 francs, chiffre du complet réglementaire fixé par l'arrêté du 26 février 1875. A cet effet, l'administration de la marine donne les ordres nécessaires pour que la créance du Trésor soit inscrite sur le livret du marin *(Lettre Mar. 30 avril 1884)*, et les corps sont tenus d'exercer *d'office* le prélèvement sur la masse du condamné lors de son congédiement, *alors même qu'ils n'auraient reçu aucun avertissement financier*. Les versements, faits au percepteur de la localité, sont transmis, comme il est dit à l'article précédent, à la recette centrale de la Seine.

125. — *Marins libérés. (Art. 101 de l'Inst.)* — Les condamnations dues par les marins libérés du service militaire sont recouvrées, à titre de commissions extérieures, par les percepteurs du domicile des condamnés pour le compte du receveur central de la Seine.

126. — *Condamnations prononcées contre les marins du commerce. (Art. 102 de l'Inst.)* — Le recouvrement des sommes dues par les *marins du commerce* est fait de la manière suivante :

Les comptables prennent, auprès des commissaires de l'inscription maritime, des renseignements sur les nom et domicile des armateurs des bâtiments à bord desquels les débiteurs sont embarqués et leur font parvenir *directement* l'avertissement. Lorsque des sommes sont déposées à la caisse des gens de mer, au profit des redevables, les commissaires de l'inscription maritime autorisent le prélèvement et le versement au Trésor. Si, au contraire, il n'existe aucune somme appartenant au condamné, les commissaires remettent l'avertissement ou le commandement soit au capitaine du bâtiment à bord duquel le marin est embarqué, soit à l'armateur, soit au marin lui-même, mais en ayant soin, dans ce dernier cas, de donner avis au capitaine ou à l'armateur des poursuites dont le marin est devenu l'objet.

En cas de poursuites à exercer faute de payement, les comptables doivent avoir recours à la *saisie-arrêt*, mais l'administration de la marine reste complètement étrangère à ces poursuites.

126 bis. — *Condamnations prononcées pour infraction aux règlements de police sanitaire maritime.* — *Recouvrement par les percepteurs ou par les receveurs des contributions diverses en Algérie.* (Circ. Compt. publ., 10 juin 1896, § 7.)

127. — *Condamnations pécuniaires dues par les justiciables des conseils de guerre sur terre.* (Art. 103 de l'Inst.) — Sur la proposition du ministre de la guerre, un décret du 7 mars 1885, modifié par une décision présidentielle du 11 novembre suivant, a supprimé, dans presque tous les corps, la *masse individuelle* et l'a remplacée par la *masse de petit équipement*, dont le fonds appartient à l'État. Par suite de ce changement, les prélèvements à opérer pour le payement des condamnations pécuniaires sur les fonds de la masse individuelle appartenant aux hommes n'ont plus leur raison d'être à l'égard de la masse de petit équipement.

Le mode de recouvrement des condamnations pécuniaires dues par les justiciables des conseils de guerre varie donc suivant que le condamné compte ou ne compte pas parmi les militaires ayant une masse individuelle.

128. — *Condamnations dues par les militaires ayant une masse individuelle.* (Art. 104 de l'Inst.) — Les condamnations dues par les militaires ayant une masse individuelle (*spahis, gendarmerie, garde républicaine et sapeurs-pompiers de la Ville de Paris*) sont recouvrées suivant les prescriptions suivantes :

129. — *Condamnations prononcées contre des militaires pendant leur séjour sous les drapeaux.* (Art. 105 de l'Inst.) — Les généraux commandants les circonscriptions territoriales doivent notifier, le premier de *chaque mois*, au trésorier général du département dans lequel la condamnation a été prononcée, l'établissement pénitentiaire sur lequel les condamnés militaire ont été dirigés.

Les percepteurs connaissent ainsi immédiatement celui de leurs collègues auxquels ils doivent adresser la commission extérieure nécessaire au recouvrement, sans avoir à réclamer le concours du ministère de la guerre.

Le recouvrement varie suivant la catégorie des débiteurs, qui peuvent affecter trois positions différentes.

130. — 1° *Condamnés rayés des contrôles de l'armée à la suite d'une condam-*nation afflictive ou infamante. (Art. 106 de l'Inst.) — S'il s'agit d'un *militaire*, l'avoir à la masse de cet homme est, aux termes de la circulaire de la guerre du 15 avril 1875, acquis à l'État et versé à la masse générale d'entretien. Les comptables ne peuvent donc en demander l'application au paiement des condamnations pécuniaires.

Si le débiteur est un *officier*, le trésorier général doit s'entendre avec l'intendant militaire, dès qu'il connaît la condamnation, pour l'application au profit du Trésor du décompte de traitement qui peut être dû au condamné.

Au surplus, du moment qu'une condamnation a été prononcée, aucun ordonnancement ne peut plus être fait par l'autorité militaire au profit du condamné ou de ses héritiers, sans un certificat du trésorier général constatant la libération de l'ayant droit.

131. — 2° *Condamnés maintenus sur les contrôles.* — *Recouvrement dans un établissement pénitentiaire.* (Art. 107 de l'Inst.) — Dès qu'un militaire est dirigé sur un établissement pénitentiaire pour y subir sa peine, une copie de l'extrait de jugement, ou même un simple avertissement indiquant le chiffre de son débet, est transmise au commandant de l'établissement ou à l'agent principal de la prison qui doit faire prélever d'office la somme due au Trésor sur la masse des fonds particuliers, dès qu'elle est en état de supporter cette imputation.

Le versement des sommes ainsi retenues est effectué *trimestriellement* par l'administration pénitentiaire à la caisse du percepteur de la localité qui doit en recevoir le montant alors même qu'il n'en aurait pas été déjà informé par celui de ses collègues qui est consignataire de l'extrait d'arrêt.

Il délivre autant de quittances à souche qu'il y a de débiteurs compris dans le versement. Ces quittances, aux termes des instructions du ministre de la guerre, restent dans les archives des établissements pénitentiaires ; elles sont soumises au timbre de 25 centimes dans les conditions rappelées par les articles 518 et 519 (V. n°s 536 et suiv.). (Circ. compt. publ., 10 juin 1896, § 8.)

Chaque payement, au moment où il est effectué, est immédiatement inscrit au *livret du condamné*, afin que ce dernier ait toujours en mains la preuve de sa libération.

La déclaration de versement de l'administration pénitentiaire doit faire connaître le nom du débiteur, la date du jugement et le tribunal qui l'a rendu. Un *relevé mensuel* des versements est, en outre, adressé, à titre de contrôle, par cette administration au trésorier général, afin qu'il puisse s'assurer de l'envoi des fonds aux comptables intéressés.

Si les détenus sont appelés à changer d'établissement pénitentiaire, étant encore débiteurs du Trésor, le commandant ou l'agent principal doit en donner avis à son collègue.

En *Algérie*, les versements sont faits à la caisse des receveurs des contributions diverses et remis par ceux-ci aux trésoriers-payeurs qui les transmettent aux comptables intéressés.

132. — 3° *Condamnés réincorporés.* (*Art. 108 de l'Inst.*) — Il arrive parfois que les condamnés, soit qu'ils aient séjourné dans les établissements pénitentiaires trop peu de temps pour s'y créer des ressources suffisantes, soit pour tout autre motif, restent encore débiteurs de tout ou partie de leurs amendes au moment où ils sont mis en liberté et envoyés dans un corps de l'armée pour y achever leur temps de service. Afin d'assurer le recouvrement des sommes mises à la charge de cette catégorie de débiteurs, le ministre de la guerre a arrêté, de concert avec le ministre des finances, les dispositions suivantes :

« Lorsque les amendes et les frais de justice n'auront pas été entièrement acquittés pendant la détention, le commandant de l'établissement pénitentiaire mentionnera la somme qui reste à recouvrer sur le bulletin de situation de masse individuelle, qu'il est tenu de faire parvenir au corps sur lequel l'homme est dirigé, conformément à l'article 294 du règlement du 23 juillet 1856.

» À l'arrivée de ce bulletin, le major, sous sa responsabilité personnelle, fera inscrire ladite somme *en débet* sur les livrets matricule et individuel de l'homme, et il veillera à ce que le montant en soit versé immédiatement au Trésor par prélèvement, au besoin, sur les fonds généraux du corps.

» Chaque versement opéré entre les mains de l'agent du Trésor sera accompagné d'un état faisant connaître le nom des condamnés, ainsi que la date et le lieu du jugement. Ce versement entraînera la délivrance par ledit agent d'autant de quittances à souche qu'il y aura de parties versantes comprises dans l'état précité.

» Un bordereau indiquant les versements ainsi effectués sera ensuite adressé par le corps au trésorier-payeur général du département où le recouvrement aura eu lieu (*Circ. Guerre 7 août 1878*). »

133. — (*Art. 109 de l'Inst.*) — Les dispositions qui précèdent sont applicables à toutes les condamnations prononcées, soit par les conseils de guerre, soit par des tribunaux civils contre des militaires pendant qu'ils se trouvent sous les drapeaux. Mais les imputations à faire de ce chef sur les fonds généraux des corps ne doivent jamais *excéder 20 francs* ; car, dans le cas contraire, le remboursement des condamnations serait, en définitif, supporté par les fonds de la masse générale d'entretien (État) et non plus par le condamné, ce qu'il importe essentiellement d'éviter (*Circ. Guerre 5 juin 1879*).

134. — *Condamnations prononcées contre des militaires avant leur entrée au service.* (*Art. 110 de l'Inst.*) — Aucun prélèvement d'office et par anticipation ne peut être effectué sur les fonds généraux des corps pour les condamnations prononcées *avant l'entrée des débiteurs au service militaire.*

Mais il a été admis que ces condamnations pourraient toujours, *après prélèvement de 20 francs*, être retenues, suivant les règles ordinaires, sur la masse des fonds particuliers des militaires détenus dans des pénitenciers, ou être perçues sur l'avoir à la masse des reliquataires, au moment de leur libération du service (*Circ. Guerre 31 mars 1879*).

135. — (*Art. 111 de l'Inst.*) — À cet effet, les greffiers des conseils de guerre doivent, depuis le 1er avril 1887, rappeler en détail, *en marge de l'exécutoire* de chaque condamnation toutes celles antérieurement encourues par l'homme, en ayant soin de préciser les dates des jugements et les tribunaux qui les ont prononcés (*art. 10*).

À la réception de cet exécutoire, les percepteurs chargés d'en assurer le recouvrement doivent prévenir ceux de leurs collègues, qui ont pris charge des condamnations antérieures à l'incorporation, du corps auquel appartient le militaire et du lieu de sa détention.

Ces derniers comptables sont alors en mesure de transmettre au corps un avertissement indiquant la date des jugements antérieurs et les sommes dues de ce chef au Trésor.

Les conseils d'administration des corps de troupe n'ont qu'à transmettre ce document à l'établissement pénitentiaire, où le condamné subit sa peine, pour que mention du débet soit faite *d'office* sur les livrets matricule et individuel de l'homme, en vue des prélèvements à effectuer par les commandants des pénitenciers militaires dans les limites indiquées par le paragraphe 21, troisième alinéa, de l'instruction du ministre de la guerre du 2 décembre 1886. Ces prélèvements sont versés, au fur et à mesure, dans la caisse du percepteur de la réunion, où se trouve l'établissement pénitentiaire, et encaissés sur la production de l'avertissement transmis par le corps.

136. — (*Art. 112 de l'Inst.*) — Enfin, afin de permettre aux receveurs des finances de contrôler ces encaissements, les commandants des pénitenciers et ateliers de travaux publics et les agents principaux des prisons militaires doivent, le premier jour de *chaque trimestre*, leur adresser le relevé des prélèvements ainsi effectués (*Circ. Guerre 21 février 1887*).

137. — *Condamnations prononcées contre les réservistes et les territoriaux.* (*Art. 113 de l'Inst.*) — Ces diverses dispositions ne s'appliquent pas aux hommes faisant partie de la réserve de l'armée active ou de l'armée territoriale, attendu qu'ils ne possèdent aucun fonds de masse et que les corps où ils sont classés n'ont à leur disposition aucun fonds sur lequel ils puissent faire l'avance des frais dus au Trésor.

138. — *Condamnations dues par les militaires n'ayant pas de masse individuelle. (Art. 114 de l'Inst.)* — Les condamnations dues par les militaires, dont la masse individuelle a été supprimée par le décret du 7 mars 1885 (et c'est le plus grand nombre) et remplacée par la *masse du petit équipement*, sont recouvrées de la manière suivante :

139. — *(Art. 115 de l'Inst.)* — Les amendes et frais de justice dus par ces militaires doivent, depuis le 13 novembre 1885, être exclusivement imputés, pendant la détention des débiteurs, sur le *produit de leur travail* et sur leurs *fonds particuliers*, qu'il s'agisse de condamnations antérieures ou postérieures à leur entrée au service.

Les corps de troupe n'ont donc pas à faire de versements pour le payement des condamnations pécuniaires. Ce soin incombe exclusivement aux commandants des pénitenciers militaires et des ateliers de travaux publics, ainsi qu'aux agents principaux des prisons militaires.

140. — *(Art. 116 de l'Inst.)* — Dans ce but, les percepteurs doivent, dès qu'ils ont pris charge d'extraits de jugements concernant des militaires sous les drapeaux, en établir une copie indiquant la date de la condamnation et le montant des sommes dues. Cette pièce est adressée au corps dont fait partie le militaire condamné et transmise par lui au commandant de l'établissement pénitentiaire où le débiteur subit sa peine. Le montant des sommes dues au Trésor doit être inscrit au livret matricule et individuel de l'homme.

141. — *(Art. 117 de l'Inst.)* — Les prélèvements effectués *d'office* sur le produit du travail et sur les fonds particuliers du condamné sont, au moment du payement intégral de chaque condamnation ou de la libération du militaire, versés au percepteur dans la circonscription duquel se trouve l'établissement pénitentiaire ; le montant de ces prélèvements est ensuite transmis par les soins de ce comptable à celui de ses collègues qui a pris charge de l'extrait de jugement. Il importe, à cet effet, qu'on indique avec soin, lors du versement du prélèvement, le lieu et la date de la condamnation, ainsi que le nom du débiteur *(Circ. guerre 13 novembre 1885).*

CHAPITRE III

CONTRÔLE DES EXTRAITS DE JUGEMENT.

142. — *Contrôle par l'administration de l'enregistrement. (Art. 118 à 127 de l'Inst.)*

Condamnations forestières. (Art. 128 de l'Inst.)

Arrêtés des conseils de préfecture, arrêts des conseils de guerre rendus en France, dans les colonies et dans les pays de protectorat et arrêts des tribunaux maritimes. (Art. 129 à 131 de l'Inst.)

Condamnations prononcées à Paris et dans la banlieue. (Art. 132 et 133 de l'Inst.)

Tous ces articles sont étrangers au service des percepteurs.

143. — *Table alphabétique des condamnés. (Art. 134 de l'Inst.)* — Pour faciliter le contrôle et les recherches qui pourraient être nécessaires, il est tenu dans chaque arrondissement une *table alphabétique* sous forme de fiches mobiles contenant le nom du condamné, l'année et le numéro de l'article qui le concerne dans le sommier.

Une table alphabétique analogue peut également être employée par les percepteurs, mais seulement dans les perceptions où le service a une certaine importance.

TITRE III

Du Recouvrement.

CHAPITRE Ier

OPÉRATIONS PRÉLIMINAIRES AU RECOUVREMENT.

144. — *(Art. 135 de l'Inst.)* — Le recouvrement des condamnations pécuniaires ne peut faire l'objet de poursuites qu'autant que ces condamnations sont devenues définitives et que les jugements qui les ont prononcées ont acquis *l'autorité de la chose jugée.*

145. — *(Art. 136 de l'Inst.)* — L'opposition, l'appel ou le recours en cassation sont suspensifs. Il en résulte que le recouvrement de tout jugement doit être suspendu, tant que l'une de ces voies reste ouverte au condamné, ou tant que celui-ci ne s'est pas désisté de son pourvoi, s'il en a formé.

En principe, le point de départ des délais que la loi accorde aux condamnés pour se pourvoir contre la sentence rendue par l'une des voies mentionnées ci-dessus, date du jour de la signification de l'arrêt ou du jugement, sauf le cas où l'arrêt ou le jugement n'a pas besoin d'être signifié *(art. 47)*. Toutefois l'appel contre les arrêtés des conseils de préfecture, autrement dit le pourvoi au Conseil d'État, n'est pas suspensif de l'exécution du jugement, à moins qu'il n'en soit autrement ordonné par le juge[1] *(art. 49)*.

[1]. Mais il importe de remarquer que le créancier qui exécute le jugement exécutoire par provision agit à ses risques et périls et qu'il peut être condamné à des dommages-intérêts, outre les restitutions, si le juge-

ment vient à être réformé. Par suite, il conviendra que les percepteurs ne poursuivent le recouvrement, nonobstant le pourvoi, que dans les cas où un motif exceptionnel justifierait cette mesure.

146. — *Payement spontané. (Art. 137 de l'Inst.)* — Un débiteur pouvant toujours se libérer de sa dette, même lorsqu'il a terme *(C. civ., art. 1187)*, les percepteurs ne sauraient se refuser à recevoir le versement qu'offrirait un condamné immédiatement après la condamnation et avant la réception de l'extrait de jugement. Les sommes ainsi recouvrées sont, soit immédiatement appliquées au compte du produit qu'elles concernent, soit encaissées au compte des *contraintes* et des *commissions extérieures* si l'article concerne une perception autre que celle où a eu lieu le payement, soit portées provisoirement au compte des *consignations diverses* s'il s'agit d'un article sur lequel le percepteur n'a pas les éléments suffisants pour en faire l'imputation *(art. 23)*.

Ce versement est admis sur la simple déclaration du débiteur ; mais pour que le comptable puisse lui donner immédiatement l'imputation qu'il comporte, il conviendra qu'il ne soit fait que sur une note du greffier énonçant la date du jugement ou de l'arrêt de condamnation, le nom du tribunal ou de la cour qui l'a prononcé, le montant de l'amende et celui des frais de justice.

En ce qui concerne les quittances à délivrer et les écritures des percepteurs, V. n°⁵ 533 et suivants.

146 bis. — Le percepteur qui encaisse une condamnation ne concernant pas sa perception doit, *le jour même*, en aviser *directement* celui de ses collègues qui est appelé à prendre charge de l'extrait de jugement.

De même, lorsqu'un percepteur reçoit d'un de ses collègues un avis de recouvrement, il doit lui en accuser *directement* réception par retour du courrier (V. n° 1140 *bis*).

Ces dispositions sont applicables au payement des condamnations qui résulteraient de jugements provisoires prononcés dans le ressort d'une perception autre que celle où le délinquant est domicilié et du montant desquelles ce dernier demanderait à se libérer à la caisse du percepteur de sa résidence, sur la production de l'avertissement (modèle n° 15) qui lui aurait été adressé directement par le percepteur consignataire de l'extrait de jugement.

Les comptables ne doivent prélever aucune remise sur les recouvrements qu'ils effectuent dans ces conditions. *(Circ. compt. publ., 25 sept. 1897, § 7 et 21 juin 1898, § 11.)*

147. — *(Art. 138 de l'Inst.)* — Par débiteur il faut entendre non seulement le condamné, mais encore : 1° la *partie civile* ou les personnes *civilement responsables* ; 2° les débiteurs *solidaires* ; 3° les *héritiers* du condamné.

Partie civile. — Tout jugement de condamnation rendu contre le prévenu et contre les personnes civilement responsables du délit, ou contre la partie civile, doit, en effet, les condamner aux frais, même envers la partie publique. Les frais sont liquidés par le même jugement *(C. inst. crim., art. 194)*.

148. — *Débiteurs solidaires. (Art. 139 de l'Inst.)* — Tous les individus condamnés pour un même délit sont tenus *solidairement* des amendes, des restitutions, des dommages-intérêts et des frais *(C. pénal, art. 55)*.

Cette solidarité s'étend aux frais de justice prononcés par les tribunaux de simple police en raison de contraventions *(Décr. 18 juin 1811, art. 156)* ; mais, à défaut d'un texte de loi, elle ne s'étend pas aux amendes, restitutions et dommages-intérêts prononcés par lesdits tribunaux *(Lettre Just. 15 décembre 1893)*.

149. — En thèse générale, tous les individus condamnés pour un même crime ou un même délit sont tenus solidairement des amendes, des restitutions, des dommages-intérêts et des frais *(C. pénal, art. 55)* ; mais il faut que ces individus aient été condamnés par un même jugement et qu'ils aient commis *ensemble* un même délit ou un même crime. Si, tout en étant condamnés par un même jugement pour des délits de même nature, ils ont commis séparément ces délits, ils ne sont plus solidaires pour les amendes.

Lorsqu'il peut s'élever des doutes sur l'interprétation d'un jugement, les percepteurs doivent s'adresser au tribunal qui a prononcé la condamnation.

En ce qui concerne les délits de chasse commis conjointement par plusieurs personnes, la solidarité n'est applicable qu'autant qu'elle a été prononcée.

150. — *Responsabilité civile.* — La responsabilité civile d'un délit ne s'étend qu'aux dommages-intérêts et aux frais, mais ne saurait comprendre les amendes prononcées ; la loi du 29 juillet 1881 sur la presse, loin de contenir une dérogation à ce principe, s'y est expressément référée. *(Arr. Cass. 24 fév. 1888 et 8 juill. 1898.)*

151. — *Héritiers du condamné. (Art. 140 de l'Inst.)* — Lorsque le condamné décède après un jugement ayant acquis force de chose jugée, les héritiers qui ont accepté sa succession sont tenus du payement du montant de sa condamnation. En effet, comme les biens du débiteur sont le gage commun des créanciers *(C. civ., art. 2093)*, que la condamnation à l'amende constitue une dette en faveur de l'État, que les biens du condamné sont affectés à cette dette, comme à toute autre, et qu'ils passent nécessairement avec cette charge à ses héritiers, il a été reconnu, par décision du garde des sceaux et du ministre des finances *(12 et 21 août 1833)*, que le recouvrement des amendes, prononcées en matière de simple police et de police correctionnelle par jugement ayant acquis force de chose jugée avant le décès des condamnés, peut être poursuivi contre les héritiers *(art. 153 et 218)*.

152. — *(Art. 141 de l'Inst.)* — En principe, le mari n'est pas civilement responsable, et, à moins de disposition expresse, on doit s'abstenir de poursuivre contre lui le payement des amendes et des frais auxquels la femme a été condamnée.

Tous les actes notifiés à la femme doivent, d'ailleurs, l'être également au mari, pour qu'il puisse l'assister et l'autoriser.

Toutefois, il peut arriver que le mari devienne responsable, dans le cas, par exemple, où la femme est censée le représenter. Il serait alors valablement poursuivi comme un commettant, en vertu du paragraphe 3 de l'article 1384 du Code civil ; mais ce sont là des questions de fait que les comptables devront apprécier, sauf — en cas de doute — à consulter la Direction générale de la comptabilité publique *(service des amendes)*.

Nota. — L'article 1384 du Code civil ne comprend pas le mari au nombre des personnes responsables des dommages causés par autrui, et, même, d'après l'article 1424, le recouvrement des amendes encourues par une femme ne peut être poursuivi que sur la nue propriété de ses biens personnels, pendant que dure la communauté, ce qui semble impliquer que le mari n'est pas responsable des condamnations pécuniaires prononcées contre sa femme ; d'autre part, quand le législateur a entendu rendre le mari responsable des actes de sa femme, il l'a formellement exprimé, notamment en matière forestière et de pêche côtière.

153. — *Contraventions commises par des domestiques ou employés.* — Les parquets doivent, aussitôt qu'il sont saisis d'un procès-verbal contre des domestiques ou employés, avertir les maîtres ou patrons, afin que ceux-ci opèrent sur les gages de leurs employés une retenue approximative comprenant les amendes, dommages et frais dont ils peuvent être déclarés responsables, par suite du quasi-délit, et dont le recouvrement se trouve ainsi assuré. *(Circ. compt. publ. 1ᵉʳ octobre 1878, § 4, n° 2.)*

154. — *Envoi des avertissements.* *(Art. 142 de l'Inst.)* — Les percepteurs, immédiatement après la réception des extraits de jugement, doivent faire parvenir *gratuitement* aux condamnés un avertissement *(Modèle n° 15)*, dûment affranchi *(art. 31)*, leur donnant avis des condamnations prononcées contre eux et les invitant à en payer le montant. Ils prennent note de la date d'envoi de cet avertissement dans la colonne spéciale de celui des deux

carnets *(Modèles nᵒˢ 8 et 10)* sur lequel l'article est consigné *(art. 77)*.

Pour les frais d'avertissements, V. n° 488.

155. — *(Art. 143 de l'Inst.)* — L'avertissement doit être remis *huit jours* au moins avant le premier acte de poursuites (V. n° 281). En cas d'absence du condamné, il peut être remis au maire.

156. — *(Art. 144 de l'Inst.)* — L'avertissement donne les principales indications contenues dans l'extrait de jugement ; il doit notamment mentionner sur une ligne spéciale les amendes prononcées. Les comptables doivent éviter d'y employer la menace, mais si, à défaut de payement, ils croyaient devoir recourir à un nouvel avis, rien ne s'opposerait à ce que, dans ce cas, ils fissent emploi d'une formule plus pressante, portant en tête : *avertissement itératif*, et rappelant la date à laquelle a été délivré le précédent avertissement.

157. — *(Art. 145 de l'Inst.).* — En *matière forestière*, quand il y a eu des transactions avant signification et citation, les avertissements sont adressés par l'inspecteur au chef du cantonnement, qui les fait notifier aux intéressés par les brigadiers et gardes *(Arr. min. 30 janv. 1860, art. 3).* Les percepteurs n'ont donc pas, dans ce cas, à envoyer d'avertissement aux parties, mais ils doivent faire près d'elles les *démarches officieuses* nécessaires pour obtenir le versement du montant de la transaction.

En ce qui concerne les délinquants forestiers admis à se libérer au moyen de *prestations (art. 181)*, l'inspecteur prépare les avertissements qui leur sont destinés et les adresse au chef du cantonnement, qui les fait notifier. *(Arr. min. 27 décembre 1861, art. 8).*

158. — *Commission extérieure.* *(Art. 146 de l'Inst.)* — Les extraits des jugements ou arrêts rendus contre des individus sans domicile ou contre des débiteurs nés ou domiciliés en dehors de l'arrondissement ou ayant changé de résidence, après l'inscription de l'article, ou appelés à recueillir de leurs parents un héritage situé dans un autre département, donnent lieu, de la part du percepteur, à l'envoi soit de certificat d'indigence ou de solvabilité, soit de commissions extérieures *(art. 86)*.

158 bis. — Les percepteurs peuvent communiquer entre eux, en franchise, pour les certificats d'indigence ou de solvabilité, mais il n'en est pas de même pour les commissions extérieures, qui doivent toujours suivre la voie hiérarchique. *(Circ. compt. publ., 12 juin 1898, § 11.)*

159. — Les certificats d'indigence ou de solvabilité dont il est question à l'article précédent peuvent être fournis au moyen de la demande de renseignements *(Modèle n° 13* annexé à l'*Instruction du 20 septembre 1875, art. 42).*

Cette demande peut tenir lieu de certificat d'indigence, si l'on a soin de la soumettre au visa des agents de l'enregistrement et des forêts. *(Circ. compt. publ. 14 avril 1877, § 8 et 15 déc. 1896, § 13.)*

160. — En vue d'assurer la marche régulière des transmissions des demandes de renseignements, les percepteurs doivent tenir un *carnet spécial* conforme à la formule modèle n° 344 de l'Instruction générale du 20 juin 1859. Ce carnet est destiné à faire connaître la direction donnée à chacune des feuilles de renseignements qu'ils ont à transmettre et de réclamer celles qui ne leur seraient pas parvenues dans les délais réglementaires. *(Circ. compt. publ. 20 décembre 1887, § 3.)*

161. — *(Art. 147 de l'Inst.)* — La commission extérieure *(Modèle n° 31)* est adressée au percepteur, soit du lieu de la naissance ou de celui du domicile des père et mère du condamné, soit du domicile du débiteur lui-même ; elle est accompagnée de l'original de l'extrait de jugement. Le percepteur qui la reçoit est tenu d'adresser immédiatement l'avertissement réglementaire au débiteur. Il doit, en outre, en effectuer le renvoi ou en faire parvenir le montant au percepteur consignataire de l'extrait du jugement dans le délai d'un mois à dater du jour de sa réception.

Afin de pouvoir déterminer facilement le taux de la remise susceptible d'être prélevée par les percepteurs, en cas de recouvrement, il convient que la mention « *Article de l'exercice courant* » ou « *Article de surséances* » soit inscrite, d'une façon très apparente, sur toutes les commissions extérieures. Toutefois, cette annotation n'est pas nécessaire lorsque la commission extérieure est émise dans l'année même de la condamnation encourue. *(Circ. compt. publ., 28 oct. 1896, § 6.)*

162. — Le recouvrement des commissions extérieures est porté au compte : *Contraintes à recouvrer pour le compte de divers comptables.*

163. — *(Art. 148 de l'Inst.)* — En vue d'assurer la marche régulière des transmissions des commissions extérieures, les comptables doivent tenir, comme pour les contraintes extérieures en matière de contributions directes, un *carnet spécial* sur lequel ils inscrivent la direction donnée à ces documents, la date de leur envoi et celle de leur retour. Ce carnet est tenu par les receveurs des finances et par les percepteurs.

164. — *(Art. 149 de l'Inst.)* — Si le condamné, quoique solvable ou appelé à le devenir, n'a pas consenti à se libérer volontairement, le percepteur détenteur de la commission extérieure et de l'original de l'extrait de jugement

fait les actes conservatoires ou les poursuites nécessaires en vue d'arriver au recouvrement (V. n° 258). En cas d'insolvabilité, la commission extérieure et l'extrait sont renvoyés, avec un certificat d'indigence dûment rempli des certifications, signatures et visas prescrits par les instructions, au percepteur consignataire qui s'en sert, en fin d'exercice, pour obtenir l'admission en non-valeurs des sommes non recouvrées.

165. — *(Art. 150 de l'Inst.)* — Les percepteurs du lieu de naissance des débiteurs, auxquels une commission extérieure est adressée, doivent, lorsque celle-ci n'a pu être recouvrée, en faire mention, au moment de son renvoi, sur leur sommier de surséances, avec l'indication du comptable consignataire. Ils suivent le recouvrement des sommes comprises dans ces mentions, comme s'il s'agissait d'articles de surséances. Mais avant d'exercer des poursuites ou de prendre des mesures conservatoires, telles que le renouvellement d'inscriptions hypothécaires, ils doivent s'informer près de celui de leurs collègues qui a pris charge de l'extrait de jugement, si le débiteur s'est ou non libéré. — V. n°° 567, 573 et 574.

Les receveurs des finances doivent, *chaque année*, avant d'inscrire au sommier des surséances les articles admis en non-valeurs par le préfet, en clôture d'exercice, s'assurer de la régularité des mentions précitées en les rapprochant de leur carnet des commissions extérieures.

166. — *Démarches personnelles. — Acomptes. (Art. 151 de l'Inst.)* — Lorsque les débiteurs d'amendes, bien que solvables, n'ont pas obtempéré aux avertissements qui leur ont été envoyés, les percepteurs, avant de procéder aux poursuites, doivent tenter de les amener à se libérer, soit par des *démarches personnelles*, soit par l'envoi de *nouveaux avertissements.* Toutefois, s'il s'agit de débiteurs notoirement animés de mauvais vouloir et à l'égard desquels tout acte de bienveillance pourrait produire une influence funeste sur les autres condamnés, il importe de les poursuivre immédiatement.

Du reste, comme le recouvrement des amendes et condamnations pécuniaires est poursuivi sous la responsabilité personnelle des comptables consignataires, une certaine latitude leur est laissée au sujet des mesures à prendre en vue d'amener la libération des condamnés et notamment à l'égard de ceux qui, sans être insolvables, et sans être animés de mauvaise volonté, ne peuvent immédiatement acquitter leur dette. Il leur est recommandé, à cet égard, d'accorder aux débiteurs la facilité de se libérer *par acomptes*, dont les quotités, préalablement déterminées par le comptable, sont successivement payables à des époques convenues avec les redevables.

Pour l'imputation des acomptes, V. n° 534.
En ce qui concerne les acomptes à verser afin de surseoir à la contrainte par corps, V. n° 368.

167. — En ce qui concerne les transactions forestières, aucun acompte ne peut être accepté, la transaction ne pouvant se consommer que par le payement intégral *(art. 171 de l'Inst.)* — V. n° 484.

Fiches individuelles à fournir pour l'application de la loi du 5 août 1899 sur le casier judiciaire. V. n° 862 bis.

CHAPITRE II

SURSIS AU RECOUVREMENT.

168. — *Cas où il est sursis au recouvrement. (Art. 152 de l'Inst.)* — Dans certaines circonstances, les comptables sont tenus de surseoir, soit momentanément, soit définitivement, au recouvrement des amendes ou même de l'intégralité des condamnations prononcées. Cette éventualité se présente dans les cas de recours en grâce, de transactions, de prestations, d'amnistie, de prescription, d'erreur judiciaire et, enfin, d'insolvabilité, ainsi qu'il est expliqué ci-après.

169. — *Recours en grâce. (Art. 153 de l'Inst.)* — L'amende étant une peine, le droit d'en faire la remise *totale ou partielle* appartient exclusivement au Président de la République. Mais la grâce ne peut s'appliquer qu'au condamné lui-même ; elle ne pourrait être accordée aux héritiers du condamné, à l'égard desquels l'amende est considérée non comme une peine, mais comme une dette de succession *(art. 140 et 248).*
Les frais de justice ne sont pas susceptibles d'être remis par voie de grâce. — V. n° 177.

170. — En cas de *transaction* ou de *remise* sur amendes encourues ou prononcées, la gratification de l'agent verbalisateur est toujours réservée. Par suite, le recouvrement peut en être poursuivi contre les condamnés, alors même que ceux-ci se sont pourvus en grâce. *(L. 26 décembre 1890, art. 11 ; Circ. compt. publ. 30 décembre 1890, § 1er ; L. 28 avril 1893, art. 45.)*
En ce qui concerne l'addition des décimes, voir, suivant le cas, n°s 176 et 193.

171. — *(Art. 154 de l'Inst.)* — L'instruction des recours en grâce est faite : 1° par le ministre de la justice, lorsqu'il s'agit de condamnations émanant des tribunaux judiciaires ou de condamnations prononcées pour contraventions aux règlements sur la pêche maritime et côtière ; — 2° par le ministre des travaux publics, pour les condamnations prononcées par les conseils de préfecture en matière de voirie et pour celles concernant la pêche fluviale ; — 3° par le

ministre de la guerre pour les condamnations prononcées par les conseils de guerre ; — 4° par le ministre de la marine pour les condamnations prononcées par les tribunaux maritimes ; — 5° par le ministre des finances *(Administration de l'enregistrement)* pour les contraventions résultant de l'emploi de timbres mobiles ayant déjà servi ; — 6° par le ministre de l'agriculture pour les condamnations forestières et les délits de chasse en forêt et pour les contraventions à la police des irrigations ; 7° par le ministre du commerce et de l'industrie *(Direction générale des postes)* pour les contraventions postales.

171 bis. — Le pouvoir de statuer sur les demandes formées par des redevables à l'effet d'obtenir la remise d'amendes, de droits ou demi-droits en sus par eux encourus, est délégué au directeur général de l'enregistrement lorsque les pénalités qui font l'objet de la demande sont inférieures à 3.000 francs, et aux directeurs départementaux *(Direction départementale)* lorsqu'elles sont inférieures à 500 francs.*(Décr.11 janvier 1897.)*

172. — *(Art. 155 de l'Inst.)* — Les amendes de cinq francs et celles qui sont inférieures à ce chiffre ne font que dans des cas très rares l'objet d'une proposition en remise gracieuse de la part de la chancellerie.

173. — *(Art. 156 de l'Inst.)* — La grâce n'a pas d'effet rétroactif. Elle prend le condamné dans l'état où elle le trouve ; elle dispose pour le présent et pour l'avenir, mais le passé lui échappe. Par suite, il n'y a jamais lieu de restituer une amende acquittée par le condamné, avant qu'il se soit pourvu en grâce *(Avis Cons. d'Et. 3-25 janvier 1807 ; Déc. Just. 28 oct. 1851 et 17 novembre 1881).*

174. — *(Art. 157 de l'Inst.)* — Avant toute instruction des recours en grâce, les départements ministériels qu'ils concernent s'enquièrent si l'amende a été acquittée. A cet effet, le procureur de la République, le préfet ou l'autorité militaire ou maritime, suivant les cas, adressent, *directement* et *en franchise*, au percepteur qui a pris charge de l'amende, une formule conforme au modèle n° 24. Le comptable conserve la première partie de cette formule et il renvoie la seconde partie dans les *vingt-quatre heures* avec les renseignements qu'elle comporte. Il prévient en même temps son chef de service de la suspension des poursuites et prend note de la date du sursis sur son carnet, en regard de l'article consigné.
A défaut de consignation, il réclame immédiatement l'extrait et, en attendant, il tient note de la requête sur un *registre spécial*, afin qu'il soit sursis au recouvrement de l'amende, lorsque l'extrait de jugement lui parviendra.

175. — *(Art. 158 de l'Inst.)* — Les décisions intervenues sur les recours en grâce doivent être notifiées, au moyen des formules conformes au modèle n° 25, aux receveurs des finances qui en accusent réception et en informent les percepteurs. Ceux-ci poursuivent le recouvrement de l'amende si le recours a été rejeté ; dans le cas contraire, l'amende ou la partie d'amende, qui a fait l'objet d'une *décision gracieuse*, est admise en non-valeur en fin d'exercice et figure dans la colonne des annulations.

Avis est donné, à la fin de l'exercice, au trésorier général des décisions intervenues au cours de l'exercice écoulé. Les receveurs des finances se servent à cet effet de la formule n° 23, qui sert de titre de perception.

Ce mode d'opérer est également suivi en cas de *commutation* de peine.

S'il n'est pas intervenu de décision dans les *trois mois* du recours en grâce, la direction générale de la comptabilité publique doit être informée de ce retard pour qu'elle puisse le signaler au ministre chargé de l'instruction du recours.

176. — *(Art. 159 de l'Inst.)* — Toute décision gracieuse à l'égard du principal de l'amende s'applique de plein droit aux *décimes* y afférents. Par suite, lorsqu'il est fait remise gracieuse d'une portion de l'amende, la grâce s'étend aux décimes correspondants. Toutefois, lorsqu'une loi d'amnistie réduit l'amende à la *part réservée aux agents* verbalisateurs par la loi de finances du 13 avril 1898, art. 84, cette part seule doit être mise en-recouvrement, sans addition de décimes. Il y a présomption, en effet, dans ce cas, que le pouvoir législatif a entendu faire remise aux débiteurs de toutes les sommes revenant au Trésor. *(Circ. compt. publ., 8 mai 1899, § 4.)* — V. n° 170.

En ce qui concerne les transactions sur délits de pêche ou de chasse en forêt, V. n° 193.

177. — *(Art. 160 de l'Inst.)* — Quant aux *frais de justice*, ils ne sont pas susceptibles d'être remis par voie de grâce ; la condamnation est en effet, prononcée, non à titre de peine mais comme remboursement des avances faites par le Trésor. Or le ministre des finances n'étant qu'administrateur des droits et actions de l'État ne peut en aucun cas aliéner les droits appartenant à celui-ci. L'abandon des frais de justice ne pourrait donc être autorisé que législativement.

Conséquemment, les percepteurs, malgré l'existence d'un recours en grâce, doivent poursuivre le recouvrement des frais de justice, celui des dommages-intérêts et des frais de réparations alloués à l'État, aux départements et aux communes. — V. n° 412.

178. — *Transactions forestières.* — *Principes généraux. (Art. 161 à 165 de l'Inst.)* — Ces articles concernent l'administration des forêts.

179. — *Transactions avant jugement et avant signification et citation.* — *(Art. 166 de l'Inst.)* — Les transactions avant jugement et avant signification et citation procèdent de *l'initiative des agents forestiers*.

L'agent forestier chef du cantonnement, en adressant à l'inspecteur, chaque quinzaine, les procès-verbaux des délits dressés pendant la quinzaine précédente, y joint un état contenant ses propositions relatives aux délits et contraventions sur lesquels ils estime qu'il y a lieu de transiger avant la signification des procès-verbaux *(Arr. min. 30 janvier 1860, art. 1er)*. Dans la huitaine, l'inspecteur donne son avis sur les propositions du chef de cantonnement et transmet ses propositions de transactions au conservateur, qui statue dans les cinq jours et adresse sa décision à l'inspecteur *(id., art. 2)*.

180. — *(Art. 167 de l'Inst.)* — Immédiatement la décision est portée par l'inspecteur à la connaissance du receveur particulier de l'arrondissement, au moyen d'un bulletin divisé en deux parties, dont la première contient l'avis de la décision avec le détail des sommes à encaisser, ainsi que la matière de l'infraction et le lieu où elle a été commise, et dont la seconde est destinée à faire connaître à l'inspecteur des forêts si ces sommes ont été ou non acquittées.

181. — *(Art. 168 de l'Inst.)* — Le receveur des finances, à la réception des bulletins de transactions, leur donne un numéro d'ordre, en inscrit le montant sur un *carnet spécial (Modèle n° 12)* dit *carnet des transactions forestières*, et les transmet ensuite au percepteur chargé d'en opérer le recouvrement.

182. — *(Art. 169 de l'Inst.)* — Le percepteur, de son côté, prend charge sur un carnet identique *(Modèle n° 12)* du montant de la transaction et fait près des débiteurs les démarches officieuses nécessaires pour en obtenir le payement. Il n'a pas, en effet, comme nous l'avons vu *(art. 145)*, à adresser d'avertissements aux parties qui les reçoivent directement des mains des agents forestiers.

183. — *(Art. 170 de l'Inst.)* — Le carnet *spécial des transactions forestières* est tenu par année par les receveurs des finances et par les percepteurs.

184. — *(Art. 171 de l'Inst.)* — Toute transaction offerte par l'administration des forêts avant signification du procès-verbal est réputée non avenue, lorsque cette offre n'a pas été acceptée et la transaction exécutée dans les *trente jours* qui suivent la décision du conservateur *(Idem, art. 4)*.

Aucun acompte ne peut être accepté, la transaction ne pouvant se consommer que par le payement intégral.

Dans les *cinq jours* après l'expiration du

délai de trente jours ci-dessus, et alors même que le bulletin ne serait parvenu que depuis quelques jours seulement, le percepteur fait connaître à l'inspecteur, par l'entremise de la recette des finances, si le délinquant a payé ou non le montant des sommes mises à sa charge. Il renvoie, à cet effet, la deuxième partie du bulletin susmentionné revêtue des annotations qu'elle comporte (Idem, art. 5).

Ces délais doivent être *rigoureusement* observés, en vue de prévenir la prescription édictée par l'article 185 du Code forestier.

Les percepteurs sont autorisés, d'ailleurs, à recevoir les sommes qui leur sont offertes par les débiteurs avant l'arrivée des bulletins de transaction (*art. 137*). Ils mettent alors sur leur carnet une mention de référence leur permettant de constater le payement, dès que le receveur des finances leur aura donné avis de la transaction consentie par l'administration des forêts.

185. — (*Art. 172 de l'Inst.*) — A défaut de payement, l'inspecteur passe outre aux poursuites. Si, au contraire, la transaction a été payée, l'inspecteur la consigne sur un sommier spécial, qu'il tient contradictoirement avec celui du receveur des finances (*Id.*, *art. 5*).

186. — *Transactions avant jugement, mais après signification et citation. (Art. 173 de l'Inst.)* — Après la signification des procès-verbaux, les demandes, formées pour obtenir une transaction avant jugement, sont adressées au conservateur, qui, après les avoir fait instruire par les agents locaux, statue à leur égard et fait parvenir sa décision aux parties intéressées. Le percepteur en est informé par l'inspecteur, au moyen du bulletin précité et par l'entremise du receveur particulier, qui en prend charge sur le sommier de l'arrondissement. L'inspecteur fixe le délai dans lequel la transaction doit être exécutée et à l'expiration duquel le percepteur renvoie, comme il est dit ci-dessus, la deuxième partie du bulletin (*art. 171*). A défaut de payement, l'inspecteur procède aux poursuites (*Arr. min. 30 janvier 1860, art. 7 et 8*), mais il a la faculté de proroger le délai primitivement fixé. Le comptable se conforme aux décisions qui lui sont transmises, sans pouvoir lui-même accorder aucun délai aux parties.

187. — *Transactions après jugement. (Art. 174 de l'Inst.)* — Dès qu'une demande en transaction après jugement ou en remise de condamnations est adressée au conservateur, il la transmet pour instruction à l'inspecteur. Celui-ci remet au receveur particulier, pour être envoyé au percepteur, un bulletin, afin de savoir si les condamnations ont été acquittées. Le percepteur renvoie immédiatement, par l'entremise du receveur particulier, la deuxième partie de ce bulletin avec les renseignements

qu'elle comporte et en ayant soin de faire connaître le montant des frais de poursuites déjà exposés et dus. Il *suspend* ensuite les poursuites contre le condamné qui a fait une demande en transaction ou en remise (*Décis. min. 4 avril 1851*), jusqu'à ce qu'il ait été statué sur cette demande.

188. — (*Art. 175 de l'Inst.*). — Si les condamnations ont été acquittées, la demande est renvoyée au conservateur avec le certificat du percepteur et l'attestation du chef de service des forêts, constatant qu'il a été donné avis au pétitionnaire que sa demande n'était pas susceptible d'être accueillie.

Lorsque les condamnations n'ont pas été acquittées ou ne l'ont été qu'en partie, le chef de service fait un rapport au conservateur.

189. — (*Art. 176 de l'Inst.*) — La décision du conservateur est alors notifiée au délinquant et avis en est donné par l'inspecteur au receveur particulier des finances, qui, après en avoir consigné le montant sur le sommier de l'arrondissement, transmet le bulletin au percepteur pour en assurer le recouvrement. Ce bulletin doit porter une mention qui avertisse le percepteur qu'il est destiné à remplacer l'extrait de jugement dont il a déjà pris charge. Il importe, en effet d'empêcher le percepteur de poursuivre le débiteur en vertu de deux titres concernant une même contravention (*Art. 84*).

190. — (*Art. 177 de l'Inst.*) — Les transactions après jugement ne sont pas soumises au délai de trente jours prévu à l'article 171 pour les transactions avant signification du procès-verbal. C'est au conservateur, au directeur des forêts ou au ministre d'apprécier le temps qu'on peut accorder au débiteur pour se libérer. Toutefois ce délai ne peut excéder *trois mois*.

Un délai complémentaire d'*un mois* au maximum peut cependant être encore accordé, mais par le trésorier payeur-général, sous sa responsabilité personnelle et sur la proposition du percepteur chargé du recouvrement. Dans ce cas, le trésorier général doit immédiatement donner avis au conservateur de la prolongation de délai qu'il a consenti, et la notification de cette mesure est faite à l'intéressé par les soins du percepteur.

191. — (*Art. 178 de l'Inst.*) — Le non-payement de la transaction après jugement dans le délai fixé n'emporte la déchéance du bénéfice de la mesure qu'autant que la décision rendue par le conservateur, le directeur ou le ministre, stipule formellement que, « faute d'avoir rempli la condition prescrite dans le délai imparti, la transaction sera non avenue, sans qu'aucune mise en demeure préalable, ni même un simple avertissement, soit nécessaire » (*Décis. min. 29 novembre 1876*).

192. — *Transactions réservées à l'approbation du directeur des forêts ou du ministre. (Art. 179 de l'Inst.)* — Les transactions qui ne deviennent définitives que par l'approbation du directeur des forêts ou du ministre n'ont lieu que *sur la demande des parties*.

La notification des *transactions avant jugement* est faite d'après le mode tracé par les articles 166 à 173 ci-dessus pour les transactions avant jugement, qui deviennent définitives par l'approbation du conservateur.

Quant aux transactions après jugement, la marche suivie pour les demandes de cette nature est la même que celle qui a été indiquée aux articles 174 à 178 ci-dessus, pour les transactions soumises à l'approbation du conservateur. La décision du ministre ou celle du directeur des forêts est notifiée par le conservateur à l'inspecteur et par celui-ci au receveur particulier des finances, qui procède alors comme il est dit ci-dessus.

193. — *(Art. 180 de l'Inst.)* — On doit toujours *réserver* dans le règlement des transactions sur délits de pêche ou de chasse en forêt, outre les frais, une somme égale au montant de la gratification allouée aux agents verbalisateurs par l'article 84 de la loi de finances du 13 avril 1898 (V. n° 464).

La remise d'une fraction de l'amende par voie de transaction entraîne, nécessairement, l'abandon des décimes correspondants ; mais la portion de l'amende qui est laissée à la charge du condamné doit être mise en recouvrement avec addition des décimes. *(Circ. compt. publ., 8 mai 1899, § 4.)*

Les prescriptions qui précèdent ne sont pas applicables aux délinquants insolvables qui ont été autorisés à se libérer au moyen de prestations en nature. *(Circ. compt. publ., 8 mai 1899, § 3.)* — V. n° 409.

194. — *Conversion en prestations des peines et réparations pécuniaires encourues ou prononcées. (Art. 181 de l'Inst.)* — L'administration des forêts peut admettre les délinquants insolvables à se libérer des amendes, réparations civiles et frais, au moyen de *prestations en nature*, consistant en travaux d'entretien et d'amélioration dans les forêts ou sur les chemins vicinaux. Cette mesure transactionnelle, appliquée régulièrement dans toutes les conservations, présenterait de sérieux avantages. Aussi l'administration centrale recommande-t-elle aux comptables de s'entendre avec l'administration des forêts pour qu'elle impose aux condamnés insolvables l'obligation de se libérer au moyen de prestations en nature, toutes les fois que cette mesure pourra être appliquée.

195. — *(Art. 182 de l'Inst.)* — Les prestations sont acquittées d'après le taux fixé par le conseil général pour la valeur des *journées* de prestation. Elles peuvent également être fournies en *tâches*. Si les prestations n'ont pas lieu dans le délai fixé par les agents forestiers, il est passé outre à l'exécution des poursuites *(C. for., art. 210 ; L. 18 juin 1859)*.

196. — *(Art. 183 de l'Inst.)* — Sont seuls admis à se libérer au moyen de prestations en nature les délinquants forestiers portés sur l'*état des insolvables*, et ceux dont l'insolvabilité aura été constatée à la diligence du percepteur, sur l'avis des agents forestiers *(Arr. min. 27 décembre 1861, art. 1er)*. Toutefois, cette mesure ne saurait être subordonnée au paiement, en numéraire du montant de la gratification due à l'agent verbalisateur *(Circ. compt. publ. 8 mai 1899, § 3)*.

197. — *Conversion en prestations des condamnations encourues avant la signification du procès-verbal. (Art. 184 de l'Inst.)* — Cet article rentre dans les attributions de l'administration des forêts.

198. — *Conversion en prestations, soit des peines encourues après signification du procès-verbal et avant jugement, soit des condamnations prononcées par jugement. (Art. 185 de l'Inst.)* — Idem.

199. — *Avis aux parties. (Art. 186 de l'Inst.)* — Idem.

200. — *Compte rendu des travaux de prestations. (Art. 187 de l'Inst.)* — Idem.

201. — *Avis aux receveurs des finances et aux percepteurs. (Art. 188 de l'Inst.)* — Les receveurs des finances et les percepteurs, étant chargés du recouvrement des amendes, réparations civiles et frais résultant des condamnations prononcées, doivent être mis en demeure d'arrêter ou de continuer les poursuites en temps opportun. A cet effet, les décisions du conservateur sur la conversion en prestations des condamnations prononcées sont notifiées par l'inspecteur forestier chef de service au receveur des finances, qui les porte à la connaissance des percepteurs.

L'inspecteur informe également les percepteurs, par l'entremise de la recette particulière, soit de la déchéance encourue par l'insolvable pour cause d'inexécution du travail, de désobéissance ou de malfaçon, soit de la réduction proportionnelle que les condamnations prononcées ou les transactions consenties doivent subir par suite du travail qui aurait été accompli.

202. — *(Art. 189 de l'Inst.)* — Les receveurs des finances et les percepteurs, sur l'avis qu'ils reçoivent du trésorier général au vu de l'état formé par le conservateur *(Arr. min. 27 décembre 1861, art. 10)* pour la libération, au moyen de prestations, des condamnations prononcées ou des transactions consenties, annotent les articles correspondants sur le *carnet spécial des transactions forestières (art. 168)*, et sur leurs sommiers ou carnets, afin d'en obtenir l'admission en non-valeur à la fin de l'exercice.

203. — *(Art. 190 de l'Inst.)* — Les trésoriers généraux n'ont plus besoin d'adresser à la fin de chaque exercice, un bordereau détaillé *(modèle n° 13)* des recouvrements sur condamnations et transactions forestières effectués dans leur département pendant l'exercice expiré. *(Circ. compt. publ. 9 août 1904, § 9.)*

204. — *(Art. 191 de l'Inst.)* — Les dispositions de la loi du 18 juin 1859 et du règlement d'administration publique du 24 décembre suivant, concernant les transactions et prestations autorisées en matière forestière, sont applicables aux délits et contraventions en matière de *grande voirie, de pêche maritime ou de pêche fluviale (Décret 7 septembre 1870)*.

Toutefois l'administration centrale s'est réservé à elle seule le droit de transiger.

205. — *Amnistie.* — *(Art. 192 de l'Inst.)* — L'amnistie est un acte souverain, émanant du Parlement, qui couvre de l'oubli certains crimes, certains délits, certains attentats *spécialement* désignés, et qui ne permet plus aux tribunaux d'exercer aucune poursuite contre ceux qui s'en sont rendus coupables.

L'amnistie ne s'étend ni aux *sommes recouvrées*, attendu qu'elle n'a pas d'effet rétroactif, ni en général aux *frais de justice*. Ces frais représentent, en effet, des avances faites par le Trésor et, par suite, celui-ci doit, à leur égard, être considéré comme un tiers, dont les droits doivent toujours être respectés, à moins d'une stipulation expresse du législateur *(art. 388)*. — V. n° 176.

206. — *Loi du 26 mars 1891 sur l'atténuation et l'aggravation des peines. (Art. 193 de l'Inst.)* — Le recouvrement des amendes prononcées par les tribunaux peut être suspendu lorsque les juges, par application de la loi du 26 mars 1891 sur l'atténuation et l'aggravation des peines, ordonnent qu'il sera sursis à l'exécution de la peine.

Toutefois, cette disposition suspensive n'est pas applicable aux amendes prononcées pour délits prévus et punis par le Code forestier *(Arr. Cass. 22 décembre 1892)*, non plus qu'à celles résultant de jugements rendus par les tribunaux de simple police *(Arr. Cass. 25 mars 1892)*, ni aux délits de chasse commis dans les bois soumis au régime forestier *(Arr. cour Cass., 28 janvier 1897)*, ni enfin, en ce qui concerne les peines d'amendes prononcées pour délits de pêche fluviale *(Arr. Cass. 9 janv. 1903)*.

207. — *(Art. 194 de l'Inst.)* — Les greffiers sont, dans ce cas, tenus de mentionner, dans le corps de l'extrait, le montant de l'amende encourue, ainsi que la suspension prononcée par le tribunal; mais ils doivent s'abstenir de faire figurer cette amende dans les *éléments financiers*, dont le détail, inscrit en marge de l'extrait, constitue le débet recouvrable sur le condamné *(art. 40; Cir. Just. 16 janvier 1892)*.

208. — *(Art. 195 de l'Inst.)* — Si le condamné est convaincu de *récidive avant l'expiration du délai de cinq ans*, à dater du jugement ou de l'arrêt qui lui a accordé le bénéfice de la suspension de la peine, il est poursuivi pour le recouvrement des deux peines. Toutefois la récidive n'entraîne la déchéance du sursis que si elle résulte d'une condamnation à l'emprisonnement ou à une peine plus grave. *(Cir. compt. publ., 20 mars 1899, § 5.)*

209. — *(Art. 196 de l'Inst.)* — Afin que les comptables soient mis à même de recouvrer l'amende, dont le payement primitivement suspendu devient exigible *par le seul fait* de la constatation de la récidive, le garde des sceaux a donné aux procureurs généraux les instructions nécessaires pour qu'un avis de la révocation de sursis soit adressé aux receveurs des finances par le parquet du lieu de la condamnation dont l'exécution s'est trouvée suspendue. Les parquets emploient à cet effet, une formule intitulée *avis de récidive*, conforme au modèle n° 26. Les receveurs des finances détachent la première partie de cette formule et la font parvenir au percepteur chargé d'assurer le recouvrement. Ils renvoient ensuite la seconde partie aux parquets expéditeurs dans les *vingt-quatre heures* de la réception *(Circ. Just. 16 janvier 1892)*. Inscription est faite du montant des avis de récidive sur la formule modèle n° 23, qui sert de titre de perception.

210. — *(Art. 197 de l'Inst.)* — La prise en charge de l'amende dont le recouvrement avait été suspendu, est faite en vertu du susdit avis de révocation du sursis. Les percepteurs doivent, en outre, avoir soin, toutes les fois qu'il sera possible, de mettre en regard du nouvel article ainsi consigné une mention de référence à l'extrait du jugement qui avait prononcé la suspension de l'amende et qui en avait fixé le *quantum*.

210 bis. — *Des effets du sursis accordé à l'un des co-auteurs d'un même délit condamnés à des amendes solidaires.* — Le condamné dont la peine est suspendue ne peut être poursuivi pour le recouvrement des amendes prononcées contre ses co-condamnés solidaires.

Ces derniers, de leur côté, ne peuvent être contraints, en vertu de la solidarité, au payement de l'amende de celui qui a obtenu le bénéfice de la loi Bérenger.

Les comptables doivent donc s'abstenir de réclamer aucune amende au condamné qui a obtenu le bénéfice du sursis, et se borner à poursuivre contre ses co-condamnés le recouvrement des amendes solidaires qui sont personnelles à ces derniers.

Il est bon d'ajouter que, dans le cas où le sursis viendrait à être révoqué, la solidarité reprendrait son effet d'une façon complète et vis-à-vis de tous les condamnés. Par suite, le Trésor se trouverait en droit de réclamer tant au condamné déchu du sursis qu'à ses co-condamnés le payement de la totalité des amendes solidaires restant à recouvrer. *(Circ. compt. publ., 20 mars 1899, § 4.)*

211. — *Erreur judiciaire. (Art. 198 de l'Inst.)* — Lorsqu'un jugement ou arrêt est devenu définitif, il ne peut plus être réformé et il doit être exécuté.

Mais le ministre des finances, sur l'avis que lui donne le garde des sceaux que ledit jugement ou arrêt est entaché d'erreur *manifestement constatée par la chancellerie*, et qu'il y a des raisons sérieuses pour qu'il ne fasse pas l'objet d'un *pourvoi en revision*, peut autoriser le comptable consignataire à demander l'admission en non-valeur des condamnations dues au Trésor.

Si la condamnation résultant d'une erreur judiciaire *reconnue par le garde des sceaux* a été recouvrée, le remboursement peut en être autorisé par le ministre des finances.

212. — *Prescription. (Art. 199 de l'Inst.)* — En matière criminelle, correctionnelle et de police, il y a deux sortes de prescriptions : la *prescription de l'action publique* et la *prescription de la peine.*

213. — *Prescription de l'action publique. (Art. 200 de l'Inst.)* — Le droit commun pour la prescription de l'action publique réside dans les articles 637, 638 et 640 du Code d'instruction criminelle, d'après lesquels la durée de l'action est respectivement de *dix ans* (crimes), de *trois ans* (délits) ou de *un an* (contraventions), selon qu'il s'agit d'une affaire criminelle, correctionnelle ou de police.

Des lois spéciales ont fixé, en certaines matières, un délai plus court. Ce sont notamment : la loi du 3 mai 1844 *(art. 29)* sur la *chasse*, qui fixe la durée de cette prescription à *trois mois*; la loi du 15 avril 1829 *(art. 62)* sur la *pêche fluviale*, aux termes de laquelle les actions en réparation se prescrivent par *un mois*, à compter du jour où les délits ont été constatés, lorsque les prévenus sont désignés dans les procès-verbaux, et par *trois mois*, à compter dudit jour; le Code forestier, dont l'article 185 est ainsi conçu : « Les actions en réparation de délits et contraventions en *matière forestière* se prescrivent par *trois mois*, à compter du jour où les délits et contraventions ont été *constatés*, lorsque les prévenus ont été désignés dans les procès-verbaux.

Dans le cas contraire, le délai de prescription est de *six mois*, à compter du même jour, etc. »

214. — *(Art. 201 de l'Inst.)* — La prescription de l'action publique s'accomplit fatalement à *l'expiration du terme* fixé pour sa durée. Elle court du jour où l'infraction a été commise, même lorsqu'il y a eu procès-verbal, saisie, instruction, poursuite ou même jugement ou arrêt par défaut, lequel, avant la signification, n'a que la valeur d'un acte interruptif *(C. inst. crim., art. 640; Arr. Cons. d'État 6 juin 1844).*

L'action publique s'éteint aussi par le *décès de l'inculpé*, lorsque celui-ci meurt avant qu'il ait été statué sur l'opposition, l'appel ou le pourvoi en cassation *(C. inst. crim., art. 2).* La circonstance que la condamnation n'a pas acquis force de chose jugée suffit pour que la mort du prévenu anéantisse l'action publique.

215. — *(Art. 202 de l'Inst.)* — Après la prescription de l'action publique, les jugements susceptibles d'opposition, d'appel ou de cassation, sont censés non avenus. Les articles consignés en vertu de ces jugements au carnet des percepteurs et au sommier des recouvrements des finances ne doivent donc pas être portés au sommier des surséances, mais être *annulés*.

216. — *Prescription de la peine. (Art. 203 de l'Inst.)* — Les délais de la prescription varient suivant qu'il s'agit de condamnations pénales (amendes et confiscations), ou de condamnations civiles (frais de justice, restitutions et dommages-intérêts).

217. — 1° *Condamnations pénales. (Art. 204 de l'Inst.)* — Toutes condamnations pénales, la prison aussi bien que l'amende et la confiscation, se prescrivent, savoir :

En matière *criminelle*, par *vingt ans (C. inst. crim., art. 635);*

En matière *correctionnelle*, par *cinq ans* (art. 636);

En matière de *simple police*, par *deux ans* (art. 639);

En matière de *roulage*, par *un an*, quand la condamnation a été prononcée par un conseil de préfecture, et par *deux ans*, si l'affaire a été portée devant un juge de paix. Mais la prescription est de *cinq ans* pour les condamnations résultant de fausses indications sur la plaque ou de fausses déclarations de nom et de domicile *(L. 30 mai 1851, art. 27).*

La nature de la condamnation est déterminée, non par la juridiction qui a prononcé la peine, mais par la *qualification* donnée par le Code pénal à l'acte sur lequel la condamnation est motivée. Par suite, une cour d'assises peut prononcer des peines correctionnelles se prescrivant par cinq ans, et un tribunal correctionnel peut prononcer des peines de simple police.

La prescription court, non de la date du jugement, mais du jour où la condamnation a acquis force de chose jugée en devenant définitive *(dies a quo)*. Toutefois elle court de la date de l'arrêt quand la condamnation a été prononcée *par contumace*.

218. — *Interruption. (Art. 205 de l'Inst.)* — En matière pénale, la prescription ne peut être interrompue que *par une exécution directe*, soit sur les biens du condamné par voie de saisie, soit sur sa personne par voie de contrainte par corps *(Arr. Cass. 17 juin 1835)*. Un acte de procédure (commandement) ne serait donc pas suffisant pour interrompre la prescription d'une amende.

219. — *Renonciation. (Art. 206 de l'Inst.)* — Enfin, de ce que la prescription est une exception d'ordre public, qui doit être suppléée d'office par le juge *(Cass. 7 avril 1854 et 1er mars 1855)*, il résulte qu'en matière pénale, le condamné ne peut y renoncer ni directement ni indirectement *(Lettre Just. 14 sept. 1885)*.

C'est un principe absolu, auquel le débiteur ne pourrait s'engager à déroger, même par acte notarié.

220. — 2° *Condamnations civiles. (Art. 207 de l'Inst.)* — En matière de condamnations civiles (restitutions, dommages-intérêts et frais de justice), la prescription est de *trente ans*, quelles que soient la gravité de l'acte incriminé et la juridiction qui ait prononcé le jugement *(C. civ., art. 2262 ; C. inst. crim., art. 642)*. Le délai de trente ans court du jour où les condamnations sont devenues irrévocables, ou à partir du dernier acte de procédure.

Les amendes de cassation participent de la nature des frais de justice et se prescrivent par trente ans, quelle que soit la juridiction qui ait prononcé la condamnation primitive. *(Circ. compt. publ. 25 avril 1904, § 5)*.

221. — *Interruption. (Art. 208 de l'Inst.)* — Cette prescription peut être interrompue civilement par un commandement ou une saisie-arrêt, signifiés à celui qu'on veut empêcher de prescrire *(C. civ., art. 2244)*.

222. — *Renonciation. (Art. 209 de l'Inst.)* — Il est, en outre, à remarquer qu'en matière de condamnations civiles, le débiteur peut toujours renoncer au bénéfice de la prescription.

223. — *(Art. 210 de l'Inst.)* — De ces principes généraux découlent certaines règles d'application générale exposées ci-après :

1° *Payement spontané de sommes prescrites.* — Les comptables ne peuvent en aucun cas, réclamer et encore moins poursuivre le payement des frais de justice [1] couverts par la prescription. Mais lorsque des versements

[1] Le versement d'amendes et confiscations ne doit jamais être accepté, conformément à l'article 208 ci-dessus.

de cette nature sont spontanément offerts par des débiteurs déclarant, soit renoncer à la prescription, soit avoir un intérêt à se libérer (en cas de réhabilitation, par exemple), les percepteurs peuvent les accepter, sauf à prévenir les parties de la situation dans laquelle elles se trouvent et à en faire mention sur la quittance à souche qu'ils leur remettent. Ces recettes sont portées au compte : *Recettes accidentelles*.

224. — 2° *Acompte. (Art. 211 de l'Inst.)* — Le payement d'un acompte interrompt certainement la prescription quand il s'agit de condamnations civiles, et la Chancellerie, dans deux lettres des 14 septembre 1885 et 28 juin 1887, a émis l'opinion qu'en ce qui concerne les condamnations pénales (amendes), le versement d'un acompte est également interruptif de prescription. Chaque payement partiel constitue, en effet, un acte d'exécution, qui doit, dès lors, avoir nécessairement pour effet d'interrompre la prescription.

Mais pour produire ce résultat, il importe que le payement soit constaté par une *reconnaissance du débiteur* ; une simple mention de versement d'un acompte, mise sur les registres du percepteur, ne serait pas suffisante, car le débiteur pourrait accuser le comptable d'avoir interrompu la prescription par un versement fictif. Toutefois un bordereau de versement signé par le débiteur, avec indication qu'il entend affecter à la condamnation le montant de la somme versée, peut suffire pour atteindre ce but.

Aux termes de l'article 2248 du Code civil, le versement d'un acompte n'est même pas nécessaire ; il suffit que le débiteur ait expressément reconnu le droit de celui contre lequel il prescrivait.

225. — 3° *Prélèvement sur pensions ou traitements. (Art. 212 de l'Inst.)* — En ce qui concerne *l'amende*, les prélèvements de retenues opérées en vertu d'une décision administrative, soit sur les pensions servies par le Trésor, soit sur les traitements des légionnaires et des médaillés militaires, interrompent la prescription. La Chancellerie estime, en effet, qu'on doit reconnaître le caractère d'un acte d'exécution à cette saisie. Mais il conviendrait de la renouveler avant l'expiration d'un nouveau délai de prescription, au moyen d'une nouvelle décision de prélèvement.

Lorsqu'il s'agit de *frais de justice* et autres condamnations civiles, cette mesure n'est pas exigée ; dans ce cas, l'interruption se trouve réitérée par chaque prélèvement, sans qu'il soit besoin d'une nouvelle décision du ministre ou du grand chancelier autorisant la saisie.

226. — 4° *Contumace. (Art. 213 de l'Inst.)* — La prescription des condamnations encourues par un *contumax* peut également être interrompue par une *saisie administrative*. A cet effet, le percepteur qui a reçu, pour le recouvrer, un extrait d'arrêt rendu par contumace, doit aussitôt adresser au receveur des domaines chargé du séquestre un avertissement, à titre de saisie administrative, indiquant, conformément aux instructions, les sommes dues au Trésor et à la caisse où elles doivent être payées. Prévenu par cet avis, le receveur des domaines doit veiller à ce que les sommes disponibles soient liquidées par le préfet et versées au percepteur.

Il importe toutefois que la saisie administrative soit renouvelée, par les soins du percepteur, en temps utile pour éviter les effets d'une nouvelle prescription.

227. — 5° Tiers. (Art. 211 de l'Inst.) — La saisie administrative, qui est interruptive de la prescription à l'égard des débiteurs, l'est aussi relativement aux *tiers*, c'est-à-dire relativement aux créanciers du débiteur, à ses cautions, ou à ses codébiteurs solidaires *(Lettre Just. 1 28 Juin 1887).*

1. En ce qui concerne les codébiteurs et la caution, il est évident, dit la Chancellerie, en présence des articles 2249 et 2250 du Code civil, que la reconnaissance de la dette, résultant d'un payement partiel effectué par le débiteur pendant le cours de la prescription, aurait pour effet d'interrompre la prescription à leur égard.

Quant aux créanciers, il est également certain qu'en dehors des hypothèses prévues par les articles 1167 et 1242 du même Code, ils ne seraient pas fondés à critiquer la validité d'un pareil payement. Le créancier entre les mains duquel il a été réalisé pourrait le leur opposer et se prévaloir de l'interruption de prescription qu'il a produite. D'ailleurs, l'effet interruptif étant opposable à la caution et aux codébiteurs solidaires doit, *a fortiori*, pouvoir être invoqué contre les créanciers.

Ce raisonnement est applicable en cas de saisie administrative, puisque, conformément à l'opinion de la Chancellerie (14 septembre 1885), cette saisie doit être entièrement assimilée, au point de vue de la prescription, à un acte d'exécution (art. 212 ci-dessus) de la dette, et doit, par conséquent, produire les mêmes effets.

228. — 6° Pécule des détenus. (Art. 215 de l'Inst.) — La saisie administrative, qui aux termes du décret du 22 octobre 1885, peut frapper le pécule disponible des détenus des maisons centrales, interrompt également la prescription.

L'interruption, dans ce cas, part du jour où le greffier-comptable de la maison centrale a été informé par le ministère des finances du montant du débet du détenu et a été mis par là, en demeure d'y appliquer, tant les sommes appartenant au détenu et ne provenant pas de son travail, que le reliquat de son pécule disponible *(Décr. 22 octobre 1885).*

La saisie administrative doit alors être renouvelée, par les soins du percepteur, avant l'expiration des délais d'une nouvelle prescription.

229. — 7° Transportés. (Art. 216 de l'Inst.) — Aux termes des instructions données par le ministère des colonies aux commandants de la Nouvelle-Calédonie et de la Guyane française, le Trésor n'est admis à faire valoir ses droits sur les biens (pécule ou concession) que possèdent les condamnés dans la colonie pénitentiaire où ils ont été transportés, que lorsqu'ils sont concessionnaires définitifs ou après leur libération ou leur décès.

Mais la prescription des amendes et condamnations pécuniaires, due par cette catégorie de redevables, peut toujours être interrompue par une saisie administrative, notifiée par l'entremise du ministère des colonies aux gouverneurs de ces colonies pénitentiaires, chargés de prévenir ou leur décès.

L'effet de cette interruption s'étend alors non seulement aux biens dont les condamnés sont concessionnaires dans la colonie, mais encore à ceux qu'ils peuvent posséder en France.

A cet égard, il est bon de faire remarquer que les dispositions restrictives du ministère des colonies. qui ne permettent le prélèvement qu'au décès des transportés, ne s'appliquent pas aux biens qu'ils détiennent à quelque titre que ce soit, en dehors de la colonie pénitentiaire. Ces biens sont régis par le droit commun et, par suite, le Trésor peut, s'il y a lieu, faire valoir sur eux ses droits de créancier, même du vivant des transportés et avant leur libération.

230. — 8° Failli concordataire. (Art. 217 de l'Inst.) — En cas de concordat, les comptables ne peuvent procéder, à l'égard du failli, par voie de commandement ni de saisie, avant l'expiration des délais qui lui ont été accordés (C. comm., art 587). Une citation en justice ayant pour but d'obtenir une reconnaissance de dette interruptive de prescription ne serait pas non plus recevable de leur part.

Nota. — En l'absence de toute décision judiciaire sur ce point, la Chancellerie estime que, lorsque le failli concordataire a obtenu de ses créanciers des délais assez longs pour que l'amende à laquelle il a été condamné soit prescrite avant l'expiration des délais, il y a lieu d'appliquer l'article 2257 du Code civil sur la suspension de prescription. Le concordat a eu pour effet de changer l'époque de l'exigibilité de la dette du condamné vis-à-vis du Trésor en le reportant à terme. Elle est donc devenue une *créance à terme*, telle que celle que prévoit le paragraphe 3 dudit article et contre laquelle, dès lors, la prescription ne peut courir *(Lettre Just. 28 juin 1887)*. — V. n° 237 et suiv.

231. — 9° Héritiers. (Art. 218 de l'Inst.) — La prescription trentenaire s'applique à toutes les dettes civiles pour lesquelles la loi n'a pas édicté de disposition spéciale. A ce titre, elle atteint les *amendes* dues à titre successoral, à cause du caractère civil que prennent toutes les dettes de succession (art. 110, 153).

Le point de départ des trente ans est le jour de la mort du condamné *(Lettre Just. 23 août 1886).*

A l'égard des frais de justice qui ont le caractère de dette civile du vivant même du condamné, la prescription trentenaire court du jour où la condamnation est devenue définitive, aussi bien à l'égard des héritiers du condamné qu'à l'égard du condamné lui-même (*Lettre Just. 20 janvier 1894*).

232. — *Insolvabilité des condamnés.* (*Art. 219 de l'Inst.*) — En cas d'insolvabilité du condamné, les percepteurs suspendent le recouvrement des sommes dont il est débiteur. Il est justifié en fin d'exercice de cette insolvabilité, et les articles y relatifs sont mis en surséances indéfinies. — V. n°ˢ 553 et 566.

CHAPITRE III

CONSERVATION DU PRIVILÈGE DU TRÉSOR.

233. — *Privilège du Trésor.* (*Art. 220 de l'Inst.*) — Le privilège reconnu au profit du Trésor par l'article 2098 du Code civil pour le remboursement des *frais de justice* a été réglé par la loi du 5 septembre 1807, ainsi conçue :

« Article premier. En conséquence de l'article 2098 du Code civil, le privilège du Trésor public est réglé de la manière suivante, en ce qui concerne le remboursement des frais dont la condamnation est prononcée à son profit, en matière criminelle, correctionnelle et de police.

» Art. 2. Le privilège du Trésor public sur les meubles et effets mobiliers des condamnés ne s'exercera qu'après les autres privilèges ci-après mentionnés, savoir :

» 1° Les privilèges désignés aux articles 2101 et 2102 du Code civil ;

» 2° Les sommes dues pour la *défense personnelle* du condamné, lesquelles, en cas de contestation de la part de l'administration des domaines, seront réglées d'après la nature de l'affaire par le tribunal qui aura prononcé la condamnation.

» Art. 3. Le privilège du Trésor public sur les biens immeubles des condamnés n'aura lieu qu'à la charge de l'inscription *dans les deux mois*, à dater du jour du jugement de condamnation ; passé lequel délai, les droits du Trésor public ne pourront s'exercer qu'en conformité de l'article 2113 du Code civil.

» Art. 4. Le privilège mentionné dans l'article 3 ci-dessus ne s'exercera qu'après les autres privilèges et droits suivants :

» 1° Les privilèges désignés en l'article 2101 du Code civil, dans le cas prévu par l'article 2103 ;

» 2° Les privilèges désignés en l'article 2103 du Code civil, pourvu que les conditions prescrites pour leur conservation aient été accomplies ;

» 3° Les hypothèques légales existantes indépendamment de l'inscription, pourvu toutefois qu'elles soient *antérieures au mandat d'arrêt*, dans le cas où il en aurait été décerné contre le condamné, et dans les autres cas, au jugement de condamnation ;

» 4° Les autres hypothèques, pourvu que les créances aient été inscrites au bureau des hypothèques avant le privilège du Trésor public, et qu'elles résultent d'actes qui aient une date certaine antérieure auxdits mandats d'arrêt ou jugement de condamnation ;

» 5° Les sommes dues pour la défense personnelle du condamné, sauf le règlement, ainsi qu'il est dit en l'article 2 ci-dessus.

» Art. 5. Toutes dispositions contraires à la présente loi sont abrogées. »

234. — (*Art. 221 de l'Inst.*) — Ce privilège frappe les *meubles* et effets mobiliers du condamné, et *subsidiairement* les immeubles, en ce sens qu'il ne peut s'exercer sur les biens immobiliers, que discussion *préalablement faite* du mobilier.

Faute par le Trésor d'avoir fait valoir préalablement son privilège sur le mobilier de son débiteur, il ne pourrait plus, par conséquent, l'exercer sur les immeubles au détriment des créanciers hypothécaires. (*Cass. 22 août 1836.*)

235. — (*Art. 222 de l'Inst.*) — Le privilège sur les meubles n'est assujetti pour sa conservation à aucune formalité particulière. Il existe par lui-même en vertu des dispositions de la loi. Mais il importe que les comptables invoquent ce privilège aussitôt après la condamnation, afin de ne pas laisser au débiteur ou à sa famille le temps d'aliéner ou de faire disparaître les ressources mobilières constituant le gage de la créance du Trésor.

Pour les débiteurs jouissant d'une pension, V. n°ˢ 299 et suiv.

236. — Lorsque le gouvernement destitue un officier ministériel et supprime l'office, l'indemnité qu'il met à la charge des titulaires conservés entre dans le patrimoine du titulaire destitué au même titre et avec les mêmes qualités actives et passives que ses autres biens, et elle doit être attribuée aux créanciers de ce titulaire suivant la nature de leurs créances et les causes de préférence que la loi y attache.

Cette indemnité est, en conséquence, soumise au privilège général que l'article 2 de la loi du 5 septembre 1807 accorde au Trésor public pour remboursement des frais dont la condamnation a été prononcée à son profit en matière criminelle.

On ne saurait assimiler ce privilège à celui du vendeur de l'office impayé, lequel est anéanti par la destitution du titulaire. (*Arr. Cour d'appel de Limoges 6 août 1888 ; Dalloz 1889, 2ᵉ partie, p. 149.*)

237. — Le Trésor public, pas plus qu'un autre créancier, ne doit souffrir de ce que l'actif d'un commerçant, qui était son gage pour le recouvrement d'une amende correctionnellement prononcée, a été confondu dans l'actif d'une société dont ce commerçant a fait partie et qui a été déclaré en faillite, société formée postérieurement aux faits d'usure à raison desquels la condamnation a eu lieu. (*Arr. Cour Cass. 4 juin 1888.*)

237 bis. — Lorsqu'une condamnation intervient contre un failli pour des faits antérieurs à la faillite, le Trésor peut demander à être colloqué sur l'actif de la faillite : à titre de créancier privilégié, pour le montant des frais de justice ; à titre de créancier chirographaire, pour le montant des dommages-intérêts prononcés au profit de l'État. Mais il n'est fondé à aucun titre, à réclamer le payement de l'amende. (Sol. min. fin. 26 nov. 1903.) V. n° 230.

238. — (Art. 223 de l'Inst.) — Le privilège sur les immeubles n'a lieu qu'à la charge d'une *inscription dans les deux mois à dater du jour* du jugement de condamnation.

Passé ce délai, en effet, ce privilège dégénère en une *simple hypothèque*, prenant rang du jour de l'inscription.

239. — (Art. 224 de l'Inst.) — Les articles 2 et 4 de la loi de 1807 (V. ci-dessus n° 233) donnent la nomenclature des droits et privilèges qui sont payés par préférence aux frais de justice.

Parmi ces créances privilégiées primant celle du Trésor, il convient de signaler les sommes dues pour la *défense personnelle* du condamné (art. 162). Cette priorité accordée au défenseur en cas de concours avec le Trésor, constitue un véritable privilège qui est indépendant de celui du Trésor pour les frais de justice et avec lequel il ne peut se confondre, pas plus qu'il ne peut l'absorber.

240. — (Art. 225 de l'Inst.) — Le privilège, ainsi limité, est attaché à la créance du Trésor depuis son origine, c'est-à-dire depuis l'infraction qui a donné lieu à la poursuite, sous cette restriction que l'inculpé conserve le droit de consentir des hypothèques jusqu'au *mandat d'arrêt* [1], ou, à défaut, jusqu'au jugement de condamnation. Toute hypothèque inscrite sur les biens de l'inculpé avant le mandat d'arrêt ou, à défaut, avant le jugement de condamnation, prime donc le privilège du Trésor, à la seule condition que la cause de cette hypothèque résulte de faits ou d'actes ayant date certaine, antérieure audit mandat d'arrêt ou jugement. Les hypothèques inscrites ultérieurement sont nulles à l'égard du Trésor public.

1. Dans le cas où il n'a été décerné contre le prévenu qu'un *mandat de dépôt*, le privilège du Trésor date seulement du jour de la condamnation (Cass. 7 janv. 1868 ; Alger 18 fév. 1870).

241. — (Art. 226 de l'Inst.) — Le Trésor n'ayant de titre hypothécaire que par le jugement de condamnation et ne pouvant requérir inscription auparavant, il s'ensuit qu'il ne peut exercer de privilège ni d'hypothèque sur les aliénations faites antérieurement en vertu d'actes régulièrement transcrits. Mais il peut toujours, comme les autres créanciers, provoquer, en vertu de l'article 1167 du Code civil, la rescision des aliénations simulées ou qui auraient été faites en fraude de ses droits. L'instance qu'entraînerait la demande en rescision serait instruite et vidée suivant les règles du droit commun.

242. — En cas d'aliénation des immeubles, le privilège du Trésor ne peut être utilement inscrit que jusqu'à la transcription des actes d'aliénation, peu importe que ces actes soient antérieurs ou postérieurs au mandat d'arrêt ou au jugement de condamnation. L'inscription prise seulement après la transcription des actes d'aliénation serait inefficace, non seulement en ce qui concerne le droit de suite, mais même quant au droit de préférence, de telle sorte que le Trésor ne pourrait, dans l'ordre ouvert pour la distribution des prix de vente, réclamer une collocation au préjudice des créanciers hypothécaires régulièrement inscrits.

Mais il est bien entendu, du reste, que le Trésor, déchu au regard des créanciers hypothécaires de son droit de préférence sur le prix encore dû, n'en jouit pas moins, à l'encontre des simples créanciers chirographaires, de son privilège sur ce prix considéré comme valeur mobilière. (Aubry et Rau, Cours de droit civil français, 4e édit., t. III, § 263 bis, p. 185, note 32.)

Avant la loi du 23 mars 1855 sur la transcription, il a été décidé que le privilège du Trésor public, pour le remboursement des frais criminels, ne peut pas être exercé sur le prix des immeubles du condamné aliénés postérieurement au mandat d'arrêt, s'il n'a point été inscrit dans la quinzaine de la transcription de l'acte d'aliénation, bien que l'inscription ait été prise, conformément à l'article 3 de la loi du 5 septembre 1807, dans les deux mois de la condamnation. (Arr. Cour d'appel de Poitiers 9 fév. 1849.)

En tous cas, ce privilège ne peut être exercé au préjudice des créanciers hypothécaires inscrits avant le Trésor public, et dont les créances ont une date certaine antérieure au mandat d'arrêt, ces deux conditions assurant aux hypothèques qui les remplissent la priorité sur le privilège du Trésor public, même régulièrement conservé.

Par suite, les payements faits à ces créanciers par l'acquéreur, en vertu de délégations stipulées dans l'acte de vente, ne peuvent être critiqués par le Trésor public, comme portant atteinte à son privilège. (Arr. Cour Cass. 12 juillet 1852 ; Dalloz, 1852, 1re partie, p. 269.)

243. — (Art. 227 de l'Inst.) — Le privilège accordé au Trésor pour le remboursement des *frais de justice* ne peut être étendu aux *amendes* ; mais le jugement de condamnation emporte *hypothèque judiciaire*, laquelle grève non seulement les biens présents du condamné, mais encore les biens que celui-ci viendrait à acquérir dans l'avenir (C. civ. art. 2123).

En cas d'insolvabilité des condamnés, V. numéros 456 et 553.

244. — *Privilège en cas de faillite et banqueroute.* — La loi de 1838 sur les faillites et banqueroutes, *livre troisième du Code de commerce*, contient certaines dispositions qu'il est utile pour les comptables de faire connaître.

Aux termes de l'article 587 du Code de commerce, les frais de poursuite en banqueroute simple intentée par le ministère public ne peuvent, en aucun cas, être mis à la charge de la masse. — En cas de concordat, le recours du Trésor public contre le failli, pour ces frais, ne peut être exercé qu'après l'expiration des termes accordés par ce traité.

L'article 592 du même Code dit également : Les frais de poursuites en banqueroute frauduleuse ne peuvent, en aucun cas, être mis à la charge de la masse.

Il suit, de ces articles, qu'en cas de faillite, le Trésor, qu'il s'agisse de banqueroute simple ou de banqueroute frauduleuse, ne peut rien réclamer au syndic sur le montant de la masse.

Toutefois, ainsi qu'on verra au numéro suivant, ces prescriptions étant spéciales aux banqueroutes, il en serait autrement s'il s'agissait de toute autre condamnation, de même que si la banqueroute avait eu lieu en même temps que celle concernant un autre délit (escroquerie, faux, etc.). Dans ce cas, le Trésor pourrait faire valoir le privilège qui lui est acquis par la loi du 5 septembre 1807. Mais le comptable chargé du recouvrement des frais de jugement devrait, dans cette circonstance, demander, comme les autres créanciers, la vérification de sa créance, pour qu'il y ait, au besoin, ventilation des frais de justice afférente à chaque condamnation.

245. — L'article 592 du Code de commerce, qui ne permet pas de mettre à la charge de la masse de la faillite les frais de poursuite en banqueroute frauduleuse, ne s'étend pas aux frais de poursuites exercées contre le failli pour tout autre crime, et, par exemple, pour crime de faux ; alors même qu'il s'agirait de poursuites connexes à celles en banqueroute frauduleuse.

La créance résultant, au profit du Trésor public, de la condamnation aux frais par lui avancés en matière criminelle, remonte à la date des frais qui ont rendu les poursuites nécessaires, et dès lors elle doit être admise à la faillite du condamné, si ces faits sont antérieurs au jugement déclaratif de faillite, bien que la condamnation obtenue par le Trésor soit postérieure.

L'amende, au contraire, n'est acquise au Trésor public que du jour où elle est prononcée, et, par conséquent, elle ne peut figurer au passif de la faillite du condamné, si la condamnation est postérieure à la déclaration de faillite, quoique les faits qui l'ont motivée soient antérieurs. *(Arr. Cour Cass. 11 août 1857 ; Dalloz, 1857, 1re partie, p. 342.)*

246. — *Inscription hypothécaire. (Art. 228 de l'Inst.)* — L'inscription hypothécaire,

pour la conservation soit du privilège du Trésor en matière de frais de justice, soit de l'hypothèque judiciaire en matière d'amendes, doit être requise dans le délai prescrit *(art. 223)* et *quel que soit le chiffre de la condamnation* contre les débiteurs possesseurs d'immeubles qui ne se sont pas libérés dans les délais fixés dans l'avertissement, à moins que les intérêts du Trésor n'aient commandé d'agir plus promptement.

247. — *(Art. 229 de l'Inst.)* — A l'égard des débiteurs qui ne sont pas actuellement propriétaires, mais qui peuvent éventuellement le devenir par succession, l'inscription doit être prise quelle que soit la somme à recouvrer, toutes les fois que cette mesure paraît nécessaire pour sauvegarder les intérêts du Trésor. *(Circ. compt. publ. 26 janv. 1901, § 7.)*

248. — Aux termes des articles 2148, 4°, et 2153, 3°, du Code civil, une hypothèque peut être requise en garantie d'une créance conditionnelle. Rien ne paraît donc s'opposer à ce qu'une hypothèque soit prise pour sûreté du payement d'une amende suspendue par application de la loi du 26 mars 1891. *(Circ. compt. publ. 8 décembre 1891, § 8, n° 5.)*

Pour les inscriptions à prendre hors de l'arrondissement, V. n° 165.

249. — L'état de faillite de l'individu condamné criminellement ne dispense pas le Trésor public de faire inscrire son privilège pour frais de poursuites *dans les deux mois* du jugement ou arrêt de condamnation, conformément à l'article 3 de la loi du 5 septembre 1807 ; il ne suffit pas, pour la conservation de ce privilège, de l'inscription générale prise au nom de la masse par les syndics en vertu de l'article 490 du Code de commerce. *(Arr. Cour de Metz 28 février 1856 ; Dalloz, 1857, 2e partie, p. 49.)*

250. — *(Art. 230 de l'Inst.)* — Pour opérer l'inscription du privilège attaché au recouvrement des frais de justice et de l'hypothèque légale affectée à celui des amendes, on doit produire au bureau de la conservation des hypothèques de l'arrondissement duquel sont situés les biens du débiteur, savoir : 1° l'*extrait non timbré* de la sentence de condamnation ; 2° un *bordereau* en double expédition (T) rédigé dans la forme prescrite par l'article 2148 du Code civil.

Les comptables doivent se conformer avec soin aux diverses prescriptions de cet article, afin d'éviter toute nullité dans l'inscription ; il y a lieu notamment d'exprimer la somme pour laquelle l'inscription est requise. S'il s'agit d'un jugement dont les frais ne sont pas encore liquidés, le comptable évalue ces frais, d'après l'avis du ministère public, en ayant soin de porter son évaluation à une somme assez élevée pour que le recouvrement des frais soit garanti lorsque le chiffre en aura été définitivement fixé.

Les comptables sont, en outre, tenus, en prenant l'inscription hypothécaire, d'élire domicile dans l'arrondissement du bureau des hypothèques.

251. — *(Art. 231 de l'Inst.)* — Les bordereaux de créance hypothécaire sont conformes au modèle n° 27. Ils doivent être du format de la demi-feuille de timbre à 60 centimes. Ils sont établis par les percepteurs du lieu où sont situés les immeubles et adressés au receveur des finances qui, après les avoir revêtus de son visa, les remet au conservateur des hypothèques. Celui-ci fait l'inscription selon la règle ordinaire et il certifie l'accomplissement de cette formalité par une mention sur l'une des deux expéditions du bordereau qu'il renvoie au comptable.

En cas d'inscription pour les commissions extérieures, V. n°s 165 et 258.

252. — *(Art. 232 de l'Inst.)* — Le conservateur, en sa qualité d'agent du ministère des finances, est tenu de concourir à sauvegarder les intérêts du Trésor. En conséquence, s'il reconnaissait des irrégularités dans les bordereaux établis par les comptables, il devrait se concerter avec eux pour les faire disparaître.

253. — *Frais d'inscriptions hypothécaires. (Art. 233 de l'Inst.)* — Les frais d'inscriptions hypothécaires sont transformés en une taxe proportionnelle des droits perçus sur les formalités hypothécaires, à l'exception, toutefois, du salaire dû au conservateur des hypothèques, lequel est de 1 fr. 20 par inscription (0 fr. 20 pour l'enregistrement et la reconnaissance (ou bulletin) de dépôt des bordereaux et 1 franc pour l'inscription du droit d'hypothèque ou de privilège), mais qui n'est acquis qu'autant que le montant en a été recouvré sur les condamnés *(Circ. compt. publ., 13 nov. 1900, § 10).*

254. — *(Art. 234 de l'Inst.)* — L'inscription des hypothèques prises pour sûreté de condamnations pécuniaires prononcées au profit du Trésor, n'entraîne plus, désormais, que le payement immédiat d'une taxe proportionnelle, laquelle frappe à raison de 0 fr. 25 p. 100, sans addition de décimes, le capital de la créance inscrite *(Circ. compt. publ., 13 nov. 1900, § 10).*

255. — *(Art. 235 de l'Inst.)* — Les deux bordereaux sont revêtus l'un et l'autre d'un timbre mobile de dimension. Le prix de ce timbre est avancé par le receveur des finances et porté en dépense au compte des *frais de poursuite.* Le percepteur consignataire de l'extrait du jugement pour lequel l'inscription a été requise poursuit ensuite le recouvrement de l'avance faite par le receveur des finances.

256. — *(Art. 236 de l'Inst.)* — Les salaires dus aux conservateurs des hypothèques ne leur sont acquis qu'autant qu'ils ont été *recouvrés* sur les redevables. Le montant en est indiqué, *pour ordre*, sur les bordereaux d'inscription hypothécaire.

257. — *(Art. 237 de l'Inst.)* — Les sommes recouvrées sur les redevables et destinées aux salaires des conservateurs sont portées en recette au compte des *Excédents de versement*, pour être ensuite payées aux ayants droit suivant les prescriptions de l'article 573. — V. n° 589.

Les comptables doivent avoir soin de constater sur les sommiers et carnets de prise en charge, en regard des articles correspondants, la date du payement des salaires afférents à chacun d'eux.

258. — *(Art. 238 de l'Inst.)* — Les percepteurs, chargés par commission extérieure (V. n°s 158 et suiv.) de recouvrer pour le compte d'un de leurs collègues des extraits de jugements ou d'arrêts rendus dans un arrondissement ou dans un département autre que celui où ils sont en fonction, peuvent être appelés à exercer des poursuites ou à prendre des inscriptions hypothécaires, s'ils jugent cette formalité nécessaire pour garantir le payement des sommes dues au Trésor. Dans ces cas, ils doivent *avancer* tous les frais que comportent ces mesures coercitives ou conservatoires, et ils ne doivent en réclamer le montant au percepteur émetteur de la commission qu'autant qu'ils n'ont pu le recouvrer sur le débiteur.

259. — *Renouvellement des inscriptions hypothécaires. (Art. 239 de l'Inst.)* — Aux termes de l'article 2154 du Code civil, les inscriptions conservent l'hypothèque et le privilège pendant *dix années*, à compter du jour de leur date ; leur effet cesse si ces inscriptions n'ont pas été renouvelées avant l'expiration de ce délai.

Les inscriptions doivent être renouvelées, *six mois* avant l'expiration du délai de péremption, toutes les fois que le recouvrement de la créance peut en être la conséquence. Les percepteurs doivent, à cet effet, tenir un carnet des inscriptions hypothécaires conforme au modèle n° 30. Ils peuvent être rendus responsables du montant des créances dont les inscriptions n'ont pas été renouvelées en temps utile et pour lesquelles le Trésor n'a pu par suite, faire valoir ses droits.

Lorsqu'il s'agit du renouvellement d'inscriptions hypothécaires concernant des commissions extérieures, V. n°s 165 et 258.

260. — *(Art. 240 de l'Inst.)* — Les receveurs des finances doivent veiller à l'exécution rigoureuse de ces prescriptions. En vue de faciliter leur surveillance à cet égard, les percepteurs sont tenus de produire *chaque semestre*, aux époques des 31 janvier et 31 juillet, un relevé (*Modèle n° 29*) des inscriptions hypothécaires qui doivent être périmées l'année suivante, dans le semestre correspondant à celui pendant lequel le relevé est adressé à la recette des finances. Ce relevé est accompagné de tous les renseignements de nature à éclairer le chef de service sur l'opportunité du renouvellement des inscriptions. Il est renvoyé aux percepteurs les 1er juin et 1er décembre suivants, au plus tard, ce qui donne aux receveurs des finances un délai de quatre mois pour y consigner leurs observations sur les mesures proposées par le comptable subordonné.

261. — (*Art. 241 de l'Inst.*) — Chaque receveur des finances doit, d'ailleurs, tenir, comme les percepteurs, un carnet (*Modèle n° 30*) sur lequel il mentionne toutes les inscriptions prises à sa requête, et qui lui permet de constater celles d'entre elles dont les percepteurs omettent de proposer le renouvellement en temps opportun.

Dans le cas où il juge que certains des renouvellements demandés n'auraient pas de résultat utile, il en réfère au trésorier général, auquel il adresse un rapport appuyé de tous les renseignements nécessaires et faisant connaître les motifs sur lesquels est basée son opinion. Le trésorier général décide alors, *sous sa responsabilité*, s'il y a lieu de renouveler ou de laisser périmer l'inscription.

262. — (*Art. 242 de l'Inst.*) — Le renouvellement des inscriptions hypothécaires exige les mêmes formalités et entraîne les mêmes frais que s'il s'agissait d'une inscription requise pour la première fois. Toutefois, la représentation des titres n'étant pas prescrite par l'article 2154 précité du Code civil, les conservateurs ne sont pas fondés à l'exiger. Mais le comptable chargé du renouvellement doit fournir de nouveaux bordereaux rédigés dans la forme prescrite par l'article 2148 du Code civil (*art. 231*) et y joindre le bordereau de l'inscription primitive.

Pour faciliter les recherches, on doit, en outre, rappeler le numéro et la date de l'ancienne inscription sur la nouvelle et mentionner celui du renouvellement en marge de l'inscription renouvelée.

263. — *Réduction des inscriptions hypothécaires.* (*Art. 243 de l'Inst.*) — L'inscription peut être *réduite* quant aux *immeubles* sur lesquels elle frappe et quant à la *somme* pour laquelle elle est prise.

Lorsque les immeubles compris dans une seule inscription sont plus que suffisants pour garantir la créance, d'après les règles établies par les articles 2161 à 2165 du Code civil, l'inscription peut être réduite comme excessive, soit sur le consentement du créancier, soit sur l'ordre du tribunal dans le ressort duquel l'inscription a été prise.

Lorsqu'un immeuble, sur lequel une inscription hypothécaire a été prise, est vendu, et que l'État n'arrive pas en ordre utile dans la distribution du prix de vente, le trésorier général peut, pour éviter aux parties les frais d'un ordre judiciaire, donner mainlevée de l'inscription. Mais cette mainlevée ne doit porter que sur l'immeuble vendu, et les *droits du Trésor doivent être réservés sur les autres immeubles que pourrait posséder le condamné.*

264. — *Radiation des inscriptions hypothécaires.* (*Art. 244 de l'Inst.*) — Les inscriptions sont *rayées*, du consentement des parties intéressées et ayant capacité à cet effet, ou en vertu d'un jugement en dernier ressort ou passé en force de chose jugée (*C. civ., art. 2157*).

264 bis. — En matière forestière ou de pêche fluviale, lorsqu'un condamné contraint par corps comme débiteur solvable est ensuite remis en liberté pour cause d'insolvabilité par application de l'article 40 de la loi du 22 juillet 1867, le percepteur doit le considérer comme intégralement libéré de la condamnation pécuniaire et lui accorder mainlevée des inscriptions hypothécaires prises pour garantie de cette condamnation. (*Trib. civ. Castelsarrasin, 26 mai 1900.*)

265. — *Formes dans lesquelles sont consenties les réductions et radiations d'inscriptions hypothécaires.* (*Art. 245 de l'Inst.*) — En matière d'amende la mainlevée partielle ou totale des inscriptions hypothécaires peut être consentie par *acte notarié*, soit par le receveur des finances qui a requis l'inscription, soit par le percepteur muni à cet effet d'un pouvoir spécial pouvant résulter d'une *simple lettre administrative* [1] émanant du receveur des finances. Dans tous les cas, il importe que le trésorier général, comme chef de service, soit consulté sur l'opportunité de la mesure. Il lui appartient, en effet, d'apprécier, sur le rapport du receveur particulier, la suite que l'intérêt du Trésor prescrit de donner aux demandes de mainlevée d'inscription. Aussi son autorisation doit-elle être mentionnée dans l'acte authentique. Elle est, d'ailleurs, exempte de timbre et d'enregistrement comme étant un document d'administration intérieure.

1. Dans le cas où la valeur de cette lettre administrative serait contestée, il y aurait lieu de la remplacer par une procuration en règle. Il est de principe, en effet, que les procurations données pour faire des actes nécessairement notariés comme les mainlevées, doivent elles-mêmes être notariées (*Traités des radiations de Boulanger et de Récy, n° 547*).

266. — (*Art. 246 de l'Inst.*) — Les frais de l'acte notarié et ceux de la radiation, que celle-ci soit totale ou partielle, sont à la charge de la *partie* qui en a fait la demande.

267. — *(Art. 247 de l'Inst.)* — Les comptables qui enfreignent les instructions relatives à l'exercice des privilèges sont rendus responsables de la perte que le Trésor pourrait éprouver par le fait de leur omission ou de leur négligence.

CHAPITRE IV
POURSUITES EN VUE DU RECOUVREMENT.

268. — *Poursuites. (Art. 248 de l'Inst.)* — Les poursuites, quand il y a lieu d'y recourir, ont lieu successivement par voie de *commandement*, de *saisie* et de *vente*, et, exceptionnellement, par voie de *contrainte par corps*.

269. — *(Art. 249 de l'Inst.)* — Elles sont faites soit par les *huissiers*, soit par les *porteurs de contraintes* (L. 29 déc. 1873, art. 25).

La substitution des porteurs de contraintes aux huissiers est *facultative* ; mais, en vue de diminuer les frais à la charge des redevables, il convient d'y avoir recours le plus possible, et les comptables ne doivent employer le ministère de l'huissier que lorsqu'il s'agit d'actes importants qui présentent des difficultés spéciales.

Pour les poursuites à notifier par la poste, V. n° 2459 *bis*.

270. — *(Art. 250 de l'Inst.)* — Les huissiers peuvent *recevoir* les sommes dont les parties offriraient de se libérer entre leurs mains, sauf à les verser immédiatement aux percepteurs *(Décr. 18 juin 1811, art. 176)*. Cette faculté n'existe pas pour les porteurs de contraintes.

271. — *(Art. 251 de l'Inst.)* — En principe, les poursuites sont exercées *au nom du procureur de la République (C. inst. crim., art. 197)* près le tribunal qui a rendu le jugement *(Dévis. Just. 25 juillet 1887)* ; au nom du *procureur général* pour les arrêts d'appel et de cassation, et au nom du *préfet* pour les arrêtés des conseils de préfecture.

Elles ont lieu à la requête *des percepteurs ou des receveurs des contributions diverses* et sous la direction de leurs chefs hiérarchiques. Il appartient, en effet, aux trésoriers généraux et aux receveurs particuliers, en France, aux directeurs des contributions diverses, en Algérie, de se constituer les directeurs des poursuites dans leur arrondissement, et, comme en matière de contributions directes, de donner aux comptables sous leurs ordres et aux agents de poursuites les conseils et directions nécessaires aux recouvrements des amendes et condamnations pécuniaires.

272. — *(Art. 252 de l'Inst.)* — Les porteurs de contraintes, aussi bien que les huissiers, poursuivent en *vertu de la force exécutoire de la sentence de la justice, sans contrainte* [1].

[1]. La contrainte a été supprimée en matière d'amendes par décision du ministre des finances du 7 février 1893, reproduite dans la circulaire de la comptabilité publique du 8 mars 1893, § 1er.

L'extrait de l'arrêt ou du jugement de condamnation définitif leur est confié à cet effet.

273. — *Timbre des actes de poursuites. (Art. 253 de l'Inst.)* — Les imprimés de formules d'actes de poursuites, assujettis à la formalité du timbre, à l'exception des formules destinées à la rédaction des *originaux* d'exploits, doivent être revêtus du timbre spécial établi pour le papier-copie par le paragraphe 5 de l'article 1er du règlement d'administration publique du 30 décembre 1873.

274. — *(Art. 254 de l'Inst.)* — Le *papier-copie* est de la dimension des feuilles aux droits de 0 fr. 60 et de 1 fr. 20 et timbré en couleur. Les huissiers sont tenus d'acheter et les porteurs de contraintes reçoivent du receveur des finances, suivant le mode adopté en matière de contributions directes, des *timbres mobiles* pour une valeur équivalente au droit de timbre exigible à raison de la dimension des papiers-copies. Ces timbres, dès que l'original de l'acte a été rédigé, sont collés, avant toute signification, à la marge gauche de la première page de l'original de l'exploit, immédiatement au-dessous de l'empreinte des timbres, en nombre et en quotité suffisants pour représenter le montant des droits de timbre dus en raison des copies signifiées. Les agents de poursuites sont tenus, en outre, d'indiquer distinctement au bas de l'original et des copies de chaque exploit : 1° le nombre de feuilles employées, tant pour les copies de l'original que pour les copies des pièces signifiées ; 2° le montant des droits de timbre dus à raison de la dimension de ces feuilles. Le receveur de l'enregistrement peut ainsi s'assurer, au moment de l'enregistrement des actes, que les timbres mobiles correspondent aux indications de cette mention, et il *oblitère* les timbres mobiles collés en marge, lesquels ont dû lui être représentés intacts.

275. — *(Art. 255 de l'Inst.)* — Les contraventions aux dispositions de la loi du 29 décembre 1873, qui prescrivent l'usage du papier-copie, l'emploi des timbres mobiles et l'obligation d'indiquer distinctement au bas de l'original et des copies le nombre de feuilles employées et le montant des droits, ainsi que les autres infractions au règlement d'administration publique, sont punies d'une amende de 50 francs. D'après le texte de l'article 5 de la loi, il est dû une amende distincte pour chacune des contraventions qui pourront être commises à l'occasion d'une même signification. En outre, sont considérés comme non timbrés les actes et pièces autres que les copies d'exploits ou de pièces qui auraient été écrits sur le papier-copie.

276. — *Enregistrement des actes de poursuites. (Art. 256 de l'Inst.)* — Le droit fixe d'enregistrement des actes de poursuites, tels que commandement, saisie-arrêt, saisie-exécution, etc., *lorsqu'il s'agit de sommes supérieures à 100 francs*, n'est plus, depuis le 1er juin 1893, que de 1 fr. 25, décimes compris.

277. — *(Art. 257 de l'Inst.)* — Les actes dont l'enregistrement avait lieu *gratis* dans les conditions spécifiées par le règlement sur les poursuites du 21 décembre 1839, continuent, d'ailleurs, à être exemptés de ce droit.

278. — *(Art. 258 de l'Inst.)* — L'exemption du droit d'enregistrement qui existe pour les actes de poursuites en matière de contributions directes lorsque le contribuable s'est libéré dans les *quatre jours* de la signification *(Décis. min. 27 mars 1822)* n'est pas applicable aux actes de poursuites, qui ont pour objet le recouvrement de condamnations pécuniaires, les exceptions étant de droit étroit. En conséquence, toutes les fois que la créance, dont le recouvrement est poursuivi, *excède 100 francs*, ou forme un acompte sur un chiffre de condamnations dépassant cette somme, les actes de poursuites doivent être enregistrés avec droits, quelle que soit la date du payement. *(Circ. compt. publ., 31 mars 1898, § 7.)* — V. n° ci-après.

279. — Par analogie avec les règles suivies en matière de contributions directes, le droit d'enregistrement n'est dû que lorsque la somme réclamée concerne un jugement excédant 100 francs ou un solde, quelque modique qu'il soit, sur un jugement dépassant ce chiffre.

L'enregistrement gratis doit donc avoir lieu, lorsque le débiteur est poursuivi par un même acte pour plusieurs condamnations dont aucune n'excède 100 francs, mais dont l'ensemble est supérieur à cette somme.

Il en est de même lorsque les débiteurs ont été condamnés sans solidarité à payer des sommes dont le total dépasse 100 francs, mais qui demeurent isolément inférieures à ce chiffre. *(Solut. enreg ; Circ. compt. publ. 31 mars 1898, § 7.)*

280. — *Commandement. (Art. 259 de l'Inst.)* — Il n'existe pas de degré intermédiaire entre l'avertissement *(art. 78 et 142)* et le commandement. Les percepteurs n'ont donc pas à envoyer de sommations sans frais et avec frais, comme pour les contributions directes. — V. n° 166.

281. — *(Art. 260 de l'Inst.)* — Le commandement ne peut être exercé que *huit jours* au moins après l'envoi de l'avertissement et s'il n'y a pas été obtempéré. Il ne doit être délivré que pour le payement d'un arrêt ou d'un jugement *ayant acquis force de chose jugée*, sauf toutefois dans le cas prévu par le dernier alinéa de l'article 47 de l'instruction (V. n° 95), en vertu duquel le condamné par défaut peut être poursuivi par toutes les voies de droit bien qu'il ait encore la faculté de former opposition. *(Circ. compt. publ., 8 mai 1899, § 5.)*

282. — *(Art. 261 de l'Inst.)* — Le percepteur dresse en double expédition un état des condamnés retardataires *(Modèle n° 33)* contre lesquels il demande à faire exécuter les poursuites par voie de commandement et, subsidiairement, de saisie. Cet état, accompagné des extraits de jugements, d'arrêts ou des exécutoires supplémentaires nécessaires à l'agent des poursuites pour dresser son acte de commandement *(Art. 262)*, est envoyé au receveur des finances chargé, comme directeur des poursuites dans son arrondissement, d'autoriser l'exercice des poursuites demandées.

Des états distincts sont formés pour les condamnés à poursuivre par ministère d'huissier ou par le porteur de contraintes.

Après avoir été revêtu du visa du receveur des finances, une des deux expéditions de ces états est rendue au percepteur qui en suit l'exécution ; l'autre est remise, suivant le cas, soit au porteur de contraintes, soit à l'huissier.

En ce qui concerne les poursuites par la poste, V. n° 2459 *bis*.

283. — Lorsque le redevable poursuivi pour une condamnation vient à en encourir une autre avant la saisie, il y a lieu de procéder à un nouveau commandement pour cette nouvelle dette, qui ne peut être prélevée, sans cette formalité, sur les fonds de la saisie. — V. Poursuites, n° 2328.

284. — *(Art. 262 de l'Inst.)* — L'agent de poursuites, au reçu de l'état des retardataires, dresse les actes de commandement. Ces actes sont individuels et comprennent deux parties. La première partie comporte la notification du titre de créance motivant la poursuite, c'est-à-dire la copie de l'extrait du jugement de condamnation, ainsi que celle de tout état de liquidation séparé ou de tout exécutoire supplémentaire *(C. pr. civ., art. 583 ; L. 22 juill. 1867, art. 3)*. La seconde partie contient la formule de l'exploit de commandement à signifier par l'agent de poursuites.

285. — *(Art. 263 de l'Inst.)* — Tout acte de commandement est fait et dressé en original et en copie par le porteur de contraintes. Les originaux sont établis sur des formules conformes au modèle n° 34 ; les copies à signifier aux condamnés sont faites sur la formule *(Modèle n° 35)* quand il n'y a qu'une condamnation, et sur la formule *(Modèle n° 36)* quand il y a plusieurs condamnations dues au Trésor.

L'acte de commandement doit contenir, indépendamment des formalités ordinaires des exploits, élection de domicile en la demeure du percepteur qui procède au commandement. Il doit être signifié à personne ou à domicile *(C. pr. civ., art. 61, 62, 67, 68, 583 et 584)*. V. n° 2343 *bis*.

La copie du commandement est remise au débiteur par l'agent de poursuites. Quant à l'original, il est transmis au receveur des finances à l'appui de l'état des frais (*Modèle n° 37*), suivant les prescriptions de l'article 405.

Immédiatement après la signification du commandement à la partie débitrice, l'original est soumis à la formalité de l'enregistrement (*art. 257 et suiv.*) et remis aussitôt au percepteur. Pour les poursuites par la poste. V. n° 2459 *bis*, §§ 16 et 17.

286. — (*Art. 264 de l'Inst.*) — Lorsqu'il est fait *opposition* au commandement, le percepteur en réfère à son chef hiérarchique, qui, s'il y a lieu, soumet le cas à la Direction générale de la comptabilité publique par rapport détaillé.

États et taxes des frais de poursuites. — V. n°° 423 et suiv., 579 et suiv.

287. — *Saisie.* (*Art. 265 de l'Inst.*) — La saisie est un *moyen d'exécution* contre les condamnés débiteurs.

Elle prend, suivant les objets auxquels elle s'applique, le nom de *saisie-arrêt* ou *opposition*, — de *saisie-exécution*, — *saisie-brandon*, — *saisie de rente constituée*, *saisie de navires*, — *saisie immobilière.*

Le comptable qui veut avoir recours à l'un de ces modes de poursuites dresse en double expédition un état (*Modèle n° 38*) des condamnés à poursuivre par l'une de ces voies et le remet soit au porteur de contraintes, soit à l'huissier.

288. — *Saisie-arrêt ou opposition.* (*Art. 266 de l'Inst.*) — La saisie-arrêt, lorsque l'acte de dénonciation n'a pas encore été signifié, est une mesure conservatoire et, comme telle, elle n'a pas besoin d'être précédée du commandement. — V. n° 1361.

289. — (*Art. 267 de l'Inst.*) — Après la signification de l'acte de dénonciation, la saisie-arrêt perd son caractère conservatoire et devient un acte d'exécution.

290. — (*Art. 268 de l'Inst.*) — Lorsqu'il y a lieu de saisir-arrêter une pension militaire ou autre, le percepteur doit en donner avis au trésorier général. Celui-ci en informe la direction de la dette inscrite (*bureau des pensions*) en lui faisant connaître : 1° le chiffre du débet, y compris les frais de timbre de la quittance ; 2° la nature et le numéro de la pension ; 3° le département où la pension est payable ; 4° le comptable chargé du recouvrement de la condamnation. Des mesures sont prises ensuite pour autoriser, jusqu'à due concurrence, le prélèvement du cinquième. — V. n° 2164.

291. — (*Art. 269 de l'Inst.*) — Les sommes ainsi retenues doivent faire l'objet d'un mandat sur le Trésor à l'ordre du trésorier-payeur général du département dans lequel se trouve le comptable qui a pris charge de l'extrait de jugement, et lui être *immédiatement* transmise, afin d'éviter des poursuites qui, si elles étaient faites à tort, retomberaient à la charge du trésorier général retardataire.

292. — Lorsqu'une condamnation est prononcée contre un comptable ou un officier ministériel, le percepteur doit aussitôt, en cas de non-payement, demander au receveur des finances de faire auprès de la direction de la dette inscrite (*bureaux des cautionnements*) toutes les démarches de nature à assurer l'application du cautionnement des condamnés au payement des sommes dues par eux au Trésor (*Circ. compt. publ. 14 avril 1877, § 8*).

293. — (*Art. 270 de l'Inst.*) — La saisie-arrêt donne lieu à trois significations, celles de : 1° *l'exploit de la saisie-arrêt* ; 2° la *dénonciation du débiteur saisi*, suivie d'une instance en validité ; 3° la *dénonciation au tiers saisi* de la demande en validité.

294. — *Exploit de saisie-arrêt.* (*Art. 271 de l'Inst.*) — L'exploit de saisie-arrêt (*Modèle n° 39*) est soumis aux règles communes à tous les exploits, outre les formalités spéciales prescrites par les articles 559 et 560 du Code de procédure civile pour les saisies-arrêts signifiées aux mains des particuliers, et par les articles 1 et 2 du décret du 18 août 1807 pour les actes de cette nature signifiés aux mains des comptables de deniers publics. L'original est produit à la recette des finances avec un état de payement des frais, conforme au modèle n° 45.

295. — *Dénonciation au débiteur saisi.* (*Art. 272 de l'Inst.*) — Cette dénonciation (*Modèle n° 40*) est soumise aux formalités générales des exploits ordinaires ; elle est faite suivant les formes et dans les délais prescrits par l'article 563 du code de procédure civile. Elle contient, à peine de nullité de la saisie, une demande en validité.

296. — *Contre-dénonciation.* (*Art. 273 de l'Inst.*) — La dénonciation au tiers-saisi, appelée dans la pratique *contre-dénonciation*, est faite suivant les prescriptions de l'article 564 du code de procédure civile (*Modèle n° 41*). Les payements faits par le tiers-saisi antérieurement à cette contre-dénonciation sont valables et libératoires pour lui (*C. pr. civ., art. 565*).

297. — *Saisie mobilière ou saisie-exécution.* (*Art. 274 de l'Inst.*) — Toute saisie mobilière ou saisie-exécution doit être précédée d'un commandement à la personne ou au domicile du débiteur, fait au moins *un jour* avant la saisie et portant notification du titre s'il n'a déjà été notifié (*C. pr. civ., art. 583*).

Nota. — L'instruction du 20 septembre 1875 portait : « Lorsque le commandement n'a pas amené le débiteur à se libérer dans le délai de trois jours, le percepteur fait procéder à la saisie. » Ce délai de trois jours entre le commandement et la saisie est observé en matière de contributions directes. Quoiqu'il ne fût pas prescrit par le Code de procédure, il s'expliquait en ce sens que l'instruction astreignait les porteurs de contraintes à procéder comme en matière de contributions directes. Mais aujourd'hui qu'il est constant que la loi du 29 décembre 1873 assimile les porteurs de contraintes aux huissiers, en tant qu'agents d'exécution pour le recouvrement des amendes, rien ne s'oppose à ce qu'on soumette ces deux catégories d'agents aux prescriptions du Code de procédure. Le Trésor y trouvera un avantage dans les circonstances où les poursuites réclament célérité.

298. — *(Art. 275 de l'Inst.)* — Lorsque le commandement n'a pas amené le débiteur à se libérer, le percepteur, *après un jour franc*, peut procéder à la saisie.

299. — *(Art. 276 de l'Inst.)* — L'agent de poursuites se conforme aux prescriptions du titre VIII du Code de procédure *(art. 583 et suiv.)*, relatif à la saisie-exécution.

300. — *(Art. 277 de l'Inst.)* — L'agent de poursuites dresse un procès-verbal de saisie *(Modèle n° 42)* et il en établit deux copies, dont l'une est laissée à la partie et l'autre est remise au gardien. Quant à l'original, il est produit au receveur des finances avec les autres actes nécessaires, ainsi qu'un état de payement des frais de saisie et de gardien *(Modèle n° 44)*, suivant les prescriptions de l'article 405 ci-après.

301. — *(Art. 278 de l'Inst.)* — Le porteur de contraintes ou l'huissier qui, lorsqu'il se présente pour saisir, trouve une saisie déjà faite, se borne à procéder au *récolement* des meubles et effets saisis, et, s'il y a lieu, en provoque la *vente*, ainsi qu'il est prescrit par les articles 641 et 642 du Code de procédure civile. Le percepteur ne doit pas assister à la saisie.

302. — *Saisie-Brandon. (Art. 279 de l'Inst.)* — La *saisie-brandon*, spéciale aux fruits suspendus à leur tige, est réglée par les articles 626 et suivants du Code de procédure civile.

303. — *(Art. 280 de l'Inst.)* — Comme la saisie-exécution, dont elle n'est qu'un mode particulier, la saisie-brandon doit être précédée d'un commandement avec un jour d'intervalle.

304. — *(Art. 281 de l'Inst.)* — Le procès-verbal *(Modèle n° 43)* est dressé suivant les prescriptions de l'article 628 du Code de procédure civile. Copie doit en être laissée : 1° à la partie saisie ; 2° au gardien ; 3° au maire de la commune du chef-lieu de l'exploitation.

305. — *(Art. 282 de l'Inst.)* — L'original est remis au receveur des finances, comme celui de tous les autres actes de poursuites *(art. 405)*.

306. — *Saisie de navires. (Art. 283 de l'Inst.)* — La saisie des navires est réglée par les articles 197 à 215 du Code de commerce et

par la loi du 10 juillet 1885, articles 23 à 32. *(Circ. compt. publ., 8 mai 1899, § 6).*

Pour saisir un navire, il faut : 1° un titre exécutoire *(C. pr. civ., art. 551)* ; 2° un commandement de payer fait au moins vingt-quatre heures avant la saisie *(C. comm., art. 198)*.

307. — *Saisie de rente constituée sur des particuliers. (Art. 284 de l'Inst.)* — La saisie des rentes constituées sur particuliers est réglée par la loi du 24 mai 1842, dont les dispositions sont substituées à celles des articles 636 à 656 du Code de procédure civile.

308. — *Saisie immobilière. (Art. 285 de l'Inst.)* — Les règles de la saisie immobilière sont tracées dans les articles 673 à 740 du Code de procédure civile et dans la loi du 14 décembre 1808.

309. — *(Art. 286 de l'Inst.)* — Ce mode de poursuites ne doit être employé qu'avec une extrême réserve et lorsqu'il constitue le seul moyen de recouvrer la créance du Trésor.

310. — *(Art. 287 de l'Inst.)* — Il ne doit d'ailleurs être mis en usage qu'avec l'autorisation expresse de l'Administration supérieure, à laquelle on doit adresser, à cet effet, pour l'éclairer :

1° Une *note administrative*, délivrée, à titre de renseignement, par le conservateur des hypothèques et indiquant les inscriptions grevant les biens à exproprier ;

2° Un *rapport* indiquant : 1° la désignation des immeubles ; 2° leur valeur vénale ; 3° le montant des frais de la poursuite.

Lorsque la saisie a été autorisée, l'agent de poursuites reçoit le pouvoir prescrit par l'article 556 du Code de procédure civile. Ce pouvoir *(T)* est donné et signé par le trésorier général ou par le receveur des finances.

311. — *(Art. 288 de l'Inst.)* — Toutefois, avant de mettre à exécution les poursuites autorisées, il convient d'en prévenir l'intéressé en lui indiquant les conséquences de son refus de payement.

312. — *(Art. 289 de l'Inst.)* — La mesure est mise à exécution, *à l'expiration de la huitaine*, à partir de cet avis, par la signification d'un commandement.

La saisie immobilière est pratiquée *trente jours* après ce commandement, lequel doit être réitéré si le créancier laisse écouler quatre-vingt-dix jours entre le commandement et la saisie *(C. pr. civ., art. 674)*.

Si les immeubles sont en état d'indivision, le partage ou la licitation est poursuivie préalablement à la saisie.

313. — *Vente. Vente mobilière. (Art. 290 de l'Inst.)* — Les débiteurs du Trésor qui ne se sont exécutés ni sur le commandement ni sur la saisie, peuvent être *vendus*. La vente est suivie conformément aux prescriptions du Code de procédure civile *(art. 612 à 625)*.

314. — *(Art. 291 de l'Inst.)* — Aucune vente ne peut s'effectuer que *huit jours francs* après la saisie *(C. pr. civ., art. 613)* et en vertu d'une autorisation écrite donnée par le receveur des finances, directeur des poursuites, sur la demande du percepteur *(Modèle n° 46)*.

315. — *(Art. 292 de l'Inst.)* — La vente doit avoir lieu dans la commune où s'opère la saisie.

316. — *(Art. 293 de l'Inst.)* — Néanmoins, le délai de huit jours peut être abrégé et le lieu de la vente peut être changé, avec l'autorisation du tribunal, lorsqu'il y a lieu de craindre le *dépérissement* des objets saisis *(C. pr., civ., art. 617)*.

317. — *(Art. 294 de l'Inst.)* — Les ventes de meubles sont faites par les *commissaires-priseurs* dans les villes où ils sont établis. Toutes les autres ventes sont faites par les *huissiers* ou les *porteurs de contraintes* dans les formes usitées pour celles qui ont lieu par autorité de justice *(Modèle n° 46 bis)*.

318. — *(Art. 295 de l'Inst.)* — Les commissaires-priseurs, huissiers et porteurs de contraintes sont tenus, sous leur responsabilité, de *discontinuer* la vente aussitôt que son produit est *suffisant* pour solder le montant cumulé des condamnations dues et des frais de poursuites exposés. *(C. pr. civ., art. 622; Règl. 21 décembre 1839, art. 81)*.

319. — *(Art. 296 de l'Inst.)* — Il est défendu aux huissiers, porteurs de contraintes et percepteurs de s'adjuger ou faire adjuger aucun des objets vendus en conséquence des poursuites faites ou dirigées par eux, sous peine de destitution *(Règl. 21 déc. 1839, art. 83)*.

320. — *(Art. 297 de l'Inst.)* — Le percepteur doit être présent à la vente, ou s'y faire représenter, pour en recevoir les deniers. Il est responsable desdits deniers *(Règl. 21 déc. 1839, art. 84)*.

321. — *(Art. 298 de l'Inst.)* — Immédiatement après avoir reçu le produit de la vente, le percepteur en délivre une quittance à souche au saisi jusqu'à concurrence des condamnations dues. Il conserve le surplus jusqu'après la taxe des frais, mais il en délivre quittance à souche à la partie à titre d'*excédent de versement*, avec engagement de lui rendre compte de cet excédent et de le lui restituer, s'il y a lieu. — V. n° 1300.

322. — *(Art. 299 de l'Inst.)* — Les frais de vente taxés sont remboursés aux agents de poursuites par le receveur des finances, en vertu d'un état de frais *(Modèle n° 47)* suivant la marche indiquée à l'article 405.

323. — *Vente immobilière. (Art. 300 de l'Inst.)* — Le règlement du prix d'une vente immobilière entre les créanciers privilégiés et hypothécaires est connu sous le nom d'*ordre*. La procédure d'ordre est réglée par la loi du 21 mai 1858 *(C. pr. civ., art. 749 à 780)*.

324. — *Ordre. (Art. 301 de l'Inst.)* — Deux moyens principaux s'offrent pour arriver à la distribution du prix d'une vente immobilière. Ils correspondent à deux ordres différents, savoir : *l'ordre amiable* et *l'ordre judiciaire*.

325. — *Ordre amiable. (Art. 302 de l'Inst.)* — Aux termes de l'article 252 du Code de procédure, il ne peut être procédé au règlement de l'ordre par voie judiciaire qu'après que les créanciers ont essayé de se mettre d'accord pour se distribuer *amiablement* le prix de l'immeuble.

326. — *(Art. 303 de l'Inst.)* — Cette tentative de conciliation a lieu en présence et sur l'initiative du juge-commissaire.

327. — *(Art. 304 de l'Inst.)* — Quand le receveur des finances reçoit un avis de convocation du greffier du tribunal, il doit tout d'abord s'assurer que la créance pour laquelle le Trésor se trouve colloqué existe réellement.

328. — *(Art. 305 de l'Inst.)* — Si la créance du Trésor n'existe plus, par suite soit d'un payement antérieur, soit de la prescription, le receveur des finances informe le juge-commissaire qu'il entend rester étranger à l'ordre.

329. — *(Art. 306 de l'Inst.)* — Si la créance du Trésor existe, le comptable, en raison des difficultés que présente l'examen des diverses créances, et bien que le concours des avoués ne soit pas obligatoire dans les ordres amiables, doit se faire assister ou représenter par l'avoué du Trésor conformément aux prescriptions de l'article 457 ci-après.

330. — *Ordre judiciaire. (Art. 307 de l'Inst.).* — A défaut de règlement amiable, le juge-commissaire, après avoir constaté sur le procès-verbal que les créanciers n'ont pu se régler entre eux, procède aux formalités préliminaires de l'ordre judiciaire *(C. pr. civ., art. 752 et suiv.)*.

331. — *(Art. 308 de l'Inst.)* — Après la sommation de produire, adressée au receveur des finances dans les huit jours de l'ouverture de l'ordre, les pièces justificatives de la créance du Trésor sont remises, sur l'ordre du trésorier général, *à un avoué dont le concours est obligatoire* pour produire à l'ordre judiciaire. On donne à cet officier ministériel tous les éclaircissements et toutes les instructions nécessaires pour le maintien des droits du Trésor, et on veille à ce qu'il se conforme strictement aux prescriptions des articles 753 à 779 du Code de procédure civile.

332. — (*Art. 309 de l'Inst.*) — Les frais qu'entraîne la constitution d'un avoué doivent être compris dans chaque collocation et prélevés sur la somme en distribution. Aussi les comptables doivent-ils avoir soin de les porter dans la masse des frais accessoires qui viennent s'ajouter au principal de la condamnation.

333. — (*Art. 310 de l'Inst.*) — Lorsque le Trésor est colloqué dans un ordre, le percepteur doit encaisser la totalité de la somme attribuée à l'État par le bordereau de collocation, lequel doit comprendre, en dehors du principal de la condamnation, les frais d'inscription hypothécaire [1] et autres frais accessoires de la condamnation (art. 309).

1. Il est fait distraction au profit de l'avoué par le procès-verbal des frais de production à l'ordre.

334. — *Intérêts alloués par le Tribunal.* (*Art. 311 de l'Inst.*) — Quant aux *intérêts* qui pourraient être alloués au Trésor par le tribunal, ils seraient encaissés par le comptable à titre de *Recettes accidentelles à différents titres.* Une ampliation du bordereau de collocation, appuyée d'un décompte des intérêts établi par le trésorier général, sert de titre de perception. Ces recouvrements ne sont pas passibles de remises.

335. — (*Art. 312 de l'Inst.*) — Lorsque le Trésor n'arrive pas en ordre utile, les frais de production à l'ordre judiciaire sont payés à l'avoué constitué, sur la production d'un mémoire (T) dûment taxé, par le débit du compte : *Frais de poursuites.* Ce compte est crédité ultérieurement après justification d'irrecouvrabilité des frais, au moyen soit d'un mandat délivré par le préfet sur le crédit des *Cotisations municipales*, § 15, *fonds commun provenant des amendes de répression*, conformément aux dispositions de la loi de finances du 26 décembre 1890, soit d'une ordonnance directe délivrée sur le crédit des *Frais de perception*, article 2, *frais de poursuites*. Il appartient à la Direction générale de la comptabilité publique, à laquelle un rapport doit toujours être adressé à la clôture des ordres judiciaires, d'apprécier dans quels cas exceptionnels (ceux où la poursuite n'a pas eu exclusivement en vue le recouvrement d'une condamnation pécuniaire) ce dernier mode de payement peut être suivi.

DE LA CONTRAINTE PAR CORPS.

336. — *Contrainte par corps.* (*Art. 313 de l'Inst.*) — Le mode de poursuites par voie de *contrainte par corps*, ou emprisonnement pour dettes, est actuellement régi : 1° par la loi du 22 juillet 1867 ; 2° par la loi du 19 décembre 1871.

337. — (*Art. 314 de l'Inst.*) — La loi du 22 juillet 1867, qui a supprimé la contrainte par corps en matière commerciale, civile et contre les étrangers, l'a conservée seulement pour le recouvrement des *amendes* (en principal et décimes), *restitutions* et *dommages-intérêts* en matière criminelle, correctionnelle et de simple police. Celle du 19 décembre 1871 a rétabli l'exercice de la contrainte par corps pour le recouvrement des *frais de justice*.

338. — (*Art. 315 de l'Inst.*) — Cette énumération est limitative. On ne peut donc recourir à cette mesure coercitive : 1° pour le recouvrement de la valeur des armes ; 2° pour le recouvrement des sommes dues en vertu de *transactions forestières* consenties *avant jugement*, attendu que la *décision judiciaire* emporte seule le droit d'exercer la coercitation personnelle dans les cas prévus par les lois ; 3° pour l'exécution des *arrêtés des conseils de préfecture* ; les lois spéciales sur le roulage et sur la grande voirie ne renferment, en effet, aucune disposition qui permette l'emploi de la contrainte personnelle pour l'exécution de ces arrêtés. Mais rien ne s'oppose à ce mode de poursuites en ce qui concerne les condamnations sur la même matière émanées des tribunaux ordinaires.

339. — (*Art. 316 de l'Inst.*) — Il importe, d'autre part, de remarquer qu'aux termes de l'article 6 de la loi du 19 juillet 1889 « remise est faite de la contrainte par corps aux individus contre lesquels elle est ou peut être exercée en vertu de *condamnations prononcées jusqu'au 14 juillet 1889* ». Les condamnations prononcées depuis cette époque peuvent donc *seules* donner lieu à l'exécution de la contrainte par corps.

340. — (*Art. 317 de l'Inst.*) — La contrainte par corps est un *moyen d'exécution* accordé aux créanciers pour vaincre la mauvaise volonté d'un débiteur qui refuse de payer ce qu'il doit. Elle ne peut donc être exercée qu'en vertu d'une *condamnation définitive* ayant force de chose jugée.

341. — (*Art. 318 de l'Inst.*) — Elle est indépendante de la peine d'emprisonnement contre les condamnés pour tous les cas où la loi l'inflige.

342. — (*Art. 319 de l'Inst.*) — Il résulte implicitement des termes des articles 9, 10 et 14 de la loi du 22 juillet 1867, que la durée de la contrainte par corps doit toujours être fixée par les juges.

343. — (*Art. 320 de l'Inst.*) — Si les juges ont *omis* de fixer cette *durée*, il appartient aux

48 AMENDES ET CONDAMNATIONS, CONTRAINTE PAR CORPS.

comptables de signaler la lacune au ministère public et de l'inviter à se pourvoir devant la juridiction compétente. Mais si le jugement ou l'arrêt est passé en force de chose jugée, on applique au condamné le *minimum* de la contrainte fixé par l'article 9 de la loi du 22 juillet 1867. Telle est la jurisprudence constante de la Cour de cassation et de la Chancellerie *(Lettre Just. 10 avril 1875 et 8 mai 1876).*

344. — *(Art. 321 de l'Inst.)* — La durée de la contrainte par corps est déterminée par les juges d'après le total des différentes condamnations énoncées dans le jugement *(L. 22 juil. 1867, art. 9),* exception faite, cependant, de la valeur des armes et engins confisqués *(Art. 315),*

La durée de la contrainte par corps est réglée ainsi qu'il suit :

De deux jours à vingt jours, lorsque l'amende et les autres condamnations n'excèdent pas 50 francs ;

De vingt jours à quarante jours, lorsqu'elles sont supérieures à 50 francs et qu'elles n'excèdent pas 100 francs ;

De quarante jours à soixante jours, lorsqu'elles sont supérieures à 100 francs et qu'elles n'excèdent pas 200 francs ;

De deux mois à quatre mois, lorsqu'elles sont supérieures à 200 francs et qu'elles n'excèdent pas 500 francs ;

De quatre mois à huit mois, lorsqu'elles sont supérieures à 500 francs et qu'elles n'excèdent pas 2,000 francs.

D'un an à deux ans, lorsqu'elles s'élèvent à plus de 2.000 francs.

En matière de simple police, la durée de la contrainte par corps ne pourra excéder cinq jours.

La durée de la contrainte par corps n'est pas atténuée par le versement d'acomptes.

344 *bis.* — Lorsque plusieurs condamnations pécuniaires résultant de divers jugements prononcés contre un même individu ne peuvent être recouvrées, les différentes contraintes dont le condamné était passible doivent être totalisées conformément à l'avis du ministre de la justice, et, par suite, la durée totale de la contrainte par corps applicable à ce condamné est égale à la somme de jours portés sur chacun des jugements dont il a été l'objet. Toutefois, la réunion des diverses contraintes ne peut excéder le délai fixé par la loi elle-même comme le maximum de durée de cette mesure d'exécution relativement au chiffre totalisé des condamnations prononcées. *(Circ. compt. publ. 20 mars 1899, § 7.)*

345. — *Restrictions à la contrainte par corps.* (*Art. 322 de l'Inst.*) — La loi, dans un sentiment d'humanité ou pour des motifs de haute convenance, a dû faire fléchir la rigueur de ses prescriptions en faveur de certaines personnes :

346. — *Exemptions absolues.* — *Mineurs.* (*Art. 323 de l'Inst.*) — Les tribunaux ne peuvent prononcer la contrainte par corps contre les individus âgés de *moins de seize ans* accomplis à l'époque des faits qui ont motivé la poursuite (*L. 22 juillet 1867, art. 13*).

347. — *Exemptions partielles.* — *Sexagénaires.* — (*Art. 324 de l'Inst.*) — Si le débiteur a commencé sa *soixantième année,* la contrainte par corps est réduite *à la moitié* de la durée fixée par le jugement, sans préjudice des dispositions de l'article 10 de la loi du 22 juillet 1867 (*art. 384 et 390 ci-après*).

348. — *Exemptions temporaires.* — *Failli.* (*Art. 325 de l'Inst.*) — Aux termes de l'article 455 du Code de commerce, il ne peut être reçu contre le failli d'écrou ou recommandation d'aucune sorte, à partir du jugement déclaratif de faillite, parce que l'état de faillite a pour effet de suspendre toute poursuite individuelle de la part des créanciers. Mais cet effet de la faillite sur la contrainte par corps est purement *suspensif* et la contrainte par corps pourrait reprendre son cours après la clôture de la faillite (*art. 384 et 389*). Rien ne fait obstacle d'ailleurs à ce que l'incarcération d'un failli soit requise à la requête du procureur de la République, suivant le mode tracé pour l'exercice de la contrainte par corps contre les débiteurs insolvables (*Avis cont. 31 mars 1893*).

349. — *(Art. 326 de l'Inst.)* — Les *faillis concordataires* sont assujettis à la contrainte par corps, attendu qu'à leur égard l'amende conserve le caractère de peine nonobstant la déconfiture du condamné, et que, à ce titre, elle ne peut être remise ou réduite que par voie de grâce.

350. — *Époux.* (*Art. 327 de l'Inst.*) — La contrainte par corps ne peut être exercée simultanément contre le mari et la femme, même pour des dettes différentes (*L. 22 juill. 1867, art. 16*).

351. — *Soutien de famille.* (*Art. 328 de l'Inst.*) — Les tribunaux peuvent, dans l'intérêt des *enfants mineurs* du débiteur et par le jugement de condamnation, surseoir, *pendant une année au plus,* à l'exécution de la contrainte par corps (*L. 22 juillet 1867, art. 17*). Dans ce cas, l'incarcération du condamné ne peut être provoquée qu'à l'expiration de ce sursis.

352. — *(Art. 329 de l'Inst.)* — On ne doit, d'ailleurs, autant que possible, exercer la contrainte par corps qu'aux époques où le travail des personnes à incarcérer est le moins utile à leur famille, et lorsque la somme due peut justifier cette mesure. L'administration recommande, par exemple, de ne pas requérir ce mode de poursuites contre les débiteurs dont les condamnations ne s'élèvent pas en totalité à 40 francs, sauf dans les cas de récidive.

353. — Lorsqu'il s'agit de condamnations où la prescription est rapide, comme en matière de presse, la contrainte par corps, lorsqu'elle doit être exercée, doit être demandée au plus tard dans le quatrième ou cinquième mois à partir de la condamnation devenue définitive *(Circ. compt. publ. 30 déc. 1890, § 4.)*

354. — *Exemptions diverses. — Caution. (Art. 330 de l'Inst.)* — Les cautions qui interviennent pour faire cesser l'effet de la contrainte par corps par application des articles 212 et 217 du Code forestier, des articles 78 et 82 de la loi du 15 avril 1829 sur la pêche fluviale et de l'article 11 de la loi du 22 juillet 1867, ne sont pas soumises à cette voie coercitive. La loi est muette à leur égard *(art. 380)*.

355. — *Amendes commuées. (Art. 331 de l'Inst.)* — L'amende substituée à l'emprisonnement par décision du Chef de l'État n'est pas recouvrable par corps ; elle ne résulte pas, en effet, d'une condamnation *(Circ. Just. 21 novembre 1879)*.

356. — *Héritiers. (Art. 332 de l'Inst.)* — La contrainte par corps n'est autorisée que contre les condamnés *personnellement (L. 22 juillet 1867, art. 3)*; elle ne peut donc être employée contre les héritiers du condamné.

357. — *Partie civile. (Art. 333 de l'Inst.)* — La contrainte par corps n'est pas applicable aux frais mis à la charge de la partie civile qui succombe *(Cass. 25 avril 1885)*.

358. — *Personnes civilement responsables. (Art. 334 de l'Inst.)* — La contrainte par corps ne peut être prononcée contre les personnes déclarées civilement responsables du payement des frais de justice *(Cass. crim. 15 avril 1884)*.

Débiteurs détenus. — V. n⁰ˢ 411 et suiv.

359. — *Formalités de la mise à exécution de la contrainte par corps. (Art. 335 de l'Inst.)* — La mise à exécution de la contrainte par corps comporte certaines formalités préalables, savoir : le *commandement*, la *demande d'incarcération* et le *réquisitoire d'arrestation*.

360. — *Commandement. (Art. 336 de l'Inst.)* — L'exécution des jugements portant condamnation à des amendes, restitutions, dommages-intérêts ou frais, et ayant acquis force de chose jugée, ne peut être poursuivie par la voie de la contrainte par corps que *cinq jours* après le commandement fait aux condamnés. La première formalité à remplir pour

provoquer une incarcération est donc la signification d'un commandement, que le condamné soit *solvable* ou *insolvable*, et qu'il s'agisse d'un délit ordinaire ou d'un délit forestier *(C. for., art. 211 ; — L. 15 avril 1829. art. 177 ; — L. 22 juillet 1867, art. 3). — Pour l'enregistrement V. n⁰ˢ 276 et suiv.*

361. — *(Art. 337 de l'Inst.)* — En vue de prévenir les cas où le jugement de condamnation n'aurait pas été précédemment *signifié* au débiteur, l'exploit de commandement doit contenir en même temps et la signification du jugement et le commandement d'en payer le montant ; cet exploit donne ainsi le nom des parties, la date et le dispositif du jugement, la durée de l'incarcération fixée par le juge ainsi que le détail des frais qui n'auraient pas été liquidés et qui seraient cependant compris dans la condamnation.

362. — *(Art. 338 de l'Inst.)* — S'il s'est écoulé une année entière depuis le commandement, à fin de contrainte par corps, sans que celle-ci ait reçu son exécution, il devra être fait un nouveau commandement avant de procéder à l'incarcération *(C. pr. civ., art. 784)*.

363. — *Initiative de l'incarcération. — (Art. 339 de l'Inst.).* — L'initiative de la contrainte par corps varie, suivant qu'il s'agit d'un condamné *solvable* ou d'un condamné *insolvable.*

364. — *(Art. 340 de l'Inst.)* — En ce qui concerne les *condamnés solvables*, l'initiative de la contrainte par corps appartient aux *comptables du Trésor*, attendu que l'emprisonnement a pour objet le recouvrement des amendes, et qu'ils sont chargés d'effectuer ce recouvrement.

Les comptables font par eux-mêmes toutes les recherches convenables pour s'assurer si les condamnés sont solvables et s'ils peuvent être poursuivis avec espoir de recouvrement. Lors même que l'indigence du condamné est attestée par le maire, ce n'est pas un motif pour renoncer à toutes diligences.

S'il résulte des preuves acquises ou des renseignements recueillis une présomption suffisante que le redevable, s'il était écroué, trouverait directement ou indirectement des moyens pour acquitter sa dette et faire cesser son emprisonnement, les percepteurs le comprennent sur le relevé modèle n° 48 qu'ils adressent au receveur des finances, avec une réquisition d'incarcération indiquant les motifs qui existent d'employer la contrainte par corps de préférence à tout autre mode de poursuites. Le receveur des finances, en prenant une décision, ne doit pas perdre de vue que la contrainte par corps est un moyen de poursuite rigoureux, dont l'emploi exige beaucoup de prudence et ne doit être provoqué qu'avec la plus grande circonspection *(art. 347)*. — V. n° 264 *bis*.

364 bis. — Il suit des dispositions qui précèdent que les percepteurs ne sont pas tenus de renoncer aux poursuites sur la seule production d'un certificat d'indigence; ils doivent au contraire contrôler ces documents avec le plus grand soin et recourir aux mesures coercitives s'ils constatent que lesdits certificats ont été délivrés à des condamnés qui peuvent se libérer soit sur le produit de leur travail, soit avec l'aide de leur famille·

Mais lorsque les comptables ont reconnu personnellement l'irrecouvrabilité des articles d'amendes consignés sur leur carnet de prise en charge, ils doivent s'abstenir d'engager des poursuites qui dans ce cas augmenteraient, sans aucun profit pour le Trésor, les charges du fonds commun. *(Lettre de la comptabilité publique, 1er février 1905, adressée à un Trésorier-payeur général).*

365. — *(Art. 341 de l'Inst.)* — La réquisition d'incarcération *(Modèle n° 49)* doit être appuyée d'un extrait de rôle constatant que le condamné paye au moins *six francs* d'impôt et des renseignements que le comptable a dû recueillir et qui constatent que le débiteur est solvable, soit personnellement par son travail, soit à l'aide d'interventions intéressées à sa libération (membres de sa famille ou patrons qui l'occupent).

366. — *(Art. 342 de l'Inst.)* — Toute réquisition à fin d'incarcération d'un condamné solvable, adressée dans ces conditions au parquet, *est obligatoire pour le ministère public,* qui doit se borner à en contrôler la régularité.

367. — *(Art. 343 de l'Inst.)* — En cas de doute sur la solvabilité d'un condamné, les substituts devraient communiquer tous les renseignements qu'ils pourraient posséder aux agents du Trésor, qui, de leur côté, leur fourniraient toutes les justifications de nature à combattre la présomption d'insolvabilité.

Toutefois, si, malgré ces justifications, la solvabilité du condamné demeurait incertaine, la Chancellerie estime que celui-ci pourrait être admis à bénéficier des dispositions de l'article 420 du Code d'instruction criminelle. Une présomption légale existerait, en effet, en sa faveur. D'ailleurs, l'interprétation la plus favorable devrait, dans le doute, être préférée. Les magistrats du parquet seraient donc libres, en pareille circonstance, de déférer ou non à la réquisition des agents du Trésor, sauf recours de ces derniers à l'administration supérieure.

368. — *(Art. 344 de l'Inst.)* — Néanmoins, les magistrats du parquet peuvent accorder un sursis d'un *mois au maximum* à tout condamné digne d'intérêt à raison de ses antécédents ou de son état de gêne momentané, mais à la condition expresse que ce condamné verse immédiatement au Trésor un acompte fixé à : *la moitié,* si la dette est inférieure à 30 francs; *le tiers,* si elle est de 30 à 60 francs; *le quart,* si elle est de 60 à 100 francs; *le cinquième,* si elle est de plus de 100 francs.

Après le versement de l'acompte, la réquisition est adressée au receveur des finances, qui doit la renvoyer au parquet lorsque le condamné n'a pas tenu ses engagements dans le délai fixé. Dans ce cas, l'exercice de la contrainte par corps est repris *sans qu'aucun nouveau délai puisse être accordé.*

369. — *(Art. 345 de l'Inst.)* — Quant aux *délinquants dont l'insolvabilité est établie,* la contrainte par corps est une sorte de répression exercée contre le condamné dans l'intérêt de la vindicte publique, plutôt qu'un moyen de recouvrement. Par suite, il appartient au *ministère public* de désigner ceux des condamnés insolvables contre lesquels elle doit être employée.

370. — *(Art. 346 de l'Inst.)* — Cette désignation est faite, en ce qui concerne tous les condamnés insolvables, autres que les délinquants forestiers, d'après les relevés trimestriels *(Modèle n° 50)* dressés par les percepteurs en double expédition et transmis par eux aux receveurs des finances. L'une des expéditions est conservée par le receveur des finances qui, à titre de contrôle, la rapproche, en fin d'exercice, de l'état des restes à recouvrer.

Les relevés trimestriels sont établis dans les mois de *janvier, avril, juillet* et *octobre* de chaque année. Ils comprennent tous les condamnés, que le domicile soit connu ou non, dont l'insolvabilité a été constatée pendant le trimestre précédent, et auxquels ne sont applicables aucun des cas d'exception prévus dans les articles 323 à 334 *(Circ. compt. publ. 10 sept. 1900, § 6).*

Les receveurs des finances transmettent les relevés au procureur de la République de leur arrondissement. Le ministère public, au vu des relevés ou des extraits, désigne les condamnés qu'il juge utile de faire incarcérer.

371. — *(Art. 347 de l'Inst.)* — En général, doivent être considérés comme insolvables les condamnés qui produisent un extrait du rôle des contributions constatant qu'ils payent moins de 6 francs d'impôts et un certificat d'indigence délivré par l'autorité compétente *(C. inst. crim., art. 420).* Toutefois, les dispositions de ces articles ne sauraient constituer une règle absolue, et s'il était établi, d'une façon certaine, qu'un condamné, quoique porteur de l'extrait de rôle et du certificat précités, fût néanmoins en mesure de s'acquitter, soit personnellement par son travail, soit à l'aide d'interventions intéressées à sa libération, il y aurait lieu de procéder à son égard comme il est indiqué ci-dessus relativement aux débiteurs solvables *(art. 340).*

372. — *(Art. 348 de l'Inst.)* — A l'égard des *délinquants forestiers insolvables*, les mesures préliminaires à leur incarcération sont prises par les agents forestiers. L'agent chargé de la poursuite des délits dresse, *tous les trois mois*, un état des individus insolvables contre lesquels il existe des condamnations susceptibles d'exécution. Il communique cet état au procureur de la République, et, après avoir recueilli son avis (consigné dans la colonne d'observations) sur le nombre d'individus dont l'incarcération est possible, il signale les condamnés les plus audacieux et les plus incorrigibles. Il transmet une expédition de cet état au conservateur, qui envoie au trésorier-général l'état des insolvables dont le procureur de la République a reconnu l'incarcération possible.

Le trésorier général adresse alors immédiatement aux percepteurs, soit directement, soit par l'entremise des receveurs des finances, un extrait de l'état des délinquants forestiers insolvables (*Modèle n° 51*) et leur donne les ordres nécessaires pour provoquer les incarcérations.

Nota. — Le percepteur et l'agent forestier désigné par l'inspecteur dressent de concert des états, par commune, de tous les condamnés pour délits forestiers qui sont reconnus insolvables. En cas de dissentiment entre le percepteur et l'agent forestier, ils forment un état distinct des condamnés dont la solvabilité aura été contestée et ils le transmettent chacun à leur chef immédiat pour en être référé au préfet, chargé de statuer. La formule imprimée, nécessaire au percepteur, lui est fournie par l'agent forestier. En attendant qu'il ait été prononcé à cet égard par le préfet sur les observations du trésorier général et du conservateur, les individus portés sur ces états sont considérés comme insolvables (*Décis. min. 12 avril 1854, art. 2*). Les états sont dressés en deux expéditions destinées, l'une au percepteur, l'autre à l'agent forestier. Ils sont révisés et complétés pendant les mois de janvier et de juillet de chaque année (*Id., art. 3 et 4*).

373. — *(Art. 349 de l'Inst.)* — Les percepteurs, soit d'après les relevés trimestriels des condamnés ordinaires (*art. 346*), soit d'après l'état des délinquants forestiers insolvables (*art. 348*), font signifier les commandements, s'ils ne l'ont déjà été, et préparent les réquisitions d'incarcération (*Modèle n° 49*) qu'ils adressent à la recette des finances pour être rendues exécutoires par le procureur de la République.

Quand il y a lieu de provoquer l'incarcération d'un insolvable contre lequel il existe plusieurs jugements ou arrêts de condamnation, la poursuite doit être basée sur l'ensemble de ces jugements ou arrêts.

374. — *(Art. 350 de l'Inst.)* — Tous les trois mois, les percepteurs adressent à la trésorerie générale, par l'intermédiaire de la recette des finances, l'état (*Modèle n° 52*) des poursuites contre les condamnés forestiers insolvables désignés par le conservateur pour être incarcérés. Si l'incarcération n'a pas eu lieu, les receveurs des finances en feront connaître les motifs en énonçant les diligences faites. Ces états sont communiqués par le trésorier général au conservateur.

375. — *Algérie. (Art. 351 de l'Inst.)* — Pour des considérations intéressant la répression et le recouvrement, il a paru nécessaire, en Algérie, de substituer aux parquets les agents de l'administration des contributions diverses dans l'initiative de l'incarcération des débiteurs insolvables et dans le soin de remettre les réquisitions aux agents de la force publique.

Toutefois, en vue de prévenir les abus, les réquisitions délivrées par les parquets doivent être mises à exécution dans les trois mois de leur délivrance. A l'expiration de ce délai, elles n'ont plus de valeur contre les condamnés qui en font l'objet ; ceux-ci, par suite, ne peuvent être incarcérés qu'en vertu d'une nouvelle réquisition dont le receveur des contributions diverses peut toujours provoquer ultérieurement la délivrance de la part du parquet, lorsqu'il se trouve en possession de renseignements certains permettant de la mettre à exécution dans le délai déterminé.

376. — *Réquisition d'incarcération. (Art. 352 de l'Inst.)* — Lorsque l'exploit du commandement a été remis au percepteur, celui-ci, après en avoir reconnu la régularité, demande au procureur de la République près le tribunal qui a rendu la sentence de donner les ordres nécessaires pour que l'incarcération soit opérée par les gendarmes. Cette demande est formulée au moyen de la réquisition d'incarcération modèle n° 49. La réquisition doit être claire et précise et énoncer distinctement les nom et domicile du condamné, la date des jugements en vertu desquels l'incarcération est demandée, la date et le montant des frais du commandement, les acomptes payés, la somme restant due et la durée de la contrainte.

Les commandements et les extraits des jugements doivent être joints à l'appui de la réquisition du percepteur (*L. 22 juillet 1867, art. 3*).

376 bis. — *Avis au parquet des payements effectués par les contraignables après la délivrance des réquisitions.* — Les percepteurs doivent aviser *immédiatement* le Parquet des payements de condamnations pécuniaires, effectués par des débiteurs qui ont été l'objet de réquisitions non encore exécutées. Les recouvrements d'amendes et de frais de justice, qui ont lieu dans ces conditions, doivent donc être signalés sans aucun retard par les percepteurs aux receveurs des finances, qui doivent transmettre de suite cet avis au ministère public.

Pour prévenir toute erreur à cet égard, les réquisitions à fin de contrainte par corps doivent être mentionnées soigneusement sur les carnets de prise en charge, au moyen d'une annotation à l'encre rouge, figurant en regard des articles dus par les condamnés qu'elles concernent.

Il est bon d'ajouter que la mise en état d'arrestation d'un condamné en vertu d'une réquisition devenue sans objet serait de nature à engager gravement la responsabilité du comptable qui aurait négligé de se conformer à ces prescriptions. (*Circ. compt. publ., 24 mars 1899, § 1er.*)

376 ter. — *Suite donnée par le parquet aux réquisitions à fin de contrainte par corps.* — *Nécessité d'en aviser les receveurs des finances.* — S'il est indispensable, ainsi qu'il est dit ci-dessus, que les Parquets soient tenus au courant de la situation exacte des contraignables vis-à-vis du Trésor, il n'est pas moins utile que les receveurs des finances et les percepteurs soient, de leur côté, avisés dans un délai déterminé de la suite donnée par le ministère public aux réquisitions à fin de contrainte par corps.

Les parquets doivent dès lors renvoyer aux receveurs des finances, dans un délai maximum de *deux mois*, l'extrait de jugement annexé à la réquisition du percepteur, en ayant soin d'inscrire, en marge de ce document, la date de l'écrou, ou, à défaut, les motifs de la non exécution de la contrainte.

Afin de permettre aux comptables du Trésor de rappeler, le cas échéant, au Ministère public, les réquisitions remontant à plus de deux mois et auxquelles il n'aurait encore été donné aucune suite, les percepteurs et les receveurs des finances doivent tenir des carnets conformes aux modèles (annexes nos 1 et 2), sur lesquels ils inscrivent, dans l'ordre de leur délivrance et de leur transmission au Parquet, toutes les réquisitions à fin de contrainte par corps.

Lors de l'établissement des restes à recouvrer, les receveurs des finances doivent veiller à ce que les articles qui ont fait l'objet de réquisitions encore en suspens soient toujours reportés à l'exercice suivant, afin d'attendre le résultat des poursuites. (*Circ. compt. publ., 24 mars 1899, § 2.*)

377. — *Arrestation.* (*Art. 353 de l'Inst.*) — Sur le vu du commandement et sur la demande du percepteur, visée par le receveur des finances de l'arrondissement, le procureur de la République adresse les réquisitions nécessaires aux agents de la force publique et autres fonctionnaires chargés de l'exécution des mandements de justice (*L. 22 juill. 1867, art. 3*).

378. — (*Art. 354 de l'Inst.*) — Les agents chargés de procéder à l'arrestation des condamnés sont, suivant les cas et indépendamment des huissiers : les gendarmes, les gardes champêtres ou forestiers, les agents de police ou sergents de ville, les préposés actifs du service des douanes, en un mot, tous les agents de la force publique chargés de l'exécution des mandements de justice qui peuvent être requis par le procureur de la République pour opérer les incarcérations demandées par les comptables.

379. — (*Art. 355 de l'Inst.*) — Ces agents ne doivent pas suspendre, sans y être autorisés, l'exécution des ordres qu'il reçoivent à cet égard, ni payer de leurs propres deniers, ou au moyen de collectes faites dans les localités, les sommes dues par les individus insolvables. Dans les cas où des circonstances imprévues paraîtraient devoir s'opposer à l'exécution de la contrainte par corps, les agents sont tenus de se borner à surseoir à l'arrestation des redevables, sauf à rendre compte à qui de droit des motifs du sursis.

380. — (*Art. 356 de l'Inst.*) — Si le débiteur, au moment de son arrestation, requiert qu'il en soit *référé*, il doit être conduit sur-le-champ devant le président du tribunal de première instance du lieu où l'arrestation a été faite, lequel statue en état de référé (*C. pr. civ., art. 786*).

Tout huissier ou exécuteur des mandements de justice qui s'y refuserait serait condamné à une amende de 1,000 francs, sans préjudice des dommages-intérêts (*L. 17 avril 1832 art. 22*).

381. — (*Art. 357 de l'Inst.*) — Le débiteur qui, au moment de son arrestation, désire se libérer doit être conduit chez le percepteur le plus proche du lieu où il a été appréhendé, s'il entend acquitter l'intégralité des sommes dont il est redevable, ou chez le comptable de qui émane la réquisition d'incarcération, s'il a l'intention de ne verser qu'un acompte. Le percepteur consignataire seul peut, en effet, apprécier si l'acompte versé est suffisant pour suspendre l'incarcération, et déterminer les conditions de payement dont l'inexécution entraînerait la reprise de la contrainte par corps. A cet égard, le percepteur aura à s'inspirer des dispositions de l'article 344 précité.

Les frais de la capture, étant dus dès le moment où l'agent capteur a droit à l'indemnité, doivent être réclamés par le percepteur au condamné appréhendé, alors même que celui-ci ne verserait qu'un acompte.

Le percepteur intermédiaire, qui est appelé éventuellement à recevoir les condamnations dues par un condamné mis en état d'arrestation, encaisse au compte des *recouvrements des contraintes et des commissions extérieures* le montant des sommes versées. Celles-ci sont ensuite adressées au comptable consignataire, accompagnées de la quittance prescrite par l'article 454 ci-après.

381 bis. — Le percepteur qui a recouvré une amende pour le compte d'un de ses collègues ne doit porter au compte des recouvrements sur commissions extérieures que le montant de la condamnation proprement dite, à l'exclusion des frais de poursuites. La prise en charge de ces frais reste soumise à la règle posée par l'article 238 de l'instruction. (Sol. min. fin. 2 avril 1902). — V. nᵒˢ 258 et 1135.

382. — *Frais de capture.* (*Art. 358 de l'Inst.*) — Les frais de capture, exposés en vue du recouvrement des condamnations pécuniaires, constituent des *frais de poursuites* et sont payés par les receveurs des finances, qu'il s'agisse de condamnés solvables ou insolvables, de délits forestiers ou d'autres délits, au débit du compte : *Frais de poursuites pour le recouvrement des condamnations pécuniaires*, sauf recouvrement sur les condamnés, en vertu d'un titre de perception (*Modèle nᵒ 53*) délivré par le receveur des finances, ou, en cas de non-valeur, sauf remboursement par le fonds commun provenant des amendes de répression suivant les indications de l'article 484 ci-après.

Lorsque la capture est effectuée, soit avant la condamnation, en vertu de mandats d'amener, de dépôt ou d'arrêt, soit après la condamnation, en exécution d'un jugement prononçant l'emprisonnement, les frais qu'elle entraîne sont à la charge du ministère de la justice et payés par les receveurs de l'enregistrement.

383. — (*Art. 359 de l'Inst.*) — Les émoluments dus à l'huissier pour la copie de l'extrait et pour le commandement doivent être réglés d'après les articles 28 et 29 du tarif établi par le décret du 16 février 1807, et non d'après l'article 1ᵉʳ de l'arrêté du 24 mars 1849, dont les dispositions étaient spéciales à l'emprisonnement en matière civile et commerciale.

384. — (*Art. 360 de l'Inst.*) L'indemnité de capture allouée aux gendarmes est fixée, savoir : à Paris et à Alger, à 5 francs ; dans les villes de 40.000 habitants et au-dessus, à 4 francs, dans les autres villes ou communes, à 3 francs (*Ordonn. 25 février 1832 et 19 janvier 1846* ; *Règl. 12 avril 1893*, art. 190).

385. — (*Art. 361 de l'Inst.*) — Les mêmes indemnités sont allouées à tous les agents de la force publique, chargés de l'exécution des mandements de justice qui peuvent être requis par le procureur de la République pour opérer les incarcérations demandées par les comptables (*art. 354*). En effet, bien que l'ordonnance du 25 février 1832 et celle du 19 janvier 1846 ne mentionnent que les gendarmes, leurs dispositions doivent être étendues aux autres agents de la force publique et même aux *huissiers*, car l'article 6 du décret du 7 avril 1813 les met tous sur la même ligne au point de vue des frais de capture.

386. — (*Art. 362 de l'Inst.*) — Ce tarif est applicable aux captures faites pour le recouvrement des condamnations pécuniaires, quelle que soit la juridiction dont les arrêts ou jugements émanent et qu'il s'agisse d'un condamné solvable ou insolvable.

387. — (*Art. 363 de l'Inst.*) — A *Paris*, l'indemnité de capture n'est due, en principe, que lorsque celle-ci a été réellement exécutée, ou lorsque le condamné, désirant se libérer, verse un acompte de *vingt* francs au moins. Les rapports des agents de la force publique, adressés à l'administration des finances, sont visés par le parquet qui a délivré le réquisitoire (*Just. 9 avril et 3 mai 1889*).]

388. — (*Art. 364 de l'Inst.*) — Partout ailleurs, le droit à la prime de capture résulte des *recherches* que celle-ci a occasionnés. Il n'est pas acquis, si l'arrestation a été faite purement et simplement sans recherches ou démarches préalables (*Décr. 18 juin 1811, art. 7-4 et suiv.; Circ. Just. 8 décembre 1891, § 17 ; Règl. 12 avril 1893 sur la gendarmerie, art. 190*).

389. — (*Art. 365 de l'Inst.*) — Il n'est dû aucune indemnité à l'agent qui fait recommander (*art. 400*) un condamné déjà détenu.

390. — (*Art. 366 de l'Inst.*) — Les frais de capture dus aux agents de la force publique, autres que les gendarmes, sont payés sur des *mémoires*, arrêtés pour liquidation par le préfet, liquidateur des frais de poursuites, et appuyés des procès-verbaux d'arrestation.

Toutefois, à *Paris* et à *Lyon*, l'agent attaché au parquet, qui est chargé d'assurer l'exécution des contraintes par corps, est autorisé exceptionnellement à toucher les frais de capture sur la production d'un mémoire (T) (sans procès-verbaux à l'appui) mentionnant l'exécution du service rémunéré, et visé par le procureur de la République.

391. — (*Art. 367 de l'Inst.*) — En ce qui concerne les *gendarmes*, les commandants de brigade établissent à la fin de chaque trimestre un mémoire des frais de capture dus aux militaires de leur résidence qui ont agi en vertu d'ordres émanés des autorités compétentes. Ces mémoires, dressés en double expédition, sont certifiés par les sous-officiers, brigadiers et gendarmes intéressés, et revêtus du réquisitoire et de l'exécutoire des magistrats de l'arrondissement.

Ils sont, en outre, appuyés des procès-verbaux de capture et transmis au conseil d'administration, qui, après les avoir acquittés, les fait toucher à la caisse du comptable du chef-lieu des compagnies de gendarmerie (*Règl. 12 avril 1893 sur la gendarmerie, art. 191 ; Circ. compt. publ. 15 déc. 1896, § 12*).

392. — (*Art. 368 de l'Inst.*) — Les mémoires de gendarmes, indiqués dans le décret de 1863 comme soumis à la formalité du timbre, en sont exempts d'après les dispositions non abrogées de l'article 16 de la loi du 13 brumaire an VII (*Décis. min. Fin. 13 août 1875*).

393. — (*Art. 369 de l'Inst.*) — Quant aux mémoires des agents autres que les gendarmes, ils sont timbrés conformément aux règles ordinaires, sauf toutefois en ce qui concerne les douaniers et les brigadiers et gardes forestiers, qui ont été assimilés aux gens de guerre par deux décrets, en date du 2 avril 1875.

394. — *Emprisonnement.* (*Art. 370 de l'Inst.*) — Le débiteur arrêté doit être conduit en prison, à moins que le juge du référé n'ait ordonné qu'il resterait provisoirement en liberté.

395. — (*Art. 371 de l'Inst.*) — La détention doit être subie dans la *maison d'arrêt* la plus proche du lieu où le condamné a été arrêté.

Comme elle n'a pas un caractère pénal, elle ne saurait être subie dans une *maison centrale*.

396. — *Transport des condamnés.* (*Art. 372 de l'Inst.*) — Les contraignables par corps sont transférés du lieu d'arrestation à la maison d'arrêt où ils doivent être incarcérés sur un ordre spécial du percepteur, ou, à son défaut, du maire de la commune où le condamné est domicilié. L'ordre de transfèrement est apposé au bas de la réquisition d'incarcération (*Modèle n° 49*), signé par le procureur de la République, et représenté, à cet effet, par les agents capteurs au percepteur ou au maire.

397. — (*Art. 373 de l'Inst.*) — Il appartient, en effet, au percepteur ou au maire seuls de se prononcer, sous leur responsabilité, sur les mesures à prendre pour assurer l'exécution de l'ordre d'incarcération du procureur de la République (*Lettre Just. 15 octobre 1888*).

398. — (*Art. 374 de l'Inst.*) — Si le condamné est en état de marcher, il doit être conduit à pied de brigade en brigade, suivant le principe reconnu par la Chancellerie, que la conduite à pied étant la plus économique doit toujours rester la règle pour les condamnés valides (*Circ. Just. 20 novembre 1884 et 23 février 1887*).

S'il est clairement démontré que le condamné ne peut effectuer à pied le trajet, son transport est ordonné, soit par *chemin de fer*, soit par *voiture cellulaire*, soit, à défaut d'un de ces deux modes de locomotion, par *voiture spéciale*. Dans ce dernier cas, le prix, débattu d'avance de gré à gré avec le convoyeur, doit être consigné sur l'ordre de transfèrement.

Lorsque le percepteur ou le maire éprouve des doutes sérieux sur l'authenticité des causes alléguées par le condamné pour ne pas faire le trajet à pied, il doit recourir à *l'avis d'un médecin*.

Dans les cas fort rares où cette consultation devra être demandée, le percepteur ou le maire la consignera sur la réquisition au bas de l'ordre de transfèrement. Les honoraires auxquels aurait droit le médecin seraient ceux fixés par l'article 17 du décret du 18 juin 1811.

Si le transport a été effectué à la suite du refus de marcher formellement exprimé par le condamné, les frais de transport sont payés d'office par les trésoriers généraux qui doivent faire mentionner, sur la réquisition, le refus de marcher du condamné (*Circ. compt. publ. 31 juill. 1903, § 3*).

399. — (*Art. 375 de l'Inst.*) — L'autorité administrative peut seule autoriser, sur la demande du détenu, si elle le juge convenable, la translation d'une maison d'arrêt dans une autre. Mais les frais de ce transfert ne constituent pas des frais de poursuites et, par suite, ne doivent pas être payés par les receveurs des finances[1].

[1] Les frais de transport des condamnés arrêtés pour subir leur peine ou ceux résultant de translations d'office faites par l'administration des prisons sont à la charge du ministère de l'intérieur (*Circ. Just. 1er juin et 18 novembre 1864 et 1er juin 1865*).

400. — *Frais de transport.* (*Art. 376 de l'Inst.*) — Les frais de transport des condamnés incarcérés à la requête des percepteurs pour le recouvrement de condamnations pécuniaires, ainsi que les *frais d'escorte* qui en sont le complément, sont payés, sauf le recouvrement ultérieur sur les condamnés en vertu d'un titre de perception (*Modèle n° 53*), par les receveurs des finances à titre d'opérations de trésorerie par le débit du compte : *Frais de poursuites*, suivant les indications de l'article 484 ci-après.

401. — *Pièces justificatives à exiger par les receveurs des finances pour les frais de transport et les frais d'escorte.* (*Art. 377 à 382 de l'Inst.*) — Sans objet pour les percepteurs.

402. — *Aliments.* (*Art. 383 de l'Inst.*) — Les condamnés, détenus à la requête du Trésor public pour cause de dettes envers l'État, reçoivent la nourriture, comme les prisonniers à la requête du ministère public. En conséquence, il n'est fait aucune consignation spéciale pour la nourriture desdits détenus ; la dépense en est comprise, chaque année, au nombre de celles du département de l'intérieur pour le service des prisons (*Décr. 4 mars 1808*). Ces dispositions s'appliquent aux condamnés solvables comme aux condamnés insolvables.

403. — *Élargissement.* (*Art. 384 de l'Inst.*) — L'élargissement a lieu de plein droit : 1° à l'expiration des *délais fixés* ; 2° lorsque le condamné a fourni et fait agréer une *caution* ; 3° par l'*extinction de la dette* au sujet de laquelle il a été emprisonné ; 4° s'il vient à être déclaré en *faillite (art. 325, 389)*: 5° s'il est sexagénaire *(art. 324, 390)*; enfin, 6° pour des raisons d'humanité après accord entre le parquet et l'administration des finances *(art. 391)*.

L'élargissement peut, en outre, être ordonné pour cause de *maladie grave* et avec le consentement du trésorier général.

404. — *Expiration des délais. (Art. 385 de l'Inst.)* — A l'expiration de la durée de la contrainte par corps mentionnée dans le réquisitoire d'incarcération transcrit sur les registres de la prison, le gardien-chef met d'*office* le débiteur en liberté.

405. — *Caution. Élargissement.* — *(Art. 386 de l'Inst.)* — D'après l'article 212 du Code forestier et l'article 77 de la loi du 15 avril 1829 sur la pêche fluviale, le condamné peut faire cesser son incarcération en fournissant une *caution* admise par le receveur des domaines (aujourd'hui le receveur des finances), ou, si elle est contestée, déclarée bonne et valable par le tribunal de l'arrondissement.

Cette disposition est reproduite par l'article 11 de la loi du 22 juillet 1867, qui accorde aux condamnés en *matière ordinaire* la faculté de prévenir les effets de la contrainte par corps en fournissant une caution *(art. 330)*.

406. — *(Art. 387 de l'Inst.)* — Aux termes de cette dernière loi, la caution doit s'exécuter dans le mois, à peine de poursuites. La caution est d'ailleurs admissible, que le chiffre de la dette soit inférieur ou supérieur à 300 francs.

La personne qui s'est portée caution n'est pas contraignable par corps, attendu le silence des lois à cet égard, mais elle doit s'obliger *solidairement*; il n'y a pas lieu à discussion préalable du débiteur.

Toutefois, en matière forestière, les *cautions des adjudicataires* sont responsables et contraignables par corps pour le payement des amendes et condamnations pécuniaires *(C. for., art. 46)*.

407. — *Extinction de la dette.* *(Art. 388 de l'Inst.)* — La créance s'éteint et le débiteur obtient sa mise en liberté:

1° Par le *payement* du montant de la condamnation pour laquelle il est emprisonné et des frais occasionnés par sa capture. Lorsque c'est un huissier qui a été chargé de l'arrestation, il peut, aux termes de l'ordonnance du 3 juillet 1816, article 2, § 3, et du décret du 18 juin 1811, article 176, recevoir le montant de la dette au moment de l'arrestation, et le condamné est mis immédiatement en liberté, sans avis préalable du parquet. Si cette mission a été confiée à d'autres agents de la force publique, ceux-ci sont tenus de conduire le débiteur devant le percepteur suivant les indications de l'article 357;

2° Par la *compensation légale*;

3° Par une *transaction administrative* survenue en faveur du condamné pendant son incarcération *(art. 398)*;

4° Par la *remise* totale ou partielle de l'amende, en supposant que le débiteur ne soit incarcéré que pour le payement de cette dette *(art. 153)*;

5° Par l'*amnistie*, lorsqu'elle s'étend, non seulement à l'amende, mais encore aux frais de justice *(art. 192)*.

408. — *Failli. (Art. 389 de l'Inst.)* — Le condamné qui est déclaré en *faillite* au cours de sa détention est mis d'office en liberté *(art. 325, 381 ci-dessus)*.

409. — *Sexagénaire. (Art. 390 de l'Inst.)* — Le condamné qui accomplit sa soixantième année durant son emprisonnement est mis en liberté après avoir subi la moitié de la peine qui reste à courir. La réduction accordée par la loi du 22 juillet 1867 *(art. 10)* porte, en ce cas, sur le nombre de jours restant à courir à partir de celui où s'est accomplie sa soixantième année.

Le texte de la loi de 1848, dont le législateur de 1867 a manifestement voulu s'approprier le principe, porte, en effet, que: *la durée de la contrainte par corps sera de plein droit réduite à la moitié du temps qui restera à courir.*

410. — *Autorisation de l'administration. (Art. 391 de l'Inst.)* — Enfin, l'administration a le droit de renoncer à l'exercice de la contrainte par corps, lorsqu'elle reconnaît que son emploi serait plus onéreux que profitable à l'État. Or, si elle peut y renoncer, elle a, à plus forte raison, le droit d'en *régler*, d'en *modérer* ou d'en *suspendre* l'exercice *(Lettre du grand juge du 29 février 1809; Dalloz, v° Contrainte par corps)*.

Par application de ce principe, il appartient à l'administration des finances, représentée par le trésorier général ou, avec son autorisation, par les comptables subordonnés, de faire cesser, quand elle le juge convenable, l'effet de la contrainte par corps, soit que la durée de cette contrainte ait été fixée par la loi, soit qu'elle ait été déterminée par le jugement. Mais l'initiative de cette mesure appartient exclusivement à l'administration des finances, attendu que l'État étant le créancier, le comptable son mandataire a seul qualité pour apprécier si la contrainte par corps doit ou non être maintenue *(Lettre Just. 30 avril 1884)*.

Cette mesure peut être prise pour les condamnés solvables, s'ils fournissent à l'administration des garanties suffisantes de payement, et, à l'égard des condamnés insolvables, d'après des considérations d'humanité dont l'appréciation est laissée au trésorier général. Mais, dans ce dernier cas, la mise en liberté doit être concertée avec le conservateur des forêts, si la contrainte par corps a été exercée sur la demande des agents forestiers, ou avec le procureur de la République, si l'emprisonnement a eu lieu sur sa désignation.

411. — *(Art. 392 de l'Inst.)* — Il ne faut user d'ailleurs, de la faculté d'abréger la durée des détentions que lorsque les circonstances l'exigent, et à la charge du payement au moins des frais de poursuites. Aussi les trésoriers généraux sont-ils tenus de rendre compte à la Direction générale de la comptabilité publique de toutes les mises en liberté qu'ils ont autorisées en faveur de débiteurs solvables, sans que le payement des sommes dues au Trésor ait été effectué en totalité.

412. — Les parquets doivent se concerter avec la trésorerie générale dans le but de préciser exactement la solvabilité du condamné détenu ou non. Toutes les fois que l'état de solvabilité sera constaté, et qu'une décision gracieuse interviendra, il sera expressément stipulé que cette décision ne recevra son exécution, en ce qui concerne les condamnés solvables, qu'à la condition du payement préalable de toutes les sommes dues au Trésor *(Circ. compt. publ. 22 mai 1876, § 2).*

413. — *Effets de l'incarcération.* — *Délinquants ordinaires. (Art. 393 de l'Inst.)* — Aux termes de l'article 53 du Code pénal, la détention d'un condamné, en matière pénale ordinaire, *ne le libère d'aucune partie de sa dette,* qu'il soit solvable ou insolvable, et la justification qu'il fait de son insolvabilité n'autorise qu'à *surseoir* indéfiniment à la poursuite, sauf à reprendre celle-ci dans le cas où le débiteur redeviendrait solvable. Rien ne s'oppose donc à ce que le payement des amendes et autres condamnations qui ont été incarcérés, pourvu que ce soit par d'autres voies que par celle de la contrainte par corps, et à moins que l'incarcération ne puisse être reprise, en exécution de l'article 12 de la loi du 22 juillet 1867.

414. — *Délinquants forestiers. (Art. 394 de l'Inst.)* — En matière *forestière,* les effets de l'incarcération varient, suivant qu'il s'agit de condamnés solvables ou de condamnés insolvables.

A l'égard des condamnés *solvables,* l'incarcération a le caractère d'une voie d'exécution civile, et, si elle est restée sans succès, elle ne met pas obstacle, quelle qu'ait été sa durée, aux autres voies de poursuites sur les biens meubles et immeubles du débiteur qui l'a subie.

Quant aux condamnés *insolvables,* leur détention pendant le temps exigé par l'article 243 du Code forestier a pour effet de les *libérer entièrement* du montant de leurs condamnations, de sorte qu'ils ne pourraient plus être poursuivis pour la même dette, lors même qu'il leur surviendrait des moyens de libération. Quand un jugement a été exécuté par l'incarcération du condamné insolvable, cette exécution entraîne la libération des condamnations prononcées

par d'autres jugements rendus contre ce condamné avant la réquisition d'incarcération. La contrainte par corps devient alors une peine corporelle, qui se substitue à la peine pécuniaire. Par suite, les articles des sommiers des receveurs des finances, concernant des délinquants forestiers insolvables qui ont subi la détention, doivent être définitivement *annulés* en fin d'exercice *(L. 15 avril 1829, art. 80; L. 22 juillet 1867, art. 18).*

415. — *Responsables et solidaires. (Art. 395 de l'Inst.)* — La détention de condamnés insolvables en matière forestière libère également les personnes *civilement responsables* du montant des condamnations. Mais les effets de la contrainte par corps qu'a subie le délinquant insolvable, condamné solidairement avec d'autres, ne s'exercent que sur la part de la dette solidaire tombant à sa charge personnelle, et la détention qu'il a subie ne fait disparaître que cette part, sans libérer du surplus de la dette les autres condamnés solidaires.

416. — *Prescription. (Art. 396 de l'Inst.)* — La contrainte par corps, moyen d'exécution du jugement, *interrompt la prescription* de l'amende et des autres condamnations pécuniaires. Cet effet résulte, non seulement de l'écrou qui consomme l'exécution, mais encore de l'arrestation qui en est le premier acte.

417. — *Reprise de la contrainte par corps. (Art. 397 de l'Inst.)* — Les individus qui ont obtenu leur élargissement ne peuvent plus être détenus ou arrêtés pour condamnations pécuniaires antérieures, à moins que ces condamnations n'entraînent, par leur quotité, une incarcération plus longue que celle qu'ils ont subie et qui, dans ce dernier cas, leur est toujours comptée pour la durée de la nouvelle incarcération *(L. 22 juillet 1867, art. 12).*

418. — *(Art. 398 de l'Inst.)* — Si l'élargissement a été consenti à titre gracieux par l'administration avant l'expiration de la durée de la contrainte *(art. 391),* celle-ci ne peut être requise de nouveau qu'autant que la transaction consentie avec le débiteur, au moment de la mise en liberté, stipule expressément que cette voie exceptionnelle de poursuites est réservée pour le cas où le condamné ne remplirait pas ses engagements. A défaut de stipulation expresse dans ce sens, il y a lieu d'interpréter le silence des parties dans le sens le plus favorable à l'obligé *(C. civ., art. 1162),* et, par suite, d'admettre que le condamné ne pourra plus être poursuivi que par les voies ordinaires de droit et non par la voie exceptionnelle de la contrainte par corps *(C., Paris, 18 juin 1888).*

419. — *(Art. 399 de l'Inst.)* — Les condamnés qui, ayant justifié de leur *insolvabilité* suivant l'article 420 du Code d'instruction criminelle, sont mis en liberté après avoir subi la contrainte par corps pendant la moitié de la durée fixée par le jugement (*L. 22 juillet 1867, art. 10*), peuvent, par application de l'article 36 de la loi du 17 avril 1832, être réincarcérés, mais une seule fois, et quant aux restitutions, dommages-intérêts et frais seulement, s'il est jugé contradictoirement avec eux qu'il leur est survenu des moyens de *solvabilité*. Le tribunal compétent pour juger s'il y a lieu d'appliquer l'article 36 de la loi précité du 17 avril 1832 paraît être le tribunal civil.

420. — *Recommandation. (Art. 400 de l'Inst.)* — Les comptables chargés de recouvrer les condamnations pécuniaires dues par un individu détenu pour une autre cause peuvent s'opposer à ce qu'il soit élargi tant qu'il n'aura pas subi, en sus de sa détention actuelle, la contrainte par corps que comportent lesdites condamnations pécuniaires. Cet acte s'appelle *recommandation (C. pr. civ. art. 792)*.

Depuis que le décret du 22 octobre 1880 (V. n° 430) a autorisé le versement d'office au Trésor du montant des sommes saisissables sur le *pécule disponible* des détenus, en atténuation des condamnations dues par ceux-ci, les comptables n'ont à recourir à la recommandation qu'autant que les condamnés possèdent par eux-mêmes (en dehors de leur *pécule-réserve*), ou par leur famille, des ressources suffisantes pour pouvoir se libérer. Dans ce cas, la recommandation est d'autant plus utile que, devant avoir son effet à l'expiration d'une détention parfois longue, elle détermine d'ordinaire le débiteur à se libérer pour sortir de prison.

421. — *(Art. 401 de l'Inst.)* — La recommandation est, en général, soumise aux mêmes formalités que la contrainte par corps. Elle est proposée au receveur des finances par un rapport du percepteur qui, dûment autorisé, fait signifier un commandement au débiteur.

Le receveur des finances transmet ensuite hiérarchiquement au procureur de la République, avec les renseignements nécessaires, l'original du commandement signifié au débiteur, et ce magistrat prend, avant l'élargissement du condamné, les mesures propres à assurer sa translation dans une maison d'arrêt (*art. 374*).

SALAIRES DES AGENTS DE POURSUITES.

422. — *Salaires des agents de poursuites. (Art 402 de l'Inst.)* — Les huissiers sont rémunérés d'après leur tarif réglementaire.

Les porteurs de contraintes n'ont droit, en France : qu'au tarif spécial des frais qui leur sont alloués dans chaque département ; et, en Algérie : qu'aux allocations déterminées par

l'arrêté du ministre de la guerre du 30 septembre 1850.

423. — *(Art. 403 de l'Inst.)* — Après chaque acte de poursuites, les agents qui ont procédé à leur exécution, dressent, en double expédition, *un état des frais* exposés *(Modèles n° 37, 44, 45, 47)* ; ils le certifient véritable et, après l'avoir fait signer par le percepteur pour constater l'exécution, ils l'adressent, avec les pièces originales en vertu desquelles les poursuites ont été exercées, au receveur des finances qui le soumet au visa du préfet.

Le coût du commandement est fixé uniformément à 2 fr., augmenté, lorsqu'il y a plusieurs jugements à signifier, du prix des feuilles de timbre employées supplémentairement par le porteur de contraintes. *(Circ. compt. publ., 20 mai 1893, § 9.)*

424. — *(Art. 404 de l'Inst.)* — Les frais de poursuites dus aux porteurs de contraintes et aux huissiers sont payés aux ayants droit par les receveurs des finances en France, à titre de : *Frais de poursuites pour le recouvrement des amendes et condamnations pécuniaires*.

En Algérie, les porteurs de contraintes étant rétribués au moyen d'un traitement fixe, les frais de poursuites sont constatés et encaissés au profit du Trésor. Pour les cas exceptionnels où l'on a recours aux huissiers, l'avance des frais est faite par le service des contributions diverses et régularisée plus tard, en cas de non-recouvrement, par imputation au fonds commun.

425. — *(Art. 405 de l'Inst.)* — Une des deux expéditions de l'état de frais est remise au comptable chargé d'en suivre le recouvrement et lui sert de titre de perception. Celle qui est quittancée par la partie prenante est produite à la Cour des comptes avec les pièces en usage pour le service des contributions et les mémoires timbrés des huissiers comme pièce de dépense à l'appui du compte : *Frais de poursuites*, etc., par le trésorier général en France, et par le trésorier-payeur en Algérie *(Inst. gén. 20 juin 1859, art. 582)*.

Quant aux originaux des actes de poursuites, ils sont conservés par le receveur des finances suivant la règle prescrite en matière de contributions directes *(Inst. gén. 20 juin 1859, art. 409)*.

426. — *Frais de fourrière. (Art. 406 de l'Inst.)* — Les animaux et tous les objets périssables, pour quelque cause qu'ils aient été saisis, ne peuvent rester en fourrière ou sous le séquestre plus de *huit jours (Décr. 18 juin 1811, art. 39)*.

Les objets non périssables ne peuvent y rester plus de *six mois (Ordonn. 23 mai 1830, art. 2)*.

Mais quelle que soit la durée de la fourrière, fût-elle même, par suite d'une erreur du parquet, de plus de six mois, et de quelque manière qu'elle cesse (par restitution ou par vente), il n'est pas possible d'y mettre fin sans payer d'abord les frais de fourrière ou ceux de séquestre au gardien. Celui-ci a, en effet, sur le prix des objets qu'il a conservés, un *privilège* ayant la priorité sur les privilèges du Trésor *(C. civ. art. 2102).*

427. — *Poursuites dans l'intérêt des communes en matière forestière. (Art. 407 de l'Inst.)* — Les poursuites exercées dans l'intérêt des communes et des établissements publics, pour délits ou contraventions commis dans leurs bois, sont effectuées sans frais pour ces communes et établissements par les agents du gouvernement *(C. for., art. 107).*

La perception des restitutions et dommages-intérêts prononcés en leur faveur est faite en même temps que celle qui a pour objet le recouvrement des amendes dans l'intérêt de l'État. Les frais de poursuites, lorsqu'ils ne peuvent être recouvrés sur le condamné, sont supportés par le fonds commun, par application de l'article 11 de la loi du 26 décembre 1890.

CHAPITRE V

COMMUNICATIONS AVEC LA BELGIQUE.

428. — *(Art. 108 de l'Inst.)* — Une convention internationale, signée à Lille le 12 août 1843, a réglé les communications qui doivent être échangées entre les employés français et belges, en vue de faciliter le recouvrement des condamnations prononcées par des tribunaux français contre des débiteurs domiciliés en Belgique, et inversement.

Il a été convenu que les comptables des deux États se prêteraient réciproquement et gratuitement leur concours, tant pour obtenir des renseignements sur la position de fortune des condamnés que pour recevoir les sommes qui leur seraient versées par ces débiteurs. Mais en vue de simplifier la tâche imposée aux deux administrations, il a été arrêté d'un commun accord entre la Direction générale de l'enregistrement et des domaines belge *(Lettre 5 août 1893)* et la Direction générale de la comptabilité publique en France *(Lettre 21 sept. 1893)* que les échanges de communications, à l'égard du recouvrement des condamnations, ne porteraient plus, à partir du 1er janvier 1894, sur les articles inférieurs à 25 francs dus par des ouvriers, domestiques, repris de justice, filles soumises et autres condamnés notoirement insolvables.

Recouvrement des condamnations dues par des débiteurs domiciliés en Belgique. — Lorsque les percepteurs ont pris charge d'articles dont ils n'ont pu obtenir le payement et qui sont dus par des débiteurs originaires de Belgique ou s'y étant établis, ils doivent faire parvenir à la Direction générale de la comptabilité publique un simple *avertissement*, sans extrait de jugement, indiquant d'une manière

très exacte toutes les sommes dues par le condamné, ainsi que le lieu de sa résidence en Belgique.

Les receveurs de l'enregistrement belges, auxquels ces pièces sont transmises, mettent aussitôt les débiteurs en demeure de se libérer et, dans le délai de *deux mois*, ils renvoient soit les pièces établissant l'inutilité de leurs démarches, soit le montant des recouvrements effectués par eux.

Depuis la convention postale du 4 juin 1878 prescrivant une marche nouvelle pour les envois d'argent entre les différents pays faisant partie de l'Union, les sommes recouvrées sont envoyées au moyen de *mandats-carte* adressés directement au bureau destinataire par le bureau d'origine. Ces mandats doivent indiquer, outre le nom du comptable qui effectue le versement, le nom du condamné qui s'est libéré.

Les receveurs de l'enregistrement belges prélèvent, sur les sommes recouvrées pour le compte des percepteurs français, le montant des *frais d'envoi* des mandats-carte qui ne comprennent ainsi que la somme nette. L'article du sommier présente, dès lors, un reste à recouvrer égal au montant desdits frais d'envoi, lequel doit être admis en non-valeur à la clôture de l'exercice, sur la production de la lettre d'avis de l'administration belge.

429. — *Recouvrements effectués pour le compte des receveurs de l'enregistrement belges. (Art. 109 de l'Inst.)* — Aussitôt que les pièces établissant les sommes dues au gouvernement belge par un condamné fixé en France sont parvenues à la Direction générale de la comptabilité publique, celle-ci en fait l'envoi au trésorier général qu'elles concernent, à charge par lui de les adresser au percepteur de la résidence du débiteur. Ce comptable procède comme s'il s'agissait d'un recouvrement à faire pour un de ses collègues de France et adresse, sans délai, un avertissement au débiteur en le prévenant qu'il ait à se libérer, soit à son bureau, soit à celui du receveur de l'enregistrement belge.

Si le condamné ne s'est pas libéré dans les *deux mois* ou n'a pas obtenu un nouveau délai, le percepteur doit faire établir un *certificat d'indigence* (ou de *non-payement*) dans la forme ordinaire. Il y joint une note certifiée par lui, constatant la date de l'envoi de l'avertissement au débiteur et l'inutilité des démarches faites près de lui [1].

---

[1] Les jugements rendus en Belgique ne sont pas, en effet, exécutoires en France et les percepteurs ne peuvent en réclamer le payement que par voie amiable.

Lorsque, au contraire, le condamné s'est libéré en totalité ou en partie, le percepteur comprend en recette, dans son plus prochain versement à la recette des finances, la somme recouvrée, au compte: *Recouvrements en vertu de contraintes et de commissions extérieure* .

Aussitôt que le versement est constaté à ce compte dans ses écritures, le trésorier général transmet, par l'intermédiaire de l'administration des postes, ainsi que cela est indiqué à l'article 408 pour les envois d'argent entre les différents pays faisant partie de l'Union, en un mandat-carte, le montant de ce versement au receveur de l'enregistrement belge qui a pris charge de l'article. Suivant la marche indiquée ci-dessus, ces mandats-carte ne sont que de la somme nette, déduction faite des frais d'envoi, et indiquent, outre le comptable qui effectue le versement, le nom du condamné qui s'est libéré.

Les extraits du jugement dûment annotés des recouvrements effectués ou des motifs qui se sont opposés au recouvrement sont transmis par le trésorier général à l'administration centrale, pour lui permettre de se rendre compte du résultat des démarches effectuées par les percepteurs.

La déclaration de versement (ou le talon du mandat) délivré par les receveurs des postes servira aux comptables à justifier la dépense.

CHAPITRE VI

DU RECOUVREMENT SUR L'AVOIR DES DÉTENUS DANS LES MAISONS CENTRALES ET DES TRANSPORTÉS ET RELÉGUÉS DANS LES COLONIES.

SECTION PREMIÈRE

Prélèvement sur le produit du travail des détenus.

430. — *Recouvrement des amendes et frais de justice sur le pécule des condamnés détenus dans les maisons centrales.* *(Art. 410 de l'Inst.)* — Aux termes du décret du 22 octobre 1880, le *produit du travail des détenus* dans les maisons centrales doit être appliqué au payement des condamnations dont ils sont redevables, de la manière suivante :

La portion du *pécule, mise en réserve* pour l'époque de la sortie, est *insaisissable* et doit être remise intégralement aux condamnés le jour même de leur libération.

Le reliquat du *pécule disponible* au jour de la sortie des détenus est appliqué, jusqu'à due concurrence, au payement des condamnations dues au Trésor public.

Toutefois, si le pécule réserve, déduction faite des frais de route et d'habillement, n'atteint pas *cent francs*, le pécule disponible est employé, par préférence, à compléter cette somme.

431. — *(Art. 411 de l'Inst.)* — L'exécution des dispositions du dit décret est assurée comme suit :

Les directeurs des maisons centrales doivent adresser, dans les *cinq premiers jours de chaque mois*, au ministre des finances, par l'intermédiaire du ministère de l'intérieur, la *liste nominative des condamnés entrés* dans le cours du mois précédent et y joindre des fiches individuelles indiquant toutes les condamnations encourues par chacun d'eux.

432. — *(Art. 412 de l'Inst.)* — Les percepteurs, consignataires des extraits de jugements portés sur lesdites fiches, indiquent le montant des sommes afférentes à chacun de ces jugements sur des *relevés de condamnations*. Des formules *(Modèle n° 54)* leur sont adressées, à cet effet, par la Direction générale de la comptabilité publique *(service des amendes)*. Elles doivent être renvoyées au bureau expéditeur par la voie hiérarchique dans un délai maximum de *quarante jours*. Ce délai ne saurait être dépassé sans engager la responsabilité des comptables. Mention du renvoi doit être faite sur le carnet de prise en charge *(Modèle n° 10)* en regard de l'article inscrit au nom du condamné détenu.

433. — *(Art. 413 de l'Inst.)* — Les relevés de condamnations sont ensuite transmis *directement*, par les soins de l'administration des finances, aux percepteurs près des maisons centrales, accompagnés d'un *état récapitulatif* présentant le débet total de chaque détenu d'après les divers relevés de condamnations qui le concernent.

Les relevés de condamnation tiennent lieu de *commission extérieure* pour les comptables qui les reçoivent *(art. 80)*. Ils doivent, dès lors, rester jusqu'au jour de la libération des détenus entre les mains de ces comptables, qui doivent y inscrire successivement *(col. 1 et 2 du cadre de la deuxième partie de la formule)* les sommes versées par les greffiers.

434. — *Art. 414 de l'Inst.)* — Les comptables consignataires n'en doivent pas moins poursuivre, s'il y a lieu, le recouvrement des condamnations dues par les détenus sur les biens et créances (successions, pensions civiles et militaires, cautionnement, etc.), qui peuvent ou qui pourront leur appartenir.

Mais avant d'encaisser les sommes versées à ces divers titres, ils doivent s'assurer près de leurs collègues des maisons centrales du montant des prélèvements qui auraient été déjà opérés sur le pécule des détenus et demander, en cas d'acquittement intégral de leur dette, le renvoi des relevés de condamnations qui les concernent.

435. — *(Art. 415 de l'Inst.)* — Si, pendant le cours de la peine du détenu, le montant des condamnations pécuniaires vient à être modifié pour une cause quelconque, ou si le recouvrement total ou partiel vient à être effectué par le percepteur consignataire, celui-ci doit, par un avis spécial *(Modèle n° 56)*, en informer son collègue qui notifie le payement au directeur de la maison centrale, afin que le débet soit diminué d'autant sur le livret du pécule du condamné.

436. — *(Art. 416 de l'Inst.)* — En cas de *transfèrement* d'un détenu, le greffier comptable de la maison d'où il est extrait en avertit le percepteur. Celui-ci transmet à son collègue de l'établissement sur lequel le condamné est dirigé le relevé de condamnations qui lui a été précédemment envoyé et il informe de ce changement le percepteur consignataire de l'extrait de jugement au moyen de la formule modèle n° 57.

437. — *(Art. 417 de l'Inst.)* — Chaque libération (mise en liberté, grâce ou décès) est notifiée immédiatement par les directeurs des maisons centrales aux percepteurs près ces établissements, au moyen de l'état *(Modèle n° 58)* prescrit par la circulaire du ministre de l'intérieur, en date du 18 juin 1887. Les comptables doivent alors renvoyer *directement* par la voie hiérarchique, et sans passer par l'intermédiaire de la Direction générale de la comptabilité publique, les relevés de condamnations concernant les détenus libérés, aux percepteurs consignataires. Mention doit être faite de ce renvoi sur le *carnet spécial d'enregistrement (Modèle n° 55)*.

En cas de versement d'un acompte par ou pour un détenu au cours de sa détention, le percepteur de la maison centrale doit se conformer aux prescriptions de l'article 422 ci-après.

438. — *(Art. 418 de l'Inst.)* — Les trésoriers-payeurs généraux doivent veiller à ce que la deuxième partie des *relevés* contienne l'indication exacte du montant total des prélèvements successivement opérés sur le pécule et la désignation de la commune où le détenu a déclaré se retirer, de façon à faciliter les recherches du percepteur chargé de poursuivre le recouvrement des sommes restant dues au Trésor.

439. — *Prélèvements sur les sommes ne provenant pas du travail des détenus. (Art. 419 de l'Inst.)* — Pendant le cours de la détention, et conformément aux règles du droit commun, toutes les fois que les sommes ne provenant pas du travail et n'ayant pas un caractère alimentaire ont été portées au crédit du pécule d'un détenu, le greffier doit immédiatement les appliquer d'office, sur l'ordre *du ministre de l'Intérieur*, au payement des condamnations pécuniaires.

Si le ministre de l'intérieur ne croyait pas devoir autoriser le prélèvement, les comptables auraient à demander à la Direction générale de la comptabilité publique s'il n'y a pas lieu de procéder par voie de *saisie-arrêt*.

Prélèvements sur les sommes provenant du travail des détenus. — Au moment de la libération du détenu, ou même d'un simple transfèrement dans une maison d'arrêt, le compte du débet pour condamnations doit être réglé conformément aux prescriptions du décret précité, c'est-à-dire qu'on doit y appliquer le montant du pécule disponible toutes les fois que le pécule réserve présente un avoir supérieur à 100 francs.

440. — *Décès des détenus. (Art. 420 de l'Inst.)* — Lors du décès d'un détenu, le greffier, avant tout règlement de compte de son pécule, doit appliquer, jusqu'à due concurrence, au payement des condamnations dues au Trésor, le *pécule disponible* du défunt.

Quant au *pécule réserve*, qui a pour but de procurer aux condamnés libérés des moyens d'existence au moment de leur mise en liberté, il est acquis *au Trésor* dès que la mort survenue avant la libération met obstacle à la réalisation de cette destination. Ce pécule ne peut donc être appliqué au remboursement des condamnations pécuniaires.

441. — *Versements par les greffiers comptables. (Art. 421 de l'Inst.)* — Les sommes perçues sur le pécule disponible, qu'il s'agisse, soit du prélèvement de sommes ne provenant pas du travail du détenu et n'ayant pas un caractère alimentaire, soit de l'encaissement du pécule disponible au moment de la sortie ou du décès du condamné, sont versées *chaque mois* par le greffier comptable au percepteur de la résidence de la maison centrale avec un *bordereau de versement (Modèle n° 60)*.

442. — *(Art. 422 de l'Inst.)* — Le percepteur délivre au greffier comptable autant de quittances à souche qu'il y a de parties versantes. Il informe en même temps ses collègues consignataires du montant des versements effectués pour leur compte au moyen d'un avis de recouvrement, conforme au modèle n° 59, à moins que le versement ne représente l'intégralité des sommes dues au Trésor par le condamné, auquel cas le relevé de condamnation lui-même serait renvoyé, comme l'indique l'article 447.

Les quittances à souche sont conservées au greffe et jointes à l'état de liquidation que doit remettre le greffier comptable à chaque détenu au moment de sa sortie de la maison centrale.

SECTION II

Prélèvement sur l'avoir des transportés et relégués dans les colonies.

443. — *(Art. 423 de l'Inst.)* — La totalité des pécules, tant disponibles que de réserve, acquis par les transportés, est versée d'office dans la *caisse d'épargne* pénitentiaire par les soins de l'administration.

Il ne peut être opéré de retrait sur ces dépôts que jusqu'à concurrence du pécule disponible.

Le pécule de réserve peut être retiré par le titulaire au moment de sa libération ou de son entrée en concession.

444. — *(Art. 424 de l'Inst.)* — Au décès de tout transporté, son pécule, aussi bien le pécule réserve que le pécule disponible, peut être retiré par les ayants droit sur la production des pièces justificatives et notamment de la quittance constatant le versement intégral des sommes dues au Trésor du chef des condamnations encourues par le défunt pendant son existence.

445. — *(Art. 125 de l'Inst.)* — Pour que le Trésor puisse faire valoir ses droits sur l'avoir laissé par tout transporté décédé, les gouverneurs de la Nouvelle-Calédonie et de la Guyane sont tenus d'adresser *chaque mois*, au ministre des colonies un *état* en double expédition des successions laissées vacantes par les transportés décédés dans le cours du mois précédent.

446. — *(Art. 126 de l'Inst.)* — Une expédition de cet état, portant l'indication exacte de toutes les condamnations prononcées contre chacun des transportés décédés, est adressée au ministère des finances *(Direct. générale de la compt. publ., service des amendes)*. Ce service prend, près des trésoriers généraux, consignataires des divers extraits de jugements, tous les renseignements nécessaires et, après avoir ainsi constitué le débet de chaque condamné, le notifie au ministre des colonies qui donne à l'administration pénitentiaire coloniale l'ordre de verser dans la caisse du trésorier-payeur, jusqu'à concurrence des sommes dues au Trésor, le montant de chaque succession.

447. — *(Art. 127 de l'Inst.)* — Quant aux transportés dont le débet a été constitué et notifié aux autorités coloniales au moment du départ de chaque convoi ou au fur et à mesure de chaque mise en concession, l'administration pénitentiaire et le trésorier-payeur sont en mesure, la première de verser et le second de recevoir, jusqu'à due concurrence, le montant des successions vacantes laissées par chaque transporté décédé.

448. — *(Art. 128 de l'Inst.)* — L'état *des successions vacantes (art. 125)*, adressé mensuellement au ministère des finances par les soins du ministre des colonies, fait connaître le montant des versements effectués par l'administration pénitentiaire. A titre de contrôle, le trésorier-payeur colonial doit, de son côté, adresser *chaque mois*, à la Direction générale de la comptabilité publique *(service des amendes)* un relevé des versements *(Modèle n° 64)* effectués à sa caisse pendant le mois précédent par l'administration pénitentiaire.

449. — *(Art. 129 de l'Inst.)* — Indépendamment de son *action privilégiée* sur les successions vacantes des transportés décédés, le Trésor peut encore exercer ses droits sur les biens concédés à titre définitif aux transportés. Avis est donné, à cet effet, au trésorier-payeur, par simple lettre, de toute mise en concession définitive.

450. — *(Art. 130 de l'Inst.)* — L'action du Trésor ne peut s'exercer sur les biens concédés

qu'à l'expiration d'un délai de *dix* années, à compter du jour de la mise en concession définitive. Toutefois cette action peut s'exercer immédiatement sur lesdits biens :

1° En cas de vente, de donation, de transmission héréditaire au profit de tout autre que la femme ou les enfants du concessionnaire;

2° A défaut de payement par ce dernier, sa femme ou ses enfants, de l'*annuité* qu'ils peuvent être autorisés à verser en représentation et jusqu'à parfait payement des *frais de justice* et des remboursements pour avances dont ils sont redevables envers le Trésor. Le montant de cette annuité sera fixé par le gouverneur en conseil privé, sur la proposition du directeur de l'administration pénitentiaire, après avis du trésorier-payeur *(Décr. 31 janv. 1895, art. 28)*.

Le recouvrement de l'annuité représentative des frais de justice et des remboursements pour avances est assuré par les soins du trésorier-payeur et des agents sous ses ordres, pour le compte du budget de l'État, au moyen d'une feuille de concession *(Modèle n° 62)*, délivrée par la Direction de l'administration pénitentiaire et indiquant la date et la nature de la concession définitive ainsi que le montant du débet du concessionnaire, la quotité de l'annuité et la date de son échéance. Cette feuille signée, par le gouverneur de la colonie et le directeur de l'administration pénitentiaire, sert de titre de perception au trésorier-payeur colonial, qui doit la conserver jusqu'à parfaite libération.

Les trésoriers-payeurs produiront *annuellement* à la Direction générale de la comptabilité publique *(service des amendes)* un relevé des concessionnaires autorisés à se libérer par annuités et conforme au modèle n° 63. Ce relevé relatera la situation des transportés concessionnaires vis-à-vis du Trésor.

451. — *(Art. 131 de l'Inst.)* — Ces dispositions sont applicables aux individus condamnés à la relégation, en vertu de la loi du 27 mai 1885, aussi bien qu'aux transportés.

452. — *(Art. 132 de l'Inst.)* — Les sommes encaissées par les trésoriers-payeurs à l'acquit des condamnations dues par les transportés ou relégués sont portées au compte: *Produit des amendes et condamnations pécuniaires recouvrées pour le compte de la métropole*.

453. — *Application du prix de vente d'animaux saisis au recouvrement des condamnations pécuniaires.* — Les receveurs des domaines doivent informer les trésoriers généraux du montant des ventes effectuées et des jugements rendus à la suite de la saisie d'un animal. Le percepteur chargé du recouvrement des condamnations pécuniaires est immédiatement prévenu de l'existence de cette créance. Lorsqu'il s'agit de bestiaux saisis dans un bois soumis au régime forestier, il demande au trésorier général de provoquer le payement des condamnations pécuniaires près du ministre de l'agriculture.

Il doit au contraire, s'adresser à la caisse des dépôts et consignations quand les animaux ont été saisis dans les bois des particuliers, et à l'administration des domaines si la saisie a eu lieu partout ailleurs que dans un bois, à la suite d'un crime, d'un délit ou d'une contravention *(Circ. compt. publ. 30 janv. 1870, § 7; Inst. enreg. 15 février 1870)*.

TITRE IV

Des Restes à recouvrer.

454. — *(Art. 433 de l'Inst.)* — Aux termes de l'article premier de l'ordonnance du 8 décembre 1832 et de l'article 320 du décret du 31 mai 1862, les receveurs des finances sont *responsables* du recouvrement des droits et produits constatés sur leur sommier. Mais suivant l'article 2 de la même ordonnance et l'article 328 dudit décret, ils peuvent obtenir décharge de cette responsabilité en justifiant qu'il a été pris toutes les mesures et fait, en temps utile, toutes les poursuites et diligences nécessaires contre les redevables. — V. n° 562.

455. — *(Art. 434 de l'Inst.)* — Cette justification a lieu tous les ans, pour l'exercice expiré, par la production d'un état des sommes restant à recouvrer *(Ordonn. 8 déc. 1832, art. 4; Décr. 31 mai 1862, art. 325)*.

Les sommes susceptibles d'être recouvrées à bref délai sont *reportées* à *l'exercice suivant (art. 543)*; les sommes, au contraire, dont le recouvrement paraît impossible sont *admises* en non-valeur sur la production des pièces justificatives *(art. 543 et suiv.)*.

456. — *(Art. 435 de l'Inst.)* — Au nombre des pièces dont la production est nécessaire pour justifier l'irrecouvrabilité des articles dont la perception n'a pu être réalisée, il convient de citer particulièrement les suivantes :

La lettre du parquet, qui avise de la décision gracieuse *(art. 158)*; le bulletin de transaction après jugement, qui amène l'extrait de jugement délivré par le greffier du tribunal *(art. 176)*; le certificat constatant l'exécution du travail en cas de conversion en prestations en nature, soit des transactions consenties, soit des condamnations prononcées *(art. 187)*; le certificat du garde forestier attestant la libération du condamné insolvable au moyen de son incarcération *(art. 394)*; le certificat timbré du dépôt de l'arme ou des engins confisqués, en matière de chasse *(art. 6, § 1er)* ou de pêche *(art. 6, § 2)*; le certificat du greffier visé par le parquet, en cas d'erreur dans le libellé des éléments financiers compris dans l'extrait de jugement, ou en cas de double emploi; le certificat du procureur de la République attestant que la condamnation est comprise dans le décret ou dans la loi d'amnistie, en cas de délit amnistié; les certificats de réduction prévus aux articles 122 et 125; enfin, le certificat d'indigence *(Modèle n° 87)*.

Pour l'établissement de l'état des restes à recouvrer, V. n° 553.

457. — Les percepteurs ne doivent pas joindre à leur envoi à la Direction générale de la comptabilité publique les extraits de jugement, bordereaux d'inscription hypothécaire ou actes de poursuites. Ces pièces, pouvant être nécessaires au recouvrement, doivent rester entre les mains des comptables jusqu'à l'entière libération du débiteur.

Lorsque l'article est reporté à l'exercice suivant, on ne doit produire aucune pièce justificative, notamment dans le cas de retenue opérée sur la pension ou le traitement du condamné, ou celui de payement par acomptes consenti par lui.

Quand un même débiteur a subi plusieurs jugements, on peut se borner à produire un certificat d'indigence à l'appui du premier article inscrit ; mais alors il faut avoir soin d'indiquer en regard des autres condamnations, dans la colonne 10, le numéro du sommier auquel le certificat a été rattaché.

La production d'un certificat d'indigence n'est pas un motif suffisant pour renoncer à toutes les diligences, si le percepteur a des présomptions sérieuses de croire que le redevable pourra acquitter sa dette, soit avec ses ressources personnelles, soit avec le concours de sa famille. Les poursuites, *sagement exercées*, donnent toujours un heureux résultat, et la contrainte par corps, judicieusement employée avec l'assentiment du receveur des finances, amène souvent les débiteurs à se libérer. Les receveurs des finances doivent appeler sérieusement sur ce point l'attention des percepteurs; ils doivent leur faire remarquer qu'en général, on ne doit pas considérer comme irrecouvrables les condamnations prononcées contre des commerçants établis ou des débiteurs solvables par leurs travaux. Il en est de même des contraventions de roulage, qui sont commises le plus souvent par des personnes solvables ou étant au service de maîtres civilement responsables de leurs actes. *(Circ. compt. publ. 14 avril 1877.)*

458. — Une circulaire du ministre de l'intérieur en date du 12 octobre 1877 mentionnée dans celle de la comptabilité publique du 16 novembre 1877, § 6, recommande aux préfets de rappeler aux maires qu'ils ne sauraient apporter trop de soin à s'acquitter des obligations qui leur incombent dans la délivrance des certificats d'indigence. Cette circulaire ajoute que les maires à qui des certificats sont demandés au sujet des redevables par les agents du Trésor, doivent remplir sans retard les formules qui leur sont adressées à cet effet, et les renvoyer à ces agents *dans le délai d'un mois.*

459. — *(Art. 436 de l'Inst.)* — Les certificats d'indigence sont délivrés *obligatoirement* par les maires [1] *(Décis. 8 pluviôse an VIII)*, qui sont *personnellement responsables* des attestations qu'ils donnent *(Arr. 6 messidor an X ; Lettres min. Int. 23 août 1802, 17 nov. 1835, 27 juillet 1878)*.

1. Dans les grandes villes, on tolère que ces certificats soient régularisés par les commissaires de police, qui possèdent des moyens d'investigation qui ne sont pas à la disposition des maires.

Ils doivent être renvoyés dûment remplis par les maires aux percepteurs dans le délai d'un mois *(Circ. Int. 12 octobre 1877 ; Circ. comp. publ. 16 novembre 1877, § 7)*.

Ils ne sont demandés aux maires par les percepteurs que lorsque ceux-ci ont fait eux-mêmes toutes les recherches convenables et qu'ils ont acquis la certitude que les condamnés ne sont pas solvables et ne peuvent être poursuivis avec espoir de recouvrement.

Il importe aussi de s'assurer que la religion des maires n'a pas été surprise et qu'ils apportent une complète impartialité dans la délivrance des certificats qui leur sont demandés. En cas d'abus ou d'irrégularités, le trésorier général aurait à en référer au préfet.

Les certificats d'insolvabilité contiennent un extrait signé par le percepteur du domicile du condamné et indiquant si celui-ci est inscrit ou non au rôle des contributions. Les signatures des maires n'ont plus besoin d'être *légalisées* par les préfets et sous-préfets *(Circ. compt. publ. 15 déc. 1896, § 13)*.

Les renseignements donnés par les maires et les percepteurs doivent, sauf à Paris, être rapprochés du *répertoire général* tenu par les receveurs de l'enregistrement, et ces comptables doivent constater sur les certificats d'indigence le résultat de leur vérification. De même, les gardes généraux, lorsqu'il s'agit de condamnations forestières, les commissaires des inscriptions maritimes, lorsqu'il s'agit de marins, doivent y apposer leur *visa*.

Pour permettre aux comptables de suivre les diverses transmissions auxquelles pourra donner lieu l'établissement des certificats d'indigence, ils devront tenir un carnet spécial, conforme à la formule modèle n° 344 de l'instruction générale du 20 juin 1859.

TITRE V

Attribution du Produit des Amendes.

460. — *(Art. 437 de l'Inst.)* — Aux termes de l'article 11 de la loi de finances du 26 décembre 1890 portant fixation du budget de 1891, modifié par l'article 45 de la loi de finances du 28 avril 1893 portant fixation du budget de 1893, le produit des amendes et condamnations pécuniaires prononcées par les tribunaux répressifs, dont le recouvrement a été confié aux percepteurs par la loi du 29 décembre 1873, est attribué comme suit :

» Le produit des *amendes en principal* est réparti annuellement dans chaque département de la manière suivante :

» 20 %, pour l'État ;

» 80 %, pour le fonds commun.

» Les *décimes* sur les amendes en principal, les *frais de justice*, les *confiscations*, les *réparations* au profit du Trésor et les *droits de poste* sont acquis à l'État. »

Les frais d'extraits d'arrêts et de jugements sont encaissés pour le compte du fonds commun qui en fait l'avance.

461. — *(Art. 438 de l'Inst.)* — Sous le bénéfice de l'attribution qu'elle fait à l'État de 20 % sur le principal des amendes de répression recouvrées, la loi met à la charge du budget de l'État :

1° Les *frais de perception* des amendes et condamnations pécuniaires. Sous cette rubrique sont compris : les *remises aux percepteurs* et autres remboursements de commissions diverses ; — les *frais de poursuites* autres que ceux se rattachant aux actes d'exécution faits en vue du recouvrement de condamnations pécuniaires (les *honoraires* de l'avocat ou ceux de l'avoué, dans les cas rares où il lui en est alloué ; et l'*indemnité de 5 centimes* accordée par la circulaire de la Direction générale de la comptabilité publique du 17 novembre 1880, § 10, aux greffiers des maisons centrales pour chacun des articles inscrits par leurs soins sur les fiches des détenus entrés dans leur établissement) ; — les *frais du contrôle* des amendes à Paris, et les *frais de distribution* des avertissements aux condamnés ;

2° Les *frais d'abonnement au Journal officiel* des communes chefs-lieux de canton ;

Et 3° une *allocation de 15.000 francs*, à verser annuellement à la *Caisse des invalides de la marine* en représentation du produit des amendes qui lui sont attribuées par les lois et règlements.

462. — *(Art. 439 de l'Inst.)* — L'attribution de 80 % sur le principal des amendes de répression au fonds commun *(service des cotisations municipales et particulières)* par la loi de finances du 26 décembre 1890 constitue une dépense budgétaire, ainsi qu'il sera exposé ci-après *(art. 470 et suiv.)*.

463. — *(Art. 440 de l'Inst.)* — Indépendamment de cette attribution, le fonds commun profite encore du remboursement qui lui est fait du montant des *frais d'extraits d'arrêts et de jugements* et des *frais de poursuites* recouvrés par les percepteurs et avancés préalablement par ce fonds *(art. 482)*.

464. — *(Art. 441 de l'Inst.)* — Sur les ressources précitées servant à alimenter le fonds commun et, avant toute autre dépense, doivent être prélevés en vertu de mandats de payement, émis par les préfets au nom des ayants droit, savoir :

1° *Tous les frais de poursuites* exposés en vue du recouvrement et tombés en non-valeurs ;

2° Toutes les *gratifications* dues aux agents verbalisateurs :

En matière de chasse, à raison de 10 fr. par condamnation prononcée ; — En matière de pêche fluviale, et par condamnation prononcée ; — A raison de 2 fr. pour un délit de pêche ordinaire ; — A raison de 5 fr. pour un délit de pêche en temps de frai ; — A raison de 20 fr. pour un délit de pêche la nuit ; — A raison de 25 fr. pour un délit de pêche la nuit en temps de frai, pour empoisonnement de rivières, pêche à la dynamite ou autres matières explosibles ; — En matière de pêche maritime, et par condamnation prononcée ; — A raison de 2 fr. pour les infractions aux règlements relatifs à la conservation du rivage de la mer, à la récolte des herbes et des amendements marins ; — A raison de 3 fr. pour les infractions à la police de la navigation constatées à terre ou à la mer, de jour et de nuit ; — A raison de 5 fr. pour les infractions à la pêche constatées à terre, de jour et de nuit ; — A raison de 10 fr. pour les infractions à la police de la pêche constatées en mer et de jour ; — A raison de 20 fr. pour les infractions à la police de la pêche constatées en mer et de nuit ; — A raison de 25 fr. pour les infractions au règlement sur la pêche à la dynamite constatées à terre ou à la mer, de jour ou de nuit ; — En matière de fraude dans les commerces de beurre et de margarine, à raison de 25 fr. par condamnation recouvrée, et en tout autre matière donnant lieu à gratification, à raison de 1 fr. 25 par condamnation recouvrée ;

3° Le payement des droits dus aux greffiers des cours et tribunaux pour les extraits d'arrêts et de jugements adressés dans les délais réglementaires au service du recouvrement. (*L. de finances du 13 avril 1898, art. 84.*)

465. — (*Art. 442 de l'Inst.*) — Ces prélèvements opérés, le reste du fonds commun est attribué savoir :

Un quart aux enfants assistés ; — trois quarts aux communes ou aux bureaux de bienfaisance qui éprouvent le plus de besoins, suivant la répartition faite par la commission départementale sur les propositions du préfet (*Loi de finances du 13 avril 1898, art. 84*).

466. — (*Art. 443 de l'Inst.*) — Pour permettre à la Direction générale de la comptabilité publique de s'assurer de l'exécution régulière des diverses opérations auxquelles donne lieu l'application de la loi du 26 décembre 1890, les trésoriers généraux doivent lui faire parvenir *annuellement*, après la clôture de chaque exercice, et au plus tard *le premier avril*, un état

visé par le préfet et conforme au modèle n° 70 modifié par la formule (annexe n° 5) *jointe à la circ. compt. publ. 7 mai 1898, § 2.*

467. — (*Art. 444 de l'Inst.*) — Toutefois il a été apporté deux dérogations au principe de l'article 11 de la loi du 26 décembre 1890 et de l'article 45 de la loi du 28 avril 1893, par les deux lois des 11 avril 1891, article 20, et 9 août 1893, article 4. En effet, aux termes de la loi du 11 avril 1891 sur les collisions en mer, toutes les amendes prononcées pour contraventions aux dispositions de ladite loi sont, après recouvrement par les percepteurs, reversées dans la *Caisse des invalides de la marine*; et l'article 4 de la loi du 9 août 1893, relative au séjour des étrangers en France et à la protection du travail national, dispose que : « les produits des amendes prévues par ladite loi seront attribués à la *Caisse municipale* de la commune de la résidence de l'étranger qui en sera frappé. »

L'attribution du principal des amendes dont s'agit sera faite annuellement, sous déduction de 5 %, en vertu de mandats annuels délivrés aux noms, soit du trésorier général des invalides de la marine, soit des receveurs municipaux des communes intéressées, sur les crédits de délégation mis à cet effet à la disposition des préfets par la Direction générale de la comptabilité publique, au vu de la situation modèle n° 69. Celle-ci comporte, à cet effet, deux lignes spéciales pour les recouvrements des amendes de ces catégories (*Art. 473*).

TITRE VI

De la Liquidation et de l'Ordonnancement des dépenses budgétaires.

CHAPITRE 1er

LIQUIDATION ET ORDONNANCEMENT.

468. — *Imputation des dépenses sur les crédits du budget (Art. 445 de l'Inst.)* — Les dépenses relatives au service des amendes et condamnations pécuniaires sont acquittées par les trésoriers généraux, en France, et par les trésoriers-payeurs, en Algérie, au moyen soit d'ordonnances directes de payement, soit de mandats délivrés par les préfets sur les crédits qui leur sont délégués par le ministre des finances sur les chapitres et articles ci-après du budget.

CHAPITRE ***. — *Frais de perception des amendes et condamnations pécuniaires, en France :*

Article 1er. — Remises aux percepteurs sur les amendes et condamnations pécuniaires.

Art. 2. — Frais de poursuites et d'instances relatifs aux condamnations pécuniaires.

Art. 3. — Frais de contrôle du service des amendes à Paris.

Art. 4. — Frais de distribution des avertissements aux condamnés.

CHAPITRE ***. — *Répartitions de produits d'amendes, saisies et confiscations attribués à divers, en France :*

Art. 5.
Produits
divers.

§ 1er. — Attribution au fonds commun de 80 % du produit des amendes, en principal.

§ 2. — Payement à la caisse des invalides de la marine, aux départements et aux communes des frais de réparations et d'autres sommes recouvrées pour leur compte.

§ 3. — Payement au *Journal officiel* des abonnements des communes chefs-lieux de canton.

Aucun payement ne doit être effectué ou autorisé par le trésorier général sans qu'il ait fait préalablement l'objet d'une ordonnance ou d'un mandat régulièrement imputé sur le crédit correspondant du budget.

469. — *Remises des percepteurs. (Art. 446 de l'Inst.)* — Il est alloué à tous les percepteurs, sauf au percepteur spécial de Paris [1], pour le recouvrement du produit des amendes et condamnations pécuniaires, une remise de 3 %, comme pour le recouvrement des taxes assimilées aux contributions directes.

1. Le percepteur de Paris est rémunéré en vertu d'un tarif spécial, pouvant être revisé chaque année par le ministre.

Cette remise est élevée à 6 %, lorsqu'il s'agit d'articles qui, ayant été admis en non-valeurs et reportés au sommier des surséances, sont ultérieurement recouvrés. L'allocation supplémentaire de 3 % n'est due toutefois qu'autant que le comptable, qui en réclame le montant, justifie que le recouvrement auquel elle s'applique est dû à son initiative et à ses soins. — V. nos 476 et suiv.

Le recouvrement des transactions consenties après jugement et dont l'article provient des surséances donne lieu à la remise de 6 %. (Circ. compt. publ. 9 mars 1901, § 5).

Mais les condamnations recouvrées par voie de prélèvement sur le pécule des condamnés détenus dans les maisons centrales ne donnent droit, même lorsqu'il s'agit d'articles de surséances, qu'à la remise ordinaire de 3 %, à partager entre le percepteur du siège de la maison centrale et le percepteur consignataire de l'extrait (Sol. min. fin. 16 oct. 1901).

470. — *(Art. 447 de l'Inst.)* — A cet effet, il est établi, dans les premiers jours du mois de *janvier*, un décompte général *(Modèle n° 84)* de tous les produits budgétaires recouvrés pendant l'année précédente, tant pour les douze premiers mois de l'exercice courant que pour les deux derniers mois de l'exercice expiré.

Une ampliation du décompte général est adressée à la Direction générale de la comptabilité publique *(service des amendes)* avant l'expiration du mois de janvier.

Les remises sont allouées au prorata des recouvrements. — V. n° 2676 bis.

471. — Les comptables qui veulent se rendre compte de leurs remises sur amendes ne doivent pas perdre de vue que, par produits recouvrés, il faut entendre seulement le montant des sommes versées à la recette des finances au 31 décembre.

472. — *(Art. 448 de l'Inst.)* — Les opérations de trésorerie, ainsi que les *intérêts* alloués par les tribunaux sur condamnations dont le payement a donné lieu à une instance, ne doivent pas figurer sur le décompte des remises. — V. n° 578.

473. — *(Art. 449 de l'Inst.)* — Il peut être accordé, en outre, aux percepteurs spéciaux des amendes, une allocation spéciale par article de condamnation intégralement recouvré.

474. — *(Art. 450 de l'Inst.)* — Les crédits nécessaires au mandatement des remises aux percepteurs font l'objet de deux délégations aux préfets sur la proposition de la Direction générale de la comptabilité publique.

La première délégation, égale à 75 %, des remises allouées pour l'année précédente, est faite au commencement de l'année, de manière à permettre aux préfets de faire face aux mandatements qui leur sont demandés par les percepteurs sur les recouvrements de l'année courante. La seconde, représentant le complément des droits acquis aux comptables, a lieu après la vérification des décomptes de remises. Les préfets délivrent alors, au profit des ayants droit, des mandats collectifs de payement *(Modèle n° 85)* du montant des sommes qui leur sont dues, ou qui peuvent leur rester dues s'ils ont déjà été l'objet d'un mandatement antérieur. Ces mandats sont imputables sur le crédit des : *Remises aux percepteurs sur les amendes et condamnations pécuniaires.*

475. — *(Art. 451 de l'Inst.)* — Les remises sur amendes et condamnations pécuniaires doivent faire l'objet d'une colonne spéciale dans l'état des remises des percepteurs et des receveurs municipaux *(Inst. gén. 20 juin 1859, Modèle n° 252)*, ainsi que dans l'état des retenues pour le service des pensions civiles *(Id., Modèle n° 87)*.

476. — *(Art. 452 de l'Inst.)* — Dans le cas de recouvrement par voie de *commission extérieure (art. 86)*, les remises sont calculées et ordonnancées au profit du percepteur qui a pris charge des extraits de jugement. La remise de 3 %, est alors partagée entre le percepteur qui a effectué le recouvrement matériel et celui qui a constaté la recette dans ses écritures.

477. — *(Art. 453 de l'Inst.)* — Quand le recouvrement s'applique à des articles de surséances, la remise supplémentaire de 3 % appartient au comptable à l'initiative duquel est dû le payement, et le partage ne porte que sur la remise ordinaire de 3 %. Toutefois, si le recouvrement peut être attribué à la diligence commune des deux comptables, celui qui a reçu la commission extérieure ou celui du lieu de la naissance et celui qui est consignataire de l'article de surséances, la remise de 6 % est partagée par moitié. — V. n° 469.

478. — (Art. 454 de l'Inst.) — Le percepteur qui a fait le recouvrement matériel soit par voie de commission extérieure, soit à la suite d'une offre spontanée du débiteur, prélève d'office la portion de remise qui lui revient et en adresse à son collègue, par la voie hiérarchique, une quittance conforme au modèle n° 32 (art. 357.) — V. n°° 446 bis et 381.

479. — Frais de poursuites et d'instances. (Art. 455 de l'Inst.) Les frais résultant d'actes conservatoires ou de poursuites (frais d'inscription hypothécaire, d'opposition ou de saisie-arrêt, commandement, saisie, vente, etc.), et ceux qui peuvent en être la conséquence, comme les frais de capture, de transport et d'escorte, occasionnés par l'exercice de la contrainte par corps, sont supportés par le fonds commun lorsqu'ils tombent en non-valeur, suivant les indications des articles 444 et 484.

480. — (Art. 456 de l'Inst.) — Quant aux frais judiciaires motivés par les procès intentés aux ou par les condamnés et qui nécessitent l'intervention d'un avoué ou d'un avocat, il appartient à la Direction générale de la comptabilité publique de déterminer, quand ils ne peuvent être recouvrés sur le condamné, s'ils doivent être supportés par le fonds commun, sur le crédit des : Cotisations municipales et particulières (lorsque les frais exposés ont eu exclusivement en vue le recouvrement de condamnations), ou par le Trésor, sur le crédit spécial des : Frais de poursuites et d'instances relatifs aux condamnations pécuniaires (lorsque les frais engagés l'ont été dans un but d'intérêt général ou dans l'intention de fixer la jurisprudence sur un point litigieux).

481. — (Art. 457 de l'Inst.) — A cet effet lorsqu'il est fait opposition au commandement ou à tout autre acte de poursuites, signifié en vue du recouvrement de condamnations pécuniaires, le percepteur en donne immédiatement avis au receveur des finances de l'arrondissement, qui se concerte avec le trésorier général sur les mesures à prendre. Si l'affaire ne peut se terminer amiablement et doit donner lieu à l'ouverture d'une instance devant les tribunaux le trésorier général doit adresser à la Direction générale de la comptabilité publique un rapport détaillé et motivé dans lequel il indique les mesures qu'il compte prendre ainsi que les moyens de défense qu'il se propose d'employer.

Il y joint une copie des pièces échangées et de l'extrait de jugement.
Quand l'affaire présente une gravité exceptionnelle et que la somme à recouvrer est élevée, les comptables doivent joindre aux pièces du dossier communiqué à la Direction générale de la comptabilité publique une consultation de l'avoué qu'ils emploient d'ordinaire pour les affaires contentieuses de la recette des finances.

482. — (Art. 458 de l'Inst.) — Les trésoriers généraux font l'avance de leurs deniers personnels des frais des procès auxquels donne lieu le recouvrement des amendes ; ils en sont remboursés, suivant les cas, soit par voie de recouvrement sur les condamnés, soit au moyen de mandats préfectoraux sur le compte des : Cotisations municipales et particulières, § 15 ; Fonds commun provenant des amendes de répression (art. 484), soit au moyen d'une ordonnance directe de payement (art. 459).

483. — (Art. 459 de l'Inst.) — A cet effet, et pour permettre à la Direction générale de la comptabilité publique de décider si les frais non recouvrés sur les condamnés doivent incomber au fonds commun ou au Trésor, les trésoriers généraux doivent, lorsqu'une instance est terminée, adresser à la Direction générale de la comptabilité publique (service des amendes), avec un rapport détaillé exposant les diverses phases de l'affaire, une copie de l'extrait du jugement intervenu et un état de frais (T) dûment taxé, appuyé des quittances (T) des parties prenantes.
Si la Direction générale de la comptabilité publique, au vu de ces pièces, estime que les frais doivent être supportés par le Trésor, elle provoque la délivrance d'une ordonnance de payement au nom du trésorier général, sur le crédit budgétaire des : Frais de poursuites et d'instances relatifs aux condamnations pécuniaires.

484. — (Art. 460 de l'Inst.) — Quant aux frais, mis à la charge des condamnés qui ont succombé, ils sont, à l'issue de l'instance, portés en dépense au compte : Frais de poursuites pour le recouvrement des condamnations pécuniaires, et le comptable consignataire en mentionne le montant en regard de l'article pris en charge au nom du condamné, dont ils grossissent la dette envers le Trésor.

485. — (Art. 461 de l'Inst.) — Les honoraires dus aux avocats pour plaidoiries dans les procès suivis au nom du Trésor contre les débiteurs de condamnations pécuniaires, ainsi que ceux qui peuvent être alloués à l'avoué, en dehors de leur tarif, pour démarches et recherches exceptionnelles, sont exclusivement à la charge du Trésor, que celui-ci ait ou non succombé dans l'instance. Le payement est fait au moyen d'une ordonnance directe dont la Direction générale de la comptabilité publique provoque la délivrance sur le crédit des : *Frais de poursuites et d'instances relatifs aux condamnations pécuniaires*, d'après les règles établies ci-dessus à l'article 459.

486. — *(Art. 462 de l'Inst.)* — Les sommes dues pour la défense personnelle du condamné sont privilégiées *(art. 224)*.

487. — *Frais de contrôle du service des amendes à Paris.* *(Art. 463, 464, 465 et 466 de l'Inst.)* — Ces articles sont sans objet pour les percepteurs.

488. — *Frais de distribution des avertissements aux condamnés.* *(Art. 467 de l'Inst.)* — Il est tenu compte aux percepteurs de leurs soins et déboursés pour les avertissements qu'ils sont tenus d'adresser aux condamnés *(art. 78)*, au moyen de l'allocation d'une indemnité de *deux centimes* par article. Cette indemnité est calculée à raison d'un seul avertissement par article de condamnation, lors même que plusieurs avertissements successifs auraient été envoyés pour ledit article *(art. 142)*.

489. — *(Art. 468 de l'Inst.)* — S'il y a plusieurs condamnés solidaires, l'indemnité n'est due que pour un seul avertissement, quel que soit le nombre des débiteurs.

490. — *(Art. 469 de l'Inst.)* — Les avertissements relatifs aux transactions en matière forestière étant envoyés par les agents de l'administration des forêts *(art. 145)*, les percepteurs n'ont pas droit pour ces avertissements à l'indemnité de 2 centimes.

491. — *(Art. 470 de l'Inst.)* — Dans les premiers jours du mois de *janvier* de chaque année, les trésoriers généraux adressent à la Direction générale de la comptabilité publique un décompte *(Modèle n° 66)* indiquant, en regard du nom de chaque perception, le nombre et le montant des articles pour chacun desquels un avertissement a été envoyé. Les crédits de délégation nécessaires sont ensuite envoyés d'office aux préfets qui délivrent, au profit des ayants droit, des mandats collectifs de payement *(Modèle n° 67)* imputables sur le crédit des : *Frais de distribution des avertissements aux condamnés.*

Toutefois, au cas où la dépense résultant du nombre des avertissements envoyés excéderait le montant du crédit législatif, l'indemnité de chaque percepteur pourrait être réduite proportionnellement.

492. — *Répartition de produits d'amendes, saisies et confiscations attribués à divers. (Art. 471 de l'Inst.)* — Les *frais d'abonnement au Journal officiel des communes chefs-lieux de canton*, l'allocation

de 15,000 francs attribuée à la *Caisse des invalides de la marine* en représentation du produit des amendes qui leur sont attribués, en vertu des lois et règlements maritimes *(art. 472 et 473)*, les frais de *réparations*, les *restitutions et dommages-intérêts* alloués aux départements et aux communes et recouvrés pour leur compte *(art. 474 à 478)*, les *frais de procédure et d'instance* exposés dans l'intérêt des communes et des établissements publics *(art. 477)*, les allocations à la Caisse des invalides de la marine et aux communes par application des lois du 11 avril 1891 (collisions en mer) et 9 août 1893 (séjour des étrangers en France) *(art. 444)*, enfin l'*attribution au fonds commun* de 80 °/₀ du principal des amendes qui lui sont dévolues par la loi *(art. 479 et suiv.)*, constituent des dépenses budgétaires imputées sur le crédit des : *Remboursements* du budget du ministère des finances, au chapitre intitulé : *Répartitions de produits d'amendes, saisies et confiscations, article 0 : Produits divers.*

493. — *(Art. 472 de l'Inst.)* — Les *frais d'abonnement au Journal officiel* des communes chefs-lieux de canton et l'*allocation de 15,000 francs* à la Caisse des invalides de la marine sont payés au moyen d'ordonnances délivrées sur la proposition de la Direction générale de la comptabilité publique.

Les frais d'abonnement au *Journal officiel* font l'objet de deux ordonnances de virement délivrées, en *janvier* et en *juillet*, au titre du : *Trésor public à charge d'en faire recette aux produits divers du budget*, sur la production d'un décompte par département du nombre des cantons abonnés au *Journal officiel*. L'allocation à la *Caisse des invalides de la marine* est ordonnancée en une seule fois, en *juillet*, au nom du trésorier général des invalides de la marine, sur la demande qui en est faite par la Direction générale de la comptabilité publique au service de l'ordonnancement.

494. — *(Art. 473 de l'Inst.)* — En clôture d'exercice, les receveurs des finances dressent pour leur arrondissement un état *(Modèle n° 76 ter)* des amendes recouvrées pendant l'exercice précédent à la suite de condamnations pour contraventions soit à la loi du 11 avril 1891 sur les collisions en mer, soit à la loi du 9 août 1893, relative aux séjour des étrangers en France. Les états des arrondissements de sous-préfecture sont récapitulés sur celui de l'arrondissement du chef-lieu.

Le montant de ces états, arrêté par le préfet pour liquidation, est ensuite mandaté, sous la déduction de 5 °/₀ pour frais d'administration, au nom des intéressés, comme il est dit à l'article 444.

495. — *Frais de réparations, restitutions et dommages-intérêts attribués aux*

départements, aux communes et aux établissements publics. (Art. 474 de l'Inst.) —
Les *frais de réparations*, les *restitutions* et les *dommages-intérêts*, alloués aux départements, aux communes et aux établissements publics, les *frais de procédure et d'instances*, exposés dans l'intérêt des communes et des établissements publics dont le recouvrement a été effectué, ainsi que la *part des amendes* revenant aux communes en vertu de l'article 4 de la loi du 9 août 1893 (séjour des étrangers en France), sont attribués aux intéressés en vertu de mandats de payement délivrés par le préfet au vu de l'état modèle n° 76 *bis* ou de l'état modèle n° 76 *ter*, sur les crédits qui lui sont délégués, à cet effet, en clôture de l'exercice, sur le chapitre: *Répartitions de produits d'amendes saisies et confiscations, article 0 : Produits divers.*

496. — *(Art. 475 de l'Inst.)* — Les crédits délégués, sur la proposition de la Direction générale de la comptabilité publique, correspondent, sous la réserve ci-après *(art. 478)*, au chiffre des recouvrements portés sur la situation modèle n° 69, dont il est parlé ci-après à l'article 480.

497. — *(Art. 476 de l'Inst.)* — Les sommes attribuées aux *départements* font l'objet de mandats au nom du trésorier-payeur général qui en porte le montant au compte: *Service départemental, budget de l'exercice 189...*
Les allocations faites aux *communes* résultent de mandats préfectoraux émis au nom des receveurs municipaux intéressés.

498. — *(Art. 477 de l'Inst.)* — Quant aux mandats auxquels donnent lieu les recouvrements sur frais de procédure dans l'intérêt des communes *(art. 8)*, ils sont émis au nom du trésorier-payeur général, et le montant en est appliqué au crédit du compte : *Frais de procédure dans l'intérêt des communes et établissements publics*, débité de l'avance faite par le comptable.

499. — *(Art. 478 de l'Inst.)* — L'attribution à laquelle donnent lieu les recouvrements des frais de réparation et dommages-intérêts et des amendes prévues par l'article 444 n'est faite aux ayants droit que sous déduction, au profit de l'État, d'une retenue de 5 °/₀ pour frais de régie (L. 5 mai 1855, art. 16). Toutefois les recouvrements des restitutions et dommages-intérêts aux communes pour délits commis dans leurs bois (C. for., art. 107), ceux des frais de procédure avancés dans l'intérêt des communes et établissements publics, ainsi que ceux des frais de démolitions d'office des ouvrages élevés sur les servitudes militaires, sont faits sans frais, et, par suite, ils ne sont pas passibles de la retenue précitée.

500. — *Attribution au fonds commun.* *(Art. 479 de l'Inst.)* — L'attribution de 80 °/₀ sur le principal des amendes de répression dévolue au fonds commun *(service des cotisations municipales et particulières)* par les lois de finances du 26 décembre 1890 et du 28 avril 1893 est également imputée sur le crédit du chapitre intitulé : *Répartitions de produits d'amendes, saisies et confiscations, article 0 : Produits divers.*

501. — *(Art. 480 de l'Inst.)* — Les crédits nécessaires au mandatement de cette dépense sont délégués aux préfets, sur la proposition de la Direction générale de la comptabilité publique, en deux fois chaque année : la première fois *(courant de la première année de l'exercice)*, au vu d'une situation *(Modèle n° 68)* présentant l'ensemble des recouvrements effectués pendant l'année précédente ; la seconde fois, en clôture de l'exercice, et dans le *courant du mois d'avril* au plus tard, sur la production d'une situation *(Modèle n° 69)* comportant les résultats définitifs de l'exercice expiré et la répartition à laquelle ils donnent lieu.

502. — *(Art. 481 de l'Inst.)* — Les crédits de délégation ouverts en janvier comprennent une provision égale à 60 °/₀ environ du montant des amendes en principal recouvrées pendant *l'année précédente* ; ceux qui sont délégués à titre de complément des 80 °/₀ dus au fonds commun sur les amendes en principal recouvrées au cours de l'exercice sont imputés sur *l'exercice suivant*. Il résulte de ce mode d'opérer que les crédits délégués en mars 1894, par exemple, réunis aux crédits provisionnels délégués au commencement de l'année 1893 doivent reproduire exactement le montant de l'attribution de 80 °/₀ acquis au fonds commun sur les amendes en principal de l'exercice 1893.

503. — *(Art. 482 de l'Inst.)* — Indépendamment de ces ressources, le fonds commun profite encore des *frais de poursuites* recouvrés après leur admission en non-valeur, ainsi que des *frais d'extraits d'arrêts et de jugements* dont le recouvrement a été effectué par les percepteurs et dont ce fonds a supporté préalablement l'avance *(art. 440)*. En conséquence et à mesure du versement de ces frais par les percepteurs, le trésorier-payeur général en impute le montant au crédit des : *Cotisations municipales et particulières, § 15 : Fonds commun provenant des amendes de répression.*

504. — *Charges du fonds commun.* *(Art. 483 de l'Inst.)* — Le fonds commun est applicable à diverses dépenses dont l'article 41 de la loi du 26 décembre 1890 et l'art. 45 de la loi du 28 avril 1893 donnent l'énumération, et parmi lesquelles les *frais de poursuites* tombés en non-valeurs, les *gratifications* dues aux agents verbalisateurs et les *frais d'extraits d'arrêts et de jugements* dus aux greffiers des cours et tribunaux doivent être payés avant toutes autres.

505. — *Frais de poursuites tombés en non-valeurs. (Art. 484 de l'Inst.)* — Les frais de poursuites, exposés en vue du recouvrement des amendes et condamnations pécuniaires et tombés en non-valeur, résultent des états de restes à recouvrer établis à la fin de l'exercice par chaque percepteur (*art. 534*).

Le préfet détermine, tant dans la colonne de ces états que dans l'arrêté préfectoral qui leur fait suite, le montant des *frais irrecouvrables* qui doivent être supportés par le fonds commun par suite d'abandon des poursuites pour cause d'insolvabilité des condamnés. Il délivre ensuite, au nom des receveurs des finances qui sont à découvert de ces frais, des mandats destinés à les couvrir de leurs avances et imputables sur le : *Fonds commun provenant des amendes de répression (art. 574).*

506. — *Frais d'extraits d'arrêts et de jugements. (Art. 485 à 492 de l'Inst.)* — Ces articles font connaître l'indemnité due aux greffiers des tribunaux de simple police, et l'allocation aux greffiers des divers tribunaux et des cours, ainsi que le mode de payement.

507. — *Gratifications dues aux agents verbalisateurs. (Art. 493 de l'Inst.)* — Les agents qui ont constaté par procès-verbal les contraventions ou des délits, dont la poursuite a donné lieu à une condamnation ayant acquis force de chose jugée, ont droit à une gratification.

— Aux termes des lois de finances des 26 décembre 1890 et 13 avril 1898, art. 84, cette gratification est fixée ainsi qu'il est indiqué au n° 464.

508. — *(Art. 494 de l'Inst.)* — Le droit à la prime est acquis à l'agent verbalisateur, en matière de chasse et de pêche, dès lors que le procès-verbal constatant la contravention ou le délit a entraîné contre le délinquant une condamnation quelconque, celle-ci consistât-elle en un simple emprisonnement sans amende ou fût-elle appelée à bénéficier de la loi du 26 mars 1891 sur l'atténuation et l'aggravation des peines.

En toute autre matière, le droit au payement de la gratification ne prend naissance au profit de l'agent verbalisateur que du jour où le montant de la condamnation ayant été *intégralement recouvré* figure au compte : *Produit des amendes et condamnations pécuniaires.*

509. — Par application des dispositions qui précèdent, la gratification est également due aux agents verbalisateurs, lors même que les contrevenants, en raison de leur jeune âge, auraient été acquittés et que, dans ce cas, les frais de justice auraient été mis, par le jugement, à la charge des parents civilement responsables. (*Solut. compt. publ., lettre 27 juillet 1895, n° 2686.*)

510. — Lorsqu'il y a transaction ou remise sur amendes encourues ou prononcées, la gratification due à l'agent verbalisateur est toujours réservée (*L. 28 avril 1893, art. 45*). — V. n°ˢ 176 et 193.

511. — *(Art. 495 de l'Inst.)* — Tout jugement devenu définitif, prononçant une condamnation *distincte* contre chacun des prévenus compris dans une même poursuite, donne droit à autant de gratifications qu'il y a de condamnations prononcées.

Le jugement qui condamne plusieurs délinquants *solidairement* à une seule et même amende ne donne donc droit qu'à une seule gratification. Cette gratification est partagée entre les divers agents qui ont concouru à la rédaction du procès-verbal constatant la contravention ou le délit.

512. — *Payement des gratifications dues pour condamnations autres que celles de chasse et de pêche. — (Art. 496 de l'Inst.)* — A la fin de *chaque trimestre*, les receveurs des finances dressent d'office un état (*Modèle n° 72*) des articles *recouvrés intégralement* pendant le trimestre précédent au titre de diverses natures d'amendes autres que celles résultant des délits de chasse et de pêche. Les états des arrondissements de sous-préfecture sont récapitulés sur celui de l'arrondissement du chef-lieu.

Ces états, visés par le conseil d'administration de gendarmerie et par le sous-intendant militaire, s'il s'agit de gendarmes, puis arrêtés par le préfet pour liquidation, font l'objet de mandats au profit des ayants droit sur les crédits du compte des : *Cotisations municipales et particulières*, § 15 : *Fonds commun provenant des amendes de répression*. Le payement en est fait : pour les préposés des douanes ou des contributions indirectes, au receveur principal de l'arrondissement ; pour les préposés d'octroi, au receveur d'octroi ; pour les brigadiers et gendarmes, au conseil d'administration de la compagnie de gendarmerie dont ils dépendent (*Règl. 12 avril 1893, art. 200 et 205*), et pour les autres agents, aux intéressés eux-mêmes. — V. Circ. compt. publ., 7 mai 1898, § 1ᵉʳ.

513. — *(Art. 497 de l'Inst.)* — Ne peuvent être compris sur ces états comme n'ayant droit à aucune gratification pour les condamnations résultant des délits qu'ils ont été appelés à constater, savoir : les commissaires de police, les agents de police (officiers de paix, inspecteurs de police, sergents de ville, appariteurs), les officiers et sous-officiers de la gendarmerie et les employés supérieurs, tels que les ingénieurs des ponts et chaussées, les commissaires des chemins de fer, les capitaines de port, etc. — *V. Circ. compt. publ., 7 mai 1898, § 1er.*

514. — *Payement des gratifications en matière de chasse et de pêche. (Art. 498 de l'Inst.)* — Les gratifications relatives aux condamnations prononcées pour contraventions aux lois sur la chasse et sur la pêche sont mandatées sur la demande des parties intéressées ou de l'administration à laquelle ils appartiennent. Les formalités à remplir pour l'ordonnancement et le payement varient suivant que les agents verbalisateurs appartiennent ou n'appartiennent pas aux compagnies de gendarmerie, aux équipages des gardes-pêche ou au corps des ponts et chaussées.

515. — *(Art. 499 de l'Inst.)* — Les agents autres que les gendarmes, les marins dépendant des équipages des gardes-pêche et les employés relevant de l'administration des ponts et chaussées doivent adresser leur demande au trésorier général, avec un extrait de jugement délivré par le greffier, visé par le procureur de la République et indiquant les agents qui ont constaté le délit. Cette demande est, après vérification du trésorier général, remise au préfet. Celui-ci en arrête le montant pour liquidation et délivre les mandats de payement soit aux receveurs principaux des douanes ou des contributions indirectes, soit aux autres ayants droit. — *V. Circ. compt. publ., 7 mai 1898, § 1er.*

516. — *(Art. 500 de l'Inst.)* — Aux termes de l'article 197 du règlement du 12 avril 1893 sur l'administration et la comptabilité des corps de gendarmerie, les conseils d'administration règlent chaque trimestre sur l'état 70 *(Modèle n° 73 bis)*, établi et arrêté par leurs soins, toutes les gratifications dues aux gendarmes. Cet état visé par le sous-intendant militaire et appuyé des extraits des procès-verbaux *(Modèle n° 73)* est adressé au trésorier général. Le comptable, après l'avoir contrôlé avec l'état modèle n° 74, établi à la fin de chaque trimestre, le transmet au préfet. Celui-ci délivre alors un mandat de payement au nom du conseil d'administration qui, seul, donne quittance au trésorier général.

Si l'état modèle n° 73 bis, dressé par la gendarmerie, comprend des gratifications, dues en vertu de procès-verbaux, concernant des jugements non définitifs pour lesquels le trésorier général n'a pas encore reçu notification des jugements définitifs rendus, il est sursis à la délivrance du mandat de payement jusqu'au jour où les extraits de jugements seront parvenus à l'administration des finances et figureront sur les sommiers de prise en charge

(Lettre Guerre 16 août 1893). — V. Circ. compt. publ., 7 mai 1898, § 1er.

517. — *(Art. 501 de l'Inst.)* La réclamation des primes pour constatation des délits de chasse ou de pêche par les gendarmes doit être formée dans un délai de *cinq ans*, à partir du jour où la condamnation prononcée contre les délinquants a acquis force de chose jugée. Passé ce terme, les agents sont déchus de leurs droits. — *V. Circ. compt. publ., 7 mai 1898, § 1er.*

518. — *(Art. 502 de l'Inst.)* — Les gratifications dues aux équipages des gardes-pêche qui ont verbalisé en matière de délits touchant la pêche côtière, sont comprises par le trésorier général sur un état conforme au modèle n° 74 et établi trimestriellement. Cet état est communiqué au commissaire de l'inscription maritime du quartier qui a déféré les contraventions aux tribunaux. Ce commissaire, après avoir reconnu l'exactitude de ce document, en arrête le montant, y indique le lieu de payement et le transmet ensuite au préfet, appuyé d'extraits de procès-verbaux conformes au modèle n° 76. Le préfet délivre alors un mandat payable sur l'acquit du trésorier des invalides du quartier mentionné sur l'état et l'adresse au commissaire de l'inscription maritime de ce quartier, auquel incombe le soin d'assurer la répartition des primes aux divers ayants droit. — *V. Circ. compt. publ., 7 mai 1898, § 1er.*

519. — *(Art. 503 de l'Inst.)* — Les agents relevant de l'administration des ponts et chaussées, qui demandent le payement des gratifications qui leur sont dues pour constatation de délits de pêche, sont autorisés à remplacer les extraits de jugements par des extraits des procès-verbaux.

Ces extraits administratifs, conformes au modèle n° 75, sont délivrés et certifiés exacts par les autorités dont relèvent les agents verbalisateurs. Il doit y en avoir autant que de jugements. — *V. Circ. compt. publ., 7 mai 1898, § 1er.*

520. — *(Art. 504 de l'Inst.)* Les mandats individuels de gratifications doivent être communiqués aux receveurs des finances avant d'être revêtu du : Vu bon à payer ; les trésoriers généraux y joignent, au besoin, les renseignements nécessaires pour faciliter les recherches sur les sommiers.

En ce qui concerne les primes dues aux militaires des compagnies de gendarmerie, les pièces à communiquer aux receveurs des finances sont les relevés trimestriels dont la production est prescrite par la circulaire du 7 mai 1898 sur lesquels on a préalablement porté la date et le numéro du mandat collectif.

Ces relevés sont renvoyés par les receveurs des finances avec une mention attestant que le mandatement des gratifications dues aux gendarmes a été inscrit aux sommiers. *(Circ. compt. publ. 25 avril 1904, § 6.)*

521. — *État des condamnations pour délits de chasse non acquittées. (Art. 505 de l'Inst.)* — Aux termes de l'article 8 de la loi du 3 mai 1844 sur la chasse, il n'est pas accordé de permis de chasse aux individus qui n'ont pas purgé les condamnations prononcées contre eux pour l'un des délits prévus par la dite loi. Il importe donc que les préfets et sous-préfets soient exactement renseignés à cet égard, afin d'être en mesure d'assurer l'exécution de la loi. Dans ce but, le trésorier général pour l'arrondissement chef-lieu et les receveurs des finances pour leur arrondissement respectif sont tenus d'établir, d'après des états dressés par les percepteurs, un relevé *(Modèle n° 77)* présentant les noms, prénoms, domiciles et professions des débiteurs, le lieu et la date des jugements, la nature des délits et les sommes restant à recouvrer. Cet état doit être remis le 1er août de chaque année à la préfecture ou à la sous-préfecture.

CHAPITRE II

DES REMBOURSEMENTS ET RESTITUTIONS.

522. — *(Art. 506 de l'Inst.)* — En principe, les amendes de condamnation *régulièrement* perçues ne peuvent être remises, la grâce n'ayant pas d'effet rétroactif *(art. 156).*

523. — *(Art. 507 de l'Inst.)* — Mais la constatation de l'irrégularité de la perception d'une amende permet d'en opérer la restitution dans certains cas laissés à l'appréciation de l'administration centrale.

524. — *(Art. 508 de l'Inst.)* — En conséquence, quand une erreur dans le versement d'une condamnation a été reconnue, la partie lésée ou le trésorier général adresse une demande en restitution au ministère des finances appuyée : 1° d'une copie de l'extrait de jugement en litige, délivrée et certifiée conforme par le percepteur ; 2° d'un certificat de l'autorité ayant qualité pour attester l'exactitude de l'erreur commise ; et 3° d'une déclaration du versement fait au Trésor, tant au compte : *Produit des amendes et condamnations pécuniaires* de l'exercice 19..., du montant intégral de l'extrait de jugement joint au dossier, qu'au compte : *Cotisations municipales et particulières,* du coût de l'extrait.

Si la Direction générale de la comptabilité publique reconnaît le bien fondé de la réclamation qui lui est adressée, elle prend, suivant les cas, une des déterminations suivantes :

525. — *(Art. 509 de l'Inst.)* — Si la somme à rembourser a été imputée au compte *d'un des deux exercices en cours,* elle ordonne au trésorier général, en lui renvoyant les pièces

communiquées, de faire la restitution directement à l'ayant droit par voie de *réduction de recettes* sur les recouvrements effectués pendant l'année courante au compte de l'exercice sur lequel doit être imputée la réduction.

À cet effet, le trésorier général annule la somme à rembourser au compte : *Produit des amendes* de l'un des deux exercices en cours, et il en crédite le compte : *Divers: Leurs comptes de recettes à classer,* qui est ensuite débité du montant du versement fait à l'ayant droit sur quittance régulière.

526. — *(Art. 510 de l'Inst.)* — Si la somme à rembourser concerne la part d'amende attribuée au Trésor (20 %) et appartient à une *gestion close,* le directeur général de la comptabilité publique provoque une décision ministérielle autorisant le remboursement au profit de l'ayant droit sur le chapitre spécial des : *Remboursements et restitutions,* du montant de la somme indûment attribuée au Trésor. Une ampliation de cette décision accompagnée des pièces justificatives énumérées à l'article 508 est adressée pour ordonnancement à la Direction du contrôle des administrations financières et de l'ordonnancement *(Bureau de l'ordonnancement).*

La lettre d'avis d'ordonnance revêtue par le trésorier-payeur général de la mention : *Vu bon à payer,* est payée par le percepteur sur l'acquit de la partie prenante.

527. — *(Art. 511 de l'Inst.)* — Enfin, si la somme à rembourser se réfère à la part d'amende dont l'attribution a été faite au *fonds commun* (80 %) en vertu des lois des 26 décembre 1890 et 28 avril 1893, la restitution de cette partie de l'amende doit être demandée, non plus au directeur général de la comptabilité publique, mais au préfet. Celui-ci, après avoir constaté le droit du réclamant, au vu des pièces justificatives énumérées à l'article 508, délivre un mandat au nom de l'ayant droit sur le crédit du compte des : *Cotisations municipales et particulières,* § 15 : *Fonds commun provenant des amendes de répression.*

Avis de cette opération est donnée à la Direction générale de la comptabilité publique par le trésorier général.

528. — *(Art. 512 de l'Inst.)* — Dans les trois cas, la quittance de la partie prenante et les pièces énumérées à l'article 508 servent de pièces justificatives de la dépense.

529. — *(Art. 513 de l'Inst.)* — En ce qui concerne les erreurs relevées dans les extraits de jugement à la suite de leur vérification par les agents de l'enregistrement *(art. 122),* on doit opérer de la manière suivante :

Les sommes à rembourser par suite d'erreurs reconnues après le recouvrement des amendes, que celles-ci aient été versées pendant l'année courante ou pendant une gestion close, sont constatées par les trésoriers généraux au débit d'un compte de correspondants administratifs intitulé : *Divers condamnés : Leurs comptes de remboursements de sommes indûment versées.*

530. — Les quittances de remboursement sont exemptes de timbre. *(Circ. compt. publ. 31 janvier 1890, §§ 3 et 4.)*

531. — *(Art. 514 de l'Inst.)* — Dans les dix premiers jours de *chaque trimestre*, les trésoriers généraux *récapitulent* nominativement, sur un état spécial, chacun des remboursements effectués par eux de la manière ci-dessus pendant le trimestre écoulé. Ils joignent à l'appui de chaque remboursement :

1° Un *certificat de réduction* (*Modèle* 80) établi par le greffier et visé contradictoirement par un agent de l'administration de l'enregistrement ou, à défaut d'un certificat de réduction, une copie de l'extrait de jugement revêtue d'une attestation, signée par l'agent vérificateur de l'enregistrement, de l'erreur relevée par lui ;

2° Une *déclaration du versement* fait au Trésor, tant au compte : *Produit des amendes et condamnations pécuniaires*, du montant intégral de l'extrait de jugement motivant le remboursement, qu'au compte : *Cotisations municipales et particulières*, du coût de l'extrait. Cette déclaration (*Modèle n° 81*), délivrée par le receveur des finances de l'arrondissement, doit être signée par le sous-préfet et revêtue de la quittance *non timbrée* de la partie prenante. Une concordance absolue doit exister entre les noms et les prénoms qui figurent sur les déclarations de versement et ceux qui sont portés sur les extraits de jugement;

3° La justification (que les 80 °/. du principal de l'amende attribuée au fonds commun a été remboursée sur ce fonds, conformément aux dispositions de l'article 54.

Le directeur général de la comptabilité publique, après avoir constaté la régularité des payements faits par le trésorier général provoque la délivrance, au nom de ce dernier, d'une ordonnance de remboursement sur le crédit budgétaire des : *Remboursements et restitutions*, du montant des frais de justice et des 20 °/. attribués au Trésor. Le trésorier général fait ensuite recette du montant de cette ordonnance au compte : *Divers condamnés : Leurs comptes de remboursements de sommes indûment versées.*

Le coût de l'extrait est remboursé, s'il y a lieu, au moyen d'un mandat préfectoral, sur le crédit du compte : *Cotisations municipales et particulières*. — V. *Circ. compt. publ.*, 20 mars 1899, § 6.

532. — *(Art. 515 de l'Inst.)* — Mention de tout remboursement doit être mise sur les carnets et sommiers en regard des articles ayant donné lieu à cette opération. Il importe, en effet, d'éviter toute restitution par double emploi.

Dispositions de Comptabilité.

CHAPITRE 1er

PRODUITS BUDGÉTAIRES.

533. — *Recouvrement par les percepteurs.* *(Art. 516 de l'Inst.)* — Les sommes recouvrées à titre d'amendes et condamnations pécuniaires par les percepteurs donnent lieu à la délivrance d'une quittance détachée de leur journal à souche.

Les *quittances à souche* doivent indiquer : — 1° la date de la recette; — 2° le numéro correspondant de l'extrait de jugement; — 3° la nature des recettes (amendes, frais, etc.); — 4° la date du jugement; — 5° le nom du condamné; — 6° la somme versée.

Il est interdit aux comptables d'insérer des réserves dans leurs quittances *(Décis. 31 mai 1862, art. 310).*

533 bis. — Aussitôt le recouvrement d'une amende prononcée pour crime ou délit, qu'il s'agisse d'un payement intégral ou d'un payement pour solde, le percepteur consignataire de l'extrait de jugement doit établir sans retard une fiche individuelle, ainsi qu'il est énoncé au titre : *Casier judiciaire*, n° 862 *bis.*

534. — *(Art. 517 de l'Inst.)* — Lorsque le redevable ne s'acquitte pas en une seule fois et ne fait, en payant, aucune déclaration sur la dette qu'il entend acquitter *(C. civ., art. 1253)*, l'imputation des *acomptes* versés est faite dans l'ordre suivant : les *frais de poursuites* avancés par le Trésor, les frais d'extraits de jugements ou d'arrêts, les *frais de réparation* aux départements et aux communes, les *droits de poste*, les *frais de justice*, les *restitutions* et les *dommages-intérêts* alloués à l'État, la valeur des armes et engins confisqués et, enfin, l'amende proportionnellement au principal et aux décimes, sauf le cas où, le recouvrement de la créance totale étant suffisamment garanti, il y a intérêt, en raison de la *prescription*, d'imputer l'acompte versé au payement de l'amende. — V. n°s 146 et 466.

535. — Pour se conformer aux dernières dispositions énoncées au numéro qui précède, il y a lieu de faire exception en ce qui concerne les amendes qui seraient sur le point d'être atteintes par la prescription, afin d'éviter les poursuites qui deviendraient nécessaires pour empêcher la prescription ; les comptables, dans ce cas, doivent tout d'abord appliquer l'acompte à l'amende et aux décimes. — V. n° 862 *bis*, 4e alinéa.

536. — *(Art. 518 de l'Inst.)* — Les quittances de sommes supérieures à 10 francs, ainsi que les quittances distinctes d'acomptes, quelle qu'en soit l'importance, d'une créance supérieure à 10 francs sont soumises au droit de timbre de 25 centimes.

La délivrance de la quittance est obligatoire. Le prix du timbre, lorsqu'il est exigible, s'ajoute de plein droit au montant de la somme due.

537. — *(Art. 519 de l'Inst.)* — Toutefois, en vertu de l'article 23 de la loi du 13 brumaire an VII, les quittances des divers acomptes se rapportant à une seule condamnation excédant 10 francs peuvent être écrites à la suite sur la première quittance qui a été revêtue du timbre, sans qu'il soit nécessaire d'apposer un nouveau timbre pour chaque versement. Dans cette hypothèse, le comptable doit laisser attenantes au journal les formules de quittances correspondant aux autres acomptes, après les avoir biffées et y avoir porté la mention que la quittance de ces acomptes est donnée sur une précédente quittance, délivrée le.... sous le n°.... et revêtue du timbre. (Il y aurait contravention si, à défaut de la représentation de la première quittance, pour un motif quelconque, les comptables délivraient de nouvelles quittances non revêtues du timbre mobile, en se bornant à y inscrire la mention dont il vient d'être parlé. *L. 13 brumaire an VII, art. 23; Circ. compt. publ. 1er déc. 1865, § 1er; Solut. enreg. 30 nov. 1875; Circ. compt. publ. 10 nov. 1887, § 3).*

537 bis. — En ce qui concerne les retenues exercées par l'intermédiaire des trésoriers des invalides de la marine, les percepteurs sont autorisés à remettre aux trésoriers en même temps que la première quittance dûment timbrée (V. n° 131), un duplicata de cette quittance. Le duplicata, délivré uniquement pour l'ordre de la comptabilité et qui doit faire mention de cette destination, n'est pas assujetti au timbre et sert de pièce justificative dans la comptabilité des trésoriers des invalides de la marine; ces comptables conservent par devers eux les quittances primitives des percepteurs, pour les leur représenter à chaque versement et y faire inscrire les acomptes successifs, jusqu'au montant de la libération intégrale du redevable, auquel est alors restituée la quittance à souche établissant l'extinction de sa dette. De leur côté, les percepteurs délivrent pour trésoriers des invalides, lors du versement des divers acomptes, des duplicata de quittances énonçant que : « *le versement inscrit sous le n°... du livre à souche a été porté sur la quittance timbrée n°... délivrée le..... et représentée au moment du versement* ».

De plus, afin de permettre aux trésoriers des invalides de connaître exactement le montant total des retenues à exercer sur les pensions ou demi-soldes au moyen de prélèvements successifs, les percepteurs ne doivent jamais omettre de joindre aux copies d'extraits d'arrêts ou de jugements qu'ils font parvenir à ces comptables un avertissement conforme au modèle n° 45 de l'instruction du 5 juillet 1895 (V. n° 154), sur lequel figure distinctement, audessous des divers éléments financiers de la condamnation, le coût du timbre 0 fr. 25. *(Circ. compt. publ., 31 mars 1898, § 2.)*

538. — Le percepteur qui, lors du payement de deux extraits de jugements, inférieurs chacun à 10 francs, mais dont la réunion excède ce chiffre, rédige distinctement deux quittances l'une après l'autre, ne contrevient à aucune injonction de la loi; chaque quittance est exempte de timbre comme inférieure à 10 francs.

Mais un comptable ne pourrait, sans encourir des peines disciplinaires et dans le but d'éviter au débiteur le droit de timbre de 25 centimes, rédiger deux quittances inférieures à 10 francs d'une même créance supérieure à ce chiffre.

On doit ajouter le montant des frais de poursuites à celui des amendes et condamnations pécuniaires pour déterminer si la dette excède 10 francs et si, par suite, il y a lieu d'assujettir au timbre de 0 fr. 25 centimes les quittances délivrées au débiteur. *(Sol. enreg. 29 juin 1904).*

539. — Lorsqu'il s'agit du recouvrement d'un extrait de jugement s'élevant à 10 fr. 50 dû par deux débiteurs condamnés chacun à 1 franc d'amende, plus les décimes, soit 1 fr. 25, et *solidairement* aux frais s'élevant à 8 francs, le premier débiteur qui se présente doit payer son amende et les frais, soit 9 fr. 25; la quittance et la dette n'excédant pas 10 francs, le timbre n'est pas dû. Il en est de même pour celle délivrée au deuxième débiteur, la créance n'étant que de 1 fr. 25.

Mais, dans le cas où les frais seraient supérieurs à 10 francs et que les deux débiteurs se présenteraient en même temps pour payer leur quote-part, la quittance à délivrer à chacun serait passible du timbre de 25 centimes.

540. — *(Art. 520 de l'Inst.)* — Les duplicata de quittances délivrées par les comptables publics doivent être revêtus du timbre mobile de 25 centimes, lorsqu'il s'agit d'une recette qui, par sa nature ou son importance, a donné lieu à la délivrance d'une première quittance timbrée; il y a exception pour le cas énoncé ci-dessus, n° 537 bis.

Les déclarations de versement délivrées par les receveurs des finances et par les trésoriers généraux, pour les sommes versées directement à leur caisse, sont soumises au timbre de dimension (*L. 13 brumaire an VII, art. 12).*

541. — *(Art. 521 de l'Inst.)* — Les quittances délivrées aux administrations publiques pour le payement des frais de justice, dont elles peuvent être redevables envers l'État comme parties civiles, ne doivent pas être revêtues du timbre de 25 centimes, par application des dispositions de l'article 158 du décret du 18 juin 1811. Il est de règle, en effet, que l'État ne se paye pas d'impôt à lui-même.

542. — *(Art. 522 de l'Inst.)* — Les sommes recouvrées sont émargées, en présence des débiteurs, sur le carnet de prise en charge *(Modèle n° 10)* dont il a été question à l'article 77 ci-dessus, n° 102.

543. — *Carnet des recouvrements. (Art. 523 de l'Inst.)* — A la fin de chaque journée, les percepteurs relèvent, d'après leur journal à souche, les diverses natures de recettes qu'ils ont opérées et ils les transcrivent sur le carnet des recouvrements *(Modèle n° 82)*.

544. — *Écritures des percepteurs. (Art. 524 de l'Inst.)* — Les recettes effectuées par les percepteurs sont portées à la seconde partie du *livre des comptes divers*, à cinq comptes distincts, intitulés: 1° *produits des amendes et condamnations pécuniaires* (col. 8 à 15 du carnet modèle n° 82); 2° *consignations diverses* (col. 16); 3° *consignations en matière de police de roulage et de navigation* (col. 17); 4° *frais d'extraits d'arrêts de jugement* (col. 18); 5° *poursuites pour le recouvrement des amendes et condamnations pécuniaires* (col. 20). Ces comptes sont crédités des recouvrements opérés, et débités des versements à la recette des finances. — Pour les frais divers d'assistance judiciaire. V. n° 59 *bis*.

Les sommes constatées aux quatre premiers comptes sont inscrites, tant sur le journal à souche que sur le titre récapitulatif, dans la colonne: *Taxes et produits divers*, et les recettes du cinquième compte sont portées sur les mêmes livres, dans la colonne relative aux *frais de poursuites (contributions et amendes)*.

En ce qui concerne l'imputation des frais de poursuites portés au sommier des surséances, V. n° 588 et 589.

545. — *Versements des percepteurs à la recette des finances. (Art. 525 de l'Inst.)* — Aux époques fixées pour leurs versements à la recette des finances, les percepteurs effectuent le versement matériel des fonds reçus à leur caisse à titre d'*amendes et condamnations pécuniaires*. Ils y joignent à l'appui et pour chaque exercice un *bordereau détaillé (Modèle n° 83)*, contenant les mêmes renseignements que le carnet des recouvrements *(Modèle n° 82)*.

Le montant total de ce bordereau est reporté d'ailleurs en une seule ligne sur leur bordereau ordinaire de versement.

Les extraits constatées *intégralement* sont joints à chaque bordereau de versement. Ils sont annulés par le receveur des finances, classés par lui dans leur ordre numérique et par perception et conservés pendant *trente ans* dans les archives de la recette des finances.

Les acomptes versés par les percepteurs à la recette des finances sont appuyés d'un bordereau conforme au modèle n° 83.

546. — Lorsqu'il s'agit de recouvrements effectués par acomptes, les percepteurs doivent conserver les extraits de jugements jusqu'à l'entière libération des redevables. Dans ce cas, ils joignent au versement du premier acompte une copie de l'extrait de jugement, et, pour les acomptes subséquents, ils se contentent de mettre une simple note de référence dans la colonne d'observations du bordereau détaillé *(Modèle n° 83)*.

Pour le versement de solde, ils produisent l'original de l'extrait de jugement.

547. — *Écritures à passer par le trésorier général et les receveurs particuliers. (Art. 526 à 532 de l'Inst.)* — Ces articles sont sans objet pour les percepteurs.

548. — *Exercice. — Clôture. (Art. 533 de l'Inst.)* — La comptabilité du produit des amendes et condamnations pécuniaires est tenue par exercice. La clôture de l'exercice est fixée au 20 février de la seconde année pour les arrondissements de sous-préfecture, et à la fin du mois de février pour l'arrondissement du chef-lieu.

549. — *Apurement des produits en fin d'exercice. — Restes à recouvrer. (Art. 531 de l'Inst.)* — A ces deux dates, il est produit en minute et en expédition, par chaque percepteur, un *état des restes à recouvrer (Modèle n° 86)*, lequel indique, avec tous les détails et pièces justificatives à l'appui, le montant des sommes à recouvrer et les motifs qui se sont opposés au recouvrement. Pour éviter tout retard dans cette production, il importe que les comptables prennent leurs dispositions pour recueillir à l'avance tous les éléments qui doivent servir à justifier l'irrecouvrabilité des articles non recouvrés.[1]

Lorsque les états des restes à recouvrer présenteront des différences avec les écritures, la régularisation devra en être opérée immédiatement par le percepteur, en transportant au compte des *excédents de versements* le montant des différences en plus et en versant de ses deniers personnels celui des différences en moins.

Aucune compensation ne pourra s'établir entre les différences en plus ou en moins qui seront constatées dans les diverses natures de condamnations.

550. — L'état des restes à recouvrer doit comprendre, indépendamment des articles non soldés, ceux qui auraient été recouvrés entre l'époque du dernier versement à la recette des finances et la clôture de l'exercice. Pour ces articles, le percepteur indique, par une mention spéciale, le recouvrement opéré, afin que le préfet en prescrive le report à l'exercice en cours et ne les admette pas en non-valeur. On suit dans la formation de l'état l'ordre des numéros du sommier. (Inst. sur le service des amendes.)

551. — (Art. 535 de l'Inst.)—Les formules des états de restes à recouvrer comprennent trois parties :

1° La *situation des recouvrements*, présentant, d'après les carnets des comptables, le montant des titres de perception pris en charge au compte de l'exercice, les recouvrements effectués et les restes à recouvrer à la fin dudit exercice ;

2° Le *tableau de développement des restes à recouvrer*, comprenant 21 colonnes, dont les onze premières sont remplies par le percepteur, et les dix autres sont réservées exclusivement au préfet [1] (12 à 21) ;

3° L'*arrêté préfectoral*.

1. Les trésoriers généraux ne seraient pas fondés à obliger les percepteurs à remplir les colonnes 12 à 21.

552. — (Art. 536 de l'Inst.) — Le *tableau de développement*, bien qu'énonçant sommairement les articles non recouvrés, doit contenir des détails assez précis pour que le préfet puisse apprécier si tous les débiteurs ont été régulièrement poursuivis, et si ceux qui figurent sur le tableau sont réellement insolvables.

553. — (Art. 537 de l'Inst.) — Les articles non recouvrés sont portés sur l'état des restes (col. 1), dans l'ordre et avec le numéro donné par le receveur des finances et sous lequel ils figurent sur le carnet de prise en charge du percepteur ; — la colonne 2 indique la date de la consignation ; — la colonne 3 reproduit les nom, prénoms, profession, domicile et lieu de naissance du condamné ; elle indique notamment si celui-ci n'occupe ou n'a pas occupé une fonction lui permettant de jouir d'une retraite ou de posséder un cautionnement ; — la colonne 4 fait mention du tribunal qui a prononcé la condamnation, de la date et des motifs de cette dernière ; — les colonnes 5 à 9 comprennent les sommes restant à recouvrer par nature de produits ; elles doivent être totalisées ; — la colonne 10 le rappel du numéro du sommier ; — la colonne 11 comporte toutes les indications susceptibles d'éclairer le préfet et la Cour des comptes sur les motifs qui ont empêché le recouvrement des articles en souffrance, et sur les précautions prises par les comptables pour sauvegarder les intérêts du Trésor. A cet effet, on doit y mentionner la date et le lieu de l'inscription hypothécaire, s'il en a été pris ; la date d'envoi de la commission extérieure, s'il en a été établi ; la nature des poursuites exercées, dans le cas où on y a eu recours ; le montant des acomptes versés, s'il en a été effectué ; enfin, la nature des pièces qui ont été produites pour justifier l'irrecouvrabilité des articles non recouvrés, dont on demande l'admission en non-valeur ou l'annulation. (L'article 435, rappelé au n° 456, donne l'énumération des pièces qu'il y a lieu de produire dans un grand nombre de ces cas.) — Les colonnes 12 et 13 comportent toutes les sommes qui sont irrecouvrables, par suite de grâce, amnistie, transaction, prestation, prescription, erreur, dépôt d'armes confisquées, contrainte par corps des insolvables en matière forestière, etc., et qu'il y a lieu d'*annuler* et, par suite, de rejeter définitivement des titres de perception ; — les colonnes 12 à 21 sont réservées aux décisions préfectorales. Elles doivent être totalisées.

554. — (Art. 538 de l'Inst.) — L'*arrêté préfectoral* doit reproduire en toutes lettres chacun des totaux des colonnes 12 à 21 du tableau de développement. Ces totaux sont, en outre, ressortis dans une colonne spéciale dont le total général doit correspondre avec celui de la colonne 9 du tableau de développement.

555. — (Art 539 de l'Inst.)—Les états des restes à recouvrer établis par les percepteurs sont *centralisés* dans chaque arrondissement par les receveurs des finances qui, après les avoir vérifiés et certifiés exacts sous leur responsabilité, les transmettent à la trésorerie générale.

556. — (Art. 540 de l'Inst.) — Ces documents sont alors *récapitulés* pour l'ensemble du département sur un état conforme au modèle n° 88, établi en deux expéditions (Circ. compt. publ. 10 sept. 1905, § 1), dont une reste dans les archives de la trésorerie générale. L'état récapitulatif est divisé en autant de parties que l'état des restes à recouvrer des percepteurs.

La *situation* présente, pour l'ensemble du département, le montant des titres de perception, les recouvrements effectués et les restes à recouvrer à la fin de l'exercice ; ses résultats doivent être en concordance parfaite avec ceux de la balance définitive.

Le *tableau de développement* reproduit par arrondissement et pour chacune des perceptions de chaque arrondissement les totaux des états dressés par les percepteurs.

La *troisième partie* comprend l'ensemble tant des restes à recouvrer que des arrêtés pris par le préfet pour chaque arrondissement et pour l'ensemble du département.

557. — (Art. 541 de l'Inst.) — Dans le courant du mois de mars, les trésoriers généraux transmettent à la préfecture les états des restes à recouvrer accompagnés de l'état récapitulatif des pièces justificatives de non-recouvrement.

558. — (Art. 542 de l'Inst.) — Le préfet fait procéder *immédiatement*, dans ses bureaux, à l'examen approfondi de ces documents. Il détermine ensuite et désigne dans les colonnes 12 à 21, ainsi que dans l'arrêté qui y fait suite : 1° la portion de l'arriéré qu'il y a lieu de *reporter* à l'exercice suivant ; 2° la portion à annuler ; 3° la portion à admettre en non-valeur.

559. — (Art. 543 de l'Inst.) — Le préfet doit reporter à l'exercice suivant, non seulement toutes les sommes dont la rentrée est assurée, mais encore celles dont le recouvrement paraît imminent.

En principe, on ne doit passer en non-valeur que les articles dont il est péremptoirement démontré que le recouvrement ne peut avoir lieu (art. 434).

560. — (Art. 544 de l'Inst.) — Le 25 avril au plus tard, le préfet renvoie au trésorier général, dûment visés et arrêtés, les états des restes à recouvrer qui lui ont été adressés, en y joignant toutes les pièces de non-recouvrement qui les accompagnaient. Tous ces documents doivent, en effet, être produits à la Cour des comptes qui, seule, a qualité pour statuer définitivement à l'égard des non-valeurs. Toutefois, malgré leur caractère provisoire, les arrêtés pris par les préfets n'en ont pas moins une force exécutoire immédiate à l'égard des receveurs des finances qui doivent en passer immédiatement écriture.

561. — (Art. 545 de l'Inst.) — Les sommes admises en non-valeur et celles qui ont été annulées, ainsi que les sommes reportées à l'exercice suivant, sont déduites du total des 'sommiers de l'exercice expiré, ce qui ramène le montant des titres de perception à celui des recouvrements effectués.

Les articles reportés à l'exercice suivant sont transcrits à nouveau sur le sommier de cet exercice, avec tous les renseignements et détails que comportait le sommier précédent. Les receveurs des finances dressent, à cet effet, un relevé (Modèle n° 23) comprenant le détail des articles dont ils ont fait la consignation sur leurs sommiers, et ils en font connaître le montant au trésorier général, au commencement du mois suivant, sur l'état modèle n° 41.

Ils doivent, en outre, informer les percepteurs de la suite donnée par le préfet aux états de restes, pour que ces comptables puissent annuler sur le carnet de l'ancien exercice les articles admis en non-valeur et annulés, ainsi que les articles reportés à l'exercice suivant, et reproduire en même temps ces derniers articles sur le carnet du nouvel exercice.

562. — (Art. 546 de l'Inst.) — Au cas où des sommes restant à recouvrer seraient susceptibles d'être mises à la charge des receveurs d'arrondissement, elles devraient tout d'abord être reportées à l'exercice suivant, et le préfet prendrait un arrêté distinct et motivé, enjoignant auxdits comptables d'en faire recette de leurs deniers personnels à ce dernier exercice, sauf leur recours contre qui de droit. En cas de contestation sur les décisions prises par le préfet, il serait statué par le ministre des finances.

Aucune somme ne doit être mise d'office à la charge des percepteurs. Les revendications que les receveurs des finances se croiraient en droit d'exercer contre eux devraient préalablement être soumises au ministre, par l'entremise de la Direction générale de la comptabilité publique.

Les sommes dont les comptables sont constitués en débet par la Cour des comptes sont perçues en vertu de décisions du ministre des finances (Arr.Cons. d'Et. 7 février 1848; Duffo).

563. — (Art. 547 de l'Inst.) — Les états de restes à recouvrer formés par les percepteurs et toutes les pièces justifiant de l'irrecouvrabilité des sommes admises en non-valeur par le préfet sont transmis par le trésorier-payeur général à la Direction générale de la comptabilité publique (service des amendes). Cet envoi doit être fait le 15 mai au plus tard.

A la même date et sous pli séparé, le trésorier général adresse également à la comptabilité publique : 1° la lettre d'avis de l'envoi des restes à recouvrer. Cette lettre indique la date à laquelle le trésorier général a procédé aux opérations de comptabilité nécessaires pour l'exécution de l'arrêté du préfet (art. 544) ; 2° une des deux expéditions de l'état récapitulatif prescrites par l'article 540 ; et 3° la situation des frais de poursuites dont il est parlé à l'article 574 ci-après.

564. — (Art. 548 de l'Inst.) — Lorsque la Direction générale de la comptabilité publique a terminé son travail de vérification, elle renvoie au trésorier général tous les documents qu'elle en a reçus, sauf l'expédition de l'état récapitulatif qui lui est destiné et qu'elle conserve dans ses archives.

565. — (Art. 549 de l'Inst.) — Si l'examen des pièces justificatives de non recouvrement a donné lieu de relever quelques irrégularités, le trésorier général doit en provoquer la rectification.

Si tous les documents ont été trouvés réguliers, ou, en cas contraire, lorsqu'ils ont été rectifiés, le trésorier général les fait rattacher aux bordereaux récapitulatifs mensuels (art. 118) qui, avec les bordereaux d'envoi (art. 54) et les états des retardataires (art. 79), forment les titres de perception pour la Cour des comptes.

566. — Sommier des surséances. (Art. 550 de l'Inst.) — Comme il peut arriver que des articles admis en non-valeur deviennent ultérieurement recouvrables par suite de changements survenus dans la solvabilité des redevables, ces articles sont transportés sur un sommier spécial dit sommier des surséances et établi sur des formules semblables à celles du modèle n° 14. Avis est donné mensuellement par le receveur des finances au trésorier général des sommes recouvrées sur ces articles de surséances au moyen d'une formule *(Modèle n° 11)*. Ces recouvrements sont relevés sur la formule modèle n° 23, qui sert de titre de perception. — V. n°ˢ 573 et suiv.

567. — *(Art. 551 de l'Inst.)* — Le sommier des surséances comporte, en outre, les articles qui ont fait l'objet de commissions extérieures, et dont le recouvrement, quoique n'ayant pu être effectué au moment de l'envoi de la commission extérieure, peut être fait ultérieurement. Dans ce cas, il importe d'indiquer le percepteur consignataire de l'extrait de jugement. — V. n° 465.

Il n'est pas fait mention au sommier des surséances des articles dont l'annulation a été opérée conformément aux paragraphes 1er et 4 de l'arrêté préfectoral. Ces articles ne devant jamais être recouvrés augmenteraient inutilement le nombre des articles du sommier des surséances.

568. — *(Art. 552 de l'Inst.)* — Le sommier des surséances est établi par les receveurs des finances. Il doit être divisé en autant de volumes qu'il y a de perceptions et ces volumes sont confiés aux percepteurs qui ont, seuls, les moyens de connaître quand les condamnés, précédemment insolvables, se trouvent en état de payer ultérieurement le montant de leurs amendes ou condamnations. Mais comme les principes commandent de laisser aux receveurs des finances la tenue et la responsabilité des sommiers, les percepteurs doivent, lorsqu'ils ont recouvré des articles appartenant au sommier des surséances, l'apporter à la recette des finances lors de leur plus prochain versement.

569. — *(Art. 553 de l'Inst.)* — Pour permettre, en outre, aux receveurs des finances de s'assurer que le recouvrement des sommes portées aux surséances n'est pas abandonné par les percepteurs, ceux-ci doivent, chaque semestre, aux époques du 31 janvier et 31 juillet *(art. 240)*, adresser à la recette des finances un *relevé (Modèle n° 29)* des articles qui sont sur le point d'être prescrits (troisième année après l'inscription de l'article au sommier des surséances pour les condamnations correctionnelles, la dix-huitième pour les condamnations criminelles, et la vingt-huitième pour les frais de justice). Ils ont soin d'indiquer en même temps les mesures qu'ils se proposent de prendre, ou bien si, à raison de l'insolvabilité des débiteurs, ils jugent inutile de faire de nouveaux frais de poursuites. Dans ce cas, ils doivent produire un certificat d'indigence établi par le maire. — V. n°ˢ 457 et suiv.

Un relevé semblable est produit pour les inscriptions hypothécaires dont le renouvellement est devenu nécessaire. — V. n° 260.

570. — Les percepteurs doivent s'enquérir de tous les renseignements qui peuvent les mettre à même d'apprécier les inscriptions qu'il y a lieu de renouveler. De même, en ce qui concerne les amendes et les frais de justice, il peut quelquefois y avoir intérêt pour le Trésor à interrompre la prescription ; dans ce cas, on doit avoir recours à une saisie ou à la contrainte par corps, ou, enfin, s'il y a lieu, aux moyens indiqués aux n°ˢ 217 et suiv.

571. — *(Art. 554 de l'Inst.)* — Dans les chefs-lieux d'arrondissement, où le nombre des articles est plus considérable que dans les perceptions rurales et où les receveurs des finances peuvent vérifier sur place les sommiers des surséances, les relevés ci-dessus ne sont établis que pour les inscriptions hypothécaires dont le renouvellement paraît inutile.

572. — *(Art. 555 de l'Inst.)* — Après examen de ces relevés et au plus tard deux mois après leur envoi, les receveurs des finances renvoient ces documents aux percepteurs, après y avoir consigné leurs observations sur les mesures proposées par les comptables. Mention de la date des nouvelles poursuites, de leur abandon ou des inscriptions hypothécaires doit être mise sommairement par les percepteurs au sommier des surséances en regard de chaque article.

573. — *(Art. 556 de l'Inst.)* — Dans le cas de recouvrement d'un article consigné au sommier des surséances, cet article est, au vu de l'extrait de jugement, billé par le receveur des finances sur le livre des surséances et fait l'objet d'une annotation explicative à l'encre rouge. Le percepteur, consignataire de l'extrait recouvré, en inscrit le montant sur son carnet de prise en charge et sur celui des recouvrements de l'exercice courant. — V. n° 544.

574. — La question s'est souvent posée de savoir si le comptable doit prendre en charge la totalité de l'article porté aux surséances ou seulement la somme recouvrée.

Nous pensons que lorsqu'il s'agit d'un article qui peut être recouvré entièrement au moyen d'acomptes successifs, il est préférable de prendre charge immédiatement du montant total de cet article.

Par contre, on ne doit consigner que la somme recouvrée si l'acompte provient d'un prélèvement effectué sur le pécule d'un détenu dans une maison centrale et qu'il est bien constaté que le surplus de l'article restera parmi les non-valeurs.

575. — Les articles recouvrés ayant fait l'objet d'une commission extérieure sont portés au titre : *Contraintes à recouvrer pour le compte de divers comptables.* — V. n°ˢ 158 et suiv.

576. — *(Art. 557 de l'Inst.)* — Cet article concerne le sommier des surséances en Algérie.

CHAPITRE II
PRODUITS DE TRÉSORERIE.

577. — *Cotisations municipales et particulières, § 15 : Fonds commun provenant des amendes de répression. (Art. 558 à 561 de l'Inst.)* — Ces articles concernent le service des trésoriers généraux.

578. — *Frais d'extraits. (Art. 562 de l'Inst.)* — Les recettes effectuées à titre de frais d'extraits d'arrêts et de jugements constituent des opérations de trésorerie non passibles de remises. Les trésoriers généraux doivent, en conséquence, veiller à ce qu'elles ne figurent pas sur les décomptes (*Modèle n° 64*) des remises allouées aux percepteurs sur le produit des amendes et condamnations pécuniaires.

579. — *Frais de poursuites. (Art. 563 de l'Inst.)* — Les frais de poursuites effectués pour le recouvrement des amendes, c'est-à-dire postérieurement à l'inscription de celles-ci sur le sommier des droits constatés, constituent une avance de trésorerie à charge de recouvrement. Par ce motif, ils sont portés en dépense au compte : *Poursuites pour le recouvrement des amendes et condamnations pécuniaires.* Ce compte est tenu par cadres, comme le produit des amendes, mais seulement au moyen de cadres de développement de la balance. L'imputation d'exercice est la même que celle de l'extrait de jugement auquel se réfèrent les frais exposés.

580. — *(Art. 564 de l'Inst.)* — Quant aux frais de poursuites concernant des articles de *surséances*, dont le recouvrement n'a pas été effectué, ils sont rattachés à l'année pendant laquelle ils sont été engagés.

581. — *(Art. 565 de l'Inst.)* — Le recouvrement des frais est porté directement en recette au compte : *Poursuites pour le recouvrement des amendes et condamnations pécuniaires.* Il a lieu en vertu des *états de frais* rendus exécutoires, lesquels forment titres de perception.

Le percepteur est tenu d'émarger les recouvrements effectués au compte : *Poursuites pour le recouvrement des amendes et condamnations pécuniaires*, tant sur le carnet des prises en charge que sur l'état des frais taxés.

582. — *(Art. 566 de l'Inst.)* — Pour pouvoir suivre les opérations, tant des avances faites par les receveurs des finances que des versements effectués par les percepteurs à la suite de leurs recouvrements, il est tenu dans chaque arrondissement un *carnet (Modèle n° 91, 1re partie)* présentant, au moyen de comptes ouverts par perception, d'une part, les frais payés par le receveur des finances, avec la désignation des agents de poursuites, des différentes natures de poursuites qui ont été effectuées et des exercices auxquels les payements s'appliquent, et, d'autre part, les versements faits par les percepteurs, avec la distinction des exercices auxquels les états de frais ont été appliqués.

583. — *(Art. 567 de l'Inst.)* — En outre, les trésoriers généraux doivent, à la suite de leur carnet, résumer le montant des opérations faites dans les arrondissements de sous-préfectures. Ils ouvrent, à cet effet, un compte à chaque receveur particulier (*Modèle n° 91, 2me partie*) et ils y inscrivent : au *débit*, les avances de frais, à mesure que les pièces parviennent à la trésorerie générale ; au *crédit*, les remboursements constatés en recette par dizaine sur les livres journaux des receveurs particuliers.

584. — *Restes à recouvrer sur frais de poursuites. (Art. 568 de l'Inst.)* — Les restes à recouvrer sur frais de poursuites suivent le sort de l'article du sommier auquel ils se rapportent, et ils sont, comme cet article, reportés par dixième à l'exercice suivant, admis en non-valeur, ou mis à la charge des comptables (*art. 542 et 543*).

585. — *(Art. 569 de l'Inst.)* — A l'égard des frais de poursuites reportés à l'exercice suivant (col. 19 de l'état des restes à recouvrer, *Modèle n° 86*) le receveur des finances en passe écriture, pour ordre et simultanément, en recette au compte de l'ancien exercice et en dépense à celui de l'exercice courant. Cette dépense est simplement justifiée par le récépissé constatant la recette d'ordre à l'exercice expiré.

586. — *(Art. 570 de l'Inst.)* — Les percepteurs dont les écritures sont tenues en *partie simple* se bornent à déduire d'un exercice et à reporter à l'autre, comme opération de la gestion courante, les frais afférents aux articles reportés à l'exercice suivant. De cette façon, le compte : *Poursuites pour le recouvrement des amendes et condamnations pécuniaires*, présente sur le livre des comptes divers des percepteurs les mêmes résultats que ceux du livre spécial tenu par les receveurs des finances.

587. — *(Art. 571 de l'Inst.)* — Quant aux frais de poursuites admis en non-valeur et inscrits par le préfet dans la colonne 21 de l'état des restes à recouvrer (*Modèle n° 86*), ils sont remboursés au trésorier général au moyen d'un mandat préfectoral émis sur le crédit du fonds commun de la manière indiquée à l'article 484 et portant une référence à l'état des restes à recouvrer.

588. — *Recouvrement de frais de poursuites portés au sommier des surséances. (Art. 572 de l'Inst.)* — Les percepteurs peu-

vent être appelés à recouvrer, avec le principal des condamnations inscrites au sommier
des surséances, les frais de poursuites y relatifs, lesquels, étant tombés en non-valeurs, ont
été imputés en dépense sur le fonds commun.
Le recouvrement de ces frais ne doit pas être
porté au compte : *Poursuites pour le recouvrement des amendes et condamnations pécuniaires*, mais être appliqué au compte des :
*Cotisations municipales et particulières, § 15 :
Fonds commun provenant des amendes de répression.*

Il est établi par les receveurs des finances,
en double expédition (un pour la trésorerie générale et l'autre pour la préfecture), un titre
de perception conforme au modèle n° 93.

589. — (*Art. 573 de l'Inst.*) — Quand il
s'agit de *salaires* dus à un conservateur des
hypothèques, le recouvrement est porté au
compte des : *Excédents de versements sur
contributions directes*, pour être tenu à la disposition de l'ayant droit par le receveur des
finances au moyen d'une quittance préparée
d'office par le percepteur, conformément à la
circulaire du 10 novembre 1864, § 1er (*art. 237*)
— V. n° 1497.

590. — *Situation sommaire des payements, des recouvrements et des restes à
recouvrer sur frais de poursuites en fin
d'exercice.* (*Art. 574 de l'Inst.*) — Cet article concerne le service des receveurs des finances.

591. — *Excédents de recettes sur frais
de poursuites.* (*Art. 575 de l'Inst.*) — Il peut
exceptionnellement arriver que le compte des
frais de poursuites présente en fin d'exercice
des excédents de recette, par exemple, quand
des agents de la force publique n'ont pas encore touché le montant des frais de capture qui
leur sont dus. Les excédents de cette nature sont
portés en dépense au compte de l'exercice expiré, et en recette à celui de l'exercice courant,
suivant la marche indiquée à l'article 569.

592. — *Table des modèles prescrits
par l'Instruction du 5 juillet 1895, à
l'usage des percepteurs.*

Nos
des
Modèles.   REGISTRES

8 Carnet de prise en charge des extraits provisoires des jugements rendus par les tribunaux
de simple police. (*Inst., art. 77.*)

10. Carnet de prise en charge des extraits de jugements définitifs délivrés par les greffiers des
tribunaux et cours. (*Inst., art. 77.*)

12. Carnet des transactions forestières. (*Inst., art.
168 à 170.*)

82. Carnet des recouvrements des amendes. (*Inst.,
art. 523.*)
Carnet des demandes de renseignements envoyées
à divers comptables ou reçues d'eux. Voir n° 100.

IMPRIMÉS

14. Sommier des surséances. (*Inst., art. 550 à 557.*)
15. Avertissements aux condamnés. (*Inst., art. 78,
142 et 144.*)
16. État des condamnés retardataires à adresser au
juge de paix ou au commissaire de police.
(*Inst., art. 79.*)
27. Bordereau de créance hypothécaire. (*Inst., art.
231 et 242.*)
29. Relevé semestriel des articles portés au sommier
des surséances pour lesquelles il y a lieu d'interrompre la prescription ou de renouveler les
inscriptions. (*Inst., art. 240 et 553.*)
30. Registre des inscriptions hypothécaires. (*Inst.,
art. 239 et 241.*)
31. Commission extérieure (commandement et saisie.)
(*Inst., art. 86 et 147.*)
32. Déclaration de retenue des remises afférentes aux
amendes recouvrées pour le compte d'un collègue. (*Inst., art. 454.*)
34. État des condamnés retardataires à poursuivre
par commandement. (*Inst., art. 261.*)
37. État de payement des frais de commandement.
(*Inst., art. 263.*)
38. État des condamnés retardataires à poursuivre
par voie de saisie. (*Inst., art. 265.*)
44. État de payement des frais de saisie et de gardien. (*Inst., art. 277.*)
45. État de payement des frais d'actes conservatoires.
(*Inst., art. 277.*)
46. Demande en autorisation de vente mobilière.
(*Inst., art. 291.*)
47. État de payement des frais de vente (*Inst., art.
299.*)
48. Relevé, par ordre alphabétique, des noms des
débiteurs solvables qui ne se sont pas libérés
des condamnations prononcées contre eux en
matière criminelle, correctionnelle ou de police,
et contre lesquels la contrainte par corps est
requise par le percepteur de..... (*Inst., art.
340.*)
49. Réquisition d'incarcération et contrainte par
corps. (*Inst., art. 341.*)
50. Relevé trimestriel des condamnés dont l'insolvabilité a été constatée et contre lesquels la
contrainte par corps peut être exercée. (*Inst.,
art. 340.*)
52. État des poursuites exercées par le percepteur
contre les délinquants forestiers insolvables.
(*Inst., art. 550.*)
55. Carnet d'enregistrement des relevés de condamnation tenant lieu de commission extérieure à
recouvrer sur les détenus de la maison centrale de..... (*Inst., art. 447.*)
56. Avis de recouvrement partiel ou de modification
du relevé des condamnations dues par un détenu à la maison centrale de..... (*Inst., art.
445.*)
57. Avis de transfèrement au percepteur qui a pris
charge de l'extrait de jugement d'un détenu
qui change de maison de détention. (*Inst., art.
446.*)
59. Avis de recouvrement sur le pécule d'un détenu.
(*Inst., art. 422.*)
77. Relevé, par ordre alphabétique, des noms des
débiteurs qui ne se sont pas libérés des condamnations prononcées contre eux en matière
de chasse et auxquels il ne doit pas être délivré de permis de chasse. (*Inst., art. 505.*)
83. Bordereau détaillé à l'appui du bordereau de
versement du percepteur. (*Inst., art. 525.*)

86. État des restes à recouvrer en fin d'exercice sur le produit des amendes, ainsi que sur les frais d'extraits et sur les frais de poursuite. (*Inst.*, *art., 551.*)

87. Certificat d'indigence. (*Inst.*, *art. 91, 455 et 456*) Demande de renseignements adressée à un collègue [*Modèle n° 45 annexé à l'Inst. du 20 sept. 1875, art. 42*]. (*Inst.*, *art. 446.*)

Annotations à porter sur les rôles en regard de l'article principal de chaque contribuable. — V. n° 2809.

Annulation de décisions portant décharge ou réduction de taxe. — V. n° 2062.

Appariteurs (Traitement des). V. PIÈCES JUSTIFICATIVES, § 74.

Appareils à vapeur (Droits d'épreuve des). V. n° 4383.

Appel à l'autorité supérieure des solutions données aux comptables. — V. COMPTES DE GESTION, n°° 1030 et suiv.; DIFFICULTÉS, n° 1376.

Application de cautionnement à une autre gestion. — V. CAUTIONNEMENTS n°° 889 et suiv.

Appoint. — V. MONNAIES, n° 1859.

Appointements. — V. TRAITEMENT.

Apurement. — V. COMPTES DE GESTION, RESTES A RECOUVRER, RÔLES.

Architectes.

593. — *Honoraires.* — Les architectes employés par les communes sont rétribués au moyen d'une remise proportionnelle, ordinairement fixée à 5 °/₀ du montant des travaux exécutés; ces 5 °/₀ se subdivisent ordinairement en trois parties égales, savoir: 1 2/3 pour *rédaction* des projets et devis; 1 2/3 pour *direction, surveillance et inspection*; 1 2/3 pour *réception, vérification et règlement*. Ce taux est considéré en général comme une rémunération suffisante, mais il n'est pas imposé aux communes d'une manière absolue. Elles peuvent le *modifier*, et, par suite, accorder aux architectes, selon les cas, des honoraires plus ou moins élevés. (*Décis. min. Int. 1858 et 1859; Bull. off. 1858, p. 177, et 1859, p. 65.*)

Un avis du conseil des bâtiments civils en date du 12 pluviôse an XII fixe à 5 °/₀ du montant des travaux la rémunération de l'architecte; soit, pour la confection des projets 1,50 °/₀; pour la conduite des ouvrages 1,50 °/₀ et pour la vérification et le règlement des mémoires 2 °/₀.

Il est recommandé aux administrations municipales de stipuler que le taux des honoraires pour la portion afférente aux dépenses faites en excédent des devis, diminuera, à mesure que le devis sera dépassé, et même qu'aucun honoraire ne sera alloué au delà d'une certaine quotité. (*Cir. min. Int. 9 septembre 1865.*)

594. — Les contestations en règlement d'honoraires pour la surveillance de l'exécution de travaux départementaux ou communaux, sont de la compétence du conseil de préfecture. (*Arr. Cons. d'Ét. 4 sept. 1856, 18 déc. 1856 et 13 avril 1883.*)

595. — Les honoraires des architectes ne doivent être calculés, en l'absence de toutes conventions contraires, que sur la valeur réelle des constructions qu'ils ont été appelés à diriger, en tenant compte des rabais consentis par les entrepreneurs. (*Arr. Cour des comptes, 12 janv. 1903 et 22 juin 1903.*) — Il n'est pas dû d'honoraires sur des mémoires de fournitures n'ayant pas servi directement aux travaux. (*Arr. Cour des comptes, 25 mai 1899.*)

596. — Les honoraires sont ordinairement acquittés par acomptes, dans la proportion des payements faits aux entrepreneurs. — V. PIÈCES JUSTIFICATIVES, § 162.

597. — L'architecte a toujours droit à des honoraires pour les plans et devis qu'il a dressés sur la demande du maire, que ces plans et devis aient été adoptés ou non. Dans tous les cas, le conseil municipal est libre de fixer ces honoraires au taux qui lui paraît le plus convenable.

Lorsque les projets n'ont pas été approuvés, il appartient également au conseil municipal de déterminer la somme à payer à l'architecte pour l'indemniser du travail de confection.

Si le conseil municipal a adopté un tarif pour l'ensemble des projets, par exemple, 5 °/₀ du montant des travaux, il peut fixer les honoraires de rédaction à 1/3 °/₀, même au-dessous de ce chiffre si l'exagération du devis a été une cause déterminante du rejet de projet.

Les justifications à produire à l'appui de la dépense diffèrent suivant le cas.

Lorsque les honoraires de l'architecte sont basés sur un taux fixé par le conseil municipal, l'architecte doit produire un mémoire timbré avec la délibération du conseil municipal fixant le tarif adopté. Si le conseil municipal a fixé l'indemnité à un chiffre quelconque sans avoir égard au montant des plans et devis, il n'y a à produire que la délibération, qui doit, dans tous les cas, être approuvée. — S'il y a eu contestation entre la commune et l'architecte au sujet des honoraires de ce dernier et que ces honoraires ou indemnités aient été fixés par un arrêté du conseil de préfecture, on produit à l'appui du mandat une copie timbrée de l'arrêté.

598. — *Jurisprudence.* — L'architecte chargé de la surveillance ou de la direction de travaux publics communaux n'a pas droit à des honoraires pour les dépenses qui excèdent les devis, alors du moins que ces dépenses n'ont pas été régulièrement approuvées. *(Arr. Cons. d'Ét. 7 avril 1869 et 18 mai 1870 ; Dalloz 1870, 3e partie, p. 50, et 1872, 3e partie, p. 30.)* Il en est ainsi alors même qu'à raison des circonstances la commune a payé à l'entrepreneur le prix de ces travaux. *(Arr. Cons. d'Ét. 19 mai 1882 ; Dalloz 1883, 3e partie, p. 92.)* — V. TRAVAUX, n° 3060.

599. — En principe, il n'est pas dû de frais de voyage à l'architecte qui dirige une construction ; mais, si, en dehors des déplacements que comporte la mission de l'architecte, une ville le force à se déplacer pour éclairer l'administration, il doit être tenu compte de ces frais de déplacement. *(Arr. Cons. d'Ét. 4 mai 1883 et 6 août 1898.)*

Archives. — V. n° 951 et 2235.

Argent (Dépôts d'). — V. n° 1366 et 1367.

Armateur. — V. NAVIRES.

Armée territoriale.

600. — La loi du 13 juillet 1894 et le décret du 31 mars 1899, permettent : 1° de faire inscrire d'office sur les contrôles de la non disponibilité les anciens sous-officiers retraités *qui occupent les fonctions de percepteur depuis plus de six mois* ; 2° de demander au ministère de la guerre la mise hors cadres des percepteurs officiers de réserve ou de territoriale, que ces percepteurs soient anciens sous-officiers retraités ou non retraités, anciens officiers retraités ou anciens officiers démissionnaires. *(Circ. n° 157 de la direction du personnel 3 mai 1899.)*

601. — *Service dans la réserve.* — En cas de mobilisation, nul ne peut se prévaloir de la fonction ou de l'emploi qu'il occupe pour se soustraire aux obligations de la classe à laquelle il appartient.

Les seuls agents autorisés à ne pas rejoindre immédiatement, dans le cas de convocations par voie d'affiches et de publications sur la voie publique, sont, pour le ministère des finances (*services de la trésorerie*) :

1° Les trésoriers-payeurs généraux ;
2° Les receveurs particuliers ;
3° Les percepteurs ;
4° Un fondé de pouvoirs de chaque trésorier général, désigné par le ministre des finances.

Mais ces fonctionnaires ou agents ne peuvent bénéficier de la dispense dont il s'agit que sous la condition qu'ils occupent ces fonctions *depuis six mois au moins, et qu'ils ne comptent plus dans la réserve de l'armée active.*

Les non disponibles, même appartenant à la réserve de l'armée active, ne rejoignent leur corps que sur des ordres spéciaux, mais ils sont, dès la publication de l'ordre de mobilisation, soumis à la juridiction des tribunaux militaires, par application de l'article 57 du Code de justice militaire. *(L. milit. 15 juill. 1889, art. 51 ; Circ. compt. publ. 30 juin 1890, § 27 ; L. 21 mars 1905, art. 41 et 42.)*

En outre des dispositions qui précèdent, il résulte d'une note du ministre de la guerre, en date du 20 mars 1891, qu'en temps de paix les comptables sont dispensés des périodes d'instruction et sont alors considérés comme *non disponibles.*

Il n'est fait exception que pour les agents qui, anciens officiers ou adjudants retraités sous le régime de la loi de 1878, restent obligatoirement pendant cinq années après leur admission à la retraite à la disposition de l'autorité militaire et peuvent, par conséquent, être convoqués pour des périodes d'instruction dans l'armée territoriale.

La situation se trouve donc nettement établie, et *soit en temps de paix, soit en cas de guerre,* les agents susceptibles d'être appelés sous les drapeaux sont :

1° Ceux qui font partie de la réserve de l'armée active ;
2° Ceux qui, anciens officiers ou adjudants retraités, n'ont pas encore accompli les cinq années de service auxquelles ils sont légalement astreints ;
3° Ceux qui ont été admis dans le service de la trésorerie et des postes aux armées.

En temps de paix, et au moment de chaque convocation, les comptables qui appartiennent à l'une de ces catégories obtiennent d'office un congé sans retenue, conformément aux dispositions du dernier paragraphe de l'article 1254 de l'Instruction générale du 20 juin 1859 ; mais ils conservent la responsabilité entière de leur service et doivent se faire remplacer, pendant leur absence, par un fondé de pouvoirs agréé par les chefs de service.

En cas de guerre, il y a lieu de se préoccuper d'assurer le service des comptables qui sont obligés d'abandonner leurs fonctions ; mais il convient d'établir des distinctions à cet égard et de se conformer aux instructions complémentaires énoncées dans les circulaires du ministre des finances en date des 1er juin 1891, 20 février 1893 et 3 mai 1899.

602. — *Trésorerie d'armée.* — Les percepteurs qui sollicitent un emploi dans la trésorerie d'armée ou qui appartiennent déjà à ce service doivent prendre l'engagement d'assurer le fonctionnement de leur perception, à leurs risques et périls, pendant leur absence, et ceux qui ne se trouvent pas en mesure de satisfaire à cette obligation doivent donner leur démission de leurs fonctions aux armées. (*Circ. Direction du mouvement gén. des fonds, 2 nov. 1887.*)

Armes et engins confisqués. — V. Amendes, n° 64.

Arrérages.

603. — Les arrérages s'acquièrent jour par jour (*C. civ., art. 586*). Ils se prescrivent par cinq ans (*Id., art. 2277*). — V. Pensions civiles, Rentes.

Arrêtés de comptes. — V. Comptes de gestion.

Arrosage (Taxe d'). — V. Cotisations, n°s 1233 et suiv.; Curage, Syndicats.

Asile public d'aliénés.

604. — Les asiles publics d'aliénés sont des établissements de bienfaisance soumis à la surveillance des receveurs des finances.

Les receveurs d'asiles d'aliénés sont nommés par le préfet. (*Inst. gén., article 1325.*) — V. Aliénés.

Assistance aux vieillards, aux infirmes et aux incurables, privés de ressources.

604 bis. — Tout français privé de ressources, incapable de subvenir par son travail aux nécessités de l'existence et, soit âgé de plus de soixante-dix ans, soit atteint d'une infirmité ou d'une maladie reconnues incurables, reçoit, aux conditions ci-après, l'assistance instituée par la présente loi. (*L. 14 juill. 1905, art. 1er.*)

L'assistance est donnée par la commune où l'assisté a son domicile de secours; à défaut de domicile de secours communal, par le département où l'assisté a son domicile de secours départemental; à défaut de tout domicile de secours, par l'État.

La commune et le département reçoivent pour le payement des dépenses mises à leur charge par la présente loi les subventions prévues au titre IV. (*L. 14 juill. 1905, art. 2.*)

Le domicile de secours, soit communal, soit départemental, s'acquiert et se perd dans les conditions prévues aux articles 6 et 7 de la loi du 15 juillet 1893 (Voir n°s 610 et 611); toutefois le temps requis pour l'acquisition et la perte de ce domicile est porté à cinq ans. A partir de soixante-cinq ans, nul ne peut acquérir un nouveau domicile de secours ni perdre celui qu'il possède.

Les enfants assistés, infirmes ou incurables, parvenus à la majorité, ont leur domicile de secours dans le département au service duquel ils appartenaient, jusqu'à ce qu'ils aient acquis un autre domicile de secours. (*L. 14 juill. 1905, art. 3.*)

La commune, le département ou l'État qui a secouru, par un des modes prévus au titre III de la présente loi, un vieillard, un infirme ou un incurable dont l'assistance ne lui incombait pas en vertu des dispositions qui précèdent, a droit au remboursement de ses avances, jusqu'à concurrence d'une année de secours.

La répétition des sommes ainsi avancées peut s'exercer pendant cinq ans; mais la somme à rembourser ne pourra être supérieure au montant de la dépense qu'aurait nécessité l'assistance si elle avait été donnée au domicile de secours prévu par les articles 2 et 3. (*L. 14 juill. 1905, art. 4.*)

La commune, le département ou l'État peuvent toujours exercer leur recours s'il y a lieu, et avec le bénéfice, à leur profit, de la loi du 10 juillet 1901, soit contre l'assisté, si on lui reconnaît ou s'il lui survient des ressources suffisantes, soit contre toutes personnes ou sociétés tenues de l'obligation d'assistance, notamment contre les membres de la famille de l'assisté désignés par les articles 205, 206, 207 et 212 du Code civil et dans les termes de l'article 208 du même Code.

Ce recours ne peut être exercé que jusqu'à concurrence de cinq années de secours. (*L. 14 juill. 1905, art. 5.*)

Les articles 6 à 44 ont trait à l'organisation du service, à l'admission à l'assistance, aux modes d'assistance, aux voies et moyens, etc.

Une circulaire du ministre de l'Intérieur aux préfets en date du 29 juillet 1905 contient des instructions pour l'application de la loi du 14 juillet 1905.

Tableau A. — Barème servant à déterminer la part des dépenses d'assistance obligatoire aux vieillards, infirmes et incurables, à couvrir par les communes, dans les conditions prévues au 4° de l'article 27.

VALEUR du CENTIME COMMUNAL rapporté à la population.	PORTION DE LA DÉPENSE A COUVRIR	
	Par les communes au moyen des ressources provenant de l'impôt. (Art. 27, 4°)	Par les départements au moyen de leurs propres ressources et des subventions de l'État.
Au-dessous de 0,06...	10 °/°	90 °/°
De 0,061 à 0,08......	15	85
De 0,081 à 0,10......	20	80
De 0,0101 à 0,12.....	25	75
De 0,0121 à 0,11.....	30	70
De 0,0111 à 0,16.....	40	60
De 0,0461 à 0,18.....	50	50
De 0,0181 à 0,20.....	60	40
Au-dessus de 20......	70	30

Tableau C. — Barème servant à déterminer la subvention directe et complémentaire de l'État aux communes dans les conditions prévues au 4° de l'article 27.

Lorsque dans une commune, le nombre des assistés dépasse dix par mille habitants (10 p. 1000), l'État alloue, pour cette dépense supplémentaire, à cette commune une subvention directe par assisté en surnombre, sans que la charge communale puisse descendre au-dessous de dix pour cent (10 p. 100) de la dépense totale, soit :

Pour un assisté par mille au-dessus de 10 p. 1000, 10 p. 100 de la dépense communale complémentaire.

Pour 2 assistés par mille au-dessus de 10 p. 1000, 11 p. 100 de la dépense communale complémentaire.

Pour 3 assistés par mille au-dessus de 10 p. 1000, 12 p. 100 de la dépense communale complémentaire.

Pour 4 assistés par mille au-dessus de 10 p. 1000, 13 p. 100 de la dépense communale complémentaire.

Pour 5 assistés par mille au-dessus de 10 p. 1000, 14 p. 100 de la dépense communale complémentaire.

Pour 6 assistés par mille au-dessus de 10 p. 1000, 15 p. 100 de la dépense communale complémentaire.

Pour 7 assistés par mille au-dessus de 10 p. 1000, 16 p. 100 de la dépense communale complémentaire.

Pour 8 assistés par mille au-dessus de 10 p. 100, 17 p. 100 de la dépense communale complémentaire.

Pour 9 assistés par mille au-dessus de 10 p. 1000, 18 p. 100 de la dépense communale complémentaire.

Pour 10 assistés par mille au-dessus de 10 p. 1000, 19 p. 100 de la dépense communale complémentaire.

Au-dessus de 10 assistés par mille au-dessus de 10 p. 1000, 20 p. 100 de la dépense communale complémentaire.

Assistance judiciaire (Extraits de rôles à délivrer pour l¹). — V. n⁰⁹ 1515.

Assistance médicale gratuite. (*Instruction pour l'exécution de la loi du 15 juillet 1893 ; Cir. min. Int. 18 mai 1894.*)

TITRE I⁰ʳ

Organisation de l'assistance médicale.

605. — *Principes généraux. — Personnes appelées à bénéficier de l'assistance. — Obligation des communes, du département et de l'État. — Conditions dans lesquelles doit être donnée l'assistance, etc.* (*Cir. min. Int. 18 mai 1894 ; L. 15 juillet 1893, art. 1ᵉʳ.*) — V. ci-après, n⁰ˢ 618 et suiv.

606. — *Recours de la commune, du département ou de l'État contre les personnes tenues à l'assistance médicale envers le malade, notamment contre les membres de la famille de l'assisté désignés par les articles 205, 206, 207 et 212 du Code civil.*

Avis à donner par les communes. — Pour que les recours qui doivent être exercés par le département ou l'État puissent l'être d'une manière efficace, il importe que les communes donnent sans retard avis au service départemental des secours accordés avec possibilité d'un recours utile et fournissent toutes les indications nécessaires pour faciliter le re-

couvrement des frais d'assistance ainsi avancés. Les maires ne doivent pas omettre de fournir ces renseignements afin d'éviter, dans certains cas, que la dépense reste à la charge de la commune. (*Circ. min. Int. 18 mai 1894 ; L. 15 juill. 1893, art. 2.*) — V. n⁰ 632.

607. — *Divers modes d'assistance médicale. — L'assistance à domicile doit être préférée. — Cas où il y a lieu d'envoyer le malade à l'hôpital ; certificat médical à délivrer par le médecin, etc.* (*Circ. min. Int. 18 mai 1894 ; L. 15 juillet 1893, art. 3.*) — V. n⁰ 634.

608. — *Organisation du service médical par le conseil général. — Choix des médecins. — Mode de rémunération des médecins. — Détermination des circonscriptions hospitalières. — Création de nouveaux hôpitaux. — Répartition de la dépense entre les communes et le département* (V. n⁰ 637). (*Circ. min. Int. 18 mai 1894 ; L. 15 juillet 1893, art. 4.*)

609. — *Organisation par décret à défaut de délibération du conseil général, etc.* (*Circ. min. Int. 18 mai 1894 ; L. 15 juillet 1893, art. 5.*)

TITRE II

Domicile de secours.

610. — *Comment s'acquiert le domicile de secours.* — Le domicile de secours s'acquiert :

1° Par une résidence habituelle d'un an dans une commune postérieurement à la majorité ou à l'émancipation ;

2° Par l'affiliation. L'enfant a le domicile de secours de son père. Si la mère a survécu au père, ou si l'enfant est un enfant naturel reconnu par sa mère seulement, il a le domicile de sa mère. En cas de séparation de corps ou de divorce des époux, l'enfant légitime partage le domicile de l'époux à qui a été confié le soin de son éducation ;

3° Par le mariage, la femme, du jour de son mariage, acquiert le domicile de secours de son mari. Les veuves, les femmes divorcées ou séparées de corps, conservent le domicile de secours antérieur à la dissolution du mariage ou au jugement de séparation ;

Pour les cas non prévus dans le présent article, le domicile de secours est le lieu de naissance jusqu'à la majorité ou l'émancipation. (*L. 15 juillet 1893, art. 6 ; Circ. min. Int. 18 mai 1894.*)

611. — *Perte du domicile de secours.* — Le domicile de secours se perd :

1° Par une absence ininterrompue d'une année postérieurement à la majorité ou à l'émancipation ;

2° Par l'acquisition d'un autre domicile de secours.

Si l'absence est occasionnée par des circonstances excluant toute liberté de choix de séjour ou par un traitement dans un établissement hospitalier situé en dehors du lieu habituel de résidence du malade, le délai d'un an ne commence à courir que du jour où ces circonstances n'existent plus. (*L. 15 juillet 1893, art. 7; Circ. min. Int. 18 mai 1894.*)

612. — *Absence de domicile de secours communal.* — A défaut de domicile de secours communal, l'assistance médicale incombe au département dans lequel le malade privé de ressources a acquis son domicile de secours.

Quand le malade n'a ni domicile de secours communal, ni domicile de secours départemental, l'assistance médicale incombe à l'État. (*L. 15 juillet 1893, art. 8; Circ. min. Int. 18 mai 1894.*)

613. — *Domicile de secours des enfants assistés.* — Les enfants assistés ont leur domicile de secours dans le département au service duquel ils appartiennent, jusqu'à ce qu'ils aient acquis un autre domicile de secours. (*L. 15 juillet 1893, art. 9; Circ. min. Int. 18 mai 1894.*)

TITRE III]

Bureau et Liste d'assistance.

614. — *Commission administrative. — Présidence du Bureau d'assistance, etc.* — Dans chaque commune, un bureau d'assistance assure le service de l'assistance médicale.

La commission administrative du bureau d'assistance est formée par les commissions administratives réunies de l'hospice et du bureau de bienfaisance, ou par cette dernière seulement quand il n'existe pas d'hospice dans la commune.

A défaut d'hospice ou de bureau de bienfaisance, le bureau d'assistance est régi par la loi du 21 mai 1873 (*art. 1 à 5*), modifiée par la loi du 5 août 1879, et possède, outre les attributions qui lui sont dévolues par la présente loi, tous les droits et attributions qui appartiennent au bureau de bienfaisance. (*L. 15 juill. 1893, art. 10.*)

615. — La présidence du bureau d'assistance appartient au maire, ou à l'adjoint, ou au conseiller municipal remplissant dans leur plénitude les fonctions de maire. En cas d'absence du président de droit, la présidence passe au vice-président, son défaut, au plus ancien des administrateurs présents, et, à défaut d'ancienneté, au plus âgé (*L. 21 mai 1873, art. 9*). Quelle que soit la personne qui exerce les fonctions de président, elle a voix prépondérante en cas de partage (*Id.*), et cela en toutes circonstances. (*Arr. Cons. d'Et. 3 juillet 1866.*)

Il n'y a lieu d'élire un vice-président que lorsque le bureau d'assistance se trouve constitué avec des éléments nouveaux ou qu'il est formé de deux commissions administratives. (*Circ. min. Int. 18 mai 1894.*)

616. — *Caractère du bureau d'assistance. — Acceptation de dons et legs. — Représentation dans les actes de la vie civile. — Administration des fondations. — Emploi des revenus des fondations. — Comptabilité du bureau d'assistance.* — Le président du bureau d'assistance a le droit d'accepter, à titre conservatoire, des dons et legs et de former, avant l'autorisation, toute demande en délivrance.

Le décret du Président de la République ou l'arrêté du préfet qui interviennent ultérieurement ont effet du jour de cette acceptation. — V. n°s 1753 et suiv.

Le bureau d'assistance est représenté en justice et dans tous les actes de la vie civile par un de ses membres que ses collègues élisent, à cet effet, au commencement de chaque année.

L'administration des fondations, dons et legs qui ont été faits aux pauvres ou aux communes en vue d'assurer l'assistance médicale est dévolue au bureau d'assistance.

Les bureaux d'assistance sont soumis aux règles qui régissent l'administration et la comptabilité des hospices, en ce qu'elles n'ont rien de contraire à la présente loi. (*L. 15 juill. 1893, art. 11; Circ. min. Int. 18 mai 1894.*)

617. — *Bureaux de bienfaisance existant sous le nom de bureaux d'assistance.* — Les articles 10 et 11 de la loi du 15 juillet 1893, qui précèdent, indiquent les attributions du nouveau bureau.

Il faut distinguer les communes où existe un bureau de bienfaisance et celles où il n'en existe pas.

Là où existe un bureau de bienfaisance, le nouveau bureau d'assistance n'est qu'un bureau d'assistance médicale. Il a ou il n'a pas de budget, suivant qu'il a ou n'a pas de ressources spéciales à l'assistance médicale.

Là où il n'existe pas de bureau de bienfaisance, le bureau d'assistance est, sous un nom nouveau, un véritable bureau de bienfaisance, en vertu de l'article 10 de la loi. Il peut donc avoir un budget, qui doit être divisé en deux parties : celle afférente à l'assistance médicale, celle afférente aux autres secours ; chacune des deux parties de ce budget pouvant d'ailleurs exister seule, si elle est seule alimentée. Si, par exemple, la commune vote une subvention pour secours aux indigents valides, la somme doit figurer au budget du bureau d'assistance, qui en fait la distribution comme font ailleurs les bureaux de bienfaisance. Si une libéralité est faite en termes généraux aux pauvres de la commune, c'est le bureau d'assistance qui doit l'accepter, une répartition équitable devant être faite entre l'assistance médicale et les autres modes d'assistance. Si une libéralité est faite en faveur d'une catégorie déterminée de malheureux, il va de soi que le bureau d'assistance se trouve lié par cette indication dans l'emploi qu'il a à faire de la somme donnée. (*Circ. min. Int. 17 août 1895.*) — V. ci-après, n° 650.

618. — *Réunion de la commission administrative. — Établissement et revision de la liste d'assistance. — Adjonction à la commission du receveur municipal, d'un répartiteur et du médecin ou d'un délégué des médecins.* — La commission administrative du bureau d'assistance, sur la convocation de son président, se réunit au moins quatre fois par an.

Elle dresse, un mois avant la première session ordinaire du conseil municipal, la liste des personnes qui, ayant dans la commune leur domicile de secours, doivent être, en cas de maladie, admises à l'assistance médicale, et elle procède à la revision de cette liste un mois avant chacune des trois autres sessions.

Le médecin de l'assistance ou un délégué des médecins de l'assistance, le receveur municipal et un des répartiteurs désigné par le sous-préfet peuvent assister à la séance avec voix consultative. (*L. 15 juillet 1893, art. 12; Circ. min. Int. 18 mai 1894.*)

Pour la durée de l'inscription sur la liste, V. n° 631.

619. — *Inscription nominative sur la liste.* — La liste d'assistance médicale doit comprendre nominativement tous ceux qui sont admis aux secours, lors même qu'ils sont membres d'une même famille. (*L. 15 juill. 1893, art. 13.*)

620. — L'inscription sur la liste ne constitue pas un droit à l'assistance ; par suite, la commission administrative du bureau a toujours la faculté de mesurer l'assistance aux besoins actuels des individus secourus, et d'établir ainsi les catégories que la loi n'a pas rendues obligatoires. (*Circ. min. Int. 18 mai 1894.*)

Pour les malades non inscrits sur la liste, V. n° 628.

621. — *Comment le conseil municipal arrête la liste. — Dépôt au secrétariat de la mairie. — Avis de dépôt.* — La liste est arrêtée par le conseil municipal, qui délibère en comité secret ; elle est déposée au secrétariat de la mairie.

Le maire donne avis du dépôt par affiches aux lieux accoutumés. (*L. 15 juillet 1893, art. 14; Circ. min. Int. 18 mai 1894.*)

622. — *Transmission d'une copie de la liste au sous-préfet. — Recours au conseil de préfecture contre les opérations relatives à l'établissement des listes, etc.* (*Circ.*

min. Int. 18 mai 1894 ; L. 15 juillet 1893, art. 15.)

623. — *Réclamations contre la formation de la liste d'assistance.* — Pendant un délai de vingt jours à compter du dépôt, les réclamations en inscription ou en radiation peuvent être faites par tout habitant ou contribuable de la commune. (*L. 15 juillet 1893, art. 16.*)

Le droit de réclamer l'inscription ou la radiation devant la commission cantonale appartient également au préfet du département ou à son délégué. (*L. de finances du 13 avril 1898, art. 58.*)

624. — La personne dont l'inscription ou la radiation sur la liste serait demandée doit être avertie afin qu'elle puisse présenter ses observations. (*Circ. min. Int. 18 mai 1894.*)

625. — *Examen des réclamations par une commission cantonale.* — Il est statué souverainement sur les réclamations, le maire entendu ou dûment appelé, par une commission cantonale composée du sous-préfet de l'arrondissement, du conseiller général, d'un conseiller d'arrondissement dans l'ordre de nomination et du juge de paix du canton.

Le sous-préfet ou, à son défaut, le juge de paix préside la commission. (*L. 15 juill. 1893, art. 17.*)

626. — La commission peut prendre pour s'éclairer tous les moyens qu'elle juge utiles ; elle pourrait, par exemple, appeler et entendre le médecin du service, le receveur municipal ou un répartiteur. (*Circ. min. Int. 18 mai 1894.*)

627. — *Avis des décisions rendues par la commission. — Formation définitive de la liste d'assistance.* — Le président de la commission donne dans les huit jours avis des décisions rendues au sous-préfet et au maire, qui opèrent sur la liste les additions ou les retranchements prononcés. (*L. 15 juill. 1893, art. 18.*)

628. — *Admission aux secours de l'assistance des malades non inscrits sur la liste. — Maladies chroniques.* — En cas d'urgence, dans l'intervalle de deux sessions, le bureau d'assistance peut admettre provisoirement, dans les conditions de l'article 12 de la présente loi, un malade non inscrit sur la liste.

En cas d'impossibilité de réunir à temps le bureau d'assistance, l'admission peut être prononcée par le maire, qui en rend compte, en comité secret, au conseil municipal dans sa plus prochaine séance. (*L. 15 juill. 1893, art. 19.*)

629. — *Maladies aiguës et accidents. — Personnes n'ayant pas de domicile de secours.* — En cas d'accident ou de maladie aiguë, l'assistance médicale des personnes qui n'ont pas le domicile de secours dans la commune où s'est produit l'accident ou la maladie incombe à la commune, dans les conditions prévues à l'article 21, s'il n'existe pas d'hôpital dans la commune.

L'admission de ces malades à l'assistance médicale est prononcée par le maire, qui avise immédiatement le préfet, et en rend compte, en comité secret, au conseil municipal dans sa plus prochaine séance.

Le préfet accuse réception de l'avis et prononce dans les dix jours sur l'admission aux secours de l'assistance. (L. 15 juill. 1893, art. 20.)

Par application des dispositions qui précèdent, il suit que lorsqu'un indigent tombe malade ou blessé dans une commune non pourvue d'hôpital et où il n'a pas son domicile de secours, les frais de son traitement à l'hôpital le plus voisin ne peuvent être réclamés à la commune d'où il provient, qu'autant que l'hôpital est en mesure de représenter un arrêté du maire ou du préfet admettant l'indigent aux secours médicaux. (Arr. Cons. d'État, 10 mars 1899.)

630. — *Frais avancés par la commune.* — *Recours de cette dernière.* — Les frais avancés par la commune en vertu de l'article précédent, sauf pour les dix premiers jours de traitement, sont remboursés par le département d'après un état régulier dressé conformément au tarif fixé par le conseil général. (L. 15 juillet 1893, art. 21.)

631. — *Durée de l'inscription sur la liste.* — L'inscription sur la liste prévue à l'article 12 continue à valoir pendant un an, au regard des tiers, à partir du jour où la personne inscrite a quitté la commune, sauf la faculté pour la commune de prouver que cette personne n'est plus en situation d'avoir besoin de l'assistance médicale gratuite. (L. 15 juill. 1893, art. 22.)

632. — *Malades sans domicile de secours communal.* — Le préfet prononce l'admission aux secours de l'assistance médicale des malades privés de ressources et dépourvus d'un domicile de secours communal. (L. 15 juill. 1893, art. 23.)

633. — La loi du 15 juillet 1893 impose l'obligation de l'assistance médicale en première ligne à la commune ; ce n'est qu'à défaut de la commune qu'intervient le département et subsidiairement l'État. On ne doit jamais perdre de vue ce principe essentiel dans l'application de la loi. (Circ. min. Int. 18 mai 1894.) — V. n° 637.

TITRE IV
Secours hospitaliers.

634. — *Fixation du prix de journée dans les établissements hospitaliers.* — Le prix de journée des malades placés dans les hôpitaux aux frais des communes, des départements ou de l'État est réglé par arrêté du préfet,

sur la proposition des commissions administratives de ces établissements et après avis du conseil général du département, sans qu'on puisse imposer un prix de journée inférieur à la moyenne du prix de revient constaté pendant les cinq dernières années. (L. 15 juillet 1893, art. 24.)

635. — *Obligations spéciales des établissements hospitaliers.* — Les droits résultant d'actes de fondations, des édits d'union ou de conventions particulières sont et demeurent réservés.

Il n'est pas dérogé à l'article 1er de la loi du 7 août 1851 sur les hospices et hôpitaux.

Tous les lits dont l'affectation ne résulte pas des deux paragraphes précédents ou qui ne sont pas reconnus nécessaires aux services des vieillards ou incurables, des militaires, des enfants assistés et des maternités, sont affectés au service de l'assistance médicale. (L. 15 juill. 1893, art. 25.)

TITRE V
Dépenses, Voies et Moyens.

636. — *Division des dépenses.* — Les dépenses du service de l'assistance médicale se divisent en *dépenses ordinaires* et *dépenses extraordinaires.*

Les dépenses ordinaires comprennent :
1° Les honoraires des médecins, chirurgiens et sages-femmes du service d'assistance à domicile;
2° Les médicaments et appareils ;
3° Les frais de séjour des malades dans les hôpitaux ;

Ces dépenses sont obligatoires. Elles sont supportées par les communes, le département et l'État, suivant les règles établies par les articles 27, 28 et 29.

Les dépenses extraordinaires comprennent les frais d'agrandissement et de construction d'hôpitaux.

L'État contribue à ces dépenses par des subventions dans les limites des crédits votés.

Chaque année, une somme est à cet effet inscrite au budget. (L. 15 juillet 1893, art. 26.)

Grâce au caractère obligatoire des dépenses énoncées plus haut, les hôpitaux sont assurés de pouvoir, dans les cas où ce ne sera pas à eux que l'obligation incombera, récupérer les frais avancés par eux. Ils exerceront leurs recours contre le service départemental qui centralise toutes les dépenses.

La répartition des dépenses ordinaires entre la commune, le département et l'État a lieu conformément aux règles posées par les articles 27, 28 et 29 de la présente loi.

Le service de l'assistance médicale gratuite étant un service départemental, les dépenses sont ordonnancées par le préfet, payées par la caisse du trésorier-payeur général ou de ses subordonnés (receveurs particuliers des finances et percepteurs). (Cir. min. Int. 18 mai 1894.)

Pour la distinction à établir entre certaines dépenses, V. n° 651.

En ce qui concerne les frais d'imprimés, les fonds destinés à en assurer le payement doivent être centralisés au compte des cotisations municipales, par application des articles 604 et 611 de l'instruction générale du 20 juin 1859. *(Cir. min. Int. 29 mars 1899 et circ. compt. publ., 15 juillet 1899, § 3.)*

637. — *Ressources spéciales de l'assistance médicale. — Ressources ordinaires des communes. — Vote au besoin de centimes additionnels, etc.* — Les communes dont les ressources spéciales de l'assistance médicale et les ressources ordinaires inscrites à leur budget sont insuffisantes pour couvrir les frais de ce service sont autorisées à voter des centimes additionnels aux quatre contributions directes ou des taxes d'octroi pour se procurer le complément des ressources nécessaires.

Les taxes d'octroi votées en vertu du paragraphe précédent doivent être soumises à l'approbation de l'autorité compétente, conformément aux dispositions de l'article 137 de la loi du 5 avril 1884.

La part que les communes sont obligées de demander aux centimes additionnels ou aux taxes d'octroi ne peut être moindre de 20 % ni supérieure à 90 % de la dépense à couvrir, conformément au tableau A ci-après. *(L. 15 juillet 1893, art. 27).*

638. — *Tableau A.* servant à déterminer la part de dépense à couvrir par les communes au moyen des ressources extraordinaires (centimes additionnels et taxes d'octroi) et le montant de la subvention qui doit leur être allouée pour l'assistance médicale gratuite, en égard à la valeur du centime additionnel.

VALEUR DU CENTIME COMMUNAL.	PORTION DE LA DÉPENSE A COUVRIR	
	Par les Communes au moyen des ressources extraordinaires.	Par le département au moyen de ses subventions et de celles de l'État.
Au-dessous de 20 fr..	20 %	80 %
De 20 fr. 01 à 40 fr..	25	75
De 40 fr. 01 à 60 fr..	30	70
De 60 fr. 01 à 80 fr..	35	65
De 80 fr. 01 à 100 fr..	40	60
De 100 fr. 01 à 200 fr..	50	50
De 200 fr. 01 à 300 fr..	60	40
De 300 fr. 01 à 600 fr..	70	30
De 600 fr. 01 à 900 fr..	80	20
De 900 fr. 01 et au-dessus	90	10

En première ligne des ressources du service figure le contingent financier obligatoire des communes. Ce contingent est prélevé d'abord sur la part des recettes attribuées aux pauvres (droit des pauvres sur les spectacles, produit des concessions funéraires, etc.) qu'il paraîtra équitable d'affecter aux soins des malades.

A ces ressources viennent se joindre les revenus :

1° Des dons et legs recueillis par le bureau d'assistance en vue du soulagement des malades ou dont l'administration lui est dévolue à cet effet (V. n° 616) ;

2° Des fondations possédées par les bureaux de bienfaisance ou les hospices pour l'assistance médicale à domicile (V. n° 642).

Quand ces ressources combinées sont insuffisantes, et qu'il n'est pas possible de demander le surplus aux revenus ordinaires des communes, il y a lieu de recourir à l'impôt sous la forme de centimes additionnels aux quatre contributions directes ou sous celle de taxes d'octroi pour se procurer le complément nécessaire au payement des dépenses de l'assistance médicale à la charge des communes.

Il résulte de ce qui précède que la charge entière incombe aux communes capables d'y pourvoir au moyen des recettes attribuées, des fondations ou des revenus ordinaires. La participation financière du département ne doit se produire dans les proportions fixées au tableau A qu'à l'égard des communes qui sont obligées de recourir à des centimes additionnels ou à des taxes d'octroi. *(Circ. min. Int. 18 mai 1894.)*

639. — Le fait par les municipalités d'imputer leur contingent, soit sur des taxes extraordinaires précédemment autorisées pour un autre objet, soit sur les centimes imposés pour insuffisance de revenus ou sur les taxes d'octroi déjà créées, afin de faire face aux dépenses ordinaires de la commune, ne saurait constituer un titre en leur faveur pour réclamer le concours financier du département. L'obligation où s'est trouvée la commune de créer des taxes spéciales extraordinaires pour assurer le payement de sa part contributive aux dépenses d'assistance médicale gratuite constitue le critérium indispensable pour savoir s'il y a lieu de recourir à l'application du tableau A ci-dessus. *(Circ. min. Int. 8 août 1894.)*

Budgets et comptes. — V. n° 649.

640. — *Participation financière du département.* (L. 15 juillet 1893, art. 28.) — V. le tableau A ci-dessus, n° 638.

641. — *Subventions à allouer par l'État aux départements.* — V. le tableau B annexé à la loi du 15 juillet 1893, article 29.

TITRE VI

Dispositions générales

642. — *Fondations relatives à l'assistance médicale. — Hospitalisation. — Assistance à domicile.* — Les communes, les départements, les bureaux de bienfaisance et les établissements hospitaliers possédant, en vertu d'actes de fondations, des biens dont le revenu a été affecté par le fondateur à l'assistance médicale des indigents à domicile, sont tenus de contribuer aux dépenses du service de l'assistance médicale jusqu'à concurrence dudit revenu, sauf ce qui a été dit à l'article 25. (*L. 15 juillet 1893, art. 30.*)

643. — *Recouvrements des revenus.* — Tous les recouvrements relatifs au service de l'assistance médicale s'effectuent comme en matière de contributions directes. — V. n° 2460.

Toutes les recettes du bureau d'assistance pour lesquelles les lois et règlements n'ont pas prévu un mode spécial de recouvrement s'effectuent sur les états dressés par le président.

Ces états sont exécutoires après qu'ils ont été visés par le préfet ou le sous-préfet.

Les oppositions, lorsque la matière est de la compétence des tribunaux ordinaires, sont jugées comme affaires sommaires, et le bureau peut y défendre sans autorisation du conseil de préfecture. (*L. 15 juillet 1893, art. 31.*) — V. n°⁵ 1485 et suivants.

644. — *Enregistrement et timbre.* — Les certificats, significations, jugements, contrats, quittances et autres actes faits en vertu de la présente loi et exclusivement relatifs au service de l'assistance médicale, sont dispensés du timbre et enregistrés gratis lorsqu'il y a lieu à la formalité de l'enregistrement, sans préjudice du bénéfice de la loi du 22 janvier 1851 sur l'assistance judiciaire. (*L. 15 juillet 1893, art. 32.*)

645. — *Contestations. Compétence administrative.* — Toutes les contestations relatives à l'exécution, soit de la délibération du conseil général prise en vertu de l'article 4, soit du décret rendu en vertu de l'article 5, ainsi que les réclamations des commissions administratives relatives à l'exécution de l'arrêté préfectoral prévu à l'article 24, sont portées devant le conseil de préfecture du département du requérant, et, en cas d'appel, devant le conseil d'État.

Les pourvois devant le conseil d'État dans les cas prévus au paragraphe précédent sont dispensés de l'intervention de l'avocat. (*L. 15 juillet 1893, art. 33.*)

646. — *Médecins de l'assistance médicale.* — Sont éligibles au conseil général et au conseil d'arrondissement. (*L. 15 juill. 1893, art. 34.*)

647. — *Communes ayant une organisation spéciale de l'assistance médicale.* — Les communes ou syndicats de communes qui justifient remplir d'une manière complète leur devoir d'assistance envers leurs malades peuvent être autorisés par une décision spéciale du ministre de l'intérieur, rendue après avis du conseil supérieur de l'assistance publique, à avoir une organisation spéciale. (*L. 15 juillet 1893, art. 35.*)

648. — Les communes qui demandent à bénéficier des dispositions de l'article 35 ci-dessus et à avoir une organisation spéciale du service de l'assistance médicale gratuite doivent, pour l'instruction des demandes de cette nature, produire les pièces énoncées dans la circulaire du ministre de l'intérieur en date du 22 mai 1895.

649. — *Comptabilité.* — Il n'y a pas à établir de budget ni de comptes spéciaux pour les bureaux d'assistance lorsque ceux-ci n'ont pas de patrimoine ; les recettes afférentes au service sont alors rattachées au budget municipal et la dépense correspondante est le versement au département du contingent de la commune.

Les ressources créées en vue de l'exécution de la loi ne peuvent être détournées de leur affectation.

Lorsque des fondations acquises ou à venir ont constitué au bureau d'assistance une donation dont les revenus atteignent un minimum de 20 francs, ces bureaux doivent tenir une comptabilité distincte assujettie aux règles de la comptabilité publique. (*Circ. min. Inst. 18 mai 1894 et 19 janv. 1901.*) — V. n°⁵ 647 et 780.

650. — *Bureau d'assistance qui serait en même temps bureau de bienfaisance.* — Un bureau d'assistance qui serait en même temps bureau de bienfaisance en exécution de l'article 10, et qui aurait un budget à établir, devrait faire ressortir d'une manière très nette, dans ce budget et dans ses comptes au moyen de chapitres distincts, d'une part les recettes et les dépenses afférentes à l'assistance médicale gratuite, de l'autre les recettes et les dépenses afférentes aux autres modes d'assistance. On doit veiller à ce qu'aucune confusion ne se produise entre les recettes et les dépenses des deux catégories. (*Circ. min. 18 mai 1894*). — V. Pièces justificatives, §§ 195 et 230.

651. — *Distinction à établir entre les dépenses de l'assistance médicale gratuite et d'autres dépenses n'ayant pas ce caractère.* — Les dépenses ordinaires de l'assistance médicale gratuite énoncées plus haut, n° 636, doivent faire l'objet d'un crédit ouvert au budget sous le titre : *Dépenses de l'assistance médicale gratuite.*

Parmi ces dépenses, on voit qu'il n'y figure nullement les frais de bureau de l'assistance, pas plus que ceux des imprimés ; ces frais doivent être payés sur un *crédit spécial alloué*, en conséquence, au budget de la commune. Les fournitures de pain, viandes, bois de chauffage, etc., sont imputées sur le crédit : *Secours aux indigents.*

Les receveurs municipaux ne doivent pas perdre de vue la distinction à établir entre ces natures de dépenses et observer les prescriptions des articles 982 et 1084 de l'instruction générale du 20 juin 1859, où il est dit que chaque crédit doit servir exclusivement à la dépense pour laquelle il a été ouvert. — V. CRÉDITS, n° 1272.

Assistance publique. — V. BUREAUX DE BIENFAISANCE, HOSPICES, SECOURS.

Association de bienfaisance. — V. DONS, LOTERIES, SOUSCRIPTIONS, SUBVENTIONS.

Associations syndicales. — V. SYNDICATS.

Associés. — V. n°s 1850 et 2107.

Assurances contre l'incendie.

652. — *Avis du conseil municipal.* — L'article 61 de la loi du 5 avril 1884 reconnaissant au conseil municipal le droit de régler par ses délibérations les affaires de la commune, sauf les exceptions énoncées aux articles 68 et 69, dans lesquelles ne sont pas compris les contrats d'assurances contre l'incendie, il suit de là que les contrats sont réglés par la seule délibération du conseil municipal, sans qu'il soit nécessaire de recourir à l'approbation du préfet. — V. n° 1105, dernier alinéa.

Les contrats d'assurances sont assujettis au droit de timbre par abonnement, et, dès lors, ne sont pas passibles du timbre de dimension. (*Loi 29 déc. 1884, art. 8 ; Circ. compt. publ. 9 août 1901, § 2.*)

Les pièces justificatives à joindre aux mandats de payement des primes d'assurances sont indiquées au n° 2234, § 86.

653. — *Sinistre.* — Lorsqu'un sinistre a détruit ou détérioré une propriété communale mobilière ou immobilière, l'indemnité est fixée par une expertise contradictoire.

Comme pièce justificative, le receveur municipal produit à l'appui de la recette les copies certifiées des procès-verbaux (T) qui ont évalué les dommages ou un certificat administratif attestant qu'il y a eu accord transactionnel, ou état (T), certifié par le maire, faisant connaître la somme à laquelle l'indemnité a été accordée verbalement et acceptée par délibération du conseil municipal, dûment approuvée.

Privilège du Trésor sur l'indemnité. — V. n°s 1345, 2504 et suiv. (*Com. Durieu, t. I, p. 160.*)

Assurances en cas de décès et en cas d'accidents. — V. CAISSES D'ASSURANCES.

Ateliers de charité.

654. — Les quittances délivrées par les maires aux receveurs municipaux des sommes allouées pour réparations de chemins au moyen d'ateliers de charité, sont exemptes de timbre, lorsqu'il n'y a ni fournisseurs ni entrepreneurs, et que l'on n'emploie que des indigents. (*L. 13 brumaire an VII, art. 16 ; Inst. enreg. 1132-16*). — V. n°s 2835 et suiv.

L'exemption du timbre s'applique aux quittances données en marge d'un état de salaires par des ouvriers employés auxiliairement aux chemins vicinaux, lorsque l'indigence de ces ouvriers est régulièrement constatée. (*Décis. min. Fin., 31 décembre 1853 ; Inst. enreg. 2003-5.*) — V. PIÈCES JUSTIFICATIVES, § 115, SUBVENTIONS.

Attributions aux communes sur le produit des amendes.

655. — Les quittances délivrées par les receveurs municipaux pour les attributions aux communes sur le produit des amendes, ainsi que les mandats de payement quittancés pour ordre sont exempts de timbre. (*Inst. gén., art. 811 ; Solut. enreg. 15 janv. 1873 ; Décis. min. Fin. 6 janv. 1879 ; Répertoire périodique de l'enreg., art. 5436.*) — V. PIÈCES JUSTIFICATIVES, § 6.

Attributions sur patentes.

656. — L'article 36 de la loi du 15 juillet 1880 attribue aux communes 8 centimes par franc du principal de la contribution des patentes.

Le produit de ces 8 centimes est calculé par les directeurs des contributions directes, dans les états du montant des rôles, et il est alloué aux communes aux époques et selon les règles déterminées pour les impositions communales. (*Inst. gén., art. 120.*) V. n°s 1668 et suiv.

Attributions sur la contribution des voitures et chevaux.

657. — Il est attribué aux communes un vingtième du produit de l'impôt en principal sur les voitures et chevaux, déduction faite des cotes et portions de cotes dont le dégrèvement aurait été accordé. (*L. 23 juill. 1872, art. 10.*) — V. VOITURES ET CHEVAUX, n°s 3119 et suiv.

Augmentation de recettes. — V. COMPTES DE GESTION, n° 1014 ; ÉCRITURES.

Aumônes. — V. DONS.

Automobiles. — V. VOITURES ET CHEVAUX.

Autorisations supplémentaires ou spéciales.

658. — Le tableau des autorisations spéciales à produire par les receveurs municipaux à l'appui de leurs comptes de gestion doit comprendre les recettes aussi bien que les dépenses. S'il n'y a pas d'autorisation spéciale ni aucun crédit supplémentaire, c'est-à-dire si toutes les recettes et les dépenses ont été prévues, soit au budget primitif, soit au budget supplémentaire, le tableau est certifié négatif. — V. COMPTES DE GESTION, CRÉDITS.

Avancement des percepteurs. — Voir nos 2184 et 2200.

Avances des percepteurs.

659. — Les receveurs des finances ne peuvent exiger que les percepteurs leur versent des sommes plus fortes que celles qui ont été recouvrées sur les contribuables ; les avances volontaires que feraient ces comptables ne peuvent pas excéder un demi-douzième du montant des rôles, ni le montant des douzièmes échus, et elles doivent être appliquées à l'exercice courant ; d'un autre côté, les avances pour le service des contributions directes avec les *fonds des communes* sont sévèrement *interdites.* (*Inst. gén., art. 1374.*)

660. — Si des avances faites des deniers des percepteurs et appliquées aux contributions d'un exercice subsistent encore au 1er novembre de la seconde année de cet exercice, elles doivent, dans le courant de ce même mois, être remboursées aux comptables ou transportées à l'exercice suivant, afin qu'elles ne soient pas comprises dans les recettes de l'exercice expiré au moment où les receveurs des finances sont tenus de solder, de leurs propres deniers, les restes à recouvrer. Le transport s'effectue au moyen d'un échange de récépissés délivrés aux percepteurs, sur l'ancien exercice, contre des récépissés souscrits pour l'exercice auquel les avances sont appliquées. (*Inst. gén., art. 1375.*)

661. — Les receveurs qui contreviennent aux dispositions ci-dessus prescrites sont passibles d'une réduction sur les bonifications calculées à leur profit ; cette réduction est proportionnée à l'importance des avances irrégulières. S'il s'agit d'avancer sur les *fonds communaux*, les receveurs supportent non seulement la réduction des bonifications qu'ils ont indûment reçues, mais encore la reprise des intérêts dont les communes ou établissements au profit desquels les fonds eussent dû être placés au Trésor se sont trouvés indûment privés.

Sont considérés comme avances faites avec les *fonds communaux*, l'emploi de ces fonds aux dépenses publiques et le versement, à titre de contributions directes, des sommes recouvrées sur les impositions communales, dont les percepteurs doivent faire la retenue au profit des communes (*art. 110*). Si le produit de ces impositions n'est pas immédiatement applicable aux dépenses communales, et qu'il y ait lieu dès lors de le faire verser à la caisse du receveur des finances, celui-ci ne peut le recevoir qu'à titre de *placement au Trésor pour le compte des communes.* (*Inst. gén., art. 1376.*)

Avances des restes à recouvrer. — V. nos 2748 et suiv.

Avances des receveurs municipaux sur les fonds des communes et des établissements de bienfaisance.

662. — Les avances à faire par les receveurs municipaux sur les fonds des communes sont portées à la 4e section du livre des comptes divers.

Ces avances ont ordinairement pour objets :

1° Les *frais d'experts ou d'expertise* ;
2° Les *frais de poursuites et de procédure ou de renouvellement d'inscriptions hypothécaires concernant les communes* ;
3° Les *frais de route des voyageurs indigents et condamnés libérés* ;
4° ....
5° Les *frais judiciaires en matière d'octroi* ;
6° Les *dépôts pour achats de rentes*, etc. ;
7° Les *dépenses journalières des économes des hospices et hôpitaux* ;
8° Les *dépenses à la charge des hospices pour le service des enfants assistés* ;
9° Les *contributions dues par les fermiers des biens communaux* ;
10° Les *frais de culture à rembourser par les fermiers.* (Inst. gén., art. 130, 851, 1171, 1475, 1495, 1496, 1497, 1499 et 1516.) — V. chacun de ces mots.

Avances pour droits de transmission et impôt sur le revenu. — V. EMPRUNTS, nos 1445 et suiv.

Avances pour travaux en régie. — V. n° 3050.

Avertissements pour l'acquit des contributions directes et autres taxes.

663. — Depuis le 1er janvier 1893, chaque avertissement délivré aux contribuables pour le recouvrement des quatre contributions directes énonce :

1° La part de contribution revenant à l'Etat ;
2° La part de contribution revenant au département et à la commune. (L. Fin. 18 juillet 1892, art. 30.)

664. — Immédiatement après la publication des rôles, le percepteur est tenu de faire parvenir aux contribuables les avertissements dressés par le directeur des contributions directes, après y avoir indiqué : 1° la date de cette publication *(art. 52)* ; 2° le lieu, le jour et l'heure où son bureau est ouvert aux contribuables *(art. 73)*. Les percepteurs sont également tenus de faire distribuer les avertissements imprimés sur papier blanc concernant les marchands forains ; mais les avertissements formules imprimés sur papier rose ne doivent être remis aux intéressés que *contre complet payement de la patente.* V. n° 1561.

Lorsque, par suite du décès ou du changement de domicile des contribuables, les avertissements ne peuvent leur être remis, les agents chargés de la distribution sont tenus de rapporter les avertissements non distribués au percepteur, qui, suivant le cas, exige le payement immédiat des héritiers *(art. 64)*, ou fait parvenir les avertissements au nouveau domicile des contribuables, ou enfin comprend les contributions dans ses états de cotes indûment imposées *(art. 128)*. *(Inst. gén., art. 71.)*

665. — Lorsqu'un contribuable a quitté la perception avant la remise de l'avertissement, on doit dresser sans retard une contrainte extérieure à laquelle on joint cet avertissement. *(Circ. compt. publ. 7 mai 1862, § 2.)* — V. CONTRAINTES EXTÉRIEURES, n° 1141. DÉMÉNAGEMENT.

666. — Aussitôt la distribution des avertissements terminée, le percepteur adresse au receveur des finances un avis mentionnant par commune les dates de la réception et de la publication des rôles, et celle de la remise des avertissements aux redevables.

La distribution des avertissements doit être achevée dans un délai maximum de quinze jours à partir de la publication des rôles. *(Circ. compt. publ. 1er déc. 1892.)*

667. — Les avertissements qui ont pour objet les contributions dues par l'État sont remis aux trésoriers généraux qui restent chargés de les adresser à qui de droit.

Les avertissements relatifs aux contributions foncières assises sur les canaux et rivières canalisés doivent être remis aux receveurs principaux des contributions indirectes, qui les font parvenir aux directeurs et ceux-ci à l'administration.

Les articles de rôles et les avertissements relatifs aux contributions dues par l'État doivent toujours indiquer l'administration chargée du payement.

Ainsi qu'il est dit ci-après, les percepteurs peuvent expédier les avertissements par la poste, en les affranchissant comme imprimés. *(Inst. gén., art. 71.)*

En ce qui concerne les avertissements des compagnies de chemins de fer, V. n° 1189 *bis*.

Pour ceux des Francs-bords de canaux, n° 1187.

668. — Le coût des avertissements étant compris dans les rôles et payable comme les contributions, le percepteur ne peut rien demander de plus aux contribuables, soit pour les avertissements, soit pour les frais de leur remise.

Il n'est pas formé d'avertissements, par le directeur des contributions directes, pour les articles des rôles spéciaux qui sont inférieurs à 1 franc. Le percepteur adresse gratuitement aux contribuables que ces articles concernent un avis sommaire *(Modèle n° 16)* qui tient lieu de sommation sans frais. *(Inst. gén., art. 72.)*

669. — Il n'est pas adressé d'avertissements particuliers aux redevables des rétributions pour la vérification des poids et mesures ; les percepteurs doivent leur faire remettre un avis *(Modèle n° 67)*, lequel tient lieu de sommation sans frais. *(Inst. gén., art. 264.)*

670. — Les contribuables doivent représenter leur avertissement au percepteur à chaque payement qu'ils effectuent.

Mais, dans le cas où un redevable ne se conformerait pas à cette règle qui a pour but d'éviter des erreurs et de faciliter les recherches, nous ne croyons pas que le comptable ait rigoureusement le droit d'exiger cette pièce.

Frais de distribution des premiers avertissements. — V. n°s 1573 et suiv.

671. — *Envoi, par la poste, des avertissements, sommations sans frais, avis, etc.* — Les premiers avertissements, les sommations sans frais et les avis officieux adressés sous bandes par les percepteurs aux contribuables de leur circonscription, et par les receveurs des communes et des établissements de bienfaisance, ainsi que les lettres de convocation pour les mutations foncières, peuvent être affranchis au taux des imprimés, malgré les indications manuscrites que leur texte comporte. Ces avertissements jouissent de la modération de taxe, quel que soit le lieu de résidence des contribuables auxquels ils sont adressés.

On entend par indications manuscrites les annotations relatives à la nature des contributions, à leur quotité, à l'exercice, à la résidence du percepteur, au jour et à l'heure de la tournée etc., c'est-à-dire à des blancs à remplir ; mais il ne serait pas loisible, sans s'écarter du but qu'on s'est ordinairement proposé, d'étendre le bénéfice de la taxe réduite aux annotations d'un caractère plus complexe et affectant une forme de correspondance, fût-elle même relative au service.

La faculté accordée par cet article s'applique

aux avis à adresser aux contribuables pour venir toucher un excédent de versement. Mais, ne sont pas admises à ce bénéfice les quittances d'excédent, pas plus que les quittances que les comptables peuvent avoir à adresser aux redevables domiciliés en dehors de la circonscription, et qui sont dans l'habitude d'acquitter leurs impôts au moyen de mandats sur la poste, ni enfin aux avis dont le but est d'inviter les créanciers des communes à venir toucher les sommes qui leur sont dues.

Les percepteurs doivent indiquer leur qualité sur la bande, à l'aide d'un timbre ou d'une mention manuscrite, afin que les directeurs des postes renvoient les avertissements non distribués. Ils doivent toutefois s'abstenir d'y apposer leur contreseing.

L'envoi, par la poste, des avertissements, sommations et avis dont il s'agit, n'est pas obligatoire ; mais, quand leur expédition a lieu par cette voie, ils doivent toujours être affranchis ; ainsi, ils ne peuvent être adressés par un percepteur, sans affranchissement préalable, au maire d'une des communes de la réunion pour être distribués par ses soins. La répétition de taxe spécifiée par l'article 2 de la loi du 20 mai 1854 aurait lieu contre les percepteurs expéditeurs d'avertissements non affranchis et tombés en rebut. (*Inst. gén., art. 1438 ; Circ. compt. publ. 22 janv. 1860, 10 juill. 1865, § 6, et 1er déc. suiv., § 3 ; Arr. Cour d'appel d'Angers 4 juin 1883 ; Circ. compt. publ., 25 septembre 1897, § 3.*) — V. Poursuites nos 2309 et suiv.

Rien ne s'oppose à ce que les percepteurs payent l'affranchissement en numéraire des avertissements qu'ils envoient aux contribuables ; dans ce cas, cela leur évite de les affranchir au moyen de timbres poste.

672. — Une fiche imprimée ou polygraphiée, ayant pour objet d'inviter les contribuables forains à se libérer par la poste, peut être assimilée à un avis officieux et être jointe aux premiers avertissements.

Mais il est interdit de porter sur les avertissements eux-mêmes, soit à la main, soit par un moyen quelconque, d'autres indications que celles prévues par le texte imprimé des formules et, en dehors de ce texte, des mentions étrangères au chiffre et à la nature de la dette. (*Sol. min. Postes 22 mai 1895 ; Arr. 19 juin et 16 juillet 1895 ; Circ. compt. publ. 20 déc. 1895, § 2.*)

673. — Les avis en partie imprimés concernant le recouvrement de sommes dues à l'État aux départements, aux communes et aux associations syndicales autorisées par le gouvernement peuvent, sans perdre le bénéfice du tarif des imprimés sous bandes, être pliés en forme de lettre, à la condition qu'ils restent ouverts aux deux extrémités, de manière que le contenu puisse toujours être facilement vérifié. (*L. 26 juillet 1893, art. 31.*)

Il est recommandé aux comptables d'avoir soin que, sauf pour les *premiers avertissements* relatifs aux contributions directes, la partie extérieure de la lettre d'avis ne présente aucune indication, sauf l'adresse du destinataire. (*Circ. compt. publ. 10 mai 1891, § 9.*)

674. — Les comptables ne pourraient, sans contravention, ajouter un post-scriptum quelconque sur les avertissements. Ils peuvent cependant marquer un mot ou un passage du texte à l'aide de simples traits. (*Décis. min. Fin. 9 octobre 1875.*)

674. bis. — *Avis officieux rédigés sur papier de couleur.* — *Contrôle du trésorier général.* — Les percepteurs sont autorisés à employer du papier de couleur pour les avis officieux qu'ils adressent aux contribuables, mais avant de mettre en circulation un nouveau modèle ils doivent le soumettre au visa du trésorier général. (*Circ. compt. publ. 13 nov. 1900, § 7.*)

Avis de déménagement à donner par les propriétaires et principaux locataires. — V. nos 4345 et suiv.

Avis officieux. — V. nos 671 et suiv.

Avocats et avoués (Honoraires dus aux). — V. Pièces justificatives, §§ 463 et 464.

B

Bacs. — V. Meubles.

Bail. — V. Baux. Fermiers et locataires, Locations verbales.

Bailleurs de fonds. — V. Cautionnements, no 893.

Bains publics. — V. Baux, Eaux thermales, Établissements thermaux, Locations des places.

Balance d'entrée. — V. Livre des comptes divers, no 1794 ; Livre récapitulatif nos 1797 et suiv.

Bals publics (Droits des pauvres dans les). — V. nos 4386 et suiv.

Bateaux. — V. Meubles.

Baux.

675. — *Affermage des biens communaux.* — Les maisons, usines, prés et autres biens ruraux possédés par les communes doivent autant que possible être affermés.

Le conseil municipal règle par ses délibérations les conditions des baux, quelle qu'en soit la durée, qu'il s'agisse de biens ruraux ou de maisons et bâtiments donnés à ferme par les communes, ou de biens pris à loyer par elles.

Lorsque la durée des baux n'excède pas dix-huit ans, le conseil municipal en règle les conditions, sans avoir besoin de l'approbation de l'autorité supérieure. C'est seulement lorsque cette durée est dépassée que les délibérations doivent être approuvées par le préfet en conseil de préfecture.

Sous la loi du 18 juillet 1837, article 47, quelle que dût être la durée du bail, l'acte passé par le maire n'était exécutoire qu'après l'approbation préfectorale. La loi du 18 juillet 1837 étant abrogée, cette formalité n'est plus à remplir. — V. Actes, nos 19 et suiv.

Une expédition des procès-verbaux d'adjudication de droit de chasse dans les bois communaux doit être adressée aux agents forestiers locaux, qui ont seuls mission d'assurer l'exécution des lois et règlements sur la chasse dans ces bois.(*Inst. gén.*, art. 854; L.5 *avril 1884, art.* 68, § 1er; *Circ. min. Int.* 15 *mai 1884.*) — V. Conseils municipaux n°1105; Titres de recettes.

676. — La mise à ferme des biens ruraux communaux est faite sous les clauses et conditions insérées dans un cahier des charges dressé par les maires, et homologué par les préfets, sur l'avis des sous-préfets.

Le cahier des charges détermine le mode et les conditions du payement à faire par l'adjudicataire, ainsi que les garanties que celui-ci doit fournir. Il doit être donné communication de ce document aux receveurs municipaux avant l'adjudication. (*Inst. gén. art.* 855.)

Lorsqu'il s'agit de fermages payés d'avance, V. nos 2582 et suiv.

677. — Les règles tracées ci-dessus, n°675, devraient être suivies si, au lieu d'un bail, il s'agissait de l'affectation d'une propriété communale à un service communal, lorsque cette propriété n'est pas encore affectée à aucun service public, sauf les règles prescrites par des lois particulières. (*Inst. gén.*, art. 856; L. 5 *avril 1884*, art. 68, § 5.)

678. — Après que les publications nécessaires ont été faites, il est procédé à l'adjudication par le maire de la commune, assisté de deux membres du conseil municipal, et en présence du receveur.

L'adjudication n'est définitive qu'après l'approbation du préfet. (*Inst. gén.*, art. 857.) — V. toutefois les dispositions énoncées ci-dessus n° 675, et au mot Adjudication, n° 23.

679. — Le maire et le receveur municipal ne peuvent se rendre adjudicataires d'une location ou entreprise du domaine de la commune.(*C.civ.*, art. 1596; *Inst. gén.*, art. 1273.) — V. n°28.

680. — Les receveurs municipaux sont tenus de suivre, en vertu de l'acte d'adjudication, le payement, aux échéances, du prix stipulé en faveur de la commune.

En cas de retard dans ce payement, ils emploient, contre l'adjudicataire, les moyens de poursuites indiqués par l'article 850 de l'instruction générale. (*Inst. gén.*, art. 858.) — V. n° 2462.

Il faut tenir compte que les loyers des maisons et le prix de ferme des biens ruraux se prescrivent par cinq ans. (*C. civ.*, art. 2277.)

Les mandats de payement délivrés par une administration pour loyer dû à une commune doivent être ordonnancés au nom du receveur municipal (*L. 5 avril 1884*, art. 153), et non pas au nom du maire, bien que celui-ci ait passé le bail en vertu de l'article 90, 6°, de la même loi.

681. — Les maisons et biens ruraux possédés par les établissements de bienfaisance sont, à moins d'autorisation contraire, affermés par voie d'adjudication, suivant les règles tracées ci-dessus pour les biens des communes.

Les administrateurs, en réglant dans les baux le mode de payement, peuvent stipuler que le prix de l'adjudication sera payable en grains ou denrées, et se réserver la faculté de recevoir le payement en argent, d'après le taux des mercuriales des marchés.

En cas de retard dans le payement aux échéances, ce payement est poursuivi selon les règles prescrites pour le prix de ferme des maisons et biens ruraux qui appartiennent aux communes. (*Inst. gén.*, art. 1056.)

682. — *Quittances.* — *Timbre.* — Les quittances de loyers délivrées aux fermiers ou locataires des biens des communes et des établissements de bienfaisance sont passibles du timbre de 25 centimes, lorsqu'il s'agit d'un terme ou d'un acompte sur un terme excédant 10 francs. (*L. du 8 juill.* 1865, art. 4; *Solut. enreg.* 21 *juin 1884.*)

Il en est de même des quittances de loyers dues par une commune ou un établissement à une autre commune ou à un autre établissement. (*Sol. enreg.* 12 *mars 1859.*) — V. Quittances, n° 2562.

Justification de la recette. — V. Pièces justificatives, § 7.

683. — *Jurisprudence.* — L'autorité judiciaire est compétente pour connaître des difficultés auxquelles peut donner lieu un bail consenti par une commune d'un bien communal, une pareille convention faite avec un particulier constituant un contrat de droit civil, bien qu'elle ait été passée dans la forme administrative.

Lorsque la matière est de la compétence des tribunaux ordinaires, les oppositions aux poursuites dirigées contre les débiteurs des communes en vertu d'un état dressé par le maire, rendu exécutoire par le préfet ou le sous-préfet, doivent être jugées par les tribunaux civils. *(Arr. Cour d'appel de Nancy 13 fév. 1886.)*

Baux d'immeubles loués à des communes. — V. PIÈCES JUSTIFICATIVES, § 87.

Baux verbaux. — V. LOCATIONS VERBALES.

Bibliothèques scolaires.

684. — *Établissement.* — *Ressources.* — Un arrêté du ministre de l'Instruction publique, en date du 1ᵉʳ juin 1862, a prescrit l'établissement d'une bibliothèque scolaire dans chaque école primaire publique.

Les ressources de la bibliothèque scolaire se composent : 1° des fonds spéciaux votés par les conseils municipaux ; 2° des sommes portées au budget pour fournitures de livres aux enfants indigents et que les conseils municipaux appliquent à la nouvelle fondation ; 3° du produit des souscriptions, dons ou legs destinés à ladite bibliothèque ; 4° du produit des remboursements faits par les familles pour pertes ou dégradations de livres prêtés. *(Arr. min. Inst. publ. 1ᵉʳ juin 1862, art. 1ᵉʳ et 7.)*

685. — Les receveurs municipaux sont autorisés à percevoir les sommes qui pourraient être dues par les familles, en exécution du paragraphe 4 de l'article 7 ci-dessus rappelé. *(Circ. min. Inst. publ. 24 juin 1862.)*

686. — Toutes les ressources propres aux bibliothèques scolaires, c'est-à-dire aussi bien les fonds votés par les conseils municipaux que les souscriptions et les dons privés, sont centralisées à la caisse des receveurs des finances, sous le titre de cotisations municipales. *(Circ. compt. publ. 31 mars 1868, § 2.)* — V. CAISSE DES ÉCOLES, INSTRUCTION PRIMAIRE, PIÈCES JUSTIFICATIVES, § 107.

Biens de mainmorte. — V. TAXE DES BIENS DE MAINMORTE.

Biens des communes.

687. — *Administration.* — Les conseils municipaux règlent par leurs délibérations le mode d'administration des biens communaux. *(L. 5 avril 1884, art. 61 et 68.)* — V. AFFOUAGE, ALIÉNATIONS D'IMMEUBLES, BAUX, etc.

688. — *Surveillance des biens.* — Les receveurs municipaux sont tenus de veiller, concurremment avec les maires, à la conservation des domaines et droits fonciers des communes. *(Inst. gén., art. 849.)* — V. ACTES ET MESURES CONSERVATOIRES.

689. — *Biens et droits indivis entre plusieurs communes.* — Lorsque plusieurs communes possèdent des biens ou droits indivis, un décret du Président de la République institue, si l'une d'elle le réclame, une commission syndicale composée de délégués des conseils municipaux des communes intéressées.

Chacun des conseils élit dans son sein, au scrutin secret, le nombre de délégués qui a été déterminé par le décret du Président de la République.

La commission syndicale doit être présidée par un syndic élu par les délégués et pris parmi eux. Elle est renouvelée après chaque renouvellement des conseils municipaux.

Les délibérations sont soumises à toutes les règles établies pour les délibérations des conseils municipaux. *(L. 5 avril 1884, art. 161.)*

690. — Les attributions de la commission syndicale et de son président comprennent l'administration des biens et droits indivis et l'exécution des travaux qui s'y rattachent.

Ces attributions sont les mêmes que celles des conseils municipaux et des maires en pareille matière.

Mais les ventes, échanges, partages, acquisitions, transactions, demeurent réservés aux conseils municipaux, qui peuvent autoriser le président de la commission à passer les actes qui y sont relatifs. *(L. 5 avril 1884, art. 162.)*

691. — La répartition des dépenses votées par la commission syndicale est faite entre les communes intéressées par les conseils municipaux.

Leurs délibérations sont soumises à l'approbation du préfet.

En cas de désaccord entre les conseils municipaux, le préfet prononce sur l'avis du conseil général ou, dans l'intervalle des sessions, de la commission départementale. Si ces conseils municipaux appartiennent à des départements différents, il est statué par décret.

La part de la dépense définitivement assignée à chaque commune est portée d'office aux budgets respectifs. *(L. 5 avril 1884, art. 163.)*

Biens des établissements de bienfaisance.
— V. Bureau de bienfaisance.

Biens incultes.

692. — Les biens incultes appartenant à un redevable ne peuvent être affermés par l'administration pour le payement de l'impôt. Le percepteur ne peut que demander l'autorisation d'en poursuivre l'expropriation forcée, conformément à l'article 12 bis du règlement sur les poursuites. (Com. Durieu, t. I, p. 231 et 236.)
— V. Abandon de l'immeuble imposé, Cotes irrecouvrables, Privilège, n° 2508.

Biens indivis. — V. Contribuable, Héritiers.

Billards publics ou privés (Taxe sur les).

693. — Base de la Taxe. — Les billards publics et privés sont soumis aux taxes suivantes: Paris, 60 francs; villes au-dessus de 50,000 âmes, 30 francs; villes de 10,000 âmes à 50,000 âmes, 15 francs; ailleurs, 6 francs. (L. 16 septembre 1871, art. 8.)

694. — Dispositions spéciales. — La taxe est due pour l'année entière, à raison de chaque billard possédé ou dont on a la jouissance à la date du 1er janvier. (Décr. 27 déc. 1871, art. 1er.)

695. — Elle est due par tous ceux qui possèdent des billards, à quelque titre qu'ils en aient la jouissance, qu'ils les tiennent à la disposition du public ou qu'ils les réservent pour leur usage privé.
Toutefois, les fabricants et les marchands de billards ne sont pas imposables à raison des billards qu'ils possèdent pour la vente et la location, et qu'ils n'emploient pas personnellement comme objet de distraction.
L'article 1er du décret précité portant que la taxe est due pour les billards possédés au 1er janvier, il n'y a pas lieu d'asseoir une imposition sur ceux que les particuliers viendraient à acquérir en cours d'exercice. Il en est de même pour les billards publics, sauf, comme il est dit plus loin, le cas de cession d'établissement. Aucun rôle supplémentaire ne doit donc être établi de ce chef. (Inst. 6 janv. 1872.)

696. — La taxe due pour un billard public ou privé est imposable au nom de celui qui en a la jouissance au 1er janvier à quelque titre que ce soit, et non pas au nom de celui qui est propriétaire. (Arr. Cons. d'Ét. 14 juin 1873.)

697. — Déclarations à faire par les contribuables. — Les possesseurs de billards, soit publics, soit privés, doivent en faire la déclaration à la mairie de la commune où se trouvent ces billards.
Les déclarations sont reçues du 1er octobre de chaque année au 31 janvier de l'année suivante. (Décr. 27 décembre 1871, art 3.)

698. — Comme on l'a vu plus haut, il n'est pas nécessaire d'être propriétaire des billards possédés, il suffit d'en avoir la jouissance; le fait seul de la possession, même par suite de la location, suffit pour motiver l'ouverture de la taxe au nom du détenteur; par conséquent, c'est le possesseur, ou son fondé de pouvoirs, qui doit faire la déclaration exigée en exécution de l'article 3 du décret du 27 décembre 1871.
Les déclarations sont inscrites sur un registre spécial tenu à cet effet dans chaque mairie. Elles doivent présenter une série non interrompue de numéros et relater les noms, prénoms, qualités et domiciles des déclarants, ainsi que le nombre des billards possédés au 1er janvier de l'année pour laquelle la taxe est due. Chaque déclaration est signée de celui qui la présente et porte en tête la date exacte du jour de sa réception à la mairie.
Toutes les fois que le déclarant agit en qualité de mandataire, le fait doit être indiqué dans la déclaration.
Un récépissé reproduisant les indications consignées au registre est remis au déclarant par le maire.
Passé le 31 janvier, aucune déclaration ne pouvant plus produire son effet dans les rôles de l'année courante, les maires doivent, dès le 1er février, détacher du registre toutes les déclarations qu'ils ont reçues et les transmettre au directeur des contributions directes, en y joignant un bordereau indiquant le nombre des déclarations. Dans le cas où aucune déclaration n'aurait été faite, le maire en informerait le directeur, à la même époque, par l'envoi d'un bordereau négatif. Le directeur accuse réception au maire de l'envoi que celui-ci lui a fait.
Les directeurs ont soin d'approvisionner les maires de formules nécessaires à la réception des déclarations. Ils doivent en envoyer dans toutes les communes, à l'exception de celles où ils sont certains qu'il ne se trouve aucun billard public ou privé. (Déc. 27 déc. 1871, art. 4; Inst. 6 janvier 1872.)

699. — Les déclarations produisent leur effet jusqu'à déclaration contraire, et les taxes continuent à être perçues sur le pied de l'année précédente, tant qu'il n'y a pas lieu à changement dans l'établissement des dites taxes.
Les déclarations tendant à la diminution ou à la radiation des taxes doivent, à peine de nullité, être faites avant le 31 du mois de janvier qui suit l'année pendant laquelle la taxe a cessé d'être due, en totalité ou en partie. Il en est de même à l'égard des billards transférés dans une localité dont le tarif est moins élevé. (Décr. 27 décembre 1871, art. 5.)

700. — *Doubles taxes*. — Les taxes sont doublées pour les contribuables qui ont fait des déclarations inexactes ou qui n'ont pas fait les déclarations prescrites avant le 31 janvier de chaque année. (*L. 16 sept. 1871, art. 10.*)

701. — *Rôles*. — Les rôles des taxes sur les billards publics et privés sont établis par perception, et dressés d'après des états matrices rédigés par le contrôleur des contributions directes et annuellement renouvelés par lui.

L'état matrice présente, d'une part, les noms, prénoms, professions et résidences des redevables, et, d'autre part, le détail des bases d'impositions. (*Décr. 27 décembre 1871, art. 7 ; Inst. 6 janvier 1872.*) — V. n° 2958.

702. — Lorsque les faits pouvant donner lieu à des doubles taxes motivées par l'omission ou l'inexactitude des déclarations n'ont pas été constatés en temps utile pour entrer dans la formation du rôle primitif, il est dressé dans le cours de l'année un rôle supplémentaire. (*Décr. 27 déc. 1871, art. 6.*) — Mais il ne peut être dressé de rôles supplémentaires pour les faits nouveaux survenus dans le cours de l'année.

703. — Il importe que les rôles soient mis en recouvrement à une époque aussi rapprochée que possible du commencement de l'année. (*Inst. 6 janvier 1872.*)

704. — Les rôles, après avoir été arrêtés et rendus exécutoires par les préfets, sont, comme ceux des contributions directes, transmis avec les avertissements aux percepteurs, par l'entremise des receveurs des finances. (*Inst. gén., art. 53.*)

705. — *Recouvrement*. — Les taxes sont recouvrées comme en matière de contributions directes. (*L. du 18 déc. 1871, art. 5.*)

Elles sont payables, par portions égales, en autant de termes qu'il reste de mois à courir à la date de la publication du rôle. (*Décr. 27 déc. 1871, art. 1er.*)

706. — En cas de déménagement du contribuable hors du ressort de la perception, la taxe ou la portion de taxe restant à acquitter est immédiatement exigible.

En cas de décès du contribuable, les héritiers sont tenus au payement de la taxe ou portion de taxe non acquittée.

Le payement intégral et immédiat serait également exigible en cas de vente volontaire ou forcée. (*Décr. 27 déc. 1871, art. 2 ; Inst. 6 janv. 1872.*) — V. POURSUITES, PRIVILÈGE DU TRÉSOR.

707. — En cas de cession d'un établissement renfermant un ou plusieurs billards publics, la taxe afférente à ces billards est, si le cédant en fait la demande, transférée à son successeur. (*Décr. 27 décembre 1871, art. 2.*)

Pour justifier le transfert, il faut qu'il y ait cession de l'établissement dans le sens de la loi et de la jurisprudence en matière de patentes.

Quant à la mutation de cote, c'est le préfet qui est chargé, comme pour la contribution des patentes, de la régler sur la demande du cédant. (*Inst. 6 janvier 1872.*)

708. — *Réclamations*. — L'article 5 de la loi du 18 décembre 1871 spécifie que les réclamations contre la taxe sur les billards doivent être présentées, instruites et jugées comme en matière de contributions directes.

Les réclamations sont communiquées au maire seul, comme pour la contribution des patentes. (*Inst. 6 janvier 1872.*) — V. DÉCHARGES ET RÉDUCTIONS, RÉCLAMATIONS.

709. — *Comptabilité*. — Le produit de la taxe sur les billards fait partie des taxes assimilées aux contributions directes. Il est enregistré dans la colonne du journal à souche intitulée : *Taxes et produits divers*. Un compte particulier est ouvert à la deuxième section du livre des comptes divers (V. n° 2958). Les recettes relatives à la taxe dont il s'agit y sont enregistrées, par journée, dans la colonne de l'exercice auquel elles appartiennent, et il est successivement fait dépense des versements que les percepteurs effectuent aux caisses des receveurs particuliers. (*Inst. gén., art. 1449, 1471 et 1473.*)

Remises des percepteurs. — V. n° 2672.

Billets de Banque.

710. — *Cours*. — Les billets de banque doivent être reçus comme monnaie légale par les caisses publiques et les particuliers. (*L. 12 août 1870, art. 1er.*)

711. — *Envoi par la poste*. — Il est interdit d'insérer dans les dépêches circulant en franchise des billets de banque et autres valeurs au porteur.

Mais les comptables peuvent user des moyens donnés par les lois des 4 juin 1859 et 25 janvier 1873 sur les valeurs déclarées.

Billon. — V. MONNAIES.

Binage. V. CULTE.

Bois des communes et des établissements de bienfaisance.

712. — Les bois possédés par les communes et les établissements de bienfaisance sont soumis au même régime que les bois de l'État, et l'administration en est confiée aux mêmes

97

agents. (*Inst. gén.*, *art. 862 et 1057*; *L. 21
mai 1827*; *Ordonn. 1er août 1827*; *C. for.*,
art. 90 et suiv.)

Produits. — V. Affouage, Coupes de
bois, Paturage.

Frais d'administration. — V. n° 1563.

Délimitation et bornage. — V. Ordonn.
1er août 1827 (*art. 57 à 66, 129, 130, 131
et 133*), 23 mars 1845; (*art. 1, 2 et 3*); Circ.
des domaines 5 mars 1846.

Aménagement. —V. Ordonn. 1er août 1827
(*art. 68 à 72, 135 et 136*); C. for. (*art. 90 et
93*); Ordonn. 2 déc. 1845; Décr. 25 août 1861;
Arrêté min. Fin. 6 déc. 1845 et 28 août 1861;
Circ. des domaines, 5 mars 1846; Circ. dir.
gén. des forêts 5 nov. 1861.

Défrichement. — V. C. for. (*art. 91*).

Partages. —V. C. for. (*art. 92*).

Surveillance. — V. C. for. (*art. 108*);
Décr. 25 mars 1852 (*art. 5, § 2*); Circ. min. Int.
5 mai 1852.

*Poursuites des délits et contraventions
commis dans les bois.* — V. C. for. (*art. 131,
143, 159 et suiv.*); Décr. 21 déc. 1859 (*art. 6;
et 10*).

Bois indivis. — V. C. for. (*art. 113 à 116*).

Boissons (fournitures de) *faites aux établissements publics.* — V. n° 1656.

Boni. — V. Comptes de gestion, Situations
financières.

Bons du Trésor.

713. — Les percepteurs, placés dans des
localités importantes, peuvent être chargés, sous
la responsabilité des receveurs des finances, à
prêter leur concours pour l'émission des bons
du Trésor. Il leur est alloué une commission
de 10 centimes par 100 francs sur le produit
des bons réalisés à leur caisse. (*Circ. compt.
publ. 3 août 1870.*)

Pour le payement des intérêts. —V. Rentes
sur l'État, n°s 2695 et suiv.

Bordereaux.

714. — Les percepteurs doivent remettre
aux receveurs des finances des *bordereaux de
situation sommaire* et des *bordereaux détaillés.* (*Inst. gén.*, art 1293 et 1513.)

715. — *Bordereaux sommaires.* — *Destination.* — Les bordereaux sommaires (*Modèle n° 7*, annexé à la circulaire du 28 juillet
1898), sont destinés à faire connaître la
situation des percepteurs sur leurs différents services. Ils donnent le détail des valeurs de caisse et de portefeuille qui représentent l'excédent des recettes sur les dépenses.

Les receveurs des finances se font remettre
ces bordereaux à l'expiration de chaque mois.
(*Inst. gén.*, art. 1294; Circ. compt. publ. 20 décembre 1895, § 1 et 28 juillet 1898.)

Le bordereau de situation au 31 décembre
doit être établi en double: un exemplaire pour
la recette; un second qui, après avoir été visé
par le chef de service, est retourné au percepteur ou au receveur spécial pour être joint aux
comptes de gestion. (*Circ. compt. publ.*, 15
déc. 1897, § 13.)

Il en est de même du procès-verbal de clôture des registres (V. n° 954), ainsi que l'état
annexe (modèle n° 310).

716. — Le bordereau sommaire doit présenter la situation de chaque percepteur au dernier
jour du mois et être adressé, *sans retard*, au
receveur des finances, pour que celui-ci puisse
établir le relevé sommaire (*Modèle n° 265*).

Le chef de service, afin que les receveurs
particuliers, doivent prendre des mesures pour
que ce délai ne soit jamais dépassé, et, au
besoin, envoyer des exprès chez les retardataires, aux frais de ces derniers; s'il y a contestation,
les frais sont réglés par le préfet, et, s'il s'agit
d'un percepteur d'un arrondissement de sous-
préfecture, par le sous-préfet. (*Inst. gén.* art.
1295).

717. — Le bordereau sommaire au *31 décembre* doit être accompagné de l'état annexe
(*Modèle n° 310*) et du procès-verbal de situation de caisse dressé à la même époque, —
V. n° 978.

718. — *Formation.* — Pour former le *bordereau de situation sommaire*, le percepteur
additionne les recettes et les dépenses enregistrées à chacun des comptes ouverts sur le *livre des comptes divers*, et transporte d'abord
dans la première partie du bordereau les résultats des comptes de chaque *commune* ou *établissement*, puis ceux des comptes des *produits
recouvrés en vertu de titres de perception*, etc.

Il fait ressortir, dans des colonnes spéciales,
et par exercice, le total des recettes et le total
des dépenses de chaque service, ainsi que les
excédents qui résultent de la comparaison de
ces deux totaux, et il forme les additions des
diverses colonnes; les totaux relatifs aux comptes
des communes et établissements publics sont
formés séparément. Le compte des *frais de
poursuites pour les recouvrements des contributions* doit être placé sur le bordereau sommaire, le dernier des comptes de *produits
divers*, afin qu'il se trouve rapproché des
comptes des *contributions directes*. Les totaux
réunis des divers comptes, autres que ceux

7

des contributions directes, doivent être égaux au montant des colonnes de *produits divers*, sur le *livre récapitulatif*.

Le percepteur forme ensuite, sur ce dernier livre, les totaux des colonnes de *recouvrements* et de *versements* effectués à titre de *contributions directes*; il transporte chacun de ces totaux sur le bordereau, et les fait ressortir, de même que les *excédents*, dans les colonnes à ce destinées. *(Inst. gén., art. 1511.)*

719. — Lorsque tous les reports sont ainsi opérés, le percepteur termine le bordereau par l'addition entière et complète des recettes et dépenses de toute nature, ainsi que des colonnes d'*excédents*.

Ces totaux généraux doivent être entièrement d'accord avec ceux que présente le *livre récapitulatif*.

Les bordereaux doivent, en outre, énoncer le montant des titres de perception émis pour les divers produits, de manière à pouvoir être comparés avec les recouvrements, et à faire ressortir les restes à recouvrer. *(Inst. gén., art. 1515.)*

720. — L'addition de la colonne *excédents des recettes* forme la somme que le percepteur est tenu de représenter, soit en valeurs de caisse ou de portefeuille, soit en récépissés de placements, soit aussi en pièces justificatives d'avances à recouvrer. Il relève à cet effet, sur son *livre des comptes divers*, et rapporte au bordereau les soldes des comptes:

Traites d'adjudicataires de coupes ordinaires de bois;
Traites d'adjudicataires de coupes extraordinaires de bois;
Trésor public;
Caisse des dépôts et consignations, s/c de fonds de retenues pour retraites (numéraire et rentes sur l'État);
Inscriptions nominatives déposées pour échange;
Titres mixtes déposés pour renouvellement;
Avances pour frais de route des voyageurs indigents et condamnés libérés;
Avances de frais judiciaires et de frais de poursuites concernant les communes;
Avances pour achat de rentes sur l'État;
Avances à l'économe de l'hospice;
Avances pour payement de contributions dues par les fermiers;
Avances aux fermiers pour frais de culture;

Il ajoute ces soldes au montant des *valeurs en caisse*, et le total qui résulte de cette addition doit représenter exactement le total des *excédents de recettes*.

Quant aux *excédents de dépenses* qui existeraient soit sur les comptes de *produits divers*, soit sur les comptes de *contributions directes*, l'addition de la colonne qui leur est réservée constaterait une *avance* qui ne pourrait avoir été faite qu'avec les deniers personnels du comptable.

Ainsi qu'il est expliqué à l'article 1500 de l'Instruction générale, le percepteur ne doit pas comprendre dans ce relevé le solde du compte des *avances* pour restes à recouvrer sur les contributions et les frais de poursuites. *(Inst. gén., art. 1516.)*

721. — *Bordereaux détaillés. — Destination et formation.* — Les bordereaux détaillés *(Modèle n° 309)* des recettes et des dépenses municipales et hospitalières sont fournis tous les trois mois. Le cadre de ces bordereaux est disposé pour toute la durée de l'exercice.

Dans les premiers jours du mois d'avril, il en est formé une minute et une expédition pour chaque commune et établissement; la minute est conservée par le comptable et l'expédition est transmise à la recette des finances. Au commencement de chaque trimestre, cette dernière est renvoyée au receveur municipal ou hospitalier, pour être mise au courant des opérations effectuées pendant le trimestre précédent.

Il est spécialement recommandé aux comptables de n'adresser aux receveurs des finances les bordereaux détaillés qu'après les avoir fait certifier et viser par les maires des communes intéressées.

Ces documents, communiqués aux maires vers le 10 du premier mois de chaque trimestre, doivent être adressés, au plus tard, cinq jours après par les receveurs municipaux aux receveurs des finances.

Les bordereaux détaillés font connaître aux receveurs des finances:

1° Si les sommes portées en recette sont en proportion avec les sommes à recouvrer d'après les budgets et les autres titres de perception;

2° Si les payements effectués ont eu lieu en vertu de crédits régulièrement ouverts;

3° Dans les colonnes supplémentaires 8 à 12 du cadre des dépenses, le nombre des mandats émis sur chaque article du budget;

4° Si les fonds restant en caisse excèdent la somme nécessaire pour le payement des dépenses courantes.

Lorsque des retards dans les recouvrements sont reconnus, le receveur des finances doit s'assurer si ces retards sont l'effet de la négligence du receveur, ou s'ils sont causés par des difficultés et des contestations du fait des débiteurs.

Dans le premier cas, il prescrit au comptable de faire immédiatement les démarches ou les poursuites nécessaires pour mettre les rentrées au courant. Dans le second cas, le receveur des finances signale aux autorités locales les difficultés qui se sont élevées.

S'il a été effectué des dépenses en dehors des crédits ouverts, ou sans justifications suffisantes, il prescrit au receveur d'en obtenir immédiatement la régularisation.

Quant aux excédents de recettes qui se trouveraient sans emploi, le receveur des finances doit en faire opérer le placement immédiat au

Trésor public. (*Inst. gén.*, *art. 1296* : *Circ. compt. publ.* 24 *août 1878*, § 10 *et 1er oct. 1878*, § 2.)

722. — La marche à suivre pour établir les *bordereaux détaillés* consiste à présenter le relevé des articles de recette et de dépense compris dans les budgets, et à rapporter, en regard de chaque article, le montant des opérations faites et enregistrées sur les *livres de détail.*

Le percepteur, après avoir fait ces relevés, forme les totaux des diverses colonnes, puis la récapitulation qui doit faire ressortir l'excédent des recettes sur les dépenses.

A cet effet, et suivant les indications données par les modèles, le comptable rapporte en tête du cadre destiné à cette récapitulation l'excédent des recettes sur les dépenses de l'exercice clos et de chacun des trimestres précédents.

Il y ajoute les recettes faites *pendant le trimestre*, et il déduit ensuite, du total de ces opérations, les dépenses également effectuées *pendant le trimestre.*

La différence qui en résulte représente le nouvel excédent des recettes au dernier jour du trimestre, et doit être justifiée par les valeurs matérielles de caisse ou de portefeuille existant à cette époque entre les mains du receveur, pour le compte de la commune ou de l'établissement au nom duquel le bordereau est dressé.

Enfin, cet excédent de recettes doit toujours être égal à l'excédent constaté par le *compte général* de la commune ou de l'établissement, et qui figure au bordereau de situation sommaire. (*Inst. gén.*, *art. 1517*.)

723. — Lorsqu'il y a mutation de comptables, le nouveau receveur, bien qu'il n'ait à rendre compte que de ses opérations, doit donner le montant des recettes et des dépenses existant à la fin de chaque trimestre. — V. n° 993.

Bordereaux de situation à fournir aux maires à la fin de chaque trimestre. — V. n°s 2033 et suiv.

Bordereaux de versements. — V. AMENDES. n° 545 ; PERMIS DE CHASSE, n° 2226 ; VERSEMENTS.

Bordereaux d'inscriptions hypothécaires. — V. AMENDES n°s 251 et suiv.

Boues et immondices (Enlèvement des).

724. — Lorsque l'enlèvement des boues est un revenu pour la commune, le recouvrement a lieu en vertu du procès-verbal d'adjudication ou d'un traité de gré à gré.

Dans le cas où il constitue une dépense, on produit à l'appui des mandats de payement une copie ou extrait non timbré du procès-verbal d'adjudication ou du marché de gré à gré et, pour la dernière année, l'expédition en forme et timbrée de cet acte.

S'il est l'objet d'un traitement annuel payé à un ouvrier employé par l'administration, on ne produit que le mandat du maire.

Si, enfin, le maire fait exécuter l'enlèvement des boues par voie de régie, les mandats sont appuyés des mémoires ou états de journées (*timbrés*). — V. ADJUDICATIONS, TRAITEMENT, TRAVAUX.

725. — Les quittances délivrées par les receveurs municipaux pour le prix des adjudications passées pour l'enlèvement des boues sont assujetties au timbre de 25 centimes.

S'il s'agit du prix d'un marché ou d'un traitement payé par la commune, la quittance de l'entrepreneur ou de l'employé est passible du timbre de 10 centimes. — V. QUITTANCES, TIMBRE.

Bourse (Ordres de). — V. RENTES SUR L'ÉTAT, n° 2684.

Bourses et Chambres de commerce (Frais de). — V. n°s 1564 et suiv.

Brevets de capacité pour l'enseignement primaire. — V. n°s 1468 et suiv.

Brevets d'invention (Taxe des).

726. — Il est interdit aux percepteurs de recevoir des annuités de taxes, lors même que le payement leur en serait offert. Ils ont à observer aux brevetés qui voudraient se libérer entre leurs mains qu'ils doivent verser directement leurs fonds au receveur des finances. (*Inst. gén.*, *art. 379*.)

Budgets des Communes.

727. — Les recettes et les dépenses des communes ne peuvent être faites qu'en vertu du budget de chaque *exercice*, ou d'autorisations supplémentaires. (*Inst. gén.*, *art. 811*).

728. — Le budget communal se divise en budget ordinaire et en budget extraordinaire. (*L.* 5 *avril 1884*, *art. 132*.)

Les recettes se composent de celles indiquées au n° 2784.

Les dépenses comprennent celles énoncées au n° 1338.

729. — *Proposition et vote du budget.* — Le budget de chaque *exercice* est proposé par le maire, délibéré par le conseil municipal, dans sa session ordinaire et annuelle du mois de mai, et approuvé par le préfet.

Pour les villes dont les revenus sont de 3 millions de francs au moins, le budget est toujours soumis à l'approbation du Président de la République, sur la proposition du ministre de l'Intérieur.

Le revenu d'une ville est réputé atteindre 3 millions de francs, lorsque les recettes ordinaires, légalement constatées par les comptes, se sont élevées à cette somme pour les trois derniers exercices; il n'est réputé être descendu au-dessous de 3 millions de francs que lorsque, également pour les trois derniers exercices, les recettes ordinaires sont restées inférieures à cette même somme. (*Inst. gén., art. 814; L. 5 avril 1884, art. 145.*)

730. — *Établissement du budget.* — Le budget doit contenir toutes les prévisions de recettes et de dépenses de l'exercice auquel il s'applique.

Pour monter le budget, on commence par remplir le titre 1er : *Recettes*. A cet effet, on porte à chaque article, dans la colonne des *recettes constatées au dernier compte*, le montant des produits de l'exercice clos (ces sommes sont celles inscrites dans la colonne 5 du compte de gestion du receveur municipal et colonne 4 du compte administratif du maire). Ensuite le maire inscrit dans sa colonne les recettes qu'il propose. Il se fixe, à cet effet, sur celles constatées au dernier compte ; s'il les trouve trop élevées pour certains articles, il en tient compte dans ses propositions en diminuant le chiffre proposé ; de même que s'il prévoit une augmentation sur un article, il peut proposer un chiffre plus élevé.

En règle générale, on ne doit porter que les sommes qui se recouvrent annuellement, et, dans l'incertitude, il est préférable de n'ouvrir aucun crédit ou d'inscrire un chiffre très minime.

Les recettes ayant une *affectation spéciale*, telles, par exemple, que les *centimes pour chemins vicinaux*, etc., se portent en recette et en dépense pour la même somme, sauf l'exception citée plus bas. Ces centimes ne sont pas compris comme impositions extraordinaires proprement dites (V. n° 1661). Il en est de même de l'imposition *pour insuffisance de revenus communaux*, à laquelle certaines communes sont obligées d'avoir recours pour balancer leur budget. Le chiffre à inscrire à cet article ne peut être fixé qu'après avoir additionné le titre II des dépenses. Il faut donc, avant de faire le total des recettes ordinaires, remplir les articles des dépenses, en se fixant, comme pour la recette, aux dépenses constatées au dernier compte. Cette opération doit être faite avec le plus grand soin, et on doit veiller à porter à chaque crédit toutes les dépenses dont on peut avoir besoin. S'il y a de nouveaux crédits à ouvrir, on se fixe approximativement sur le montant des dépenses à faire, et pour éviter des crédits supplémentaires dans le cours de

l'exercice, il est toujours mieux d'ouvrir des crédits qui ne puissent pas être dépassés par des augmentations de dépense.

Ce travail opéré, on additionne le titre II, *Dépenses*, puis on prend le total des articles prévus en recette. Si la dépense est plus forte, on porte la différence au titre 1er de la recette à l'article : *Imposition pour insuffisance de revenus communaux*. De cette façon le budget s'équilibre. Si, au contraire, le total des recettes prévues s'élève autant que les dépenses, il n'y a pas lieu, dans ce cas, à l'imposition pour insuffisance de revenus. De même on n'aurait pas à porter en recette les impositions pour le salaire du garde-champêtre, des cantonniers, etc., si les recettes sans affectation spéciale étaient suffisantes pour pourvoir à ces dépenses, ainsi qu'à tous les autres crédits ouverts.

Le titre 1er, *Recettes*, est divisé en deux chapitres. Dans le premier, on doit comprendre toutes les prévisions des recettes ordinaires. Dans le second, on inscrit toutes les prévisions des recettes extraordinaires, c'est-à-dire celles qui ne sont pas susceptibles de se reproduire annuellement, d'une manière permanente, celles enfin qui n'ont qu'une durée limitée ou transitoire.

Le titre II, *Dépenses*, est également divisé en deux chapitres. Dans le premier, on doit comprendre toutes les prévisions des dépenses ordinaires autorisées par la loi (V. n° 1338). Dans le second, on inscrit toutes les prévisions des dépenses extraordinaires, c'est-à-dire celles qui ne sont pas susceptibles de se reproduire annuellement, d'une manière permanente, celles enfin qui n'ont qu'une durée limitée ou transitoire. — Les dépenses extraordinaires sont imputées sur les recettes extraordinaires.

Le budget, une fois monté, doit être vérifié de nouveau, afin de s'assurer si on n'aurait pas omis quelques crédits. Les additions sont ensuite repassées, et, lorsqu'on s'est assuré de leur exactitude, on totalise les opérations par chapitre. Enfin, le budget se termine par une récapitulation générale. Il ne peut se solder en déficit, à moins qu'on ne présentât en même temps les moyens de le couvrir.

Par sa circulaire en date du 20 octobre 1885, M. le ministre de l'Intérieur recommande tout spécialement aux municipalités qui auraient, en fin d'exercice, par suite de circonstances accidentelles, à constater un déficit, d'aviser immédiatement aux moyens de régulariser la situation, soit par des économies sur les dépenses non encore engagées ou sur les nouveaux budgets, soit par la création de ressources nouvelles, notamment par le vote d'une imposition extraordinaire, de façon à rétablir, immédiatement, l'ordre et la régularité dans les services financiers de la commune.

Quant à la formation des chapitres additionnels ou budget supplémentaire, V. n°s 764 et suiv.

730 *bis.* — Lorsqu'un conseil municipal inscrit au budget un crédit pour couvrir une dépense facultative, il ne peut, en cours d'exercice, supprimer le crédit, lorsque son premier vote a eu pour conséquence de créer des droits ou de légitimes espérances pour assurer le traitement d'un employé communal. *(Arr. Cons. d'Etat, 24 janvier 1896.)*

731. — *Changements ou modifications.* — *Pouvoirs du préfet.* — Lorsque le budget communal pourvoit à toutes les dépenses obligatoires, et qu'il n'applique aucune recette extraordinaire aux dépenses soit obligatoires, soit facultatives, ordinaires ou extraordinaires, les allocations portées audit budget par le conseil municipal pour des dépenses facultatives ne peuvent être ni changées ni modifiées par l'arrêté du préfet ou par le décret qui règle le budget. *(L. 5 avril 1884, art. 145; Arr. Cons. d'Et. 5 avril 1889.)* — V. n° 739 et suiv.

732. — Le préfet peut supprimer du budget des recettes une somme dont le recouvrement ne serait pas assuré. *(Arr. Cons. d'Et. 1er juillet 1892.)*

733. — *Crédits supplémentaires.* — Les crédits qui peuvent être reconnus nécessaires après le règlement du budget sont votés et autorisés conformément aux règles tracées ci-dessus concernant le budget primitif. *(L. 5 avril 1884, art. 146.)* — V. Crédits.

734. — *Crédit pour dépenses imprévues.* — Les conseils municipaux peuvent porter au budget un crédit pour *dépenses imprévues.*

La somme inscrite pour ce crédit ne peut être réduite ou rejetée qu'autant que les revenus ordinaires, après avoir satisfait à toutes les dépenses obligatoires, ne permettraient pas d'y faire face.

Le crédit pour dépenses imprévues est employé par le maire.

Dans la première session qui suit l'ordonnancement de chaque dépense, le maire doit rendre compte au conseil municipal, avec pièces justificatives à l'appui, de l'emploi de ce crédit. Ces pièces demeurent annexées à la délibération. *(L. 5 avril 1884, art. 147.)* — V. ci-dessous n° 738.

Cette prescription doit être entendue en ce sens que le maire est tenu de fournir au conseil municipal les justifications des dépenses qu'il a ordonnancées. Ces justifications peuvent consister en un état détaillé, appuyé de rapports explicatifs, soit du maire, soit des chefs de service. Quant aux pièces comptables proprement dites, telles que mémoires, factures ou quittances, elles continuent à être remises au receveur municipal afin qu'il puisse les produire au juge des comptes, comme les pièces justificatives de

toutes les autres dépenses. *(Circ. min. Int. 15 mai 1884.)* — V. Pièces justificatives, § 439.

735. — Le fonds des dépenses imprévues ne peut-être employé à payer des dépenses qui auraient été faites pendant un exercice autre que celui pour lequel le fonds a été alloué, non plus que des dépenses rejetées du projet de budget.

En général, aucune dépense dont l'objet sort de la classe de celles qui s'effectuent habituellement en vertu des lois et règlements généraux ne doit avoir lieu sur ce fonds, à moins d'une autorisation spéciale de l'autorité qui règle le budget. *(Inst. gén., art. 819.)* — V. n° 970, avant-dernier alinéa.

736. — Les receveurs municipaux ne doivent pas perdre de vue les dispositions qui précèdent, et exiger une délibération, dûment approuvée, toutes les fois qu'il s'agira de payer une dépense qui, par sa nature, ne pourrait être considérée comme imprévue et qui, par ce fait, devrait faire l'objet d'un crédit supplémentaire. — V. n° 1273.

Il faut tenir compte que si le juge du compte n'est pas fondé, dans certains cas, à exiger du receveur municipal la production d'une délibération, il peut, ainsi qu'il est dit ci-après, contester la légalité des dépenses ordonnancées sur le crédit des dépenses imprévues, et, dès lors, enjoindre au comptable de justifier par une délibération l'approbation des dépenses.

737. — Le préfet est fondé, si la dépense ne lui paraît pas justifiée, à refuser son approbation à une délibération municipale portant imputation sur le crédit des dépenses imprévues d'une allocation destinée au payement des frais de réception et de voyage du maire. *(Solut. min. Int. 2 avril 1892.)*

De même, un receveur municipal ne serait pas autorisé à se faire allouer sur le crédit des dépenses imprévues une indemnité quelconque sans, au préalable, l'approbation par le préfet de la délibération du conseil municipal. *(Arr. Cour des comptes 4 mai 1894 et 12 déc. 1904.)*

On ne saurait également ordonnancer sur le crédit des dépenses imprévues des gratifications aux employés communaux, car il faut tenir compte que lorsqu'il n'existe pas au budget un crédit affecté spécialement à ces gratifications, les allocations de cette nature ne peuvent être payées qu'en vertu d'une délibération du conseil municipal dûment approuvée.

Un arrêt de la Cour des comptes du 23 juillet 1899 porte même qu'on ne saurait mandater de gratifications aux employés de la mairie sur le crédit des frais de bureau de la mairie, sans, au préalable, une délibération du conseil municipal.

Enfin il faut tenir compte aussi qu'une dépense faite dans le commencement de l'année et avant l'établissement du budget supplémentaire, doit être portée pour ordre à ce budget, lorsqu'elle ne figure pas au budget primitif. — V. n° 763, dernier alinéa.

738. — Les deux derniers paragraphes de l'article 147, de la loi du 5 avril 1884, rappelée ci-dessus n° 734 résultent d'un amendement présenté dans la deuxième délibération du Sénat par M. Tenaille-Saligny et accepté par la commission. Cette disposition permet au conseil municipal de contrôler l'emploi fait par le maire du crédit alloué pour dépenses imprévues. Elle consacre également, quant à ces dépenses, le contrôle du préfet, qui peut, aux termes de l'article 63, annuler, s'il y a lieu, la délibération du conseil. (*Jour. off. 15 mars 1884, Sénat, séances.*) (*Dalloz, 1884, 4° partie, p. 65 en note.*)

739. — *Droit de l'autorité qui règle le budget.* — Le décret du Président de la République ou l'arrêté du préfet qui règle le budget d'une commune peut rejeter ou réduire les dépenses qui y sont portées, sauf dans les cas prévus par le § 2 de l'article 145 et par le § 2 de l'article 147; mais il ne peut les augmenter ni en introduire de nouvelles qu'autant qu'elles sont obligatoires. (*Inst. gén., art. 820; L. 5 avril 1884, art. 148.*) — V. ci-dessus n°° 731 et 734.

740. — Si un conseil municipal n'allouait pas les fonds exigés pour une dépense obligatoire, ou n'allouait qu'une somme insuffisante, l'allocation nécessaire serait inscrite au budget, par arrêté du préfet, en conseil de préfecture, ou par un décret, si les ressources de la commune s'élèvent à 3 millions et au-dessus.

Dans tous les cas, aucune inscription d'office ne peut être opérée sans que le conseil municipal ait été, au préalable, appelé à prendre une délibération spéciale à ce sujet.

S'il s'agit, d'une dépense annuelle et variable, elle est inscrite pour sa quotité moyenne pendant les trois dernières années; s'il s'agit d'une dépense annuelle et fixe de sa nature ou d'une dépense extraordinaire, elle est inscrite pour sa quotité réelle.

Si les ressources de la commune sont insuffisantes pour subvenir aux dépenses obligatoires inscrites d'office, ainsi qu'il est dit au présent article, il y est pourvu par le conseil municipal, ou, en cas de refus de sa part, au moyen d'une contribution extraordinaire établie d'office par un décret, si la contribution extraordinaire n'excède pas le maximum à fixer annuellement par la loi de finances, et par une loi spéciale, si la contribution doit excéder ce maximum. (*L. 5 avril 1884, art. 149.*) — V. IMPOSITIONS COMMUNALES.

741. — Dans le cas où, pour une cause quelconque, le budget d'une commune n'aurait pas été définitivement réglé avant le commencement de l'exercice, les recettes et les dépenses ordinaires continuent, jusqu'à l'approbation de ce budget, à être faites conformément à celui de l'année précédente. Dans le cas où il n'y aurait eu aucun budget antérieurement voté, le budget serait établi par le préfet en conseil de préfecture. (*L. 5 avril 1884, art. 150.*)—V. CRÉDITS, ORDONNANCEMENT, PAYEMENT.

742. — L'arrêté par lequel le préfet inscrit d'office au budget de la commune une part de la dépense des travaux de reconstruction du presbytère que le conseil municipal s'est refusé à exécuter, est entaché d'excès de pouvoirs, la dépense de construction des presbytères n'étant pas obligatoire. (*Arr. Cons. d'Et. 7 juin 1890.*)

743. — Il n'appartient pas au préfet de déclarer obligatoire et d'inscrire d'office au budget d'une commune, comme dette exigible, une dépense dont le caractère obligatoire est contesté. (*Arr. Cons. d'Et. 12 décembre 1890.*) — V. n°° 2026 et suiv.

744. — *Envoi des budgets. — Remise d'une expédition au receveur municipal.* — Aussitôt après la clôture de la session des conseils municipaux, les budgets proposés doivent être envoyés aux sous-préfets, qui les transmettent sans retard aux préfets, avec leur avis.

Les budgets à régler par un décret sont envoyés par les préfets au ministre de l'Intérieur, avant le 1er septembre de l'année qui précède l'ouverture de l'exercice.

Au moyen de ces dispositions, tous les budgets communaux doivent être remis, à la fin de chaque année, pour l'exercice qui va s'ouvrir, aux receveurs municipaux chargés de les exécuter. Ils leur parviennent par l'entremise des receveurs des finances. (*Inst. gén., art. 815.*)

745. — *Erreurs dans les budgets.* — Les erreurs contenues dans les budgets ne peuvent être rectifiées que par l'autorité supérieure qui a réglé les budgets. Il en est de même des modifications qu'il y aurait lieu d'apporter à ces documents. (*L. 5 avril 1884, art. 68-9° et art. 145.*)

746. — *Absence de budget.* — S'il arrivait que le budget d'un exercice ne fût pas approuvé et remis au receveur municipal avant l'ouverture de cet exercice, les recettes et les dépenses *ordinaires* continueraient à être faites, jusqu'à l'approbation de ce budget, conformément à celui de l'année précédente.

En conséquence, et sans aucune décision de l'autorité qui règle le budget, le maire peut délivrer, et le receveur payer des mandats pour ces sortes de dépenses, dans la proportion des douzièmes échus, jusqu'au moment où le budget est réglé.

Si le maire négligeait de dresser et de remettre au conseil municipal le budget de la commune, le préfet, après l'en avoir requis, pourrait procéder à ces actes par lui-même, ou par un délégué spécial. (*Inst. gén., art. 846 ; L. 5 avril 1884, art. 150.*)

747. — *Règlement des budgets des exercices clos.* — Dans la session où les conseils municipaux délibèrent sur le budget du prochain exercice, *et avant cette délibération*, il est procédé au règlement définitif du budget de l'exercice clos. (*Inst. gén., art. 823.*)

748. — A cet effet, lorsque l'époque de la clôture de l'exercice est arrivée, le maire dresse. *de concert avec le receveur municipal. l'état des restes à payer et l'état des restes à recouvrer.* — V. ces mots, n°ˢ 1478 et 1480.
Le maire prépare, en même temps, son compte administratif. — V. n° 965.
De son côté, le receveur municipal établit une expédition de son compte de gestion, comme il est dit au n° 966.

749. — Au moyen de ces documents, réunis au budget de l'exercice et aux titres de recettes, tels que contrats de ventes, baux, etc., que le receveur doit représenter, le maire prépare le procès-verbal de *règlement définitif*, qu'il soumet, avec toutes les pièces justificatives, à la délibération du conseil municipal, dans sa session ordinaire de *mai.* (*Inst. gén., art. 828.*)

750. — Le conseil municipal procède au *règlement définitif*, ainsi qu'il suit :
En ce qui concerne les *recettes*, le conseil ramène les évaluations du budget au chiffre des produits réels résultant des titres définitifs ; il rapproche ensuite les recouvrements de la somme des produits constatés, afin de reconnaître s'il y a balance entre eux, ou s'il reste encore des parties à recouvrer ; dans ce dernier cas, il apprécie les motifs du non recouvrement ; il admet, s'il y a lieu, le reliquat en non-valeur, ou il en prescrit le report à l'exercice suivant, soit que le recouvrement puisse encore en être obtenu, soit que le reliquat doive être mis à la charge du receveur. Les sommes admises en non-valeurs sont déduites du montant des produits constatés, ainsi que les sommes reportées à l'exercice suivant ; mais à l'égard de ces dernières, il doit être fait mention de l'obligation imposée au receveur de les comprendre dans son prochain compte (V. n° 1014). Dans aucun cas, cependant, le conseil n'apporte de modifications au chiffre des comptes présentés.
En ce qui concerne les *dépenses*, le conseil municipal rapproche les payements du montant des crédits alloués par le budget ou par les autorisations supplémentaires ; il fixe les excédents de crédits et il détermine s'ils proviennent: de dépenses effectives restées inférieures aux

crédits présumés, ou de dépenses non entreprises dans le courant de la première année de l'exercice ; de dépenses faites, mais non liquidées ou mandatées à l'époque de la clôture de l'exercice ; ou enfin de dépenses mandatées, mais pour lesquelles les mandats n'avaient pas été payés à la même époque. Le conseil prononce l'annulation de ces excédents de crédits. (*Inst. gén., art. 829.*)

751. — Les crédits ou portions de crédits qui sont applicables à des dépenses *faites* dans le courant de la première année de l'exercice, mais *non soldés* à la date de la clôture de cet exercice, sont reportés de plein droit, et sans nouvelle allocation, au budget de l'exercice courant, où ils font l'objet d'un chapitre spécial, sur lequel le payement des dépenses est imputé. (*Inst. gén., art. 830.*) — V. n° 1479.

752. — S'il arrivait qu'une dépense figurant dans les restes à payer ne fût pas reportée au budget supplémentaire, elle devrait néanmoins être inscrite au compte, à la suite des autorisations spéciales, et le comptable en justifierait par la production de l'état des restes à payer qui vaudrait alors autorisation. — V. n°ˢ 1478 et 1479.

753. — Les crédits ou portions de crédits relatifs à des dépenses *non entreprises* pendant la première année de l'exercice ne peuvent être reportés au budget de l'exercice suivant qu'autant qu'ils ont été alloués de nouveau par l'autorité supérieure, sur le vote du conseil municipal. Ils sont portés à la section II du chapitre des *dépenses supplémentaires*, comme étant la reproduction des crédits annulés au budget précédent. (*Inst. gén., art. 831.*)

754. — Les restes à payer qui n'auraient pas été régulièrement constatés à la fin de l'exercice, et dont les crédits n'auraient pas été, par conséquent, nominativement reportés au budget courant, ne peuvent, non plus, être acquittés qu'au moyen de crédits supplémentaires. (*Inst. gén., art. 832.*) — V. n°ˢ 1273 et suivants.

755. — Les crédits reportés, de droit, pour restes à payer, de l'exercice clos à l'exercice suivant, doivent être employés dans les délais fixés pour le dernier exercice, c'est-à-dire avant le 1ᵉʳ avril de la deuxième année : faute de quoi ils ne pourraient plus revivre qu'en vertu de nouveaux crédits autorisés dans les formes prescrites. (*Inst. gén., art. 833.*)

756. — Tous les crédits additionnels autorisés hors budget, pour des dépenses effectuées depuis le 1ᵉʳ janvier jusqu'au 31 décembre d'une année, doivent être rattachés au budget de cette année. Au moment du règlement définitif de l'exercice clos, ils sont rattachés à cet exercice et classés au chapitre des dépenses supplémentaires, après la section du *report des restes à payer*. (*Inst. gén., art. 834.*)

757. — S'il arrive que les payements faits sur un article du budget aient excédé le crédit ouvert, cet excédent doit être maintenu dans le compte de l'exercice clos ; mais, comme il est à la charge du receveur qui a indûment payé, le conseil fait mention de l'obligation imposée à ce comptable de s'en charger en recette dans son prochain compte. (*Inst. gén., art. 835.*)

Toutefois, les comptables n'ont pas à se charger en recette des insuffisances de crédit concernant des dépenses obligatoires et forcées. — V. Crédits, n° 1277.

758. — Le conseil municipal, après avoir arrêté le chiffre total des recettes et des dépenses de l'exercice clos, détermine l'excédent définitif applicable aux ressources de l'exercice suivant.

Lorsque, au lieu d'un excédent de recettes, il existe un excédent de dépenses qui ne provient pas de payements irréguliers, et n'est pas dès lors de nature à être mis à la charge du receveur, aucune opération spéciale n'est à faire à cet égard ; le procès-verbal du règlement définitif de l'exercice clos doit seulement le constater (*Inst. gén., art. 836.*)

759. — Le conseil municipal consigne les résultats de son examen dans une délibération dont le *modèle* est donné *sous le n° 224*.

Lorsque, dans les communes dont le revenu est de peu d'importance, les opérations de l'exercice sont terminées aux époques de clôture, sans qu'il existe ni *restes à payer*, ni *restes à recouvrer*, le conseil municipal mentionne cette circonstance dans sa délibération, et cette mention tient lieu de toute autre justification. (*Inst. gén., art. 837.*) — V. État des restes a payer, État des restes a recouvrer.

760. — Le compte d'administration mentionné à l'article 826 de l'Instruction générale doit être soumis à l'approbation du préfet, et lui être transmis en double expédition, appuyé d'une expédition du compte de gestion du receveur (V. n° 966) ; le même envoi comprend le budget supplémentaire de l'exercice courant, en deux expéditions, l'état des restes à payer et, enfin, les délibérations du conseil municipal relatives à ces divers objets.

Le procès-verbal de règlement définitif des budgets, les délibérations des conseils municipaux, les observations des maires et celles des préfets doivent être disposés dans l'ordre des articles des budgets eux-mêmes. (*Inst. gén., art. 838.*)

761. — *Formation des chapitres additionnels ou budget supplémentaire.* — Les recettes et les dépenses relatives aux restes à recouvrer et aux restes à payer constatés lors de la clôture des exercices, ainsi que les recettes et les dépenses nouvelles autorisées dans le courant d'un exercice, donnent lieu à des *chapitres additionnels* au budget, chapitres qu'on désigne sous le nom de *budget supplémentaire* (*Inst. gén., art. 839.*)

762. — Les restes à recouvrer provenant des exercices antérieurs doivent être exactement reportés au budget supplémentaire. Pour éviter toute confusion, on ne doit jamais cumuler, en un seul article, les restes à recouvrer de plusieurs annuités ou de différents produits.

En ce qui concerne les dépenses restant à payer, V. n°s 751 et suiv.

763. — Le budget supplémentaire est, comme le budget primitif, préparé par le maire et soumis aux délibérations du conseil municipal dans la session de mai, mais dans l'année même de l'exercice à laquelle il se rapporte, c'est-à-dire un an après le vote du budget primitif dont il complète les opérations.

Les chapitres additionnels forment dans les budgets et dans les comptes le chapitre III, et prennent la dénomination de *Recettes ou Dépenses supplémentaires.*

Le chapitre des recettes supplémentaires est partagé en deux sections. La première contient : le report de l'excédent de l'exercice clos et les restes à recouvrer du même exercice ; la deuxième reçoit toutes les recettes de quelque nature qu'elles soient, et qui, non prévues au budget primitif, sont autorisées supplémentairement dans le cours de l'année, telles, par exemple, qu'un legs ou une donation, un secours extraordinaire, un remboursement de capitaux, et, en un mot, tout recouvrement qui ne rentre pas, par sa nature, dans l'un des articles de recettes prévus au budget primitif.

Le chapitre des dépenses supplémentaires est partagé en trois sections : la première a pour objet le report des dépenses faites, mais restant à payer à la clôture de l'exercice précédent ; la deuxième, le report des crédits réservés, c'est-à-dire des ressources auxquelles il aurait été nécessaire de conserver leur affectation à la clôture de l'exercice (V. n° 4276) ; la troisième comprend d'abord tous les crédits supplémentaires qui ont pu être votés par des délibérations spéciales depuis le commencement de l'année, puis toutes les nouvelles demandes de crédits pour des dépenses à effectuer dans le cours de l'exercice. (*Circ. min. Int. 10 avril 1835 et 1er juill. 1837.*) — V. Crédits, n°s 1273 et suiv.

764. — Les augmentations sur une recette prévue au budget primitif ne forment pas une recette supplémentaire. Ainsi, on ne doit pas faire figurer parmi les recettes supplémentaires les sommes représentant des excédents sur les prévisions admises au budget primitif. Ces sommes ne constituent pas une recette nouvelle, mais se rattachent, au contraire, à un article déjà inscrit au budget primitif.

Il n'en est pas de même des augmentations de dépenses. Les crédits ouverts au budget primitif ne devant jamais être dépassés sans une autorisation spéciale, le supplément de crédit nécessaire doit être inscrit au budget supplémentaire, et faire l'objet d'un article distinct, qui est réuni pour l'ordre de la comptabilité à l'article du budget primitif qu'il concerne. (*Circ. min. Int. 1ᵉʳ juillet 1837.*)

765. — Le budget supplémentaire ne peut se solder en déficit, à moins que ce déficit ne puisse être couvert au moyen de l'excédent des recettes du budget primitif, ou au moyen des augmentations constatées sur le produit de divers articles de recettes, ou enfin au moyen des économies à obtenir sur quelques crédits ou portions de crédits déjà alloués. (*Circ. min. Int. 15 juin 1836 et 20 octobre 1885.*)

766. — Avant d'arrêter le budget supplémentaire, il est bon de s'assurer que le budget primitif ne présente pas un excédent de dépense, afin de régler, dans ce cas, les chapitres additionnels de manière à réserver un excédent de recettes qui puisse se compenser avec le déficit du budget primitif.

767. — Dans le cas où un excédent de dépenses ressortirait de l'ensemble de deux budgets, le conseil municipal devrait être appelé à y pourvoir par la création de ressources nouvelles, notamment par le vote d'une imposition extraordinaire : on comprend, en effet, que, sans cette précaution, le déficit irait grossissant chaque année et ne tarderait pas à compromettre gravement la situation financière de la commune. (*Circ. min. Int. 20 octobre 1885.*)

768. — *Envoi d'une expédition du budget supplémentaire au receveur municipal.* — Une expédition du budget supplémentaire doit être remise au receveur municipal aussitôt son approbation. Elle lui parvient, comme le budget primitif, par l'entremise du receveur des finances. — V. n° 744.

769. — Les sommes portées dans les états de restes à payer dressés à la clôture de l'exercice, c'est-à-dire au 31 mars, peuvent être soldées avant l'arrivée du budget supplémentaire. (*Inst. gén., art. 824; Circ. compt. publ. 30 janvier 1866, § 13.*) — V. n°ˢ 1478 et 1479.

Budgets des établissements de bienfaisance.

770. — Les règles énoncées ci-dessus, pour la formation des budgets des communes, s'appliquent aux budgets des établissements de bienfaisance. (*Inst. gén., art. 1046 à 1052*) — V. BUREAUX DE BIENFAISANCE.

Bulletin annoté des lois, Bulletin des communes, Bulletin des lois, Bulletin officiel du ministère de l'Intérieur, etc. — V. ABONNEMENT.

Bureaux de bienfaisance.

771. — *Création.* — La loi du 5 avril 1884 n'ayant pas reproduit l'article 14 de la loi du 24 juillet 1867, aux termes duquel la création des bureaux de bienfaisance était autorisée par les préfets sur l'avis des conseils municipaux, cette disposition se trouve abrogée par l'article 168 de la nouvelle loi, et, dès lors, on retombe sous l'empire du décret du 25 mars 1852, où il est dit que les bureaux de bienfaisance ne peuvent être créés qu'en vertu d'une autorisation du gouvernement. (*Circ. min. Int. 15 mai 1884.*)

772. — Pour être autorisés, les établissement doivent être pourvus d'une dotation d'au moins 50 francs, soit en revenus d'immeubles, soit en rentes sur l'État, sans compter les subventions qui peuvent être accordées par les conseils municipaux, et les recettes légalement attribuées aux pauvres, telles que le tiers du produit des concessions de terrains dans les cimetières, et le droit établi en faveur des indigents à l'entrée des spectacles, bals et concerts, les quêtes dans les églises, etc.

Si des dons et legs de capitaux ou des remboursements sont faits aux bureaux de bienfaisance, ils doivent être employés en achats de rentes 3 %, sur l'État, à moins de vœux contraires formellement exprimés par les bienfaiteurs. (*Circ. min. Int. 15 mai 1884.*)

773. — *Commissions administratives.* — Les commissions administratives des hospices et hôpitaux et celles des bureaux de bienfaisance sont composées du maire et de six membres renouvelables.

Deux des membres de chaque commission sont élus par le conseil municipal.

Les quatre autres membres sont nommés par le préfet. (*L. 5 août 1879, art. 1ᵉʳ.*)

774. — Par analogie avec ce qui a lieu pour les conseils municipaux, une circulaire du 26 septembre 1879 a décidé que, dans les communes de cinq cents habitants et au-dessus, les pères, fils, frères et alliés au même degré ne peuvent faire partie de la même commission administrative. (*Bull. off. min. Int. 1879, p. 234; Circ. min. Int. 6 juill. 1894.*)

775. — *Comptabilité.* — Les règles de la comptabilité des communes s'appliquent aux établissements de bienfaisance, en ce qui concerne la durée et la division des exercices, la spécialité et la clôture des crédits, la perception des revenus, l'ordonnancement et le payement des dépenses, et, par suite, la formation des budgets ainsi que le mode d'écritures et de comptes. (*Inst. gén., art. 1046.*)

776. — *Budgets.* — Le budget des recettes et des dépenses à effectuer pour chaque exercice est délibéré par les commissions administratives dans leur session annuelle du mois d'avril, afin que les budgets des établissements auxquels les communes fournissent des subventions puissent être soumis aux conseils municipaux dont la session a lieu du 1er au 15 mai, et que ces conseils puissent délibérer sur les subventions à accorder par les communes. Le conseil municipal est toujours appelé à donner avis sur les budgets et les comptes des bureaux de bienfaisance, même lorsque la commune ne leur fournit aucune subvention. (*Inst. gén., art. 1048.*)

777. — L'approbation des budgets des bureaux de bienfaisance appartient aux sous-préfets. (*Décr. 13 avril 1861, art. 6, n° 14.*)

778. — Les budgets sont remis à l'autorité qui doit les approuver assez tôt pour qu'ils puissent être renvoyés, avant l'ouverture de l'exercice, aux receveurs chargés de les mettre à exécution. En cas de retard, les recettes et les dépenses ordinaires continuent, jusqu'à l'approbation du budget, à être faites conformément à celui de l'année précédente.

Lorsque les crédits primitivement ouverts pour un exercice sont reconnus insuffisants, ou lorsqu'il doit être pourvu à des dépenses imprévues, les crédits supplémentaires sont également ouverts par le sous-préfet. Les conseils municipaux sont appelés à donner leur avis sur ces crédits supplémentaires.

L'emploi du crédit des dépenses imprévues est soumis aux règles rappelées pour les communes. (*Inst. gén., art. 1050; Décr. 13 avril 1861, art. 6, n° 14.*)

779. — Il est procédé au règlement définitif du budget de chaque exercice, à la clôture de cet exercice, et au report des restes à recouvrer et des restes à payer au budget de l'exercice suivant, d'après les règles tracées pour les communes. (*Inst. gén., art. 1052.*)

780. — *Receveur.* — Les receveurs municipaux sont, de droit, receveurs des hospices et autres établissements de bienfaisance de leurs communes, lorsque les revenus ordinaires de ces établissements ne dépassent pas le chiffre de 60.000 francs ; dans le cas contraire la recette de ces établissements peut être confiée à un receveur spécial.

Lorsque les revenus ordinaires cumulés des établissements d'une même commune excédent 60.000 francs, la gestion peut en être confiée à un receveur spécial, après entente entre les commissions administratives.

De même, lorsque le total des revenus de la commune et des établissements communaux de bienfaisance est supérieur à 60.000 francs, la gestion peut également en être confiée à un receveur spécial, après accord entre le conseil municipal et les commissions administratives.

Les bureaux d'assistance ont de droit pour comptable le receveur de l'hospice, et s'il n'existe pas d'hospice dans la commune, le receveur du bureau de bienfaisance. Les bureaux d'assistance qui ont plus de 60.000 fr. de revenus peuvent avoir un receveur spécial.

Les receveurs spéciaux des établissements charitables sont nommés par les préfets, sur la présentation des commissions administratives ; ils ne peuvent être révoqués que par le ministre de l'intérieur.

Dans tous les cas de vacances de la recette spéciale d'un hospice, le service doit être remis de droit au receveur municipal, sans qu'il y ait lieu de réclamer l'intervention de l'autorité administrative.

En cas de vacance, la gestion financière du bureau de bienfaisance est rattachée à la recette hospitalière, et, à défaut, à la recette municipale ; quant à la recette du bureau d'assistance, elle est provisoirement gérée, s'il n'y a pas de receveur hospitalier, par le receveur du bureau de bienfaisance et subsidiairement, par le receveur municipal. (*Décr. 8 oct. 1899; Circ. compt. publ., 30 oct. 1899, § 1er et 19 mai 1903, § 3.*)

781. — Les receveurs spéciaux des bureaux de bienfaisance sont nommés par les préfets sur la présentation des commissions administratives.

En cas de refus motivé par le préfet, les commissions sont tenues de présenter d'autres candidats.

Le receveur peut, sur la proposition de la commission administrative et avec l'autorisation du préfet, cumuler ses fonctions avec celles de secrétaire de la commission.

Les receveurs ne peuvent être révoqués que par le ministre de l'intérieur. (*L. 20 mai 1873, art. 6.*)

782. — La gestion du receveur est soumise à la surveillance de la commission administrative et à celle du receveur des finances de l'arrondissement.

Il en est de même, lorsque le receveur est en même temps percepteur des contributions directes. (*Inst. gén, art. 1317, 1320 et 1324.*)

783. — Les recettes et les dépenses des bureaux de bienfaisance ne peuvent être faites que par leur receveur. (*Inst. gén., art. 1047.*) — V. GESTION OCCULTE.

784. — *Gestion des biens.* — Les sous-préfets statuent sur les affaires suivantes : 1° conditions des baux et fermes des biens lorsque la durée n'excède pas dix-huit ans ; 2°

placement des fonds ; 3° acquisitions, ventes et échanges d'objets mobiliers ; 4° acceptation des dons et legs d'objets mobiliers ou de sommes d'argent lorsque leur valeur n'excède pas 3.000 francs et qu'il n'y a pas réclamation des héritiers. Toutefois, les sous-préfets doivent rendre compte de leurs actes aux préfets, qui peuvent les annuler ou les réformer, soit pour violation des lois et règlements, soit sur la réclamation des parties intéressées, sauf recours devant l'autorité compétente. (*Décr. 13 avril 1861, art. 6, n°ˢ 15, 16, 17, 19, et art. 7 ; Avis Cons. d'Et. 2 juin 1885.*)

785. — Il est statué directement par les préfets sur la plupart des autres affaires, savoir: 1° conditions des baux et fermes des biens de toute nature, lorsque la durée du bail excède dix-huit ans ; 2° acquisitions, aliénations, échanges d'immeubles ; 3° dons et legs d'objets mobiliers ou de sommes d'argent d'une valeur excédant 3.000 francs, ou d'immeubles, quelle que soit leur valeur, lorsque, dans l'un ou l'autre cas, il n'y a pas réclamation des familles ; 4° transactions sur toutes sortes de biens, quelle qu'en soit la valeur ; 5° approbation des plans et devis de travaux, quelle qu'en soit l'importance.

Enfin, il est statué par décret du chef de l'Etat sur l'acceptation des dons et legs de toutes sortes de biens, lorsqu'il s'élève une réclamation des familles, quand bien même la réclamation ne porterait que sur une partie des dons et legs. (*Décr. 25 mars 1852, tableau A, §§ 41, 42, 44, 49 et 55 ; Circ. min. Int. 5 mai 1852 ; Avis Cons. d'Et. 2 juin 1885, L. 4 février 1901, art. 5.*)

785 bis. — Les établissements publics acceptent et refusent sans autorisation de l'administration supérieure, les dons et legs qui leur sont faits sans charges, conditions, ni affectation immobilière. — Lorsque ces dons ou legs sont grevés de charges, conditions ou d'affectation immobilière, l'acceptation ou le refus est autorisé par arrêté du préfet, si l'établissement bénéficiaire a le caractère communal ou départemental, et par décret en conseil d'Etat, s'il a le caractère national. — Toutefois, les conseils municipaux sont toujours appelés à donner leur avis sur les dons et legs aux hospices et bureaux de bienfaisance qui ont le caractère communal, et, en cas de désaccord entre la commune et l'hospice ou bureau de bienfaisance sur l'acceptation ou le refus des libéralités, le préfet statue définitivement par arrêté motivé. (*L. 4 fév. 1901, art. 4 ; Circ. min. Int. 10 juin 1901 et 12 déc. 1901.*)

786. — Le conseil municipal est toujours appelé à donner son avis sur les autorisations d'acquérir, d'échanger, d'aliéner, de plaider ou de transiger, demandées par les bureaux de bienfaisance, et sur l'acceptation des dons et

legs faits à ces établissements. (*L. 5 avril 1884, art. 70, § 5 et 8 janv. 1905, art. 3.*)

787. — En cas d'aliénation d'immeubles par les bureaux de bienfaisance, le dixième des arrérages des rentes à acquérir doit être capitalisé pour obvier à la dépréciation de la valeur monétaire. (*Circ. min. Int. 5 mai. 1852.*)

788. — Les bureaux de bienfaisance ont le droit de placer, en rentes sur l'Etat, leurs fonds libres, quels qu'en soient l'origine et le montant. — V. Pièces justificatives, §§ 248 et 249.

789. — *Emprunts.* — Les délibérations des commissions administratives des hospices, hôpitaux et autres établissements de bienfaisance concernant un emprunt, sont exécutoires en vertu d'un arrêté du préfet, sur avis conforme du conseil municipal, lorsque la somme à emprunter ne dépasse pas le chiffre des revenus ordinaires de l'établissement, et que le remboursement doit être effectué dans un délai de douze années.

Si la somme à emprunter dépasse ledit chiffre, ou si le délai de remboursement excède douze années, l'emprunt ne peut être autorisé que par un décret du Président de la République. Le décret d'autorisation est rendu en conseil d'Etat, si l'avis du conseil municipal est contraire ou s'il s'agit d'un établissement ayant plus de cent mille francs de revenus.

L'emprunt ne peut être autorisé que par une loi, lorsque la somme à emprunter dépasse cinq cent mille francs, ou lorsque ladite somme, réunie au montant des autres emprunts non encore remboursés, dépasse cinq cent mille francs. (*L. 5 avril 1884, art. 119.*)

790. — Il est recommandé aux préfets d'apporter la plus grande circonspection dans l'instruction des demandes d'emprunts formées par des établissements de bienfaisance. Il est dit qu'en général les emprunts ne doivent être autorisés que pour une durée de dix à douze ans, au plus, et dans le cas où leur remboursement peut s'effectuer facilement sur les revenus ordinaires, sans faire tort au service charitable.

Recettes. — V. n° 2790, Pièces justificatives, §§ 183 et suiv.

Dépenses. — V. n 1339, Pièces justificatives, §§ 223 et suiv.

Bureaux de charité. — V. Ateliers de charité.

Bureaux des percepteurs.

791. — Le percepteur doit avoir son bureau au chef-lieu de sa perception ou dans la commune désignée comme résidence. — V. n°ˢ 2738 et suiv.

Le bureau doit être convenablement situé, suffisamment spacieux et bien éclairé.

Les éléments de comptabilité doivent y être classés par ordre. — V. n°° 960 et suiv.

792. — Lorsqu'un percepteur s'installe dans un local nouveau, il doit fournir au receveur des finances *un plan des locaux affectés au service des bureaux. (Circ. compt. 16 nov. 1877, § 1er.)*

793. — *Heures d'ouverture.* — Il est de règle que les heures auxquelles les bureaux des receveurs des finances et des percepteurs sont ouverts au public doivent être les mêmes que celles qui ont été adoptées par les bureaux de la préfecture ou de la sous-préfecture. D'après un usage à peu près général, ces heures sont : neuf heures du matin pour l'ouverture et quatre heures de relevée pour la fermeture.

Ordinairement, il est vrai, la caisse est fermée à trois heures, pour procéder à l'arrêté des écritures de la journée : cet usage répond à une nécessité de service, et ne saurait être changé ; toutefois, le bureau doit rester ouvert jusqu'à quatre heures, afin de donner plus de facilités aux contribuables, comme aux porteurs de mandats, qui auraient à faire des réclamations et qui pourraient quelquefois encore, et par exception, être expédiés avant la clôture définitive des opérations.

En ce qui concerne plus spécialement les percepteurs, il est de droit que leurs bureaux soient fermés pendant certains jours : c'est là une conséquence nécessaire de l'obligation où sont ces comptables de se transporter périodiquement dans les différentes communes de leur réunion pour y effectuer leurs recettes (V. n°° 3016 et suiv.) ; mais il importe de donner à ces absences légales toute la publicité nécessaire, dans le but d'éviter des déplacements inutiles, soit aux contribuables, soit aux porteurs de mandats assignés sur la caisse du percepteur. *(Circ. compt. gén. 5 mai 1882 ; Sol. min. Fin. 7 nov. 1902.)*

794. — Les percepteurs sont libres de fermer leurs bureaux les dimanches et autres jours fériés. *(L. 18 germinal an X, art. 57.)* — V. JOURS FÉRIÉS.

Il y a exception pour les comptables désignés pour payer les mandats d'indemnité de route. — V. n° 1585 *bis.*

795. — *Affiches à placarder dans les bureaux des percepteurs.* — Les percepteurs doivent avoir constamment affichés dans leurs bureaux : 1° l'itinéraire des jours de tournées dans chaque commune de leur arrondissement de perception *(Inst. gén., art. 73)* ; 2° le tarif général des frais de poursuites *(Règ. pours., art. 100)* ; 3° l'avis concernant les déclarations de locations verbales *(Circ. compt. publ. 1 mars 1884, § 5)* ; 4° l'avis destiné à faire connaître au public la nature de l'intervention limitée des percepteurs dans le renouvellement des titres nominatifs ou mixtes de rentes sur l'État *(Circ. compt. publ., 10 fév. et 21 mars 1883)* ; 5° l'avis relatif au payement direct par les percepteurs des arrérages ainsi que des rentes nominatives sur l'État *(Circ. compt. publ. 4 avril. 1900, § 1er)* ; 6° l'affiche destinée à faire connaître au public le concours des percepteurs pour le service des achats et ventes de rentes sur l'État *(Circ. compt. publ. 27 avril 1900, § 10)* ; 7° une copie du bulletin télégraphique de la Bourse *(Circ. compt. publ., 27 avril 1900, § 4)* ; 8° l'avis relatif au payement des contributions extérieures *(Circ. compt. publ., 10 déc. 1900, § 6)* ; 9° le tableau des monnaies admises dans la circulation *(Circ. mouv. gén. des fonds, 30 janv. 1886)* ; 10° l'affiche concernant la caisse nationale des retraites pour la vieillesse *(Inst. 5 mars 1887, art. 170).*

Les comptables doivent également placarder dans leurs bureaux les avis et publications qui leur sont adressés par l'administration pour être portés à la connaissance des contribuables.

C

Cachet de la mairie. — V. n° 2234, 7°.

Cadastre.

796. — *Revision.* — Dans toute commune cadastrée depuis trente ans au moins, il peut être procédé à la revision et au renouvellement du cadastre sur la demande du conseil municipal, et sur l'avis conforme du conseil général du département, à la charge par la commune de pourvoir aux frais des nouvelles opérations. La somme jugée nécessaire est versée à la caisse du receveur des finances, qui la reçoit à titre de recette accidentelle. *(Inst. gén., art. 388 ; L. 17 mars 1898 ; Décr. 9 juin 1898.)*

Cafés—concerts (Droit des pauvres sur l'entrée dans les). V. n°° 1386 et suiv.

Cahier de caisse. — V. CAISSE.

Cahier de notes pour les mutations.

797. — Le percepteur doit tenir, pour chaque commune de sa perception, un *Cahier de notes*

(*Modèle n° 1*) qu'il porte avec lui dans ses tournées, afin d'y indiquer, soit d'après la demande des contribuables, soit d'après les faits parvenus à sa connaissance, les changements ou rectifications à opérer dans les rôles. Il y inscrit les divers renseignements qu'il a pu recueillir pour l'amélioration de l'assiette des contributions, notamment en ce qui concerne les constructions et les démolitions, les alluvions et les corrosions, les nouveaux patentables à imposer et ceux qui sont à supprimer des rôles.

Il rédige deux fois par an, sur des cadres remis à cet effet par le directeur des contributions directes au trésorier général, des extraits du cahier de notes. Ces extraits ou les certificats négatifs devant parvenir au directeur des contributions directes par la voie hiérarchique : l'un *vingt jours au moins* avant l'ouverture de la tournée générale des mutations dans la perception, l'autre du *1er au 5 novembre*, les percepteurs ont à transmettre exactement aux recettes des finances le premier extrait *trente jours* au moins avant l'ouverture de la tournée générale et le second *vers le 15 octobre* de chaque année.

Le percepteur n'a pas à inscrire sur le cahier de notes, non plus que sur les extraits de ce cahier, les faits relatifs aux mutations foncières dont il a déjà rédigé les feuilles.

Les notes prises postérieurement au dernier envoi qui précède le passage du contrôleur pour la tournée générale sont remises directement à celui-ci par le percepteur pendant cette tournée.

Les percepteurs qui, pour une ou plusieurs communes, seraient dispensés de la réception des déclarations de mutations foncières devraient néanmoins consigner sur leur cahier de notes les renseignements qu'ils recueilleraient concernant ces mutations.

Après l'achèvement du travail des mutations, les extraits des cahiers de notes des percepteurs, annotés par les contrôleurs, sont renvoyés à ces comptables par l'intermédiaire du trésorier général et du receveur particulier de l'arrondissement, afin qu'ils aient connaissance de la suite donnée à leurs propositions et qu'ils puissent fournir, s'il y a lieu, le complément des renseignements nécessaires pour opérer, à la prochaine tournée, les mutations non effectuées. (*Inst. gén., art. 27; Inst. sur les mutations, 2 mars 1886, art. 33; Circ. compt. publ. 20 décembre 1895, § 1er.*)

798. — Les percepteurs doivent porter sur leur cahier de notes tous les renseignements qu'ils ont pu recueillir touchant les modifications survenues dans la matière imposable, en vue d'améliorer l'assiette de la taxe municipale sur les chiens et d'en faciliter le recouvrement. (*Circ. compt. publ. 14 janv. 1887, § 12.*)

Cette prescription démontre clairement que les percepteurs doivent indiquer sur le cahier de notes tous les changements ou rectifications à opérer sur les rôles dont ils sont chargés de suivre le recouvrement.

799. — Le percepteur, au moment de la réunion qui a lieu dans chaque commune pour le travail des mutations, doit être muni de son cahier de notes, sur lequel le contrôleur appose un visa, énonçant le nombre d'articles qui y ont été inscrits depuis la précédente tournée générale. (*Inst. gén., art. 42.*) — V. MUTATIONS FONCIÈRES.

Cahier de notes particulières.— V. EMARGEMENTS AUX RÔLES.

Cahier des charges.

800. — Le cahier des charges est un acte qui contient, en ce qui concerne les baux, ventes et locations, le mode et les conditions de payement à faire par les adjudicataires, et qui détermine, pour ce qui regarde les travaux, la nature et l'importance des garanties que les fournisseurs ou entrepreneurs ont à produire. Il règle aussi l'action que l'administration peut exercer sur ces garanties en cas d'inexécution des engagements contractés. (*Inst. gén., art. 855, 863 et 1023.*) — V. ACTES nos 19 et suiv.; ADJUDICATIONS, TRAVAUX.

801. — La minute du cahier des charges, ou original de ce cahier, soumise à l'approbation de l'autorité supérieure, est exempte du timbre si toutes les clauses du contrat ont été mentionnées au procès-verbal d'adjudication; dans ce cas, elle n'est considérée que comme un acte administratif exempt de tout droit en vertu de l'article 80 de la loi du 15 mai 1818. Mais elle devient sujette au timbre, si elle est énoncée même pour simples références, dans le procès-verbal d'adjudication. Dans tous les cas, elle est exempte de l'enregistrement.

Quant aux expéditions délivrées avec celles du procès-verbal d'adjudication, elles sont assujetties au timbre par application du dernier alinéa de l'article 80 précité de la loi de 1818. (*Décis. min. Fin. 29 juillet 1874; Circ. min. Int. 31 mai 1875.*) — V. n° 19 bis.

Caisse.

802. — Chaque comptable ne doit avoir qu'une seule caisse, dans laquelle sont réunis tous les fonds appartenant aux divers services dont il est chargé. Il serait déclaré en déficit des fonds qui n'existeraient pas dans cette caisse unique. (*Inst. gén. art. 1270.*)

803. — *Carnet de caisse.* — *Situation sommaire.* — Le percepteur doit faire sa caisse chaque jour, et constater sur un carnet,

ou cahier spécial, le détail par nature des valeurs existant matériellement en caisse et en
portefeuille. (Inst. gén., art. 1506.)

Indépendamment du carnet de caisse, les
percepteurs doivent, à la fin de chaque journée
ou le lendemain matin au plus tard, adresser
au receveur des finances une situation sommaire de caisse.

L'envoi de cette situation n'a lieu ni les jours
de versements et de tournées des comptables,
ni le dernier jour du mois où le percepteur
adresse le bordereau de situation sommaire,
ni enfin les dimanches et jours fériés. (Circ.
compt. publ. 24 août 1878, § 1er.)

L'examen de la situation de caisse, qui permet au chef de service de se rendre compte de
l'importance des sommes disponibles composant l'encaisse des comptables subordonnés,
fait ressortir si les fonds des communes ont
été employés au payement des dépenses publiques ou réciproquement. Au cas où, par
suite de circonstances imprévues, le comptable aurait momentanément employé les deniers
d'un service pour acquitter les dépenses de
l'autre, la régularisation de la caisse doit toujours se faire à bref délai, soit immédiatement
au moyen d'un envoi de fonds de subvention
ou d'un retrait de fonds placés, soit au plus
prochain versement, mais, en tous cas, avant
l'établissement du bordereau de situation sommaire.

Toute falsification d'écritures à l'effet de
dissimuler une situation irrégulière doit être
sévèrement blâmée et signalée à la Direction
générale, sans préjudice de l'application d'une
mesure disciplinaire en cas de récidive. (Circ.
compt. publ., 28 juill. 1898.)

*Heures d'ouverture et de fermeture de
la caisse.* — V. n° 793.

Spécialités des Fonds en caisse. —
V. PAYEMENT DES DÉPENSES DES COMMUNES,
PAYEMENTS POUR LE COMPTE DU TRÉSORIER-
PAYEUR GÉNÉRAL.

*Mesures à prendre pour la sûreté de
la caisse.* — V. VOL DE FONDS.

Caisse des chemins vicinaux. — V. EM-
PRUNTS, n°s 1437 et suiv.

Caisse des dépôts et consignations.

804. — Le directeur général de la Caisse
des dépôts et consignations emploie l'entremise des receveurs des finances pour effectuer,
dans les départements, les recettes et les dépenses qui concernent le service de cette caisse.
(Inst. gén., art. 500 et suiv.)

Les recettes à faire par les percepteurs-receveurs municipaux, pour être versées à la Caisse
des dépôts et consignations, sont indiquées à

*Caisses d'assurances, Cautionnements, Pen-
sions de retraite, Saisies-arrêts.*

En ce qui concerne les emprunts faits par les
communes à la Caisse des dépôts.V.EMPRUNTS.

805. — *Quittances, Timbre.* — Le timbre de 10 centimes à apposer sur les quittances
délivrées par les parties prenantes à la Caisse
des dépôts et consignations est à la charge de
cette administration. (Arr. Cour cass. 22 février 1893; Circ. Caisse des dépôts et consign.
16 mars 1893, n° 68.)

Caisse des écoles.

806. — La caisse des écoles, instituée par
l'article 15 de la loi du 10 avril 1867, doit être
établie dans toutes les communes. — Dans
les communes subventionnées dont le centime
n'excède pas 30 francs, la caisse a droit sur
le crédit ouvert pour cet objet au ministère de
l'instruction publique, à une subvention au
moins égale au montant des subventions communales.

La répartition des secours se fait par les
soins de la commission scolaire. (L. 28 mars
1882, art. 17.)

La commission scolaire se compose du
maire, président ; d'un délégué du canton et,
dans les communes comprenant plusieurs
cantons, d'autant de délégués qu'il y a de
cantons désignés par l'inspecteur d'académie ;
de membres désignés par le conseil municipal
en nombre égal, au plus, au tiers des membres de ce conseil.

Le mandat des membres de la commission
scolaire, désignés par le conseil municipal,
dure jusqu'à l'élection d'un nouveau conseil
municipal. — Il est toujours renouvelable. —
L'inspecteur primaire fait partie de droit de
toutes les commissions scolaires instituées
dans son ressort. (L. 28 mars 1882, art. 5;
Circ. min. Inst. publ., 29 mars 1882.)

806 bis. — Le revenu de la caisse se compose de cotisations volontaires et de subventions de la commune, du département ou de
l'État. Elle peut recevoir, avec l'autorisation
du préfet, des dons et legs.

Le service de la caisse des écoles est fait
gratuitement par le percepteur lorsqu'il a été
désigné comme trésorier, mais les municipalités peuvent choisir les trésoriers en dehors des
comptables municipaux.(L. 10 avril 1867,art.
15; Circ. min. Inst. publ., 10 déc. 1877.)

807. — Les opérations de recette et de dépense concernant la caisse des écoles font partie
des services exécutés *hors budget.* Elles sont
constatées dans les écritures des receveurs municipaux à un compte spécial (V. ci-après), et
elles sont justifiées, savoir : pour la recette,
par les ampliations, certifiées par le maire,

président de la commission administrative, des actes par lesquels ont été réglées, soit les subventions de la commune, du département et de l'Etat, soit les souscriptions volontaires des particuliers, où ont été acceptés les dons et les legs ; *pour la dépense*, par les mandats du maire, revêtus de l'acquit des parties prenantes. (*Circ. compt. publ., 15 octobre 1867, § 3.*)

808. — Les recettes et les dépenses que les percepteurs-receveurs municipaux ont à effectuer, pour le compte de la caisse des écoles, font l'objet d'un compte qui est ouvert à la première partie, § 2, du livre des comptes divers. Ils y inscrivent comme titre de perception les actes qui ont déterminé le montant des subventions de la commune, du département et de l'Etat, ainsi que les souscriptions particulières, ou réglé l'acceptation des dons et legs. (*Circ. compt. publ. 15 oct. 1867, § 3.*) — V. PIÈCES JUSTIFICATIVES, §§ 63 et 182.

809. — Les lois et décrets relatifs à la comptabilité municipale ne sont pas applicables aux caisses des écoles. (*Jurisp.*)

Toutefois, la comptabilité du service de la caisse des écoles doit être soumise au juge des comptes lorsqu'elle est confiée à un percepteur-receveur municipal. (*Sol. min. Fin. 25 janv. 1897.*)

810. — Les caisses des écoles sont autorisées à déposer leurs fonds disponibles au Trésor aux mêmes conditions que les communes et établissements publics. (*Circ. compt. publ. 12 sept. 1890, § 2.*) — V. PLACEMENTS AU TRÉSOR, nos 2238 et suiv.

811. — Les municipalités ont le droit de choisir, en dehors du percepteur-receveur municipal, un comptable chargé de l'administration de la caisse. (*Circ. min. Inst. publ. 10 déc. 1877.*) — V. BIBLIOTHÈQUES SCOLAIRES.

812. — *Timbre.* — Les quittances délivrées par un percepteur-receveur municipal, trésorier d'une caisse des écoles, ne sont passibles que du timbre de 10 centimes lorsqu'elles excèdent 10 francs. (*Circ. compt. publ. 10 novembre 1887, § 3.*)

Il en est de même des quittances de subventions allouées par les communes à l'établissement scolaire.

812 bis. — *Cas où le percepteur n'est pas trésorier de la caisse des écoles.* — Lorsque le percepteur n'est pas trésorier de la caisse des écoles, il n'a aucune écriture à tenir pour ce service ; il n'a pas à intervenir dans l'encaissement des recettes, notamment les subventions allouées à ces établissements par l'Etat ou le département. Ces subventions sont mandatées directement au nom des caisses des écoles ou de leurs trésoriers. Il y a lieu d'exi-

ger que ceux-ci, en acquittant le mandat de payement, fassent précéder leur signature de la qualité en vertu de laquelle ils agissent. Il est même prudent que les comptables exigent, à l'appui du premier payement fait entre les mains d'un trésorier, la justification de sa qualité, c'est-à-dire l'acte de nomination qui l'investit des fonctions de comptable de l'établissement scolaire. (*Sol. min. fin. 29 déc. 1887.*)

La Cour des comptes exige même lorsqu'une subvention est accordée à la caisse des écoles par la commune et que le receveur municipal n'est pas trésorier de cette caisse, qu'il soit produit un certificat précisant le mode de gestion financière de la caisse des écoles dans la commune. (*Arr. Cour des comptes, 27 mars 1899.*)

Caisse pour la construction des maisons d'écoles. — V. nos 1823 et suiv.

Caisse nationale des retraites pour la vieillesse.

813. — Depuis le 1er janvier 1887, la caisse des retraites, créée par la loi du 18 juin 1850, a pris le nom de : *Caisse nationale des retraites pour la vieillesse.* (*L. 20 juillet 1886, art. 1er.*)

Le maximum de la rente viagère qui peut être inscrite sur la même tête est fixé à 1.200 francs (*art. 6*) et le minimum à 2 francs (*art. 19*).

Les versements sont reçus depuis la somme de 1 franc (2 francs pour deux conjoints) (*art. 5*).

Les sommes versées à la Caisse nationale des retraites pour la vieillesse dans une année, au compte de la même personne, ne peuvent dépasser 500 francs. (*L. 26 juillet 1893, art. 61.*)

Cependant ne sont pas soumis à cette limite :

1° Les versements effectués en vertu d'une décision judiciaire ;

2° Les versements effectués par les administrations publiques avec les fonds provenant des cotisations annuelles des agents non admis au bénéfice de la loi du 9 juin 1853 sur les pensions civiles ;

3° Les versements effectués par les Sociétés de secours mutuels avec les fonds de retraite inaliénables déposés par elles à la Caisse des dépôts et consignations.

En aucun cas, ces versements ne peuvent donner lieu à l'ouverture d'une pension supérieure à 1.200 francs. (*L. 20 juillet 1886, art. 7.*)

Les pensions liquidées, par anticipation, en cas de blessures graves ou d'infirmités prématurées, peuvent être bonifiées à l'aide d'un crédit ouvert chaque année au budget du ministère de l'intérieur, sans que le montant des pensions bonifiées puisse être supérieur au triple de la liquidation, ni dépasser un maximum de 360 fr., bonification comprise (*art. 11*).

Les étrangers, *mais seulement les étrangers résidant en France*, sont autorisés à faire des versements à la Caisse des retraites pour la vieillesse aux mêmes conditions que les nationaux.

Toutefois ces étrangers ne peuvent jouir, en aucun cas, des bonifications dont il est parlé au deuxième paragraphe de l'article 11 *(art. 14)*.

Les tarifs sont calculés sur un taux d'intérêt gradué par quart de franc.

Un décret du Président de la République fixe, au mois de décembre de chaque année, en tenant compte du taux moyen des placements de fonds en rentes sur l'État effectués par la caisse pendant l'année, celui de ces tarifs qui doit être appliqué l'année suivante.

Ce décret est rendu sur la proposition du ministre des Finances, après avis de la commission supérieure *(art. 12)*.

Les versements opérés par les mineurs âgés de moins de *seize ans* doivent être autorisés par leur père, mère ou tuteur *(art. 13, § 2)*. — Toutefois, cette autorisation n'est pas exigée pour les versements faits par les sociétés scolaires de secours mutuels.

La femme mariée et commune en biens est admise à faire des versements sans l'assistance de son mari; mais, dans ce cas, les dépôts profitent séparément par moitié à chaque conjoint, conformément à la règle générale *(art. 13, §§ 4 et 5)*.

Le livret remis à chaque déposant est délivré gratuitement *(Décr. 28 déc. 1886, art. 11)*.

Les déclarations de versement contiennent, en plus des mentions qui doivent déjà y figurer, l'indication de la nationalité du déposant *(art. 2 du décret)*.

S'il survient un changement dans les qualités civiles ou dans la nationalité du déposant, il est tenu de le déclarer au premier versement qui suit.

Il produit en même temps les justifications qui pourraient être nécessaires pour constater le changement survenu et, notamment, en cas de divorce, le jugement qui l'a prononcé *(art. 6 du décret)*.

Des bulletins-retraites sont créés, afin de permettre à tout déposant de réaliser, au moyen de timbres-poste, des économies inférieures à 1 franc *(art 26 de la loi et art. 14 du décret)*.

Les percepteurs et les receveurs des postes sont appelés à prêter leur concours aux opérations de la Caisse nationale des retraites *(art. 26 de la loi et art. 1er du décret.) (Cir. Caisse des dépôts et consign. 30 décembre 1886.)*

814. — Les percepteurs doivent se reporter pour tous les cas qui peuvent se présenter concernant leur concours aux opérations de la Caisse nationale des retraites à l'instruction de M. le Directeur général de la Caisse des dépôts et consignations en date du 5 mars 1887, qui contient 99 articles, avec les modèles réglementaires à l'appui. Cette instruction a été adressée à tous les percepteurs à qui elle est spécialement destinée. En cas de mutation de comptable, elle doit être remise, ainsi qu'il est énoncé au n° 1885, au nouveau titulaire.

Quatre circulaires de la Caisse des dépôts et consignations aux trésoriers généraux et aux receveurs particuliers des finances, en date des 18 octobre 1893, 6 février 1894, 8 octobre 1900 et 8 avril 1905, notifient de nouvelles dispositions concernant le service de la Caisse nationale des retraites pour la vieillesse.

815. — *Remises accordées aux comptables.* — Il est accordé aux comptables les taxations et allocations ci-après pour le concours qu'ils sont appelés à donner aux opérations de la Caisse nationale des retraites pour la vieillesse.

1° Taxation sur le montant des versements effectués :

À une trésorerie générale.	Au trésorier-payeur général................	20e °/₀
À une recette des finances.	Au trésorier-payeur général................	4e °/₀
	Au receveur particulier.	16e °/₀
Chez un percepteur.....	Au trésorier-payeur général..............	4e °/₀
	Au trésorier général ou receveur particulier chef de service......	6e °/₀
	Au percepteur.........	10e °/₀

2° Allocations au comptable qui reçoit le versement.

Par livret ouvert directement.	50 cent.
Par livret ouvert par intermédiaire.	20 —
Par versement nouveau ou subséquent effectué directement.	20 —
Par versement nouveau ou subséquent effectué par des intermédiaires au nom de plusieurs déposants.	5 —

Les frais des imprimés nécessaires aux percepteurs sont à leur charge, conformément à la règle générale suivie pour les autres services dont ils sont chargés. *(Circ. Caisse des dépôts et consign. 2 janv. 1891, § 2, 29 mars 1892, § 2; 6 février 1894, § 3 et 10 fév. 1900.)*

816. — *Plaques à apposer à l'extérieur des bureaux.* — Les plaques relatives à la Caisse nationale des retraites pour la vieillesse qui ont été transmises aux percepteurs doivent être fixées dans un endroit très visible et autant que possible sur la porte extérieure qui donne accès à leurs bureaux ou, à côté, sur le mur longeant la rue.

Les comptables sont responsables des plaques qui leur ont été confiées. En cas de mutation, elles doivent être comprises dans l'inventaire dressé lors de la remise du service. *(Circ. Caisse des dépôts et cons. 21 mars 1892.)*

817. — *Payement. — Procurations. — Quittances.* — Les procurations produites au moment du payement des mandats de la Caisse nationale des retraites peuvent être admises par les préposés sous leur responsabilité. On ne doit demander un avis préalable à la Caisse des dépôts et consignations pour l'admission des procurations que dans le cas où on aurait des doutes sur leur régularité. Les préposés doivent alors spécifier dans leur lettre d'envoi le point précis sur lequel ils auraient besoin d'avoir l'avis de l'administration (*Circ. Caisse des dépôts et consign. 6 avril 1887.*)

En ce qui concerne le timbre et l'enregistrement des procurations, il y a lieu de se reporter à la circulaire de la Caisse des dépôts et consignations du 6 février 1894 et à celle du 1er août 1902, § 2.

818. — Les quittances d'arrérages de rentes de la Caisse nationale des retraites pour la vieillesse sont exemptes du droit de timbre de 10 centimes. (*Circ. Caisse des dépôts et cons. 8 juin 1899.*)

Placement des fonds disponibles en obligations communales. — V. EMPRUNTS COMMUNAUX, n° 1434.

Caisses d'assurances en cas de décès et en cas d'accidents.

819. — Une loi en date du 11 juillet 1868 a créé deux caisses d'assurances garanties par l'État, l'une en cas de décès, l'autre en cas d'accidents résultant de travaux agricoles et industriels.

Les trésoriers généraux, les receveurs particuliers des finances, les percepteurs des contributions directes et les receveurs des postes concourent, pour le compte de la Caisse des dépôts et consignations, aux opérations de ces deux caisses. (*Décr. 10 août 1868, art. 2.*)

Les opérations de la caisse nationale d'assurances en cas d'accidents, créée par la loi du 11 juillet 1868, sont étendues aux risques prévus par la loi du 9 avril 1898 pour les accidents ayant entraîné la mort ou une incapacité permanente de travail absolue ou partielle. (*L. 24 mai 1899, Circ. caisse des dépôts et consign., 26 mai 1899.*)

820. — *Intervention des percepteurs.* — L'intervention des percepteurs dans le service des deux caisses d'assurances n'est limitée en aucune manière. Ils peuvent donc effectuer toutes les opérations qui intéressent ces deux caisses, au même titre, et dans les mêmes conditions, que les receveurs des finances eux-mêmes. Ainsi ils sont appelés à recevoir :

1° *Pour la caisse d'assurance en cas de décès :*

Les propositions d'assurance individuelle par voie de prime unique ou de prime annuelle ;

Les propositions d'assurance collective, faites soit par les mandataires spéciaux, soit par les sociétés de secours mutuels approuvées ;

Les propositions de modification d'assurance ;

Les versements qui accompagnent les propositions d'assurance, en cas de prime unique ou de prime annuelle, ainsi que les versements ultérieurs afférents à ces dernières primes ;

Enfin, les intérêts de retard qui peuvent être dus lorsque les versements sont effectués plus de trente jours après leur échéance ;

2° *Pour la caisse d'assurance en cas d'accidents :*

Les propositions d'assurance individuelle ;

Les propositions d'assurance collective ou par mandataires spéciaux ;

Les versements qui accompagnent ces propositions.

Il importe donc que les percepteurs se livrent à une étude approfondie de l'instruction générale de la Caisse des dépôts et consignations, en date du 1er décembre 1868, afin d'être en mesure de fournir tous les renseignements et éclaircissements qui seraient demandés par les personnes désirant contracter une assurance à l'une ou à l'autre des deux caisses, et dans les diverses conditions y énumérées. (*Circ. compt. publ. 28 décembre 1868, § 1er.*)

Les comptables doivent également se reporter aux circulaires du directeur général de la Caisse des dépôts et consignations, en date des 1er octobre 1869, 5 mars 1870, 10 et 30 juin 1899, 25 juillet 1899 et 8 oct. 1900.

820 bis. — La Caisse d'assurance en cas de décès, instituée en vertu de la loi du 11 juillet 1868, est autorisée à passer des contrats d'assurances mixtes soit avec les sociétés de secours mutuels, au profit de leurs membres, soit avec des contractants individuels faisant ou non partie de sociétés de secours mutuels, soit enfin avec les chefs d'industrie au profit de leurs ouvriers. (*L. 17 juillet 1897.*)

821. — *Comptabilité.* — Les recettes effectuées par les percepteurs sont constatées au moyen de deux comptes à ouvrir à la deuxième section, § 2, du livre des comptes divers, et ayant pour titre : *Caisse d'assurance en cas de décès, Caisse d'assurance en cas d'accidents.* Chacun de ces comptes est crédité des sommes reçues, sans qu'il soit nécessaire de distinguer le montant des primes de celui des intérêts de retard, et débité des sommes versées à la recette des finances. (*Circ. compt. publ. 28 déc. 1868, § 5.*)

822. — *Remise.* — Il est alloué aux percepteurs des contributions directes et aux receveurs des postes 25 centimes pour chaque versement individuel opéré directement à leur caisse. (*Inst. Caisse des dépôts et consignations 5 juill. 1869.*)

Caisses de secours et de retraites des ouvriers mineurs.

823. — *Versements à effectuer par les exploitants de mines.* — *Intervention des percepteurs après avis du ministre des tra-*

vaux publics. — Les versements à effectuer par les exploitants des mines aux caisses de secours et de retraites des ouvriers mineurs ne sont reçus, en principe, que chez les trésoriers généraux et les receveurs particuliers des finances.

Toutefois, l'intervention des percepteurs peut avoir lieu exceptionnellement, à titre de simple entremise, et en vertu d'une autorisation donnée à l'exploitant, soit par le ministre des finances, soit par le ministre du commerce, sur l'avis du ministre des travaux publics. Dans ce cas, les comptables agissent, non comme préposés de la Caisse nationale des retraites pour la vieillesse, dans les conditions fixées par l'instruction du 5 mars 1887, mais bien comme intermédiaires entre les exploitants de mines et le receveur des finances de l'arrondissement. Leur rôle se borne à l'encaissement des sommes versées et à la transmission des fonds et des livrets au receveur des finances. (*L. 29 juin 1894 ; Circ. Caisse des dépôts et consign. 18 déc. 1894 et 25 mars 1895.*)

Cette dernière circulaire fait l'objet d'instructions spéciales pour les percepteurs autorisés à servir d'entremise au receveur des finances.

Caisses d'épargne.

824. — *Intervention des percepteurs.* — Les percepteurs des contributions directes, dont le concours a été demandé par les administrations des caisses d'épargne, peuvent, sur l'avis conforme du ministre de l'agriculture et du commerce, être autorisés par le ministre des finances à recevoir les versements et à effectuer les remboursements pour le compte des caisses d'épargne de leur département. (*Décr. 23 août 1875, art. 1er.*)

825. — Les caisses d'épargne peuvent obtenir le concours, soit de tous les percepteurs, soit seulement d'un certain nombre de ces comptables, déterminé par la situation ou l'importance des localités. (*Décr. 23 août 1875, art. 2.*)

826. — *Dispositions législatives et réglementaires concernant l'intervention des percepteurs dans le service des caisses d'épargne.* — Les lois qui régissent les caisses d'épargne sont celles des 22 juin 1845, 30 juin 1851, 7 mai 1853, 9 avril 1881 et 20 juillet 1895 ; les principales dispositions qui intéressent plus particulièrement les agents du Trésor sont résumées ci-après :

Les déposants aux caisses d'épargne ne peuvent verser moins de 1 franc ;

Le compte ouvert à chaque déposant ne peut pas dépasser le chiffre de 1,500 francs. L'article 9 de la loi du 9 avril 1881 est applicable aux comptes qui dépassent ce maximum.

Le montant total des versements opérés du 1er janvier au 31 décembre ne peut dépasser 1,500 francs.

Ces dispositions ne sont pas applicables aux opérations faites par les sociétés de secours mutuels et par les institutions spécialement autorisées à déposer aux caisses d'épargne ordinaires. Le maximum des dépôts faits par ces sociétés et institutions peut s'élever à 15,000 fr. (*L. 20 juill. 1895, art. 1.*)

827. — Sous l'empire de la loi de 1881, le maximum du *compte* de chaque déposant était seul limité, mais aucune limite n'était fixée pour le montant des *versements annuels* qui, *combinés avec des retraits de fonds*, pouvaient s'élever à des chiffres très importants. Aujourd'hui, en vertu de l'article 4 de la loi nouvelle, *et en ce qui concerne seulement les comptes des déposants ordinaires*, le montant total des *versements* opérés du 1er janvier au 31 décembre ne peut plus dépasser 1,500 francs. Un nouveau déposant ayant versé, par exemple, 1,500 francs le 1er janvier aura épuisé son droit de versement pour toute l'année, alors même qu'il opérerait des retraits de fonds réduisant son compte bien au-dessous de cette somme. (*Circ. compt. publ. 28 août 1895, § 5.*)

828. — Nul ne peut avoir plus d'un livret dans la même caisse ou dans des caisses différentes, sous peine de perdre l'intérêt de la totalité des sommes déposées. (*L. 22 juin 1845, art. 5, 9 avril 1881, art. 21 et 20 juill. 1895, art. 18.*)

829. — Tout déposant dont le crédit est de somme suffisante pour acheter 10 francs de rente au moins peut faire opérer cet achat en titres nominatifs, sans frais, par les soins de l'administration de la caisse d'épargne. La rente peut également lui être attribuée, au cours moyen du jour de l'opération, par un prélèvement sur le portefeuille représentant les fonds des caisses d'épargne.

Dans le cas où le déposant ne retire pas les titres achetés pour son compte, l'administration de la caisse d'épargne en reste dépositaire et reçoit les arrérages et prime de remboursement au crédit du titulaire. Elle peut également les faire vendre sur la demande du déposant.

Le capital provenant de cette vente, déduction faite des frais de négociation, est porté au nom du déposant à un compte spécial et sans intérêt. (*L. 20 juill. 1895, art. 2.*)

830. — Dès que le compte d'un déposant dépasse le maximum de versement, la caisse d'épargne doit, après en avoir donné avis à l'intéressé par lettre recommandée, suspendre immédiatement les intérêts sur l'excédent, et au cas où cet excédent ne serait pas retiré dans les trois mois à partir de la date de l'avis, faire acheter d'office en son nom sans frais un titre de rente. (*L. 9 avril 1881, art. 9.*)

831. — Les conseils d'administration des caisses d'épargne peuvent rembourser à vue les fonds déposés ; mais les remboursements ne sont exigibles que dans un délai de quinzaine.

Toutefois, en cas de force majeure, un décret rendu sur la proposition des ministres des Finances et du Commerce, le Conseil d'État entendu, peut limiter les remboursements à la somme de 50 francs par quinzaine. Des délais supplémentaires sont fixés par décret pour les opérations nécessitant l'intervention d'un bureau ou d'une caisse située en dehors de la France continentale.

Les dispositions relatives au remboursement sont portées à la connaissance des déposants par une inscription placée en tête du livret et affichée dans le local des caisses d'épargne. (*L. 20 juill. 1895, art. 3.*)

832. — Le taux d'intérêt payé par les caisses d'épargne aux déposants peut être gradué selon l'importance des comptes.

Les livrets sur lesquels le montant des retraits et des dépôts, y compris le solde antérieur, n'a pas dépassé la somme de 1,500 fr., pendant le courant de l'année, peuvent être favorisés soit par un système de primes, soit par une graduation du taux.

Les livrets collectifs des sociétés de secours mutuels et des institutions spécialement autorisées à déposer aux caisses d'épargne jouissent, quel que soit le chiffre de leur dépôt, de l'intérêt accordé à la catégorie des livrets les plus favorisés.

Le règlement de chaque caisse d'épargne, fixant le taux des primes ou des intérêts gradués, doit être publié trois mois au moins avant son application. (*L. 20 juill. 1895, art. 8.*)

833. — *Commission à délivrer aux percepteurs pour autoriser leurs opérations.* (*Circ. compt. publ. 25 août 1875, § 2.*) — Les percepteurs ne doivent concourir au service des caisses d'épargne que quand leur intervention a été approuvée par le ministre des finances (*Décr. 23 août 1875, art. 1er et 2*). Avis de cette approbation est donné au trésorier général par la Direction générale de la comptabilité publique. Dans ce cas, les percepteurs doivent être munis d'une commission spéciale émanée du conseil d'administration de la caisse d'épargne et contresignée, pour autorisation, par le trésorier général (*Id., art. 4*).

834. — D'après une circulaire de l'administration de l'enregistrement du 11 octobre 1875, les commissions dont il s'agit sont sujettes au timbre de dimension. Le prix de ce timbre étant à la charge des comptables, il convient que les commissions soient d'un format semblable à celui des feuilles de papier timbrées à 60 centimes. (*Circ. compt. publ. 30 nov. 1875; § 1er.*)

835. — *Lieux et époques où les opérations s'effectuent.* — (*Circ. compt. publ. 25 août 1875, § 3.*) — Les opérations effectuées par les percepteurs ont lieu :

Au siège de la résidence du comptable, tous les jours non fériés, autres que ceux fixés par les règlements pour les tournées de recouvrement et de mutations, ou pour les versements à la recette des finances.

Dans les autres communes de la perception, les jours fixés pour les tournées réglementaires de recouvrement.

Une affiche, certifiée par le receveur des finances de l'arrondissement, doit être placardée dans le bureau de chaque percepteur, à l'effet de faire connaître les jours et heures où son bureau est ouvert au public. Cette affiche peut être manuscrite.

Les percepteurs n'ont pas à intervenir dans les villes et communes où les caisses d'épargne ont leur siège principal ou possèdent une succursale permanente.

836. — *Premiers versements.* — *Demandes de livrets.* (*Circ. compt. publ. 25 août 1875, § 4.*) — Tout déposant qui fait pour la première fois un versement à la caisse d'épargne doit signer, à cet effet, une déclaration ou demande de livret énonçant ses nom de famille, prénoms, âge, date et lieu de naissance, demeure et profession. (*Arr. min., art. 3.*) Les formules de ces demandes (*Modèle n° 1*) sont fournies gratuitement aux percepteurs par la caisse d'épargne.

Lorsqu'il y a plusieurs caisses d'épargne dans le département et que la partie versante n'a pas explicitement choisi l'une d'elles, le percepteur doit désigner d'office celle qui est la plus rapprochée de la résidence du déposant.

Les versements anonymes ou pseudonymes sont interdits. Quiconque vient faire un premier versement doit déclarer s'il verse pour son compte ou pour le compte d'un tiers. (*Décr. 14 juin 1857, art 2.*)

837. — Les livrets de caisse d'épargne sont nominatifs.

Toute somme versée à une caisse d'épargne est, au regard de la caisse, la propriété du titulaire du livret.

Les mineurs sont admis à se faire ouvrir des livrets sans l'intervention de leur représentant légal. Ils peuvent retirer sans cette intervention, mais seulement après l'âge de seize ans révolus, les sommes figurant sur les livrets ainsi ouverts, sauf opposition de la part de leur représentant légal.

Les femmes mariées, quel que soit le régime de leur contrat de mariage, sont admises à se faire ouvrir des livrets sans l'assistance de leurs maris ; elles peuvent retirer, sans cette assistance, les sommes inscrites aux livrets ainsi ouverts, sauf opposition de la part de leurs maris. (*L. 9 avril 1881, art. 6, et 20 juillet 1895, art. 16.*)

Les sociétés de secours mutuels sont admises

à faire des versements à la caisse d'épargne, et le compte ouvert à leur crédit peut atteindre le chiffre maximum de quinze mille francs (15,000 fr.). Les institutions de coopération, de bienfaisance et autres sociétés de même nature, peuvent être admises à faire des versements jusqu'à concurrence du même maximum (15,000), mais sous réserve d'une autorisation spéciale du ministre. Cette faculté est étendue aux syndicats professionnels régulièrement constitués dans les conditions de la loi du 21 mars 1884. (*Circ. compt. publ. 30 juin 1900, § 8 ; Circ. min. du com. 19 déc. 1903.*)

Au delà de ce chiffre, il leur est fait application de l'article 9 ci-dessus : toutefois, le montant de la rente achetée d'office pour leur compte doit être de 100 francs. (*L. 9 avril 1881, art. 13.*)

La caisse d'épargne est autorisée à se charger de toutes quittances et pièces et de tous livrets qui ont plus de trente ans de date. (*L. 9 avril 1881, art. 14.*)

Les imprimés écrits et actes de toute espèce, nécessaires pour le service de la caisse d'épargne, sont exempts des formalités du timbre et de l'enregistrement. (*L. 9 avril 1881, art. 20.*) — V. n° 853.

Les percepteurs ne sont pas autorisés à recevoir le premier versement de la part : 1° des sociétés de secours mutuels ; 2° des personnes qui versent pour un tiers, sauf pour les mineurs dont il vient d'être question ; 3° des bienfaiteurs qui désirent rester inconnus.

Il est également interdit aux percepteurs de recevoir : 1° les dons conditionnels provenant soit d'un don manuel, soit d'un testament ; 2° les fonds affectés aux remplacements militaires ; 3° les versements exceptionnels opérés par les marins portés sur les contrôles de l'inscription maritime.

Les versements qui rentrent dans les catégories ci-dessus doivent être faits directement au siège de la caisse d'épargne.

838. — *Quittance à souche à délivrer aux parties versantes.* (*Circ. compt. publ. 25 août 1875, § 5.*) — Tout versement fait à un percepteur pour le service des caisses d'épargne donne lieu à la délivrance d'une quittance à souche *exempte de timbre* (V. n° 853). Cette quittance est provisoire, et le versement est consigné sur le livret par la caisse d'épargne elle-même, ainsi qu'il est expliqué au paragraphe 11. Il est formellement interdit aux percepteurs d'inscrire aucune somme sur les livrets.

Les quittances dont il s'agit sont extraites d'un journal à souche spécial (*Modèle n° 2*). Ce livre est imprimé exclusivement par l'Imprimerie nationale, et le prix, qui est de 80 centimes par volume de 200 quittances, en est à la charge des percepteurs. Les receveurs des finances suivent, pour l'approvisionnement des volumes de ce livre et pour leur remise aux percepteurs, les règles indiquées à l'article 1526 de l'Instruction générale pour ceux du journal à souche ordinaire.

Le percepteur est tenu, sous sa responsabilité personnelle et les peines de droit, d'enregistrer sur le journal à souche spécial chacune des sommes versées à sa caisse pour le service des caisses d'épargne. Au moment où il enregistre une recette, il remplit la quittance attachée à la souche en regard de chaque article de recette, et qui doit porter le même numéro, les mêmes noms et les mêmes sommes. Il détache immédiatement cette quittance et la remet à la partie versante.

Il est interdit au percepteur de délivrer d'autres quittances que celles qu'il sépare du journal à souche spécial.

En cas de perte de la quittance à souche par le déposant, le percepteur ne doit jamais en délivrer de duplicata. Les formalités à remplir pour suppléer à la quittance perdue sont indiquées au paragraphe 17 ci-après.

La quittance à souche sus-mentionnée énonce que le livret ne sera remis au déposant que sur la présentation de ladite quittance et dans un délai de dix jours à partir de la plus prochaine séance de la caisse d'épargne.

839. — *Versements postérieurs effectués sur la présentation des livrets.* (*Circ. compt. publ. 25 août 1875, § 6.*) — Les versements postérieurs aux premiers sont reçus sur la présentation du livret, sans qu'il y ait à fournir d'autres justifications. Il n'est pas même nécessaire que le porteur du livret en soit le titulaire ou produise une autorisation ou procuration du titulaire. Seulement, il est interdit aux percepteurs et à leurs commis, ainsi qu'aux receveurs des finances et à leurs employés, de se rendre porteurs de livrets appartenant à des tiers et même de recevoir la procuration de ceux-ci pour faire quelque opération privée que ce soit près des caisses d'épargne.

Les versements postérieurs donnent lieu à la délivrance d'une quittance à souche extraite du journal spécial prescrit au paragraphe 5 ci-dessus. La quittance énonce le numéro, ainsi que les nom et prénoms du titulaire du livret, et elle contient l'avis que le livret sera rendu au déposant dans le délai de dix jours indiqué au même paragraphe. (*Arr. min., art. 5.*)

840. — *Constatation des recettes par les percepteurs.* (*Circ. compt. publ. 25 août 1875, § 7.*) — A la fin de chaque journée, les sommes reçues, à titre soit de premiers versements, soit de versements ultérieurs, sont additionnées sur le journal à souche spécial, et il en est fait recette au journal à souche ordinaire du percepteur. Celui-ci délivre pour ordre une *quittance collective* des recouvrements opérés pendant la journée. (*Arr. min., art. 6.*)

Les recettes de cette nature font l'objet d'un compte à ouvrir à la 2e section, § 2, du livre des comptes divers, sous le titre de *Recouvrements pour le compte des caisses d'épargne*. Ce compte est crédité des recettes opérées et débité des versements à la recette des finances.

Le jeudi soir, s'il y a un courrier, ou le lendemain matin au plus tard, le percepteur adresse au receveur des finances de l'arrondissement, par la poste : 1° les quittances collectives qui ont été extraites chaque jour du journal à souche ordinaire ; 2° un bordereau nominatif, en double expédition, distinct par nature de versements *(demandes de livrets, ou versements postérieurs)*, et indiquant les dates et le montant des sommes reçues depuis le dernier envoi ; 3° les demandes de livrets ou les livrets eux-mêmes, suivant le cas. Lorsqu'il y a plusieurs caisses d'épargne dans le même arrondissement, il est formé un bordereau distinct par caisse d'épargne. *(Arr. min., art. 7.)*

Les bordereaux nominatifs *(Modèle n° 3)* sont fournis gratuitement aux percepteurs par les caisses d'épargne.

840 *bis*. — Le receveur municipal, qui est en même temps caissier de caisse d'épargne, ne doit pas comprendre dans son compte de gestion, aux services hors budget, les opérations concernant la caisse d'épargne. *(Arr. Cour des comptes 27 avril 1899.)*

841. — *Constatation des recettes par les receveurs des finances. — Versement des percepteurs. (Circ. compt. publ. 25 août 1875, § 8.)* — A l'arrivée des pièces mentionnées au paragraphe précédent, et sans attendre le versement matériel des fonds qui a lieu aux époques et suivant les formes ordinaires, le receveur des finances s'en charge immédiatement en recette et il inscrit sur un livre de détail spécial, conformément aux indications portées sur le bordereau nominatif, tous les renseignements qui lui sont nécessaires pour suivre les opérations et en assurer le contrôle. *(Arr. min., art. 8.)*

Cette opération est constatée au crédit de deux comptes à ouvrir parmi les correspondants administratifs, sous les titres ci-après :

N° 35 *ter : Caisse d'épargne. Lie de recouvrements ;*

N° 56 : *Percepteurs, Lie de recouvrements opérés pour le compte des caisses d'épargne.*

Le compte n° 56 est débité au crédit du compte n° 35 *ter*. Les recettes constatées à ce dernier compte sont transportées en fin de dizaine au crédit du compte courant du trésorier général, et les opérations constatées au débit du compte n° 56 sont centralisées dans les écritures de la trésorerie générale au moyen d'un compte à ouvrir sous le titre n° 95 : *Receveurs particuliers, Lie de recouvrements pour les caisses d'épargne effectués par les percepteurs.*

Lors de son plus prochain versement à la re-

cette des finances, le percepteur effectue en numéraire ou en pièces de dépenses le versement de toutes les sommes reçues pour le compte des caisses d'épargne, et le receveur des finances lui en délivre un récépissé à talon dûment libellé et libératoire. *(Arr. min., art. 8.)*

Les recettes de cette nature sont constatées au crédit du compte n° 56.

Le livre de détail, qui est conforme au modèle n° 4, présente, au moyen de comptes ouverts à chacun des percepteurs, pour chacune des caisses d'épargne de l'arrondissement, le montant des caisses d'épargne de l'arrondissement, le montant des sommes versées par les déposants. La récapitulation de ces comptes (col. 5) doit toujours former un total égal au montant du crédit du compte n° 35 *ter*. Les colonnes 6 et 7 de ce cahier sont destinées à constater, d'une part, les versements des percepteurs, pour chacune part, la date de la rentrée des quittances à souche, ou, à leur défaut, des livrets.

Les receveurs des finances doivent s'approvisionner à leurs frais des formules du livre de détail spécial, ainsi que des formules des récépissés à délivrer aux percepteurs.

842. — *Remise des fonds et des livrets à la caisse d'épargne. (Circ. compt. publ. 25 août 1875, § 9.)* — Le receveur des finances de l'arrondissement remet au caissier de la caisse d'épargne, avant l'ouverture de la séance hebdomadaire *(c'est-à-dire le dimanche matin au plus tard) :* 1° les demandes de livrets accompagnant les premiers versements, ainsi que les livrets déposés à l'appui des versements postérieurs ; 2° les bordereaux nominatifs détaillés établis par les percepteurs ; 3° un état récapitulatif en double expédition. *(Arr. min., art. 9.)*

Les formules de l'état récapitulatif *(Modèle n° 5)* sont fournies gratuitement aux receveurs des finances par la caisse d'épargne.

En même temps, le récépissé délivré par le receveur des finances au crédit du compte n° 35 *ter* est remis au caissier de la caisse d'épargne, pour représenter entre ses mains les fonds reçus par les percepteurs.

Ce récépissé est ensuite compris pour comptant dans le versement hebdomadaire que le caissier fait au receveur des finances en qualité de préposé de la Caisse des dépôts et consignations. *(Arr. min., art. 9.)*

Le versement est constaté au crédit du compte *Caisse des dépôts et consignations* par le débit du compte : *Pièces de dépenses,* dans les écritures de la recette particulière, ou du compte n° 35 dans celles de la trésorerie générale. Le récépissé rendu par le caissier, avec sa décharge au verso, est produit comme pièce de dépense à l'appui du débit du compte n° 35 *ter*.

843. — *Cas où la caisse d'épargne n'est pas placée au chef-lieu d'arrondissement. (Circ. compt. publ. 25 août 1875, § 10.)* — A l'égard des caisses d'épargne situées dans une ville autre que le chef-lieu d'arrondissement, le receveur des finances adresse par la poste au percepteur de ladite ville les pièces mentionnées au paragraphe précédent, et ce comptable les remet au caissier de la caisse d'épargne au nom et pour le compte du receveur des finances. Il importe que cette remise soit faite avant l'ouverture de la séance de la caisse d'épargne. Si des retards étaient signalés à la Direction générale de la comptabilité publique et qu'ils fussent reconnus imputables, soit au receveur des finances, soit au percepteur, le ministre des Finances mettrait à leur charge le montant du préjudice causé aux parties.

844. — *Restitution des livrets aux déposants.* (*Circ. compt. publ. 25 août 1875, § 11.*) — Le livret est le titre du déposant ; il est toujours nominatif et non au porteur.

Les livrets sont numérotés en toutes lettres et en chiffres par la caisse d'épargne. Ils portent la signature de l'un des directeurs ou administrateurs, et, à côté, le timbre de l'établissement.

Le caissier de la caisse d'épargne, après avoir établi les livrets demandés en cas de premier versement ou consigné les versements postérieurs sur les livrets déposés, adresse les uns et les autres au receveur des finances et lui rend en même temps, pour contrôle, l'une des deux expéditions du bordereau nominatif (*Modèle n° 3*) et de l'état récapitulatif (*Modèle n° 5*) prescrits aux paragraphes 7 et 9. Le receveur des finances transmet les livrets aux percepteurs pour être rendus aux destinataires et y joint le bordereau nominatif rendu par la caisse d'épargne.

Comme il est dit aux paragraphes 5 et 6, le percepteur retire des mains du déposant la quittance à souche qu'il lui a délivrée et lui fait souscrire au verso un reçu du livret restitué. La date de cette restitution est annotée dans la colonne d'observations du bordereau nominatif.

A l'expiration du délai d'un mois fixé pour le retrait des livrets (§ 12), les quittances rendues par les parties sont renfermées dans leur bordereau respectif et adressées par le percepteur à la recette des finances, où elles sont enregistrées dans la colonne 7 du livre de détail prescrit au paragraphe 8.

845. — *Renvoi à la caisse d'épargne des livrets non réclamés.* (*Circ. compt. publ. 25 août 1875, § 12.*) — Lorsque les livrets n'ont pas été réclamés dans le mois qui suit l'expiration du délai de dix jours, fixé au paragraphe 5, ils doivent être renvoyés au receveur des finances avec un bordereau modèle n° 5 *bis* (*Circ. compt. publ. 18 déc. 1879, § 3*), conformément à la marche tracée au paragraphe 11, pour l'envoi des quittances, et les ayants droit ont à faire retirer directement leurs livrets au siège de la caisse d'épargne (*Décr. 23 août 1875, art. 5*). Il importe que cette prescription

soit rigoureusement observée, tant pour prévenir l'encombrement des livrets dans le bureau des percepteurs, que pour faciliter le contrôle des opérations par la recette des finances.

846. — *Demande de remboursement des fonds déposés.* (*Circ. compt. publ. 25 août 1875, § 13.*) — Le déposant qui désire retirer tout ou partie de la somme inscrite sur son livret est tenu de signer une demande de remboursement sur la première partie d'une formule (*Modèle n° 6*) qui lui est fournie par le percepteur et dont la seconde partie est destinée à la quittance. Ces deux parties restent adhérentes l'une à l'autre et sont pliées de manière qu'en signant la seconde le déposant ne puisse voir la première.

Si le déposant ne sait pas signer, le percepteur en fait la déclaration sur la demande de remboursement et signe lui-même cette déclaration.

En même temps le déposant remet son livret au percepteur, qui lui délivre un bulletin de dépôt (*Modèle n° 7*) indiquant que le remboursement aura lieu dans un délai de quinze jours à partir de la plus prochaine séance de la caisse d'épargne, si la demande a été faite dans les quatre premiers jours de la semaine, ou à partir de la séance suivante, si la demande n'a été formée que dans les deux derniers jours de la semaine. (*Décr. 23 août 1875, art. 11.*)

Le jeudi soir, s'il y a un courrier, ou le lendemain matin au plus tard, le percepteur transmet au receveur des finances de l'arrondissement : 1° les demandes de remboursement formées depuis le vendredi précédent ; 2° les livrets déposés à l'appui ; 3° un bordereau nominatif (*Modèle n° 8*), en double expédition, indiquant la date des demandes, les numéros des livrets, les noms des déposants et le montant des sommes réclamées, avec distinction des remboursements partiels et des remboursements totaux.

Ces pièces sont remises à la caisse d'épargne par le receveur des finances avant l'ouverture de la plus prochaine séance, conformément à la marche tracée au paragraphe 9. Elles sont renfermées dans un bordereau récapitulatif par perception (*Modèle n° 9*) établi en double expédition par le receveur des finances.

Lorsqu'il existe plusieurs caisses d'épargne dans l'arrondissement, il y a lieu de former des bordereaux nominatifs et des états récapitulatifs distincts par caisse d'épargne, et, à l'égard des caisses d'épargne situées dans une ville autre que le chef-lieu d'arrondissement, le receveur des finances adresse par la poste les pièces ci-dessus mentionnées au percepteur de ladite ville, pour que celui-ci les remette au caissier de la caisse d'épargne, suivant la marche indiquée au paragraphe 10.

Les percepteurs et les receveurs des finances sont approvisionnés par les caisses d'épargne des formules des modèles n°s 6, 7, 8 et 9 ci-dessus prescrits.

847. — *Autorisation de rembourser.* (*Circ. compt. publ. 25 août 1875, § 11.*) — Après que le remboursement a été autorisé par le conseil d'administration, le caissier de la caisse d'épargne appose son *vu bon à payer* sur les demandes de remboursement et il remet ces demandes au receveur des finances avec l'une des deux expéditions du bordereau nominatif (*Modèle n° 8*) et l'état récapitulatif (*Modèle n° 9*) prescrits au précédent paragraphe. En même temps il annote en toutes lettres et en chiffres, sur le livret, le montant de la somme à rembourser par le percepteur.

Les demandes de remboursement sont en outre revêtues du *vu à bon payer* du receveur des finances. Ces demandes, accompagnées des livrets correspondants et d'un double du bordereau nominatif, sont transmises au percepteur pour en faire le payement aux ayants droit, au jour fixé par le paragraphe 13 ci-dessus.

848. — *Remboursement par les percepteurs.* (*Circ. compt. publ. 25 août 1875, § 15.*) — Au moment du payement, le percepteur appose sa signature, ainsi que le timbre *payé*, sur le livret, au-dessous de la somme en chiffres et en lettres y mentionnée par le caissier de la caisse d'épargne, et, après avoir fait quittancer la seconde partie de la demande de remboursement (*Modèle n° 8 précité*), il rend au déposant son livret en échange du bulletin de dépôt (*Modèle n° 7 précité*), au pied duquel celui-ci appose son reçu du livret. Les bulletins de dépôts constatant la remise des livrets au déposant sont conservés à la recette des finances.

En principe, le déposant doit donner quittance de tout remboursement qu'il reçoit, et les comptables doivent, dans l'intérêt de leur responsabilité, prendre toutes les précautions nécessaires pour ne faire de remboursements qu'aux véritables créanciers, en les faisant signer en leur présence, et même en exigeant la justification des signatures qui ne leur seraient pas suffisamment connues.

Lorsque le déposant ne se présente pas lui-même, il peut être remplacé par un tiers, porteur d'une procuration authentique ou sous seing privé. Mais, dans ce cas, le remboursement doit avoir lieu directement au siège de la caisse d'épargne.

L'obligation de donner quittance n'est pas tellement absolue que le déposant ne puisse en être dispensé, lorsqu'il ne sait ou ne peut signer et que son identité est constante. La quittance est alors remplacée par un certificat signé de deux témoins. Le percepteur appose également sa signature au-dessous de celles des témoins, afin d'attester que la formalité s'est accomplie en sa présence.

Toutefois, comme la caisse d'épargne est toujours en droit de refuser, à un déposant qui ne sait ou ne peut signer, le bénéfice de ce mode de procéder, elle devra, quand elle jugera

convenable de ne rembourser que sur la quittance du mandataire régulier, avoir soin de l'indiquer sur la demande de remboursement. Dans ce cas, le remboursement sera exclusivement fait au siège de la caisse d'épargne.

Les percepteurs n'ont pas à intervenir dans les remboursements à faire : 1° aux sociétés de secours mutuels ; 2° aux titulaires de livrets provenant de dons conditionnels ou de remplacements militaires ; 3° aux cessionnaires de livrets ; 4° aux héritiers, donataires, légataires ou autres ayants droit d'un titulaire décédé.

Les demandes de remboursement, ainsi quittancées, sont comprises pour comptant dans le plus prochain versement du percepteur à la recette des finances. Elles sont portées dans les écritures des receveurs particuliers au débit du compte : *Pièces de dépenses*, et dans celles du trésorier général au débit d'un compte des correspondants administratifs à ouvrir sous le titre de : *N° 96, Caisse d'épargne, L.re de remboursements.*

Lors de la plus prochaine séance de la caisse d'épargne, le receveur des finances remet au caissier les pièces justificatives des payements effectués par les percepteurs et il s'en fait tenir immédiatement compte. Les sommes ainsi encaissées sont portées, dans les écritures des receveurs particuliers, au crédit du compte : *Pièces de dépenses*, et dans celles de la trésorerie générale au crédit du compte n° 96 précité. Ces encaissements, constituant une simple conversion de valeurs, ne donnent pas lieu à la délivrance de récépissés à talon.

849. — *Remboursements supérieurs à 150 francs faits à des déposants ne sachant ou ne pouvant signer.* — L'instruction du 4 juin 1857 admet le remboursement, à quelque somme qu'il s'élève, fait au déposant illettré, lorsque son identité est constatée sur un certificat signé de deux témoins et de l'administrateur de service. (*Circ. compt. publ. 4 avril 1889, § 3.*)

850. — *Cas où les remboursements demandés ne sont pas effectués.* (*Circ. compt. publ. 25 août 1875, § 16.*) — Lorsque, dans le mois qui suit l'époque fixée pour le remboursement (V. § 12 ci-dessus), le déposant ne s'est pas présenté pour toucher la somme qui lui revient, sa demande est considérée nulle. (*Arr. min., art. 14.*)

Dans ce cas, le percepteur renvoie au siège de la caisse d'épargne, par l'entremise du receveur des finances, la demande de remboursement, ainsi que le livret lui-même.

Le caissier de la caisse d'épargne annule ladite demande et biffe sur le livret la mention relative au payement qui n'a pas eu lieu.

Si le déposant se présente après le délai d'un mois ci-dessus fixé, il est tenu de faire une nouvelle demande de remboursement, suivant la marche indiquée aux paragraphes 13 à 15.

851. — *Perte des quittances à souche ou des bulletins de dépôt.* — *Perte de livrets.* (*Circ. compt. publ.* 25 août 1875, § 17.) — Dans le cas où le déposant viendrait à perdre soit sa quittance à souche, soit son bulletin de dépôt, le percepteur pourra passer outre à la remise des livrets sur la production d'une déclaration de perte formée par le déposant et visée par le maire de sa résidence. (*Décr.* 23 août 1875, art. 5). La restitution des livrets ne devra jamais avoir lieu sans l'autorisation préalable du receveur des finances, qui pourra d'ailleurs exiger telles justifications que de droit en vue de sauvegarder sa responsabilité.

Il y a lieu néanmoins de remarquer que la quittance à souche et le bulletin de dépôt étant nominatifs comme les livrets eux-mêmes, les tiers ne sauraient en faire un mauvais usage. Il importe donc de ne pas créer de difficultés inutiles au public des caisses d'épargne, généralement peu lettré, et d'accepter les déclarations de pertes à moins de circonstances extraordinaires.

Les percepteurs n'ont pas à intervenir à l'égard des livrets perdus. Il appartient aux ayants droit de se pourvoir directement à cet effet auprès de la caisse d'épargne.

852. — L'impôt du timbre est applicable aux pièces justificatives que les comptables peuvent exiger des déposants en cas de perte des quittances à souche ou bulletin de dépôt, et notamment aux déclarations de pertes visées par le maire de la résidence des parties. (*Inst. enreg.* 11 octobre 1875.)

853. — *Exemption de timbre pour les quittances données aux ou par les caisses d'épargne.* — (*Circ. compt. publ.* 25 août 1875, § 18.) — Depuis la promulgation de la loi du 25 août 1871, la question s'est élevée de savoir si les quittances de sommes déposées aux caisses d'épargne, ainsi que les quittances des sommes remboursées par elles à leurs déposants, devaient ou non être soumises au timbre. Il a été reconnu que la loi de 1871, loi générale, n'a pas entendu déroger à la loi spéciale du 5 juin 1835, et que les caisses d'épargne devaient bénéficier de l'immunité de timbre prononcée par cette dernière loi. L'article 9 du décret du 23 août 1875 ayant consacré cette solution, les percepteurs n'ont pas à exiger de timbre pour les quittances qu'ils délivrent ou qui leur sont délivrées, à l'occasion de leur intervention dans le service des caisses d'épargne.

Mais s'il s'agit de quittances ou de reçus rédigés pour répondre à la convenance ou à l'intérêt des parties, ces écrits restent soumis au droit commun. (*Décis. min. Fin.* 6 janvier 1882.)

854. — Les certificats de propriété et actes de notoriété exigés par les caisses d'épargne

pour effectuer le remboursement, le transfert ou le renouvellement des livrets appartenant aux titulaires décédés ou déclarés absents doivent être visés pour timbre et enregistrés gratis. (*L.* 20 juillet 1895, art. 23.)

855. — *Quittances de traitement et autres.* — Les quittances de traitement des employés, ainsi que les factures ou mémoires des fournisseurs des caisses d'épargne, sont passibles du timbre. (*Inst. enreg.* 6 juillet 1892, n° 2823, § 3.)

Le timbre de 10 centimes est dû par les caisses d'épargne pour les quittances de traitement de leurs employés, qu'elles soient données sur mandat individuel, sur registre ou sur état d'émargement, et pour les factures de leurs fournisseurs. Par contre, lesdites factures ne doivent pas être établies sur papier timbré; il en est de même des procurations sous seing privé ou notariées données par les déposants. (*Circ. compt. publ.* 10 sept. 1900, § 3.)

856. — *Responsabilité des receveurs des finances à l'égard de la gestion des percepteurs.* (*Circ. compt. publ.* 25 août 1875, § 19.) — Aux termes de l'article 7 du décret du 23 août 1875, les receveurs des finances sont responsables, vis-à-vis des caisses d'épargne, de la gestion des percepteurs de leur arrondissement. Ils ont, en effet, les moyens de s'assurer de la réalité et de la régularité des recettes, au moyen, soit de la rentrée des quittances (§ 11), soit de la restitution des livrets non retirés (§ 12).

Aucune correspondance, aucun envoi de pièces ou de renseignements ne doivent d'ailleurs avoir directement lieu entre les percepteurs et les caissiers des caisses d'épargne. Toutes les communications officielles ou verbales, intéressant le service, sont exclusivement faites par l'intermédiaire de la recette des finances.

La responsabilité des comptables supérieurs implique leur recours, en cas de débet, sur le cautionnement des percepteurs. En cas d'insuffisance du cautionnement de ces derniers, et si le déficit provient de force majeure ou de circonstances indépendantes de la surveillance du receveur des finances, celui-ci peut obtenir la décharge de sa responsabilité, conformément à l'article 545 du décret du 31 mai 1862 et à l'article 1316 de l'Instruction générale du 20 juin 1859.

857. — *Rémunération des percepteurs.* (*Circ. compt. publ.* 25 août 1875, § 20.) — Le concours des percepteurs est rémunéré au moyen d'une remise fixe de 10 centimes pour chacun des versements ou remboursements effectués par leurs soins ; cette remise est à la charge des caisses d'épargne. (*Décr.* 23 août 1875, art. 6.)

À cet effet, les receveurs dressent dans le courant du mois de janvier un décompte des opérations effectuées par les percepteurs pendant l'année précédente. Ce décompte, qui peut être manuscrit, comprend dix colonnes intitulées :

Numéros.

1. *Désignation des perceptions.*
2. *Montant des recouvrements.*
3. *Montant des remboursements.*
4. *Total des opérations de recette et de dépense.*
5. *Nombre des recouvrements.*
6. *Nombre des remboursements.*
7. *Nombre total des recouvrements et remboursements.*
8. *Remise de dix centimes revenant aux percepteurs.*
9. *Émargements des percepteurs.*
10. *Observations.*

Après que ce décompte a été vérifié et approuvé par l'administration de la caisse d'épargne, le receveur des finances le fait émarger par les ayants droit et paye à chaque percepteur la somme qui lui revient. Il s'en fait ensuite rembourser par le caissier de la caisse d'épargne, suivant la marche indiquée au paragraphe 15 pour les remboursements effectués pour son compte. Une copie du décompte est adressée à la Direction de la comptabilité publique. Les allocations revenant aux percepteurs de ce chef ne sont pas soumises aux retenues pour pensions civiles, et le montant n'en doit pas dès lors figurer dans l'état des remises des percepteurs, non plus que dans le titre de perception des retenues.

Aucune rémunération n'est allouée aux receveurs des finances.

858. — *Tables des modèles concernant le service des caisses d'épargne. (Circ. compt. publ. 25 août 1875 et 18 déc. 1879, § 3.)*

Numéros.

1. Demande de livret à l'effet de déposer pour la première fois *(Modèle à la charge de la caisse d'épargne).*
1 bis. Demande de livret à l'effet de déposer pour la première fois pour le compte d'un entrepreneur *(Idem).*
2. Journal à souche spécial à tenir par les percepteurs *(A la charge du percepteur).*
3. Bordereau nominatif des versements faits à la caisse du percepteur *(A la charge de la caisse d'épargne).*
4. Livre de détail spécial à tenir par le receveur des finances *(A la charge du receveur des finances).*
5. État récapitulatif des versements faits par les percepteurs *(A la charge de la caisse d'épargne).*
5 bis. Bordereau des livrets non réclamés dans les délais prescrits de (versement ou remboursement) renvoyés à la caisse d'épargne *(Idem).*
6. Demande de remboursement et quittance *(Idem).*
7. Bulletin de dépôt de livret *(Idem).*
8. Bordereau nominatif des remboursements demandés à la caisse du percepteur *(Idem).*
9. État récapitulatif des demandes de remboursement *(Idem).*

858 *bis.* — *Interdiction des libéralités.* — *Refus d'encaissement par les receveurs municipaux et hospitaliers.* — Les caisses d'épargne ne doivent sous aucun prétexte allouer des subventions soit aux communes, aux hospices et aux établissements de bienfaisance.

Il est formellement interdit aux comptables municipaux et hospitaliers d'encaisser les subventions ou libéralités qui seraient accordées par des caisses d'épargne aux communes ou établissements dont ils sont receveurs. *(Cir. compt. publ., 30 oct. 1899, § 4.)*

Canaux et cours d'eau non navigables. — V. COTISATIONS, n° 1233, CURAGE, SYNDICATS.

Cantonniers.

859. — *Nomination et payement de leur salaire.* — Les cantonniers de chemins de grande communication et d'intérêt commun sont nommés par le préfet, sur la proposition de l'agent-voyer en chef. *(Inst. chem. vic. 6 déc. 1870, art. 174.)*

Les contingents à fournir par les communes sont versés à la caisse du receveur des finances. — V. PIÈCES JUSTIFICATIVES, § 128.

860. — Les cantonniers sur les chemins vicinaux ordinaires sont nommés par les maires sur la proposition de l'agent-voyer cantonal. *(Inst. chem. vic. 6 décembre 1870, art. 174.)*

861. — En ce qui concerne le payement de leur salaire, il y a lieu de distinguer s'ils jouissent d'un traitement fixe payable au mois ou à l'année, ou s'ils sont payés soit à la tâche, soit à la journée.

Dans le premier cas, les décomptes sont exempts de timbre, comme constituant des pièces d'ordre intérieur uniquement destinées à faciliter les écritures de la comptabilité ; dans le second cas, au contraire, les décomptes sont, pour les ouvriers, le titre de leur créance, et sont dès lors assujettis au timbre de dimension, si leur montant est supérieur à 10 francs.

Cette distinction est rationnelle.

Du moment, en effet, que les cantonniers sont des agents communaux recevant un traitement fixe, payable au mois ou à l'année, déterminé d'avance par le budget, quel que soit l'ouvrage exécuté, ils n'ont à fournir aucune production pour toucher les sommes leur revenant ; leur droit au traitement réside dans leur qualité d'agent communal ; le décompte de ce traitement est donc bien un document d'ordre intérieur que n'atteint pas l'impôt.

Mais, au contraire, les cantonniers ou piqueurs employés accidentellement sur les chemins vicinaux, étant payés à la journée ou à la tâche, doivent être considérés comme de simples ouvriers, et le décompte des salaires qui leur sont dus constitue le seul et véritable titre de leur créance. Il tient lieu, dès lors, du mémoire que les parties devraient régulièrement présenter ; à ce titre, le décompte doit être soumis au timbre de dimension.

Dans tous les cas la quittance est passible du timbre de 10 centimes, lorsque la somme payée est supérieure à 10 francs.

Les décomptes sont dressés par les agents-voyers et visés par l'agent-voyer d'arrondissement ; ils sont rédigés, dans le premier cas, sur les formules nᵒˢ 25, 25 *bis* et 40 ; dans le second cas, si on ne procède pas par mandat individuel, on emploie les formules nᵒˢ 24 et 28. *(Circ. min. Int. 31 mai et 16 oct. 1875.)* — V. PIÈCES JUSTIFICATIVES, §§ 126 et 131.

Carnets à tenir par les percepteurs–receveurs municipaux.

862. — Les carnets à tenir par les percepteurs-receveurs municipaux sont :

1º Le carnet *(Modèle nᵒ 296)* des ordonnances de dégrèvements sur contributions directes et sur produits communaux *(Inst. gén., art. 208, 216, 1447, 1449 et 1487).* — V. nᵒ 2048.

2º Le carnet *(Modèle nᵒ 67)* des ordonnances de dégrèvements sur produits afférents aux chemins vicinaux *(Inst. chem. vic., art. 255).* — V. nᵒ 939.

3º Le carnet *(Modèle nᵒ 302)* des rentes et créances à recouvrer pour les hospices *(Inst. gén., art. 1481).* — V. nᵒ 2723.

4º Le carnet *(Modèle nᵒ 303)* des titres de recette et de dépense à payer en plusieurs années *(Inst. gén., art. 1503).* — V. nᵒ 1813.

5º Le carnet des comptes spéciaux pour les communes et établissements qui ont des revenus importants *(Inst. gén., art. 1458).* — V. nᵒ 1778.

6º Le carnet ou cahier de caisse *(Inst. gén., art. 1506).* — V. nᵒ 1794.

7º Le carnet d'enregistrement journalier des pièces de dépenses (dépenses publiques et dépenses de trésorerie) *(Circ. compt. publique 23 avril 1881, § 7).* — V. nᵒ 2126.

8º Le carnet d'achat des timbres mobiles à 25 centimes *(Circ. compt. publ. 1ᵉʳ déc. 1863, § 1ᵉʳ).* — V. nᵒ 2082.

9º Les carnets relatifs au service des amendes *(Inst., 5 juill. 1893).* — V. nᵒ 502.

10º Le carnet d'ordre concernant les actes de poursuites à notifier par la poste *(Modèle nᵒ 21).* *(Circ. compt. publ. 28 août 1902).* — V. nᵒ 2459 *bis*.

Pour les livres à tenir, V. nᵒˢ 1777 et suiv.

Carrières. — V. nᵒˢ 2637 et suiv.

Cartes postales. — V. FRANCHISE, nᵒ 1593.

Casernement (frais de). — V. nᵒˢ 1509 et suiv.

Casier judiciaire et réhabilitation de droit.

862 *bis*. — *Fiches individuelles*. — Les agents chargés du recouvrement des condamnations pécuniaires doivent aviser, dans le plus bref délai, le Procureur de la République de leur résidence du payement intégral des amendes prononcées *pour crime ou délit* par une juridiction répressive. Les avis dont il s'agit, sont fournis sur des fiches individuelles.

Le recouvrement total d'une amende prononcée pour crime ou délit, qu'il s'agisse d'un payement intégral ou d'un payement pour solde donne donc lieu à l'établissement d'une fiche individuelle par le percepteur consignataire de l'extrait de jugement Mais cette formalité n'est pas applicable aux amendes de simple police ni aux amendes prononcées par les conseils de préfecture, ces deux catégories d'amendes ne figurent pas au casier judiciaire.

Les avis de payement doivent être établis sur des formules conformes au modèle nᵒ 2 et les percepteurs doivent les remplir très exactement en se conformant aux indications portées sur l'extrait de jugement qui se trouve entre leurs mains ; ils font, en outre, parvenir régulièrement, avant le 5 de chaque mois, au receveur des finances toutes les fiches concernant les amendes acquittées en totalité au cours du mois précédent.

La loi du 5 août 1899 et le décret qui la complète ne visent, en dehors de l'amende, aucun autre élément de condamnation. Les comptables doivent donc établir une fiche au nom de tout condamné qui a payé la totalité de son amende et des décimes correspondants, sans attendre qu'il ait soldé le montant intégral de l'extrait de jugement qui le concerne. On ne doit pas conclure de ce qui précède qu'il y a lieu, dans le cas d'un payement fractionné, d'imputer d'office les premiers acomptes sur le montant de l'amende. Les comptables ne procèdent de cette manière que si le condamné en exprime le désir dans le but de profiter, le plus tôt possible, des avantages conférés par la loi du 5 août 1899. En l'absence d'une déclaration de cette nature les percepteurs doivent continuer à observer les prescriptions de l'article 517 de l'instruction du 5 juillet 1895 — V. nᵒˢ 534 et 535.

Lorsqu'un condamné obtient, par voie de grâce, la remise totale de son amende, le percepteur consignataire n'a pas à porter cette décision gracieuse à la connaissance du Parquet, qui en est avisé par les soins du Ministère compétent. Mais si la grâce n'est que partielle, le Procureur de la République doit être informé, dans les conditions prévues ci-dessus, du payement de la fraction d'amende laissée à la charge du débiteur.

Enfin, les percepteurs appelés, soit d'office, soit en vertu d'une commission extérieure, à recouvrer une amende pour le compte d'un de leurs collègues ne doivent pas omettre d'informer ce dernier de la date exacte du versement effectué à leur caisse, cette date devant être inscrite au casier judiciaire. *(Circ. compt. publ. 22 fév. 1900 et 25 sept. 1901, § 15.)* — V. RÉHABILITATION.

Casiers judiciaires (frais des extraits des). V. n° 1516.

Catalogue ou Inventaire. — V. INVENTAIRE.

Cautionnements des adjudicataires de travaux et fournitures.

863. — *Réalisation des cautionnements.* — Les cautionnements à fournir par les adjudicataires, conformément au cahier des charges, doivent être réalisés à la diligence des receveurs des communes, auxquels il est remis, à cet effet, une copie, et, s'il est nécessaire, une expédition en forme du procès-verbal d'adjudication et du cahier des charges.

Les cautionnements peuvent être faits en *numéraire*, en *immeubles*, en *rentes sur l'Etat* ou en *obligations* de la commune intéressée dans l'adjudication suivant que le cahier des charges l'aura déterminé. *(Circ. compt. publ. 19 mai 1903, § 1.)*

Les cautionnements en *numéraire* sont reçus dans les départements par les receveurs des finances, en qualité de préposés de la Caisse des dépôts et consignations.

Toutefois, les fonds sont remis provisoirement au receveur municipal, qui en délivre une quittance à souche timbrée à 25 centimes, les porte à un compte d'ordre spécial ouvert à la 1re section, § 2, du livre des comptes divers, intitulé : *Dépôts de garantie et cautionnements pour adjudications et marchés,* et en fait le versement dans le plus court délai possible à la recette des finances. Il lui en est remis un récépissé timbré à 25 centimes au nom de l'adjudicataire, avec mention que ce récépissé est destiné à remplacer la quittance à souche.

Une déclaration, tenant lieu de duplicata du récépissé, sert au receveur municipal de justification de son versement. — V. PIÈCES JUSTIFICATIVES, § 176.

Quand les adjudications doivent être passées au chef-lieu de la sous-préfecture, le cahier des charges stipule que les dépôts de garantie et les cautionnements seront versés directement, pour le compte des communes, à la caisse du receveur des finances.

Lorsque les cautionnements sont réalisés en *immeubles,* l'inscription doit être prise au nom des communes intéressées ; il doit être stipulé que les immeubles sont libres de tous privilèges et hypothèques, et le receveur veille à ce qu'il en soit régulièrement justifié. — V. INSCRIPTIONS, n°s 1687 et suiv.

Quant aux cautionnements en *inscriptions de rentes sur l'Etat,* les actes d'affectation sont passés soit avec le directeur de l'enregistrement, soit avec l'agent judiciaire du Trésor, conformément aux règles prescrites pour les cautionnements de même nature fournis par les receveurs d'hospices. *(Inst. gén., art. 1026, 1028, 1104 et 1480.)* — V. SERVICES HORS BUDGET, TRAVAUX, n° 3044.

864. — Lorsqu'un cautionnement a été fourni par des tiers, ceux-ci font constater leurs droits de privilège de second ordre dans les déclarations de versement à inscrire sur le livre des consignations, et ils interviennent, à cet effet, dans les déclarations, qu'ils signent concurremment avec les fournisseurs et adjudicataires. Ils ne peuvent suppléer à l'accomplissement de cette formalité que par la signification extra-judiciaire, aux préposés entre les mains desquels les cautionnements ont été versés, d'un acte notarié conforme au modèle annexé au décret du 22 décembre 1812. *(Inst. gén., art 528.)*

865. — Les cautionnements en immeubles fournis par l'adjudicataire, ou par des tiers doivent être consentis par un acte passé en forme authentique devant notaire, conformément à l'article 2127 du Code civil. Le receveur municipal doit veiller à ce qu'il soit stipulé dans l'acte que les immeubles sont libres de tous privilèges, charges et hypothèques, il prend, en vertu de cet acte, inscription au bureau des hypothèques par application des dispositions des articles 2146 et suivants du même Code. — V. INSCRIPTIONS.

866. — Il est interdit aux comptables de recevoir des cautionnements en rentes *au porteur.* Si un entrepreneur offrait d'affecter à son cautionnement une rente de cette nature, l'autorité qui procède à l'adjudication devrait exiger qu'elle fût préalablement convertie en une inscription nominative. *(Arr. min. Fin. 25 nov. 1832.)*

867. — *Dépôts provisoires.* — Indépendamment des cautionnements définitifs que doivent fournir les adjudicataires, les soumissionnaires peuvent être astreints, par les cahiers des charges, au versement d'un dépôt provisoire qui leur est rendu après l'adjudication, s'ils ne sont pas déclarés adjudicataires ; les receveurs des communes et établissements de bienfaisance reçoivent ces dépôts, les consignent au compte d'ordre dont il est parlé ci-dessus, n° 863, en opèrent le remboursement, ou font convertir en cautionnements définitifs ceux qui ont été versés par les soumissionnaires devenus adjudicataires, d'après la marche indiquée aux articles 1177 à 1184 de l'Instruction générale pour les dépôts provisoires relatifs aux fournitures et travaux entrepris au compte de l'Etat. Les actes de dépôts sont passés avec les maires des communes. *(Inst. gén., art. 1027.)*

868. — Les récépissés et les quittances de dépôts en numéraire délivrés par les receveurs des finances et les receveurs municipaux aux soumissionnaires de fournitures et travaux sont soumis au timbre de 25 centimes. *(Circ. compt. publ. 14 avril 1872, n° 42.)*

869. — Les remboursements à faire aux soumissionnaires non déclarés adjudicataires sont constatés par un reçu *(timbré à 10 centimes)* donné par les parties au dos des quittances à souche qui leur ont été délivrées et qu'elles doivent rendre au receveur municipal pour justifier la dépense.

Quant aux dépôts en numéraire à convertir en cautionnements, le versement en est opéré par le receveur municipal au receveur des finances, comme préposé de la Caisse des dépôts et consignations. *(Inst. gén., art. 1480 et 1480.)* — Pièces justificatives, § 176.

870. — Les cautionnements pour les adjudications qui doivent être passées au chef-lieu de la sous-préfecture sont versés directement pour le compte des communes à la caisse du receveur des finances. *(Inst. gén., art. 1028.)*

Déclarations de versement de cautionnements. — V. n° 2969.

871. — *Intérêts de cautionnements.* — Les intérêts de cautionnements sont servis, par la Caisse des dépôts, à partir du soixante et unième jour de la date du versement à titre de consignation, conformément à l'article 2 de la loi du 18 janvier 1805 et de l'ordonnance royale du 3 juillet 1816, et réglés au 31 décembre de chaque année. *(Inst. gén., art. 1026.)*

872. — *Remboursements des cautionnements.* — Le remboursement des cautionnements est effectué par le receveur des finances, comme préposé de la Caisse des dépôts. *(Inst. gén., art. 1104 et 1480.)*

873. — Dans le cas où le versement d'un cautionnement affecté à la garantie d'une commune est réclamé par le receveur municipal, celui-ci doit remettre au préposé de la Caisse des dépôts les pièces énoncées dans la circulaire de la Caisse des dépôts et consignations en date du 20 juillet 1895, § 5.

Cautionnements des fermiers des biens des communes.

874. — Les cautionnements à fournir par les fermiers des biens des communes sont versés à la caisse du receveur municipal, comme il est dit ci-dessus, n°° 863 et suivants.

Cautionnements en titres au porteur déposés par divers.

875. — Les cautionnements fournis en titres au porteur, soit par des propriétaires d'obligations adirées de la ville, soit par des régisseurs d'établissements communaux exploités directement au compte de la ville, doivent être versés à la Caisse des dépôts et consignations. *(Inst. gén. sur le service des consignations, 1er déc. 1877, art. 2.)*

Le receveur municipal ne peut donc, sous aucun prétexte, conserver dans sa caisse des titres au porteur qui auraient été remis à titre de cautionnement.

Cautionnements des receveurs ou préposés-comptables et des fermiers d'octroi, et pour d'autres services communaux, à verser à la caisse des dépôts et consignations. — V. Octroi, n° 2005.

Cautionnements des percepteurs et des receveurs de communes et établissements de bienfaisance.

876. — *Fixation et versement des cautionnements.* — Les cautionnements des percepteurs, des percepteurs-receveurs municipaux et des receveurs spéciaux des communes et des établissements de bienfaisance, sont calculés et établis d'après les dispositions suivantes :

Pour les percepteurs et les percepteurs-receveurs municipaux, trois fois le montant des émoluments payés par le Trésor, les communes et les établissements de bienfaisance.

Toutefois le cautionnement des receveurs-percepteurs de Paris est élevé à quatre fois le montant des émoluments, et celui des percepteurs et des percepteurs-receveurs municipaux de la Corse, est réduit à deux fois le montant des émoluments. *(L. 27 février 1884, art. 1 et 2.)*

877. — Les receveurs municipaux spéciaux sont divisés en trois classes, savoir : une 1re classe comprenant les receveurs ayant un traitement supérieur à 10,000 francs ; une 2e classe comprenant les receveurs ayant un traitement supérieur à 5,000 francs, et la 3e classe comprenant tous les autres receveurs.

Le cautionnement des receveurs de la 1re classe est fixé à sept fois et demie le montant de leur traitement, avec faculté de fournir, en rentes sur l'État, la portion excédant 40,000 francs.

Le cautionnement des receveurs de la 2e classe est fixé à six fois et demie le montant de leur traitement, avec faculté de fournir, en rentes sur l'État, la portion excédant 20,000 francs.

Le cautionnement des receveurs de la 3e classe est fixé à quatre fois et demie le montant de leur traitement, avec faculté de fournir, en rentes sur l'État, la portion excédant 10,000 francs. (*L. 27 février 1884, art. 3.*)

878. — Les receveurs spéciaux des hospices, des bureaux de bienfaisance, des asiles d'aliénés et des dépôts de mendicité, sont assimilés aux receveurs municipaux spéciaux pour le calcul du montant de leur cautionnement ; mais, en ce qui concerne la nature et l'emploi de ce cautionnement, l'ordonnance du 6 juin 1830 continue à être appliquée. (*L. 27 février 1884, art. 5; Circ. compt. publ. 12 avril 1884.*)

879. — Lorsque les revenus des établissements de bienfaisance d'une même perception ne s'élèvent pas à 1,000 francs, les receveurs sont dispensés de fournir un cautionnement. (*Inst. gén., art. 1222.*)

880. — Les cautionnements sont solidairement affectés aux diverses gestions dont un même comptable se trouve chargé cumulativement. (*Inst. gén., art. 1223.*)

881. — Dans les premiers jours du mois de mai de chaque année, au plus tard, le trésorier général adresse à la Direction générale de la comptabilité publique, pour les divers arrondissements du département, et après avoir fait former, par les receveurs particuliers, celui qui concerne leur arrondissement respectif, un état (*Modèle n° 252*) contenant les renseignements nécessaires pour servir à la fixation des cautionnements et à la classification des perceptions. (*Inst. gén., art. 1224.*)

882. — *Révision des cautionnements.* — Il peut être procédé à la révision des cautionnements des percepteurs en fonctions lorsque, pendant trois ans consécutifs, ces cautionnements ont été reconnus inférieurs d'un cinquième au moins aux proportions ci-dessus. Toutefois, les receveurs des finances ne doivent user de cette faculté qu'avec réserve et discernement.

Les demandes en révision ont lieu au moyen d'un état conforme au *modèle n° 253*, lequel est dressé par le trésorier-payeur général et remis au préfet pour être envoyé par lui au ministre (*Direction du personnel*), avec ses observations. (*Inst. gén., art. 1225.*)

883. — *Nature et réalisation des cautionnements.* — Les cautionnements des percepteurs-receveurs municipaux et d'établissements de bienfaisance, et des receveurs-spéciaux de communes, doivent être constitués, pour la totalité soit en numéraire, soit en rentes, et ne peuvent avoir un caractère mixte. (*Ins. gén. art. 1226; L. 13 avril 1898, art. 56; Décr. 2 juillet 1898; Circ. compt. publ., 15 juillet 1898.*)

884. — Les cautionnements en rentes réalisés au Trésor public en vertu de la loi du 13

avril 1898, sont constitués au moyen d'*inscriptions nominatives directes* des différents fonds de la dette publique. (*Décr. 2 juillet 1898, art. 1er.*)

On ne doit dans aucun cas transmettre des titres au porteur à la Direction de la Dette inscrite, en vue de la réalisation d'un cautionnement en rente.

Au termes de l'art. 1er de l'arrêté du ministre des finances en date du 6 décembre 1899, les comptables dont le cautionnement est affecté à une gestion déterminée et qui désirent, en cas de changement de poste, convertir en rentes leur cautionnement en numéraire, sont admis à demander que cette transformation soit faite par le Trésor, dans les conditions prévues par les articles 13 et 14 du décret du 2 juillet 1898.

Ils sont tenus de faire connaître leur option *avant leur installation à leur nouveau poste*. Ils doivent à cet effet adresser une demande à la Direction de la Dette inscrite et indiquer de quelle façon ils entendent constituer le supplément de cautionnement auquel ils sont assujettis. La forme des déclarations d'affectations à établir varie suivant les cas et le modèle en est fourni par la Direction de la comptabilité publique.

Si les comptables ont versé en numéraire le supplément de garantie exigé par les nouvelles fonctions, la même déclaration peut s'appliquer à l'affectation de la totalité du cautionnement à transférer.

S'ils ont à leur disposition des titres de rentes sur l'État, ils font usage, pour l'affectation de ces rentes au supplément de cautionnement à fournir, des modèles 1 et 3 annexés à la circulaire du 15 juillet 1898.

Les applications des cautionnements à de nouvelles gestions, demeurent subordonnées à une autorisation ministérielle. Les dossiers constitués pour ces opérations doivent notamment comprendre les anciens certificats d'inscription, ainsi que les titres de rentes sur lesquels la mention d'affectation doit être modifiée. (*Circ. compt. publ., 20 déc. 1899, §§ 1 à 5.*)

Justification des cautionnements. — V. INSTALLATION.

885. — *Interdiction d'exiger des garanties indépendantes des cautionnements.* — Les receveurs des finances ne peuvent, sauf les mesures à prendre en cas de débet, exiger des percepteurs, des receveurs municipaux et des receveurs d'établissements de bienfaisance, des cautions, hypothèques ou autres garanties particulières, indépendamment des cautionnements auxquels les comptables sont assujettis. (*Inst. gén., art. 1232.*)

886. — Toutefois, ils peuvent se concerter avec les maires pour faire prendre inscription sur les biens des comptables, en vertu de l'article 2121 du Code civil, qui accorde aux communes et aux établissements publics un droit d'hypothèque légale sur les biens de leurs receveurs. En cas de débet, cette inscription profiterait, par voie de subrogation, au receveur des finances qui aurait ouvert le débet, article 1251 du même Code. *(Inst. gén., art. 1233.)*

887. — *Recette des cautionnements par les receveurs des finances.* — Les comptables assujettis à fournir un cautionnement en numéraire doivent verser ce cautionnement au Trésor public, ou, pour son compte, dans les caisses des receveurs des finances, et il leur en est délivré des récépissés à talon; la production de ces récépissés, ou de déclarations de versement en tenant lieu, est indispensable pour l'inscription des cautionnements sur les livres du Trésor.

Les formules de récépissés pour cautionnement doivent contenir l'avis suivant :

Les intérêts de cautionnements ne peuvent être acquittés qu'au vu du certificat constatant que la somme versée a été inscrite au Trésor.
Il importe donc, afin d'éviter tout retard de payement, que le présent récépissé soit transmis à la direction de la dette inscrite *(Section des cautionnements)*, pour y être échangé contre le certificat d'inscription dont il s'agit *(Arrêté du gouvernement du 24 germinal an VIII).*

Indépendamment du récépissé, il est délivré d'office aux parties une déclaration de versement, afin que, nanties de cette pièce, elles n'hésitent pas à faire l'envoi du récépissé.

Il ne doit être inséré dans les récépissés de cautionnement aucune mention de privilège de second ordre en faveur de tiers, ce privilège ne pouvant s'obtenir qu'au moyen d'une déclaration faite devant notaire, dans la forme indiquée par les décrets des 28 août 1808 et 22 décembre 1812. *(Inst. gén., art. 795.)*

888. — Les trésoriers généraux sont chargés de la transmission à la direction de la Dette inscrite des récépissés délivrés pour les cautionnements des percepteurs et des receveurs municipaux ; à cet effet, chaque receveur particulier des finances doit, au moment de l'installation d'un percepteur ou d'un receveur municipal et après la prestation de serment, se faire remettre le récépissé constatant le versement du cautionnement du comptable installé ; il l'adresse au trésorier général du département, qui en fait l'envoi au ministère des finances avec ceux qu'il a pu recueillir comme receveur particulier de l'arrondissement du chef-lieu. Dans le cas où, par un motif quelconque, le récépissé ne peut être produit, il y est suppléé par une déclaration de versement. *(Inst. gén., art. 700.)*

889. — *Application du cautionnement d'une gestion non terminée à une autre gestion confiée au même titulaire.* —

Les percepteurs qui sont nommés à d'autres perceptions sont dans l'obligation de fournir un cautionnement pour leur nouvelle perception, jusqu'à l'apurement de la comptabilité de leur ancienne résidence.

Toutefois ils peuvent être dispensés, par le receveur des finances de l'arrondissement, du versement d'un nouveau cautionnement, sur la production :

1° Du procès-verbal de remise de service, ou, à défaut, d'un certificat constatant la situation régulière de la caisse des comptables ;

2° Du certificat d'inscription du cautionnement relatif à l'ancienne gestion ;

3° D'un certificat du directeur du contentieux constatant qu'il n'existe ni opposition ni privilège de second ordre sur ce cautionnement, ou, s'il en existe, le consentement du bailleur de fonds à ce que le cautionnement soit appliqué à la nouvelle gestion. Si le comptable à installer a réalisé en rentes le cautionnement afférent à sa précédente gestion, le certificat du directeur du contentieux est remplacé par un certificat délivré par le directeur de la Dette inscrite, dans la forme du modèle *F*. *(Circ. de la Dette inscrite 20 déc. 1899, § 0)*;

4° Un certificat de non-opposition délivré par le greffier du tribunal civil ;

5° Le récépissé ou certificat provisoire du service des cautionnements en rentes constatant le versement du supplément de cautionnement.

Le comptable supérieur doit néanmoins, dans ce cas, veiller à ce que l'application du cautionnement soit faite le plus promptement possible ; il prend note, à cet effet, des percepteurs qui sont dans la position indiquée ci-dessus, et il les oblige à presser l'apurement de leur ancienne comptabilité. *(Inst. gén., art. 1235 ; Circ. de la Dette inscrite, 20 déc. 1899, § 3.)* — V. COMPTES DE GESTION N° 994, INSTALLATION, MUTATIONS DE PERCEPTEURS-RECEVEURS.

Intérêts de cautionnements. — V. n° 1727 et suiv.

890. — *Remboursements des cautionnements après la cessation du service, et application du cautionnement d'une gestion terminée à la garantie d'une autre gestion confiée au même titulaire.* — Lorsqu'un percepteur-receveur de communes et d'établissements de bienfaisance a cessé ses fonctions, et que ce comptable ou ses ayants cause demandent le remboursement de ses cautionnements, ou lorsque, nommé à une autre perception, il désire faire appliquer les cautionnements fournis pour son ancienne gestion à la garantie des nouveaux services qui lui sont confiés, il doit justifier de sa libération, savoir :

1° Par le certificat du préfet *(Modèle n° 258)*, délivré au vu des certificats de quitus des maires *(Modèle n° 257)*, et constatant que les derniers comptes du titulaire, définitivement jugés par le conseil de préfecture ou la Cour des comptes, sont apurés et soldés ; les receveurs des communes dont les comptes sont jugés par la Cour des comptes doivent produire, en outre, l'arrêt de quitus de cette Cour ;

2° Par un *certificat de quitus du receveur des finances* de son arrondissement (*Modèle n° 259*), constatant que la libération du comptable, pour tous les services qui lui étaient confiés, résulte tant des justifications produites par lui que des vérifications faites à la recette particulière.

Les certificats délivrés par les receveurs particuliers doivent être revêtus du *visa* du trésorier-payeur général.

Les receveurs des finances ont le droit de ne délivrer leur quitus que lorsque les arrêtés ou arrêts rendus sur les comptes des receveurs municipaux ne sont plus susceptibles d'être attaqués par un pourvoi devant la Cour des comptes ou le Conseil d'État. (*Inst. gén., art. 1274.*) — V. n° 1031.

891. — Les certificats de quitus des maires, de même que celui du préfet, ne peuvent être délivrés qu'après la notification des arrêtés du conseil de préfecture ou arrêts de la Cour des comptes statuant définitivement, et sans réserves ni injonction, sur les derniers comptes du receveur municipal.

Lorsqu'il s'agit d'une nouvelle installation, V. n° 889.

892. — Si le comptable hors de fonctions était chargé uniquement du service de la perception des contributions, le certificat du receveur des finances doit lui être délivré dans les quatre mois qui suivent la remise de son service, à moins que, par suite de circonstances extraordinaires, le receveur n'ait obtenu du ministre une autorisation spéciale pour prolonger ce délai. (*Inst· gén., art. 1275.*)

893. — Indépendamment des certificats dont il s'agit, les demandes en remboursement doivent être appuyées :

1° Des certificats d'*inscription* des cautionnements au Trésor public, ou à défaut de ces pièces, d'une déclaration de perte sur papier timbré et dûment légalisée ; s'il n'y a pas eu d'*inscription*, des récépissés qui constatent le versement des cautionnements dans la caisse du Trésor ;

2° Des certificats de privilège, s'il en existe ;

3° D'un certificat de non-opposition délivré par le greffier et visé par le président du tribunal de première instance de la résidence du titulaire, conformément à la loi du 6 ventôse, an XIII. (Ce certificat doit porter une date postérieure au jour de la remise de service. Toutefois, la direction de la Dette inscrite considère comme régulier le certificat délivré le jour même de la remise de service, mais elle rejette tout certificat délivré antérieurement) ;

4° D'un certificat de propriété conforme au modèle annexé au décret du 18 septembre 1806, si la demande est faite par des héritiers ou ayants droit à quelque titre que ce soit. S'il y a eu inventaire ou partage par acte public, ou transmission gratuite entre-vifs ou par testament, le certificat est délivré par le notaire détenteur de la minute. Il l'est par le juge de paix du domicile du décédé, sur l'attestation de deux témoins, lorsqu'il n'existe aucun desdits actes en forme authentique ;

5° Et s'il s'agit de l'application des cautionnements d'une gestion à un autre service confié au même titulaire, du consentement donné à ce transfert par le bailleur de fonds qui aurait fourni les cautionnements, ce consentement doit être donné au dos des certificats de privilège, et la signature doit être légalisée.

Les demandes doivent être sur papier timbré, énoncer les pièces qui y sont jointes et indiquer l'adresse de la personne à laquelle la lettre d'avis de payement devra être transmise.

Le remboursement est effectué dans le département où le titulaire a exercé en dernier lieu. (*Inst. gén., art. 1276*; *Règlement Fin.26 déc. 1866.*)

894. — Il est dû pour les certificats de non-opposition, indépendamment des droits d'enregistrement et de timbre et des droits de greffe revenant à l'État un au greffier, 2 francs pour la rédaction du certificat, 10 centimes pour inscription au répertoire et 25 centimes pour la légalisation. (*Inst. gén., art. 1277.*)

895. — Les demandes et les pièces à l'appui sont transmises par le trésorier général au ministère des finances (*Direction de la Dette inscrite*), pour les cautionnements versés au Trésor public par les percepteurs et receveurs de communes, et au préfet du département pour les cautionnements que les receveurs spéciaux d'établissements de bienfaisance ont versés aux caisses des monts-de-piété, ainsi que pour ceux qu'ils ont fournis en immeubles ou en rentes sur l'État. (*Inst. gén., art. 1278.*)

895 bis. — *Remboursements des cautionnements des percepteurs-receveurs municipaux ou d'établissements de bienfaisance.* — Les percepteurs-receveurs municipaux justiciables de la Cour des comptes ou des conseils de préfecture, sont admis en cas de cessation définitive de leurs fonctions, à réclamer le remboursement des deux premiers tiers de leur cautionnement, en produisant au ministre des finances les pièces désignées ci-dessous.

Le dernier tiers du cautionnement peut être remboursé également, s'il est fourni, en remplacement de ce reliquat, un cautionnement équivalent en rentes sur l'État.

Tableau des justifications à fournir par le percepteur-receveur municipal qui dé-

sire obtenir le remboursement des deux premiers tiers de son cautionnement :

1° Les pièces énoncées au n° 893, 1°, 2° et 3°.

2° Certificat du receveur des finances constatant : 1° que la comptabilité du titulaire ne fait ressortir aucun débet à sa charge ; 2° que les derniers comptes de gestion ont été transmis à l'autorité chargée de les juger ; 3° que les maires et administrateurs des communes et établissements publics dont la gestion est confiée au percepteur-receveur municipal consentent au remboursement des deux premiers tiers du cautionnement.

Le certificat du receveur des finances doit être revêtu du visa du trésorier-payeur général.

Les dispositions qui précèdent ne sont pas applicables aux receveurs municipaux spéciaux. *(Décr. 23 juin 1897, art. 2 ; Circ. compt. publ., 7 août 1897, § 3 et 20 déc. 1899.)*

895 ter. — *Remboursement du dernier tiers du cautionnement. — Production d'un certificat de non opposition du greffe.* La production d'un certificat de non opposition est nécessaire, aussi bien lors du remboursement du dernier tiers d'un cautionnement que quand il s'agit des deux premiers tiers. *(Circ. compt. publ. 26 février 1902, § 1er et 12 déc. 1904, § 4.)*

Recours des receveurs des finances sur les cautionnements des comptables en cas de déficit ou de débet. — V. DÉFICIT.

Cautions.

La nature et l'étendue des cautions sont déterminées par le Code civil, articles 2011 et suivants. — V. ADJUDICATIONS, BAUX, CAUTIONNEMENTS DES ADJUDICATAIRES, TRAVAUX.

Centimes additionnels.

896. — *Centimes additionnels généraux.* — Indépendamment du montant en *principal* de chaque contribution directe, la loi annuelle de finances ordonne ou confirme l'imposition de *centimes additionnels* dont elle détermine la quotité, et qui sont de deux natures différentes.

Les uns, désignés sous le nom de *centimes additionnels généraux*, n'ont point d'affectation spéciale et, comme le principal des contributions, font partie des fonds généraux du budget de l'État.

Les autres centimes additionnels sont affectés aux dépenses ci-après, savoir :

Dépenses ordinaires de chaque département;

Dépenses ordinaires des communes ;

Secours en cas de grêle, incendie, etc.;

Dégrèvements et non-valeurs;

Réimpositions. *(Inst. gén., art. 10.)*

897. — *Centimes additionnels pour dépenses départementales.* — Les conseils généraux des départements sont autorisés, par la loi de finances de chaque année, à établir, en sus des centimes généraux mentionnés ci-dessus, des impositions additionnelles au principal des contributions foncière et personnelle mobilière, pour les dépenses facultatives d'utilité départementale ; et, en cas d'insuffisance de ces *centimes facultatifs*, ils peuvent demander, dans leurs délibérations, l'établissement d'*impositions extraordinaires* portant sur les quatre contributions, et qui sont ensuite autorisées par des lois spéciales.

Les conseils généraux peuvent également, d'après les lois annuelles de finances, établir en augmentation du principal de la contribution foncière une imposition destinée aux *frais des opérations cadastrales.* *(Inst. gén., art. 11.)*

898. — Ils peuvent, en outre, voter des impositions additionnelles pour les dépenses des *chemins vicinaux.*

Le maximum de ces impositions départementales, qui doivent également porter sur les quatre contributions directes, est déterminé par les lois annuelles de finances. *(Inst. gén., art. 12.)*

Centimes additionnels pour dépenses communales. — V. IMPOSITIONS COMMUNALES.

Centimes pour frais de perception des impositions communales. — V. n°s 1578 et suiv.

Centimes pour frais de bourses et chambres de commerce. — V. n°s 1364 et suiv.

899. — *Centimes pour dégrèvements et non valeurs.* — Il est ajouté, pour dégrèvements et non-valeurs, au produit des centimes additionnels départementaux et communaux ordinaires et extraordinaires, savoir : 4 centime par franc du produit sur les centimes afférents aux contributions foncière et personnelle-mobilière ; 3 centimes par franc sur les centimes afférents à la contribution des portes et fenêtres, et 5 centimes par franc sur les centimes afférents à la contribution des patentes. *(Inst. gén., art. 18.)*

900. — *Centimes additionnels à la contribution personnelle-mobilière.* — Les centimes additionnels généraux et particuliers ajoutés au principal du contingent *personnel-mobilier* de chaque commune ne sont répartis que sur les cotisations *mobilières.*

La taxe *personnelle* est imposée en *principal* seulement. (*Inst. gén., art. 19.*)

Centimes pour patentes. — V. nº 656.

Allocations aux receveurs municipaux des centimes additionnels. — V. nºˢ 1668 et suiv.

Centralisation de fonds. — V. Cotisations, nº 1225.

Cercles, sociétés et lieux de réunion (Taxe sur les).

901. — *Établissement de la taxe.* — Il est établi sur les cercles, sociétés et lieux de réunion où se payent des cotisations, une taxe réglée à la fois sur le montant des cotisations, y compris les droits d'entrée, et sur le montant de la valeur locative des bâtiments, locaux et emplacements affectés à l'usage de l'établissement, d'après les catégories suivantes :

« *1ʳᵉ catégorie.* — Cercles dont les cotisations s'élèvent à 8,000 francs et au-dessus, ou la valeur locative à 4,000 francs et au-dessus :

» 20 º/₀ du montant des cotisations et 8 º/₀ du montant de la valeur locative.

» *2ᵉ catégorie.* — Cercles dont les cotisations sont de 3,000 francs et au-dessus, mais inférieures à 8,000 francs, ou dont la valeur locative est de 2,000 francs et au-dessus, mais n'atteint pas 4,000 francs :

» 10 º/₀ du montant des cotisations et 4 º/₀ du montant de la valeur locative.

» *3ᵉ catégorie.* — Cercles dont les cotisations sont inférieures à 3,000 francs et la valeur locative inférieure à 2,000 francs :

» 5 º/₀ du montant des cotisations et 2 º/₀ de la valeur locative. »

La taxe est acquittée par les gérants, secrétaires et trésoriers. (*L. 8 août 1890, art. 33.*)

902. — *Exemptions.* — Ne sont pas assujetties à la taxe les sociétés de bienfaisance et de secours mutuels, ainsi que celles exclusivement scientifiques, littéraires, agricoles, musicales, dont les réunions ne sont pas quotidiennes.

Les sociétés ayant pour objet exclusif des jeux d'adresse ou des exercices spéciaux, tels que chasse, sport nautique, exercices gymnastiques, jeux de paume, jeux de boule, de tir au fusil, au pistolet, à l'arc, à l'arbalète, etc., et dont les réunions ne sont pas quotidiennes. (*L. 16 septembre 1871, art. 9, § 2 ; L. 5 août 1874, art. 7.*)

Pour jouir de l'exemption, les sociétés doivent se limiter rigoureusement à l'objet de leur institution. (*Inst. Dir. gén. cont. dir. 6 janv. 1872.*)

903. — *Déclarations.* — Les gérants, secrétaires ou trésoriers des cercles, sociétés et lieux de réunion où se payent des cotisations doivent faire, chaque année, du 1ᵉʳ au 31 janvier, à la mairie des communes dans lesquelles se trouvent lesdits établissements, une déclaration indiquant :

1º Le nombre des abonnés, membres ou associés et le temps pendant lequel ils ont fait partie du cercle, de la société ou de la réunion dans le cours de l'année précédente, ainsi que le montant correspondant de leurs cotisations avec mention spéciale des droits d'entrée compris dans ces cotisations ;

2º Les bâtiments, locaux et emplacements affectés à l'usage de l'établissement pendant l'année précédente. (*Décr. 30 décembre 1890, art. 1ᵉʳ.*)

904. — La déclaration doit comprendre non seulement le montant total des ressources annuelles du cercle, mais encore, lorsqu'il y aura lieu, celles relatives à une période quelconque de ladite année. En un mot, c'est sur le montant de l'ensemble des ressources, quel que soit le laps de temps auquel chacune s'applique, que la taxe doit être calculée. (*Inst. Dir. gén. contr. dir. 6 janvier 1872 ; Décr. 1ᵉʳ avril 1890, art. 1ᵉʳ.*)

905. — La déclaration du gérant, secrétaire ou trésorier, est inscrite sur un registre spécial et signée par le déclarant ; il en est délivré récépissé. Lorsque la déclaration est effectuée par un fondé de pouvoir, le fait est relaté sur le registre et sur le récépissé. (*Décr. 30 déc. 1890, art. 2.*)

906. — Les déclarations sont reçues par les maires dans les mêmes formes et les mêmes délais que pour la taxe sur les billards.

Comme pour cette dernière taxe, toute déclaration faite postérieurement au 31 janvier est frappée de nullité ; les déclarations doivent être faites toutes les fois qu'il survient des circonstances de nature à motiver un accroissement ou une diminution de la taxe. (*Inst. Dir. gén. contr. dir. 6 janv. 1872.*)

907. — Les déclarations sont vérifiées par les agents des contributions directes.

Les gérants, secrétaires ou trésoriers des cercles, sociétés ou lieux de réunion, sont admis à produire, à l'appui de leurs déclarations, leurs livres, comptes, bilans, et tous autres documents de nature à permettre d'en apprécier l'exactitude. (*Décr. 30 déc. 1890, art. 4.*)

908. — *Doubles taxes.* — Les taxes sont doublées pour les contribuables qui ont fait des déclarations inexactes ou qui n'ont pas fait leur déclaration avant le 31 janvier de chaque année.

Lorsqu'il n'y a pas lieu à perception nouvelle ou à changement dans la perception antérieure, la déclaration n'est pas exigée, et la taxe continue à être perçue sur le pied de l'année précédente. (*L. 16 sept. 1871, art. 10.*)

909. — *Rôles.* — Les rôles des taxes sur les cercles, sociétés et lieux de réunion, où se payent les cotisations, sont établis par ressort de perception et dressés d'après les états-matrices rédigés par le contrôleur des contributions directes et annuellement renouvelés par lui.

L'état-matrice présente, d'une part, les nom, prénoms, profession et résidence des redevables, et, d'autre part, le détail des bases d'imposition. (*Décr. 27 déc. 1871, art. 6; Inst. Dir. gén. contr. dir. 6 janvier 1872.*)

910. — Lorsque les faits pouvant donner lieu à des doubles taxes n'ont pas été constatés en temps utile pour entrer dans la formation du rôle primitif, il est dressé dans le cours de l'année un rôle supplémentaire. (*Décr. 27 déc. 1871, art. 5.*)

911. — En ce qui a trait à la transmission des déclarations et à la formation des états-matrices et des rôles, on se réfère à ce qui a été prescrit au sujet de la taxe sur les billards.

La marche à suivre est la même pour les deux taxes. (*Inst. Dir. gén. contr. dir. 6 janv. 1872.*)

912. — Les rôles, après avoir été arrêtés et rendus exécutoires par les préfets, sont, comme pour ceux des contributions directes, transmis avec les avertissements aux percepteurs, par l'entremise des receveurs des finances. (*Inst. gén., art. 53.*)

913. — *Recouvrement.* — La taxe sur les cercles, sociétés et lieux de réunion, est payable, en une seule fois, dans le mois qui suit la publication du rôle.

Elle est perçue sur les abonnés, membres ou sociétaires des cercles, par les gérants, secrétaires ou trésoriers des cercles, sociétés et lieux de réunion, qui sont chargés d'en verser le montant entre les mains des percepteurs des contributions directes. (*Décr. 27 décembre 1871, art. 3.*) — V. Poursuites, Privilège du Trésor.

914. — Dans le cas de dissolution ou de fermeture, en cours d'exercice, d'un cercle, d'une société ou d'un lieu de réunion, la taxe est payée immédiatement.

A cet effet, une déclaration spéciale est faite, selon les formes indiquées aux articles 1er et 2 ci-dessus, dans les dix jours de la dissolution ou de la fermeture. Cette déclaration est immédiatement transmise par le maire au directeur des contributions directes, qui établit un rôle spécial et donne avis au redevable du montant de la somme à acquitter; le payement doit avoir lieu dans les dix jours de la réception de cet avis. (*Décr. 30 décembre 1890, art. 3; Circ. compt. publ. 18 février 1891, § 5.*)

915. — *Réclamations.* — Les réclamations contre la taxe sur les cercles, sociétés, etc.,

doivent, aux termes de l'article 5 de la loi du 18 décembre 1871, être instruites et jugées comme en matière de contributions directes; elles doivent être, par conséquent, présentées par les contribuables dans les formes et délais usités. (*Inst. Dir. gén. contr. dir. 6 janv. 1872.*) — V. Décharges et Réductions, Réclamations.

916. — *Comptabilité.* — Le produit de la taxe sur les cercles, sociétés et lieux de réunion, fait partie des taxes assimilées aux contributions directes. Il est enregistré dans la colonne du journal à souche intitulée : *Taxes et produits divers.* Un compte particulier est ouvert à ce produit dans la deuxième section du livre des comptes divers. Les recettes relatives à la taxe dont il s'agit y sont enregistrées, par journée, dans la colonne de l'exercice auquel elles appartiennent, et il est successivement fait dépense des versements que les percepteurs effectuent aux caisses des receveurs particuliers. (*Inst. gén., art. 1419, 1471 et 1473.*)

Remises des percepteurs. — V. n° 2672.

Certificat d'avancement ou de réception de travaux. — V. Pièces justificatives, Travaux.

Certificat de dépôt d'armes et d'engins confisqués. — V. Amendes, n° 64.

Certificat de propriété. — V. Pièces justificatives, n° 2234.

Certificats d'absence, d'indigence ou de décès, etc. — V. Amendes, n° 459; Cotes irrecouvrables, n° 1242.

Certificats d'inscription et de radiation à délivrer par le conservateur des hypothèques. — V. Inscriptions, Pièces justificatives.

Certificats négatifs du cahier de notes pour les mutations. — V. Cahier de notes, n° 797.

Certificats de quitus. — V. Cautionnements, n°s 890 et suiv.

Cessation d'opérations commerciales.

917. — En cas de fermeture des établissements, magasins, boutiques et ateliers, par suite de décès, de liquidation judiciaire ou de faillite déclarée, les droits de patente ne sont dus que pour le passé et le mois courant. Sur la réclamation des parties intéressées, il est accordé décharge du surplus de la taxe. (L. 8 août 1890; art. 30.) — V. RÉCLAMATIONS.

Les percepteurs doivent tenir compte de cette disposition dans le recouvrement des droits de patente dus par des commerçants ou industriels ayant obtenu le bénéfice de la liquidation judiciaire et engager, au besoin, le contribuable à se mettre en instance pour obtenir le dégrèvement des douzièmes restant à courir. (Circ. compt. publ. 18 février 1891, § 6.)

918. — Hors le cas de décès, de liquidation judiciaire ou de faillite déclarée, la cessation d'une profession dans le courant de l'année ne donne pas lieu à réduction ; ainsi, la cessation volontaire de commerce et la fermeture des magasins sans faillite déclarée ne donnent pas lieu au dégrèvement des douzièmes à courir. (Arr. Cons. d'Et. 1er déc. 1864 et 1er août 1884.) — V. nos 1180, 1324 et suiv.

919. — En cas de faillite, la demande en dégrèvement doit être formée dans les trois mois à partir de la déclaration de la faillite. (Arr. Cons. d'Et. 16 fév. 1866 et 27 janv. 1882.) — V. DÉCÈS DES CONTRIBUABLES, FAILLITE.

Cession de créances. — V. TRANSPORT-CESSION.

Cession d'établissement. — V. TRANSFERT.

Cessions de terrains. — V. CHEMINS VICINAUX, PIÈCES JUSTIFICATIVES.

Chambres de commerce. — V. FRAIS DE BOURSES, nos 1564 et suiv.

Champ de foire communal. — V. LOCATIONS DES PLACES.

Changement de domicile des contribuables.

920. — Lorsque, par suite du changement de domicile des contribuables, les avertissements ne peuvent leur être remis, les agents chargés de la distribution sont tenus de rapporter les avertissements non distribués au percepteur, qui, suivant le cas, exige le payement immédiat des héritiers (V. nos 1640 et suiv.), ou fait parvenir les avertissements au nouveau domicile des contribuables, ou enfin comprend la contribution dans ses cotes indûment imposées (V. n° 1197). (Inst. gén., art. 71.)

921. — En cas de déménagement hors du ressort de la perception, la contribution personnelle-mobilière et la contribution des patentes sont immédiatement exigibles pour la totalité de l'année courante. (Inst. gén. art. 63.)

Cette disposition est applicable aux taxes assimilées aux contributions directes, notamment à la taxe sur les billards, ainsi qu'à celle sur les cercles. — V. nos 706 et 914.

Elle l'est également pour la taxe municipale sur les chiens. (Décr. 4 août 1855, art. 4.) — V. CONTRAINTES EXTÉRIEURES, DÉMÉNAGEMENT, RÉCLAMATIONS.

Changement de résidence des fonctionnaires. — V. nos 1307 et suiv.

Chanvre. — V. n° 1776.

Chapitres additionnels. — V. BUDGETS, nos 761 et suiv.

Charité. — V. ATELIERS DE CHARITÉ.

Chasse.

Location de la chasse dans les bois communaux. — V. BAUX.

Portions revenant aux communes dans le produit des permis de chasse. — V. PERMIS DE CHASSE, n° 2219.

Produit des amendes de chasse. — Voir AMENDES, n° 460; ATTRIBUTIONS SUR AMENDES.

Chauffage des écoles.

922. — Le chauffage des salles de classe dans les écoles publiques est une dépense obligatoire pour les communes. (L. 5 avril 1884, art. 136, § 9, et 30 octobre 1886, art. 14.) — V. PIÈCES JUSTIFICATIVES, § 105.

Chemins de fer (Contributions dues par les compagnies de). — V. n° 1189 bis. — Par les employés, V. n° 1314.

Chemins ruraux.

923. — Les communes dans lesquelles les chemins vicinaux classés sont entièrement terminés peuvent, sur la proposition du conseil

municipal et après autorisation du conseil général, appliquer aux chemins publics ruraux l'excédent de leurs prestations disponibles, après avoir assuré l'entretien de leurs chemins vicinaux et fourni le contingent qui leur est assigné pour les chemins de grande communication et d'intérêt commun. (*Inst. chemin. vic. 6 décembre 1870, art. 71.*)

En cas d'insuffisance des ressources ordinaires, les communes sont autorisées à pourvoir aux dépenses des chemins ruraux reconnus, à l'aide soit d'une journée de prestation, soit de centimes extraordinaires en addition au principal des quatre contributions directes.

Les dispositions énoncées au n° 1661 sont applicables lorsque l'imposition extraordinaire excède trois centimes. (*L. 20 août 1881, art. 10.*)

Des syndicats peuvent être constitués pour l'exécution des travaux d'ouverture, de redressement et d'élargissement des chemins ruraux. (*L. 20 août 1881, art. 19 et suiv.; Circ. min. Int. 27 août 1881.*)

924. — Les dispositions énoncées aux numéros 926 à 945, 2482 à 2503, concernant les chemins vicinaux, sont en tout applicables aux chemins ruraux. Toutefois, les agents-voyers restent complètement étrangers à la comptabilité des chemins ruraux; les pièces, visas et autres documents que ces fonctionnaires ont à fournir pour les chemins vicinaux sont délivrés par les maires pour les chemins ruraux.

Il en est de même pour les pièces justificatives à joindre aux comptes de gestion. — V. nos 2234, §§ 31, 126, à 133, 153, 156 et 160.

Chemins vicinaux.

925. — *Nomenclature des ressources.* — Les ressources applicables aux dépenses des chemins vicinaux se composent :

1° Des ressources ordinaires et des ressources extraordinaires créées par les communes;

2° Des ressources éventuelles.

Elles se divisent comme il suit :

1° RESSOURCES CRÉÉES PAR LES COMMUNES.	Ressources ordinaires. (*L. 21 mai 1836, art. 2.*)	Revenus ordinaires.
		Prestations en nature ou la taxe vicinale.
		Centimes spéciaux ordinaires.
		Centimes spéciaux extraordinaires. (*L. 5 avril 1884, art. 144.*)
		Quatrième journée de prestation. (*L. 11 juill. 1868, art. 5.*)
	Ressources extraordinaires.	Impositions extraordinaires autorisées par des décisions ou des lois spéciales.
		Emprunts { à la caisse des chemins vicinaux ; à d'autres caisses.
		Allocations sur les fonds libres, sur les produits de coupes extraordinaires de bois, de ventes de terrains, etc.

2° RESSOURCES ÉVENTUELLES.		Souscriptions particulières.
		Subventions industrielles. (*L. 21 mai 1836, art. 14.*)
	Subventions départementales.	Sur centimes spéciaux et sur centimes facultatifs. (*L. 21 mai 1836, art. 8, et loi annuelle de finances.*) Sur impositions extraordinaires ou sur emprunts autorisés soit par des lois spéciales, soit en vertu de la loi du 11 juillet 1868.
	Subventions de l'État.	Sur les fonds créés par la loi du 11 juillet 1868. Sur d'autres fonds.

À ces ressources s'ajoutent les restes en caisse ou à recouvrer, à la clôture de chaque exercice, sur les fonds affectés au service vicinal pendant l'année précédente. (*Inst. chem. vic. 6 déc. 1870, art. 63.*)

926. — *Vote des ressources.* — Les ressources, tant ordinaires qu'extraordinaires, applicables aux chemins vicinaux sont votées par le conseil municipal. (*Inst. chem. vic. 6 déc. 1870, art. 64 à 75; L. 5 avril 1884, art. 133 et 141.*)

927. — *Recouvrement des ressources.* — Les ressources affectées aux chemins vicinaux sont versées à la caisse du receveur municipal qui a seul qualité pour en opérer le recouvrement. (*Inst. chem. vic. 6 déc. 1870, art. 223 et 224 rappelés ci-après.*) — V. EMPRUNTS, n° 1437 ; IMPOSITIONS COMMUNALES, PRESTATIONS, SOUSCRIPTIONS, SUBVENTIONS.

928. — *Comptabilité.* — Les recettes et les dépenses communales relatives aux chemins vicinaux sont effectuées par le receveur municipal, chargé seul, et sous sa responsabilité, de poursuivre la rentrée de tous les revenus de la commune et de toutes les sommes qui lui seraient dues, ainsi que d'acquitter les dépenses mandatées par le maire, jusqu'à concurrence des crédits régulièrement accordés.

Tous les rôles de taxes, de sous-répartition et de prestations locales doivent parvenir à ce comptable par l'intermédiaire du receveur des finances. (*Inst. chem. vic. 6 décembre 1870, art. 223.*)

929. — Toute personne autre que le receveur municipal qui, sans autorisation légale, se serait ingérée dans le maniement des deniers de la commune affectés aux chemins vicinaux, sera, par ce seul fait, constituée comptable ; elle pourra, en outre, être poursuivie en vertu de l'article 258 du Code pénal, comme s'étant immiscée sans titre dans des fonctions publiques. (*Inst. chem. vic. 6 déc. 1870, art. 224.*) — V. GESTION OCCULTE.

930. — Les receveurs municipaux recouvrent les divers produits aux échéances déterminées par les titres de perception ou par l'administration, et d'après le mode de recouvrement prescrit par les lois et règlements. *(Inst. chem. vic. 6 déc. 1870, art. 225.)*

931. — Ils adressent le 5 de chaque mois aux maires des communes de leur circonscription un état faisant connaître le montant des recouvrements effectués pendant le mois écoulé sur les ressources des chemins vicinaux *(Modèle n° 65). (Inst. chem. vic. 6 déc. 1870, art. 226.)*

932. — Le recouvrement des produits de chaque exercice doit être terminé le 31 mars de la seconde année, et le receveur municipal peut être tenu de verser dans sa caisse, sauf à exercer personnellement son recours contre les débiteurs, le montant des restes à recouvrer pour le recouvrement desquels il ne justifie pas avoir fait les diligences nécessaires. *(Inst. chem. vic. 6 déc. 1870, art. 227.)* — V. Comptes de gestion, n° 974 ; Prestations, n° 2494.

933. — Les ressources créées pour le service des chemins vicinaux, quelle que soit leur origine et qu'elles consistent en argent en prestations en nature ou en taxe vicinale, ne peuvent, sous aucun prétexte, être appliquées à des travaux étrangers à ce service, soit à l'entretien, soit à la réparation ou à la construction de chemins qui n'auraient pas été légalement reconnus et classés comme vicinaux.

Tout emploi, soit de fonds, soit de prestations en nature, qui serait effectué contrairement à cette règle, serait rayé des comptes et mis à la charge du comptable ou de l'ordonnateur, suivant le cas. *(Inst. chem. vic. 6 décembre 1870, art. 228.)* — V. n° 2871.

Par une circulaire en date du 1er juillet 1872, le ministre de l'Intérieur recommande aux préfets d'inviter les receveurs des finances à forcer en recettes les comptables qui ne se conformeraient pas à ces prescriptions, et au besoin à faire l'application des articles 1297 et 1311 de l'instruction générale du 20 juin 1859.

934. — Les percepteurs-receveurs municipaux ne doivent procéder à l'acquittement de toute dépense relative à la vicinalité, quelle que soit son importance, qu'autant qu'elle a été constatée et certifiée par les agents du service vicinal. *(Circ. compt. publ. 9 déc. 1869, § 2; Inst. chem. vic. 6 décembre 1870, art. 240.)*

935. — Avant de procéder au payement des mandats délivrés par les maires, les receveurs municipaux doivent s'assurer sous leur responsabilité :

1° Que la dépense porte sur un crédit régulièrement ouvert et qu'elle ne dépasse pas le montant de ce crédit;

2° Que la date de la dépense constate une dette à la charge de l'exercice auquel on l'impute, et que l'objet de cette dépense ressortit bien au service particulier que le crédit a en vue d'assurer;

3° Que les pièces justificatives, dont le tableau est donné à l'article 239, ont été produites à l'appui de la dépense.

Tout payement qui serait effectué sans l'accomplissement de ces formalités resterait à la charge du comptable *(Inst. chem. vic. 6 déc. 1870, art. 229.)* — V. Payement des dépenses des communes, n° 2084.

936. — Les comptables n'ont pas qualité pour apprécier le mérite des faits auxquels se rapportent les pièces produites à l'appui de chaque mandat, pourvu qu'elles soient certifiées et visées par les agents du service vicinal et par les maires, et que le mandatement concorde avec elles. *(Inst. chem. vic. 6 déc. 1870, art. 230.)* — V. cependant n° 2090.

937. — Les receveurs municipaux, en outre des livres généraux dont la tenue est prescrite par les instructions sur la comptabilité communale, tiennent deux registres spéciaux pour la comptabilité des chemins vicinaux. *(Inst. chem. vic. 6 décembre 1870, art. 231.)*

938. — Le premier, désigné sous le nom de *livre de détail* des recettes et des dépenses pour les chemins vicinaux *(Modèle n° 66)* et destiné à présenter d'une manière distincte les opérations relatives à ce service, est tenu par exercice. Il est divisé en deux parties.

La première est relative aux ressources. Le receveur municipal ouvre un compte spécial à chacun des articles de recette admis par les budgets primitifs ou supplémentaires ou par des autorisations spéciales, en suivant le même ordre d'inscription que dans le budget et en maintenant à chaque article le numéro qui lui a été attribué. Il y inscrit, au fur et à mesure de leur réception, les différents titres qui lui sont adressés par les receveurs des finances, et jour par jour, les recettes qu'il effectue en numéraire, en extraits de rôles constatant les travaux effectués, ou en déclarations de retenues pour centimes additionnels. Chaque recette figure dans la colonne du *livre de détail* à laquelle elle s'applique.

Les ordonnances de décharge et de réduction figurent en bloc à chaque compte, au-dessous des produits constatés.

La deuxième partie est relative aux dépenses effectuées. Un compte distinct est également ouvert pour chaque crédit inscrit aux budgets primitif ou additionnel ou accordé par des autorisations spéciales, en suivant le même ordre d'inscription que dans le budget et en maintenant à chaque article le numéro qui lui a été attribué, le receveur municipal y inscrit, jour par jour, les diverses dépenses qu'il a effectuées, en distinguant les différents chemins auxquels elles se rapportent. *(Inst. chem. vic. 6 déc. 1870, art. 232.)* — V. n° 1783 et suiv.

939. — Le second registre, désigné sous le nom de *carnet des ordonnances de dégrève-*

ments (Modèle n° 67), sert à inscrire toutes les réductions et décharges prononcées dans le cours de l'exercice sur les produits relatifs à la vicinalité. Un compte est ouvert pour chaque nature de produits. Il est totalisé le 31 mars de la seconde année, et les résultats en sont reportés sur le *livre de détail*. (*Inst. chem. vic. 6 décembre 1870, art. 233.*)

940. — *Compte du service vicinal.* — Les receveurs municipaux sont tenus de rendre chaque année un compte spécial par commune, pour les opérations relatives aux chemins vicinaux qu'ils ont effectuées (*Modèle n° 68*).

Ce compte, dressé à la clôture de l'exercice, est transmis le 5 avril, au plus tard au receveur des finances, qui, après l'avoir vérifié et certifié, le fait parvenir au préfet le 15 avril, pour tout délai. (*Inst. chem. vic. 6 déc. 1870 art. 234.*)

941. — Le compte dont il s'agit n'est autre chose qu'un simple extrait, en ce qui concerne le service vicinal, du compte que les receveurs municipaux sont tenus de produire à la clôture de l'exercice. Les comptables doivent trouver dans ce dernier document, qui n'est lui-même que la copie du livre de détail, tous les renseignements dont ils ont besoin pour l'établissement du premier.

En première ligne se place l'excédent des ressources à la clôture de l'exercice précédent. Cet excédent doit être déterminé au 31 mars avec le plus grand soin, car il forme la base de toutes les opérations. Dans ce but, les comptables doivent se mettre d'accord avec les agents-voyers. En cas de dissentiment, il en est référé au préfet, qui, après avoir pris, s'il y a lieu, l'avis des chefs de service, fixe définitivement le solde en caisse et le montant des restes à recouvrer. Les chiffres ainsi arrêtés sont reportés dans les écritures des comptables et des agents-voyers ; ils ne peuvent, sous aucun prétexte, subir de modification dans le cours de l'exercice, et ils doivent être exactement consignés dans les budgets additionnels.

En seconde ligne se trouvent les ressources dont la création est autorisée par l'article 2 de la loi du 21 mai 1836, et qui presque toujours sont obligatoires, c'est-à-dire les prélèvements sur les ressources ordinaires, le produit des journées de prestations ou de la taxe vicinale et des centimes spéciaux. Elles sont nettement déterminées au début de l'exercice par les préfets, qui, au vu de la délibération du conseil général, et en exécution de l'article 126 de l'instruction du 6 décembre 1870, fixent, dans un arrêté qui est notifié aux comptables, aux maires et aux agents-voyers, non seulement la part revenant à chaque catégorie de chemins, mais encore en ce qui touche les chemins de grande communication et d'intérêt commun, la part de chaque ligne.

Les contingents afférents à ces derniers che-

mins ne varient pas, ils restent tels qu'ils ont été fixés par l'arrêté, quel que soit le chiffre auquel s'élèvent réellement les produits ; il s'ensuit que, si le montant des titres est supérieur ou inférieur aux prévisions, la différence affecte seulement les chemins vicinaux ordinaires. Cette observation ne s'applique pas, bien entendu, aux ordonnances de décharge ou de réduction.

Les ressources destinées aux chemins vicinaux ordinaires sont déterminées par le préfet, qui doit tenir compte, en les fixant, non seulement des travaux d'entretien et de construction, ainsi que des salaires des cantonniers, mais encore des dépenses générales applicables à toutes les catégories de chemins, telles que frais de confection des rôles et matrices, traitement des agents-voyers, impressions, etc.

En dehors des ressources qui viennent d'être mentionnées, les autres fonds afférents à la vicinalité sont toujours créés avec une affectation spéciale ; il est, par conséquent, facile de les dégager. Ainsi la quatrième journée de prestations (*L. 11 juillet 1868, art. 3*), les centimes spéciaux extraordinaires (*L. 5 avril 1884, art. 144*), le produit des emprunts à la caisse des chemins vicinaux, les subventions de l'État et du département sont exclusivement applicables aux chemins vicinaux ordinaires.

Les impositions extraordinaires, les emprunts à d'autres caisses que la caisse des chemins vicinaux reçoivent la destination qui leur a été donnée par la délibération qui les a créés ; les souscriptions particulières sont classées suivant l'intention des souscripteurs, intention qui doit toujours être exprimée dans le titre de perception ; enfin, les subventions industrielles sont appliquées aux lignes en vue desquelles elles ont été réclamées.

Quant aux non-valeurs, leur imputation ne soulève aucune difficulté ; la décision qui les autorise doit indiquer, en effet, à quelles catégories de chemins et aussi à quelles lignes elles s'appliquent. Cette décision doit être communiquée aux comptables, aux maires et aux agents-voyers.

En ce qui concerne les dépenses, les comptables doivent se borner à extraire de leur compte général toutes celles qui ont trait aux chemins vicinaux, et il leur est facile de faire la distinction par chemin, s'ils ont soin d'exiger que chaque mandat indique non seulement la catégorie, mais encore le numéro de la ligne auquel il s'applique. (*Circ. min. Int. 31 mars 1875.*)

942. — Les ressources applicables aux chemins vicinaux, prestations, taxe vicinale, centimes, souscriptions, subventions, etc., ayant toutes une affectation spéciale (V. n° 933), doivent figurer dans les crédits ouverts en dépense. Il suit de là que les dépenses faites et les restes à payer à reporter à l'exercice suivant (tableau *B*) doivent donner le montant exact des ressources (colonne 6 du tableau *A*).

Le compte du service vicinal n'étant, ainsi qu'il est dit plus haut, qu'un extrait du compte de gestion annuel, les receveurs municipaux doivent établir ce dernier compte avec le plus grand soin.

Les recettes admises au budget varient presque toujours, soit par suite des ordonnances de décharge à déduire du rôle des prestations, ou du rôle de la taxe vicinale, soit que les impositions pour ce qui est afférent aux centimes des chemins vicinaux s'élèvent plus ou moins que les sommes portées au budget ; dans ce cas, les crédits ouverts en dépense ne concordent plus avec ceux de la recette. Les comptables doivent, lorsque les crédits sont insuffisants, ouvrir d'office aux autorisations spéciales un crédit du montant de la différence. Si, au contraire,le total des crédits est supérieur à la recette, on annule le surplus formant l'excédent. Les ordonnances de décharge sont également annulées.

En opérant ainsi, les payements et les restes à payer (compte de gestion, colonnes 7 et 8 de la dépense) donnent les mêmes chiffres que ceux formant le montant des produits (colonne 5 de la recette). —Les comptables doivent veiller à ce que les restes à payer soient reportés dans les chapitres additionnels.

La répartition entre la grande et la petite vicinalité est établie d'après l'arrêté du préfet fixant la part revenant à chaque catégorie de chemins. Si les crédits ouverts au budget ne sont pas d'accord avec les contingents attribués par l'arrêté du préfet, il y a lieu d'opérer comme il est dit ci-dessus, 3e alinéa. — V. CRÉDITS, no 1276 ; EMPRUNTS, nos 1437 et suiv. ; SOUSCRIPTIONS, nos 2852 et suiv. ; SUBVENTIONS, nos 2870 et suiv.

L'article 213 de l'instruction générale du 6 décembre 1870 sur les chemins vicinaux dit que les crédits accordés pour le même exercice et le même service sont successivement ajoutés les uns aux autres pour former, ainsi cumulés, un crédit unique, par chapitre, article ou paragraphe, selon le mode d'après lequel ils ont été ouverts; mais l'article 214 de la même instruction porte « que les crédits étant ouverts spécialement pour chaque nature de dépenses, les maires ne doivent, pour quelque motif que ce soit, en changer l'affectation. Ils ne peuvent non plus en outrepasser le montant par la délivrance de leurs mandats. »

Il résulte de la combinaison des dispositions de ces deux articles que les crédits accordés pour le même exercice et pour le même service ne peuvent être réunis qu'autant que ces crédits concernent une même dépense, que l'affectation soit bien la même.

On ne doit jamais réunir, sans autorisation spéciale, deux articles portés au budget primitif, attendu que c'est à l'autorité qui règle le budget de voir les articles qui ne doivent former qu'un seul crédit.

943. — Il n'y a pas lieu de faire rentrer dans le compte du service vicinal les remises des receveurs municipaux, attendu que ces comptables sont rémunérés au moyen d'un traitement fixe. (Circ. min. Int. 18 mars 1878.)

944. — Chaque compte, formé d'après les écritures, doit présenter la *situation* du comptable d'après le compte précédent, la *totalité des opérations* faites par le receveur pendant l'exercice, tant en recette qu'en dépense, et le *résultat général* des recettes et des payements à la clôture de l'exercice. (Inst. chem. vic. 6 déc. 1870, art. 235.)

945. — Le receveur municipal transcrit littéralement sur ces comptes tous les articles de recette et de dépense ouverts par les budgets primitifs ou supplémentaires ou par des autorisations spéciales, et qui sont relatifs aux chemins vicinaux. (Inst. chem. vic. 6 déc. 1870, art. 236.)

Justifications des recettes et des dépenses. — V. PIÈCES JUSTIFICATIVES, §§ 31, 126 à 133, 153, 156 et 160.

Chevaux et voitures (contributions sur les). — V. VOITURES.

Chevaux de l'armée morts chez les particuliers.

946. — *Prix des dépouilles*. —Les sommes provenant de la vente des dépouilles des chevaux de l'armée morts chez les cultivateurs sont versées par les acheteurs à la caisse du percepteur le plus voisin, ou de tout autre percepteur, lequel délivre en échange une quittance timbrée quand la somme excède 10 francs. Ces sommes sont portées par les percepteurs à un compte ouvert à la 3e section du livre des comptes divers sous le titre de *Recettes diverses opérées pour le compte du receveur des finances*. (Circ. compt. publ. 24 déc. 1861, § 13, et 6 juillet 1864, § 3.)

Chiens. — V. TAXE MUNICIPALE SUR LES CHIENS.

Cimetières.

947. — *Entretien*. — Les lois conférant aux fabriques des églises et aux consistoires le monopole des inhumations ayant été abrogées, l'entretien des cimetières incombe aux communes. (L. 28 déc. 1904, art. 5.)

Produits. — V. CONCESSIONS DE TERRAIN, nos 1062 et suiv. ; REVENUS DES COMMUNES, no 2784, § 10.

Circulaires.

948. — Les trésoriers-payeurs généraux sont tenus de notifier textuellement aux percepteurs, par la voie de l'impression, en les accompagnant des explications et direction qu'ils jugeraient nécessaires, les parties des instructions de l'administration à l'exécution desquelles ces derniers comptables sont appelés à concourir. Lorsqu'ils croient utile d'adresser eux-mêmes des circulaires aux percepteurs, ils doivent en envoyer un exemplaire à la Direction générale de la comptabilité publique. (*Inst. gén., art. 1368; Circ. compt. publ., 24 août 1883, § 7.*)

Les frais des circulaires dont il s'agit sont à la charge des trésoriers généraux. (*Circ. compt. gén. 25 juin 1860, § 3.*)

949. — Les circulaires et instructions doivent en cas de mutations de comptables être remises au nouveau titulaire. — V. CORRESPONDANCE, MUTATIONS DE PERCEPTEURS.

Classement dans les bureaux des percepteurs-receveurs municipaux des divers éléments de comptabilité.

950. — Les percepteurs-receveurs municipaux doivent avoir, dans leur bureau, soit un casier, soit une armoire ou placard, destinés à recevoir, dans des cases ou des cartons distincts, tous les éléments de leur comptabilité. Le modèle n° 342 de l'Instruction générale (Voir ci-après) fait connaître l'ordre dans lequel il convient de disposer ces éléments de comptes, et les objets à renfermer dans chaque subdivision. (*Inst. gén., art. 1528.*)

951. — *Tableau du classement dans les bureaux des percepteurs-receveurs municipaux des divers éléments de leur comptabilité.*

Chemises.
PERCEPTION

1. Commission des percepteurs, prestation de serment et certificats d'inscription des cautionnements.
2. Instructions et circulaires.
3. Correspondance.
4. Rôles des poids et mesures, des redevances des mines, de la taxe des biens de mainmorte, des droits de visite chez les pharmaciens, de la contribution sur les voitures et chevaux, de la taxe sur les vélocipèdes, de la taxe sur les billards, sur les cercles, taxe militaire, etc.
5. États de frais de poursuites (*divisés par année*).
6. Recouvrement des contraintes extérieures et des rentes d'hospices.
7. Récépissés de la recette des finances applicables au service de la perception (*ils doivent être classés par nature de produits*).
8. Minutes des états de cotes irrecouvrables et indûment imposées, des états de restes à recouvrer sur contributions et frais ; cahier de notes des mutations, relié.
9. Minutes des inventaires des rôles et des états de frais de poursuites.
10. Procès-verbaux de vérification.
11. Papier timbré et carnet y relatif (*pour les comptables chargés de ce service*).
12. Imprimés de toute espèce à l'usage de la perception, journaux à souche et récapitulatif de l'année.

Rôles généraux des quatre contributions et rôles supplémentaires à ces contributions. (Ces rôles doivent être revêtus d'un cartonnage, d'une peau ou au moins d'une feuille de papier épais.)

Chemises.
RECETTE MUNICIPALE

1. Valeurs de portefeuille. (On placera dans cette chemise les récépissés des maires relatifs aux feuilles de passeports, les récépissés de placements et les décomptes d'intérêts de ces placements.)
2. Budgets des deux exercices non clos.
3. Titres de perception de revenus municipaux et toutes pièces y relatives *classés par chaque commune.*)
4. Pièces des dépenses communales. (A classer par commune et par exercice, dans l'ordre des payements et avec toutes les pièces justificatives.)
5. Livres des comptes divers et de détail. (Ce sont ceux des années non closes.)
6. Comptes des gestions non apurées avec les arrêts ou arrêtés sur ces gestions et les récépissés de leur dépôt. (V. n° 908.)
7. Minutes des situations trimestrielles.
8. Imprimés à l'usage de la recette municipale.
9. Récépissés du dépôt des rôles de prestations, etc., aux maires.
10. Rôles de prestation de la taxe vicinale, de la taxe sur les chiens, des marais, digues, etc. (*recouverts comme les rôles généraux des quatre contributions*).

Liasses.
ARCHIVES

1. Récépissés de la recette des finances (*classés pour chacune des années auxquelles ils appartiennent*).
2. Livres des comptes divers.
3. Livres de détail des recettes et des dépenses municipales.
4. Livres de détail des chemins vicinaux.
5. Journaux à souche (*en attendant le dépôt*).
6. Livres récapitulatifs.
7. Comptes des gestions apurées, avec les arrêts ou arrêtés et les récépissés du dépôt de ces comptes. (V. n° 908.)
8. Procès-verbaux de clôture au 31 décembre et récépissés du dépôt aux mairies des anciens rôles de prestations, etc.
9. Minutes de toutes les situations mensuelles, trimestrielles et autres.
10. Procès-verbal de la remise du service, états de restes à recouvrer et inventaire des livres et pièces.
11. Décomptes de remises devant servir de base à la fixation du traitement du receveur. — V. n° 2642.

Chaque chemise de classement ou de fiche de liasse doit porter en tête l'indication du titre général : *Perception, Recette municipale* ou *Archives*, selon qu'elle appartient à une de ces divisions du classement.

Cloches (Refonte des).

952. — La refonte des cloches des églises est assimilée aux grosses réparations.

La fabrique, simple usufruitière de l'église, ne saurait donc entreprendre la refonte dont il s'agit sans que le conseil municipal, organe de la commune propriétaire, ait été entendu. *(Solut. min. Int. 1859; L. 5 avril 1884, art. 136, § 12.)*

Clôture de l'exercice. — V. Exercice.

Clôture des registres.

953. — Les divers registres des percepteurs-receveurs des communes et d'établissements publics doivent être arrêtés au 31 décembre de chaque année. *(Inst. gén. art. 1518.)*

Cette opération exige simplement l'intervention des receveurs des finances en ce qui concerne le service des percepteurs.

Les percepteurs procèdent personnellement à la clôture de leurs registres : il est essentiel que cette opération soit effectuée le 31 décembre ; elle ne doit être différée sous aucun prétexte. Le jour même, ou le lendemain au plus tard, ces comptables doivent transmettre à la recette des finances, avec le récapitulatif, le journal à souche, arrêté définitivement et muni de toutes les quittances non employées, le receveur des finances ayant seul qualité pour les annuler.

Ils envoient ensuite, en double expédition, le bordereau de situation sommaire. L'une de ces expéditions, après avoir été vérifiée dans toutes ses parties par le receveur des finances, qui y appose son visa, est retournée au percepteur pour être jointe à l'appui de ses comptes de gestion.

Au premier versement de janvier, les receveurs des finances doivent avoir soin de se faire représenter le livre récapitulatif de la nouvelle année à l'effet de vérifier si la balance d'entrée est conforme aux résultats de l'ancien registre : après avoir constaté cette concordance, ils remettent au percepteur le livre récapitulatif de l'année écoulée, revêtu d'un visa pour contrôle. *(Circ. compt. publ., 26 déc. 1899, § 1er.)*

954. — En ce qui a trait à la comptabilité des receveurs spéciaux des communes et des établissements publics, le maire de la commune et l'ordonnateur de chaque hospice ou bureau de bienfaisance doivent constater par un procès-verbal l'existence des valeurs qui représentent l'excédent des recettes au 31 décembre.

Le procès-verbal et la balance des comptes du grand-livre, établis en double, sont laissés entre les mains du comptable, qui les adresse directement au receveur des finances. L'expédition, après avoir été visée par le chef de service, est retournée au receveur spécial, pour être jointe à l'appui de ses comptes de gestion. *(Circ. compt. publ., 15 déc. 1897, § 13 et 26 déc. 1899, § 1er et 10 sept. 1900, § 4.)*

Un cadre établi au bas de la formule de procès-verbal présente la situation des avances dont les pièces justificatives figurent comme valeurs de portefeuille, et l'indication des causes de retard qui existeraient dans la rentrée de ces avances. *(Inst. gén., art. 1519.)* — V. Avances, n° 662.

955. — Lorsque, ensuite, les receveurs des finances se font représenter tous les registres des percepteurs pour procéder à l'examen préparatoire des comptes de gestion, ils s'assurent que les résultats des bordereaux dressés à la date du 31 décembre sont d'accord avec les résultats des écritures et avec les soldes matériels constatés par les procès-verbaux de clôture des registres. Les différences qui seraient reconnues entre les résultats des procès-verbaux et ceux des écritures devraient être rectifiées. *(Inst. gén., art. 1520.)* — V. Comptes de gestion, n° 1006 et suiv.

Collectes. — V. Dons.

Collèges communaux.

956 à 958. — Un décret en date du 7 janvier 1899 et le règlement du 4 mai 1899 a modifié entièrement la comptabilité des collèges communaux. Ces deux documents, précédés du rapport de la commission chargée de les élaborer, ont été remis dans un fascicule dont un exemplaire a été transmis, par les soins du ministère de l'Instruction publique, à chaque trésorerie générale et à chaque recette particulière, ainsi qu'à chaque recette municipale intéressée. Ces divers exemplaires font partie des archives des comptables.

Les receveurs municipaux intéressés doivent se reporter aux instructions énumérées dans les circulaires de la comptabilité publique en date du 14 février 1900, § 1er, 26 janvier 1904, § 4, et à celle du minis. Inst. publ. du 6 janv. 1904.

En ce qui a trait au traitement du receveur municipal, voir les dispositions du décret du 23 décembre 1899, énoncées au n° 2595.

Colon partiaire. — V. Privilège, n° 2524.

Colons (Frais de route aux) se rendant en Algérie. — V. n° 1585.

Colporteurs. — V. Marchands forains.

Comices agricoles (Subventions des communes aux). — V. Pièces justificatives, § 122.

Commandement.

959. — Le commandement est le deuxième degré de poursuites pour le recouvrement des contributions directes. — V. Poursuites, n° 2336 et suiv.

En ce qui concerne les revenus des communes et des établissements de bienfaisance, V. Poursuites, n° 2462.

Commis. — V. Fondés de pouvoir.

Commis d'office.

960. — Dans le cas où un receveur remplacé serait hors d'état de former et de présenter ses comptes dans les trois mois qui suivent la cessation de ses fonctions et n'aurait pas désigné un fondé de pouvoir pour remplir cette obligation, le préfet ou le sous-préfet, sur la proposition du receveur des finances, nomme un commis d'office.

La rétribution qui serait due à ce commis est à la charge de l'ex-receveur, elle est indépendante des amendes qui seraient prononcées par le conseil de préfecture ou la Cour des comptes. Cette rétribution est réglée de gré à gré entre le commis d'office et l'ex-receveur ou ses représentants; en cas de contestation, il est statué par le préfet sur la proposition du receveur d'arrondissement. Si l'ex-receveur se refuse au payement de la somme mise à sa charge ou s'il est insolvable, cette somme devient un *débet du comptable* ; le receveur des finances doit le couvrir, et il en poursuit le remboursement par les voies indiquées aux articles 1313, 1314 et 1315 de l'Instruction générale.

Le nouveau titulaire peut remplir les fonctions de commis d'office. *(Inst. gén., art. 1396.)*

961. — Le commis d'office est tenu de produire, à l'autorité chargée du jugement du compte, sa commission ou une copie de cet acte dûment certifiée. *(Inst. gén., art. 1530.)* — V. Comptes de gestion, n° 968.

Commissaires de police. — V. Police.

Commissaires-priseurs.

962. — Les commissaires-priseurs sont tenus de payer d'office les contributions des redevables avant de procéder à la délivrance des deniers. *(L. 18 août 1791 et 12 nov. 1808.)* — V. Dépositaires et débiteurs de deniers.

963. — Les prisées et ventes publiques des meubles des contribuables en retard sont faites par les commissaires-priseurs dans les villes où ils sont établis. *(L. 23 juill. 1820, art. 31.)* — V. Poursuites, n° 2382.

Commissaires répartiteurs. — V. Répartiteurs.

Commission. — V. Installations des percepteurs.

Commissions administratives des établissements de bienfaisance. — V. Bureaux de bienfaisance, n° 773.

Commissions extérieures. — V. Amendes, n° 110, 111, 158 et suiv.

Commissions syndicales. — V. Syndicats.

Communaux. — V. Biens des communes, Baux.

Commune. — V. Budgets, Centimes additionnels, Chemins vicinaux, Conseils municipaux, Crédits, Dépenses des communes, Impositions communales, Payement, Revenus.

Communication des rôles, titres de recettes et de dépenses, et autres pièces de comptabilité. — V. Enregistrement, Titres de recettes et de dépenses.

Compagnie des chemins de fer. — V. n° 1314.

Compensation. — V. n° 2404 et code civil, art. 1289 et suiv.

Compétence. — V. Comptes de gestion, n° 1010 ; Poursuites, n° 2451 et suiv. ; Privilège, n° 2537 ; Réclamations.

Comptabilité communale. — V. BUDGETS, COMPTES DE GESTION, ÉCRITURES.

Comptabilité occulte. — V. GESTION OCCULTE.

Comptables publics.

964. — Chaque receveur n'est comptable que de sa gestion. *(Inst. gén., art. 1329, 1330 et 1545.)* — V. MUTATIONS DE PERCEPTEURS-RECEVEURS, RECEVEURS DES COMMUNES.

Comptes à dresser à la clôture de l'exercice.

965. — *Compte administratif du maire.* — A l'époque de la clôture de l'exercice, c'est-à-dire au 31 mars de chaque année, le maire doit préparer le compte administratif de l'exercice clos *(Modèle n° 219)* qui doit comprendre, en recette et en dépense, toutes les opérations faites sur cet exercice, jusqu'à l'époque de la clôture. *(Inst. gén., art. 826; L. 5 avril 1884, art. 71.)*

Une copie de ce compte doit être délivrée par le maire au receveur municipal pour être jointe à son compte de gestion. *(Inst. gén., art. 1551; Circ. compt. publ. 30 janvier 1866, § 7.)* — V. nos 1000 et 1004.

966. — *Compte du receveur.* — Le receveur municipal établit de son côté, dans les quinze jours qui suivent l'époque de la clôture de l'exercice, une expédition de son compte de gestion.

Ce compte est remis par le receveur au maire pour être joint comme pièce justificative au compte administratif et aux autres pièces relatives au règlement de l'exercice. *(Inst. gén., art. 827 ; Circ. compt. publ. 30 janv. 1866, § 4.)*

Comptes de gestion.

967. — Les percepteurs n'ont point de compte de *gestion annuelle* à rendre pour le service des contributions directes, attendu que leur libération se trouve suffisamment établie par la représentation des *récépissés* qui constatent le versement intégral, en numéraire ou en pièces de dépenses, des sommes à recouvrer d'après les rôles, et qu'au moyen des éléments de contrôle et de surveillance fournis aux receveurs des finances, ces derniers comptables peuvent apurer successivement, et à des époques rapprochées, la gestion des percepteurs. *(Inst. gén., art. 1529.)*

968. — Les receveurs des communes et d'établissements de bienfaisance sont tenus de rendre, chaque année, un *compte de gestion* pour leurs opérations de l'exercice clos.

Lorsqu'un compte est présenté par une personne autre que le receveur ou le préposé que l'administration aurait commis d'office à sa reddition, le signataire du compte doit justifier de la procuration spéciale à lui donnée par le receveur, et, si celui-ci est décédé ou hors d'état de donner procuration, par ses héritiers ou ayants cause, lesquels auraient eux-mêmes à justifier de leurs qualités. Le commis d'office est tenu de produire sa commission ou une copie de cet acte dûment certifiée. — V. COMMIS D'OFFICE.

Les comptes doivent être établis conformément aux règles rappelées ci-après. *(Inst. gén., art. 1530 ; Circ. compt. publ. 30 janv. 1866.)*

969. — *Mode de formation des comptes.* — *Copie des budgets.* — Le terme de la période pendant laquelle les recettes et les dépenses de chaque exercice doivent être exécutées est fixé au 31 mars de la seconde année de l'exercice.

La première année donne son nom à l'exercice.

Les trois mois de la seconde sont accordés pour en compléter les faits. — V. EXERCICE.

Il s'ensuit que les receveurs ont à faire concurremment, *dans le cours de chaque année*, les opérations complémentaires de l'exercice qui achève sa période, et les opérations de l'exercice qui a commencé avec l'année courante.

Leurs *comptes annuels* doivent être formés de manière à comprendre l'exécution entière d'un budget tout en présentant la distinction de gestions. Pour atteindre ce double but, les receveurs établissent le compte des opérations complémentaires de chaque exercice aussitôt après sa clôture, et comprennent ces opérations dans le même document que le compte des opérations des douze premiers mois, auxquelles elles sont réunies pour présenter des résultats qui concordent avec ceux du compte du maire.

Les comptes présentent aussi, dans une partie distincte, les recettes et payements que les receveurs sont appelés à faire pour les divers services qui ne sont pas de nature à affecter les budgets des communes et des établissements. *(Inst. gén., art. 1531 ; Décr. 27 janv. 1866, art. 1er.)* — V. SERVICES HORS BUDGET.

970. — Le budget primitif et le budget supplémentaire doivent être copiés *textuellement* dans les colonnes 2, 3 et 4, soit de la recette, soit de la dépense, d'après les allocations du préfet. Les autorisations spéciales de recette ou de dépense sont inscrites à la suite de ces budgets dans les colonnes 3 et 4, suivant l'ordre des numéros donnés par le préfet à ces autorisations, ou suivant l'ordre des dates.

Le montant des réductions des titres de recettes doit être indiqué dans la colonne *d'observations*, conformément à l'exemple donné au verso de la feuille de tête du compte de gestion.

Lorsque des crédits se rapportant à *une même dépense* sont ouverts à la fois par le budget primitif, le budget supplémentaire ou des autorisations spéciales, les crédits sont réunis dans la colonne *d'observations*, en regard du crédit primitif (voir l'exemple donné au verso de la feuille de tête du compte), et tous les mandats sont imputés indistinctement sur le total des crédits réunis. Une annotation mise dans la colonne *d'observations*, en regard du crédit supplémentaire, renvoie, en outre, à l'article où se trouve le crédit primitif. — Il n'y a pas lieu de réunir les crédits qui n'ont pas pour objet la même dépense, quoique libellés de la même manière, ou dont le maire a fait emploi séparément.

Enfin, les *légers excédents de dépense* qu'on doit imputer sur le crédit des *dépenses imprévues*, afin d'éviter l'ouverture de crédits supplémentaires, sont indiqués dans la colonne *d'observations*, en regard des articles où ils se sont produits. (*Inst. gén., art. 1533; Circ. compt. publ. 30 janvier 1866, §§ 2 et 7.*) — Dans ce cas, il est préférable de délivrer deux mandats, l'un sur le crédit spécial, l'autre sur le crédit des dépenses imprévues. (*Sol. min. Int. 31 mai 1900.*) — V. n° 1844 *bis*.

Pour ce qui concerne les ressources du service vicinal, V. n°⁵ 941 et 942.

971. — *Numérotage des comptes.* — Les articles du compte ne doivent porter qu'une seule série de numéros, qui commence au premier article de la recette et se continue, sans interruption, jusqu'au dernier article de la dépense des services hors budget. (*Inst. gén., art. 1534; Circ. compt. publ. 30 janv. 1866.*)

Les numéros du compte doivent être portés sur chacune des pièces justificatives de recette et de dépense, ainsi qu'il est dit au n° 979.

972. — *Résultat des comptes.* — Les comptes de gestion, ainsi divisés et disposés, ont pour point de départ le solde des valeurs restant en caisse ou en portefeuille au commencement de la gestion la plus ancienne et celui des avances à recouvrer. La première partie du compte de cette gestion se borne à rappeler le chiffre des opérations de recette et de dépense effectuées pendant les trois premiers mois de l'année sur l'exercice précédent, lesdites opérations devant entrer dans la situation du comptable au 31 décembre. La deuxième partie du compte de la même gestion comprend les opérations des douze premiers mois de l'exercice dont il est rendu compte. Enfin, la première partie du compte de la nouvelle gestion comprend les opérations des trois mois complémentaires de l'exercice qui s'achève.

Les comptes présentent ainsi les recettes et les dépenses d'un *exercice entier*. Ils ont pour résultat : 1° en ce qui concerne la gestion, c'est-à-dire les douze premiers mois de l'exercice réunis aux trois mois complémentaires de l'exercice précédent, le montant des valeurs qui représentent l'excédent des recettes au 31 décembre ; 2° en ce qui regarde l'exercice, considéré dans son ensemble de quinze mois, un excédent soit de recette, soit de dépense, égal à celui que présente le compte d'administration établi par le maire. (*Inst. gén., art. 1535 ; Circ. compt. publ. 30 janvier 1866.*)

973. — *Prise en charge des revenus. — Restes à recouvrer. — Non-valeurs.* — Le receveur doit se charger en recette de tous les revenus qui étaient à recouvrer d'après le budget ou les autorisations supplémentaires sauf les exceptions indiquées au numéro suivant.

Ces revenus se composent de *revenus fixes* et de *revenus éventuels.*

Les premiers sont ceux dont la perception est faite en vertu de rôles, baux et actes d'adjudication, qui rectifient les fixations provisoires du budget, et, c'est du montant de ces *titres définitifs* que les receveurs sont tenus de se charger en recette. Le montant des réductions de titres de recette est indiqué dans la colonne d'observations.

Les revenus de la seconde espèce sont ceux pour lesquels il n'existe qu'une évaluation au budget et ne peuvent être définitivement connus qu'en fin d'exercice. Les receveurs doivent réclamer de l'autorité administrative des certificats qui établissent les produits réels de chacun de ces revenus, et, ces certificats devenant ainsi *titres définitifs*, les receveurs se chargent des sommes qui y sont portées. (*Inst. gén., art. 1536.*)

974. — Les receveurs ne sont pas dans l'obligation de faire recette, dans leurs comptes de la portion des revenus qui, par des circonstances imprévues et exceptionnelles, dont ils justificraient, n'aurait pu être recouvrée pendant le cours de l'exercice, et serait cependant susceptible de l'être dans l'exercice suivant ; tels sont, par exemple, les produits dont le recouvrement peut dépendre d'une *procédure judiciaire*, d'une *succession non liquidée* ou de tout autre cas *de force majeure*.

Les receveurs font ressortir ces articles comme restes à recouvrer ; ils mentionnent, dans la colonne d'*observations*, les pièces justificatives des causes de retard, et, sur le vu de ces pièces, l'autorité chargée de juger le compte rappelle, dans son arrêt, l'obligation qui est imposée au receveur d'en poursuivre la rentrée comme d'un produit applicable à l'exercice suivant, et de s'en charger dans le prochain compte.

Quant aux restes à recouvrer dont les receveurs demanderaient l'allocation en non-valeurs, en justifiant, dans les formes voulues par les réglements, notamment par l'arrêté du 6 messidor an X, de *l'insolvabilité des débiteurs* ou de la *caducité des créances*, il est procédé de la manière suivante : lorsque le conseil municipal ou la commission administrative a, dans une délibération spéciale, proposé l'admission en non-valeur d'une partie ou de la totalité des restes à recouvrer dont la rentrée ne peut pas être opérée, et lorsque la délibération a été approuvée par le préfet, le receveur, en vertu de cette décision, déduit, dans son prochain compte, les sommes irrecouvrables du montant de celles qui sont à inscrire dans la colonne destinée à présenter le montant *définitif* des *titres* et *actes justificatifs* de recettes ; il indique, en outre, dans la colonne *d'observations*, le montant des non-valeurs ainsi constatées, afin que le conseil de préfecture ou la Cour des comptes puisse, au moyen de cette indication, faire, pour chaque non-valeur, l'application des pièces produites, et inscrire avec certitude, dans son arrêté ou arrêt, la disposition nécessaire pour déduire définitivement de l'actif la somme reconnue irrecouvrable.

L'arrêté préfectoral d'annulation, approuvant la délibération du conseil municipal ou de la commission administrative qui a proposé l'admission en non-valeur, est pris au vu : 1° de toutes les pièces produites par le receveur pour établir l'insolvabilité du débiteur et l'impossibilité du recouvrement ; 2° de l'avis du sous-préfet sur l'objet de la demande. Cet arrêté a, au surplus, uniquement pour but de faire provisoirement disparaître de l'actif de la commune ou de l'établissement les créances jugées *absolument irrecouvrables*, et non pas de dégager entièrement la responsabilité du receveur ; la Cour des comptes ou le conseil de préfecture, à qui il appartient d'apurer définitivement les comptes des receveurs municipaux et d'établissements de bienfaisance, conserve le droit de forcer ces comptables en recette, quand ils n'ont pas fourni toutes les justifications nécessaires à leur décharge.

En ce qui concerne les restes à recouvrer sur les rôles de prestations ou de la taxe vicinale et de la taxe sur les chiens, l'arrêté d'annulation est remplacé par des ordonnances de dégrèvement que délivre le préfet. (*Inst. gén., art. 1537.*) — V. nos 1221 et suiv.

975. — *Prévision budgétaire non réalisée.* — La prévision budgétaire qui, par une circonstance quelconque, n'a donné lieu, au cours de l'exercice, à aucune émission *de titre*, ne comporte pas de restes à recouvrer et doit être appuyée d'une déclaration négative de recette.

Les comptables ne doivent donc prendre charge de *restes à recouvrer* qu'autant qu'ils résultent de constatations définitives. (*Arr. Cour des comptes. 19 mai 1891.*)

La déclaration négative de recette peut être établie sur un certificat collectif.

976. — *Report de l'exercice précédent.* — Le paragraphe 1er du chapitre III de la recette étant formé du report de l'exercice précédent ne doit pas, sauf des cas très rares, présenter de restes à recouvrer. S'il en existait, les comptables devraient dresser les états de cotes irrecouvrables à l'époque du 31 mars, pour être soumis, avec leur compte, au conseil municipal, à la session de mai, et les accompagner de leurs explications et des certificats constatant les causes du non-recouvrement. (*Circ. compt. publ. 30 janvier 1866, § 7, n° 6.*) — V. COTES IRRECOUVRABLES, n° 1221 ; ÉTAT DES RESTES A RECOUVRER.

977. — *Situation du comptable au 31 décembre. — Résultat final de l'exercice.* — Les opérations des deux périodes de l'exercice clos, appuyées de toutes les justifications, sont disposées, d'une manière distincte, par gestion, et suivies : 1° de la situation du comptable envers la commune ou l'établissement au 31 décembre, de telle sorte que l'excédent de recette à cette époque, étant reporté en tête du compte suivant, les comptes soient liés les uns aux autres sans interruption, selon les vœux des règlements ; 2° du résultat final de l'exercice au moment de sa clôture, lequel résultat est également reporté en tête du compte suivant et compris dans la situation du receveur au 31 décembre. (*Décr. 27 janv. 1866, art. 2.*)

978. — La situation du comptable au 31 décembre doit présenter, d'une manière distincte, le solde relatif aux services exécutés hors budget, et celui qui représente les fonds appartenant à la commune ou à l'établissement.

Cet excédent doit être justifié par un bordereau de situation établi à la date du 31 décembre et auquel est annexé un état (*Modèle n° 310*) présentant, par commune, le développement des comptes relatifs aux *services hors budget.*

Les receveurs spéciaux produisent, en outre, le procès-verbal de situation de caisse au 31 décembre (V. n° 954).

À l'égard des communes dont les receveurs sont justiciables des conseils de préfecture, il suffit de produire un seul bordereau de situation par perception et un seul état annexe à ce bordereau.

Pour les communes et établissements dont les revenus sont gérés par un receveur spécial, le bordereau de situation est remplacé par la balance du grand livre. (*Inst. gén., art. 1541; Circ. compt. publ. 30 janv. 1866.*)

979. — *Justifications à produire à l'appui des comptes.* — Les comptes de gestion doivent être appuyés des pièces justificatives de la recette et de la dépense, qui sont déterminées par les lois et règlements. Ces pièces sont indiquées au n° 2234.

Les numéros du compte doivent être portés sur *chacune des pièces justificatives de recette et de dépense.* Ainsi, toutes les pièces produites à l'appui d'un mandat doivent être revêtues du même numéro que ce mandat. Il convient d'inscrire ces numéros à l'encre rouge, en haut de chaque pièce, à droite.

Il est fait, pour chaque article du compte, une fiche où sont récapitulées et totalisées les pièces de recette (avec indication, s'il y a lieu, des réductions de titres) et les pièces de dépense. Les mandats sont revêtus d'un numéro d'ordre ; ce numéro et le nombre des pièces annexées à chaque mandat sont inscrits sur la fiche, en regard du montant des sommes payées. Les fiches doivent être de couleur rose pour les recettes et de couleur jaune pour les dépenses ; elles peuvent être établies sous forme de chemises-fiches, c'est-à-dire sur feuille double.

Pour les comptes d'une faible importance, les fiches peuvent être remplacées par une récapitulation sur la marge de la première pièce de recette ou de dépense de chaque article. Il convient alors de lier fortement les pièces à l'aide d'un poinçon et d'une ficelle, en ayant soin de les percer assez près du bord pour ne pas en empêcher l'examen. *(Inst. gén., art. 1542 ; Circ. compt. publ. 30 janv. 1866, § 7.)*

980. — Pour justifier de l'accomplissement de leurs obligations, en ce qui concerne la conservation des biens et des revenus des communes et des établissements de bienfaisance, les receveurs doivent produire, avec leurs comptes de gestion, un état *(Modèle n° 223)* des propriétés foncières productives ou non productives de revenus, ainsi que des rentes et des créances qui composent l'actif des communes ou établissements. Cet état doit indiquer la nature des titres, leurs dates et celles des inscriptions hypothécaires prises pour leur conservation ; il doit donner des renseignements concernant les baux, les titres de créances, les constitutions de rentes sur particuliers et les inscriptions de rentes sur l'État ; il doit, en outre, s'il y a des procédures entamées, faire connaître sommairement la situation où elles se trouvent ; enfin il est accompagné d'un tableau annexe *(Modèle n° 223 bis)* qui présente, pour chacun des articles ci-après : *loyers de maisons, fermages des terres, rentes sur l'État, rentes sur particuliers, créances diverses,* et conformément aux exemples donnés par le modèle, d'abord la comparaison du produit de l'exercice courant avec celui de l'exercice qui précède ; en second lieu, la décomposition de la différence d'après les éléments de l'article et l'explication détaillée des causes, c'est-à-dire des mutations qui l'ont fait naître. A l'appui des augmentations et des diminutions de produit, les receveurs doivent fournir les baux et résiliations de baux, les actes de ventes ou d'achats, les décomptes et certificats, et autres pièces justificatives des mutations, ou indiquer à quels comptes ces pièces auraient été rattachées. Au lieu des pièces elles-mêmes, lorsqu'il

y a nécessité de les conserver, les receveurs peuvent en fournir des copies ou des extraits dûment certifiés.

L'état et le tableau annexe, ainsi établis, sont certifiés conformes par le receveur et visés par le maire, ou par l'ordonnateur lorsqu'il s'agit d'un établissement charitable, qui y joint ses observations *(Circ. compt. publ. 9 janv. 1902, § 4).*

Pour les communes et établissements dont les revenus ordinaires s'élèvent à 30.000 fr., un double de l'état est adressé au ministère de l'Intérieur par le trésorier général. *(Inst. gén., art. 849.)*

980 bis. — On doit faire figurer sur l'état de l'actif des propriétés foncières le legs fait à un établissement charitable et grevé d'usufruit au profit d'un tiers, et ce, jusqu'à ce que le legs ait été intégralement recouvré. En attendant, le receveur est tenu de prendre des mesures conservatoires en vue d'assurer le recouvrement du legs au décès de l'usufruitier. *(Arr. Cour des comptes, 27 déc. 1895.)*

De même, les fondations et autres obligations d'emplois de dons et legs ainsi que les libéralités en instance d'autorisation doivent figurer à l'état de l'actif. *(Arr. Cour des comptes, 12 déc. 1899.)*

L'état de l'actif doit également faire mention des divers legs acceptés par la commune ou par l'établissement, des mesures conservatoires qui ont été prises et des causes qui ont fait obstacle à la réalisation desdits legs. *(Jurisp. Cour des comptes.)*

En ce qui concerne les legs ou donations consistant en des titres de rente ou en obligations industrielles, le receveur se borne à constater, sur son état des propriétés et rentes, la remise des titres dont il s'agit, en expliquant leur origine. — V. n° 1768.

981. — Quand une recette ou une dépense est échelonnée sur plusieurs années, la production du titre original ne doit avoir lieu qu'avec le compte de l'année pendant laquelle l'opération a été définitivement consommée ; jusque-là, les receveurs fournissent, avec leurs comptes annuels, des copies ou extraits des titres, lesquels sont exempts du timbre, à la condition qu'ils portent la mention expresse que *l'expédition en due forme est retenue par le receveur afin de suivre l'opération, et qu'elle sera jointe au compte de l'année pendant laquelle l'opération sera terminée ;* et ils désignent, dans les comptes suivants, le compte auquel sont joints ces extraits ou copies ; en ce qui concerne la recette, avec le compte de chaque exercice, un certificat du maire ou de la commission administrative indiquant la somme qui était à recouvrer pour l'exercice. Ce certificat peut être collectif lorsqu'il y a plusieurs titres de même nature.

Les *titres originaux* sont, pour les comptables, non les *minutes* des baux, *procès-verbaux d'adjudication* et autres contrats, lesquelles doivent rester déposées aux archives des mairies ou des établissements de bienfaisance, mais les expéditions en forme de ces actes, qui sont délivrées aux receveurs. (*Inst. gén., art. 1543.*) — V. COPIES, PIÈCES JUSTIFICATIVES, n° 2236.

982. – *Classification, dans les comptes, des recettes et des dépenses concernant les produits en nature.* — Les recettes et les dépenses que les receveurs des établissements de bienfaisance ont à constater au sujet des produits recouvrés en nature, doivent prendre place dans les comptes en deniers ; elles y sont portées pour des sommes égales à celles qui figurent sur le livre de détail de chaque établissement. (*Inst. gén., art. 1544.*)

983. — *Comptes à rendre par les receveurs remplacés et par les receveurs installés dans le cours d'une année.* — Chaque receveur n'étant comptable que des actes de sa gestion personnelle doit, en cas de mutation, rendre compte séparément des faits qui le concernent ; en conséquence, lorsque la mutation s'opère dans le cours d'une année, le compte de cette année doit être divisé suivant la durée de la gestion de chacun des titulaires. (*Inst. gén., art. 1545.*)

Les formules des comptes de gestion reçoivent, à cet effet, des modifications qui diffèrent suivant que les receveurs ont été remplacés ou installés du 1er janvier au 31 mars, à la date du 31 mars ou après le 31 mars.

984. — *Cessation de fonctions du 1er janvier au 31 mars.* — Le receveur remplacé du 1er janvier au 31 mars rend compte, sur deux formules distinctes, des opérations des deux exercices en cours d'exécution.

Pour les opérations de l'exercice le plus ancien et sur le point de se terminer, il emploie une formule conforme au *Modèle A*.

Les opérations concernant le nouvel exercice font, avec les services hors budget de l'année courante, l'objet d'un second compte à établir d'après le *Modèle B*. (*Circ. compt. publ. 30 janv. 1866, annexe n° 3, § 1er.*)

985. — *Cessation de fonctions à la date du 31 mars.* — Lorsque la remise de service est fixée au *31 mars au soir* (ou au 1er avril au matin), et que, conséquemment, les faits de l'exercice clos ont été achevés pendant la gestion du receveur remplacé, ce comptable doit, si sa gestion a commencé avant le 1er janvier, se servir pour ledit exercice de la formule ordinaire (*Modèle n° 1 de la Circ. du 30 janv. 1866*) ; seulement, il est nécessaire d'y faire quelques changements manuscrits, qui consistent uniquement à ajouter aux mots : *gestion 19 , 1re partie, ceux de : du 1er janvier au 31 mars 19* , et à remplacer la *date du 31*

décembre de l'année courante par celle *du 31 mars* jour de la cessation des fonctions. Le compte des opérations du nouvel exercice est ensuite établi conformément au *Modèle B*, précité. Mais si la gestion du receveur remplacé n'avait commencé qu'après le 1er janvier, il serait procédé comme il est indiqué ci-après, pour les gestions intérimaires. (*Circ. compt. publ. 30 janv. 1866, annexe n° 3, § 2.*)

986. — *Cessation de fonctions après le 31 mars.* — Enfin, lorsque la cessation de fonctions a lieu *postérieurement au 31 mars*, l'ancien receveur n'a plus à s'occuper des opérations de l'exercice clos, attendu que ces opérations ont fait l'objet d'un compte établi à cette époque du 31 mars. Il doit alors se borner à former le compte des recettes et des dépenses qu'il a effectuées jusqu'au jour de la cessation de ses fonctions, tant sur les services budgétaires du nouvel exercice que sur les services hors budget de l'année courante. Il se sert, à cet effet, de la formule B ci-dessus indiquée. (*Circ. compt. publ. 30 janv. 1866, annexe n° 3 § 3.*)

987. — *Installation du nouveau receveur avant le 31 mars.* — Dans le cas où le nouveau receveur est installé du *1er janvier au 31 mars*, il doit, attendu la nécessité de mettre sous les yeux du conseil municipal, à la session de mai, les résultats complets de l'exercice qui expire le 31 mars, rendre :

1° Un compte (*Modèle C*) comprenant, d'une part, le rappel des opérations portées dans le compte de son prédécesseur, et, de l'autre, celles qu'il a lui même effectuées sur ledit exercice ;

2° Un compte (*Modèle D*) présentant les opérations de l'exercice suivant. (*Circ. compt. publ. 30 janv. 1866, annexe n° 3 § 4.*)

988. — *Installation du nouveau receveur après le 31 mars.* — Mais si la remise de service n'a lieu qu'*après le 31 mars*, le nouveau receveur n'a de compte à former qu'à la fin de l'exercice qui prend son nom de l'année pendant laquelle il a été installé. Ce compte (*Modèle D précité*) doit, en ce qui concerne les services budgétaires, présenter, au moyen de deux colonnes, la division des opérations effectuées pendant la dite année, tant par l'ancien que par le nouveau receveur, et, en ce qui concerne les services hors budget, rappeler les restes à recouvrer et les excédents de recette existant à la fin de la gestion du receveur remplacé.

Toutefois, si le receveur installé venait à cesser ses fonctions avant la fin de l'exercice, il aurait à se conformer aux indications suivantes relatives aux gestions intérimaires. (*Circ. compt. publ. 30 janv. 1866, annexe n° 3, § 5.*)

989. — *Gestions intérimaires.* — Dans le cas d'*intérim* (V. n°s 1021 et suiv.), on doit procéder comme il est indiqué ci-après :

Quand la gestion intérimaire a commencé dans les *trois premiers mois de l'année*, le gérant doit établir : 1° *au 31 mars ou à la fin de sa gestion*, le compte de l'exercice clos ou sur le point de finir (*Modèle C*); 2° *à la fin de sa gestion*, à quelque époque qu'elle arrive, le compte de l'exercice suivant. Si les fonctions ont commencé à la date même du 1er janvier et ont fini avant le 31 décembre, ce dernier compte est conforme au *Modèle B*; mais si la gestion intérimaire, ayant commencé du 1er janvier au 31 mars, se prolongeait jusqu'au 31 décembre ou même au delà, il serait fait usage du *Modèle D*. Seulement, en cas de cessation des fonctions avant le 31 décembre, la partie du modèle D relative aux opérations postérieures à cette date ne peut naturellement pas être remplie. Il convient alors de laisser en blanc la colonne 8 du cadre de la recette et la colonne 7 du cadre de la dépense, de donner simplement aux colonnes 9 de la recette et 8 de la dépense les titres : *Totaux des recouvrements ou des payements*, et de remplacer dans les colonnes 10 de la recette et 9 de la dépense la date du *31 mars* par celle *du jour de la cessation des fonctions*.

Lorsque l'intérim ne commence qu'*après le 31 mars*, le compte du gérant, ne comprenant que les opérations d'un seul exercice, est établi conformément au *Modèle D*, sauf, s'il y a lieu, les changements qui viennent d'être indiqués pour le cas où la gestion intérimaire cesserait avant le 1er janvier. (*Circ. compt. publ. 30 janv. 1866, annexe n° 3, § 6.*)

990. — *Receveur dont la gestion, commencée dans le courant d'un exercice, se termine avant la clôture de cet exercice.* — *Il doit produire l'état général des recettes et des extraits des pièces de dépenses.* — Les dispositions relatives aux gestions intérimaires sont naturellement applicables au receveur titulaire dont la gestion a commencé dans le courant d'un exercice et s'est terminée avant la clôture de cet exercice, (*Circ. compt. publ. 30 janv. 1866; note indicative formant l'annexe n° 3.*)

991. — Le nouveau receveur doit rester dépositaire des divers titres nécessaires pour suivre la rentrée des restes à recouvrer.

Tout receveur, remplacé ou *intérimaire*, qui rend compte des opérations d'un exercice non encore expiré, doit produire un état général des recettes (*Modèle n° 318*) et, s'il y a lieu, des extraits des pièces de dépense, conformément aux dispositions de l'article 1543 de l'Instruction générale (V. n° 2235) relative aux recettes et aux dépenses qui ne peuvent être justifiées par la production des pièces mêmes. La suppression de cet état et de ces extraits n'a lieu que pour le compte final de l'exercice. (*Inst. gén., art. 1335, 1546; annexe n° 3 à la Circ. du 30 janv. 1866, § 7.*) — V. n° 1883.

992. — Les comptes d'un receveur remplacé doivent être rendus dans les *trois mois qui* suivent la cessation de ses fonctions, conformément aux dispositions de l'article 1er du chapitre II de la loi du 28 pluviôse an III, et sous les peines dont il est parlé à l'article 1556. (*Inst. gén., art. 1546, dernier alinéa.*) — V. COMMIS D'OFFICE.

993. — Le nouveau receveur n'est tenu de se charger en recette et en dépense, dans son compte, que des sommes qu'il a lui-même reçues et dépensées; mais il ne doit pas moins y rappeler toutes les opérations antérieures, afin de pouvoir présenter la situation complète de l'exercice. (*Inst. gén., art. 1547.*)

994. — Lorsqu'un comptable a été remplacé dans l'année qui donne son nom au compte qu'il présente, et qu'il désire obtenir, par l'arrêt ou l'arrêté à intervenir sur cette portion de gestion, sa décharge et, par suite, le remboursement de son cautionnement, il doit produire :

1° Une copie en forme du procès-verbal de la remise du service à son successeur, et une déclaration de ce dernier qu'il consent à demeurer chargé de la suite des recettes et dépenses, ainsi que du reliquat qui lui aurait été versé ;

2° Un certificat en bonne forme du maire de la commune ou des administrateurs de l'établissement, constatant qu'ils n'ont pas de reprises à exercer contre lui, notamment à l'égard des obligations que lui imposait l'article 1er de l'arrêté du gouvernement du 19 vendémiaire an XII, concernant la conservation des biens des communes ou établissements et les poursuites à exercer pour la perception des revenus.

Si le comptable n'a été remplacé que dans l'année qui suit celle dont il rend compte, et s'il allègue n'avoir fait aucune opération de recette ni de dépense entre la clôture de son compte et la date de son remplacement, il doit produire, indépendamment des pièces mentionnées ci-dessus, un certificat négatif des autorités locales, visé par le préfet, et un semblable certificat du receveur des finances de l'arrondissement visé par le trésorier général. (*Inst. gén., art. 1553.*) — V. CAUTIONNEMENTS, n° 890 et suiv.

995. — *Fournitures des imprimés nécessaires pour la formation des comptes de gestion.* — Les règles qui se trouvent tracées à l'article 1524 de l'Instruction générale pour la fourniture et la remise, aux percepteurs-receveurs des communes et d'établissements publics, des imprimés nécessaires pour leurs registres et bordereaux sont applicables à la fourniture des formules de comptes de gestion. (*Inst. gén., art. 1548.*) — V. IMPRIMÉS.

996. — *Compétence pour le jugement des comptes de gestion.* — Les comptes de gestion des receveurs des communes et établissements de bienfaisance sont jugés, savoir :

Par la Cour des comptes, pour les communes et établissements dont les revenus *excèdent trente mille francs* ;

Par les conseils de préfecture, pour les communes et établissements dont les revenus n'*excèdent pas trente mille francs*, sauf recours à la Cour des comptes. — V. n°ˢ 1931 et suiv.

Les changements de juridiction sont déterminés par le chiffre qu'ont atteint les revenus ordinaires des communes et établissements pendant trois exercices consécutifs ; à cet effet, il est justifié des arrêtés préfectoraux qui ont modifié la juridiction antérieure. Une expédition de ces arrêtés est immédiatement transmise aux ministres des Finances et de l'Intérieur, ainsi qu'au procureur général près la Cour des comptes. (*Inst. gén.*, *art. 1549* ; *L. 5 avril 1884, art. 157.*)

Par revenus ordinaires, il faut entendre, non pas les recouvrements effectués mais les *droits constatés*, déduction faite des réductions et non-valeurs. (*Circ. min. Int., 12 mai 1884* ; *Arr. Cour des Comptes, 15 déc. 1898.*)

997. — Les comptes des communes dont les *revenus ordinaires* étaient précédemment inférieurs à 30.000 francs ne sont soumis à la juridiction de la Cour des comptes qu'autant que les revenus ont excédé ladite somme pendant les trois dernières années. (*L. 5 avril 1884, art. 157; Décr. 31 mai 1862, art. 529.*)

Les centimes additionnels pour *insuffisance de revenus* n'ont pas le caractère de *recettes ordinaires*, lorsqu'ils ne servent pas à acquitter des dépenses obligatoires ou des dépenses facultatives permanentes ou annuelles. (*Arr. Cour des compt. 30 janvier 1888.*)

Pour déterminer la compétence de la Cour des comptes, il n'y a pas lieu d'ajouter aux droits constatés pendant les trois derniers exercices, les autres recettes qui proviennent des restes à recouvrer des exercices précédents ou concernant des subventions ayant un caractère extraordinaire. (*Arr. Cour des comptes, 28 oct. 1895.*)

998. — *Présentation des comptes.* — Le nombre d'exemplaires des comptes de gestion est fixé à deux, savoir :

1° La minute, *timbrée* ;

2° Une expédition pour la Cour des comptes ou pour le Conseil de préfecture.

La minute du compte, une fois visée par le receveur des finances, est transmise au maire pour servir à l'établissement du compte administratif et du budget supplémentaire ; elle est ensuite communiquée, par les soins de la municipalité ou de la commission administrative, à la préfecture pour le règlement de ces documents. Ce travail achevé, la préfecture renvoie la minute du compte de gestion à la trésorerie générale qui la fait parvenir

au comptable pour être conservée d'abord *dans les archives de la perception*, ensuite dans celles de la mairie ou de l'établissement charitable.

Les minutes des comptes de gestion, timbrées aux frais des communes et des établissements, doivent faire partie des archives au même titre que les autres documents de comptabilité. Le comptable n'a, d'ailleurs, aucun intérêt à s'approprier les minutes, le certificat de *quitus* qui lui est remis après l'apurement de ses comptes le déchargeant de sa gestion.

Dans le cas où un comptable sorti de fonctions ne voudrait pas remettre à son successeur les minutes de ses comptes, et notamment du dernier compte, le receveur des finances ne devrait pas hésiter à en faire établir des expéditions, aux frais du comptable sortant, pour tenir lieu des minutes indûment retenues. L'indemnité due pour ce travail est considérée comme un débet du comptable.

Les minutes timbrées, après trois ans de date, doivent être déposées aux archives de la mairie ou de l'établissement charitable. En outre, les municipalités et les commissions administratives ont le droit d'en obtenir communication à toute époque, à charge de réintégration.

La faculté de ne produire que deux exemplaires des comptes de gestion n'est applicable qu'aux comptes déposés par les percepteurs-receveurs municipaux et non aux receveurs spéciaux.

Ceux-ci doivent produire, en outre, une expédition destinée à l'établissement du compte administratif et du budget supplémentaire, qui est, après utilisation par la préfecture, déposée dans les archives de la commune. Quant à la minute timbrée du même compte, elle reste dans les archives de la recette spéciale. (*Circ. compt. publ., 30 juin 1866, § 7 n° 9, et 8 février 1898, § 5.*)

999. — Le timbre de la minute est à la charge des communes ainsi qu'il est dit ci-dessus.

Les comptes doivent être affirmés sincères et véritables tant en recette qu'en dépense, sous les peines de droit, et être datés et signés par le comptable ou ses ayants cause.

Ils doivent, en outre, être parafés sur chaque feuillet et ne point offrir d'interligne ; les renvois et ratures doivent être approuvés et signés par le comptable.

Après la présentation d'un compte, il ne peut y être fait aucun changement. (*Inst. gén., art. 1550.*)

1000. — Il ne peut être présenté aucun compte devant l'autorité chargée de le juger, s'il n'est en état d'examen et appuyé des pièces justificatives énoncées au n° 2234.

Pour que le compte d'un receveur de communes ou d'établissements de bienfaisance soit en état d'examen, il faut qu'après avoir été revêtu des formalités qui viennent d'être prescrites, il soit accompagné des pièces suivantes :

1° Une expédition du budget primitif ;

2° Une expédition du budget supplémentaire (ou copie des états de restes à recouvrer et à payer lorsque la remise a lieu avant l'arrivée du budget) ;

3° Un tableau des autorisations spéciales. — V. n° 958 ;

4° Une copie certifiée du compte administratif, qui doit être délivrée par le maire. — V. n° 965 ;

5° Une copie de la délibération du conseil municipal ou de la commission administrative sur le compte présenté ;

6° L'état de l'actif de la commune et son annexe (Modèles n°° 223 et 223 bis). — V. n° 980 ;

7° L'état du passif de la commune (Modèle n° 223 ter.) Circ. compt. pub. 15 nov. 1869, § 6). — V. n° 1481 et suiv.

8° Le procès-verbal de situation de caisse au 31 décembre, pour les receveurs spéciaux. — V. n° 954 ;

9° Une copie du bordereau de situation sommaire à la même époque (pour les receveurs spéciaux, une copie de la balance des comptes du grand-livre) ;

10° L'état annexe à ce bordereau (Modèle n° 310) présentant par commune et établissement, le développement des comptes relatifs aux services hors budgets :

11° Un inventaire des pièces générales.

S'il s'agit d'un compte d'hospice ou d'établissement de bienfaisance, la délibération de la commission administrative sur ce compte doit être accompagnée de la délibération prise par le conseil municipal sur le budget et le compte. Quand la gestion a cessé dans le courant de l'année, le bordereau de situation est remplacé par une copie de la première partie du procès-verbal de remise de service, auquel est joint l'état (Modèle n° 310) présentant le développement des comptes relatifs aux services hors budget. Toutes ces pièces doivent être détaillées sur l'inventaire des pièces générales (Modèle n° 4). (Inst. gén., art. 1551 ; Circ. compt. publ. 30 janv. 1866, §§ 5 et 7.)

Les receveurs remplacés ou intérimaires qui rendent compte des opérations d'un exercice non encore expiré, n'ont pas à produire le compte administratif, l'état de l'actif et son annexe, ainsi que l'état du passif ; ces pièces ne sont remises qu'à l'appui du compte final. — V. n°° 1621 et suiv.

1001. — Les receveurs spéciaux des établissements de bienfaisance fournissent une déclaration relative à leur cautionnement.

Cette déclaration, au lieu d'être inscrite sur la première feuille du compte de gestion (art. 1532 de l'Inst. gén.) est souscrite sur une formule séparée conforme au Mod. n° 5. (Circ. compt. publ. 30 janvier 1866, § 6.)

1002. — Les receveurs justiciables de la Cour des comptes, doivent aussitôt après leur installation et sans attendre la présentation de leur premier compte, adresser au procureur général près de cette Cour des copies certifiées par le maire et visées par le préfet ou le sous-préfet, de l'arrêté ou du décret de leur nomination, du certificat d'inscription de leur cautionnement, de l'acte de prestation de leur serment et du procès-verbal de leur installation.

Lorsque le compte d'une commune ou d'un établissement est rendu pour la première fois à la Cour des comptes, le préfet adresse à la Cour, avec l'arrêté qu'il a pris pour dessaisir le conseil de préfecture, les trois derniers comptes jugés par ce conseil, lesquels peuvent seuls permettre à la Cour de vérifier le chiffre des recettes ordinaires qui sert de base à sa compétence. (Inst. gén., art. 1552, modifié ; Circ. min. Int. 1er septembre 1865 ; Circ. compt. publ. 1er décembre suiv., § 13.)

1003. — Contrôle des résultats des comptes par les receveurs des finances. — Les comptes sont, avant d'être soumis aux conseils municipaux ou aux commissions administratives, vérifiés et certifiés exacts dans leurs résultats par les receveurs des finances. La vérification approfondie par les mêmes comptables n'a lieu qu'ultérieurement.

Il est nécessaire pour que les comptes puissent être prêts au moment de l'ouverture de la session, qu'ils soient aussi avancés que possible à la clôture de l'exercice, et que ce qui reste à faire à cette époque soit très promptement exécuté. En conséquence, les comptables doivent, aussitôt après l'achèvement de leur travail, et au plus tard le 15 avril, soumettre au visa du receveur des finances la minute du compte, qui est ensuite transmise au maire pour servir à l'établissement du compte administratif et du budget supplémentaire, ainsi qu'il est dit ci-dessus n° 998. (Circ. compt. publ., 30 janvier 1866, § 8 et 8 février 1898, § 5.)

1004. — Examen des comptes par les conseils municipaux ou les commissions administratives. — Les comptes des receveurs des communes et des établissements de bienfaisance doivent, avant leur présentation à l'autorité chargée de les juger, être soumis à l'examen des conseils municipaux et des commissions administratives.

Pendant le temps de cet examen, le receveur tient ses pièces à la disposition du conseil ou de la commission, pour les lui communiquer lui-même, s'il y a lieu ; ou, dans le cas où il devrait laisser provisoirement entre les mains du maire une partie des pièces, ce fonctionnaire lui en délivrerait un bordereau détaillé et dûment certifié. — Les membres du conseil ne peuvent exiger individuellement l'apport des pièces.

La délibération du conseil municipal ou de la commission administrative doit être conforme au modèle n° 6 annexé à la circulaire du 30 janvier 1866. Elle ne doit apporter, ainsi qu'il est dit aux nᵒˢ 750 et suiv., aucune modification au chiffre des comptes présentés.

Aussitôt que la délibération du conseil ou de la commission a été prise, le receveur retire une ampliation de cet acte et du compte administratif (V. nᵒ 955), ainsi que les pièces dont il se serait momentanément dessaisi, et il réunit ces éléments aux autres justifications qu'il doit produire à l'autorité chargée de juger le compte.

Si, malgré des démarches réitérées, le receveur n'avait pu obtenir la remise de la délibération, il ne devrait pas moins dresser son compte à l'autorité chargée de le juger, sauf à y joindre, au sujet de cette lacune, les déclarations et attestations nécessaires. *(Inst. gén., art. 1554; Circ. compt. publ., 30 janvier 1866.)*

1005. — Les comptes des établissements de bienfaisance doivent, indépendamment de l'examen des commissions administratives, être soumis à la délibération des conseils municipaux. *(L. 5 avril 1884, art. 70.)*

1006. — *Vérification des comptes par les receveurs des finances.* — Dans les dix jours qui suivent la session des conseils municipaux dans laquelle les comptes ont été examinés, les receveurs municipaux font le dépôt à la recette des finances de la minute et de l'expédition de leurs comptes avec les pièces à l'appui, les délibérations des conseils municipaux *(Modèle nᵒ 6)* et des commissions administratives, et les livres au moyen desquels les comptes ont été formés.

Si ces comptes et pièces n'étaient pas parvenus dans le délai indiqué ci-dessus, le receveur des finances devrait les envoyer chercher par un exprès, aux frais du retardataire.

Après avoir reçu les pièces et les comptes, les receveurs des finances procèdent à la vérification approfondie prescrite par l'article 3 du décret du 27 janvier 1866. — V. nᵒ 1003.

Ils examinent : 1ᵒ Si les comptes sont dans la forme prescrite par les règlements et par les instructions ministérielles; 2ᵒ s'ils présentent exactement le relevé des recettes et des dépenses faites *sur l'exercice*; 3ᵒ si ces recettes et ces dépenses sont appuyées de toutes les justifications nécessaires; 4ᵒ si le comptable se charge des forcements de recettes et des rejets de dépenses prononcés sur les comptes précédents; 5ᵒ si le solde ou excédent de recettes au 31 décembre est d'accord avec le solde des écritures; 6ᵒ enfin, si le résultat final de l'exercice, au moment de sa clôture, présente un excédent de recette ou de dépense égal à celui du compte d'administration. *(Inst. gén., art. 1302; Circ. compt. publ. 30 janv. 1866, § 8; 15 nov. 1869, § 7, et 9 mars 1875, § 4.)*

Pour la vérification des mandats et autres pièces justificatives, voir PAYEMENT, nᵒ 2084, et PIÈCES JUSTIFICATIVES nᵒ 2234.

1007. — Le receveur des finances consigne à l'encre rouge, sur les minutes, ses observations dans un tableau imprimé à la suite des comptes, en y indiquant avec soin les articles auxquels elles se rapportent, puis il adresse au receveur les comptes *(minute et expédition)*, avec les pièces défectueuses, pour qu'il soit procédé à leur régularisation.

Le receveur municipal inscrit ses réponses dans la colonne 3 du tableau précité. Il est nécessaire qu'il réponde à chaque observation.

Après le retour des comptes et pièces régularisées, le receveur des finances s'assure s'il a été fait droit à ses observations; dans le cas contraire, il reproduit, sur l'expédition, celles auxquelles il n'aurait pas été satisfait et à l'égard desquelles il ne serait pas fourni des explications admissibles.

Dans le cas où l'examen du compte n'aurait donné lieu à aucune observation, le receveur des finances en ferait la déclaration expresse. *(Inst. gén., art. 1303; Circ. compt. publ., 30 janvier 1866, § 8.)*

1008. — Lorsque les comptables n'ont pas satisfait entièrement aux observations du receveur des finances, ce dernier ne peut, ainsi qu'il est dit au numéro précédent, que reproduire, sur les expéditions, les observations auxquelles il ne serait pas fourni des justifications suffisantes. Le droit de forcer en recette n'appartient qu'au conseil de préfecture ou à la Cour des comptes. (V. nᵒˢ 974 et 1557.) De même, il n'y a que l'autorité chargée de juger les comptes qui soit seule compétente de statuer sur les pièces produites à l'appui des comptes. Toutefois, il faut tenir compte que les receveurs des finances restent libres d'user des mesures disciplinaires qui leur sont prescrites par les instructions contre les comptables dont la négligence ou manquement au service serait notoire.

1009. — Il peut arriver que les erreurs relevées par la vérification du receveur des finances donnent lieu de rectifier le solde des écritures établi au 31 décembre.

Dans ce cas, le receveur des finances exprime sur une feuille les motifs des rectifications opérées et de l'augmentation ou de la diminution que doit éprouver, par suite, le solde de caisse au 31 décembre.

Il dresse un bordereau qui présente la situation du receveur de la commune ou de l'établissement, rectifiée à cette même date, et le remet au comptable, pour servir à justifier, dans le compte de gestion, le solde ou excédent de recette qui en est le résultat.

Les receveurs des finances doivent tenir un carnet où sont succinctement indiqués, en regard du nom de chaque commune ou établissement, la date du *visa* apposé sur le compte du receveur municipal et les principaux résultats de leur examen, tels que la rectification du solde en caisse, dans le cas prévu ci-dessus, la mention de dépenses irrégulières, susceptibles d'être rejetées par le conseil de préfecture, etc.

Ils prennent, en outre, note du solde de chaque compte, afin de pouvoir s'assurer qu'il est exactement reporté dans les divers éléments de comptabilité. (Inst. gén., art. 1304 ; Circ. compt. publ. 15 nov. 1869, § 7, et 9 mars 1875, § 4.)

1010. — *Dépôts ou envoi des comptes à l'autorité chargée de les juger.* — Le receveur des finances, après avoir prescrit les régularisations nécessaires et consigné, s'il y a lieu, ses dernières observations dans la colonne nº 4 du tableau imprimé à la suite du compte, fait sans délai le dépôt ou l'envoi des comptes à la préfecture. Conséquemment tous les comptes d'une même perception dont le jugement appartient au conseil de préfecture, font l'objet d'un seul envoi, qui doit avoir lieu aussitôt après l'achèvement de leur vérification, et le *31 août au plus tard*. Il importe beaucoup pour que les comptes soient promptement jugés, d'une part, que leur vérification soit faite avec le plus grand soin par les receveurs des finances, et, d'autre part, qu'il en arrive une partie à la préfecture avant qu'on ait à s'occuper du règlement des budgets. (Circ. compt. publ. 30 janv. 1866, § 8.)

1011. — En ce qui concerne les comptes dont le jugement appartient à la Cour des comptes, le receveur des finances les rend au comptable, qui doit adresser lui-même l'expédition, avec toutes les pièces justificatives, au greffier en chef de la Cour des comptes. Il lui est donné décharge de cette présentation, qui doit avoir lieu *avant le 1er septembre de l'année qui suit celle pour laquelle le compte est rendu.*

Le receveur doit donner avis au procureur général près la Cour des comptes de l'envoi qu'il fait de son compte au greffier en chef de cette Cour. (Inst. gén., art. 1554.)

1012. — *Retard dans la présentation des comptes.* — *Pénalité.* — En cas de retard dans la présentation de leurs comptes, les receveurs des communes et d'établissements de bienfaisance peuvent, sans préjudice des poursuites autorisées par les lois et règlements, être condamnés, par l'autorité chargée de les juger, à une amende de *dix francs à cent francs*, par chaque mois de retard, pour les receveurs justiciables des conseils de préfecture, et de *cinquante francs à cinq cents francs*, également par mois de retard, pour ceux qui sont justiciables de la Cour des comptes. Ces amendes sont attribuées aux communes ou établissements que concernent les comptes en retard ; elles sont assimilées, quant au mode de recouvrement et de poursuites, aux débets de comptables des deniers de l'Etat et la remise n'en peut être accordée que d'après les mêmes règles. (Inst. gén., art. 1556 ; L. 5 avril 1884, art. 159.) — V. nos 1024 et 1059.

1013. — La condamnation à l'amende pour retard dans le dépôt des comptes est d'abord comme toutes les charges imposées aux comptables, prononcée à titre provisoire (V. nº 1036). Le receveur a donc la faculté de faire valoir en réponse telles explications qu'il juge convenable et la Cour, statuant définitivement, modère, s'il y a lieu, l'amende prononcée. (Arr. Cour des comptes, 6 juin 1893.)

1014. — *Jugement des comptes.* — *Délai dans lequel il doit avoir lieu.* — Les comptes présentés dans les délais prescrits ci-dessus doivent être jugés avant l'époque fixée pour la présentation des comptes de l'année suivante.

L'autorité investie du jugement de ces comptes n'apporte aucun changement au *résultat général* de chaque compte, à moins d'inexactitude dans le report du reliquat fixé par un arrêt précédent.

Les modifications dont la recette et la dépense d'un compte sont susceptibles font l'objet de dispositions spéciales dans les arrêts et arrêtés.

Ces dispositions consistent, savoir :

Sur la recette : 1° en *augmentation* provenant de forcements prononcés par l'arrêt définitif, soit pour les articles de *non-valeurs* dont le comptable aurait demandé la décharge, mais sans produire des justifications suffisantes ; soit pour des sommes omises au préjudice de la commune ou de l'établissement ; 2° en *diminutions* pour des sommes portées de trop en recette par suite d'erreurs au préjudice du comptable ;

Et *sur la dépense :* 1° en *diminutions*, soit pour les dépenses rejetées comme irrégulières, soit pour des sommes portées de trop en dépense au préjudice de la commune ou de l'établissement ; 2° en *augmentations* pour des sommes omises par suite d'erreurs au préjudice du comptable.

Les *augmentations de recette* et les *diminutions de dépense* donnent lieu au versement en numéraire, dans la caisse de la commune ou de l'établissement, des sommes mises à la charge du receveur.

Les *diminutions de recette* et les *augmentations de dépense* peuvent donner lieu à des payements sur la caisse municipale ou hospitalière, et les comptables sont autorisés à se pourvoir à cet effet auprès des autorités administratives.

Au moyen de ces dispositions, l'arrêt rendu sur chaque compte rappelle le *résultat général* de la situation du receveur pour des sommes parfaitement conformes à celles qui sont constatées au compte rendu ; il le charge de rapporter ce *résultat* au compte de la gestion subséquente, pour en former le premier article, et, par cette mention nécessaire, il lie invariablement les comptes les uns aux autres.

Les articles 974 et 1082 de l'Instruction générale (V. nº 1557) font connaître de quelle manière il est fait recette, par les receveurs municipaux et hospitaliers, des restes à recouvrer mis à leur charge. *(Inst. gén., art. 1557.)*

1015. — *Situation du jugement des comptes à remettre par les préfets.* — Chaque année, dans le courant du mois de septembre, les préfets transmettent au ministre des finances un état *(Modèle n° 319)* constatant la situation au 31 août précédent, de l'apurement des comptes des receveurs municipaux et hospitaliers justiciables des conseils de préfecture, et indiquant, pour les trois dernières années écoulées, le nombre des comptes présentés, celui des comptes jugés et celui des comptes restant à juger. *(Inst. gén., art. 1557, dernier alinéa ; Circ. min. Fin. aux préfets, 1er mars 1866, § 4.)*

1016. — *Notification aux comptables des arrêts ou arrêtés rendus sur les comptes.* — Les arrêts de la Cour des comptes et les arrêtés des conseils de préfecture sur les comptes des receveurs des communes et des établissements de bienfaisance sont notifiés, par l'entremise des receveurs des finances, dans un délai de quinze jours à dater de la réception des expéditions des arrêts ou arrêtés, au moyen de lettres recommandées.

La notification est faite simultanément et sous forme de tableau, pour toutes les communes et tous les établissements de bienfaisance d'une même perception dont les comptes sont jugés par le conseil de préfecture. *(Circ. compt. publ. 30 janv. 1866, § 10 et 1er mars suiv., § 3 et 26 juin 1902, § 11.)*

Il est donné avis aux maires par les soins du préfet des arrêts et arrêtés rendus sur les comptes. — V. n° 1026.

1017. — Les comptabilités de fait sont soumises aux mêmes règles de procédure que les comptabilités régulières. — Le receveur des finances a seul qualité pour notifier au comptable de fait la décision rendue sur ses comptes par le conseil de préfecture et faire courir les délais du pourvoi devant la Cour des comptes. *(Arr. Cons. d'Ét. 20 mars 1891 ; Arr. Cour des comptes 13 janv. 1892 et 30 mai 1892.)*

1018. — Les comptables intéressés adressent immédiatement au receveur des finances un accusé de réception *(Modèle annexé à la Circ. compt. publ. 30 juin 1866)* constatant les notifications qui leur ont été faites. Cette pièce est transmise au préfet par les receveurs des finances pour être déposée au greffe du conseil de préfecture. *(Circ. compt. publ. 1er mars 1866, § 3, et 30 juin suiv., § 2.)*

1019. — Les arrêts de la Cour des comptes sont notifiés *un mois au plus tard après qu'ils ont été rendus.*

Les expéditions des arrêtés des conseils de préfecture sont adressées aux receveurs des finances dans la *quinzaine* de la date de ces arrêtés, et ces comptables supérieurs les notifient aux receveurs municipaux dans le même délai, comme il est dit ci-dessus. — V. n° 1026.

Si le comptable est absent et son domicile inconnu, et s'il n'a pas de fondé de pouvoir qui le représente, ou s'il est décédé et qu'il n'ait pas laissé d'héritiers connus, ou encore s'il refuse de délivrer récépissé de l'arrêté, la notification doit être faite, à ses frais, par un huissier, dans les formes tracées par l'article 68 du Code de procédure civile. L'original de l'exploit est déposé à la recette des finances.

Si le comptable est en fuite et a subi une condamnation par contumace, les notifications sont faites, pendant la durée du séquestre, au directeur des domaines du domicile du condamné. *(C. inst. crim., art. 28 et 471 ; avis du Cons. d'Ét., 20 septembre 1809.)*

Les dispositions des deux alinéas précédents sont applicables aux arrêts de la Cour des comptes.

S'il arrive que les receveurs des finances aient négligé de procéder à la notification, les parties intéressées peuvent requérir une expédition de l'arrêté de compte et le signifier par huissier. Les frais de l'exploit sont alors à la charge des receveurs qui auraient dû faire la notification.

Les expéditions d'arrêts et d'arrêtés signifiés administrativement sont exemptes du droit de timbre.

Lorsque le comptable à qui des arrêtés du conseil de préfecture doivent être notifiés a changé de résidence, ces arrêtés sont envoyés au trésorier-payeur général pour être transmis par ses soins au receveur des finances de la nouvelle résidence du receveur municipal.

Une déclaration de notification est inscrite par le receveur particulier sur l'ampliation de l'arrêté. Ces dispositions doivent être exécutées dans le délai de quinze jours, à partir de la date de la réception des arrêtés par le trésorier-payeur général, lorsque le receveur municipal n'a pas changé de département, et dans le délai d'un mois, au cas contraire.

La forme administrative qui vient d'être indiquée peut aussi être employée pour les notifications à faire aux héritiers d'un comptable hors de sa dernière résidence, lorsqu'ils sont connus. *(Inst. gén., art. 1559 ; Circ. compt. publ. 30 janvier 1866, § 10.)*

1020. — *Exécution des arrêts et arrêtés rendus sur les comptes.* — *Arrêts et arrêtés provisoires et définitifs.* — Les charges ou injonctions que les arrêts ou arrêtés imposent aux comptables doivent être exécutées dans le délai de *deux mois, à partir du jour de la notification.*

À l'expiration de ce délai, les pièces et les explications destinées à satisfaire aux charges ou injonctions sont adressées à l'autorité qui a

jugé le compte. Cet envoi est accompagné d'un
état présentant, dans des colonnes distinctes :
1° la copie textuelle des injonctions ; 2° les réponses ou explications du comptable et l'indication des pièces produites.

Ces pièces et l'état, en double expédition,
sont préalablement soumis au receveur des finances, qui vise l'une des expéditions et conserve l'autre.

Les comptables n'étant admis à discuter, ni en
personne ni par ministère d'avocat, les articles
de leurs comptes, il en résulte qu'à défaut de
débat contradictoire, le premier arrêt ou arrêté
rendu sur un compte est toujours provisoire,
ainsi qu'il est dit ci-après, n°° 1036 et suiv.

S'il n'a pas été exécuté ou contredit dans le
délai de deux mois, l'autorité dont il émane
peut rendre, à l'expiration de ce délai, un arrêt
ou arrêté définitif qui met à la charge du
comptable, par des forcements de recettes ou
des rejets de dépenses qu'elle prononce, les
sommes ou une partie des sommes qui ont fait
l'objet des charges ou injonctions contenues
dans le premier arrêt.

Le montant du débet ainsi constaté doit être
versé en capital et intérêts immédiatement
après la notification de l'arrêt définitif. (*Inst.
gén., art. 1560.*) — V. n° 1059.

1021. — Les juges des comptes ne peuvent
infliger d'amendes à leurs justiciables que dans
le seul cas où ces comptables n'ont pas présenté
leurs comptes dans les délais prescrits, et non
aux cas de retard ou de refus d'exécuter un
arrêté de compte. (*Arr. Cour. des comptes
17 avril 1873 et 2 avril 1885.*) — V. n° 1012.

1022. — *Poursuites contre les comptables en débet.* — S'il s'agit d'exercer des
poursuites contre un comptable en débet, on
doit procéder selon les règles suivies par l'agent
judiciaire du Trésor à l'égard des comptables
directs du ministère des finances. Alors, le
receveur en exercice, chargé, par l'arrêté du
gouvernement du 19 vendémiaire an XII et par
l'Instruction du ministère de l'intérieur du
3 brumaire suivant, d'exercer, à la requête du
maire, dans les limites tracées à l'article 850
de l'Instruction générale, les poursuites nécessaires pour assurer la rentrée des créances et
revenus de toute nature, doit recevoir une
expédition de l'arrêt, qu'il remet à l'huissier
désigné à cet effet. Cet arrêt est signifié au
débiteur, avec commandement de payer; et, à
défaut de payement, le maire, conformément
à la loi du 29 vendémiaire an V, charge l'avoué
de la commune de procéder aux poursuites
judiciaires. (*Inst. gén., art. 1561.*)

1023. — Dans le cas où le comptable à
poursuivre n'aurait pas encore été remplacé
dans ses fonctions, l'expédition de l'arrêt serait
remise directement à l'huissier par le maire de
la commune. (*Inst. gén., art. 1562.*)

1024. — Si plusieurs communes se trouvent
intéressées dans la gestion d'un même comptable, il n'est pas nécessaire que le maire de
chacune d'elles agisse séparément pour l'exercice des poursuites encourues par ce comptable ;
les communes sont soumises aux règles de droit
commun, et pour éviter des frais de procédure,
les maires, comme les particuliers qui ont dans
une même cause un intérêt semblable, peuvent
se réunir pour charger un seul avoué de suivre
collectivement les poursuites judiciaires. Mais,
en pareil cas, il appartient toujours aux préfets
de donner aux administrations locales les directions qui, suivant les circonstances, peuvent
le mieux garantir les intérêts de chaque commune.

Les articles 1313, 1315, et 1385 de l'Instruction générale indiquent les poursuites à exercer
par les receveurs des finances contre les *ex-
percepteurs-receveurs municipaux* en débet.
(*Inst. gén., art. 1563.*) — V. n°° 1299 et 3091.

1025. — Les conseils de préfecture n'interviennent point dans la liquidation des frais
résultant de la notification des arrêtés de comptes, des inscriptions d'hypothèques légales requises sur les biens des comptables, des commandements de payer, de la saisie-exécution et
de la vente des biens : l'application de ces
divers moyens de poursuite doit être faite dans
les formes prescrites par le Code de procédure.
Dès lors, les frais qui en résultent sont taxés
par le tribunal devant lequel l'action a été portée, et le recouvrement en est poursuivi contre
le débiteur en vertu de l'acte qui les établit.
(*Inst. gén., art. 1564.*)

1025 bis. — *Intérêts des déficits ou débets.* — *Versements par les comptables.
— Obligations qui incombent, suivant le
cas, au trésorier général ou au receveur
particulier.* (*Circ. compt. publ. 29 déc.
1900, § 4.*)

1026. — *Communication au préfet et
notification aux maires des arrêts et
arrêtés rendus sur les comptes.* — Les
arrêts de la Cour des comptes sont communiqués par le ministre des finances au préfet dans
un délai de *quinze jours*, à partir de la réception au ministère des finances de l'expédition
de l'arrêt adressé par le procureur général près
la Cour des comptes, conformément à l'article 39 du décret du 28 septembre 1807.

Les préfets, dans un délai de *huit jours*
notifient par lettres recommandées, avec demande d'avis de réception, aux maires et aux
administrateurs des établissements assimilés,
les arrêts de la Cour des comptes communiqués
par le ministre des finances. (*Décr. 12 juillet
1887, art. 1°.*)

1027. — Les préfets constatent, par un procès-verbal, arrêté à la fin de chaque trimestre, l'envoi aux maires et administrateurs des établissements assimilés des arrêts communiqués par le ministre des finances, la date à laquelle ces arrêts ont été notifiés et les numéros des bulletins de dépôt délivrés par la poste. Ils adressent à la Cour des comptes par l'intermédiaire du ministre des finances ce procès-verbal en y annexant les bulletins de dépôt et les avis de réception. (Décr. 12 juillet 1887, art. 2.)

1028. — Les arrêtés des conseils de préfecture sont notifiés par les préfets aux maires et aux administrateurs de ces établissements dans un délai de *quinze jours*, à partir de la date de l'arrêté, au moyen de lettres recommandées avec demande d'avis de réception.

Un procès-verbal est ouvert au commencement de chaque trimestre pour constater. l'envoi des arrêtés des conseils de préfecture aux maires et aux administrateurs des établissements assimilés, la date de la notification de chaque arrêté et les numéros des bulletins de dépôt délivrés par la poste. Ce procès-verbal, auquel sont annexés les bulletins de dépôt et les avis de réception, est clos à la fin du trimestre par le préfet et conservé au greffe du conseil de préfecture. (Décr. 12 juillet 1887, art. 3.)

1029. — Si les notifications prescrites ci-dessus n'ont pas été faites dans les délais fixés, toute partie intéressée peut requérir expédition de l'arrêt ou de l'arrêté et le signifier par huissier. (Décr. 12 juillet 1887, art. 4.)

1030. — *Pourvois et revision contre les arrêts et arrêtés définitifs rendus sur les comptes.* — Les arrêtés des conseils de préfecture et les arrêts de la Cour des comptes peuvent être attaqués :
1° Par la voie du pourvoi devant la juridiction supérieure ;
2° Par la voie de la revision devant les premiers juges. (Inst. gén., art. 1565.) — V. nᵒˢ 1049 et 1037.

1031. — *Pourvoi.* — Les comptables, les administrations locales (maires et commissions administratives) et les ministères de l'Intérieur et des Finances peuvent se pourvoir contre les arrêts ou arrêtés définitifs, devant une juridiction supérieure, dans les cas et suivant les formes déterminées par les articles 1567, 1568 et 1569 de l'Instruction générale reproduits ci-après.

Aux termes des dispositions combinées de la loi du 18 pluviôse an III (art. 14) et de l'arrêté des consuls du 29 frimaire an IX (art. 2), un arrêté ne devient définitif que lorsqu'il a été précédé d'un arrêté préparatoire, dont les parties ont eu connaissance et aux injonctions duquel elles ont été mises en demeure de répondre. C'est seulement contre cet arrêté définitif

par lequel le conseil de préfecture a épuisé sa juridiction, que la Cour des comptes est compétente pour statuer en appel. — V. nᵒ 1037.

Les pourvois en appel devant la Cour des comptes contre les arrêtés définitifs de règlement de compte pris par les conseils de préfecture doivent être formés dans les trois mois de la notification de ces arrêtés. (Inst. gén., art. 1566.)

1032. — A cet effet, l'appelant rédige, sur papier timbré, une requête motivée, en *double original*. L'un des doubles est remis, dans le délai ci-dessus indiqué, sous peine de nullité, à la partie adverse, qui doit en donner récépissé daté ; si elle refuse ou si elle est absente, la signification lui est faite par un huissier à ses frais. Lorsque la notification de la requête se fait par voie administrative à la partie intéressée, qui la reçoit en personne, et en donne récépissé, le récépissé doit être ainsi conçu :

« Je soussigné............ reconnais avoir reçu copie de la requête présentée par.............. à l'effet de se pourvoir contre l'arrêté du compte, rendu par........ sous la date du........ »

Dans le cas ci-dessus, s'il s'agit d'un pourvoi formé par le receveur d'une commune ou d'un établissement charitable, le maire ou l'adjoint a qualité pour recevoir la requête et en donner récépissé. Mais si la notification avait lieu par ministère d'huissier, il deviendrait nécessaire de se conformer aux dispositions de l'article 69 du Code de procédure civile.

L'adjoint n'aurait pas alors qualité pour recevoir la signification en remplacement du maire. Si ce dernier fonctionnaire était absent, il faudrait aux termes du paragraphe 8 de l'article précité, que la copie fût laissée, soit au juge de paix, soit au procureur de la République, qui viserait l'original.

L'appelant doit adresser l'autre double de l'original de la requête à la Cour des comptes, en y joignant : 1° l'expédition de l'arrêté de compte qui lui a été précédemment notifiée et portant mention de cette notification, afin de constater si l'appelant est encore dans les délais du pourvoi ; 2° le récépissé de la partie adverse, à qui la requête a été signifiée, ou l'original de la signification qui lui a été faite par huissier, afin qu'il soit constaté que cette partie a connaissance du pourvoi, et qu'elle a été par conséquent, suffisamment avertie de produire, s'il y a lieu, des observations sur la recevabilité de la requête.

Les pièces doivent parvenir à la Cour, au plus tard, *dans le mois qui suit l'expiration du délai du pourvoi.*

Toutefois, la transmission de ces pièces dans le délai ci-dessus prescrit ne suffit pas pour faire admettre un pourvoi qui n'aurait pas été signifié à la partie adverse dans les trois mois accordés à partir de la notification des arrêtés de comptes. Cette signification à la partie adverse peut seule interrompre la prescription de trois mois, à laquelle est soumise la faculté de se pourvoir. (*Inst. gén., art. 1567.*)

Serait irrecevable un pourvoi formé devant la Cour des comptes, dont la signification aurait été faite à la partie adverse par lettre recommandée, au lieu de l'être dans la forme prescrite ci-dessus. (*Arr. Cour des comptes 20 mars 1889.*)

1033. — La Cour, après un examen sommaire de la requête, juge s'il ne s'élève aucune fin de non-recevoir contre le pourvoi, en ce qui concerne l'accomplissement des formalités exigées et des délais prescrits par l'ordonnance du 28 décembre 1830 ; elle examine si elle est compétente, à raison de la matière et de la personne, et si le conseil de préfecture a épuisé sa juridiction ; enfin elle déclare s'il y a, ou non, lieu de prononcer la recevabilité du pourvoi. Dans le premier cas, elle rend un arrêt d'admission qui donne à l'appelant, ainsi qu'à sa partie adverse, un délai de deux mois pour produire les pièces nécessaires au jugement du fond du pourvoi.

Les préfets, auxquels sont transmises les expéditions dudit arrêt pour être notifiées à qui de droit, doivent, de leur côté, adresser à la Cour des comptes toutes les pièces qui peuvent servir à l'examen du pourvoi.

Faute de productions suffisantes de la part de la partie poursuivante dans le délai réglé ci-dessus, la requête est rayée du rôle, à moins que, sur la demande des parties intéressées, la Cour ne consente à accorder un second délai dont elle détermine la durée. La requête rayée du rôle ne peut plus être reproduite, sauf, toutefois, le cas où le délai de trois mois accordé pour le pourvoi ne serait pas encore expiré ; mais il faudrait alors recommencer tous les actes nécessaires à la régularité du pourvoi, et la première procédure serait comme non avenue. (*Inst. gén., art. 1568.*)

1034. — Il ne peut être formé de pourvoi devant le Conseil d'État contre les arrêts de la Cour des comptes que pour *violation des formes ou de la loi*. Ce pourvoi doit être introduit dans les trois mois de la notification de l'arrêt et conformément au règlement sur le contentieux du Conseil d'État. (*Inst. gén., art. 1569.*)

1035. — Les décisions de la Cour des comptes peuvent être déférées, pour cause d'*excès de pouvoir*, comme pour cause de violation des formes ou de la loi, au Conseil d'État, qui remplit à cet égard le rôle de la Cour de cassation ; c'est-à-dire qu'il peut dans ces cas annuler la décision, mais ne peut évoquer le fond. Il doit renvoyer les justiciables devant la Cour. (*Arr. Cons. d'État, 13 avril 1870.*)

1036. — Les dispositions comprises dans un premier arrêté rendu sur un compte ne deviennent définitives que si elles sont notifiées régulièrement au comptable et confirmées par un deuxième arrêté intervenu après discussion de la part du comptable, ou tout au moins après l'expiration d'un délai de deux mois à partir de la notification.

On ne saurait, dès lors, considérer comme étant définitives des charges nouvelles qui, n'ayant pas été comprises dans un premier arrêté du conseil de préfecture, rendu sur un compte, auraient été introduites pour la première fois dans un second arrêté rendu sur le même compte. (*Arr. Cour des comptes 21 décembre 1880, 21 nov. 1882, 16 déc. 1891 et 19 juill. 1892.*)

1037. — Lorsque, par un *arrêté provisoire* de règlement de compte, le conseil de préfecture ordonne le reversement à la caisse municipale d'une dépense qu'il juge irrégulière ou non justifiée, le comptable qui ne reconnaît pas l'injonction qui lui est faite, comme étant fondée, doit, pour conserver ses droits, se borner à présenter des observations à l'autorité chargée du jugement du compte, et attendre la notification de l'*arrêté définitif* avant d'opérer le reversement qui est ordonné.

L'arrêté provisoire, qui n'est en quelque sorte qu'un acte préparatoire d'instruction, n'étant pas susceptible d'être attaqué, le receveur ne peut se pourvoir utilement devant la juridiction supérieure que contre l'arrêté définitif. (*Arr. Cour des comptes 24 déc. 1884, 3 nov. 1892 et 13 mars 1902.*) — V. nos 1020 et 1031.

1037 bis. — Le caractère provisoire du premier arrêt rendu par le juge des comptes permet à son justiciable de discuter toutes les charges prononcées contre lui avant qu'elles revêtent un caractère définitif. — En basant un arrêt provisoire sur des pièces dont le comptable n'a pas encore connaissance, la Cour ne viole donc pas les droits de la défense, alors surtout qu'elle permet au comptable de prendre communication de ces pièces au greffe avant de répondre aux injonctions. (*Arr. Cour des comptes 8 déc. 1902.*)

1038. — Lorsqu'un premier arrêté de compte rendu par le conseil de préfecture est annulé par la Cour des comptes, l'arrêté subséquent n'est que *provisoire* et n'est, par conséquent, pas susceptible d'appel. (*Arr. Cour des comptes 15 janvier 1877.*)

1038 bis. — Lorsqu'un conseil de préfecture a connu d'une gestion ressortissant régulièrement à la Cour des comptes, ou réciproquement, sa décision doit sortir son plein et entier effet si elle est passée en force de chose jugée, c'est-à-dire dès que le délai de trois mois donné pour interjeter appel s'est écoulé. *(Jurisp. constante.)*

1039. — Le recours des parties au Conseil d'État doit être formé par une requête énonçant l'exposé sommaire des faits et moyens, les conclusions, les noms et demeures des parties, l'énonciation des pièces dont on entend se servir et qui doivent y être jointes. Il est bien entendu que la principale pièce est la décision attaquée. *(Décr. 22 juill. 1806, art. 1er.)* — Se reporter, s'il est nécessaire, aux dispositions des autres articles du décret précité.

1040. — Sont jugés sans autres frais que les droits de timbre et d'enregistrement, les recours portés devant le Conseil d'État, en vertu de la loi des 7-14 octobre 1790, contre les actes des autorités administratives, pour incompétence ou excès de pouvoirs.

Le pourvoi peut être formé sans l'intervention d'un avocat au Conseil d'État, en se conformant d'ailleurs aux prescriptions de l'article 1er du décret du 22 juillet 1806 rappelé au numéro précédent. *(Décr. 2 nov. 1864, art. 1er.)*

1041. — Les frais de pourvois au Conseil d'État contre les arrêts rendus sur les comptes sont à la charge des parties qui sont en cause. *(Arr. Cons. d'Ét. 5 décembre 1884.)*

1042. — *Révision.* — Les comptables, les administrations locales et les ministres de l'Intérieur et des Finances peuvent demander, devant les premiers juges, la révision des arrêts ou arrêtés définitifs, mais seulement pour les cas énoncés à l'article 14 de la loi du 16 septembre 1807, c'est-à-dire pour *erreurs, omissions, faux* ou *double emploi* reconnus par la vérification d'autres comptes, et *à raison de pièces justificatives recouvrées depuis l'arrêt ou l'arrêté.*

La Cour des comptes, soit d'office, soit sur la réquisition du procureur général, et le conseil de préfecture, sur la réquisition des préfets, peuvent aussi procéder, dans les mêmes cas, à la révision des arrêts ou arrêtés définitifs qu'ils ont rendus. *(Inst. gén., art. 1570.)*

1043. — Il ne peut être procédé à la révision d'un compte qui a été définitivement apuré par un arrêté de conseil de préfecture passé en force de chose jugée, si elle n'a pas été demandée par le comptable, que pour cause d'erreur ou d'omission matérielle, ou de double emploi : la négligence du comptable qui n'aurait pas requis les mesures conservatoires d'un legs fait à un établissement de bienfaisance, en vertu d'un titre qui ne lui aurait pas été notifié par les voies régulières, ne rentre dans aucun des cas de révision prévus par l'article 14 de la loi du 16 septembre 1807. *(Arr. Cour des comptes 15 avril 1885.)*

1044. — Le maire, autorisé par le conseil municipal, et non cette assemblée, a seul qualité pour saisir le juge des comptes d'une demande en revision. À peine de nullité, la demande doit être notifiée à la partie adverse.

Les arrêtés du conseil de préfecture ordonnant la mise en état de revision des comptes doivent être motivés. *(Arr. Cour des comptes 27 juin 1890.)*

1045. — Est irrecevable devant le conseil de préfecture, la requête présentée par une commune qui ne tend pas à la révision d'un compte, mais seulement à la condamnation du receveur municipal à des dommages-intérêts pour n'avoir pas exigé la production de toutes les pièces justificatives à l'appui d'une dépense. *(Arr. cons. d'Ét. 8 juin 1894.)*

1046. — Les lois et règlements n'ont point fixé de délai au delà duquel toute demande en revision dût cesser d'être admise (il n'y a que la prescription légale de 30 ans), mais l'exercice de ce droit est réglé ainsi qu'il suit :

Les dispositions des arrêtés ou arrêts attaqués ne peuvent être suspendues ou modifiées dans leur effet que par un arrêté ou arrêt nouveau qui remette en question l'état de la comptabilité du receveur ; et il doit être pris immédiatement un arrêté ou arrêt préparatoire ayant pour objet :

1° D'admettre la revision, s'il y a lieu, et sauf la discussion ultérieure du fond ;

2° De fixer, pour la production des pièces nécessaires au travail de revision, un *délai semblable à celui qui est accordé au comptable pour satisfaire aux premiers arrêtés ou arrêts rendus sur ses comptes* ;

3° D'ordonner les mesures de garantie à prendre sur les biens du receveur pour assurer les droits de la commune ou de l'établissement pendant le temps qui doit s'écouler entre le premier arrêté ou arrêt et l'arrêté ou l'arrêt de revision ;

4° D'accorder la suspension des poursuites qui auraient été commencées contre le comptable, lorsque cette mesure est sans inconvénient, à raison des actes conservatoires mentionnés ci-dessus et de circonstances particulières jugées suffisantes par l'autorité. *(Inst. gén., art. 1571.)*

1047. — Le redressement des comptes peut avoir lieu d'office toutes les fois que la production de pièces nouvelles, le rapprochement de comptes nouveaux, révèlent des faits matériels existant lors du premier jugement, mais qui, étant restés ignorés ou célés à cette époque, sont de nature à vicier ce jugement. La limite fixée par la loi du 16 septembre 1807 au droit de revision est celle des faits résultant des pièces produites depuis l'arrêt définitif, ou résultant de la comparaison avec d'autres comptes, ou ressortant de leur vérification, et constituant des erreurs, omissions, faux ou double emploi. (*Arr. Cour des comptes. 12 décembre 1888 et 4 déc. 1895.*)

1048. — Les demandes en revision sont soumises aux mêmes règles que les pourvois, en ce qui concerne la notification de la demande à la partie adverse et la reddition des deux arrêts ou arrêtés statuant, l'un sur l'admission de cette demande, l'autre sur le fond.

Lorsqu'il s'agit d'un arrêt de la Cour des comptes, la demande du comptable, ou des administrateurs doit être adressée au premier président, avec un récépissé de la partie adverse constatant que la demande en revision lui a été signifiée.

S'il s'agit de la revision d'un arrêté du conseil de préfecture, la demande est adressée au préfet, qui en accuse réception après l'avoir fait enregistrer au secrétariat général de la préfecture; cet administrateur demeure chargé de saisir le conseil de préfecture de la réclamation. (*Inst. gén., art. 1572.*)

1049. — *Recours devant une juridiction supérieure.* — Dans le cas où les demandes en revision par les premiers juges sont rejetées, ou s'il y a contestation sur l'arrêt de revision comme sur les résultats de l'arrêt primitif, les parties intéressées ont le droit de recours en *appel*, c'est-à-dire :

Que les receveurs justiciables du conseil de préfecture peuvent se pourvoir devant la Cour des comptes ;

Et que le pourvoi des receveurs justiciables de cette Cour contre ses arrêts doit être porté devant le Conseil d'État, lorsqu'ils se croient fondés à attaquer l'arrêt de la Cour *pour violation des formes ou de la loi* (V. nos 1034 et suiv.; *Inst. gén., art. 1573.*)

1050. — Les pourvois ainsi que les demandes en revision, ne sont pas suspensifs, aux termes de l'avis du Conseil d'État du 9 février 1808; les injonctions doivent donc être provisoirement exécutées nonobstant appel, à moins que l'autorité saisie du pourvoi ou de la demande en revision n'ait jugé convenable d'accorder un sursis. (*Inst. gén., art. 1305 et 1574.*) — V. nos 1046, 4e et 5e alinéas, et 1059.

1051. — La juridiction d'appel peut accorder un sursis à l'exécution de l'arrêté d'un conseil de préfecture contre lequel un pourvoi est dirigé. (*Arr. Cour des comptes 24 nov. 1892.*)

1052. — A moins d'urgence et de péril imminent l'exécution des arrêtés frappés d'appel doit être suspendue jusqu'à ce que le juge saisi ait statué.

Il n'y a pas lieu à sursis lorsque l'arrêté du conseil de préfecture a été, nonobstant l'appel et la demande de sursis, suivi d'exécution forcée, avant que la Cour ait délibéré sur ladite demande de sursis. (*Arr. Cour des comptes 3 févr. 1885.*)

1053. — *Jurisprudence.* — Lorsque la Cour des comptes a, par un arrêt définitif, déclaré un comptable quitte et libéré de sa gestion, sans faire de réserve pour aucun article de dépense, le ministre des finances ne peut pas, même si de nouvelles pièces étaient découvertes, ou des irrégularités reconnues, prononcer lui-même contre le comptable la responsabilité qui résulterait de ces nouveaux documents. Il doit se pourvoir, soit par appel au Conseil d'État, soit devant la Cour elle-même, par une demande en revision de l'arrêt de libération. (*Arr. Cons. d'Ét. 7 juill. 1853.*)

1054. — Le ministre des finances ne peut, sans excès de pouvoirs, mettre à la charge d'un comptable une dépense admise comme régulière par la Cour des comptes.

Sauf à la Cour des comptes à reviser, s'il y a lieu, l'arrêt qui a admis la dépense que le ministre prétend irrégulière. (*Arr. Cons. d'Ét. 3 juill. 1885.*)

1055. — Lorsqu'un conseil de préfecture a prononcé la décharge définitive d'un comptable, malgré le défaut de renouvellement d'une inscription hypothécaire, qui a compromis le recouvrement d'une créance appartenant à un bureau de bienfaisance, il méconnaît l'autorité de la chose jugée en condamnant ultérieurement le receveur à réparer le préjudice causé par sa négligence. (*Arr. Cour des comptes 23 décembre 1891.*)

1056. — L'arrêté par lequel le conseil de préfecture déclare quitte et libre un receveur municipal n'est pas susceptible d'appel que devant la Cour des comptes. (*Arr. Cons. d'Ét. 19 janv. 1877; L. 5 avril 1884, art. 157.*)

1057. — Le recours contre les arrêtés par lesquels les conseils de préfecture prononcent sur les comptes des comptables communaux, doit être porté devant la Cour des comptes. — Les parties intéressées sont non recevables à se pourvoir devant le Conseil d'État. (*Arr. Cons. d'Ét. 14 déc. 1877, 24 avril 1882 et 30 nov. 1888.*) — V. nos 1036 et suiv.

1058. — Le conseil de préfecture, compétent pour juger les comptes du receveur d'une commune et d'un hospice, l'est également pour décider si le receveur doit être déclaré responsable de la perte de titres de rente.

Par suite, lorsque le conseil de préfecture a irrévocablement déchargé le receveur pour la gestion d'une année ; que, sur la demande en revision du préfet, il a maintenu son arrêté comme rendu après examen de tous les documents, et que cet arrêté a été confirmé par la

Cour des comptes, il n'appartient pas au ministre des finances de retenir sur le cautionnement du comptable la somme représentant la valeur des titres dont celui-ci ne saurait être considéré comme responsable. (*Arr. Cons. d'Et. 5 déc. 1884.*)

1059. — Lorsque la Cour des comptes, statuant sur la gestion d'un comptable, l'a déclaré en débet, le comptable ne peut se libérer de la condamnation que par le payement du débet, sauf application, le cas échéant, de l'article 13 du décret du 29 juin 1852, relatif aux remises de débets à titre gracieux accordées aux comptables du Trésor, par décret rendu sur la proposition du ministre liquidateur, après avis du ministre des finances et du Conseil d'Etat.

Dès lors, le comptable d'un établissement de bienfaisance ne peut se libérer de la condamnation prononcée contre lui par la production d'une délibération de la Commission administrative de l'établissement, approuvée par le préfet, lui accordant remise partielle du débet. (*Arr. Cons. d'Et. 24 fév. 1888 ; Arr. Cour des comptes 14 mars 1895.*)

Comptes à rendre par les trésoriers des associations syndicales.

1060. — Les comptes des trésoriers des associations syndicales sont soumis aux mêmes règles que les comptes des receveurs municipaux. (*Décr. 27 janv. 1866, art. 7.*) — V. SYNDICATS.

Comptes du service vicinal. — V. CHEMINS VICINAUX, nos 940 et suiv.

Concerts publics. — V. DROIT DES PAUVRES, nos 1386 et suiv.

Concessions d'eau.

1061. — Les concessions d'eau sont recouvrées par les receveurs municipaux, d'après des tarifs régulièrement arrêtés par une délibération du conseil municipal dûment approuvée par le préfet. (*Inst. gén., art. 927 ; L. 5 avril 1884, art. 68, § 7, et art. 133, § 10.*) — V. PIÈCES JUSTIFICATIVES, § 21.

Les quittances délivrées pour le prix des concessions doivent être timbrées à 25 centimes. (*L. 8 juill. 1865, art. 4.*)

Concessions de terrains dans les cimetières.

1062. — Les concessions de terrain dans les cimetières communaux sont divisées en trois classes : 1° concessions perpétuelles ; 2° concessions trentenaires ; 3° concessions temporaires.

Aucune concession ne peut avoir lieu qu'au moyen du versement d'un capital, dont deux tiers au profit de la commune et un tiers au profit des pauvres ou des établissements de bienfaisance.

Les concessions trentenaires sont renouvelables indéfiniment à l'expiration de chaque période de trente ans, moyennant une nouvelle redevance qui ne peut dépasser le taux de la première. A défaut de payement de cette nouvelle redevance, le terrain fait retour à la commune ; mais il ne peut cependant être repris par elle que deux années révolues après l'expiration de la période pour laquelle il a été concédé, et, dans l'intervalle de ces deux années, les concessionnaires ou leurs ayants cause peuvent user de leur droit de renouvellement.

Les concessions temporaires se font pour quinze années au plus et ne peuvent être renouvelées. (*Ordonn. 6 déc. 1843, art. 3.*)

1063. — Le terrain nécessaire aux séparations et passages établis autour des concessions doit être fourni par la commune. (*Ordonn. 6 déc. 1843, art. 4.*)

1064. — En cas de translation d'un cimetière, les concessionnaires ont droit d'obtenir, dans le nouveau cimetière, un emplacement égal en superficie au terrain qui leur avait été concédé, et les restes qui y avaient été inhumés sont transportés aux frais de la commune. (*Ordonn. 6 déc. 1843, art. 5.*) — V. n° 1415.

1065. — *Établissement des tarifs de concessions.* — Les conseils municipaux règlent, par leurs délibérations, sauf approbation du préfet, le tarif des concessions dans les cimetières. (*L. 5 avril 1884, art. 68, § 7, et art. 133, § 9 ; Circ. min. Int. 15 mai 1884.*)

Une copie des tarifs doit rester entre les mains des receveurs municipaux pour percevoir le produit des concessions.

1066. — Lorsqu'un tarif de concessions de terrain dans les cimetières communaux a été régulièrement homologué, le maire se trouve suffisamment autorisé à délivrer ensuite chaque concession, en se conformant à ce tarif, sans que l'administration ait à intervenir de nouveau. (*Solut. min. Int., Bull. off. 1862.*) — V. n° 19.

En règle générale, aucune concession ne pouvant avoir lieu qu'après le versement du prix fixé par le tarif à la caisse communale, l'acte de concession fait mention de la quittance produite par le concessionnaire, laquelle reste annexée à la minute.

Une expédition timbrée de l'acte de concession est transmise par le maire au receveur des finances pour être adressée au receveur municipal à qui elle sert de titre de recette.

1067. — Les actes de concessions de terrain dans les cimetières sont assujettis au droit proportionnel d'enregistrement.

Ces actes n'étant pas soumis, par leur nature, à l'approbation préfectorale, c'est la date même de l'acte, et non celle à laquelle cette approbation leur serait donnée, qui forme le point de départ du délai pour l'enregistrement. *(Décis. min. Int. 15 mars 1878.)* — V. n° 1463.

1068. — *Produit des concessions.* — *Recouvrement.* — Le produit des concessions dans les cimetières, faites par les communes, est perçu par les receveurs municipaux, d'après les tarifs régulièrement arrêtés, comme il est dit ci-dessus, n° 1065.

Le prix des concessions de terrain pour les sépultures est attribué, savoir : deux tiers à la commune, un tiers aux pauvres ou aux établissements de bienfaisance. *(Inst. gén., art. 927.)* — V. PIÈCES JUSTIFICATIVES, §§ 22 et 61.

Lorsqu'il existe un bureau de bienfaisance et un hospice, le tiers du produit des concessions attribué aux pauvres par l'ordonnance du 6 décembre 1843 peut être attribué exclusivement soit au bureau de bienfaisance, soit à l'hospice, ou réparti entre ces deux établissements par proportions égales ou inégales. Le droit de faire cette attribution appartient, sous l'approbation du préfet, au conseil municipal qui règle le tarif des concessions. *(Déc. min. Int. 7 août 1865 et 28 octobre 1874 ; Bull. off. 1875, p. 234.)*

De même, le préfet a seul qualité pour déterminer la part du contingent à affecter au bureau d'assistance médicale gratuite. — V. n° 638.

1069. — Si le receveur municipal est en même temps receveur hospitalier, il fait recette, au compte de la commune, des deux tiers de la concession ; au compte de l'hospice ou du bureau de bienfaisance, du tiers attribué à cet établissement. Dans le cas contraire, il comprend parmi les opérations d'ordre en dehors des budgets la part revenant aux hospices, et il en verse le produit au receveur hospitalier. *(Inst. gén., art. 1095.)*

Ce versement ne doit pas être différé.

1070. — S'il n'y a pas d'établissement de bienfaisance, la part des pauvres doit figurer dans les recettes de la commune. Cette part constitue alors une ressource communale avec *affectation spéciale au profit des pauvres* et le conseil municipal ne peut en disposer que pour des œuvres de *bienfaisance. (Solut. min. Int. ; Bull. off. 1862, n° 14.)*

Les municipalités ne sauraient, même sous prétexte qu'il n'existe pas d'indigent dans la commune, s'approprier le tiers revenant aux pauvres : l'article 3 de l'ordonnance du 6 décembre 1843 et la loi du 15 juillet 1893 sur l'assistance médicale gratuite s'y opposent formellement.

Il suit de là que les receveurs municipaux doivent refuser le payement de toute dépense qui n'aurait pas trait à l'indigence et dont l'ordonnancement serait imputé, même provisoirement, sur le crédit affecté aux pauvres.

1071. — Le prix des concessions appartient à l'exercice dans lequel le payement est exigible. Ainsi les actes de concessions rédigés du 1er janvier au 31 décembre, stipulant le payement immédiat du prix, doivent être rattachés à l'année qui donne son nom à l'exercice. — V. par assimilation RENTES SUR L'ÉTAT, n° 2714.

1072. — Pour se conformer aux prescriptions énoncées au n° 48, le receveur doit s'assurer que le *tiers* des concessions attribué aux pauvres figure chaque année au budget additionnel de la commune.

Il est bon que le comptable, au moment où il reporte la recette sur ses bordereaux détaillés, ouvre en dépense, aux autorisations spéciales, un crédit intitulé : *Part des pauvres dans les concessions de terrain du cimetière.*

Le maire peut ensuite mandater sur ce crédit des dépenses faites par des indigents ou leur allouer, sur ce même crédit, des secours en argent. — V. PIÈCES JUSTIFICATIVES, § 238.

Si, à la fin de l'exercice, le crédit n'est pas entièrement épuisé, les restes à payer sont reportés à l'exercice suivant. — V. CRÉDITS, n° 1276.

1073. — *Quittances.* — Les quittances délivrées pour le prix des concessions doivent être timbrées à 25 centimes. *(L. 8 juillet 1865, art. 4.)*

Celles remises par les receveurs des hospices ou des bureaux de bienfaisance au receveur municipal, de la part allouée aux pauvres ou aux hospices dans le produit des concessions, sont exemptes de timbre comme documents d'ordre intérieur. *(Inst. gén., art. 1542, § 80.)* V. PIÈCES JUSTIFICATIVES, § 480.

1074. — *Poursuites.* — En cas de non-payement d'une concession, le débiteur est poursuivi en vertu d'un état exécutoire dressé conformément à l'article 154 de la loi du 5 avril 1884. — V. n°s 1485 et suiv.

Condamnations pécuniaires. — V. AMENDES.

Condamnés libérés. — V. FRAIS DE ROUTE.

Confection de matrices, de rôles, d'avertissements, etc. (Frais de). — V. n° 1571.

Confiscation. — V. AMENDES n° 64.

Conflits. — V. DIFFICULTÉS.

Congés. — Absences non autorisées.

1075. — Aucun fonctionnaire ou employé appartenant au ministère des finances, ou à l'une des administrations qui en dépendent, ne peut s'absenter de sa résidence pour une cause étrangère au service dont il est chargé, ni interrompre l'exercice de ses fonctions, s'il n'a préalablement obtenu un congé. Toutefois, il peut se présenter telle circonstance grave et urgente qui oblige un agent à quitter son poste sans avoir eu le temps de solliciter un congé. Dans ce cas, il doit rendre compte immédiatement à son chef des motifs de son départ, afin que sa position soit régularisée, s'il y a lieu. (*Inst. gén., art. 1252.*)

1076. — Le congé est à la fois un moyen d'émulation et de discipline. En conséquence, il est accordé des congés *avec retenue* à un taux variable, et, sur la demande des comptables, des congés *sans retenue*.

La retenue est de la moitié au moins et des deux tiers au plus des émoluments, selon les titres et la position des agents, et selon que leurs absences ont été plus ou moins fréquentes. Elle ne porte ni sur le jour du départ ni sur celui du retour, et pour les percepteurs, comme pour tous les agents à remises, elle n'est exercée que sur les trois quarts des émoluments.

Après trois mois de congé, consécutifs ou non, dans la même année (comptée du 1er janvier au 31 décembre), l'intégralité du traitement, déduction faite du quart, est retenue, et le temps excédant les trois mois n'est pas compté comme service effectif pour la pension. (*Inst. gén., art. 1253.*)

1077. — Les congés gratuits peuvent être de quinze jours par an, ou d'un mois entier après trois ans sans absence.

En cas d'absence pour cause de maladie dûment constatée, le comptable peut être autorisé à conserver l'intégralité de son traitement pendant trois mois. Pendant les trois mois suivants, il peut obtenir un congé avec la retenue de la moitié au moins et des deux tiers au plus de ses remises, déduction faite du quart non sujet à retenue.

Si la maladie a été déterminée par l'une des causes exceptionnelles prévues au premier et au deuxième paragraphe de l'article 11 de la loi du 9 juin 1853, le fonctionnaire peut conserver l'intégralité de son traitement jusqu'à son rétablissement ou jusqu'à sa mise à la retraite.

Sont affranchies de toute retenue les absences ayant pour cause l'accomplissement d'un des devoirs imposés par la loi. (*Inst. gén., art. 1254.*)

1078. — Les congés gratuits ne constituent point un droit ; ils sont la récompense d'une bonne gestion et un moyen d'encouragement que l'administration supérieure tient en réserve. Ils sont accordés ou refusés d'après l'appréciation des titres et de la position des postulants.

Le taux de la retenue pour les congés non gratuits est déterminé d'après les mêmes considérations ; il est tenu compte à la fois des motifs de la demande, du mérite et de la position de l'agent, de la rareté de ses demandes de congés et de la quotité de ses émoluments.

Les préfets doivent se conformer soigneusement à ces principes, soit pour les congés qu'ils ont à accorder aux percepteurs avec ou sans retenue d'émoluments, soit pour les demandes de gratuité qu'ils ont à transmettre. Ils sont tenus, dans ce dernier cas surtout, de faire connaître sans réserve leur opinion personnelle, que la gratuité soit demandée pour cause de maladie ou pour des motifs d'intérêt particulier. (*Inst. gén., art. 1255.*) — V. n° 1084.

1079. — La disposition du décret du 9 novembre 1853 (*art. 16, § 4*), portant que les frais d'intérim sont prélevés sur le montant de la retenue, n'est applicable ni aux receveurs des finances ni aux percepteurs, attendu que ces comptables sont tenus, d'une manière générale et absolue, qu'ils soient ou ne soient pas présents à leur poste, de pourvoir personnellement, ou par des employés payés par eux et dont ils sont entièrement responsables, à toutes les exigences de leur emploi ; de plus, le quart de leurs émoluments est considéré comme étant affecté aux frais de service. En conséquence, l'agent qui les remplace, en cas d'absence ou d'autre empêchement légitime, gère comme leur fondé de pouvoir et non comme intérimaire. (*Inst. gén., art. 1256.*) — V. FONDÉS DE POUVOIR.

1080. — Toute demande de congé doit indiquer la date à partir de laquelle il devra commencer et énoncer le motif de l'absence et le lieu où le réclamant a l'intention de se rendre. Les percepteurs y font connaître le nom et la qualité du fondé de pouvoir qu'ils ont choisi pour les remplacer et qui doit être agréé par le receveur des finances. (*Inst. gén., art. 1257 ; Circ. min. Fin. 19 juin 1895.*)

1081. — Les demandes de congés limités ont le caractère de correspondance administrative et sont, dès lors, exemptes de timbre. (*L. 13 brumaire an VII, art. 16, 11e alinéa.*)

1082. — Les demandes de congé *sans retenue* pour cause de maladie doivent, en outre, être appuyées d'un certificat de médecin et accompagnées de l'avis motivé du chef de service et du préfet.

Dans le cas où la maladie est de nature à entraîner un déplacement, la nécessité doit en être constatée par un médecin *désigné par l'administration et assermenté*, comme lorsqu'il s'agit d'une admission à la retraite pour cause d'invalidité physique. Les médecins ont surtout à s'expliquer très catégoriquement et très consciencieusement sur la nécessité de l'absence. (*Inst. gén., art. 1258.*)

1083. — Ces médecins sont nommés par les préfets pour tous les agents extérieurs ressortissant au ministère des finances, et leur serment est reçu soit par les préfets et sous-préfets soit, s'il y a lieu, pour épargner un déplacement, par le juge de paix du canton de la résidence des agents. Les actes de prestation de ce serment étant faits non dans un intérêt professionnel ou particulier, mais en exécution d'une disposition d'intérêt général et d'ordre administratif, sont exempts de la formalité de l'enregistrement. Les receveurs des finances doivent, au besoin, indiquer à leurs subordonnés les médecins dont il aura été fait choix par le préfet dans chaque localité. (*Inst. gén., art. 1259.*)

1084. — Les congés avec ou sans retenue sont délivrés directement par les préfets aux percepteurs et receveurs municipaux pour les absences qui ne doivent pas excéder un mois. Les demandes de ces comptables doivent parvenir par l'intermédiaire du receveur particulier et du trésorier général. (*Inst. gén., art. 1260 ; Circ. min. Fin. 24 mars 1888.*)

1085. — Le ministre statue sur les demandes ayant pour objet un congé de plus d'un mois et sur celles qui sembleraient au préfet ne pas devoir être prises en considération pour un motif quelconque ; dans ce cas, il doit en être référé à l'administration supérieure, qui apprécie, d'après les considérations invoquées par le comptable et d'après l'avis motivé du trésorier général et celui du préfet, la suite qu'elles comportent. (*Inst. gén., art. 1161; Circ. min. Fin. 24 mars 1888.*)

1086. — Toutes les demandes de congé doivent indiquer la date à partir de laquelle le congé devra commencer.(*Circ. min. Fin. 19 juin 1895.*) — V. n° 1080.

1087. — Lorsqu'un agent a obtenu un congé, il doit donner avis à son chef de service du jour de son départ et de celui de son retour. Le trésorier général doit, de son côté, en informer le préfet.

Au moment de l'arrivée de l'inspection des finances dans le lieu de la résidence des comptables, l'effet de tout congé obtenu, mais dont l'usage n'aurait pas encore commencé, serait momentanément suspendu. Aucun agent ne peut, dans ce cas, profiter d'une permission d'absence sans en avoir référé à l'inspecteur général ou particulier. (*Inst. gén., art. 1262.*)

1088. — Les comptables, quel que soit leur grade, qui viennent à Paris, doivent en y arrivant, donner leur adresse à la direction du personnel. (*Inst. gén., art. 1263.*)

1089. — Les agents qui s'absentent ou qui dépassent la durée de leur congé, sans autorisation, peuvent être privés de leurs émoluments pendant un temps double de celui de leur absence irrégulière.(*Inst.gén., art. 1264.*)

1090. — Les receveurs particuliers sont tenus de constater les absences non autorisées des percepteurs et des receveurs spéciaux de leur arrondissement respectif. Ils en informent immédiatement le préfet par l'intermédiaire du trésorier général ; ils indiquent la date du jour du départ du comptable, et, ultérieurement, celui de son retour.

Si l'absence non autorisée des percepteurs se prolongeait un certain temps, il en serait référé à l'administration supérieure. (*Inst. gén., art. 1265.*)

1091. — Le trésorier général adresse à la direction du personnel, dans les premiers jours de chaque mois, et à la Direction générale de la comptabilité publique, dans le courant de janvier de chaque année un état (*Modèle n° 256*) indiquant, pour les percepteurs, la durée des absences et le montant des retenues auxquelles elles doivent donner lieu.(*Inst. gén., art. 1266; Circ. compt. publ. 15 mai 1888, § 3.*)

1092. — Cet état fait connaître, dans des colonnes spéciales, les congés dont les comptables ont joui, ou les absences qu'ils ont faites depuis le commencement de l'année, et met ainsi l'administration à portée d'assurer l'exécution de la disposition relative aux absences qui, hors le cas de maladie, dépassent la durée de trois mois. (*Inst. gén., art. 1267.*)

Conseil d'Etat.

1093. — L'organisation actuelle du Conseil d'Etat est réglée par les lois des 24 mai 1872 et 13 juillet 1879, et les décrets des 21 août 1872 et 2 août 1879.— V. COMPTES DE GESTION, DÉBET.

Conseils généraux.

1094. — La loi du 10 août 1871 fait connaître leur formation et leurs attributions.—V. CEN-

TIMBS ADDITIONNELS, CHEMINS VICINAUX, COMMUNES, CONTRIBUTIONS DIRECTES, IMPOSITIONS COMMUNALES, RÉPARTITION.

Conseils municipaux.

1095. — *Sessions ordinaires.* — Les conseils municipaux se réunissent en session ordinaire quatre fois l'année : en février, mai, août et novembre.

La durée de chaque session est de quinze jours ; elle peut être prolongée avec l'autorisation du sous-préfet.

La session de mai pendant laquelle le budget est discuté peut durer six semaines.

Pendant les sessions ordinaires, le conseil municipal peut s'occuper de toutes les matières qui rentrent dans ses attributions.

Le préfet fixe une date générale pour l'ouverture des sessions ordinaires. (*L. 5 avril 1884, art. 46; Circ. min. Int. 15 mai 1884.*)

1096. — *Sessions extraordinaires.* — Le préfet ou le sous-préfet peut prescrire la convocation extraordinaire du conseil municipal. Le maire peut également réunir le conseil municipal chaque fois qu'il le juge utile. Il est tenu de le convoquer quand une demande motivée lui en est faite par la majorité en exercice du conseil municipal. Dans l'un et l'autre cas, en même temps qu'il convoque le conseil, il donne avis au préfet ou au sous-préfet de cette réunion et des motifs qui la rendent nécessaire.

La convocation contient alors l'indication des objets spéciaux et déterminés pour lesquels le conseil doit s'assembler, et le conseil ne peut s'occuper que de ces objets. (*L. 5 avril 1884, art. 47.*)

1097. — *Nombre de conseillers dont la présence est nécessaire pour délibérer.* — Le conseil municipal ne peut valablement délibérer que lorsque la majorité des membres en exercice assiste à la séance.

Quand, après deux convocations successives, à trois jours au moins d'intervalle et dûment constatées, le conseil municipal ne s'est pas réuni en nombre suffisant, la délibération prise après la troisième convocation est valable, quel que soit le nombre des membres présents.

Le délai de trois jours entre les convocations successives est un délai franc. (*L. 5 avril 1884, art. 50 ; Circ. min. Int. 15 mai 1884.*)

1098. — *Attributions des conseils municipaux.* — Le conseil municipal de chaque commune exerce, avec un pouvoir plus ou moins étendu, les attributions dont il est investi :

1° Il statue sur les affaires de la commune par des délibérations qui, en règle générale, sont exécutoires sans avoir besoin de l'approbation de l'autorité supérieure. Elles ne sont subordonnées à cette approbation qu'à titre exceptionnel dans les cas prévus, soit par la nouvelle loi, soit par des lois spéciales. — V. n° 1105.

2° Il donne son avis toutes les fois que cet avis est requis par les lois ou qu'il est demandé par l'administration supérieure ;

3° Il réclame, s'il y a lieu, contre le contingent assigné à la commune dans l'établissement des impôts de répartition ;

4° Il émet des vœux sur tous les objets d'intérêt local ;

5° Il procède à diverses nominations, telles que celles du maire, de l'adjoint ou des adjoints de la commune, des conseillers qui remplissent les fonctions de secrétaire dans le cours de ses délibérations, des auxiliaires qu'il juge convenable de leur donner, etc. ;

6° Il désigne les candidats aux fonctions de receveur municipal.

Il dresse chaque année une liste contenant un nombre double de celui des répartiteurs et des répartiteurs suppléants à nommer ; et, sur cette liste, le sous-préfet nomme les cinq répartiteurs visés dans l'article 9 de la loi du 3 frimaire an VII et les cinq répartiteurs suppléants. (*L. 5 avril 1884, art. 61; Circ. min. Int. 15 mai 1884.*)

1099. — *Transmission d'une expédition de toute délibération du conseil municipal à la sous-préfecture ou à la préfecture. — Récépissé.* — Une expédition de toute délibération est adressée, dans la huitaine, par le maire au sous-préfet, qui doit en constater la réception sur un registre et en délivrer immédiatement récépissé. (*L. 5 avril 1884, art. 62.*)

1100. — *Délibérations nulles de plein droit.* — Sont nulles de plein droit : 1° Les délibérations d'un conseil municipal portant sur un objet étranger à ses attributions ou prises hors de sa réunion légale ; 2° les délibérations prises en violation d'une loi ou d'un règlement d'administration publique. (*L. 5 avril 1884, art. 63.*)

1101. — *Délibérations annulables.* — Sont annulables les délibérations auxquelles auraient pris part des membres du conseil intéressés, soit en leur nom personnel, soit comme mandataires, à l'affaire qui en fait l'objet. (*L. 5 avril 1884, art. 64.*)

1102. — *Déclaration de nullité de droit dont les délibérations sont entachées.* — La nullité de droit est déclarée par le préfet en conseil de préfecture. Elle peut être prononcée par le préfet, et proposée ou opposée par les parties intéressées, à toute époque. (*L. 5 avril 1884, art. 65.*)

1103. — *Annulation des délibérations annulables.* — L'annulation est prononcée par le préfet en conseil de préfecture.

Elle peut être provoquée d'office par le préfet dans un délai de trente jours à partir du dépôt du procès-verbal de la délibération à la sous-préfecture ou à la préfecture.

Elle peut être aussi demandée par toute personne intéressée et par tout contribuable de la commune.

Dans ce dernier cas, la demande en annulation doit être déposée, à peine de déchéance à la sous-préfecture ou à la préfecture, dans un délai de quinze jours à partir de l'affichage à la porte de la mairie.

Il en est donné récépissé.

Le préfet statue dans le délai d'un mois.

Passé le délai de quinze jours sans qu'aucune demande ait été produite, le préfet peut déclarer qu'il ne s'oppose pas à la délibération. (*L. 5 avril 1884, art. 66.*)

1104. — *Recours contre l'arrêté préfectoral déclarant la nullité de droit ou prononçant l'annulation d'une délibération.* — Le conseil municipal, et, en dehors du conseil, toute partie intéressée peut se pourvoir contre l'arrêté du préfet devant le Conseil d'État. Le pourvoi est introduit et jugé dans les formes du recours pour excès de pouvoir. (*L. 5 avril 1884, art. 67.*)

1105. *Principaux objets sur lesquels les délibérations du conseil municipal ne sont exécutoires qu'après avoir été approuvées par l'autorité supérieure.* — *Délai pendant lequel est suspendue l'exécution des délibérations réglementaires.* — Ne sont exécutoires qu'après avoir été approuvées par l'autorité supérieure les délibérations portant sur les objets suivants :

1° Les conditions des baux dont la durée dépasse dix-huit ans.

Aux termes de l'article 19 de la loi du 18 juillet 1837, les délibérations des conseils municipaux portant sur les conditions des baux à loyer par la commune, quelle qu'en fût la durée, n'étaient exécutoires qu'après approbation de l'autorité supérieure.

Sous l'empire de la nouvelle loi, qu'il s'agisse de biens ruraux ou de maisons et bâtiments donnés à ferme par les communes, ou de biens pris à loyer par elles, lorsque la durée du bail n'excède pas dix-huit années, les conseils municipaux en règlent les conditions. C'est seulement lorsque cette durée est dépassée que la délibération doit être approuvée par le préfet en conseil de préfecture. — V. BAUX ;

2° Les aliénations et échanges de propriétés communales.—V. ALIÉNATIONS D'IMMEUBLES.

3° Les acquisitions d'immeubles, les constructions nouvelles, les reconstructions entières ou partielles, les projets, plans et devis des grosses réparations et d'entretien, quand la dépense, totalisée avec les dépenses de même nature pendant l'exercice courant, dépasse les limites des ressources ordinaires et extraordinaires que les communes peuvent se créer sans autorisation spéciale. — V. n°s 1661 et suiv.

Ce n'est, en principe, que lorsque cette proportion est dépassée que les délibérations sont subordonnées à l'approbation de l'autorité supérieure. — V. ACQUISITIONS D'IMMEUBLES, TRAVAUX ;

4° Les transactions ;

5° Le changement d'affectation d'une propriété communale déjà affectée à un service public ;

6° La vaine pâture ;

7° Le classement, le déclassement, le redressement ou le prolongement, l'élargissement, la suppression, la dénomination des rues et places publiques, la création et la suppression des promenades, squares ou jardins publics, champs de foire, de tir ou de course, l'établissement des plans d'alignement et de nivellement des voies publiques municipales, les modifications à des plans d'alignement adoptés, le tarif des droits de voirie, le tarif des droits de stationnement et de locations sur les dépendances de la grande voirie, et, généralement, les tarifs des droits divers à percevoir au profit des communes en vertu de l'article 133 de la présente loi. — V. REVENUS DES COMMUNES, n° 2784.

8° L'acceptation des dons et legs faits à la commune lorsqu'ils donnent lieu à des réclamations des familles. — V. LEGS ET DONATIONS, n°s 1751 et suiv.

9° Le budget communal. — V. BUDGETS DES COMMUNES.

10° Les crédits supplémentaires. — V. CRÉDITS, n° 1273.

11° Les contributions extraordinaires et les emprunts, sauf dans les cas prévus par l'article 141 de la présente loi. — V. IMPOSITIONS COMMUNALES, n° 1658.

12° Les octrois, dans les cas prévus aux articles 137 et 138 de la présente loi ;

13° L'établissement, la suppression ou les changements des foires et marchés autres que les simples marchés d'approvisionnement.

Les délibérations qui ne sont pas soumises à l'approbation préfectorale ne deviennent néanmoins exécutoires qu'un mois après le dépôt qui en aura été fait à la préfecture ou à la sous-préfecture. Le préfet peut, par un arrêté, abréger ce délai. (*L. 5 avril 1884, art. 68 ; Circ. min. Int. 15 mai 1884.*)

1106. — *Délibération jointe à l'appui d'une recette ou d'une dépense.* — Lorsqu'une délibération, exécutoire par elle-même, est produite à l'appui d'une recette ou d'une dépense, elle doit être accompagnée d'un certificat du maire attestant que la délibération du Conseil municipal en date du..., ayant pour objet 1..., a été affichée à la porte de la mairie le..., conformément à l'article 56 de la loi du 5 avril 1884, qu'elle a été déposée à la sous-préfecture le..., conformément à l'article 62 de la même loi, et *(après le délai de quinze jours)* que M. le Préfet a déclaré, à la date du..., ne pas s'opposer à son exécution *(ou après le délai d'un mois)*, qu'elle n'a pas été annulée, ni fait l'objet d'une demande en annulation. Ce certificat peut être donné au bas de la délibération. Dans tous les cas, il doit être daté et porter le cachet de la mairie à l'appui de la signature du maire.

1107. — *Autorités auxquelles il appartient de rendre exécutoires les délibérations subordonnées à une sanction supérieure. — Compétence générale du préfet. — Délai dans lequel il doit statuer. — Voie de recours.* — Les délibérations des conseils municipaux sur les objets énoncés au n° 1105 sont exécutoires, sur l'approbation du préfet, sauf les cas où l'approbation par le ministre compétent, par le conseil général, par la commission départementale, par un décret ou par une loi, est prescrite par les lois et règlements.

Le préfet statue en conseil de préfecture dans les cas prévus aux n°s 1, 2, 4, 6, de l'article précédent.

Lorsque le préfet refuse son approbation ou qu'il n'a pas fait connaître sa décision dans un délai d'un mois à partir de la date du récépissé, le conseil municipal peut se pourvoir devant le ministre de l'intérieur. *(L. 5 avril 1884, art. 69.)*

1108. — *Avis que le conseil municipal est appelé à donner.* — Le conseil municipal est toujours appelé à donner son avis sur les objets suivants :

1° Les circonscriptions relatives aux cultes ;

2° Les circonscriptions relatives à la distribution des secours publics ;

3° Les projets d'alignement et de nivellement de grande voirie dans l'intérieur des villes, bourgs et villages ;

4° La création des bureaux de bienfaisance. — V. BUREAUX DE BIENFAISANCE, n°s 774 et suiv.

5° Les budgets et les comptes des hospices, hôpitaux et autres établissements de charité et de bienfaisance, des fabriques et autres administrations préposées aux cultes dont les ministres sont salariés par l'État ; les autorisations d'acquérir, d'aliéner, d'emprunter, d'échanger, de plaider, de transiger, demandées par les mêmes établissements ; l'acceptation des dons et legs qui leur sont faits. — V. CHACUN DE CES MOTS.

6° Enfin, tous les objets sur lesquels les conseils municipaux sont appelés par les lois et règlements à donner leur avis, et ceux sur lesquels ils sont consultés par le préfet.

Lorsque le conseil municipal, à ce régulièrement requis et convoqué, refuse ou néglige de donner son avis, il peut être passé outre. *(L. 5 avril 1884, art. 70.)*

1109. — *Attributions du conseil municipal en ce qui touche les comptes d'administration du maire et les comptes de deniers du receveur de la commune.* — Le conseil municipal délibère sur les comptes d'administration qui lui sont annuellement présentés par le maire, conformément à l'article 151 de la présente loi. — V. COMPTE ADMINISTRATIF, n° 965.

Il entend, débat et arrête les comptes de deniers des receveurs, sauf règlement définitif, conformément à l'article 157 de la loi présente. *(L. 5 avril 1884, art. 71.)* — V. COMPTES DE GESTION, n°s 1004 et suiv.

1110. — *Des maires et des adjoints.* — Il y a dans chaque commune un maire et un ou plusieurs adjoints élus parmi les membres du conseil municipal.

Le nombre des adjoints est d'un dans les communes de 2,500 habitants et au-dessous, de deux dans celles de 2,501 à 10,000. Dans les communes d'une population supérieure, il y a un adjoint de plus par chaque excédent de 25,000 habitants. *(L. 5 avril 1884, art. 73.)*

1111. — *Gratuité des fonctions municipales.* — Les fonctions de maires, adjoints, conseillers municipaux, sont gratuites. Elles donnent seulement droit au remboursement des frais que nécessite l'exécution des mandats spéciaux. Les conseils municipaux peuvent voter sur les ressources ordinaires de la commune des indemnités aux maires pour frais de représentation. *(L. 5 avril 1884, art. 74 ; Circ. min. Int. 15 mai 1884.)* — V. PIÈCES JUSTIFICATIVES, §§ 147 et 148.

1112. — *Délégations données par le maire.* — Le maire est seul chargé de l'administration ; mais il peut, sous sa surveillance et sa responsabilité, déléguer par arrêté une partie de ses fonctions à un ou plusieurs de ses adjoints, et, en l'absence ou en cas d'empêchement des adjoints, à des membres du conseil municipal.

Ces délégations subsistent tant qu'elles ne sont pas rapportées. *(L. 5 avril 1884, art. 82).*

Les adjoints et les conseillers municipaux peuvent être appelés à remplacer le maire dans les deux cas :

1° Lorsque le maire est absent, suspendu, révoqué ou simplement empêché, et alors le remplacement a lieu de plein droit en vertu d'une délégation légale ;

2° Le maire, bien que présent, mais qui veut se décharger d'une partie de ses fonctions, peut les confier, soit à titre temporaire, soit à titre permanent, à un ou plusieurs de ses adjoints ou à des conseillers municipaux.

La délégation peut être faite pour un objet

spécial ou comprendre l'ensemble d'un ou de plusieurs services, tels que l'état civil, l'instruction publique, l'octroi, etc.

La délégation doit être faite par arrêté transcrit au registre de la mairie. Elle est donnée d'abord aux adjoints, sans qu'il soit nécessaire d'observer de rang entre eux; mais, en l'absence ou en cas d'empêchement des adjoints, elle peut être donnée à des conseillers municipaux, quel que soit leur rang d'inscription au tableau. — V. n° 1114 ci-après.

Les adjoints ou les conseillers délégués n'exercent leurs fonctions que sous la surveillance et la responsabilité du maire. Ils doivent toujours mentionner, dans les actes qu'ils accomplissent en cette qualité, la délégation en vertu de laquelle ils agissent. (Circ. min. Int. 15 mai 1884.)

1113. — *Remplacement du maire lorsque ses intérêts sont en opposition avec ceux de la commune.* — Dans les cas où les intérêts du maire se trouvent en opposition avec ceux de la commune, le conseil municipal désigne un autre de ses membres pour représenter la commune soit en justice, soit dans les contrats. (L. 5 avril 1884, art. 83.)

1114. — *Remplacement du maire en cas d'absence, de suspension ou d'empêchement.* — En cas d'absence, de suspension, de révocation ou de tout autre empêchement, le maire est provisoirement remplacé, dans la plénitude de ses fonctions, par un adjoint, dans l'ordre des nominations, et, à défaut d'adjoints, par un conseiller municipal désigné par le conseil, sinon pris dans l'ordre du tableau. (L. 5 avril 1884, art. 84.)

Il ne s'agit plus ici de la délégation spéciale donnée par le maire, mais d'une dévolution légale de pouvoirs qui confère au suppléant du maire la plénitude de ses fonctions, lorsque, pour une cause quelconque, le chef de la municipalité se trouve empêché de les exercer. (Circ. min. 15 mai 1884.)

1115. — *Remplacement du maire qui refuse d'accomplir un des actes qui lui sont prescrits par la loi.* — Dans le cas où le maire refuserait ou négligerait de faire un des actes qui lui sont prescrits par la loi, le préfet peut, après l'en avoir requis, y procéder d'office par lui-même ou par un délégué spécial. (L. 5 avril 1884, art. 85.)

Pour user de la faculté accordée au préfet par l'article 85, il faut que le maire ou son suppléant légal ait été, au préalable, mis en demeure d'accomplir l'acte que la loi lui prescrit de faire. (Circ. min. Int. 15 mai 1884.)

1116. — *Suspension et révocation des maires et adjoints.* — Les maires et adjoints peuvent être suspendus par arrêté du préfet pour un temps qui ne doit pas excéder un mois et qui peut être porté à trois mois par le ministre de l'intérieur.

Ils ne peuvent être révoqués que par décret du Président de la République.

La révocation emporte de plein droit l'inéligibilité aux fonctions de maire et à celles d'adjoint pendant une année à dater du décret de révocation, à moins qu'il ne soit procédé auparavant au renouvellement général des conseils municipaux. (L. 5 avril 1884, art. 86.)

La suspension peut toujours être prononcée pour une période inférieure au maximum établi par la loi : elle ne rend pas inéligibles ceux qui en sont frappés.

En ce qui concerne la révocation, si, après celle du maire ou de l'adjoint, le conseil municipal tout entier donnait sa démission, le fonctionnaire révoqué resterait, malgré le renouvellement du conseil, inéligible pendant un an. (Circ. min. Int. 15 mai 1884.)

1117. — *Nomination aux emplois communaux par le maire.* — Le maire nomme à tous les emplois communaux pour lesquels les lois, décrets et ordonnances ne fixent pas un droit spécial de nomination. Il suspend et révoque les titulaires de ces emplois. Il peut faire assermenter et commissionner les agents nommés par lui, mais à la condition qu'ils soient agréés par le préfet ou le sous-préfet. (L. 5 avril 1884, art. 88.)

Parmi les nominations dévolues au maire ne se trouvent pas compris les fonctions ou emplois dont les titulaires, tels que les instituteurs, les receveurs municipaux, les préposés en chef de l'octroi, les commissaires de police, doivent être chargés par l'autorité supérieure. (Circ. min. Int. 15 mai 1884.)

Adjudications publiques auxquelles le maire procède pour le compte de la commune. — V. ADJUDICATIONS, n°s 25 et suiv.

1118. — *Attributions que le maire exerce comme chef de l'association communale.* — Le maire est chargé sous le contrôle du conseil municipal et la surveillance de l'administration supérieure :

1° De conserver et d'administrer les propriétés de la commune et de faire, en conséquence, tous actes conservatoires de ses droits ;

2° De gérer les revenus, de surveiller les établissements communaux et la comptabilité communale ;

3° De préparer et proposer le budget et ordonnancer les dépenses ;

4° De diriger les travaux communaux ;

5° De pourvoir aux mesures relatives à la voirie municipale ;

6° De souscrire les marchés, de passer les baux des biens et les adjudications des travaux communaux dans les formes établies par les lois et règlements et par les articles 68 et 69 de la présente loi (V. ci-dessus, n°s 1105 et 1107) ;

7° De passer dans les mêmes formes les actes de vente, échange, partage, acceptation de dons ou legs, acquisition, transaction, lorsque ces actes ont été autorisés conformément à la présente loi ;

8° De représenter la commune en justice, soit en demandant, soit en défendant ;

9° De prendre, de concert avec les propriétaires ou les détenteurs du droit de chasse dans les buissons, bois et forêts, toutes les mesures nécessaires à la destruction des animaux nuisibles désignés dans l'arrêté du préfet, pris en vertu de l'article 9 de la loi du 3 mai 1844 ;

De faire, pendant le temps de neige, à défaut des détenteurs du droit de chasse, à ce dûment invités, détourner les loups et sangliers remis sur le territoire ; de requérir, à l'effet de les détruire, les habitants avec armes et chiens propres à la chasse de ces animaux ;

De surveiller et d'assurer l'exécution des mesures ci-dessus et d'en dresser procès-verbal ;

10° Et, d'une manière générale, d'exécuter les décisions du conseil municipal. (L. 5 avril 1884, art. 90.)

1119. — Le maire est chargé, sous la surveillance de l'administration supérieure, de la police municipale, de la police rurale, et de l'exécution des actes de l'autorité supérieure qui y sont relatifs. (L. 5 avril 1884, art. 91.)

1120. — *Sonneries des cloches.* — Les cloches des églises sont spécialement affectées aux cérémonies du culte.

Néanmoins, elles peuvent être employées dans les cas de péril commun qui exigent un prompt secours et dans les circonstances où cet emploi est prescrit par des dispositions de lois ou règlements, ou autorisé par les usages locaux. (L. 5 avril 1884, art. 100.)

1121. — Une clef du clocher est déposée entre les mains des titulaires ecclésiastiques, une autre entre les mains du maire, qui ne peut en faire usage que dans les circonstances prévues par les lois ou règlements. (L. 5 avril 1884, art. 101.)

1122. — Le maire ou son délégué peut faire sonner les cloches de l'église pour annoncer l'arrivée du percepteur des contributions directes en tournée de recette ou de mutations. (Régl. min. Justice 7 août 1884, art. 5, § 6.)

Vente de biens autorisée d'office sur la demande d'un créancier porteur de titres exécutoires. — V. ALIÉNATIONS D'IMMEUBLES, n° 48.

Libéralités faites aux communes et aux établissements de bienfaisance. — V. LEGS ET DONATIONS, n°ˢ 1751 et suiv.

Refus d'acceptation de dons ou legs. — V. LEGS ET DONATIONS, n° 1752.

Acceptation de dons ou legs à titre conservatoire. — V. LEGS ET DONATIONS, n° 1753.

Constructions ou reconstructions intéressant les communes. — Plans et devis. — V. TRAVAUX ET FOURNITURES, n°ˢ 3034 et suiv.

Travaux et fournitures à exécuter par entreprise dans l'intérêt des communes. — V. TRAVAUX ET FOURNITURES, n°ˢ 3040 et suiv.

Ouvrages ou institutions intéressant plusieurs communes. — V. TRAVAUX ET FOURNITURES, n° 3049.

Emprunts des hospices, hôpitaux et autres établissements charitables communaux. — V. BUREAUX DE BIENFAISANCE, n° 789.

Budget communal. — V. n°ˢ 727 et suiv.

Recettes du budget. — V. n° 2784.

Dépenses du budget. — V. n° 1338.

Locations des places. — Octrois municipaux. — V. n°ˢ 1802, 1992 et suiv.

Taxes particulières dues en vertu des lois ou des usages locaux. — V. n° 1234.

Impositions extraordinaires et emprunts. — V. IMPOSITIONS COMMUNALES, n°ˢ 1658 et suiv.

Vote et règlement du budget. — V. n°ˢ 727 et suiv.

Comptabilité des communes. — V. COMPTES DE GESTION, ORDONNANCEMENT DES DÉPENSES DES COMMUNES, RECEVEUR DES COMMUNES.

Des biens et droits indivis entre plusieurs communes. — V. BIENS DES COMMUNES, n°ˢ 689 et suiv.

Conseils de préfecture. — V. COMPTES DE GESTION, POURSUITES, n° 2451 ; RÉCLAMATIONS.

Conseils de prud'hommes et frais des Chambres consultatives.

1123. — Les frais et les dépenses des conseils de prud'hommes sont à la charge des communes comprises dans le territoire de leur juridiction et proportionnellement au nombre des électeurs inscrits sur les listes électorales spéciales à l'élection ; il en est de même pour les menus frais des chambres consultatives des arts et manufactures pour les communes où elles existent. (*L. 5 avril 1884, art. 136, § 15.*)

Les fonds alloués pour cette dépense sont centralisés au compte des cotisations municipales. (*Circ. compt. publ. 20 janv. 1886, § 2.*) V. Pièces justificatives, § 73 *bis*.

Conservateurs des hypothèques.

1124. — Le payement des salaires dus aux conservateurs des hypothèques, par suite de la transcription des actes de vente relatifs aux chemins vicinaux, s'opère par trimestre sur des états dressés par ces préposés et sur mandat du maire. (*Circ. compt. gén. 26 août 1843, § 4.*)

Ces états sont exempts de timbre, par le motif qu'ils ne sont que des documents administratifs d'ordre intérieur. (*Décis. min. Fin. 8 mai 1856 ; Inst. gén., art. 634.*)

Mais les quittances de salaires données sur les mandats de payements sont passibles du droit de timbre spécial de dix centimes, toutes les fois que les salaires s'élèvent à plus de *dix francs*. (*Décis. min. Just. et Fin. 23 juin, 12 juillet 1873 ; Inst. enreg. 2 août 1873, n° 2470.* — V. Transcription.

Conservation des propriétés communales et des établissements de bienfaisance.
— V. Actes et mesures conservatoires, Inscriptions hypothécaires.

Conservation des titres.
— V. Comptes de gestion, mutations de percepteurs-receveurs, Titres de recettes.

Consignations.
— V. Caisse des dépôts, Cautionnements, Expropriation, Opposition, Saisies-arrêts.

Consignations sur passe-debout.
— V. Octroi, n° 2013.

Constructions et grosses réparations.
— V. Travaux, Pièces justificatives, §§ 157 et 160.

Constructions nouvelles.

1125. — Les maisons et usines nouvellement construites, les reconstructions et les additions de construction sont imposées par comparaison avec les autres propriétés bâties de la commune où elles sont situées.

Elles ne sont soumises à la contribution foncière que la troisième année après leur achè-

vement ; mais pour jouir de cette exemption temporaire, le propriétaire doit faire, à la mairie de la commune où est élevé le bâtiment passible de la contribution, et dans les *quatre mois à partir de l'ouverture des travaux*, une déclaration indiquant la nature du bâtiment, sa destination et la désignation, d'après les documents cadastraux, du terrain sur lequel il doit être construit.

Sont considérées comme constructions nouvelles la conversion d'un bâtiment rural en maison ou en usine et l'affectation de terrains à des usages commerciaux ou industriels dans les conditions indiquées à l'article 1er de la loi du 29 décembre 1884. (*L. 3 frimaire an VII, art. 88, et 8 août 1890, art. 9 : Circ. compt. publ. 18 février 1891, § 4.*)

1125 bis. — Il suit des dispositions ci-dessus qu'une maison nouvellement construite et rendue habitable, par exemple en juin 1905, ne doit être imposée au foncier qu'à partir du 1er janvier 1908, si, toutefois la déclaration de construction a été faite dans les quatre mois à partir de l'ouverture des travaux.

1126. — Les constructions nouvelles, les reconstructions et les additions de construction non déclarées ou déclarées après l'expiration du délai fixé par l'article précédent, sont soumises à la contribution foncière à partir du 1er janvier de l'année qui suit celle de leur achèvement.

Elles sont imposées au moyen de rôles particuliers, tant à la contribution foncière qu'à celle des portes et fenêtres, jusqu'à ce qu'elles aient été comprises dans les rôles généraux.

Leurs cotisations, tant en principal qu'en centimes additionnels, sont égales à celles que supportent pour l'année en cours les immeubles de même nature et de même importance ; mais elles sont multipliées par le nombre d'années écoulées entre celle où les constructions nouvelles, les reconstructions et les additions de construction ont été achevées et celle où elles ont été découvertes, y compris cette dernière année, sans toutefois pouvoir être plus que quintuplées.

Elles viennent en accroissement des contingents des contributions personnelle-mobilière et des portes et fenêtres. Toutefois, le contingent de la contribution personnelle-mobilière n'est augmenté qu'à partir de l'année où les dites constructions, reconstructions et additions de construction sont comprises aux rôles généraux, sous réserve, lorsqu'il y a lieu, des dispositions de l'article 2 de la loi du 4 août 1844. (*L. 8 août 1890, art. 10.*)

1127. — Le contrôleur des contributions directes, assisté du maire et des répartiteurs, est chargé d'assurer l'exécution des deux articles précédents. (*L. 8 août 1890, art. 11.*)

1127 bis. — Le revenu net imposable des maisons d'habitation, est déterminé d'après leur valeur locative calculée sur dix années, sous la déduction d'un quart de cette valeur locative en considération du dépérissement.

Constructions des habitations à bon marché. — V. *Loi 30 novembre 1894.*

Contestations. — V. Bordereau de situation sommaire, n° 746 ; Difficultés, Poursuites, Restes a recouvrer, Timbre.

Contingents. — V. Aliénés, Chemins vicinaux, Contributions, Cotisations municipales, Enfants assistés, Fabriques, Instruction primaire, Produits éventuels départementaux.

Contrainte par corps.

1128. — La contrainte par corps est supprimée en matière commerciale, civile et contre les étrangers. (*L. 22 juillet 1867, art. 1er.*)
Elle est maintenue en matière criminelle, correctionnelle et de simple police, ainsi que pour le recouvrement des frais de justice. (*L. 22 juillet 1867, art. 2 et 19 décembre 1871.*) — V. Amendes, n°s 336 et suiv.

Contraintes extérieures.

1129. — *Dispositions générales.* — Lorsque des contribuables retardataires sont domiciliés hors de l'arrondissement dans lequel ils sont imposés, sans y être représentés par un fermier, locataire ou régisseur, il peut être procédé immédiatement contre eux par voie de sommation avec frais. Pour l'exécution de cette poursuite, les percepteurs préparent les contraintes nécessaires et les remettent au receveur particulier de leur arrondissement, avec des extraits de rôles pour chacun de ces contribuables. Le receveur particulier décerne ces contraintes et il les envoie, ainsi que les extraits de rôles, au trésorier général du département. (*Inst. gén., art. 1190 ; Com. Durieu, t. I, p. 543 et suiv.*) — V. n°s 1132 et 1144.

1130. — Le percepteur qui décerne une contrainte extérieure contre un contribuable redevable d'une cote foncière doit, pour se conformer aux prescriptions qui précèdent, s'assurer, au préalable, que le débiteur n'a ni fermier ni représentant dans la commune où il est imposé.
Toutefois, on peut dresser une contrainte contre les contribuables représentés au lieu de l'imposition, si le représentant, pour une cause

quelconque, ne peut être poursuivi en temps utile pour sauvegarder les intérêts du Trésor.

1131. — Lorsque les poursuites contre le représentant, chargé ou tenu au payement de l'impôt, paraissent devoir être infructueuses, l'emploi de la contrainte extérieure contre le propriétaire devient régulier à la charge par le percepteur de justifier de la remise au fermier ou représentant de la sommation avec frais.— V. Fermiers et locataires, n°s 1529 et suiv.

1132. — Si le contribuable retardataire est domicilié hors du département, la contrainte décernée par le receveur particulier est transmise par le trésorier général à son collègue du département où le contribuable a son domicile, afin qu'il en fasse suivre l'exécution et en fasse opérer le recouvrement par le percepteur de la résidence du débiteur. Cette contrainte est accompagnée d'un extrait du rôle comprenant les articles dus par le contribuable. (*Règl. pours., art. 59.*)
Les poursuites contre les contribuables résidant hors du département doivent commencer, conformément à la règle commune, par la sommation avec frais.
Les contraintes extérieures sont seulement visées par le sous-préfet de la résidence du contribuable. (*Circ. compt. publ., 31 mars 1898, § 6.*)

1133. — Les contraintes extérieures (*Modèle n° 5 bis*) ne sont délivrées qu'en simple expédition, et il ne doit être porté qu'un seul contribuable sur celles de ces contraintes qui doivent être mises à exécution dans le département de la Seine, ainsi que dans les grandes villes divisées en plusieurs arrondissements de perception. Quant aux extraits de rôles (*Modèle n° 5 ter*) à joindre aux contraintes, ils sont rédigés en deux expéditions, dont l'une est destinée au redevable et lui est envoyée, à titre d'avis et avec invitation de se libérer, par le percepteur chargé du recouvrement. (*Note du Règl. sur les pours., art. 59.*) — V. n° 1141.
Il est bon de prendre note de l'envoi des contraintes extérieures et de les inscrire sur un carnet spécial.

1134. — Lorsque le contribuable est domicilié dans le département, mais hors de l'arrondissement de sous-préfecture où il est imposé, la contrainte est envoyée par le trésorier général, avec l'extrait du rôle, au receveur particulier de l'arrondissement où réside le contribuable. (*Règl. pours., art. 60 ; Circ. compt. publ., 31 mars 1898, § 6.*)

1135. — Les contraintes et extraits de rôles mentionnés aux articles précédents sont remis au percepteur de la résidence du contribuable pour diriger les poursuites requises et effectuer le recouvrement des contributions exigibles.

Les frais relatifs à ces poursuites sont taxés par le sous-préfet, avancés au porteur de contraintes par le receveur particulier et remboursés par le percepteur de la résidence du contribuable. Ces frais entrent dans sa comptabilité comme ceux des poursuites qu'il exerce pour le recouvrement des sommes imposées sur ces rôles. (*Règl. pours., art. 61 ; Com. Durieu, t. I, p. 544 et suiv.*)

Toutefois, si les frais deviennent irrecouvrables, les pièces qui en constatent le payement, ou des extraits dûment certifiés, et celles qui en justifient l'irrecouvrabilité, doivent être envoyées, par l'entremise du trésorier général, au receveur particulier de l'arrondissement dans lequel le contribuable est imposé. Ce dernier comptable doit en couvrir alors le receveur qui a avancé les frais; il en fait dépense à titre de payement de frais de poursuites, et il suit, pour son propre compte, l'admission des frais en non-valeurs, en même temps que de la cote du contribuable. (*Inst. gén., art. 1136.*)

1135 bis. — Lorsqu'il peut y avoir des doutes sur le recouvrement des contraintes extérieures, il y a lieu de faire figurer sur des états spéciaux les contribuables poursuivis pour le compte de collègues d'autres départements ou d'autres arrondissements.

Les poursuites ainsi exposées ne doivent être prises en charge que si la contrainte peut être recouvrée. Dans le cas contraire, le percepteur doit renvoyer la contrainte sans retard, et les frais exposés sont pris en charge par le comptable qui l'a émise conformément à l'art. 1136 de l'instruction générale rappelé ci-dessus.

1136. — Lorsqu'une contrainte extérieure ne concerne que des taxes communales, *chiens, prestations*, etc., le percepteur qui décerne la contrainte doit joindre à cette pièce l'autorisation du maire dont il est fait mention au n° 2314.

Si le recouvrement de la contrainte nécessite des frais, le percepteur de la résidence du contribuable porte ces frais dans sa comptabilité.

Si les frais deviennent irrecouvrables, on opère comme il est indiqué au numéro précédent, dernier alinéa. Seulement le receveur particulier de l'arrondissement de l'imposition se fait couvrir de l'avance des frais par le percepteur de la commune intéressée, qui, de son côté, se fait délivrer un mandat en remboursement de cette avance.

Pour les poursuites par la poste, V. n° 2459 bis, § 22 bis.

1137. — En ce qui concerne le recouvrement de créances communales dont les poursuites s'exercent en vertu de titres exécutoires, ainsi qu'il est énoncé aux n° 2462 et suiv., il ne peut être dressé régulièrement une contrainte extérieure.

Le percepteur-receveur municipal peut simplement demander à son collègue d'agir officieuse-

ment près des débiteurs, et dans le cas de payement le recouvrement est porté au compte : *Recouvrements en vertu de contraintes extérieures.*

1138. — Le contribuable domicilié, soit hors du département, soit hors de l'arrondissement où il est imposé, et qui, s'étant mis dans le cas d'être poursuivi de la manière indiquée aux articles précédents, vient à se libérer dans l'intervalle de l'expédition de la contrainte à la signification du commandement, ou des autres poursuites dirigées contre lui, n'est pas pour cela exempt du payement des frais encourus. (*Règl. pours., art. 62.*)

1139. — Lorsque le percepteur du lieu de l'imposition se trouve dans la nécessité de faire saisir les récoltes d'un contribuable domicilié hors de l'arrondissement dans lequel il est imposé, sans être représenté dans ce ressort, il doit, pour tous les actes qui précèdent la saisie, recourir au percepteur du domicile, conformément aux articles 59 et suivants du règlement. Mais une fois que ces actes ont été signifiés, les originaux sont renvoyés au percepteur qui a provoqué les poursuites, afin qu'il fasse lui-même procéder à la saisie des récoltes du contribuable. Le procès-verbal de saisie est ensuite transmis au domicile du contribuable à qui il doit être notifié. Enfin, après le retour de cet acte et huit jours après la signification qui en aura été faite, il peut être procédé sur les lieux à la vente des objets saisis. (*Com. Durieu, t. I, p. 553.*) — V. n° 2507 et 2510.

1140. — Lorsqu'en exécution des dispositions ci-dessus précitées, une contrainte sur un contribuable domicilié hors de l'arrondissement ou du département a été transmise au percepteur du domicile de ce dernier, si ce redevable se présente pour se libérer chez le percepteur de la situation des biens, celui-ci peut recevoir le payement, sauf à en donner immédiatement avis au percepteur à qui la contrainte a été adressée. Si ce dernier, à l'insu du percepteur qui a fait la recette, a déjà commencé les poursuites et qu'il y ait des frais de dus, il doit en poursuivre le recouvrement contre le redevable qui n'en est nullement exempt, ainsi qu'il est dit plus haut, n° 1138. (*Com. Durieu, t. I, p. 555 et 557.*)

1140 bis. — Lorsqu'un débiteur se libère chez le percepteur qui a délivré la contrainte, ce comptable doit, le jour même, en aviser *directement* son collègue.

Celui-ci après avoir annexé l'avis de recouvrement à la contrainte renvoie le tout à son chef de service, qui en prend note et fait parvenir les pièces par la voie hiérarchique au percepteur intéressé.

Lorsqu'un percepteur reçoit d'un de ses collègues un avis de recouvrement, il doit lui accuser *directement* réception par retour du courrier. Au cas où l'accusé de réception ne parviendrait pas dans le délai normal, le comptable intéressé devrait en réclamer l'envoi sans aucun retard. L'accusé de réception est conservé dans les archives du percepteur qui a transmis l'avis de recouvrement de telle façon que ce comptable puisse, s'il en est besoin, justifier de l'accomplissement des formalités réglementaires. Les mêmes règles sont observées pour l'envoi et la réception des avis prescrits par la circulaire du 25 septembre 1897, en cas de payement spontané d'amendes. V. n° 146 *bis*. (*Circ. compt. publ., 21 juin 1898, § 11*.)

1141. — Il est expressément recommandé aux percepteurs d'apporter la plus grande diligence dans la préparation des contraintes extérieures, et ils sont autorisés, en ce qui concerne les contribuables changés de résidence avant l'émission des rôles, à y joindre les avertissements. Les percepteurs à qui les contraintes sont adressées doivent, de leur côté, en suivre le recouvrement avec la plus grande activité et avoir soin de faire parvenir *immédiatement* l'avertissement au redevable. (*Circ. compt. gén., 7 mai 1862, § 2*.)

1142. — Le contribuable qui a changé de résidence avant le 1er janvier, conserve dans sa nouvelle résidence le droit de payer par termes si son imposition constitue un double emploi ; il n'est tenu dans ce cas qu'à justifier de cette instance au percepteur. (*Circ. compt. publ. 19 août 1864, § 3, et 30 juillet 1867, § 5*.) — V. DÉMÉNAGEMENT, n°s 1305 et suiv.

1143. — Dans le cas où une contrainte extérieure serait décernée contre un contribuable pour une cote à l'égard de laquelle il formerait ou aurait formé une réclamation, le percepteur chargé du recouvrement devrait, en recevant la somme due, faire savoir à ce contribuable que, s'il lui est accordé un dégrèvement, il pourra s'adresser à lui pour obtenir, selon la marche indiquée au n° 1497, le remboursement de la somme qui lui reviendra. Il devrait en outre, s'il avait connaissance du dégrèvement et que le percepteur chargé de préparer la quittance eût négligé de la lui faire parvenir, en avertir le receveur des finances, afin que des mesures fussent promptement prises pour la réparation de cette omission. (*Circ. compt. publ. 10 nov. 1864, § 1er*.) — V, DÉMÉNAGEMENT, RÉCLAMATIONS.

1144. — Les percepteurs chargés des poursuites, dans les cas indiqués ci-dessus, ne peuvent se dispenser de les faire précéder de la sommation sans frais, à moins que cette formalité n'ait déjà été remplie par le percepteur à la demande duquel la contrainte a été décernée.

Les percepteurs peuvent être également appelés à effectuer des recouvrements de contributions pour le compte de leurs collègues de l'arrondissement dont ils dépendent. Ces opérations se font par l'entremise du receveur particulier, d'après le mode indiqué plus haut.

Quant aux perceptions contiguës, les receveurs des finances peuvent, exceptionnellement, autoriser un mode de recouvrement analogue à celui qui est indiqué à l'avant-dernier alinéa de l'article 636 de l'Instruction générale concernant les taxes à percevoir pour le compte des associations syndicales. — V. POURSUITES PAR LA POSTE n° 2459 *bis*, § 4.

Les receveurs des finances doivent, d'ailleurs, s'assurer que les percepteurs de leur arrondissement n'usent de la faculté à eux accordée par les articles 59 et suivants du règlement sur les poursuites, qu'autant qu'il y a nécessité réelle de le faire. Il leur est, en outre, recommandé de veiller à ce que le recouvrement des contraintes extérieures soit suivi avec soin et activité par leurs subordonnés. (*Inst. gén., art. 1130* ; *Com. Durieu, t. I, p. 551 et suiv.*)

1145. — Le percepteur du lieu de l'imposition peut poursuivre les contribuables habitant hors du ressort de sa perception, mais domiciliés dans l'arrondissement. On ne doit donc décerner de contraintes extérieures qu'autant que la distance est un obstacle pour le contribuable de se rendre au lieu où il est imposé. (*Com. Durieu, t. I, p. 549 et suiv.*) — V. POURSUITES PAR LA POSTE, n° 2459 *bis*, § 4.

Il en est de même pour le recouvrement des amendes. — V. n° 440.

1146. — *Mode de recouvrement et transmission des sommes recouvrées.* — Lorsque les contributions qui ont donné lieu aux contraintes sont recouvrées, les percepteurs s'en chargent en recettes à titre de *Produits divers*, et ils délivrent à la partie versante une quittance détachée de leur livre à souche. Ils versent le montant de ces recettes sous la déduction de la remise de 1,50 % qu'ils sont autorisés à retenir (V. n° 1151) au receveur particulier, qui leur en fournit son récépissé à talon, et ils lui remettent en même temps les contraintes et les extraits de rôles émargés. (*Inst. gén., art. 1131.*)

1147. — Si le recouvrement de la contrainte exige une quittance timbrée, le timbre est apposé par le comptable qui délivre la quittance et qui en perçoit le prix, comme s'il opérait pour son compte personnel. La quittance remise au receveur des finances par le comptable qui encaisse le recouvrement de la contrainte est exempte du droit de timbre.

1148. — Le receveur particulier porte les fonds reçus, soit du percepteur de son arrondissement, soit du trésorier général, au crédit du *Compte collectif de recouvrement en vertu de contraintes*.

Pour les recettes qui concernent les contribuables imposés dans son arrondissement, il donne avis aux percepteurs des payements qu'il a à leur faire, leur prescrit d'émarger les sommes au rôle, d'en délivrer des quittances à souche et de comprendre ces quittances dans leur plus prochain versement. Lorsque les percepteurs viennent faire ce versement, le receveur se charge en recette, à titre de contributions directes, du montant desdites quittances, et il en fait dépense comme de payements effectués. Quant aux recettes relatives à des contribuables imposés hors de son arrondissement, elles sont transmises à qui de droit, par les soins du trésorier général lorsque le receveur particulier lui a renvoyé les contraintes et extraits de rôles émargés.

Les percepteurs doivent justifier au receveur particulier, par la représentation de la quittance à souche, qu'ils ont versé de leurs fonds personnels et émargé à l'article du contribuable la portion de la contribution retenue, à titre de remise, par le percepteur qui a opéré le recouvrement. (*Inst. gén., art. 1132.*)

Les quittances des percepteurs doivent toujours mentionner d'une manière distincte la somme dont il a été tenu compte par le receveur des finances au percepteur que concerne le recouvrement, et celle retenue, à titre de remise, par le percepteur qui a opéré ce recouvrement. (*Circ. compt. publ. 24 déc. 1861, § 9.*)

1149. — Le trésorier général donne avis des recouvrements effectués dans tous les arrondissements de son département, en renvoyant les contraintes et les extraits de rôles, tant aux receveurs particuliers qu'aux percepteurs de l'arrondissement du chef-lieu, et il suit, à l'égard de ces derniers, la marche indiquée plus haut au sujet des percepteurs des arrondissements de sous-préfecture.

Quant aux recettes qui concernent d'autres départements, il en fait donner crédit aux trésoriers généraux qu'elles concernent, et il leur en délivre récépissé, comme de remise de fonds. Ces derniers receveurs font faire ensuite l'emploi des fonds suivant le mode tracé ci-dessus. (*Inst. gén., art. 1133.*)

1150. — *Justification du non-recouvrement.* — En cas de non-recouvrement des sommes énoncées dans les contraintes, ces pièces et les extraits de rôles y annexés sont renvoyés aux comptables qui les avaient transmis, et il est pris note de ce renvoi sur le carnet tenu par les receveurs particuliers.

Le non-recouvrement doit être justifié, soit par des procès-verbaux de perquisition ou de carence, soit par des certificats d'indigence ou d'absence délivrés par les maires, soit enfin par l'avis du non-recouvrement qui aurait été adressé par le percepteur qui a délivré la contrainte. (*Inst. gén., art. 1135 ; Circ. compt. publ. 23 mars 1897, § 2.*)

Frais de poursuites que le recouvrement des contraintes peut exiger. — V. nº 1135.

1151. — *Partage des remises afférentes aux sommes recouvrées.* — Il est alloué aux percepteurs 1,50 °/₀ sur les sommes qu'ils recouvrent en vertu de contraintes extérieures relatives aux contributions directes ou aux taxes qui leur sont assimilées. Ils sont autorisés à retenir cette allocation sur le produit des recettes effectuées par eux pour le compte de leurs collègues.

Ils en souscrivent une déclaration, portant quittance, qu'ils remettent au receveur des finances avec le surplus de leurs recettes. (*Inst. gén., art. 1137.*)

Pour le recouvrement des contraintes extérieures sur amendes, V. nºˢ 476 et suiv.

1152. — *Contraintes concernant l'Algérie.* — Les contraintes et les commissions extérieures à recouvrer en Algérie sont envoyées aux directeurs des contributions diverses, qui chargent de la mise à exécution les receveurs sous leurs ordres. Cet envoi a lieu sous le couvert du Gouverneur général de l'Algérie.

Après recouvrement, les fonds sont versés au trésorier-payeur contre un récépissé au nom du receveur intéressé, à qui il est transmis avec la contrainte.

En ce qui concerne les recouvrements de contraintes émises en Algérie contre des individus domiciliés en France, ils donnent lieu à la délivrance des récépissés au nom des trésoriers-payeurs et ces récépissés sont adressés aux chefs de service qui ont transmis les contraintes. Ces contraintes y sont jointes.

Il existe un chef de service des contributions diverses dans chaque chef-lieu de province de l'Algérie. (*Inst. gén., art. 1130; Circ. compt. publ. 26 juin 1902, § 12.*)

1153. — *Écritures.* — Les percepteurs doivent ouvrir, à la 2ᵉ section de leur livre des comptes divers, pour les recouvrements de contraintes sur des contribuables imposés dans d'autres arrondissements de perception, un compte intitulé : *Recouvrements sur contraintes délivrées par divers comptables.*

Ils y enregistrent, dans des colonnes spéciales, la réception des contraintes et extraits de rôles qui leur sont remis pour en suivre l'exécution.

Ils y constatent, en recette, les payements qui leur sont faits par les contribuables, auxquels ils en fournissent des quittances à souche, et en *dépense*, les versements qu'ils effectuent au receveur des finances.

Enfin, ils réduisent, au moment où ils renvoient les contraintes et en indiquant les causes de non-recouvrement, les sommes prises en charge du montant de celles qui n'ont pas été recouvrées. (*Inst. gén., art. 1478.*)

Recouvrement de contributions extérieures. — V. n° 2651 *bis.*

Contraintes extérieures pour le service des amendes. — V. n°s 111, 158 et suiv.

Contraintes décernées contre des contribuables d'une taxe de vélocipède. V. n° 3083 *bis*, § 10.

Contraintes pour le recouvrement des contributions directes. — V. Poursuites.

Contreseing. — V. Correspondance, Franchise.

Contribuable.

1154. — Lorsqu'un particulier jouit de l'usufruit d'un immeuble dont un autre a la nue propriété, c'est l'usufruitier qui est le contribuable. (*C. civ., art. 608 ; Com. Durieu, t. I, p. 413 et suiv.*)
Pour les meubles, V. n°s 1858, 2308 et suiv.

1155. — Lorsqu'une propriété est vendue, si les parties intéressées ne se mettent pas en mesure de faire opérer la mutation sur la matrice des rôles et que la cote reste sous le nom de l'ancien propriétaire, celui-ci continue, lui et ses héritiers, à être tenu envers le Trésor, sauf son recours contre le nouveau propriétaire. (*L. 3 frimaire an VII, art. 36 ; Arr. Cons. d'Et. 1er nov. 1826 ; Com. Durieu, t. II, p. 416, et t. II, Jurisp., p. 154.*)
Dans le cas où la propriété appartient par indivis à divers propriétaires, le percepteur doit poursuivre pour la totalité de la cote, celui dont le nom figure au rôle ; il n'est pas obligé de diviser la poursuite entre tous les copropriétaires au prorata de leurs droits respectifs dans la propriété. (*Arr. Cons. d'Et. 23 janvier 1820 ; Com. Durieu, t. I, p. 416 et t. II, Jurisp., p. 134.*) — V. Fermiers, Héritiers, Poursuites, Privilège du trésor, Réclamations.

1156. — L'individu, indiqué dans un *rôle* comme représentant du contribuable qui y est lui-même porté, ne peut être poursuivi personnellement comme étant inscrit au rôle dans le sens de la loi pour le payement de la contribution afférente à son mandant ; exemple : *Minck Paul, à Berlin, représenté par Hardy Antoine, à Crouin.*
La mention insérée au rôle, en vue de fournir

une indication aux agents de recouvrement, ne peut faire considérer le représentant comme contribuable porté au rôle et l'obliger personnellement au payement. (*Arr. Cons. d'Et. 6 décembre 1878 et 3 juillet 1885.*) — V. Poursuites.
Pour les contribuables imposés collectivement au rôle des patentes comme associés, V. n°s 1183 et suiv.

1157. — Une erreur commise au rôle, dans l'orthographe du nom du contribuable ne dispense pas celui-ci d'acquitter sa cotisation, si d'ailleurs il ne conteste pas qu'elle lui soit applicable. (*Jurisp.*)

Contribuables forains. — V. Contraintes extérieures.

Contribuables en réclamation. — Voir n°s 2616 et suiv.

Contribuables ayant changé de résidence.

Payement des excédents de versements leur revenant. — V. Excédents de versements, n° 1497.

Contributions et revenus publics.

1158. — Les contributions et revenus publics se divisent en contributions directes, en *impôts et revenus indirects* et en *produits divers et accidentels.*
La contribution directe s'entend de toute imposition qui est assise *directement* sur les personnes et sur les propriétés, qui se perçoit en vertu de rôles nominatifs de cotisation, et qui passe immédiatement du contribuable cotisé à l'agent chargé de percevoir.
Les impôts indirects sont ainsi nommés parce que, au lieu d'être établis directement et nominativement sur les personnes, ils reposent en général sur des objets de consommation ou sur des services rendus, et ne sont, dès lors, qu'*indirectement* payés par celui qui veut consommer les choses ou user des services frappés de l'impôt. Tels sont : 1° les impôts assis sur les importations et exportations, la fabrication, la vente, le transport et l'entrée des objets de consommation ; 2° le prix de vente des tabacs et des poudres ; 3° les droits d'enregistrement, d'hypothèque, de greffe, de timbre ; les droits de poste, etc.
Les receveurs des finances et les percepteurs sous leurs ordres sont chargés de suivre le recouvrement des contributions directes, ainsi

que celui de diverses taxes assimilées à ces contributions.

Les revenus et impôts indirects sont recouvrés par les agents des diverses administrations financières, c'est-à-dire par les receveurs de l'enregistrement et du timbre, par les receveurs des douanes et des contributions indirectes et par les receveurs des postes. *(Inst. gén., art. 1er.)*

Contributions directes.

1159. — *Division de l'impôt direct en impôt de répartition et en impôt de quotité.* — Les contributions directes se distinguent en *impôts de répartition* et en *impôts de quotité.*

L'impôt de répartition est celui dont la somme totale, fixée d'avance par la loi des finances, se répartit, de degrés en degrés, entre les départements, les arrondissements, les communes et les contribuables.

L'impôt de quotité est celui dont les taxes résultent de l'application, à des éléments variables, de tarifs ou de quotités déterminés, et dont, par conséquent, les produits ne peuvent être évalués que d'une manière approximative au budget de l'État.

Les contributions *foncière* (propriétés non bâties), *personnelle-mobilière* et des *portes et fenêtres*, sont des impôts de répartition (V. n° 2734); la contribution foncière des propriétés bâties, la contribution des patentes, *la taxe des biens de mainmorte, les redevances des mines,* les *rétributions pour la vérification des poids et mesures,* les *droits de vérification des alcoomètres et des densimètres,* les *droits de visite des pharmacies et magasins de drogueries,* le *droit d'inspection des fabriques et dépôts d'eaux minérales,* la *contribution sur les voitures, chevaux, mules et mulets,* la *taxe sur les vélocipèdes,* la *taxe sur les billards publics et privés,* la *taxe sur les cercles et lieux de réunion,* la *taxe militaire,* la *redevance pour la rétribution des délégués mineurs,* les *droits d'épreuve des appareils à vapeur,* sont des impôts de quotité. *(Inst. gén., art. 2 ; L. de finance.)* — V. RÉPARTITION.

1160. — Les contributions directes sont de quatre natures, savoir :

La contribution foncière (propriétés bâties, propriétés non bâties);

La contribution personnelle-mobilière ;

La contribution des portes et fenêtres ;

La contribution des patentes. *(Inst. gén., art. 3.)*

Pour les taxes assimilées aux contributions directes, V. n° 2958.

1161. — *Contribution foncière.* — La contribution foncière est établie, par égalité pro-

portionnelle, sur toutes les propriétés foncières, bâties ou non bâties, à raison de leur revenu net imposable. *(Inst. gén., art. 1 ; Com. Durieu, t. I, p. 50.)* — V. RÉPARTITION, n°s 2734 et suiv.

1162. — Depuis le 1er janvier 1891, il n'est plus assigné de contingents aux départements, arrondissements et communes en matière de contribution foncière des propriétés bâties. *(L. 8 août 1890, art. 1.)*

La contribution foncière des propriétés bâties est réglée en raison de la valeur locative de ces propriétés, telle qu'elle a été établie conformément à l'article 34 de la loi du 8 août 1885, sous déduction d'un quart pour les maisons et de 40 °/° pour les usines, en considération du dépérissement des frais d'entretien et de réparation. *(L. 23 juill. 1900, art. 2.)*

Le bénéfice des dispositions de l'article 85 de la loi du 3 frimaire an VII est étendu aux bâtiments qui servent à loger, indépendamment des bestiaux des fermes et métairies, le gardien de ces bestiaux. *(L. 8 août 1890, art. 5.)*

Le taux de la contribution foncière des propriétés bâties est fixé en principal, pour 1891, à 3,20 °/° de la valeur locative établie comme il est dit à l'article précédent et après les déductions spécifiées audit article.

Le taux ci-dessus n'est appliqué que pour moitié dans le département de la Corse pendant cinq ans, à partir du 1er janvier 1891. *(L. 8 août 1890, art. 6.)*

1163. — Tout propriétaire de propriété bâtie est admis à réclamer contre l'évaluation attribuée à son immeuble pendant les six mois à dater de la publication du premier rôle dans lequel cet immeuble aura été imposé, et pendant trois mois à partir de la publication du rôle suivant.

En ce qui concerne les rôles subséquents, les propriétaires sont admis à réclamer pendant les trois mois de la publication de chaque rôle lorsque, par suite de circonstances exceptionnelles, leur immeuble aura subi une dépréciation.

En dehors des cas prévus aux deux paragraphes précédents, aucune demande en décharge ou en réduction n'est recevable, sauf dans le cas où l'immeuble serait en tout ou en partie détruit ou converti en bâtiment rural.

Les réclamations sont présentées, instruites et jugées selon les règles suivies en matière de contributions directes. *(L. 8 août 1890, art. 7.)*

1164. — Les évaluations servant de base à la contribution foncière des propriétés bâties sont révisées tous les dix ans.

Toutefois, si, par suite de circonstances exceptionnelles, il se produit dans l'intervalle de deux révisions décennales, une dépréciation générale des propriétés bâties, soit de l'intégralité, soit d'une fraction notable d'une commune, le conseil municipal a le droit de demander qu'il soit procédé à une nouvelle évaluation des propriétés bâties de l'ensemble de la commune à la charge pour celle-ci de supporter les frais de l'opération.

Les évaluations ainsi établies sont néanmoins renouvelées à l'expiration de la période décennale en cours. *(L. 8 août 1890, art. 8.)* — V. CONSTRUCTIONS NOUVELLES, RÉCLAMATIONS.

1165. — *Contribution personnelle-mobilière.* — La contribution personnelle-mobilière est due par chaque habitant français et par chaque habitant étranger de tout sexe, jouissant de ses droits et non réputé indigent. — V. ci-après numéros 1167 et suiv.

La taxe personnelle se compose de la valeur de trois journées de travail ; le prix moyen de la journée est fixé, pour chaque commune, par le conseil général du département, sur la proposition du préfet, sans pouvoir néanmoins être au-dessous de 50 centimes ni au dessus de 1 fr. 50.

Le montant de cette taxe, multiplié par le nombre des individus qui y sont soumis, est d'abord prélevé sur le contingent personnel-mobilier.

Le surplus du contingent est réparti en cotes mobilières, au centime le franc des loyers d'habitation attribués aux divers contribuables. Ces cotes mobilières complètent avec les taxes personnelles, la somme totale à payer dans la commune. *(Inst. gén., art. 5; Com. Durieu, t. I, p. 51 et suiv.)*

1166. — Dans les villes ayant un octroi, le contingent personnel-mobilier peut être payé, en totalité ou en partie par les caisses municipales, sur la demande qui en est faite aux préfets par les conseils municipaux. Ces conseils déterminent la portion du contingent qui doit être prélevée sur les produits de l'octroi.

La portion restant à percevoir au moyen d'un rôle est répartie en cotes mobilières seulement soit au centime le franc des loyers d'habitation, soit d'après un tarif gradué en raison de la progression ascendante de ces loyers, après déduction des faibles loyers que les conseils municipaux croiraient devoir exempter de toute cotisation.

Les délibérations prises par les conseils municipaux ne reçoivent leur exécution qu'après avoir été approuvées par un décret.

Le receveur municipal verse par douzième, le premier jour de chaque mois, dans la caisse du receveur de l'arrondissement, la partie de l'octroi représentative de la contribution personnelle-mobilière. *(Inst. gén., art. 6.)*

1167. — Sont imposables à la contribution personnelle-mobilière comme jouissant de leurs droits : les veuves et les femmes séparées de leurs maris, les garçons et filles majeurs ou

mineurs ayant des moyens suffisants d'existence, soit par leur fortune personnelle, soit par la profession qu'ils exercent, lors même qu'ils habitent avec leur père, mère, tuteur ou curateur. *(L. 21 avril 1832, art. 12.).*

Les mineurs doivent être imposés au lieu du domicile de leur père et mère ou tuteur. *(Code civ., art. 108.).* — V. POURSUITES n°s 2308 et suiv.

1168. — Les père et mère de sept enfants vivants, mineurs, légitimes ou reconnus, assujettis à une contribution personnelle-mobilière égale ou inférieure à 10 fr. en principal, sont exonérés d'office de cette contribution. *(L. 8 août 1890, art. 31.)*

1169. — La taxe personnelle n'est due que dans la commune du domicile réel ; la contribution mobilière est due pour toute habitation meublée, située soit dans la commune du domicile réel, soit dans toute autre commune. *(L. 21 avril 1832, art. 13 ; Arr. Cons. d'Et. 5 mai 1885.)*

1170. — Les fonctionnaires, les ecclésiastiques et les employés civils et militaires, logés gratuitement dans des bâtiments appartenant à l'État, aux départements, aux arrondissements, aux communes ou aux hospices, sont imposables d'après la valeur locative des parties de ces bâtiments affectées à leur habitation personnelle. *(L. 21 avril 1832, art. 15.)*

En cas de déménagement des hauts fonctionnaires, la contribution doit être acquittée proportionnellement au temps d'exercice. — V. n°s 1308 et suiv.

1171. — Les locaux destinés aux bureaux des fonctionnaires publics et distincts de l'habitation personnelle ne doivent pas être compris dans l'évaluation des loyers d'habitation. *(Arr. Cons. d'Et. 18 juin 1875 et 11 mai 1888.)*

1172. — Les habitants qui n'occupent que des appartements garnis ne sont assujettis à la contribution mobilière qu'à raison de la valeur locative de leur logement, évalué comme un logement non meublé. *(L. 21 avril 1832, art. 16.)*

1173. — On peut imposer deux cotes mobilières dans une maison. C'est ainsi que le gendre qui loge chez son beau-père, le vicaire qui loge chez son curé, le commis qui loge chez le patron, ne peuvent pas demander la décharge de l'impôt mobilier par la raison que le beau-père, le curé ou le patron paient pour toute la maison *(Arr. Cons. d'Et. 9 mars 1859, 28 mars 1860 et 29 janvier 1862)* ; — seulement celui qui est imposé pour toute la maison peut demander un dégrèvement. La location gratuite n'est pas une raison concluante d'exception.

1174. — Les commissaires - répartiteurs, assistés du contrôleur des contributions directes, rédigent la matrice du rôle de la contribution personnelle et mobilière. (*L. 21 avril 1832, art. 17.*)

1175. — Lors de la formation de la matrice, le travail des répartiteurs est soumis au conseil municipal, qui désigne les habitants qu'il croit devoir exempter de toute cotisation, et ceux qu'il juge convenable de n'assujettir qu'à la taxe personnelle. (*L. 21 avril 1832, art. 18.*)

1176. — Les centimes additionnels généraux et particuliers ajoutés au principal du contingent personnel et mobilier de la commune ne portent que sur les cotisations mobilières; la taxe personnelle est imposée en principal seulement. (*L. 21 avril 1832, art. 19.*)

1177. — *Contribution des portes et fenêtres.* — La contribution des portes et fenêtres est établie sur les portes et fenêtres donnant sur les rues, cours et jardins des maisons, bâtiments et usines, sauf les exceptions prononcées par la loi.

La répartition en est faite sur un tarif que la loi a fixé d'après la population des villes et communes, et d'après le nombre et la nature des ouvertures des maisons, sauf les modifications proportionnelles qu'il serait nécessaire de faire subir à ce tarif pour remplir les contingents. (*Inst. gén., art. 7; Com. Durieu, t. I, p. 52 et suiv.*)

Le modèle du tarif se trouve sur la seconde page de la première feuille du rôle général des contributions de chaque commune.

1178. — Ne sont pas soumises à la contribution, les portes et fenêtres servant à éclairer ou aérer les granges, bergeries, étables, greniers, caves et autres locaux non destinés à l'habitation des hommes, à moins cependant que ces dernières ouvertures n'éclairent des appartements habitables, auquel cas elles sont imposables.

Ne sont pas également soumises à ladite contribution, les portes et fenêtres des bâtiments employés à un service public civil, militaire ou d'instruction, ou aux hospices. (*L. 4 frimaire an VII, art. 5.*) — Néanmoins, les fonctionnaires, les ecclésiastiques et les employés civils et militaires logés gratuitement dans des bâtiments appartenant à l'Etat, aux départements, aux arrondissements, aux communes ou aux hospices, sont imposés nominativement pour les portes et fenêtres des parties de ces bâtiments servant à leur habitation personnelle. (*L. 4 frimaire an VII, art. 5; 21 avril 1832, art. 27.*) — V. PORTES ET FENÊTRES.

1179. — *Contribution des patentes.* — Les individus, français ou étrangers, qui exer-

cent en France un commerce, une industrie ou une profession non compris dans les exceptions déterminées par la loi, doivent être patentés et sont assujettis au payement de taxes qui constituent la *contribution des patentes.*

Cet impôt de quotité se compose de deux droits: le *droit fixe* et le *droit proportionnel.*

Le *droit fixe* est dû par tous les patentables, à l'exception de ceux qui sont indiqués comme dispensés de ce droit dans le tableau D annexé à la loi du 15 juillet 1880, c'est-à-dire les officiers ministériels et les individus exerçant des professions dites libérales; il est réglé d'après les tarifs que la loi détermine et suivant les classes dans lesquelles elle place les diverses professions; les tarifs sont établis en raison de la population des communes; toutefois la loi applique à certaines professions un tarif spécial, sans égard à la population.

Le *droit proportionnel* est établi d'après la valeur locative tant de la maison d'habitation que des magasins, boutiques, usines, ateliers, hangars, remises, chantiers et autres locaux servant à l'exercice des professions; en ce qui concerne les usines et établissements industriels, il est calculé sur la valeur locative de ces établissements, pris dans leur ensemble et munis de tous leurs moyens matériels de production. Le droit proportionnel varie du dixième au soixantième des valeurs locatives, et il est dû par tous les patentables, à l'exception de ceux de la 7e et de la 8e classe du tableau A annexé à la loi du 15 juillet 1880, lorsqu'ils résident dans des communes dont la population ne dépasse pas 20,000 âmes, ou lorsqu'ils exercent leur profession en ambulance, sous échoppe ou en étalage. (*Inst. gén., art. 8; L. 15 juill. 1880.*)

1180. — La patente est due pour l'année entière par les individus exerçant, au mois de janvier, une profession imposable; s'il y a cession d'établissement, la cote est, pour la demande du cédant ou du cessionnaire, transférée à ce dernier. — V. TRANSFERT.

En cas de fermeture des établissements, magasins, boutiques et ateliers, par suite de décès, de liquidation judiciaire ou de faillite déclarée, les droits ne sont dus que pour le passé et le mois courant. — V. n°s 947, 1324 et suiv.

Ceux qui entreprennent, dans le cours de l'année, une profession sujette à patente, ne doivent la contribution qu'à partir du 1er du mois dans lequel ils ont commencé d'exercer, à moins que, par sa nature, la profession ne puisse pas être exercée pendant toute l'année; dans ce dernier cas, la contribution est due pour l'année entière, quelle que soit l'époque à laquelle la profession a été entreprise.

Les patentés, qui dans le cours de l'année, entreprennent une profession comportant un droit fixe plus élevé que celui qui était afférent à la profession qu'ils exerçaient, ou qui transportent leur établissement dans une commune d'une plus forte population, sont tenus de payer, au prorata, un *supplément de droit fixe*. Il est également dû un *supplément de droit proportionnel* par les patentables qui prennent des maisons ou locaux d'une valeur locative supérieure à celle des maisons ou locaux pour lesquels ils ont été primitivement imposés, et par ceux qui entreprennent une profession passible d'un droit proportionnel plus élevé (V. n°2798). Les suppléments sont dus à compter du 1er du mois dans lequel les changements ont été opérés.

Les agents des contributions directes, lorsque la demande leur en est faite, délivrent des patentes avant l'émission du rôle, après toutefois que les requérants ont acquitté entre les mains du percepteur les douzièmes échus, s'il s'agit d'individus domiciliés dans le ressort de la perception ou la totalité des droits, s'il s'agit soit d'individus étrangers au ressort de la perception, soit de marchands colporteurs et autres patentables dont la profession n'est pas exercée à demeure fixe. (*Inst. gén.*, *art.* 9 ; *L.* 15 juill. 1880, art. 28 et 34.) — V. DÉCÈS DES CONTRIBUABLES, DÉMÉNAGEMENT, FORMULES DE PATENTES, MARCHANDS FORAINS, RECOUVREMENT, n° 2641.

1181. — *Délivrance de patentes, par anticipation, aux marchands forains.* — *Concours des percepteurs.* — Par une décision ministérielle en date du 18 décembre 1888, les percepteurs ont été autorisés à délivrer, en dehors du chef-lieu du département, des patentes par anticipation aux individus étrangers au département et n'y ayant pas de résidence, qui seraient imposables comme marchands forains ou colporteurs, par application de l'article 23 de la loi du 15 juillet 1880.

Le trésorier général doit s'entendre avec la Direction des contributions directes pour désigner les percepteurs dont le concours lui paraîtrait le plus utile, et transmettre à ces comptables les imprimés nécessaires. La centralisation des états trimestriels à remettre au service de l'assiette est fait par les soins du trésorier-payeur général.

De même que si les inspecteurs des contributions directes sont autorisés à demander aux percepteurs communication du registre n° 8 dans le cas où ils auraient à y faire des recherches, ils doivent s'abstenir d'adresser aux comptables aucune observation, autrement que par l'intermédiaire de la Trésorerie générale. (*Circ. compt. publ.* 4 avril 1889, § 1 ; *Circ. dir. gén. des contr. dir.* 1er août 1891.)

Les états dont il est fait mention ci-dessus doivent être adressés par les comptables à leur chef hiérarchique : pour le 1er trimestre, du 1er au 5 avril ; pour le 2e du 1er au 5 juillet ; pour le 3e du 1er au 5 octobre et pour le 4e du 15 au 20 décembre.

1182. — *Recensement des imposables.* — Les contrôleurs des contributions directes procèdent annuellement au recensement des imposables et à la formation des matrices des patentes. (*L.* 25 avril 1844, art. 20, et 15 juill. 1880, art. 25.)

1183. — *Jurisprudence.* — La contribution des patentes constitue une dette personnelle à chaque membre d'une société en nom collectif, et, par suite, en cas de liquidation, le percepteur ne peut délivrer une contrainte contre le liquidateur à l'effet de faire payer la patente d'un des associés sur le fonds social.

L'autorité judiciaire est seule compétente pour décider si le Trésor peut exercer, sur les fonds entre les mains du liquidateur, les privilèges appartenant au Trésor en vertu de la loi du 12 novembre 1808. (*Arr. Cons. d'Ét.* 22 déc. 1882 ; Dalloz 1884, 3e partie, p. 87.)

1184. — La jurisprudence du Conseil d'Etat et celle de la Cour de cassation sont en désaccord sur la question de savoir si le recouvrement des droits de patente dus par les membres d'une société en nom collectif peut être poursuivi sur l'actif social, et sur les biens de tous les associés solidairement. — V. *Durieu*, t. 1, p. 178 et suiv.

Un arrêt de la Cour de cassation en date du 25 novembre 1896 dit : Bien que dans les sociétés en commandite les associés commanditaires, à la différence du gérant, ne soient pas personnellement assujettis à la patente, cet impôt n'en constitue pas moins, pour la société même, une charge dont ils doivent supporter le fardeau dans la proportion de leur commandite.

Par suite, le Trésor est fondé à poursuivre, sous forme de saisie, le recouvrement dudit impôt de patente sur le fonds social. — V. Dalloz 1897, 1re partie, p. 377.

Recouvrement des contributions. — V. n°s 2641 et suiv.

Contributions extérieures, V. n° 2651 *bis.*

Contributions à la charge de l'État, des départements, des communes et établissements publics.

1185. — Les receveurs des communes et les receveurs des hospices et autres établissements publics sont tenus d'acquitter les contributions assises sur les propriétés de ces communes ou établissements. Les quittances constatant le payement de ces contributions leur sont allouées en dépense.

Les contributions des biens des communes constituent une dépense obligatoire; en conséquence, lorsqu'une commune se trouve dans l'impossibilité d'acquitter ses contributions avec ses revenus, il y a lieu, conformément à la loi du

5 avril 1884 (art. 141 et 142), de recourir à une imposition extraordinaire portant sur toutes les contributions directes payées dans la commune.

Si les contributions dues au Trésor étaient assises sur des biens appartenant privativement à une section de commune, l'imposition ne devrait porter que sur les habitants et les propriétaires de cette section, au moyen d'un rôle spécial dressé par le directeur des contributions directes. (Inst. gén., art. 65; Com. Durieu. t. I, p. 107.)

Il suit, des dernières dispositions qui précèdent, que les articles de rôles, ouverts sous le titre de Section de..., Village de..., Hameau de..., etc., doivent être payés par les habitants et les propriétaires ayant droit à la jouissance, au moyen d'un rôle spécial dressé par le directeur des contributions directes.

Toutefois, le conseil municipal d'une commune peut, par une délibération spéciale, décider que tel article sera payé par la commune sur le crédit alloué pour contribution des biens communaux.

Dans aucun cas, le percepteur ne doit faire figurer les contributions dont il s'agit sur ses états de cotes irrecouvrables.

1186. — Le payement des contributions à la charge de l'État, des départements ou des communes, ayant lieu en vertu de mandats délivrés sur des comptables publics, les percepteurs ont à en faire toucher le montant aux caisses de ces comptables. (Inst. gén., art. 66; Règl. pours., art. 5; Com. Durieu, t. I, p. 104, 434 et suiv.)

1187. — Le payement de la contribution foncière des francs-bords de canaux et rivières canalisées a lieu par l'entremise du trésorier général.

Toutes les impositions de francs-bords sont inscrites sur les rôles au nom de « l'État, par l'administration des contributions indirectes »; les percepteurs réunissent les avertissements qui concernent ces impositions, et ils les adressent, sans retard, avec un bordereau récapitulatif au receveur de l'enregistrement de la commune du lieu de l'imposition. Le receveur verse le montant de la contribution à la caisse du percepteur.

Les contributions de francs-bords comprises dans les rôles spéciaux sont recouvrées de la même manière, au commencement de la deuxième année de l'exercice, et, en tout cas, avant la clôture de cet exercice. (Circ. compt. publ. 18 févr. 1891, § 9 et 26 févr. 1902.)

1188. — Les contributions des biens communaux sont payables par douzième, et les mandats relatifs à ces dépenses sont délivrés à la fin de chaque mois. (Inst. gén., art. 993.)

La dépense est justifiée par les avertissements et les quittances à souche des percepteurs. — V. PIÈCES JUSTIFICATIVES, § 84.

Ces dispositions s'appliquent à la taxe des biens de mainmorte.

1189. — Les contributions des biens communaux qui sont mises à la charge des fermiers font l'objet d'un compte à ouvrir aux avances à recouvrer. — V. n° 662.

1189 bis. — *Contributions dues par les compagnies de chemins de fer.* — Le payement des contributions dues par les compagnies de chemins de fer doit être effectué à la caisse centrale du Trésor. Les compagnies produisent à l'appui de leurs versements un bordereau détaillé par département et présentant le détail par perception.

Il est recommandé aux percepteurs de faire passer par la Direction générale de la comptabilité publique toutes les demandes de payement qu'ils se trouveraient dans le cas d'adresser aux compagnies de chemins de fer.

Quant aux avertissements concernant les contributions dues par les compagnies, les percepteurs restent chargés, comme par le passé, d'assurer la distribution de ces avertissements en les faisant parvenir directement aux compagnies intéressées, sauf l'exception ci-après concernant les contributions dues par l'administration des chemins de fer de l'État. C'est seulement en cas de retard dans les époques de versement qu'ils ont à en aviser la Direction générale de la comptabilité publique pour qu'elle apprécie la suite à donner à leur communication. (Circ. compt. publ. 17 juill. 1897, § 8 et 25 sept. 1897, § 2.)

Les avertissements ou extraits de rôles concernant les contributions dues par l'administration des chemins de fer de l'État doivent être adressés à la trésorerie générale en 3 envois qui doivent avoir lieu, savoir :

Le premier envoi : impôt foncier, portes et fenêtres, patentes, etc., avant le 1er avril;

Le deuxième envoi : taxes assimilées, patentes supplémentaires, divers, avant le 15 octobre;

Le troisième envoi : patentes supplémentaires 4e trimestre, divers, avant le 10 février. (Lettre de la compt. publ. 30 déc. 1899.)

Contributions dues par les employés de chemins de fer. — V. n° 1314.

Contributions sur les voitures et chevaux. V. VOITURES.

Contributions versées à la Trésorerie générale pour le compte des percepteurs.

1190. — Lorsque des contribuables, notamment les Compagnies de chemins de fer, sont autorisés à verser à la Trésorerie générale le montant des contributions qu'ils doivent, soit dans le département de leur domicile, soit dans un autre département, la pièce libératoire de la partie versante est la quittance à souche du percepteur. *(Circ. compt. publ. 30 déc. 1867, § 3.)* — V. Contraintes extérieures.

Contrôleurs des contributions directes.

Leurs rapports avec les percepteurs pour le travail des mutations. — V. Cahier de notes, Mutations foncières.

Copies ou expéditions.

1191. — Les copies ou expéditions d'actes à fournir par les receveurs municipaux à l'appui de leurs comptes de gestion, pour justifier, soit une recette, soit une dépense, ne peuvent quand elles sont sujettes au timbre être que sur papier au timbre de 1 fr. 80 *(décimes compris).* Ces copies ne peuvent contenir plus de 25 lignes à la page. *(L. 13 brumaire an VII, art. 20.)* — V. Timbre, n° 2965.

Toutefois, il y a exception pour les copies ou extraits qui sont fournis avant que le titre puisse être produit. — V. n°s 2234 et suiv.

Pour l'exemption de timbre, V. n° 19 *bis.*

1192. — Il ne peut être délivré copie ou expédition d'un acte soumis à l'enregistrement, sur la minute ou l'original, avant qu'il ait été enregistré. Il est fait mention, dans toutes les expéditions des actes publics qui doivent être enregistrés, de la quittance des droits par une transcription littérale et entière de cette quittance. *(L. 22 frimaire an VII, art. 44.)*

L'empreinte du timbre ne peut être couverte d'écriture ni altérée. *(L. 13 brumaire an VII, art. 21.)* — V. Actes.

1193. — Il ne peut être fait ni expédié deux actes à la suite l'un de l'autre sur la même feuille de papier timbré. *(L. 13 brum. an VII, art. 23.)*

Toutefois, le devis des travaux *supplémentaires* non prévus dans le premier devis d'une entreprise concernant la voirie vicinale, et la soumission de l'entrepreneur, c'est-à-dire l'acceptation par celui-ci du prix proposé par l'administration, peuvent, sans contravention, être rédigés sur la même feuille de papier timbré. *(Décis. min. Fin. 15 octobre 1885 ; Inst. enreg. 3 novembre 1887, n° 2745, § 2.)*

1194. — Les expéditions d'actes de décès, de mariage, de naissance ou autres, produites par les comptables à l'appui de leurs comptes de gestion doivent être légalisées. *(C. civ. art. 45.)* — V. Pièces justificatives, n° 2234.

Correspondance officielle.

1195. — La correspondance entre les percepteurs et les receveurs d'établissements de bienfaisance doit toujours avoir lieu par l'entremise des receveurs des finances. Toutefois, les percepteurs, receveurs municipaux ont franchise avec leurs collègues pour toutes les affaires de service autres que l'envoi des contraintes et des commissions extérieures. *(Inst. gén. art. 1090 ; Décr. 9 déc. 1897 ; Circ. compt. publ., 21 juin 1898, § 11.)* — V. Franchise par la poste.

1196. — La correspondance officielle n'est point la propriété des fonctionnaires ; elle doit être conservée par les comptables dans leurs archives, comme les autres pièces et registres de comptabilité. Il en est de même des circulaires. — V. n°s 949 et suiv.

1196 *bis.* — *Suppression dans la correspondance officielle des préambules et formules protocolaires.* — Les préambules et formules de salutations sont supprimés dans la correspondance officielle entre tous les fonctionnaires civils et militaires.

Les lettres de service doivent porter simplement en tête la désignation du fonctionnaire expéditeur et celle du destinataire ; elles sont closes purement et simplement par la signature.

Il est fait exception à cette règle pour la correspondance adressée aux personnes autres que les fonctionnaires. *(Circ. compt. publ., 25 avril 1903.)*

Cote indivise. — V. Contribuable.

Cotes indûment imposées.

1197. — *Contributions directes.* — Dans les trois mois de la publication des rôles, les percepteurs forment, s'il y a lieu, pour chacune des communes de leur perception, des états présentant, par nature de contribution, les cotes qui leur paraissent avoir été indûment imposées. Ces états sont remis aux sous-préfets et aux préfets par l'intermédiaire des receveurs des finances, qui sont tenus de veiller à ce que le délai fixé ci-dessus ne soit pas dépassé.

Toutefois, les cotes indûment imposées qui n'auraient pas été comprises dans les états présentés dans les trois premiers mois de l'exercice, et dont l'irrecouvrabilité serait d'ailleurs constatée, pourraient être portées sur les états de cotes irrecouvrables, rédigés au commencement de la seconde année (V. n° 1206). Mais comme il est de principe que le contribuable indûment imposé doit réclamer lui-même, l'initiative des percepteurs ne doit s'exercer que dans le cas où elle est indispensable, par exemple, lorsqu'il s'agit de contribuables décédés ou disparus avant le premier janvier, ou inconnus, et qu'il y a impossibilité constatée de poursuivre le recouvrement des cotes indûment assises. Les percepteurs ne seraient pas dès lors admis à inscrire sur leurs états des cotes indûment imposées qui concerneraient des contribuables connus et solvables : à l'égard de ceux-ci, ils doivent se borner à leur donner des indications officieuses, afin de les mettre en mesure de réclamer eux-mêmes la décharge de leurs cotisations dans les délais prescrits. (*Inst. gén., art. 128.*) — V. CONTRAINTES EXTÉRIEURES, DÉMÉNAGEMENT, HÉRITIERS, RÉCLAMATIONS.

Plusieurs arrêts du Conseil d'Etat ont décidé dans le sens des dispositions énoncées à la fin du dernier alinéa qui précède. (*Arr. 7 mai 1880 et 12 mai 1882.*)

Pour les cotes formant double emploi ou mal établies, V. n° 1204.

1198. — Les états de cotes indûment imposées sont rédigés par nature de contribution et dans l'ordre des articles du rôle; ils doivent contenir, dans les colonnes à ce destinées, tous les renseignements et détails propres à établir que les cotes ont été mal imposées. (*Inst. gén., art. 132.*)

Pour la contribution foncière on doit distinguer les propriétés non bâties d'avec les propriétés bâties. (*Circ. compt. publ. 21 mars 1884, § 3; Circ. compt. publ. 15 sept, 1894.*) En ce qui concerne les poids et mesures, V. n° 2280.

1199. — Sur les états des cotes indûment imposées, les percepteurs sont tenus d'indiquer les dates précises des décès, des départs et des déclarations de faillites, ainsi que les époques auxquelles remonte l'indigence. (*Inst. gén., art. 134.*)

1200. — Les percepteurs forment les états de cotes indûment imposées en *minute* et en *simple expédition;* ils conservent les minutes au moins pendant trois ans, et ils y annotent les admissions en dégrèvement, ainsi que les rejets.

L'expédition est remise, comme il a été dit plus haut, au receveur des finances, qui demeure chargé de la faire parvenir dans les dix jours au sous-préfet ou au préfet, après l'avoir enregistrée sur un carnet spécial et en avoir fait avec soin la vérification.

Il est interdit aux percepteurs de communiquer les états aux maires avant d'en effectuer le dépôt. (*Inst. gén., art. 135 et 136; Circ. compt. publ. 20 mai 1893, § 7 et 15 sept. 1894.*)

1201. — Le conseil de préfecture n'est pas fondé à rejeter un état enregistré à la sous-préfecture ou à la préfecture, après les trois mois de publication du rôle ; c'est le numéro d'enregistrement à la recette, et non celui de l'enregistrement à la sous-préfecture ou préfecture qui doit être consulté pour savoir si le percepteur a ou non encouru la déchéance des trois mois. (*Arr. Cons. d'Et. 26 janvier 1866.*)

1202. — Les cotes indûment imposées doivent être jugées par le préfet avant le 15 septembre. (*Inst. gén., art. 141.*)

1203. — Lorsque le conseil de préfecture refuse de prononcer la décharge de contributions portées par le percepteur sur les états de cotes indûment imposées, le percepteur n'a pas qualité pour se pourvoir en Conseil d'État. — Mais les conclusions présentées au Conseil d'État par un percepteur deviendraient recevables si le ministre des Finances se les appropriait. (*Arr. Cons. d'Et. 22 avril 1857; Com. Durieu, t. I, p. 429, en note.*) — V. ORDONNANCES DE DÉCHARGES.

1204. — *Règle spéciale concernant les cotes formant double emploi ou mal établies.* — Les cotes ou portions de cotes qui sont reconnues former double emploi ou avoir été mal établies par suite d'erreurs matérielles d'écritures ou de taxation peuvent, en tout temps, être inscrites par le directeur des contributions directes sur des états particuliers de cotes indûment imposées et être soumises au conseil de préfecture, pour qu'il en prononce le dégrèvement.(*L. 21 juillet 1887, art. 3 : Inst. gén. sur les réclamations 29 janvier 1898, art. 10, 55, 96 et 123.*)

Pour faciliter l'exécution des prescriptions qui précèdent, les percepteurs doivent signaler par une lettre ou une simple note au directeur des contributions directes les erreurs qu'ils auraient reconnues dans les rôles. Ils peuvent en outre, communiquer, soit verbalement, soit par écrit, au contrôleur, avant la tournée spéciale, les indications relatives aux cotes indûment imposées qu'ils auraient reconnues en opérant les rattachements (*Circ. compt. publ. 15 décembre 1887.*) — V. RÉCLAMATIONS, n°ˢ 2017 et suiv.

1204 bis. — Les dispositions ci-dessus sont en tout applicables aux cotes indûment imposées sur les taxes assimilées aux contributions directes.

1205.—*Produits communaux.* — Les états de cotes indûment imposées relatifs à la taxe des prestations et à celle sur les chiens sont fournis en double expédition : l'une est retenue par la préfecture ou la direction départementale des contributions directes ; l'autre est renvoyée au receveur municipal à cause de l'ordonnance de dégrèvement qui est libellée au dos du document et elle sert à justifier dans son compte la réduction du rôle. (*Circ. compt. publ. 15 septembre 1894.*)

Cotes irrecouvrables.

1206. — *Contributions directes.* — Les cotes des différentes contributions qui peuvent, dans le cours de l'année, devenir irrecouvrables pour cause d'absence, décès, insolvabilité, etc., tombent en *non-valeurs*.

Les percepteurs sont tenus de dresser, *dans les deux premiers mois de la seconde année de chaque exercice*, les états des cotes dont il s'agit et de les remettre, dès le 1er mars, délai de rigueur, appuyés de toutes les pièces propres à justifier de l'impossibilité du recouvrement, au receveur des finances, qui demeure chargé de les faire parvenir au sous-préfet ou au préfet, après en avoir fait la vérification.

Les comptables engageraient leur responsabilité s'ils ne se renfermaient pas très exactement dans les délais indiqués ci-dessus pour l'envoi de leurs états à la recette des finances.

D'autre part, il importe que ces états soient rédigés avec le plus grand soin et comprennent tous les articles d'un recouvrement douteux. Il est bon que les percepteurs ne perdent pas de vue les demandes en relevé de déchéance ne sont accueillies, en général, que si la non-inscription des cotes sur les états primitifs est justifiée par des circonstances spéciales à ces cotes. Les rapports motivés que les chefs de service ont à joindre aux enquêtes dont il s'agit doivent renseigner l'administration sur ce point.

Lorsqu'un percepteur entre en fonctions dans les deux premiers mois de l'année, l'époque de la présentation des états de cotes irrecouvrables de son arrondissement de perception peut être reculée de deux mois, à partir du jour de son installation ; dans aucun cas, elle ne doit être retardée au-delà du 1er mai.

Les percepteurs ont jusqu'à cette dernière époque pour la présentation des états de cotes irrecouvrables concernant les rôles supplémentaires du quatrième trimestre. (*Inst. gén., art. 129 ; Circ. compt. publ. 26 février 1902 § 6.*)

1207. — Le percepteur qui, pour un motif quelconque, n'a pas demandé dans les délais impartis par l'article 129 de l'Instruction générale l'allocation en non-valeurs des articles irrecouvrables, encourt la déchéance. Il peut toutefois être autorisé à présenter, hors délais, des états primitifs ou supplémentaires de cotes irrecouvrables, si, d'ailleurs, la production de ces états est justifiée par les circonstances. Les demandes de l'espèce sont envoyées directement par le trésorier général au directeur des contributions directes chargé de l'instruction, qui les transmet au préfet avec les résultats de l'enquête.

Le préfet a le droit de relever le comptable de la déchéance chaque fois que les cotisations portées sur les états appartiennent à l'année précédant immédiatement celle de la présentation de la requête, et que les chefs de service

intéressés (trésorier général et directeur des contributions directes) ont l'un et l'autre proposé d'admettre la demande. Si l'une de ces deux conditions vient à manquer, la décision appartient au ministre.

La même marche est suivie à l'égard des pourvois introduits par les percepteurs contre des arrêtés préfectoraux refusant d'allouer en non-valeurs des cotes présumées irrecouvrables. Ces requêtes, envoyées par le trésorier général au directeur des contributions directes, sont soumises par ce chef de service au préfet, pour qu'il soit statué à nouveau. Les pourvois qui n'auraient pas été admis en totalité seraient seuls transmis au ministère par les soins de la préfecture.

Les percepteurs ne doivent pas confondre dans un même état des cotes non encore présentées et des cotes déjà rejetées ; il est indispensable de former une requête et des états distincts pour chaque nature de demande. (*Circ. compt. publ. 18 avril 1889, § 2, et 18 février 1891, § 10 ; Inst. gén. sur les réclamations 29 janv. 1898, art. 216 à 219 ; Circ. compt. publ. 27 avril 1895, § 3.*) — V. nos 1217 et suiv.

1208. — Les états de cotes irrecouvrables doivent comprendre toutes les cotes ou portions de cotes dont le payement n'a pu être obtenu, ainsi que les frais de poursuites y relatifs qui n'ont pu être recouvrés. Ils ne comprennent pas toutefois les frais d'instance judiciaire qui s'imputent sur un crédit spécial. (*Inst. gén. sur les réclamations 30 janvier 1892, art. 14.*) — L'avance de ces frais incombe aux receveurs des finances qui en poursuivent le remboursement en justifiant de la dépense par la production des mémoires taxés et acquittés des parties prenantes.

1209. — Les états de cotes irrecouvrables doivent être instruits et jugés avant le 1er octobre de chaque année, afin que l'ordonnancement, les émargements et toutes les opérations de comptabilité relatives à cet objet puissent être terminés le 30 novembre, époque où les receveurs des finances ont à solder les rôles de l'année précédente. (*Inst. gén., art. 130.*)

1210. — Les percepteurs sont autorisés à porter sur les états de cotes irrecouvrables les cotes à la fois indûment imposées et irrecouvrables que, faute de renseignements suffisants, ils n'auraient pu porter sur les états de cotes indûment imposées formés dans les trois mois qui suivent l'émission des rôles. (*Inst. gén., art. 131.*)

On doit porter également sur les états de cotes irrecouvrables les cotes dont le percepteur se trouve dans l'impossibilité d'exercer le privilège du Trésor, quand, par exemple, une propriété n'ayant pas été cultivée se trouve sans produit. Mais il faut que l'insolvabilité du contribuable soit notoire. — V. Privilège du Trésor.

1211. — Les états de cotes irrecouvrables sont comme ceux des cotes indûment imposées, rédigés par nature de contribution et dans l'ordre des articles du rôle ; ils doivent contenir dans la colonne à ce destinée, tous les renseignements et détails propres à établir que les cotes ont été mal imposées ou sont devenues irrecouvrables, notamment les dates précises des décès, départs, faillites, etc., et l'indication des époques auxquelles remonte l'indigence des redevables. *(Inst. gén., art. 132 ; Inst. sur les réclamations 30 janvier 1892, art. 29.)*

Pour la contribution foncière, on doit distinguer les propriétés non bâties d'avec les propriétés bâties. *(Circ. compt. publ. 21 mars 1884, § 3.)*

1212. — Aux états de cotes irrecouvrables sont joints les certificats d'absence, d'indigence, ou de décès, les procès-verbaux de carence ou de déménagement furtif, les avertissements-formules imprimés sur papier rose concernant les patentables non sédentaires (V. n° 1564), les contraintes extérieures revenues impayées, et tous autres documents propres à constater que tous ceux des contribuables qui se sont trouvés dans le cas d'être poursuivis l'ont été dans les délais et par tous les degrés prévus par les règlements ; on doit joindre également les états de frais de poursuites non recouvrées, ou des extraits certifiés de ces actes.

Avant de provoquer la délivrance des certificats d'indigence auprès des maires, les percepteurs doivent avoir acquis la certitude, soit par un commencement de poursuites, soit par la notoriété publique, que cette indigence existe en effet. *(Inst. gén., art. 133 ; Inst. sur les réclamations 30 janvier 1892, art. 29.)*

1213. — Sur les états de cotes irrecouvrables comme sur ceux des cotes indûment imposées, les percepteurs sont tenus d'indiquer les dates précises des décès, des départs et des déclarations de faillites, ainsi que les époques auxquelles remonte l'indigence. *(Inst. gén., art. 134.)*

1214. — Les percepteurs forment les états de cotes irrecouvrables en *minute* et en *simple expédition* ; ils conservent les minutes au moins pendant trois ans, et ils y annotent les admissions en dégrèvement, ainsi que les rejets.

Il est interdit aux percepteurs de communiquer les états aux maires avant d'en effectuer le dépôt. *(Inst. gén., art. 135 ; Circ. compt. publ. 20 mai 1893, § 7.)*

Pour les poids et mesures, V. n° 2280.

1215. — Les receveurs des finances enregistrent sur un carnet spécial et examinent avec soin les états des cotes irrecouvrables ; ils s'assurent notamment si la possibilité du recouvrement des cotes dont les percepteurs demandent l'admission en non-valeurs est suffi-samment constatée, et si, avant que l'impossibilité du recouvrement fût reconnue, les comptables avaient exercé les poursuites exigées par la position de chaque contribuable.

Les receveurs constatent le résultat de leur examen sur chacun des états de cotes irrecouvrables, avant d'en faire l'envoi à l'autorité administrative.

Les états de cotes irrecouvrables sont transmis par eux à la préfecture ou à la sous-préfecture avant le 1er avril de l'année qui suit celle à laquelle se rattachent ces cotes.

Il est d'ailleurs de l'intérêt des comptables de ne pas attendre les derniers jours pour effectuer ces dépôts, attendu que la remise tardive des états ne pourrait qu'éloigner l'instruction et le jugement des demandes qui en font l'objet. *(Inst. gén., art. 136.)*

1215 bis. — Les états des percepteurs sont instruits dans les communes.

Le contrôleur procède, avec les répartiteurs, à la vérification des faits allégués par le comptable. S'il s'agit de cotes présentées comme irrecouvrables, il rapproche les états de ceux de l'année précédente et s'assure que le percepteur a fait, en temps utile, les diligences nécessaires pour parvenir au recouvrement, soit sur les imposés eux-mêmes, soit sur les tiers responsables.

A l'égard des cotes foncières, il constate la nature des propriétés imposées et vérifie si elles ont produit des fruits ou loyers pouvant servir de gage à l'impôt.

Il s'assure, en outre, que les frais de poursuites dont la remise est demandée n'ont pas été faits abusivement.

Enfin, après avoir constaté, au vu des rôles, la situation du recouvrement des cotes portées sur les états, il inscrit sur ces états la mention : Vu les rôles le.... *(Instruction sur les réclamations 29 janvier 1898, art. 82.)*

La vérification du contrôleur a pour but d'éviter de faire prononcer l'admission en non-valeurs de sommes que les percepteurs auraient considérées comme irrecouvrables lors de la présentation des états et qui seraient déjà recouvrées au moment de l'instruction.

Les comptables doivent, en conséquence, communiquer sur place leurs rôles aux agents du service de l'assiette des contributions directes, soit au bureau de la perception, soit dans les communes au moment de la tournée générale des mutations ; toutefois, si pour un motif quelconque, ils préfèrent ne pas effectuer cette communication, ils ont la faculté d'y suppléer en remettant aux agents des contributions directes le relevé détaillé, certifié exact et signé, des sommes recouvrées depuis la confection des états de cotes irrecouvrables jusqu'au moment de l'instruction, ou un relevé négatif. Ce relevé reste annexé à l'état des cotes et tient lieu de la vérification de ces agents. *(Circ. compt. publ., 19 nov. 1898, § 8.)*

1216. — Il est donné avis aux percepteurs des taxes ou portions de taxes portées sur leurs états qui n'ont pas été passées en non-valeurs. *(Inst. gén., art. 143.)*

1217. — L'autorisation de dresser des états de cotes irrecouvrables ayant été accordée aux percepteurs dans un intérêt administratif, aucune disposition de loi ne les autorise à se pourvoir en Conseil d'État contre les arrêtés du préfet. *(Arr. Cons. d'Ét. 23 juillet 1877.)* — Mais les percepteurs peuvent se pourvoir devant le ministre des finances contre les arrêtés préfectoraux ayant rejeté des cotes par eux présentées comme irrecouvrables. — Aucun délai n'est fixé pour la présentation de ces pourvois. *(Inst. sur les réclamations 29 janv. 1898, art. 214 ; Com. Durieu, t. I, p. 424, en note.)*

Les pétitions relatives aux pourvois et aux demandes en relevé de déchéance peuvent être rédigées sur papier libre à l'exemple des états de cotes qu'elles accompagnent. *(Sol. enreg. 27 janv. 1904.)*

1218. — Les pourvois des percepteurs sont appuyés, s'il y a lieu, des mêmes justifications que leurs états primitifs. Le trésorier-payeur général donne son avis sur ces pourvois et les remet ensuite au directeur, qui les fait instruire et les renvoie au préfet avec son rapport.

Le préfet a la faculté de revenir sur sa première décision, lorsque le pourvoi d'un percepteur lui paraît fondé. Dans le cas contraire, il envoie le dossier avec son avis à l'administration, qui soumet l'affaire au ministre. *(Circ. compt. publ. 18 avril 1889, § 2 ; Inst. sur les réclamations 29 janv. 1898, art. 215 à 219.)*

Les demandes en relevé de déchéance et les pourvois formés par les percepteurs en matière de cotes irrecouvrables doivent toujours être accompagnés de l'avis des chefs de service. *(Circ. compt. publ. 17 juil. 1897, § 10 ; Inst. sur les réclamations 29 janvier 1898, art. 215.)*

1219. — Les dispositions ci-dessus sont en tout applicables aux cotes irrecouvrables sur les *redevances des mines*, la *taxe des biens de mainmorte*, la *contribution sur les voitures et chevaux*, la *taxe sur les billards* et sur les *cercles*, etc.

1220. — Les demandes des percepteurs pour l'admission en non-valeur des *cotes indûment imposées* et des *cotes irrecouvrables* concernant la rétribution pour la vérification des poids et mesures font l'objet d'un seul et même état, à présenter *dans les trois premiers mois de l'année qui suit celle pendant laquelle les rôles ont été publiés. (Inst. gén., art. 268.)*— V. n° 2280.

Il en est de même pour les droits de visite dus par les pharmaciens et épiciers-droguistes. *(Circ. compt. publ. 30 décembre 1867, § 1er.)*

1221. — *Produits communaux.* — Les états de cotes irrecouvrables concernant les rôles de prestations et ceux de la taxe municipale sur les chiens ne sont fournis qu'après la clôture de l'exercice, et soumis au conseil municipal avec l'état des restes à recouvrer dont il est parlé au n° 1480. Ces états sont ensuite adressés au préfet par l'intermédiaire du sous-préfet. *(Inst. gén., art. 888, § 8, et art. 910.)*

Il ne peut y avoir aucun inconvénient de dresser dès le mois de février tous les états de cotes irrecouvrables sur taxes communales, et de les soumettre au conseil municipal dans sa session de février. En opérant ainsi, on évite des restes à recouvrer au 31 mars, époque où les produits communaux doivent être entièrement soldés. — V. n°° 932 et 1480.

1222. — Les états sont fournis en double expédition : l'une est retenue par la préfecture ou la direction départementale des contributions directes ; l'autre est renvoyée au receveur municipal à cause de l'ordonnance de dégrèvement qui est libellée au dos du document et elle sert à justifier dans son compte la réduction du rôle. *(Circ. compt. publ. 15 septembre 1894.)*

1223. — Le refus d'admission en non-valeur, prononcé par le conseil municipal, ne s'oppose pas à ce que le juge du compte apprécie les causes du défaut de recouvrement et statue, s'il y a lieu, sur la décharge du comptable. *(Arr. Cour des comptes, 15 janv. 1879, 19 juin 1881 et 20 mai 1886.)* — V. n° 974.

1224. — L'admission en non-valeur d'une créance présumée irrecouvrable constitue une simple opération d'ordre et de comptabilité qui ne peut porter aucun obstacle à des poursuites contre le débiteur si celui-ci revient ultérieurement à meilleure fortune. *(Sol. min. Fin. 15 mai 1891.)*—Toutefois, il y a lieu d'observer la prescription de trois ans (V. n°° 2748 et suiv.)

Cotisations municipales et particulières.

1225. — Les trésoriers généraux sont chargés, en vertu des lois, ordonnances et règlements, et de décisions concertées entre les ministères de l'Intérieur et des Finances, de recouvrer et de centraliser à leur caisse le produit des cotisations municipales et particulières, fournies par les communes, les établissements de bienfaisance et des particuliers pour subvenir à diverses dépenses d'intérêt commun.

La nomenclature qui en est donnée ci-après, a été arrêtée de concert par les ministères de l'Intérieur et des Finances, et aucun autre produit ne peut y être ajouté sans une autorisation spéciale également concertée entre les deux ministères. *(Inst. gén., art. 604.)*

1226. — Les recouvrements sont effectués d'après des arrêtés du préfet de chaque département, qui sont notifiés au trésorier général et qui énoncent les lois, décrets, ordonnances ou décisions ministérielles en vertu desquels les cotisations sont établies.

Dans le cas où, par suite de circonstances imprévues, le recouvrement d'un produit devrait être suspendu, l'arrêté pris à cet égard par le préfet serait notifié au trésorier général. (*Inst. gén., art. 605.*)

1227. — Les dépenses sont acquittées au moyen de mandats que les préfets délivrent sur la caisse des trésoriers généraux.

Lorsqu'il y a lieu de faire faire les payements par les percepteurs et autres comptables de l'arrondissement du chef-lieu, ou par les comptables des arrondissements de sous-préfecture, les mandats doivent être revêtus du visa du trésorier général.

Les dispositions des articles 661 et 709 (avant-dernier alinéa) de l'Instruction générale, relatives aux mentions de payement, sont applicables aux pièces de dépenses concernant le service des cotisations. (*Inst. gén., art. 606.*) — V. PAYEMENTS POUR LE COMPTE DU TRÉSORIER-PAYEUR GÉNÉRAL.

1228. — *Nomenclature des cotisations.* — Les cotisations ont principalement pour objet :

Les frais de registre de l'état civil et des livrets de famille, et la portion de la table décennale des actes de l'état civil à la charge des communes ;
Les frais de confection de matrices, rôles et avertissements à la charge des communes ou des particuliers ;
Les frais d'impression à la charge des communes et des établissements publics ;
Les frais de timbre à la charge des communes et établissements publics ;
Les fonds destinés à l'entretien des malades, vieillards et incurables. (*Circ. compt. publ. 25 nov. 1872* ;
Les travaux d'intérêt commun et le payement de divers salaires ;
Les traitements et frais concernant le service de la police ;
Le contingent dans la dépense de l'assistance médicale gratuite (*L. 15 juill. 1893, art. 27*,' ;
Le prix d'abonnement à diverses publications ;
Les contingents mis à la charge des communes pour faire face aux dépenses des conseils de prud'hommes (*Circ. compt. publ. 20 janv. 1886, § 2*);
La répartition du fonds commun des amendes de police correctionnelle ;
Le salaire des gardes forestiers chargés de la conservation des bois des communes et établissements publics. (*Inst. gén., art. 611 et 624.*) — V. chacun de ces mots.

1229. — *États servant de titre de perception.* — Les arrêtés pris par les préfets pour autoriser ces recouvrements sont accompagnés d'états formés par arrondissement, et qui désignent la somme à verser par chaque commune ou établissement, ou par les particuliers. Ces états sont remis au trésorier général, qui en fait parvenir aux receveurs d'arrondissement des extraits pour les sommes à recouvrer par leurs soins. Les receveurs prennent charge de ces états comme titres de perception. (*Inst. gén., art. 612.*)

1230. — *Versements faits par un même comptable pour plusieurs communes.* — Les receveurs des finances délivrent des récépissés à talon pour les versements qui leur sont faits à titre de cotisation. Quand un receveur municipal est chargé du service de plusieurs communes, il doit lui être délivré des déclarations de versement par extrait pour les communes dont les comptes sont jugés par la Cour des comptes. Les receveurs peuvent pour les autres communes, délivrer des récépissés collectifs, sauf à présenter le détail, par commune et par nature de produit, soit dans le corps, soit au verso des récépissés, dont la date et le numéro doivent alors être mentionnés dans la pièce produite à l'appui de la dépense. (*Inst. gén., art. 613 ; Circ. compt. gén. 30 septembre 1862, § 11.*) — V. PAYEMENT DES DÉPENSES DES COMMUNES, RÉCÉPISSÉS.

1231. — Les récépissés des receveurs des finances constatant le versement de cotisations par les communes et les établissements publics sont exempts de timbre, ces versements constituant une opération d'ordre intérieur et ayant pour but de centraliser les fonds destinés à l'acquittement des dépenses. Mais lorsqu'il s'agit de versements de cotisations effectuées par les particuliers, les récépissés délivrés sont sujets au timbre de 25 centimes. (*Circ. compt. publ. 14 avril 1872, n° 39.*)

Il en est de même des récépissés de versements facultatifs faits par les communes, c'est-à-dire de souscriptions particulières. Il n'y a d'exception que pour les versements des contingents obligatoires. — V. PRODUITS ÉVENTUELS.

1232. — Les récépissés comprenant les versements faits par plusieurs communes d'une même perception ne sont passibles que d'un seul droit de timbre de 25 centimes. (*Circ. compt. publ. 29 mai 1872, § 3.*)

1232 bis. — Les mandats de paiement ou les coupures de récépissés portant ordonnancement des maires sont acquittés par le receveur des finances ; les comptables n'ont pas à faire usage des comptes « cotisations municipales et produits éventuels départementaux ». (*Décis. administ. centrale.*)

Cotisations et taxes particulières imposées à divers.

1233. — Les receveurs municipaux peuvent, en dehors du service communal, être chargés de recouvrer diverses taxes établies d'après des usages locaux ou en vertu de règlements particuliers, et d'acquitter les dépenses auxquelles elles sont destinées (*travaux de curage, d'élagages, entretien de bêtes mâles, salaire des taupiers, etc.*). Ces recouvrements et ces payements, qui sont faits, en général, pour le compte de particuliers ou dans l'intérêt d'habitants de plusieurs communes réunis pour un même objet, doivent faire partie des services exécutés en dehors des budgets.

Les comptables constatent ces opérations à un compte qu'ils ouvrent à la seconde section du livre des comptes divers, sous le titre de *Cotisations particulières*, avec indication du service qui en fait l'objet. Ils portent en recette à ce compte les sommes recouvrées, et en dépense les payements qu'ils effectuent. Ils font également dépense des remises spéciales qui peuvent leur être allouées pour les services dont il s'agit. (*Inst. gén., art. 1108 et 1476.*)

1234. — Les *cotisations et taxes particulières* dues par les habitants ou propriétaires, en vertu des lois et des usages locaux, sont réparties par délibération du conseil municipal, approuvée par le préfet.

Ces taxes sont perçues suivant les formes établies pour le recouvrement des contributions publiques.

Les taxes destinées au payement des traitements des inspecteurs des établissements, fabriques et dépôts d'eaux minérales, sont recouvrées par quart, à la fin de chaque trimestre; les trimestres échus au moment de l'émission des rôles sont immédiatement exigibles. (*Inst. gén., art. 1881; L. 5 avril 1884, art. 140.*)

1235. — *Timbre.* — Sont sujettes au timbre de 25 centimes les quittances délivrées par les receveurs municipaux pour le recouvrement des cotisations et taxes dues par les particuliers. (*Circ. compt. publ. 14 avril 1872, n° 39.*) — V. QUITTANCES, n° 2555 et suiv.

Quant aux rôles ou états dressés pour le recouvrement des taxes, ils sont soumis au timbre de dimension. (*Arr. Cour cass. 2 juin 1875.*) — V. PIÈCES JUSTIFICATIVES, §§ 29 et 60.

Poursuites. — Les poursuites sont exercées comme en matière de contributions directes. — V. n° 2460.

Privilège. — V. n° 2529.

Cotisations en faveur d'indigents. — V. SOUSCRIPTIONS.

Coupes affouagères. — V. AFFOUAGE.

Coupes de bois des communes et des établissements de bienfaisance.

1236. — Les bois possédés par les communes et établissements de bienfaisance sont soumis au même régime que les bois de l'État, et l'administration en est confiée aux mêmes agents. (*Inst. gén., art. 862 et 1057.*) — V. BOIS DES COMMUNES.

1237. — *Coupes ordinaires. — Règles pour les coupes et les adjudications.* — Lorsqu'une commune ou un établissement public possède au moins dix hectares de bois réunis ou divisés, le quart est mis en réserve et fait l'objet de *coupes extraordinaires*; toutefois cette disposition n'est pas obligatoire pour les bois peuplés totalement d'arbres résineux.

Les trois autres quarts sont soumis à un aménagement régulier, et les coupes qui en proviennent sont appelées *coupes ordinaires*. La vente en a lieu par voie d'adjudication, à la diligence des agents forestiers, par-devant le préfet ou le sous-préfet de l'arrondissement où les coupes sont situées, en présence des agents forestiers, du maire ou d'un adjoint et du receveur de la commune propriétaire, sans néanmoins que l'absence du maire et du receveur, dûment appelés, entraîne la nullité de l'opération.

Les coupes dont *l'évaluation n'excède pas 500 francs* peuvent, sur la proposition du conservateur, être adjugées sur pied dans la commune propriétaire, sous la présidence du maire et en présence des agents forestiers.

Les adjudications des coupes, tant ordinaires qu'extraordinaires, des bois communaux, sont d'ailleurs, et sauf quelques clauses particulières soumises aux mêmes règles que les adjudications des bois de l'État; ces règles font l'objet d'un cahier des charges préparé par les soins de l'administration des forêts et approuvé par le ministre de l'Agriculture. Il détermine le mode et les époques du payement à faire aux communes par les adjudicataires. Ordinairement, un dixième du prix d'adjudication est payé comptant; le surplus, en traites aux échéances des 31 mars, 30 juin, 30 septembre et 31 décembre de l'année qui suit celle de l'adjudication. (*Inst. gén., art. 863.*) — V. n° 1258.

Les expéditions de procès-verbaux d'adjudication fournies comme titres de perception sont assujetties au timbre. — V. PIÈCES JUSTIFICATIVES § 24.

1238. — Lorsque, faute d'offres suffisantes, des coupes ou des lots de coupes de bois communaux n'ont pas été vendus à la première lecture de l'affiche, l'adjudication en est renvoyée à l'époque de la mise en vente des coupes de l'exercice suivant. Néanmoins, le préfet peut, sur la proposition du conservateur, autoriser l'exploitation des coupes par un entrepreneur responsable, et la vente en bloc ou parlots, des produits façonnés de ces coupes, dans une des communes voisines de la situation des bois. (*Inst. gén., art. 864.*)

1239. — Les adjudications de bois façonnés faites sous la présidence des maires, par délégation du préfet, sont définitives au moment même où elles ont lieu et ne sont pas, dès lors, soumises à l'approbation de cet administrateur. (*Inst. gén., art 865.*) — V. n° 1231.

1240. — *Dixième et droits d'enregistrement à payer comptant par les adjudicataires.* — Le dixième à payer comptant et les droits d'enregistrement et de timbre dus par les adjudicataires en sus du prix de vente sont versés par eux, savoir : le *dixième*, dans la caisse de la commune ; les *droits d'enregistrement et de timbre*, dans la caisse du receveur des domaines. Ces droits se composent : des *droits proportionnels d'enregistrement* sur le montant de l'adjudication, ainsi que sur les charges accessoires ; des *droits de timbre* et des *droits fixes d'enregistrement* des procès-verbaux et autres actes relatifs aux adjudications.

Quand il s'agit de ventes en détail de bois façonnés, les droits d'enregistrement et de timbre sont acquittés par les caisses municipales. Le procès-verbal d'adjudication contient à cet effet une clause portant obligation pour les adjudicataires de payer comptant une partie du prix principal suffisante pour l'acquittement de ces frais ; toutefois, la commune ou l'établissement propriétaire demeure libre de n'imposer ce payement au comptant aux adjudicataires que si sa situation financière l'exige.

Le versement du *dixième* à faire à la commune peut être effectué à la caisse du receveur particulier des finances, qui le reçoit alors à titre de *placement au Trésor public* ; il en délivre à l'adjudicataire, comme de fonds reçus du *receveur municipal*, un récépissé à échanger contre la quittance à souche de ce dernier comptable, à qui il transmet immédiatement une déclaration de versement, avec invitation de faire recette des fonds au compte de la commune, et d'en faire dépense à titre de placement au Trésor. (*Inst. gén., art. 866 ; Circ. compt. publ. 26 juin 1866, § 11 ; Arr. Cour cass. 30 novembre 1875.*) — V. n° 1249.

1241. — *Frais accessoires des ventes.* — Les cahiers des charges ou des clauses spéciales peuvent, en outre, imposer aux adjudicataires l'obligation de payer les frais accessoires des ventes ; le montant de ces frais est alors versé par les adjudicataires au receveur de la commune, qui demeure chargé de payer les frais aux ayants droit sur les mandats des maires. Si, pour la commodité des adjudica-

taires, le versement de la somme destinée au payement des frais est stipulé devoir être fait à la caisse du receveur des finances, cette opération s'effectue suivant les règles indiquées au dernier alinéa de l'article précédent. (*Inst. gén., art. 867.*)

1242. — *Recouvrement du prix des coupes. — Écritures.* — Le prix principal des coupes doit être recouvré directement par les receveurs des communes, lesquels, à raison de leur participation à ce service, sont appelés à assister aux adjudications et à reconnaître, conjointement avec les administrateurs des communes, la solvabilité des adjudicataires et de leurs cautions. Ce recouvrement est compris dans le budget de l'année où il est payable. Le receveur municipal ou hospitalier doit en attendant, constater la réception des traites à titre de recettes faites avant l'ouverture de l'exercice, conformément aux articles 1409 et 1492 de l'Instruction générale ; par suite, la recette figure, la première année, au compte de gestion parmi les services hors budget. (*Inst. gén., art. 868 ; Circ. compt. publ. 30 janvier 1866, § 12.*) — V. n° 1249.

En ce qui concerne le recouvrement du dixième et des frais accessoires, V. n° 1252.

Pour les pièces justificatives, V. n° 2234, § 24.

1242 bis. — Les adjudicataires qui ne se libèrent pas au comptant peuvent se dispenser de fournir une caution et un certificat de caution, en déposant à la caisse des dépôts et consignations un cautionnement d'une valeur au moins égale au prix d'adjudication, augmenté d'un vingtième. Ce cautionnement peut être constitué en numéraire, en rentes sur l'État au porteur, nominatives ou mixtes, en valeurs du Trésor au porteur, ou en obligations au porteur du Crédit Foncier, de la ville de Paris, ou encore en actions, ou obligations des grandes compagnies de chemins de fer français. (*Circ. compt. publ. 19 septembre 1903, § 2.*)

1243. — *Compte des traites d'adjudicataires de coupes ordinaires.* — A l'ouverture de l'exercice auquel appartient le montant des traites souscrites par les adjudicataires de coupes ordinaires de bois des communes et établissements de bienfaisance, le receveur municipal ou hospitalier en porte le montant au compte : *Produits de coupes ordinaires de bois,* ouvert sur le *livre de détail* de la commune ou de l'établissement auquel le produit appartient, puis au compte général de cette commune ou de cet établissement, sur le livre des comptes divers.

Mais, attendu que cette recette se compose de valeurs à terme, à réaliser par le comptable, celui-ci ouvre, dans son livre des comptes divers : un compte intitulé : *Traites d'adjudicataires de coupes ordinaires de bois* au débit duquel il porte la somme à recouvrer sur les adjudicataires, avec détail des échéances des traites . Lorsqu'il effectue le dépôt des traites à la recette particulière des finances, le récépissé du receveur particulier remplace les effets dans son portefeuille, sans donner lieu à aucune écriture.

A mesure du payement de chaque traite en numéraire, le receveur municipal en *crédite* le compte précité. *(Inst. gén., art. 1493, trois premiers alinéas.)*

1244. — *Payement par anticipation.* — Tout adjudicataire ou acquéreur de biens communaux, meubles ou immeubles, qui veut se libérer par anticipation, ne peut le faire valablement qu'en opérant son versement à la caisse du receveur des finances de l'arrondissement. Il lui en est délivré un récépissé à talon à titre de *placement au Trésor* pour le compte de la commune créancière. Une déclaration de versement est immédiatement transmise au receveur municipal avec invitation de faire recette de la somme perçue au compte de la commune et dépense à titre de placement au Trésor. Le récépissé remis à la partie versante est ensuite échangé par elle contre une quittance à souche du receveur municipal. *(Inst. gén., art. 954.)*

1245. — Une circulaire du ministre de l'Intérieur en date du 22 mars 1893 recommande de ne pas omettre d'insérer dans les cahiers des charges des adjudications la clause spéciale portant que l'adjudicataire, qui voudrait se libérer par anticipation, ne pourrait le faire valablement qu'en opérant son versement, non pas à la caisse du receveur municipal ou hospitalier, mais à celle du receveur particulier de l'arrondissement. *(Circ. compt. publ. 20 mai 1893, § 1er.)*

D'après un avis du Conseil d'Etat du 21 décembre 1892, l'omission de ces formalités est de nature à mettre obstacle à la surveillance du chef de service responsable, et, par ce fait, à décharger la responsabilité de ce dernier s'il n'a eu aucun autre moyen de se renseigner sur l'existence des versements anticipés.

1246. — *Retard dans le payement.* — En cas de retard dans le payement du prix des coupes aux échéances déterminées, les receveurs municipaux poursuivent le recouvrement en vertu du procès-verbal d'adjudication, ainsi qu'il est réglé à l'article 333 de l'Instruction générale pour les produits de coupes de bois de l'État. Les intérêts courent de plein droit sur le pied de 5 %, à partir du jour de l'exigibilité des sommes dues.

Si les traites ne sont pas remises dans le délai de dix jours prescrit par le cahier des charges, les adjudicataires sont contraints par les voies de droit, et ils sont tenus en outre, de payer à la commune, à titre de dommages-intérêts, une somme équivalente au vingtième

du prix total de leur adjudication. Cette indemnité est recouvrée par le receveur municipal, comme produits accessoires des forêts, en vertu du procès-verbal d'adjudication et conformément à la marche indiquée à l'article 339 de l'Instruction générale. *(Inst. gén., art. 332 et 868.)*

1247. — En cas de faillite ou de déconfiture de l'adjudicataire ou de ses cautions, les comptables doivent, avant d'exercer des poursuites contre les autres obligés, pour obtenir payement des sommes non échues et dont ils sont chargés d'opérer le recouvrement, les mettre en demeure de donner caution, comme l'explique l'article 444 du Code de commerce. *(Circ. compt. publ. 10 décembre 1864, § 1er.)*

1248. — *Dépôt chez les receveurs des finances des traites des adjudicataires et restitution de ces traites.* — Lorsqu'il a été souscrit des traites, les receveurs des finances doivent se les faire remettre pour les conserver jusqu'à l'époque de l'échéance et prendre, en les renvoyant aux receveurs municipaux qui doivent en encaisser le prix, telles mesures de précaution et de garantie qu'ils croiraient nécessaires à l'égard de ces comptables. *(Inst. gén., art. 869.)*

1249. — Le receveur municipal a seul qualité pour recevoir le prix d'une coupe ordinaire de bois appartenant à une commune, et particulièrement le montant de traites souscrites par l'adjudicataire.

En conséquence, le payement des sommes dues à la commune pour le prix de semblables coupes de bois n'est point valable au regard de la commune s'il a été fait au receveur particulier des finances, alors même que celui-ci serait détenteur des traites souscrites par l'adjudicataire ; cette détention ne peut, en présence des prescriptions de la loi, justifier le payement fait au receveur particulier des finances, celui-ci ne pouvant être considéré, ni comme ayant pouvoir de la commune pour recevoir, aux termes de l'article 1239 du Code civil, ni comme étant en possession de la créance, dans le sens de l'article 1240.

En tout cas, on ne pourrait considérer comme libératoires, à l'égard de la commune, de simples reconnaissances par écrit ou lettres missives émanées du receveur particulier et attestant un payement fait entre ses mains et en sa dite qualité ; un payement fait à ce fonctionnaire ne peut libérer le débiteur de la commune qu'autant qu'il est établi par un récépissé détaché d'un registre à souche et visé conformément à la loi du 24 avril 1833, article 1er. *(Arr. Cour cass. 30 nov. 1875; Dalloz 1876; 1re partie, p. 57.)*

1250. — Ainsi qu'il est dit plus haut n° 1248, les receveurs des finances doivent, dans l'intérêt de leur surveillance et de leur responsabilité, se faire remettre par les receveurs municipaux, pour les conserver jusqu'aux époques d'échéances, les obligations d'adjudicataires de *coupes ordinaires* de bois des communes et établissements publics.

Les receveurs particuliers constatent cette remise, ainsi que les restitutions qu'ils effectuent, à des comptes qu'ils ouvrent aux adjudicataires et aux receveurs des communes et établissements publics, comme correspondants de la trésorerie générale ; ils délivrent, lors de la réception des obligations, des récépissés à talon, au dos desquels sont annotées ensuite les restitutions qu'ils font aux receveurs municipaux. Cette annotation est indépendante de la reconnaissance que doit fournir chaque receveur municipal pour les obligations qui lui sont rendues. (*Inst. gén.*, *art. 1166.*)

1251. — *Cas où il doit être fourni des traites.* — Les adjudicataires de bois façonnés provenant des forêts communales sont tenus de fournir des traites toutes les fois que la vente se fait à terme et qu'il s'agit de lots excédant 500 francs. (*Décis. min. 25 août 1865* ; *Circ. Dir. gén. des forêts, 15 mai 1866.*)

Les receveurs municipaux doivent veiller à ce que cette disposition soit observée, et, au besoin, en demander l'insertion dans le cahier des charges quand ils assistent à l'adjudication.

1252. — *Recouvrement du dixième et des frais accessoires.* — Le dixième et les frais accessoires, étant réalisables immédiatement en numéraire, doivent être compris dans le budget et portés au compte de l'année où ils sont payables, c'est-à-dire l'année même de l'adjudication, et ils n'ont en aucune façon à suivre le sort des traites qui sont payables seulement dans l'année qui suit celle de l'adjudication, lesquelles doivent seules, à ce titre, figurer dans les écritures de l'année courante, parmi les services hors budget. (*Circ. compt. publ. 22 septembre 1866*, § 5.)

1253. — *Coupes exploitées par économie ou par entreprise au rabais.* — *Recouvrement.* — Le prix de coupes exploitées par économie ou par entreprise au rabais dont l'estimation n'excède pas 500 fr. est recouvré par les receveurs municipaux, suivant qu'il a été déterminé par le cahier des charges ; celui des coupes dont l'estimation excède 500 francs est réglé en une ou plusieurs traites à six mois au plus d'échéance, sans toutefois que l'échéance la plus éloignée puisse dépasser celle à laquelle serait portée la dernière traite s'il s'agissait d'adjudications ordinaires. Ces traites sont payables à la caisse des trésoriers généraux et le recouvrement en est dès lors soumis aux mêmes règles que celui du prix des coupes sur pied. (*Inst. gén.*, *art. 325 et 959.*)

Coupes de bois d'affouage. — Voir Affouage.

Acquéreurs de coupes de bois. — V. n° 8.

1254. — *Coupes extraordinaires.* — *Autorisations.* — Un quart des bois de chaque commune est réservé, comme on l'a dit au n° 1237, pour croître en futaie. Aucune coupe ne peut être faite sur ce quart de réserve que pour cause de nécessité constatée et pour subvenir à des dépenses extraordinaires des communes.

Les demandes des communes tendant à obtenir des coupes de cette nature sont adressées par les préfets aux ministres de l'Intérieur et de l'Agriculture ; et ce dernier, s'il y a lieu, provoque le décret nécessaire pour autoriser la coupe. (*Inst. gén.*, *art. 955.*)

1255. — *Adjudication.* — *Intervention des trésoriers généraux.* — *Responsabilité.* — L'adjudication des coupes autorisées sur le quart de réserve est faite dans les formes et selon les règles indiquées pour les *coupes ordinaires* ; mais les receveurs municipaux n'ont point à y intervenir comme pour ces dernières, attendu que les trésoriers généraux des finances sont chargés d'opérer le recouvrement du prix des coupes extraordinaires de bois des communes. Seulement, les receveurs municipaux recouvrent, à titre de produits accessoires des bois, les indemnités à payer par les adjudicataires, en cas de retard dans la remise de leurs traites. (*Inst. gén.*, *art. 956.*)

1256. — La responsabilité et les obligations des receveurs des finances à cet égard sont les mêmes que celles qu'ils encourent pour le recouvrement du produit des coupes de bois de l'État.

En conséquence, les trésoriers généraux discutent, par eux-mêmes ou par un fondé de pouvoir, la solvabilité des cautions, et ils peuvent donner leur procuration soit aux receveurs particuliers des arrondissements de sous-préfecture pour les coupes de bois faites dans ces arrondissements, soit à leurs collègues des départements où seraient situés des bois appartenant aux communes de leur propre département. (*Inst. gén.*, *art. 957.*)

1257. — *Payement des droits de timbre, d'enregistrement et des frais accessoires.* — Les droits d'enregistrement et de timbre, ainsi que les frais accessoires à la charge des adjudicataires, sont perçus suivant le mode indiqué pour les *coupes ordinaires*. (*Inst. gén.*, *art. 958.*)

1258. — *Souscription des traites.* — *Recouvrement.* — *Intervention des trésoriers généraux.* — Pour le payement du prix principal des coupes, les adjudicataires sous-crivent, au profit des communes, des traites qui doivent être stipulées payables au domicile des trésoriers généraux, et dont les échéances, déterminées par le cahier des charges, sont ordinairement fixées aux 31 mars, 30 juin, 30 septembre et 31 décembre de l'année qui suit celle de l'adjudication.

Les coupes exploitées par économie ou par *entreprise au rabais* sont soumises à un mode de recouvrement analogue à celui qui est indiqué au dernier alinéa de l'article 325 de l'Instruction générale (V. n° 1253). Les trésoriers généraux n'ont à intervenir que pour les lots dont l'estimation excède 500 francs et dont le prix ne serait pas payé comptant. Le prix des autres lots est recouvré par les receveurs municipaux. *(Inst. gén., art. 959.)*

1259. — Lorsque l'adjudication a lieu en présence du trésorier général lui-même, ce comptable, en recevant les traites des adjudicataires, leur délivre son récépissé à talon. Les receveurs particuliers font de même pour les ventes auxquelles ils assistent ; seulement ces derniers, n'agissant que comme fondés de pouvoir du trésorier général, doivent l'exprimer dans leurs récépissés, et ils envoient immédiatement les traites à ce comptable comme étant payables à sa caisse. *(Inst. gén., art. 960.)*

1260. — Lorsque l'adjudication est faite en présence du trésorier d'un département autre que celui dont fait partie la commune propriétaire des bois, ce trésorier reçoit les traites et les envoie au trésorier général pour le compte duquel il les a reçues ; il en délivre aux adjudicataires une reconnaissance contenant l'engagement de fournir, plus tard, le récépissé à talon de son collègue, auquel il réclame, en lui adressant les traites, le prompt envoi de ce récépissé.

Si, pour les convenances des adjudicataires, ces traites sont payables chez le trésorier général du département où les coupes ont été faites, elles sont renvoyées à ce comptable pour l'époque de l'échéance ; et ce dernier, aussitôt après en avoir touché le montant, en fournit récépissé à son collègue et l'en fait créditer dans son compte courant au Trésor. Il remet les traites acquittées aux souscripteurs. *(Inst. gén., art. 961.)*

1261. — Les traites souscrites par les adjudicataires des bois des communes ne peuvent être négociées, à moins de besoin urgent et d'une autorisation spéciale du préfet.

A mesure de leur encaissement aux échéances, le montant doit en être placé en compte courant au Trésor public, afin d'y rester à la disposition des communes, suivant le mode réglé pour tous les fonds qu'elles sont admises à placer au Trésor. Le compte de chaque commune doit être crédité à titre de placement, selon les règles établies aux articles 757 à 760 de l'Ins-

truction générale (V. n° 2242), de la somme recouvrée à son profit, et les receveurs des finances des arrondissements où sont situées les communes propriétaires en délivrent des récépissés aux receveurs municipaux, qui, de leur côté, passent à ce sujet les écritures indiquées plus haut n° 1243. *(Inst. gén., art. 962 et 1167.)*

1262. — *Payement des traites avant l'échéance.* — S'il est fait des payements sur le montant des traites *avant leur échéance*, ils sont annotés au dos des traites par le receveur des finances, qui en donne, en même temps, crédit aux communes ; mais les effets ne peuvent être rendus aux souscripteurs que lorsqu'ils sont acquittés intégralement. *(Inst. gén., art. 963.)*

1263. — *Retard de payement.* — En cas de retard dans le payement aux échéances, les trésoriers généraux n'en doivent pas moins, aussitôt ces échéances arrivées, faire placer le montant des traites au Trésor, au nom des communes et établissements propriétaires, selon le mode indiqué ci-dessus n° 1261. Ils ont d'ailleurs, contre les adjudicataires, leurs cautions et certificateurs de cautions, les mêmes droits que lorsqu'il s'agit des coupes de bois de l'État. *(Inst. gén., art. 964.)*

1264. — *Remises allouées aux trésoriers généraux.* — Les trésoriers généraux ont droit, pour le recouvrement du prix des coupes de bois communaux, à des remises qui sont calculées à raison d'un tiers de centime par franc, comme pour le produit des coupes de bois de l'État.

Ces remises sont liquidées par les préfets, et leurs arrêtés déterminent la portion de remises qui doit être payée par chaque commune. Lorsque la liquidation est faite, le maire ordonnance les remises au profit des trésoriers généraux, sur les crédits qui doivent être ouverts à cet effet dans les budgets des communes. *(Inst. gén., art. 965.)*

1265. — *Comptes des traites d'adjudicataires de coupes extraordinaires.* — Les articles 955 à 965 de l'Instruction générale, rappelés ci-dessus, ont fait connaître que les traites souscrites par les adjudicataires de coupes *extraordinaires* de bois appartenant aux communes et établissements de bienfaisance sont reçues par les receveurs des finances, qui en suivent l'encaissement aux échéances, pour en placer le montant au Trésor public, et qui délivrent alors des récépissés de ces placements au nom des receveurs municipaux ; mais ces derniers comptables ne doivent pas moins, dès que les traites ont été reçues pour le compte des communes et établissements, constater cette recette dans leurs écritures.

En conséquence, le receveur des finances qui

a reçu les traites dont il s'agit remet immédiatement au receveur de la commune ou de l'établissement propriétaire, une déclaration constatant la réception de ces traites, leur échéance et le montant des sommes qui y sont stipulées payables au domicile du trésorier général.

Le receveur municipal, en recevant cette déclaration, opère selon la marche tracée ci-dessus pour les traites d'adjudicataire : des coupes ordinaires de bois, c'est-à-dire qu'il porte le montant des traites dont le prix n'est pas payable dans l'année de leur remise, à la 1re section, § 2, du livre des comptes divers, au compte des *recettes faites avant l'ouverture de l'exercice*. A l'ouverture de l'exercice auquel appartient le montant des traites, le receveur porte la recette à l'article : *Produits des coupes extraordinaires de bois*, ouvert, d'après le budget, sur le livre de détail de *l'exercice auquel la recette appartient*, puis au compte général de la commune ou de l'établissement, sur le *livre des comptes divers*; et il ouvre en même temps, sur ce dernier livre, un compte intitulé : *Traites d'adjudicataires de coupes extraordinaires de bois en dépôt chez le receveur des finances*, au *débit* duquel il porte les sommes à recouvrer sur les adjudicataires, avec détail de l'échéance des traites.

Lorsque, ensuite, le receveur des finances délivre au receveur municipal les récépissés qui constatent le recouvrement du prix des traites et le placement de leur montant au Trésor, ce dernier comptable en crédite le compte ci-dessus et il *débite* le compte *Trésor public*. (*Inst. gén., art. 1493, quatre derniers alinéas; Circ. compt. publ. 30 janv. 1866, § 12.*)

1266. — *Produits accessoires de bois.* — Sont considérés comme produits accessoires des bois des communes : 1° les bois provenant des recepages, essartements et élagages, et les chablis; 2° les portions d'affouage restant à vendre après distribution faite entre les habitants des communes; 3° les bois de délits; 4° les délivrances de plants, harts et fascines; 5° les indemnités dues pour prolongation de délais d'exploitation ou de vidange; 6° les indemnités dues pour réserves abattues ou endommagées par accident, lors de l'exploitation des coupes; 7° les excédents de mesure sur les coupes; 8° la glandée; 9° la récolte des faînes, fruits et semences; 10° le pâturage; 11° les mousses, bruyères et autres plantes; 12° l'extraction de minerais, terres, pierres, sables, etc.; 13° les indemnités pour droit de passage, prise d'eau et autres servitudes foncières; 14° le produit des indemnités pour retard dans la remise des traites; 15° et toutes recettes imprévues provenant d'objets appartenant au sol forestier ou attribuées aux communes à l'occasion de la gestion de leurs bois.

Le montant de ces différents produits est versé dans les caisses des receveurs des communes propriétaires. (*Inst. gén., art. 875.*)

1267. — *Recouvrement.* — *Titres de perception.* — Les procès-verbaux de délivrance des objets vendus sur estimation ou expertise, et servant de titre pour opérer le recouvrement, doivent être signés par l'agent forestier qui opère la délivrance, par le garde du tirage et par la partie prenante ou son délégué. Ces actes doivent être visés pour timbre en débet. Les droits de timbre et les droits proportionnels d'enregistrement sur la valeur des objets vendus sont à la charge de la partie prenante. Pour tous les objets vendus par adjudication ou concédés temporairement par un bail ou par tout autre acte en forme authentique, le recouvrement des sommes dues aux communes propriétaires s'opère sur une expédition des actes d'adjudication, baux et autres titres.

Les indemnités pour prolongation de délai d'exploitation ou de vidange sont recouvrées au vu de l'engagement pris par écrit et sur papier timbré, par l'adjudicataire, de payer lesdites indemnités, et de la copie, certifiée par le conservateur, de la lettre de l'administration des forêts donnant avis de la décision.

Les indemnités pour les réserves abattues ou endommagées sont perçues au vu du procès-verbal d'estimation, dressé contradictoirement avec l'adjudicataire et approuvé par le conservateur.

Le recouvrement de la valeur des excédents de mesure constatés par le réarpentage s'effectue sur la production : 1° d'une expédition des procès-verbaux d'arpentage et de réarpentage ou d'un extrait du plan d'aménagement, lorsqu'il s'agit d'un bois aménagé sur le terrain et dont les coupes ne sont pas soumises à l'arpentage; 2° d'un extrait du procès-verbal d'adjudication; ces pièces sont visées pour timbre, avec mention que les droits de timbre de celles qui sont désignées sous le n° 1er ci-dessus sont compris dans les 5 % payés, lors de l'adjudication, en vertu de l'article 5 de la loi du 25 juin 1841, et que les droits de timbre de celle qui est désignée sous le n° 2 seront acquittés par les adjudicataires; 3° du décompte dressé par le conservateur des forêts.

Il n'est procédé à l'enlèvement des objets vendus ou délivrés en comptant que sur la production, à l'agent forestier local, de la quittance du receveur municipal. (*Inst. gén., art. 876; Circ. Dir. gén. des forêts, 17 octobre 1866.*)

1268. — Les agents forestiers sont chargés d'adresser aux préfets, pour être transmis au receveur des finances, et par ceux-ci aux receveurs municipaux, les titres de perception relatifs aux produits accessoires des forêts communales et d'établissements publics.

A l'expiration de chaque semestre, l'inspecteur des forêts adresse au conservateur une copie en double expédition, du sommier des produits accessoires des forêts communales, avec indication des titres de recette qui ont dû être adressés au préfet.

Le conservateur vise un de ces états et l'adresse au préfet, au plus tard, dans le mois qui suit l'expiration du semestre. Le préfet en remet des extraits aux maires, par l'intermédiaire des sous-préfets. (*Inst. gén., art. 877.*)

Frais d'administration des bois des communes. — V. n° 1563.

1269. — *Timbre.* — Le dépôt effectué à la trésorerie générale par les receveurs des communes et établissements publics des traites souscrites par les adjudicataires, et le retrait de ces traites par ces comptables ne donnent lieu ni à des récépissés, ni à des quittances timbrées, comme constituant des opérations d'ordre administratif. (*Circ. compt. publ. 14 avril 1872, n° 56.*) — Mais les quittances des prix des coupes de bois et de tous autres produits forestiers, recouvrés par les receveurs des communes ou des établissements publics, sont passibles du timbre à 25 centimes. (*Id. n°s 2 et 57.*)

Coupes de bois des établissements de bienfaisance.

1270. — *Application des règles prescrites pour les coupes de bois des communes.* — Les bois appartenant aux établissements publics sont, comme les bois des communes, soumis au régime forestier.

Le mode d'adjudication des coupes, tant ordinaires qu'extraordinaires, qui vient d'être indiqué, leur est entièrement applicable, et le recouvrement des produits est effectué par les receveurs des établissements ou par les receveurs des finances, selon les règles établies pour les communes. (*Inst. gén., art. 1057.*)

Coupes appartenant par indivis à l'État, à des communes et à des établissements publics. — V. *Inst. gén., art. 327.*

Coupons d'emprunts communaux. — V. PIÈCES JUSTIFICATIVES, § 149.

Coupons de rentes. — V. RENTES SUR L'ÉTAT.

Coupures de récépissés. — V. RÉCÉPISSÉS. n° 2576.

Cour des comptes. — V. COMPTES DE GESTION.

Cours d'adultes. — V. PIÈCES JUSTIFICATIVES, § 103.

Cours d'eau. — V. CURAGE, SYNDICATS.

Courtier maritime. — V. NAVIRES.

Créances. — V. ÉTATS EXÉCUTOIRES, RENTES ET CRÉANCES, TITRES DE RECETTES.

Créanciers des communes. — V. n°s 48 et suiv. 1695, 2023 et 2823.

Crédit foncier de France. — V. EMPRUNTS.

Crédits.

1271. — *Ouverture dans les budgets des communes et des établissements de bienfaisance.* — Les crédits en vertu desquels les dépenses des communes et des établissements de bienfaisance doivent être acquittées sont ouverts dans les budgets. Du reste, ces crédits ne constituent que de simples prévisions ; l'ouverture qui en est faite ne donne pas le droit de faire la dépense à laquelle ils s'appliquent, lorsque cette dépense exige par elle-même une autorisation spéciale. (*Inst. gén., art. 981 et 1084.*)

L'ouverture d'un crédit ne donne aucun droit aux parties ; il faut, pour recevoir, qu'elles justifient de la réalité de la dette, et qu'elles produisent toutes les pièces voulues par les règlements. — V. PIÈCES JUSTIFICATIVES, §§ 64 et suiv.

Lorsqu'il y a lieu d'interpréter un article du budget, cette interprétation doit être demandée à l'autorité qui a réglé le budget.

1271 *bis.* — En règle générale, aucune dépense ne doit être faite ou autorisée qu'après qu'il a été pourvu aux moyens d'y satisfaire, et à l'ouverture d'un crédit alloué en conséquence. (*Circ. min. Int. 16 mai 1892.*)

1272. — *Emploi des crédits. — Changement de destination.* — Chaque crédit doit servir exclusivement à la dépense pour laquelle il a été ouvert. Les administrations locales ne peuvent en changer la destination sans une décision de l'autorité compétente. (*Inst. gén., art. 982 et 1084.*) — V. n°s 731 et suiv. et 737.

1273. — *Crédits supplémentaires.* — Lorsque, dans le cours d'un exercice, les crédits ouverts au budget sont reconnus insuffisants, ou lorsqu'il doit être pourvu à des dépenses non prévues lors de la formation de ce budget, les crédits supplémentaires sont délibérés par le conseil municipal et autorisés par le préfet, sauf pour les villes dont les revenus sont de 3 millions de francs au moins.(*Inst. gén.*, *art. 983 et 1084* ; *L.* [5 *avril 1884*, *art.* 68, § *10*, *et art. 146.)* — V. BUDGETS, nos 729, 761 et suiv.

Tous les crédits supplémentaires ouverts par délibération du conseil municipal, antérieurement à la préparation du budget additionnel, doivent être portés *pour ordre* à ce budget. — V. BUDGETS, n° 763, dernier alinéa.

1274. — Lorsque des crédits se rapportant à *une même dépense* sont ouverts à la fois par le budget primitif, le budget supplémentaire ou des autorisations spéciales, les crédits sont réunis dans la colonne d'*observations* du compte de gestion en regard du crédit primitif, et tous les mandats sont imputés indistinctement sur le total des crédits réunis. — V. COMPTES DE GESTION, n° 970, 3e et 4e alinéas.

Pour ce qui concerne les crédits relatifs aux chemins vicinaux, V. nos 941 et 942.

Rattachement des crédits additionnels dans les budgets et dans les comptes. — V. BUDGETS, n° 756 ; COMPTES DE GESTION, n° 970.

1275. — *Affectation des crédits.* — Les crédits accordés pour un exercice, soit par les budgets, soit par décisions spéciales, sont affectés au payement des dépenses qui résultent de *services faits* dans l'année qui donne son nom à l'exercice, c'est-à-dire les dépenses faites du 1er janvier au 31 décembre ; dès lors, ils ne peuvent être employés à l'acquittement des dépenses d'un autre exercice. Ils restent ouverts jusqu'au 31 mars de l'année suivante, mais ce délai n'est accordé que pour compléter le payement des dépenses auxquelles ils ont été affectés.

Les crédits ou portions de crédits qui n'ont pas reçu leur emploi à la clôture de l'exercice sont annulés ou reportés comme restes à payer au budget additionnel de l'exercice suivant. (*Inst. gén.*, *art. 984* ; *Décret 31 mai 1862*, *art. 8.)* — V. BUDGETS, COMPTES DE GESTION, ÉTAT DES RESTES A PAYER, EXERCICE, ORDONNANCEMENT. PAYEMENT DES DÉPENSES DES COMMUNES, TRAVAUX ET FOURNITURES.

1276. — *Crédits qui ne doivent pas être annulés.* — En règle générale, on ne doit jamais annuler les crédits ou portions de crédits ayant une affectation spéciale.

Dans cette catégorie se trouvent entre autres : 1° les impositions extraordinaires destinées au remboursement d'un emprunt, lorsque cet emprunt n'est pas entièrement remboursé ; 2° celles qui sont affectées soit à des constructions et travaux neufs, soit à de grosses réparations, soit à des acquisitions d'immeubles ; 3° les ressources créées pour l'entretien des chemins vicinaux (V. n° 2871), ou pour des dépenses d'une utilité communale ; 4° la part revenant aux pauvres dans les concessions de terrain du cimetière (V. nos 1070 et suiv.) ; 5° les secours qui ont une destination déterminée(V. n° 2862); 6° enfin les ressources affectées au service de l'assistance médicale gratuite (V. nos 637 et suiv.).

Tous ces crédits doivent être reportés au budget supplémentaire, à moins qu'une délibération du conseil municipal, dûment approuvée, n'en ait changé la destination.

1277. — *Excédents de payement sur les crédits ouverts.* — Les dépenses ordonnancées sur les crédits ouverts au budget ne doivent pas dépasser le montant de ces crédits, et les receveurs municipaux doivent, avant d'acquitter aucune dépense, s'assurer, outre la régularité de la dette, que les crédits alloués suffisent bien pour payer la dépense.

Toutefois il y a certaines dépenses qui peuvent être payées bien que les crédits ouverts soient insuffisants. Telles sont, par exemple, celles ci-après :

Les frais de registres de l'état civil ;

Les frais d'impression à la charge de la commune ;

Les timbres des comptes de gestion et du livre des comptes divers ;

Les frais d'abonnement au Bulletin des communes ;

Les frais de recensement de la population ;

Les frais de confection de matrices générales, de prestation ou de la taxe vicinale et de la taxe sur les chiens ;

Les contributions des biens communaux ;

La taxe des biens de mainmorte ;

Le contingent pour le service des enfants assistés ;

Le contingent pour traitement d'aliénés ;

Les autres contingents déterminés par le préfet, conformément aux lois ;

Enfin, les dépenses qui ont une affectation spéciale et qui sont le plus souvent le montant d'un article de recette, notamment le produit des rôles de prestations (V. n° 942), la part revenant aux pauvres dans les concessions de terrain du cimetière (V. nos 1070 et suiv.), etc.

Toutes ces dépenses sont considérées d'après les lois et règlements comme obligatoires et forcées ; mais il importe toujours qu'elles soient vérifiées et liquidées par les autorités compétentes et qu'elles fassent l'objet de crédits supplémentaires ouverts avant la clôture de l'exercice. — On peut, toutefois, imputer les légers excédents de dépense sur le crédit des dépenses imprévues (V. n° 970).

Culte (Dépense du). — V. n° 1338.

Cumul. — V. INCOMPATIBILITÉ.

Curage et entretien des cours d'eau (Taxes de).

1278. — *Mode et recouvrement des taxes imposées.* — *Timbre.* — Le recouvrement: 1° des taxes relatives au curage des canaux et rivières non navigables, à l'entretien des digues et au desséchement des marais ; 2° des taxes d'arrosage autorisées par le gouvernement, qu'elles soient perçues au profit de concessionnaires de canaux d'irrigation ou au profit d'associations de propriétaires intéressés, est poursuivi d'après le même mode que celui des contributions directes; les rôles de ces taxes, les registres tenus pour leur perception, ainsi que les quittances qui en sont délivrées, sont exempts des droits de timbre. *(Inst. gén., art. 638.)*

Toutefois, sont soumis au timbre de dimension, les rôles ou états dressés pour la perception des taxes de pavage, de curage d'égouts et de balayage par abonnement, soit pour la fourniture de gaz, soit pour le recouvrement des frais de divers travaux de viabilité mis à la charge des propriétaires riverains. *(Arr. Cour cass. 2 juin 1875; Dalloz 1875, 1re part., p. 432.)* — V. Pièces justificatives, §§ 29 et 60.

Pour le timbre des quittances, V. nos 2555 et suiv.

1279. — *Ecritures.* — Les receveurs municipaux opèrent, en dehors du service communal, le recouvrement de ces taxes et le payement des dépenses auxquelles elles sont destinées. Ces recouvrements et ces payements doivent faire partie des services exécutés en dehors des budgets.

Le recouvrement des taxes des curages exécutés d'office dans les cours d'eau non navigables ni flottables donne lieu, au profit des comptables chargés de la perception de ces taxes, à une remise de 3 p. 100 du montant desdites taxes. Il en est de même lorsqu'il s'agit de la mise en recouvrement d'une dépense quelconque à la charge des particuliers.

Les frais de recouvrement, ainsi que les 0 fr. 05 par article pour frais d'avertissement sont compris dans le montant des taxes. *(Circ.* compt. publ., 31 déc. 1896, § 3 et 10 sept. 1900, § 5.)*

1280. — *Dépense.* — *États de journées d'ouvriers.* — *Timbre.* — Les acquits donnés par les parties prenantes en marge des états de journées d'ouvriers employés à l'exécution des travaux de curage sont soumis au timbre de 10 centimes par chaque salaire payé excédant 10 francs. *(L. 23 août 1871, art. 18.)* — Mais le mandat délivré pour la régularisation des avances faites par l'agent chargé de la direction des travaux, et acquitté, est exempt de timbre comme pièce d'ordre intérieur. *(Décis. min. Fin. 16 août 1853.)*

1281. — *Réclamations.* — Les réclamations en décharge doivent être présentées dans les trois mois de la publication des rôles. — Elles sont jugées comme en matière de contributions directes. *(Arr. Cons. d'Ét. 11 juin 1870 et 16 mars 1883.)*

Lorsque les frais de curage ont été compris dans un état dressé par le maire en conformité de l'article 154 de la loi du 5 avril 1884, au lieu de faire l'objet d'un rôle de répartition recouvrable comme en matière de contributions directes, c'est à bon droit que le conseil de préfecture se déclare incompétent pour statuer sur les demandes en décharge formées par les débiteurs inscrits sur l'état irrégulièrement dressé. *(Arrêt Cons. d'État, 14 fév. 1896.)*

1281 bis. — *Privilège.* — Le privilège du Trésor pour le recouvrement des contributions directes s'applique au recouvrement des frais d'entretien, de réparation ou de reconstruction des digues et ouvrages d'art sur les rivières non navigables. *(Arr. Cour de cass., 15 juill. 1868 ; Com. Durieu, t. II, Jurisp. p. 201.)* — V. nos 2528 et suiv.

Curateurs aux successions vacantes. —

V. Dépositaires et Débiteurs de deniers, nos 1345 et suiv.

Curés et desservants (Dépenses des). —

V. n° 1338.

D

Date des acquits.

1282. — La date des acquits doit toujours être mise, et autant que possible, par les parties prenantes elles-mêmes. *(Inst. gén., art. 1005.)* — V. Payement des dépenses des communes, n° 2093.

Débets des comptables. — V. Comptes de gestion, nos 1022 et suiv. ; Déficit, Vérification de caisse.

Débiteurs de deniers provenant du chef des redevables de contributions. — V. Dépositaires.

Décès des comptables.

1283. — *Avis à en donner.* — Les trésoriers-payeurs généraux doivent informer immédiatement le ministre *(Direction du personnel)*, non seulement de toutes les vacances **qui**

surviennent par suite de décès ou de démission dans le personnel des receveurs spéciaux, des percepteurs et des percepteurs surnuméraires, mais encore des demandes d'admission à la retraite ou de mise en disponibilité, ainsi que tous les faits d'une certaine importance concernant le personnel des agents placés sous leurs ordres.

Les receveurs particuliers sont tenus, de leur côté, de donner sans retard avis des mêmes faits aux trésoriers-payeurs généraux. *(Inst. gén., art. 1214; Circ. min. Fin. 17 juin 1885.)*

1284. — *Apposition des scellés après le décès des comptables.* — *Dispositions spéciales.* — En cas de décès d'un comptable de deniers publics, il doit être procédé à l'apposition des scellés. L'apposition est faite, soit à la diligence du ministère public, soit sur la déclaration du maire ou adjoint de la commune, et même d'office par le juge de paix; mais elle ne doit avoir lieu que pour raison du dépôt des deniers publics et sur les objets qui le composent. *(C. proc. civ., art. 911.)*

Si, au décès d'un percepteur, le gérant intérimaire est présent, le juge de paix pourra, conformément à l'article 924 du Code de procédure civile, se contenter d'une description sommaire des registres de comptabilité, ne pas les mettre sous scellés et les laisser à la disposition du gérant intérimaire, ainsi que la caisse, dont il vérifiera le contenu. Mais, en l'absence de ce gérant, l'apposition des scellés sera faite, sauf à cet agent à en provoquer la levée ultérieurement, conformément aux explications contenues dans une note insérée au Bulletin officiel du ministère de la justice, 14ᵉ livraison, avril-juin 1879. *(Circ. compt. publ. 24 juill. 1879, § 2.)* — V. GÉRANT INTÉRIMAIRE.

Décès des contribuables.

1285. — En cas de décès des contribuables, la contribution personnelle-mobilière est exigible pour la totalité de l'année courante. *(Règl. pours., art. 3.)*

Il en est de même des taxes assimilées aux contributions. — V. nᵒˢ 2528 et suiv.

La contribution des patentes ne peut être exigée que pour les termes échus et le mois courant. *(Id., art. 3 bis; Com. Durieu, t. I, p. 76 et suiv.)* — V. AVERTISSEMENTS, CONTRIBUTIONS, nᵒ 1180; COTES INDUMENT IMPOSÉES, DÉMÉNAGEMENT, HÉRITIERS, RÉCLAMATIONS.

1286. — La contribution personnelle-mobilière d'un contribuable décédé peut être payée par douzièmes, lorsque le mobilier n'est ni partagé entre les héritiers, ni déplacé, et que l'un des héritiers continue à habiter la maison où se trouve le meuble imposé. — Mais toutes

les fois que les garanties du Trésor peuvent se trouver compromises, le percepteur doit se conformer à l'article 3 du règlement sur les poursuites, en exigeant la totalité de l'année.

Décès des malades dans les hospices et hôpitaux. — V. HOSPICES.

Décharges et réductions.

1287. — *Remises et modérations sur les quatre contributions.* — L'administration accorde la *remise entière* ou une *modération* de la taxe aux contribuables qui ont éprouvé des pertes de revenu, par suite de vacance de maisons destinées à la location, de grêle, d'incendie ou d'autres événements extraordinaires.

La *remise* leur est accordée s'ils ont été privés de la totalité des revenus qui font l'objet de la taxe. Ils obtiennent une simple *modération* s'ils n'ont perdu qu'une partie de leurs revenus.

L'article 14 de la loi du 18 juillet 1852 ayant fait concourir à la formation des fonds de non-valeurs les impositions départementales et communales, il est devenu possible, dans les cas de perte pour cause d'incendie, de grêle et autres événements imprévus, d'allouer *intégralement* en remises et modérations les contributions afférentes aux revenus perdus; et d'après une décision ministérielle du 19 juillet 1862, le montant des dégrèvements de cette nature doit être mis à la disposition des contribuables à l'époque la plus rapprochée possible de la date des sinistres et aussitôt que les préfets auront pu statuer au vu des procès-verbaux de pertes. *(Inst. gén., art. 121; Circ. compt. publ. 30 avril 1864.)*

1288. — *Décharges et réductions sur les contributions foncière et des portes et fenêtres.* — Il est accordé *décharge* à tout contribuable compris au rôle de la contribution foncière, lorsqu'il a été taxé pour un bien qui ne lui appartient pas, ou dans une commune qui n'est pas celle où son bien se trouve situé, ou enfin lorsqu'il se trouve imposé deux fois dans un même rôle pour la même propriété.

Dans le premier cas, il y a lieu à mutation de cote, et le propriétaire ou contribuable réel doit être mis en cause pendant l'instruction de la demande.

En ce qui concerne les propriétés non bâties, il n'est plus admis de demande en décharge ou réduction après l'expiration des six mois qui suivent la mise en recouvrement du premier rôle cadastral, à moins que la propriété n'ait été détruite ou n'ait notablement perdu de sa valeur par suite d'événements extraordinaires ou de causes indépendantes du propriétaire.

À l'égard des propriétés bâties, les contribuables peuvent former les demandes en réduction ou en rappel à l'égalité proportionnelle, pourvu que ces demandes soient présentées pendant les six mois qui suivent la date de la publication du premier rôle dans lequel l'immeuble a été imposé, et pendant trois mois à partir de la publication du rôle suivant. *(Inst. gén., art. 122.)* — V. n° 1163.

1289. — Les propriétaires des maisons ont droit à des *décharges* sur la contribution des *portes et fenêtres*, s'ils ont été taxés pour des ouvertures que la loi exempte de l'impôt. Ils ont droit à des *réductions*, s'ils ont été imposés dans une proportion trop forte ou pour un nombre d'ouvertures supérieur à celui des portes et fenêtres existant aux bâtiments qu'ils possèdent. Ils peuvent aussi obtenir des mutations de cotes dans les cas prévus par l'article 5 de la loi du 2 messidor an VII et par l'article 2 de l'arrêté du 24 floréal an VIII. *(Inst. gén., art. 123.)*

1290. — *Vacances de maisons et chômages d'usines.* — Les vacances de maisons ou de parties de maisons ne donnent lieu à remise ou modération d'impôt *foncier* que lorsque l'inhabitation a duré une année au moins. *(L. 8 août 1885, art. 35.)*

Cette restriction n'est applicable ni en matière de contribution des portes et fenêtres, ni en ce qui concerne la contribution foncière des établissements industriels. Dans ce cas, les propriétaires ont droit à des dégrèvements pour les vacances ou chômages d'une durée de trois mois au moins.

Dans le cas où une maison resterait vacante, en tout ou en partie, pendant plus d'une année, la remise de l'impôt foncier devrait être accordée pour la période d'inhabitation qui dépasserait l'année, alors que cette période elle-même serait inférieure à douze mois. *(Circ. Directeur général des contr. dir. 30 septembre 1885.)*

1291. — Les dégrèvements *fonciers* accordés pour *vacances totales* ou *partielles* doivent, comme les dégrèvements relatifs aux autres natures de pertes de revenu, être imputés sur le fonds de non-valeurs, et participer à la distribution, au prorata seulement, des sommes mises à la disposition des préfets. Mais, dans les villes de 20,000 âmes et au-dessus, les vacances de maisons peuvent, en cas d'insuffisance des sommes allouées sur le fonds de non-valeurs, et lorsque les conseils municipaux en ont fait la demande, donner lieu au dégrèvement intégral de la portion afférente au revenu perdu.

Ces dégrèvements sont prononcés par les conseils de préfecture, à titre de décharge et réduction ; le montant en est réimposé au rôle foncier de l'année qui suit la décision.

Les dégrèvements relatifs aux portes et fenêtres sont imputés sur le fonds de non-valeurs. *(Inst. gén., art. 124.)*

1292. — Les demandes en remise ou modération motivées, soit par des pertes causées par des événements extraordinaires, soit par des vacances totales ou partielles de maisons ou par des chômages d'usines, doivent être présentées dans les quinze jours qui suivent : dans le premier cas, les événements extraordinaires, et, dans le second, l'année ou le trimestre d'inhabitation ou de chômage. Mais il faut tenir compte, ainsi qu'il est dit ci-dessus, que le dégrèvement de l'impôt foncier d'une maison n'est acquis que lorsque l'inhabitation a duré une année entière.

L'année finissant le 31 décembre, il y a toujours lieu de faire une demande dans les quinze premiers jours de janvier pour le laps de temps donnant droit à réduction sur l'année écoulée.

Les demandes doivent être sur papier timbré lorsque la cote, objet de la réclamation, dépasse 30 francs ; elles doivent de plus être accompagnées de l'avertissement ou d'un extrait du rôle, se rapportant à la cote contestée. — V. RÉCLAMATIONS.

1293. — *Dégrèvements sur les contributions foncière et des portes et fenêtres pour perte de matière imposable.* — Il est encore accordé des dégrèvements, soit sur la contribution *foncière*, soit sur celle des *portes et fenêtres* :

1° Pour démolition ou destruction de maisons et d'usines par incendie, inondation ou toute autre cause ;

2° Pour imposition prématurée et surimposition de maisons ou d'usines nouvellement construites ;

3° Pour vente à l'État, aux départements ou aux communes, de propriétés, bâties ou non bâties, destinées à un service public ;

4° Pour conversion de maisons ou d'usines en bâtiments ruraux, à ce titre imposables seulement pour le sol.

Les décharges ou réductions sont prononcées par le conseil de préfecture pour les faits antérieurs au 1er janvier de l'année pour laquelle les contributions sont établies, et il est statué par le préfet pour les faits postérieurs à l'ouverture de l'exercice. Les décharges et réductions sont couvertes par le fonds de non-valeurs, lorsqu'elles ne sont pas susceptibles de réimposition. *(Inst. gén., art. 125 ; Circ. compt. publ. 30 avril 1864.)*

Dégrèvements des petites cotes foncières. — V. n° 1300 bis.

1294. — *Décharges et réductions sur la contribution personnelle-mobilière.* — Il y a lieu à *décharge* sur la contribution *personnelle-mobilière*.

1° Pour faux emploi, lorsqu'un contribuable est taxé dans une commune où il n'a pas d'habitation, ou lorsqu'il se trouve dans les exceptions déterminées par la loi ;

2° Pour double emploi, lorsque, n'ayant qu'une seule habitation, il est imposé en même temps dans plusieurs communes, ou deux fois dans la même.

Tout contribuable dont la cote, établie dans le rôle où elle devait l'être, a été calculée dans une proportion trop forte, a droit à une *réduction. (Inst. gén., art. 126.)*

1295. — *Décharges et réductions sur la contribution des patentes.* — Les individus imposés dans les rôles de la contribution *des patentes* obtiennent la *réduction* de leur taxe :

1° S'ils ont été imposés pour une profession donnant lieu à une patente plus élevée que celle de la profession qu'ils exercent ;

2° S'ils ont été imposés à des droits ou demi-droits fixes supérieurs à ceux qui sont légalement dus ;

3° Si le loyer qui a servi de base à la fixation du droit proportionnel a été surévalué ;

4° Si, avant le 1er janvier de l'année pour laquelle le rôle est établi, ils ont quitté leur profession pour en prendre une nouvelle qui serait assujettie à un droit plus faible.

La *décharge* entière de la patente leur est due :

1° Lorsqu'ils ont été imposés par double emploi dans le rôle d'un même exercice ;

2° Lorsque la profession pour laquelle ils ont été taxés n'est point sujette à patente ;

3° Lorsqu'ils ont cessé la profession ou le commerce qu'ils exerçaient avant le 1er janvier de l'année pour laquelle le rôle est établi.

En cas de cession d'établissement ou de cessation de commerce, postérieurement au 1er janvier de l'année courante, par suite de décès, de liquidation judiciaire ou de faillite déclarée, les droits ne sont dus que pour le passé et le mois courant. *(Inst. gén., art. 127.)* — V. n° 917.

1296. — *Réimposition des décharges et réductions.* — Les décharges et réductions sur les contributions *foncière, personnelle-mobilière* et des *portes et fenêtres,* telles qu'elles ont été définies plus haut, sont réimposées dans les rôles de l'année suivante et réparties sur tous les contribuables. *(Inst. gén., art. 138; Circ. compt. publ. 30 avril 1864.)*

1297. — *Décharges et réductions qui ne donnent pas lieu à réimposition.* — Les sommes allouées en dégrèvement sur la contribution des patentes ne sont jamais réimposées, attendu que, d'après la nature de cet impôt, les erreurs faites dans son assiette, au préjudice d'un contribuable, ne peuvent avoir aucune influence sur la taxe des autres individus compris au même rôle.

Ces dégrèvements s'imputent sur un fonds spécial de non-valeurs, formé avec le produit de 5 centimes imposés additionnellement à la contribution des patentes ; en cas d'insuffisance des 5 centimes, il est pourvu au déficit par des crédits supplémentaires ouverts par décrets. *(Inst. gén., art. 142 ; L. 13 juill. 1892, art. 28 et 29.)*

Annulation d'une décision portant décharge ou réduction de taxe. — V. n° 2062.

Décharges et réductions, remises et modérations sur la taxe des billards et sur la taxe des cercles.

1298. — La loi n'ayant point ajouté aux taxes dont il s'agit de centimes spéciaux pour constituer un fonds destiné à couvrir les dégrèvements en non-valeurs, il est ouvert au budget un crédit sur lequel sont imputées les décharges et réductions, ainsi que les remises et modérations. *(Inst. 6 janvier 1872.)*

Décharges et réductions sur la contribution des voitures et chevaux. — V. n° 3118.

Décharges et réductions sur produits communaux. — V. EXCÉDENTS DE VERSEMENTS SUR PRODUITS COMMUNAUX, ORDONNANCES DE DÉCHARGES.

Déchéance. — V. INSTALLATION, POURVOI, PRESCRIPTION.

Décimes. — V. AMENDES, ENREGISTREMENT, TIMBRE.

Déclarations à faire par les contribuables pour les mutations. — V. MUTATIONS FONCIÈRES.

Déclarations de locations verbales des biens immeubles. — V. LOCATIONS VERBALES.

Déclarations de versement à fournir par les receveurs des finances. — V. RÉCÉPISSÉS, n°s 2573 et suiv ; TIMBRE, n° 2969; VERSEMENTS.

Décomptes de remises. — V. AMENDES, n° 470 ; RECEVEURS DES COMMUNES, n°s 2610 et suiv.

Décomptes et métrages de travaux. — V. n° 1374.

Déficit chez les comptables.

1299. — *Responsabilité et obligations des receveurs des finances.* — En cas de déficit ou de débet de la part des comptables réunissant les fonctions de percepteur de l'impôt direct et de receveur des deniers des communes et des établissements de bienfaisance, et constaté soit par des vérifications de caisse, soit par des arrêtés d'apurement de compte, le receveur des finances de l'arrondissement est tenu d'en solder immédiatement le montant avec ses fonds personnels. Il demeure subrogé à tous les droits du Trésor, des communes et des établissements sur les cautionnements, les biens et la personne du comptable reliquataire.

Si le déficit provient de force majeure ou de circonstances indépendantes de la surveillance du receveur des finances, ce receveur peut obtenir la décharge de sa responsabilité; il a droit alors au remboursement, en capital et intérêts, des sommes dont il a fait l'avance.

Le ministre des Finances prononce sur les demandes en décharge de responsabilité, après avoir pris l'avis du préfet et de la section des finances du Conseil d'Etat, et, s'il y a lieu, celui du ministre de l'Intérieur et des conseils municipaux ou commissions administratives, sauf appel devant le Conseil d'Etat par la voie contentieuse. (*Inst. gén., art. 1285, 1312, 1313, 1314, 1315 et 1316; Arr. Cour d'ap. de Nancy, 8 mars 1884.*)—V.COMPTES DE GESTION.

1300. — *Jurisprudence.* — Le receveur des finances de l'arrondissement ne peut être déclaré responsable du déficit constaté dans la gestion du comptable d'une commune, si ce comptable ne réunit pas les fonctions de percepteur à celles de receveur municipal. (*Arr. Cons. d'Ét. 22 novembre 1866.*) — V. VÉRIFICATION, n°° 3091 et suiv.

Défrichement. — V. BOIS DES COMMUNES.

Dégrèvement sur les cotes foncières de 25 francs et au-dessous.

1300 bis. — Le travail considérable imposé aux percepteurs par suite du dégrèvement des petites cotes foncières demande une attention toute particulière de la part de ces comptables.

Il est matériellement impossible d'énumérer ici les écritures à passer, les états à remplir, les avis à adresser aux contribuables, etc., relatifs à cet objet. Le mieux, pour les percepteurs, est de classer dans un carton spécial tout ce qui concerne ce service, circulaires, imprimés, correspondance, etc., et de s'y reporter au besoin.

Les circulaires de la comptabilité publique en date du 18 décembre 1897, 24 décembre 1898 et 27 décembre 1899 donnent les renseignements nécessaires pour opérer ce travail.

Ces circulaires font partie des archives de la perception ; elles comprennent en total 150 pages ; celle portant la date du 18 décembre 1897 renferme (pages 67 à 72) une table analytique et alphabétique des matières.

Le système de l'allocation des dégrèvements d'office rend nécessaire, comme l'ont expliqué les circulaires des 29 décembre 1900 et 9 janvier 1902, la conservation dans les bureaux des percepteurs, de tous les rôles fonciers émis depuis 1898. Les percepteurs doivent donc s'abstenir de déposer aux archives les rôles fonciers que l'inspection générale des finances doit pouvoir se faire représenter à toute vérification. (*Circ. compt. publ., 27 janv. 1903, § 6.*)

Quant aux indemnités accordées aux percepteurs. (*Voir Circ. compt. publ.. 9 mars 1900, § 3 et 26 fév. 1902, § 7.*)

1300 ter. — *Clôture des registres modèle n° 2.*— Les formules non utilisées des registres modèle n° 2 (Journal à souche) ne doivent pas être annulées ; les receveurs des finances se bornent à arrêter les registres non terminés en indiquant expressément sur ces registres même et sur leur carnet de contrôle le numéro de la dernière souche remplie et le nombre de formules restant en blanc. Les registres sont renvoyés dans cet état aux percepteurs intéressés pour être conservés dans leurs archives. L'année d'après, ces registres sont utilisés les premiers, mais les percepteurs ont soin d'adopter alors, pour le numérotage des formules et des souches, une nouvelle série de numéros à partir du n° 1. Dans le cas où les formules et les souches auraient déjà été numérotées, les percepteurs passeraient un trait à l'encre sur l'ancien numéro et y substitueraient un nouveau. (*Circ. compt. publ., 20 mars 1899, § 3.*)

Dégrèvements et non-valeurs. — V. DÉCHARGES ET RÉDUCTIONS, EXCÉDENTS DE VERSEMENTS, ORDONNANCES DE DÉCHARGES.

Délai d'enregistrement. — V. ENREGISTREMENT.

Délégation de créance communale. — V. TRANSPORT-CESSION.

Délégation du propriétaire sur ses fermiers pour le payement de ses contributions.

1301. — Les propriétaires peuvent être admis à faire des délégations de contributions sur leurs fermiers, pour les cotes foncières assises sur les biens qu'ils possèdent dans une même commune.

Ceux qui veulent user de cette faculté ont à remettre au percepteur, dans le courant du mois de décembre, au plus tard, des déclarations conformes au *Modèle n° 17* ; celles qui parviendraient au directeur des contributions passé le 5 janvier n'auraient d'effet que pour l'année suivante. Les déclarations ne sont admises qu'autant qu'elles sont revêtues de la signature du propriétaire ou de son mandataire et de celle de ses fermiers. Elles servent tant qu'elles n'ont pas été retirées ou modifiées par de nouvelles déclarations faites dans la même forme.

Pour les déclarations qui ne contiennent pas au delà de trois divisions, le percepteur fait lui-même le partage de la contribution proportionnellement au revenu de chaque division ; il continue d'émarger, à l'article du propriétaire, dans le rôle général, les payements successifs qui lui sont faits, soit par le propriétaire, soit par les fermiers. L'inspecteur et les contrôleurs des contributions directes sont chargés de vérifier l'exactitude des calculs faits par les percepteurs.

Les déclarations qui comprennent quatre divisions et au-dessus sont adressées par le percepteur au directeur des contributions directes. Ce chef de service dresse ensuite un rôle auxiliaire, par commune, sur un cadre conforme au *Modèle n° 18*.

Le rôle auxiliaire est transmis ainsi qu'il est dit ci-dessous, au percepteur, qui y émarge les payements effectués par les fermiers, et en reporte, chaque mois, le total à l'article des propriétaires dans le rôle général.

Le percepteur a soin d'indiquer, en outre, au journal à souche, l'article du rôle auxiliaire au-dessous de l'article du rôle général.

Les frais de confection des rôles auxiliaires sont à la charge des déclarants. (*L. 4 août 1844, art. 6 ; Inst. gén., art. 84 ; L. 30 mars 1902, art. 9.*)

1302. — Nonobstant les délégations qu'ils ont faites sur leurs fermiers, les propriétaires restent les débiteurs directs des sommes pour lesquelles ils sont inscrits au rôle principal, et supportent les poursuites que des retards de payements rendraient nécessaires. (*Inst. gén., art. 82 ; Com. Durieu, t. 1, p. 251, 267 et suiv.*) — V. FERMIERS.

1303. — Il est délivré un avertissement à chacun des locataires ou fermiers compris dans les rôles auxiliaires. Les frais d'impression, de confection et de distribution de ces avertissements sont payés par les déclarants, à raison de cinq centimes par avertissement, dont trois centimes au directeur des contributions directes pour frais d'impression et d'expédition, et deux centimes au percepteur pour frais de distribution.

Les frais d'impression, de confection et de distribution des avertissements, de même que les frais d'impression et de confection des rôles auxiliaires, sont recouvrés, comme en matière de contributions directes, au moyen d'un état rendu exécutoire par le préfet.

Les rôles auxiliaires et les avertissements dont les receveurs des finances n'ont pas à prendre charge sont transmis directement par le service de l'assiette au comptable chargé du recouvrement ; mais les états de sommes à recouvrer pour frais d'impression, de confection et de distribution doivent, comme tous les autres titres de perception, parvenir aux percepteurs *par l'intermédiaire des receveurs des finances*.

Les sommes recouvrées par les percepteurs au titre des frais d'impression, de confection et de distribution sont inscrites en recette, à la fin de chaque journée, au compte des cotisations municipales et particulières, et il est fait dépense à ce même compte des versements effectués à la recette des finances. (*L. 30 mars 1902, art. 9 ; Circ. compt. publ., 27 janv. 1903, § 7.*) — V. COTISATIONS MUNICIPALES.

Délégués mineurs. — V. REDEVANCES, n° 2667.

Délégués sénatoriaux (Indemnités aux). — V. n° 2434.

Délibérations des conseils municipaux. — V. n°s 1098 et suiv.

Demandes d'avancement des percepteurs. — V. PERCEPTEURS, n° 2200.

Déménagement.

1304. — *Déménagement dans l'année.* — En cas de déménagement hors du ressort de la perception et de vente volontaire ou forcée, la contribution personnelle-mobilière et la contribution des patentes sont exigibles pour la totalité de l'année courante.(*Inst. gén., art. 63. Com. Durieu, t. 1, p. 76 et suiv.*) — V. n°s 947 et suiv.

Il en est de même des taxes assimilées aux contributions. — V. n°s 2528 et suiv.

1305. — *Déménagement avant le 1er janvier.* — *Conditions dans lesquelles le redevable peut être admis à payer par termes.* — Lorsqu'un contribuable a déménagé avant le 1er janvier, il convient d'examiner si l'imposition constitue une erreur ou un double emploi, ou bien si son inscription au lieu de son ancienne résidence se trouve régulière.

Dans le premier cas, il conserve dans sa nouvelle résidence le droit de payer par termes, tout en ayant soin d'adresser une demande en dégrèvement. La circulaire du 30 septembre 1854 interdit au percepteur de porter d'office la cote sur ses états de cotes indûment imposées. L'avertissement doit être adressé sans retard au lieu du nouveau domicile du contribuable, pour faire courir le délai de trois mois dans lequel celui-ci aurait à présenter lui-même sa réclamation.

Dans la deuxième hypothèse, le redevable est, au contraire, déchu du bénéfice du payement par douzièmes, puisque, dans le cas de changement de résidence, comme dans celui de déménagement, les sûretés du Trésor se trouvent également diminuées par le déplacement des objets formant le gage de l'impôt personnel-mobilier. (*Circ. compt. publ. 19 août 1864, § 3.*)

1306. — Par suite des dispositions qui précèdent, il importe de bien déterminer, dans l'intérêt du percepteur du lieu de l'ancien domicile qui demeure responsable de la cote ouverte sur son rôle, les conditions dans lesquelles le redevable peut réellement invoquer le bénéfice de payer par termes.

A ce sujet, une distinction est nécessaire ; dans le cas où le contribuable, non imposé dans sa nouvelle résidence, excipe d'une simple erreur commise à son préjudice dans le calcul de l'imposition pour laquelle il figure au rôle de la localité qu'il a quittée, et conteste par conséquent non pas la légitimité de cette imposition, mais uniquement l'exactitude de son chiffre, aucun des deux percepteurs, pas plus celui qui a émis la contrainte extérieure que celui qui est chargé de l'exécuter, n'est à portée d'apprécier si une réclamation de cette nature est susceptible d'être accueillie ; il n'y a donc aucune raison pour ne pas faire payer la totalité de l'année courante.

Si, au contraire, le double emploi existe dans l'imposition, ce que le percepteur de la nouvelle résidence chargé de recouvrer la contrainte peut facilement reconnaître en s'assurant de l'inscription du contribuable sur ses propres rôles, il est juste que le redevable ne paye que les termes échus, sauf à se mettre immédiatement en réclamation à l'effet d'obtenir la décharge de la cote pour laquelle il a été indûment imposé, et à justifier de cette instance au percepteur. (*Circ. compt. publ. 30 juillet 1867, § 5.*)—V. CONTRAINTES EXTÉRIEURES, n° 1142.

1307. — *Déménagement des fonctionnaires appelés à un autre poste. — Payement de leurs contributions.* — Les fonctionnaires qui changent de résidence doivent acquitter leurs contributions avant de partir.

Le ministre a chargé les préfets d'adresser à tous les chefs de service de leur département la recommandation de rappeler, s'il y a lieu, à leurs subordonnés l'obligation qui est imposée d'une manière générale par la loi du 21 avril 1832 (*art. 22*) aux contribuables d'acquitter, en cas de déménagement hors du ressort de la perception, la totalité de leur contribution personnelle-mobilière de l'année. (*Circ. compt. gén., 3 mai 1861, § 3.*)

1308. — Lorsque les *hauts fonctionnaires*, logés dans des bâtiments appartenant à l'État et taxés en raison de l'importance des locaux mis à leur disposition, viennent à quitter dans le courant de l'année leur habitation officielle par suite de changement de fonctions ou pour toute autre cause, les percepteurs doivent s'abstenir d'une application trop rigoureuse de la loi, car la justice veut que le fonctionnaire sortant n'ait à payer qu'une part de contribution proportionnelle à son temps d'exercice, le reste devant être acquitté par son successeur. Il est toutefois entendu que la responsabilité du payement n'est pas pour cela déplacée ni partagée. C'est au fonctionnaire inscrit au rôle que le percepteur devrait s'adresser en cas de non-payement par le successeur. (*Circ. compt. publ. 15 nov. 1861, § 2 ; Circ. min. Int. 18 février 1884.*)

En ce qui concerne les receveurs des postes l'art. 65 de l'instruction générale des Postes dit :

Le receveur en fonctions au 1er janvier est tenu de payer pour l'année entière l'impôt mobilier afférent au local qu'il habite sans pouvoir exercer aucun recours contre ses successeurs éventuels.

1309. — Les instructions qui précèdent ne peuvent déroger en rien au principe consacré par les articles 21 et 22 de la loi du 21 avril 1832 d'après lequel les contributions personnelle et mobilière établies pour l'année sont exigibles, en totalité, du contribuable inscrit au rôle à la date du 1er janvier. (*Arr. Cons. d'Et. 12 mars 1867 et 26 octobre 1891.*)

1310. — Le ministre de la Guerre, par une circulaire du 23 juin 1888, a renoncé pour son département au bénéfice des dispositions contenues dans les circulaires des 18 novembre 1861, § 2, et 10 octobre 1868, § 4, et il a décidé qu'à moins de cas tout à fait exceptionnels, les officiers généraux pourvus, au moment de l'établissement des rôles, de logements gratuits, seraient tenus au payement de la totalité des contributions inscrites à leur nom, comme tous autres officiers ou fonctionnaires logés dans les bâtiments militaires. (*Circ. compt. publ. 20 août 1888, § 2.*)

1311.— Les fonctionnaires et les employés de l'État d'un ordre inférieur logés dans des bâtiments publics et les fonctionnaires et départementaux et communaux, notamment les instituteurs, les desservants, etc., sont tenus, lorsqu'ils changent de résidence, d'acquitter leurs contributions personnelle-mobilière pour l'année entière. (*L. 21 avril 1832, art. 22.*)

En ce qui concerne la contribution des portes et fenêtres, V. nᵒˢ 2286 et 2287.

1312. — *Jurisprudence.* — Un contribuable imposé à la contribution mobilière dans la ville où il résidait le 1ᵉʳ janvier, doit la contribution pour l'année entière, alors même que, nommé sous-préfet dans le courant de l'année, il a payé, dans la ville où il a été appelé à résider, et, pour se conformer aux instructions énoncées ci-dessus, nᵒ 1308, une partie des contributions imposées au nom de son prédécesseur. (*Arr. Cons. d'Ét. 20 janvier 1882 et 8 août 1884.*)

1313. — Doit être maintenu au rôle de son ancienne résidence, un sous-préfet qui, ayant changé de résidence après la confection des rôles n'a pas été imposé dans la nouvelle, bien qu'il y paye la taxe imposée au nom de son prédécesseur. (*Arr. Cons. d'Ét. 31 octobre 1890 et 26 octobre 1894.*)

1314. — *Déménagement des employés de chemins de fer.* — Les employés de chemins de fer qui changent de résidence, doivent, comme les employés de l'État, acquitter leurs contributions avant de partir. Les percepteurs peuvent demander au chef de gare d'exiger de ces employés qu'ils justifient, avant leur départ, du payement de leurs contributions, mais ils doivent s'abstenir de procéder par voie d'opposition. Si cette justification n'est pas produite, le receveur des finances doit se borner à faire parvenir à Paris, à l'administration du chemin de fer auquel appartient le redevable, l'extrait de rôle qui le concerne, et un pareil extrait au percepteur du lieu du nouveau domicile. La compagnie aura ainsi le moyen de prescrire les retenues nécessaires, ce qui ne doit pas empêcher le percepteur, muni de l'extrait de rôle, d'inviter de son côté le contribuable à se libérer directement, ou même d'agir auprès du chef de gare, mais d'une manière purement officieuse.

Ce n'est que dans le cas où ces divers moyens demeureraient inefficaces, qu'il deviendrait nécessaire de recourir à la contrainte extérieure. (*Circ. compt. publ. 19 août 1864, § 2.*)

1315. — *Déménagement des locataires.* — *Obligations et responsabilité des propriétaires et principaux locataires.* — Les propriétaires, et à leur place les principaux locataires des maisons, doivent, un mois avant l'époque du déménagement de leurs locataires, se faire représenter, par ces derniers, les quittances de leurs contributions personnelle-mobilière et des patentes, afin de s'assurer qu'elles comprennent toutes les sommes qui sont dues pour l'année courante. Lorsque les locataires ne représentent pas ces quittances, les propriétaires ou principaux locataires sont tenus, sous leur responsabilité, de donner, dans les trois jours, avis du déménagement au percepteur et de retirer une reconnaissance par écrit de cet avertissement. — S'il s'agit seulement de la contribution des patentes le délai de trois jours est porté à huit. (*L. 19 avril 1905, art. 14.*)

Si le percepteur refuse de recevoir la déclaration faite à l'époque prescrite et d'en délivrer une reconnaissance, elle peut lui être notifiée par le ministère d'un huissier ; les frais de l'acte sont alors à sa charge. (*Inst. gén., art. 86 ; Régl. pours., art. 15 ; Com. Durieu, t. I, p. 307, et suiv.*)

1316. — En vertu du privilège attribué au Trésor par la loi du 12 novembre 1808 (V. nᵒˢ 2504 et suiv.), on peut en déduire que la responsabilité du propriétaire ou principal locataire doit s'étendre aux contributions de l'année échue et aux douzièmes échus de l'année courante, ou à la totalité des contributions, restant dues sur les deux années, suivant que le locataire déménagé est resté dans le ressort de la perception ou qu'il s'en soit éloigné. (*Com. Durieu, t. I, p. 320 et 329.*)

Mais, dans tous les cas, la responsabilité en ce qui concerne la patente, ne porte que sur le dernier douzième échu et le douzième courant, (*L. 15 juillet 1880, art. 30, dernier paragraphe.*)

1316 bis. — Le propriétaire qui n'a pas notifié régulièrement au percepteur le déménagement de son locataire est responsable non seulement de la contribution personnelle-mobilière de l'année courante, mais aussi de celle des années antérieures. (*Arr. Cons. d'État, 2 avril 1897, Dalloz, 1898, 3ᵉ partie. p. 84.*)

1317. — Dans le cas de déménagement furtif de la part des locataires ou sous-locataires, le propriétaire, ou à sa place le principal locataire, devient responsable des *termes échus* de leurs contributions jusqu'au jour du payement, si, dans les trois jours, il n'a pas fait constater ce déménagement furtif par le commissaire de police, le juge de paix ou le maire.

Pour la contribution des patentes, le délai de trois jours est porté à huit et la responsabilité ne porte que sur le dernier douzième échu et le douzième courant.

La remise au percepteur d'une expédition du procès-verbal de déménagement furtif, dressé dans le délai voulu, dispense le propriétaire ou principal locataire de toute garantie, si la remise est prouvée par une reconnaissance du percepteur.

Le percepteur exerce son privilège sur les meubles enlevés, partout où ils se trouvent. — V. nᵒˢ 2528 et suiv.

Dans tous les cas, et nonobstant toute déclaration de leur part, les propriétaires ou principaux locataires demeurent responsables de la contribution mobilière des personnes logées par eux en garni. (*Inst., gén., art. 87*; *L. 21 avril 1832, art. 22 et 23*; *15 juillet 1880, art. 30, 19 avril 1905, art. 14*; *Régl. pours., art. 16 et 16 bis*; *Com. Durieu, t. I, p. 309 et suiv., et t. II, Jurisp., p. 281.*)

Toutefois un propriétaire ne peut être rendu responsable des impôts d'une personne qui n'était plus sa locataire au moment où le rôle a été publié. (*Jurisp. constante.*)

1318. — Le propriétaire est tenu, à peine d'encourir la responsabilité édictée ci-dessus, de déclarer au percepteur dans la circonscription duquel est situé son immeuble, le déménagement de son locataire, quand bien même ce locataire serait imposé à la contribution des patentes sur le rôle d'une autre perception.

Lorsque le locataire a déménagé deux fois dans le cours de l'année, la responsabilité de deux douzièmes de la patente encourue par le propriétaire de l'ancien domicile ne fait pas obstacle à l'exercice d'un recours en garantie contre le second propriétaire pour deux autres douzièmes. (*Arr. Cons. d'Ét. 10 février 1894.*)

En résumé de ce qui précède, les propriétaires n'ont donc pas à rechercher si les impositions de leurs locataires ont été établies antérieurement ou postérieurement à leur venue dans l'immeuble, ou si ces impositions concernent leur perception ou une perception étrangère ; ils n'ont qu'une chose à faire : déclarer tout déménagement aux percepteurs.

1318 bis. — Lorsque, dans la même année, un locataire déménage deux fois, le second propriétaire qui n'a pas fait de déclaration au percepteur peut être poursuivi pour le payement de la contribution personnelle-mobilière restant due par le locataire pour l'année du déménagement. Il ne saurait, pour se dégager de cette responsabilité, se prévaloir de cette circonstance qu'aucune déclaration n'a été faite par le premier propriétaire.

Lorsque le locataire a déménagé hors du ressort de la perception, la responsabilité s'étend à la contribution personnelle-mobilière de l'année entière. (*Arr. Cons. d'État, 13 janv. 1899.*)

1319. — Les propriétaires et les principaux locataires qui ont négligé de donner avis du déménagement au percepteur de leurs locataires peuvent être poursuivis par les mêmes moyens que les contribuables eux-mêmes. — V. POURSUITES, nᵒˢ 2307 et suiv., et *Com. Durieu, t. I, p. 323 et suiv.*

Mesures à prendre par le percepteur dans le cas de déménagement furtif. — V. POURSUITES nᵒ 2406.

1320. — Le propriétaire qui, au cas de déménagement furtif de son locataire, n'a pas fait constater le fait dans les trois jours, est responsable des termes échus de la contribution mobilière de ce dernier, lors même que, avant l'événement, ce propriétaire aurait donné avis au percepteur de l'intention où était son locataire de déménager à une époque ultérieure. (*Arr. Cons. d'Ét. 18 novembre 1863.*)

En ce qui concerne la patente, le délai de constatation est de huit jours et la responsabilité ne porte que sur le dernier douzième échu et le douzième courant. (*L. 15 juillet 1880, art. 30 et 19 avril 1905, art. 14.*)

1321. — En cas de déménagement furtif, les trois jours accordés au propriétaire pour le faire constater et dégager ainsi sa responsabilité à l'égard du Trésor, courent du jour même du déménagement et non de celui où le fait a été connu du propriétaire.

Dans cette même hypothèse, la responsabilité du propriétaire est limitée aux termes échus de la contribution personnelle-mobilière, et au dernier douzième au douzième courant de la contribution des patentes. (*Arr. Cons. d'Ét. 9 juill. 1886, 21 janv. 1887 et 22 juill. 1892; Com. Durieu, t. II, Jurisp., p. 254, 256 et 287.*)

1322. — Lorsqu'il n'y a pas eu déménagement furtif et que le propriétaire a, dans les trois premiers jours du dernier mois de location pour la contribution personnelle-mobilière et huit jours pour la contribution des patentes, donné avis au percepteur du déménagement de son locataire, le départ de ce dernier avant l'expiration du bail ne rend plus le propriétaire responsable. (*Arr. Cons. d'Ét. 24 juin 1890 et 14 mai 1891; Com. Durieu, t. II, Jurisp., p. 270 et 276.*)

Toutefois, en ce qui concerne la contribution des patentes, le propriétaire, pour dégager sa responsabilité a tenu, dans les huit jours du départ anticipé, de donner un second avis au percepteur ; sinon, il devient responsable du dernier douzième échu et du douzième courant de la patente impayée. (*Loi 15 juill. 1880, art. 30 et 19 avril 1905, art. 14.*)

Pour la contribution personnelle-mobilière, aucune disposition analogue n'existe dans la loi du 21 avril 1832. — V. ci-dessus, nᵒˢ 1315 et suiv.

1323. — Le propriétaire n'est pas responsable des contributions personnellement imposées à un individu que le fermier, en quittant les lieux loués après avoir acquitté les contributions à sa charge, a commis à la garde de l'immeuble jusqu'à l'expiration du bail. (*Arr. Cons. d'Ét. 11 janvier 1889 ; Com. Durieu, t. II, Jurisp. p. 264.*)

1324. — Les contributions personnelle-mobilière et des patentes ne deviennent immédiatement exigibles pour la totalité de l'année courante qu'au cas de déménagement hors du ressort de la perception, ou en cas de vente volontaire ou forcée.

En conséquence, le propriétaire qui a négligé de déclarer au percepteur que son locataire devait déménager, n'étant responsable que des termes exigibles au moment du déménagement, n'encourt aucune responsabilité lorsque le locataire ne déménage pas hors du ressort de la perception et qu'il a payé les termes échus à l'époque où il a déménagé. (Arr. Cons. d'Ét. 8 nov. 1878 ; Dalloz, 1879, 3e partie, p. 37.)

1325. — La responsabilité du propriétaire est limitée aux contributions dues par son locataire et non aux autres cotes que pourrait devoir ce même locataire avant son entrée dans la maison du propriétaire responsable. — V. n° 1318.

De même, le propriétaire ne saurait être rendu responsable d'un locataire parti avant la publication du rôle. (Jurisprudence.)

1326. — L'enlèvement de meubles, par suite de vente amiable, constitue un déménagement.

Ainsi, le propriétaire ou principal locataire qui n'a pas fait constater dans les trois jours le déménagement des meubles de son locataire, est responsable envers le Trésor des contributions personnelle-mobilière et des patentes dues par ce locataire. (L. 21 avril 1832, art. 22 et 23; Com. Durieu, t. I, p. 333 ; Arr. Cons. d'Ét. 26 décembre 1879 ; L. 15 juillet 1880, art. 30; Dalloz 1880, 3e partie, p. 101.)

1327. — La responsabilité imposée aux propriétaires par les articles 22 et 23 de la loi du 21 avril 1832 et 30 de la loi du 15 juillet 1880, dans le cas de déménagement des meubles du locataire, n'est pas applicable au cas de vente forcée des meubles dudit locataire, à la requête du propriétaire, le percepteur pouvant, en vertu de l'article 2 de la loi du 12 novembre 1808, exercer le privilège du Trésor sur le prix de ces meubles entre les mains du commissaire-priseur. (Arr. Cons. d'Ét. 26 janv. et 23 fév. 1889.) — V. n°s 1344 et suiv.

1328. — La responsabilité d'un propriétaire ne peut être invoquée pour le payement de la contribution personnelle-mobilière en cas de décès de l'usufruitier logé dans l'immeuble. Le percepteur doit, dans ce cas, s'adresser aux héritiers et, à défaut, saisir les meubles. (Jurisp.)

1329. — La responsabilité des propriétaires ne s'applique pas aux locataires logés gratuitement (Arr. Cons. d'Ét. 14 mars 1891.) — Il en serait différemment, toutefois, si la concession du logement n'était pas purement gratuite. (Com. Durieu, t. I, p. 314.)

Un gendre, par exemple, serait responsable de la contribution personnelle-mobilière impo-

sée au nom de sa belle-mère, si, par son contrat de mariage, il était tenu à l'obligation du logement. (Arr. Cons. d'Ét. 30 mars 1844, Durieu, jurisp. p. 182.)

De même, un acquéreur d'une maison continuant à loger son vendeur serait responsable de la contribution de ce dernier s'il était établi dans l'acte de vente qu'il était tenu du logement. (Arr. Cons. d'Ét. 7 décembre 1888.)

La responsabilité des propriétaires ne concerne d'ailleurs que les locataires et sous-locataires de maisons. Les propriétaires de biens ruraux ne sont pas responsables de la contribution personnelle et mobilière due par les fermiers. (Id., p. 310.)

À l'égard des sous-locataires des maisons, la responsabilité du propriétaire cesse lorsqu'il y a un principal locataire; ce dernier est seul responsable. (Id., p. 311.)

Pour tous les autres cas, V. Com. Durieu, t. I, p. 308 et suiv.

1330. — Le principal locataire, nonobstant toute déclaration de sa part, est responsable de la contribution mobilière du locataire qu'il loge en garni; il est responsable du douzième échu et du douzième courant de la contribution des patentes de ce même locataire lorsqu'il n'a pas déclaré son déménagement dans les termes légaux lors même qu'une déclaration de faillite serait intervenue avant la publication du rôle. (Arr. Cons. d'Ét. 16 nov. 1888; Com. Durieu, t. II, Jurisp., p. 261.)

1331. — Doit être considéré comme un principal locataire, dans le sens de l'article 23 de la loi du 21 avril 1832, tout locataire qui sous-loue, même à une seule personne, la totalité des lieux loués par lui.

Les propriétaires ne sont tenus de déclarer le déménagement que de leurs propres locataires, c'est-à-dire des personnes avec lesquelles ils ont directement traité.

Ils ne peuvent, dès lors, encourir aucune responsabilité pour défaut de déclaration de déménagement d'un sous-locataire, alors même que le principal locataire aurait disparu. (Arr. Cons. d'Ét. 27 mai 1892; Com. Durieu, t. II, Jurisp., p. 283.)

1332. — Les dispositions législatives énoncées ci-dessus, qui rendent les propriétaires et principaux locataires responsables de la contribution personnelle-mobilière nous paraîtraient applicables à tous les impôts qui se perçoivent comme les contributions directes, car il s'agit d'un privilège en faveur du Trésor.(V. n°s 2528 et suiv.), mais jusque là, aucun texte de loi n'a étendu la responsabilité aux taxes communales ni même aux autres contributions ou taxes perçues au profit du Trésor.

Il y a exception pour l'impôt des patentes, où la responsabilité des propriétaires ne porte que sur le dernier douzième échu et le douzième courant. — V. n° 1317.

Il y a aussi exception pour le recouvrement de la taxe militaire; l'article 15 du décret du 24 mai 1898 porte, en effet, que les dispositions du deuxième paragraphe de l'article 22 et celles de l'article 23 de la loi du 21 avril 1832 ne sont pas applicables à cette taxe.—V. n° 2912 *bis.*

1333. — Un percepteur n'a pas qualité pour former un pourvoi contre un arrêté par lequel le conseil de préfecture a déclaré un propriétaire non responsable des contributions dues par un locataire qui a déménagé, alors qu'aucune disposition de l'arrêté ne met ces contributions à la charge dudit percepteur, et ne fait obstacle à ce qu'il se pourvoie devant l'autorité compétente pour les faire imputer sur le fonds de non-valeurs à titre de cote irrecouvrable. (*Arr. Cons. d'Ét. 1er juillet 1881 ; Dalloz 1882, 3e partie, p. 118.*)

Mais, dans le cas où l'arrêté rendu au profit d'un contribuable a pour effet direct et nécessaire de mettre le montant d'une cote à la charge du percepteur, celui-ci a qualité pour se pourvoir. (*Arr. Cons. d'Ét. 21 juillet 1876 ; Dalloz 1877, 3e partie, p. 2.*)

1334. — Les propriétaires et principaux locataires peuvent réclamer contre la mise à leur charge des impôts personnel-mobilier et des patentes établis au nom de leurs locataires. (*Inst. sur les réclamations 30 janvier 1892, art. 9.*)

Il en serait ainsi pour tout autre taxe.

1335. — Le conseil de préfecture est compétent pour statuer sur la demande formée par un propriétaire qui, ayant été contraint par le percepteur de payer la patente due par son fermier, prétend avoir été mal à propos assujetti à la responsabilité établie par l'article 25 de la loi du 25 avril 1844 (*aujourd'hui article 30 de la loi du 15 juillet 1880*).

Lors même que le patentable a quitté l'usine qu'il exploitait, il ne peut être considéré comme ayant opéré le déménagement prévu par la loi, s'il a laissé dans cette usine le matériel et le mobilier qu'il y avait apportés ; par suite, le propriétaire ne peut, dans ce cas, être frappé de la responsabilité établie par la jurisprudence énoncée plus haut, n°s 1317 et suivants.

Il n'appartient qu'à l'autorité judiciaire de statuer sur les contestations relatives au privilège établi au profit du Trésor par l'article 2 de la loi du 12 novembre 1808, et spécialement sur la question de savoir si le propriétaire qui a fait saisir et vendre à son profit les meubles apportés dans l'usine par son fermier, est passible de l'application du privilège dont il s'agit alors que le percepteur des contributions n'est point intervenu dans la procédure et n'a point formé opposition à la distribution des deniers provenant de cette saisie et de cette vente. (*Arr. Cons. d'Ét. 19 février 1863; Dalloz 1863, 3e partie, p. 19.*)

1336. — Le conseil de préfecture est compétent pour statuer sur la question de savoir si un propriétaire est responsable des contributions de son locataire, alors même que la réclamation est présentée sous forme de demande en restitution des sommes payées, à ce titre, par le propriétaire.

Mais il est incompétent pour statuer sur une demande en dommages-intérêts formée par un contribuable, même accessoirement à une demande en restitution du montant d'une contribution dont il n'était pas débiteur. (*Arr. Cons. d'Ét. 21 janv. 1887 et 26 janv. 1889; Dalloz 1890, 3e partie, p. 47.*)

Démolitions.

1337. — Les maisons et usines démolies ne sont imposables que pour le sol. (*L. 3 frimaire an VII, art. 88.*)—V. CAHIER DE NOTES, CONSTRUCTIONS NOUVELLES, DÉCHARGES ET RÉDUCTIONS, RÉCLAMATIONS.

Deniers pupillaires. — V. n°s 1366, 1655 *bis* et 1990.

Dénonciation calomnieuse. — V. OUTRAGE, n° 2070.

Denrées et grains récoltés sur les biens des établissements de bienfaisance. — V. BUREAUX DE BIENFAISANCE, REVENUS DES ÉTABLISSEMENTS, n°s 2793 et suiv.

Dépenses des communes.

1338. — Les dépenses des communes sont *obligatoires* ou *facultatives.*

Sont *obligatoires* les dépenses suivantes :

1° L'entretien, s'il y a lieu, de l'hôtel de ville ou du local affecté à la mairie ;

2° Les frais de bureau et d'impression pour le service de la commune ;

3° Les frais de confection de matrices, rôles et avertissements à la charge des communes ;

4° Le timbre des comptes et registres de la comptabilité communale, même les mandats, rôles de taxes, etc. ;

5° L'abonnement au *Bulletin des lois* pour les chefs-lieux de canton, et au *Moniteur des communes* pour celles qui ne sont pas chef-lieu ;

6° Les frais de recensement de la population ;

7° Les frais de registres de l'état-civil et des livrets de famille et la portion des tables décennales à la charge des communes ;

8° Le traitement du receveur municipal, du préposé en chef de l'octroi, et les frais de perception ;

9° Le traitement des gardes des bois de la commune ;

10° Le traitement des gardes champêtres ;

11° Le traitement et les frais de bureau des commissaires de police, tels qu'ils sont déterminés par les lois et décrets ;

12° Les pensions des employés municipaux et des commissaires de police, régulièrement liquidées et approuvées ;

13° Les frais de loyer et de réparation du local de la justice de paix, ainsi que ceux d'achat et d'entretien de son mobilier, dans les communes chefs-lieux de canton ;

14° Les dépenses relatives à l'instruction publique, conformément aux lois (V. n⁰ˢ 1703 et suiv.) ;

15° Les dépenses relatives aux chemins vicinaux dans les limites fixées par la loi ;

16° Les frais de casernement ;

17° L'indemnité de logement aux curés et desservants et autres ministres des cultes salariés par l'État, lorsqu'il n'existe pas de bâtiments affectés à leur logement et lorsque les fabriques ou autres administrations préposées aux cultes ne peuvent pourvoir elles-mêmes au payement de cette indemnité ;

18° Les secours aux fabriques des églises et autres administrations préposées aux cultes dont les ministres sont salariés par l'État, en cas d'insuffisance de leurs revenus, justifiée par leurs comptes et budgets ;

19° Le contingent assigné à la commune, conformément aux lois, dans la dépense des enfants assistés et des aliénés ;

20° Les grosses réparations aux édifices communaux, sauf l'exécution des lois spéciales concernant les bâtiments militaires et les édifices consacrés au culte ;

21° La clôture des cimetières, leur entretien et leur translation dans les cas déterminés par les lois et règlements d'administration publique ;

22° Les frais d'établissement et de conservation des plans d'alignement et de nivellement ;

23° Les frais et dépenses des conseils de prud'hommes, pour les communes comprises dans le territoire de leur juridiction et proportionnellement au nombre des électeurs inscrits sur les listes électorales spéciales à l'élection et les menus frais des chambres consultatives des arts et manufactures pour les communes où elles existent ;

24° Les contributions et prélèvements établis par les lois sur les biens et revenus communaux ;

25° Les secours et pensions accordés aux sapeurs-pompiers, à leurs veuves et à leurs orphelins ;

26° La part contributive de la commune dans la dépense des travaux de défense contre les inondations ;

27° Les frais de tenue des assemblées électorales pour l'élection des membres du corps législatif, des conseils généraux, des conseils d'arrondissement, des conseils municipaux, des tribunaux de commerce, etc.;

28° Les dépenses relatives à la mise en valeur des marais et des terrains incultes appartenant aux communes ;

29° Les dépenses relatives au reboisement et au gazonnement des montagnes ;

30° Les frais de logement des présidents des cours d'assises ;

31° Les frais de chambres ou dépôts de sûreté ;

32° Les frais de route des indigents envoyés aux eaux thermales ;

33° Les dépenses du matériel des commissions de statistique pour les chefs-lieux de canton ;

34° Les frais de visite des fours et cheminées ;

35° L'entretien du pavé dans les rues qui ne sont pas grandes routes ;

36° L'acquittement des dettes exigibles ;

37° Les dépenses occasionnées par l'application de l'article 85 de la loi du 5 avril 1884, et généralement les dépenses mises à la charge des communes par une disposition de loi.

Toutes dépenses autres que les précédentes sont facultatives. *(Inst. gén., art. 980 ; Décr. 31 mai 1862, art. 486 ; L. 5 avril 1884, art. 136.)* — V. BUDGETS DES COMMUNES, CRÉDITS, EXERCICE, ORDONNANCEMENT, PAYEMENT, PIÈCES JUSTIFICATIVES.

Dépenses des établissements de bienfaisance.

1339. — *Nomenclature des dépenses.* — Les dépenses des hospices et autres établissements de bienfaisance sont divisées en *dépenses ordinaires* et en *dépenses extraordinaires.*

Les dépenses *ordinaires* consistent dans les articles suivants, savoir :

Traitements divers et remises du receveur :
Gages des préposés et servants ;
Réparations et entretien des bâtiments ;
Contributions assises sur ces bâtiments ;
Entretien du mobilier et des ustensiles ;
Dépenses du coucher ;
Linge et habillement ;
Achat de grains et denrées ;
Blanchissage ;
Chauffage ;
Éclairage ;
Achat de médicaments ;
Pensions ou rentes à la charge de l'établissement ;
Entretien et menues réparations des propriétés rurales ;
Contributions assises sur ces propriétés ;
Dépenses des mois de nourrice et pensions des enfants assistés ;
Frais de layettes et vêture de ces enfants ;
Dépense des aliénés indigents, dans la proportion déterminée par le préfet, sur la proposition du conseil général.

On range également dans la classe des dépenses ordinaires les *consommations de grains et denrées.*

Les dépenses *extraordinaires* ont, en général, pour objet :

Les constructions et grosses réparations ;
Les achats de terrains et bâtiments ;
Les frais de procédure ;
Les achats de rentes sur l'État. *(Inst. gén., art. 1683.)*

1340. — Les règles relatives au payement des dépenses des communes sont applicables au payement des dépenses des établissements de bienfaisance. *(Inst. gén., art. 1686.)* — V. BUREAUX DE BIENFAISANCE, CRÉDITS, EXERCICE, ORDONNANCEMENT, PAYEMENT, PIÈCES JUSTIFICATIVES.

Dépenses départementales.

1341. — *Payement*. — Les dépenses réglées par les budgets départementaux sont acquittées par les trésoriers-payeurs généraux, en vertu des mandats des préfets, imputables sur les ordonnances de délégation des ministres compétents. (*Inst. gén., art. 805.*)

1342. — Les trésoriers-payeurs généraux peuvent requérir, pour le payement de ces dépenses comme pour celles qui intéressent directement le Trésor, le concours des receveurs des finances et des percepteurs sous leurs ordres.

L'époque de la clôture de l'exercice est fixée pour la liquidation et l'ordonnancement des dépenses départementales, au 31 janvier de la deuxième année de l'exercice, et pour les payements au 28 février dans l'arrondissement du chef-lieu, au 20 février dans les arrondissements de sous-préfecture. (*Inst. gén., art. 661; Circ. compt. publ. 27 janv. 1900, § 2.*) — V. PAYEMENTS POUR LE COMPTE DU TRÉSORIER-PAYEUR GÉNÉRAL.

Dépense d'ordre des octrois. — V. OCTROI, PIÈCES JUSTIFICATIVES, § 174.

Dépenses imprévues. V. BUDGETS, nos 734 et suiv.; COMPTES DE GESTION, n° 970; PIÈCES JUSTIFICATIVES, § 139.

Dépenses publiques.

1343. — *Payement*. — Aucune dépense publique ne peut être acquittée si elle n'a été ordonnancée par un ministre ou, en vertu de ses délégations, par un ordonnateur secondaire. (*Inst. gén., art. 163 à 193.*)

Le payement des ordonnances et mandats est effectué par le trésorier-payeur général dans chaque département.

Les receveurs des finances et les percepteurs sous leurs ordres doivent faire sur les fonds de leurs recettes, pour le service du trésorier-payeur général, tous les payements pour lesquels leur concours est jugé nécessaire. (*Inst. gén., art. 194, 658 et 661.*) — V. PAYEMENTS POUR LE COMPTE DU TRÉSORIER-PAYEUR GÉNÉRAL.

Dépositaires et débiteurs de deniers provenant du chef des redevables de contributions directes (Obligations des).

1344. — Tous receveurs, agents, économes, notaires, commissaires-priseurs et autres dépositaires et débiteurs de deniers provenant du chef des redevables et affectés au privilège du Trésor, sont tenus, sur la demande qui leur en est faite par le percepteur (V. n° 1357), de payer à l'acquit des contribuables, sur le montant et jusqu'à concurrence des fonds qu'ils doivent ou qui sont entre leurs mains, les contributions dues par ces derniers, lors même qu'il existerait entre leurs mains des oppositions formées par d'autres créanciers des contribuables. (*Voir, toutefois, le dernier alinéa du n° 1352 ci-après.*)

Les commissaires-priseurs, huissiers, notaires, séquestres et autres dépositaires sont tenus de payer d'office les contributions dues, avant de procéder à la délivrance des deniers. Les quittances des percepteurs (pour les sommes légitimement payées) leur sont allouées en compte. (*Inst. gén., art. 83 et 84; Décr. 5-18 août 1791, L. 12 nov. 1808; 18 juin 1843; Règl. pours., art. 14; Com. Durieu, t. I, p. 281 et suiv.*) — V. PRIVILÈGE, nos 2504 et 2529.

1344 bis. — D'après les dispositions combinées des lois des 5-18 août 1791, 21 avril 1832 et 15 juillet 1880, le commissaire-priseur qui a effectué la vente des meubles d'un contribuable est tenu de verser au percepteur, sur le produit de ladite vente, le montant des contributions personnelle-mobilière et des patentes dues par le contribuable pour l'année entière.

C'est donc à bon droit qu'un percepteur poursuit par voie de sommation et de commandement le commissaire-priseur qui a réparti le produit d'une vente mobilière après avoir acquitté seulement les douzièmes échus, au moment de cette vente, sur les contributions personnelle-mobilière et de patentes du propriétaire des objets vendus. (*Trib. civ. de Langres 2 avril 1903.*) — V. nos 1304 et suiv.

1345. — Au nombre des dépositaires et débiteurs de deniers provenant du chef des redevables, la loi du 12 novembre 1808 vise non seulement les dépositaires publics, mais encore tous les dépositaires et débiteurs privés de sommes appartenant aux redevables, à quelque titre que ce soit. (*Arr. Cour cass. 21 avril 1819; Com. Durieu, t. I, p. 286 et suiv.. et t. II, Jurisp. p. 428.*) — V. POURSUITES, n° 2306 et suiv.

En ce qui concerne les curateurs aux successions vacantes, la loi du 12 novembre 1808 est généralement sans application à leur égard.

Le curateur à une succession vacante n'administre, en effet, que sous la charge de faire verser le numéraire qui se trouve dans la cession, ainsi que les deniers provenant de la vente des meubles ou des immeubles, entre les mains de l'administration des domaines. (*C.civ. art. 813.*)

Le percepteur à qui il est dû des impôts doit, dans ce cas, s'adresser au curateur des finances, représentant la Caisse des dépôts et consignations et produire les pièces énoncées au numéro ci-après.

1346. — Lorsque la Caisse des dépôts et consignations est détenteur de fonds sur lesquels le Trésor public a privilège pour raison de contributions directes, en vertu de la loi du 12 novembre 1808, le percepteur doit produire, pour avoir le payement de la cote : 1° un extrait des rôles délivré par lui, dont la signature et la qualité doivent être certifiées par son chef de service ; 2° une quittance à souche, qui doit être accompagnée d'une autre quittance, par duplicata, sur papier libre, énonçant, entre autres choses, la date et le nom de la consignation, ainsi que les motifs du remboursement. *(Inst. gén. sur le service des consignations, art. 96 ; tableau des pièces justificatives, même instruction ; Circ. Caisse des dépôts et consig. 21 janvier 1892, § 9.)*

1347. — *Privilège sur les sommes déposées.* — Le privilège du Trésor sur les sommes déposées entre les mains des personnes qui sont désignées au n° 1344 s'exerce avant tout autre, sur la simple demande du percepteur ou sur une sommation (exempte de timbre, V. n° 2412) faite par un porteur de contraintes.

Le percepteur, avant d'exercer des poursuites, doit s'assurer que le privilège existe réellement sur les sommes déposées et qu'elles proviennent bien, savoir :

Pour la *contribution foncière*, des fruits et revenus des biens soumis à cette contribution ;

Pour les *autres contributions*, des objets mobiliers affectés à leur payement.

Lorsque ce privilège n'existe pas, le percepteur doit agir par voie de *saisie-arrêt* entre les mains du dépositaire ou détenteur de deniers. *(Inst. gén., art. 85 ; Com. Durieu, t. I. p. 284 et suiv.)* — V. POURSUITES, n°s 2390 et suiv. ; PRIVILÈGE.

1348. — En cas de refus par les tiers détenteurs ou dépositaires de remettre au percepteur les deniers affectés au privilège du Trésor, ils peuvent y être contraints par les mêmes moyens que les contribuables eux-mêmes. *(Note de l'Inst. gén., art. 85 ; Com. Durieu, t. I, p. 295 et suiv.)* — V. POURSUITES, n°s 2307, 2390 et suiv. ; PRIVILÈGE.

1349. — Le percepteur pourrait être déclaré responsable d'une partie des dépens occasionnés dans une instance où il réclamerait à un dépositaire de deniers affectés au privilège du Trésor une somme plus élevée que celle réellement privilégiée. Il faut tenir compte que, pour les sommes où le privilège n'existe pas, il y a toujours lieu d'agir par voie de saisie-arrêt, lorsque, notamment, on a à craindre d'être en concurrence avec d'autres créanciers. *(Jurisp.)*

Dans le cas où il y aurait lieu d'agir en même temps par voie de sommation directe et de saisie-arrêt, V. n° 2403.

1350. — Le privilège du Trésor est limité aux contributions de l'année échue et de l'année courante ; il cesse par l'échéance du terme légal pendant lequel il est accordé.

Le percepteur doit, en conséquence, continuer les poursuites de façon à obtenir payement avant l'expiration de la seconde année.

Les obligations des tiers détenteurs n'existant que relativement au payement des contributions privilégiées, un commissaire-priseur qui a versé à la Caisse des dépôts le reliquat du produit d'une vente mobilière ne peut plus être poursuivi par le percepteur, dès que les contributions ont plus de deux ans de date. *(Jurisp.)* — V. Com. Durieu, t. I, p. 240 et 358.

1351. — Les tiers détenteurs de sommes appartenant à des débiteurs de contributions directes et affectées au privilège du Trésor, doivent les verser entre les mains du percepteur jusqu'à concurrence des contributions dues et sur la simple demande de ce comptable, lors même qu'il existerait des oppositions formées par d'autres créanciers. *(Arr. Cour cass. 21 avril 1819 ; Com. Durieu, t. II, Jurisp., p. 128.)* — V. le dernier alinéa du numéro qui suit.

1352. — Un huissier qui aurait fait la vente des meubles d'un débiteur et entre les mains duquel des oppositions auraient été formées par des tiers créanciers sur le prix de ladite vente, ne serait pas autorisé, nonobstant la demande du percepteur, à verser les sommes dont il était dépositaire à la Caisse des dépôts et consignations, conformément à l'article 657 du Code de procédure civile, si toutefois la contribution est privilégiée.

Il en est autrement dans le cas où le percepteur n'a pas privilège, lorsqu'il s'agit, par exemple, des deniers provenant de la vente des meubles d'un contribuable, et que la poursuite a eu lieu pour une cote foncière. Dans ce cas, le Trésor ne venant que par concurrence avec les autres créanciers, le porteur de contraintes ou le commissaire-priseur qui a fait la vente, ne peut que se conformer aux dispositions des articles 656 et suivants du Code de procédure civile, et consigner les deniers qu'il a reçus. Le percepteur doit alors faire valoir ses droits et faire ses diligences pour être colloqué en ordre utile sur le prix de la vente. *(Com. Durieu, t. I, p. 304, et t. II, p. 114 et suiv.)*

Il suit d'un nouvel arrêt de la Cour de cassation en date du 2 mars 1898, que l'officier public qui a reçu opposition au payement du prix de la vente sur saisie à laquelle il a procédé ne peut se faire juge de la valeur de l'opposition ; il doit consigner le montant du prix lorsque les ayants droit ne se sont pas mis d'accord pour la distribution.

1353. — *Jurisprudence.* — *Commissaire priseur.* — *Huissier.* — *Responsabilité.* — Le commissaire-priseur chargé de la vente d'un mobilier doit, à peine de responsabilité, avant de se dessaisir des fonds provenant de la vente, s'assurer de l'acquit des contributions. *(Trib. de 1re inst. de Paris 24 mai 1828; Com. Durieu, t. II, Jurisp., p. 157.)*

Pour le privilège des contributions, V. nos 2513, 2528 et suiv.

1354. — Lorsque le commissaire-priseur ou l'huissier qui a opéré une vente de meubles n'acquitte pas les impôts sous prétexte que le produit de la vente paye juste les frais de poursuite, le percepteur doit exiger la communication de l'état de frais, dûment taxé, afin de s'assurer que les frais de *commandement*, *saisie et vente*, seuls primant les contributions directes (V. n° 2531), absorbent entièrement les fonds réalisés.

En cas de refus du fonctionnaire qui a fait la vente, il y a lieu d'en référer au président du tribunal civil, chargé, dans tous les cas, de taxer l'état de frais.

Il faut tenir compte que la loi du 18 juin 1843 alloue aux commissaires-priseurs et aux huissiers une vacation pour le payement des contributions, conformément aux dispositions des lois des 5-18 août 1791 et 12 novembre 1808.

1355. — Le commissaire-priseur, entre les mains duquel il ne reste, après prélèvement de ses frais sur un prix de vente, qu'une somme insignifiante pour acquitter les contributions, doit justifier au percepteur, par la production d'un état taxé, de la quotité et de la nature des frais qu'il apporte au privilège du Trésor.

Cet officier ministériel devait acquitter les contributions privilégiées sur le reliquat du prix de vente, nonobstant toute opposition et avant toute consignation, sous peine de responsabilité personnelle. *(Trib. civ. de Toulouse 31 décembre 1891; Com. Durieu, t. II, Jurisp., p. 279.)* — V. nos 1524 et 2532.

1356. — L'huissier ou le commissaire-priseur qui, ayant procédé à une vente publique de meubles, en a versé le prix entre les mains des ayants droit sans s'être fait préalablement justifier du payement des contributions, est, à bon droit, poursuivi comme responsable vis-à-vis du Trésor public dont il a laissé périr le gage. *(Trib. de Donai, 12 févr. 1864; Trib. de Pont-Audemer, 1er août 1877; Com. Durieu, t. II, p. 108 et 234.)*

1357. — Les dépositaires de deniers appartenant aux contribuables et grevés du privilège du Trésor pour le payement des contributions directes, en particulier les huissiers détenteurs de deniers provenant de saisies, ne peuvent s'en dessaisir qu'après s'être assurés du payement de ces contributions.

L'administration n'est tenue de leur adresser aucune interpellation à ce sujet.

S'ils se sont dessaisis des fonds sans s'être assurés du payement desdites contributions, ils en sont personnellement responsables vis-à-vis de l'administration, alors même qu'elle ne leur a adressé aucune mise en demeure. *(Trib. de Rouen, 29 nov. 1878; Trib. de Gex, 7 avril 1879; Trib. de Charleville, 30 déc. 1880; Trib. de Châlon-sur-Saône, 19 mai 1881; Trib. de Lons-le-Saulnier, 11 déc. 1882; Trib. de Pont-L'Évêque, 26 avril 1883; Arr. Cour cass. 21 mai 1883; Dalloz 1884, 1re partie, p. 271; Trib. de Lyon, 20 juin 1884; Trib. de Tonnerre, 1er avril 1886; Trib. de Poitiers, 10 avril 1888; Trib. des Sables d'Olonne, 7 juillet 1891; Trib. de Grasse, 22 janv. 1896; Trib. de Gap, 12 août 1902.)*

Ces jugements se basent sur ce que la loi du 12 novembre 1808 n'a pas abrogé les dispositions des décrets des 5-18 août 1791, qui obligent les officiers ministériels, dépositaires de deniers, à justifier du payement des impositions avant de se dessaisir de ces deniers. — V. n° 2459 bis, § 12.

1358. — Les dispositions énoncées ci-dessus sont en tout applicables aux syndics de faillite. *(Trib. de Mirecourt, 30 avril 1875; Trib. civ. de la Seine, 26 déc. 1878; Cour. cass., 21 mai 1883; Com. Durieu, t. II, Jurisp., p. 224, 239 et 250; Trib. civ. de Marseille, 27 juin 1895.)* — V. FAILLITE nos 1524 et suiv.

Elles le sont également vis-à-vis des liquidateurs judiciaires. *(Trib. civ. de la Seine, 1re chambre, 7 décembre 1885.)*

Quant aux mandataires spéciaux des contribuables, y compris les officiers publics n'agissant pas dans l'exercice de leurs fonctions, qui auraient fait une vente mobilière amiable, la loi des 5 et 18 août 1791 ne leur est pas applicable. *(Com. Durieu, t. I, p. 303; Trib. civ. de Segré, 21 août 1883.)* — Mais comme il est dit plus haut, nos 1344 et 1351, le percepteur peut, en faisant sa demande avant la délivrance des deniers, exiger le montant des sommes privilégiées et invoquer dans ce cas, la loi du 12 novembre 1808, article 2.

1359. — Lorsqu'un contribuable, qui a vendu des meubles affectés au privilège du Trésor, a reçu en payement un billet souscrit par l'acquéreur, l'huissier chargé du recouvrement de ce billet, pas plus que celui au profit duquel il a été endossé, ne doit être considéré comme un tiers détenteur dans le sens de la loi du 12 novembre 1808.

Le percepteur doit, avant que le prix des meubles ait été payé, agir contre le débiteur de ce prix. *(Trib. civ. d'Annecy, 7 août 1885.)*

1360. — *Cas où l'huissier n'encourt aucune responsabilité*. — L'huissier qui a procédé à la vente du mobilier d'un contribuable n'encourt aucune responsabilité s'il verse, *avant l'émission des rôles*, entre les mains du créancier poursuivant, l'intégralité du produit de la vente. *(Solut. min. Fin. 2 juin 1892.)*

Cette solution ne peut faire aucun doute; l'huissier ne peut, en effet, surseoir à la remise des fonds jusqu'à ce que le percepteur ait obtenu un titre qui n'existe pas encore.

Dépositaires et débiteurs de gages domestiques. — V. POURSUITES. nos 2399 et suiv.

Percepteur - receveur dépositaire de sommes dues à un redevable de contributions ou d'amendes et condamnations. — V n° 2404.

Dépositaires et débiteurs de deniers provenant du chef des redevables d'amendes et condamnations.

1361. — La sommation à tiers détenteur de payer à l'acquit des redevables d'amendes et condamnations n'est pas admise, comme lorsqu'il s'agit de contributions directes (V. nos 1344 et suiv.). Que la condamnation soit privilégiée ou non, on ne peut poursuivre, en l'espèce, que par voie de *saisie-arrêt*. *(Avis contentieux 12 décembre 1884.)* — V. nos 288 et suiv.

Dépôt aux archives des préfectures et sous-préfectures des rôles des contributions directes, des rôles des taxes assimilées aux contributions directes, des états de frais de poursuites, des journaux à souche et autres registres.

1362. — A la fin de la troisième année de l'ouverture de chaque exercice, les rôles sont retirés par les receveurs des finances et déposés aux archives de la sous-préfecture. Pour justifier de ce dépôt, les percepteurs doivent dresser un relevé sommaire du montant des rôles *(Modèle n° 2)*; les receveurs des finances visent ces relevés et prennent note de la date du dépôt. *(Inst. gén., art. 96; Circ. compt. publ., 15 déc. 1897, § 12.)*

Les rôles de la contribution foncière à partir de 1898 doivent être conservés dans les archives de la perception pour se reporter, au besoin, aux dégrèvements d'office accordés sur les petites cotes foncières. *(Circ. compt. publ. 29 déc. 1900, § 2, 9 janvier 1902, § 1er et 27 janv. 1903, § 6.)* — V. n° 1300 bis.

Les états de frais de poursuites et les journaux à souche des percepteurs-receveurs municipaux sont déposés à la même époque. *(Inst. gén., art. 585 et 1527.)*

Les rôles des taxes municipales sont déposés aux mairies. — V. ci-après n° 1365.

1363. — Les receveurs particuliers doivent se faire remettre par les percepteurs les livres récapitulatifs et les livres des comptes divers qui ont *trois ans* d'existence chez ces comptables. Après que ces registres ont été conservés *sept ans* dans leurs bureaux, ils les comprennent dans le dépôt qu'ils font eux-mêmes aux archives de la sous-préfecture, pour les anciens registres et pièces de comptabilité qui ont *dix ans* révolus d'existence.

Les règles suivantes sont observées pour le temps pendant lequel les pièces, rôles et registres doivent être conservés dans les archives départementales.

Les rôles des contributions directes ne sont supprimés que *trente ans* après la date de leur mise en recouvrement.

Les registres à souche des contributions directes, dont les percepteurs font le dépôt avec les rôles, mais dont la conservation a peu d'intérêt, puisque les rôles donnent les mêmes renseignements par les émargements, en ce qui concerne le payement des contributions, peuvent être supprimés après avoir été gardés pendant *cinq ans* seulement dans les archives départementales.

Les pièces de la comptabilité des communes et des établissements de bienfaisance peuvent être supprimées *trente ans* après le jugement des comptes, à l'exception toutefois des comptes des receveurs et agents comptables, des actes authentiques propres à établir l'existence d'un droit ou la preuve d'une libération, et des plans, devis, cahiers des charges de travaux neufs, procès-verbaux d'adjudication et certificats de réception, lesquelles pièces sont conservées indéfiniment. *(Inst. gén., art. 1365.)*

Il y a divers documents qui doivent être démunérés et mis au pilon avant leur livraison aux adjudicataires. *(Circ. compt. publ., 21 mars 1892, § 10.)*

1364. — Les originaux des actes de poursuites et autres pièces produites à l'appui restent déposés à la recette particulière pour y avoir recours au besoin. *(Régl. pours., art. 106.)*

Dépôt aux mairies des anciens rôles concernant les taxes municipales.

1365. — Les rôles de prestations et ceux de la taxe municipale sur les chiens sont déposés aux archives des mairies, à l'expiration de la *troisième année* de l'ouverture de chaque exercice. *(Circ. compt. publ. 30 juillet 1867, § 4.)*

Dépôts d'argent et d'objets précieux faits par les personnes admises dans les hôpitaux et hospices.

1366. — Les personnes admises dans les hôpitaux et hospices peuvent avoir à déposer soit de l'argent, soit des objets précieux, à leur entrée dans les établissements.

Les receveurs hospitaliers ont seuls qualité pour recevoir ces dépôts.

Ils informent immédiatement la commission administrative de tous ceux qui leur sont faits, et ils en délivrent des quittances à souche ; il est donné une estimation aux objets autres que les sommes d'argent, et ces objets sont, en outre, enregistrés sur un carnet spécial coté et parafé par le président de la commission administrative ; ils reçoivent un numéro d'ordre d'entrée et de sortie.

Les restitutions des sommes et des objets déposés doivent être justifiées dans la comptabilité des receveurs par les quittances ou décharges des ayants droit. Ces quittances ou décharges, et les quittances à souche que les receveurs délivrent au moment du dépôt des objets, sont exemptes des droits de timbre, ainsi que le livre auxiliaire ou les feuillets du livre des comptes qui seraient destinés à la tenue des dépôts. Les opérations dont il s'agit sont classées parmi celles qui s'exécutent hors budget. Les justifications auxquelles elles donnent lieu sont, pour la recette, un relevé dressé à la date du 31 décembre, et présentant le détail des objets existant à la fin de l'année précédente et de ceux qui ont été déposés depuis cette époque ; à l'égard de la dépense, les quittances ou décharges des ayants droit pour les objets restitués, l'état des objets qui auraient été vendus au profit de l'hospice par suite du décès des propriétaires (V. n° 1990) ; enfin, l'état des objets qui restent en dépôt. Les états et relevés doivent être certifiés par le receveur et visés par un administrateur. (*Inst. gén., art. 1111 ; Circ. min. Int. 28 avril 1897.*) — V. Pièces justificatives, §§ 220 et 256.

1367. — Les receveurs d'établissements de bienfaisance, à qui il est fait des dépôts de sommes d'argent ou d'objets précieux dont l'estimation doit être faite en argent, en délivrent quittance, ainsi qu'il est dit plus haut, et en constatent l'*entrée* au *débit* d'un compte qu'ils ouvrent à la deuxième subdivision du grand-livre, ou, s'ils sont en même temps chargés du service de la perception, à la troisième section du livre des comptes divers. Ils en constatent la *sortie* au *crédit* de ce même compte. (*Inst. gén., art. 1491.*) — V. Service hors budget.

1367 bis. — Les quittances des sommes versées par les malades à titre de provisions, pour garantir le payement du prix de leur pension, sont passibles du timbre de 25 centimes ; quant aux acquits donnés sur les mandats de restitution, lorsque des remboursements sont effectués sur ces dépôts, ils ne sont assujettis qu'au timbre de 10 centimes. (*Arr. Cour des comptes, 30 nov. 1898.*) — V. Économes, n°s 1405 et suiv.

Dépôts d'armes et engins confisqués. V. Amendes, n° 64.

Dépôts des divers établissements publics ou autres.

1368. — Les *départements* et les *communes* sont autorisés à déposer à la Caisse des dépôts et consignations, ou à celle de ses préposés, les excédents disponibles de leurs recettes. La même faculté est accordée à tous les *établissements publics* autorisés par une décision ministérielle ou préfectorale. (*Inst. gén., art. 537.*)

1369. — Les sommes déposées portent intérêt à 2 %, à partir du dernier jour de la dizaine pour les placements et du 1er jour pour les remboursements. (*Inst. Caisse des dépôts et consignations.*)

1370. — Il peut, en outre, être fait, par les mêmes établissements des dépôts à *convertir en rentes sur l'État.* (*Inst. gén., art. 539.*)

Dépôts de fonds à faire par les agents des prisons aux caisses des receveurs des finances, et en certains cas, à celles des percepteurs. (*Circ. compt. gén., 17 mars 1860, § 6.*) — V. Recettes diverses.

Dépôts de mendicité.

1371. — Les dépôts de mendicité sont assimilés aux établissements de bienfaisance. (*Inst. gén., art. 1326.*)

Dépôts et consignations. — V. Caisse des dépôts, Cautionnements.

Députés et sénateurs (Indemnités aux). — V. n° 2135.

Desséchement des marais. — V. Marais, Syndicats, Travaux d'intérêt commun.

Desservants (Indemnité de logement aux). — V. n° 1338.

Détail estimatif. — V. Devis.

Détenteurs de deniers. — V. Dépositaires et débiteurs.

Détenus recommandés. — V. AMENDES, n° 420.

Détournements de deniers par les fonctionnaires publics. — V. DÉFICIT.

Dette des communes. — V. ALIÉNATIONS D'IMMEUBLES, n°⁵ 46 et suiv.; ÉTAT DU PASSIF.

Devis.

1372. — *Règlement.* — Les travaux de toute nature au compte des communes et des établissements de bienfaisance ne peuvent avoir lieu qu'après que les projets ou devis ont été réglés par le conseil municipal, dans les cas prévus par l'article 68, § 3, et l'article 144 de la loi du 5 avril 1884, ou approuvés dans les autres cas par l'autorité supérieure. *(Inst. gén., art. 1020.)* — V. CONSEILS MUNICIPAUX, n° 1105; TRAVAUX.

1373. — *Timbre et enregistrement.* — Les plans et devis sont soumis au timbre et à un droit fixe d'enregistrement *(Décis. de la régie des 14 juill. 1820 et 25 oct. 1822; Inst. enreg. n° 1187, § 15).* Mais ils peuvent n'être présentés au timbre qu'après l'approbation de l'autorité compétente, sauf toutefois le payement de l'amende encourue *(amende de timbre et d'enregistrement),* s'il était procédé à l'adjudication des travaux avant que les plans et devis approuvés eussent acquitté les droits dus au Trésor. *(Inst. gén., art. 1016; Décis. min. 8 juin 1852; Inst. enreg. 15 janv. 1868, n° 2361.)*

1374. — Les plans des lieux, dessins des ouvrages d'art, profils en long et en travers, dressés par les agents du service vicinal, préalablement aux adjudications de travaux à exécuter sur les chemins vicinaux, doivent être soumis au timbre et à l'enregistrement, le cahier des charges et conditions générales assujettissant l'entrepreneur, en pareil cas, à se conformer strictement aux plans, profils, tracés, ordres de service et aux types et modèles qui lui sont donnés pour l'exécution des travaux, et les plans, dessins et profils dont il s'agit, formant, dès lors, en ce qui concerne les détails d'exécution, l'un des éléments du contrat entre l'administration et l'entrepreneur.

Mais les avant-métrés, destinés à préciser les dimensions, les surfaces, les cubes et les poids des travaux de terrassements, qui servent, avec les bordereaux de prix, à la confection des détails estimatifs, paraissent n'intéresser que l'administration, et doivent, à ce titre, être

considérés comme exempts du timbre sur la minute et de l'enregistrement tant sur la minute que sur l'expédition.

Seules, les expéditions qui peuvent en être délivrées à l'entrepreneur, sont soumises à l'impôt du timbre par application de l'article 80 de la loi du 15 mai 1818. *(Décis. min. Fin. 10 août 1882.)* — V. CAHIER DES CHARGES.

Diffamations. — V. OUTRAGE.

Difficultés dans l'interprétation des instructions.

1375. — Les receveurs municipaux doivent s'adresser au receveur des finances de leur arrondissement pour faire lever les difficultés qu'ils peuvent rencontrer dans l'exécution ou l'interprétation des règlements et instructions. De leur côté, les receveurs d'arrondissement doivent, dans tous les cas douteux, en référer, suivant la nature de la question à résoudre, soit au préfet, soit au trésorier-payeur général, sauf à ceux-ci à soumettre, s'il y a lieu, la question au ministère des Finances. *(Inst. gén., art. 1319; Circ. compt. publ. 31 mars 1898, § 3.)*

1376. — Le ministère ne répondrait pas à celles de ces questions qui lui seraient adressées directement par les receveurs particuliers ou par les autres comptables subordonnés. Cependant les comptables subordonnés conservent la faculté de déférer au ministère des Finances les observations qu'ils croiraient devoir faire sur les solutions qui leur auraient été données par le trésorier-payeur général. *(Inst. gén., art. 1367.)*

1377. — *Difficultés contentieuses.* — Lorsque, dans le cours des poursuites dirigées contre les contribuables, il s'élève des difficultés d'une nature contentieuse que les receveurs des finances n'ont pu résoudre après avoir consulté un avoué ou un avocat, le trésorier général en réfère à l'agent judiciaire du Trésor, directeur du contentieux. *(Inst. gén., art. 1301.)*

Difficultés entre les comptables.

1378. — Les difficultés et contestations qui s'élèveraient entre les receveurs des finances et d'*anciens percepteurs* relativement aux comptes de leur perception, doivent être portées devant le préfet du département, sauf recours au ministre des Finances. *(Inst. gén., art. 1346.)*

Digues. — V. Curage, Marais, Syndicats.

Dimanches et fêtes. — V. Bureaux, n° 794 ; Jours fériés.

Diminution de recette et de dépense. — V. Comptes de gestion, Erreurs d'écriture.

Directrices des salles d'asiles. — V. Instruction primaire.

Directrices de travaux à l'aiguille. — V. Instruction primaire.

Divisions et mutations de cotes. — V. n°s 1873 et suiv.

Domestique pensionnaire ou maître valet. — V. Déménagement, n°s 1315 et suiv., Poursuites, n°s 2395 et suiv.

Domicile élu. — V. Poursuites, n°s 2340 et suiv.

Dommages causés aux lignes télégraphiques. — V. Télégraphie privée.

Dommages-intérêts. — V. Amendes, Poursuites, Responsabilité, Restitutions.

Donations. — V. Legs et donations.

Dons, aumônes, quêtes et collectes.

1379. — Le produit des *dons, aumônes, quêtes* et *collectes*, que les hospices et les bureaux de bienfaisance sont autorisés à recevoir, doit être remis intégralement par les personnes chargées de les recueillir, dans la caisse de l'établissement auquel ces produits appartiennent.

Les receveurs doivent veiller à ce que les différents produits dont il s'agit leur soient exactement versés, et rendre compte à leur administration des difficultés qui pourraient s'élever à ce sujet. *(Inst. gén., art. 1071.)* — Ils ne doivent pas perdre de vue que les bureaux de bienfaisance ont seuls qualité pour recevoir et distribuer les dons et legs destinés au soulagement des pauvres. *(Décr. 12 février 1883.)* — V. n° 1773.

1380. — Les receveurs municipaux et les receveurs spéciaux des établissements de bienfaisance sont, par exception, autorisés à encaisser, sans titre préexistant, les produits mentionnés ci-dessus, sous la condition d'en informer immédiatement leur supérieur et de se faire délivrer comme titres de recette des états certifiés par les maires. Un double de ces états est transmis directement par le maire au préfet du département, ou au sous-préfet de l'arrondissement qui le fait parvenir, sans aucun retard, au trésorier général ou au receveur particulier des finances. *(Circ. compt. gén., 15 nov. 1861, § 4.)* — V. Bureaux de bienfaisance, Droit des pauvres, Gestion occulte, Legs et donations, Loteries, Pièces justificatives, § 46 ; Titres de recettes.

1381. — Les quittances des sommes versées aux établissements charitables pour leurs besoins généraux et sans affectation spéciale au profit des pauvres sont passibles du timbre de 25 centimes quand elles sont délivrées pour des sommes supérieures à 10 francs, bien que les indigents, d'après la nature même de l'établissement, soient appelés indirectement à en profiter.

Mais sont exemptes de timbre les quittances de secours payés par des particuliers à des bureaux de bienfaisance pourvu que ces secours soient spécialement et exclusivement affectés à des indigents. La direction générale de l'enregistrement estime que la preuve peut résulter suffisamment de la mention *Dons pour les pauvres. (Circ. compt. publ. 31 juillet 1903, § 2 ; Sol, enreg. 21 juin 1905.)*

1382. — *Jurisprudence. — Enregistrement.* — L'exigibilité du droit de donation édicté par l'article 6 de la loi du 18 mai 1850 sur les actes contenant déclaration d'un don manuel par le donataire ou ses représentants, a pour base unique la constatation de la reconnaissance ou de l'aveu du donataire dans un acte susceptible d'enregistrement, sans qu'il y ait à distinguer entre l'acte passé en la forme administrative et l'acte ordinaire public ou privé.

En conséquence, est passible de l'impôt, comme rentrant dans la catégorie des actes au sens de l'article 6 de la loi du 18 mai 1850, la délibération régulièrement approuvée par laquelle le conseil d'administration d'un hospice accepte des dons anonymes adressés aux administrateurs par des inconnus ou déposés dans le tronc de l'établissement, avec notes indicatives de la destination des valeurs.

La déclaration ou la reconnaissance du don par le donataire étant en elle-même et par elle seule la cause de la perception, il est indifférent, au point de vue de l'exigibilité du droit, que le donateur soit ou ne soit pas connu ou désigné dans l'acte.(*Arr. Cour de cass.*, *toutes chambres réunies, 19 mai 1874 et 1er février 1882* ; *Dalloz 1882, 1re partie, p. 329* ; *Inst. enreg., 12 déc. 1895.*)

A ces arrêts, il est bon de noter que l'enregistrement n'a rien à percevoir lorsque les dons et aumônes sont perçus au moyen des états dont il est fait mention ci-dessus au n° 1380.

Une solution de la Direction générale de l'enregistrement du 24 novembre 1892 porte aussi que le droit de don manuel ne peut être réclamé sur une délibération dans laquelle le conseil municipal se borne à accepter la libéralité faite à la commune sans mentionner expressément que le payement de la somme offerte a été effectué par le donateur.

Douanes. — V. Guerre, n°s 1633 et suiv. ; Privilège, n° 2536.

Douzièmes. — V. Imputation de payement, Poursuites, Recouvrement.

Drainage. — V. Syndicats.

Droit de chasse. — V. Chasse.

Droit de pêche. — V. Baux.

Droit d'épreuve des appareils à vapeur.

1383. — Les épreuves, exigées par les règlements, des appareils à vapeur autres que ceux situés dans l'enceinte des chemins de fer d'intérêt général donnent lieu à la perception, pour chaque épreuve, d'un droit de 10 francs par chaudière, ou de 5 francs par récipient de vapeur. Ce droit est dû par la personne qui a demandé l'épreuve ou à qui l'épreuve a été imposée par application des règlements. Il est ajouté au montant du droit d'épreuve : 1° 5 centimes par franc pour fonds de non-valeurs ; 2° 3 centimes par franc pour frais de perception. (*L. 18 juillet 1892, art. 6.*)

1384. — *Recouvrement.* — *Réclamations.* — Le recouvrement des droits d'épreuve a lieu, comme en matière de contributions directes, au moyen de rôles dressés à la fin de chaque trimestre par le directeur des contributions directes ; le montant des cotes est exigible en une seule fois dans les quinze jours de la publication des rôles. Il est délivré des avertissements aux redevables à raison de 5 centimes par article. Les réclamations sont jugées comme en matière de contributions directes. (*L. 18 juillet 1892, art. 7.*)

1385. — *Écritures.* — Les percepteurs ouvrent, à la deuxième section du livre des comptes divers, un compte particulier intitulé: *Droits d'épreuve des appareils à vapeur*, où les opérations y relatives sont décrites d'après le mode suivi pour les redevances des mines, la taxe des biens de mainmorte, etc. (*Circ. compt. publ. 20 mai 1893, § 3.*)

Remises des percepteurs. — V. n° 2672.

Droit d'épreuve ou de vérification des récipients de gaz liquéfiés ou comprimés.

1385 *bis*. — Les dispositions des articles 6 et 7 de la loi du 18 juillet 1892, relatives aux épreuves des appareils à vapeur, sont applicables aux épreuves ou vérification des récipients à gaz liquéfiés ou comprimés, exigées par les règlements sur le transport par chemins de fer des matières dangereuses ou infectes. (*L. 13 avril 1898, art. 9*; *Circ. compt. publ., 9 août 1898, § 2.*)

Droit des pauvres sur les spectacles, bals, concerts et autres lieux de divertissement.

1386. — Il existe, au profit des hospices et bureaux de bienfaisance, un *droit* sur les recettes des spectacles, des concerts et autres lieux de divertissement où l'on est admis en payant.

Le droit est d'un *dixième en sus du prix des billets* pour les théâtres, opéras, spectacles quotidiens ou semi-quotidiens (*L. 7 frimaire et 8 thermidor an V*) ; pour les panoramas, théâtres pittoresques et mécaniques(*Arrêté du gouvernement du 10 thermidor an XI*) ; pour les établissements où se jouent les pantomimes et les scènes équestres (*Décis. min. Int. 9 mai 1809*); les marionnettes (*Arr. Cons. d'Et. 16 février 1832*); les concerts quotidiens (*L. 16 juill. 1840, art. 9*), et pour les établissements qui ne sont pas compris dans la catégorie suivante.

Le droit est du *quart de la recette brute* pour les feux d'artifice, les bals publics donnés dans les théâtres ou ailleurs, les concerts non quotidiens, les courses et exercices de chevaux non quotidiens. (*Décret 9 décembre 1809.*)

Toutefois le droit à percevoir sur la recette brute des concerts non quotidiens donnés par les artistes ou les associations d'artistes ne pourra excéder 5°/₀. (*L. 3 août 1875, art. 23.*)

Le même droit est dû dans les jardins et autres lieux publics où l'on entre sans payer, mais où se trouvent des danses, des jeux et des concerts pour lesquels des rétributions sont exigées par voie de cachet ou d'abonnement, ainsi que sur les produits des billets d'entrée qui donnent droit à des objets de consommation d'une valeur égale à la totalité ou à une partie de leur prix. (*Circ. min. Int. 26 fruct. an X.*)

La répartition des produits entre les hospices et les bureaux de bienfaisance est faite par le préfet, sur l'avis du sous-préfet. (*Arrêté du gouvernement du 7 fructidor an VIII.*)

Les commissions administratives peuvent demander, et les préfets peuvent autoriser la mise en ferme ou en régie intéressée de la perception des droits dont il s'agit.

Les contestations qui pourraient s'élever au sujet de cette perception sont jugées par les conseils de préfecture.

Les décisions de ces conseils doivent être exécutées provisoirement, sauf recours au Conseil d'État.

Les administrations locales sont autorisées à prendre les mesures qu'elles croient convenables pour assurer le recouvrement, et les receveurs des établissements doivent, sous leur responsabilité, opérer ce recouvrement, soit aux échéances fixées par l'acte d'adjudication, si les droits sont affermés ou en régie intéressée, soit à mesure des recettes effectuées, si la régie simple a été adoptée.

Dans les deux cas de régie simple ou de régie intéressée, la perception est faite sous la responsabilité du receveur et des contrôleurs dans les établissements où ces agents existent.

Les poursuites nécessaires pour obtenir le payement des droits sont exercées conformément au mode suivi en matière de contributions directes. Les contraintes sont décernées par la régie ou par le fermier, et rendues exécutoires par le préfet ou le sous-préfet. (*Inst. gén., art. 1066.*) — V. Dons, Poursuites.

Il faut tenir compte qu'aux termes de l'article 2 du décret du 8 fructidor an XIII, le recouvrement des droits s'opère comme en matière de contributions directes, c'est-à-dire à l'aide d'un rôle homologué par le préfet, et non d'après un état exécutoire dressé par le maire conformément aux dispositions de l'article 154 de la loi du 5 avril 1884.

1387. — *Timbre des quittances.* — Les quittances des droits perçus au profit des pauvres sur les spectacles, bals et concerts, sont exemptes de timbre. (*Décision min. Fin. 9 janv. 1843 ; Rép. gén. enreg. 5982-5.*)

Toutefois, lorsque la perception de ces droits est en régie intéressée, les quittances sont sujettes au timbre de 25 centimes. (*L. 8 juillet 1865, art. 4 ; 23 août 1871, art. 2.*)

1388. — *Jurisprudence.* — Le droit établi en faveur des pauvres, à l'entrée des concerts et autres fêtes où l'on est admis en payant est exigible dans tous les cas et quel que soit le mode usité dans l'établissement pour percevoir le prix d'entrée.

En conséquence, il est dû par le cafetier qui a organisé dans le café qu'il exploite des concerts quotidiens, dont le prix est compris dans celui des consommations. (*Arr. Cons. d'Ét. 9 déc. 1852.*)

Le droit est également dû par la personne qui a présidé à l'organisation d'un bal annoncé par des affiches et où l'on était admis en payant. (*Arr. Cons. d'Ét. 27 juillet 1883.*)

Il en est de même pour un concert auquel on est admis sur invitations personnelles, mais moyennant le payement d'un droit d'entrée. (*Arr. Cons. d'Ét. 20 novembre 1885.*)

1389. — Le droit d'un dixième établi au profit des pauvres sur le prix des billets d'entrée dans les spectacles et concerts quotidiens doit être perçu sur le prix intégral acquitté par le spectateur.

Il n'y a pas lieu de déduire les accessoires se rattachant au billet d'entrée, spécialement la valeur des consommations auxquelles le billet peut donner droit. (*Arr. Cons. d'Ét. 20 juin 1884.*)

1390. — Le droit établi en faveur des pauvres à l'entrée des concerts est exigible quel que soit le mode usité dans l'établissement pour percevoir le prix d'entrée.

Ainsi, le commerçant qui organise dans le café qu'il exploite des concerts annoncés dans les journaux ou par voie d'affiches, et dont le prix est compris dans celui des consommations, est passible du droit des pauvres à raison de la première consommation prise par le client. (*Arr. Cons. d'Ét. 16 juin 1895.*)

1391. — Les billets délivrés gratis ne sont pas soumis à la perception, sauf le droit de l'administration de rechercher la fraude. Mais les billets d'auteur en sont passibles. (*Arr. Cons. d'Ét. 5 août 1831.*)

1392. — *Réclamations.* — *Compétence.* — Le tribunal civil, saisi d'une contestation relative au payement du droit des pauvres sur les spectacles et les concerts, doit se déclarer d'office incompétent, la connaissance des réclamations contre la perception de ce droit ayant été réservée au conseil de préfecture, sauf recours au Conseil d'État. (*Tribunal civil de Lyon, 22 mai 1869.*)

Mais lorsqu'il s'agit de statuer sur des questions de privilège, les tribunaux civils sont seuls compétents. (*Jurisp. constante.*)

Droit d'examen pour les brevets de capacité. V. Enseignement primaire.

Droits de permis de chasse. — V. Permis de chasse.

P.-J. SERRIER

14

Droits de permission d'usines. — V. USINES.

Droits de pesage, mesurage et jaugeage. — V. nº 2136.

Droits de places aux halles, marchés, etc. — V. LOCATION DES PLACES.

Droits de stationnement sur la voie publique. — V. nᵒˢ 1802 et suiv.

Droits de timbre et d'enregistrement. — V. ENREGISTREMENT, TIMBRE.

Droits de transmission. — V. EMPRUNTS, nᵒˢ 1448 et suiv.

Droits de visite dus par les pharmaciens, épiciers, droguistes et herboristes.

1393. — *Rôles et recouvrements.* — Les rétributions dues par les pharmaciens, épiciers, droguistes et herboristes font l'objet de rôles spéciaux, dressés par le directeur des contributions directes et rendus exécutoires par le préfet. Le recouvrement en est opéré par les percepteurs, dans chaque commune, suivant les règles relatives aux contributions directes: toutefois ces rétributions sont exigibles, en un seul payement, dans la quinzaine de la publication des rôles, suivant la marche prescrite pour les droits de vérification des poids et mesures. Il n'est pas adressé d'avertissements particuliers aux redevables des droits de visite. Les percepteurs doivent leur faire remettre un avis, dans la forme du *Modèle nº 67* de l'Instruction générale, lequel tient lieu de sommation sans frais. Les poursuites que le recouvrement des droits nécessite sont soumises aux mêmes règles que celles qui sont prescrites pour les contributions directes. (*Inst. gén., art. 453*; *Circ. compt. publ. 30 décembre 1867*, § 1ᵉʳ.)

1394. — *Ecritures.* — Les percepteurs doivent ouvrir à la deuxième section de leur livre des comptes divers un compte particulier intitulé : *Produit des droits de visite chez les pharmaciens, épiciers-droguistes et herboristes.* Les recettes y relatives sont enregistrées par journée, dans la colonne de l'exercice auquel elles appartiennent, et il est fait successivement dépense des recouvrements que les percepteurs effectuent aux caisses des receveurs particuliers. (*Inst. gén., art. 1473.*)

1395. — *Remises des percepteurs.* — Les remises des percepteurs sont fixées à 3 ⁰/₀.

(*Circ. compt. publ. 30 décembre 1867*, § 1ᵉʳ.) — V. nº 2672.

1396. — *Demandes en décharge ou réduction.* — Les demandes en décharge ou réduction, remise ou modération, doivent, comme en matière de contributions directes être portées devant le conseil de préfecture. (*Arr. Cons. d'Ét. 24 mars 1849.*) L'allocation des dégrèvements, ainsi que la présentation des états de cotes indûment imposées et irrecouvrables ont lieu conformément aux règles tracées par l'article 268 de l'Instruction générale pour les droits de vérification de poids et mesures. (*Circ. compt. publ. 30 déc. 1867*, § 1ᵉʳ). — V. nº 1220.

Droits de voirie. — V. LOCATION DES PLACES.

Droits d'usage dans les bois des communes. — V. nº 712.

Droits d'expédition des actes de l'état civil. V. nᵒˢ 1507 et suiv.

Droits et produits universitaires (Perception des).

1397. — Un décret du 25 juillet 1882 a créé un *receveur spécial* pour la *perception des droits universitaires à Paris.* Ce décret, ainsi que l'arrêté ministériel du même jour fixant les mesures d'exécution, se trouvent annexés à la circulaire de la comptabilité publique du 7 septembre 1882, §§ 1ᵉʳ et 2.

En ce qui concerne la perception des droits et produits universitaires dans les départements, un arrêté ministériel en date du 25 novembre 1882, rappelant un décret en date du même jour, porte qu'à partir du 1ᵉʳ avril 1883, le recouvrement des droits et produits universitaires dans les départements incombe au percepteur de la ville du siège de la faculté ou de l'école. Dans les grandes villes où il existe plusieurs percepteurs, le service est réparti entre ces comptables, conformément au tableau inséré dans la décision ministérielle du 31 octobre 1882. (*Circ. compt. publ. 17 fév. 1883*, § 1ᵉʳ, *28 fév. 1889*, § 6 *et 31 déc. 1897.*)

1398. — Quatre décrets en date du 4 février 1894 déterminent les droits qui sont acquis au Trésor et ceux qui doivent être versés dans les caisses municipales. (*Circ. compt. publ. 29 juin 1894*, § 1ᵉʳ.)

Trois autres décrets en date du 1ᵉʳ août 1895 indiquent, savoir : les deux premiers, les droits à percevoir des aspirants à la licence et au doctorat en droit, et le troisième, les droits à percevoir des élèves qui désirent assister, à titre facultatif, aux travaux pratiques du certificat d'études physiques, chimiques et naturelles.

Enfin deux décrets à la date du 22 juillet 1897 réglementent le régime financier des universités et des facultés. (*Circ. compt. publ., 31 déc. 1897 et 10 sept. 1900, § 1er.*)

1399. — Les quittances à souche délivrées pour la perception des droits et produits universitaires sont assujetties au timbre de 25 centimes lorsqu'elles sont délivrées pour des sommes supérieures à dix francs.

En ce qui concerne le droit d'examen des brevets de capacité pour l'enseignement primaire, V. nos 1468 et suiv.

Pour la faculté et écoles d'enseignement supérieur, V. n° 1521.

Droits de visite des Fabriques et dépôts d'eaux minérales.

1400. — *Bases et mode d'après lesquels les droits de visite sont établis et perçus.* — Pour les départements autres que la Seine, le droit est uniformément fixé à 10 francs par fabrique et à 3 francs par dépôt. (*Décr. 9 mai 1887, art. 2.*)

Les taxes sont assimilées aux contributions directes et recouvrées au profit du Trésor dans les mêmes formes et suivant les mêmes règles que les droits de visite des pharmacies et magasins de drogueries. (*Décr. 9 mai 1887, art. 3.*)

Les comptables n'ont donc qu'à se reporter aux instructions qui régissent cette dernière taxe, pour tout ce qui concerne le recouvrement, les avis à adresser aux redevables, l'allocation des dégrèvements et la présentation des états de cotes irrecouvrables (V. nos 1393 et suiv.). — Ils ne doivent pas perdre de vue que l'assimilation établie par l'article précité a pour conséquence de rendre les droits de visite exigibles en un seul payement, dans la quinzaine de la publication des rôles.

Les percepteurs ouvrent, à la 2e section du livre des comptes divers, un compte particulier intitulé : *Produits des droits de visite des fabriques et dépôts d'eaux minérales.* Les recettes y sont enregistrées par journée, et il est fait successivement dépense des versements effectués.

Les remises allouées aux percepteurs sont fixées à 3 °/₀, comme pour les autres taxes assimilées. (*Circ. compt. publ. 19 nov. 1887, § 2.*)

Duplicata de mandat. — V. nos 1831 *bis* et 2133.

Duplicata de patente. — V. Formules de patentes.

Duplicata de quittance. — V. Quittances, n° 2565.

E

Eaux (Concession d'). — V. n° 1061.

Eaux minérales possédées par les communes.

1401. — *Revenus et dépenses des établissements.* — Les établissements d'eaux minérales que possèdent les communes et les institutions charitables sont mis en ferme, conformément à l'ordonnance royale du 18 juin 1823, à moins que, sur la demande des autorités locales le préfet n'en autorise la mise en régie. Les produits n'en sont pas confondus avec les autres revenus des communes ; ils sont spécialement employés aux dépenses ordinaires et extraordinaires desdits établissements, sauf les excédents disponibles, après qu'il a été satisfait à ces dépenses. Les budgets et les comptes sont aussi présentés et arrêtés séparément, selon les règles prescrites pour ces trois ordres de services.

En cas de mise en régie, le régisseur comptable et, s'il y a lieu, le receveur spécial sont, ainsi que les autres employés ou servants, nommés par le préfet, sur la présentation du maire ou de la commission charitable. Si l'établissement appartient à plusieurs communes, les présentations sont faites par le maire de la commune où l'établissement est situé.

Il est procédé, pour les réparations, constructions, reconstructions et autres travaux, conformément aux règles prescrites pour le service communal et sur l'avis de l'inspecteur des eaux. (*Inst. gén., art. 859.*)

1402. — *Taxes pour servir au traitement des inspecteurs.* — Les taxes que les receveurs et percepteurs peuvent être chargés de recouvrer pour le traitement des inspecteurs des établissements, fabriques et dépôts d'eaux minérales, sont payables par quart, à la fin de chaque trimestre ; les trimestres échus au moment de l'émission des rôles sont immédiatement exigibles. (*Inst. gén., art. 453 et 881.*)

Eaux minérales (Droits de visite des fabriques et dépôts d') recouvrés pour le compte de l'État. — V. N° 1400.

Eaux thermales d'Aix-les-Bains (Gratuité des).

1403. — Un arrêté en date du 22 septembre 1887 du Ministre du commerce et de l'Industrie a décidé que les employés de l'État dont les appointements ou émoluments annuels sont inférieurs à 3,600 francs, ont droit à la gratuité des eaux à l'établissement thermal d'Aix-les-Bains. Les comptables du Trésor trouveront, dans le texte de l'arrêté, les conditions d'exercice du droit à la gratuité, notamment en ce qui concerne les époques réservées aux personnes appelées à jouir de cette immunité *(art. 64). (Circ. compt. publ. 1er mars 1888, § 3.)*

1403 *bis*. — Les établissements thermaux et balnéaires ci-après ont également consenti à des réductions de tarif en faveur des comptables faisant partie de l'association fraternelle de prévoyance des percepteurs et receveurs spéciaux de France :

Amélie-les-Bains (Pyrénées-Orientales). — Allevard (Isère). — Avène-les-Bains (Hérault). — Bagnols (Lozère). — Bains-les-Bains (Vosges). — Besançon-La-Mouillère (Doubs). — Bourbon-Lancy (Saône-et-Loire). — Bourbon-l'Archambault (Allier). — Bourbonne-les-Bains (Haute-Marne). — Brides-les-Bains (Savoie). — Capvern-les-Bains (Hautes-Pyrénées). — Cambo-les-Bains (Basses-Pyrénées). — Challes (Savoie), — Chatel-Guyon (Puy-de-Dôme). — Chaudesaigues (Cantal). — Contrexéville (Vosges). — Cusset (Allier). — Dax (Landes). — Divonne (Ain) — Eaux-Bonnes (Basses-Pyrénées). — Eaux-chaudes (Basses-Pyrénées). — Évian (Haute-Savoie). — Les Fumades (Gard). — Ginoles-les-Bains (Aude). — Lamalou-l'Ancien, dit Le Bas (Hérault). — Lamalou-le Haut (Hérault). — La Motte-les-Bains (Isère). — Le Boulou (Pyrénées-Orientales). — Maizières (Côte-d'Or). — Martigny-les-Bains (Vosges). — Montbrun (Drôme). — Mont-Dore (Puy-de-Dôme). Sail-sur-Couzan (Loire). — Saint-Alban (Loire). — Saint-Amand (Nord). — Salins-Moutiers (Savoie). — Saint-Sauveur (Hautes-Pyrénées). — Trébas (Tarn). — Uriage (Isère). — Ussat (Ariège). — Vals (Ardèche). — Vichy (Allier). — Vittel (Vosges).

Pour tous ces établissements, s'adresser à Monsieur le Président de l'Association fraternelle des percepteurs à Lyon, qui envoie une carte d'identité.

Échanges de propriétés communales. —
V. ACQUISITIONS D'IMMEUBLES, PIÈCES JUSTIFICATIVES, §§ 151 et suiv.

Éclairage. — V. PIÈCES JUSTIFICATIVES, §§ 21 et 100.

Écoles communales. — V. BIBLIOTHÈQUES SCOLAIRES, CHAUFFAGE DES ÉCOLES, INSTRUCTION PRIMAIRE, MAISONS D'ÉCOLES.

Écoles normales primaires. *(Inst. gén., art. 458 et 459.)* — V. INSTRUCTION PRIMAIRE.

Écoles préparatoires de médecine et de pharmacie, et écoles préparatoires à l'enseignement des lettres et des sciences.

1404. — Les écoles préparatoires, ainsi que l'a réglé l'ordonnance royale du 13 octobre 1840, sont des établissements municipaux ; par suite, c'est au profit des villes chargées de les entretenir, qu'est perçue une partie des droits à payer par les étudiants qui suivent les cours ouverts dans ces écoles ou qui y passent leurs examens. *(Inst. gén., art. 395.)* — V. DROITS ET PRODUITS UNIVERSITAIRES.

Nature des droits à percevoir au profit de l'enseignement supérieur. — Désignation des recettes. — Mode de payement. — Cas où ils peuvent être remboursés. (Inst. gén., art. 396 à 398.)

Dispositions spéciales aux facultés des lettres, aux facultés des sciences et aux écoles préparatoires à l'enseignement supérieur des sciences et des lettres. (Inst. gén., art. 403 à 405.)

Nature et taux des droits dans les écoles préparatoires à l'enseignement supérieur des sciences et des lettres. (Inst. gén. art. 406 et 407.)

Dispositions spéciales aux facultés de médecine, aux écoles supérieures de pharmacie et aux écoles préparatoires de médecine et de pharmacie. (Inst. gén., art. 408 à 411.)

Admission des officiers de santé, des sages-femmes, des pharmaciens, etc., soit dans les facultés de médecine et les écoles supérieures de pharmacie, soit dans les écoles préparatoires de médecine et de pharmacie. — Droits à payer. (Inst. gén., art. 412 à 416.)

Dispositions spéciales aux facultés de droit. (Inst. gén., art. 417.)

Dispositions spéciales aux facultés de théologie. (Inst. gén., art. 418.)

Des exemptions de droit. (Inst. gén., art. 419 et 420.)

Constatation et mise en recouvrement des droits dans les divers établissements d'enseignement supérieur.— Mode de restitution quand il y a lieu. (Inst. gén., art. 421 à 428.)

Mode de perception des droits concernant le service de l'enseignement supérieur. — *(Inst. gén., art. 429 à 442 et 879).* — V. DROITS ET PRODUITS UNIVERSITAIRES.

Justification des recettes. — V. PIÈCES JUSTIFICATIVES, § 27.

Économes des collèges communaux. — V. COLLÈGES.

Économes des établissements de bienfaisance.

1405. — *Avances.* — Des avances peuvent être faites aux économes ou aux sœurs hospitalières pour les menues dépenses. Ces avances sont faites par le receveur, en vertu d'une autorisation de l'ordonnateur, dans la proportion d'un douzième des crédits auxquels doivent s'appliquer les dépenses qui les nécessitent. L'économe ou la sœur hospitalière doit, à la fin de chaque mois, rapporter la note exacte des payements faits sur les sommes avancées ; cette note est, autant que possible, appuyée de pièces justificatives. L'ordonnateur délivre alors un mandat particulier pour chaque nature de dépense, en suivant les articles du budget. Faute par l'économe de rapporter son compte à la fin du mois, il est interdit à l'ordonnateur d'autoriser et au receveur de faire aucune nouvelle avance.

Les sommes avancées par le receveur sont portées au débit d'un compte intitulé : *Avances pour menues dépenses.*

Après la remise du compte mensuel et des mandats, les payements sont portés par le comptable au débit du compte de l'établissement et au crédit du compte d'avance. *(Inst. gén., art. 1499.)* — V. PIÈCES JUSTIFICATIVES, § 232.

1406. — Les quittances remises par les économes des hospices aux receveurs de ces établissements, des sommes destinées à payer les fournisseurs, ne sont pas sujettes au timbre. L'économe n'est qu'un intermédiaire entre le receveur et les fournisseurs. Mais les quittances données ultérieurement par ces derniers doivent être timbrées à 10 centimes. *(Décis. min. Fin. 14 octobre 1845.)*

1406 bis. — Un décret en date du 9 septembre 1899 approuve et rend exécutoire à partir du 1er janvier 1900, un nouveau règlement sur la tenue de la comptabilité des économes dans les établissements publics d'assistance.

Les articles que les comptables ont besoin de connaître sont énumérés dans la circulaire de la comptabilité publique du 14 février 1900, § 3.

Écritures des percepteurs-receveurs des communes et d'établissements de bienfaisance.

1407. — Les percepteurs-receveurs des communes et d'établissements de bienfaisance tiennent leurs écritures en partie simple ; ce mode consiste à n'employer, pour la description de chaque opération, qu'un seul compte où l'opération est inscrite en recette ou en dépense.

Le système d'écriture en partie simple, comme celui en partie double, repose d'ailleurs sur ce principe : « que le comptable doit écrire *tout ce qui se fait*, et *rien que ce qui se fait* ; qu'il doit constater les opérations à *mesure qu'elles ont lieu*, sans *lacune, surcharge* ni *rature* ; que, conséquemment, les écritures faites ne peuvent jamais éprouver d'altération, et que, si des erreurs ont été commises, elles doivent être rectifiées par de nouvelles écritures. » *(Inst. gén., art. 1440.)*

1408. — Les écritures des percepteurs-receveurs de communes et d'établissements de bienfaisance nécessitent l'emploi des livres ci-après désignés, savoir :

1° Un *journal à souche*, pour l'enregistrement de toutes les recettes et pour la délivrance des quittances aux parties versantes ;
2° Des *livres de détail*, dans lesquels les recettes et les dépenses relatives au service des communes et des établissements de bienfaisance sont classées par nature ;
3° Un *livre des comptes divers par service* ;
4° Un *livre récapitulatif*.

Les recettes sur *contributions directes* sont enregistrées, à mesure qu'elles ont lieu, au *journal à souche*, et, à la fin de chaque jour, elles sont transportées au *livre récapitulatif.* — V. n° 1792.

Le versement du produit de ces recettes à la caisse du receveur des finances est inscrit en dépense, sur ce dernier livre, par le receveur lui-même.

Toutes les recettes qui proviennent des revenus des communes et des établissements de bienfaisance, et de *produits divers*, sont également enregistrées au *journal à souche* ; deux colonnes y sont affectées : la première, spécialement destinée aux *frais de poursuites* ; la seconde, aux *divers autres produits et services*.

Celles de ces recettes qui concernent des services pour lesquels il n'est pas tenu de *livres de détail* sont constatées immédiatement au compte ouvert à chaque *service* sur le *livre des comptes divers*.

Les payements faits pour ces mêmes services sont aussi constatés sur le *livre des comptes divers*, à mesure qu'ils ont lieu.

Les recettes et les dépenses qui appartiennent à des *services* dont les opérations exigent des *livres de détail* sont d'abord constatées sur ces livres, et ne sont reportées qu'à la fin de la journée au compte général de chaque *service* sur le *livre des comptes divers*.

Les sommes enregistrées sur ce dernier livre sont transportées, chaque jour, dans les colonnes du *livre récapitulatif* qui sont destinées aux *produits divers*. (*Inst. gén., art. 1443.*)

1409. — Les percepteurs-receveurs de communes et d'établissements de bienfaisance doivent, en outre, pour assurer la rentrée exacte des produits et le payement régulier des dépenses, tenir un carnet (*Modèle n° 303*) sur lequel ils enregistrent avec détail : 1° en ce qui concerne la recette, tous les titres de perception qui leur parviennent ; 2° en ce qui concerne la dépense, les divers renseignements dont ils ont besoin, quand les payements doivent se prolonger pendant plusieurs années, pour s'assurer que les ordonnancements n'excèdent pas la somme due.

Les comptables doivent, de plus, annexer à chaque titre de recette une *note de renseignements* (*Modèle n° 304*) qui en résume la teneur. (*Inst. gén., art. 1503.*) — V. Bordereaux, Carnets, Classement, Cloture des registres, Imprimés, Journal a souche, Livre des comptes divers, Livre récapitulatif, Livres de détail, Mutations de percepteurs-receveurs, Remise de service, Timbre, Titres de recettes et de dépenses.

Ecritures des receveurs spéciaux de communes et d'établissements de bienfaisance.

1410. — Les écritures des receveurs spéciaux de communes et d'établissements de bienfaisance sont tenues en partie double. (*Inst. gén., art. 1576.*)

Effets à recouvrer.

1411. — *Recouvrement par l'entremise des receveurs particuliers et des percepteurs pour le compte des trésoriers-payeurs généraux.* — Les receveurs particuliers et les percepteurs ne sont pas tenus au recouvrement des effets sur diverses places autres que ceux qui proviennent des remises du Trésor. Les trésoriers généraux ne doivent employer les receveurs particuliers, et ceux-ci ne doivent user de l'entremise des percepteurs, qu'autant qu'il n'en résulte aucun inconvénient pour le service. Dans tous les cas, les receveurs particuliers et les percepteurs qui consentent à se charger du recouvrement d'effets provenant d'opérations particulières ont droit à une rétribution qui est réglée de gré à gré entre eux et leur commettant.

Cette rétribution leur est également acquise pour le concours qu'ils peuvent prêter à des recouvrements pour le compte de correspondants particuliers des trésoriers généraux et qui procurent à ces derniers une commission. (*Inst. gén., art. 718 et 1116.*)

1412. — *Ecritures.* — Lorsque les percepteurs sont chargés de recouvrer des effets pour le compte du receveur des finances, ils enregistrent ces effets sur le livre des comptes divers, à un compte intitulé : *Effets à recouvrer pour le compte du receveur des finances.* Ils font ensuite *recette*, à ce compte, des effets qu'ils recouvrent, et *dépense* du montant des versements qu'ils effectuent. (*Inst. gén., art. 1484.*)

Effets à encaisser pour le compte d'agences de recouvrement.

1413. — Il est expressément défendu aux percepteurs de se charger du recouvrement de billets ou engagements souscrits pour abonnement à diverses publications et même pour fournitures de toute nature. (*Circ. compt. publ. 11 janvier 1877, § 6.*) — V. n° 4.

Effets mobiliers. — V. Meubles, Travaux et fournitures.

Eglises.

1414. — *Entretien et grosses réparations.* — Les frais d'entretien et de grosses réparations des églises sont des dépenses obligatoires pour les communes, en cas d'insuffisance dûment constatée des ressources de la fabrique. (*Inst. gén., art. 980 ; Décr. 31 mai 1862, art. 486 ; L. 5 avril 1884, art. 136, § 12.*)

1415. — *Frais de translation d'églises et de cimetières.* — Les frais de translation d'églises et de cimetières sont également des dépenses obligatoires pour les communes, à défaut de ressources de la fabrique. (*L. 5 avril 1884, art. 136, §§ 12 et 13.*) V. Fabriques, Souscriptions, Subventions.

Elagage. — V. Cotisations, n°s 1233 et suiv.

Election de domicile. — V. Amendes, Offres réelles, Poursuites.

Eléments de comptabilité. — V. Classement, Correspondance, Mutations de percepteurs-receveurs.

Émargements aux rôles.

1416. — Les percepteurs sont tenus d'émarger au rôle chaque payement qui leur est fait, au moment même où il a lieu et en présence de la partie versante ; cet émargement est fait en chiffres.

Toute contravention à cette disposition peut, sur la poursuite des contribuables intéressés, être punie *correctionnellement* par une amende de 10 à 25 francs.

Les comptables peuvent faire usage d'un timbre ou composteur à date, mais seulement lorsqu'il s'agit d'articles soldés et à condition que le mot *soldé* figure dans l'empreinte imprimée sur le rôle.

Les émargements doivent être faits avec la plus grande netteté ; les surcharges ou grattages sont formellement prohibés ; si une somme avait été inscrite par erreur, elle devrait être simplement biffée par un ou deux traits à l'encre, et la correction approuvée par la signature du comptable.

Dans le cas où un percepteur aurait besoin de tenir un *cahier de notes particulières* pour la réunion de toutes les sommes dues par un même contribuable, ce cahier, qui n'est qu'un objet de convenance personnelle et qui n'a aucun caractère officiel, ne dispenserait pas le comptable d'émarger à chaque article du rôle le versement ou la portion de versement qui s'y rapporte. (*Inst. gén., art. 74 ; Circ. compt. publ., 31 mars 1897 et 21 juin 1898, § 9.*)

1417. — L'émargement, même à défaut de quittance, est pour le contribuable une preuve de libération. (*Com. Durieu, t. I, p. 134.*) — Mais l'absence de l'émargement ne peut lui être opposée s'il existe d'ailleurs une quittance (*Id., t. I, p. 132.*)

Cas où l'émargement et la quittance ne seraient pas conformes. (*Id., p. 135.*)

Quelle autorité doit connaître des questions relatives à l'émargement. (*Id., p. 382.*) — V. IMPUTATION DE PAYEMENT, QUITTANCES, RECOUVREMENT, RÔLES.

Émargement des ordonnances de décharges. — V. nᵒˢ 2048 et suiv.

Émargement des états de frais de poursuites. — V. nᵒˢ 2430 et suiv.

Émargements des payements sur les titres de recettes. — V. RÔLES, TITRES DE RECETTES.

Émoluments des percepteurs-receveurs municipaux et d'établissements de bienfaisance. — V. REMISES.

Employés des administrations publiques et des chemins de fer. — V. DÉMÉNAGEMENT.

Employés des recettes des finances.

1418. — Les employés des recettes des finances sont dispensés des conditions de surnumérariat, et sont admissibles aux perceptions de diverses classes, en justifiant de *dix ans* au moins de services rendus dans l'administration après l'âge de vingt et un ans accomplis. (*Inst. gén., art. 1209.*) — V. PERCEPTEURS, nᵒˢ 2490 et suiv.

Employés communaux (Traitement des). — V. nᵒ 3022.

Employés similaires. — V. OFFICIERS.

Emprunts communaux.

1419. — Les villes et les communes peuvent, en cas de nécessité, contracter des emprunts. (*Inst. gén., art. 967.*)

1420. — Les emprunts sont régis par la loi du 5 avril 1884. — Les paragraphes 15 et 16 de l'article 133 de cette loi sont abrogés. (*Loi 7 avril 1902, art. 1er.*)

Les articles 141, 142 et 143 sont modifiés comme suit :

Art. 141. — Les conseils municipaux votent les centimes additionnels dont la perception est autorisée par les lois.

Ils peuvent aussi voter trois centimes extraordinaires, exclusivement affectés aux chemins vicinaux ordinaires, et trois centimes extraordinaires affectés aux chemins ruraux reconnus.

Ils peuvent, en outre, voter des centimes pour insuffisance de revenus appliqués à des dépenses ordinaires, ou des centimes destinés à des dépenses extraordinaires dans la limite du maximum fixé chaque année par le conseil général.

Ils peuvent voter également les emprunts remboursables sur les impositions ci-dessus ou sur les ressources ordinaires, dont l'amortissement n'excède pas trente ans.

Art. 142. — Les conseils municipaux votent, sauf approbation du préfet, les contributions pour insuffisance de revenus ou pour dépenses extraordinaires, qui dépassent le maximum fixé par le conseil général, et les emprunts remboursables sur ces impositions, dont l'amortissement n'excède pas trente ans.

Art. 143. — Toute contribution établie pour plus de trente ans et tout emprunt remboursable sur cette contribution ou sur ressources ordinaires, dont l'amortissement dépasse trente ans, sont autorisés par décret du Président de la République, rendu en conseil d'Etat.

Il est également statué par un décret rendu en conseil d'Etat, si la somme à emprunter dépasse 1 million ou si, réunie au chiffre d'autres emprunts non encore remboursés, elle dépasse 1 million, quelle que soit d'ailleurs la durée d'amortissement de l'emprunt. *(Loi 7 avril 1902, art. 2.)* — V. IMPOSITIONS COMMUNALES, n°ˢ 1658 et suiv.

En ce qui concerne les emprunts des établissements de bienfaisance, V. n° 789.

1421. — Les communes qui demandent à contracter un emprunt, doivent produire les pièces suivantes :

1° Une expédition de la délibération par laquelle le conseil municipal a voté l'emprunt : cette délibération doit indiquer les dépenses auxquelles il s'agit de pourvoir, le taux de l'intérêt, le mode et les époques de remboursement, les ressources affectées aux annuités ;

2° Certificat du maire faisant connaître le chiffre de la population de la commune et le nombre des conseillers municipaux en exercice ;

3° Le budget primitif et le budget supplémentaire de la commune pour l'exercice courant ou, à défaut de ce dernier budget, celui de l'exercice précédent. Le chiffre du principal des quatre contributions directes doit être indiqué en tête du budget, ainsi que la valeur du centime communal, déterminé d'après l'article 26 de la loi du 8 août 1890 ; — (En ce qui concerne la contribution foncière, le principal est indiqué par un nota au bas de la feuille de tête du rôle général).

4° Les trois derniers comptes administratifs ;

5° Un relevé présentant, d'après ces comptes, les recettes et les dépenses communales séparées en ordinaires et extraordinaires ;

6° Un certificat du maire et du receveur municipal constatant :

a) Toutes les impositions qui peuvent grever la commune, avec indication de leur quotité, de leur durée et de leur objet, ainsi que de la nature et de la date des actes qui en ont autorisé la perception ;

b) Les sommes restant dues en capital sur chaque emprunt non encore remboursé, avec mention de la nature et de la date des actes approbatifs de chaque emprunt ;

c) Les autres dettes communales, s'il en existe ;

d) Le montant des fonds placés au Trésor et leur destination ;

7° Les pièces justificatives de la dépense, telles que plans et devis réguliers, mémoires, promesses de vente ou procès-verbaux estimatifs des immeubles à acquérir ;

8° Tableau d'amortissement de l'emprunt, lorsque le remboursement ne doit pas s'effectuer par annuités égales ;

9° Tableau des emprunts et dettes dressé dans la forme du modèle donné par la circulaire du 13 avril 1897 ;

10° Pour les emprunts remboursables au moyen du produit de coupes extraordinaires de bois, un rapport de l'administration des eaux et forêts indiquant la valeur et l'époque d'exploitation desdites coupes ;

11° L'avis motivé en forme d'arrêté du préfet.

La jurisprudence administrative assimile aux emprunts proprement dits, les engagements résultant pour les municipalités soit d'acquisitions, de travaux ou d'autres dépenses extraordinaires payables à terme, avec ou sans intérêts, soit de subventions annuelles votées en vue de certaines entreprises à exécuter par l'Etat ou les départements (construction de chemins de fer, établissement de tramways, installation de réseaux téléphoniques, etc.). *(Circ. min. Int. 31 mai 1902 ; Circ. compt. publ. 27 janv. 1903, § 1ᵉʳ.)*

La Caisse des dépôts et consignations réclame, d'ailleurs, au besoin, tout autre document qu'elle juge propre à constater la situation financière des communes qui demandent à emprunter.

La circulaire du directeur de l'administration départementale et communale aux préfets en date du 12 juillet 1897 donne une notice indiquant les conditions diverses sous lesquelles les emprunts peuvent être réalisés auprès de la caisse.

Le Crédit foncier peut également demander toute autre pièce qu'il juge à propos de réclamer.

1422. — Les communes peuvent contracter des emprunts, soit en traitant directement avec la Caisse des dépôts et consignations, avec la Caisse nationale des retraites pour la vieillesse, avec le Crédit foncier ou avec des particuliers, soit par voie d'adjudication avec publicité et concurrence, ou de souscription publique. Elles sont autorisées également à traiter avec la caisse des chemins vicinaux.

1423. — *Recouvrement.* — Le recouvrement des emprunts, quel que soit le mode adopté pour leur réalisation, est suivi par les receveurs municipaux, en vertu de la loi ou du décret qui les autorise, et d'après les clauses et conditions exprimées dans les délibérations des conseils municipaux. *(Inst. gén., art. 969.)* — V. PIÈCES JUSTIFICATIVES § 49.

1424. — *Quittances.* — Les quittances du produit des emprunts sont passibles du timbre de 25 centimes. *(L. 8 juill. 1865, art. 1.)*

Elles doivent être visées par le maire. — V. n° 1826.

1425. — *Emprunts avec la Caisse des dépôts et consignations.* — La réalisation des emprunts a lieu par l'entremise du trésorier général, au crédit duquel les fonds sont versés au Trésor.

La direction générale adresse au maire une déclaration de versement le jour même de la déclaration de l'emprunt.

Le trésorier général reçoit un avis particulier du ministère des finances *(Direction du mouvement général des fonds)*, qui lui fait connaître la destination à donner aux fonds versés.

D'après cet avis le trésorier général constate le versement au compte: *Placement des communes*, et délivre son récépissé au receveur communal. Si la ville ou la commune qui emprunte est située ailleurs que dans l'arrondissement chef-lieu, les fonds sont mis à la disposition du maire par le receveur particulier de l'arrondissement, de la manière indiquée ci-dessus à l'égard du trésorier général. *(Inst. Caisse des dépôts et consign. 3 février 1858, art. 13.)*

1426. — Le payement des valeurs souscrites par les emprunteurs *(annuités, obligations ou coupons d'intérêts)* doit être effectué à Paris, sans frais, à la charge de la Caisse des dépôts et consignations, le jour même de l'échéance. *(Inst. Caisse des dépôts et consign. 3 février 1858, art. 14.)*

Toutefois, les emprunteurs ont la faculté de se libérer dans les départements à la caisse des trésoriers-payeurs généraux ou des receveurs des finances, à la condition d'effectuer le payement *un mois* avant l'échéance.

Le mandat délivré dans ce but doit contenir toutes les indications nécessaires pour faciliter l'imputation régulière : *Nom de la commune ; montant de l'obligation ; payement d'intérêts de retard*, etc. *(Circ. Caisse des dépôts et consign. 22 juill. 1889, § 8, et 27 déc. 1890, § 2.)*

Pour les sommes dues à la caisse des chemins vicinaux et à la caisse des lycées, collèges et écoles, le payement doit être effectué à la caisse du receveur des finances, ainsi qu'il est énoncé aux n°° 1441 et suiv. — V. Pièces justificatives, § 149.

1427. — Lorsque le payement s'effectue à Paris, les emprunteurs peuvent se libérer, selon leur convenance, soit au moyen de mandats sur la Banque de France ou sur la poste, dont ils ont à supporter les frais, ou par l'entremise d'un banquier à Paris, soit au moyen d'un mandat sur le Trésor, à l'ordre du caissier de la Caisse des dépôts, que le receveur municipal doit se faire délivrer, en vertu de l'autorisation du maire, par la Trésorerie générale. Si la commune a des fonds placés au Trésor, le trésorier général se fait remettre un mandat de remboursement quittancé par le receveur municipal ; autrement les fonds du mandat doivent lui être faits par ce dernier receveur. Si la ville ou la commune n'est pas située dans l'arrondissement chef-lieu, le receveur particulier se concerte avec le trésorier général au sujet de la délivrance du mandat. *(Inst. Caisse des dépôts et consign. 3 février 1858, art. 15.)*

1428. — Ce mandat n'étant payable qu'à vingt jours de date, les receveurs municipaux doivent avoir soin de faire les démarches nécessaires pour se procurer à une échéance coïncidant avec celle des obligations, coupons d'intérêts ou annuités qu'il a pour objet d'ac-

quitter. Il est passible du droit de timbre fixé par l'article 1er de la loi du 5 juin 1850, et ce droit est à la charge des communes. *(Inst. Caisse des dépôts et consign. 3 fév. 1858, art. 16.)*

1429. — Le receveur municipal transmet le mandat dont il vient d'être parlé au caissier de la Caisse des dépôts et consignations, sous le couvert du directeur général auquel il donne en même temps avis de cet envoi par une lettre séparée. — V. n° 1610.

Il devrait opérer de la même manière s'il adressait de préférence un mandat sur la poste ou sur la Banque de France .

Le jour même de la constatation de l'entrée en portefeuille des mandats transmis en contre-valeur des obligations et coupons d'intérêts ou des annuités venant à échéance, le caissier renvoie aux emprunteurs les valeurs souscrites dûment acquittées. *(Inst. Caisse des dépôts et consign. 3 février 1858, art. 17.)*

1430. — Dans le cas de non-payement au jour de l'échéance, la commune est passible d'intérêts de retard, dont le taux est invariablement fixé à 5 %. *(Inst. Caisse des dépôts et consign. 3 février 1858, art. 18.)*

1431. — Il appartient au maire de prévoir les échéances des annuités dues pour amortissement d'emprunt. *(Arr. Cour des comptes, 10 novembre 1891.)*

De leur côté, les comptables doivent prendre toutes les mesures nécessaires pour effectuer les remboursements aux échéances fixées. Ils pourraient être rendus responsables des intérêts de retard encourus, malgré le vote du conseil municipal en acceptant l'imputation sur les crédits budgétaires. *(Arr. Cour des comptes, 22 avril 1891 et 21 oct. 1902.)*

1432. — Le non-remboursement des obligations amorties d'un emprunt et le non-payement des coupons à leur échéance ne peuvent justifier l'attribution amiable, au profit des créanciers, d'intérêts moratoires lorsque le retard provient du fait de ces derniers.

Un receveur municipal engage donc sa responsabilité en procédant sans réserve au payement des mandats délivrés à cet effet, attendu que les intérêts ne courent légalement qu'à partir d'une demande en justice. *(C. civ. art. 1153 et 1904 ; Arr. Cour des comptes, 10 novembre 1890.)*

1433. — Les receveurs municipaux doivent joindre :

1° A tout envoi de valeurs souscrites pour chaque emprunt ou portion d'emprunt fait à la Caisse des dépôts et consignations, un timbre-quittance de 10 centimes pour le récépissé de ces valeurs ;

2° A toute somme adressée pour remboursement de tout ou partie d'emprunt ou d'intérêts de retard, autant de timbres de dimension de 25 centimes que cet envoi comporte de récépissés et de quittances de toute nature dépassant 10 francs, sauf pour les acquits apposés au dos des annuités, obligations ou coupons d'intérêts, qui sont seuls exemptés du timbre par application du § 1er de l'article 20 de la loi du 23 août 1871.

Les quittances d'acompte de toutes sommes sur valeurs souscrites, de prêts en compte courant, les acquits par duplicata au bas des mandats communaux concernant des intérêts de retard, quand ils ne doivent pas rester joints aux récépissés, les déclarations de versement tenant lieu de pièces égarées, sont, comme les récépissés à talon, passibles du timbre de dimension de 25 centimes.

Le prix des récépissés et quittances ne doit jamais être compris dans le chiffre des mandats sur le Trésor, sur la Banque et sur la poste, mais envoyé, comme il est dit ci-dessus, en timbres-quittances de 10 centimes ou en timbres de dimension de 25 centimes. — V. n° 2983.

Chaque mandat sur le Trésor ne donnant lieu qu'à un récépissé, les receveurs municipaux doivent demander à la Trésorerie générale un mandat par commune ou par emprunteur, s'ils veulent autant de récépissés distincts à l'appui de leur comptabilité. (Circ. Caisse des dépôts et consign. aux receveurs municipaux 15 janvier 1875.)

1434. — *Emprunts à la caisse nationale des retraites pour la vieillesse.* — La caisse nationale des retraites pour la vieillesse est autorisée à effectuer le placement de ses fonds disponibles en obligations départementales et communales, garanties par des ressources régulièrement votées et autorisées pour la durée de la période de leur amortissement.

1° *Conditions générales.* — Les emprunts que les départements et les communes peuvent contracter auprès de cet établissement sont actuellement soumis aux conditions suivantes :

Emprunts ordinaires et scolaires ; taux actuel : 3,85 %. de 21 à 30 ans.

Emprunts pour chemins vicinaux, subvention par l'État ; taux actuel : 3,63 %. de 1 à 30 ans.

Les annuités sont payables par semestre, les 25 février et 25 août, ou, en un seul terme, soit le 25 mai, soit le 25 novembre.

Si les versements ont lieu à la recette des finances, ils doivent être effectués *un mois* avant l'échéance.

Tous les frais accessoires sont à la charge de la caisse nationale des retraites pour la vieillesse.

2° *Amortissement.* — L'amortissement des sommes empruntées a lieu par semestrialités égales, payables les 25 février et 25 août de chaque année. Les départements et les communes peuvent être autorisés à réunir les deux semestrialités en un seul terme annuel payable à une échéance moyenne. L'option entre les

deux modes de remboursement doit être faite avant la réalisation de l'emprunt.

3° *Réalisation totale ou par fractions.* — Les conditions des emprunts sont fixées dans un traité de gré à gré. Des obligations semestrielles ou annuelles sont, en outre, souscrites par les emprunteurs pour le montant du capital compris dans les semestrialités ou annuités. — Les obligations sont préparées par l'administration de la Caisse des dépôts. Elles sont timbrées par ses soins et à ses frais. Le traité de gré à gré n'est soumis ni aux droits de timbre, ni aux droits d'enregistrement. (L. 18 mai 1818, art. 80.)

Tout emprunt contracté doit être réalisé dans le délai d'un an à dater du traité intervenu. La réalisation peut être opérée en une seule fois ou par fractions.

Les sommes empruntées sont mises à la disposition des départements ou des communes au fur et à mesure de la réception des obligations souscrites. Elles parviennent aux départements ou aux communes sans aucun frais, par l'intermédiaire des trésoriers-payeurs généraux au crédit desquels elles sont versées au Trésor public.

Il est tenu compte, au taux de l'emprunt et au moment du payement des premières semestrialités, de l'intérêt des capitaux empruntés entre la date du versement des fonds au Trésor et la date qui sert de point de départ pour le calcul des semestrialités. Il est tenu compte, au profit des départements ou des communes, de l'intérêt au même taux, sur les parties des capitaux non réalisés, entre la date du point de départ des semestrialités et le jour du versement des fonds au Trésor.

4° *Remboursements.* — Les remboursements doivent, en principe, avoir lieu à Paris, à la Caisse des dépôts et consignations. Toutefois, les emprunteurs peuvent, sur leur demande, être autorisés à se libérer sans frais dans les départements à la caisse des trésoriers-payeurs généraux ou des receveurs des finances ; dans ce cas, le payement doit être effectué *un mois* avant échéance.

Tout payement non opéré à l'échéance porte intérêt de plein droit au taux de 5 °/₀ l'an.

5° *Remboursements par anticipation.* — Le capital représenté par les obligations peut être remboursé en totalité ou en partie, par anticipation, moyennant le payement par les emprunteurs d'une indemnité de 0 fr. 50 °/₀ du capital remboursé, si l'échéance des obligations est à cinq ans ou à moins de cinq ans, et de 1 °/₀ si cette échéance est à plus de cinq ans.

Pièces à produire pour la réalisation d'un emprunt communal.

1° Une demande d'emprunt faite par le maire au directeur général de la Caisse des dépôts, chargé de l'administration de la caisse nationale des retraites pour la vieillesse. Cette demande doit être adressée *non affranchie* au directeur général de la Caisse des dépôts et consignations, à Paris ;

2° Une copie de la délibération du conseil municipal portant vote de l'emprunt, ainsi que des ressources affectées à son amortissement ;

3° Une copie, certifiée conforme par le préfet ou le sous-préfet, de l'acte autorisant l'emprunt et la création des ressources affectées à l'amortissement ;

4° Une copie de la délibération du conseil municipal autorisant la réalisation de l'emprunt à la Caisse nationale des retraites pour la vieillesse, aux conditions de cet établissement ;

5° Un certificat délivré par le receveur municipal et visé par le maire, énonçant le *principal* des quatre contributions directes dans la commune, ainsi que le *point de départ de la mise en recouvrement* de l'impôt affecté au remboursement de l'emprunt ;

6° Un certificat délivré par le receveur municipal et visé par le maire, mentionnant les *centimes de toute nature* que la commune est autorisée à s'imposer pour l'année courante ou pour les années suivantes, avec leur affectation, leur durée et la date de leur autorisation ;

7° Un état du passif de la commune ;

8° Un extrait des comptes administratifs indiquant les recettes et les dépenses ordinaires, normales et permanentes, effectuées pendant les trois derniers exercices clos ; cette pièce doit aussi mentionner, quand il y a lieu, les prélèvements à effectuer, pour l'avenir sur les revenus ordinaires, par suite d'engagements antérieurs ;

9° Une copie des budgets primitif et additionnel de l'année courante. *(Annexe à la circulaire de la Caisse des dépôts et consignations du 22 juillet 1889, § 9.)*

Le modèle de délibération à prendre par le Conseil municipal, pour la réalisation d'un emprunt communal à la caisse nationale des retraites pour la vieillesse, est donné à la suite de l'annexe de la circulaire du 22 juillet 1880, § 9.

Par suite des modifications qui peuvent être apportées soit dans le taux des intérêts, soit dans les pièces à fournir, il y a lieu de demander des instructions complémentaires à Monsieur le Directeur général de la Caisse des dépôts et consignations à Paris ; il n'est pas nécessaire d'affranchir.

1435. — *Emprunts contractés avec le Crédit foncier.* — Le Crédit foncier est autorisé à prêter aux communes les sommes qu'elles auraient été autorisées à emprunter. Les prêts sont consentis avec ou sans affectation hypothécaire et remboursables soit à long terme, par annuités, soit à court terme, avec ou sans amortissement. Ils sont réalisables en numéraire. *(L. 6 juillet 1860 et 26 février 1862.)*

Les communes se libèrent au moyen d'annuités comprenant l'intérêt et l'amortissement. Ces annuités sont exigibles par moitié aux échéances des 31 janvier et 31 juillet. — Les semestres sont en principe, payables à Paris au siège du Crédit foncier ; toutefois, les communes peuvent en effectuer les versements sans frais à la recette des finances de l'arrondissement à la condition que ces versements soient effectués 20 jours avant les échéances, c'est-à-dire les 10 janvier et 10 juillet.

1436. — *Emprunts contractés soit par voie d'adjudication publique ou par traité de gré à gré avec les particuliers, soit par souscription publique.* — Les communes peuvent, pour leurs emprunts, être autorisées à émettre des obligations au porteur ou transmissibles par voie d'endossement. Toutefois, cette faculté n'est accordée que dans le cas où la réalisation de l'emprunt par les voies ordinaires ne semble pas assurée.

Les obligations sont souscrites au nom des communes par les receveurs municipaux ; elles doivent être extraites d'un registre à souche, et elles sont soumises au droit de timbre de 1 %, lequel peut être converti en un abonnement annuel de 5 centimes par 100 francs pour toute la durée des titres. *(Inst. gén., art. 970.)*

Pour ces sortes d'emprunt, il y a lieu de se reporter en tout point à la circulaire de la comptabilité publique du 25 août 1879. — V. Pièces justificatives, § 149.

1437. — *Emprunts à la caisse des chemins vicinaux.* — La loi du 11 juillet 1868, relative à l'achèvement des chemins vicinaux, a créé, pour aider à leur exécution, une caisse spéciale dont elle a confié la gestion à la direction générale de la Caisse des dépôts et consignations.

Les communes qui ont besoin d'avoir recours à cette caisse doivent produire les pièces ci-après :

1° Copie de la délibération par laquelle le conseil municipal a voté l'imposition ou l'emprunt projetés ; les délibérations doivent nettement spécifier : 1° le montant de l'emprunt ; 2° la nature et le montant des ressources destinées à assurer le remboursement ; 3° la durée de l'imposition et le nombre de centimes qu'elle représente annuellement ;

2° Certificat du maire faisant connaître le nombre des membres du conseil municipal en exercice ;

3° Budget primitif de l'exercice courant et budget additionnel du même exercice : si ce dernier n'était pas approuvé, celui de l'exercice précédent en tiendrait lieu ;

4° Situation présentant, année par année, le nombre des centimes extraordinaires dont la commune doit être grevée pendant la période de recouvrement de l'imposition à autoriser pour le service de l'emprunt *(Modèle n° 1)* ;

5° Certificat de l'agent-voyer. *(Circ. min. Int. 15 octobre 1879.)*

1438. — Les traités passés entre la caisse des chemins vicinaux et les communes sans le ministère d'un notaire revêtent le caractère d'actes administratifs, et, comme ils ne rentrent pas, par leur objet, dans la catégorie des contrats portant « transmission de propriété, d'usufruit, de jouissance, adjudications ou marchés », on doit, d'après la combinaison des articles 78 et 80 de la loi du 15 mai 1818, les considérer comme « exempts de timbre sur la minute, et de l'enregistrement tant sur la minute que sur l'expédition ».

Le contrat ne peut donc être soumis au timbre de dimension et enregistré au droit fixe de 1 fr. 50, plus le double décime et demi, que dans le cas tout à fait exceptionnel où le ministère d'un notaire serait requis. (*Circ. min. Inst., 20 janv. 1879.*)

1439. — *Recouvrement des prêts consentis aux communes par la caisse des chemins vicinaux.* — Les trésoriers généraux agissant comme préposés de la Caisse des dépôts et consignations sont avisés, par lettre individuelle ou collective, des sommes mises à la disposition des communes.

Ces lettres d'avis ou de crédit indiquent la date à partir de laquelle ces sommes peuvent être retirées à la convenance des communes.

Les payements sont faits, sur la demande du maire, au receveur municipal qui en délivre une quittance à souche (*timbrée à 25 centimes*), en échange d'un récépissé à talon qui lui est délivré par le trésorier général, et qui lui parvient par l'intermédiaire du receveur particulier. Le montant de ce récépissé est inscrit au compte des placements avec intérêts. — V. le numéro ci-après.

La quittance du receveur municipal est transmise au trésorier général, par la même voie que celle qui a été suivie pour l'envoi du récépissé. (*Circ., Caisse des dépôts et consign. 6 mars 1860; Circ. compt. publ. 6 décembre 1869, 26 avril 1870 et 28 mars 1885.*)

1440. — Les fonds sans emploi des communes affectés aux chemins vicinaux sont placés au Trésor avec intérêts, comme tous autres fonds appartenant aux communes. (*Circ. compt. publ. 19 févr. 1897, § 3.*) — V. n° 2239.

1441. — *Remboursement des emprunts dus par les communes à la caisse des chemins vicinaux.* — *Impositions extraordinaires destinées à l'amortissement de ces emprunts.* — Les annuités d'emprunt dues à la caisse des chemins vicinaux sont versées au receveur des finances, qui en délivre un récépissé comptable (*Circ. Caisse des dépôts et consign. 22 juill. 1889, § 7*). — Les receveurs municipaux ont à se faire délivrer, en temps utile, les mandats nécessaires pour acquitter ces annuités au jour de l'échéance ; ils pourraient être rendus responsables des intérêts de retards encourus.

Les impositions destinées au remboursement des emprunts doivent être portées au budget de chaque année. Il peut arriver qu'une commune se soit imposée d'une quotité fixe de centimes pour une période, par exemple, de 30 années consécutives, à partir de 1869 à 1898 inclusivement, bien qu'elle n'ait besoin, par suite du fractionnement de son emprunt, que d'un, deux, trois, quatre centimes, etc., pendant les premières années. Dans ce cas, les maires et les receveurs municipaux ont à veiller à ce que le surplus du produit annuel de l'imposition soit mis en réserve afin qu'il conserve sa destination spéciale. En établissant leurs comptes de gestion, les receveurs municipaux ont à porter dans la colonne des restes à payer le complément du crédit inscrit au budget, qui servira plus tard à acquitter les dernières annuités de l'emprunt échéant après l'imposition terminée.

Pour simplifier les écritures et éviter tout détournement, les maires des communes peuvent, pour les emprunts réalisés en plusieurs fois, et aussitôt le dernier versement fait par la caisse des chemins vicinaux, demander à la Caisse des dépôts et consignations de verser par anticipation, sur le fonds de réserve, les annuités qui resteront à payer après que l'imposition sera finie, de façon à ce que la dernière annuité à tenir compte à la caisse des chemins vicinaux se termine en même temps que l'imposition de la commune.

Les maires ou les receveurs municipaux peuvent demander également que la caisse des chemins vicinaux fixe une échéance unique pour les annuités qui se trouvent échelonnées en plusieurs époques de l'année.

1442. — *Règles à observer pour tous les remboursements d'emprunts contractés par les communes.* — Le remboursement d'un emprunt contracté par une commune ne peut avoir lieu que sur un crédit régulièrement ouvert au budget ou en vertu d'une autorisation spéciale.

Le plus souvent, notamment quand il s'agit d'un emprunt au Crédit foncier, le recouvrement s'effectue au moyen d'une imposition extraordinaire qui frappe la commune pour un certain laps de temps. A cette imposition s'ajoute la subvention de l'État.

Dans ce cas, l'imposition qui frappe la commune est portée en recette au chapitre des recettes extraordinaires ; il en est de même de la subvention de l'État. Ces deux sommes réunies forment le montant du crédit qui doit être ouvert à un chapitre des dépenses extraordinaires, lequel sert pour l'ordonnancement des remboursements à effectuer chaque année.

Les receveurs municipaux doivent veiller à ce que chaque crédit annuel conserve bien son affectation spéciale ; il serait irrégulier d'effectuer un remboursement d'une année ou d'un semestre d'annuité sur un exercice dont l'imposition et la subvention seraient affectées à une autre année.

En cas de mutations de comptables, le receveur entrant doit s'assurer que les remboursements restant à effectuer correspondent bien avec les impositions annuelles et les subventions restant à recouvrer, destinées à l'amortissement de l'emprunt, jusqu'au dernier semestre.

En cas de désaccord, il y aurait lieu d'en aviser le conseil municipal pour qu'il ait, au besoin, à assurer les ressources nécessaires au payement régulier de l'emprunt.

1443. — Il est rappelé aux comptables que les sommes dues à la caisse des chemins vicinaux et à la caisse des lycées, collèges et écoles ne doivent pas être payées à Paris. Chaque remboursement doit être effectué à la caisse du receveur des finances, qui en délivre un récépissé comptable. (*Circ. Caisse des dépôts et consign. 22 juillet 1889, § 7.*)

En ce qui concerne les sommes dues à la Caisse des dépôts et consignations, le payement doit être effectué à Paris, ou à la caisse du receveur des finances, ainsi qu'il est énoncé aux n°s 1426 et suiv.

Enfin, les intérêts dus au Crédit foncier pour remboursement d'emprunt doivent être versés à Paris au Trésor public ; néanmoins, ils peuvent, du consentement du Crédit foncier, être payés à la recette des finances, à la condition que les versements soient effectués *vingt jours au moins* avant les échéances.

Les frais de transport des fonds sont à la charge des communes débitrices.

1444. — *Remboursements par anticipation.* — Les communes, comme les particuliers, jouissent de la faculté de rembourser leurs emprunts par anticipation s'il n'y a convention contraire. (*C., civ., art. 1187.*)

Si le créancier, une fois prévenu, refusait le remboursement de sa créance, le receveur municipal, dûment autorisé, devrait procéder à des offres réelles et à la consignation des fonds.

1444 bis. — *Imposition excédant les besoins du remboursement d'un emprunt.* — Lorsqu'une imposition pour le service d'un emprunt excède les besoins nécessaires au remboursement de cet emprunt, on peut, sans inconvénient, confondre le surplus de l'imposition avec les ressources générales du budget, lorsque l'excédent reste inférieur à la valeur d'un centime d'imposition. Mais, si l'excédent devient égal ou supérieur au produit d'un centime, le conseil municipal doit être appelé à réduire la quotité de l'imposition. (*Sol. min. Int.*)

Il est bon d'ajouter que dans le cas où, par suite de l'abaissement du centime le franc, le produit de l'imposition serait insuffisant, il y aurait lieu, par le conseil municipal, de s'imposer un complément de centime.

Emprunts pour les maisons d'école. — V. n°s 1823 et suiv.

Emprunts déguisés. — V. ACQUISITIONS, n° 11 ; TRAVAUX, n° 3039.

État de situation des emprunts à produire annuellement par les receveurs municipaux. — V. n°s 1481 et suiv.

1445. — *Droits à payer au Trésor public pour les emprunts contractés par les communes.* — *Nature des droits.* — Il existe quatre taxes distinctes à payer au Trésor public, savoir :

1° Taxe du timbre des titres mêmes d'obligations ;

2° Taxe de transmission des valeurs nominatives et au porteur ;

3° Taxe de 4 °/₀ sur le revenu des valeurs mobilières ;

4° Taxe de 4 °/₀ sur les lots et primes de remboursement payés aux créanciers et aux porteurs d'obligations, effets publics et tous autres titres d'emprunt. (*Circ. compt. publ. 25 août 1879, § 39 ; L. de finances de l'exercice 1891, art. 4.*)

1446. — *Timbre des titres.* — Les obligations négociables émises par les communes et établissements publics doivent être timbrées. (*L. 14 juin 1850.*)

Ces titres sont assujettis au timbre proportionnel de 1 °/₀ de leur montant nominal, et l'avance de ce droit est faite par les communes ou établissements. Ceux-ci ont la faculté de contracter avec l'État un abonnement pour toute la durée des titres, et le payement du droit est divisé en quatre termes payables à la fin de chaque trimestre.

Cette taxe est indépendante de celle sur le revenu des obligations dont il est parlé ci-après.

Les receveurs municipaux sont tenus de payer à l'administration de l'enregistrement et du timbre, sur mandat du maire, le montant de la taxe ou de l'abonnement.

Lorsque le contrat d'emprunt ne met pas le timbre des obligations à la charge de la commune, le prix de ce timbre, avancé par elle, est versé au receveur municipal et inscrit en recette à un article distinct des produits budgétaires. (*Circ. compt. publ. 25 août 1879, § 40.*)

1447. — La perception du droit de timbre proportionnel de 1 °/₀ suit les sommes et valeurs de 20 francs en 20 francs, inclusivement et sans fraction. (*L. 14 juin 1850.*)

1448. — *Taxe de transmission des valeurs nominatives et au porteur.* — Les droits revenant au Trésor sur les transmissions de valeurs nominatives par transfert, et sur les valeurs au porteur ou transmissibles sans transfert, ont été établis, savoir :

1° Par l'article 11 de la loi du 16 septembre 1871, qui a étendu les dispositions de la loi du 23 juin 1857 aux titres d'obligations émis par les communes, lequel article est ainsi conçu :

« À dater du 15 octobre 1871, les droits de 20 centimes pour 100 francs de la valeur négociée, *sur les titres nominatifs* et de 12 centimes *sur les titres au porteur*, établis par l'article 6 de la loi du 23 juin 1857, sont respectivement élevés à 50 centimes et à 15 centimes.

« Ces droits seront applicables à la transmission des obligations des départements, des

communes, des établissements publics et de la
société du Crédit foncier. »

2° Par la loi du 29 juin 1872, dont l'article 3
a élevé à 20 centimes par 100 francs la taxe à
laquelle sont assujettis les titres au porteur
avec exemption des décimes. *(Circ. compt.
publ. 25 août 1879, § 41.)*

1449. — *Valeurs nominatives.* — En ce
qui concerne les titres et certificats nominatifs,
et aux termes de l'article 58 du règlement, la
taxe de 50 centimes est payée par les parties
à la caisse du receveur municipal, au moment
même de la demande de transfert ou de conversion.

Le comptable est tenu de fournir aux receveurs de l'enregistrement les relevés ou états
de titres d'obligations passibles de l'impôt,
ainsi que de verser, aux époques déterminées
par le décret du 17 juillet 1857 *(art. 2)*, le montant des droits dus au Trésor.

L'encaissement des droits et leur versement
au Trésor font l'objet d'un compte hors budget
intitulé: *Droits revenant au Trésor pour transmissions de valeurs nominatives.* La recette en
est justifiée par un *état détaillé mensuel (Modèle n° 33)*, revêtu du certificat du maire, et la
dépense, par les quittances du receveur de
l'enregistrement. *(Circ. compt. publ. 25 août
1879, § 42.)*

1450. — *Valeurs au porteur ou valeurs
transmissibles par endossement.* — Ainsi
qu'il est expliqué à l'article 59 du règlement,
les droits annuels établis sur les valeurs au
porteur ou transmissibles sans transfert, par
les lois précitées des 23 juin 1857 et 16 septembre 1871, sont versés au Trésor par le receveur
municipal pour le compte des obligataires, en
exécution desdites lois.

Les versements sont faits chaque trimestre,
en vertu de mandats du maire, au bureau d'enregistrement de la commune, en quatre termes
égaux et dans les vingt premiers jours des mois
de janvier, avril, juillet et octobre de chaque
année; ils sont imputés sur un *crédit spécial*,
ouvert au budget de la commune, sous le titre
de : *Droits annuels revenant au Trésor pour
valeurs au porteur ou transmissibles sans
transfert.* — V. n°s 1456 et suiv.

La liquidation des droits pour l'impôt de
transmission est faite, conformément au décret
précité du 17 juillet 1857, d'après un état certifié par le maire constatant le cours moyen des
obligations pendant l'année précédente, ou, si
les obligations n'ont pas été cotées, contenant
déclaration estimative de leur valeur.

Lors de l'échéance des coupons, le maire
arrête la somme à retenir sur chacun d'eux, en
prenant pour base le payement fait au Trésor
pour les titres (transmissibles ou non sans
transfert) de la catégorie à laquelle ils appartiennent. D'après le nombre des titres de chaque catégorie existant au moment de l'échéance,

il ordonnance, sur le crédit affecté aux intérêts
de l'emprunt, le montant total des retenues,
qui est porté en recette à un article distinct des
produits budgétaires, intitulé : *Recouvrement
des droits payés au Trésor pour valeurs au
porteur ou transmissibles sans transfert.* (Circ.
compt. publ. 25 août 1879, § 43.)

1451. — *Taxe de 4 % sur le revenu des
valeurs mobilières.* — L'impôt de 4 % sur
le revenu des valeurs mobilières, créé par les
lois des 29 juin 1872, 23 juin 1875 et 26 décembre 1890, est versé au Trésor par le receveur
municipal pour le compte des obligataires,
conformément aux règles tracées par le paragraphe précédent. Les retenues sont déterminées et portées en recette de la même manière.

La liquidation de l'impôt de 4 % a lieu d'après
le nombre des titres existant au dernier jour du
trimestre et d'après le revenu qui leur est attribué. *(Circ. compt. publ. 25 août 1879, § 44.)*

1452. — La taxe de 4 % sur le revenu n'est
pas due sur les intérêts payés par les communes
pour retard dans le payement des dettes communales. *(Solut. enreg. 21 juillet 1882.)*

1453. — Le carnet *(Modèle n° 303)* dont la
tenue est prescrite par l'article 1503 de l'instruction générale, doit recevoir l'inscription de
tous les emprunts réalisés et de tous les remboursements effectués.

Les percepteurs et les receveurs spéciaux
sont tenus de représenter ce carnet chaque fois
de l'enregistrement chaque fois qu'ils acquittent
la taxe sur le revenu. *(Circ. compt. publ. 22
mai 1876, § 1er.)*

1454. — *Taxe de 4 % sur les lots et primes de remboursement.* — Enfin, l'article 5
de la loi du 21 juin 1875, modifié par la loi du
26 décembre 1890, a établi une taxe de 4 % sur
le montant des lots et primes attachés au remboursement d'obligations communales. Cet article est ainsi conçu :

« Sont assujettis à la taxe de 4 %, établie par
la loi du 29 juin 1872, les lots et primes de
remboursement payés aux créanciers et aux
porteurs d'obligations, effets publics et tous
autres titres d'emprunt.

» La valeur est déterminée, pour la perception de la taxe, savoir :

» 1° Pour les lots, par le montant même du
lot, en monnaie française ;

2° Pour les primes, par la différence entre la
somme remboursée et le taux d'émission des
emprunts.

» Sont applicables à la taxe établie par le
présent article les dispositions des articles 3, 4
et 5 de la loi du 27 juin 1872. »

La taxe sur les lots et primes est perçue
comme l'impôt sur le revenu, et les dispositions
de comptabilité qui précèdent lui sont de tout
point applicables.

Lorsqu'un emprunt a été contracté à un *taux unique* pour tous les titres souscrits et attribués, c'est ce taux qui doit nécessairement déterminer la valeur servant de base à la perception de la taxe. Il est représenté par la somme en capital que chaque souscripteur paye ou s'engage à payer pour obtenir la délivrance d'une obligation.

Mais, lorsque les emprunts sont réalisés successivement à *des cours différents* selon la date de la souscription des titres, deux cas peuvent se présenter : ou les emprunts sont terminés ou ils ne le sont pas, et alors il convient de fixer, conformément à l'article 5 de la loi du 21 juin 1875, un taux moyen d'émission servant de base à la liquidation de la taxe de 4 %.

En ce qui concerne les *emprunts terminés*, le § 2 de l'article 1er du règlement d'administration publique du 15 décembre 1875 dispose que ce taux moyen sera évalué pour *chaque emprunt*, c'est-à-dire pour toutes les obligations du même type faisant, le cas échéant, l'objet d'une seule inscription à la cote de la Bourse, et sans distinction entre les différentes séries dont l'emprunt peut se composer. Ce taux moyen est obtenu en divisant par le nombre de titres correspondant à cet emprunt le montant brut de l'emprunt total, sous la seule déduction des arrérages courus au moment de chaque vente. Il n'y a donc lieu de tenir compte, dans ce calcul, que des sommes représentant le capital emprunté.

Quant aux emprunts *non terminés*, on procède comme pour les emprunts terminés, avec cette seule différence que la moyenne est établie d'après la situation de l'emprunt au 31 décembre de l'année qui a précédé celle du tirage.

D'après le dernier paragraphe de l'article 3 du règlement précité, il doit être remis au receveur de l'enregistrement, lors de l'acquittement de la taxe, une copie certifiée du procès-verbal de tirage au sort avec un état indiquant pour chaque tirage : 1° le nombre des titres amortis ; 2° le taux d'émission de ces titres, déterminé comme il est expliqué ci-dessus s'il s'agit de prime de remboursement ; 3° le montant des lots et des primes échus aux titres sortis ; 4° la somme sur laquelle la taxe est exigible.

Enfin, d'après l'article 4 du règlement du 15 décembre 1875, les comptables sont tenus de communiquer sur réquisition aux agents de l'enregistrement les documents et écritures relatifs aux lots sortis et aux primes de remboursements, afin qu'ils puissent s'assurer de l'exécution de toutes les dispositions contenues dans ce règlement précité. (*Circ. compt. publ. 25 août 1879, § 15.*)

1455. — Comme on l'a vu plus haut, l'impôt direct sur le revenu est à la charge du créancier, mais il doit être avancé par le débiteur. L'article 5 du décret du 6 décembre 1872 contient une exception à cette disposition, en ce qui concerne les prêts consentis par la Caisse des dépôts et consignations aux communes et établissements publics. Aux termes de cet article, aucune taxe n'est réclamée à ces débiteurs à raison des prêts dont il s'agit. La Caisse des dépôts et consignations acquitte directement à Paris les sommes dont elle est redevable à raison de ces prêts.

En conséquence, les receveurs de l'enregistrement n'ont à recouvrer sur les communes et établissements publics que l'impôt de 4 % afférent soit aux titres qu'ils ont émis, soit aux emprunts qu'ils ont contractés autrement qu'à la Caisse des dépôts et consignations.

Les prêts consentis aux communes par le Crédit foncier étant représentés par des obligations communales, et les porteurs de ces obligations acquittant l'impôt, cette nature de créances ne donne lieu également à aucune perception dans les départements. Elle est réglée à Paris. (*Circ. compt. publ. 28 déc. 1872.*)

1456. — Les conseils municipaux doivent inscrire chaque année à leur budget une prévision de recette et de dépense équivalente au montant présumé, savoir :

En recette : *Recouvrement des avances pour droits de transmission et pour impôt sur le revenu des obligations* ; et en dépense : *Avances pour droits de transmission et pour impôt sur le revenu des obligations.* (*Circ. compt. publ. 15 juin 1876, § 1.*) — V. Pièces justificatives, §§ 40 et 142.

1457. — *Jurisprudence.* — Les communes doivent toujours faire l'avance de l'impôt de 4 % sur le revenu, mais elles ne peuvent en prendre l'acquittement à leur charge qu'à la condition expresse que le montant de cet impôt, ajouté à l'intérêt servi aux créanciers, n'excède pas le taux prévu par l'acte approbatif de l'emprunt. (*Arr. du conseil de préfecture du Nord 10 décembre 1880 et 25 mai 1881.*)

Les receveurs municipaux ne doivent pas perdre de vue les dispositions de ces arrêtés, ainsi que les prescriptions énoncées ci-dessus, nos 1449 et suivants. Ils éviteront ainsi d'être forcés en recette pour les sommes qu'ils auraient fait supporter à tort par les communes.

Toutefois, il faut tenir compte que s'il était établi clairement dans les actes souscrits, pour la réalisation de l'emprunt, dûment approuvés par l'autorité supérieure, que la commune prend à sa charge non seulement tous les frais de timbre et d'enregistrement, mais encore *l'impôt pour droits de transmission* et pour *impôt sur le revenu*, le receveur municipal n'aurait pas à se rendre juge de cette charge imposée à la commune, et il devrait payer sans aucune retenue les intérêts dus aux créanciers. Mais, en dehors de ce cas tout spécial, les comptables doivent retenir *d'office* le montant des avances faites par la commune et s'en charger immédiatement en recette à l'article inscrit au budget ou aux autorisations spéciales.

Un arrêt de la Cour des comptes en date du 23 mai 1899 confirme les prescriptions ci-dessus ; il est dit : « à moins d'une clause contraire dans l'acte fixant les conditions de l'emprunt, les impôts qui frappent les obligations communales négociables sont à la charge, non pas de la commune, mais des obligataires et doivent leur être retenus lors du payement des intérêts ». — V. PIÈCES JUSTIFICATIVES, § 40.

1458. — *Prescription de l'impôt.* — L'action du Trésor en recouvrement de la taxe établie sur le revenu des valeurs mobilières est soumise à la prescription de cinq ans. (*L. 26 juillet 1893, art. 21.*)

Emprunts des établissements de bienfaisance. — V. n° 789.

Emprunts départementaux.

1458 bis. — *Concours éventuels des percepteurs dans les opérations relatives aux émissions, à la libération des termes et à la délivrance des titres aux souscripteurs.* — *Payement des coupons.* — *Remboursement des obligations amorties.* — Le trésorier général a la faculté, en cas d'emprunt contracté par le département, de désigner, sous sa responsabilité, après entente avec le préfet, ceux des percepteurs qui lui paraissent pouvoir être chargés de la réception des souscriptions, et, par voie de conséquence, de l'encaissement des termes aux échéances, ainsi que de la remise aux parties des obligations provisoires ou définitives. Il appartient au chef de service de donner, le cas échéant, aux comptables intéressés, les instructions nécessaires pour la constatation des opérations auxquelles ceux-ci sont appelés à participer. (*Circ. compt. publ. 11 mars 1901; Circ. min. Int. 12 déc. 1903, § 2.*)

Enfants assistés.

1459. — *Contingents des communes et des hospices.* — Les contingents à payer par les communes ou les hospices pour les dépenses des enfants assistés doivent être versés aux receveurs des finances, mois par mois, ou au moins par trimestre. (*Inst. gén., art. 610.*)

Ces dépenses sont centralisées au compte des produits éventuels départementaux. (*Circ. compt. publ. 21 juin 1863, § 5.*)

1460. — *Payement des mois de nourrice.* Lorsque les administrations des hospices ont à faire payer des mois de nourrice d'enfants assistés dans des communes autres que celles où les établissements sont situés, les receveurs des finances et les percepteurs des communes où résident les nourrices sont chargés de con-

courir à ces payements, lesquels ont lieu tous les trois mois. (*Inst. gén., art. 1088.*)

Dans les départements où le payement par trimestre présente des inconvénients, les préfets ont la faculté d'y substituer un payement mensuel. (*Circ. compt. publ. 12 févr. 1861, § 3.*)

1461. — Il importe, quand des payements de mois de nourrice doivent être faits par les percepteurs, que les nourrices soient prévenues à l'avance du jour où ces comptables se rendront dans leurs communes, et qu'en général une grande célérité soit mise dans l'exécution de ce service.

Les percepteurs ne doivent faire aucune retenue sur le salaire des nourrices pour les contributions qu'elles pourraient devoir, à moins qu'elles n'offrent elles-mêmes de s'y soumettre, les pensions des enfants assistés ayant été déclarées insaisissables. (*Inst. gén., art. 1089.*)

1462. — Le payement a lieu sur la représentation du livret donné par l'hospice à la personne chargée de l'enfant.

Le percepteur inscrit le payement au livret, qui reste entre les mains de la nourrice. Il fait ensuite quittancer la partie prenante sur le décompte qui lui a été adressé par le trésorier général. (*Inst. 8 février 1823 ; Circ. compt. gén., 31 décembre 1862.*)

Les quittances données par les nourrices sont exemptes de timbre. (*L. 13 brumaire an VII, art. 16; Circ. compt. publ. 14 avril 1872, n° 59.*)

Il est expressément recommandé aux percepteurs de procurer des témoins gratuits, pour constater le payement, lorsque les nourrices sont illettrées. (*Circ. compt. publ. 21 juin 1863, § 9.*) — V. HOSPICES, SERVICE MÉDICAL GRATUIT, SECOURS.

Enlèvement des boues et immondices. — V. n° 724.

Enregistrement (Droits d').

1463. — Sont sujets à l'enregistrement à partir de leur date, comme étant dispensés de l'approbation, les actes de vente, acquisition, échange et partage qui ont été préalablement autorisés par délibérations des conseils municipaux dûment approuvées par les préfets.

Si ces actes sont rédigés par les maires et adjoints, le délai pour l'enregistrement est de 20 jours. (*L. 22 frimaire an VII, art. 20, et 15 mai 1818, art. 78.*)

S'ils sont passés devant notaire, le délai est de 10 ou 15 jours, selon que le notaire rédacteur réside ou non dans la commune où le bureau d'enregistrement est établi. (*L. 22 frimaire an VII, art. 20.*)

Sont soumis à l'enregistrement dans les

20 jours (sauf l'exception ci-après), à compter du jour où l'arrêté d'approbation est parvenu à la mairie, ou bien a été remis par le maire au notaire dans le cas où l'acte a été rédigé par un officier ministériel :

1° Les actes de vente, acquisition, échange et partage qui n'ont pas été préalablement autorisés par des délibérations des conseils municipaux dûment approuvées par les préfets ;

2° Les conventions qu'un texte spécial assujettit à l'approbation de l'autorité supérieure, telles que les baux des biens communaux, quelle qu'en soit la durée ;

3° Les transactions consenties par les conseils municipaux (L. 5 avril 1884, art. 68, §§ 1, 2, 3 et 4) ;

4° Les adjudications, marchés, etc., pour travaux et fournitures au nom des communes et des établissements de bienfaisance (Ordonn. 14 novembre 1837, art. 1er, 2 et 10) ;

5° Les baux à ferme des hospices et autres établissements publics de bienfaisance ou d'instruction publique (Décr. 12 août 1807, art. 1er). — Il n'est pas dérogé, en ce qui concerne ces baux, lorsqu'ils sont passés devant notaire, à l'article 5 du décret du 12 août 1807, qui réduit à quinze jours le délai de l'enregistrement. (Inst. enreg. 10 août 1865.)

1464. — La loi du 3 mai 1841 sur l'expropriation pour cause d'utilité publique étant reconnue, sauf les articles 8, 9 et 10, applicable aux chemins vicinaux (V. son article 12), il en résulte que les *plans, procès-verbaux, certificats, significations, jugements, contrats, quittances, etc.*, qui ont pour objet les *expropriations* ou *acquisitions de terrains* destinés à la construction et au *redressement* de ces chemins (art. 55 à 58 de la loi), sont visés pour timbre et enregistrés gratis. Quant aux actes, tels que marchés et adjudications de travaux et autres concernant exclusivement la *construction*, la *réparation* et l'*entretien* des chemins vicinaux et des chemins ruraux, ils sont, aux termes de l'article 20 de la loi du 21 mai 1836 et de l'article 18 de la loi du 20 août 1881, enregistrés moyennant le droit fixe de 1 fr. 50 plus le double décime et demi. Il est nécessaire que les actes pour lesquels le bénéfice de ces dispositions est invoqué contiennent la mention expresse qu'ils sont faits en vue de la construction ou du redressement d'un chemin vicinal. (Inst. gén., art. 892.)

Pour l'enregistrement de diverses autres pièces, V. ACTES, CAHIERS DES CHARGES, CONCESSIONS DE TERRAINS DANS LES CIMETIÈRES, DEVIS, DONS, LEGS, POURSUITES, PRESTATION DE SERMENT, TRAVAUX.

1465. — *Défaut d'enregistrement dans les délais. — Solidarité.* — Les maires et autres administrateurs qui négligeraient de soumettre à l'enregistrement, dans le délai fixé, les actes qu'ils doivent présenter à cette formalité, sont tenus de payer personnellement, à titre d'amende et pour chaque contravention, une somme égale au montant du droit, et d'acquitter en même temps le droit, sauf leur recours, pour ce droit seulement, contre la partie. (L. 22 frimaire an VII, art. 36.)

Les communes ou les établissements publics sont tenus, solidairement avec les entrepreneurs et les fournisseurs, du payement des droits et suppléments de droits d'enregistrement. (Solut. enreg. 9 décembre 1875.)

Payement des droits d'enregistrement. — V. nos 3005 et 3050.

1466. — *Communication des registres et pièces aux préposés de l'enregistrement. — Obligation des comptables.* — Les percepteurs, comme détenteurs des rôles des contributions directes et autres titres de perception des sommes à recouvrer par eux sur les redevables, sont soumis aux dispositions de l'article 54 de la loi du 22 frimaire an VII, portant :

« Les dépositaires des registres de l'état civil, ceux des rôles des contributions et tous autres chargés des archives et dépôts des titres publics, sont tenus de les communiquer, sans déplacement, aux préposés de l'enregistrement, à toute réquisition, et de leur laisser prendre, sans frais, les renseignements, extraits, et copies qui leur seront nécessaires pour les intérêts de l'État, à peine d'une amende de 50 francs pour chaque refus constaté par le procès-verbal du préposé, qui, dans ce cas, doit se faire accompagner par le maire ou l'adjoint de la commune du lieu, et dresser procès-verbal du refus, en sa présence. »

Les receveurs des communes et des établissements publics sont en outre tenus, aux termes du décret du 4 messidor an XIII, de communiquer, à toute réquisition, mais sans déplacement, aux employés supérieurs de l'enregistrement, leurs registres et pièces de recette et de dépense de toute autre nature concernant l'administration des communes ou établissements, afin que ces agents puissent s'assurer de l'exécution des lois sur l'enregistrement et le timbre. Leur présence chez les receveurs municipaux et hospitaliers est constatée par un visa apposé sur le journal général ou sur le livre des comptes divers.

Les percepteurs et les receveurs des communes et des établissements de bienfaisance doivent eux-mêmes, après avoir adressé à qui de droit les observations nécessaires, signaler au directeur de l'enregistrement, par l'intermédiaire de leur chef immédiat, les omissions ou insuffisances de perception de droits de timbre ou d'enregistrement, qu'ils pourraient remarquer dans les pièces ou actes qui leur sont produits. (Inst. gén., art. 1328.) — V. TIMBRE.

Enrôlements volontaires (Indemnité pour).

1467. — Il est attribué aux communes une indemnité de 1 franc pour chaque engagement volontaire reçu soit au titre de l'armée de terre, soit au titre de l'armée de mer. (*Décis. min., Guerre, 17 janvier 1885.*)

Le montant de ces indemnités est versé aux receveurs municipaux par les trésoriers-payeurs généraux, après liquidation ministérielle, sur les mandats des intendants militaires. (*Inst. gén., art. 911.*)

Les quittances délivrées par les receveurs des communes créancières pour l'encaissement de ce produit sont soumises au timbre de 25 centimes. (*Règl. min. Guerre, p. 189.*)

Enseignement primaire (Brevets de capacité pour l').

1468. — *Droit d'examen.* — Depuis le 1er avril 1887, les aspirants au brevet de capacité pour l'enseignement primaire sont soumis à un droit d'examen. Ce droit est fixé à 10 francs pour les candidats au brevet élémentaire ou de second ordre et à 20 francs pour les candidats au brevet supérieur ou de premier ordre.

Les élèves des écoles normales primaires d'instituteurs et d'institutrices sont exemptés de ce droit. (*L. 26 févr. 1887, art. 3; Circ. compt. publ. 10 mai 1887, § 1er.*)

1469. — *Certificats d'inscription à délivrer par les inspecteurs d'académie.* — Les inspecteurs d'académie délivrent un certificat d'inscription à tout candidat qui a déposé les pièces réglementaires (*Décr. 12 mars 1887, art 1er*). A cet effet, ils tiennent des registres à souche, dits *registres des certificats d'inscription*, sur lesquels ils inscrivent les noms et prénoms des candidats, la somme à percevoir et l'acte scolaire auquel elle se rapporte.

Les certificats d'inscription, détachés de ces registres à souche, sont conformes au modèle n° 1; ils portent un numéro d'ordre dont la série, pour chaque année, est suivie sans interruption.

Pour éviter toute confusion, une série spéciale et une couleur de papier également spéciale sont affectées à chacun des deux brevets. (*Circ. compt. publ. 10 mai 1887, § 2.*)

1470. — *Intervention des percepteurs.* — L'article 2 du décret du 12 mars 1887 autorise les candidats à effectuer leur versement au percepteur de leur résidence, sur la production du certificat d'inscription dont il est question au paragraphe 2 ci-dessus.

Cette mesure ayant été prise pour leur éviter des pertes de temps et des déplacements onéreux et les quittances à souche devant leur servir à justifier, auprès du secrétaire de la Commission, du versement du droit auquel ils sont assujettis, il doit être bien entendu que les candidats ne peuvent acquitter ce droit qu'à la caisse de l'un des percepteurs du département où ils doivent subir l'examen, c'est-à-dire du département désigné sur le certificat d'inscription (*Modèle n° 1*).

Chaque versement donne lieu à la délivrance d'une quittance extraite du journal à souche ordinaire et libellée comme suit:

Reçu de M... la somme de dix ou vingt francs (Droit d'examen afférent au brevet de capacité élémentaire ou supérieur).

Les duplicata de quittances, dont la demande serait faite au percepteur, ne doivent, dans aucun cas, être délivrés sur des formules détachées du journal à souche. Le percepteur emploie du papier ordinaire pour l'expédition de ces duplicata, qui sont délivrés gratuitement aux intéressés. Lorsqu'il s'agit d'une recette de 20 francs (Brevet supérieur), dont la quittance *primata* est assujettie au timbre de 25 centimes, il appose un timbre mobile de même valeur sur le duplicata.

Les percepteurs ouvrent, à la 2e section, § 2, du livre des compte divers, un compte intitulé: *Droit d'examen afférent aux brevets de capacité pour l'enseignement primaire*, lequel est crédité des sommes reçues et débité des versements effectués.

Les sommes encaissées par les percepteurs sont comprises aux époques réglementaires dans leurs versements à la recette des finances avec un état détaillé (*Modèle n° 2*) établi en double expédition, indiquant la date et le numéro du certificat d'inscription, la date et le numéro de la quittance, ainsi que la somme reçue (col. 1 à 7). Quant aux colonnes 8 et 9, elles sont remplies ultérieurement par le secrétaire de la commission.

Les certificats d'inscription, conservés par les percepteurs au moment du versement, sont produits à l'appui des états détaillés: (*Circ. compt. publ. 10 mai 1887, § 3.*)

Les percepteurs doivent mentionner sur le certificat d'inscription le numéro de la quittance à souche délivrée.

1471. — *Candidats n'ayant pas subi les épreuves.* — *Candidats ajournés.* — Aux termes de l'article 4 du décret du 12 mars 1887, tout candidat qui, *sans excuse jugée valable par le jury*, ne répond pas à l'appel de son nom le jour de l'examen, perd le montant des droits qu'il a consignés.

A la fin de chaque session, le président du jury d'examen adresse au ministre de l'Instruction publique et des Beaux-Arts un *état nominatif* des candidats dont les excuses ont été jugées valables et auxquels les droits d'examen peuvent être remboursés.

Les remboursements sont effectués au moyen d'ordonnances délivrées *sur le crédit des remboursements et restitutions*, en vertu d'une décision rendue par le ministre des Finances, sur la proposition du ministre de l'Instruction publique et des Beaux-Arts, appuyée de la demande du candidat, établie sur papier timbré, et de la quittance à souche délivrée par le percepteur.

Quant aux candidats ajournés, il ne leur est fait aucune restitution, même partielle, des droits perçus. *(Circ. compt. publ. 10 mai 1887, § 6.)*

1472. — *Remises des percepteurs.* — Il est attribué aux percepteurs, sur le montant des sommes recouvrées pour droits relatifs aux brevets de capacité, une remise de 1 %. *(Circ. compt. publ. 7 janv. 1889.)*

Enseignement secondaire des jeunes filles.

1472 bis. — *Diplômes de fin d'études.* — *Droits à verser au Trésor.* — Loi du 31 mars 1903, art. 43. — Depuis le 1er juillet 1903, il est perçu un droit fixe de 20 francs pour la délivrance du diplôme de fin d'études secondaires, institué par l'article 8 de la loi du 21 décembre 1880, relative à l'enseignement secondaire des jeunes filles.

La jeune fille intéressée peut opérer ou faire opérer le versement de la somme mentionnée sur le bulletin délivré par le recteur à la caisse de l'un quelconque des percepteurs *du département où est situé le lycée ou le collège.* Par exception, dans les villes où il existe un receveur des droits universitaires, c'est ce comptable, à l'exclusion des autres percepteurs de la localité, qui peut encaisser les droits de diplôme. Dans tous les cas, le versement est reçu contre remise du bulletin et sans autorisation préalable de la recette des finances. Il donne lieu à la délivrance d'une quittance extraite du journal à souche ordinaire, timbrée à 0 fr. 25, et libellée de la manière suivante : « *Reçu de Mlle..... la somme de vingt francs.* — *Droit de diplôme de fin d'études secondaires.* »

Pour la constatation de ces recettes, les percepteurs ouvrent à la section II, § 2, du livre des comptes divers, un nouveau compte sous la rubrique : *Droits de diplôme de fin d'études secondaires.* Ce compte est crédité des sommes reçues et débité des versements effectués, aux époques réglementaires, à la recette des finances. A l'appui des versements, les percepteurs se bornent à joindre les bulletins (modèle n° 1) dont ils ont encaissé le montant.

Pour les recouvrements de l'espèce, les percepteurs ont droit à des remises calculées d'après les tarifs en vigueur pour la perception des produits universitaires. *(Circ. compt. publ. 31 juillet 1903, § 1er.)*

Enseignement secondaire. — *Baccalauréats de l'enseignement secondaire, de l'enseignement secondaire classique et de l'enseignement secondaire moderne.* — *Droits à percevoir au profit du Trésor.* — Les comptables chargés du recouvrement des droits universitaires doivent se reporter au décret du 15 décembre 1902.

Enseignement supérieur. — V. Écoles préparatoires, Droits universitaires, Facultés et écoles d'enseignement supérieur.

Entrepreneurs de travaux publics. — V. Adjudications, Architectes, Cahier des charges, Cautionnements des adjudicataires, Travaux.

Entretien de bêtes mâles. — V. Cotisations, n° 1233.

Entretien des bâtiments communaux. — V. Pièces justificatives, § 88; Travaux.

Envois de fonds par la poste.

1473. — Il est interdit d'insérer dans les dépêches circulant en franchise des billets de banque et autres valeurs au porteur, ainsi que des pièces d'or ou d'argent et tout autre objet précieux. Les infractions à cette disposition sont punies d'une amende de 50 à 500 francs. *(Inst. gén., art. 1429.)*

Mais les comptables peuvent naturellement user, comme tout autre expéditeur, des moyens donnés par les lois des 4 juin 1859 et 25 janvier 1873 sur les valeurs déclarées. — V. Franchise.

Pour les titres de rentes au porteur, V. n° 1595.

Epiciers droguistes. — V. Droits de visite.

Erreurs d'écriture.

1474. — *Rectification.* — Les erreurs d'écriture commises par les comptables doivent être rectifiées par de nouvelles écritures. Toute *surcharge* ou *rature* est interdite. *(Inst. gén., art. 1440, dernier alinéa.)* — V. Écritures, Excédents de versements, n°s 1499 et suiv.; Journal a souche, Livre Récapitulatif, Rôles.

Essartement. V. n° 712.

Etablissements de bienfaisance. — V. Bureaux de bienfaisance, Hospices.

Etablissements nationaux de bienfaisance.

1475. — *Payement du prix de pensions à la charge des communes.* — Un certain nombre de communes entretiennent des pensionnaires, ou élèves boursiers, dans les établissements nationaux de bienfaisance, tels que l'institution nationale des jeunes aveugles de Paris, ou l'institution nationale des sourdes-muettes de Bordeaux, par exemple :

Le prix de pension à la charge d'une commune doit être mandaté par le maire *au nom du receveur de l'établissement, et payable sur l'acquit provisoire du receveur des finances de l'arrondissement,* en attendant la quittance du créancier réel ; le receveur municipal de cette commune verse alors les fonds au receveur des finances, qui acquitte *pour ordre* le mandat. Sur la demande du receveur des finances, le prix de la pension est transmis en un mandat sur le Trésor par le trésorier général à son collègue du département dans lequel est situé l'établissement de bienfaisance. Ce dernier remet les fonds au receveur de l'établissement en échange d'une quittance à souche, qui est envoyée au trésorier général du premier département et transmise par lui au receveur municipal, pour être jointe au mandat acquitté précédemment pour ordre par le receveur des finances. *(Circ. compt. publ. 13 mars 1888, § 9.)*

Etat annexe au bordereau de situation sommaire. — V. nᵒˢ 978 et 1000.

Etat de l'actif des communes. — V. nᵒˢ 980 et 1000.

Etat civil (Expéditions des actes de l'). — V. nᵒˢ 1507 et suiv.

Etat d'émargement. — V. Pièces justificatives, § 64.

Etat de la situation financière des communes. V. nᵒ 2845.

Etat des payements faits sur les adjudications et marchés.

1476. — Les percepteurs-receveurs municipaux doivent adresser au receveur des finances, le 30 juin et le 30 novembre, un état, par bureau d'enregistrement, des payements faits dans le semestre précédent sur le prix des adjudications et marchés concernant des communes ou des établissements publics. Cet état doit indiquer :

1° Les dates des marchés et procès-verbaux d'adjudication ;
2° La date de l'enregistrement ;
3° Le nom du bureau où l'enregistrement a eu lieu ;
4° Le nom du fonctionnaire ou officier public qui a passé le marché ;
5° L'objet des marchés et adjudications ;
6° Le nom et domicile de l'adjudicataire ;
7° Le ministère ou département, commune ou établissement public qui a passé le marché ;
8° Les sommes prévues par les marchés ou procès-verbaux d'adjudication, pour la fixation des droits d'enregistrement :
9° Les dates des payements ;
10° Les sommes payées dans le cours du semestre que le relevé concerne ;
11° Les payements antérieurs ;
12° Le total payé à la fin du " semestre 190 ;
13° Observations. *(Indiquer si les payements sont pour acompte ou pour solde.)* — « Si l'entrepreneur a été crédité par un tiers auquel il a convenu un transport éventuel du prix du marché et qui reçoit effectivement ce prix, le comptable fera connaître la date de l'acte d'ouverture de crédit et le nom et la résidence de l'officier public devant lequel il a été passé, ou, s'il s'agit d'un acte sous-seing privé la date et le lieu de l'enregistrement de cet acte. » *(Circ. compt. publ. 10 juillet 1865, § 3; 10 mars 1870, § 5, 25 avril 1882, § 2 et 15 déc. 1896, § 2.)*

1477. — Les comptables doivent apporter le plus grand soin dans l'établissement de l'état prescrit ci-dessus, lequel est dressé en double expédition, en ayant soin de se servir, pour l'expédition destinée à l'administration des contributions directes, des imprimés qui sont fournis par cette administration.

Il convient de remarquer, toutefois, que l'expédition destinée à l'administration des contributions directes, ne doit pas toujours se borner aux renseignements consignés sur l'expédition destinée à l'administration de l'enregistrement.

Pour cette dernière, les comptables sont dispensés de notifier au directeur de l'enregistrement les payements faits sur le prix des marchés ayant pour objet exclusif la construction, l'entretien et la réparation des chemins vicinaux.

Mais, une telle restriction ne peut s'appliquer au relevé à fournir à l'administration des contributions directes, puisque les renseignements relatifs à cette catégorie spéciale de marchés sont, aussi bien que ceux qui concernent les autres entreprises, susceptibles d'être utilisés en vue de l'amélioration de l'assiette des patentes. *(Circ. compt. publ., 15 déc. 1896 et 13 nov. 1900, § 5.)*

En résumé, l'expédition destinée à l'administration des contributions directes doit comprendre tous les marchés, même ceux relatifs aux chemins vicinaux, tandis que celle à fournir à l'enregistrement ne doit pas faire mention de ces marchés, ceux-ci n'étant passibles que d'un droit fixe.

Etat des payements effectués pour le compte des communes et établissements publics pendant le trimestre précédent, entre les mains d'héritiers, de donataires ou de légataires, etc.

1477 bis. — Les percepteurs-receveurs municipaux sont tenus d'établir dans les premiers jours de chaque trimestre, pour l'ensemble des communes ou des établissements dont ils assurent la gestion financière, un relevé même négatif, des payements qu'ils ont effectués *pendant le trimestre précédent* entre les mains d'héritiers, de donataires ou de légataires. Ils font parvenir ce relevé par la voie hiérarchique au trésorier général du département. *(Circ. compt. publ., 27 nov. 1899, § 5.)*

En vue d'assurer la perception intégrale et régulière des droits de mutation, il convient de comprendre sur le relevé non seulement les payements proprement dits, mais encore, lorsqu'il s'agit d'hospitalisés décédés dans les établissements de bienfaisance ou asiles d'aliénés, l'actif brut des successions ainsi que les valeurs mobilières, objets précieux et titres de créances qui en dépendent et qui sont remis par les receveurs aux héritiers des pensionnaires. *(Circ. compt. publ. 13 nov. 1900, § 9)*

Etat des propriétés foncières, rentes et créances. — V. COMPTES DE GESTION, n⁰ˢ 980 et 1000.

Etat des rectifications et changements à opérer dans les rôles. — V. CAHIER DE NOTES POUR LES MUTATIONS.

Etat des restes à payer sur les dépenses des communes et des établissements de bienfaisance.

1478. — Lorsque l'époque de la clôture de l'exercice est arrivée, c'est-à-dire au 31 mars, le maire dresse, de concert avec le receveur municipal, conformément au *Modèle n° 247*, un état des dépenses faites au 31 décembre précédent et qui n'ont pas été payées, soit parce que les entrepreneurs ou fournisseurs n'ont pas produit en temps utile les pièces nécessaires pour la liquidation de leurs créances, soit parce qu'ils n'ont pas réclamé, avant la clôture de l'exercice, le payement des mandats qui leur ont été délivrés. Il invite, au besoin, les premiers à lui présenter leurs mémoires dans le plus bref délai possible, et, après examen et règlement, ou sauf règlement, s'il y a lieu, il inscrit le montant de ces mémoires dans la colonne des *Droits constatés* ; il y porte, en outre, le montant des autres sommes dues par la commune *au 31 décembre*, et représentant

le prix des *services faits* pendant l'année expirée. La colonne suivante indique le montant des *payements effectués* pour ces dépenses pendant toute la durée de l'exercice, et les différences entre les chiffres de ces deux colonnes sont portées dans la colonne des *crédits réservés* ou *restes à payer* à reporter à l'exercice suivant. Enfin, le maire fait ressortir, dans une dernière colonne, le montant des *crédits* ou *portions de crédits* qui, déductions faites des parties employées, soit en payements matériellement effectués dans le délai de l'exercice, soit en sommes réservées pour restes à payer, demeurent *définitivement annulés*, faute par l'administration d'en avoir fait l'application dans l'année du budget.

L'état doit être certifié conforme aux écritures, tant par le receveur que par le maire, sous leur garantie et leur responsabilité respective ; il demeure entre les mains du receveur municipal, qui est provisoirement autorisé à solder, sur les fonds de sa caisse, les restes à payer constatés, sans pouvoir toutefois dépasser la limite des crédits ouverts au budget primitif pour l'article de dépense sur lequel porte le reste à payer. *(Inst. gén., art. 824.)*

En ce qui concerne les établissements de bienfaisance, c'est l'ordonnateur qui, de concert avec le receveur, dresse l'état des restes à payer. — V. BUDGETS, BUREAUX DE BIENFAISANCE, CRÉDITS.

1479. — Les sommes portées dans les états de restes à payer peuvent être mandatées et payées avant la réception des budgets supplémentaires. *(Inst. gén., art. 824; Circ. compt. publ. 30 janvier 1866, § 13).* — V. n⁰ˢ 751 et suiv.

Les comptables ne doivent pas perdre de vue que par *restes à payer*, on ne doit comprendre seulement, ainsi qu'il est dit au numéro précédent, que les sommes dues par la commune au 31 décembre, et représentant le prix des services faits pendant l'année expirée.

Les dépenses faites au commencement d'une année doivent être imputées sur les crédits ouverts au budget primitif ou faire l'objet de crédits supplémentaires dûment approuvés. (V. n° 2092).

Pour les crédits qui ont une affectation spéciale (V. n° 1275) et qui, dès lors, sont reportés de droit au budget supplémentaire, les dépenses concernant ces crédits peuvent être mandatées et payées avant l'arrivée des budgets supplémentaires.

Etat des restes à recouvrer sur amendes. — V. AMENDES, n⁰ˢ 549 et suiv.

Etat des restes à recouvrer sur les contributions directes. — V. n⁰ˢ 1798, 1891, 2744 et suiv.

Etat des restes à recouvrer sur les revenus des communes et des établissements de bienfaisance.

1480. — Au 31 mars de chaque année, le maire et le receveur dressent de concert un état des *Restes à recouvrer* sur l'exercice expiré (*Modèle n° 218*). Cet état, qui doit être mis sous les yeux du conseil municipal, et dont le receveur conserve un double, n'est que le relevé des articles de recette de l'expédition du compte de gestion qui offre une différence entre la colonne intitulée : *Montant des produits*, etc., et celle du total des *Recouvrements de l'exercice*.

A l'état des restes à recouvrer sont joints les états de cotes considérées comme irrecouvrables sur les rôles de prestations ou de la taxe vicinale et de la taxe municipale sur les chiens. — V. n° 1221.

Le devoir du receveur municipal est, au surplus, d'être à jour au 31 mars, pour tous les recouvrements qu'il a dû faire dans le cours de l'exercice, et aucun retard provenant de son fait ne saurait être toléré. (*Inst. gén.*, art. 825.) — V. n° 932. 974, 1557, 2756, 2789 et 2792.

L'état des restes à recouvrer concernant les établissements de bienfaisance est dressé de concert entre l'ordonnateur et le receveur. — V. BUREAUX DE BIENFAISANCE.

Prescription des restes à recouvrer. — — V. n° 2755 et suiv.

Etat des restes à recouvrer en cas de mutations de comptables. — V. n° 1883, 1891, et suiv.

Etat du passif des communes.

1481. — Le paragraphe 68 de l'article 1542 de l'Instruction générale exige que les receveurs municipaux produisent annuellement un état de situation des emprunts à l'appui de leurs comptes de gestion. Cet état, pour être vraiment utile, pour éclairer le juge des comptes aussi bien que les municipalités sur l'étendue réelle des charges locales, doit relater les engagements à terme de toute nature qui ont été contractés, de manière à faire ressortir le montant total de la dette communale.

Les comptables doivent faire usage, pour cet objet, du *Modèle n° 223 ter*, annexé à la circulaire de M. le Directeur général de la comptabilité publique du 15 novembre 1869, lequel comprend toutes les dettes résultant des acquisitions de propriétés et des indemnités de voirie ; son cadre renferme également les autres engagements à terme ; il relate les actes en vertu desquels ces divers engagements ont été contractés, ainsi que le taux de l'intérêt ; il mentionne dans une série de colonnes les époques des remboursements, le montant des intérêts dont chaque exercice se trouve grevé, enfin les crédits annuellement nécessaires pour assurer le service du montant général de la dette.

L'état des dettes municipales, dressé à la clôture de l'exercice, c'est-à-dire au 31 mars de chaque année, est intitulé : *État du passif de la commune*. Il forme ainsi la contre-partie de l'*État de l'actif (Modèle n° 223 de l'Instruction générale)* et doit être, comme ce dernier document, classé au nombre des pièces générales du compte sous le n° 223 *ter* des modèles de l'Instruction générale du 20 juin 1859.

Les dispositions qui précèdent sont applicables aux receveurs des établissements de bienfaisance. (*Circ. compt. publ. 15 novembre 1869, § 6.*)

L'état du passif doit être visé par le maire ou par l'ordonnateur lorsqu'il s'agit d'un établissement charitable. (*Circ. compt. publ. 9 janvier 1902, § 4.*)

1482. — On ne doit pas ranger dans la catégorie des dettes, les dépenses qui, bien que créditées au budget, n'ont pas été acquittées, soit parce que les fournisseurs n'ont pas produit leurs mémoires, soit parce que la liquidation n'est pas encore terminée, soit pour toute autre circonstance. Ce ne sont pas là des dettes, puisque les fonds nécessaires pour solder les dépenses existent dans les caisses municipales. (*Circ. min. Int. 8 août 1833.*)

1483. — L'état du passif présentant pour certains comptables des difficultés pour son établissement, nous donnons ci-après quelques renseignements qui faciliteront les receveurs appelés à dresser cet état.

Dans la colonne 4 intitulée : *Nature des dettes*, il y a lieu de porter à la *1re section* tous les engagements résultant d'acquisitions de propriétés, les emprunts et autres dettes dus en vertu d'actes authentiques, enfin les sommes payées ou à payer sur *ressources ordinaires*, ou qui sont remboursés partie sur ressources ordinaires et partie sur ressources extraordinaires. La colonne 9 indique les sommes que le budget paie sur ressources extraordinaires, c'est-à-dire à l'aide d'une imposition ; la colonne 10, celles créditées sur les ressources du budget provenant des recettes sans affectation spéciale. — Dans les colonnes 11 à 21 on inscrit les sommes qu'on doit rembourser annuellement. — Enfin, la colonne d'observations est destinée à recevoir les explications diverses que les comptables croient utile de donner.

La *2e section*, qui concerne les sommes payées ou à payer sur *ressources spéciales*, doit comprendre les dettes qu'on rembourse à l'aide d'une imposition extraordinaire. — Lorsqu'il s'agit d'un emprunt et que l'amortissement comprend le capital et les intérêts, il y a lieu de faire connaître le capital restant dû.

Pour donner ces renseignements exacts, les

comptables n'ont qu'à se reporter à la circulaire du ministre de l'Intérieur en date du 12
janvier 1895, qui comprend des barèmes à
l'aide desquels on arrive à déterminer le capital
par une simple opération d'arithmétique.

A l'alinéa intitulé: *la moyenne de l'excédent
des recettes de toute nature sur les dépenses ordinaires, d'après les comptes des trois dernières années, étant de* .., on inscrit la moyenne
de l'excédent des recettes figurant au compte
des trois derniers exercices. Mais on n'a rien
à porter quand les revenus de la commune ne
sont pas suffisants pour payer les dépenses
ordinaires et qu'on est obligé d'avoir recours
à l'imposition pour insuffisance de revenus
communaux. — Lorsqu'il en est ainsi, il n'y
a qu'à mettre des guillemets aux deux derniers alinéas de l'état. Dans ce cas, on indique
dans la colonne d'observations que la commune n'a pas de ressources lui permettant de
pourvoir à ses dépenses sans avoir recours à
l'imposition pour insuffisance de revenus.

Lorsque la commune ou l'établissement de
bienfaisance n'est grevé d'aucune dette, il est
fourni un certificat négatif dressé par le receveur municipal et visé par le maire.

**Etat général des recettes et des extraits
des pièces de dépenses à produire par
le receveur dont la gestion, commencée
dans le courant d'un exercice, se termine avant la clôture de cet exercice** —
V. Comptes de gestion, nᵒˢ 990 et suiv.

Etat estimatif. — V. Devis.

**Etats de cotes indûment imposées et de
cotes irrecouvrables.** — V. Cotes indument imposées, Cotes irrecouvrables.

Etats de frais de poursuites. — V. Poursuites, nᵒˢ 2430 et suiv.

Etats et éléments de comptes.

1484. — Les receveurs des finances ne peuvent, à moins d'autorisation spéciale du ministre, exiger des percepteurs la tenue de registres et la remise d'états ou éléments de comptes
qui ne seraient pas prévus par les règlements,
(Inst. gén., art. 1287.) — V. Imprimés, Surveillance, Vérification.

Etats exécutoires.

1485. — Toutes les recettes municipales
pour lesquelles les lois et règlements n'ont pas
prescrit un mode spécial de recouvrement s'effectuent sur des états dressés par le maire.

Ces états sont exécutoires après qu'ils ont été
visés par le sous-préfet. Les oppositions lorsque la matière est de la compétence des tribunaux ordinaires, sont jugées comme affaires
sommaires, et la commune peut y défendre sans
autorisation du conseil de préfecture.—V.nᵒ 683.

Lorsque les créances à recouvrer sont déjà
constatées par un titre exécutoire, tel qu'un jugement ou un acte notarié, le maire n'a pas à
dresser l'état indiqué ci-dessus: la poursuite se
fait en vertu de l'acte même.*(Inst. gén., art.
852 et 1054 ; L. 5 avril 1884, art. 154.)*

Mais il est nécessaire de dresser cet état,lors-
qu'il s'agit d'un acte qui,bien qu'ayant un caractère authentique comme un bail passé administrativement par le maire et approuvé par le
préfet, n'emporterait pas par lui-même l'exécution parée.*(Jug.de la Cour d'appel de Douai,
24 juin 1874.)* — V. Actes, nᵒˢ 19 et suiv.;
Poursuites, nᵒˢ 2462 et suiv.

1486. —Les dispositions qui précèdent sont
applicables aux recettes du bureau d'assistance
médicale gratuite. Les états, dans ce cas, sont
dressés par le président du bureau d'assistance;
ils sont exécutoires après qu'ils ont été visés
par le préfet ou le sous-préfet.*(L. 15 juillet 1893,
art. 31.)* — V. Assistance médicale gratuite, nᵒ 643.

1487. — *Compétence.* — Il n'appartient pas
au préfet de délivrer des états exécutoires
pour le recouvrement des créances communales.
Ce pouvoir n'appartient qu'au maire qui doit
l'exercer par application de l'article 154 de la
loi du 5 avril 1884, en dressant un état de recouvrement que le sous-préfet rend exécutoire.
Le préfet qui se substituerait au maire pour
l'exercice de cette attribution commettrait un
excès de pouvoir. *(Arr. Cons. d'Ét. 22 août
1868.)*

1488. — *Timbre et enregistrement.* —
Les états exécutoires délivrés par les maires en
vertu de l'article 154 de la loi du 5 avril 1884,
ne sont soumis ni au timbre ni à l'enregistrement; ils ne sont que de simples actes d'administration exempts de l'enregistrement comme
du timbre, en vertu de l'article 16 de la loi du
13 brumaire an VII et des articles 78 et 80 de
la loi du 15 mai 1818.

Ces états ne sont, du reste, que des actes
remplaçant les contraintes dressées par les percepteurs pour les poursuites en matière de
contributions directes ; ils ne constituent pas les
titres de créances qui sont, suivant le cas, soumis au timbre et à l'enregistrement.

La Cour de cassation, par son arrêt en date
du 2 juin 1873, a jugé, il est vrai, qu'on devait
soumettre au timbre les rôles ou états dressés
pour la perception des taxes de pavage, de
curage d'égouts et de balayage par abonnement, soit pour fournitures de gaz, soit pour le
recouvrement des frais de divers travaux de

viabilité mis à la charge des propriétaires riverains. Mais, dans ce cas, il ne s'agissait que
de titres de recette et non d'états exécutoires.

Il faut conclure de ce qui précède, que les
états sont exempts de timbre toutes les fois
qu'ils sont destinés à donner la force exécutoire sur des titres de créances établis sur
papier timbré.

Ils sont également exempts de timbre, lorsque, bien que formant les titres de créances, ils
ne sont pas visés par le sous-préfet, mais simplement dressés par le maire ; ils ne peuvent,
dans ce cas, servir à une action quelconque.

Mais l'impôt du timbre est exigible, lorsque
les états sont rendus exécutoires par le sous-
préfet et qu'ils forment les seuls titres de
recouvrement.

Il en serait de même des états qui compren-
draient à la fois des créances en vertu de titres
réguliers et des sommes dues sans contrats
préalables. (*Inst. enreg. 14 janvier 1891.*)

Les états ne sont pas assujettis à l'enregistrement. (*Décis. min. Fin. 22 juin 1893.*)

En ce qui concerne l'assistance médicale
gratuite, les rôles et états exécutoires, destinés
exclusivement à assurer le recouvrement, sur
le bureau d'assistance, des frais de séjour des
malades assistés, sont exempts de timbre. (*L.
15 juill. 1893, art. 32* ; *Décis. min. 24 août
1894.*)

Etats matrices sur les chiens. — V. TAXE MUNICIPALE SUR LES CHIENS, n^{os}2945 et suiv.

Examen des candidats à l'emploi de percepteur surnuméraire. — V. n°s 2207 et suiv.

Excédents de payement sur les crédits ouverts aux budgets. — V. BUDGETS, n° 757 ; CRÉDITS.

Excédents de versements sur les contributions directes.

1489. — *Constatation des excédents.* —
Lorsque les dégrèvements réunis aux sommes
qui auraient été payées précédemment par les
contribuables excèdent le montant de l'article
du rôle auquel ils sont applicables, le reste
disponible est imputé en payement des autres
articles que pourraient devoir les contribuables
(*on ne peut entendre que les sommes exigibles,
c'est-à-dire les termes échus*), soit sur contributions ou frais de poursuites, soit sur produits
divers. (*Inst. gén., art. 209.*) — V. n° 2404.

1490. — Quant à la portion des ordonnances
de dégrèvement dont l'emploi n'a pu être fait en
payement des contributions ou d'autres sommes
dues par les contribuables intéressés, le percep-

teur s'en charge en *recette* à titre d'*excédents
de versements*. — V. n° 4500.

Lorsque les ordonnances de dégrèvement sont
versées par le percepteur, le receveur des finances fait recette, au même titre, de la portion
formant excédent sur les rôles, et il en délivre
un récépissé au percepteur.(*Inst. gén., art. 210
et 213.*) — V. ORDONNANCES DE DÉCHARGES,
n°s 2048 et suiv.

1491. — *Remboursement des excédents.*
— Les percepteurs sont autorisés à rembourser
les excédents aux parties intéressées sur le
produit de leurs recettes courantes *jusqu'au
30 novembre de la seconde année de l'exercice.*

Les excédents sont appliqués au compte de
l'exercice correspondant à l'année pendant laquelle ils ont été constatés, de telle sorte que
les ordonnances inscrites aux rôles depuis le
*1er janvier jusqu'au 31 décembre suivant de
chaque année* forment le compte de l'exercice
correspondant à cette année, et peuvent, dès
lors, être remboursées ou appliquées aux rôles
jusqu'au *30 novembre de l'année suivante.*

Les excédents de versements non réclamés à
la fin de la seconde année de l'exercice sont
transportés au compte des reliquats provenant
de divers services ; après ce transport, les trésoriers généraux effectuent le remboursement *sans
autorisation préalable.* (*Inst. gén., art. 212* ;
*Circ. compt. publ. 24 décembre 1861, § 8, et
23 janvier 1864, § 3.*)

De ce qui précède, il suit qu'un excédent
concernant, par exemple, l'exercice 1904 et
dont il est passé écriture en janvier 1905 doit
être imputé sur ce dernier exercice, et qu'il
peut, dès lors, être remboursé sans autorisation
jusqu'au 30 novembre 1906.

En résumé, l'exercice est déterminé par la
date du versement à la trésorerie générale.

1492. — La Trésorerie générale ayant seule
les moyens de s'assurer si les excédents réclamés après les délais ci-dessus sont réellement
dus et n'ont pas encore été payés, les receveurs
particuliers et les percepteurs auxquels seraient
demandés des remboursements d'excédents
devraient, avant de les effectuer, y être autorisés par le trésorier général. (*Circ. compt. publ.
10 novembre 1864, § 3.*)

1493. — Les remboursements d'excédents
sont effectués par les percepteurs au même titre
que les autres payements qu'ils font pour le
compte du receveur des finances ; les quittances
qui les justifient (*Modèle n° 17*) sont comprises
pour comptant dans les versements de ces comptables à la recette particulière. Toutefois, la
confection des quittances individuelles pouvant
occasionner quelquefois aux percepteurs un travail assez considérable, ces comptables peuvent
s'en dispenser au moyen d'un *État collectif*
par perception, certifié par eux et revêtu de
l'acquit de chaque partie prenante ; cet état

doit être conforme au *Modèle n° 2* joint à la circulaire de la comptabilité publique du 31 mai 1862. (*Inst. gén., art. 212 ; Circ. compt. publ., 31 mai 1862, § 5 et 28 oct. 1896, § 1er.*)

1494. — *Imputation des excédents restant dus en fin d'année.* — Lorsque des excédents de versements sur contributions directes restent dus en fin d'année à des contribuables qui ne se sont pas présentés pour recevoir ces excédents, le percepteur peut dresser un état collectif des excédents dont il s'agit. Il fait recette sur les rôles de l'exercice suivant, comme s'il s'agissait d'une ordonnance de décharge, du montant de l'État. — V. n° 2050 et suiv.

1495. — *Quittances des excédents.* — Ne sont pas soumises au timbre, les quittances données par les parties prenantes pour les excédents de versements sur les contributions directes et les taxes assimilées, y compris les taxes communales (chiens et prestations) ; mais il n'en serait pas de même si la restitution portait sur des taxes ayant un caractère purement local et privé (droits d'octroi, etc.). (*Circ. compt. publ. 8 déc 1891. § 2 ; Inst. enreg. 6 juill. 1892, n° 2823, § 9.*) — V. DÉCHARGES ET RÉDUCTIONS, ORDONNANCES DE DÉCHARGES, TAXES ASSIMILÉES.

1496. — *Avis à adresser aux contribuables à qui il est dû des excédents de versements.* — Les percepteurs doivent, dans les deux mois qui suivent la constatation des excédents de versements, adresser un avis aux contribuables qui ne se seraient pas présentés pour recevoir les sommes auxquelles ils ont droit. Cet avis doit être conforme au *Modèle n° 1* annexé à la circulaire de la comptabilité publique du 10 novembre 1864, § 2.

Il jouit de la modération de taxe accordée aux imprimés adressés par les percepteurs aux contribuables, à la condition que les formules ne contiennent que les indications manuscrites que leur texte imprimé comporte. (*Circ. compt. publ. 25 sept. 1897, § 3.*) — V. n 671.

1497. — *Excédents à rembourser à des contribuables domiciliés hors de la commune où ils ont été imposés.* — Le percepteur qui constate un excédent de versement dû à un contribuable domicilié dans une commune étrangère à sa perception, doit préparer d'office une quittance de remboursement (*Modèle n° 47*) et l'adresser au receveur des finances, afin qu'elle soit transmise au percepteur du nouveau domicile du contribuable, soit directement, s'il réside dans l'arrondissement soit par l'entremise du trésorier général, si c'est dans un autre arrondissement ou dans un autre département. A la réception de la quittance préparée, ce dernier percepteur en donne avis à la partie intéressée afin qu'elle vienne toucher la somme à elle due.

Les quittances de cette nature sont comprises par les percepteurs dans leurs versements à la recette des finances.

Le contribuable à qui il serait dû un excédent de versement pour une cote dont il aurait obtenu décharge, et qui lui serait réclamée en vertu d'une contrainte extérieure, peut demander à ce que le percepteur chargé du recouvrement de la contrainte réclame, par l'intermédiaire du receveur des finances, s'il ne l'a déjà reçue, la quittance de remboursement qui a dû être préparée par le percepteur du lieu de l imposition. (*Circ. compt. publ 10 nov. 1864. § 1er et 25 sept. 1897, § 3.*) — V. CONTRAINTES EXTÉRIEURES.

1498. — *Excédents qui ne doivent pas être remboursés.* — Les percepteurs n'ont point de remboursements à faire aux contribuables s'il s'agit de remises accordées pour des cotes d'abord jugées *irrecouvrables*, et sur lesquelles des versements auraient été obtenus. Les ordonnances de cette nature ne sont émargées sur aucun rôle que pour la somme restant à recevoir. Cet émargement est certifié, cumulativement pour tous les contribuables dégrevés, par le maire de la commune ou par son adjoint ; les percepteurs leur remettent les déclarations souscrites au nom des contribuables. (*Inst. gén., art. 215.*) — V. ORDONNANCES DE DÉCHARGES.

1499. — *Excédents provenant d'erreurs matérielles.* — Lorsque les percepteurs s'aperçoivent que quelque somme leur a été versée en trop, par erreur, ils doivent, si cette somme ne peut être portée en compte à la décharge de la partie intéressée, la comprendre, à titre d'*excédent*, dans leur plus prochain versement. Le transport qui en est fait au compte des excédents donne, en outre, lieu à une rectification dans les colonnes respectives du journal à souche et du livre récapitulatif. (*Inst. gén., art. 217.*) — V. n° 1745 et 1796.

1499 bis. — *Excédents provenant de versements sur contributions extérieures.* — Les excédents de versements qui apparaissent lors des émargements de contributions extérieures doivent être constatés par le percepteur du lieu de l'imposition suivant les règles énoncées ci-dessus.

1500. — *Comptes des excédents de versements.* — Les percepteurs font *recette de la portion des ordonnances formant excédent*, à un compte qu'ils ouvrent sur leur livre des comptes divers et qu'ils intitulent : Divers, *leur compte d'excédents de versements sur les contributions publiques, exercice 19...* Ils font *dépense*, au même compte, du montant des récépissés que le receveur des finances leur délivre à titre de versements d'excédents, lorsqu'ils lui ont versé les ordonnances de décharge dans lesquelles les excédents sont compris.

Ils portent aussi à ce compte les sommes qui leur seraient versées en trop par erreur.

Quant aux remboursements faits aux contribuables, il n'en est point fait mention à ce compte, puisque les percepteurs effectuent ces remboursements au même titre que les autres payements sur leurs recettes courantes, et qu'il leur est délivré récépissé. à titre de *versement sur le produit des contributions directes*, des quittances justificatives qu'ils versent au receveur des finances. Ils les enregistrent seulement sur le *carnet spécial (Modèle n° 296)* des ordonnances de dégrèvements. *(Inst. gén., art. 1487.)*

Excédents de versements sur les rétributions des poids et mesures et autres taxes assimilées aux contributions directes.

1501. — Les percepteurs doivent se conformer aux prescriptions rappelées ci-dessus pour les excédents de versements qui seraient dus à des contribuables sur les rétributions des poids et mesures. *(Inst. gén., art. 269.)*

Il en est de même des autres taxes assimilées aux contributions directes, telles que les redevances des mines, la taxe des biens de mainmorte, la contribution des voitures et chevaux, la taxe sur les billards, etc. — V. ces mots.

Excédents de versements sur les produits communaux.

1502. — *Produits donnant lieu à des excédents.* — Indépendamment des dégrèvements sur contributions directes, il en est accordé sur les taxes communales assimilées, prestations et taxe vicinale et taxe sur les chiens. *(Inst. gén., art. 888. § 8, et art. 910.)*

1503. — *Constatation des excédents et leur remboursement.* — Si quelques-uns des individus dégrevés ont payé une partie ou la totalité des sommes allouées en dégrèvement, il en résulte des excédents que le receveur doit régulariser immédiatement ; il opère, à cet effet, une réduction de recette au compte de la commune, d'une somme égale à ces excédents, et il la transporte au compte des *excédents de versements*, avec désignation des parties intéressées. Si, à la fin de la deuxième année de l'exercice, (c'est-à-dire le 31 décembre), quelques sommes n'ont pas été remboursées, elles sont portées au compte de la commune, à titre de *Recette accidentelle*, d'après la marche indiquée aux articles 1105 et 1488 de l'Instruction générale rappelés au numéro suivant. Cette recette est justifiée par un état nominatif des ayants droit, certifié par le maire, qui reste chargé d'en informer l'autorité préfectorale. Si des remboursements sont ensuite réclamés, ils sont effectués selon les règles suivies pour les dépenses communales.

Toutefois, le mode de réduction indiqué ci-dessus ne peut être employé, après la clôture de la première année de l'exercice *(c'est-à-dire le 31 décembre)*, que s'il existe des recouvrements réalisés depuis le 1er janvier de l'année suivante, ou des restes à recouvrer prochainement réalisables, qui puissent supporter la déduction des remboursements d'excédents auxquels auraient droit les contribuables dégrevés. Dans le cas contraire, les remboursements devraient être imputés soit sur le crédit des dépenses des chemins vicinaux, soit sur celui des dépenses imprévues, ou faire l'objet d'un crédit spécial.

Il n'est pas constaté d'excédent de versement lorsqu'il s'agit de dégrèvements alloués pour des cotes d'abord jugées irrecouvrables et sur lesquelles des versements auraient ensuite été obtenus ; dans ce cas, l'ordonnance n'est employée que pour la somme restant à recouvrer, ainsi que cela a lieu pour les ordonnances concernant les contributions directes, et comme l'indique le modèle d'ordonnance *(col. 18)*. *(Inst. gén., art. 888, § 8, et art. 910.)*

1504. — Les excédents de versements sur produits communaux, prestations ou taxe vicinale et taxe sur les chiens font partie des services hors budget ; ils font l'objet d'un compte spécial ouvert à la première section, § 2, du livre des comptes divers sous le titre de : *Divers, L/c d'excédents de versements sur les produits communaux*. Le compte présente, en *recette*, les sommes portées dans la colonne des excédents de versements du carnet des ordonnances *(Modèle n° 296)*, et en *dépense*, les remboursements faits aux ayants droit, ainsi que l'application au compte de la commune des sommes non réclamées à la fin de la seconde année de l'exercice. Des colonnes distinctes doivent indiquer, tant en recette qu'en dépense, la date et le montant des opérations, les noms des contribuables, les communes où ils sont imposés, les numéros des articles des rôles et la nature des taxes. *(Inst. gén., art. 1105 et 1488.)*

1505. — Les opérations afférentes au compte dont il s'agit sont portées dans la troisième partie des comptes de gestion *(Services hors budget)* ; elles sont justifiées, savoir : la recette, par les relevés des excédents ; la dépense, par les quittances (non sujettes au timbre, V. n° 1495) des parties prenantes ou par les quittances à souche des receveurs municipaux constatant l'application aux comptes des communes des sommes non réclamées. *(Inst. gén., art. 1105.)* — V. ORDONNANCES DE DÉCHARGES, PIÈCES JUSTIFICATIVES, §§ 58 et 177. —

Exécuteur testamentaire. — V. LEGS ET DONATIONS.

Exercice.

1506. — *Service des communes et des établissements de bienfaisance.* — L'*exercice* commence le 1er janvier et finit le 31 décembre de l'année qui lui donne son nom.

Néanmoins, il est accordé, pour en compléter les opérations, un délai qui est fixé *au 31 mars de l'année suivante* ; à cette époque l'exercice est clos définitivement. (*Inst. gén.*, *art. 813.*)
— V. BUDGETS, CRÉDITS, ÉTAT DES RESTES A PAYER, ÉTAT DES RESTES A RECOUVRER, ORDONNANCEMENT, RECETTES FAITES AVANT L'OUVERTURE DE L'EXERCICE.

Service des contributions directes. — V. RÔLES, POURSUITES, RESTES A RECOUVRER.

Exhumations, réinhumations et translations des corps.

1506 bis. — *Vacations à allouer aux commissaires de police ou aux gardes-champêtres.* — Les commissaires de police et, dans les communes qui n'en ont point, les gardes-champêtres peuvent seuls être délégués par l'autorité compétente pour assister aux opérations d'exhumations, de réinhumations et de translations de corps, pour assurer l'exécution des mesures de police prescrites par les lois et règlements.

Ces fonctionnaires ont droit, sauf les opérations qui constituent des actes d'instruction criminelle, dans celles qui sont faites aux frais du Ministère de la guerre pour le transport de militaires et de marins décédés sous les drapeaux, sauf encore dans le cas où un billet d'indigent est délivré par le maire dans les conditions prévues à l'article 6 de la loi du 10 décembre 1830, à perception de vacations fixées par le maire, après avis du conseil municipal, en tenant compte du minimum fixé par le décret ci-après. (*Loi de finances 30 mars 1902.*)

Le minimum de la vacation à allouer aux commissaires de police ou aux gardes-champêtres est fixé ainsi qu'il suit :

Dans Paris et dans les cimetières suburbains appartenant à la ville de Paris, 8 francs ;

Dans les communes suburbaines du département de la Seine et dans les communes de plus de 100,000 habitants, 5 francs ;

Dans les communes de 100,000 habitants, et au-dessous, 3 francs. (*Décr. 12 avril 1905, art. 1er.*)

Il est alloué, pour assister à la mise en bière quand il y a lieu à transport hors de la localité, ainsi que pour assister à l'exhumation ou à la réinhumation d'un corps : 1 vacation.

Lorsqu'il y a accompagnement d'un corps de la maison mortuaire ou du cimetière, jusqu'à la limite de la commune, ou de la limite de la commune jusqu'aux cimetières, il est alloué en plus : 1/2 vacation.

Lorsqu'il y a exhumation, translation de corps et réinhumation dans la même commune, il est alloué pour l'ensemble des opérations : 1 vacation 1/2.

Lorsqu'il y a plusieurs corps, il est perçu pour chaque corps en plus du premier : 1/2 vacation.

Ni la mise en bière ni l'inhumation ne donnent droit à vacation quand il n'y a pas lieu à transport. (*Décr. 12 avril 1905, art. 2.*)

Les vacations doivent être versées à la recette municipale.

Elles donnent lieu à la délivrance par le maire d'un bulletin de versement contenant le détail des sommes à percevoir et qui est remis à la partie intéressée pour être produit au comptable au moment du versement.

Ce versement doit être fait préalablement à l'opération d'exhumation, de réinhumation ou de translation de corps et sauf restitution au cas où aucun des agents désignés par l'article 62 de la loi du 30 mars 1902, rappelée ci-dessus, n'aurait assisté personnellement à ladite opération. Dans ce dernier cas, le maire établit d'office un ordre de restitution, le fait parvenir directement au receveur municipal chargé d'y donner suite, et en avise la partie intéressée. (*Décr. 12 avril 1905, art. 3.*)

A la fin de chaque mois, le maire dresse, s'il y a lieu, un état contenant le relevé des vacations versées par les familles pendant le mois, avec l'indication des restitutions qui ont été ordonnées ou la désignation des agents auxquels les vacations reviennent, en conformité de l'article 62 de la loi du 30 mars 1902.

Cet état est adressé au receveur des finances pour être remis au receveur municipal, qui paye, contre émargement, le montant des vacations aux agents intéressés. (*Décr. 12 avril 1905, art. 4.*)

Expéditions d'actes. — V. COPIES.

Expéditions des actes de l'état civil et des actes administratifs (Droits d').

1507. — Les communes sont autorisées à percevoir un droit sur les *expéditions des actes de l'état civil* et des *actes administratifs* délivrés dans les mairies. (*Décr. 31 mai 1862, art. 484, § 12 ; L. 5 avril 1884, art. 133, § 11.*)

Ce droit a été établi par les lois des 20 septembre et 19 décembre 1792, et par celle du 3 ventôse an III. Le tarif en a été fixé par le décret du 12 juillet 1807, et, en ce qui concerne le mariage des indigents, par la loi du 10 décembre 1830, article 5. (*Inst. gén., art. 928.*)

1508. — Les droits d'expéditions des actes de l'état civil, non compris le timbre qui est de 1 fr. 80 (*L. 2 juill. 1862, art. 17, et 23 août 1871, art. 2*), sont fixés ainsi qu'il suit :

1° Dans les communes au-dessous de 50,000 âmes :

   Pour chaque expédition d'un acte de naissance, de décès ou de publication de mariage.................................... 0 30
   Pour chaque expédition d'un acte de mariage ou d'adoption...................... 0 60
2° Dans les communes de 50,000 âmes et au-dessus ;
Pour chaque expédition d'un acte de naissance, de décès ou de publication de mariage.. 0 50
Pour chaque expédition d'un acte de mariage ou d'adoption.... .... 1 »

Les expéditions de l'état civil dont la production est nécessaire pour le mariage des indigents, la légitimation de leurs enfants naturels et le retrait de ces enfants déposés dans les hospices, sont visées pour timbre et enregistrées gratis lorsqu'il y a lieu à enregistrement. La taxe de ces expéditions est réduite à 30 centimes lorsqu'il n'y a pas lieu à la légalisation ; à 50 centimes, lorsque cette dernière formalité doit être accomplie. (L. 10 déc. 1850, art. 4 et 5.)

1509. — En vertu de la loi du 7 messidor an II et d'un avis du Conseil d'État approuvé le 18 août 1807, il a été également établi un droit de 75 centimes par rôle (deux pages) sur les secondes ou ultérieures expéditions des actes ou décisions administratives, ainsi que sur toutes les expéditions ou extraits des titres, pièces ou renseignements, déposés dans les bureaux des mairies.

Ces droits, et ceux mentionnés au numéro précédent, étant perçus par les employés des municipalités, le produit doit en être versé, à la diligence des maires, dans les caisses municipales.

Les receveurs municipaux doivent réclamer ce versement à l'expiration de chaque trimestre. (Inst. gén., art. 928.) — V. Pièces justificatives, § 23.

Une circulaire du ministre de l'Intérieur, en date du 16 août 1880, recommande aux préfets de s'assurer, en réglant les budgets des communes, que les droits d'expédition dont il s'agit figurent en recette auxdits budgets, afin que la perception s'effectue au profit des caisses municipales et non des employés des mairies.

1510. — *Allocation des droits au secrétaire de la mairie. — Mode d'opérer.* — Lorsque le conseil municipal d'une commune veut allouer le produit des droits d'expédition au secrétaire de la mairie, le montant, tant minime soit-il, doit être porté en recette dans les écritures du receveur municipal, et on ouvre en dépense un crédit de pareille somme, dûment approuvé, au profit de l'employé. Tout autre mode d'opérer serait contraire aux articles 133, § 11, et 155 de la loi du 5 avril 1884 et constituerait par ce fait une gestion occulte que le receveur municipal devrait signaler au

receveur des finances, ainsi qu'il est dit au numéro 1626. (Jurisp. adm.)

Experts (Frais d') ou d'expertise concernant les contributions directes.

1511. — Lorsque l'instruction des réclamations en décharge et réduction pour surtaxe sur les contributions foncière et personnelle-mobilière exige que l'administration locale désigne, de concert avec les réclamants, des experts chargés de vérifier la valeur des revenus, objet de la taxe, les frais de cette expertise sont avancés par les receveurs municipaux sur les fonds des communes.

Si la réclamation est rejetée, cette avance est remboursée par le contribuable, en vertu d'un arrêté du préfet, entre les mains du percepteur. A défaut de payement dans le mois, le contribuable est poursuivi comme il le serait pour la cote elle-même.

Si la réclamation est admise, les frais d'expertise sont imposés, comme charge locale, dans les rôles de l'année suivante, au profit des communes qui en ont fait l'avance, et ils sont ajoutés en conséquence, aux centimes ordinaires pour dépenses communales. (Inst. gén., art. 139 ; Inst. sur les réclamations, 30 janvier 1892, art. 151 et 152.) — V. Avances.

1511 bis. — Lorsque la réclamation qui motive l'expertise porte sur un impôt de quotité ou sur des taxes assimilées perçues au profit de l'Etat, ou encore qu'elle se réfère à la fois à des impôts de répartition et à des impôts de quotité, il n'y a pas lieu de faire supporter la dépense par la caisse communale ; l'avance des frais doit incomber au Trésor. (Circ. compt. publ. 10 juin 1896, § 5.)

La marche à suivre par les comptables est indiquée dans la circulaire précitée, soit qu'il s'agisse d'impôts de quotité, d'impôts de répartition ou de taxes communales.

Lorsque l'avance doit être faite sur les fonds de la commune, le receveur municipal effectue le payement dans les conditions ordinaires, et il tient, pour les frais d'expertise, des écritures analogues à celles que prescrivent les articles 1475 et 1497 de l'Instruction générale pour l'avance des frais de poursuites et de procédure (V. n° 2401). L'avance est, s'il y a lieu, transformée en dépense définitive au moyen d'un ordonnancement par le maire sur un crédit du budget communal. (Circ. compt. publ. 10 juin 1896, § 5, n° 2.) — V. Pièces justificatives, § 168 bis.

1512. — Les frais d'expertise se référant à une taxe de patente doivent être acquittés par le percepteur sur les fonds du Trésor, et non avancés par le receveur municipal sur les fonds des communes, comme lorsqu'il s'agit de contributions foncière et personnelle-mobilière. Ces frais sont ensuite recouvrés comme en matière de contributions directes. *(Décis. Dir. gén. compt. publ. 18 février 1892.)*

1513. — *Quittances.* — *Timbre.* — Les quittances données sur les mandats ou ordonnances excédant 10 francs, et délivrées en conformité des articles 20 et 21 de l'arrêté du gouvernement du 24 floréal an VIII, pour le payement des frais d'expertise à la charge des réclamants, sont sujettes au timbre. *(Décis. min. Fin. 6 janvier 1859.)*

En général, toutes quittances de frais d'expertise payés par l'État, les communes, les établissements publics ou les particuliers, sont passibles du timbre. *(Idem.)*

1513 bis. — *Privilège du Trésor.* — Le privilège accordé au Trésor public pour le recouvrement des contributions directes s'étend aux frais des expertises pratiquées pour l'instruction des demandes en décharge ou en réduction relatives à ces contributions.

Mais le privilège du Trésor étant limité à l'année échue et à l'année courante, ne peut s'étendre aux frais d'expertises afférents à des contributions d'années antérieures. *(Arr. Cour d'Appel de Besançon, 7 déc. 1898.)*

Honoraires d'experts employés par les communes. — V. PIÈCES JUSTIFICATIVES, § 164.

Exploit. — V. POURSUITES.

Exploitation des coupes. — V. AFFOUAGE, COUPES DE BOIS.

Exprès envoyé chez un percepteur.

1514. — En cas de retard dans l'envoi des bordereaux et autres documents qui doivent leur être fournis par les percepteurs, les receveurs des finances peuvent envoyer des exprès chez les retardataires, aux frais de ces derniers; s'il y a contestation, les frais sont réglés par le préfet, et s'il s'agit d'un percepteur d'un arrondissement de sous-préfecture, par le sous-préfet. *(Inst. gén., art. 1295.)*

Expropriation pour cause d'utilité publique. — V. ACQUISITIONS D'IMMEUBLES, ENREGISTREMENT, PIÈCES JUSTIFICATIVES, §§ 152 et suiv.

Extraits de jugements. — V. AMENDES, nos 89 et suiv.

Extraits d'actes et autres pièces justificatives. — V. COPIES.

Extraits de rôles à délivrer par les percepteurs.

1515. — Les percepteurs sont tenus de délivrer, sur papier libre et sans retard, à toute personne portée au rôle, qui en fait la demande, l'extrait relatif à ses contributions, et tout autre *extrait de rôle* ou *certificat négatif*. Ils ont droit à une *rétribution de 25 centimes* par extrait de rôle *concernant le même contribuable*. La même rétribution de 25 centimes leur est due lorsque la délivrance de l'extrait de rôle a pour objet une réclamation en dégrèvement; mais, dans ce cas, ils sont tenus de remettre, pour ladite somme, sur la demande du contribuable ou de son représentant légal, autant d'extraits qu'il y a de natures de contributions donnant lieu à la réclamation.

La date de la publication du rôle doit être inscrite sur ces extraits comme sur les avertissements.

Pour les extraits de rôles concernant les marchands forains et autres patentables non sédentaires, les percepteurs doivent avoir soin d'indiquer la mention rappelée au nº 1561, dernier alinéa :

Les percepteurs sont tenus de délivrer *sans rétribution* les extraits de rôles dont les préfets, les sous-préfets et les maires, peuvent avoir besoin pour les affaires de service.

Ils ont aussi à délivrer *gratuitement* les extraits de rôles qui leur seraient demandés pour servir à constater l'insolvabilité des redevables de l'administration de l'enregistrement. Les formules d'extraits sont fournies aux redevables par les receveurs de cette administration.

Enfin les percepteurs sont appelés à délivrer gratuitement aussi des extraits de rôles dans les cas prévus par la loi du 18 décembre 1850, relative au mariage des indigents *(art. 6 et 8)*, et par la loi du 22 janvier 1851, sur l'assistance judiciaire *(art. 10)*. (Les modèles des extraits de rôles sont donnés sous les numéros 14 et 15.) *(Inst. gén., art. 60.)*

En ce qui concerne l'amélioration des retraites des anciens ouvriers mineurs, les percepteurs délivrent gratuitement aux intéressés des extraits de rôles ou certificats négatifs sur des formules spéciales remises aux maires par le ministère des travaux publics. *(Circ. compt. publ. 6 juin 1903, § 8.)*

Extraits des casiers judiciaires pour la revision des listes électorales.

1516. — *Payement des frais aux greffiers.* — Les droits à payer par bulletin affirmatif, c'est-à-dire relatant une ou plusieurs condamnations, sont fixés à 25 centimes, et à 15 centimes par bulletin négatif.

Cette rétribution est transmise aux greffiers

à l'aide d'un mandat-carte dont le mode d'emploi est décrit ci-après.

Chaque semestre, et autant que possible dans le courant des mois de juin et de décembre, le maire délivre un mandat de payement collectif auquel il inscrit les noms des greffiers créanciers ainsi que les frais d'extraits qui leur sont dus. A la réception de ce mandat général, le receveur municipal remplit autant de mandats-cartes qu'il y a de greffiers à désintéresser, et en remettant au bureau de poste le montant de la somme ordonnancée, le comptable a soin de demander au receveur postal d'apposer un acquit pour ordre sur le mandat de payement auquel doivent être annexés tous les talons détachés des mandats-cartes.

En tête du mandat de payement collectif l'ordonnateur porte la mention : *Droits de greffe*, et, au bas, la formule suivante, destinée à être signée par le receveur des postes :

Le receveur des postes soussigné atteste qu'il a reçu la somme de..... ci-dessus mentionnée et correspondant au montant de..... mandats-cartes déposés par M..... (percepteur ou receveur municipal).

La somme mandatée comprend à la fois la rétribution des greffiers et le droit postal exigible, à raison de 1 °/₀, pour frais d'envoi de fonds ; mais ces deux éléments sont présentés isolément, soit dans le corps, soit au verso du mandat ; le receveur municipal n'a ensuite qu'à reporter ces indications sur les mandats-cartes individuels. *(Circ. compt. publ. 8 déc. 1891, § 3 .)* — V. PIÈCES JUSTIFICATIVES, § 80.

Extraits de rôles de prestations. — V. n° 2490.

F

Fabriques d'églises.

1517. — *Comptabilité.* — Depuis le 1er janvier 1893, les comptes et budgets des fabriques sont soumis à toutes les règles de la comptabilité des autres établissements publics. *(L. 26 janv. 1892, art. 78; Décr. 27 mars 1893 ; Circ. compt. publ. 26 décembre 1893.)*

Le *Code pratique des Fabriques paroissiales*, que nous avons publié en 1895, renferme les Lois, Décrets, Ordonnances, Règlements, Instructions sur la comptabilité, ainsi que les Attributions des Membres des fabriques et des Comptables. Les percepteurs chargés de la comptabilité des fabriques n'ont qu'à se reporter à cet ouvrage.

1517 *bis*. — Les trésoriers et receveurs spéciaux, qui n'ont pas déposé leurs comptes dans le délai d'un mois à partir de la notification de la décision les condamnant à l'amende, sont, de plein droit, à l'expiration de ce délai, relevés de leurs fonctions de comptable et remplacés par le percepteur. En outre, ce percepteur ne peut être déchargé des fonctions de comptable de la fabrique, du conseil presbytéral ou de la communauté israélite avant le 1er janvier de la seconde année qui suit celle au cours de laquelle le trésorier ou le receveur spécial devait présenter son compte. Les trésoriers généraux, le cas échéant, ont à se concerter avec le préfet du département pour assurer la remise du service financier de l'établissement ecclésiastique au percepteur appelé à remplacer un comptable destitué.

Avant de procéder à ce remplacement, il convient de vérifier la nature de la décision du juge des comptes afin de reconnaître si la condamnation encourue par le retardataire résulte d'un arrêt ou arrêté définitif.

D'après la jurisprudence, les arrêtés prononçant une amende sont soumis à la règle que le premier arrêté imposant une charge ou faisant grief au justiciable est toujours provisoire et que ses dispositions ne deviennent définitives qu'autant qu'elles ont été confirmées par un second arrêté intervenu après débat contradictoire ou, à défaut de ce débat, après l'expiration d'un délai de deux mois (V. n° 1020). C'est donc à la date de la notification de ce second arrêté qu'il y a lieu de considérer pour calculer le délai d'un mois à l'expiration duquel le percepteur doit être chargé de la gestion financière de l'établissement ecclésiastique.

Le percepteur appelé, dans ces circonstances, à tenir la comptabilité de la fabrique, du conseil presbytéral ou de la communauté israélite, est, en général, désigné par le préfet pour remplir les fonctions de commis d'office à l'apurement de la gestion de son prédécesseur.

Il a droit pour le travail de la confection des comptes à une indemnité qui est réglée soit de gré à gré, soit, en cas de contestation, par un arrêté du préfet rendu sur la proposition du receveur des finances (V. n° 960).

Un des premiers actes du percepteur est de poursuivre le recouvrement de l'amende prononcée contre le comptable retardataire et de procéder, s'il est nécessaire, aux voies d'exécution prévues à l'article 1561 de l'Instruction générale (V. n° 1022). C'est également le percepteur qui a mission, si l'hypothèque légale n'a pas encore été inscrite sur les biens du comptable auquel il succède, de requérir l'inscription ordonnée par le juge des comptes. Il fait l'avance sur les fonds de l'établissement ecclésiastique des frais auxquels donne lieu cette inscription en attendant qu'il puisse en opérer le recouvrement sur le comptable débiteur.

Les arrêts de la Cour des comptes et les arrêtés des conseils de préfecture relatifs aux comptes des fabriques, conseils presbytéraux, consistoires et communautés israélites, sont notifiés par le greffier en chef de la Cour des comptes et les secrétaires-greffiers des conseils de préfecture. Les percepteurs reçoivent, en conséquence, de ces fonctionnaires notification des décisions concernant leurs comptes de gestion ; en outre, une copie ou un extrait des arrêts et arrêtés intervenus sur ces mêmes comptes est transmis au receveur des finances, par la voie hiérarchique. (*Décr. 18 juin 1898; Circ. compt. publ. 9 août 1898, § 3.*)

Le paragraphe 4 de la même circulaire confirme les instructions énoncées au *Code pratique des fabriques paroissiales*, nᵒˢ 247 et 298 en ce qui a trait à la forme des quittances et le timbre de ces pièces.

Placements et remboursements de fonds au Trésor. — Intervention des percepteurs. — V. nᵒ 2263 ter.

1518. — *Subventions des communes.* — Les fonds que les communes ont à verser pour subvenir aux *dépenses ordinaires des fabriques d'églises* sont ordonnancés par douzièmes, de mois en mois, au profit de leurs trésoriers, qui demeurent chargés d'en justifier l'emploi ; mais les allocations qui leur sont accordées pour *acquisitions, constructions* et *réparations* sont ordonnancées, comme les autres dépenses extraordinaires des communes, au profit et au nom des créanciers eux-mêmes, à moins, toutefois, que les fabriques ne supportent la plus forte partie de la dépense, auquel cas les fonds de subvention sont centralisés avec les autres ressources destinées à la dépense dans la caisse du trésorier. (*Inst. gén., art. 996.*) — V. Pièces justificatives, § 113.

1519. — Un avis du Conseil d'État, adopté dans ses séances des 28 avril, 25 mai, 1ᵉʳ et 2 juin, 7 et 13 juillet 1881, ainsi qu'un décret du 12 février 1883, décident que les bureaux de bienfaisance ont seuls qualité pour recevoir et distribuer les legs et dons destinés au soulagement des pauvres. — V. nᵒˢ 1773 et suiv.

1520. — *Souscriptions.* — Le produit des souscriptions ouvertes ou recueillies exclusivement au nom des fabriques pour la restauration ou reconstruction des églises, presbytères, appartient à ces fabriques et non aux communes. (*Avis Cons. d'Ét. 16 mars 1868.*)

Mais pour les souscriptions recueillies conjointement par les communes et par les fabriques pour la reconstruction ou restauration des édifices du culte, on peut regarder le produit des souscriptions ouvertes dans de semblables conditions comme appartenant pour moitié à chacun des deux établissements qui les ont provoquées. Rien n'est changé d'ailleurs à la jurisprudence adoptée depuis plusieurs années par les ministres des Cultes, des Finances et de l'Intérieur, d'après laquelle toutes les sommes affectées aux travaux de restauration ou de reconstruction des églises ou presbytères doivent être centralisées dans la caisse de la commune ou dans celle de la fabrique, suivant que le premier ou le second de ces établissements supporte la plus grande partie de la dépense. Dès lors, quand une souscription est ouverte ou recueillie conjointement par le maire et par le curé, en vue d'assurer l'exécution de travaux de ce genre, c'est la commune qui doit encaisser intégralement le produit de la souscription, si la part qui lui revient, réunie aux autres fonds communaux affectés auxdits travaux, représente la majeure partie des ressources destinées à couvrir l'ensemble de la dépense. Dans le cas contraire, tout le produit de la souscription doit être versé dans la caisse de la fabrique. (*Solut. min. Int. 1869, nᵒ 65.*)

Factures. — V. Mémoires.

Facultés et écoles d'enseignement supérieur.

1521. — *Attributions des percepteurs.* — Aux termes d'un arrêté du ministre des Finances du 5 mars 1890, les fonctions d'agent comptable des facultés ou établissements assimilés doivent être remplies, savoir : à Paris et à Alger, par les receveurs des droits universitaires ; et, dans les départements, par les percepteurs désignés à cet effet par le directeur général de la comptabilité publique.

Les percepteurs agents comptables des facultés sont rétribués au moyen de remises calculées sur le montant des dépenses qu'ils ont à acquitter. Ces remises, qui doivent être payées sur le budget des facultés, sont, comme les traitements municipaux et hospitaliers, soumises aux retenues pour pensions civiles et dispensées du prélèvement de 10, 15 ou 20 %, établi par l'arrêté ministériel du 6 août 1879. Elles sont absolument distinctes de la rémunération que les percepteurs continuent à recevoir sur les crédits budgétaires pour le recouvrement des droits et produits universitaires perçus au profit du Trésor et des villes.

Les percepteurs agents comptables ont à verser un supplément de cautionnement égal au double de la rétribution annuelle. La dépense des imprimés relatifs à leurs écritures et l'établissement de leurs comptes de gestion reste à leur charge.

Les livres et les écritures tenus par les agents comptables des facultés sont les mêmes que ceux qui sont tenus par les percepteurs-receveurs municipaux pour les gestions communales et hospitalières.

Les percepteurs agents comptables des facultés inscrivent toutes les recettes relatives à ces établissements sur leur *Journal à souche ordinaire*, dans la colonne réservée aux produits et services divers. Les quittances à souche remises aux parties versantes doivent indiquer très distinctement la faculté pour le compte de laquelle les versements sont effectués et la nature du produit encaissé. Ces quittances sont assujetties au timbre de 25 centimes, suivant la règle ordinaire, lorsqu'elles sont délivrées pour des sommes supérieures à 10 francs.

Les recouvrements et les payements faits pour le compte de chaque faculté sont inscrits journellement sur le *livre récapitulatif* et reportés au *livre des comptes divers* (1re section), au compte qui doit être ouvert à chacune des facultés et à chaque établissement assimilé.

Les recettes et les dépenses faites pour le compte de chaque faculté sont, en outre, inscrites journellement sur un *livre de détail spécial.*

Les mandats de payement des dépenses des facultés sont émis par le doyen ordonnateur. Ils sont, préalablement à leur remise aux parties, transmis avec un bordereau d'émission à l'agent comptable, qui les renvoie au doyen, après les avoir revêtus de son visa.

Les comptes de gestion rendus par les agents comptables des facultés sont jugés par la Cour des comptes, à laquelle ils doivent être adressés avant la date du 1er juillet de la seconde année de l'exercice. Ces comptes sont préalablement soumis à la vérification du receveur des finances.

Les percepteurs agents comptables des facultés sont placés, pour ce dernier service, aussi bien que pour tous les autres, sous la surveillance des receveurs des finances. En conséquence, c'est par l'intermédiaire de leur chef hiérarchique que ces agents reçoivent les titres de perception par les doyens ou directeurs. D'un autre côté, l'agent comptable doit adresser à la fin de chaque trimestre au receveur des finances une expédition, visée par le doyen, d'un bordereau sommaire des recettes et des dépenses.

Les dépenses des facultés sont justifiées conformément à la nomenclature et d'après les règles fixées par le règlement des dépenses du ministère de l'Instruction publique du 16 octobre 1807, qui sont reproduites dans le règlement de la comptabilité des facultés. (*Circ. compt. publ. 27 mars 1890.*)

Faillite.

1522. — En cas de faillite, la contribution personnelle-mobilière est exigible pour la totalité de l'année courante. (*C. civ., art. 1188* ; *L. 21 avril 1832, art. 22.*) — V. nos 1524 et suiv.

Il en est de même des taxes assimilées aux contributions. V. nos 2528 et suiv.

1523. — La contribution des patentes n'est due que pour le passé et le mois courant. Sur la réclamation des parties intéressées, il est accordé décharge du surplus de la taxe. (*Inst. gén., art. 9* ; *L. 15 juillet 1880, art. 28.*)

Le percepteur peut, néanmoins, en vertu du rôle qui est entre ses mains, exiger le payement de la cote, tant que le conseil de préfecture n'en a pas prononcé la décharge ou la réduction, dans tous les cas, pour les six mois qui suivent la réclamation et dans lesquels elle doit être jugée définitivement. (*L. 21 avril 1832, art. 28; Inst. gén., art. 67.*) — V. CESSATIONS D'OPÉRATIONS COMMERCIALES, RÉCLAMATIONS.

Failli débiteur d'amendes et condamnations. — V. n° 230.

1524. — *Jurisprudence.* — Le privilège du Trésor ne peut être paralysé par la faillite d'un contribuable débiteur de contributions privilégiées, attendu que le Trésor n'est pas même soumis aux règles de la procédure ordinaire en cette matière, et n'est pas tenu d'agir par les mêmes voies que les autres créanciers.

Ainsi, les règles tracées par les articles 494 et 495 du Code de commerce, en matière de faillite, ne sont point applicables au Trésor public pour les actions qu'il a à exercer contre son débiteur failli. (*Arr. Cour. cass. 12 août 1811, 9 janvier 1815 et 25 avril 1883* ; *Com. Durieu, t. I, p. 81, 221 et suiv.; Cour de Nancy, 31 déc. 1875.*)

De même, lorsque les contributions dues au Trésor jouissent du privilège édicté par la loi du 12 novembre 1808 (V. nos 2504 et suiv.), le syndic de la faillite est tenu de payer ces contributions sur les premiers fonds qu'il a entre mains, après, toutefois, avoir prélevé les frais de justice qui priment le privilège du Trésor (*commandement, saisie et vente*), c'est-à-dire les frais que le Trésor lui-même serait obligé de faire pour arriver à la vente des meubles. (*Trib. civ. de Lyon, 15 février 1850* ; *Arr. Cour cass. 21 mai 1883* ; *Trib. civ. de Chanmont, 6 février 1889.*)

Parmi les frais de justice qui priment le privilège du Trésor, on ne doit pas comprendre les frais d'administration d'une faillite. (*Arr. Cour cass. 20 août 1821 et 2 février 1897.*) Ces arrêts portent que les frais d'administration de la faillite ne peuvent être payés par préférence aux créanciers privilégiés à qui cette administration est étrangère. Le Trésor, pour les contributions privilégiées, se trouve dans ce cas, puisque son privilège passe avant tout autre et qu'il peut exercer ce privilège indépendamment et abstraction faite de la faillite. (*Jurisp. Dalloz, au titre* FAILLITE ET BANQUEROUTE, n° 233, *avec les notes.*)

En résumé, il résulte de la jurisprudence qui précède et de la doctrine des auteurs, que les frais qui, en général, doivent passer avant les contributions, sont seulement ceux que le Trésor lui-même serait obligé de faire, ainsi qu'il est dit plus haut, et non les frais qui sont exposés dans l'intérêt commun d'un ou de plusieurs créanciers, et où le Trésor n'a rien à voir.

Lorsque le privilège n'existe pas, le Trésor se trouve dans le même cas qu'un créancier ordinaire. — V. DÉPOSITAIRES ET DÉBITEURS DE DENIERS, POURSUITES, nos 2391 et 2403 ; PRIVILÈGE DU TRÉSOR.

1525. — Les dispositions qui précèdent sont en tout applicables au cas de liquidation judiciaire. (Arr. Cour d'appel de Bordeaux 6 décembre 1893.)

Une jurisprudence constante reconnaît que la faillite ou la liquidation judiciaire ne peuvent porter aucune atteinte aux droits du Trésor public, privilège qu'il tient de la loi du 12 novembre 1808.

Ainsi, il a été jugé : 1° que lorsque le Trésor public a fait saisir les meubles d'un débiteur tombé en faillite, la vente doit être poursuivie à la requête des agents du Trésor et non des syndics (Arr. Cour cass. 9 janvier 1815) ; — 2° que la saisie-arrêt, pratiquée par l'administration des domaines sur un failli entre les mains de ses syndics, est valable (Cour de Rennes, 29 janv. 1811) ; — 3° que le Trésor public, qui forme opposition aux scellés apposés sur les meubles et effets d'un comptable tombé en faillite, et décerne une contrainte contre lui, n'est point obligé de procéder contre son débiteur failli et sur les biens duquel il a un privilège, suivant les formes prescrites en matière de faillite, et devant le tribunal de commerce : il peut poursuivre, par les voies ordinaires, l'exécution de la contrainte qu'il a décernée, jusqu'à ce qu'il soit formé opposition devant le tribunal civil compétent, c'est-à-dire devant le tribunal civil du lieu où le failli était domicilié et où il avait le principal siège de ses affaires (Cour cass., 9 mars 1808) ; — 4° que le Trésor public peut, nonobstant la faillite de son débiteur, poursuivre, contre ce dernier personnellement, la saisie de ses immeubles (Cour d'appel de Bordeaux, 8 mai 1811). (Jurisp. Dalloz, au titre FAILLITE ET BANQUEROUTE, n° 233, avec les notes.)

1526. — Les contributions inscrites aux rôles au nom d'un failli, postérieurement au jugement de déclaration de faillite, constituent pour lui des dettes personnelles dont l'exécution ne peut être poursuivie sur l'actif de la faillite.

En conséquence, le syndic de la faillite est sans qualité pour demander, au nom de la masse des créanciers, décharge desdites contributions. (Arr. Cons. d'Ét. 9 avril 1886.)

Mais dans le cas où un syndic, mis en demeure d'acquitter une contribution postérieure à la faillite, a payé pour éviter des poursuites, il peut demander, non la décharge de la taxe au nom du contribuable, mais le remboursement des sommes qu'il a été obligé de payer indûment au nom de la masse des créanciers. (Arr. Cons. d'Ét. 28 février 1890.)

1527. — Le concordat consenti à un failli redevable du Trésor ne peut être opposé à cette administration qui, par suite, a droit d'obtenir le montant intégral de la créance privilégiée. (Cour de Paris, 29 août 1836 ; Com. Durieu, t. II, Jurisp., p. 171.)

1528. — Le conseil de préfecture est incompétent pour apprécier à quelles conditions le percepteur peut poursuivre contre le syndic d'une faillite le payement des contributions dues par le failli. Cette question est du ressort des tribunaux civils. (Arr. Cons. d'Ét. 4 juin 1870 et 24 avril 1874.)

Failli créancier d'une commune. — V. nos 2109 et 2109 bis.

Fausse monnaie. — V. MONNAIES.

Femmes mariées ou divorcées (payements à faire à des). — V. PAYEMENT, nos 2112 et suiv. ; PIÈCES JUSTIFICATIVES, § 155.

Fermages et loyers de biens communaux. — V. BAUX.

Fermeture de magasin. — V. CESSATION D'OPÉRATIONS COMMERCIALES.

Fermiers des biens communaux et hospitaliers. — V. AVANCES, BAUX.

Fermiers de services communaux. — V. LOCATION DES PLACES, OCTROI, etc.

Fermiers et locataires.

1529. — *Leurs obligations pour le payement de l'impôt foncier.* — Les fermiers et locataires sont tenus, sur la demande qui en est faite par le percepteur, de payer à l'acquit des propriétaires ou usufruitiers la contribution des biens qu'ils tiennent à ferme ou à loyer, et, en cas de retard ou de refus de payement, ils peuvent être poursuivis comme les propriétaires eux-mêmes.

Les propriétaires ou usufruitiers sont tenus, de leur côté, de recevoir les quittances du montant de ces contributions, à valoir sur le prix des fermages et loyers, à moins que les fermiers ou locataires n'en soit chargés par leur bail. (*L. 12 novembre 1808, art. 2*; *Inst. gén.*, art. *80*; *Règl. pours.*, art. *13*; *Com. Durieu, t. I, p. 251 et suiv.*)

1530. — Le privilège que le Trésor public a, pour le recouvrement des contributions directes, sur les revenus des immeubles assujettis à la contribution, et qui n'est soumis à aucune formalité d'inscription, ne saurait être paralysé par la cession et le transport des loyers sur lesquels il porte.

Il s'exerce, en conséquence, sur les loyers dus par le locataire, même après la signification du transport faite au locataire par les cessionnaires. (*Trib. civ. de la Seine, 27 déc. 1887; Com. Durieu, t. II, jurisp., p. 258.*) — V. n°º 2522 et suiv.

1531. — Lorsqu'un percepteur se trouve dans l'obligation de poursuivre une cote foncière afin d'arriver à la saisie et à la vente des récoltes, et que le propriétaire, n'habitant pas la commune ou dans la perception, est représenté par un fermier, les poursuites doivent être dirigées contre le contribuable imposé; on a soin, dans ce cas, d'indiquer, sur la contrainte et les actes de poursuites, que le contribuable qui fait l'objet des poursuites est représenté par X..., fermier à... — V. POURSUITES, n° 2307.

1532. — *Fermiers.* — Les fermiers doivent payer personnellement la contribution de l'année courante sur le prix de leur ferme, même quand les termes de leurs baux ne seraient pas encore échus ou qu'ils les auraient acquittés par anticipation. Ils sont tenus de faire l'avance des contributions dues par les propriétaires des biens qu'ils tiennent à ferme, lors même qu'ils se sont libérés envers ces derniers par le payement de leurs fermages. (*L. 16 brumaire an V, art. 8*; *Jug. Trib. 1ʳᵉ inst. de Nantes, 13 avril 1832*; *Com. Durieu, t. I, p. 253, et t. II, Jurisp., p. 162.*) — V. PRIVILÈGE, n°º 2522 et suiv.

1533. — L'obligation imposée au fermier de faire l'avance de l'impôt doit s'entendre du payement de la contribution foncière aux échéances des douzièmes successifs.

Ainsi, lors même que le fermier ne devrait son prix de ferme qu'à la fin de l'année, à Noël, par exemple, il n'en serait pas moins tenu à payer régulièrement les impôts des immeubles affermés, bien que, d'après son bail, il serait exempt de tout impôt; c'est à lui à prendre les mesures nécessaires avec le propriétaire pour ne pas être obligé de lui faire des avances.

Le fermier comme le propriétaire ne doivent pas perdre de vue que le privilège du Trésor ne peut être anéanti par un acte privé.

1534. — La contribution foncière doit être payée par le fermier entrant sur les fruits de l'année courante. Pour les termes autres que ceux de l'année courante, son obligation ne s'étend que jusqu'à concurrence des sommes qu'il a entre les mains. (*Com. Durieu, t. I, p. 259 à 261.*)

Mais il faut tenir compte que le fermier est obligé de souffrir, sur les fruits et récoltes de l'immeuble imposé, le privilège du Trésor pour l'année échue et l'année courante. — Voir n°ˢ 2504, 2522 et suiv.

1535. — Le fermier est obligé de payer l'année courante, lors même qu'il serait stipulé dans son bail que son fermage se compenserait avec une créance qu'il a sur le propriétaire. Il en serait de même s'il avait consenti la délégation faite à un tiers, par le propriétaire, de la somme qu'il doit pour ses fermages. (*Com. Durieu, t. I, p. 264.*) — Son obligation personnelle n'existe qu'autant qu'il s'agit de la contribution due spécialement par l'immeuble ou partie d'immeuble qu'il exploite. (*Idem. p. 161, 261 à 265.*) — Dans le cas où il aurait vidé ses mains du prix de ses fermages en payant une cote du même propriétaire, autre que celle de la terre qui lui est affermée, il ne pourrait être contraint de payer de nouveau les mêmes sommes pour l'impôt de sa propre ferme. (*Id., p. 265.*) — Dans le cas où la même terre est exploitée par plusieurs fermiers, l'obligation de ces derniers se divise dans la proportion de la parcelle de terre qui leur est affermée. (*Id, p. 265.*) — V. DÉLÉGATION DU PROPRIÉTAIRE.

1536. — La disposition de l'article 147 de la loi du 3 frimaire an VII, suivant laquelle l'obligation imposée aux fermiers relativement à la contribution foncière était restreinte à la contribution afférente aux biens qu'ils ont pris à ferme, n'ayant pas été maintenue par la loi du 12 novembre 1808, dont les termes de l'article 2 sont généraux, le fermier peut être tenu de payer, sur les fonds qu'il peut devoir au propriétaire, la contribution foncière due par ce dernier pour des biens autres que ceux affermés. (*Arr. Cour d'appel de Bourges, 8 janvier 1894.*)

Dans ce dernier cas, il est prudent d'agir par voie de saisie-arrêt. — V. POURSUITES, n°ˢ 2390 et suiv.; PRIVILÈGE DU TRÉSOR.

1537. — On ne doit pas comprendre dans un même acte de poursuite les contributions dues personnellement par le fermier et celles qu'il doit pour le compte du propriétaire. (*Com. Durieu, t. I, p. 446.*)

1538. — Les acquéreurs de coupes successives de bois sont assimilés aux fermiers et, comme tels, soumis au payement de l'impôt. (*Com. Durieu, t. I, p. 263, et t. II, Jurisp., p. 154.*) — V. n° 8.

Délégation du propriétaire sur ses fermiers. — V. n°s 1304 et suiv.

1539. — *Locataires.* — Les locataires de maisons ne sont pas soumis, comme les fermiers, à faire l'avance de l'impôt. Ils ne sont contraignables que comme *tiers détenteurs* et jusqu'à concurrence seulement des sommes qu'ils doivent *(Com. Durieu, t. I, p. 274, 275 et 278.)* — V. DÉPOSITAIRES ET DÉBITEURS DE DENIERS, PRIVILÈGE, n° 2527.

1540. — Lorsque, à la suite d'une sommation de payer les contributions foncières jusqu'à concurrence des sommes dues au percepteur, le locataire ne s'est pas exécuté, il peut être poursuivi personnellement par le percepteur pour le recouvrement de l'impôt foncier afférent à l'immeuble qu'il occupe, mais il doit être bien spécifié dans les actes que les poursuites sont exercées, non pas pour le montant *ferme* des contributions exigibles, mais pour le montant desdites contributions dans la limite des sommes dues par le locataire et actuellement exigibles. *(Com. Durieu, t. I, p. 292 et suiv.)*

Si le percepteur, au lieu de procéder par voie de sommation, a fait pratiquer une saisie-arrêt, le locataire peut ne pas tenir compte de cet acte à défaut de signification ultérieure entre ses mains d'un acte de contre-dénonciation, la procédure de la saisie-arrêt devant être réglée conformément aux prescriptions du livre V, titre VII, du Code de procédure civile. L'article 565 doit donc recevoir son exécution, en ce qui concerne la validité des payements faits par le tiers saisi, dans l'intervalle du temps écoulé entre l'expiration du délai fixé par les articles 563 et 564 pour la contre-dénonciation et le jour où cette contre-dénonciation est réellement signifiée. *(Com. Durieu, Jurisp., t. II, p. 126 et suiv.)*

1541. — Les locataires logés gratuitement ou qui, étant créanciers des propriétaires, compensent leur créance avec le prix de leur location, ne peuvent être l'objet d'aucune poursuite utile de la part des percepteurs, à moins qu'il n'y ait fraude reconnue. *(Com. Durieu, t. I, p. 280.)*

1542. — Les locataires doivent l'impôt des portes et fenêtres. *(L. 4 frimaire an VII, art. 12 ; Com. Durieu, t. I, p. 415.)* — V. DÉMÉNAGEMENT DES LOCATAIRES.

Fêtes légales. — V. JOURS FÉRIÉS.

Fêtes publiques. — V. PIÈCES JUSTIFICATIVES § 140, GESTION OCCULTE n°s 1631 et suiv.

Feuilles de passeports à l'intérieur (Délivrance des).

1543. — Les *receveurs municipaux* sont chargés de prendre, *au comptant*, chez les receveurs de l'enregistrement, sous la déduction d'une remise de 3 %, le nombre de formules de passeports à l'intérieur qui leur est demandé par les maires.

Il est recommandé aux percepteurs-receveurs municipaux de se pourvoir exactement de formules de passeports, et il leur est interdit de les remettre aux voyageurs sur leur simple demande.

Les feuilles de passeports sont considérées comme valeur de caisse et figurent avec les timbres mobiles. *(Inst. gén., art. 1496 ; Circ. compt. publ. 30 octobre 1899, § 2.)* — V. PASSEPORTS A L'ÉTRANGER.

Feuilles de signalement.

1544. — Les receveurs des finances fournissent annuellement, dans la forme du *Modèle n° 276*, des feuilles de signalement des percepteurs.

Ces feuilles doivent présenter l'expression entière et complète de l'opinion des chefs de service sur leurs subordonnés, et cette opinion doit être dictée par une appréciation consciencieuse de la gestion de ceux-ci et des titres qu'ils peuvent avoir à la bienveillance de l'administration par leur zèle, leur intelligence et leur instruction. Leurs torts et leur insuffisance doivent être signalés non moins fidèlement. Il doit aussi être fait soigneusement mention des changements survenus d'une année à l'autre dans la manière dont ils remplissent leurs fonctions. Enfin, il est essentiel d'indiquer très exactement la date de leur naissance, leur situation de fortune et leurs charges de famille.

Les receveurs particuliers adressent au trésorier général, *dans les premiers jours du mois de janvier,* les feuilles qui concernent les percepteurs de leur arrondissement respectif. Le trésorier général, après les avoir contrôlées et visées, y réunit les feuilles relatives aux percepteurs de l'arrondissement du chef-lieu et il en fait l'envoi au ministre *(direction du personnel).*

Avant d'être envoyées, les feuilles doivent être rangées dans l'ordre alphabétique des noms des percepteurs de tout le département.

Des feuilles de signalement distinctes doivent être établies pour les receveurs municipaux spéciaux *(Modèle n° 277)*; elles sont formées à la date du *30 juin de chaque année,* et transmises à la direction du personnel dans la première quinzaine du mois de juillet. *(Inst. gén., art. 1352.* — V. PERCEPTEURS.

1545. — *Livret individuel pour les percepteurs.* — Il y a dans les trésoreries générales, pour chaque comptable, un livret individuel qui le suit toujours et sur lequel sont relatés en dehors de certains renseignements signalétiques, l'appréciation de ses supérieurs hiérarchiques, ainsi qu'un résumé de tous les événements ou incidents administratifs qui ont pu se produire dans le cours de chaque année.

Afin d'éviter toute indiscrétion et à cause de leur caractère absolument confidentiel, les livrets sont conservés à la trésorerie générale et placés dans un meuble constamment fermé à clé.

Le trésorier général doit consigner *lui-même* toutes les observations de nature à intéresser et éclairer le chef de service. Ces annotations doivent être faites d'une façon très régulière chaque année dans la première quinzaine de janvier. Elles doivent comprendre *la copie* des notes données par les receveurs particuliers sur les feuilles de signalement et, dans la colonne *ad hoc*, l'appréciation personnelle du trésorier général. V. n° 2201 *bis*.

En cas de mutation d'un comptable hors du département, le trésorier général, après avoir mis à jour le livret, adresse ce document à la direction du personnel qui, après l'avoir revêtu de son visa, le fait parvenir au nouveau chef de service. *(Circ. min. Fin. 31 mars 1894.)*

Feuilles de route. — V. n° 1635.

Feuilles d'impôt. — V. AVERTISSEMENTS, EXTRAITS DE RÔLES.

Foires et marchés. — V. LOCATION, PIÈCES JUSTIFICATIVES, § 94.

Fonctionnaires publics (Poursuites à exercer contre des). — V. n° 2463 et suiv.

Fonctionnaires publics changeant de résidence. — V. DÉMÉNAGEMENT, n° 1307 et suiv.

Fondation. — V. LEGS ET DONATIONS.

Fondés de pouvoir des percepteurs et des receveurs spéciaux.

1546. — Les percepteurs et les receveurs spéciaux sont tenus d'exercer *personnellement* leurs fonctions, et ne peuvent se faire représenter par un fondé de pouvoir *que temporairement* et dans le cas d'absence autorisée, de maladie ou d'autre empêchement légitime; le fondé de pouvoir doit être agréé par le receveur des finances et être accrédité auprès des maires par le sous-préfet. Il n'y a pas lieu, dans ces divers cas, de constituer un gérant intérimaire. *(Inst. gén., art. 1268.)*

1547. — La procuration, dont le fondé de pouvoir doit toujours être en mesure de justifier, peut être donnée sous seing privé. Dans ce cas elle doit être écrite sur papier timbré, enregis-

trée et légalisée par le maire et le sous-préfet. *(Com. Durieu, t. I, p. 118.)*

1548. — *Modèle de procuration sous seing privé à donner par les percepteurs-receveurs municipaux à leurs fondés de pouvoirs temporaires ou permanents.*

Je soussigné. . . .*(nom et prénoms)*. . . . . percepteur des contributions directes et receveur municipal des communes et établissements de bienfaisance composant la réunion de perception d. . . . . demeurant. . . .*(nom de la résidence)* . . . . Déclare par ces présentes constituer pour mon mandataire spécial et général :

M. . . . .*(nom, prénoms et qualité)* . . . . demeurant à . . . . Et lui donne pouvoir de, pour moi et en mon nom :

Gérer et administrer activement et passivement la perception d. . . . . d'opérer les recettes et les dépenses relatives à tous les services, sans exception ; en conséquence, de recevoir et de payer toutes sommes qui sont ou pourraient être légitimement dues à quelque titre que ce soit, par tous contribuables, débiteurs ou créanciers des divers services dont la gestion m'est confiée ; acquitter tous mandats, et exiger la remise des titres, quittances et pièces justificatives prescrites par les règlements.

De toutes sommes reçues ou payées, donner ou retirer quittance valable ; signer récépissés, quittances et décharges, fournir tous états de situation et toutes autres pièces demandées par l'administration ; opérer à la recette des finances les versements aux époques prescrites et en retirer récépissé à talon.

Aux effets ci-dessus, passer tous actes, élire domicile et généralement faire toutes les opérations qui peuvent concerner la . . . . d. . . . . entendant par ces présentes transmettre à M. . . . . tous les pouvoirs suffisants pour qu'il puisse, sans mon concours, mais sous ma responsabilité, gérer et administrer tous les services qui me sont confiés.

Je promets, du reste, d'avoir pour agréable, et de ratifier, quand besoin sera, tout ce qu'il aura pu faire en vertu de la présente procuration.

Fait à . . . . . . , *le.* . (la date en toutes lettres).

1549. — Les titulaires de perceptions d'une certaine importance, qui veulent se faire aider par un ou plusieurs commis, n'en doivent pas moins conserver la direction de leur service, tenir leur caisse, faire leurs tournées de recouvrement dans les communes et délivrer eux-mêmes quittances aux contribuables.

Dans les villes où le bureau du percepteur est ouvert tous les jours de la semaine sans interruption, le comptable peut déléguer des pouvoirs permanents à l'un de ses commis ; mais à la condition expresse de n'en faire usage que s'il y a, de la part du titulaire, empêchement légitime ou absence autorisée. Toute infraction aux dispositions du présent article rend le comptable passible de la peine portée contre les percepteurs absents sans congé. *(Inst. gén., art. 1269 ; Circ. min. Fin. 25 août 1865 ; Com. Durieu, t. I, p. 118.)*

1549 *bis*. — Une décision ministérielle du 4 juin 1904, attribue à la Direction générale de la comptabilité publique le soin de statuer sur les demandes formées par les percepteurs pour être autorisés à avoir un fondé de pouvoir.

Les demandes doivent parvenir à l'administration centrale avec l'avis motivé du trésorier général qui indique si l'adjonction au titulaire de la perception d'un fondé de pouvoir permanent est indispensable à la marche du service et les motifs qui justifient cette mesure. L'autorisation n'est accordée qu'à la condition expresse pour le percepteur de n'en faire usage qu'accidentellement, en cas d'absence autorisée, pour la réception du public au bureau de recette et avec obligation de signer lui-même toute sa correspondance ainsi que les pièces à transmettre aux diverses administrations et de faire personnellement ses versements. *(Circ. compt. publ. 9 août 1904, § 1er.)*

1550. — Il est interdit aux percepteurs de signer à l'avance et de laisser à leurs commis, les quittances attenantes à leur livre à souche. *(Inst. gén., art. 1446.)*

Fonds (Vol de). — V. n° 3121.

Fonds alloués par les octrois municipaux. — V. SUBVENTIONS, n° 2865.

Fonds de non-valeurs. — V. DÉCHARGES ET RÉDUCTIONS, ORDONNANCES DE DÉCHARGES.

Fonds de retraites. — V. PENSIONS CIVILES, RETENUES POUR PENSIONS.

Fonds de secours. — V. SECOURS.

Fonds de subvention.

1551. — *Fonds de subvention à fournir par les percepteurs aux receveurs des revenus indirects.* — Les demandes de fonds de subvention des préposés des postes sont faites directement par les comptables qui ont besoin de fonds. Ils emploient à cet effet une formule *(Modèle n° 80 bis)* qui comprend également le récépissé et le talon de ce récépissé.

Ces demandes exigent, en outre, des formalités particulières qui sont indiquées ci-après :

Le receveur des postes qui a besoin de fonds de subvention pour le payement de mandats *d'articles d'argent,* ou pour le service de la caisse d'épargne postale, établit un bordereau détaillé et justificatif des dépenses pour le payement desquelles ces fonds sont nécessaires. Il remet ce bordereau, avec sa demande de fonds, au percepteur.

Les trésoriers généraux, ainsi que les receveurs des finances et les percepteurs, doivent apporter la plus grande célérité dans l'envoi des fonds de subvention qui peuvent leur être demandés par les receveurs des postes, afin que le service des remboursements de la caisse d'épargne postale ne subisse aucun retard.

Le comptable qui a fourni des fonds de subvention à un receveur des postes détache lui-même le talon du récépissé *(Modèle n° 80 bis)* et l'adresse immédiatement, avec le bordereau détaillé des dépenses à payer, au directeur des postes du département, à qui les pièces de l'espèce sont nécessaires pour l'exercice de sa surveillance ; ce chef de service demeure chargé de les transmettre à la Direction de la comptabilité publique. *(Inst. gén., art. 654 ; Circ. compt. gén. 20 décembre 1862, § 14 ; Circ. compt. publ. 20 décembre 1881, § 5.)*

1552. — Les receveurs des douanes et des contributions indirectes et les receveurs des postes qui ont besoin de fonds de subvention doivent, de préférence, les demander, les premiers, à leurs collègues de l'une ou de l'autre administration, pourvu qu'il n'en doive pas résulter un accroissement de frais pour le Trésor, et les receveurs des postes, aux receveurs des administrations financières de leur résidence ; ils n'ont recours aux percepteurs ou aux receveurs des finances que lorsque les autres comptables ont constaté, par un certificat qu'ils sont tenus de leur remettre, l'impossibilité où ils sont de satisfaire à leurs demandes. Les receveurs des postes des chefs-lieux d'arrondissement doivent, en outre, prélever les fonds dont ils ont besoin sur ceux qui leur sont envoyés par leurs collègues de l'arrondissement pour être versés à la recette des finances. *(Inst. gén., art. 655.)*

1553. — Les comptables du Trésor n'ont pas à exiger la production du certificat dont il est question plus haut, quand les subventions sont demandées par les receveurs des postes de bureaux situés dans les chefs-lieux de département ou d'arrondissement, et par ceux des bureaux composés établis dans les autres villes. Ces receveurs peuvent, s'ils y trouvent avantage, prendre des fonds soit à la Trésorerie générale, soit à la recette particulière, soit enfin à la perception de leur résidence, sans avoir à s'adresser préalablement aux caisses des régies. *(Circ. Direct. du mouvement gén. des fonds, 12 mai 1888.)*

La demande de fonds de subvention est remise directement au comptable qui, après avoir remis les fonds, conserve pour sa décharge la demande jusqu'à l'arrivée du récépissé accompagné de son talon ; il envoie alors la demande avec le talon du récépissé à la direction départementale des postes. En cas de retard anormal, il s'adresse au directeur pour obtenir l'envoi immédiat du récépissé. (*Circ. compt. publ. 15 juill. 1899, § 4.*)

1554. — *Fonds de subvention à envoyer aux percepteurs.* — Les trésoriers-payeurs généraux et les receveurs particuliers peuvent avoir, pour assurer le service de la dépense, à faire parvenir des fonds de subvention aux percepteurs dont les recettes sont insuffisantes. Ces envois donnent lieu aux opérations suivantes, de la part des receveurs des finances.

Les receveurs particuliers portent les sommes qui sont envoyées au débit d'un compte collectif qu'ils ouvrent aux percepteurs à qui les envois sont faits ; ils créditent ce compte du montant des pièces acquittées lorsqu'elles leur sont remises, ainsi que les fonds non employés qui leur sont rendus, et ils en délivrent récépissé.

Les trésoriers généraux font usage du même compte pour l'arrondissement du chef-lieu, et, en outre, afin de centraliser dans leurs écritures les opérations des arrondissements, ils le débitent des envois constatés par les receveurs particuliers, au crédit d'un compte collectif qu'ils leur ouvrent pour cet objet. Ce dernier compte est débité au crédit du premier pour la rentrée des pièces justificatives de l'emploi des fonds dans les arrondissements de sous-préfecture. (*Inst. gén., art. 1128.*)

1555. — Les receveurs des finances, étant chargés d'assurer le payement des dépenses publiques exigibles dans leur arrondissement, doivent veiller à ce que ce service soit exécuté avec les seules ressources du Trésor, et conséquemment fournir aux percepteurs en se concertant à cet effet avec le trésorier-payeur général, les fonds de subvention nécessaires, dans les localités où les recettes ne seraient pas suffisantes. (*Inst. gén., art. 1377.*)

Les frais d'envoi de fonds sont à la charge du trésorier-payeur général. (*Sol. min. Fin. 22 janv. 1902.*) — V. n° 2693, 2e alinéa.

1556. — Les percepteurs qui, dans le cas prévu ci-dessus, reçoivent des fonds de subvention, s'en chargent en recette au journal à souche, envoient la quittance au receveur des finances, et portent cette *recette* à un compte spécial qu'ils ouvrent sous le titre de : *Receveur des finances, s/c de fonds de subvention.* Lorsque les percepteurs remettent au receveur des finances les pièces justificatives des payements et les fonds non employés, il leur en est délivré un récépissé à talon, dont ils portent le montant en *dépense* au compte précité. (*Inst. gén., art. 1489.*) — V. PAYEMENTS POUR LE COMPTE DU TRÉSORIER-PAYEUR GÉNÉRAL.

La quittance à délivrer au receveur des finances doit être envoyée à ce dernier aussitôt la réception des fonds de subvention.

Fonds libres. — V. PLACEMENTS AU TRÉSOR, SITUATIONS FINANCIÈRES.

Fonds particuliers. — V. AVANCES DES PERCEPTEURS.

Fonds placés au Trésor. — V. PLACEMENTS AU TRÉSOR.

Fontaines publiques (Entretien des). — V. PIÈCES JUSTIFICATIVES, § 91.

Forcements de recette.

1557. — Les receveurs municipaux sont tenus de verser, de leurs deniers personnels, aux caisses des communes, le montant des débets qui seraient mis à leur charge par les arrêtés rendus sur leurs comptes de gestion annuelle, pour *forcement de recette, restes à recouvrer non susceptibles d'être admis en non-valeurs, rejets de dépenses irrégulières, ou erreurs commises au préjudice des communes.* Ces versements sont classés dans leur comptabilité à titre de : *Recettes accidentelles,* sauf ceux qui se rapporteraient à des articles de recette non soldés et qui en compléteraient ainsi le recouvrement. (*Inst. gén., art. 974 et 1082.*)

1558. — Le droit de forcer les comptables en recette appartient exclusivement aux juges des comptes. — V. COMPTES DE GESTION, n°s 974 et 1008.

1559. — La quittance délivrée par un receveur municipal pour forcement en recette prononcé par un arrêt du conseil de préfecture est exempte du timbre. (*Inst. enreg. 11740-1.*)

Forêts.

1560. — Les forêts et les bois de l'État acquittent les centimes additionnels ordinaires et extraordinaires affectés aux dépenses des communes, dans la même proportion que les propriétés privées. (*L. 5 avril 1884, art. 144.*) — V. AMENDES, BOIS DES COMMUNES, GARDES FORESTIERS.

Formules de passeport. — V. FEUILLES DE PASSEPORTS.

Formules de patentes.

1561. — *Création d'avertissements spéciaux pour les marchands forains et autres patentables non sédentaires.* — Pour tous les marchands forains et autres patentables non sédentaires, la direction des contributions directes établit, indépendamment de l'avertissement-formule imprimé sur papier rose, un avertissement spécial sur papier blanc et qui porte, d'une manière apparente, la mention suivante : *Le présent avertissement ne peut servir à l'intéressé pour justifier de son imposition à la patente dans les cas de réquisition prévus par les articles 32 et 33 de la loi du 15 juillet 1880.*

Les avertissements imprimés sur papier blanc doivent être distribués immédiatement après la publication du rôle ou immédiatement après leur réception si cette réception a lieu postérieurement à la publication.

Quant aux avertissements-formules imprimés sur papier rose, ils ne doivent être remis aux intéressés que *contre complet payement de la patente*. Pour justifier de l'observation de cette prescription, les percepteurs sont tenus d'annexer à leurs états de cotes irrecouvrables les avertissements-formules concernant des contribuables non sédentaires dont la patente sera présentée en tout ou en partie irrecouvrable.

Enfin, sur tous les extraits de rôles qui peuvent être demandés par des marchands forains et autres patentables non sédentaires, les percepteurs doivent avoir soin d'apposer, d'une manière très apparente, soit à la main, soit à l'aide d'un composteur, une mention analogue à celle portée sur les avertissements et qui est libellée en ces termes : « *Le présent extrait de rôle ne peut servir à l'intéressé pour justifier de son imposition à la patente dans les cas de réquisition prévus par les articles 32 et 33 de la loi du 15 juillet 1880* ». *(Circ. compt. publ. 31 janv. 1901, § 11.)*

1562. — L'obligation de distribuer les formules de patentes aux contribuables s'étend également pour la remise des duplicata de patentes à délivrer aux bateliers français. *(Circ. compt. publ. 15 déc. 1875, § 1er.)*

Formule exécutoire. — V. AMENDES, n° 268, ÉTATS EXÉCUTOIRES, POURSUITES.

Fournitures de boissons aux établissements publics. — V. n° 1656.

Fournitures et travaux. — V. PIÈCES JUSTIFICATIVES, §§ 88 et 89 ; TRAVAUX.

Frais d'adjudication. — V. ADJUDICATIONS.

Frais d'administration des bois des communes.

1563. — L'État perçoit, à titre de frais d'administration des bois des communes et des établissements publics, le vingtième (5 p. 100) du prix des produits principaux de ces bois, s'ils sont vendus, ou de leur valeur d'estimation, s'ils sont délivrés en nature.

La somme à rembourser par chaque commune ou chaque établissement public ne peut dépasser annuellement 1 franc par hectare des bois lui appartenant. *(Inst. gén. art. 878* ; *L. 25 juin 1841, art. 5, 19 juillet 1845, art. 5 et 29 mars 1897, art. 11.)*

Pour régler la perception et le recouvrement de la taxe, il y a lieu de se reporter à l'Instruction n° 2971 de la Direction générale de l'enregistrement en date du 26 déc. 1898. — V. PIÈCES JUSTIFICATIVES, § 137.

Frais d'administration des communes. — V. DÉPENSES DES COMMUNES, ORDONNANCEMENT, PAYEMENT, PIÈCES JUSTIFICATIVES.

Frais de bourses et de chambres de commerce.

1564. — *Imposition*. — Les centimes additionnels imposés dans plusieurs localités pour subvenir aux *frais des bourses et chambres de commerce* ne portent que sur *quelques classes de patentables*. Le rôle comprend 3 centimes par frais de perception. *(Inst. gén., art. 15 et 18.)*

1565. — Il n'est point ajouté de centimes pour frais de confection de matrices et de rôles à celles des impositions locales qui ont pour objet les dépenses des bourses et chambres de commerce, attendu que ces frais sont mandatés, *à raison de 5 centimes par article de rôle*, sur le produit des centimes destinés aux dégrèvements et non-valeurs des mêmes impositions, si ce produit est suffisant, ou, dans le cas contraire, sur les caisses mêmes des bourses et chambres de commerce. *(Inst. gén., art. 151.)*

1566. — *Rôles*. — *Recouvrement*. — *Versement*. — Les rôles sont rédigés par le directeur des contributions directes et homologués par le préfet. Le recouvrement en est opéré comme celui de la contribution des patentes. *(Com. Dwien, t. 1, p. 68.)*

Il est formé par perception un seul rôle dans lequel sont portés les patentables passibles de l'imposition. — Il n'est délivré d'avertissement que pour les cotes de un franc et au-dessus. *(Circ. admin. contr. dir. 15 janv. 1830.)*

Les percepteurs versent au receveur des finances le produit des impositions établies par les bourses et chambres de commerce, afin que les trésoriers de ces établissements puissent en toucher le montant, sur les mandats du préfet, à la caisse de ce comptable. *(Inst. gén., art. 119.)*

1567. — *Comptabilité.* — Quoique les impositions pour frais de bourses et chambres de commerce soient réunies, dans la comptabilité, aux impositions communales extraordinaires, elles ne doivent pas être comprises dans les sommes qui servent de base aux liquidations faites au profit des communes ; il est délivré, à leur égard, des mandats spéciaux au nom des trésoriers des établissements. *(Inst. gén., art. 199.)*

1568. — *Remises.* — Les frais de perception dus aux percepteurs pour le recouvrement desdites impositions sont fixés à 3 centimes par franc ; ils sont rattachés au budget de l'Etat et payables comme les remises sur contributions directes. *(Circ. compt. publ. 21 juin 1898, § 7 et 24 avril 1899, § 1er.)* — V. nos 2673 et suiv.

Frais de bureau de la mairie. — V. PIÈCES JUSTIFICATIVES, § 65.

Frais de bureau des comptables. — V. RECEVEURS DES COMMUNES, nos 2607 et suiv.

Frais de casernement (Payement des).

1569. — Le payement des frais de casernement est effectué par quinzièmes, conformément aux dispositions de l'ordonnance royale du 5 août 1818. *(Inst. gén., art. 993.)*

1570. — *Timbre des quittances.* — Les quittances délivrées par les receveurs des contributions indirectes aux receveurs municipaux pour constater le payement des frais de casernement sont soumises au timbre spécial de la régie dont le prix, 10 centimes, est toujours exigible. *(Circ. compt. publ. 24 juin 1875.)* — V. PIÈCES JUSTIFICATIVES, § 135.

Celles qui sont délivrées par les receveurs municipaux pour le remboursement d'amendes faites par les communes à l'Etat en vue du casernement, doivent être timbrées à 25 centimes. *(Circ. compt. publ. 27 sept. 1881, § 5.)*

Frais de confection de matrices, rôles et avertissements à la charge des communes.

1571. — Les matrices, rôles et avertissements à la charge des communes sont : 1° les matrices des rôles généraux qui sont déposées dans les mairies ; 2° les matrices, rôles et avertissements pour le service des prestations concernant les chemins vicinaux et les chemins ruraux, la taxe sur les chiens et d'autres services communaux.

Les fonds destinés à ces dépenses se perçoivent en vertu d'états de répartition arrêtés par le préfet ; le recouvrement doit en être opéré *dans les deux mois* qui suivent la remise de ces états de répartition. *(Inst. gén., art. 615 et 891.)*

1572. — Le contingent assigné à chaque commune est versé par le receveur municipal à la caisse du receveur des finances de l'arrondissement à titre de *Cotisations municipales.* — V. nos 1228 et suiv.

Frais de curage. — V. CURAGE.

Frais de distribution des premiers avertissements.

1573. — Les frais des premiers avertissements qui sont délivrés aux contribuables pour leur faire connaître le montant de leurs contributions et les époques de payement sont imputés sur le produit d'une imposition spéciale de 5 centimes, uniforme pour tous les contribuables et ajoutée au montant de chaque article de rôle.

Sur ces 5 centimes, 3 centimes destinés aux frais de confection des rôles et avertissements *(travail fait en régie pour le compte de l'Etat),* rentrent dans les fonds généraux pour les dépenses du budget.

Les 2 autres centimes reviennent aux percepteurs pour les frais de distribution des avertissements ; ces derniers frais sont acquittés aux caisses des receveurs des finances comme frais de perception.

Il n'est pas dû de frais d'avertissement pour les articles des rôles spéciaux d'impositions communales ou départementales ou pour frais de bourses qui sont inférieurs à 1 franc. Les contribuables reçoivent *gratis,* pour ces cotes, un avis sommaire qui leur est envoyé par le percepteur. *(Inst. gén., art. 117.)* — V. AVERTISSEMENTS.

1574. — *Payement aux percepteurs des frais de distribution des premiers avertissements.* — Ce payement doit être fait aux percepteurs par les receveurs particuliers dès le commencement de l'année, et après la remise des avertissements aux contribuables. *(Inst. gén., art. 196 et 203.)*

1575. — Les quittances données par les percepteurs pour frais de distribution des premiers avertissements sont exemptes de timbre, l'allocation de 2 centimes par avertissement ne constituant pas pour eux un émolument personnel, mais étant un simple remboursement de leurs avances pour un service public. *(Circ. compt. publ. 14 avril 1872, n° 24, § 9.)*

1576. — Il n'est pas alloué d'indemnité spéciale aux receveurs municipaux pour la distribution des avertissements concernant les

prestations, la taxe vicinale et la taxe municipale sur les chiens. (*Inst. gén., art. 885 et
911.*) — V. n°ˢ 2486 et 2936.

Frais de justice. — V. Amendes, Privilé-
ge du Trésor.

**Frais de perception des contributions di-
rectes.**

1577. — Les frais de perception se composent des remises allouées aux percepteurs et
des frais de distribution des premiers avertissements aux contribuables.

Il est alloué aussi aux receveurs des finances
des taxations et des bonifications sur les contributions directes ; mais ces émoluments,
n'étant accordés que pour la centralisation et
la garde des fonds, ou pour l'accélération et la
responsabilité des rentrées, ne sont pas classés
avec les frais de perception. (*Inst. gén., art.
112.*)

**Frais de perception des impositions com-
munales.**

1578 à 1584. — Les frais de perception de
tous les centimes additionnels à recouvrer pour
le compte des communes sont ajoutés, à raison
de 3 centimes par franc, au montant de ces
impositions pour être recouvrés avec elles.

Le produit de ces trois centimes est rattaché
au budget de l'État et payable aux percepteurs comme les remises sur contributions
directes. (*Inst. gén., art. 18 et 118; Circ.
compt. publ. 24 juin 1898, § 7 et 24 avril
1899, § 1ᵉʳ.*) — V. n°ˢ 2673 et suiv.

1584 bis. — *Frais de perception des
taxes additionnelles pour fonds de garantie.* — *Mandatements.* — *Modifications à
apporter aux décomptes définitifs des
frais de perception et des remises, ainsi
qu'à l'état n° 252.* — Les frais de perception
des taxes additionnelles pour fonds de garantie sont alloués aux percepteurs dans les mêmes conditions et aux mêmes époques que les
frais de perception des centimes communaux.
Ils sont notamment soumis aux retenues pour
le service des pensions civiles et entrent en
ligne de compte pour la fixation du taux du
prélèvement prescrit par l'arrêté du 6 août 1879.

Le décompte définitif a été modifié en conformité du modèle n° 4. Pour l'établissement de
ce décompte, les comptables ont à se conformer
aux dispositions du modèle et à celles énoncées
dans la circulaire de la comptabilité publique
en date du 31 janvier 1901, § 10.

Frais de perception des octrois.. — V.
Octroi.

**Frais de poursuites pour le recouvrement
des amendes.** — V. Amendes, n°ˢ 268 et
et suiv., 579 et suiv.

**Frais de poursuites pour le recouvrement
des contributions directes.** — V. Poursuites.

**Frais de poursuites et de procédure con-
cernant les services municipal et hospitalier.** — V. Poursuites, n° 2461.

Frais de procès. — V. Pièces justificatives, § 168.

Frais de registres de l'état civil. — V. Pièces justificatives, § 77.

Frais de route à des militaires isolés. —
V. n°ˢ 1633 et suiv.

**Frais de route des voyageurs indigents et
des condamnés libérés.**

1585. — Les indemnités de route accordées
aux voyageurs indigents, aux vagabonds, déclarés tels par jugement, aux condamnés libérés
et aux ouvriers colons qui se rendent en Algérie, peuvent être acquittées, à titre d'*avance*,
par les receveurs municipaux sur leurs recettes
courantes, mais à charge d'en suivre le remboursement, par l'entremise des maires et des
sous-préfets, auprès de la préfecture, qui le fait
effectuer, à l'expiration de chaque trimestre,
au moyen de mandats délivrés sur les crédits
ouverts dans le budget des dépenses variables
des départements, pour les indemnités payées
aux indigents ; sur le budget du ministère de
l'intérieur, pour les indemnités payées aux
condamnés libérés et aux vagabonds ; sur le
budget du ministère de la guerre, pour les
indemnités payées aux ouvriers et colons.

Afin d'obtenir ce remboursement, les receveurs municipaux doivent produire, pour chaque catégorie d'indemnité, un état indiquant
le nom des individus secourus, le lieu de départ, celui de passage et celui de destination,
le motif du voyage et les sommes payées. Cet
état, dressé et certifié par le receveur municipal qui a fait l'avance, ainsi que par l'autorité
locale, doit être visé par le préfet.

Les secours de route aux indigents ne peuvent être accordés que sur des passeports délivrés par les préfets. Il importe que les comptables ne perdent pas de vue ces dispositions,
dont l'inobservation pourrait être une cause de
rejet de la dépense. Du reste, les payements
sont faits par eux sur des bons ou mandats
émis par les maires. Ces payements doivent
être relatés au verso des passeports.

Les passeports délivrés aux condamnés libérés doivent porter au dos la mention du pécule remis en numéraire au condamné et la somme qu'il lui reste à toucher à son domicile. On doit indiquer également sur le passeport, comme le prescrit l'article 179 du règlement du 4 août 1864, les secours de route délivrés au moment de la sortie par le greffier comptable.

Au moyen de ces indications, les maires sont à portée d'apprécier la situation des libérés et ils doivent refuser toute allocation à ceux qui ne justifieraient pas de l'épuisement de leurs ressources par des motifs légitimes.

Les secours qui auraient été accordés sans que ces prescriptions aient été observées ne seraient pas remboursés aux receveurs municipaux.

Les sommes avancées sont portées, dans le livre des comptes divers, au *débit* d'un compte intitulé : *Avances pour frais de route des voyageurs indigents et condamnés libérés*, et les pièces justificatives de ces avances sont classées comme *valeurs* dans la comptabilité des receveurs.

Ce compte est *crédité* des payements que la préfecture fait faire en remboursement des avances. *(Inst. gén., art. 1195; Circ. min. Int. 31 mars 1871; Circ. compt. publ. 30 juin 1890, § 21.)* — V. JOURNAL A SOUCHE, n° 1744; LIVRE DES COMPTES DIVERS.

1586. — *Quittances.* — Sont exemptes de timbre les quittances relatives aux secours de route alloués aux indigents. *(Inst. min. Fin. 30 novembre 1840.)*

Frais de timbre à la charge des communes et des établissements de bienfaisance. — V. TIMBRE, n°s 3001 et suiv.

Frais de transcription hypothécaire. — V. PIÈCES JUSTIFICATIVES, § 144.

Frais d'experts ou d'expertise. — Voir EXPERTS.

Frais d'impression de registres, de timbre, etc., à la charge des communes. — V. COTISATIONS MUNICIPALES, DÉPENSES DES COMMUNES, FRAIS DE CONFECTION DE MATRICES, ROLES ET AVERTISSEMENTS, TIMBRE.

Frais d'imprimés à la charge des receveurs municipaux. — V. IMPRIMÉS.

Frais et honoraires dus par des particuliers pour travaux d'intérêt public.

1587. — *Recouvrements.* — Des travaux d'intérêt public peuvent être exécutés, d'office ou de gré à gré, à la charge des particuliers.

Ces recouvrements sont opérés par les percepteurs en vertu de mandements exécutoires délivrés par les préfets et selon les règles suivies en matière de contributions directes.

Les mandements exécutoires, lorsqu'ils sont rédigés sur une feuille spéciale, c'est-à-dire lorsqu'ils ne se trouvent pas au bas des états de frais présentés par les parties intéressées pour obtenir payement, sont exempts de timbre comme constituant des actes de l'autorité administrative. *(L. 15 mai 1818, art. 80.)*

Les comptables chargés du recouvrement doivent, pour empêcher que des individus qui seraient réellement solvables ne puissent se soustraire abusivement au payement de leur dette, faire de promptes et actives diligences quand ils reçoivent les arrêtés exécutoires, et ne se désister des poursuites que lorsque leur inutilité est évidente. Les préfets ont à exiger à cet égard toutes les justifications nécessaires avant de décharger les comptables de l'obligation de faire recette de sommes dues.

Les frais de poursuites qu'il deviendrait nécessaire de faire, seraient provisoirement avancés par le trésorier général avec ses fonds personnels, et s'il était régulièrement justifié de leur irrecouvrabilité, le remboursement en serait alloué sur les fonds du ministère des travaux publics. *(Inst. gén., art. 454.)*

1588. — *Quittances.* — Les quittances délivrées par les percepteurs aux redevables sont sujettes au droit de timbre de 25 centimes lorsque la somme due excède 10 francs. *(Circ. compt. 14 avril 1872, n° 15, § 5.)*

1589. — *Écritures.* — Les percepteurs doivent ouvrir à la deuxième section du livre des comptes divers un compte particulier intitulé : *Frais et honoraires dus pour travaux d'intérêt public*. Les recettes y relatives sont enregistrées, par journée, dans la colonne de l'exercice auquel elles appartiennent, et il est successivement fait dépense des versements que les percepteurs effectuent aux caisses des receveurs des finances. *(Inst. gén., art. 1473.)*

1590. — *Remises.* — Lorsque les percepteurs ont concouru à des recouvrements de cette nature, les receveurs des finances doivent partager avec eux la remise du tiers de centimes qui leur est allouée pour le recouvrement des produits éventuels départementaux. *(Inst. gén., art. 489.)*

Frais judiciaires en matière d'octroi. — V. OCTROI.

Franchise par la poste.

1591. — *Dispositions générales.* — La correspondance de *service* des fonctionnaires publics est exempte de taxe. L'exemption de taxe s'appelle *franchise*.

On distingue *trois espèces de franchises* :

1° Celle qui est déterminée par la qualité seule du fonctionnaire *auquel on écrit*, sans égard à la qualité de celui *qui écrit* ;

2° Celle qui est déterminée par la qualité seule du fonctionnaire *qui écrit*, sans égard à la qualité du fonctionnaire auquel on écrit ;

3° Celle qui est déterminée à la fois par la qualité des deux correspondants.

Pour que la première de ces trois espèces de franchises reçoive son application, il suffit que la qualité du destinataire soit exactement indiquée sur l'adresse des lettres qui lui sont envoyées. En conséquence, les ministres recevant en franchise toute leur correspondance, il est inutile de contresigner les lettres et paquets à leur adresse.

L'application de la seconde et de la troisième espèce de franchise ne peut avoir lieu que sous la condition que l'auteur de la correspondance de service est connu ; l'auteur se fait connaître en apposant son *contreseing* sur l'adresse des lettres.

On entend par *contreseing* la désignation des fonctions de l'envoyeur, suivie de sa signature ; la désignation des fonctions peut être imprimée ou indiquée par un timbre, mais la signature doit être mise à la main.

Les agents du Trésor peuvent, pour le cas d'empêchement, déléguer leur contreseing à des fondés de pouvoir ; ces fondés de pouvoir doivent contresigner ainsi :

Pour le trésorier général (ou *pour le receveur particulier* ou *pour le percepteur*) empêché : *Le fondé de pouvoir...* (*Inst. gén.*, art. 1419.)

1592. — Les lettres et paquets relatifs au service de l'État s'expédient de deux manières :

1° Par lettres fermées ;

2° Sous bandes ;

3° Sous enveloppes ouvertes.

Les lettres fermées peuvent être pliées et cachetées selon la forme ordinaire ou être mises sous enveloppe.

La correspondance de service des agents du Trésor n'est admise à circuler en franchise que *sous bandes ou sous enveloppes ouvertes*, sauf ce qui est dit plus loin (V. n° 1609) au sujet de la correspondance avec les divisions du ministère.

Les lettres et papiers relatifs au service, expédiés *sous bandes ou sous enveloppes ouvertes*, ne doivent être ni cachetés, ni fermés par des fils ou attaches quelconques. L'expéditeur peut, toutefois, si cette précaution est nécessaire à la conservation d'un paquet contresigné, lier ce paquet au dehors par une ficelle, à la condition expresse que cette ficelle, placée extérieurement, soit nouée par une simple boucle et puisse être facilement détachée si les besoins de la vérification l'exigent. La largeur

des bandes ne doit pas excéder le tiers de la surface de la lettre ou du paquet. (*Inst. gén.*, art. 1420 ; *Décr. 9 déc. 1900* ; *Circ. compt. publ. 30 mai 1901, § 10.*)

1593. — *Emploi facultatif de cartes postales pour la correspondance officielle des comptables dans les départements.* — Les fonctionnaires publics sont, à titre facultatif, autorisés à faire emploi, pour leur correspondance officielle expédiée en franchise, de cartes simples destinées à circuler à découvert, et fournies ou fabriquées par les divers départements ministériels ou par les fonctionnaires eux-mêmes.

Ces cartes doivent avoir, au minimum, 9 centimètres de longueur et 6 centimètres de hauteur, et, au maximum, 14 centimètres de longueur et 9 centimètres de hauteur. — Leur poids ne doit pas excéder 5 grammes, ni être inférieur à 1 gramme et demi.

Le *recto* de ces cartes est réservé à l'adresse du destinataire et au contreseing du fonctionnaire expéditeur et, au besoin, à la désignation du service contresignataire. Toutes ces indications peuvent être manuscrites ou imprimées.

Le *verso* est destiné à recevoir la correspondance officielle.

Il est interdit de joindre, attacher ou coller à ces cartes aucune pièce ou aucun objet quelconque.

Toute carte expédiée en contravention aux dispositions des trois articles précédents est passible de la taxe des lettres ordinaires.

Ces cartes sont, d'ailleurs, soumises à toutes les conditions imposées par l'ordonnance du 17 novembre 1844, qui ne sont pas contraires aux dispositions qui précèdent. (*Décr. 1er décembre 1888* ; *Circ. compt. publ. 1 mai 1889, § 3.*)

1594. — *Chargement des dépêches.* — Les lettres et paquets circulant en franchise peuvent être chargés à la poste. Mais cette formalité du chargement exige une réquisition écrite et signée du fonctionnaire qui fait l'envoi.

Les lettres et paquets circulant en franchise, qui sont présentés au chargement, ne peuvent être adressés qu'à un fonctionnaire à l'égard duquel l'envoyeur a droit de contreseing. Ces lettres et paquets doivent être placés *sous bandes*, à moins qu'ils ne soient adressés au ministre, ou contresignés par les trésoriers généraux à l'adresse du greffier en chef de la Cour des comptes.

Dans tous les cas de chargement, les bandes ou l'enveloppe doivent être fermées au moins de deux cachets en cire, avec empreinte. Lorsqu'il s'agit de paquets *sous bandes*, les cachets ne doivent porter que sur les bandes.

La perte d'une lettre ou d'un paquet chargé circulant en franchise ne donne droit à aucune indemnité. (*Inst. gén.*, art. 1421.)

1595. — Les titres de rente et les bons du Trésor nominatifs ou au porteur circulant sous le contreseing et le couvert des trésoriers-payeurs généraux, des receveurs particuliers et des percepteurs, doivent toujours être expédiés *sous chargement*, et être placés *sous bandes*. Ils peuvent être néanmoins recouverts de feuilles de papier non fermées, et destinées à les protéger. (*Décis. min. 14 janvier 1861, 9 février 1863 et 12 mars 1867.*)

1596. — *Registres reliés ou cartonnés. — Paquets sous forme de rouleau.* — Les registres reliés ou cartonnés, *lorsqu'ils sont remplis en totalité ou en partie*, peuvent circuler en franchise comme pièces de comptabilité ; il en est de même des paquets, sous forme de rouleau, qui renferme des pièces jouissant de l'exemption de taxe, pourvu qu'ils n'excèdent ni le poids de 3 kilogrammes ni la dimension de 45 centimètres en hauteur, largeur ou longueur, et qu'ils soient revêtus d'un contreseing régulier. (*Inst. gén. art. 1422.*)

1597. — *Approvisionnement d'imprimés.* — Sont exclues du bénéfice de la franchise attribuée à la correspondance de service les formules imprimées à l'usage des fonctionnaires et établissements publics et dont ils sont tenus de se pourvoir *à leurs frais*. Quant aux formules *fournies par l'administration*, elles en jouissent sous les conditions suivantes :

1° Que le poids du paquet n'excède pas 500 grammes ;

2° Qu'il ne soit pas envoyé dans la même journée plus d'un paquet de l'espèce par le même expéditeur au même destinataire.

Les formules d'actes de poursuites, quoique non fournies par l'administration, sont admises au bénéfice de la disposition qui précède.

Les formules de quittances de rentes sur l'État que les trésoriers généraux adressent aux receveurs particuliers, et ceux-ci aux percepteurs sont admises à circuler en franchise au-dessous du poids de 500 grammes.

Les timbres-estampilles servant à constater le payement des rentes sur l'État sont également admis à circuler en franchise.

Les journaux à souche en blanc à l'usage des percepteurs-receveurs municipaux sont, d'après la règle qui précède, exclus de la franchise ; mais les journaux à souche, ainsi que les livres récapitulatifs, remplis en totalité ou en partie, y sont admis. Toutefois, le format des journaux à souche rendant difficile leur introduction dans les dépêches, les comptables doivent n'user que dans les cas d'urgence de la voie de la poste pour la transmission de ces documents. (*Inst. gén., art. 1423.*)

1598. — *Offres et demandes d'imprimés.* — Il est interdit aux receveurs des finances, à leurs employés et aux percepteurs, de servir d'intermédiaires pour l'envoi et la circulation des offres et demandes d'imprimés. (*Inst. gén., art. 1424.*)

1599. — *Maximum de poids des paquets circulant en franchise.* — Le maximum du poids des paquets expédiés en franchise est fixé ainsi qu'il suit :

A cinq kilogrammes, lorsque le transport doit être opéré jusqu'à destination, soit par un service en malle-poste ou en bateau à vapeur, soit sur un chemin de fer ou par un service d'entreprise en voiture ;

A deux kilogrammes, lorsque les paquets sont dirigés sur une route desservie, sur quelque point, par un service d'entreprise à cheval ;

A un kilogramme, lorsque les paquets doivent entrer, sur quelque point que ce soit, dans un service d'entreprise à pied.

Sont admis à circuler en franchise, *sans limitation de poids*, lorsqu'ils sont valablement contresignés, les rôles des contributions directes. Toutefois, les receveurs des finances doivent, à cause du volume et du poids de ces documents, s'abstenir, autant que possible, de les expédier par la poste.

Les receveurs des postes sont autorisés, *en cas d'insuffisance des services établis*, à refuser, à présentation, tout paquet contresigné dont le poids dépasserait les maximums fixés ci-dessus.

Si plusieurs paquets à l'adresse d'un même destinataire, revêtus d'un même contreseing et pesant ensemble plus que le maximum déterminé, leur sont présentés en même temps, les receveurs peuvent en répartir l'expédition entre plusieurs courriers, et ils demandent, à cet effet, au contresignataire de leur faire connaître l'ordre dans lequel ces paquets doivent être expédiés. (*Inst. gén., art. 1425.*)

1600. — *Dépôts des paquets contresignés.* — Les lettres et paquets contresignés doivent être remis au guichet du bureau. Ceux qui seraient jetés à la boîte seraient soumis à la taxe.

Toutefois, les fonctionnaires qui résident dans des communes dépourvues d'établissement de poste peuvent faire déposer dans les boîtes rurales de ces communes leur correspondance valablement contresignée. (*Inst. gén., art. 1426.*)

1601. — *Paquets non régulièrement contresignés.* — Lorsque l'expéditeur d'une lettre ou d'un paquet contresigné ne s'est pas conformé à toutes les conditions de la franchise, il lui en est donné avis par le receveur des postes, et les rectifications nécessaires sont opérées immédiatement. Dans le cas où, faute de temps ou par une cause quelconque, elles n'ont pu avoir lieu avant le départ du courrier, la lettre ou le paquet est soumis à la taxe. (*Inst. gén., art. 1427.*)

1602. — *Paquets qui doivent être distribués au guichet.* — Tout paquet contresigné, dont la forme, le poids ou le volume rendrait impossible son introduction dans la boîte ou dans le portefeuille des facteurs de la ville ou des facteurs ruraux, ou son transport par le moyen de ces agents, est conservé au bureau de destination pour y être distribué au guichet.

Sont également réservés, pour être distribués au guichet du bureau, les paquets contresignés qui, bien qu'ils puissent être introduits isolément dans les boîtes ou portefeuilles des facteurs, ne pourraient pas cependant y trouver place, soit à raison de leur nombre, soit à raison du volume des correspondances ordinaires.

Dans les cas prévus par les deux alinéas précédents, les receveurs sont tenus de donner immédiatement avis aux fonctionnaires destinataires de l'arrivée des paquets que leur nombre ou leur forme, leur poids ou leur volume, empêchent de faire porter à domicile par les facteurs, en invitant ces fonctionnaires à les envoyer prendre au bureau. (*Inst. gén., art. 1428.*)

1603. — *Interdiction de comprendre dans les paquets circulant en franchise des pièces étrangères au service, des billets de banque et autres valeurs au porteur, etc.* — Il est interdit de comprendre dans les dépêches expédiées en franchise des lettres, papiers et objets étrangers au service de l'État. Dans le cas de suspicion de fraude ou d'omission d'une seule des formalités prescrites par l'ordonnance royale du 17 novembre 1844, les dépêches revêtues d'un contreseing quelconque sont taxées, et la vérification de leur contenu devient obligatoire, si le fonctionnaire destinataire refuse d'en acquitter le port.

Les receveurs des postes adressent, à vingt-quatre heures d'intervalle, deux avertissements aux destinataires des dépêches refusées, à l'effet d'en provoquer l'ouverture et la vérification au bureau de poste. La durée des délais accordés pour cette vérification est portée au double en faveur des fonctionnaires résidant dans les communes rurales. Les fonctionnaires auxquels les avertissements sont adressés peuvent se faire suppléer par un fondé de pouvoir pour la vérification.

Les pièces qui sont reconnues être uniquement relatives au service, sont remises sur le champ, franches de port, au fonctionnaire destinataire ou à son fondé de pouvoir. Les autres sont saisies et transmises avec procès-verbal à l'administration des postes, pour être déférées aux tribunaux, en exécution de l'article 6 du décret du 24 août 1848, qui assimile les abus de contreseing au transport des lettres en fraude.

Si les destinataires des dépêches taxées comme il est dit ci-dessus refusent d'assister à l'ouverture, ces dépêches sont adressées à l'administration pour y être ouvertes et vérifiées. Les faits résultant de cette vérification sont constatés d'office, et il y est donné suite par l'administration.

Les fonctionnaires qui reçoivent en franchise, sous leur couvert, des lettres ou paquets étrangers au service, doivent les renvoyer au receveur des postes de leur résidence, en lui faisant connaître le lieu d'origine de ces lettres et paquets, et le contreseing sous lequel ils leur sont parvenus.

Il est interdit d'insérer dans les dépêches circulant en franchise des billets de banque et autres valeurs au porteur, ainsi que des espèces d'or ou d'argent et tout autre objet précieux. Les infractions à cette disposition sont punies d'une amende de 50 à 500 francs. (*Inst. gén., art. 1429.*) — V. ENVOI DE FONDS PAR LA POSTE.

Pour les titres de rentes au porteur, V. n° 1595.

1604. — *Dépêches non contresignées adressées à des fonctionnaires.* — Toute dépêche non contresignée, adressée à un fonctionnaire dénommé dans les tableaux du *Manuel des franchises*, et qui aura été refusée à cause de la taxe, peut être ouverte et vérifiée au bureau de poste de destination, lorsque le fonctionnaire à qui elle est adressée requiert l'ouverture par une déclaration signée de lui et motivée sur la présomption que le contenu de cette dépêche est relatif au service de l'État. Quand il en est ainsi, en effet, la dépêche est immédiatement remise au destinataire. Dans le cas contraire, et si le destinataire refuse d'acquitter la taxe, la dépêche est classée dans les rebuts. Si elle contient à la fois des pièces relatives au service qui y soient étrangères, les premières sont seules délivrées en franchise; les autres sont comprises dans les rebuts, à moins que le destinataire ne consente à en acquitter le port. Ces dernières pièces ne sont passibles que de la taxe ordinaire.

Si le fonctionnaire ne requiert pas l'ouverture de la dépêche non contresignée et refuse par lui à cause de la taxe, elle est renvoyée, vingt-quatre heures après sa présentation, à l'administration des postes pour y être ouverte. Les pièces relatives au service sont immédiatement renvoyées en franchise, les autres pièces sont transmises à l'expéditeur, sous charge de la taxe ordinaire. (*Inst. gén., art. 1430.*)

1605. — *Étude à faire de l'ordonnance de 1844, etc.* — Au surplus, l'ordonnance royale du 17 novembre 1844 fait connaître avec détail les franchises accordées, les conditions de ces franchises et les formalités à observer. Les comptables doivent étudier avec soin cette ordonnance, ainsi que celle du 27 novembre 1845, et les décrets des 11 novembre 1850 et 24 août 1848, qui concernent également la correspondance des fonctionnaires relative au service de l'État. (*Inst. gén., art. 1431.*)

1606. — *Tableau des franchises en ce qui concerne le service de la perception, des communes et des établissements de bienfaisance.* (*Inst. gén.*, art. *1432* ; *Arr. min. des Postes 4 juillet 1885.*)

Nota. — Pour tous les fonctionnaires désignés à l'extrait ci-après, le contreseing est réciproque et la correspondance doit être sous bandes ou sous enveloppes ouvertes. Toutefois, les fonctionnaires désignés au n° 3 ont la faculté de fermer, c'est-à-dire de mettre leur correspondance sous enveloppe ou sous pli, mais seulement en cas de nécessité.

DÉSIGNATION DES FONCTIONNAIRES ET DES PERSONNES		ARRONDISSEMENT CIRCONSCRIPTION OU RESSORT dans l'étendue duquel la correspondance valablement contresignée circule en franchise.
autorisés à contresigner leur CORRESPONDANCE de service.	auxquels la correspondance de service des fonctionnaires et des personnes désignés dans la colonne ci-contre doit être remise en franchise.	
1°....................	....	....
2° Agents spéciaux placés auprès des percepteurs..........	Trésoriers-payeurs généraux des finances...............	Département.
	Receveurs particuliers des finances.......................	Arrond., Sous-Préfect.
3° Comptables des deniers publics......	Adjoints à l'inspection des finances..................	Toute la République.
	Greffier en chef de la Cour des comptes..................	—
	Inspecteurs.. { des finances....................	—
	{ généraux des finances...................	—
4°....................	....	....
	Agents-voyers { d'arrondissement et de canton.......	Arrond., Sous-Préfect.
	{ en chef........................	Département.
	Conservateurs { des forêts...........................	Cons. for. et dép. limit.
	{ des hypothèques....................	Arrond., Sous-Préfect.
	Contrôleurs des contributions directes..............	Arrond.. S.-Préfect. (1)
	Directeurs... { des contributions directes...........	Département.
	{ des postes....................	—
	Gardes généraux des forêts......................	—
	Inspecteurs.. { des contributions directes...........	—
	{ des écoles primaires.................	—
	{ de l'enregistrement, des domaines et du timbre......................	—
	{ des forêts...................	—
5° Percepteurs-receveurs municipaux (2)	Maires.........................	Arrond. de perception
	Préfets............................	Département.
	Receveurs de l'enregistrement et des domaines.......	Arrond., Sous-Préfect.
	Trésoriers généraux des finances.................	Département.
	Receveurs particuliers des finances.................	Arrond., Sous-Préfect.
	Sous-inspecteurs des forêts......................	Département.
	Sous-préfets............................	Arrond., Sous-Préfect.
	Vérificateurs de l'enregistrement.............	Département.
	Président du bureau des marguilliers, pour les percepteurs faisant fonctions de comptables des établissements ecclésiastiques (*Décr.* 3 sept. 1883 ; *Circ. compt. publ.* 20 déc. 1895, § 3).	
	Avec leurs collègues pour toutes les affaires de service, autres que l'envoi des contraintes extérieures (*Circ. compt. publ.* 21 juin 1895, § 11) et la transmission des quittances d'excédent de versement dont il est question aux n°° 1496 et 1497......................	Toute la République.

(1) Dans chacun des arrondissements sur lesquels s'étend le contrôle.
(2) La transmission des effets de commerce sous le contreseing des receveurs des finances et des percepteurs est une opération qui se rattache directement au service du Trésor. — Les inscriptions de rentes sur l'État dont les arrérages sont exigibles, ou qui ont été achetées pour le compte des particuliers, peuvent circuler en franchise par la poste, sous le contreseing des trésoriers généraux, des receveurs particuliers des finances et des percepteurs. Les documents concernant le Crédit foncier de France ne sont pas assimilés à la correspondance officielle, sauf toutefois les *avis de débit et de crédit* adressés par les receveurs particuliers aux trésoriers généraux. (*Inst. gén.*, art. 1432.)

DÉSIGNATION DES FONCTIONNAIRES ET DES PERSONNES		ARRONDISSEMENT CIRCONSCRIPTION OU RESSORT dans l'étendue duquel la correspondance valablement contresignée circule en franchise.
autorisés à contresigner leur CORRESPONDANCE de service.	auxquels la correspondance de service des fonctionnaires et des personnes désignés dans la colonne ci-contre doit être remise en franchise.	
6°..................	Pour la correspondance relative au service des amendes et condamnations pécuniaires, V. AMENDES, n°° 78 et suiv.	....
7° Receveurs des hospices et autres établissements de bienfaisance................	Préfets................................... Trésoriers généraux des finances................ Receveurs particuliers des finances.............. Sous-Inspecteurs des forêts................... Sous-préfets.............................	Département. — Arrond., Sous-Préfect. Département. Arrond., Sous-Préfect.
8°....	....	....
9°....	....	....
10° Receveurs municipaux...	Greffier en chef de la Cour des comptes, pour l'envoi des comptes et pièces à l'appui................ Préfets................................. Trésoriers généraux des finances... .... Receveurs particuliers des finances............ .... Sous-Préfets...........................	Département. — Arrond., Sous-Préfect. Arrond., Sous-Préfect.
11° Maires.............	Trésoriers généraux et receveurs particuliers des finances, pour la transmission des titres de perception. (Circ. compt. publ. 25 juin 1863 § 2.)................	Arrond., Préfecture et Sous-Préfecture.

1607. — *Correspondances expédiées sous le couvert et le contreseing de fonctionnaires intermédiaires.* — Les correspondances indiquées ci-après sont également admises à circuler en franchise, mais sous le couvert et le contreseing de fonctionnaires intermédiaires savoir :

La correspondance des percepteurs-receveurs municipaux avec les instituteurs de leur réunion, sous le contreseing et le couvert de leur résidence pour les communes du canton, et du sous-préfet ou du préfet pour les autres communes (*Décis. min. 20 avril 1855*);

La correspondance des agents comptables des caisses d'épargne, dans les résidences autres que les chefs-lieux d'arrondissement, avec le receveur des finances, sous le couvert et le contreseing du percepteur de leur ressort (*Décis. 14 décembre 1853 ; Circ. 12 juin 1854*);

La correspondance que les commissions administratives des établissements de bienfaisance échangent avec les percepteurs pour le service des enfants assistés et pour le recouvrement des rentes et créances appartenant auxdits établissements, par l'intermédiaire des receveurs des finances dans l'intérieur du même département, et par l'intermédiaire du préfet hors du département. (*Ordonnance 28 juin 1833 ; Décis. 29 septembre 1858 ; Inst. gén., art. 1433.*)

1608. — Les percepteurs et les receveurs des finances doivent prêter leur concours aux rentiers viagers et aux pensionnaires de l'État, ainsi qu'aux anciens militaires, pour leurs relations, par correspondance, avec le trésorier général du département.

Mais ils n'ont pas à intervenir pour la transmission des pièces intéressant les rentiers viagers, les pensionnaires et les anciens militaires. (*Inst. gén., art. 1434 ; Circ. compt. gén. 24 sept. 1860.*)

1609. — *Correspondance des comptables avec le ministère.* — Les lettres et paquets, chargés ou non chargés, qui sont destinés au caissier central du Trésor public, au directeur du mouvement général des fonds, au directeur général de la comptabilité publique, au directeur de la dette inscrite et au directeur du contentieux, doivent être adressés au ministre secrétaire d État des finances, avec ces mots sur l'enveloppe : *Caisse du Trésor public ; Direction du mouvement général des fonds ; Direction générale de la comptabilité publique, etc.*, suivant leur destination.

Les lettres et paquets destinés au *Trésorier général des invalides de la marine* sont expédiés sous le couvert du *ministre de la Marine* (*Inst. gén., art. 1436.*)

1610. — *Correspondance avec la Caisse des dépôts et consignations.* — Les percepteurs-receveurs municipaux jouissent de la faculté d'adresser en franchise les lettres et paquets qui sont destinés au caissier de la Caisse des dépôts et consignations ; ces lettres et paquets peuvent être sous pli fermé, mais ils doivent être transmis sous le couvert du *directeur général de la Caisse des dépôts et consignations*. — V. n°s 1429 et suiv.

De son côté, le directeur général de la Caisse des dépôts et consignations adresse aux percepteurs-receveurs municipaux, lorsque besoin est, les pièces nécessaires à ces comptables, mais les envois se font par l'intermédiaire des maires des communes intéressées.

1611. — *Correspondance entre les fonctionnaires ayant leur résidence dans la même ville.* — En principe, les fonctionnaires ayant leur résidence dans la même ville, Paris excepté, ne sont pas admis à correspondre entre eux en franchise *(Décis. min. 13 juin 1851).* Toutefois, les dépêches officielles de la ville pour la ville, dûment contresignées, c'est-à-dire envoyées sous son contreseing, par un fonctionnaire à un autre fonctionnaire avec lequel il jouit de la franchise, peuvent être distribuées par les facteurs lorsque le poids ne dépasse pas cent grammes. Au-delà de ce poids, les dépêches sont conservées dans les bureaux de poste, et il en est donné avis aux destinataires, conformément à l'article 66 de l'ordonnance du 17 novembre 1844. *(Inst. gén., art. 1437.)*

1612. — *Franchise télégraphique.* — Les fonctionnaires ayant droit à la franchise télégraphique sont désignés par un règlement d'administration publique. *(L. 21 mars 1878.)*

Les receveurs des finances ne doivent avoir recours à la voie télégraphique que pour les communications ayant un caractère administratif incontestable et se présentant dans des circonstances tout à fait exceptionnelles. — Les dépêches doivent être contresignées par le préfet ou le sous-préfet. *(Circ. compt. publ. 15 juin 1882 et 21 juillet 1893, § 11.)*

Correspondance entre les percepteurs. — V. n°s 1195 et 1606.

Fruits.

1613. — Les fruits sont meubles lorsqu'ils sont coupés ou détachés, ou même lorsqu'ils sont vendus pour être détachés. *(C. civ., art. 520; Com. Durieu, t. I, p. 165 et suiv.)* — V. MEUBLES.

1614. — Ne sont pas considérés comme fruits ceux destinés à l'entretien même de l'exploitation *(Com. Durieu, t. I, p. 154 et suiv.)* — V. PRIVILÈGE DU TRÉSOR.

Fusil (Dépôt du). — V. AMENDES, n° 64.

Futaie. — V. BOIS DES COMMUNES, COUPES DE BOIS.

G

Gage (Privilège sur le). — V. POURSUITES, n°s 2399 et suiv.; PRIVILÈGE.

Garantie. — V. CAUTIONNEMENTS, RESPONSABILITÉ.

Gardes champêtres.

1615. — Le traitement des gardes champêtres est au nombre des dépenses obligatoires des communes. *(Inst. gén. art. 980; L. 5 avril 1884, art. 136, § 6.)* — V. ORDONNANCEMENT, PIÈCES JUSTIFICATIVES, § 72.

Gardes forestiers communaux.

1616. — Les gardes des bois des communes et des établissements publics sont en tout assimilés aux gardes des bois de l'Etat et soumis à l'autorité des mêmes agents. *(C. for., art. 99.)*

1617. — Le traitement des gardes forestiers est acquitté par le receveur municipal sur mandats du maire. — Toutefois, s'il est utile, les contingents que les communes et établissements publics intéressés ont à fournir pour le payement de leur salaire sont versés dans les caisses des receveurs des finances à titre de cotisations. *(Inst. gén., art. 624.)*

1618. — *Gardes forestiers domaniaux.* — *Quittances.* — Sont exemptes de timbre les quittances de traitements des agents forestiers domaniaux. *(Circ. compt. publ. 10 mai 1894, § 5.)*

Toutefois, cette exemption ne peut être invoquée lorsqu'il s'agit de quittances données à une commune par des brigadiers ou agents forestiers domaniaux qui touchent un traitement spécial en qualité de gardes forestiers communaux. *(Circ. compt. publ. 12 déc. 1902, § 8.)*

Quant aux quittances ou reçus donnés à à l'Etat par les brigadiers et gardes forestiers communaux des eaux et forêts, il y a exemption du droit de timbre pour les indemnités ou allocations diverses qui leur sont payées par le Trésor. *(Circ. compt. publ. 19 sept. 1903, § 6.)*

Gardiens aux saisies. — V. Poursuites, nᵒˢ 2349 et suiv.

Garnisaires.

1619. — Les emplois de garnisaires sont supprimés. *(L. 9 février 1877 ; Circ. min. Fin. 19 février 1877.)* — V. Porteurs de contraintes.

Garnison collective ou individuelle.

1620. — Le mode de poursuite par garnison collective ou individuelle a été supprimé et remplacé par celui portant la dénomination de *sommation avec frais. (L. 9 février 1877 ; Circ. min. Fin. 19 février 1877.)* — V. Poursuites, nᵒ 2324.

Gérant intérimaire.

1621. — *Remplacement provisoire d'un percepteur.* — Lorsqu'il y a lieu de pourvoir au remplacement provisoire d'un percepteur-receveur municipal qui serait démissionnaire, décédé, suspendu de ses fonctions, révoqué ou appelé à un autre emploi, ou qui ne se présenterait pas au jour indiqué pour son installation, le préfet, sur la proposition du trésorier général, ou le sous-préfet, sur la proposition du receveur particulier de l'arrondissement, désigne un *gérant intérimaire,* à moins qu'un intérim n'ait déjà été constitué. Le gérant intérimaire doit être pris de préférence parmi les percepteurs surnuméraires. *(Circ. compt. publ. 30 mai 1901, § 13.)*

Si le remplacement est motivé par les résultats d'une vérification de caisse, le receveur des finances nomme lui-même le gérant intérimaire sauf à donner immédiatement avis de cette nomination au préfet ou au sous-préfet, en l'invitant de faire accréditer ce gérant dans les communes.

Dans tous les cas la situation du percepteur à remplacer et la remise de son service au gérant intérimaire doivent être constatées conformément aux règles prescrites pour le cas de remplacement définitif. — V. nᵒˢ 1879 et suiv.

Le procès-verbal de remise de service doit être rédigé en trois expéditions, dont l'une est délivrée au gérant intérimaire ; la seconde est remise au comptable remplacé ou à ses ayants cause, et la troisième reste entre les mains du receveur particulier, qui en envoie au trésorier général un *extrait* conforme au *Modèle* nᵒ 274, pour être transmis à la Direction générale de la comptabilité publique, sauf à remplacer cet extrait par une copie du procès-verbal, dans le cas où la remise du service aurait fait découvrir un déficit ou des irrégularités graves.

Le gérant intérimaire succède à toutes les attributions du titulaire ; il a droit, pour le temps de sa gestion, à une indemnité qui est prélevée sur les bénéfices de l'emploi, et qui est réglée par le ministre des Finances. A cet effet, le receveur des finances, en rendant compte à la Direction générale de la comptabilité publique de la cessation des fonctions du gérant, fournit d'après le *Modèle* nᵒ 263, un état des remises afférentes au temps de l'intérim, et il y joint un rapport qui fait connaître : si l'agent a porté également ses soins sur les diverses parties du service de la perception et des communes ; s'il a établi son domicile au chef-lieu de la perception, ou s'il s'est borné à se transporter dans les communes les jours de recettes ; à quelle distance les communes se trouvent du lieu de la résidence de l'agent et du chef-lieu d'arrondissement ; enfin quels sont les frais de service, dûment justifiés, que le gérant a eu à supporter. Le trésorier général veille à ce que ces renseignements et tous ceux qui pourraient être utiles pour la fixation des remises soient exactement fournis. Le restant libre des bénéfices, après la fixation des remises du gérant intérimaire, fait retour au Trésor, et les receveurs des finances en font recette à titre de recette accidentelle.

Le gérant intérimaire exerce sous sa responsabilité personnelle et sous celle du receveur des finances. En conséquence, il rend un compte spécial de ses opérations, à moins que, par exception et pour une gestion de très courte durée, l'administration centrale n'ait décidé, avec l'assentiment des parties intéressées, qu'elles seront rattachées à celles de l'ancien ou du nouveau titulaire. *(Inst. gén., art. 1330 ; Circ. compt. publ. 10 juin 1896, § 1ᵉʳ.)* — V. Comptes de gestion, n 980 ; Décès des comptables, nᵒ 1284.

1622. — L'article 1330 de l'Instruction générale qui précède ne prévoit les rattachements de gestion que lorsqu'il s'agit expressément de gestions intérimaires ; les gérants intérimaires seuls peuvent donc être dispensés de rendre compte de leurs opérations.

Lorsqu'il s'agit d'un seul et même comptable, qui a été successivement gérant intérimaire puis titulaire de la même perception, le rattachement de gestion est de droit.

1623. — Les dispositions des articles 1340 à 1344 de l'Instruction générale sont applicables au gérant intérimaire qui se trouverait en fonctions au 1ᵉʳ mars, époque fixée pour la présentation des états de cotes irrecouvrables ; ainsi, il est responsable, sous les réserves énoncées dans ces articles, des restes à recouvrer sur les contributions de l'année expirée, et, s'il est entré en fonctions en janvier ou février il lui est accordé un délai de deux mois, à partir du jour de son installation, pour discuter les articles à recouvrer, en établir le relevé et exercer les poursuites qu'il jugerait nécessaires.

Dans le cas où le nouveau titulaire serait mis en possession du service avant l'expiration de ce délai, il demeurerait chargé de la présentation des états de cotes irrecouvrables et de la responsabilité attachée à cette opération, et il en serait fait mention au procès-verbal. (*Inst. gén., art. 1345.*) — V. MUTATIONS DE PERCEPTEURS-RECEVEURS.

Gestion. — V. COMPTES DE GESTION, EXERCICE.

Gestion occulte.

1624. — Toute personne, autre que le receveur municipal, qui, sans autorisation légale, se serait ingérée dans le maniement des deniers de la commune, est, par ce seul fait, constituée comptable, et se trouve soumise à l'obligation de rendre compte de ses opérations dans le délai qui lui est prescrit et devant l'autorité chargée de juger le compte de la commune; elle peut, en outre, être poursuivie en vertu de l'article 258 du Code pénal, comme s'étant immiscée sans titre dans des fonctions publiques. (*L. 5 avril 1884, art. 155.*)

Les dépenses portées dans le compte de la gestion occulte doivent, avant la présentation de ce compte, avoir été admises, sur l'avis du conseil municipal, par un arrêté du préfet, comme ayant été faites dans un véritable intérêt communal.

Il peut être pris inscription sur les biens du comptable occulte. (*Inst. gén., art. 812; Arr. Cour des comptes, 30 mai 1892; Cons. d'Ét., 14 avril 1894.*)

1625. — Les dispositions ci-dessus s'appliquent également aux établissements de bienfaisance ainsi qu'aux associations syndicales. Toutes recettes et tous payements faits pour le compte des établissements, sans l'intervention de leurs receveurs, donnent lieu aux poursuites autorisées par les lois contre les personnes qui ont indûment disposé des deniers publics. (*Inst. gén., art. 1047; Arr. Cour des comptes, 20 décembre 1894.*)

1626. — L'arrêté du 19 vendémiaire an XII impose aux receveurs municipaux l'obligation de faire les diligences nécessaires pour faire verser à leur caisse tous les fonds des communes et établissements dont ils sont chargés, et les oblige à faire connaître à leurs supérieurs les gestions occultes, s'il en existe dans leurs arrondissements de perception. — V. n° 18.

Un receveur municipal qui aurait connaissance d'une gestion occulte et qui omettrait de la signaler au receveur des finances, s'exposerait à être suspendu de ses fonctions et même à être révoqué.

1627. — *Jurisprudence*. — Les souscriptions faites pour un travail d'une utilité communale doivent être versées dans la caisse du receveur municipal. (*Arr. Cons. d'Ét. 12 août 1848 et 16 mai 1883.*)

1628. — Les sommes provenant de souscriptions pour l'exécution de travaux communaux et de la vente du matériel communal hors d'usage doivent être versées entre les mains du receveur municipal; le maire, qui les encaisse directement et en fait emploi sans l'intervention dudit receveur, est comptable occulte. (*Arr. Cour des comptes, 18 janvier 1882.*)

1629. — Peuvent être considérés comme coauteurs responsables d'une gestion occulte les fournisseurs d'une commune qui, en consentant à exagérer leurs factures ou même à les dénaturer, se sont sciemment prêtés à l'émission de mandats fictifs.

Les receveurs municipaux engagent également leur responsabilité en ne se conformant pas strictement aux prescriptions réglementaires pour l'acquittement des mandats (V. n° 2400 et suiv.). (*Arr. Cour des comptes, 7 juin 1882.*)

1630. — Les produits provenant de taxes perçues pour des locations de chaises sur les places et promenades constituent des deniers publics. Les maires qui ont successivement encaissé et dépensé les sommes provenant de cette location sont tenus d'en rendre compte. (*Arr. Cour des comptes, 13 juin 1881.*)

1631. — Est comptable occulte, le maire qui reçoit et emploie directement les souscriptions provoquées par l'administration municipale pour un banquet donné à l'occasion d'une fête communale, et qui, d'autre part, prélève, au moyen de mandats fictifs, une portion de crédits affectés à d'autres objets. (*Arr. Cour des comptes 17 janvier 1889.*)

1631 bis. — Lorsqu'une ville a organisé une fête publique, les recettes et les dépenses afférentes à cette fête doivent figurer intégralement dans le compte du receveur municipal, et, l'attribution qu'il y aurait lieu de prélever au profit du bureau de bienfaisance, doit d'abord être portée en recette au compte de la commune et d'autre part figurer en dépense. (*Arr. Cour des comptes, 23 mars 1899.*)

1631 ter. — Aucune disposition de loi n'interdit en principe l'exercice de la charité privée. Il suit de là que le maire pas plus que le bureau de bienfaisance n'ont le droit de revendiquer les sommes recueillies par des tiers dans l'intérêt des pauvres, sauf le cas où les sommes viendraient à être détournées de leur destination.

En conséquence, le comité d'une fête qui

s'est formé sans l'intervention de l'autorité publique, purement privé, ne saurait être tenu de verser au bureau de bienfaisance les sommes recueillies par lui dans l'intérêt des pauvres. (*Arr. Cour cass.*, *2 août 1897.*)

Grains ou denrées récoltés par les hospices. — V. nᵒˢ 2793 et suiv.

Grêles. — V. DÉCHARGES ET RÉDUCTIONS, SECOURS.

Griffes.

1632. — L'usage des griffes pour les signatures est interdit. (*Circ. min. Int. 6 juillet et 1ᵉʳ août 1843.*)

Griffes pour oblitérer les timbres mobiles. — V. nᵒˢ 2971 et suiv.

Guerre (Payement pour le service de la).

1633. — Les mandats pour *frais de route*, ou pour *avances*, délivrés au profit des *militaires isolés*, ne peuvent être payés que par les receveurs des finances ou percepteurs désignés sur les mandats ; les parties prenantes doivent y mettre leur acquit ; néanmoins, les sous-officiers et soldats n'ont à quittancer que les mandats qui leur sont délivrés *pour avances*. Si le titulaire ne sait pas signer, il en fait la déclaration au sous-intendant militaire, qui la mentionne sur le mandat ; cette déclaration tient lieu de quittance.

Les mandats doivent être présentés au payement *dans le jour même, ou au plus tard le lendemain du jour de leur délivrance aux parties prenantes* ; toutefois le délai de présentation est de *huit jours* pour les mandats émis au profit des gendarmes.

Lorsque les agents du ministère de la guerre, *chargés de la distribution d'effets aux militaires en route*, sont payés du prix de ces effets les mandats qui leur sont fournis doivent être présentés à l'acquittement, au plus tard, l'avant-dernier jour du mois pendant lequel ils ont été délivrés. (*Inst. gén., art. 690; Circ. compt. publ. 30 mai 1901, § 3 et 12 déc. 1904, § 3.*)

1634. — Les mandats présentés après les délais ci-dessus rappelés ne peuvent être payés par les agents du Trésor qu'à la réquisition de l'intendant militaire. Les receveurs des finances, ou les percepteurs agissant en leur nom, doivent refuser l'acquittement de tout mandat dont la délivrance n'est pas mentionnée sur la feuille de route de la partie prenante. (*Inst. gén., art. 691.*)

1635. — Les receveurs et les percepteurs sont tenus, sous leur responsabilité, d'inscrire les payements de toute nature qu'ils font à des militaires, à des comptables de la guerre et à des corps ou détachements, sur les *livrets* et *feuilles de route* dont les militaires, les comptables et les officiers sont porteurs. Ils doivent s'assurer si la délivrance du mandat est mentionnée sur la feuille de route, et, dans le cas de la négative, refuser le payement.

Il leur est interdit de remettre par avance des fonds aux commis ou plantons de sous-intendants militaires pour le payement des indemnités de route. (*Inst. gén., art. 692.*)

Les comptables ne doivent pas omettre d'inscrire *eux-mêmes* sur les livrets de solde des officiers sans troupes, des corps de troupes, etc., toutes les mentions relatives aux payements qu'ils effectuent. (*Circ. compt. publ. 31 janv. 1901, § 8 et 12 déc. 1902, § 6.*)

1636. — Les receveurs des finances et les percepteurs doivent refuser *absolument* les payements de tout mandat d'indemnité de route qui aurait été émis dans un autre département que celui où ils résident, ainsi que les y oblige, d'ailleurs, l'article 87 du décret du 12 juin 1867. (*Circ. compt. publ. 24 août 1883, § 4.*)

1636 bis. — La solde de la troupe afférente à la première quinzaine de chaque mois est payable aux caisses du Trésor dès le dernier jour du mois précédent.

Deux restrictions sont toutefois apportées à cette mesure :

D'une part, la solde de la première quinzaine du mois de janvier, dont le payement ne saurait avoir lieu avant l'ouverture de l'exercice auquel elle se rapporte, continue à être perçue le 1ᵉʳ janvier seulement.

D'autre part, si le dernier jour du mois tombe un dimanche ou un jour férié, le payement de solde à effectuer pour la première quinzaine du mois suivant est reporté, comme celui du traitement des officiers, au lendemain 1ᵉʳ.

Aucune modification n'est apportée à la date du payement de la solde afférente à la seconde quinzaine du mois, date qui reste fixée au 16. (*Circ. compt. publ. 27 nov. 1899, § 2.*)

1637. — Les payements relatifs aux fournitures de pain dans les gîtes d'étapes s'opèrent par l'entremise des comptables des subsistances militaires, auxquels les fonds sont faits à titre de dépenses effectuées en régie. Les trésoriers généraux délivrent, pour cet objet, des mandats payables aux caisses des receveurs particuliers et des percepteurs *sur les premiers fonds disponibles de la recette*, ou à dix jours de date, si les receveurs des finances le jugent indispensable. (*Inst. gén., art. 693.*) — V. PAYEMENTS POUR LE COMPTE DU TRÉSORIER-PAYEUR GÉNÉRAL.

1638. — *Timbre.* — Les quittances des mandats de solde des sous-officiers et soldats sont affranchies du timbre.

Cette exemption s'applique également aux indemnités de route allouées aux sous-officiers et soldats. (*Circ. compt. publ. 14 avril 1872, n° 24, §§ 2 et 3.*)

Il y a lieu de ranger dans la catégorie des sous-officiers et soldats, les officiers-mariniers et marins. (*Circ. compt. publ. 2 nov. 1877, § 2, et 27 septembre 1881, § 6.*)

Sont également exemptes de timbre les quittances des mandats de délégations souscrites par les officiers-mariniers et par les marins. (*Circ. compt. publ. 30 juin 1890, § 15.*)

Les agents subalternes du service des douanes aux colonies doivent, ainsi que les agents similaires de la métropole, être considérés comme gens de guerre et les acquits qu'ils sont appelés à donner jouissent de l'exemption du timbre.

Toutefois, il est fait exception à cette règle pour l'Indo-Chine où les agents des forêts, des douanes et des régies, ont une organisation essentiellement locale et, au point de vue militaire, une situation qui diffère complètement de celle des agents des mêmes services dans la métropole. Ces préposés ne peuvent donc être considérés comme gens de guerre et ne sauraient, en conséquence, bénéficier de l'exemption de l'impôt. (*Circ. compt. publ. 25 sept. 1901, § 9.*)

1639. — Aux termes de l'article 16 de la loi du 13 brumaire an VII, dont les dispositions, sur ce point, ont été maintenues par la loi du 23 août 1871 (sauf en ce qui concerne les traitements des officiers), sont exemptes de timbre les quittances pour prêts et fournitures, billets d'étapes, de subsistance et de logement, et autres pièces concernant les gens de guerre, tant pour le service de terre que pour le service de mer.

L'immunité résultant de ces dispositions est applicable aux quittances concernant certaines dépenses militaires (ou de la marine) énumérées ci-après, savoir :

1° Les états hebdomadaires de blanchissage du linge de la troupe ; — 2° les états de perte et dégradations à la literie lorsque l'indemnité doit être supportée par les soldats ou sous-officiers ; — 3° les fournitures des ordinaires de la troupe ; — 4° la solde des hommes de troupe détachés de leurs corps ; — 5° les états d'abonnements des maîtres ouvriers pour les travaux dont le prix est à la charge des hommes de troupe ; — 6° les feuilles de prêt pour la solde de la troupe ; — 7° les états de hautes payes et de payement pour la dotation de l'armée, traitement de la Légion d'honneur et de la médaille militaire, en ce qui concerne les titulaires *non officiers* et en activité de service ; — 8° les mandats de secours à la masse d'entretien ; — 9° le remboursement des dépenses des écoles régimentaires ; — 10° les états décomptés des primes de travail ou de gratifications allouées par les règlements aux militaires des sections d'infirmiers et aux ouvriers militaires d'administration ; — 11° les mandats d'indemnités de route et de transport délivrés à des militaires *non officiers*, voyageant isolément ; — 12° les factures des dépenses intérieures des corps et les frais d'impression pour le service des corps, lorsque ces frais et dépenses doivent être supportés par les soldats ou sous-officiers ; — 13° les quittances des allocations journalières à payer à titre de subsides aux *sous-officiers* et *soldats* blessés, en expectative de pensions ou à titre de gratifications de réformes renouvelables ; — 14° les quittances qui se rapportent à de simples mouvements de fonds, tels que, par exemple, la transmission d'un corps à un autre de la masse individuelle pour les hommes changeant de régiment. (*Circ. compt. publ. 17 juin 1872, § 4.*)

H

Habitations à bon marché. — V. *Loi 30 novembre 1894* ; *Décr. 21 sept. 1895* ; *Circ. Caisse des dépôts et consignations, 8 avril 1896.*

Halles et marchés. — V. LOCATION DES PLACES.

Héritiers et légataires.

1640. — Les héritiers ou légataires peuvent être poursuivis solidairement, et chacun pour tous, à raison des contributions de ceux dont ils ont hérité, ou auxquels ils ont succédé, tant que la mutation n'a pas été opérée sur le rôle, à moins qu'ils n'aient fait un acte de renonciation en forme et qu'ils n'en justifient. (*L. 3 frimaire an VII, art. 36* ; *Inst. gén., art. 64* ; *Règl. pours. art. 4* ; *Com. Durieu, t. I, p. 85 à 104, 116 et suiv.* ; *t. II, p. 17 et 139.*)

1641. — La solidarité des héritiers doit être entendue en ce sens que, même après le partage de la succession, le privilège du Trésor suit, en vertu de la loi du 12 novembre 1808, les meubles, fruits et récoltes dans les mains des héritiers ou légataires à qui ils ont été attribués ; d'où il résulte que le percepteur a le droit de les faire saisir, jusqu'à concurrence de la contribution privilégiée, sur tout héritier ou légataire, moins comme débiteur solidaire que comme détenteur. (*Note ajoutée par l'administration à l'article 4 du Règlement sur* *les poursuites de 1839 annexé à l'Instruction générale du 20 juin 1859.)*

L'administration, comme on le voit, ne paraît pas admettre le principe de la *solidarité personnelle* entre les héritiers ; chacun serait, dès lors, redevable au prorata de sa part héréditaire.

Mais il faut tenir compte que le percepteur peut exercer une action *réelle* contre chaque héritier, non plus en considération de ses droits héréditaires, mais eu égard seulement aux biens ayant appartenu au défunt dont il se trouve détenteur. — V. nᵒˢ 1344 et suiv.

1642. — Lorsqu'un contribuable vient à mourir, le plus sage parti à prendre pour le percepteur, s'il a pu être informé du décès, est de s'adresser, avant le partage des biens, à la succession elle-même, c'est-à-dire à ceux qui la représentent, les héritiers, la veuve, les légataires, les curateurs, les exécuteurs testamentaires, toutes les personnes enfin que la notoriété publique désigne comme intéressées à la succession ou comme chargées de l'administrer.

Le percepteur, en cas de refus des héritiers ou ayants cause de payer immédiatement les contributions dues, a droit de faire procéder, après commandement préalable signifié aux détenteurs de la succession, à la saisie des meubles ou des récoltes et, ensuite, à la vente, en se conformant aux règles ordinaires.

Un seul héritier peut être poursuivi quand il est détenteur de l'objet imposé.

Lorsque le partage des biens a eu lieu entre les héritiers, les jurisconsultes reconnaissent deux espèces d'actions qui ont leur origine dans la nature même du droit à poursuivre : *l'action personnelle* et *l'action réelle*. L'action est *personnelle* quand celui contre qui elle est dirigée est obligé personnellement ; elle s'exerce sur tous ses biens, en vertu du principe qui affecte toutes les propriétés du débiteur au payement de ses dettes. L'action est *réelle* quand celui qu'on poursuit est principalement obligé, en sa qualité de détenteur d'une chose sur laquelle le créancier a un droit spécial ; elle s'exerce sur la chose même plus particulièrement que contre le débiteur. *(Com. Durieu, t. I, p. 86 et suiv.)* — V. Poursuites, nᵒˢ 2307 et suiv. ; Privilège du Trésor.

Pour ce qui concerne spécialement le recouvrement de la cote personnelle-mobilière, V. nᵒˢ 1285 et 2307.

Pour les amendes V. nᵒ 151.

1643. — En cas de renonciation à la succession, l'héritier présomptif est libéré ; la charge d'acquitter les contributions passe au curateur désigné pour gérer et liquider la succession vacante ; le percepteur peut exercer soit une action directe sur les biens par voie de saisie et de vente, soit une action contre le curateur lui-même s'il était détenteur de fonds, soit enfin s'adresser au receveur des finances

représentant la Caisse des dépôts et consignations, ainsi qu'il est énoncé au nᵒ 1345.

1644. — Lorsqu'une propriété a été vendue au tribunal par suite de la renonciation à la succession de la part des héritiers, le percepteur doit s'adresser, pour le payement des impôts, aux acquéreurs, chacun redevable au prorata de son acquisition ; la veuve qui, se trouvant créancière de son mari, aurait acquis pour se couvrir de ses droits une partie de la propriété ne pourrait, comme tout autre acquéreur, être poursuivie que pour sa quote-part.

1645. — Lorsque la mutation n'a pas été faite, le percepteur ne peut poursuivre, ainsi que le prescrivent les instructions (V. nᵒ 1155), le contribuable porté au rôle puisqu'il est décédé ; il ne peut également poursuivre les héritiers qui ont renoncé à la succession. Dans ce cas, il y a lieu de provoquer la mutation et, au besoin d'assigner les acquéreurs devant le conseil de préfecture pour arriver à ces fins et, par suite, se procurer un titre exécutoire.

Héritiers (Payement à faire à des). — V. Pièces justificatives, nᵒ 2234.

Heures d'ouverture des bureaux. — V. Bureaux des percepteurs.

Horloges publiques.

1646. — Les mandats de payement pour l'entretien des horloges doivent être appuyés des mémoires timbrés des réparations, certifiés par les ouvriers et visés par le maire.

Lorsque les budgets des communes allouent un crédit pour traitement du monteur de l'horloge, on justifie de la dépense comme pour les autres traitements payés par les communes. — V. Pièces justificatives, § 99.

Hospices et hôpitaux.

1647. — *Placement dans les hospices et hôpitaux des malades et incurables indigents des communes privées d'établissements hospitaliers.* — Les hospices et hôpitaux désignés par le conseil général, sur la proposition du préfet doivent recevoir les malades et incurables indigents des communes privées d'établissements hospitaliers, moyennant un prix de journée fixé par le préfet, d'accord avec la commission des hospices et hôpitaux ; en cas de dissidence, il appartient au préfet de statuer, même contrairement à l'avis des administrations charitables, de même qu'il est investi de ce droit pour la fixation du prix de journée des aliénés indigents placés dans les asiles publics en vertu des articles 25 et 26 de la loi du 30 juin 1838.

Les communes qui veulent profiter du bénéfice de cette disposition supportent la dépense nécessaire pour le traitement de leurs malades et incurables Toutefois, le département, dans les cas et les proportions déterminés par le conseil général, peut venir en aide aux communes dont les ressources sont insuffisantes. Le crédit voté par le conseil général est réparti par la commission départementale, selon les besoins qui se produisent. Les sommes destinées aux dépenses dont il s'agit sont centralisées à la caisse du trésorier général. — V. n° 51.

Dans le cas où les revenus d'un hospice ou hôpital le permettraient, les commissions administratives sont autorisées à admettre dans les lits vacants les malades ou incurables des communes, sans exiger de ces communes le prix de journée fixé comme il est dit plus haut.

L'administration des hospices et hôpitaux peut toujours exercer son recours, s'il y a lieu, contre les membres de la famille du malade, du vieillard ou de l'incurable, désignés par les articles 205 et 206 du Code civil. Les communes jouissent du même droit. (Inst. gén., art. 977 et 1068.) — V. PIÈCES JUSTIFICATIVES, § 193.

1648. — *Pensionnaires payants.* — Les administrations hospitalières peuvent admettre dans les établissements des *pensionnaires payants.* Le prix de la pension est fixé par une délibération spéciale de la commission administrative approuvée par le préfet.

C'est également par une délibération, et non sous forme de donation, qu'il convient de constater la cession à l'hospice d'un capital moyennant l'admission du cédant à titre de pensionnaire. (Inst. gén., art. 1069; Circ. compt. publ. 9 août 1904, § 4.)

1649. — Lorsqu'une commune ne possède pas d'hospices ou d'hôpitaux, ou que ceux qu'elle possède sont insuffisants, le conseil municipal peut traiter avec un établissement privé pour l'entretien des malades et des vieillards, après avoir consulté la commission des hospices et hôpitaux, laquelle est chargée de veiller à l'exécution du contrat passé avec l'établissement privé. Les traités de cette nature doivent être soumis à l'approbation du préfet. (Inst. gén., art. 1094.)

1650. — *Sommes dues par les communes pour les dépenses des malades, etc.* — Les sommes dues pour les dépenses des malades, vieillards et incurables indigents que les communes sont autorisées à placer dans les hospices et hôpitaux du département ou dans des établissements privés, sont, ainsi que celles dont il serait fait don pour cet objet, centrali-

sées au compte des cotisations municipales et particulières. Elles font l'objet d'états de recouvrement arrêtés et remis aux trésoriers généraux par les préfets, qui mandatent sur la caisse de ces comptables les sommes revenant aux établissements hospitaliers. (Inst. gén., art. 821 et 995; Circ. compt. publ. 25 novembre 1872, § 4.) — V. COTISATIONS MUNICIPALES, PIÈCES JUSTIFICATIVES, § 118, ASSISTANCE MÉDICALE GRATUITE.

Dépôts d'argent et d'objets précieux faits par les personnes admises dans les hôpitaux et hospices. — V. n°s 1366 et suiv.

Legs faits aux hospices. — V. n°s 786 et suiv.

Journées de militaires traités dans les hospices. — V. n° 1149.

Prix de vente des objets fabriqués dans les hospices. — *Biens appartenant aux malades et aux enfants assistés décédés,* — V. n° 4990.

Revenus des hospices. — V. n° 2790.

1651. — *Comptabilité.* — Les règles de la comptabilité des communes s'appliquent aux établissements de bienfaisance, en ce qui concerne la durée et la division des exercices, la spécialité et la clôture des crédits, la perception des revenus, l'ordonnancement et le payement des dépenses, et, par suite, la formation des budgets ainsi que le mode d'écritures et de comptes. (Inst. gén., art. 1046.) — V. BUREAUX DE BIENFAISANCE.

1652. — *Timbre.* — Les quittances délivrées par les receveurs des établissements de bienfaisance pour frais de séjour des indigents, aliénés et enfants assistés, sont exemptes du timbre de 25 centimes; mais les quittances des pensions payées par les familles des personnes non indigentes sont sujettes au timbre de 25 centimes. (L. 13 brumaire an VII, art. 16; Circ. compt. publ. 14 avril 1877, § 3; Inst. enreg. 23 juin 1877.)

1652 bis. — Les quittances de frais d'hospitalisation d'ouvriers victimes d'accidents du travail, délivrées aux compagnies d'assurances par les receveurs d'hospices, bénéficient de l'exonération du droit de timbre prévue par l'article 29 de la loi du 9 avril 1898, à condition que les quittances fournissent par elles-mêmes la preuve qu'elles sont relatives à l'exécution de la loi précitée. (Circ. compt. publ. 19 mai 1903, § 5.)

1653. — Les mémoires produits par les médecins pour les soins qu'ils ont donnés, et par les pharmaciens pour les médicaments qu'ils ont fournis aux malades indigents, ainsi que les états produits par les hospices, asiles d'aliénés et dépôts de mendicité, pour le recouvrement des frais d'entretien des indigents à la charge des départements ou des communes, sont passibles du timbre de dimension. Mais les quittances sont exemptes du timbre de 10 centimes par application de l'article 16 de la loi du 13 brumaire an VII, comme quittances de secours payés à des indigents ou en leur nom ; l'exemption du timbre-quittance doit, en effet, profiter non seulement aux quittances de secours remis aux indigents eux-mêmes, mais encore à toute quittance qui constate le payement des sommes versées à des tiers pour venir spécialement en aide à des personnes dont l'indigence est certifiée, ou pour payer des dépenses faites à leur profit. La même distinction est à faire, en ce qui concerne le timbre, entre les mémoires et les quittances concernant les dépenses des enfants assistés. *(Circ. compt. publ. 26 déc. 1876 ; § 3 ; Inst. enreg. 23 juin 1877 ; Circ. compt. publ., 30 juin 1890, § 16 et 31 juillet 1903, § 2.)* — V. nᵒˢ 2835 et suiv.

Les dispositions qui précèdent comportent l'exception ci-après :

Lorsque l'asile d'aliénés est un établissement départemental, les décomptes produits à l'appui des opérations, soit en dépense, soit en recette, ne sont que des pièces d'ordre, établies uniquement pour la justification des comptes, et sont, dès lors, exempts du timbre. L'exemption du timbre serait également justifiée si, au lieu d'un asile d'aliénés, il s'agissait d'un dépôt de mendicité appartenant au département.

Mais l'immunité d'impôt ne s'applique pas à l'état rédigé pour recouvrer, sur les communes ou sur les départements *autres* que celui dont l'établissement relève, les sommes dont ils sont débiteurs. De même, les extraits de cet état, destinés à être remis aux communes ou départements à l'appui de la dépense, constituent de véritables mémoires sujets au timbre en vertu de l'article 12 de la loi du 13 brumaire an VII. *(Circ. compt. publ. 17 juillet 1897, § 4.)*

1654. — Le timbre des mémoires ou factures est à la charge des fournisseurs. Il en est ainsi pour les états de frais et décomptes produits par les hospices ; le timbre doit être supporté par les établissements hospitaliers et non par les départements ou les communes. *(Avis Cons. d'Ét. 23 janvier 1894 ; Circ. compt. publ. 12 mai 1894, § 5.)* — V. nᵒ 3003.

En ce qui concerne les dépenses relatives à l'assistance médicale gratuite, V. Pièces justificatives, § 239.

1655. — *Sommes dues aux hospices par des pensionnaires de l'État décédés.* — Les établissements hospitaliers qui se prétendent créanciers pour frais de séjour et de traitement ou pour frais funéraires de pensionnaires de l'État décédés, doivent adresser au ministre des Finances une demande de payement, à leur profit, des arrérages restant dus sur la pension. Cette demande est transmise au service du contentieux, par l'intermédiaire du trésorier général, qui présente ses observations et donne son avis ; elle doit être appuyée des pièces suivantes :

1ᵒ Expédition de l'acte de décès du pensionnaire ;

2ᵒ Décompte ou état récapitulatif dûment certifié des sommes dues, faisant ressortir la nature et l'objet de la créance ;

3ᵒ Déclaration signée par la commission administrative de l'établissement ou par l'autorité qui en tient lieu, se portant fort contre les effets de toutes revendications ultérieures qui viendraient à se produire au sujet de la régularité du payement, avec engagement de reverser au trésorier général, à première réquisition, la somme dont la dépense serait critiquée par les héritiers du défunt ou rejetée des décomptes des comptables comme insuffisamment justifiée sous toutes réserves pour l'établissement de faire valoir ensuite ses droits dans la forme légale.

Si le ministre, après examen de la demande, donne l'autorisation nécessaire, une copie certifiée de la décision ministérielle est transmise au trésorier général qui la fournit, avec les trois pièces indiquées ci-dessus et la quittance à souche du receveur de l'établissement, à l'appui du payement du décompte d'arrérages. *(Circ. compt. publ. 14 janvier 1887, § 1ᵉʳ.)*

1655 bis. — *Sommes dues aux hospices par des particuliers chez qui des enfants assistés en âge de travailler sont placés.* — En matière de recouvrement de deniers pupillaires, les poursuites ne peuvent être faites en vertu d'un état rendu exécutoire par le sous-préfet. À défaut de titre authentique permettant de poursuivre le débiteur, il est indispensable d'obtenir contre lui un jugement ; mais, dans ce cas, il n'est pas besoin d'une autorisation préalable du conseil de préfecture. *(Sol. min. Fin. 21 juin 1898, et 4 mars 1899 ; Sol. minist. Int. 21 février 1899.)*

1656. — *Contrôle de la perception des droits sur les fournitures de boissons faites aux établissements publics.* — Les percepteurs-receveurs municipaux et les receveurs spéciaux des hospices et établissements de bienfaisance doivent établir, en fin de chaque trimestre, un relevé des fournitures de boissons faites pendant les trois derniers mois aux établissements dont ils acquittent les dépenses. Ces relevés sont transmis au receveur particulier des finances qui, après les avoir visés, les adresse immédiatement au trésorier général chargé de les remettre au directeur des contributions indirectes du département.

Les comptables ne sont obligés de transmettre les relevés que dans le cas exceptionnel où les établissements auraient fait, durant le trimestre écoulé, une dépense susceptible d'y être portée.

Au cas où des circonstances exceptionnelles l'exigeraient, un employé supérieur des contributions indirectes, dûment accrédité par le directeur départemental, peut compulser sur place, chez les comptables, les factures, mémoires ou autres pièces concernant les fournitures de boissons livrées aux établissements ci-dessus. *(Circ. compt. publ. 14 janv. 1887, § 9 et 15 déc. 1896, § 11.)*

Hospice des Quinze-Vingts. — V. n° 2550.

Huissiers.

1657. — Les huissiers sont tenus de payer d'office les contributions dues avant de procéder à la délivrance des deniers Les quittances des percepteurs *(pour les sommes légitimement payées)* leur sont allouées en compte. *(L. 18 août 1791 ; Inst. gén., art. 84.)* — V. Dépositaires et débiteurs de deniers.

Hypothèques. — V. Inscriptions hypothécaires.

I

Identité des parties prenantes. — V. Payement des dépenses des communes, n°s 2100 et suiv.; Payement pour le compte du trésorier-payeur général, n° 2128.

Immeubles (Produit des). — V. Aliénation d'immeubles, Meubles, Privilège du Trésor, n°s 2513 et suiv.

Immondices. — V. Boues et Immondices.

Impositions communales.

1658. — Les impositions communales se divisent en plusieurs catégories. Indépendamment des impositions pour insuffisance de revenus et des impositions extraordinaires, dont s'occupe principalement la loi du 7 avril 1902, les conseils municipaux peuvent voter :

1° Cinq centimes ordinaires *additionnels* aux contributions foncière et personnelle-mobilière, pour les dépenses générales de la commune;

2° Les centimes *spéciaux* autorisés par diverses lois en vue de certaines dépenses déterminées, savoir :

a) Cinq centimes pour les dépenses des chemins vicinaux de toute catégorie, en cas d'insuffisance des revenus ordinaires de la commune *(Loi du 21 mai 1836, art. 2)*;

b) Trois centimes extraordinaires affectés par la loi du 24 juillet 1867 aux chemins vicinaux ordinaires et maintenus par la loi du 5 avril 1884, puis par la loi du 7 avril 1902 *(art. 141, § 2)*;

c) Trois centimes extraordinaires destinés aux dépenses des chemins ruraux *(Lois des 20 août 1881 et 7 avril 1902, art. 141, § 2)*;

d) Les centimes extraordinaires applicables au salaire des gardes-champêtres et dont le nombre n'est limité que par le chiffre de la

dépense correspondante, mais qui ne peuvent être perçus qu'en cas d'insuffisance des revenus ordinaires des budgets *(Décret du 23 fructidor an XIII et loi du 31 juillet 1867, art. 16)*;

e) Trois centimes extraordinaires autorisés par la loi du 21 décembre 1882 en cas d'insuffisance des ressources ordinaires, pour secours aux familles nécessiteuses des soldats de la réserve et de l'armée territoriale;

f) Les centimes nécessaires pour faire face aux dépenses de l'assistance médicale en cas d'insuffisance des revenus ordinaires et des ressources spéciales *(Loi du 15 juillet 1893, art. 27)*;

g) Cinq centimes pour les dépenses des syndicats de communes *(Loi du 22 mars 1890, art. 177)*;

h) Cinq centimes additionnels à la contribution foncière des propriétés non bâties, pour les frais de conservation et de renouvellement du cadastre *(Loi du 17 mars 1898, art. 2).* *(Circ. min. Int. aux préfets, 31 mai 1902.)*

1659. — Les modifications apportées à la loi du 5 avril 1884 par la loi du 7 avril 1902 se trouvent indiquées au mot *Emprunts* n°s 1420 et 1421. — Voir aussi, au besoin, les explications données par la circulaire du Ministre de l'Intérieur aux préfets en date du 31 mai 1902.

1660. — Les centimes communaux *ordinaires* portent sur les contributions *foncière* et *personnelle-mobilière*, toutes les autres impositions communales sont établies additionnellement aux *quatre contributions directes.* *(Loi de finances de l'exercice 1868, art. 16.)*

Les centimes additionnels imposés dans plusieurs localités pour subvenir aux *frais des bourses et chambres de commerce* ne portent que sur *quelques classes de patentables.* *(Inst. gén., art. 15 modifié ; L. 15 juillet 1880, art. 38.)*

1661 à 1664. — *Impositions extraordinaires et emprunts.* — V. ci-dessus n° 1658, et au mot *Emprunts* n°s 1420 et 1421.

Pour les *impositions d'office*, V. BUDGETS, n°s 740 et suiv.

1665. — Les forêts et les bois de l'État acquittent les centimes additionnels *ordinaires et extraordinaires* affectés aux dépenses des communes, dans la même proportion que les propriétés privées. (*L. 5 avril 1884, art. 144.*)

1666. — Toutes les impositions communales doivent être comprises dans les rôles primitifs. Lorsqu'une imposition n'a pu être autorisée avant la confection des rôles primitifs de l'année pour laquelle cette imposition a été votée, l'imposition est ajournée à l'année suivante, à moins d'une nécessité absolue, auquel cas ces impositions font l'objet de rôles spéciaux. (*Inst. gén., art. 51.*) — V. RÔLES.

1667. — Les décisions qui autorisent les impositions doivent, à peine de nullité, précéder l'émission des rôles ; l'autorisation accordée postérieurement ne saurait avoir pour effet de lui donner rétroactivement la base légale qui manquait. (*Arr. Cons. d'Ét. 16 avril 1886.*)

1668. — *Recouvrement des impositions.* — Le produit des *impositions communales* et le produit des *huit centimes par franc attribués aux communes sur le principal des patentes* sont alloués aux communes dans la proportion des recouvrements effectués sur les contributions, sauf le cas prévu ci-dessous, n° 1672.

Ces produits sont mis tous les mois, ou au moins tous les trois mois, à la disposition des communes.

A cet effet, chaque percepteur, après avoir fait le calcul approximatif et sauf liquidation définitive à la recette des finances, en retient le montant sur ses recettes pour l'appliquer lui-même aux dépenses des communes, s'il réunit à ses fonctions celles de receveur municipal; dans le cas contraire, il donne avis au receveur spécial de la commune des époques auxquelles il fait ses versements à la recette des finances, afin que ce receveur puisse s'y transporter pour toucher le produit de la liquidation et en délivrer une quittance à souche. (*Inst. gén., art. 119, 199 et 203.*)

L'allocation afférente au premier trimestre d'un exercice ne doit pas coïncider avec celle qui se rapporte au solde de l'exercice précédent. (*Circ. compt. publ. 10 juillet 1891, § 3.*)

1669. — Le calcul des sommes à allouer est fait *cumulativement* pour les communes dont un même percepteur gère les revenus ; au moyen de décomptes établis dans les bureaux des receveurs des finances et placés au dos des mandats (*Modèles n°s 28 à 33*); le nom des perceptions est désigné dans les décomptes, suivant les exemples figurés aux modèles, et les receveurs des finances doivent veiller à ce que les percepteurs se chargent exactement en recette, au compte de *chaque commune*, de la somme qui lui revient d'après la proportion des recouvrements *concernant cette commune*. (*Inst. gén., art. 199; Circ. compt. publ. 29 déc. 1866, § 3.*)

Les impositions pour frais de bourses et de chambres de commerce ne doivent pas être comprises dans les sommes qui servent de base aux liquidations faites au profit des communes. — V. n° 1567.

1670. — Tout payement aux communes sur le produit de leurs impositions locales et de leurs attributions exige la délivrance, par le receveur municipal, d'une quittance extraite de son journal à souche. En conséquence, les percepteurs-receveurs municipaux doivent apporter à la recette particulière leur livre à souche, toutes les fois qu'il y a lieu d'établir la liquidation de sommes à retenir par eux, sur leurs recettes, au profit des communes; lorsque les allocations ont été déterminées, les receveurs des finances en font faire recette, en leur présence, sur le journal à souche, et ils font détacher la quittance, qui leur est immédiatement remise. Il en est de même à l'égard des receveurs municipaux spéciaux, qui doivent aussi apporter leur livre à souche, lorsqu'ils viennent toucher les sommes revenant à la commune sur les contributions directes. (*Inst. gén., art. 200.*)

1671. — Les quittances délivrées pour chaque nature d'allocation doivent comprendre les sommes revenant à toutes les communes qui composent un même arrondissement de perception, sauf à présenter au dos la répartition des allocations *par commune*. (*Inst. gén., art. 201.*)

Ces quittances sont exemptes de timbre.

1672. — A l'époque du 31 mars de la deuxième année de chaque exercice, la totalité des sommes qui resteraient à allouer peut, par exception aux dispositions indiquées plus haut (n° 1668), être payée aux communes intéressées, pourvu que les restes à recouvrer sur les contributions de l'exercice ne s'élèvent pas à un douzième du montant des rôles. En conséquence, si la situation du recouvrement le permet, le trésorier général, pour l'arrondissement du chef-lieu, et les receveurs particuliers, pour leur arrondissement respectif, établissent, dans le courant du mois de mars, la situation des fonds restant à allouer aux communes sur les impositions et attributions communales de l'exercice expiré.

Dans le cas contraire, où la situation du recouvrement, ou tout autre motif, ne permettrait pas que la totalité des sommes revenant aux communes leur fût allouée à l'époque où doit avoir lieu la clôture de l'exercice dans la comptabilité municipale, les sommes non payées feraient alors partie des restes à recouvrer à reporter au budget communal de l'exercice courant, et la recette qui en serait faite ultérieurement devrait être appliquée au compte de ce dernier exercice par le receveur de la commune. *(Inst. gén., art. 202.)*

1673. — Sauf les exceptions mentionnées plus haut, il est expressément interdit aux receveurs des finances d'allouer aux communes au delà des sommes qui leur sont dues d'après la proportion des recouvrements. *(Inst. gén., art. 203.)*

Impôt direct. – **Impôt indirect.** — V. CONTRIBUTIONS ET REVENUS PUBLICS.

Impôt sur le revenu. — V. EMPRUNTS, nᵒˢ 1445 et suiv.

Impressions à la charge des communes (Frais d'). — V. COTISATIONS MUNICIPALES, DÉPENSES DES COMMUNES, FRAIS DE CONFECTION, PIÈCES JUSTIFICATIVES, § 78.

Imprimerie nationale.

1674. — Les trésoriers généraux des finances sont les seuls intermédiaires de l'Imprimerie nationale pour les fournitures qu'elle fait dans les départements. *(Inst. gén., art., 1150.)*

Imprimés de formules d'actes de poursuites. — V. POURSUITES, nᵒˢ 2426 et suiv.

Imprimés relatifs au service des percepteurs-receveurs municipaux.

1675. — *Fournitures.* — Tous les imprimés des registres et cadres en blanc qui sont nécessaires aux percepteurs-receveurs de communes et d'établissements publics, soit pour la tenue des écritures, soit pour la formation des comptes de gestion, doivent être établis sur des formules d'un modèle uniforme.

Les comptables ont la faculté d'adresser directement leurs commandes aux imprimeurs de leur choix, à la condition de se conformer strictement aux instructions qui peuvent leur être données par les receveurs des finances quant aux types et à la composition des modèles qui doivent être employés. A cet effet, toutes les commandes d'imprimés faites par les percepteurs aux imprimeurs choisis par eux doivent être au préalable communiquées au receveur des finances, qui les renvoie revêtues de son visa, et avec ses observations s'il y a lieu. *(Inst. gén., art. 1524 ; Circ. compt. publ. 29 mai 1888, § 1ᵉʳ ; Lettre commune nᵒ 74, de la Direction gén. compt. publ. 15 mai 1893.)*

1676. — Les percepteurs payent directement les imprimeurs, à moins, toutefois, que, conservant l'ancien ordre de choses, les receveurs des finances en aient avancé le prix et s'en fassent rembourser par les comptables. *(Inst. gén., art. 1525 ; Circ. compt. publ. 29 mai 1888, § 1ᵉʳ.)*

1677. — On ne doit apporter aucun changement dans la disposition ou le format des modèles prescrits par l'Instruction générale. Il est rappelé aux receveurs des finances que, lorsqu'ils croient utile d'introduire des modifications dans les imprimés en usage, ils doivent préalablement en remettre le projet à l'administration, qui les autorise s'il y a lieu. Les changements à opérer dans les modèles ne doivent être indiqués aux imprimeurs que par la Direction générale de la comptabilité publique. *(Circ. compt. publ 10 déc. 1864, § 6.)*
— V. ÉTATS ET ÉLÉMENTS DE COMPTES, FRANCHISE, nᵒ 1598.

1678. — *Frais d'imprimés.* — Tous les imprimés rentrent dans la masse des frais de bureau et sont soumis à la même règle. — V. RECEVEURS DES COMMUNES, nᵒˢ 2607 et suiv.

Ceux nécessaires aux percepteurs pour le payement des arrérages des rentes sont à la charge du trésorier général. *(Circ. compt. publ. 14 août 1867, § 6.)*

1679. — En cas de mutation des percepteurs-receveurs municipaux, ces comptables sont tenus de reprendre, au prix d'acquisition, tous les imprimés réglementaires de leur prédécesseur, susceptibles d'être utilisés.— Il en est de même pour les perforeuses. (V. nᵒ 2693 bis.)

Les receveurs des finances doivent, lors de la remise du service, s'assurer que ces dispositions ont été exécutées. *(Circ. compt. publ. 7 mai 1879, § 11.)*

Imputation de payement.

1680. — *Faculté donnée aux contribuables.* — Le débiteur de plusieurs dettes a le droit de déclarer, lorsqu'il paye, quelle dette il entend acquitter. *(C. civ., art. 1253; Com. Durieu, t. I, p. 128 et 437.)*

Toutes les cotes dues par le même contribuable peuvent être portées sur la même quittance, sauf l'exception énoncée au nᵒ 2552.

Il suit de ce qui précède que le contribuable qui vient effectuer un versement a le droit d'indiquer les cotes qu'il entend payer et le percepteur est tenu de se conformer aux indications de la partie versante, sauf à exercer des poursuites en temps utile pour obtenir le payement d'un article que le contribuable refuserait de solder ; dans ce dernier cas, il est bon d'avertir le contribuable de la situation où il se trouve et, au besoin, indiquer sur la dernière quittance un *nota* faisant connaître que des poursuites seront exercées pour tel article restant dû et dont on refuse le payement. — V. n° 2553 *bis.*

1681. — Lorsque le débiteur de diverses dettes a accepté une quittance par laquelle le créancier a imputé ce qu'il a reçu sur l'une de ses dettes spécialement, le débiteur ne peut plus demander l'imputation sur une dette différente, à moins qu'il n'y ait eu dol ou surprise de la part du créancier. (*C. civ.*, art. *1255.*)

1682. — Lorsque la quittance ne porte aucune imputation, le payement doit être imputé sur la dette que le débiteur avait pour lors le plus d'intérêt d'acquitter entre celles qui sont pareillement échues ; sinon, sur la dette échue, quoique moins onéreuse que celles qui ne le sont point. Si les dettes sont d'égale nature, l'imputation se fait sur la plus ancienne : toutes choses égales, elle se fait proportionnellement. (*C. civ.*, art. *1256* ; *Com. Durieu, t. I, p. 128 et suiv.*)

1683. — *Contestations. — Compétence.* — Les contestations relatives à l'imputation des payements sont de la compétence des tribunaux. (*Com. Durieu, t. I, p. 366, 395, et t. II, Jurisp., p. 107.*) — V. n°⁵ 2451 et suiv.

Incarcération. — V. AMENDES, n°⁵ 363 et suiv.

Incendies. — V. DÉCHARGES ET RÉDUCTIONS, SECOURS.

Incompatibilité, Cumul.

1684. — Il y a incompatibilité entre deux emplois, lorsque le titulaire de l'un d'eux est tenu d'exercer ou de concourir à exercer une surveillance médiate ou immédiate sur la gestion du titulaire de l'autre emploi.

En conséquence, les percepteurs-receveurs des communes et d'établissements de bienfaisance ne peuvent cumuler avec leurs fonctions celles de maire ou d'adjoint, ni de membres des conseils de préfecture, des conseils municipaux ou des commissions administratives des établissements de bienfaisance.

Il y a également incompatibilité entre l'emploi de percepteur-receveur de communes et d'établissements de bienfaisance et les fonctions de juge et de greffier des tribunaux et des justices de paix, de suppléant de juge, de notaire,

d'avocat, d'avoué, d'huissier, de commissaire-priseur, d'agent de change, de courtier, de secrétaire de mairie et de commission administrative, de commis de préfecture, de sous-préfecture, de trésorerie générale ou de recette particulière des finances, de receveur-buraliste des contributions indirectes et de débitant de tabac.

Les parents ou alliés, jusqu'au degré de cousin germain inclusivement, ne peuvent être chargés de fonctions dans lesquelles ils exerceraient ou concourraient à exercer l'un sur l'autre une surveillance médiate ou immédiate.

Les commissions syndicales pour les travaux d'art qu'exigent le desséchement des marais, la construction et l'entretien des digues, etc., sont autorisées à charger les percepteurs du recouvrement et de l'emploi des fonds destinés à ces travaux ; les comptables sont alors soumis aux dispositions des règlements qui régissent la comptabilité communale.

Les percepteurs ne peuvent être chargés d'aucune autre gestion comptable que les lois et règlements n'auraient pas rendue obligatoire pour eux, à moins que le receveur des finances n'y ait donné son consentement, après en avoir référé à la Direction générale de la comptabilité publique. Dans ce cas, le receveur des finances prescrit au percepteur le mode de comptabilité qu'il doit suivre, et prend toutes les mesures propres à mettre sa responsabilité à l'abri.

Les percepteurs ne peuvent non plus, sans qu'il en ait été référé au ministre, être appelés à prêter leur concours à des travaux qui ne leur seraient pas prescrits par les instructions.

Il est interdit aux percepteurs de cumuler avec leur emploi une profession, un commerce ou une industrie quelconque. Les receveurs municipaux spéciaux sont soumis à la même règle.

Enfin, les receveurs des communes et des établissements de bienfaisance ne peuvent se rendre adjudicataires des revenus qu'ils sont chargés de percevoir.

Les questions relatives aux incompatibilités doivent être déférées au ministre des Finances (*direction du personnel*). (*Inst. gén., art. 1273.*)

1685. — Il n'y a pas incompatibilité entre les fonctions de juré et celles de percepteur. (*Cour cass. 15 juin 1876.*)

Incurables. — V. n°⁵ 1647 et suiv.

Indemnité de logement aux curés et desservants ou autres ministres du culte. — V. DÉPENSES DES COMMUNES, PIÈCES JUSTIFICATIVES, § 110.

Indemnité de route aux voyageurs indigents et condamnés libérés. — V. FRAIS DE ROUTE.

Indemnités de route et de transport aux militaires, — V. n°⁸ 1633 et suiv.

Indemnités des sénateurs et des députés (Payement hors sessions des). — V. n° 2435.

Indemnité pour enrôlements volontaires. — V. n° 1467.

Indemnité pour occupation de terrain. — V. Pièces justificatives, §§ 152 et suiv.

Indigence (Certificats d'). — V. Cotes irrecouvrables, Comptes de gestion, Restes a recouvrer.

Indigents.

1686. — Les indigents ne sont pas imposables à la contribution personnelle et mobilière. (*L. 21 avril 1832, art. 12.*)

Malades indigents. — V. n°⁸ 1647 et suiv.

Secours aux indigents. — V. n°⁸ 2835 et suiv. Pièces justificatives, § 238.

Indivision. — V. Contribuable, Héritiers.

Ingénieurs des ponts et chaussées (Frais et honoraires dus aux). — V. n°⁸ 1587 et suiv.

Inhumations. — V. Concessions de terrains dans les cimetières, Pompes funèbres.

Injonctions. — V. Comptes de gestion, Forcements de recette.

Injures. — V. Outrage.

Inondés. — V. Décharges et réductions, Secours.

Inscriptions hypothécaires.

1687. — Les inscriptions au profit des communes et des établissements de bienfaisance sont prises à la diligence des receveurs ; les comptables doivent avoir soin de présenter en temps utile, au bureau du conservateur, les bordereaux nécessaires pour les inscriptions.—

V. Actes et mesures conservatoires, Legs et donations, n° 1763; Comptes de gestion, n°⁸ 980 et suiv., et 1055.

1688. — En cas de mutation de comptables, la responsabilité du receveur entrant se trouve engagée s'il a omis de prendre ou de faire renouveler une inscription hypothécaire dont il était encore temps à l'époque de sa prise de service. (*Arr. Cour des comptes, 16 février 1839.*)

La responsabilité du receveur entrant pourrait même se trouver engagée s'il était démontré que, lors de la remise de service, il n'a pas constaté la situation des inscriptions hypothécaires et donné avis aux administrations des inscriptions périmées.

1689. — Les questions soulevées par la répartition des responsabilités entre comptables sont de la compétence exclusive du juge du compte. (*Arr. Cour d'appel de Dijon, 22 juin 1888.*)

Il résulte d'un arrêt du Conseil d'État en date du 17 février 1854 que les receveurs des finances ne sont pas responsables du défaut, par les receveurs municipaux, du non-renouvellement des inscriptions hypothécaires.

1690. — Il y a lieu de prendre inscription sur les biens immeubles d'un adjudicataire dispensé de fournir un cautionnement en argent par suite des biens qu'il affecte en garantie de son adjudication. — V. Cautionnements.

L'inscription hypothécaire doit être prise lors même que la solvabilité des adjudicataires serait notoire.

1691. — L'hypothèque conventionnelle ne peut être consentie que par acte passé en forme authentique devant deux notaires ou devant un notaire et deux témoins. (*C. civ., art. 2127 ; Solut. min. Int. 1863, n° 12.*)

1692. — Les inscriptions conservent l'hypothèque et le privilège pendant dix années, à compter du jour de leur date ; leur effet cesse, si ces inscriptions n'ont pas été renouvelées avant l'expiration de ce délai. (*C. civ., art. 2154.*)

Les inscriptions du Crédit foncier sont dispensées du renouvellement décennal par l'article 47 du décret du 28 février 1852.

1693. — Le renouvellement d'une inscription hypothécaire, pour être valable, doit mentionner l'inscription renouvelée ; à défaut d'énonciation à cet égard, l'inscription en renouvellement n'a d'effet que comme inscription première et laisse tomber en péremption l'inscription dont le renouvellement était nécessaire. (*Arr. Cour cass. 16 fév. 1864 et 6 juill. 1881; Jug. Trib. civ. de Perpignan, 16 mars 1885.*)

1694 — *Mainlevée d'une hypothèque prise par une commune.* — L'ordonnance du 15 juillet 1840 portait que les délibérations des conseils municipaux ayant pour objet d'autoriser les maires à donner mainlevée des hypothèques inscrites au profit des communes, seraient exécutoires sur arrêtés du préfet en conseil de préfecture.

Cette ordonnance ayant été abrogée par l'article 168, n° 8, de la loi du 5 avril 1884, il suit que les délibérations de l'espèce tombent sous l'application de l'article 61, § 1er, et de l'article 68, dernier paragraphe de ladite loi. Elles sont donc exécutoires par elles-mêmes, sans approbation, un mois après le dépôt qui en a été fait à la préfecture ou à la sous-préfecture, sauf le droit, réservé au préfet, d'abréger ce délai par un arrêté.

D'après les dispositions qui précèdent et en vertu d'une décision du ministre de l'Intérieur en date du 23 janvier 1892, et d'un avis du Conseil d'État du 21 janvier 1896, la radiation d'une hypothèque prise au profit d'une commune peut avoir lieu sur la production d'une délibération du conseil municipal ordonnant la mainlevée d'hypothèque. Cette délibération remplit à cet égard les conditions prescrites par l'article 2158 du Code civil et dispense la commune de faire dresser un acte notarié. — Le conservateur des hypothèques peut seulement exiger qu'il lui soit justifié que la délibération est exécutoire par la production du récépissé constatant qu'elle a été transmise depuis plus d'un mois à la préfecture, ou que le préfet a abrégé le délai.

Les mainlevées d'hypothèques prises sur les biens des receveurs municipaux ne peuvent être données que par la Cour des comptes ou le conseil de préfecture, suivant la juridiction.

1694 bis. — Les établissements de bienfaisance ne peuvent consentir aucune radiation d'hypothèque qu'en vertu d'une décision du conseil de préfecture, prise sur une proposition formelle de l'Administration et l'avis du comité consultatif établi près de chaque arrondissement. Il en est ainsi alors même qu'il s'agit d'opérer une radiation après le payement de la dette. (*Avis Cons. d'État 21 janvier 1896.*)

1695. — *Inscription d'hypothèque judiciaire.* — Si le créancier d'une commune ne peut exécuter le jugement de condamnation qu'il a obtenu contre elle, par les voies judiciaires, et doit, pour se faire payer ce qui lui est dû, s'adresser à l'administration supérieure qui a seule le droit d'autoriser le payement des dettes des communes, cette règle ne fait pas obstacle à ce qu'il fasse inscrire sur les immeubles, dépendant du domaine privé de la commune, l'hypothèque dérivant du jugement qu'il a obtenu contre elle.

Cette inscription, en effet, n'a pour objet que de conserver les droits du créancier au regard des tiers acquéreurs ou des autres créanciers, et ne saurait avoir vis-à-vis de la commune le caractère d'un acte d'exécution la mettant dans la nécessité de payer en dehors de la règle ci-dessus rappelée. (*Arr. Cour cass. 18 déc. 1893.*) — V. en sens contraire *Jug. Trib. civ. de la Seine 7 février 1895.*

Inscriptions relatives aux amendes. — V. n°s 246 et suiv.

Insolvabilité. — V. ABSENCE DES REDEVABLES, COTES IRRECOUVRABLES, POURSUITES.

Inspecteurs des contributions directes. — V. FRANCHISE, MUTATIONS FONCIÈRES.

Inspecteurs des écoles primaires. — V. FRANCHISE, n° 1606.

Inspecteurs des finances. — V. VÉRIFICATION DE CAISSE, n° 3090.

Installation des percepteurs-receveurs de communes et d'établissements de bienfaisance.

1696. — Pour être installés dans leurs fonctions, les nouveaux percepteurs-receveurs de communes ou d'établissements de bienfaisance doivent justifier de la réalisation de leurs cautionnements, et prêter serment devant le préfet ou le sous-préfet.

Il est fait mention expresse, dans le procès-verbal d'installation, des justifications produites pour la réalisation des cautionnements.

L'acte de prestation de serment est soumis aux droits d'enregistrement. (*Inst. gén., art. 1234; Circ. compt. publ. 10 octobre 1868,§ 2; L. 28 avril 1893, art. 26.*)

1697. — Les percepteurs qui sont nommés à d'autres perceptions ne sont pas tenus de prêter un nouveau serment ; ils doivent seulement justifier qu'ils ont précédemment rempli cette formalité. (*Circ. compt. publ. 16 décembre 1863, § 20, et 21 juin 1898, § 6.*)

Ils peuvent aussi être dispensés, par le receveur des finances de l'arrondissement, du versement d'un nouveau cautionnement, *sur la production des pièces énoncées au n° 889.* (*Inst. gén., art. 1235.*)

1698. — Après avoir rempli ces formalités, les nouveaux titulaires reçoivent leur commission, et se présentent immédiatement devant le receveur des finances de l'arrondissement dans lequel ils doivent exercer leurs fonctions. Il est procédé alors à la *remise du service* et à *l'installation.*

Les commissions des percepteurs et celles des receveurs spéciaux des communes sont sujettes au timbre de dimension ; les receveurs des finances, en remettant le service aux comptables doivent exiger que cette formalité soit immédiatement remplie, et qu'il leur en soit justifié. Les commissions peuvent être visées pour timbre dans les chefs-lieux de canton. (*Inst. gén., art. 1236.*)

1699. — Tout percepteur est tenu, sous peine de déchéance, de prendre possession de son emploi dans le délai d'un mois, à compter du jour où sa nomination lui a été notifiée, et à l'époque fixée par le receveur des finances. Le comptable qui se trouverait empêché de se rendre à son poste avant l'expiration de ce délai devrait constituer un fondé de pouvoir auquel le service serait remis sur la production du récépissé constatant le versement du cautionnement et des autres justifications indiquées ci-dessus. Le fondé de pouvoir gère pour le compte et sous la responsabilité du titulaire. L'installation une fois opérée, celui-ci doit solliciter un congé conformément aux dispositions des articles 1252 et suivants de l'Instruction générale. Si, dans le mois de la nomination, le nouveau titulaire, ou son fondé de pouvoir, ne s'est pas présenté pour se faire installer, muni des pièces exigées, le service est remis, s'il ne l'a déjà été, à un gérant intérimaire, et il est immédiatement rendu compte de cette circonstance au ministre.

Le percepteur qui, dans le cas spécifié, est embarrassé pour le choix d'un fondé de pouvoir, peut transmettre au receveur de l'arrondissement une procuration en blanc, avec prière de la remplir du nom d'un percepteur surnuméraire ou d'un employé de la recette particulière. Quant à la prestation de serment, il suffit que le cas spécifié fournisse la preuve que cette formalité a été précédemment remplie.

Ces dispositions ne s'appliquent qu'aux percepteurs déjà en fonctions et aux percepteurs surnuméraires. Quant aux titulaires de perception récemment nommés, s'ils ne se présentent pas personnellement au jour indiqué pour l'installation, le service est confié à un gérant intérimaire. (*Inst. gén., art. 1237.*)

1700. — Aussitôt après l'installation d'un percepteur dans ses nouvelles fonctions, le receveur des finances lui fait remplir de sa main, en deux expéditions, une *feuille d'installation* conforme au *Modèle n° 250.* L'une de ces expéditions est envoyée à la direction du personnel, l'autre à la direction générale de la comptabilité publique, avec l'extrait du procès-verbal de remise du service. (*Inst. gén., art. 1213.*)

1701. — En ce qui concerne les mutations de receveurs spéciaux de communes et d'établissements de bienfaisance, l'installation est faite par le maire ; mais le receveur des finances doit concourir à la prise du service, pour prescrire ou provoquer toutes les mesures que l'ordre de la comptabilité rendrait nécessaires.

S'il est nommé un gérant intérimaire, l'installation a lieu de la même manière. (*Inst. gén., art. 1347.*)

1702. — Les receveurs justiciables de la Cour des comptes doivent, aussitôt après leur installation, adresser au procureur général près cette Cour des copies certifiées par le maire et visées par le préfet ou le sous-préfet, de l'arrêté ou du décret de leur nomination, du certificat d'inscription, de leur cautionnement, de l'acte de prestation de leur serment et du procès-verbal de leur installation. (*Inst. gén., art. 1552.*) — V CAUTIONNEMENTS, GÉRANT INTÉRIMAIRE, MUTATIONS DE PERCEPTEURS-RECEVEURS.

Instruction primaire.

1703. — *Dépenses ordinaires de l'enseignement public.* — Les dépenses ordinaires de l'enseignement primaire public sont à la charge de l'État, des départements et des communes, selon les règles édictées par la présente loi. (*L. 19 juillet 1889, art. 1er.*)

Sont à la charge de l'État :

1° Les traitements du personnel des écoles élémentaires créées conformément aux articles 13 et 15 de la loi organique du 30 octobre 1886 ;

2° Les traitements du personnel des écoles primaires supérieures et des écoles manuelles d'apprentissage créées conformément aux articles 13 et 28 de la loi organique ;

3° Les suppléments de traitement prévus aux articles 8 et 9.

4° Les traitements du personnel des écoles normales ;

5° Les traitements du personnel de l'administration et de l'inspection ;

6° Les frais de tournées et de déplacement des fonctionnaires de l'inspection ;

7° Les frais d'entretien des élèves dans les écoles normales et, en général, les dépenses de ces écoles non prévues à l'article suivant ;

8° L'allocation afférente à la médaille d'argent prévue à l'article 45 de la présente loi. (*L. 19 juillet 1889, art. 2.*)

1704. — Sont à la charge des départements :

1° L'indemnité prévue à l'article 23 ;

2° L'entretien et, s'il y a lieu, la location des bâtiments des écoles normales ;

3° L'entretien et le renouvellement du mobilier de ces écoles et du matériel d'enseignement ;

4° Le loyer et l'entretien du local et du mobilier destinés au service départemental de l'instruction publique ;

5° Les frais de bureau de l'inspecteur d'académie ;

6° Les imprimés à l'usage des délégations cantonales et de l'administration académique ;

7° Les allocations aux chefs d'atelier, contre-maîtres et ouvriers chargés par les départements de l'enseignement agricole, commercial ou industriel, dans les écoles primaires de tout ordre et dans les écoles régies par la loi du 11 décembre 1880. (L. 19 juillet 1889, art. 3.)

1705. — Sont à la charge des communes :

1° L'indemnité de résidence prévue à l'article 12.

2° L'entretien et, s'il y a lieu, la location des bâtiments des écoles primaires, le logement des maîtres ou les indemnités représentatives ;

3° Les frais de chauffage et d'éclairage des classes dans les écoles primaires ;

4° La rémunération des gens de service dans les écoles enfantines, et si le conseil municipal décide qu'il y a lieu, dans les autres écoles primaires publiques ;

5° L'acquisition, l'entretien et le renouvellement du mobilier scolaire et du matériel d'enseignement ;

6° Les registres et imprimés à l'usage des écoles ;

7° Les allocations aux chefs d'atelier, contre-maîtres et ouvriers chargés par les communes de l'enseignement agricole, commercial ou industriel, dans les écoles primaires de tout ordre et dans les écoles régies par la loi du 11 décembre 1880. (L. 19 juillet 1889, art. 4.)

1706. — Le premier paragraphe de l'article 2 ci-dessus concerne les traitements du personnel des écoles élémentaires, et des classes enfantines. Malgré la généralité de ces termes, il ne comprend pas cependant les dépenses des écoles spéciales de filles dans les communes de moins de 400 habitants, ni celles des écoles enfantines dans les communes qui n'ont pas à la fois 2,000 habitants et 1,200 âmes de population agglomérée. C'est ce qu'indique le texte en se référant aux articles 13 et 15 de la loi du 30 octobre 1886. Les traitements dont il s'agit continuent donc à être une dépense communale ; ils ne doivent pas d'ailleurs subir les augmentations prévues par la loi nouvelle. Il appartient seulement aux conseils municipaux d'apprécier si, en présence des améliorations apportées aux autres traitements, il ne conviendrait pas d'améliorer également la situation des institutrices rétribuées sur le budget communal.

L'État ne prend, au surplus, à sa charge que les traitements des instituteurs et institutrices chargés de l'enseignement général. Mais il n'a pas à supporter les traitements des maîtres spéciaux chargés, dans quelques villes, de l'enseignement du chant, du dessin, de la gymnastique, etc. Ces dépenses, purement facultatives, sont, comme par le passé, supportées par les municipalités.

L'article 4 de la loi du 19 juillet 1889 énumère les dépenses qui, dans la nouvelle organisation, incombent aux communes. Mais l'énumération ne comprend que les dépenses obligatoires. Il faut y ajouter, ainsi qu'on vient de le voir, les dépenses des écoles élémentaires, dont l'établissement ou le maintien est facultatif pour les municipalités et les dépenses purement facultatives des autres écoles élémentaires, savoir :

1° Les traitements des institutrices des écoles de filles dans les communes de moins de 400 âmes ;

2° Ceux ayant trait aux classes enfantines ;

3° Ceux des maîtres chargés d'enseignements spéciaux (chant, dessin, gymnastique, etc.) dans les écoles élémentaires ;

4° Les suppléments de traitements facultatifs accordés par les communes depuis la loi du 16 juin 1881.

À plus forte raison, le budget communal continue à supporter les dépenses accessoires votées spontanément par certaines municipalités, telles que les indemnités pour études surveillées, les indemnités pour cours d'adultes, les fournitures scolaires, les achats de livres de prix, etc. (Circ. min. Int. 31 juillet 1889 ; Loi de finances de 1905.)

1707. — *Classement et traitements des instituteurs et institutrices.* — Les instituteurs et institutrices des écoles primaires élémentaires sont répartis en stagiaires et titulaires.

La classe est attachée à la personne ; elle peut être attribuée sans déplacement et reste acquise au fonctionnaire, en cas de passage d'un département dans un autre. (L. 19 juill. 1889, art. 6, modifié par la loi du 25 juillet 1893 ; Loi de finances de 1905.)

1708. — Le traitement des instituteurs et institutrices de chaque classe est fixé ainsi qu'il suit :

INSTITUTEURS

5ᵉ classe	F. 1,200
4ᵉ classe	1,500
3ᵉ classe	1,800
2ᵉ classe	2,000
1ʳᵉ classe	2,200

INSTITUTRICES

5ᵉ classe	F. 1,200
4ᵉ classe	1,500
3ᵉ classe	1,600
2ᵉ classe	1,800
1ʳᵉ classe	2,000

(Loi de finances de 1905.)

1709. — Les titulaires chargés de la direction d'une école comprenant plus de deux classes, reçoivent à ce titre un supplément de traitement de 200 fr. Ce supplément est porté à 400 fr. si l'école comprend plus de quatre classes. (*L. 19 juill. 1889, art. 8.*)

1710. — Dans les écoles qui comprennent une classe d'enseignement primaire supérieur, dite cours complémentaire, le maître chargé de ce cours reçoit un supplément de traitement de 200 fr. (*L. 19 juill. 1889, art. 9.*)

Indépendamment du traitement fixé aux articles précédents, les instituteurs et les institutrices titulaires ont droit :

1° Au logement ou à l'indemnité représentative fixée par arrêtés préfectoraux ;

2° A une indemnité de résidence dans les cas prévus à l'article 12.

L'indemnité de résidence n'est pas soumise à retenue. (*L. 19 juill. 1889, art. 10.*)

1711. — Les instituteurs et institutrices *stagiaires* reçoivent un traitement de 1100 fr. et l'indemnité de résidence dans les conditions déterminées à l'article 12.

Ils ont droit au logement ou à l'indemnité représentative.

Ils forment une classe unique. (*L. 19 juillet 1889, art. 11, modifié par la loi de finances de 1905.*)

1712. — *Indemnité de résidence ou de logement.* — L'indemnité annuelle représentative de logement attribuée aux instituteurs et institutrices titulaires et stagiaires dans une école primaire élémentaire est fixée conformément aux taux indiqués ci-après :

Communes		
de moins de 1,000 hab.	de 75 à 125 fr.
— de 1,001 à 3,000	— de 100 à 150 fr.
— de 3,001 à 9,000	— de 125 à 175 fr.
— de 9,001 à 12,000	— de 150 à 200 fr.
— de 12,001 à 18,000	— de 175 à 225 fr.
— de 18,001 à 36,000	— de 200 à 250 fr.
— de 36,001 à 60,000	— de 225 à 275 fr.
— de 60,001 à 100 000	— de 250 à 300 fr.
— de 100 001 habitants et au-dessus	de 300 à 400 fr.
Paris	de 600 à 700 fr.
Communes du département de la Seine	de 200 à 400 fr.
Communes d'Algérie, en ce qui concerne les écoles destinées aux Européens	de 200 à 300 fr.

(*Décr. 20 juill. 1894, art. 1er.*)

1713. — Les chiffres minima et maxima fixés ci-dessus sont augmentés d'un cinquième pour les maîtres et maîtresses désignés aux articles 8, 9, 14 et 15 de la loi du 18 juillet 1889, et d'un quart pour les instituteurs mariés ou veufs avec enfants et les instituteurs ou institutrices divorcés avec un ou plusieurs enfants à leur charge. (*Décr. 20 juill. 1894, art. 2.*)

1714. — Le chiffre de l'indemnité prévue aux articles précédents est arrêté, pour chaque école et pour chaque maître ou maîtresse, par le préfet, dans les limites fixées par ces articles, après avis du conseil. municipal et de l'inspecteur d'académie.

Il ne peut être modifié que dans la même forme.

Dans le cas où un maître ou une maîtresse déclare être dans l'impossibilité de se loger convenablement moyennant l'indemnité réglementaire, le préfet fixe, sur le rapport de l'inspecteur d'académie et après avis du conseil municipal, le montant de l'indemnité complémentaire. (*Décr. 29 juill. 1894, art. 3.*)

1715. — Les articles 13, 14, 15. 16. 17, 18, 19, 20, 21, 22 et 23, concernent les directeurs, directrices, instituteurs adjoints, institutrices adjointes des écoles primaires supérieures et les inspecteurs primaires.

Pour le personnel mentionné aux articles 7, 8 et 9, l'avancement a lieu par classe et par département, au fur et à mesure des vacances dans chacune des classes, et dans les conditions déterminées par les articles 6 et 50.

Les promotions aux 4e et 3e classes ont lieu, pour les trois quarts, à l'ancienneté et, pour un quart, au choix ; les promotions à la 2e classe, moitié à l'ancienneté, moitié au choix ; à la 1re classe, exclusivement au choix.

Peuvent seuls être admis dans la première classe les maîtres pourvus du brevet supérieur et ayant passé trois années au moins dans la classe précédente. (*L. 19 juillet 1889, art. 24, modifié par la loi du 25 juill. 1893 ; Loi de finances de 1905.*)

1716. — Les instituteurs et institutrices des écoles primaires élémentaires qui ont obtenu la médaille d'argent reçoivent une allocation annuelle et viagère, non soumise à retenue, de 100 francs. (*L. 19 juill. 1889, art. 45.*)

1717. — Dans les écoles mixtes provisoirement dirigées par des instituteurs, conformément à l'article 6, paragraphe 3 de la loi du 30 octobre 1886, il est alloué aux maîtresses chargées de l'enseignement de la couture une indemnité payée sur les fonds de la commune. Cette indemnité n'est pas soumise à retenue. (*L. 19 juill. 1889, art. 46, modifié par la loi du 25 juillet 1893.*)

1718. — *Payement des traitements des instituteurs et des institutrices.* — Le payement des traitements des instituteurs et institutrices est imputé au compte du budget du ministère de l'instruction publique, et le payement de ces dépenses se trouve assujetti à toutes les règles de la comptabilité applicables aux autres dépenses publiques.

Les mandats sont délivrés mensuellement par le préfet ; puis, après avoir été revêtus du *Vu bon à payer* du trésorier-payeur général, ils sont transmis aux parties intéressées.

Les mandats sont délivrés et quittancés pour la somme brute, et il est fait recette, d'après les règles ordinaires, des retenues exercées pour le service des pensions civiles. Ces retenues sont précomptées par les trésoriers généraux sur les mandats de traitements. Les comptables qui acquittent les mandats n'ont simplement qu'à tenir compte aux parties de la *somme nette à payer*.

L'allocation de 100 francs, afférente à la médaille d'argent, est payable par trimestre et n'est pas soumise aux retenues pour pensions civiles.

Les suppléments de traitements facultatifs, et indemnités pour études surveillées, que les communes peuvent allouer aux instituteurs, sont naturellement à la charge de ces communes et doivent être ordonnancés par les maires. (*Circ. compt. publ. 29 mai 1890, §§ 1, 2, 5, 6 et 7.*)

1719. — *Payement des indemnités de résidence.* — Les indemnités de résidence à la charge des communes sont payées mensuellement par les receveurs municipaux, après mandatement du maire. Les indemnités de 200 francs et au-dessous sont payables seulement par trimestre.

Ces indemnités ne sont pas soumises aux retenues pour pensions civiles. (*Circ. compt. publ. 21 mars 1892.*) — V. Pièces justificatives, § 402 ; Retenues, n° 2781.

1720. — *Dépenses.* — *Des voies et moyens.* — Il est pourvu aux dépenses incombant à l'État en vertu de l'article 2, au moyen de crédits annuels inscrits au budget du ministère de l'Instruction publique.

Il est pourvu aux dépenses incombant aux départements et aux communes au moyen de crédits ouverts annuellement à leurs budgets à titre de dépenses obligatoires, dans les conditions prévues par les paragraphes 1 et 2 de l'article 61 de la loi du 10 août 1871 et par l'article 149 de la loi du 5 avril 1884. (*L. 19 juillet 1889, art. 26.*)

1721. — Depuis le 1er janvier 1890, il est perçu 8 centimes additionnels généraux, portant sur les quatre contributions directes, et dont le produit est inscrit au budget de l'État.

Depuis la même date, il est perçu, en addition au principal des quatre contributions directes, 12 centièmes de centime, représentant les frais de perception des 4 centimes antérieurement perçus au profit des communes.

Le produit des 8 centimes 12 centièmes, prévu aux paragraphes précédents, supporte les centimes spéciaux, pour fonds de dégrèvement et de non-valeurs, suivant les taux afférents à chaque contribution. (*L. 19 juill. 1889, art. 27.*)

1722. — Les 4 centimes communaux et les 4 centimes départementaux affectés aux dépenses obligatoires de l'enseignement primaire

par les lois des 10 avril 1867, 19 juillet 1875 et 16 juin 1881 sont supprimés.

Est également supprimé le prélèvement du cinquième institué par la loi du 16 juin 1881. (*L. 19 juillet 1889, art. 28 ; Circ. compt. publ. 29 mai 1890, § 9.*)

1723. — Les dépenses de l'instruction primaire qui demeurent à la charge des communes sont couvertes par les ressources propres des budgets locaux, comme toutes les autres dépenses municipales et, en cas d'insuffisance de ces ressources, à l'aide de l'imposition générale pour insuffisance de revenus. (*Circ. min. Int. 31 juillet 1889.*)

Dépenses obligatoires pour les communes relatives à l'instruction primaire. — V. ci-dessus, n° 1705 ; Maisons d'école.

Oppositions sur le traitement des instituteurs. — Ces oppositions doivent être signifiées aux trésoriers généraux. — V. n° 2826.

Droit d'examen pour les brevets de capacité. — V. n° 1468.

Instructions, règlements et correspondance à remettre au nouveau titulaire. — V. Circulaires, n° 949 ; Correspondance, n° 1196.

Intérêts.

1724. — Aux termes de l'article 586 du Code civil, les fruits civils s'acquièrent jour par jour ; le calcul des intérêts à l'occasion des ventes, échanges et acquisitions par les communes et établissements doit donc être fait conformément au calendrier grégorien, en comptant le nombre réel de jours écoulés, et non d'après une année de 360 jours. (*Circ. min. Int. 1er sept. 1865 ; Arr. des compt. 5 juillet 1892, 26 oct. 1898 et 16 déc. 1902.*)

1724 bis. — En cas de vente d'immeubles communaux, lorsque l'acquéreur se libère par payements fractionnés, les versements partiels doivent s'imputer d'abord et de préférence sur les intérêts conformément à la règle posée par l'article 1254 du Code civil. (*Arr. Cour des compt. 22 mai 1900.*)

1725. — L'exigibilité des intérêts se prescrit par cinq ans (*C. civ., art. 2277*). — Les receveurs municipaux ne peuvent en payer au delà de ce laps de temps sans une délibération du conseil municipal, dûment approuvée par le préfet. (*Jurisp.*)

1726. — En principe, les intérêts ne sont dus que lorsqu'ils ont été stipulés par un contrat ou par un payement statuant à la fois sur leur attribution et sur leur point de départ.

En dehors de ce cas, les receveurs municipaux doivent exiger une délibération du conseil municipal, dûment approuvée par le préfet, lorsqu'un créancier d'une commune réclame une indemnité ou des intérêts pour un retard de payement non justifié.

Taux de l'intérêt légal : 4 °/. (*L. 7 avril 1900.*)

Intérêts de cautionnements.

1727. — *Fixation.* — L'intérêt des cautionnements en numéraire versées au Trésor public est fixé à 2,50 °/. (*L. 13 avril 1898, art. 55.*)

1728. — *Payement.* — Les dispositions suivantes doivent être observées pour le payement des intérêts qui sont dus sur les cautionnements versés au Trésor par les comptables ou autres agents ou officiers publics.

Les trésoriers généraux reçoivent de la direction de la dette inscrite, dans le mois de décembre de chaque année, des états qui indiquent les titulaires de cautionnements auxquels sont dus les intérêts annuels échus au 1er janvier suivant. Ils préparent les quittances, les visent payables par les receveurs ou percepteurs de la résidence des parties intéressées, et en font l'envoi avant la fin du mois de décembre, dans les arrondissements, afin que le payement des intérêts de cautionnements y puisse commencer dans les premiers jours de janvier.

Les titulaires ou bailleurs de fonds doivent énoncer en *toutes lettres* la somme dont ils donnent quittance, ainsi que la date du payement. (*Inst. gén., art. 694 et 695.*)

1728 bis. — Le ministre des finances ordonnance annuellement, au nom des comptables en exercice, les intérêts dus sur l'intégralité des sommes détenues par le Trésor à titre de cautionnement, de reliquat, et de supplément de cautionnement pour la garantie de plusieurs gestions successives.

Ces intérêts sont ordonnancés dans le département où le titulaire exerce ses fonctions.

Toutefois, lorsque les cautionnements sont affectés spécialement à la garantie d'une gestion déterminée, les intérêts sur les cautionnements et reliquats de cautionnements non appliqués à la gestion courante sont ordonnancés dans le département où ont été exercées les fonctions garanties par ces cautionnements et reliquats de cautionnements. (*Décr. 23 juin 1897, art. 1er.*)

Les états annuels d'intérêts comprennent les titulaires qui, appelés à de nouvelles fonctions, n'ont pas encore obtenu l'application de leur cautionnement.

Ces comptables continuent, malgré la remise de leur service, à figurer sur l'état du département dans lequel ils exerçaient précédemment leurs fonctions et où le cautionnement sert encore de garantie, jusqu'à ce que l'application ait été autorisée. Ils figurent, en outre, sur l'état concernant le département de leur nouvelle résidence, pour les sommes versées à titre de supplément.

Il résulte de ce qui précède que des intérêts dus au même comptable peuvent être ordonnancés dans deux ou même dans plusieurs départements. Les agents chargés de la dépense doivent, dans ce cas, prêter leur concours au payement, soit entre les mains des titulaires, soit entre les mains des bailleurs de fonds, des sommes ordonnancées dans un département autre que le leur.

L'estampille est apposée, pour le cautionnement non encore appliqué, soit sur l'ancien certificat d'inscription, soit sur l'ancien certificat de privilège, et pour le cautionnement complémentaire, sur un titre provisoire établi par la Direction de la dette inscrite, ou, s'il y a lieu, sur le nouveau certificat de privilège.

Ce titre provisoire doit être rapporté au Trésor lors de l'application, et annulé au moment de la délivrance du certificat définitif d'inscription. (*Circ. compt. publ. 7 août 1897, § 2.*)

1729. — Les trésoriers généraux, ou les agents de la recette qui payent pour leur compte, doivent, lors du payement, exiger des titulaires de cautionnements et des bailleurs de fonds la représentation de leur certificat d'inscription ou de privilège, afin de pouvoir relater sur chaque quittance le numéro de l'inscription, et s'assurer en même temps de l'identité des parties qui se présentent. Ils mentionnent le payement des intérêts *sur le certificat d'inscription ou de privilège*, et constatent, *sur les quittances*, qu'ils ont fait cette mention, laquelle est essentielle ; les comptables qui l'omettraient s'exposeraient à une peine disciplinaire. (*Inst. gén., art. 696.*)

La mention de payement ne peut, *dans aucune* circonstance, être apposée sur d'autres pièces et notamment sur les récépissés constatant le versement des sommes affectées à la constitution des cautionnements ; les comptables à qui des récépissés seraient ainsi présentés pour le payement des intérêts doivent inviter les parties à les transmettre, à la direction de la dette inscrite, à l'effet d'obtenir en échange la délivrance des certificats d'inscription ou de cautionnement. (*Circ. compt. publ. 20 décembre 1883, § 3.*) — V. nos 887 et suiv.

S'il arrive que des titulaires, dont le cautionnement a été modifié, aient été obligés d'envoyer leur certificat à Paris pour le faire échanger contre un autre, les comptables peuvent acquitter les intérêts sur le *vu d'un certificat délivré par le chef de service dont dépendent* les titulaires, attestant la situation exceptionnelle dans laquelle se trouvent ces derniers. (*Circ. compt. publ. 20 février 1885, § 7.*)

1730. — Une exception à cette règle a été faite en faveur des employés des administrations financières qui ont changé de résidence, ou qui, par quelque circonstance, auraient été dans la nécessité d'envoyer à Paris leur certificat d'inscription. Dans ce dernier cas, les intérêts peuvent être payés sur le vu d'un certificat délivré par le chef de service dont dépend le titulaire, et attestant la situation exceptionnelle dans laquelle il se trouve. Dans l'autre cas, les employés qui craindraient de ne plus se trouver dans le département qu'ils quittent, à l'époque du payement des intérêts, pourraient, avant leur départ, laisser un pouvoir à l'effet de toucher pour eux la somme ordonnancée, ou demander au trésorier général une formule de quittance pour la signer à l'avance, et la laisser entre les mains du chef de service départemental ou de tel autre agent désigné à cet effet, pour être produite au moment de la réception de l'état de payement. (*Inst. gén., art. 697.*) — V. n° 1728 *bis*.

1731. — Le *modèle des quittances* à souscrire par les parties prenantes et des annotations à y apposer est donné *sous le n° 186.* (*Inst. gén., art. 698.*)

1732. — Les quittances d'intérêts de cautionnements sont sujettes au timbre de 10 centimes. (*Circ. compt. publ. 14 avril 1872, n° 22.*)

1733. — Le payement des intérêts dus aux titulaires sortis de fonctions n'a lieu qu'avec le remboursement du capital. (*Inst. gén., art. 699.*) — V. Cautionnements, n°s 890 et suiv.

1734. — Le trésorier-payeur général doit se faire rendre, par les receveurs particuliers et percepteurs, les quittances préparées au nom des parties qui ne se seraient pas présentées

pour toucher dans les deux premiers mois de l'année. (*Inst. gén., art. 700.*)

Intérêts de fonds placés au Trésor. — V. Placements.

Intérims, Intérimaires. — V. Gérant intérimaire.

Invalides de la marine. — V. Guerre, n°s 1638, Rentes viagères, n° 2731, Secours, n°s 2835 et suiv.

Inventaire des archives et des objets mobiliers des communes.

1735. — Il doit y avoir dans chaque mairie un inventaire des archives et des objets mobiliers appartenant à la commune. (*Circ. min. Int. 1er mai 1861.*) Sur cet inventaire, un numéro spécial doit être affecté à chaque objet acquis par la commune.

En particulier, une série d'ouvrages différents achetés pour une bibliothèque communale, ne sauraient être inventoriés sous un numéro unique. (*Arr. Cour des comptes, 24 avril 1899.*)

Inventaire des rôles, registres, etc. — V. Dépôt aux archives, Mutations de percepteurs-receveurs, n° 1885.

Irrégularités. — V. Agent spécial, Déficit, Vérification de caisse.

Itinéraire des contrôleurs pour la tournée des mutations. — V. Mutations foncières.

Itinéraire des percepteurs pour leurs tournées de recette. — V. n°s 3046 et suiv.

J

Jouissance des biens communaux. — V. Biens des communes.

Journal à souche.

1736. — *Dispositions générales.* — Les percepteurs-receveurs municipaux tiennent un *journal à souche*, pour l'enregistrement de toutes les recettes et pour la délivrance des quittances aux parties versantes. (*Inst. gén., art. 1443.*)

1737. — Le *journal à souche* doit être tenu par année et conformément au *Modèle n° 1*, annexé à la circ. compt. publ. 28 juill. 1898.

Avant d'être remis aux percepteurs, il doit être paraphé par le receveur des finances à la première et à la dernière feuille seulement.

A partir du 1er janvier, les percepteurs y enregistrent, successivement, et avec détail, chacune des sommes versées à leur caisse sur les recettes du Trésor et des départements et sur les recettes des communes et des établissements.

Cet enregistrement doit toujours être fait en

présence des parties versantes, et de telle sorte que la souche ou le corps du livre constatent distinctement :

Le numéro d'ordre de l'enregistrement ;
Le nom des communes ou des établissements ;
La date de la recette ;
Le nom du redevable ;
L'article du rôle ou du budget auquel la recette se rapporte ;
Enfin, la désignation du produit et de l'exercice sur lequel il est recouvré. (*Inst. gén., art. 1415 ; Circ. compt. publ. 20 déc. 1895, § 5 et 28 juill. 1898.*)

1738. — Le journal à souche présente les divisions suivantes :

Contributions directes $\begin{cases} \text{Exercice 190} \\ \text{Exercice 190} \end{cases}$

Frais de poursuites (contributions et amendes).

Taxes et produits divers.

Ces quatre colonnes sont classées sous la rubrique : *Recettes du Trésor et des départements.*

La dernière colonne est intitulée : *Recettes des communes et des établissements.*

Il contient, en outre, une colonne où doit être porté *le montant total de chaque versement.* La somme versée est d'abord inscrite dans cette colonne, et le percepteur fait ressortir ensuite, dans les colonnes 5 à 9, le montant des recouvrements par imputation. Les recettes sur les frais de poursuites relatifs aux produits des communes sont portés dans la même colonne que les recettes sur les produits mêmes, colonne 9.

Le percepteur remplit immédiatement la quittance attachée à la souche en regard de chaque article de recette, laquelle doit porter le même numéro d'enregistrement, les mêmes noms, les mêmes désignations et la même somme. — Il détache cette quittance et la remet à la partie payante. — Indépendamment de cette quittance, le percepteur doit émarger les payements sur les rôles et autres titres de recettes, ainsi qu'il est dit au n° 1440.

Il est interdit aux percepteurs de délivrer d'autres quittances que celles qui sont détachées du journal à souche ordinaire.

Pour les duplicata de quittances, V. n° 2565.

Lorsqu'une recette sur revenus des communes et des établissements de bienfaisance excède *dix francs,* la quittance délivrée par le receveur est, sauf les exceptions indiquées à l'article 844 de l'Instruction générale, soumise au droit de timbre et doit être revêtue du *timbre mobile à 25 centimes* créé en exécution de l'article 4 de la loi du 8 juillet 1865, et de l'article 2 de la loi du 23 août 1871.

La délivrance de la quittance timbrée est obligatoire ; le prix du timbre, lorsqu'il est exigible, s'ajoute de plein droit au montant de la somme due et est soumis au même mode de recouvrement. (*Inst. gén., art. 1446 ; Circ. compt. publ. 10 juill. 1865, § 1er et 28 juillet 1898.*) — V. Quittances.

1739. — Il est interdit aux percepteurs de signer à l'avance les quittances attenantes à leur livre à souche. (*Inst. gén., art. 1446.*)

1740. — *Désignation des diverses natures de recettes à enregistrer sur le journal à souche.* — Le journal à souche doit comprendre, dans les colonnes destinées aux recettes sur contributions directes, les sommes recouvrées sur les rôles primitifs des quatre contributions directes et sur tous les autres rôles d'impositions ordinaires ou extraordinaires à percevoir au même titre.

Ces recouvrements se composent du *numéraire* versé par les contribuables, et des ordonnances de décharge et réduction, remise et modération qu'ils auraient obtenues. (*Inst. gén., art. 1447.*) — V. Ordonnances de décharges.

1741. — Les percepteurs enregistrent en recette, dans la colonne des *frais de poursuites,* qui est ouverte dans la partie du journal à souche, colonne 7, les payements qui leur sont faits par les contribuables en remboursement des frais portés aux états rendus exécutoires par le sous-préfet, et dont une ampliation leur a été remise par le receveur particulier.

En faisant leur enregistrement sur la souche du journal, les percepteurs doivent avoir soin de relater, en regard des mots *frais de poursuites,* le numéro de l'état de frais auquel se rapporte la recette faite en remboursement de ces frais.

Les états de frais de poursuites reçoivent, à cet effet, une série de numéros par année pour l'ensemble des communes composant la perception. (*Inst. gén., art. 1448.*)

Les recettes des frais de poursuites pour le recouvrement des amendes sont portées dans la colonne du journal à souche affectée aux poursuites pour le recouvrement des contributions directes, V. n° 544.

1742. — Dans la colonne du journal à souche intitulée : *Taxe et produits divers,* sont enregistrées les recettes concernant les services du Trésor et des départements autres que les contributions et les frais de poursuites. Elle comprend, en conséquence : les produits des *redevances des mines,* de la *taxe des biens de mainmorte, des rétributions pour la vérification des poids et mesures, les droits de vérification des alcoomètres et des densimètres, les droits de visite des pharmacies et magasins de drogueries, le droit d'inspection des fabriques d'eaux minérales, la taxe sur les billards, chevaux, voitures et vélocipèdes, la taxe sur les cercles, la taxe militaire, la redevance pour la rétribution des délégués mineurs, les droits* d'épreuve et de vérification des appareils à vapeur, les redevances pour frais de surveillance des fabriques de margarine et d'oléo-margarine, les redevances pour frais de surveillance et de contrôle des primes à la filature de la soie, le produit des amendes et consignations diverses, les recouvrements de contributions extérieures, les droits universitaires acquis au Trésor, les droits d'examen pour brevets de capacité, les excédents de versements sur contributions, les recouvrements en vertu de contraintes, les droits de permis de chasse appartenant au Trésor, les droits de locations verbales, les droits de passeports à l'étranger, les produits divers du budget recouvrés pour le compte du receveur des finances, les fonds de subvention pour le service du Trésor, les dépôts d'inscriptions nominatives à échanger et les dépôts de titres mixtes de rentes à renouveler.

La même colonne est employée également pour les cotisations municipales et particulières et pour les opérations concernant la Caisse nationale des retraites pour la vieillesse, les caisses d'épargne, la société nationale d'assistance pour les aveugles, travailleurs, etc.

Les recouvrements sur les contributions et taxes assimilées de la 3ᵉ année de l'exercice doivent figurer également dans la colonne taxes et produits divers et motivent l'ouverture d'un compte spécial au livre des comptes divers.

Les opérations budgétaires et hors budget des établissements publics (hospices, bureaux de bienfaisance, associations syndicales, fabriques d'églises, universités et facultés) sont inscrites dans la colonne *Recette des communes et des établissements*. Cette colonne reçoit, par conséquent, indépendamment des recettes budgétaires, les opérations des caisses des écoles, les recouvrements des frais de poursuites et de procédure concernant le service municipal, les retenues sur traitements communaux et hospitaliers pour le service des pensions civiles, les recouvrements pour le percepteur du syndicat de..., les rentes et créances d'hospices à recouvrer, les excédents de versements sur produits communaux, et les retenues sur les dépôts de garantie et cautionnement pour adjudications et marchés, les opérations d'ordre de l'octroi, la part des pauvres dans le produit des concessions de terrain dans les cimetières, etc., en un mot tous les recouvrements qui figurent au bordereau détaillé trimestriel.

Les droits de permis de chasse figurent au journal à souche, dans deux colonnes : la somme de 18 francs revenant au Trésor est inscrite dans la colonne 8 et la somme de 10 francs, part de la commune, est portée dans la colonne 9.

Les consignations de droits d'examen, y compris les consignations pour le compte des villes, doivent être constatées dans la colonne 8. Quant aux droits universitaires acquis aux villes, ils sont inscrits dans la colonne 9.

Ainsi qu'il est réglé aux articles 888 (§ 8), 910 et 1038 de l'Instruction générale, les ordonnances de dégrèvements sur les *produits communaux (prestations pour les chemins vicinaux, taxe municipale sur les chiens)* ne sont pas inscrites en recette au journal à souche, attendu qu'il en est fait emploi par voie de *réduction de rôles*, sauf le cas prévu à l'article 888, § 8, avant-dernier alinéa ; elles doivent seulement être enregistrées sur un carnet spécial. (*Inst. gén.*, *art. 1449* ; *Circ. compt. publ. 28 juill. 1898.*) — V. ORDONNANCES DE DÉCHARGE, nᵒˢ 2063 et suiv.

1743. — Les quittances détachées des livres à souche, que les receveurs municipaux ont à délivrer pour les arrérages de rentes sur l'État appartenant aux communes et établissements dont ils gèrent les revenus, sont indépendantes de celles que les mêmes receveurs ont à souscrire, comme porteurs des titres, dans la forme réglée pour le service de la dette inscrite. Seulement, les comptables peuvent constater, sur l'une des deux quittances, qu'elle est souscrite par *duplicata*. Ils peuvent aussi faire un seul article de recette et délivrer une seule quittance à souche, lorsqu'ils reçoivent à la fois des arrérages sur plusieurs inscriptions d'une même *série*, sauf à détailler la recette par commune et établissement. (*Inst. gén., art. 1450.*)

1744. — *Recettes qui ne doivent pas être enregistrées sur le journal à souche.* — Ne doivent pas donner lieu à des quittances détachées du livre à souche, ni conséquemment à un enregistrement sur ce livre, les recettes provenant des *remboursements de fonds placés au Trésor par les communes et établissements publics*, non plus que celles qui résultent du *remboursement des avances* que les receveurs municipaux ont à faire pour plusieurs services, telles que les indemnités de route aux voyageurs indigents et condamnés libérés, le prix des feuilles de passeports à l'intérieur, etc., attendu que les titres justificatifs de ces placements et avances sont classés dans la comptabilité avec les *valeurs de caisse et de portefeuille*, et que leur réalisation n'est qu'une *simple conversion de valeurs*.

Les percepteurs n'ont pas non plus à délivrer de quittances à souche, lorsqu'ils touchent à la caisse du trésorier général le montant des mandats ayant pour objet des *secours collectifs*, à la charge d'en distribuer les fonds aux parties intéressées. Comme ils interviennent, dans ce cas, en qualité de simples agents de distribution, ils n'ont pas à faire recette des fonds dans leur comptabilité ; ils sont seulement tenus de rapporter au trésorier général les quittances des créanciers réels, et de quittancer, pour ordre, les mandats qui auraient été délivrés en leur nom. (*Inst. gén., art. 1451.*)

1745. — *Additions à faire chaque jour sur le journal à souche, et rectification* *des erreurs.* — Les sommes portées dans les diverses colonnes du journal à souche doivent être additionnées par journée, et les totaux des journées antérieures être reportés au-dessous de ceux de chaque journée, de manière à reproduire des totaux conformes aux résultats du livre récapitulatif. En conséquence, les résultats de reports faits, au commencement de chaque année, en tête de ce dernier livre, doivent être inscrits, comme point de départ, en tête du journal à souche.

Les erreurs d'addition que le percepteur commettrait sur le journal à souche, ainsi que celles qu'il ferait en portant dans la colonne d'un exercice des recettes provenant des contributions d'un autre exercice, doivent être rectifiées par *déduction et augmentation*. Toute surcharge ou rature est interdite. En cas d'erreur dans l'inscription d'une somme, le chiffre erroné doit être biffé par un simple trait, et remplacé par le chiffre véritable, qui est alors inscrit au-dessus.

Les sommes perçues en trop, par erreur, doivent être constatées au compte des excédents de versements, en même temps que les réductions sont opérées. *(Inst. gén., art. 1452.)* — V. n°s 1480 et 1490.

1746. — *Dispositions spéciales au journal à souche.* — Le journal à souche exige les précautions spéciales qui vont être indiquées.

Chaque volume contient 600 quittances, qui sont numérotées par la voie de l'impression.

Les quittances *non employées* à la fin du dernier volume de l'année doivent être annulées par le receveur des finances. (V. n° 953).

Il n'est remis aux percepteurs qu'un volume à la fois, sans, toutefois, que les comptables doivent attendre, pour demander un nouveau volume, l'entier épuisement du volume précédent. Ils doivent, au contraire, s'en pourvoir assez à l'avance pour que les recouvrements ne puissent jamais être interrompus faute de formules de quittances.

Les receveurs des finances prennent note de la remise des journaux à souche sur un carnet spécial.

Il n'y a qu'une seule série de numéros pour toute l'année, même en cas d'interruption de gestion; cette série commence au 1er janvier.

Le journal à souche ne peut être imprimé qu'à l'Imprimerie nationale. *(Inst. gén., art. 1526; Circ. compt. publ. 28 juill. 1898.)* Pour l'envoi aux comptables, V. n° 1597.

1747. — Les receveurs des finances doivent vérifier les journaux à souche à mesure qu'ils sont remplis. *(Inst. gén., art. 1286; Circ. compt. publ. 24 août 1878, § 2.)*

1748. — *Dépôt des journaux à souche remplis.* — Les journaux à souche des percepteurs-receveurs municipaux sont, lorsqu'ils ont été remplis et qu'ils ont trois ans d'existence, déposés dans les archives des sous-préfectures pour être réunis aux rôles dont ils constatent l'exécution. *(Inst. gén., art. 1527.)* — V. DÉPÔT AUX ARCHIVES.

1748 bis. — *Prix des journaux à souche.* — Le prix des journaux à souche *utilisés* par les receveurs des communes et établissements publics est à la charge de ces comptables, qu'il s'agisse du journal à souche ordinaire ou du journal à souche d'un établissement d'instruction secondaire. *(Circ. compt. publ. 10 mars 1905, § 4.)* — V. n° 2594.

Journées de malades dues aux hospices par les communes. — V. n° 1650.

Journées de militaires traités dans les hospices.

1749. — Les dépenses auxquelles donne lieu le traitement des marins et militaires reçus dans les hospices civils sont fixées *par journées*, et le remboursement en est fait aux hospices sur des états des commissions administratives, dressés à l'expiration de chaque trimestre, arrêtés par le sous-intendant militaire ou son suppléant légal, et dont le montant est ordonnancé par les ministères de la Guerre et de la Marine, au nom des receveurs des hospices. Ces receveurs doivent, au besoin, demander que les états dont la production est nécessaire pour obtenir les ordonnances de payement soient dressés aux époques prescrites.

Le remboursement des frais de traitement des militaires est fait par le trésorier général sur la production, soit d'une feuille nominative *timbrée* portant décompte, soit d'un relevé numérique *timbré*, accompagnée de feuilles nominales collectives non timbrées, lorsque le nombre des malades hospitaliers nécessite l'emploi de ces deux pièces. *(Inst. gén. art. 1067; Circ. compt. publ. 12 décembre 1874, § 6.)* — V. HOSPICES, PIÈCES JUSTIFICATIVES, § 192.

La quittance à souche à fournir au trésorier général est passible du timbre de 25 centimes, par application de la loi du 8 juillet 1865, article 4. — V. QUITTANCES.

Jours de recette. — V. BUREAUX DES PERCEPTEURS, TOURNÉES DE RECOUVREMENT.

Jours fériés.

1750. — Les jours fériés sont consacrés par l'autorité publique. Ce sont :

1° Le dimanche et, conformément à l'arrêté

du 29 germinal an X, les jours de fête de Noël, de l'Ascension, de l'Assomption, de la Toussaint ;

2° Le premier jour de l'an *(Avis cons. d'Et. 13 mars 1840)* ;

3° La date du 14 juillet comme jour de fête nationale annuelle *(L. 6 juillet 1880)* ;

4° Le lundi de Pâques et le lundi de la Pentecôte *(L. 8 mars 1886)* ;

5° Les 2 janvier, 15 juillet, 16 août, 2 novembre et 26 décembre, lorsque ces jours tombent un lundi ou un samedi *(L. 23 déc. 1904 et 13 juillet 1905)* ;

6° Enfin, généralement ceux que la nation célèbre par ordre du gouvernement à l'occasion d'un grand événement *(L. 17 thermidor an VI, 7 thermidor an VIII, 18 novembre 1814)*.

Jugement des comptes. — V. nᵒˢ 996 et suiv.

Juré. — V. nᵒ 1685.

Justifications des recettes et dépenses. — V. Pièces justificatives.

L

Lavoirs publics. — V. Location, Pièces justificatives, §§ 24 et 94 ; Travaux.

Légalisation d'actes. — V. Actes, nᵒ 22, Copies, nᵒ 1194 ; Pièces justificatives, nᵒ 2234.

Légataires. — V. Héritiers, Legs et donations.

Legs et donations.

1751. — *Autorisation et acceptation des dons et legs faits aux communes et aux établissements de bienfaisance.* — En principe, les délibérations du conseil municipal portant acceptation de dons ou legs faits à la commune, à une ou à plusieurs sections, sont exécutoires par elles-mêmes.

Elles ne sont subordonnées à l'approbation de l'administration supérieure que lorsque les dons ou legs donnent lieu à des réclamations de familles.

Toutefois, si la donation ou le legs ont été faits à un hameau ou quartier d'une commune qui n'est pas encore à l'état de section ayant la personnalité civile, les habitants du hameau ou quartier sont appelés à élire une commission syndicale, conformément à l'article 129 de la loi du 5 avril 1884. La commission syndicale délibère sur l'acceptation de la libéralité, et, dans aucun cas, l'autorisation d'accepter ne peut être accordée que par décret rendu dans la forme des règlements d'administration publique. *(L. 4 fév. 1901, art. 3 ; Circ. min. Int. 10 juin 1901.)* — V. nᵒˢ 1105 et suiv.

Dans tous les cas où les dons et legs donnent lieu à des réclamations des familles, l'autorisation de les accepter est donnée par décret en conseil d'Etat. *(L. 4 fév. 1901, art. 7 ; Circ. min. Int. 12 déc. 1904.)*

1752. — *Refus d'acceptation de dons ou legs.* — Lorsque la délibération porte refus de dons ou legs, le préfet peut, par un arrêté motivé, inviter le conseil municipal à revenir sur sa première délibération. Le refus n'est définitif, que si, par une seconde délibération, le conseil municipal déclare y persister ou si le préfet n'a pas requis de nouvelle délibération dans le mois de la réception de la délibération portant refus.

Si le don ou le legs a été fait à une section de commune et que le conseil municipal soit d'avis de refuser la libéralité, il est procédé comme il est dit au numéro précédent, dernier alinéa. *(L. 4 fév. 1901, art. 3 ; Circ. min. Int., 10 juin 1901.)*

1753. — *Acceptation de dons ou legs à titre conservatoire.* — Le maire peut toujours, à titre conservatoire, accepter les dons ou legs et former, avant l'autorisation, toute demande en délivrance.

Le décret du Président de la République, l'arrêté du préfet ou la délibération du conseil municipal, qui interviennent ultérieurement, ont effet du jour de cette acceptation. *(L. 5 avril 1884, art. 113 ; L. 4 fév. 1901, art. 8.)* — V. Actes, nᵒ 19 ; Conseils municipaux, nᵒ 1148, § 7.

L'acceptation doit avoir lieu sans retard, par acte notarié, et pour les donations, si c'est possible, dans l'acte même qui les constitue ; sinon l'acte d'acceptation doit être notifié au donateur, conformément à l'article 932 du Code civil. *(Inst. gén., art. 946, dernier alinéa.)*

Un maire peut, en sa qualité de notaire, passer acte de donation, en faveur de sa commune, après avoir délégué l'adjoint pour signer l'acceptation. *(Cour de Montpellier, 4 juin 1855.)*

1753 bis. — Lorsqu'un testateur a disposé de la nue propriété en faveur d'établissements soumis à la tutelle administrative, en réservant l'usufruit, l'instruction ne doit pas être retardée jusqu'au décès de l'usufruitier. *(Circ. min. Int., 28 mars 1900.)*

1754. — Les délibérations des commissions administratives des établissements de bienfaisance ayant pour objet l'acceptation des *dons* et *legs* sont soumises à l'avis du conseil municipal, et suivent, quant aux autorisations, les mêmes règles que les délibérations de ce conseil.

Lorsqu'il n'existe ni hospice ni bureau de bienfaisance, les dons et legs faits en faveur des pauvres de la commune sont acceptés par le maire, sauf l'autorisation supérieure. *(Inst. gén., art 1072 ; L. 5 avril 1884, art. 61, 68, 111, 112 et 113 : L. 4 fév. 1901.)*

1755. — Le maire autorisé par délibération du conseil municipal à accepter provisoirement le legs d'une somme d'argent fait à la commune a le droit de demander, à titre conservatoire, la délivrance de ce legs ; et cette demande fait courir les intérêts de la somme léguée, à compter du jour où elle est formée, bien qu'elle soit antérieure à l'autorisation d'accepter. *(Cour cass., 2 mai 1864 ; Cour d'Orléans, 8 janvier 1867 ; Dalloz, année 1867, 2e partie, p. 6 ; Cour d'appel de Caen, 9 février 1897.)*

Ces dispositions sont applicables aux dons et legs faits aux établissements de bienfaisance. *(Cour cass., 12 nov. 1866 et 15 fév. 1870 ; Dalloz, année 1866, 1re partie, p. 378 et année 1871, 1re partie, p. 173.)*

Elles le sont également aux dons et legs concernant l'assistance médicale gratuite. L'acceptation, dans ce cas, est faite par le président du bureau d'assistance. *(L. 15 juillet 1893, art. 11.)* — V. ASSISTANCE MÉDICALE GRATUITE, no 616.

1756. — L'acceptation des dons et legs faits aux établissements reconnus d'utilité publique est autorisée par le préfet du département où est le siège de l'établissement.

Toutefois, si la donation ou le legs consiste en immeubles d'une valeur supérieure à trois mille francs (3,000 francs), l'autorisation est accordée par décret en conseil d'État. *(L. 4 février 1901, art. 5.)* — V. nos 785 et suiv.

1757. — Lorsque les legs ou donations sont *mixtes* ou *complexes*, c'est-à-dire faits à la fois à une commune ou à un établissement de bienfaisance et à un autre établissement, à l'égard duquel le préfet n'a pas pouvoir de statuer, la décision sur l'ensemble de l'affaire appartient à l'autorité supérieure, alors même qu'il n'y aurait pas de connexité réelle entre les deux dispositions, comme dans le cas où un testateur aurait légué une maison à une commune pour servir d'école, et une somme d'argent à une fabrique d'église pour les besoins du culte. Le préfet doit alors s'abstenir de statuer, même sur la disposition qui serait de sa compétence, et envoyer le dossier de l'affaire au ministre des Cultes, afin qu'il soit statué par un seul décret.

Si une libéralité faite à une église contient une disposition en faveur d'un établissement de bienfaisance, elle doit être acceptée à la fois par cet établissement et par la fabrique de l'église. *(Inst. gén., art. 947.)*

1758. — *Devoir des notaires, des maires et des receveurs municipaux, à l'égard des legs aux communes, etc.* — Les notaires dépositaires des testaments qui constituent des legs au profit des communes et des établissements publics, étant tenus d'en donner avis au maire lors de l'ouverture des testaments, ce fonctionnaire communique cet avis au receveur municipal, et celui-ci doit, en attendant l'acceptation du legs, requérir, dans l'intérêt des droits de la commune, tous les actes conservatoires qui seraient jugés nécessaires *(Inst. gén., art. 948)*, comme, par exemple, faire apposer et lever les scellés ; assister aux inventaires *(C. proc. civ., art. 909, 930 et 932)* ; demander la séparation du patrimoine *(C. proc. civ., art. 878 et 880)* ; empêcher par saisies-arrêts signifiées aux débiteurs de la succession, le détournement ou la déperdition de l'actif *(C. proc. civ., art. 557)* ; enfin, s'il y a lieu, prendre inscription sur les biens des débiteurs. — V. ci-après, no 1763.

Outre l'avis à donner au maire, les notaires doivent transmettre, sans délai, au préfet du département compétent, pour accorder l'autorisation ou pour provoquer la décision de l'autorité supérieure, une expédition intégrale des dispositions testamentaires, écrite sur papier libre, et un état des héritiers dont l'existence lui aura été révélée, avec leurs nom, prénoms, profession, degré de parenté et adresse. *(Inst. gén., art. 918 ; décr. 30 juill. 1863, art. 1er ; circ. min. justice 3 novembre 1888 ; décr. 1er fév. 1896 ; circ. min. Int. 15 mars 1896 et 28 mars 1900.)*

1759. — Dans le but de permettre aux comptables supérieurs d'exercer, avec plus de profit, la surveillance qui leur incombe sur les gestions municipales et hospitalières, les directeurs de l'enregistrement doivent communiquer, chaque mois, aux trésoriers généraux, à charge de renvoi dans le délai de cinq jours, les extraits des enregistrements d'actes et des déclarations de successions constatant des libéralités en faveur des communes et établissements charitables.

Avis est immédiatement donné au comptable à qui incombe, après l'autorisation définitive, la mission d'opérer le recouvrement de la libéralité, afin qu'il puisse recourir, s'il y a lieu, aux actes conservatoires indiqués ci-dessus.

Les receveurs municipaux et hospitaliers doivent, en outre, provoquer l'acceptation provisoire de la libéralité. L'utilité de cette mesure ne doit pas leur échapper ; il leur appartient de la signaler, le cas échéant, aux maires en leur faisant remarquer que l'acceptation provisoire procure la faculté de demander la délivrance du legs, sinon en vue d'obtenir la délivrance immédiate qui ne peut avoir lieu qu'après l'autorisation régulière d'accepter, du moins à l'effet de faire courir, au profit de la commune ou de l'établissement bénéficiaire, les intérêts et fruits de la chose léguée. — V. n° 1755.

Les comptables subordonnés doivent également tenir registre, comme il est recommandé à l'article 843 de l'Instruction générale du 20 juin 1859, de toutes les diligences et démarches faites pour sauvegarder les droits de l'établissement public et garantir leur propre responsabilité. (Circ. compt. publ. 20 août 1892, § 1er.) — V. n° 1769.

1760. — Pour faciliter aux receveurs l'exécution des obligations qui leur sont imposées ci-dessus, ils peuvent se faire délivrer une expédition en forme de tous contrats, titres nouvels, déclarations, baux, jugements et autres actes concernant les domaines dont la perception leur est confiée, ou se faire remettre par tous dépositaires lesdits titres et actes sous leur récépissé. (Arr. 19 vendémiaire an XII, art. 2; Inst. gén., art. 822 et 1051.)

1761. — Lorsqu'il y a donation de biens susceptibles d'hypothèques, la transcription des actes contenant la donation et l'acceptation ainsi que la notification de l'acceptation qui aurait eu lieu par acte séparé, doit être faite au bureau des hypothèques dans l'arrondissement desquels les biens sont situés. (C. civ., art. 939.)

Cette transcription est faite à la diligence du receveur municipal. (C. civ., art. 940.)

Le défaut de transcription peut être opposé par toute personne ayant intérêt, excepté celles qui sont chargées de faire la transcription ou leurs ayants cause et le donateur. (C. civ., art. 941.)

Les communes ne sont pas restituées contre le défaut d'acceptation ou de transcription des donations, sauf le recours contre le receveur municipal, s'il y échet, et sans que la restitution puisse avoir lieu, dans le cas même où le receveur municipal se trouverait insolvable. (C. civ., art. 942.)

Donations entre vifs. — V. C. civ., art. 931 et suiv.

Dispositions testamentaires. — *Règles générales.* — V. C. civ., art. 967 et suiv.

Legs universels. — V. C. civ., art. 1003 et suiv.

Legs particuliers. — V. C. civ., art. 1014 et suiv.

1762. — *Dons manuels.* — Tout don manuel qui est subordonné à certaines conditions ou charges, ou même celui dont la destination est déterminée par les bienfaiteurs, qu'il soit fait au profit d'une commune ou d'un établissement de bienfaisance, ou qu'il intéresse un établissement religieux, doit être l'objet d'un acte notarié dans la forme déterminée par le Code civil. (Décis. min. Int. 18 oct. 1862; Solut. n° 52.) — V. Dons.

1763. — *Mesures conservatoires.* — *Inscriptions hypothécaires.* — Les communes et les établissements publics légataires n'ont besoin d'aucune autorisation spéciale pour requérir les inscriptions hypothécaires. C'est là un droit que l'article 1017 du Code civil assure aux légataires particuliers, et qui est ouvert à une commune depuis l'époque où elle a été autorisée à accepter la libéralité qui la concerne, et où elle en a obtenu la délivrance. (Solut. min. Int. 1861.)

Il ne faut pas perdre de vue que la formalité conservatoire de l'inscription hypothécaire doit lorsqu'elle est possible, être accomplie dans le délai de six mois de l'ouverture de la succession, car l'observation de ce délai conserve le privilège du légataire. (C. civ., art. 2111.) — V. Inscriptions hypothécaires.

1764. — *Recouvrement des legs et donations.* — Le montant des *legs* et *donations en argent*, légalement autorisés, en faveur des communes et des établissements de bienfaisance, doit être versé dans les caisses municipales ou hospitalières, à moins que le décret ou l'arrêté d'autorisation n'en prescrive le versement dans une autre caisse.

Mais, dans ce dernier cas, les receveurs municipaux doivent se faire remettre une déclaration de versement par le comptable qui a reçu les fonds, et classer cette déclaration dans leur comptabilité, comme *placements de fonds* après en avoir fait recette comme *produit de legs et donations.* (Inst. gén., art. 949.) — V. Pièces justificatives, § 46.

1765. — Les receveurs doivent, dans tous les cas, requérir le versement, par les héritiers du donateur ou autres détenteurs, du montant des legs ou donations, les articles 153 et 155 de la loi du 5 avril 1884 attribuant à ces comptables seuls le droit et le devoir de poursuivre les recouvrements des créances des communes.

En cas de refus ou de retard de la part de ceux-ci, les receveurs doivent procéder contre eux par voie de *commandement* et de *saisie*, et si, malgré ces poursuites, les héritiers ou autres détenteurs refusaient à la remise des fonds, les maires, avec l'autorisation du conseil de préfecture, en poursuivraient judiciairement la rentrée. (Inst. gén., art. 950.) — V. Poursuites, n° 2462.

1766. — Les comptables doivent porter en recette le montant total des sommes léguées, et en dépense les frais occasionnés pour la délivrance des legs.

On produit pour justifier la recette les documents énoncés à Pièces justificatives, § 46.

En ce qui concerne la dépense, suivant le cas, les justifications énumérées à Pièces justificatives, §§ 164 et 165.

1767. — Quant aux *dons* et *legs* consistant en *immeubles* ou en *effets mobiliers*, c'est aux maires qu'est délégué le soin d'en poursuivre la délivrance, sans préjudice des obligations imposées aux receveurs par les articles 849 et 948 de l'Instruction générale pour le recouvrement des créances communales de toute nature. *(Inst. gén., art. 951.)* — V. Actes et mesures conservatoires.

1768. — Lorsqu'il s'agit d'un legs ou d'une donation consistant en un titre de rente ou en obligations industrielles, le receveur n'a pas à se charger en recette, dans ses écritures, du montant de la libéralité; il se borne à constater, sur son état des propriétés et rentes *(Modèle n° 223)*, la remise des titres dont il s'agit, en expliquant leur origine. — V. n°s 980 et suiv.

Les titres au porteur doivent être convertis en titres nominatifs *(rente française)*.

1768 *bis.* — Lorsqu'une commune constituée légataire universelle a été autorisée à transiger, le receveur doit produire une copie de l'inventaire des biens comprenant la succession, afin de permettre au juge du compte de reconnaître si la commune a été mise en possession de tout ce qui lui revenait d'après la transaction. *(Arr. Cour des comptes, 6 mai 1901.)*

1768 *ter.* — La recette d'un legs ayant donné lieu à une administration provisoire doit être justifiée par le testament, l'ampliation de l'acte qui a autorisé l'acceptation de la libéralité, l'inventaire, les procès-verbaux de vente d'immeubles ainsi que la délibération approuvant le compte de l'administration provisoire. *(Arr. Cour. des comptes 28 juin 1900.)*

1769. — *Responsabilité des comptables.* — Le receveur d'un hospice, qui n'a pas fait les diligences nécessaires pour assurer le recouvrement d'un legs, est responsable vis-à-vis de l'hospice, dans le cas où ce legs n'est pas recouvré. *(Trib. Alberville, 28 mars 1885.)* — V. n°s 980 et suiv.

1770. — *Payement des droits de mutation.* — Le délai de payement des droits de mutation pour les legs ne court que du jour de l'arrivée dans la commune de l'arrêté ou du décret qui autorise l'acceptation. *(Inst. gén., art. 952.)*

Il suit de là que les droits d'enregistrement ne sont exigibles que dans les six mois qui suivent l'arrivée dans la commune de l'arrêté ou du décret d'autorisation, alors même que l'acceptation en aurait été faite à titre conservatoire, avant cette autorisation, en vertu des instructions énoncées ci-dessus, n°s 1753 et 1755.

1771. — *Quittances.* — Les quittances à souche délivrées par les receveurs municipaux pour la recette des sommes léguées aux communes et aux établissements de bienfaisance, sont sujettes au timbre de 25 centimes créé par la loi du 8 juillet 1865. — V. Quittances.

1772. — *Surveillance des legs et donations en faveur des pauvres et dont l'exécution est confiée à des tiers.* — Les personnes tierces, à qui des dons et legs sont faits pour que le montant en soit distribué aux pauvres, doivent, à moins d'une dispense formellement exprimée, rendre compte de l'emploi des fonds.

Dans tous les cas, les administrateurs et les receveurs doivent, autant que possible, surveiller cet emploi et faire les actes conservatoires nécessaires. *(Inst. gén., art. 1073.)* — V. Actes et mesures conservatoires, Rentes sur particuliers.

1773. — *Jurisprudence.* — Les bureaux de bienfaisance ont seuls qualité pour recueillir et distribuer les legs destinés au soulagement des pauvres. *(Décr., 12 février 1883.)*

Mais, s'il a été à bon droit décidé que les bureaux de bienfaisance ont seuls qualité pour recevoir les legs faits aux pauvres de la commune, on ne saurait, arbitrairement, sous prétexte qu'elle est illégale, déclarer non écrite la clause portant la condition que les arrérages de la somme léguée seront distribués annuellement par les soins du curé de la paroisse, sans que celui-ci soit astreint de rendre compte et de faire connaître l'emploi des sommes par lui distribuées. *(Arr. Cour d'appel de Riom, 11 juin 1895.)*

1774. — La libéralité faite à un établissement de bienfaisance non expressément reconnu par l'État n'est pas nulle s'il s'agit des hospices antérieurs à 1789, dont l'existence a été implicitement reconnue par les lois et règlements intervenus depuis. *(Cour cass. 10 mars 1874.)*

Dons et legs aux hospices et bureaux de bienfaisance. — V. n°s 786 et suiv.

Lettres missives.

1775. — La loi du 23 août 1871 n'ayant pas compris les lettres missives parmi les exceptions, celles qui contiennent des accusés de réception, décharges, etc., sont soumises au timbre de 10 centimes, surtout lorsqu'elles peuvent former titre. *(Décis. min. Fin. 27 nov. 1871.)*

Licences municipales. — V. n° 1992 *bis*.

Lin et chanvre.

1776. — *Primes aux cultivateurs.* — Aux termes de la loi du 13 janvier 1892, il doit être alloué, à partir de l'exercice 1892 et pendant une durée de *six ans*, aux cultivateurs de lin et de chanvre, des primes dont le montant ne pourra dépasser annuellement la somme de 2,500,000 francs et qui seront fixées, à concurrence de ce chiffre, au prorata des superficies ensemencées. — Les primes ne sont accordées qu'aux producteurs de lin et de chanvre cultivant une superficie d'au moins 25 ares. Les percepteurs sont exclusivement chargés du payement des primes entre les mains des cultivateurs désignés dans la colonne 1 *de l'état de liquidation collectif*, dont il est fait mention dans la circulaire de la comptabilité publique du 30 juillet 1892, § 2.

D'après la loi du 31 mars 1904, il y a une nouvelle période de six ans à partir de 1904.

Liquidateurs. — V. Dépositaires et débiteurs de deniers, Contributions, n°° 1183.

Liquidation judiciaire. — Voir n°° 917 et 1524.

Livre à souche. — V. Journal a souche.

Livres de détail.

1777. — *Désignation.* — Les *Livres de détail*, prescrits aux percepteurs-receveurs de communes et d'établissements de bienfaisance, sont :

1° Les livres de détail des recettes et des dépenses effectuées en exécution du budget de chaque commune et établissement ;

2° Le livre de détail spécial des recettes et des dépenses de l'octroi ;

3° Le livre de détail spécial des recettes et des dépenses pour construction et réparation des chemins vicinaux.

Ces livres, dont les modèles se trouvent sous les n°° 297 à 300, sont tenus d'après les règles suivantes. *(Inst. gén., art. 1457.)*

1778. — *Livres de détail des recettes et des dépenses pour le service des commu-*

nes et des établissements de bienfaisance. — Les livres de détail *(Modèle n° 297)* destinés à la constatation, par nature de recette et de dépense, des opérations qui sont effectuées en exécution des budgets des communes et des établissements de bienfaisance, sont tenus *par exercice*, c'est-à-dire qu'ils servent à l'enregistrement des recettes et des dépenses propres à chaque exercice, non seulement pendant l'année qui donne son nom à cet exercice, mais encore pendant la partie de l'année suivante, qui est accordée pour en compléter les opérations.

Il s'ensuit que les receveurs ayant à opérer, dans le cours de chaque année, les recettes et les dépenses de *l'exercice qui commence*, et celles de *l'exercice qui achève sa période* doivent tenir concurremment ouverts, au nom de chaque commune ou établissement, les livres de détail de ces *deux exercices*.

La tenue des livres de détail est considérée comme obligatoire pour toutes les communes, quelle que soit leur importance. Toutefois, les receveurs des finances ont la faculté d'apprécier, selon les besoins du service, s'il y a lieu d'employer le modèle donné sous le n° 297 de l'Instruction générale, ou celui en forme de tableau synoptique.

Pour les communes et établissements dont les revenus sont importants, et nécessitent des mesures spéciales de surveillance, les receveurs peuvent être assujettis à la tenue de carnets destinés à l'ouverture de compte spéciaux pour les divers débiteurs de *rentes, fermages et autres produits.(Inst. gén.art. 1458; Circ. compt. publ. 24 août 1878, § 11.)*

1779. — A mesure que le receveur a effectué une recette, soit en *numéraire*, soit en *récépissés de placements faits, sans son concours, au Trésor public*, soit en *décomptes d'intérêts alloués sur les placements*, soit aussi en *déclarations de retenues*, admises par le receveur des finances, sur le produit des centimes additionnels ou impositions revenant aux communes, et qu'il a délivré à la partie versante une quittance détachée du journal à souche, il constate immédiatement cette recette à l'article du livre de détail auquel elle se rapporte.

De même, chaque payement que le receveur opère entre les mains des créanciers des communes ou établissements est constaté en dépense à l'article correspondant du livre de détail de l'exercice auquel la dépense appartient. *(Inst. gén., art. 1459.)*

1780. — pour les produits en *nature* appartenant aux établissements de bienfaisance, le receveur doit ouvrir, sur le livre de détail, un compte de recette correspondant à l'article du budget et intitulé comme cet article : *Rentes et fermage en nature évalués en argent* ; il y inscrit, à mesure des versements, les quantités versées à l'économe, et dont il délivre, sur le vu du récépissé de ce dernier, une quittance où il exprime l'évaluation en argent; le montant de cette évaluation est porté dans la colonne des *recettes*. En même temps, le receveur, pour constater la livraison à l'économe, ouvre un compte de *dépense* correspondant à l'article du budget : *Grains, denrées et autres produits en nature livrés à l'économe* ; il y porte le montant, par quantité et par évaluation en argent, des produits dont il s'était chargé en recette. Les recettes et les dépenses, ainsi constatées, sont portées au *compte de l'établissement*, sur le livre des *comptes divers*.

Lorsqu'une partie des produits récoltés en nature est vendue et que le prix de vente est versé au receveur, ce versement donne lieu aux mêmes écritures que toute autre recette en argent; le montant en est inscrit au *crédit de l'établissement*, et, sur le livre de détail, au compte des *produits de la vente des denrées ou grains excédant les besoins de l'établissement*. Quant aux denrées achetées, le receveur n'a d'autres écritures à passer que celles qui résultent de la dépense en deniers.

Les comptables des établissements de bienfaisance doivent tenir pour les produits en nature deux comptes qui sont classés, non pas avec les comptes généraux, mais sous une rubrique spéciale de balance, consacrée aux comptes d'ordre.

Ces comptes portent les titres suivants :

1° *Produits en nature provenant des rentes et fermages et livrés à l'économe* ;

2° *Produits en nature de l'établissement consommés dans l'établissement. (Inst. gén., art. 1460,; Circ. compt. 10 juin 1896, § 4.)* — V. Pièces justificatives, §§ 214, 215, 242 et 243.

1781. — *Livre de détail spécial des recettes et des dépenses de l'octroi.* — Les receveurs municipaux des communes dont *l'octroi est en régie simple*, ou perçu par voie d'*abonnement avec l'administration des contributions indirectes*, étant chargés de centraliser à leur caisse le produit brut des droits perçus par les receveurs aux portes et barrières, et de payer les frais de perception et les autres dépenses ordinaires et accessoires, doivent enregistrer ces recettes et ces dépenses sur un livre de détail spécial *(Modèle n° 298)*.

Ce livre, tenu par *exercice*, contient dans des colonnes distinctes :

En recette, les versements qui sont faits à la caisse municipale sur les *produits ordinaires de l'octroi*, sur les *recettes accessoires*, sur les *recettes d'ordre* et pour remboursement des *frais avancés* ;

En dépense, les divers *frais de perception*, les *dépenses d'ordre*, les *avances pour frais judiciaires*, et le versement au Trésor de la portion des produits de l'octroi qui, dans plusieurs villes, remplace la *contribution mobilière*.

La tenue du livre de détail spécial de l'octroi est facultatif. *(Inst. gén., art. 1461; Circ. compt. publ. 8 mars 1898, § 3.)*

1782. — Le livre de *détail de l'octroi* sert aussi aux receveurs municipaux des communes dont l'octroi est en *régie intéressée*, pour constater les versements du régisseur et le payement de la portion des frais de perception qui, suivant le cahier des charges, doit être payée par la caisse municipale.

Les receveurs des communes où l'octroi est *affermé*, ayant seulement à recevoir le prix de ferme stipulé par le bail, en font l'enregistrement, sur leur livre de détail ordinaire, à un compte ouvert comme pour les autres recettes portées au budget. *(Inst. gén., art. 1466.)* — V. Octroi.

1783. — *Livre de détail spécial des recettes et dépenses pour les chemins vicinaux.* — Le *livre de détail spécial des recettes et des dépenses pour les chemins vicinaux (Modèle n° 66)* est destiné à présenter d'une manière distincte les opérations relatives à ce service. *(Inst. gén., art. 1467.)*

1784. — Ce livre est tenu *par exercice*, comme les autres livres de détail dont il est parlé ci-dessus. Il est divisé en deux parties :

La première est relative aux ressources. Le receveur municipal ouvre un compte spécial à chacun des articles de recette admis par les budgets primitifs ou supplémentaires, ou par des autorisations spéciales, en suivant le même ordre d'inscription que dans le budget, et en maintenant à chaque article le numéro qui lui a été attribué. Il y inscrit, au fur et à mesure de leur réception, les différents titres qui lui sont adressés par le receveur des finances, et, jour par jour, les recettes qu'il effectue en numéraire, en extraits de rôles constatant les travaux effectués, ou en déclarations de retenues pour centimes additionnels. Chaque recette figure dans la colonne du *livre de détail* à laquelle elle s'applique.

Les ordonnances de décharge et de réduction figurent en bloc à chaque compte au-dessous des produits constatés.

La deuxième partie est relative aux dépenses effectuées. Un compte distinct est également ouvert pour chaque crédit inscrit aux budgets primitif ou additionnel, ou accordé par des autorisations spéciales, en suivant le même ordre d'inscription que dans le budget, et en maintenant à chaque article le numéro qui lui a été attribué. Le receveur municipal y inscrit, jour par jour, les diverses dépenses qu'il a effectuées, en distinguant les différents chemins auxquels elles se rapportent.

Il en est de même des cotisations versées aux receveurs des finances.

Les recettes et les dépenses résultant des secours accordés sur les fonds des départements ou de l'État, soit pour la construction ou l'entretien des chemins vicinaux, soit pour l'établissement d'ateliers de charité, en faveur des indigents, doivent aussi rattachées à la comptabilité de ces chemins, et, conséquemment, portées sur le livre de détail dont il s'agit. *(Inst. gén., art. 1468; Inst. chem. vic. 6 décembre 1870, art. 232.)*

1785. — *Additions à faire aux livres de détail.* — Les sommes enregistrées sur chacun des *livres de détail* doivent être additionnées toutes les fois que les percepteurs ont à établir les bordereaux détaillés.

Ces additions sont indépendantes de celles qui sont faites lors de la vérification des écritures. *(Inst. gén., art. 1169.)*

Livre des comptes divers par services.

1786. — *Dispositions générales.* — Le *livre des comptes divers par services*, dont le *modèle* est annexé à la circulaire de la comptabilité publique du 28 juillet 1898, est tenu *par année.*

Il est ouvert un compte distinct pour les recettes et dépenses propres à chacun des services dont les percepteurs sont chargés concurremment.

Les feuilles de ce livre qui sont employées pour le service des communes et des établissements de bienfaisance doivent être timbrées. Sont également passibles du timbre les feuilles du livre destinées au compte: *Droits de permis de chasse recouvrés pour le compte de la commune de....*, *qui a un receveur spécial.*

Le droit de timbre est à la charge des communes et établissements. Les feuilles relatives aux autres services, y compris celui des syndicats, ainsi que la feuille de tête qui sert d'enveloppe, sont exemptes des droits de timbre.

Le compte des *rentes et créances appartenant à des établissements de bienfaisance étrangers à la résidence du percepteur*, n'étant qu'un compte d'ordre intérieur, n'est pas, non plus, assujetti au droit de timbre. *(Inst. gén., art. 1470; Circ. compt. publ. 28 juill. 1898.)*

1787. — Les percepteurs doivent, avant de se servir du livre des comptes divers, le faire viser et parapher par le receveur des finances, auquel il doit être présenté dans le courant du mois de novembre ou de décembre. *(Circ. compt. publ., 1er août 1896, § 8.)*

Les comptes à ouvrir sur ce livre se divisent en trois sections:

La *première section* comprend:

1° Les comptes des *recettes et dépenses budgétaires de chaque commune, hospice, bureau de bienfaisance ou établissement public, associations syndicales, dont le comptable gère les revenus*;

2° Les comptes des recettes et dépenses des services hors budget ou comptes d'ordre.

Les comptes de la première section contiennent une colonne affectée aux numéros des articles du budget, et une colonne de numéros d'ordre qui doivent, quant à la dépense, être inscrits sur chaque pièce justificative.

La *seconde section* est relative aux *Taxes et produits divers du Trésor et des départements*; les comptes y sont classés sous deux paragraphes:

Le premier paragraphe s'applique aux recouvrements effectués en vertu des titres de perception; le second aux services pour lesquels il n'existe pas de titre de perception.

L'ordre dans lequel les comptes doivent être classés est indiqué sur le répertoire placé en tête du livre des comptes divers. — V. n° 1742.

Les enregistrements doivent désigner la date de la remise des titres au comptable, la nature de ces titres et le montant des sommes à recouvrer.

Au compte intitulé: *Restes à recouvrer sur les contributions et taxes assimilées du 3e exercice,* les percepteurs y reportent, par balance d'entrée, dans des colonnes distinctes par nature de taxe, les restes à recouvrer au 31 décembre de la seconde année et l'excédent des recettes à la même date. Les restes appartenant à des exercices soldés et dont le recouvrement est suspendu par suite de réclamation devant le conseil de préfecture sont également inscrits à ce compte dans une colonne spéciale.

En ce qui concerne les *contraintes* à recouvrer, pour le compte des divers comptables, *sur des contribuables imposés hors de l'arrondissement de perception,* les titres de perception sont les contraintes et extraits des rôles, lesquels doivent, en conséquence, être enregistrés avec détail.

Pour les *rentes et créances dues à des établissements de bienfaisance,* il n'est besoin que d'un enregistrement indiquant la date de la remise des titres des créances et leur montant, attendu que ces titres doivent être détaillés sur un carnet spécial. — V. n° 2723.

La troisième section concerne les valeurs de portefeuille, les fonds placés au Trésor et les avances à recouvrer. *(Circ. compt. publ., 28 juill. 1898.)* — Voir le répertoire placé en tête du livre des comptes divers.

Les opérations sont constatées à chacun de ces divers comptes d'après les règles ci-après. *(Inst. gén., art. 1471; Circ. compt. publ. 28 juill. 1898.)*

1788. — *Comptes ouverts à la 1re section.* — A la fin de chaque jour, le percepteur relève sur les *livres de détail* ouverts au nom de chaque commune et établissement de bienfaisance ou de chaque association syndicale pour laquelle un livre de détail aurait été jugé nécessaire, les recettes enregistrées à chacun des articles de ces livres, et les porte en *recette* au compte de la commune, de l'hospice, du syndicat ou de tout autre établissement auquel les opérations appartiennent, en ayant soin de distinguer, dans les colonnes respectives, les sommes reçues sur chacun des deux exercices qui sont en cours d'exécution pendant les trois premiers mois de chaque année.

Le percepteur fait ensuite le relevé des articles de dépense constaté sur les livres de détail, et les reporte, de la même manière, en dépense au compte spécial qu'ils concernent.

Les sommes enregistrées sur les livres de détail des recettes et des dépenses relatives aux chemins vicinaux sont constatées, d'après les mêmes règles, au compte de la commune que les opérations concernent. A cet effet, le percepteur forme, sur ces livres, l'addition, *par journée*, des sommes enregistrées dans les diverses colonnes de la recette et de la dépense, et obtient, par leur réunion, dans la colonne des totaux, les sommes à transporter à ce compte.

Il opère de même à l'égard des recettes et des dépenses de l'octroi, si ce n'est qu'il ne porte en recette, au compte de la commune, que les recettes *ordinaires et accessoires*, et en dépense, que les sommes payées pour *frais de perception*. Les recettes et les *dépenses d'ordre* font l'objet de comptes ouverts à la *1re section*, § 2, du livre des comptes divers. (*Inst. gén. art. 1472 ; Circ. compt. publ. 28 juill. 1898.*) — V. Octroi, Services hors Budget.

1789. — *Comptes ouverts aux 2e et 3e sections.* — Les opérations concernant les 2e et 3e sections sont enregistrées *par journée* à chacun des comptes qui les concernent. (*Inst. gén., art. 1473, 1485 et 1493 ; Circ. compt. publ. 28 juillet 1898.*)

1790. — *Additions à faire sur le livre des comptes divers.* — Les sommes enregistrées dans les colonnes de recettes et de dépenses des comptes ouverts dans les deux premières sections du *livre des comptes divers* doivent être réunies, à la fin de chaque jour, dans la colonne des *totaux*, au moyen d'une accolade qui fait ressortir le montant des recettes et le montant des dépenses à porter au *livre récapitulatif.* Les diverses colonnes de chaque compte sont additionnées toutes les fois que le percepteur doit former le bordereau de situation sommaire. (*Inst. gén., art. 1501; Circ. compt. publ. 28 juill. 1898.*)

1791. — *Clôture des comptes au 31 décembre, et report des résultats au livre de l'année suivante.* — Au 31 décembre, tous les comptes sont clos et arrêtés.

Les comptes qui ont pour objet les recettes et les dépenses des *communes* et des *établissements de bienfaisance*, ou de services qui ne reçoivent pas d'*imputation d'exercice*, ainsi que les comptes des *valeurs en portefeuille*, des *fonds placés* et des *avances à recouvrer*, font ressortir des *excédents de recette* ou de *dépense*, qui doivent seuls être reportés sur le *livre des comptes divers* de l'année suivante.

Quant aux comptes de *redevances des mines*, de la *taxe des biens de mainmorte*, de *rétribution pour la vérification des poids et mesures*, des *droits de visite chez les pharmaciens et épiciers-droguistes*, de la *contribution sur les chevaux et voitures*, de la *taxe sur les vélocipèdes*, de la *taxe sur les billards*, de la *taxe sur les cercles*, de la *taxe militaire*, du *produit des amendes et condamnations*, des *frais de poursuites*, ainsi qu'aux divers autres comptes qui constatent des opérations dont la situation est suivie *par exercice*, le *total des recouvrements* et le *total des versements* faits sur les exercices en cours d'exécution sont transportés sur le livre de la nouvelle année. (*Inst. gén., art. 1502 ; Circ. compt. publ. 28 juill. 1898.*)

Toutefois, en ce qui concerne les *frais de poursuites*, on ne doit rapporter le montant des *titres de perception*, des *recouvrements* et des *versements* relatifs aux frais du dernier exercice, que lorsqu'il existe des restes à recouvrer. (*Inst. gén.. art. 1474, dernier alinéa.*) — V. n° 2444.

Livre récapitulatif des percepteurs.

1792. — *Dispositions générales.* — *Transport au livre récapitulatif des recettes et des dépenses constatées par le livre à souche et par le livre des comptes divers.* — Le livre récapitulatif est tenu par année conformément au modèle annexé à la circulaire de la comptabilité publique du 28 juillet 1898, et d'après les règles suivantes :

Il doit être visé et paraphé par le receveur des finances auquel il doit être présenté dans le courant du mois de novembre ou de décembre.

Lorsqu'à la fin de chaque jour, le percepteur a additionné les diverses colonnes du *journal à souche*, contenant tous les versements qui ont été faits, tant par les contribuables que par les débiteurs des communes et des établissements de bienfaisance, il en est fait immédiatement le transport au *livre récapitulatif* en inscrivant savoir :

1° Dans les colonnes 3 et 4, *contributions directes*, le montant par *exercice* des recouvrements effectués, soit en numéraire, soit en ordonnances de dégrèvements et non-valeurs ;

2° Dans la colonne 5, *frais de poursuites*, le montant des sommes qu'il a recouvrées à ce titre sur les contribuables ;

3° Dans la colonne 6, *taxes et produits divers*, la somme totale des recettes portées sous cette désignation au journal à souche, après avoir formé, sur le livre des comptes divers, le relevé des inscriptions qui y ont été faites pendant la journée, afin d'en donner le détail par nature de produit ;

4° Dans la colonne 7, *le total des opérations faites pour le compte du Trésor et des départements* ;

5° Dans la colonne 8, *services des communes et des établissements*, le montant total, par commune ou établissement, des recettes portées à chaque compte sur le livre des comptes divers.

6° Dans la colonne 9, *le total général*, égal à celui de la colonne 4 du journal à souche.

Les recettes sur *contributions directes* étant portées au livre récapitulatif pour l'ensemble de l'arrondissement de perception, les receveurs des finances peuvent, lorsqu'ils le jugent indispensable, prescrire exceptionnellement aux percepteurs, d'enregistrer sommairement ces recettes, *par commune*, sur un carnet spécial, afin d'établir la situation du recouvrement dans chaque commune. Les recettes d'une même journée n'y sont, pour toutes les communes, l'objet que d'une ligne.

Le transport des dépenses au livre récapitulatif s'opère de la même manière que celui des recettes, si ce n'est que le moyen de contrôle dont il vient d'être parlé n'existe pas, et que les dépenses qui résultent de versements au receveur des finances sont enregistrées par ce receveur lui-même au moment où il délivre ses récépissés. (*Inst. gén., art. 1504* ; *Circ. compt. publ. 1er août 1896, § 8 et 28 juillet 1898.*)

1793. — *Dispositions particulières concernant les placements de fonds, les valeurs de portefeuille et les pièces justificatives d'avances à recouvrer.* — Les sommes portées tant au débit qu'au crédit des comptes du *Trésor public*, de la *Caisse des dépôts et consignations*, des *valeurs de portefeuille* et des *avances à recouvrer*, ne doivent pas être comprises dans les recettes et les dépenses à transporter au livre récapitulatif, attendu que ces comptes n'ont pour objet que la constatation de simples conversions de valeurs, et non des opérations de recettes et de dépenses proprement dites, et que les sommes qui les concernent sont représentées entre les mains des receveurs municipaux par des récépissés de placement, des valeurs à terme ou des pièces justificatives d'avances à recouvrer. Seulement, il est ouvert, dans la partie du livre affectée à la dépense, une dernière colonne dans laquelle sont portées, *par addition et soustraction*, toutes ces conversions de valeurs, c'est-à-dire les *placements de fonds au Trésor*, les *remboursements* de ces fonds, l'entrée et la sortie des *traites d'adjudicataires* de bois et des diverses pièces justificatives d'*avances à recouvrer*. Cette colonne sert ainsi à faire connaître, chaque fois qu'il est nécessaire, quelle doit être l'encaisse du comptable, y compris les pièces de dépense acquittées pour le compte du

trésorier-payeur général : il suffit, à cet effet, d'en ajouter le montant au montant des dépenses, et de comparer le total qui en résulte au total général des recettes : l'encaisse doit être égale à la différence entre les deux totaux. (*Inst. gén., art. 1505.*)

1794. — *Obligation de faire la caisse chaque jour.* — Le percepteur doit faire sa caisse chaque jour, et constater, sur un carnet ou cahier spécial, le détail, par nature, des valeurs existant matériellement en caisse et en portefeuille. (*Inst. gén., art. 1506.*) — V. n°s 802 et suiv.

1795. — *Inscription des remboursements de fonds placés.* — Les remboursements faits successivement *sur les fonds placés au Trésor* sont inscrits par le receveur des finances lui-même sur le livre récapitulatif, et, pour que cette inscription, ainsi que celle des versements, puisse être faite comme il est prescrit, les percepteurs doivent présenter le livre chaque fois qu'ils versent le produit de leurs recettes, ou qu'ils ont à faire un retrait de fonds. Si, par oubli ou par une circonstance exceptionnelle, un percepteur ne s'en trouve pas muni, le receveur des finances doit néanmoins admettre le versement contre un récépissé à talon, sauf à exiger que le livre récapitulatif lui soit apporté ou envoyé dans un délai d'un ou deux jours, au plus tard, pour l'inscription du versement après les vérifications nécessaires. (*Inst. gén., art. 1507.*) — V. n°s 2263 et suiv.

1796. — *Additions à faire sur le livre récapitulatif, et rectification des erreurs.* — Les colonnes du *livre récapitulatif* doivent être additionnées à la fin de chaque mois, et toutes les fois que le percepteur fait un versement à la recette particulière.

Les erreurs qui seraient commises, soit dans les additions ou bien, soit dans l'application à la colonne d'un exercice de recette appartenant à un autre exercice, doivent, comme on l'a déjà dit au n° 1745, être rectifiées par *déduction* et *augmentation*, sur le livre lui-même, aux colonnes susceptibles de recevoir ces rectifications.

Les sommes perçues en trop, *par erreur*, donnent également lieu à des *réductions de recette* dans les colonnes où elles ont été portées ; mais, comme le règlent les articles 217 et 1487 de l'Instruction générale (V. n°s 1499 et suiv.), elles doivent être constatées au compte des *excédents de versements*, en même temps que les réductions sont opérées. (*Inst. gén., art. 1508.*)

1797. — *Clôture du livre récapitulatif au 31 décembre.* — Le livre récapitulatif est clos au 31 décembre de chaque année, et les résultats en sont transportés sur le livre de l'année suivante.

Le percepteur reporte, en première ligne,

dans les colonnes affectées aux *contributions directes*, le *total des recouvrements* ainsi que le *total des versements* faits aux receveurs particuliers, d'après l'ancien livre.

Le total des *versements sur contributions directes* doit offrir, pour chaque exercice, une somme égale au crédit des comptes ouverts au percepteur dans les écritures du receveur particulier. (*Inst. gén., art. 1509.*)

1798. — En ce qui concerne les *recouvrements*, le receveur des finances, pour avoir l'assurance de leur exactitude, doit faire dresser dans la forme du *Modèle n° 306*, des *états des restes à recouvrer* d'après les émargements portés au rôle de chaque exercice.

Cet état ne doit toutefois être dressé qu'à l'époque fixée pour la formation des états de cotes irrécouvrables (V. n°s 1206 et 1484). Ces cotes font, dans les états des restes à recouvrer, l'objet d'une colonne spéciale.

Le receveur particulier rapproche alors le montant des restes à recouvrer du montant des rôles de l'exercice, et la différence doit offrir une somme égale au total de la colonne du livre récapitulatif qui a reçu les *recouvrements* du même exercice.

En cas de désaccord, le percepteur verse de ses deniers l'insuffisance de recette; s'il y a un excédent, il en fait provisoirement l'application aux comptes des excédents de versements. (*Inst. gén., art. 1510*) — V. Excédents de versements, Restes a recouvrer.

1799. — La même marche est suivie pour le transport, au *livre récapitulatif*, des *recouvrements* et des *versements* constatés sur le *livre des comptes divers*, à titre de *redevances des mines, taxe des biens de mainmorte, rétributions pour la vérification des poids et mesures, des droits de visite chez les pharmaciens et épiciers droguistes, de la contribution sur les chevaux et voitures, de la taxe sur les vélocipèdes, de la taxe sur les billards, de la taxe sur les cercles, de la taxe militaire, du produit des amendes et condamnations, des frais de poursuites et autres produits dont la situation est suivie par exercice.* Il est formé pour les *frais de poursuites* un état spécial de *restes à recouvrer*, comme il est prescrit pour les contributions directes. Le modèle de cet état est donné sous le n° 307. Pour le transport par balance d'entrée du compte des retenues pour pensions civiles, il convient de ne rapporter dans la nouvelle gestion que l'excédent des recettes qui ressort à ce compte au 31 décembre.

Quant aux comptes des *communes et établissements de bienfaisance* et aux *divers comptes qui ne présentent pas de désignation d'exercice*, il n'est pas nécessaire de trans; orter à nouveau la masse des recettes et des dépenses qu'ils présentent. Le *livre des comptes divers*, dans lequel ces comptes sont ouverts, fait ressortir, comme on l'a vu au n° 1791, les excé-

dents de recettes sur les dépenses de chaque exercice; il suffit, dès lors, pour l'ordre de la comptabilité, que tous les excédents de recettes constatés par les divers comptes soient réunis par une addition, et transportés au *livre récapitulatif*, dans la colonne des *produits divers (cadre de la recette).*

Les soldes des comptes ouverts sur le *livre des comptes divers*, pour constater les *valeurs en portefeuille*, les *fonds placés* et les *avances à recouvrer*, sont reportés dans la colonne qui leur est propre. (*Inst. gén. art. 1511 ; Circ. compt. publ. 28 juillet 1898.*) — V. Mutations de percepteurs, n°s 1888 et suiv.

1800. — Le livre récapitulatif doit présenter, sur des feuilles spéciales, l'enregistrement sommaire des rôles des contributions directes remis au comptable, ainsi que le développement des centimes communaux. Il y est fait déduction du montant des ordonnances délivrées par voie de déduction de rôle. (*Inst. gén., art. 1512.*)

Livre récapitulatif général à tenir par les receveurs des finances.

1801. — Les receveurs des finances doivent, pour avoir constamment sous les yeux les principaux résultats du service des percepteurs, ouvrir un carnet sur lequel ils inscrivent successivement les totaux de recette et de dépense que présentent les diverses colonnes du *livre récapitulatif* qui leur est produit par les percepteurs, lors de leurs versements à la recette particulière. Il suffit, pour établir ce carnet, de rassembler en un seul volume autant de feuilles du livre récapitulatif qu'il y a de percepteurs dans l'arrondissement. (*Inst. gén., art. 1286, § 8.*)

Livres de détail. — V. n°s 1777 et suiv., et pour les Carnets, n° 862.

Livret individuel pour les percepteurs. — V. n° 1345.

Locataires. — V. Déménagement, n°s 1315 et suiv. ; Fermiers et locataires.

Location des places dans les halles, foires, marchés, abattoirs, etc. (Droits de).

1802. — Les conseils municipaux règlent par leurs délibérations, sous l'approbation de l'administration supérieure, le *tarif des droits de place* à percevoir dans les halles, foires et marchés, et ceux relatifs aux *permis de stationnement et de location* sur les rues, places et autres lieux dépendant du domaine public communal.

Ces droits sont perçus par voie de régie simple, de régie intéressée ou de ferme.

Lorsque le conseil municipal adopte la mise en ferme ou en régie intéressée, il y a lieu d'appliquer les règles tracées par les articles 918 et 921 de l'Instruction générale pour les droits d'octroi perçus de la même manière, et par le dernier alinéa de l'article 924 pour la nature et le mode de réalisation du cautionnement. — V. n°° 1996 et suiv.

Les époques du versement des produits aux caisses municipales sont déterminées par l'acte d'adjudication.

En cas de retard dans les versements, les adjudicataires sont poursuivis par les moyens indiqués à l'article 850. (*Inst. gén.*, *art. 925*; *L. 5 avril 1884, art. 68, § 7 et art. 133, §§ 6 et 7.*) — V. POURSUITES. n°° 2462 et suiv.

Les communes n'ont pas de privilège pour le recouvrement des droits ci-dessus. — V. n° 2530.

Pour les pièces justificatives, V. n° 2234, § 16.

1803. — Les quittances à souches, délivrées aux parties versantes par les receveurs municipaux, des droits de place, pesage, mesurage et jaugeage, sont passibles du timbre de 25 centimes. — Mais les quittances délivrées aux préposés d'octroi par le receveur municipal, pour le versement à sa caisse des droits perçus, sont dispensées du timbre comme pièces d'ordre intérieur. — V. QUITTANCES.

1804. — Les concessions de places dans les marchés, halles, etc., tombent sous l'application de la loi du 23 août 1871. (*Décis. min. Fin. 30 sept. 1873.*) — V. LOCATIONS VERBALES.

1804 bis. — *Perception des droits de place et de stationnement au moyen de tickets.* — Les receveurs municipaux qui opèrent des recouvrements au moyen de tickets de divers recettes, telles que les droits de place et de stationnement, doivent se conformer aux instructions énoncées dans la circulaire de la comptabilité publique en date du 25 septembre 1901, § 13. — V. PIÈCES JUSTIFICATIVES, §§ 63 *bis* et 182 *bis.*

Locations d'Immeubles. — V. BAUX. PIÈCES JUSTIFICATIVES, § 7.

Locations verbales de biens immeubles (Déclarations de).

1805. — La loi des 23-25 août 1871, relative à l'enregistrement et au timbre, édicte par ses articles 11 et 14 les dispositions suivantes :

« ART. 11. — Lorsqu'il n'existe pas de conventions écrites constatant une mutation de jouissance de biens immeubles, il y est suppléé par des déclarations détaillées et estimatives, dans les trois mois de l'entrée en jouissance.

» Si la location est faite suivant l'usage des lieux, la déclaration en contiendra la mention. Les droits d'enregistrement deviendront exigibles dans les vingt jours qui suivront l'échéance de chaque terme. et la perception en sera continuée jusqu'à ce qu'il ait été déclaré que le bail a cessé ou qu'il a été résilié.

» En cas de déclaration insuffisante, il sera fait application des dispositions des articles 19 et 39 de la loi du 22 frimaire an VII.

» La déclaration doit être faite par le bailleur, qui est tenu du payement des droits, sauf son recours contre le preneur.

» Néanmoins, les parties restent solidaires, pour le recouvrement du droit simple par application de l'article 6 de la loi du 28 février 1872.

» Ne sont pas assujetties à la déclaration les locations verbales ne dépassant pas trois ans, et dont le prix annuel n'excède pas cent francs. Toutefois, si le même bailleur a consenti plusieurs locations verbales de cette catégorie, mais dont le prix cumulé excède cent francs annuellement, il sera tenu d'en faire la déclaration et d'acquitter les droits d'enregistrement.

» Si le prix de la location verbale est supérieur à cent francs, sans excéder trois cents francs annuellement, le bailleur sera également tenu d'en faire la déclaration et d'acquitter les droits exigibles, sauf son recours contre le preneur.

» Le droit sera exigible lors de l'enregistrement ou de la déclaration. Toutefois, si le bail est de plus de trois ans et si les parties le requièrent, le montant du droit pourra être fractionné en autant de payements égaux qu'il y aura de périodes triennales dans la durée du bail. Le payement des droits afférents à la première période sera seul acquitté lors de l'enregistrement ou de la déclaration, et celui des périodes subséquentes aura lieu dans le premier mois de l'année qui commencera chaque période.

» La dernière disposition du numéro 2 du § 3 de l'article 69 de la loi du 22 frimaire an VII relative aux baux de trois, six ou neuf années, est abrogée. »

« ART. 14. — A défaut d'enregistrement ou de déclaration dans les délais fixés par les lois des 22 frimaire an VII, 27 ventôse an IX et par l'article 11 de la présente loi, le bailleur est tenu personnellement et sans recours nonobstant toute stipulation contraire, d'un droit en sus, lequel ne peut être inférieur à cinquante francs, plus les décimes. Néanmoins les parties restent solidaires pour le recouvrement du droit simple.

» Le bailleur peut s'affranchir du droit en sus qui lui est personnellement imposé, ainsi que du versement immédiat des droits simples, en déposant dans un bureau d'enregistrement l'acte constatant la mutation, ou, à défaut d'acte, en faisant les déclarations prescrites par l'article 4 de la loi du 27 ventôse an IX, et par l'article 11 de la présente loi.

» Outre les délais fixés pour l'enregistrement des actes ou déclarations, un délai d'un mois est accordé au bailleur pour faire le dépôt ou les déclarations autorisées par le paragraphe qui précède. »

1806. — *Intervention des percepteurs pour la réception des déclarations de locations verbales.* — Les percepteurs sont chargés de la réception des déclarations de locations verbales de biens immeubles, ainsi que de la liquidation et de la perception des droits y relatifs. Ils n'ont pas à s'occuper des baux authentiques ou sous signatures privées, attendu que ces baux devant être enregistrés, cette formalité ne peut être remplie qu'entre les mains d'un receveur de l'enregistrement. *(Circ. compt. publ. 19 septembre 1871, § 1er.)*

L'intervention des percepteurs ne doit pas consister seulement à recevoir les déclarations qui leur seraient spontanément offertes, mais ils doivent, par des affiches placées dans leur bureau ou autres moyens de publicité dont la trésorerie générale a apprécié l'efficacité, informer les contribuables habitant des communes dépourvues d'un bureau d'enregistrement, qu'en vue de leur épargner des déplacements onéreux, l'administration a ouvert les bureaux des percepteurs pour la réception des déclarations de locations verbales. *(Circ. compt. publ., 4 mars 1881, § 5.)*

1807. — *Locations qui doivent être déclarées.* — L'obligation de déclarer est expressément limitée aux mutations de jouissance de biens immeubles. En outre, elle ne s'étend ni au bail à cheptel ou à moitié fruits, ni au bail d'un appartement meublé. Mais il n'en serait pas de même si « un propriétaire meuble sa maison, la loue en totalité ou en partie à quelqu'un qui vient l'habiter lui-même, ou l'exploiter comme logeur. Dans ce cas, le preneur est un véritable locataire. » *(Inst. Dir. enreg. 25 août 1871.)*

1808. — La déclaration est également obligatoire pour les locations prétendues faites à titre gratuit, par exemple pour la jouissance concédée par un père à ses enfants, sans payement de loyer, d'un appartement dans sa maison. *(Circ. compt. publ. 29 nov. 1871, § 3.)*

1809. — Les locations verbales faites à des ouvriers par des fabricants ou industriels doivent aussi être déclarées ; les ouvriers ne sont pas assimilables à des gens de service logés chez leurs maîtres. *(Solut. enreg. 30 nov. 1871.)*

1810. — *Réception des déclarations.* — Les déclarations de locations verbales de biens immeubles sont rédigées sur des formules imprimées qui sont fournies aux percepteurs par administration de l'enregistrement. Ces for-

mules, imprimées sur papier *blanc*, contiennent toutes les indications nécessaires pour la liquidation des droits, et sont certifiées par le bailleur. Lorsque le déclarant ne sait pas signer, la déclaration en fait mention et est signée par le percepteur. Si la partie veut se faire représenter par un mandataire, il suffit qu'elle souscrive une procuration sous signature privée (*non enregistrée, mais timbrée*), qui reste annexée à la déclaration après avoir été certifiée par le déclarant. Une seule procuration suffit pour les déclarations à souscrire au nom du même contribuable, dans le même bureau.

L'indication du nom de la perception est mise manuscritement par le percepteur en tête de la déclaration. Il a également à remplir le cadre imprimé au verso et relatif aux sommes reçues. Le numéro de la recette à porter dans la quatrième colonne dudit cadre est celui de la quittance détachée du journal à souche, comme il est dit ci-après. En regard de ce numéro et dans la colonne d'observations on doit inscrire : *Perception de...*

Les percepteurs n'ont pas à recevoir de déclarations dans la commune de la résidence du receveur de l'enregistrement. Leur intervention ne s'applique qu'aux autres communes de la perception. Elle est obligatoire, sauf le cas prévu ci-après, n° 1816. Néanmoins, comme elle a principalement pour but d'éviter un déplacement aux contribuables desdites communes, ceux-ci ont toujours le droit de s'adresser directement au receveur de l'enregistrement.

Ainsi qu'il vient d'être dit, les percepteurs doivent être pourvus de formules de déclarations. Dans chacune des communes où ils se rendent périodiquement pour le recouvrement des contributions, ces comptables doivent non seulement remettre des formules aux parties qui en font la demande, mais, au besoin, *ils provoquent les déclarations.* (*Circ. compt. publ. 19 septembre 1871, § 2.*)

1811. — *Liquidation et perception des droits.* — Les règles relatives à la liquidation et à la perception du droit de bail sur les déclarations de locations verbales sont résumées ci-après :

1° Le droit doit être liquidé sur le prix annuel, en y ajoutant les charges imposées au preneur (*L. 22 frimaire an VII, article 15, 1°*) ;

2° Le droit est de 20 centimes % sur le prix cumulé de toutes les années (*L. 16 juin 1824, art. 1er*) ;

3° La perception du droit proportionnel suit les sommes de 20 francs en 20 francs, sans fraction (*L. 27 ventôse an IX, art. 2*) ;

4° Il ne peut être perçu moins de 25 centimes pour l'enregistrement d'une déclaration (*Même loi, art. 3*) ;

5° Le double décime est dû, indépendamment du droit principal, sur chaque déclaration (*L. 2 juill. 1862, art. 14, et 23 août 1871, art. 1er*) ;

Est également dû le demi-décime ajouté par l'article 2 de la loi du 30 décembre 1873;

6° A défaut de déclaration dans les trois mois de l'entrée en jouissance, le bailleur est tenu personnellement d'un droit en sus, qui ne peut être inférieur à 50 francs, décimes non compris (*L. 23 août 1871, art. 14*);

7° Quand une fraction de somme ne produit pas 1 centime de droit, le centime est perçu au profit de la République (*L. 22 frimaire an VII, art. 5*);

8° Lorsque le bail est de plus de trois ans, les parties peuvent être admises, si elles le demandent, à se libérer en autant de payements égaux qu'il y aura de périodes triennales. (*L. 23 août 1871, art. 11, § 7.*)

Le percepteur liquide sur la feuille de déclaration les droits immédiatement exigibles et en perçoit le montant ; il inscrit la recette sur son livre à souche, avec distinction du principal et des décimes, et il remet à la partie une quittance motivée et détachée de ce registre.

Lorsque le même bailleur a consenti plusieurs locations verbales dont le prix annuel n'excède pas 100 francs, mais dont le prix cumulé excède ce chiffre, il peut faire une déclaration collective, mais détaillée, pour toutes les locations et exiger qu'il ne lui soit délivré qu'une seule quittance. Le droit est liquidé sur le montant total des locations, régulièrement arrondi de 20 francs. Il n'est dû qu'un minimum de 25 centimes pour tous les baux faisant l'objet de la déclaration collective. (*Circ. compt. publ. 29 novembre 1871 § 3 ; Sol. enreg., 11 août 1872 et 26 janvier 1882.*)

La souche et la quittance font mention de la date de la déclaration, et la feuille de déclaration est émargée du numéro de la quittance.

1812. — Les quittances des droits perçus pour locations verbales sont sujettes au *timbre de 25 centimes*, lorsqu'elles excèdent *10 francs*. (*L. 13 brumaire an VII, art. 16 ; 8 juill. 1865, art. 4, et 23 août 1871, art. 2.*)

1813. — *Quelques exemples de déclarations passées dans les circonstances susceptibles de se reproduire le plus fréquemment faciliteront la liquidation des droits exigibles.*

1er Exemple

Soit la location d'un immeuble rural pour trois, six ou neuf ans, moyennant le prix principal de 450 francs par an, et à charge par le preneur de livrer annuellement au bailleur 1 hectolitre de blé, 4 volailles grasses et de payer l'impôt foncier s'élevant à 5 francs par an.

Prix principal, 450 × 9.. =	4,050f »
Blé (évaluation d'après les mercuriales), 1 hectolitre à 17 fr. 50 × 9............ =	157 50
Volailles grasses (valeur annuelle déclarée par les parties), 20 fr. × 9........... =	180 »
Impôt foncier, 5 francs par an pendant 9 ans, 5 × 9.......................... =	45 »
TOTAL..................... =	4,432 50

Le total étant de 4,432 fr. 50, le droit doit être liquidé sur 4,440 francs.

4,440 francs à 0 fr. 20 %.. =	8 88
Double décime et demi ou 1/4... =	2 22
TOTAL..................... =	11 10

qui seront versés soit immédiatement, soit par tiers, au choix des parties.

A défaut de déclaration dans les trois mois de l'entrée en jouissance, le bailleur aura à verser, à titre de droit en sus, une somme de : 50 francs, plus le double décime et demi : 12 fr. 50 ; soit en total : 62 fr. 50.

2e Exemple

S'il s'agit de locations consenties pour plus de trois ans, dont le prix annuel n'excède pas 100 francs, par exemple, de la location d'une parcelle de terre pour quatre ans, moyennant 18 fr. par an, la liquidation s'opérera ainsi qu'il suit :

18 × 4 = 72 francs, soit 80 francs à 0 fr. 20.................................. =	0 16
Le droit ne s'élevant pas à 25 centimes, il y a lieu de percevoir à titre de minimum........... =	0 25
Plus le double décime et demi ou 1/4...................................... =	0 07
TOTAL..................... =	0 32

3e Exemple

Bail pour trois, six ou neuf ans, moyennant le prix de 450 francs par an, et à charge par le preneur d'exécuter, pour le bailleur, des travaux évalués à 337 fr. 50 pour toute la durée du bail.

450 × 9... =	4,050f »
Prestations.. =	337 50
TOTAL..................... =	4,387 50

Droit à 0 fr. 20 % sur 4.400 francs... =	8 80
Double décime et demi.. =	2 20
TOTAL..................... =	11 »

Payables, au choix des parties, soit en totalité, ci.............................. =	11 »
Soit par tiers, ci.. =	3 67

(Circ. compt. publ. 10 sept. 1871 § 3 ; L. 30 décembre 1873, art. 2.)

1814. — *Constatation des recettes dans les écritures.* — *Versement des droits perçus.* — Les recettes de l'espèce sont portées par les percepteurs à un compte spécial à ouvrir à la deuxième section, § 2, du livre des comptes divers, sous le titre de : *Droits perçus sur déclarations de locations verbales de biens immeubles.* Ce compte est crédité des sommes reçues des contribuables et débité des versements faits à la recette des finances.

Les receveurs des finances délivrent des récépissés à talon pour les sommes versées par les percepteurs et ils s'en chargent en recette au crédit d'un compte à ouvrir sous le même titre, parmi les *correspondants du Trésor.*

En fin de dizaine, les recettes sont transportées dans les écritures des receveurs particuliers au crédit du compte courant du trésorier général, et, dans celles de ce dernier comptable, au crédit du compte courant du Trésor, par l'intermédiaire du compte : *Fonds libres sur correspondants du Trésor et sur avances.*

Aux époques fixées pour ses versements, chaque percepteur remet à la recette des finances un état détaillé, daté et certifié, des droits perçus depuis le dernier versement, et y joint les déclarations reçues. Cet état *(Modèle annexé à la circulaire du 19 septembre 1871, § 4)* comprend : le numéro d'ordre, la date de la déclaration, le numéro de la quittance à souche, le nom de la commune où sont situés les immeubles loués, le nom du bailleur, le nom du preneur, le montant des droits payés : 1° principal ; 2° décimes. Si, dans une même perception, les communes de la situation des immeubles auxquels s'appliquent les déclarations dépendent de plusieurs bureaux d'enregistrement, il est fait un état distinct par bureau. Les déclarations et l'état sont transmis par le receveur des finances au trésorier général. *(Circ. compt. publ. 19 sept. 1871, § 4.)*

1815. — *Cas où les contribuables acquittent des droits payables par termes.* — Lorsque le bail est de plus de trois ans et que les parties usant de la faculté accordée par le § 7 de l'article 11 de la loi du 23 août 1871, requièrent le fractionnement des droits en autant de payements égaux qu'il y a de périodes triennales dans la durée du bail, l'intention des parties doit être exprimée dans la déclaration de location verbale.

Il arrive nécessairement que des contribuables se présentent de nouveau chez le percepteur pour acquitter des droits payables par termes, lesquels sont le plus souvent trimestriels, semestriels, annuels ou triennaux, et que le comptable n'a plus en sa possession les déclarations de locations verbales. Pour y suppléer, les parties versantes doivent représenter au percepteur la première quittance qui leur a été délivrée ; il est dès lors indispensable que cette quittance contienne toutes les indications nécessaires pour faciliter la perception des droits et la recherche de la feuille de déclaration. Ces indications, qui consistent dans la date de la déclaration, le nom de la commune de la situation d'un immeuble loué, le nom du bailleur, celui du preneur et le montant des droits à payer périodiquement, sont inscrites au verso de la quittance à souche délivrée par le percepteur, et elles sont reproduites dans l'état des recettes remis à l'appui de son versement à la recette des finances. *(Circ. compt. publ. 19 septembre 1871, § 5.)*

1816. — *Cas où l'intervention du percepteur n'est pas obligatoire.* — *Poursuites.* — L'intervention des percepteurs pour la réception des déclarations de locations verbales et la recette des droits exigibles n'est obligatoire *qu'autant que les déclarations et les versements sont faits dans les délais fixés par la loi.* Toutefois, les percepteurs peuvent recevoir les déclarations moyennant le droit simple seulement, sauf au directeur, après avoir pris l'avis du receveur de l'enregistrement, à statuer ultérieurement sur le payement total ou partiel des amendes encourues. Mais si les contribuables élevaient des contestations, notamment au sujet de la liquidation des droits, les percepteurs seraient fondés à refuser leur concours. Il est, d'ailleurs, entendu que, si les comptables éprouvaient des doutes sur le mode de liquidation des droits, ils en référeraient au receveur de l'enregistrement de leur canton, soit directement, soit par l'entremise de la recette des finances.

Les percepteurs n'ont pas non plus à intervenir dans les poursuites qu'il y aurait lieu d'exercer contre les contribuables ; ce soin incombe exclusivement aux receveurs de l'enregistrement. *(Circ. compt. publ. 19 sept. 1871, § 6, et 10 décembre 1872, § 2.)*

1817. — *Déclarations de cessation et de résiliation de locations verbales.* — Les déclarations de cessation et de résiliation, nécessaires pour arrêter le cours de la perception sur les locations faites suivant l'usage des lieux, peuvent être faites entre les mains des percepteurs. Dans ce cas, on se sert de la formule ordinaire relative aux locations verbales, et, indépendamment de la feuille du recto qui est remplie comme à l'ordinaire, mais non signée, la partie doit signer la déclaration qui est prévue au bas de la page du verso. Cette formule est ensuite envoyée au bureau de l'enregistrement détenteur de la déclaration primitive de location et annexée à ladite déclaration. *(Circ. compt. publ. 19 sept. 1871, § 7.)*

1818. — *Erreurs commises par les percepteurs.* — S'il a été reconnu que des erreurs ont été commises dans la liquidation des droits encaissés par les percepteurs, la rectification en serait faite par les soins de l'administration de l'enregistrement. Mais les receveurs de l'enregistrement peuvent se concerter avec les percepteurs, par l'entremise de la recette des finances, pour faciliter le versement des suppléments de droits exigibles ou la restitution des droits indûment perçus. *(Circ. compt. publ. 19 septembre 1871, § 8.)*

1819. — *Rémunération des percepteurs.* — L'allocation due aux percepteurs est de 5 centimes par déclaration. Elle est acquise non seulement pour la réception des déclarations proprement dites de locations verbales, mais encore et par analogie :

1° Pour la réception des déclarations de cessation ou de résiliation nécessaire pour arrêter le cours de la perception sur les locations faites suivant l'usage des lieux ;

2° Pour chaque enregistrement en recette de droits acquittés, sans dépôt de déclarations, en vertu d'une déclaration antérieure de location faite suivant l'usage des lieux, soit pour une durée de plus de trois ans avec réquisition de fractionnement de la perception. *(L. 23 août 1871, art. 11, 3e et 8e alinéas.)*

En cas de déclaration collective comprenant plusieurs locations distinctes d'immeubles situés dans la même commune, la rémunération de 5 centimes est acquise pour chaque location séparée.

Le payement de la rémunération due aux percepteurs est effectué pour chaque année, dans les premiers jours de l'année suivante, au moyen d'un mandat délivré par le directeur de l'enregistrement de chaque département, au nom du trésorier général, sur le crédit des dépenses diverses.

A cet effet, le trésorier général remet au directeur de l'enregistrement, après l'avoir certifié, un relevé sommaire contenant, pour chaque perception :

1° Le nombre des déclarations et des enregistrements en recette passibles de la rémunération ;

2° Le montant de cette rémunération, à raison de 5 centimes par article ;

3° L'émargement pour acquit de chaque percepteur.

En cas de décès ou d'absence d'un percepteur, l'émargement est remplacé par un récépissé à titre de reliquat sur divers services, et le payement de la rémunération est fait aux héritiers ou autres ayants droit, au débit de ce dernier compte et sur production des justifications réglementaires, conformément à la circulaire du 30 avril 1864, § 5. *(Circ. compt. publ. 5 novembre 1874 et 25 avril 1904, § 1er.)*

1820. — L'allocation accordée aux percepteurs pour les déclarations de locations verbales ne faisant pas partie intégrante des émoluments, n'est pas soumise à la retenue pour pensions civiles. Par suite, elle ne doit pas être portée sur le décompte des retenues, non plus que sur l'état général des remises des percepteurs. *(Circ. compt. publ. 14 janvier 1875, § 4.)*

Loi municipale. — V. nos 1095 et suiv.

Logements occupés à titre gratuit dans les bâtiments publics. — V. Contributions directes, n° 1170 : Déménagement, nos 1307 et suiv.

Logeurs en garni. — V. Déménagement, nos 1315 et suiv.

Loteries.

1821. — Le produit des loteries destinées à secourir les indigents doit être versé à la caisse du receveur du bureau de bienfaisance, qui a seul le droit d'en percevoir le montant. — V. Gestion occulte, Pièces justificatives, § 200.

Lots et primes de remboursements afférents aux titres d'emprunts communaux (Taxe sur les). — V. Emprunts, n° 1454.

Loyers. — V. Baux, Locations verbales, Pièces justificatives, Poursuites, Privilège du Trésor.

M

Mainlevée de saisie. — V. Saisie, n° 2824.

Mainlevée des inscriptions. — V. Inscriptions.

Mainlevée d'opposition. — V. n° 2824.

Maintenue de taxe. — V. Réclamations, n° 2625.

Maire. — Les attributions du maire sont énoncées au mot *Conseils municipaux*, notamment aux numéros 1118 et suivants.

Mairie (Frais de bureau de la). — V. Pièces justificatives, § 65.

Maisons et usines, etc. — V. Baux, Constructions nouvelles, Décharges et réductions, Démolitions.

Maison commune.

1822. — Les frais d'entretien de la maison commune ou du local affecté à la mairie sont une charge obligatoire de la commune. *(L. 5 avril 1884, art. 136.)* — V. Dépenses des communes.

Maisons d'école (Construction des).

1823. — *Obligations des communes.* — Toute commune doit être pourvue au moins d'une école primaire publique. *(L. 30 oct. 1886, art. 11.)*

L'établissement des écoles primaires élémentaires publiques est une dépense obligatoire pour les communes.

Sont également des dépenses obligatoires dans toute école régulièrement créée :

Le logement de chacun des membres enseignants attachés à ces écoles ;

L'entretien ou la location des bâtiments et de leurs dépendances ;

L'acquisition et l'entretien du mobilier scolaire ;

Le chauffage et l'éclairage des classes et la rémunération des gens de service, s'il y a lieu. *(L. 30 octobre 1886, art. 14.)*

1824. — *Emprunt pour la construction des maisons d'école.* — *Subventions de l'État.* — Le ministre de l'Instruction publique est autorisé à prendre, au nom de l'État, l'engagement de rembourser, à titre de subvention, aux départements et aux villes ou communes, dans les conditions déterminées par la loi du 20 juin 1885, partie des annuités nécessaires au service de l'intérêt et de l'amortissement des emprunts par eux contractés pour la construction, la reconstruction ou l'agrandissement de leurs établissements d'enseignement public supérieur, secondaire et primaire. *(L. 29 juin 1885, art. 4.)*

1825. — Les subventions dont il est parlé à l'article précédent ne sont accordées qu'aux conditions suivantes :

1° Les emprunts doivent être régulièrement autorisés et remboursables au moyen d'annuités égales comprenant l'intérêt et l'amortissement, dans un délai qui ne peut être moindre de trente années ni dépasser quarante années ;

2° Les travaux doivent être exécutés conformément aux plans approuvés et régulièrement reçus, à l'exclusion de toute dépense qui n'aurait pas l'instruction publique pour objet.

Dans le cas où les dépenses faites n'atteindraient pas le montant des évaluations, la subvention de l'État est réduite proportionnellement à l'économie réalisée. *(L. 20 juin 1885, art. 5 ; Décr. 13 janvier 1894, art. 3.)*

1826. — Le montant des emprunts accordés aux communes est versé au receveur municipal, qui en délivre une quittance à souche *(timbrée à 25 centimes)*, en échange d'un récépissé à talon qui lui est délivré par le trésorier général et qui lui parvient par l'intermédiaire du receveur particulier. Le montant de ce récépissé est inscrit au compte des placements *avec intérêt*. *(Circ. compt. publ. 19 fév. 1897, § 3.)*— V. nos 2239 et 2247.

La quittance du receveur municipal, visée par le maire, est transmise au trésorier général par la même voie que celle suivie pour l'envoi du récépissé.

1827. — Les demandes faites par les communes doivent être appuyées des pièces énoncées à *Emprunts*, n° 1421.

1828. — La proportion de la contribution de l'État dans le payement de l'annuité à verser par une commune au Crédit foncier est fixée :

1° D'après les maxima du tableau *A* ;

2° En raison de la valeur du centime *(tableau D)* ;

3° En raison des centimes pour insuffisance de revenus *(tableau E)* ;

4° En raison des centimes extraordinaires cumulés *(tableau F)* ;

5° Il est ajouté une subvention de 10 % à condition que le maximum de la subvention ne dépasse pas 80 %. *(L. 20 juin 1885 ; Décr. 15 février 1886 ; Bull. off. min. Int. année 1886, p. 52 et suiv.)*

Amortissement d'emprunt. — V. Pièces justificatives, § 149.

1829. — *Remboursement par anticipation.* — *Part contributive de l'État dans les annuités à payer.* — En cas de remboursement par anticipation d'un emprunt contracté pour construction d'une maison d'école, la commune qui profite d'une réduction dans les intérêts peut voir diminuer la subvention fournie par l'État pour cet emprunt, dans la proportion de la diminution des intérêts ayant trait au remboursement de l'emprunt contracté.

C'est au ministre de l'Instruction publique à statuer dans la circonstance.

1830. — *Surveillance des travaux de construction.* — L'inspecteur primaire n'a droit à aucune indemnité pour la surveillance des travaux de construction des maisons d'école. — Toutefois, les communes représentées par leurs conseils municipaux, peuvent dans la limite de leur compétence, allouer au contrôleur-rapporteur, ou même à l'inspecteur primaire, pour récompenser leur zèle et leur dévouement, une gratification prise, non plus sur les fonds de l'entreprise, mais sur les ressources générales de leur budget, en vertu d'une délibération motivée.

Dans ce cas, le payement de la gratification a lieu sur la présentation d'un mandat du maire appuyé d'une expédition de la délibération du conseil municipal. (Circ. min. Inst. publ. 12 février 1891.)

Maisons d'habitation nouvellement construites. — V. CAHIER DE NOTES, CONSTRUCTIONS NOUVELLES, DÉCHARGES ET RÉDUCTIONS.

Maîtres-valets. — Voir DÉMÉNAGEMENT, nos 1315 et suiv. ; POURSUITES, nos 2395 et suiv.

Malades, vieillards et incurables indigents. — V. ASSISTANCE, N° 604 bis; HOSPICES, PIÈCES JUSTIFICATIVES, § 118; SERVICE MÉDICAL, SECOURS.

Maladie. — V. CONGÉS, FONDÉS DE POUVOIR.

Mandataire. — V. nos 2105 et suiv.

Mandats à acquitter pour le compte du Trésorier-payeur général. — V. nos 2425 et suiv.

Mandats de payement communaux.

1831. — Les mandats de payement communaux doivent énoncer l'exercice, le service et le montant du crédit auxquels ils s'appliquent, et indiquer le nombre et la nature des pièces justificatives qui s'y trouvent jointes ou celles qui ont déjà été produites. — Ils sont délivrés au nom des créanciers réels des communes ou établissements, et remis aux ayants droit par les soins des ordonnateurs.

Les maires doivent apporter le plus grand soin dans la délivrance des mandats; il convient d'énoncer les nom, prénoms, qualité et demeure des parties prenantes. — La somme à payer doit être écrite d'abord en toutes lettres, puis en chiffres, sans surcharge ni rature. Toute surcharge, grattage, rature ou renvoi, doit être approuvé par une seconde signature de l'ordonnateur de la dépense. — Le sceau de la mairie doit toujours accompagner la signature du maire.

Lorsqu'il s'agit d'un ordonnancement pour traitements, gages ou salaires des agents et autres employés communaux, les mandats doivent indiquer dans la colonne objet du payement: le Traitement ou salaire du mois de..., du trimestre, semestre ou année.

Pour les autres dépenses, on indique, suivant le cas : Solde du mémoire ci-joint; Remboursement ou intérêts d'emprunt; Prix de vente de..., etc. — V. PIÈCES JUSTIFICATIVES, §§ 64 et suiv.

1831 bis. — En cas de perte d'un mandat, le créancier ne peut obtenir un duplicata que sur la production d'une déclaration de perte, sur papier timbré, et d'une attestation de non payement délivrée par le comptable sur lequel le mandat était tiré.

1832. — Timbre. — Quittances. — Les mandats de payement communaux ne sont que des pièces délivrées pour l'ordre de la comptabilité; ils sont, dès lors, exempts de tout timbre. Toutefois, il peut arriver, lorsqu'il s'agit de travaux ou fournitures, que l'imprimé de mandat contienne la facture ou mémoire de l'ouvrier ou fournisseur ; dans ce cas, la pièce est soumise au timbre de dimension. — V. n° 1843.

L'acquit donné sur les mandats pour des sommes excédant 10 francs doit être timbré à 10 centimes, à moins que la quittance timbrée ne soit déjà donnée sur un mémoire, sur une facture ou, séparément, sur une feuille de papier timbré. Dans ce dernier cas le mandat est quittancé pour ordre. — Mais il serait dû un nouveau droit de timbre de 10 centimes si le mandat portait une date différente de celle donnée sur le mémoire. — V. nos 1849 et suiv.

En ce qui concerne les quittances exemptes du timbre, V. nos 2120 et suiv.

Ordonnancement des mandats. — V. nos 2023 et suiv.

Payement des mandats. — V. nos 2083 et suiv. et 2234.

1833. — Mandats en blanc. — Irrégularités. — Des instructions spéciales, émanées du ministère de l'Intérieur, interdisent formellement aux maires de remettre aux mains des percepteurs-receveurs municipaux soit des mandats réguliers en blanc pour les dépenses communales, soit, également en blanc, des reconnaissances de remboursement pour les placements communaux.

Les trésoriers généraux et les receveurs des finances doivent veiller à ce que les comptables sous leurs ordres ne se prêtent, en aucune manière, à ces graves irrégularités, et ils sont autorisés à appliquer d'office une retenue disciplinaire, conformément aux dispositions de l'article 1311 de l'Instruction générale, à l'égard des comptables qui seraient trouvés, lors d'une vérification à leur domicile, ou en toute autre circonstance, détenteurs de mandats ou autres pièces de comptabilité signés en blanc par les maires. (Circ. compt. publ. 18 nov. 1873, § 2, et 9 mars 1875, § 5.)

Mandats de remboursements. — Voir nos 2247 et suiv.

Mandats de masse. — V. Guerre, n° 1638.

Marais (desséchement de).

1834. — Les dépenses relatives aux travaux d'art qu'exige le desséchement des marais, la construction et l'entretien des digues, canaux et ponts, peuvent dans les cas prévus par les lois du 14 floréal an XI et 16 septembre 1807, être à la charge des départements, des communes et des particuliers. Les uns et les autres y concourent selon le degré d'utilité que ces travaux présentent pour chacun d'eux. (*Inst. gén., art. 633.*)

1835. — Le contingent des départements est porté dans leur budget et payé, dès lors, par les trésoriers-payeurs généraux. (*Inst. gén., art. 634.*)

1836. — Lorsque les travaux à exécuter n'intéressent qu'une seule commune, qui supporte toute la dépense, cette dépense est payée directement par le receveur municipal en vertu des crédits ouverts au budget; et si, en cas d'insuffisance des revenus ordinaires de la commune, il y a lieu d'établir une imposition spéciale; le produit de cette imposition, qui fait alors partie des impositions locales, est recouvré par le percepteur et mis à la disposition de la commune, selon le mode établi pour ces impositions. (*Inst. gén., art. 635.*)

1837. — Lorsque la dépense doit être supportée à la fois par *une ou plusieurs communes* et *des particuliers*, ou seulement par un certain nombre de propriétaires réunis en association syndicale, les syndicats peuvent, à leur gré, charger du recouvrement et de l'emploi des fonds, soit des agents spéciaux, soit l'un des percepteurs-receveurs municipaux de la localité. (*Inst. gén., art. 636; Décr. 9 mars 1894, art. 59.*) — V. Syndicats.

1838. — *Recouvrement.* — Le recouvrement des taxes relatives au desséchement des marais, qu'elles soient perçues au profit de l'État, de concessionnaires, ou au profit d'associations de propriétaires intéressés, est poursuivi d'après le même mode que celui des contributions directes; les rôles de ces taxes, les registres tenus pour leur perception, ainsi que les quittances qui en sont délivrées, sont exempts des droits de timbre. (*Inst. gén., art. 638.*) — V. toutefois n° 1278, dernier alinéa.

Marchands forains.

1839. — Les marchands forains, les colporteurs, les directeurs de troupes ambulantes, les entrepreneurs d'amusements et jeux publics non sédentaires, et tous autres patentables dont la profession n'est pas exercée à demeure fixe, sont tenus d'acquitter le montant total de leur cote au moment où l'avertissement-formule imprimé sur papier rose leur est délivré. (*Inst. gén., art. 62; L. 15 juill. 1880, art. 29; Régl. pours., art. 2; Com. Durieu. t. I, p. 73 et suiv.; Circ. compt. publ. 31 janv. 1901, § 11.*) — V. Avertissements, Déménagements, Formules de patentes, Poursuites, n° 2411.

1840. — Les marchands ambulants sont également astreints à acquitter les rétributions pour la vérification des poids et mesures avant d'être portés au rôle. — V. Poids et mesures, n° 2275.

Marchés. — V. Location des places, Travaux et fournitures.

Margarine (fabriques de). — V. n° 2666 bis.

Mariage des indigents. — V. Extraits de rôles, n° 1515.

Marine marchande. — V. Navires.

Marins. — V. Amendes, Guerre, Secours.

Matrices de rôles. — V. Frais de confection de matrices, Mutations foncières.

Médecins assermentés. — V. Congés, n° 1082.

Médecins, officiers de santé, sages-femmes. — V. Service médical.

Mémoires et factures.

1841. — Les mandats pour le payement du prix de fournitures ou de travaux doivent être appuyés de la facture du fournisseur, et cette facture doit être timbrée; toutefois, les maires peuvent, pour les dépenses non excédant 10 francs, dispenser les créanciers de produire une facture ou un mémoire timbré, mais alors la date et le détail des fournitures doivent être énoncés dans le corps des mandats; à défaut de cette énonciation, le receveur est tenu d'exiger la facture timbrée. (*Inst. gén., art. 1013.*)

Les mémoires, même lorsqu'ils ont pour objet des fournitures faites à des indigents, sont sujets au timbre. — Mais, dans ce cas, les quittances données par les fournisseurs sont exemptes du timbre de 10 centimes. *(Solut. enreg. 5 sept. 1882.)* — V. n° 1653.

Le timbre des mémoires est à la charge des ouvriers ou fournisseurs; il ne peut être ajouté au montant de la somme due. — V. n°ˢ 1654 et 3003.

Dans le cas où une commune prendrait à sa charge les timbres des mémoires, il y aurait lieu d'imputer le prix de ces timbres sur un crédit spécial ouvert au budget.

Pour ce qui a trait aux états d'honoraires et de frais produits par les officiers ministériels, les comptables n'ont pas à se rendre juges de l'état taxé auquel est ajouté le prix du timbre.

En ce qui concerne les mémoires à produire pour le service de l'assistance médicale gratuite, V. PIÈCES JUSTIFICATIVES, § 239.

La production d'un mémoire n'est pas nécessaire lorsqu'il s'agit du payement d'une indemnité allouée à forfait et ayant le caractère d'un émolument personnel. *(Arr. Cour des comptes, 4 mai 1894.)* — Dans ce cas, le crédit porté au budget doit être alloué avec cette destination.

1841 bis. — Les receveurs municipaux sont autorisés à apposer sur les mémoires des entrepreneurs et fournisseurs des communes des timbres mobiles de dimension. Les mémoires peuvent être rédigés sur des feuilles manuscrites ou sur des formules imprimées. — V. n°ˢ 1843 et suiv.

Les dimensions du papier timbré sont : pour la demi-feuille de petit papier à (0 fr. 60), hauteur 0 mèt. 25 et largeur 0 mèt. 1768 ; et pour la feuille (1 fr. 20), hauteur 0 m. 25 et largeur 0 m. 3536. Si les papiers se trouvent être de dimensions différentes de celles des papiers de la régie, le timbre, quant au droit établi en raison de la dimension, est payé au prix du format supérieur.

Les comptables s'approvisionnent au bureau de l'enregistrement de leur résidence, des timbres mobiles qui leur sont nécessaires, et ils en payent comptant le prix intégral. Le prix de ces timbres est considéré comme valeur de caisse.

Les timbres mobiles de dimension doivent être immédiatement oblitérés avec la griffe « *Payé* ». Cette griffe doit être imbibée d'encre *grasse noire* et appliquée de telle sorte qu'une partie de l'empreinte soit imprimée sur la feuille de papier, de chaque côté du timbre.

Dans le but de simplifier le service, les comptables sont autorisés à n'avoir que la griffe « *Payé* » qui peut être également employée pour l'oblitération des timbres de quittances, pour laquelle l'emploi de la griffe R. M. ou R. S. demeure d'ailleurs facultatif. *(Circ. compt. publ. 25 sept. 1897, § 4 et 15 déc. 1897, § 8.)* — V. n°ˢ 2966, 2973 et 2998.

1842. — Lorsqu'il s'agit de travaux en régie, le détail des fournitures ou travaux ne pouvant être donné dans les mandats délivrés au nom des régisseurs, rien ne s'oppose à ce qu'il soit suppléé aux mémoires des objets fournis ou des travaux exécutés, quand il s'agit de sommes non excédant 10 francs, par des quittances sur papier libre, des fournisseurs et ouvriers contenant ce détail. *(Inst. gén., art. 1014.)* — V. n°ˢ 3036 et suiv.

1843. — *Mémoires au dos des mandats.* — Les mémoires peuvent être rédigés au dos des mandats de payement établis sur papier timbré, suivant la dimension, au prix de 60 centimes, 1 fr. 20, 2 fr. 40, etc. *(Solut. enreg., 1ᵉʳ septembre 1855.)*

Si le détail des fournitures est présenté au dos du mandat non timbré ou timbré de dimension, il y a contravention en ce qui regarde ce mémoire, lors même que le montant de la créance ne serait pas supérieur à 10 francs. *(Décis. min. Fin. 17 fév. 1843 et 6 déc. 1850.)*

— Mais, comme il est dit plus haut n° 1841, les créanciers peuvent se dispenser de fournir un mémoire pour les dépenses non excédant 10 francs, en fournissant les notes nécessaires pour que le maire puisse inscrire la date et le détail des fournitures *dans le corps des mandats.*

Pour les états de journées des ouvriers employés sur les chemins vicinaux, V. PIÈCES JUSTIFICATIVES, § 126, 2°, TIMBRE, n°ˢ 2998 et suiv.

1844. — Les mémoires ou factures des entrepreneurs ou fournisseurs doivent donner tous les détails nécessaires pour faciliter le contrôle de la dépense, être datés et certifiés par les créanciers et porter l'indication de leur domicile. Ils doivent, en outre, indiquer l'époque à laquelle les travaux ou fournitures ont été faits, et, en ce qui concerne les dépenses pour achat d'objets mobiliers, denrées, matières et marchandises, relater lorsqu'il y a lieu, les numéros sous lesquels les objets sont inscrits au catalogue ou à l'inventaire de la mairie. — V. PIÈCES JUSTIFICATIVES, § 89.

1844 bis. — Lorsqu'un ouvrier a exécuté des travaux dont la dépense concerne plusieurs crédits budgétaires, il est bon que le mémoire fasse connaître distinctement, pour chaque nature de crédit, le détail et le montant de la dépense. Dans ce cas, le maire délivre pour chaque dépense un mandat de payement; le mémoire est joint à l'un d'eux, et l'on indique sur les autres, par une mention de référence, la pièce où le mémoire est annexé.

Dans le but de simplifier les écritures et de faciliter la vérification des dépenses, il est préférable de dresser un mémoire pour chaque nature de crédit, notamment lorsqu'une partie des dépenses doivent être visées et prises en charge par le service vicinal. — V. n° 970, 4ᵉ alinéa.

Lorsqu'il est payé un ou plusieurs acomptes sur le montant d'un mémoire, les pièces justificatives doivent être produites à l'appui du payement du premier acompte. On s'y réfère pour les payements suivants.

En règle générale, il est préférable de ne pas diviser le montant d'un mémoire en plusieurs payements.

1845. — Le montant des mémoires ou factures doit être réglé et arrêté en toutes lettres par l'ordonnateur.

Les comptables doivent s'assurer qu'il n'existe aucune erreur de calcul dans les décomptes, mémoires ou factures.

Chaque fournisseur ou ouvrier doit produire un mémoire distinct de ce qui lui est dû; il serait irrégulier de dresser un mémoire unique et de se faire délivrer un mandat au nom d'un des créanciers qui se chargerait de régler les autres parties intéressées.

L'approbation du préfet, donnée sur un mémoire de travaux ou fournitures s'élevant à plus de 300 francs, ne pourrait dispenser le comptable d'exiger une délibération du conseil municipal statuant sur la dépense. — V. Travaux et fournitures, n° 3043.

1846. — Les mémoires ne peuvent, ainsi qu'il est dit plus haut, être écrits que sur papier timbré; il n'y a d'exception que pour les formules imprimées, servant à la rédaction des mémoires; ces formules peuvent être revêtues de timbres mobiles de dimension, apposés par les receveurs de l'enregistrement ou par les receveurs municipaux. (*Décis. min. Fin. 12 janv. 1867; Inst. enreg. n° 2391, § 4; Solut. 1er mars 1876; Circ. compt. publ., 25 sept. 1897, § 4.*) — V. n° 2967.

1847. — *Acquit des parties prenantes.* — Si le pour-acquit est donné sur les mémoires ou factures qui accompagnent les mandats, on doit y apposer le timbre spécial de quittance qui est de 10 centimes; mais, dans ce cas, la quittance souscrite au bas du mandat est simplement d'ordre et n'est assujettie à aucun timbre. (*Circ. compt. publ. 14 avril 1872.*) — V. ci-après, n°s 1849 et 2124.

L'acquit doit toujours énoncer la date du payement et ne contenir ni restrictions ni réserves.

Lorsqu'un mémoire quittancé a fait l'objet de plusieurs mandats délivrés simultanément et entre lesquels la somme est répartie, chacun des acquits donnés pour ordre est exempt de timbre, à condition qu'il soit accompagné d'une mention de référence à l'acquit timbré.

1848. — Aucune loi, aucun règlement, aucune instruction n'obligent le créancier à acquitter son mémoire ou sa facture; donc, si la partie prenante ne quittance que le mandat, c'est sur cette pièce qu'on appose le timbre de 10 centimes.

La Cour des comptes, en interprétant l'article 1012 de l'Instruction générale du 20 juin 1859 et la circulaire de la Comptabilité publique du 14 avril 1872, n'a jamais exigé que les mémoires fussent quittancés; elle a seulement contraint les comptables à apposer, dans ce cas, le timbre de 10 centimes sur lesdits mémoires. — V. n°s 1847 et 2124.

1849. — Si un mémoire timbré est joint au mandat, et si le mémoire et le mandat sont acquittés à des dates différentes, chaque acquit doit être soumis au timbre de 10 centimes, attendu que ces deux quittances ne se lient pas d'une manière intime, qu'elles produisent chacune leurs effets propres, qu'elles constituent, en un mot, deux titres libératoires distincts. (*Solut. enreg. 10 fév. 1874 et 20 avril 1875.*)

Il importerait peu que le mandat fût rédigé au dos du mémoire. (*Solut. enreg. 3 octobre 1874.*)

L'administration de l'enregistrement, consultée de nouveau à l'occasion de prétendues contraventions aux lois et règlements sur le timbre en matière de quittances de police d'assurances, a reconnu que l'exemption de timbre devait profiter aux acquits pour ordre donnés sur les mandats de payement avec des dates différentes de celles des quittances timbrées jointes à l'appui desdits mandats. (*Solut. 6 mai 1886 et 20 février 1888.*)

1850. — Lorsque plusieurs fournisseurs se réunissent (*qu'ils soient associés ou non*) pour présenter un mémoire collectif de leurs fournitures, chacun des acquits dont est revêtu ce mémoire doit être soumis à un droit de timbre spécial de 10 centimes, attendu que bien qu'il n'existe qu'un seul mémoire, comme il y a autant de reçus que de fournisseurs ayant des intérêts distincts, chacun de ces reçus est passible d'un droit de timbre particulier lorsqu'il se rapporte à une somme excédant 10 francs, quel que soit le mode adopté pour constater la libération, notamment lorsque l'acquit est donné par une seule personne agissant par délégation. (*Solut. enreg. 31 août 1872; Circ. compt. publ. 6 mai 1874, § 2, n° 1; Décis. min. Fin. 9 novembre 1877.*) — V. n° 2407.

1851. — Dans le cas de décès d'un créancier, la quittance donnée par les divers héritiers ou ayants droit ne comporte qu'un seul droit de timbre de 10 centimes, si la succession est restée indivise entre tous les cohéritiers. Mais si la succession ou la créance a été l'objet d'une liquidation ou d'un partage antérieur, en vertu duquel chacun des héritiers est devenu propriétaire distinct et définitif d'une portion de ladite créance, il est dû autant de droits de timbre qu'il y a d'héritiers attributaires donnant quittance, lors même que l'acquit est donné par une seule personne [agissant par délégation.

(Solut. enreg. 31 août 1872 ; Circ. compt. publ. 6 mai 1874, § 2, n° 2 ; Décis. min. Fin. 9 nov. 1877 ; Circ. compt. publ. 1er sept. 1891, § 4.)

Si la somme que doit recevoir chacun des créanciers *déterminés* est inférieure à 10 francs, il n'est dû aucun droit de timbre. *(Rép. gén. de l'enreg.)*

Menues dépenses. — V. TRAVAUX ET FOURNITURES.

Mesurage. — V. PÉAGES.

Mesures disciplinaires. — V. ABSENCE DES COMPTABLES, AGENT SPÉCIAL, COMPTES DE GESTION, EXPRÈS, RÉSIDENCE, RETENUES, VÉRIFICATION DE CAISSE.

Meubles et effets mobiliers.

1852. — Les biens sont meubles par leur nature ou par la détermination de la loi. *(C. civ., art. 537 ; Com. Durieu, t. I, p. 162 et suiv.; t. II, p. 78.)*

Sont meubles par leur nature, les corps qui peuvent se transporter d'un lieu à un autre, soit qu'ils se meuvent par eux-mêmes, comme les animaux, soit qu'ils ne puissent changer de place que par l'effet d'une force étrangère, comme les choses inanimées. *(C. civ., art. 528.)*

Sont meubles par la détermination de la loi, les obligations et actions qui ont pour objet des sommes exigibles ou des effets mobiliers, les actions ou intérêts dans les compagnies de finances, de commerce ou d'industrie, encore que les immeubles dépendant de ces entreprises appartiennent aux compagnies. Ces actions ou intérêts sont réputés meubles à l'égard de chaque associé seulement, tant que dure la société. Sont aussi meubles par la détermination de la loi, les rentes perpétuelles ou viagères, soit sur l'État, soit sur des particuliers. *(C. civ., art. 529.)*

Les bateaux, bacs, navires, moulins et bains sur bateaux, et généralement toutes usines non fixées par des piliers, et ne faisant point partie de la maison, sont meubles ; la saisie de quelques-uns de ces objets peut cependant, à cause de leur importance, être soumise à des formes particulières, ainsi qu'il est expliqué à l'article 620 du Code de procédure civile. *(C. civ., art. 531.)*

Les matériaux provenant de la démolition d'un édifice, ceux assemblés pour en construire un nouveau, sont meubles jusqu'à ce qu'ils soient employés par l'ouvrier dans une construction. *(C. civ., art. 532.)*

Le mot *meuble*, employé seul dans les dispositions de la loi ou de l'homme, sans autre addition ni désignation, ne comprend pas l'argent comptant, les pierreries, les dettes actives, les livres, les médailles, les instruments des sciences, des arts et métiers, le linge de corps, les chevaux, équipages, armes, grains, vins, foin et autres denrées ; il ne comprend pas aussi ce qui fait l'objet d'un commerce. *(C. civ., art. 533.)*

Les mots *meubles meublants* ne comprennent que les meubles destinés à l'usage et à l'ornement des appartements, comme tapisseries, lits, sièges, glaces, pendules, tables, porcelaines et autres objets de cette nature. Les tableaux et statues qui font partie du meuble d'un appartement y sont aussi compris, mais non les collections de tableaux qui peuvent être dans les galeries ou pièces particulières. Il en est de même des porcelaines : celles seulement qui font partie de la décoration d'un appartement, sont comprises sous la dénomination de *meubles meublants*. *(C. civ., art. 534.)*

L'expression *biens meubles*, celle de *mobilier* ou d'*effets mobiliers*, comprennent généralement tout ce qui est censé meuble d'après les règles ci-dessus établies. La vente ou le don d'une maison meublée ne comprend que les meubles meublants. *(C. civ., art. 535.)*

La vente ou le don d'une maison, avec tout ce qui s'y trouve, ne comprend pas l'argent comptant, ni les dettes actives et autres droits dont les titres peuvent être déposés dans la maison ; tous les autres effets mobiliers y sont compris. *(C. civ. art. 536.)*

1853. — Sont considérés comme meubles, les grains ou fruits lorsqu'ils sont coupés ou détachés ou même lorsqu'ils sont vendus pour être coupés ou détachés. *(C. civ., art. 520 ; Com. Durieu, t. I, p. 165 et suiv.)*

Les coupes ordinaires de bois taillis ou de futaies mises en coupes réglées ne deviennent meubles qu'au fur et à mesure que les arbres sont abattus. *(C. civ., art. 521 ; Com. Durieu, t. II, p. 12 et suiv.)*

Les animaux que le propriétaire du fonds livre au fermier ou au métayer pour la culture, estimés ou non, sont censés immeubles tant qu'ils demeurent attachés au fonds par l'effet de la convention. Ceux qu'il donne à cheptel, à d'autres qu'au fermier ou métayer, sont meubles. *(C. civ., art. 522.)*

Les objets que le propriétaire d'un fonds y a placés, pour le service et l'exploitation de ce fonds, sont immeubles par destination. Ainsi, sont immeubles par destination, quand ils ont été placés par le propriétaire pour le service et l'exploitation du fonds : les animaux attachés à la culture ; les ustensiles aratoires ; les semences données aux fermiers ou colons partiaires ; les pigeons des colombiers ; les ruches à miel ; les poissons des étangs ; les pressoirs, chaudiè_ res, alambics, cuves et tonnes ; les ustensiles nécessaires à l'exploitation des forges, papeteries et autres usines; les pailles et engrais. Sont aussi immeubles par destination, tous effets mobiliers que le propriétaire a attachés au fonds à perpétuelle demeure. (C. civ., art. 524 ; Com. Durieu, t. I, p. 163 et suiv.)

1854. — Les objets mobiliers placés par le propriétaire pour le service et l'exploitation d'un fonds de café sont, aux termes de l'article 524 du Code civil, immeubles par destination; ainsi le billard avec ses accessoires, le comptoir, les chaises, tables et autres ustensiles indispensables à un café, la pompe à bière et le fourneau servant à chauffer la salle de débit, doivent être considérés comme immobilisés par le propriétaire; il en est autrement des glaces et des pendules, lorsque ces effets mobiliers peuvent être détachés sans être fracturés et détériorés, ou sans briser ni détériorer la partie du fonds à laquelle ils sont attachés ; ces objets sont, dans ce cas, destinés plutôt à servir d'ornement au fonds qu'à son exploitation. (Arr. Cour de Nancy, 2 mars 1881.)

1855. — Le privilège du Trésor, en ce qui concerne les contributions directes autres que la contribution foncière, s'exerce sur tous les meubles et effets mobiliers appartenant aux redevables, en quelque lieu qu'ils se trouvent. (Inst. gén., art. 77.) — V. nᵒˢ 2504 et suiv.

1856. — Les meubles qui font partie d'un usufruit ne peuvent être saisis à la requête du percepteur pour le payement des contributions de l'usufruitier. Mais on pourrait faire vendre sur le redevable le droit même d'usufruit. (Com. Durieu, t. I, p. 238, 239 et 415.)

1857. — Les meubles et effets mobiliers qui se trouvent entre les mains du redevable, mais qui sont déclarés insaisissables, ou qui appartiennent à un tiers, ne tombent pas sous le privilège du Trésor. (Com. Durieu, t. I, p. 196.)
Le privilège n'existe également pas pour les meubles vendus et livrés de bonne foi par le redevable avant toute poursuite.(Com. Durieu, t. I, p. 230; t. II, Jurisp., p. 132, 166, 167 et 185.) — V. Héritiers, Poursuites, Privilège du Trésor.

Détournement de meubles. — V. Poursuites, nᵒ 2410.

Meubles et immeubles appartenant aux communes. — V. Aliénation d'immeubles, Baux.

Militaire (Taxe). — V. nᵒˢ 2901 et suiv.

Militaires (Journées de) traités dans les hospices. — V. nᵒ 1749.

Militaires et marins (Payement à faire aux). — V. nᵒˢ 1633 et suiv. et 2127.

Mines. — V. Redevances des mines.

Mise à la réforme ou à la retraite. — V. Pensions civiles.

Modèles et imprimés. — V. nᵒˢ 1675 et suiv.

Mois de nourrices. — V. Enfants assistés.

Moniteur des communes (Abonnement au). — V. nᵒ 2.

Monnaies.

1858. — *Pièces fausses.* — *Appoints de monnaies de bronze dans les payements.* Les pièces fausses offertes en payement des contributions doivent être cisaillées et rendues en cet état au porteur.
La monnaie de bronze ne peut être employée dans les payements, si ce n'est de gré à gré, que pour l'appoint de la pièce de 5 francs.
Le débiteur est tenu de faire l'appoint, et, par conséquent, de se procurer le numéraire nécessaire pour solder exactement la somme dont il est redevable.
Toutefois, les comptables ne doivent pas se prévaloir, d'une manière absolue, du droit qui résulte de cette dernière disposition. Il convient, au contraire, qu'ils accordent au public toutes les facilités que comporte la situation de leur caisse, en évitant néanmoins de favoriser des échanges de monnaie. (Inst. gén., art. 97.)

1859. — On entend par appoint de la pièce de 5 francs, que, dans un payement de 6, 7 ou 8 francs, il faut donner en argent 5 francs et en cuivre 1, 2 et 3 francs. 4 fr. 95 peuvent être versés en pièces de cuivre ; 5 francs ne peuvent être payés qu'en pièces d'argent, parce qu'il n'y a point d'appoint ; 14 francs peuvent être fournis, savoir : 10 francs en argent et 4 francs en pièces de cuivre. Mais, dans une somme de 10 francs, on ne peut faire admettre aucune partie de monnaie de cuivre. (Com. Durieu, t. I, p. 124 et suiv.)

1860. — *Pièces étrangères.* — Les monnaies d'or et les pièces de 5 francs en argent frappées en Belgique, en Grèce, en Italie et en Suisse, au même titre que les pièces nationales, sont admises à circuler en France, et reçues en payement par les caisses publiques et par les particuliers dans toute l'étendue de la République ; il en est de même des monnaies d'appoint d'argent belges, grecques et suisses, c'est-à-dire des pièces de 2 francs, 1 franc, 50 centimes et 20 centimes. (*L. 14 juill. 1866*; *Circ. min. Fin. 27 juillet 1866*; *Décr. 1er août 1879 et 30 décembre 1885.*)

1861. — Les pièces divisionnaires d'argent du royaume d'Italie de 20 centimes, 50 centimes, 1 franc et 2 francs ont cessé d'avoir cours en France depuis le 25 juillet 1894.

1862. -- Par suite d'une entente établie en 1873 entre les gouvernements français et autrichien, les pièces d'or austro-hongroises de 4 et 8 florins sont admises dans les caisses publiques de France pour la valeur des pièces françaises de 10 et 20 francs frappées dans des conditions de fabrication identiques. (*Bull. des com. 19 juin 1874.*)

1863. — Les pièces d'or de 100 francs et de 20 francs frappées à l'effigie de S. A. le prince de Monaco, dans les mêmes conditions de fabrication que les pièces nationales du même type, sont reçues dans les caisses publiques. (*Journal officiel, 6 septembre 1876.*)

1864. — Les nouvelles pièces d'or russes de 10 et de 5 roubles frappées à l'effigie de S. M. l'empereur de Russie, dans les mêmes conditions de fabrication que les pièces nationales françaises de 40 et 20 francs, sont admises pour 40 et 20 francs dans les caisses publiques. (*Journal officiel, 17 oct. 1887; Circ. Direct. du mouvement gén. des fonds, 17 oct. 1887.*)

1865. — Les pièces d'or espagnoles de 10 pesetas (10 francs) à l'effigie de S. M. le roi Alphonse XII. et les pièces de 20 pesetas (20 francs) et de 10 pesetas (10 francs) à l'effigie de S. M. le roi Alphonse XIII. frappées dans les mêmes conditions de fabrication que les pièces nationales françaises de 10 et de 20 francs, sont admises pour 10 et 20 francs dans les caisses publiques. (*Circ. Direct. du mouvement gén. des fonds, 17 février 1891.*)

1866. — En dehors des monnaies qui viennent d'être spécifiées, les comptables doivent refuser d'une manière absolue toutes les monnaies de billon en bronze, cuivre ou nickel, qui ne portent pas l'effigie nationale. (*Circ. Direct. du mouvement gén. des fonds, 9 sept. 1878, 20 novembre 1880 et 30 janvier 1886.*)

1867. — *Appoints de monnaies d'argent.* — Les particuliers ont le droit de n'accepter que pour 50 francs de pièces nationales de 20 centimes, de 50 centimes, de 1 franc et de 2 francs, et de refuser toute monnaie divisionnaire étrangère ; mais les caisses publiques sont

tenues d'accepter, sans limitation de quantité, la monnaie nationale et de recevoir par payement jusqu'à 100 francs de monnaie divisionnaire émise par les États de l'union latine. (*Convention monétaire, 6 mars 1885, art. 4, 5 et 6.*)

Les pièces de 25 centimes en nickel ont cours comme les autres pièces de monnaies divisionnaires. (*Cir. Dir. mouv. gén. des fonds, 7 mars 1904.*)

1868. — *Refus de recevoir une pièce de monnaie étrangère.* — *Absence de contravention.* — L'article 475, § 11, du Code pénal a uniquement pour objet d'assurer la libre circulation des monnaies nationales ; par suite, ses dispositions ne peuvent être étendues aux monnaies des pays étrangers unis avec la France par la convention diplomatique du 23 décembre 1865.

En conséquence, le refus par un particulier de recevoir en payement une pièce suisse ne peut constituer une contravention tombant sous l'application de cet article. (*Arr. Cour cass. 29 déc. 1882.*)

1869. — *Pièces altérées ou détériorées.* — Les comptables ne doivent recevoir dans les payements que des pièces intactes ou qui n'ont subi d'autre altération que celle occasionnée par l'usage.

Pour les autres pièces qui ne se trouvent pas dans ces conditions, il convient de distinguer celles qui ont été frauduleusement altérées et qui ont perdu une quantité appréciable de métal, par suite de lavage ou par tout autre moyen ; celles qui ont été volontairement mutilées, par exemple, les pièces percées ou rognées, celles enfin qui ont des défauts de fabrication ou qui ont été accidentellement déformées, si les accidents qu'elles ont subis ne leur ont rien fait perdre de leur poids.

Les premières doivent être rendues au porteur après avoir été cisaillées ; les deuxièmes que l'ont peut, en réalité, considérer comme ayant perdu leur caractère monétaire par suite des mutilations dont elles ont été l'objet, doivent être refusées ; en ce qui concerne celles qui forment la troisième catégorie, on doit les conserver pour les comprendre dans le plus prochain versement. (*Circ. Direct. du mouvement gén., des fonds, 1er septembre 1886.*)

Monts-de-Piété.

1870. — Les monts-de-piété sont institués comme établissements d'utilité publique, et avec l'assentiment des conseils municipaux, par des décrets, selon les formes prescrites pour ces établissements. (*L. 24 juin 1851, art. 1er.*)

1871. — Les monts-de-piété sont, quant aux règles de comptabilité, assimilés aux établissements de bienfaisance. Les obligations, reconnaissances et tous actes concernant l'administration des monts-de-piété sont exempts des droits de timbre et d'enregistrement. *(L. 24 juin 1851, art. 1er et 8.)*

1872. — Les caissiers des monts-de-piété, situés dans les départements, sont placés sous la surveillance des trésoriers généraux et receveurs particuliers des finances de leur arrondissement, de la même manière que les receveurs spéciaux des communes et des établissements de bienfaisance. *(Circ. compt. publ. 10 juillet 1865, § 7.)*

Mutations de cotes.

1873. — *Contributions foncières et des portes et fenêtres.* — Lorsqu'une propriété a été imposée sous un autre nom que celui du propriétaire, il y a lieu à mutation de cote, laquelle est prononcée par le conseil de préfecture, sur la réclamation soit du véritable propriétaire, soit de la personne sous le nom de laquelle la propriété a été mal à propos cotisée. *(L. 2 messidor an VII, art. 5; Arr. 24 floréal an VIII, art. 2.)*

Le propriétaire ou contribuable réel doit être mis en cause pendant l'instruction de la demande. *(Inst. gén., art. 122.)*

Les percepteurs doivent être informés des décisions prises pour les divisions ou mutations de cotes. — V. RÉCLAMATIONS, nᵒ 2625.

Tant que la mutation de cote sur les rôles n'est pas opérée, l'ancien propriétaire est tenu de payer la contribution, sauf son recours contre le nouveau propriétaire. *(L. 3 frim. an VII, art. 36 ; Com. Durieu, t. I, p. 416.)* — V. CONTRIBUABLE, HÉRITIERS.

Un percepteur est sans qualité pour demander une mutation de cote, au lieu et place des intéressés. Mais il lui appartient de signaler au directeur des contributions directes les erreurs commises dans les rôles. — V. nᵒ 1204.

1874. — La clause insérée dans l'acte de vente que l'acquéreur payera l'impôt foncier arriéré ne donne pas au percepteur le droit d'agir directement contre le nouveau propriétaire. Dans ce cas, les poursuites doivent être exercées ainsi qu'il est dit au mot PRIVILÈGE, nᵒ 2506.

1875. — Les percepteurs doivent être informés des décisions prises pour les divisions ou mutations de cotes, afin que les poursuites puissent être dirigées en conséquence. *(Inst. gén., art. 143.)* — V. RÉCLAMATIONS.

1876. — *Jurisprudence.* — Il n'y a pas lieu à mutation de cote pour la contribution mobilière. *(Arr. Cons. d'Ét. 22 août 1844, 9 juin 1876 et 16 avril 1886.)*

1877. — Un conseil de préfecture n'a pas le droit de prononcer une mutation de cote en matière de prestation en nature. *(Arr. Cons. d'Ét. 22 janvier 1864.)*

Le préfet ne peut également ordonner la mutation d'une cote inscrite au rôle des prestations. *(Arr. Cons. d'Ét. 27 juin 1879.)*

Mutations de percepteurs-receveurs de communes et d'établissements de bienfaisance.

1878. — *Remise du service au receveur des finances.* — Les receveurs des finances doivent, dans tous les cas de mutation, se faire faire personnellement la remise du service dont était chargé le percepteur suspendu, révoqué, démissionnaire, décédé ou appelé à d'autres fonctions, en sorte que l'intérimaire ou le titulaire qui le remplace commence une gestion nouvelle, dont il ne doit compte qu'au receveur des finances, sans avoir aucun intérêt à débattre avec son prédécesseur.

La remise de service faite par l'ancien titulaire ou ses ayants cause et l'installation du nouveau percepteur ou d'un gérant intérimaire sont constatées par un procès-verbal en deux parties, dont le modèle est donné sous le nᵒ 270. *(Inst. gén., art. 1329.)*

Remplacement provisoire. — V. GÉRANT INTÉRIMAIRE, DÉCÈS DES COMPTABLES, PERCEPTEURS-RECEVEURS.

1879. — *Remplacement définitif.* — Lorsqu'un percepteur est définitivement remplacé, le receveur des finances reçoit du préfet ou du sous-préfet, l'avis de la nomination du nouveau titulaire, et celui-ci doit, après avoir versé ses cautionnements, prêter serment suivant les dispositions contenues aux articles 1234 et 1235 de l'Instruction générale. *(Inst. gén. art. 1331.)* — V. INSTALLATION DES PERCEPTEURS-RECEVEURS.

1880. — *Établissement de la situation du comptable sortant de fonctions.* — Ces formalités étant remplies, le receveur de l'arrondissement convoque à son bureau le gérant intérimaire, ou l'ex-percepteur qui serait encore en fonction ; ou, s'il est nécessaire, il se transporte au domicile de ce comptable, pour établir sa situation sur tous les services dont il était chargé, et se faire remettre les rôles, les registres de comptabilité, ainsi que les valeurs de caisse et de portefeuille relatifs à ces divers services.

Il procède à cette opération dans la forme et selon les règles tracées par la première partie du *Modèle* de procès-verbal mentionné plus haut. *(Inst. gén., art. 1332.)*

1881. — *Pour le service des contributions directes*, il fait préalablement dresser, conformément aux *Modèles n°* *306 et 307*, des états de restes à recouvrer, tant sur ces contributions que sur les produits accessoires et divers qui se rattachent au *service de la perception*, afin d'en comparer les résultats avec ceux que présentent les divers documents de comptabilité.

Le service des contributions directes peut offrir trois résultats différents :

Un reste à verser sur les recouvrements effectués ;

Un déficit ;

Ou une avance des deniers du percepteur.

Si les fonds en caisse comprennent un excédent de recouvrement qui n'ait pas encore été versé au receveur particulier, celui-ci s'en fait tenir compte et en délivre son récépissé à talon.

S'il existe un déficit que le percepteur ne puisse combler immédiatement, il doit être soldé par le receveur des finances de l'arrondissement, avec ses fonds personnels. — V. DÉFICIT.

S'il arrive que les versements effectués par le percepteur dépassent le montant de ses recouvrements, le receveur particulier lui fait, de ses fonds personnels, le remboursement de cette avance, sauf à s'en couvrir, ultérieurement, de la manière indiquée par le *Modèle* de procès-verbal, sur les premiers recouvrements qui seront effectués par le nouveau percepteur.

Ainsi, et dans tous les cas, le compte du percepteur sortant de fonctions se trouve balancé, sauf la responsabilité qui pèse sur lui pour l'apurement des contributions, et dont les règles sont tracées plus loin. *(Inst. gén., art. 1333.)*

1882. — Quant au *service des communes et des établissements de bienfaisance*, le receveur des finances doit, pour établir la situation de l'ex-percepteur, faire dresser, au nom de chaque commune et établissement, des bordereaux détaillés des recettes et des dépenses *(Modèle n° 309)*, et en examinant toutes les pièces justificatives des recouvrements et des payements.

S'il en résulte un excédent de recette représenté par des valeurs de caisse et de portefeuille, ces valeurs sont retenues par le receveur particulier, qui en donne décharge au comptable, pour les remettre au nouveau titulaire, ainsi qu'on le voit ci-après.

Si, au contraire, il est reconnu qu'il existe un déficit matériel, le payement doit en être fait conformément à ce que prescrit l'article précédent en ce qui concerne le service des contributions directes. *(Inst. gén., art. 1334.)*

1883. — *Mesures relatives aux comptes restant à rendre par l'ex-percepteur pour le service des communes et établissements de bienfaisance.* — La situation du service des communes et des établissements publics, établie de cette manière, n'est pas définitive pour l'ex-receveur, puisqu'il reste dans l'obligation de rendre, devant l'autorité compétente, les comptes des recettes et des dépenses qu'il

a effectuées jusqu'au jour de la cessation de son service.

A cet effet, et s'il n'y a pas de motif qui s'y oppose, le receveur particulier lui laisse entre les mains les pièces justificatives de ses dépenses, et lui fait remettre, pour justifier ses recettes, des extraits des baux, actes d'ajudication et autres titres, dont les originaux doivent passer dans les mains du nouveau titulaire. Toutefois, la délivrance de ces extraits ne serait pas nécessaire, si le dernier compte de la gestion de l'ex-receveur et le premier compte du nouveau titulaire étaient présentés dans la même session du conseil municipal ou de la commission administrative, parce qu'alors les titres de recette produits par le titulaire serviraient de justification aux deux comptes.

Pour éviter, dans tous les cas, que le jugement du compte d'un receveur hors fonctions soit subordonné à celui de son successeur, ce dernier est tenu de s'assurer, *dans le délai de trois mois à dater de son entrée en exercice*, de la réalité des restes à recouvrer laissés par l'ex-receveur et constatés par le procès-verbal de remise de service. A l'expiration de ce délai, le nouveau comptable doit remettre au conseil municipal ou à la commission administrative, après l'avoir communiqué au receveur des finances, un état de ces restes présentant, en regard de chaque article, les renseignements particuliers qu'il a dû prendre auprès des débiteurs. Cet état, certifié par lui, et sous sa responsabilité personnelle, est l'objet d'un examen spécial de la part du receveur des finances et de l'administration locale, qui y joignent, s'il y a lieu, leurs observations sur les causes de non-recouvrement. Il est ensuite adressé au préfet par le maire, avec un bordereau sommaire de la situation du compte administratif formé d'après le relevé des écritures journalières de la commune ou de l'établissement. Le préfet transmet ces pièces, avec son avis, à l'autorité chargée de juger le compte de l'ex-receveur, sur lequel cette autorité peut alors statuer sans attendre l'arrêté d'apurement du compte du successeur. *(Inst. gén., art. 1335.)* — V. COMPTES DE GESTION, ÉTAT DES RESTES A RECOUVRER SUR LES REVENUS DES COMMUNES.

1884. — *Restes à recouvrer sur produits communaux.* — *Responsabilité respective des comptables.* — Un conseil de préfecture ne peut mettre à la charge d'un percepteur-receveur municipal, sorti de fonctions, l'intégralité des restes à recouvrer existant à la fin de sa gestion, sans s'assurer que le défaut de recouvrement lui était imputable personnellement, et que son successeur avait accompli les formalités et fait les réserves nécessaires pour sauvegarder sa responsabilité personnelle, conformément aux dispositions de l'article 1335 de l'Instruction générale rappelé ci-dessus. *(Arr. Cour des comptes, 28 février 1882.)*

1884 bis. — Le receveur municipal qui omet de s'assurer, dans le *délai de trois mois* à dater de son entrée en exercice, de la réalité des restes à recouvrer laissés par son prédécesseur devient responsable de ces restes au regard du juge des comptes et il est tenu, à défaut de recouvrement sur les débiteurs, d'en verser le montant, sauf son recours contre qui de droit. *(Arr. Cons. d'Etat, 15 février 1897.)*

1885. — *Pièces à remettre par le percepteur sortant à son successeur.* — Le percepteur sortant de fonctions doit remettre à son successeur tous les registres, documents de comptabilité et instructions concernant les divers services qui lui étaient confiés.

A cet effet il dresse un inventaire détaillé comprenant :

1° Les registres et journaux à souche ;

2° *Service de la perception :* Rôles des contributions et ceux des taxes assimilées, redevances des mines, taxe des biens de mainmorte, poids et mesures, droits de visite dus par les pharmaciens et épiciers, chevaux et voitures, taxe sur les billards, taxe sur les cercles, etc.; états de frais de poursuites ; extraits de jugements et autres titres de perception ; minutes des états de cotes irrecouvrables et indûment imposées ; cahier de note pour les mutations foncières, etc. ;

3° *Service des communes :* Rôles et autres titres de perception des revenus communaux, classés par commune et pièces s'y rapportant ; budgets communaux, etc. ;

4° *Registres et autres documents concernant les archives :* Donner le détail ;

5° Enfin, les instructions, recueils de circulaires et de correspondance.

1886. — *Remise du service au nouveau titulaire.* — Aussitôt que le receveur particulier s'est fait remettre les valeurs, registres et pièces comptables, concernant les divers services confiés à l'ex-percepteur-receveur municipal, il convoque à son bureau le nouveau titulaire pour lui remettre ces services.

Il dresse, à cet effet, le procès-verbal qui forme la *seconde partie* du modèle indiqué ci-dessus. Il en envoie à la Direction générale de la comptabilité publique *un extrait* conforme au *Modèle n° 271*, et il y joint la feuille de renseignement *(Modèle n° 250)* qui fait l'objet de l'article 1213 de l'Instruction générale.

Si le nouveau titulaire ne prenait pas son service dans le délai fixé par le receveur des finances, il serait pourvu à son remplacement provisoire, conformément à ce qui est réglé aux articles 1237 et 1330 de l'Instruction générale, et il en serait rendu compte à l'administration locale ainsi qu'au ministère des Finances.

Le receveur particulier enjoint au nouveau percepteur-receveur municipal, par la dernière clause de son procès-verbal, de se transporter auprès des maires pour leur donner connais-sance de son installation par la représentation du procès-verbal de remise de service.

Les comptables justiciables de la Cour des comptes doivent, en outre, après leur installation, adresser au procureur général près cette cour les pièces indiquées au premier alinéa de l'article 1552 de l'Instruction générale. Le receveur des finances doit veiller à ce que cet envoi soit fait exactement. *(Inst. gén., art. 1337.)*

1887. — Les maires n'ont plus à intervenir lors de l'installation d'un nouveau percepteur-receveur municipal. *(Circ. compt. publ. 28 oct. 1896, § 3.)*

1888. — *Des écritures à passer lors des mutations dans le personnel des percepteurs.* — D'après les dispositions rappelées ci-dessus, les percepteurs qui sortent de fonctions doivent se libérer, entre les mains du receveur des finances, de tous les recouvrements qu'ils ont effectués pour le service des *contributions directes*, des *rétributions pour la vérification des poids et mesures* et autres *produits publics*, des *frais de poursuites*, etc.

Les nouveaux percepteurs, n'ont, en conséquence, à prendre charge, sous ce rapport, d'aucun fait antérieur à leur gestion. Seulement, leur *livre récapitulatif* doit présenter, à titre de renseignements et comme point de départ, le *montant des recouvrements* et des *versements* faits sur les exercices non apurés.

Ce transport est fait dans les colonnes de *contributions directes* pour toutes les sommes recouvrées et versées à ce titre, et dans les colonnes de *produits divers*, pour les opérations relatives aux autres services ci-dessus désignés.

Ces dernières opérations sont également constatées, en recette et en dépense, aux comptes qui leur sont ouverts sur le *livre des comptes divers.*

Il convient, au surplus, de se reporter, à cet égard, aux dispositions prescrites par les articles 1452, 1502 et 1509 à 1511 de l'Instruction générale, pour l'ouverture, au commencement de l'année, des deux livres dont il s'agit. *(Inst. gén., art. 1521.)* — V. Livre des comptes divers, Livre récapitulatif.

1889. — En ce qui touche le service des communes et des établissements de bienfaisance, les percepteurs-receveurs municipaux qui entrent en fonctions reçoivent, des receveurs des finances, les valeurs de caisse ou de portefeuille qui représentent les excédents de recettes sur les dépenses effectuées jusqu'au jour de la remise du service.

Ils portent ces valeurs au *débit* des comptes qui leur sont ouverts, puis ils constatent au *crédit* du compte de chaque service l'excédent de recette qui lui appartient,

Cet excédent doit toujours être représenté par les valeurs de caisse ou de portefeuille, puisque, dans le cas même où l'ex-percepteur se serait trouvé en déficit sur l'un de ces services, ce déficit aurait été soldé par le receveur des finances. *(Inst. gén., art. 1522.)*

1890. — Les percepteurs-receveurs municipaux qui entrent en fonctions doivent se munir d'un nouveau *livre récapitulatif.*

En cas d'urgence, ou lorsqu'il s'agit d'un intérim, l'ancien livre récapitulatif peut être conservé ; il convient seulement de laisser alors, entre les écritures de la nouvelle gestion et celles de l'ancienne, un espace suffisant pour les rectifications dont ces dernières seraient susceptibles.

La même précaution est à prendre au *livre des comptes divers*, sur lequel les comptes de l'ancienne gestion doivent, d'ailleurs, être séparés de ceux de la nouvelle par un trait à l'encre.

Les reports dont il est question ci-dessus doivent être faits en présence et sous la direction des receveurs des finances, au moment même où ils effectuent les *remises de service. (Inst. gén., art. 1523.)*

Imprimés de service. — V. n° 1079.

1891. — *Responsabilité des percepteurs en cas de mutations de comptables pour l'apurement des contributions directes de chaque exercice.* — Aux termes des articles 95 et 1424 de l'Instruction générale, les percepteurs doivent solder, de leurs deniers, les rôles des contributions directes, *à l'expiration de la troisième année de l'exercice.* La part de responsabilité que cette obligation impose aux anciens et aux nouveaux titulaires, en cas de *mutations de percepteurs*, et les droits, ainsi que les devoirs respectifs de ces comptables, sont réglés comme il suit. *(Inst. gén., art. 1339.)*

1892. — Le percepteur qui a été chargé de former les états de cotes irrécouvrables d'un exercice étant personnellement responsable de la partie des rôles qui n'a pas été recouvrée ou allouée en non-valeur à l'expiration de la troisième année de cet exercice, la responsabilité en cas de mutation de comptables, pour le solde des rôles de l'année expirée, porte :

Sur l'ancien percepteur, lorsque la remise du service a été faite le 1er mars ou postérieurement à cette époque, qui est celle à laquelle doivent être formés les états de cotes irrécouvrables ;

Sur le nouveau percepteur, lorsque la remise du service a été faite à lui-même ou à un gérant pour son compte *avant le 1er mars. (Inst. gén., art. 1340.)*

1893. — Toutefois, le nouveau percepteur doit, dans ce dernier cas, avoir un délai suffisant pour examiner la situation de chaque contribuable et la réalité des restes à recouvrer, exercer les poursuites qui lui paraîtraient nécessaires, et réunir les pièces propres à justifier, lorsqu'il y a lieu, l'irrecouvrabilité des cotes

que, malgré ses démarches, il ne parviendrait pas à faire payer. Si donc il est entré en fonctions dans les deux premiers mois de l'année, l'époque de la présentation des états de cotes irrécouvrables de son arrondissement de perception est reculée de deux mois, à partir du jour de son installation, sans qu'il soit besoin d'une autorisation spéciale (V. n° 1206). Dans aucun cas, le dépôt de ces états à la préfecture ou sous-préfecture ne doit être retardé au delà du 1er mai.

Si un percepteur, sorti de fonctions après l'époque fixée pour la présentation des états de cotes irrécouvrables, a négligé de les établir, son successeur peut les présenter, en se renfermant dans les délais ci-dessus prescrits ; mais il les forme alors d'office et pour le compte de son prédécesseur, qui demeure chargé de toute la responsabilité qui s'y rattache.

Indépendamment des dispositions qui précèdent, il est accordé au percepteur entrant en fonctions un délai de deux mois pour vérifier l'exactitude des états de restes à recouvrer, et pour examiner si, dans les rôles dont il doit poursuivre le recouvrement sous sa responsabilité, il n'existe pas des cotes arriérées dont le recouvrement possible à l'époque où le payement en était exigible, serait devenu impraticable par la faute de son prédécesseur. Lorsque, dans les deux mois qui suivent son installation, un percepteur a signalé des cotes de l'espèce et demandé qu'elles soient laissées à la charge du comptable sorti de fonctions, le receveur des finances, après s'être assuré qu'effectivement la réclamation du nouveau comptable est fondée, se fait remettre le relevé des cotes dont il s'agit, pour l'annexer au procès-verbal de remise de service, et le recouvrement en est suivi pour le compte de l'ex-percepteur, à qui il est donné connaissance de cette nouvelle charge. *(Inst. gén., art. 1341.)*

1894. — D'après les règles établies aux articles 1340 et 1341 de l'Instruction générale rappelées ci-dessus, les procès-verbaux de remise de service doivent contenir, au § 2 de la deuxième partie, qui charge le nouveau percepteur de suivre la rentrée des restes à recouvrer, une réserve ainsi conçue :

« Il est néanmoins entendu que, pour les restes à recouvrer des exercices 19..., et 19..., comme pour les articles arriérés sur l'exercice 19..., dont l'absence totale de garantie viendrait à être constatée dans le délai de deux mois de l'installation, la responsabilité de M..., ancien percepteur, reste engagée dans la limite et selon les règles déterminées par l'arrêté ministériel du 15 janvier 1836 (*art. 1340 et 1341 de l'Instruction générale*), sauf l'obligation qui est imposée au nouveau comptable de justifier de l'exercice de toutes les poursuites et diligences prescrites par les règlements. » *(Inst. gén., art. 1342.)*

P.-J. SERRIER   20

1895. — La responsabilité d'un percepteur hors de fonctions reste conséquemment engagée jusqu'après le solde complet des rôles des exercices et des cotes arriérées dont il aura été déclaré responsable, et le receveur des finances doit prendre, dans son propre intérêt, les mesures qui lui paraîtront les plus convenables pour se couvrir du montant de ces cotes. *(Inst. gén., art. 1343.)*

1896. — Le recouvrement de l'arriéré dont l'ex-percepteur aura été reconnu responsable devant, aux termes des articles qui précèdent, être suivi par l'intermédiaire et sous la direction spéciale du receveur de l'arrondissement, celui-ci est tenu, le cas échéant, de veiller à ce que les recettes de cette origine soient constatées dans la comptabilité du nouveau titulaire, suivant les règles ordinaires, c'est-à-dire qu'elles soient inscrites au livre à souche et au livre récapitulatif, et qu'il en soit délivré quittance. Il doit aussi se faire justifier, par ce dernier comptable, que toutes les poursuites ordonnées par les règlements ont été régulièrement exercées contre les retardataires ; il doit, enfin, lui recommander d'appliquer aux cotes arriérées, jusqu'à leur entier payement, les premiers versements qu'il obtiendra des contribuables débiteurs, et le prévenir qu'il deviendrait responsable, envers son prédécesseur, des cotes à l'égard desquelles ces diverses obligations n'auraient pas été remplies. La justification de leur accomplissement doit être donnée à l'ancien percepteur, lorsque le receveur particulier lui fait connaître le montant de l'arriéré resté définitivement à sa charge. *(Inst. gén., art. 1344 ; Com. Durieu, t. I, p. 362.)*

1897. — Les articles 1340 à 1344 de l'Instruction générale, rappelés aux numéros 1892 à 1896 qui précèdent, ne laissent aucun doute sur la responsabilité respective de l'ancien et du nouveau percepteur. Des dispositions qu'ils contiennent, il faut conclure :

1° Que l'ancien percepteur est responsable des restes à recouvrer sur les exercices antérieurs à la remise de service et pour lesquels il a été à même de dresser les états de cotes irrecouvrables (V. ci-dessus, n° 1892) ; il serait ainsi, lors même que le nouveau titulaire aurait obtenu l'autorisation de présenter, hors délai, des états supplémentaires de non-valeurs ;

2° Qu'il est également responsable du montant des articles de rôles concernant l'exercice courant, dans le cas où ces articles n'auraient pas été payés par suite de sa négligence. Pour ces derniers articles, le nouveau comptable a deux mois à partir de son installation pour faire constater l'absence totale de garantie.

Les rôles dont le percepteur entrant doit poursuivre le recouvrement, *sous sa responsabilité*, sont uniquement ceux pour lesquels il est chargé de dresser les états de cotes irrecouvrables. Quant aux autres rôles, il en poursuit le recouvrement pour le compte et aux risques et périls de son prédécesseur, sauf les réserves inscrites dans l'article 1344, rappelé ci-dessus, n° 1896. — Il en est également de même pour les cotes arriérées de l'exercice en cours, dont le recouvrement, possible à l'époque où le payement en était exigible, serait devenu impraticable ; par exemple, lorsque l'ancien comptable a laissé déménager, hors du ressort de la perception, un contribuable dont les impôts restent à solder, et dont il est impossible de découvrir le nouveau domicile.

En ce qui concerne le renouvellement des inscriptions hypothécaires, V. n°ˢ 1688 et suiv.

1898. — Les dispositions qui précèdent sont applicables au gérant intérimaire qui se trouverait en fonctions au 1ᵉʳ mars, époque fixée pour la présentation des états de cotes irrecouvrables. — V. n° 1623.

Obligations et responsabilité du comptable entrant, en ce qui concerne les biens et revenus communaux. — V. INSCRIPTIONS HYPOTHÉCAIRES, n° 1688.

Remises dues aux comptables en cas de décès ou de changement de résidence. — V. n°ˢ 2679 et suiv.

Mutations foncières. — *(Instruction du 2 mars 1886.)*

1899. — *Ce qui constitue le travail des mutations. (Art. 1ᵉʳ de l'Inst.)* — Le travail des mutations comprend :

1° La réception des déclarations de mutation des propriétés foncières, la rédaction et la vérification des feuilles sur lesquelles sont portées les parcelles, objet des changements ;

2° La recherche des propriétés non bâties devenues imposables ou ayant cessé de l'être ; celle des constructions et des démolitions totales ou partielles, ainsi que des changements d'affectation susceptibles d'entraîner une modification du revenu cadastral des propriétés bâties ;

3° La formation de l'état des changements de la taxe des biens de mainmorte ;

4° La formation des états de changements concernant la contribution des portes et fenêtres et la contribution personnelle-mobilière, ainsi que la constatation des rectifications qu'il y aurait lieu d'apporter à la désignation des noms, prénoms, professions ou qualités et demeures des contribuables ;

5° La ventilation des baux ;

6° L'établissement des matrices des patentes;

7° La rédaction ou la rectification de l'état-matrice des prestations;

8º Les recherches complémentaires relatives à l'assiette de la contribution sur les voitures, chevaux, mules et mulets, de la taxe sur les billards publics et privés et de la taxe sur les cercles, sociétés et lieux de réunion;

9º L'application des mutations sur les matrices de la direction et sur celles des communes.

1900. — *Tournées générales et spéciales.* — *Itinéraires.* — *Relevés des extraits d'actes dans les bureaux de l'enregistrement.* — *Agents appelés à concourir au travail des mutations.* — *Leurs attributions.* — *(Art. 2 de l'Inst.).* — Le travail des mutations, dans les communes, est fait par le contrôleur et par le percepteur, dans les cas et les conditions ci-après déterminés.

1901. — *(Art. 3 de l'Inst.)* — Une tournée générale a lieu chaque année pour l'exécution du travail des mutations ; elle est précédée et suivie de tournées spéciales ayant pour objet les mutations foncières et l'établissement des matrices primitives des patentes des communes ayant cent patentés ou plus. *(Inst. gén. 6 avril 1881 sur les patentes, art. 104.)*

1902. — *(Art. 4 de l'Inst.)* — Les tournées spéciales concernant les mutations foncières sont faites par le percepteur suivant la marche tracée par les articles 27 et 32 de la présente instruction.

La tournée spéciale qui est relative à l'établissement des matrices primitives des patentes est effectuée par le contrôleur, conformément aux prescriptions contenues dans l'instruction du 6 avril 1881.

1903. — *(Art. 5 de l'Inst.)* — Les époques des tournées sont arrêtées par le directeur des contributions directes, sur la proposition du contrôleur, lorsqu'il s'agit d'un travail dont ce dernier est personnellement chargé; elles sont arrêtées par le receveur des finances pour les communes où les percepteurs doivent opérer. *(Circ. nº 654.)*

Les contrôleurs et les percepteurs reçoivent de leurs chefs directs l'avis des jours et heures fixés pour leurs tournées.

1904. — *(Art. 6 de l'Inst.)* — Il est également donné avis au maire du jour et de l'heure où l'agent chargé du travail doit se rendre dans la commune. Cet avis est transmis par le receveur des finances pour les tournées spéciales du percepteur *(Circ. nº 654)* ; par le directeur, en ce qui concerne la tournée générale *(art. 12)* et la tournée spéciale effectuée par le contrôleur *(art. 4).*

Le maire porte les avis qu'il a reçus à la connaissance des habitants par les voies ordinaires de publication, et il convoque les répartiteurs pour prendre part au travail, dans le cas où leur concours est nécessaire.

1905. — *(Art. 7 de l'Inst.)* — A défaut d'ordres contraires, la tournée générale s'ouvre le 1er mai de chaque année. Néanmoins, si le directeur jugeait qu'il fût utile d'avancer ou de reculer cette ouverture, il en référerait à l'administration.

La tournée spéciale relative à l'établissement des matrices primitives des patentes *(art. 4)* ne peut être entreprise avant le 1er octobre, à moins d'une autorisation spéciale de l'administration. *(Inst. du 6 avril 1881, art. 104.)*

Les tournées spéciales des percepteurs pour la réception des déclarations de mutations ont lieu aux époques fixées par l'article 27 de la présente instruction.

1905 bis. — La circulaire de la Direction générale des contributions directes en date du 27 juillet 1900, nº 974, porte que sur la demande du maire, dûment autorisé par le conseil municipal, une tournée complémentaire peut avoir lieu au mois de novembre.

La demande doit être adressée le 1er mai au plus tard. La tournée complémentaire a pour objet de reviser les cotes personnelles-mobilières concernant des contribuables ayant changé d'habitation depuis la dernière tournée du contrôleur, de supprimer les contribuables n'habitant plus la commune et d'imposer ceux nouvellement arrivés.

1906. — *(Art. 8 de l'Inst.)* — L'ordre de la tournée générale est réglé par un itinéraire *(Modèle nº 1)* dont le projet est soumis par le contrôleur au directeur, en double expédition, avant le 1er avril.

Pour établir le projet d'itinéraire, le contrôleur doit faire en sorte de ne pas affecter au travail des mutations des jours de foire, marché, etc., dont la coïncidence rendrait plus difficile la réunion des répartiteurs.

Il tient compte des époques des travaux agricoles, tels que la fenaison, la moisson, les vendanges, etc., de manière à effectuer le travail de chaque commune à l'époque où les habitants peuvent être le plus libres de s'en occuper.

Autant que possible, il met en tête de l'itinéraire les perceptions pour lesquelles l'application des mutations a été effectuée en premier lieu. Il s'efforce de ne pas faire coïncider le travail des mutations avec les jours consacrés au recouvrement, et, à cet effet, il peut scinder une perception de manière qu'en y opérant à plusieurs reprises, le comptable soit distrait de ses autres obligations pendant un moins grand nombre de jours consécutifs.

Il a égard à la population des communes, à l'étendue des territoires, au nombre des actes relevés à l'enregistrement, aux notes des percepteurs *(art. 33)*, au nombre des patentables, etc., afin de bien apprécier l'importance du travail à exécuter dans chaque commune, et de pouvoir calculer avec exactitude la durée du séjour qu'il doit y faire.

En général, le contrôleur est tenu de consacrer au moins un jour au travail de chaque commune. Toutefois, le directeur peut l'autoriser à effectuer, dans une même journée, la tournée de deux communes ne renfermant pas ensemble plus de quatre cents articles de matrices générales et de trente patentables, lorsqu'il juge que la mesure n'est pas de nature à porter préjudice aux intérêts du service. (Circ. n°617.)

L'itinéraire indique l'heure à laquelle le contrôleur arrivera dans chaque commune.

La tournée est divisée en plusieurs parties, entre chacune desquelles sont ménagés quelques jours d'intervalle pour la mise au courant des affaires urgentes.

1907. — (Art. 9 de l'Inst.) — Le directeur examine et modifie, s'il y a lieu, le projet d'itinéraire, en veillant surtout à ce qu'il soit consacré à chaque commune le temps nécessaire pour que le travail puisse être complet et régulier. Il le communique au trésorier-payeur général pour recevoir ses observations, et l'arrête, aussitôt qu'il lui est renvoyé, en tenant compte, autant que possible, des observations qui auraient été faites.

1908. — (Art. 10 de l'Inst.) — Aussitôt que l'itinéraire est arrêté, copie en est transmise à l'inspecteur et au trésorier-payeur général ; ce dernier le notifie aux percepteurs en les invitant à se rendre dans les communes aux jours et heures indiqués, et à être présents, pendant toute la durée du travail, à la réunion des répartiteurs et du contrôleur, afin de donner les renseignements que leurs connaissances locales les mettent à même de fournir.

A l'égard des communes où il existe un receveur municipal spécial et pour lesquelles il est dressé un état-matrice des prestations, l'itinéraire est également notifié à ce comptable par les soins du Trésorier-payeur général.

1909. — (Art. 11 de l'Inst.) — Le directeur renvoie immédiatement au contrôleur un double de l'itinéraire tel qu'il a été arrêté ; il y joint les imprimés nécessaires pour la rédaction des pièces ci-après désignées, savoir :

Etats des changements de la taxe des biens de mainmorte (Modèle n° 10) ;
Etats des constructions et démolitions (Modèle n° 11) ;
Etats des changements de la contribution des portes et fenêtres (Modèle n° 12) ;
Etats des changements de la contribution personnelle-mobilière (Modèle n° 13) ;
Copies des plans ou des croquis à annexer aux atlas communaux, et extraits des inscriptions faites sur les états de sections :
Listes alphabétiques des contribuables nouveaux (Modèle n° 14) ;
Matrices primitives des patentes ;
Liste des patentables indigents.

Il y joint également les états-matrices des prestations, si ces documents n'ont pas été laissés entre les mains du contrôleur après la tournée relative à la contribution sur les voitures, chevaux, etc.

1910. — (Art. 12 de l'Inst.) — La notification de l'itinéraire du contrôleur au maire de chaque commune (art. 6) doit être faite par le directeur dix jours au moins à l'avance. La lettre du directeur (modèle n° 2) rappelle au maire qu'il doit tenir prêtes, pour l'arrivée du contrôleur, les diverses pièces nécessaires au travail des mutations, notamment :

1° L'atlas du plan parcellaire ;
2° Les états de section ;
3° La matrice cadastrale des propriétés non bâties;
4° La matrice cadastrale des propriétés bâties ;
5° La matrice générale ;
6° Les registres de l'état civil ;
7° Les listes électorales ;
8° Le tableau du dernier recensement de la population ;
9° Le registre des déclarations des chevaux, juments, mulets et mules, et celui des déclarations des voitures attelées, tenus pour le service des réquisitions militaires ;
10° Le budget communal.

Le directeur joint à sa lettre des affiches (Modèle n° 3) indiquant les jours et heures où le contrôleur se rendra dans la commune et dans chacune des communes limitrophes. Ces affiches doivent être en nombre suffisant pour qu'il en soit apposé non seulement au chef-lieu, mais encore dans les principales sections de la commune.

1911. — (Art. 13 de l'Inst.) — Le contrôleur est tenu de suivre exactement l'itinéraire arrêté; le directeur seul peut y apporter des modifications, et il ne doit le faire que pour des motifs graves.

Dans le cas où la tournée se trouverait forcément interrompue par une cause imprévue, le travail des communes dans lesquelles on devait opérer pendant l'interruption serait renvoyé à la fin de l'itinéraire, ou à l'un des intervalles réservés entre ses diverses parties (art. 8), de sorte que l'ordre établi pour les autres localités ne soit pas dérangé.

La même marche serait suivie à l'égard des communes où le temps fixé par l'itinéraire n'aurait pas suffi pour l'exécution régulière de tout le travail des mutations.

Le directeur doit être averti sans retard des circonstances qui peuvent nécessiter la modification de l'itinéraire. Si l'avis de l'arrivée du contrôleur a déjà été envoyé dans les communes sur lesquelles doivent porter les changements, il prévient immédiatement de l'interruption les maires de ces communes, ainsi que ceux des communes limitrophes. Il arrête l'itinéraire modifié, le notifie à l'inspecteur ainsi qu'au contrôleur et en donne connaissance au trésorier-payeur général et aux maires, dans la même forme que pour la communication primitivement faite à ces fonctionnaires.

1912. — *(Art. 14 de l'Inst.)* — Dans la période comprise entre l'achèvement de la tournée ordinaire des mutations et la fin de l'année, puis, pendant le premier trimestre de l'année suivante, le contrôleur relève, dans chacun des bureaux de l'enregistrement :

1° Tous les baux écrits (authentiques et sous seing privé) et toutes les déclarations de locations verbales relatifs à des chantiers ou à des propriétés bâties, loués soit seuls, soit avec des dépendances, telles que cours, jardins, etc., ou avec des terrains en culture d'une étendue peu considérable ;

2° Les baux écrits de 300 francs et au-dessus qui, ne rentrant pas dans la catégorie définie au paragraphe précédent, comprennent parmi les propriétés louées, soit des maisons d'habitation autres que celles des fermiers, soit des bâtiments industriels ;

3° Les baux notariés, judiciaires, administratifs et sous seing privé, portant translation ou attribution de propriété immobilière, par vente, échange, donation, partage, apport à une société, etc. ;

4° Les déclarations de succession immobilière, dans le cas où il n'existe qu'un seul héritier. *(Circ. Dir. gén. contr. dir. 29 août 1892.)*

1913. — *(Art. 15 de l'Inst.)* — Le nombre des déclarations de locations verbales qui, ordinairement, se renouvellent chaque année pour la même location, étant très considérable dans les villes et communes importantes, les contrôleurs sont autorisés à ne pas rédiger un extrait pour chaque déclaration. Celles qui ne sont que la reproduction de déclarations antérieures, ou qui concernent des locaux ayant changé d'occupants en conservant la même consistance, peuvent ne pas être relevés à nouveau. Il suffit de tenir l'extrait primitif au courant des changements et principalement d'avoir soin de substituer le nom du nouveau locataire à celui de l'ancien. La rédaction d'un extrait nouveau n'est nécessaire que lorsque des modifications essentielles sont survenues dans la location, ou lorsque, par l'annotation des changements successifs, les extraits sont devenus confus et hors de service. *(Circ. n° 531.)*

1914. — *(Art. 16 de l'Inst.)* — Le directeur peut dispenser le contrôleur des relevés de fin d'année pour un ou plusieurs bureaux de sa division, et l'autoriser à y relever en une seule fois, pendant le premier trimestre de l'année suivante, la totalité des actes enregistrés ; toutefois, l'usage de cette faculté reste subordonné aux conditions suivantes :

1° Qu'il n'en puisse résulter de retard pour aucune des autres parties du service du contrôle ;

2° Que l'ensemble de l'opération ne se prolonge, sous aucun prétexte, au delà du 20 mars ;

3° Que les communes comprises dans la circonscription des bureaux où le relevé aura été fait en une seule fois reçoivent ultérieurement, dans l'itinéraire de la tournée des mutations, un rang tel que le percepteur puisse sans difficulté accomplir ses deux tournées spéciales entre le moment où les extraits lui seront parvenus et celui où le contrôleur se rendra lui-même dans les communes.

Lorsque la circonscription des bureaux d'enregistrement s'étend sur plusieurs contrôles, le directeur peut, pour éviter une inégalité trop grande dans la répartition du travail, désigner parmi les contrôleurs intéressés, ceux qui devront opérer le relevé en tout ou en partie.

1915. — *(Art. 17 de l'Inst.)* — Le relevé est établi sur des extraits *(Modèles n°* 4 *et* 5); il est fait à l'aide et dans l'ordre des registres des receveurs de l'enregistrement.

Il comprend, non seulement les actes relatifs à des propriétés situées dans la division du contrôleur, mais encore les actes concernant des propriétés situées hors de la division. Si ces propriétés appartiennent à des départements étrangers, il est nécessaire d'ajouter le nom du département à celui de la commune. Le contrôleur consigne avec le plus grand soin sur l'extrait toutes les indications qui peuvent faciliter la reconnaissance des parcelles au moment des mutations ou des ventilations, telles que : *lieux-dits, nature de culture, contenance, noms de champs* ou *de parcelles, désignations cadastrales,* etc., excepté toutefois lorsqu'il s'agit de partages comprenant un grand nombre de parcelles.

Lorsque l'enregistrement indique qu'une propriété s'étend sur plusieurs communes dont les noms sont désignés, l'acte est relevé pour chaque commune sur un extrait séparé.

Les baux à série de prix donnent lieu à la rédaction d'autant d'extraits qu'il y a de prix différents.

1916. — *(Art. 18 de l'Inst.)* — Indépendamment des faits relatifs aux mutations foncières, le contrôleur, en compulsant les registres pour la formation des extraits, ne doit pas négliger de recueillir, sur des bulletins *(Modèle n° 1 annexé à l'Instruction du 6 avril 1881),* tous les autres renseignements utiles pour l'assiette de la contribution des patentes, tels que : adjudications de travaux et de fournitures, actes de société, transactions, marchés, etc. *(Inst. 6 avril 1881, art. 97 et suiv.)*

1917. — *(Art. 19 de l'Inst.)* — Les contrôleurs sont tenus d'adresser au directeur, au fur et à mesure de l'achèvement des relevés dans chaque bureau, une note indiquant la date, d'après les livres de l'enregistrement, à laquelle les relevés ont été entrepris et celle à laquelle ils ont été arrêtés.

A la réception de ces notes, le directeur se fait communiquer, s'il le juge à propos, les relevés d'un ou de plusieurs bureaux, pour les examiner ou pour les faire vérifier par l'inspecteur. Les extraits dont la communication est ainsi demandée sont transmis à la Direction dans l'ordre suivant lequel ils ont été rédigés *(art. 17)*; ils sont renvoyés le plus tôt possible dans les contrôles.

1918. — *(Art. 20 de l'Inst.)* — Au jour indiqué par le chef de service, les contrôleurs retirent de chacune des liasses d'extraits qu'ils ont rédigés, les extraits de baux et d'actes translatifs de propriétés concernant les communes autres que celles de leur circonscription, et les adressent à la Direction. Le directeur distribue immédiatement entre les divisions de contrôle ceux de ces extraits qui doivent être utilisés dans le département et transmet les autres dans les départements qu'ils concernent; il y joint, en une liasse distincte, lors de l'envoi qui suit l'achèvement des relevés de fin d'année, les extraits de l'année précédente qui restent à utiliser en totalité ou en partie et dont il a soin de biffer les anciens numéros.

En ce qui concerne les relevés effectués pendant le premier trimestre de chaque année, l'échange desdits extraits entre les divers contrôles et départements se fait partout dans un délai uniforme qui a été fixé du 20 au 25 mars. Cette époque est assez tardive pour que les contrôleurs soient à même de pousser leurs relevés *au moins* jusqu'au 1er mars et leur laisse, d'autre part, un temps suffisant pour connaître, avant la rédaction de leur projet d'itinéraire, le nombre des extraits à utiliser pendant la tournée des mutations. *(Circ. n° 616.)*

La Direction tient note des divers envois d'extraits d'actes de l'enregistrement dont il est question ci-dessus.

1919. — *(Art. 21 de l'Inst.)* — Le contrôleur range par commune et en deux liasses distinctes *(baux et ventes)* les extraits concernant sa division, en ayant soin de placer en tête les extraits restant à utiliser. Il donne ensuite, dans chaque commune, un numéro particulier à chaque extrait, en commençant par l'unité. Les extraits restés antérieurement sans emploi ou incomplètement utilisés reçoivent ainsi un nouveau numéro qui est inscrit à côté de l'ancien préalablement biffé par le directeur *(art. 20.)*

1920. — *(Art. 22 de l'Inst.)* — Le contrôleur tient un registre *(Modèle n° 6)* présentant le compte des extraits de baux et d'actes translatifs de propriété. Ce registre est divisé en deux parties.

La première présente une suite de cadres destinés à recevoir l'inscription des dates auxquelles le contrôleur aura arrêté, dans chaque bureau, ses derniers relevés.

La deuxième partie est consacrée aux ins-

criptions successives des nombres, par commune, d'extraits relevés, utilisés ou restés sans emploi. Les chiffres des diverses colonnes sont totalisés par perception, puis les totaux par perception, récapitulés à la suite du compte par commune.

Les extraits relatifs à des communes étrangères à la division ne sont ni numérotés, ni enregistrés.

Le registre *n° 6* comprend les imprimés nécessaires pour une durée de vingt-cinq ans environ ; il doit être relié. *(Circ. n° 616.)*

1921. — *(Art. 23 de l'Inst.)* — Le contrôleur envoie directement aux percepteurs de sa circonscription, après les avoir enliassés par commune et réunis par perception, les extraits d'actes translatifs de propriété concernant les communes où ces comptables doivent recueillir les mutations ; il joint à chaque liasse d'extraits correspondant à une perception un bordereau *(Modèle n° 25)* sur lequel il inscrit les noms de toutes les communes de la perception et le nombre, par commune, des extraits envoyés.

Les percepteurs, après avoir rempli, daté et signé le récépissé placé à droite de ce bordereau, le détachent et le font parvenir immédiatement au contrôleur.

1922. — *(Art. 24 de l'Inst.)* — Le jour même où il effectue les envois dont il est question à l'article précédent, le contrôleur adresse au directeur un état *(Modèle n° 24)* présentant, par commune, le nombre des extraits de baux et d'actes translatifs de propriété relevés et reçus ; ledit état est la copie de la deuxième partie du registre *n° 6*.

Dans l'état à rédiger pour les extraits relevés entre l'achèvement de la tournée et la fin de l'année, on ne remplit que les colonnes 1 à 5 et 8 à 10. Cet état est renvoyé par le directeur au contrôleur afin que celui-ci en complète la rédaction à la suite des relevés du premier trimestre, en remplissant les colonnes 6 et 7, ainsi que les colonnes 11 et 12.

Les diverses colonnes de l'état *n° 24* sont additionnées par perception, et les totaux par perception, récapitulés à la fin de l'état, comme dans le registre *n° 6*.

A la réception des états *n° 24*, le directeur fait connaître au trésorier-payeur général le nombre, par arrondissement et par perception, des extraits d'actes translatifs de propriété transmis aux percepteurs.

1923. — *(Art. 25 de l'Inst.)* — Du 1er au 15 avril de chaque année, l'un des contrôleurs du chef-lieu est chargé de se transporter dans les bureaux de la préfecture, à l'effet de rédiger des extraits des décrets et arrêtés ayant autorisé les établissements de mainmorte, soit à accepter des legs ou donations consistant en immeubles, soit à aliéner des propriétés de même nature. Il consigne ces renseignements sur des bulletins conformes au *Modèle n° 1* annexé à l'*Instruction du 6 avril 1881*, mais qui ne doivent pas être enregistrés au contrôle.

Les bulletins ainsi rédigés sont remis au directeur, qui, après en avoir pris note, les transmet aux contrôleurs qu'ils concernent, lesquels sont tenus de les renvoyer, annotés de la suite donnée, avec les dossiers de mutations.

1924. — *(Art. 26 de l'Inst.)* — Le contrôleur opère les mutations foncières :

1° Dans la commune de sa résidence ;

2° Dans les autres communes, en ce qui concerne seulement les nouvelles constructions, les additions de construction, les démolitions, les parcelles de propriétés non bâties devenues imposables ou ayant cessé de l'être et, d'une manière générale, en ce qui touche toutes les propriétés bâties ou non bâties dont le revenu cadastral est à évaluer, à supprimer ou à modifier.

1925. — *(Art. 27 de l'Inst.)* — Le percepteur fait les mutations dans les communes autres que celles où réside le contrôleur. Il peut se livrer à ce travail chaque fois que, se trouvant dans la commune, il est à même, soit à l'aide des déclarations des propriétaires, soit à l'aide de documents officiels ou authentiques, de constater les changements survenus dans les propriétés. Toutefois, il est tenu de faire, en outre, même dans les communes où il a ainsi opéré, deux tournées spéciales *(art. 4)*. La première a lieu immédiatement après que les mutations de l'année précédente ont été appliquées sur les matrices des communes ; la seconde est fixée de manière que le travail soit terminé quinze jours au moins avant l'époque de l'arrivée du contrôleur dans la première commune de la perception.

1926. — *(Art. 28 de l'Inst.)* — Pour chacune des deux tournées spéciales prescrites par l'article précédent, le percepteur prépare et soumet au receveur des finances l'itinéraire qu'il se propose de suivre.

Le receveur des finances adresse au maire de chaque commune, dix jours au moins à l'avance, des affiches *(Modèle n° 3 bis)*, accompagnées d'une lettre d'envoi *(Modèle n° 2 bis)*, faisant connaître les jour et heure où le percepteur se rendra dans la commune et dans chacune des communes limitrophes. Ces affiches doivent être en nombre suffisant pour qu'il en soit apposé non seulement au chef-lieu de la commune, mais encore dans les principales sections. *(Circ. n° 654.)*

1927. — *(Art. 29 de l'Inst.)* — Aussitôt après l'achèvement de son travail, c'est-à-dire quinze jours au moins avant l'arrivée du contrôleur *(art. 27)*, le percepteur adresse, en simple expédition, au receveur des finances un état *(Modèle n° 15 bis)*, présentant :

1° Le nombre des extraits d'actes translatifs de propriété reçus, utilisés et restant à utiliser, ainsi que le nombre des parcelles recueillies pour les propriétés non bâties et pour les propriétés bâties :

2° Le relevé des extraits restant à utiliser, avec indication des motifs pour lesquels il n'a pu en faire emploi.

Cet état, au lieu d'être dressé par commune, peut comprendre simultanément les renseignements relatifs à plusieurs communes appartenant au même contrôle. *(Circ. compt. publ., 28 oct. 1896, § 2.)* — Il est envoyé par le receveur des finances au trésorier-payeur général qui le transmet immédiatement au directeur. *(Circ. n° 654.)*

1928. — *(Art. 30 de l'Inst.)* — A la réception de cet état, le trésorier-payeur général et le directeur examinent les causes d'ajournement des mutations *(col. 9 du cadre n° 2)*, et, s'ils reconnaissent la nécessité de faire compléter l'opération avant l'arrivée du contrôleur, ils décident de concert qu'elle sera effectuée par un agent spécial, lequel sera envoyé dans les communes aux frais du comptable.

Autant que possible, les agents spéciaux sont choisis parmi les surnuméraires de l'un ou de l'autre des services. *(Circ. n° 654.)*

1929. — *(Art. 31 de l'Inst.)* — L'agent spécial se rend immédiatement chez le percepteur qui doit être prévenu de son arrivée par le receveur des finances.

Il reçoit du comptable tous les extraits d'actes translatifs de propriété relatifs aux communes où le travail est incomplet ainsi que les feuilles de mutation déjà rédigées et les imprimés nécessaires.

L'agent spécial se transporte successivement dans lesdites communes, et, lorsque sa mission est remplie, il remet au percepteur les diverses pièces de mutations accompagnées d'une note indiquant le nombre des parcelles qu'il a recueillies dans chaque commune, ainsi que le nombre de kilomètres qu'il a parcourus par terre, par eau, ou par chemin de fer, tant pour l'aller que pour le retour. Cette note est adressée par le percepteur au receveur des finances qui la transmet au trésorier-payeur général. *(Circ. n° 654.)*

1930. — *(Art. 32 de l'Inst.)* — L'agent spécial a droit aux allocations suivantes :

3 francs par jour ;

2 centimes et demi par parcelle et par nom *substitué* (propriétés non bâties) ;

3 centimes et demi par parcelle et par nom *substitué* (propriétés bâties) ;

Et, pour frais de voyage ;

30 centimes par kilomètre de route de terre et 15 centimes par kilomètre parcouru par eau ou par chemin de fer.

Le trésorier-payeur général fait immédiatement payer les allocations dues à l'agent spécial, et il en opère la retenue sur les remises du percepteur.

Ce dernier reçoit d'ailleurs la totalité de l'indemnité allouée pour la rédaction des feuilles de mutation, tant en ce qui concerne les feuilles établies par lui qu'en ce qui concerne les feuilles établies par l'agent spécial.

1931. — *(Art. 33 de l'Inst.)* — Le percepteur tient un cahier de notes qu'il porte avec lui dans les communes, et sur lequel il indique, soit d'après la demande des contribuables, soit d'après les faits parvenus à sa connaissance, les changements ou rectifications à opérer dans les rôles. Il y inscrit les divers renseignements qu'il a pu recueillir pour l'amélioration de l'assiette des contributions, notamment en ce qui concerne les constructions et les démolitions, les alluvions et les corrosions, les patentables à imposer et ceux à supprimer des rôles.

Il rédige deux fois par an, pour chacune des communes de sa réunion, sur des cadres remis à cet effet par le directeur au trésorier-payeur général, des extraits du cahier de notes. Ces extraits ou les certificats négatifs doivent parvenir au directeur par la voie hiérarchique : le premier, *vingt jours au moins* avant l'ouverture de la tournée générale des mutations dans la perception ; le second, *du 1er au 5 novembre*. *(Circ. Dir. gén. cont. dir. 8 juillet 1895.)* — V. n° 797.

1932. — *(Art. 34 de l'Inst.)* — Les contrôleurs sont chargés de tenir les percepteurs approvisionnés des cadres imprimés nécessaires pour la rédaction des feuilles de mutation.

1933. — *(Art. 35 de l'Inst.)* — Dans le cas où il s'élèverait quelque dissentiment entre les agents chargés de coopérer au travail des mutations, le directeur et le trésorier-payeur général se concerteraient pour le faire cesser ; si ces chefs de service ne pouvaient eux-mêmes s'accorder sur l'un des points qu'ils sont appelés à régler, ils en référeraient respectivement à leur administration.

1934. — *Réception des mutations foncières.* — *Règles générales.* — *(Art. 36 de l'Inst.)* — L'agent chargé d'opérer dans les communes doit être muni des extraits d'actes translatifs de propriété relevés dans les bureaux de l'enregistrement *(art. 14)* et des divers renseignements qui lui ont été fournis ou qu'il a recueillis concernant les mutations.

Il doit, en outre, se faire remettre :

1° L'atlas du plan parcellaire ;
2° Les états de sections ;
3° Les matrices cadastrales des propriétés non bâties et bâties ;
4° La matrice générale.

Avant de se rendre dans les communes, il informe, par des lettres *(Modèle n° 7)*, les propriétaires dont les mutations auraient été précédemment ajournées, du jour où il se trouvera à la mairie pour procéder à la réception des déclarations de mutations foncières et leur indique en même temps l'heure à laquelle ils devront s'y présenter, pour fournir les renseignements touchant leurs mutations.

Au jour de la tournée spéciale, il prie, au besoin, le maire de faire publier de nouveau l'avis de son arrivée, et même de faire appeler individuellement les propriétaires qui ne se présenteraient point et dont les explications lui seraient nécessaires.

Il procède à la rédaction des feuilles de mutation d'après les règles tracées dans les articles suivants, en faisant usage d'imprimés conformes aux modèles n°8 pour les propriétés non bâties et n° 8 *bis* (papier rose) pour les propriétés bâties.

1935. — *(Art. 37 de l'Inst.)* La mutation peut avoir pour objet :

1° L'article entier d'un propriétaire ;
2° Des parcelles entières ;
3° Des portions de parcelles d'une seule classe ;
4° Des portions de parcelles de classes différentes.

Dans le premier cas, si l'article passe à un *acquéreur* non encore inscrit dans la matrice cadastrale, on indique qu'il y a lieu de *substituer* le *nom de l'acquéreur* à celui du *vendeur*, en se bornant à inscrire sur la feuille de mutation le total de la contenance et du revenu cadastral. *(Ex. fictifs, nos 1 et 17.)*

(La substitution du nom d'une veuve à celui de son mari, du nom d'un héritier à celui de son auteur, et les autres changements de l'espèce relatifs à des articles comprenant un revenu cadastral, constituent, non de simples corrections, mais de véritables mutations)*(Inst. art. 120.)*

Si l'article entier passe à un *acquéreur* figurant déjà à la matrice, on transcrit le détail de toutes les parcelles acquises.

Dans le second cas, on copie sur la feuille de mutation la ligne affectée à chaque parcelle dans la matrice.

Dans le troisième cas, on transcrit la section, le numéro du plan, le lieu-dit, la nature de la propriété, la portion de contenance, la classe et la portion de revenu y afférente *(ex. fictif n° 5).* Le revenu de chaque portion de parcelle divisée se détermine en multipliant la contenance par le prix attribué à la classe de la parcelle dans le tarif des évaluations placé en tête de la matrice.

Dans le quatrième cas, le revenu de chaque fraction est déterminé proportionnellement à la contenance *(ex. fictifs, nos 6 et 7, section H, n° 20),* à moins que les parties intéressées ne conviennent de la portion de revenu à attribuer à chacune d'elles ; on fait alors mention de la convention des parties dans la colonne d'observations, et, de plus, on indique, dans la colonne 7, la contenance ou la proportion de la contenance afférente à chaque classe, si la portion de parcelle, objet de la mutation, appartient à plusieurs classes (ex. fictifs, nᵒˢ 6 et 7). Dans aucun cas, le revenu attribué à chacune des portions de la parcelle ne peut être supérieur à celui qui résulterait du tarif de la classe la plus élevée, ni inférieur à celui du tarif de la classe la moins élevée de la parcelle.

On place la lettre p (partie) à droite et un peu au-dessous du numéro des parcelles divisées. Ce signe suit, dans les mutations ultérieures, la fraction des parcelles qui en a été affectée, alors même que cette fraction ne subirait plus de nouvelle division. En outre, toutes les fois qu'il y a possibilité de le faire, on indique dans la colonne de la feuille de mutation intitulée : *Fraction représentative des portions de parcelles divisées*, le chiffre exprimant la portion de parcelle à porter de l'ancien au nouveau propriétaire (ex. fictif, nᵒ 5). Cette dernière indication, qui peut servir à vérifier l'exactitude des divisions, ne doit, en aucun cas, être reproduite sur la matrice.

1936. — (Art. 38 de l'Inst.) — Lorsque le changement n'affecte qu'une portion de parcelle il est rédigé une feuille de mutation, dite *feuille de reste,* pour constater la partie de cette parcelle qui reste à l'ancien propriétaire (ex. fictif nᵒ 4). La rédaction de cette feuille est nécessaire pour faciliter la retranscription de la partie restante à celui de l'article du *vendeur,* et pour fixer l'ordre que ce reste de parcelle doit y prendre dans le cas où il y aurait à opérer plusieurs retranscriptions de l'espèce ou à porter, à l'article du *vendeur,* des parcelles qu'il aurait acquises.

Dans les cas dont il s'agit, le revenu cadastral des restes de parcelles doit être déterminé, non par voie de différence, mais de la même manière que celui des portions de parcelle mutées (art. 37, 3ᵉ et 4ᵉ cas).

1937. — (Art. 39 de l'Inst.) — Chaque feuille de mutation ne doit comprendre que des parcelles transférées d'*un même* article à *un seul* propriétaire. Il faut, par conséquent, rédiger deux feuilles pour faire passer des parcelles inscrites sous le nom d'un même propriétaire à deux propriétaires différents (ex. fictifs, nᵒˢ 6, 7, 14 et 15), de même qu'il faut en rédiger deux également pour porter à un même *acquéreur* des parcelles tirées de deux articles de la matrice (ex. fictifs, nᵒˢ 2 et 6).

1938. — (Art. 40 de l'Inst.) — Les propriétés acquises pour l'établissement des chemins de fer, qu'il s'agisse d'une ligne concédée ou d'une ligne exploitée par l'État, doivent être inscrites dans les matrices sous deux articles différents : l'un, comprenant les immeubles né-

cessaires à l'exploitation ; l'autre, ceux qui, ne faisant pas partie de la voie ferrée ni de ses dépendances, sont susceptibles d'être aliénés: (Circ. nᵒ 617.)

1939. — (Art. 41 de l'Inst.) — Lorsqu'un propriétaire nouveau a acquis en entier plusieurs articles, on opère *sommairement,* c'est-à-dire par voie de *substitution (article 37),* sur l'article renfermant le plus grand nombre de parcelles, et on transcrit en détail, sur d'autres feuilles de mutation, les parcelles provenant des autres articles.

Si l'*acquéreur* prenait un article entier de matrice et seulement des parcelles ou portions de parcelles tirées d'un ou de plusieurs autres articles, on porterait le total de la contenance et du revenu de l'article entier sur une feuille et l'on transcrirait en détail, sur d'autres feuilles, les parcelles ou portions de parcelles tirées des autres articles (ex. fictifs, nᵒˢ 1 et 3).

1940. — (Art. 42 de l'Inst.) — Lorsque la totalité d'un article de matrice n'ayant encore subi que quelques radiations passe à plusieurs *acquéreurs,* et que l'un d'eux, *nouveau propriétaire,* prend plus de la moitié des parcelles, on opère sommairement en ce qui concerne cet *acquéreur* (ex. fictif nᵒ 15).

1941. — (Art. 43 de l'Inst.) — Lorsque la mutation comprend une propriété bâtie, il est rédigé une première feuille (Modèle nᵒ 8) pour le sol, le jardin et les autres terrains acquis avec la propriété bâtie ; puis une seconde feuille conforme au modèle nᵒ 8 bis pour l'*élévation* des maisons ou usines. Le numéro de la feuille de mutation du sol est rappelé sur la feuille relative à l'*élévation.*

Le même mode de procéder doit être suivi en ce qui concerne les mutations ayant pour objet les chantiers et autres terrains affectés à un usage commercial ou industriel.

Pour les mutations relatives aux propriétés bâties, on porte sur la feuille nᵒ 8 bis la nature et le nombre des ouvertures, à moins qu'il ne s'agisse d'une propriété exempte de la contribution des portes et fenêtres, auquel cas on indique la destination qui a motivé l'exemption (ex. fictif, nᵒ 20).

Si la propriété se trouvait déjà imposée pour les portes et fenêtres, au nom du nouveau propriétaire, comme dans le cas de construction nouvelle, il serait fait mention de cette circonstance, et l'on rappellerait pour mémoire dans la colonne 10 de la feuille de mutation le nombre des ouvertures déjà imposées (ex. fictifs, nᵒˢ 26 et 28).

1942. — (Art. 44 de l'Inst.) — On ne doit pas procéder à la division d'un domaine ou même d'une simple parcelle entre plusieurs copropriétaires, lorsqu'il n'y a pas eu de partage effectif. Tant que les propriétés sont possédées en commun, elles sont imposables sous la désignation collective : *N... (Les héritiers de)*, ou *N... et consorts*. Il ne peut y avoir d'exception à cette règle que pour certaines espèces de propriétés qui, par leur nature, restent habituellement dans l'état d'indivision, telles que des pâturages, des prés, des bois et des cours ou aires ; ces propriétés lorsqu'elles appartiennent à des particuliers, peuvent être portées aux articles des copropriétaires d'après les droits de chacun ; si elles appartiennent à des communes, hameaux ou sections de commune, elles doivent être imposées au nom des communautés.

1943. — *(Art. 45 de l'Inst.)* — Toute mutation doit être circonscrite, tant en contenance qu'en revenu cadastral, dans les quantités constatées par le cadastre. Par conséquent, il faut s'assurer que la réunion des diverses parties d'une parcelle divisée reproduit la contenance et le revenu de la parcelle entière, et que la somme des totaux partiels des différentes feuilles qui ont pu être rédigées pour la mutation d'un article entier est égale au total de cet article. Tous les rapprochements nécessaires pour vérifier ces concordances doivent être effectués avec le plus grand soin.

1944. — *(Art. 46 de l'Inst.)* — Aucune mutation ne doit être opérée qu'après que l'identité des parcelles qui en sont l'objet a été constatée ; cette constatation s'effectue, s'il est nécessaire, au vu du plan, des états de sections et même du terrain.

1945. — *(Art. 47 de l'Inst.)* — Les feuilles de mutation indiquent les nom et prénoms des *vendeurs*, leur folio ou leur case à la matrice cadastrale, leur article à la matrice générale et le total du revenu (propriétés non bâties ou bâties) pour lequel ils sont compris dans le dernier rôle.

Les mêmes indications sont suffisantes en ce qui concerne les *acquéreurs déjà imposés*.

Mais il est nécessaire, à l'égard des contribuables qu'il s'agit d'inscrire pour la première fois aux matrices, de mentionner, outre leurs nom et prénoms, leur profession ou qualité et leur demeure. (Il convient, lorsque les usages locaux ne s'y opposent pas, de désigner les veuves sous le nom de leur mari et non sous leur nom de famille).

Si un *acquéreur nouveau* figure déjà à la matrice générale, il faut reproduire en entier, sur la feuille de mutation, la désignation (nom, prénoms, etc.) sous laquelle il est inscrit à cette matrice, sauf, si la désignation de la matrice générale est inexacte ou incomplète, à en proposer la rectification.

Lorsque l'article auquel se rapporte la mutation occupe sur la matrice cadastrale plusieurs folios ou plusieurs cases, on n'indique en tête de la feuille que le premier folio ou la première

case ; mais il est nécessaire, à l'égard des parcelles qui ne figurent pas sur le premier folio ou sur la première case, d'indiquer, dans la colonne 1, les folios ou les cases où les parcelles sont inscrites *(ex. fictifs, nᵒˢ 2, 3, 6 et 20)*.

Les parcelles sont, autant que possible, inscrites sur les feuilles dans l'ordre des sections et des numéros du plan.

1946. — *(Art. 48 de l'Inst.)* — En règle générale, les mutations foncières doivent être effectuées sur la déclaration des parties intéressées, dont la présence, d'ailleurs, est souvent indispensable pour la constatation de l'identité des parcelles.

Toutefois, les mutations peuvent être opérées d'office et en l'absence des parties, soit à l'aide des extraits de l'enregistrement, soit sur la présentation d'un acte enregistré ou bien encore sur la production d'un certificat du receveur de l'enregistrement ou d'une note du notaire, s'il n'existe aucune incertitude sur la désignation des propriétés qui en sont l'objet. Il suffit, dans ce cas, que les feuilles mentionnent la nature et la date des actes.

1947. — *(Art. 49 de l'Inst.)* — L'agent qui fait les mutations foncières n'est pas seulement tenu d'effectuer les changements résultant de déclarations ou d'actes translatifs de propriété, il doit, en outre, effectuer la réunion des cotes multiples concernant un même propriétaire et opérer autant que possible la mutation des articles relatifs à des individus notoirement connus pour ne plus être propriétaires dans la commune, ou à des personnes décédées depuis plusieurs années et dont les héritiers n'ont pas demandé à demeurer dans l'indivision.

1948. — Les contrôleurs doivent, dans le chapitre de leurs rapports sur la tournée des mutations qui concerne le travail des percepteurs, indiquer les mutations arriérées et les cotes foncières à réunir, que l'appel des matrices générales ou toute autre vérification leur a fait découvrir.

Les renseignements consignés font l'objet d'états qui sont communiqués aux percepteurs, par voie hiérarchique, dans le cours du mois de mars de chaque année.

Les percepteurs ont à utiliser ces états et à les annoter, pour chacun des renseignements qui y sont consignés, de la suite donnée ou des motifs qui les ont obligés à ajourner la mutation.

Ces documents sont remis aux contrôleurs, qui les joignent aux dossiers de mutations.

Il est bien entendu que les percepteurs n'en demeurent pas moins tenus de rechercher et de faire disparaître les articles abusivement ouverts qui existeraient dans leurs rôles, alors même qu'ils ne leur auraient pas été signalés par le service de l'assiette. *(Circ. compt. publ. 10 nov. 1887, § 1ᵉʳ ; Circ. Dir. gén. des contr. dir. 18 mai 1888.)*

1949. — *(Art. 50 de l'Inst.)* — Si les mutations de propriétés ne sont point constatées par des actes enregistrés dont il soit justifié, les feuilles doivent être signées par l'ancien et par le nouveau propriétaire.

Il y a lieu également, lorsqu'une feuille de mutation a été rédigée au vu d'un acte, et bien que dans ce cas la signature des parties ne soit pas obligatoire, de faire signer cette feuille par celui ou ceux des intéressés qui se seraient présentés pour fournir des indications sur la mutation à opérer.

1950. — *(Art. 51 de l'Inst.)* — Lorsqu'il s'agit de rectifier une erreur d'attribution, de faire passer le *sol* d'une propriété bâtie au nom du propriétaire imposé pour l'*élévation*, de réunir les cotes multiples d'un même contribuable, ou d'effectuer les autres changements dont il est question à l'article 49, la mutation peut être opérée sur la signature des répartiteurs.

Avant de transmettre les feuilles au directeur, le contrôleur donne avis, par une lettre *(Modèle n° 9)*, des mutations de l'espèce au propriétaire à qui la parcelle est nouvellement attribuée, si d'ailleurs ce propriétaire n'est pas intervenu.

Il est fait, sur la feuille de mutation, mention de l'accomplissement de cette formalité ou du motif qui l'aurait rendue inutile *(ex. fictif, n° 2)*.

1951. — *(Art. 52 de l'Inst.)* — Les feuilles de mutation revêtues de la signature des parties intéressées ou de celles des répartiteur, doivent être datées. Cette formalité n'est pas exigée pour les feuilles établies, en l'absence des parties, au vu d'actes enregistrés.

1952. — *(Art. 53 de l'Inst.)* — Les causes des mutations et, autant que possible, la date des décès, mariages, ainsi que la nature et la date des actes translatifs de propriété sont énoncées dans la colonne des feuilles intitulées : *Motifs des changements.* Lorsque l'acte qui donne lieu à la mutation figure sur un extrait de l'enregistrement, le numéro d'ordre de cet extrait doit aussi être mentionné dans ladite colonne *(ex. fictifs, n°° 1, 3, etc.)*.

L'agent qui fait les mutations constate, en même temps, que l'extrait est utilisé en indiquant, pour chaque *acquéreur*, dans les colonnes 4 à 6 de cet extrait, l'année pour laquelle la mutation est effectuée, ainsi que le folio ou la case d'où sont tirées les parcelles mutées.

1953. — *(Art. 54 de l'Inst.)* — Les propriétaires ont la faculté de se faire représenter pour les déclarations de mutations ; leur délégation peut être donnée par simple lettre.

Au bas des feuilles de mutation rédigées sur la déclaration d'un mandataire, on énonce que le déclarant était dûment autorisé à représenter la partie intéressée. Cette mention suffit pour les procurations par acte authentique ou sous

seing privé, à la condition, toutefois, d'indiquer, dans le premier cas, la date de l'acte et, dans le second, la date de l'enregistrement. Lorsque les déclarations sont faites en vertu de simples lettres, ces lettres doivent être annexées aux feuilles de mutation *(ex. fictifs, n°° 6 et 10)*.

Quand un déclarant ne sait pas signer, il en est fait une mention qui est signée par le maire *(ex. fictif, n° 10)*.

1954. — *(Art. 55 de l'Inst.)* — Le percepteur et le contrôleur ne signent que les feuilles qu'ils ont rédigées personnellement.

1955. — *Explications sur la marche à suivre dans divers cas particuliers du travail des mutations foncières. (Art. 56 de l'Inst.)* — Lorsqu'un grand nombre de contribuables se présentent en même temps pour faire opérer des mutations, l'agent chargé du travail reçoit de préférence les déclarations des propriétaires forains et ensuite celles des propriétaires domiciliés dans la commune, dont les mutations comprennent le moins de parcelles. Il peut assigner des heures particulières aux déclarants dont les articles étendus exigeraient un long travail.

1956. — *(Art. 57 de l'Inst.)* — Lorsque la totalité ou une grande partie des parcelles d'un article de matrice doit être changée, soit par suite de vente en détail, soit par suite de partage, la méthode la plus expéditive et la plus sûre consiste à réunir quelques-uns des intéressés connaissant bien la propriété et les nouveaux propriétaires de chaque parcelle, puis à faire la mutation en appelant et en transcrivant successivement sur les feuilles toutes les parcelles.

Pour faciliter le travail, l'agent, avant de commencer la mutation, établit une liste numérotée des acquéreurs ou copartageants ; il recherche à qui les parcelles doivent être attribuées ; il inscrit au crayon sur la matrice, à la ligne de chacune d'elles, le numéro d'ordre de l'*acquéreur* à qui elle appartient, et ce n'est qu'après ces opérations préliminaires, qui lui permettent de reconnaître s'il n'y a pas lieu de procéder sommairement pour un des *acquéreurs (art. 42)*, qu'il transcrit les parcelles sur les feuilles dans l'ordre des sections et des numéros du plan.

1957. — *(Art. 58 de l'Inst.)* — L'agent chargé du travail des mutations appelle chaque parcelle sous ses diverses désignations cadastrales ; il en fait reconnaître la contenance aux déclarants ; il leur en explique la configuration, leur indique les propriétés y attenantes, et a soin de rechercher, afin de rendre la mutation complète, s'il n'a pas été réuni à cette parcelle, depuis le cadastre, quelque parcelle contiguë qui se trouverait inscrite plus loin dans le même article de la matrice, ou dont la mutation ne serait pas encore faite.

1958. — *(Art. 59 de l'Inst.)* — Lorsqu'une mutation a pour objet la *totalité* d'une parcelle qui se trouve inscrite sur plusieurs lignes dans un même article de matrice, soit parce que cette parcelle a été acquise en plusieurs fois d'un même individu, soit parce qu'elle a été acquise de plusieurs individus, entre lesquels elle aurait été antérieurement partagée, on réunit en une seule ligne sur la feuille de mutation les différentes fractions du même numéro dont elle se compose, en indiquant le nombre de lignes qu'elles occupent sur la matrice et en maintenant le signe *p* si la parcelle n'est pas entièrement reconstituée *(ex. fictif, n° 3)*.

1959. — *(Art. 60 de l'Inst.)* — Cependant, lorsque le même *acquéreur* prend, dans une parcelle divisée, plusieurs portions séparées et formant actuellement des parcelles différentes, ces portions doivent être inscrites distinctement sur la feuille de mutation avec la désignation particulière propre à les faire reconnaître. Cette désignation sera transcrite sur les matrices au moment de l'application des mutations et ajoutée à celle du lieudit.

1960. — *(Art. 61 de l'Inst.)* — Lorsque la mutation n'affecte qu'une portion de parcelle ou que la parcelle est divisée entre plusieurs *acquéreurs*, on procède à la division en se conformant aux règles générales ci-dessus rappelées *(art. 37 et 44)*.

Si la division peut être exprimée en parties aliquotes (1/2, 1/3, 1/4, etc.), on prend la moitié, le tiers, le quart, etc., des quantités portées sur la matrice *(ex. fictif, n° 5)*.

Si les copartageants ne peuvent exprimer leurs parts ou droits respectifs par des fractions quelconques, et s'ils indiquent seulement les portions de contenance à leur attribuer dans une ou plusieurs parcelles, on opère comme il est dit dans le troisième ou quatrième cas prévus à l'article 37 et l'on porte dans la colonne 9 de la feuille de mutation la mention : *F^{on} ind^{ée}* (fraction indéterminée) *(ex. fictif, n° 5)*. De toute façon, la division des contenances entre les copartageants doit être réglée de telle sorte qu'ils soient portés à la matrice pour les contenances effectives de leur terrain, ou au moins pour des quantités proportionnelles à ces contenances, dans le cas où elles ne seraient pas d'accord avec le cadastre *(art. 45)*. On ne peut se dispenser de se conformer à cette règle, sous le prétexte que les inégalités de contenances seraient compensées par un partage du revenu proportionnel à la valeur réelle des propriétés de chacun des copartageants.

1961. — *(Art. 62 de l'Inst.)* — Pour procéder à la division d'une propriété composée de plusieurs numéros du plan contigus, il ne faut point, si la division du terrain ne l'exige pas effectivement, donner à chaque copartageant une partie de tous les numéros du plan, proportionnelle à son droit dans l'ensemble de la propriété ; on doit lui attribuer seulement les numéros ou portions de numéros qui se rapportent au terrain qu'il possède réellement.

Si les parties présentent un plan qu'il soit possible de comparer au plan cadastral, le calcul des surfaces doit être fait avec autant de précision que possible, en se renfermant toutefois dans la contenance cadastrale *(art. 45)*.

1962. — *(Art. 63 de l'Inst.)* — Les mutations comportant division de parcelles exigent une attention particulière, lorsqu'elles ont pour objet des propriétés bâties.

Quelquefois il y a lieu de diviser le *sol* ainsi que le revenu y afférent et de laisser entier le revenu de la propriété bâtie ou bien de diviser ce revenu dans des proportions différentes de celles de la division du *sol*. Ce cas se présente plus particulièrement dans les partages par suite de décès, où il n'est pas rare que l'un des héritiers prenne, par exemple, une portion de cour ou de jardin comprise dans la contenance totale du numéro de la propriété bâtie, sans avoir part aux bâtiments, ou qu'il prenne seulement des bâtiments qui ne sont imposables que pour le *sol*, tels que granges, écuries, bergeries, etc., tandis que la maison proprement dite est échue tout entière à un autre héritier. Il faut alors porter à chacun des copartageants la portion de contenance qui lui appartient avec le revenu y afférent, et attribuer tout le revenu de l'*élévation* à celui qui possède la maison.

Il y aurait encore lieu d'agir de cette manière dans le cas où la portion de l'un des copartageants comprendrait un bâtiment qui, depuis le cadastre, aurait été consacré à l'habitation sans avoir encore été évalué ; on attribuerait tout le revenu de la propriété bâtie au propriétaire de l'ancienne maison, et l'on imposerait comme nouvelle construction le bâtiment converti en maison.

Enfin, quand bien même il y aurait partage effectif, entre plusieurs héritiers, des propriétés non bâties d'un contribuable décédé, si la maison reste indivise, il faut la laisser telle et lui ouvrir un article spécial tant pour le revenu cadastral que pour les portes et fenêtres.

Dans les cas de l'espèce, les personnes qui font les déclarations doivent être interrogées avec soin ; l'agent chargé de constater la mutation doit même au besoin, se transporter sur le terrain. Si cela est nécessaire, il consigne, dans la colonne 10 des feuilles, des explications sur son travail.

1963. — *(Art. 64 de l'Inst.)* — Les mutations s'opèrent directement du propriétaire imposé au propriétaire actuel, sans tenir compte des transmissions intermédiaires de propriété. Il convient toutefois d'en faire mention, à titre de renseignements, dans la colonne d'observations *(ex. fictif, n° 10)*.

1964. — (*Art. 65 de l'Inst.*) — Quand l'agent chargé du travail des mutations a des doutes sur l'exactitude des désignations cadastrales d'une parcelle, il se reporte aux indications correspondantes qui figurent sur le plan et les états de section ; il ne transcrit sur les feuilles de mutation que les désignations reconnues exactes. Mais pour faciliter les vérifications de la direction, il rappelle, dans la colonne 10 de ces feuilles, les désignations défectueuses (*ex. fictifs, nos 5 et 6*).

1965. — (*Art. 66 de l'Inst*). — Les changements survenus depuis le cadastre dans les natures de culture et dans la valeur des propriétés ne peuvent donner lieu à aucune rectification.

Quant aux erreurs matérielles qui auraient pu être commises au moment du cadastre, elles ne peuvent être rectifiées qu'à la suite d'une décision du conseil de Préfecture rendue sur réclamation des intéressés (*Art. 74*).

1966. — (*Art. 67 de l'Inst.*) — Les parcelles pour lesquelles il a été rédigé des feuilles de mutation sont immédiatement marquées sur la matrice par un petit trait placé en avant du numéro du plan.

Cette indication prévient tout double emploi dans le cas où un déclarant autre que celui qui s'est présenté viendrait, à son tour, demander le changement ; elle facilite, d'ailleurs, au moment de l'application des mutations sur la matrice de la commune, la reconnaissance des parcelles qui doivent être rayées.

1967. — (*Art. 68 de l'Inst.*) — Les accroissements et les pertes de matière imposable survenus dans les propriétés non bâties et les changements donnant lieu à une simple modification de revenu sont constatés dans la même forme que les mutations.

Les feuilles qui sont rédigées à cet effet par le contrôleur (*art. 26*) indiquent, avec les explications justificatives nécessaires, s'il y a lieu ou non de modifier les contingents. Ces explications sont consignées dans la colonne 10 des feuilles de mutation.

1968. — (*Art. 69 de l'Inst.*) — Pour l'imposition d'une matière imposable nouvelle, on porte sur la feuille de mutation, dans l'espace réservé pour l'indication du nom de l'ancien propriétaire, les mots : *non imposé*. On inscrit le propriétaire à imposer comme *acquéreur*, et l'on désigne la propriété nouvelle, avec toutes les indications propres à la faire figurer sur la matrice (*ex. fictifs, nos 8 et 16*).

Lorsqu'il s'agit d'une parcelle qui ne porte pas de numéro de plan, ainsi qu'il arrive quand les portions de chemins ou de places publiques deviennent imposables, on la désigne, dans la colonne 2, par la lettre de la section à laquelle elle appartient, et, dans la colonne des numéros du plan, par un numéro d'ordre faisant suite au dernier numéro de la section ou des parcelles de l'espèce déjà imposée antérieurement. En outre, on inscrit entre parenthèses, au-dessous et un peu à droite du nouveau numéro, le numéro de la parcelle la plus voisine (*ex. fictif, n' 16*.)

1969. — (*Art. 70 de l'Inst.*) — Le contrôleur joint au dossier des pièces de mutation un croquis visuel et coté, s'il est nécessaire, sur lequel chaque parcelle nouvelle est rattachée aux parcelles contiguës du plan cadastral, avec les indications propres à bien établir sa situation.

Le croquis est établi sur un cadre conforme au modèle n° 27 ; il est orienté et porte l'indication de la section et du numéro des parcelles qui y sont figurées.

La présence du croquis et la création des parcelles nouvelles sont mentionnées dans la colonne 10 des feuilles de mutation (*ex. fictif, n° 16*).

1970. —(*Art. 71 de l'Inst.*) — Lorsque les terrains à imposer présentent une certaine importance, le contrôleur produit un plan géométrique, au lieu d'un simple croquis visuel. Il y joint toutes les pièces d'arpentage qu'il peut avoir eu à établir pour la formation de ce plan (croquis, calculs trigonométriques, calculs de contenances), ainsi qu'une note explicative des travaux effectués.

Le plan est ensuite vérifié par l'inspecteur, si le directeur juge que l'étendue du terrain ou les difficultés du levé rendent cette opération nécessaire. Ce chef de service fait, de son côté, vérifier dans ses bureaux les calculs de contenances.

Les plans de l'espèce peuvent être admis, en tout ou en partie, comme justifications d'arpentage. Ils sont, en conséquence, lorsque le contrôleur en fait la demande, communiqués à l'administration avec les autres pièces énoncées ci-dessus et les résultats des vérifications opérées. Ces divers documents sont renvoyés au directeur pour être classés dans ses archives.

1971. — (*Art. 72 de l'Inst.*) — Pour la suppression d'une propriété non bâtie cessant d'être imposable, on inscrit comme *vendeur* le propriétaire actuellement imposé ; on porte, dans l'espace réservé pour l'indication du nouveau propriétaire, les mots : *non imposable*, et l'on transcrit, sur la feuille de mutation, la désignation détaillée de la propriété à supprimer (*ex. fictif, n° 11*).

Lorsque les parcelles supprimées sont destinées à la création ou à l'agrandissement de propriétés d'utilité publique de la nature de celles qui sont désignées à l'article 403 du *Recueil méthodique*, il convient d'indiquer sur la ligne de l'*acquéreur* le folio où elles doivent être retranscrites *pour mémoire*, par application de l'article 105 de la loi du 3 frimaire an VII. Ces parcelles sont inscrites en deux lignes sur les feuilles de mutation, comme il est dit à l'article 74 ; mais sur la seconde ligne on porte l'indication de la nouvelle destination des parcelles dont il s'agit dans la colonne de la nature de la propriété et l'on met des guillemets dans les colonnes de la classe et du revenu (ex. fictif, n° 9).

1972. — (Art. 73 de l'Inst.) — Les mutations pour cession de terrains affectés à la construction des routes, de chemins, de canaux appartenant à l'État et non concédés, etc., ainsi que les mutations pour l'imposition d'anciennes routes rendues à la culture ou de parcelles devenues inutiles pour la grande et la petite voirie, sont opérées, sauf les vérifications qui seraient reconnues nécessaires, au moyen des états dressés par l'administration compétente et que le préfet doit remettre au directeur, conformément à la circulaire du ministre des travaux publics du 5 novembre 1851 (Circ. n° 276).

On ne doit pas perdre de vue, en faisant les mutations de l'espèce, que les propriétés nouvellement affectées aux canaux concédés et aux chemins de fer continuent d'être imposables en raison du revenu cadastral qu'elles avaient avant le changement de destination (Circ. n° 146). Toutefois, lorsque quelque portion des canaux ou des chemins de fer est formée de terrains qui n'étaient pas encore imposés, on les évalue sur le pied des terres de première qualité conformément à la loi du 5 floréal an XI et aux clauses ordinaires des concessions qui assimilent les chemins de fer aux canaux pour le payement de la contribution foncière. Il n'en est pas de même pour les terrains non encore imposés et qui viendraient à être employés à un usage commercial ou industriel, tels que chantiers, etc. ; ces terrains seraient cotisés, à raison de leur superficie, sur le même pied que les terrains environnants (Circ. n° 666).

Les canaux et les chemins de fer, lorsqu'ils sont concédés avec condition de retour à l'État, sont imposés pendant l'exécution des travaux au nom de l'État, représenté par l'administration des ponts et chaussées; puis, ensuite, au nom des compagnies lorsqu'ils sont livrés à l'exploitation, et successivement pour chacune des sections comprises entre deux stations principales, à partir de l'année qui suit la reconnaissance définitive desdites sections.

Quant aux chemins de fer de l'État, ils sont toujours imposés à la contribution foncière au nom de l'État, représenté par l'administration des ponts et chaussées pendant la période de construction, et par l'administration des chemins de fer de l'État, à partir de l'achèvement des travaux d'infrastructure.

Les propriétés affectées à la construction de passages à niveau conservent, au point de vue de l'impôt, le caractère qu'elles avaient avant leur changement de destination. Il en résulte que l'exemption de contribution foncière est acquise à un passage à niveau qui vient à être établi pour un chemin de fer sur une voie publique préexistante, tandis qu'elle ne l'est pas à un passage de même nature établi pour une voie publique ou pour un particulier sur un chemin de fer préexistant (Circ. n° 602).

1973. — (Art. 74 de l'Inst.) — Le revenu cadastral d'une parcelle qui a subi une détérioration ou une dégradation par une cause indépendante de la volonté du propriétaire peut être diminué ; mais la modification du classement n'est susceptible d'être effectuée que sur réclamation reconnue fondée par le conseil de préfecture. Le changement est constaté au moyen d'une feuille de mutation sur laquelle on fait figurer la propriété sur deux lignes : l'une présentant son état ancien, l'autre son état nouveau. La date de la décision du conseil de préfecture et le numéro de la réclamation sont rappelés dans la colonne 11 (ex. fictif, n° 12).

Toutefois, ce fait ne peut affecter que la répartition individuelle, le contingent ne devant subir de diminution qu'au cas de disparition de tout ou partie de la propriété et de cessation d'imposition.

1974. — (Art. 75 de l'Inst.) — Les changements d'affectation qui font passer une propriété du fonds imposable dans le fonds non imposable, ou réciproquement, et, en général, tous les motifs d'augmentation ou de diminution de revenu cadastral, doivent être énoncés d'une manière claire et précise, sur les feuilles de mutation. S'il s'agit, par exemple, d'une route ou d'un chemin, il est nécessaire d'en indiquer la désignation exacte (nature, classement, numéro et direction) (ex. fictif, n° 11).

Enfin, il convient aussi de relater l'acte en vertu duquel la mutation est opérée ou, en cas d'impossibilité, de faire connaître au moins l'année dans laquelle a eu lieu le changement d'affectation.

1975. — (Art. 76 de l'Inst.) — Les répartiteurs déterminent, pour les propriétés non bâties devenues imposables, la nature de culture et le classement qui doivent leur être attribués, et règlent également toutes les autres modifications à apporter aux revenus cadastraux. Ils signent les feuilles relatives à cet objet.

Cependant, au lieu de faire signer chacune des feuilles par les répartiteurs, le contrôleur peut dresser un état collectif (Modèle n° 26) des parcelles ou portions de parcelle de propriétés non bâties devenues imposables ou ayant cessé de l'être, portant les noms des propriétaires, la section et le numéro du plan, la contenance et le revenu cadastral desdits terrains, puis faire signer par les répartiteurs l'état ainsi rédigé *(Circ. n° 617)*. Ce mode d'opérer est surtout recommandé au contrôleur dans le but d'abréger le travail des répartiteurs.

1976. — *Tournée générale des mutations.* — *Travaux auxquels elle est consacrée. (Art. 77 de l'Inst.)* — Le contrôleur se dispose à la tournée des mutations :

1° En annotant, sur la première page des états de changements de la contribution personnelle-mobilière, les réclamations relatives aux contributions directes, à la taxe des biens de mainmorte et à celle des prestations enregistrées depuis la préparation de l'état de l'année précédente, lorsqu'elles sont susceptibles de motiver un changement à opérer pendant la tournée ;

2° En formant, par commune, les dossiers complets des pièces qui lui seront utiles pour le travail des mutations.

1977. — *(Art. 78 de l'Inst.)* — Le contrôleur doit être présent dans chaque commune au jour et à l'heure fixés par l'itinéraire.

Il est muni :

1° Des réclamations, états de cotes indûment imposées et états de cotes irrecouvrables dont l'instruction ne serait pas encore faite *(Résumé du 10 mai 1840, art. 42)* ;

2° Des doubles des mêmes états relatifs à l'année précédente ;

3° Des extraits du cahier de notes du percepteur *(art. 33)* ;

4° Des copies des croquis ou des plans à joindre à l'atlas communal, ainsi que des extraits nécessaires pour l'inscription, sur les états de sections, des parcelles nouvellement imposées *(art. 70, 71 et 102)* ;

5° Du registre *(Modèle n° 11 bis)* ou des bulletins *(Modèle n° 11 ter)* concernant les constructions nouvelles ;

6° Des extraits de baux et d'adjudication de coupes de bois relevés dans les bureaux de l'enregistrement ;

7° Des bulletins de renseignements n° 2 et 2 *bis* formant la minute de la matrice des patentes *(Inst. du 6 avril 1881, art. 118)* ;

8° Des bulletins de renseignements n° 1 relatifs à l'assiette des droits de patente, qui ont été recueillis par lui, ou qui, provenant d'autres contrôles, lui ont été transmis par le directeur *(même instruction, art. 101)* ;

9° Des états des déclarations de commencer et de cesser des contributions indirectes ;

10° De la minute du relevé sommaire des biens de mainmorte ;

11° De l'état-matrice des prestations en nature ;

12° Des bulletins relatifs à la contribution sur les voitures, chevaux, mules et mulets ;

13° Des bulletins concernant la taxe sur les billards et de ceux relatifs à la taxe sur les cercles ;

14° Du tableau des *centimes-le-franc* ;

15° De l'état détaillé des propriétés vendues par le domaine et des états fournis par l'administration des ponts et chaussées ou par le service de la voirie *(art. 75)* ;

16° De l'instruction générale sur les mutations ;

17° Du tarif des droits de patente ;

18° Des différents imprimés nécessaires pour l'exécution des travaux de mutations.

1978. — *(Art. 79 de l'Inst.)* — Le percepteur doit se trouver aussi dans la commune au jour et à l'heure fixés par l'itinéraire *(art. 10)*.

Il remet au contrôleur les extraits d'actes translatifs de propriété qui lui ont été transmis depuis la précédente tournée générale et qu'il a utilisés ; puis, en une seconde liasse, ceux dont il n'a pu faire emploi. Il lui remet également les feuilles de mutation qu'il a rédigées personnellement ou qui ont été rédigées par l'agent spécial.

Le percepteur doit être muni des rôles de l'année courante et de ceux de l'année précédente, du cahier de notes *(art. 33)* et des documents de toute nature qui peuvent faciliter ou rendre plus fructueux son concours au travail des mutations.

Dans le cas où, par une cause de force majeure, le percepteur se trouverait dans l'impossibilité de se rendre dans la commune au jour et à l'heure fixés par l'itinéraire, il serait tenu d'y envoyer les pièces qu'il devait remettre au contrôleur, de sorte que le travail des mutations ne pût éprouver ni retard ni obstacle.

1979. — *(Art. 80 de l'Inst.)* — Le contrôleur consulte le cahier de notes du percepteur. Il certifie sur ce cahier qu'il a pris connaissance des renseignements qui y ont été inscrits depuis la rédaction du dernier extrait trimestriel, et en mentionne le nombre.

1980. — *(Art. 81 de l'Inst.)* — Il vérifie, au vu des matrices et, au besoin, des états de sections et du plan, les feuilles de mutation établies par le percepteur ou par l'agent spécial.

Il rectifie immédiatement les erreurs matérielles.

Il compare les feuilles avec les extraits d'actes translatifs de propriété et demande des explications sur les points qui ont besoin d'éclaircissements. Il recherche si les extraits laissés sans emploi par le percepteur ne peuvent réellement pas être utilisés et mentionne d'une manière bien apparente, sur ceux qu'il reconnaît comme n'étant pas susceptibles de suite, les motifs qui ne permettent pas d'en faire usage.

Le contrôleur s'assure, en outre, que le comptable s'est conformé aux prescriptions contenues dans l'article 49 de la présente instruction (réunions des cotes multiples concernant le même contribuable ; mutation des articles relatifs à des individus notoirement inconnus pour ne plus être propriétaires dans la commune ou décédés depuis plusieurs années et dont les héritiers n'ont pas demandé à demeurer dans l'indivision).

S'il se rencontre, soit au cours de l'examen des feuilles, soit pendant l'appel des articles de la matrice générale, des cotes foncières de l'espèce, et si, d'ailleurs, il n'existe aucune incertitude sur la désignation des propriétaires actuels des parcelles comprises dans ces cotes, le percepteur doit effectuer la mutation séance tenante, sur la signature des répartiteurs. Autrement, il porte sur son cahier de notes *(art. 33)* les indications nécessaires pour opérer le changement l'année suivante.

Dans le cas où le comptable n'aurait pas ultérieurement donné suite à ces annotations, le contrôleur en rendra compte dans le rapport qu'il adresse au directeur *(art. 137)* après l'achèvement de la tournée.

Enfin, le contrôleur vérifie les additions des feuilles.

1980 *bis*. — *(Art. 136 de l'Inst.)* — Avant de quitter la commune, le contrôleur met le percepteur à même de relever les noms des individus qui seront imposés, pour la première fois, dans le rôle de l'année suivante, aux contributions personnelle-mobilière et des patentes, afin que ce comptable ait le temps de se procurer, sur les nouveaux contribuables, les renseignements nécessaires pour bien apprécier leur position, avant le terme fixé pour la présentation des états de cotes indûment imposées.

1981. — *Dépenses d'imprimés.* — *Règlement des indemnités.* — *Comptabilité.* *(Art. 189 de l'Inst.)* — Les imprimés pour feuilles de mutation *(Modèles n°s 8 et 8 bis)*, pour bordereaux d'envoi aux percepteurs des extraits d'actes translatifs de propriété *(Modèle n° 25)* et pour croquis des parcelles devenues imposables *(Modèle n° 27)*, sont à la charge du contrôleur.

1982. — *(Art. 190 de l'Inst.)* — Les affiches *(Modèle n° 3 bis)* destinées à faire connaître aux contribuables l'époque des tournées spéciales des percepteurs et les lettres d'envoi *(Modèle n° 2 bis)* de ces affiches sont fournies par le receveur des finances. Les percepteurs doivent, de leur côté, s'approvisionner d'états n° 15 *bis*, présentant le compte d'emploi des extraits d'actes translatifs de propriété.

1983. — *(Art. 193 de l'Inst.)* — Il est alloué, pour le travail des mutations, les indemnités ci-après relatées, savoir :

4° Au percepteur et au contrôleur, pour la rédaction des feuilles de mutation :
Propriétés non bâties : 2 centimes et demi par parcelle transcrite ou supprimée de la matière imposable et par *nom substitué ;*
Propriétés bâties : 3 centimes et demi par parcelle transcrite et par *nom substitué ;*

2° Au contrôleur, pour la fourniture et la vérification des mêmes feuilles :
Propriétés non bâties : 2 centimes par parcelle transcrite ou supprimée de la matière imposable et par *nom substitué ;*
Propriétés bâties : 3 centimes par parcelle transcrite et par *nom substitué ;*

3° Au même agent, pour l'application des mutations sur les matrices communales et les frais de transport des matrices :
Propriétés non bâties : 2 centimes par parcelle transcrite ou supprimée de la matière imposable et par *nom substitué ;*
Propriétés bâties : 3 centimes par parcelle transcrite et par *nom substitué ;*

4° Au même agent, 1 centime par parcelle des articles retranscrits par lui sur les matrices communales ;

5° Au directeur, pour l'application des mutations sur les matrices de la direction et pour la fourniture des imprimés destinés tant aux extraits de baux et d'actes translatifs de propriété à relever dans les bureaux de l'enregistrement qu'aux états de situation ancienne et nouvelle n°s 18 et 18 *bis* :
Propriétés non bâties : 3 centimes et demi par parcelle transcrite ou supprimée de la matière imposable et par *nom substitué ;*
Propriétés bâties : 5 centimes et demi par parcelle transcrite et par *nom substitué ;*

6° Au même agent, 2 centimes par parcelle des articles retranscrits en entier, pour cause de confusion, soit qu'il ait fait la transcription sur la matrice de la direction et sur celle de la commune, soit qu'il ne l'ait faite que sur la première, en fournissant au contrôleur la copie nécessaire pour opérer sur la seconde.

N

Navires.

1984. — Les navires sont meubles. *(Com. Durieu, t. I, p. 164; C. civ., art. 531; C. comm., art. 190 et suiv.)*

1985. — *Jurisprudence.* — Les meubles, notamment les navires, possédés en France par des étrangers, sont régis par la loi française, en ce qui concerne les effets de la possession, les privilèges et les voies d'exécution.

Il en est surtout ainsi pour les meubles possédés par un étranger qui, même sans l'au-

torisation du gouvernement, a fixé en France sa résidence habituelle et y a ainsi acquis un domicile de fait. *(Arr. Cour cass. 19 mars 1872; Dalloz 1874, 1re partie, p. 465.)*

1986. — L'administration de la marine a, pour obtenir le payement des frais de rapatriement et des loyers des matelots, non seulement une action réelle qui affecte le navire et les frets de la dernière campagne, mais encore une action personnelle et indéfinie contre les armateurs ou propriétaires qui ont signé le rôle d'équipage;

Elle peut, en conséquence, négliger l'action

réelle sur le navire pour s'en tenir à l'action réelle sur le fret et à l'action personnelle contre les armateurs ou propriétaires.

L'existence des privilèges et l'ordre dans lequel ils s'exercent sont régis par la législation particulière à chaque État ;

Par suite, le consul, qui a fait procéder à la vente des débris d'un navire naufragé en pays étranger, a pu valablement remettre le prix de la vente à un créancier dont le privilège (pour cause de réparations dans l'espèce) avait été judiciairement reconnu par les tribunaux du pays, sans faire valoir la priorité qui, d'après la loi française, aurait appartenu à la créance privilégiée des matelots pour leurs gages et loyers, alors qu'il n'est pas établi que cette priorité soit consacrée par la loi du lieu où le payement a été effectué. (*Arr. Cour d'appel, 22 juillet 1873 ; Dalloz, 1874, 2ᵉ partie, p. 180.*)

1987. — Les deux arrêts qui précèdent sont bons à noter pour les comptables, dans ce sens que le privilège du Trésor passant avant tout autre (V. nᵒˢ 2504 et suiv., notamment le nᵒ 2531), le percepteur à qui il serait dû une contribution privilégiée pourrait exercer son privilège aussi bien sur les produits du navire et des frets que sur les autres meubles ou créances appartenant au contribuable imposé.

1988. — Le droit exclusif de procéder aux ventes publiques de navires appartient aux courtiers maritimes. (*Arr. Cour de Douai, 3 mai 1876 ; Cour de Nîmes, 3 mai 1879 ; Dalloz, 1880, 2ᵉ partie, p. 121.*)

La vente volontaire totale ou partielle d'un navire n'est valable à l'égard des tiers qu'autant qu'elle a été inscrite sur l'acte de francisation. (*Arr. Cour cass. 27 février 1877 ; Dalloz, 1ʳᵉ partie, p. 209.*)

1989. — La patente à laquelle est soumis l'armateur d'un navire, bien qu'elle soit cal-culée à raison du tonnage du navire, constitue une charge purement personnelle ; dès lors, l'armateur ne peut, à moins de convention contraire, y faire contribuer les divers intéressés du navire. (*Arr. Cour de Rennes, 3 mars 1859 ; Dalloz, 1862, table des matières, p. 216.*)

Nominations de comptables. — V. Percepteurs, Receveurs particuliers, Trésoriers-payeurs généraux.

Noms des contribuables (Désignation des). — V. nᵒˢ 1154 et suiv.

Non-valeurs et dégrèvements sur contributions directes. — V. Cotes irrecouvrables, Décharges et réductions, Ordonnances de décharges.

Non-valeurs et dégrèvements sur revenus communaux. — V. Décharges et réductions, Ordonnances de décharges, nᵒˢ 2063 et suiv.

Notaires. — Obligations qui leur sont imposées. — V. Actes, Copies, Dépositaires et débiteurs de deniers, Legs et donations.

Notification. — V. Comptes de gestion, nᵒˢ 1016 et suiv.

Nourrices des enfants assistés (Mois de). — V. Enfants assistés.

○

Objets fabriqués dans les hospices (Prix de vente des). — **Biens appartenant aux malades et aux enfants assistés décédés.**

1990. — Les objets fabriqués ou confectionnés dans les hospices sont vendus, et le produit en est versé dans la caisse de l'établissement.

Ce produit appartient, pour un tiers, aux indigents, et leur est remis tous les dix jours ou à la sortie de l'hospice, selon les règlements particuliers de chaque établissement. Le tiers revenant aux enfants est placé, pour leur compte, à la caisse d'épargne. Le livret leur est remis lorsqu'ils ont accompli leur vingt et unième année. Les deux autres tiers sont attri-bués à l'établissement même. Les sommes à répartir de cette manière sont déterminées par des états de distribution que le président de la commission administrative certifie.

Les effets apportés dans les hospices par les malades qui y ont été traités gratuitement et qui y sont décédés appartiennent à ces établissements, à l'exclusion des héritiers et du domaine en cas de déshérence; si le traitement et l'entretien des personnes décédées dans les hospices ont été acquittés de quelque manière que ce soit, les héritiers et légataires peuvent exercer leurs droits sur tous les effets qu'elles y ont apportés ; mais, en cas de déshérence, ces mêmes effets appartiennent aux hospices, au préjudice du domaine.

Ne sont pas, en général, compris dans cette disposition les bijoux ou autres valeurs mobilières.

Les biens des enfants assistés, lorsqu'ils meurent sans héritiers, avant leur sortie des hospices, leur émancipation ou leur majorité, appartiennent à ces établissements, qui peuvent en être envoyés en possession à la diligence des receveurs. Dans les cas de l'espèce, les hospices n'ont pas à payer de droits de succession. Lorsqu'il existe des héritiers, ceux-ci ne peuvent recueillir les biens des enfants décédés qu'à la condition d'indemniser les hospices de toutes les dépenses faites par eux pour ces enfants. (*Inst. gén., art. 1070.*) — V. Hospices.

1991. — *Timbre.* — Les quittances des prix de vente des effets des personnes décédées dans les hospices sont sujettes au timbre de 25 centimes, même quand il s'agit d'un remboursement fait par les parents des décédés. (*Solut. enreg. 12 mars 1859.*)

Objets mobiliers (Achats d'). — V. Pièces justificatives, § 89.

Objets précieux déposés dans les hospices. — V. nos 1366 et suiv.

Obligations et autres titres d'emprunts. — V. Emprunts.

Occupations temporaires de terrain. — V. Pièces justificatives, § 156.

Octroi (Droit d').

1992. — *Modes divers d'administration et de recouvrement.* — Dans les communes dont les revenus sont insuffisants pour leurs dépenses, il peut être établi, d'après la demande des conseils municipaux, un *droit d'octroi* sur les consommations locales.

L'établissement des taxes d'octroi votées par les conseils municipaux, ainsi que les règlements relatifs à leur perception, sont autorisés par des décrets du Président de la République rendus en Conseil d'État, après avis du conseil général ou de la commission départementale dans l'intervalle des sessions.

Il en est de même de toute délibération portant augmentation ou prorogation de taxe pour une période de plus de cinq ans.

Les délibérations concernant :

1° Les modifications aux règlements ou aux périmètres existants ;

2° L'assujettissement à la taxe d'objets non encore imposés dans le tarif local ;

3° L'établissement ou le renouvellement d'une taxe non comprise dans le tarif général ;

4° L'établissement ou le renouvellement d'une taxe excédant le maximum fixé par ledit tarif général ;

Doivent être pareillement approuvées par décret du Président de la République rendu en Conseil d'État, après avis du conseil général ou de la commission départementale dans l'intervalle des sessions.

Les surtaxes d'octroi sur les vins, cidres, poirés, hydromels et alcools, au-delà des proportions déterminées par les lois spéciales concernant les droits d'entrée du Trésor, ne peuvent être autorisées que par une loi. (*Inst. gén., art. 915, modifié* ; *L. 5 avril 1884, art. 137* ; *Circ. min. Int. 15 mai 1884.*)

1992 bis. — Les communes peuvent, à titre de taxe de remplacement des dégrèvements des droits d'octroi sur boissons hygiéniques, percevoir des taxes égales au maximum, aux taxes en principal déjà établies sur les voitures, chevaux, mules et mulets, voitures automobiles, sur les billards, sur les cercles et sur les chiens.

La loi du 29 décembre 1897 et le décret du 16 juin 1898 concernant ces taxes de remplacement ont fait l'objet d'une circulaire de la comptabilité publique en date du 30 avril 1900 qui comprend quatre paragraphes.

Les comptables intéressés trouveront dans cette circulaire toutes les instructions dont ils pourraient avoir besoin.

1993. — Sont exécutoires, sur l'approbation du préfet, mais toutefois après avis du conseil général ou de la commission départementale dans l'intervalle des sessions, les délibérations prises par les conseils municipaux concernant la suppression ou la diminution des taxes d'octroi. (*L. 5 avril 1884, art. 138.*)

1994. — Sont exécutoires par elles-mêmes les délibérations prises par les conseils municipaux prononçant la prorogation ou l'augmentation des taxes d'octroi pour une période de cinq ans au plus, sous la réserve toutefois qu'aucune des taxes ainsi maintenues ou modifiées n'excédera le maximum déterminé par le tarif général et ne portera que sur des objets compris dans ce tarif. (*L. 5 avril 1884, art. 139.*)

1995. — Les divers modes de perception des droits d'octroi sont les suivants : la *régie simple*, la *régie intéressée*, le *bail à ferme* et l'*abonnement avec l'administration des contributions indirectes.*

La *régie simple* est la perception de l'octroi sous la direction immédiate des maires.

La *régie intéressée* consiste à traiter avec

OCTROI (DROIT D'). 323

un régisseur, à la condition d'un prix fixe ou d'une portion déterminée dans les produits excédant le prix principal et la somme abonnée pour les frais.

La *ferme* est l'adjudication pure et simple, moyennant un prix convenu, sans partage de bénéfices et sans allocation de frais.

L'*abonnement avec l'administration des contributions indirectes* a pour effet de mettre la perception sous la direction de cette administration. (*Inst. gén., art. 916.*)

1996. — Si l'octroi est établi en *régie simple*, l'administration locale n'a d'autres dispositions à faire que celles qui doivent garantir le recouvrement exact des produits.

Si la mise en *ferme* ou en *régie intéressée* a été adoptée, le maire, après l'avoir fait publier par voie d'affiche, procède à l'adjudication. Cette adjudication est faite, en présence d'un agent des contributions indirectes et du receveur municipal, par le maire, dans les villes d'une population de cinq mille âmes et au-dessus, et dans celles d'une population moindre, par le sous-préfet. Les conditions de l'adjudication sont déterminées par un cahier des charges dont le modèle a été donné par le ministre des Finances, avec son instruction du 20 octobre 1852. Au nombre des conditions à remplir par les adjudicataires se trouve particulièrement celle de fournir, avant d'entrer en jouissance du bail, un cautionnement en immeubles, en numéraire ou en rentes sur l'État. Le cahier des charges stipule, en outre, que l'adjudication ne sera définitive, et que l'adjudicataire ne doit être mis en possession, qu'après l'approbation du bail par le ministre des Finances.

Aucune adjudication ne peut excéder le terme de trois ans, excepté lorsqu'il y a lieu d'y comprendre le restant de l'année commencée, et, dans tous les cas, elle doit avoir pour terme le 31 décembre.

Lorsque les administrations locales proposent de faire un *abonnement avec l'administration des contributions indirectes*, leurs propositions sont transmises, par les préfets, au directeur général de cette administration, qui soumet à l'approbation du ministre des Finances les traités à conclure avec les communes. (*Inst. gén., art. 918.*)

1997. — *Versements des produits à la caisse municipale.* — Lorsque l'octroi est en *régie simple*, ou lorsqu'il est perçu par voie d'*abonnement avec l'administration des contributions indirectes*, le versement des produits est fait entre les mains du receveur municipal par les agents préposés aux portes et barrières et par ceux du bureau central. (*Inst. gén., art. 919.*)

1998. — Le produit des octrois en *ferme* et des octrois en *régie intéressée* doit être versé au receveur municipal par l'adjudicataire, à dater de son entrée en jouissance, *par douzièmes*, de mois en mois et d'avance. (*Inst. gén., art. 920.*) — V. PIÈCES JUSTIFICATIVES, § 14.

Le receveur municipal doit prendre charge des droits constatés; il a non seulement le droit, mais encore l'obligation de surveiller les régisseurs de recettes qui sont préposés au recouvrement des recettes communales.

En cas de malversations de la part des préposés d'octroi, le receveur municipal encourt la responsabilité prévue par l'arrêté du 19 vendémiaire an XII et il est tenu de couvrir le déficit constaté dans la gestion du préposé régisseur (*Arr. Cour des comptes 25 mai 1893*).

1999. — Les opérations concernant, d'une part, les taxes principales, d'autre part, les taxes additionnelles ou extraordinaires, doivent être présentées séparément dans la comptabilité de l'octroi et du receveur municipal. Il est ainsi donné satisfaction aux prescriptions des articles 133 et 134 de la loi du 5 avril 1884, d'après lesquelles le produit des octrois affectés aux dépenses ordinaires figure au budget ordinaire, et celui des taxes additionnelles et surtaxes d'octroi spécialement affectées à des dépenses extraordinaires et à des remboursements d'emprunts, doit être inscrit au budget extraordinaire. (*Circ. min. Int. 15 mai 1884.*)

2000. — *Timbre des quittances.* — Les quittances pour le receveur municipal des produits de l'octroi perçus en régie simple ou par voie d'abonnement avec l'administration des contributions indirectes, sont exemptes de timbre comme pièces de pure administration.

Mais, dans le cas de ferme ou de régie intéressée, les quittances du même comptable doivent être timbrées à 25 centimes, attendu qu'elles forment titre libératoire pour le fermier. (*Circ. compt. publ. 1er décembre 1865, § 1er et 24 juin 1875.*)

Doivent également être timbrées les quittances délivrées pour le versement des portions d'amendes attribuées à la commune. — V. n° 2010.

2001. — *Retard dans les versements.* — En cas de retard dans les versements que les préposés, régisseurs ou fermiers de l'octroi sont tenus de faire aux caisses des communes, les receveurs municipaux doivent poursuivre la rentrée des produits suivant les règles ordinaires (V. n° 2462), et si ces moyens sont insuffisants, décerner contre les retardataires une contrainte, qui, après avoir été visée par le maire, est rendue exécutoire par le juge de paix.

Ces contraintes doivent être signifiées à la requête du maire.

Indépendamment de ces poursuites, le maire peut, avec l'autorisation du préfet, fermer provisoirement les mains de l'adjudicataire, et faire verser directement à la caisse municipale, par les receveurs de l'octroi, les fonds provenant de leurs recettes, jour par jour, sous leur responsabilité personnelle. (*Inst. gén., art. 921.*)

Pour ce qui a trait au *privilège*, V. n° 2530.

2002. — *Recettes diverses de l'octroi.*
— Les recettes des octrois, dans la comptabilité des receveurs municipaux, se divisent de la manière suivante :

1° *Recettes ordinaires*, ou produit des droits sur les objets tarifés ;

2° *Recettes accessoires*, qui se composent principalement des produits ci-après :

Portion revenant à la commune sur le produit des saisies et amendes ;

Frais d'emmagasinage ;

Frais d'escorte ;

3° *Recettes d'ordre*, qui ont ordinairement pour objet :

Les consignations pour saisie et amendes ;

Les consignations pour passe-debout ;

Les recettes applicables au fonds de retraites ;

Les versements de remises dues aux préposés de l'octroi pour la perception des droits d'entrée intéressant le Trésor ;

Le produit net des ventes faites dans les entrepôts. (*Inst. gén., art. 922.*)

2003. — *Agents chargés des recettes et des dépenses de l'octroi.* — La perception des droits d'octroi, ainsi que les diverses autres natures de recettes spécifiées à l'article précédent, sont faites directement par des préposés spéciaux qui en versent le montant au receveur municipal. Celui-ci, en se conformant d'ailleurs à ce qui est spécialement réglé pour quelques-unes de ces recettes, applique au compte de la commune les *recettes ordinaires* et les *recettes accessoires*, et porte à un compte spécial, parmi les services exécutés *hors budget*, les *recettes d'ordre* qui ne constituent pas des ressources pour la commune. Ce comptable est seul chargé du payement *des frais de perception* et des *dépenses accessoires* de l'octroi, et il constate, dans sa comptabilité, les *dépenses d'ordre* ; mais les préposés de l'octroi concourent aussi au remboursement des consignations sur passe-debout, ainsi qu'il est expliqué au n° 2013.

Les opérations d'ordre sont régularisées par la production, à l'appui des comptes des receveurs municipaux, des extraits dûment certifiés du règlement de l'octroi, et des actes qui ont fixé les recettes et les dépenses dont il s'agit.
— V. Pièces justificatives.

Les receveurs municipaux font aussi dépense, mais à titre d'avances seulement, sur la remise qui leur est faite des pièces justificatives par les préposés de l'octroi, des *frais judiciaires* que ces derniers ont eu à payer ; ils font ensuite recette du remboursement de ces avances ; si quelques parties des frais tombent à la charge de la commune, ils en font dépense définitive au compte de celle-ci. (*Inst. gén., art. 923.*)

2004. — Les receveurs municipaux doivent avoir des colonnes spéciales sur le livre de détail de l'octroi, dont il est parlé n° 1781, pour suivre le payement et le remboursement, par les préposés de l'octroi, des *avances de frais judiciaires*, dont les pièces leur sont versées pour comptant et représentent, pour eux, des valeurs de portefeuille (V. n° 2401) ; les enregistrements faits dans ces colonnes spéciales doivent présenter des résultats conformes à ceux du carnet à tenir par les préposés de l'octroi eux-mêmes, et dont le *Modèle* est retracé sous le *n° 299*, pour que les receveurs municipaux puissent en prendre connaissance. (*Inst. gén., art. 1465.*)

2005. — *Cautionnements des receveurs ou préposés comptables et fermiers des octrois.* — Les receveurs ou préposés comptables et fermiers des octrois sont astreints à verser au Trésor un cautionnement qui est fixé par le directeur des contributions indirectes du département, sur la proposition du conseil municipal, à raison du quarantième brut de la recette présumée ; il ne peut, en aucun cas, être inférieur à 200 fr. — Pour les octrois des villes de 50,000 habitants et au-dessus, il est présenté des fixations particulières, lesquelles ne deviennent définitives qu'après avoir été approuvées par le directeur général des contributions indirectes. (*L. 6 déc. 1897, art. 16.*)

Lorsque les receveurs ou fermiers ont été chargés de percevoir à la fois les droits d'entrée au profit du Trésor et les droits imposés au profit des communes, et qu'ils veulent obtenir le remboursement de leur cautionnement ou son application à une autre gestion, ils doivent produire un certificat de quitus délivré par les receveurs principaux des contributions indirectes et par les receveurs des communes, qui y apposent conjointement leur signature. Les directeurs des contributions indirectes visent ce certificat. Les maires des communes doivent y apposer aussi leur visa dans ces termes :

« Vu par le maire de la commune de... qui, après avoir comparé les recettes déclarées sur les registres du contrôle administratif aux versements constatés dans les écritures du receveur municipal, reconnaît le sieur... receveur du bureau de... quitte et libéré de sa gestion envers la commune. »

Le certificat, revêtu de ces formalités, est transmis au directeur de la comptabilité publique par le directeur des contributions indirectes.

Pour les communes où les receveurs des droits d'octroi ne sont pas chargés de la perception des droits d'entrée, le certificat de quitus, délivré dans la même forme que celui dont il vient d'être question, est signé par le receveur municipal seulement, visé par le maire, et envoyé au directeur de la dette inscrite.

Le cautionnement dont il est parlé ci-dessus, peut être constitué en immeubles, en rentes sur l'État ou en numéraire.

Les inscriptions de rentes sont déposées au Trésor, s'il s'agit d'inscriptions directes, et entre les mains du directeur des domaines, si le cautionnement est réalisé en inscriptions départementales, conformément à la marche indiquée pour les cautionnements de même nature fournis par les receveurs spéciaux des établissements de bienfaisance; le numéraire est versé à la caisse des dépôts. *(Inst. gén., art. 924; L. de fin. 6 déc. 1897, art. 16.)*

2006. — Les dispositions du dernier alinéa de l'article précédent sont applicables aux cautionnements à fournir par les fermiers des droits de *locations des places dans les halles, foires, marchés, abattoirs, etc.*, par les fermiers des droits de *péages communaux*, et des droits de *pesage, mesurage et jaugeage. (Inst. gén., art. 925 et 926.)*

2007. — *Amendes pour contraventions aux droits d'octroi.* — Les *saisies et amendes pour contraventions aux droits d'octroi* appartiennent, déduction faite des frais et prélèvements autorisés :

Moitié aux fermiers de l'octroi ou aux employés, sauf, dans les octrois où il existe une caisse de retraites, à prélever sur les sommes revenant aux employés la part dont elle doit profiter ;

Et moitié à la commune dans laquelle les contraventions ont été commises. *(Inst. gén., art. 936.)*

2008. — Cette répartition est établie par les bordereaux qui sont arrêtés entre le maire et le préposé en chef ou l'agent chargé du contrôle administratif, et qui présentent la date des jugements ou transactions, les sommes payées par les contrevenants et leur partage entre la commune et les employés saisissants ou le fermier.

Le receveur municipal doit se faire tenir compte, par le receveur du bureau central, du produit brut des amendes ; il paie ensuite aux employés saisissants, sur mandats réguliers, la portion qui leur appartient, et fait recette au compte de la commune de la somme lui revenant.

Les états de répartition des saisies et amendes doivent être remis au receveur municipal, *le 20 de chaque mois,* accompagnés d'un bordereau indiquant les sommes attribuées aux employés de l'octroi.

Ces bordereaux sont assujettis au droit de timbre de dimension quand la somme à répartir excède 10 francs, et ce droit, étant à la charge des parties prenantes, doit être prélevé sur la somme à répartir, indépendamment du timbre de 10 centimes dû par chaque agent touchant plus de 10 francs.

Les recettes et les dépenses relatives aux répartitions des saisies et amendes d'octroi constituent des opérations d'*ordre*, qui ne doivent dès lors figurer ni au budget, ni au compte de la commune. Elles sont classées avec les opérations *hors budget. (Inst. gén., art. 937 ; Circ. compt. publ. 24 juin 1875.)*

2009. — Les quittances délivrées lors du versement à la régie des parts allouées aux employés verbalisant dans les saisies en matière d'octroi, doivent être marquées au timbre spécial des contributions indirectes. *(Circ. compt. publ. 24 juin 1875.)*

2010. — Le versement, par l'administration des contributions indirectes, à la caisse du receveur municipal, des portions d'amende attribuées, soit à la commune et aux préposés de l'octroi, soit à la commune seulement, donne lieu à la délivrance d'une quittance timbrée à 25 centimes, attendu que, dans ce cas, la commune est seule partie prenante. *(Circ. compt. publ. 22 juillet 1865.)*

2011. — L'article 83 de l'Ordonnance royale du 9 décembre 1814 attribuant exclusivement à la régie des contributions indirectes le droit de transiger sur les contraventions constatées, tant dans l'intérêt de la commune que dans l'intérêt du Trésor, la somme dont le payement a été stipulé par la transaction doit être versée à la caisse du receveur principal, qui tient compte à la commune de la moitié du produit net à laquelle elle a droit, d'après l'arrêté ministériel du 17 octobre 1872. Ce versement a lieu par l'intermédiaire du receveur du bureau central de l'octroi, chargé de percevoir les recettes accessoires et les consignations, et d'en compter au receveur de la commune.

On opère de la même manière dans le cas où, par l'effet de poursuites judiciaires, il y a eu recouvrement d'amendes prononcées.

Dans le cas où des saisies qui n'intéressent que la régie sont faites par des préposés d'octroi, la part dévolue aux agents de la commune est versée, par le receveur principal, entre les mains du comptable de l'octroi chargé de la recette des consignations, et celui-ci, après avoir émargé l'état de répartition, pour quittance, établit la sous-répartition d'après les bases adoptées pour le service spécial auquel il appartient. Le receveur du bureau central en tient compte au receveur municipal. *(Inst. gén., art. 938.)*

En ce qui concerne le timbre des quittances, voir les deux numéros précédents.

2012. — *Droits fraudés en matière d'octroi.* — Le mode de répartition du produit des *saisies et amendes en matière d'octroi* vient d'être indiqué ; il ne reste plus qu'à parler ici de quelques mesures de comptabilité en ce qui concerne la dépense des *droits fraudés,* et l'application au *fonds de retraites* de la portion des saisies qui lui est affectée.

Ces deux dépenses sont constatées d'après des règles particulières.

Les droits fraudés étant payables au receveur du bureau central de l'octroi, ce receveur, auquel est communiqué, comme il est dit plus haut, l'*état de répartition*, approuvé par le maire, doit donner, sur ses registres de perception, l'imputation convenable, suivant la nature des droits fraudés, aux sommes qui sont retenues à ce titre sur le produit des saisies et amendes. Il se charge en recette du montant des droits sur lesdits registres, mais il ne détache pas les quittances correspondantes ; il se borne à les biffer. Il appose ensuite, sur l'*état de répartition* où doivent être mentionnés les *frais* payés en déduction du produit brut des saisies et amendes, un certificat ainsi conçu :

« Le receveur du bureau central soussigné certifie, sous sa responsabilité personnelle :

» 1° Que les frais ordinaires et extraordinaires portés ci-dessus sont justifiés par les quittances des parties prenantes et autres pièces à l'appui, lesquelles ont été remises au receveur municipal ;

» 2° Que les *droits fraudés, y compris les 10 centimes pour timbre*, ont été portés en recette sous les n^os.... du registre de perception, et que les *quittances de ces droits sont restées à la souche et ont été biffées* ;

» 3° Que les signatures apposées ci-dessus, par les employés saisissants, sont véritables. »

Dans les saisies communes, les *droits fraudés* revenant à l'octroi sont versés, par le receveur principal des contributions indirectes, au receveur du bureau central de l'octroi, qui les inscrit sur le registre de perception *(Registre A)* ; il en donne quittance, sans percevoir le droit de timbre, et détache la quittance en laissant le timbre annexé à la souche.

L'état de répartition ainsi certifié par le receveur du bureau central de l'octroi, et, en outre, par le préposé du contrôle administratif, est remis pour comptant au receveur municipal, auquel il sert de justification pour le payement des *droits fraudés*. Le receveur municipal fait, en outre, recette sur le livre de détail de l'octroi, à titre de *produit accessoire*, de la portion des saisies et amendes qui est *attribuée à la commune*, et il constate, en même temps, une dépense d'*ordre* correspondante. Quant à la portion des saisies et amendes qui est affectée au *fonds de retraites*, le receveur municipal, après en avoir fait dépense sur son livre de détail, en fait recette au compte : *Fonds de retenues pour retraites*, ouvert sur le livre des comptes divers. *(Inst. gén., art. 1462.)*

2013. — *Consignations sur passe-debout.* — Les recettes et les dépenses à enregistrer sur le livre de détail de l'octroi comprennent la recette et le remboursement des *consignations sur passe-debout*, qui doivent y être portés, comme opération d'*ordre*, de la manière suivante :

A la fin de chaque mois, le préposé chargé du contrôle administratif s'assure de l'exactitude des sommes inscrites sur ces registres à titre de *consignations sur passe-debout* ; il forme le relevé des opérations constatées dans chaque bureau de perception, et il le remet au receveur municipal avec un bordereau détaillé des consignations qui, n'ayant pas été réclamées par les consignateurs aux receveurs d'octroi dans les délais prescrits, doivent être versées à la caisse de la commune. Pour donner, en outre, au receveur municipal le moyen de se charger, dans sa comptabilité, de toutes les recettes et de toutes les dépenses relatives aux consignations, chaque receveur d'octroi les comprend dans ses *bulletins de versements*, sur une ligne distincte. Il y exprime le total des *sommes perçues* et le montant des *versements* ; la différence qui existe entre ces deux résultats doit représenter les consignations conservées par l'agent de l'octroi comme susceptibles d'être incessamment remboursées. Le receveur municipal fait recette du *montant brut des consignations sur passe-debout*, et dépense, tant des consignations remboursées que de celles qui ont été converties en perceptions définitives.

Les relevés qui énoncent, comme il est dit ci-dessus, outre les recettes et les dépenses faites par les préposés aux recettes, les fonds qui leur ont été laissés pour subvenir aux *remboursements*, sont produits par les receveurs municipaux à l'appui de leurs comptes annuels ; mais ces comptables conservent et classent avec soin les *bordereaux détaillés* des consignations qui leur sont versées en numéraire, attendu que ces bordereaux doivent être consultés par eux lorsque les consignateurs viennent réclamer des remboursements. Ces derniers remboursements sont justifiés, dans les comptes des receveurs municipaux par les *certificats de sortie* et par les *quittances des parties prenantes*.

Les *consignations pour saisies et amendes et sur passe-debout*, n'étant pas des ressources dont les communes puissent disposer, ne sont comprises ni en *recette* ni en *dépense* dans les budgets municipaux ; elles sont classées parmi les services hors budget. *(Inst. gén., art. 923, 1102 et 1463.)*

2014. — *Remises attribuées aux préposés de l'octroi.* — Les receveurs des contributions indirectes, auxquels doit être versé le produit brut des droits d'entrée, forment le décompte des remises revenant aux préposés de l'octroi, et ils en versent le montant au receveur du bureau central de l'octroi de la ville ou à l'agent remplissant les mêmes fonctions, pour qu'il en soit tenu compte au receveur de la commune. Ce versement doit être justifié par la quittance K *bis*, dont le timbre reste à la souche et est remplacé par le timbre mobile à 10 centimes créé par la loi du 23 août 1871.

Enfin, au timbre de la quittance K *bis* est substitué le timbre de 25 centimes, lorsque le versement comprend la part de la commune, avec ou sans allocation pour les agents verbalisants.

Le receveur municipal constate ces recouvrements à titre de *recette d'ordre*. Le produit des remises est ensuite réparti entre les préposés de l'octroi dans la proportion qui est déterminée par le maire, et le receveur municipal en acquitte le montant aux parties intéressées, en vertu des mandats du maire, appuyés des quittances et des décomptes réguliers. Il en fait dépense dans sa comptabilité, comme des autres dépenses *d'ordre* qu'il est appelé à effectuer sur le service de l'octroi.

Pour les octrois en *ferme*, l'indemnité allouée par la régie des contributions indirectes n'est point versée au receveur de la commune ; les préposés des contributions indirectes en comptent directement au fermier. (*Inst. gén., art. 1464; Circ. compt. publ. 24 juin 1875.*)

2015. — *Produit net des ventes faites dans les entrepôts.* — Au nombre des recettes d'ordre de l'octroi se trouvent aussi le *produit des ventes faites dans les entrepôts*. Les receveurs municipaux doivent enregistrer ces recettes dans une colonne spéciale du livre de l'octroi, et les constater avec tous les détails propres à bien faire connaître la nature du produit, ainsi que le nom de l'entrepositaire à la disposition duquel il est tenu. (*Inst. gén., art. 1465.*)

Compte des opérations d'ordre relatives à l'octroi. — V. n° 2842.

Dépenses des octrois. — V. Pièces justificatives, § 134.

Officiers et employés militaires.

2016. — Les officiers et employés militaires doivent acquitter directement à la caisse des percepteurs les contributions pour lesquelles ils sont imposés aux rôles. Le trésorier général n'a plus à exercer de retenues sur leurs appointements, pour ces contributions, que sur la demande du receveur particulier et sur la remise d'un état présentant le chiffre des douzièmes échus dont le payement n'aurait point été effectué entre les mains du percepteur. (*Circ. compt. publ. 30 juin 1862. § 7.*) — V. Déménagement, n° 1308.

Le montant des retenues opérées par le trésorier général est transmis au comptable intéressé d'après la marche tracée par les articles 1131 à 1135 de l'Instruction générale. (*Inst. gén., art. 1138 et 1140.*) — V. Contraintes extérieures, n° 1146 et suiv.

2017. — Lorsque des officiers et employés militaires dé cèdent avant l'acquittement complet des contributions, et sans qu'il reste dû sur les appointements des décédés une somme suffisante pour compléter le payement de leur cote, le trésorier général fait transmettre, sans retard, avis du décès au percepteur de la commune dans le rôle de laquelle le contribuable est porté, afin que ce comptable poursuive le recouvrement par d'autres voies, ou qu'il demande l'allocation en non-valeurs des sommes dues au Trésor. (*Inst. gén., art. 1141.*)

2018. — Les percepteurs doivent, sous leur responsabilité, signaler au receveur particulier de leur arrondissement les officiers et employés militaires portés aux rôles qui n'auraient pas acquitté leurs contributions, soit directement, soit au moyen de retenues faites par le trésorier général, comme il est dit ci-dessus. (*Inst. gén., art. 1142.*)

Offres réelles.

2019. — Lorsque le créancier refuse de recevoir son payement, le débiteur peut lui faire des offres réelles, et, au refus du créancier de les accepter, consigner la somme ou la chose offerte. Les offres réelles suivies d'une consignation libèrent le débiteur ; elles tiennent lieu à son égard du payement, lorsqu'elles sont valablement faites, et la chose ainsi consignée demeure aux risques du créancier.

Les offres doivent être faites par un officier ministériel ayant caractère pour ces sortes d'actes.

Les frais des offres réelles et de la consignation sont à la charge du créancier si elles sont valables. (*C. civ. art. 1257 et suiv. ; C. proc., art. 812 et suiv.*)

2020. — Le contribuable poursuivi qui veut faire des offres réelles au percepteur doit les faire signifier par le ministère d'un huissier. Il ne peut exiger que le porteur de contraintes les reçoive sur son procès-verbal de saisie.

Les offres doivent être signifiées au domicile élu dans le commandement et réalisées par le payement au domicile du comptable, ou entre ses mains dans le lieu où il se trouve en tournée. (*Com. Durieu, t. II, p. 45 et 46.*) — V. Poursuites, n°s 2340 et suiv.

2021. — Le contribuable et même le tiers détenteur qui laisse passer le jour de tournée du percepteur sans se libérer, ne peut lui faire ensuite des offres réelles pour le contraindre à venir chercher le payement dans la commune, en dehors de la tournée réglementaire. (*Com. Durieu, t. I, p. 469.*) — V. Tournées de recouvrement.

Opérations commerciales (Cessation d').
— V. n°s 917 et suiv.

Opérations hors budget. — V. n° 2842.

Opposition.

2022. — L'opposition entre les mains des tiers détenteurs ou débiteurs de sommes appartenant aux redevables, est la même chose que la saisie-arrêt (V. Poursuites, n°s 2390 et suiv.). — Mais il en est autrement de l'opposition à la délivrance du prix de la vente sur saisie; différence de cet acte avec la saisie-arrêt (V. Com. Durieu, t. II, p. 162). — Quant aux oppositions formées par les redevables ou par des tiers à la saisie ou à la vente des meubles, à quelle autorité ces oppositions doivent-elles être soumises ? (V. Com. Durieu, t. I, p. 396, et t. II, p. 33 et suiv.).

Oppositions pratiquées entre les mains des percepteurs - receveurs - municipaux. — V. Saisies-arrêts.

Ordonnancement des dépenses des communes et des établissements de bienfaisance.

2023. — Les maires sont les seuls ordonnateurs des dépenses municipales. Un des membres de la commission administrative de chaque établissement est chargé de ces fonctions. Leurs ordonnances ou mandats doivent énoncer l'exercice et le crédit auxquels ils s'appliquent (V. n°s 4274 et suiv.). — Ils sont délivrés au profit et au nom des créanciers directs des communes ou établissements et remis aux ayants droit par les soins des ordonnateurs.

Si les maires refusaient d'ordonnancer une dépense régulièrement autorisée et liquidée, il serait prononcé par le préfet en conseil de préfecture. L'arrêté du préfet tiendrait lieu du mandat du maire.

En cas d'absence, de suspension, de révocation ou de tout autre empêchement, l'adjoint, et, à défaut d'adjoint, un conseiller municipal désigné par le conseil, peut signer et délivrer les mandats de dépenses aux créanciers communaux; mais il doit faire précéder sa signature des mots : *Pour le maire absent, empêché, suspendu ou révoqué. (Inst. gén., art. 987 et 1085 ; Décr. 31 mai 1862, art. 504 et 505 ; L. 5 avril 1884, art. 152, 82, 84 et 85.)*

2024. — Lorsqu'un mandat est ordonnancé par l'adjoint ou un conseiller municipal, le receveur municipal peut exiger que l'ordonnateur du mandat lui justifie, par un arrêté de délégation, qu'il agit régulièrement au lieu et place du maire.

Dans le cas où le maire serait créancier de la commune, l'ordonnancement de la dépense incomberait à l'adjoint.

2025. — Les mandats de payement doivent donner toutes les indications énoncées au numéro 1831 et être appuyées des pièces justificatives dont le tableau est donné au numéro 2234, §§ 64 et suiv.

Dans le but d'éviter tout retard de payement dans les mandats ordonnancés, il est bon que le receveur municipal soit avisé des sommes mandatées afin de prendre les mesures nécessaires pour effectuer le payement des mandats à présentation, notamment faire un retrait de fonds si l'encaisse n'est pas suffisant. — V. n° 2251 bis.

Lorsqu'il s'agit de mandats autres que ceux de traitement des employés communaux, il est bon également que l'ordonnateur communique au comptable, pour faciliter l'examen, les pièces justificatives avant d'envoyer le mandat à l'ayant droit.

Pour l'examen des mandats et autres pièces justificatives, V. n°s 2084 et suiv.

2026. — Une dépense communale ne peut être ordonnancée d'office sur le refus du maire, par le préfet, qu'autant que cette dépense est régulièrement autorisée et liquidée et qu'elle n'est pas contestée. (Arr. Cons. d'Et. 5 et 12 févr. 1875, 11 mars 1887 et 17 mai 1890; Jurisp. constante.)

2027. — Lorsqu'un conseil municipal a inscrit au budget une somme destinée à une dépense non obligatoire, il appartient au préfet, au cas où le maire se refuse à mandater le payement de la dépense effectuée, d'assurer le payement par un mandatement d'office. (Arr. Cons. d'Et. 8 juin 1888 et 26 février 1892.)

2028. — Le mandatement d'office peut avoir lieu, lors même que le conseil municipal a, par une délibération non approuvée, supprimé le crédit. (Arr. Cons. d'Et. 8 avril 1892.)

2029. — Le recours au Conseil d'État n'ayant pas d'effet suspensif, le préfet peut mandater d'office le montant d'une dépense obligatoire pour laquelle un crédit a été inscrit d'office au budget, nonobstant le pourvoi formé par la commune contre l'arrêté portant cette inscription d'office. (Arr. Cons. d'Et. 15 juin 1888.)

2030. — S'il appartient à l'autorité compétente pour régler le budget d'une commune d'inscrire d'office à ce budget, dans les formes prévues par l'article 149 de la loi du 5 avril 1884 (V. n° 740), les suppléments de crédits nécessaires pour faire face à une dépense obligatoire, le préfet ne peut ordonnancer d'office une dépense qui n'était pas régulièrement inscrite au budget. (Arr. Cons. d'Et. 4 mai 1894.)

2031. — Les ordonnateurs des dépenses des communes et des établissements de bienfaisance ne peuvent user du droit de réquisition. — V. n°s 2090 et suiv.

2032. — Aucune dépense ne peut être ordonnancée passé le 15 *du mois de la clôture de l'exercice*, et les mandats non payés dans les quinze jours suivants sont annulés, sauf réordonnancement, s'il y a lieu, avec imputation sur les reliquats de l'exercice clos, reportés de plein droit et sans nouvelle allocation au budget supplémentaire de l'exercice courant. *(Inst. gén., art. 988; Décr. 31 mai 1862, art 506, 507 et 508.)* — V. n° 2092.

2033. — *Bordereaux de situation à remettre aux ordonnateurs*. — Les receveurs municipaux sont tenus de remettre aux maires *à la fin de chaque trimestre*, comme document servant à contrôler et à suivre les diverses opérations d'ordonnancement, un bordereau de situation qui présente, par exercice, les sommes à recouvrer et à dépenser, ainsi que le montant des recouvrements et des payements effectués sur chaque article du budget, et qui fait ressortir l'encaisse à la fin du trimestre, avec la distinction du numéraire immédiatement disponible et des fonds placés en compte courant au Trésor. Ce bordereau de situation, qui doit être extrait des livres de détail à tenir pour les opérations concernant chaque commune, n'est autre que le bordereau détaillé *(Modèle n° 309)*, dont la forme est indiquée aux n°⁵ 721 et suiv.

Pour les communes rurales peu importantes le cadre du bordereau peut être réduit aux seuls développements nécessaires pour donner aux maires une connaissance exacte de la situation des crédits ouverts à chaque article du budget. *(Inst. gén. art. 989.)*

2034. — Les receveurs municipaux remettent, en outre, aux maires, à *l'expiration de chacun des deux premiers mois de chaque trimestre*, un état présentant, dans la forme de la récapitulation qui termine le bordereau précité, le résumé de leurs recettes et de leurs dépenses, avec le montant et la composition de leur encaisse. *(Inst. gén., art. 990.)*

2035. — Au moyen de ces documents, les maires peuvent suivre la situation des crédits du budget, connaître les encaisses disponibles pour l'acquittement de leurs mandats, et apprécier l'importance des sommes dont il pourrait y avoir lieu d'opérer le retrait sur les fonds placés par la commune au Trésor. *(Inst. gén., art. 991.)*

2036. — Les receveurs municipaux qui négligeraient de fournir aux maires les bordereaux ci-dessus prescrits, ou qui ne les remettraient pas en temps utile, s'exposeraient à l'application des dispositions de la loi du 25 nivôse, an V, qui prononce, pour des cas semblables, la privation des remises, sans préjudice de mesures plus sévères, s'il y a lieu. *(Inst. gén., art. 992.)*

2037. — *Règles spéciales pour l'ordonnancement de diverses dépenses*. — Les *frais d'administration, les traitements et prélèvements divers*, les *contributions des biens communaux*, la *taxe des biens de mainmorte*, les *secours publics* et les *dépenses du culte*, étant payables par douzièmes, les mandats relatifs à ces dépenses sont délivrés à la fin de chaque mois. Le payement des *frais de casernement* est effectué par quinzièmes, conformément aux dispositions de l'ordonnance royale du 5 août 1818.

Les *travaux d'entretien des propriétés communales et des lycées*, les *frais de la garde nationale*, ainsi que les *dépenses extraordinaires de construction, d'entretien* ou de *réparation*, ne pouvant être payés qu'après que les services ont été faits, le montant n'en est ordonnancé qu'à mesure de l'exécution de ces services.

Toutefois, pour les travaux exécutés en régie, notamment en ce qui concerne les chemins vicinaux, des avances peuvent être faites d'après la marche tracée par l'article 92 de l'ordonnance royale du 31 mai 1838 et l'article 608 de l'Instruction générale (V. n° 3056). — Dans ce cas, des fonds sont, avant l'exécution des travaux, remis, sur un mandat du maire, à un agent principal chargé de les répartir. Cet agent donne quittance le mandat et prend l'engagement écrit de rapporter, dans le délai qui a été fixé, les quittances des créanciers réels, ainsi que toutes les autres pièces justificatives exigées par les règlements. C'est au préfet qu'il appartient d'apprécier les circonstances dans lesquelles la mesure peut être utilement appliquée et de déterminer, suivant le chiffre des revenus de la commune et l'importance des travaux, le maximum des avances à faire et le délai dans lequel la justification de l'emploi des sommes devra être produite. En aucun cas, le maximum ne doit excéder 20,000 francs, ni le délai dépasser un mois, limites assignées aux opérations de ce genre concernant les services généraux de l'État.

L'ordonnancement de quelques-unes des dépenses comprises dans les deux catégories ci-dessus est soumis, en outre, à des règles particulières. *(Inst. gén., art. 993)* — V. Cotisations municipales, payement des dépenses des communes, Subventions, Traitement, Travaux.

Ordonnances de décharges et réductions.

2038. — On distingue, en matière de contributions directes, plusieurs sortes d'ordonnances de décharges et réductions. — V. n° 1287 et suiv.

Toutes les ordonnances pour *décharges et réductions, remises et modérations*, sont collectives. *(Inst. gén., art. 177 modifié; Circ. Dir. gén. contr. dir. 4 déc. 1893, n° 846.)*

Les ordonnances sont établies par nature de crédit et par perception. Toutefois, cette mesure n'est pas applicable aux ordonnances qui concernent la contribution sur les voitures, chevaux, etc., et la taxe sur les vélocipèdes dont les modèles, à raison des attributions faites aux communes, comportent des coupons à détacher et à remettre aux receveurs municipaux. *(Circ. compt. publ. 25 sept. 1897, § 1er.)*

2039. — Les ordonnances de décharges comprennent les *frais de poursuites* reconnus irrecouvrables. *(Inst. gén., art. 144 et 184 modifiés; Circ. Dir. contr. dir. 4 déc. 1893, n° 846.)*

2040. — *Délivrance des ordonnances. — Leur transmission aux percepteurs.* — Les ordonnances doivent toutes, sans exception, être délivrées par le directeur des contributions directes, après l'instruction et le jugement des réclamations formées soit par les contribuables, soit par les percepteurs. *(Inst. gén., art.178 modifié; Circ. Dir. contr. dir. 4 décembre 1893, n° 846.)*

2041. — Les ordonnances sont envoyées directement, sous pli cacheté, par les directeurs des contributions directes aux trésoriers généraux, avec un bordereau énonciatif sur lequel ceux-ci apposent leur reçu. Les trésoriers généraux conservent note des ordonnances dans leur comptabilité, au moyen d'un carnet, et ils les adressent soit aux percepteurs de l'arrondissement du chef-lieu, soit aux receveurs particuliers, pour que ceux-ci les transmettent aux percepteurs de leur arrondissement respectif. *(Inst. gén., art. 179; L. 26 juillet 1893, art.74; Circ. Dir. gén. contr. dir.4 déc. 1893, n° 846; Circ. compt. publ. 12 mai 1894,§ 3.)*

2042. — Il est recommandé aux receveurs des finances de transmettre avec célérité aux percepteurs les ordonnances de dégrèvement, afin que les contribuables à qui il serait dû des excédents de versements ne soient pas exposés, lorsqu'ils ont reçu du directeur avis de l'ordonnance, à faire un voyage inutile chez le percepteur pour toucher ces excédents. *(Circ. compt. publ. 20 décembre 1862, § 6.)*

2043. — Les percepteurs sont chargés d'en constater l'imputation sur les rôles des contributions directes, suivant les règles tracées aux articles 208 à 216 de l'Instruction générale (V. ci-après, n°s 2048 et suiv.), et ils doivent, *dans le délai d'un mois,* à partir de la réception des ordonnances, les remettre aux receveurs de leur arrondissement, après que toutes les formalités indiquées sur chaque ordonnance ont été exactement remplies.*(Inst. gén., art.180.)*

2044. — Le directeur des contributions directes, de son côté, prévient les parties intéressées

de la décision prise en leur faveur et de la remise qu'il fait des ordonnances au trésorier général.

Il adresse ces lettres d'avis au maire de chaque commune, chargé de les transmettre aux réclamants. *(Inst. gén., art. 181; L. 26 juillet 1893, art. 74; Circ. compt. publ. 12 mai 1894, § 3.)*

2045. — Le trésorier général, avant de donner cours aux ordonnances qu'il reçoit du directeur des contributions directes, doit examiner si elles sont conformes aux modèles.

En cas d'irrégularité, il se concerte avec le directeur des contributions directes et avec le préfet, pour faire opérer promptement les rectifications nécessaires. *(Inst. gén., art. 182.)*

2046. — Les ordonnances de décharge et réduction portant réimposition doivent être délivrées par le directeur des contributions directes. *(Inst. gén., art. 183 modifié; L. 26 juillet 1893, art. 74; Circ. Dir. gén. contr. dir. 4 décembre 1893, n° 846.)*

2047. — Les ordonnances pour *décharges et réductions, remises et modérations,* sont envoyées aux percepteurs, par les receveurs des finances, sous le n° 45. *(Inst. gén. art. 207.)*

2048. — *Emploi des ordonnances. — Constatation en recette sur les rôles. — Carnet à tenir par les percepteurs. — Déclarations à remettre aux contribuables.* — A la réception des ordonnances, les percepteurs doivent en inscrire le montant à l'article de chaque contribuable, sur le rôle de l'exercice pour lequel elles ont été émises, ainsi que sur le carnet des ordonnances *(Modèle n° 296),* où ils constatent, avec la réception des ordonnances, l'emploi, par contribuable, des dégrèvements accordés, les excédents à rembourser, ainsi que les remboursements effectués. *(Inst. gén., art. 208 et 1417.)*

2049. — Lorsque les dégrèvements réunis aux sommes qui auraient été payées précédemment par les contribuables excèdent le montant de l'article du rôle auquel ils sont applicables, le reste disponible est imputé en payement des autres articles que pourraient devoir les contribuables, soit sur contributions ou frais de poursuites, soit sur produits divers. *(Inst. gén., art. 209.)*

Toutefois, les excédents de payement sur les termes échus ne pourraient être appliqués au payement des douzièmes à échoir sans le consentement des contribuables dégrevés.

2050. — Les percepteurs totalisent ensuite, pour chaque envoi d'ordonnances de dégrèvements, les diverses colonnes du carnet, et se chargent en recette, par un seul article au journal à souche, du montant intégral de ces ordonnances ; ils font ressortir, dans les colonnes respectives, l'emploi qui en a été fait, soit, comme il vient d'être dit, en payement des contributions des divers exercices ou d'autres sommes dues par les contribuables intéressés, soit à titre d'excédents de versements.

La quittance doit contenir les mêmes renseignements ; elle est souscrite au nom du receveur des finances, à qui elle est remise comme justification de la prise en charge du montant des ordonnances et qui la conserve à titre de renseignement. Il est, en outre, dressé, pour ce comptable, au verso du bordereau d'envoi des ordonnances, un état des sommes formant excédent, lequel lui sert à en prendre charge dans sa comptabilité.

Il doit être délivré une quittance distincte par ordonnance.

Les ordonnances délivrées, en certains cas, par voie de réduction de rôles, sont émargées à l'article de chaque contribuable, sans enregistrement au journal à souche. Néanmoins, les excédents que ces ordonnances produiraient seraient constatés en recette, et il serait opéré à leur égard comme pour ceux qui résultent des autres ordonnances. (*Inst. gén., art. 210 ; Circ. compt. publ. 1905, § 2.*) — V. EXCÉDENTS DE VERSEMENTS.

2051. — Il n'est pas délivré de quittances à souche au nom des contribuables dégrevés : les percepteurs ont simplement à se conformer régulièrement aux prescriptions énoncées ci-dessus, n°ˢ 2048 et suiv. (*Circ. compt. publ., 28 oct. 1896, § 1er.*)

2052. — *Signature des contribuables sur les ordonnances. — Intervention des maires au nom des contribuables*. — La formalité de la signature des contribuables et du visa du maire sur les ordonnances de décharges n'est plus exigée. (*Circ. compt. publ., 28 oct. 1896, § 1er.*)

En ce qui concerne l'imputation des excédents de versements sur l'exercice suivant, V. n° 1494.

2053. — *Mesure spéciale pour les ordonnances relatives aux cotes irrecouvrables.* — Les ordonnances pour cotes irrecouvrables ne sont émargées au rôle que pour la somme restant à recevoir. Les percepteurs n'ont point de remboursement à faire aux contribuables. (*Inst. gén., art. 215.*)

2054. — *Renseignements à fournir par les percepteurs sur l'emploi des ordonnances.* — Afin de justifier de l'exécution des dispositions contenues dans les articles 208, 209 et 210 de l'Instruction générale, ci-dessus rappelés, les percepteurs doivent apporter à la recette particulière le carnet des ordonnances de dégrèvement, toutes les fois que des pièces de cette nature sont comprises dans leurs

versements. La vérification en est constatée par un visa.

Dans le même but, les receveurs des finances doivent se faire représenter ce carnet lors de leurs vérifications au domicile de leurs subordonnés, afin de s'assurer qu'il a été fait un emploi fidèle des excédents de versements résultant de l'application des ordonnances aux articles des rôles. Ils demeureraient responsables du préjudice qui pourrait être causé à cet égard aux contribuables dégrevés. (*Inst. gén., art. 216.*)

Remboursement des excédents. — V. n°ˢ 1491 et suiv.

2055. — *Obligations des receveurs des finances en ce qui concerne le versement des ordonnances de décharges et des excédents de versements.* — Lorsque les ordonnances de dégrèvements sont versées par les percepteurs, le receveur des finances les porte en *dépense* pour leur *montant intégral*, et il fait *recette*, savoir : à titre de *contributions directes* ou de *frais de poursuites*, de la portion des ordonnances appliquée au payement des contributions ou des frais, et à titre d'*excédents de versements*, de la portion formant excédent sur les rôles ; il en est délivré, à ces divers titres, des récépissés distincts au percepteur.

Les quittances de remboursement, remises par les percepteurs, sont portées en dépense sur les livres du receveur, comme *remboursements d'excédents de versements* effectués *sur le produit des recettes courantes*, et il en est, dès lors, délivré récépissé aux percepteurs, à titre de *produits de contributions*, comme pour les autres pièces de dépenses comprises dans leurs versements.

Dans le cas prévu au dernier alinéa de l'article 210, les receveurs des finances n'ont point à faire recette des ordonnances. Le montant en est réduit, tant par ceux que par les percepteurs, du produit des rôles, et le trésorier général les conserve pour les joindre à l'état du montant des rôles et en justifier la réduction. (*Inst. gén., art. 213.*)

2056. — Les receveurs des finances constatent en recette les excédents de versements dont il leur est tenu compte par les percepteurs, aux termes de l'article 213, à un compte collectif qu'ils ouvrent aux contribuables comme *correspondants de la trésorerie générale.* (*Inst. gén., art. 218.*)

2057. — Si, à l'époque du 31 décembre de la seconde année de l'exercice, il reste des excédents dont le remboursement n'ait pas été réclamé, le trésorier général les transporte au compte des reliquats provenant de divers services. (*Inst. gén., art. 219 ; Circ. compt. publ. 24 décembre 1861, § 8, 23 janvier 1864, § 3, et 10 novembre 1865, § 3.*) — V. n°ˢ 1491 et suiv.

2058. — Les receveurs particuliers et les percepteurs auxquels seraient demandés des remboursements d'excédents après les délais fixés au n° 1491 doivent, avant de les effectuer, y être autorisés par le trésorier-payeur général. (*Circ. compt. publ. 10 novembre 1864, § 3.*)

2059. — Les receveurs des finances doivent veiller à ce que les ordonnances de dégrèvements et non-valeurs, délivrées dans les délais fixés pour l'ordonnancement, et qui leur ont été remises pour être envoyées aux percepteurs, soient rentrées à la trésorerie générale et portées en dépense avant l'expiration du mois d'août. (*Inst. gén., art. 224.*)

2060. — Les maires n'ont plus à intervenir pour la rentrée des ordonnances de décharges. (*Circ. compt. publ., 28 oct. 1896, § 1er.*)

2061. — S'il arrive que les ordonnances ou mandats ne puissent être admis en dépense par le trésorier général avant la clôture des payements de l'exercice, les receveurs ou percepteurs qui les présentent après l'expiration des délais ont à en suivre le remboursement pour leur propre compte. Les demandes en remboursements de cette nature doivent être adressées aux préfets par l'entremise du trésorier général du département, pour qu'il y soit donné suite. (*Inst. gén., art. 226.*)

2062. — *Annulation d'une décision portant décharge ou réduction de taxe.* — Quand un arrêt du Conseil d'État a annulé une décision portant décharge ou réduction de taxe, le préfet, en exécution de cet arrêt, prend un arrêté par lequel il est enjoint au contribuable dégrevé mal à propos d'acquitter le montant de sa cote. Cet arrêté est adressé au trésorier général, qui le transmet au percepteur pour lui servir de titre de perception.

Si le contribuable indûment dégrevé ne pouvait payer la somme remise à sa charge par l'arrêté du préfet, l'article serait soldé au moyen d'une ordonnance délivrée sur le fonds de non-valeurs.

Les recouvrements de cotes ainsi rétablies sont constatés par les percepteurs à un compte spécial ouvert à la 2e section du livre des comptes divers sous le titre de : *Recouvrement de cotes rétablies par le Conseil d'État*; les receveurs des finances les constatent à titre de recettes accidentelles. (*Inst. gén., art. 140; Circ. compt. publ., 30 avril 1864.*) — V. DÉCHARGES ET RÉDUCTIONS.

Ordonnances de décharges sur la taxe des vélocipèdes et sur la contribution des voitures et chevaux. — V. n°s 3083 et 3120.

2063. — *Ordonnances de décharges sur les produits communaux.* — Les ordonnances de décharges délivrées par le directeur des contributions directes sur les rôles des prestations pour chemins vicinaux, de la taxe vicinale et de la taxe sur les chiens, ne sont portées ni en recette ni en dépense; leur montant est simplement déduit de celui des rôles, après qu'elles ont été inscrites aux articles des contribuables dégrevés et sur un carnet spécial (*Modèle n° 296, 2e partie*).

Si quelques-uns des individus dégrevés ont payé une partie ou la totalité des sommes allouées en dégrèvement, il en résulte des excédents que le receveur doit régulariser immédiatement. (*Inst. gén., art. 888, § 8, et art. 910; Circ. Dir. gén. contr. dir. 4 déc. 1893, n° 846.*)

Toutefois, le mode de réduction indiqué ci-dessus ne peut être employé, après la clôture de la première année de l'exercice, que s'il existe des recouvrements réalisés depuis le 1er janvier de l'année suivante, ou des restes à recouvrer prochainement réalisables, qui puissent supporter la déduction des remboursements d'excédents auxquels auraient droit les contribuables dégrevés. Dans le cas contraire, les remboursements devraient être imputés soit sur le crédit des dépenses des chemins vicinaux, soit sur celui des dépenses imprévues, ou faire l'objet d'un crédit spécial. — V. n°s 1503 et suiv.

2064. — Le receveur conserve entre ses mains les ordonnances pour être jointes ultérieurement à l'appui de ses comptes de gestion, comme pièces justificatives de la réduction des titres de recette. — V. COMPTES DE GESTION, n° 970; PIÈCES JUSTIFICATIVES, §§ 31 et 33.

2065. — Lorsqu'il est accordé décharge des frais de poursuites, il n'y a pas lieu de suivre pour ces frais, comme pour la taxe elle-même, le mode de réduction de titre. Les sommes reconnues irrecouvrables sur frais de poursuites doivent, conformément à l'article 1475 de l'Instruction générale, être portées en *recette* au compte : *Frais de poursuites concernant le service municipal*, et en *dépense* au compte général de la *commune*. — V. PIÈCES JUSTIFICATIVES, § 146.

Ordonnateurs des dépenses municipales. — V. ORDONNANCEMENT.

Ordres de bourse. — V. RENTES SUR L'É-TAT, n° 2684.

Organisation des perceptions. — V. PER-CEPTEURS.

Orphelins pauvres. — V. ENFANTS ASSISTÉS, HOSPICES.

Outrage.

2066. — L'outrage fait par paroles, gestes ou menaces à tout officier ministériel ou agent dépositaire de la force publique, et à tout citoyen chargé d'un ministère de service public, dans l'exercice ou à l'occasion de l'exercice de ses fonctions, sera puni d'un emprisonnement de six jours à un mois et d'une amende de 16 à 200 francs, ou de l'une de ces peines seulement. *(C. pén., art. 224.)*

2067. — Les injures adressées aux percepteurs dans l'exercice de leurs fonctions sont assimilées aux outrages envers les fonctionnaires publics, et punies comme tels. *(Com. Durieu, t. I, p. 122 et 504.)*

Le percepteur insulté dans l'exercice de ses fonctions doit dresser un procès-verbal des faits en désignant les témoins, et remettre ce procès-verbal au procureur de la République. *(Com. Durieu, t. I, p. 508 et suiv.)*

2068. — *Jurisprudence.* — L'outrage, même public, adressé à un fonctionnaire public dans l'exercice ou à l'occasion de l'exercice de ses fonctions, rentre dans l'application des articles 222 et 224 du Code pénal, et appartient, par conséquent, à la compétence des tribunaux correctionnels, à moins qu'il n'ait été commis par la voie de la presse ou de discours proférés dans des lieux ou réunions publics.

De même, les injures verbales, lorsqu'elles s'adressent à un fonctionnaire public ou à un agent de l'autorité, *dans l'exercice* ou *à l'occasion de l'exercice* de ses fonctions, sont qualifiées *outrages* par les articles 222 et 224 du Code pénal, rentrent, même quand la publicité peut les aggraver, dans les termes de ces articles, et sont de la compétence des tribunaux correctionnels.

C'est seulement lorsque les injures ont été dirigées par la voie de la presse ou proférées dans des lieux ou réunions publics, contre des fonctionnaires publics ou des agents de l'autorité *à raison* de leurs fonctions ou de leur qualité, que ces injures sont justiciables de la Cour d'assises par application des articles 23, 31, 33 et 45 de la loi du 29 juillet 1881. *(Arr. Cour cass. 29 juin, 12 juillet, 10 et 23 août et 16 novembre 1883 ; Dalloz 1884, 1re partie, p. 261, 308 et 309.)*

2069. — La personne diffamée à la fois dans sa vie privée et dans sa vie publique a le droit de ne relever que les imputations relatives à la vie privée et de saisir la juridiction correctionnelle du délit de diffamation.

Il importe peu que certaines des énonciations reproduites dans la citation se réfèrent à l'exercice de la fonction publique dont le demandeur est investi, si le caractère privé de la diffamation résulte de l'ensemble de la citation, et notamment de la disposition de la loi invoquée à l'appui de la poursuite et relative à la diffamation envers les particuliers. *(Arr. Cour cass., 4 janvier 1884 ; Dalloz 1884, 1re partie, p. 168, Jurisprudence constante.)*

2070. — *Dénonciation calomnieuse.* — Le fait de signaler spontanément, par écrit, à l'autorité judiciaire ou à l'autorité administrative des faits de nature à entraîner une peine ou une mesure disciplinaire contre un fonctionnaire, constitue non un outrage, mais la dénonciation prévue par l'article 373 du Code pénal. *(Arr. Cour cass. 15 décembre 1893 ; Dalloz 1894, 1re partie, p. 367.)*

Ouvriers employés sur les chemins vicinaux.—V. Pièces justificatives, § 126, 2°.

Ouvriers (Saisissabilité du salaire des).— — V. nos 2309 et suiv. ; 2819 et suiv.

Ouvriers mineurs.—V. Pensions, n° 2174 *bis*.

P

Pacage (Droit de). -- V. Paturage.

Papiers anciens. — V. Dépôt aux archives.

Partage de biens communaux. — V. Biens des communes.

Passe-debout. — V. Octroi.

Passeports à l'intérieur. — V. Feuilles de passeports.

Passeports à l'étranger (Droits de).

2071. — *Nature des droits.* — Les individus qui demandent un passeport pour l'étranger doivent en payer le prix au Trésor (60 centimes, décimes compris). Les préfets, les sous-préfets, autres que ceux des départements de la Seine, du Rhône, et le maire de Calais sont autorisés à délivrer des passeports à l'étranger. Ces fonctionnaires font l'avance du prix des formules de passeports sur les fonds à leur disposition. Ils font prendre ces formules au bureau du timbre extraordinaire ou chez le receveur de l'enregistrement de leur résidence, et ils sont remboursés de leur avance suivant le mode indiqué ci-après. *(Inst. gén.,* *art. 1117 ; L. 23 août 1871, art. 2 ; Circ. compt. publ. 16 juin 1888.)*

2072. — *Recouvrement des droits par les percepteurs et payements faits par les receveurs des finances.* — Les percepteurs reçoivent le prix des passeports à l'étranger ; ils en délivrent des quittances à souche, et ils en comprennent le montant dans leur plus prochain versement. Ces quittances et les autres pièces exigées pour l'obtention des passeports sont déposées par les parties versantes entre les mains des maires pour être adressées par eux à la préfecture ou sous-préfecture. Les passeports sont ensuite envoyés sans frais à ceux qui les ont demandés.

Le prix des passeports est remboursé aux préfets et aux sous-préfets par le trésorier général et par les receveurs particuliers, sur la présentation des quittances à souche. Ces quittances peuvent aussi être remises aux préposés de l'enregistrement en payement des formules. Elles sont alors comprises pour comptant dans les versements de ces comptables. Les receveurs particuliers les envoient au trésorier général comme pièces acquittées pour son compte. *(Inst. gén., art. 1118.)*

2073. — Les quittances à souche délivrées par les percepteurs, pour prix de formules de passeports à l'étranger, ne sont pas passibles du timbre comme formant double emploi avec la formule elle-même dont la remise équivaut à quittance du prix. *(Décis. min. Fin. 22 mai 1838; Circ. compt. publ. 14 avril 1872, n° 51.)*

2074. — *Compte collectif à ouvrir par les receveurs des finances.* — *Bordereau spécial à fournir par les percepteurs.* — Les receveurs des finances ont, pour ces opérations, un compte *collectif* ouvert aux *percepteurs* comme *correspondants de la trésorerie générale*. Ce compte est crédité des versements qu'effectuent les percepteurs, et dont il est fourni des récépissés à talon ; il est débité par le trésorier général du montant des quittances qui lui sont remises tant par les percepteurs de l'arrondissement du chef-lieu que par les receveurs particuliers. Il est tenu par exercice. L'imputation des *recouvrements* à chaque exercice se règle d'après la *date des recettes* opérées *par les percepteurs*, et, à cet effet, ces derniers comptables sont tenus de remettre aux receveurs des finances, en faisant leurs versements, un bordereau spécial qui indique avec la date, le montant de chaque recette, le nom et le domicile des individus qui ont payé les droits. *(Inst. gén., art. 1119.)*

2075. — *Écritures.* — Les percepteurs ouvrent à la deuxième section, § 2, de leur livre des comptes divers un compte intitulé : *Droits de passeports à l'étranger.* Ils portent en recette à ce compte les payements qui leur sont faits

par les individus qui veulent obtenir les passeports et ils enregistrent, en dépense, les versements qu'ils font au receveur particulier de leur arrondissement. *(Inst. gén., art. 1486.)*

Passif des communes (État du). — Voir n°s 1481 et suiv.

Patentes. — Voir CONTRIBUTIONS DIRECTES, n°s 1179 et suiv. ; DÉCÈS DES CONTRIBUABLES, DÉCHARGES ET RÉDUCTIONS, DÉMÉNAGEMENT, FORMULES DE PATENTES, MARCHANDS FORAINS, RECOUVREMENT, RÔLES, TRANSFERT.

Pâturage (Taxes de).

2076. — Les conseils municipaux règlent par leurs délibérations le mode de jouissance et la répartition des pâturages communaux autres que les bois, ainsi que les conditions à imposer aux parties prenantes. *(L. 5 avril 1884, art. 140.)*

Il appartient aux préfets, sur la proposition des maires, de fixer le chiffre des taxes auxquelles doivent être assujettis les bestiaux conduits en dépaissance sur les terrains soumis au régime forestier. *(Solut. min. Int. 1866, n° 18.)* — V. BOIS DES COMMUNES.

2077. — *Recouvrement.* — *Quittances.* — *Rôles.* — Les taxes de pâturage sont perçues suivant les formes établies pour le recouvrement des contributions directes. *(L. 5 avril 1884, art. 140.)*

Les quittances des taxes sont sujettes au timbre de 25 centimes lorsqu'il s'agit du recouvrement de taxes excédant 10 francs. *(Décis. min. Fin. 30 décembre 1831.)*

Quant aux rôles, ils sont soumis au timbre de dimension. —V. PIÈCES JUSTIFICATIVES, § 29.

Pauvres. — V. DONS, DROIT DES PAUVRES, HOSPICES, LEGS ET DONATIONS, SECOURS.

Pavage (Taxes de).

2078. — *Répartition.* — *Recouvrement.* — *Poursuites* — Les taxes de pavage sont réparties par délibération du conseil municipal approuvées par le préfet. Ces taxes sont perçues suivant les formes établies pour le recouvrement des contributions directes. *(L. 5 avril 1884, art. 140.)*

Les rôles dressés pour le recouvrement des taxes de pavage, et les quittances de ces taxes, au-dessus de 10 francs, sont passibles du timbre *(Déc. min. Fin. 5 janvier 1860; Arr. Cour cass. 2 juin 1875.)* — V. PIÈCES JUSTIFICATIVES, §§ 29 et 60.

2079. — Les taxes de pavage et frais de construction de trottoirs doivent être recouvrés en vertu de rôles nominatifs rendus exécutoires par le préfet; on ne pourrait remplacer régulièrement ces rôles par des états dressés par le maire et visés par le préfet ou le sous-préfet, ainsi que l'indique l'article 154 de la loi du 5 avril 1884. *(Arr. cons. de préf. de la Seine 15 janvier 1890.)*

Il suit de ces dispositions que les poursuites doivent avoir lieu par voie de contrainte et de sommation avec frais.

2080. — *Privilège.* — Le recouvrement des taxes de premier pavage n'est garanti au profit des villes par aucun privilège sur les immeubles des contribuables. *(Cour cass. 31 mai 1880; Com. Durieu, t. II, Jurisp. p. 242 ; Cour cass., 8 janv. 1895.)*

2081. — *Restes à recouvrer.* — *Prescription.* — Lorsque trois ans se sont écoulés depuis le jour où le rôle a été remis au percepteur, les redevables contre lesquels aucune poursuite n'a été exercée peuvent se prévaloir de la prescription libératoire. *(L. 3 frimaire an VII, art. 149; Arr. Cons. d'Ét. 22 février 1855.)*

2082. — Les taxes atteintes par la prescription ne peuvent revivre en les faisant figurer sur un nouveau rôle. *(Arr. Cons. d'Ét. 26 février 1892.)*

Payement des dépenses des communes et des établissements de bienfaisance.

2083. — *Règles générales.* — Les receveurs municipaux et les receveurs d'établissements de bienfaisance ne peuvent acquitter aucune dépense, si elle n'a été préalablement ordonnancée sur un crédit régulièrement ouvert; les mandats des ordonnateurs (maires ou adjoints, V. n° 2023) doivent, pour justifier de la réalité de la dette et valider le payement, être appuyés de toutes les pièces voulues par les règlements, et dont le tableau est donné à l'article 1542 de l'Instruction générale, rappelé au n° 2234.

Tout payement qui serait effectué sans l'accomplissement de ces formalités resterait à la charge du comptable. *(Inst. gén., art. 986, 998 et 1085 ; Décr. 31 mai 1862, art. 502 et 503.)*

Pour les excédents de payement sur les crédits ouverts, V. n° 1277.

2084. — *Examen préalable des mandats de payement et autres pièces justificatives.* — Avant de payer une dépense, les receveurs municipaux doivent s'assurer que les prescriptions ci-après ont été observées :

1° Les mandats doivent être remplis par les maires et donner les indications énoncées au n° 1831 ;

2° La dépense doit être ordonnancée sur un crédit régulièrement ouvert, soit au budget primitif, soit au budget supplémentaire ou par un vote ayant fait l'objet d'une délibération spéciale ; dans ce dernier cas, la délibération, dûment approuvée, est jointe au mandat de payement (V. n°s 1098 et suiv. et 2092) ;

3° Que la dépense ordonnancée n'excède pas le montant du crédit (V. n° 1277) ;

4° Les pièces à produire à l'appui des mandats sont énoncées au n° 2234, §§ 64 et suiv.;

5° L'acquit de la partie prenante doit être littéralement conforme au nom indiqué sur le mandat, ou à celui de l'ayant droit, si le mandat est payé à un tiers justifiant d'une procuration ou de sa qualité d'héritier ; de même, toutes les pièces justificatives jointes à l'appui d'une dépense doivent être orthographiées comme le nom indiqué sur le mandat (V. n°s 2093 et suiv., 2105 et 2234) ;

6° Les quittances des parties prenantes doivent être timbrées à 10 centimes, sauf les exceptions énoncées ci-après, n°s 2120 et suiv. — Elles ne doivent contenir ni restrictions, ni réserves.

Pour les quittances collectives, V. n°s 1850, 1851 et 3030 ;

7° Les mémoires, factures, décomptes, etc., joints aux mandats de payement, doivent être sur papier timbré ou sur des imprimés timbrés à l'aide d'un timbre de dimension, apposé et oblitéré par le receveur de l'enregistrement ou le receveur municipal (V. n°s 1841 et suiv.) ;

8° Les actes de vente, acquisitions, échange, partage, transactions, adjudications, marchés, etc., sont passibles d'un droit proportionnel d'enregistrement (V. n°s 1463 et suiv.) — Les plans, devis ou détails estimatifs ne sont passibles que d'un droit fixe (V. n°s 1373 et suiv.)

Les cahiers des charges sont exempts de l'enregistrement, mais les expéditions délivrées à l'appui d'une dépense sont sujettes au timbre (V. n° 804).

Quant aux procès-verbaux, certificats, significations, jugements, contrats, quittances, etc., qui ont pour objet les expropriations ou acquisitions de terrains destinés à la construction et au redressement des chemins vicinaux, ils sont visés pour timbre et enregistrés gratis (V. n° 1404).

Les certificats de payement délivrés par les agents-voyers pour payement d'acquisitions de terrains sont exempts de timbre (V. n° 2234, § 153) ;

9° Les copies ou expéditions d'actes produites à l'appui d'un mandat de payement ne peuvent être que sur papier au timbre de 1 fr. 80, décime compris (V. n°s 1191 et suiv.), à moins qu'il ne s'agisse de justifier une dépense avant que le titre puisse être produit, auquel cas les copies ou extraits sont exempts de timbre, mais à la condition qu'ils portent la mention expresse que *l'expédition en due forme est retenue par le receveur municipal afin de suivre l'opération et qu'elle sera jointe au compte de l'année pendant laquelle l'opération sera terminée* (V. n°s 2234, 2235 et suiv.).

2085. — Refus de payement. — Les receveurs municipaux sont autorisés à refuser le payement des mandats qui ne seraient point accompagnés des justifications prescrites.

Le refus de payement est, d'ailleurs, soumis aux règles suivantes. *(Inst. gén., art. 999.)*

2086. — Les receveurs municipaux ne peuvent refuser ou retarder le payement des mandats que dans les seuls cas :

Où la somme ordonnancée ne porterait pas sur un crédit ouvert, ou excéderait ce crédit (V. n° 1273) ;

Où les pièces produites seraient insuffisantes ou irrégulières ;

Où il y aurait opposition, dûment signifiée entre les mains du comptable, contre le payement réclamé ;

Enfin, où, par suite de retards dans le recouvrement des revenus, il y aurait insuffisance de fonds dans la caisse communale. *(Inst. gén., art. 1000.)* — V. n° 2251 bis.

En ce qui concerne l'échéance des traitements, V. PIÈCES JUSTIFICATIVES, § 64.

2087. — Tout refus ou retard de payement doit être motivé dans une déclaration écrite, immédiatement délivrée par le receveur municipal au porteur du mandat, lequel se retire devant le maire pour que ce dernier avise aux mesures à prendre ou à provoquer. *(Inst. gén., art. 1001.)*

2088. — Le receveur qui aurait indûment refusé ou retardé un payement, ou qui n'aurait pas délivré au porteur du mandat la déclaration motivée de son refus, serait responsable des dommages qui pourraient en résulter, et encourrait en outre, selon la gravité des cas, la perte de son emploi. *(Inst. gén., art. 1002.)*

2089. — Les comptables n'ont point qualité pour apprécier le mérite des faits auxquels se rapportent les pièces à l'appui de chaque mandat. Il suffit, pour garantir leur responsabilité, qu'elles soient visées, et par conséquent attestées par l'ordonnateur (et par l'agent-voyer pour les dépenses relatives à la vicinalité, V. n°s 934 et suiv.).

Si cependant un comptable s'apercevait ou avait de suffisantes raisons de croire que l'ordonnateur a été trompé, il devrait, nonobstant l'apparente régularité des pièces, suspendre le payement et avertir l'ordonnateur sans aucun retard ; mais si ce dernier lui donne alors l'ordre de payer, il doit s'y conformer immédiatement

(Inst. gén., art. 1003; Inst. chem. vic., art. 230.) — V. le n° ci-après.

2090. — Les ordonnateurs des dépenses des communes et des établissements de bienfaisance n'ont pas, comme les ordonnateurs des dépenses de l'État, le droit de requérir sous leur responsabilité, après le refus des comptables, qu'il soit passé outre au payement.

Si le créancier d'une commune ou d'un établissement de bienfaisance'éprouve, de la part d'un receveur, un refus de payement qu'il ne croit pas fondé, ou, en d'autres termes, si un litige s'élève entre lui et un comptable sur l'interprétation des règles tracées pour la justification des dépenses communales et charitables, c'est au ministre de l'Intérieur qu'il doit s'adresser pour faire trancher le débat. Le ministre statue, après s'être concerté, s'il y a lieu, avec son collègue des finances, et sa décision constitue un complément des nomenclatures déjà arrêtées par l'Instruction générale.

Cette décision notifiée au comptable couvre entièrement la responsabilité de ce dernier et devient pour lui obligatoire.

Le créancier, de son côté, peut s'en armer pour demander aux tribunaux la réparation du préjudice que lui a fait éprouver le refus mal fondé du receveur. *(Circ. min. Int. 22 fév. 1870 et 30 nov. 1876.)* — V. TRAVAUX ET FOURNITURES, n°s 3037 et suiv.

En cas de réclamation d'intérêts, V. n°s 1724 et suiv.

2091. — Une délibération du conseil municipal, lors même qu'elle serait approuvée par le préfet, ne peut dispenser le receveur municipal d'exiger, à l'appui de chaque payement qu'il effectue pour le compte d'une commune, les pièces justificatives prescrites par les Instructions. — V. n°s 2234, § 64 et suiv.

S'il arrive que des pièces justificatives aient été perdues, le receveur municipal doit exiger à ce que le cas soit soumis au Ministre de l'Intérieur, et attendre la décision de ce dernier avant d'effectuer tout payement.

2092. — D'après la règle établie aux articles 984 et 988 de l'Instruction générale, les receveurs municipaux doivent refuser le payement des mandats qui leur seraient présentés après l'époque fixée pour la clôture de l'exercice ; ces mandats sont annulés, sauf réordonnancement ultérieur. *(Inst. gén., art. 1004.)*

En ce qui concerne les restes à payer portés au budget supplémentaire, V. n° 1479.

Les receveurs municipaux doivent également refuser le payement d'une dépense qui aurait été faite en janvier, février ou mars, et qui serait ordonnancée sur un crédit porté au budget de l'année précédente, attendu, ainsi qu'il est dit au n° 1275, que les crédits accordés pour un exercice, soit par les budgets, soit par décisions spéciales, sont affectés au payement des dépenses qui résultent de *services faits* dans l'année qui donne son nom à l'exercice.

2093. — *Quittances des parties prenantes.* — Les parties prenantes doivent dater elles-mêmes leurs quittances et y désigner la commune où le payement a lieu. Les receveurs municipaux sont tenus de veiller à l'accomplissement de cette formalité, et de la remplir eux-mêmes si les parties prenantes sont illettrées.

Pour les signatures, V. n° 2084, 5°.

Lorsque le porteur d'un mandat n'excédant pas 150 francs ne sait pas signer, le receveur municipal peut effectuer le payement en présence de deux témoins majeurs de l'un ou l'autre sexe, qui signent avec lui, sur le mandat, la déclaration faite par la partie prenante. Si le mandat excède 150 francs, la quittance doit être donnée devant notaire, à moins qu'il ne s'agisse de prix de terrains cédés pour cause d'utilité publique, auquel cas les quittances, même excédant 150 francs, peuvent être données dans la forme des actes administratifs. (*Inst. gén., art. 1005; Circ. compt. publ., 27 nov. 1899, § 4.*)

La preuve testimoniale ne peut être admise que sur la demande de sommes de 150 francs et au-dessous, et encore faut-il qu'il ne s'agisse pas du reliquat ou d'une fraction d'une somme plus forte. (*Code civ., art. 1341.*)

2094. — Lorsque le créancier d'une commune produit une quittance notariée, le receveur municipal, ne pouvant se dessaisir d'aucune somme sans avoir des pièces en règle, doit surseoir au payement jusqu'à la production de la quittance enregistrée. Cette précaution est surtout de rigueur pour les quittances délivrées en brevet.

Il en serait de même dans le cas où la quittance pourrait être donnée administrativement.

2095. — Les quittances notariées ou celles qui seraient données par les parties prenantes sur papier au timbre de dimension ne sont pas passibles du timbre de 10 centimes. (*Solut. enreg. 10 déc. 1881.*) — Mais le timbre de 10 centimes serait dû si la quittance était donnée à la suite de l'acte constitutif de la créance, attendu que les quittances doivent être pures et simples et ne contenir d'autres énonciations que celles qui leur sont propres.

2096. — Les frais de quittances notariées sont à la charge des parties prenantes qui les rendent nécessaires. Mais toutes les parties qui comparaissent devant notaire étant solidairement responsables des honoraires à lui dus (*Arr. cass. 19 avril 1826*), les comptables peuvent exiger que ces honoraires soient payés immédiatement.

2097. — Les quittances relatives à des indemnités de dépossession de terrains, données, pour les illettrés, dans la forme des actes administratifs, doivent être enregistrées et timbrées *gratis*, en vertu de l'article 58 de la loi du 3 mai 1841 sur l'expropriation pour cause d'utilité publique. (*Circ. compt. publ. 26 juin 1866, § 9.*)

Mais elles sont passibles du timbre spécial de quittance créé par l'article 18 de la loi du 23 août 1871. (*Solut. enreg. 16 janv. 1872 et 6 avril 1873; Circ. min. Int. 16 juin 1877; Circ. compt. publ. 12 déc. 1902, § 7.*)

2098. — Le maire, agissant comme délégué du préfet, a seul qualité pour recevoir les quittances dans la forme administrative, lorsqu'il s'agit d'indemnités pour acquisition de terrain.

Nous donnons ici le modèle :

Par devant nous, maire de la commune de.......

Est comparu X....... demeurant à.......... lequel, ayant à recevoir de M. le receveur municipal de.... la somme de...*(en toutes lettres)*..., montant du mandat délivré à son profit le..... pour.../*(indiquer l'objet du mandat)*, nous a déclaré être hors d'état de quittancer le mandat, faute de savoir ou de pouvoir écrire, et nous a requis en conséquence de lui donner acte de la présente déclaration, qui sera par lui remise au receveur municipal en même temps que le mandat sus-indiqué, en échange des fonds, pour valoir quittance et former libération valable et régulière.

Dont acte passé en brevet ; et après lecture faite nous avons signé le présent, en exécution de l'article 56 de la loi du 3 mai 1841 sur l'expropriation pour cause d'utilité publique.

A............, le...........19 .

Visé pour timbre et enregistré gratis à..... le.....

On doit dresser une quittance administrative lors même qu'un mandat est délivré au nom de plusieurs personnes et que l'une d'elles ne sait ou ne peut signer. Dans ce cas, les parties qui savent signer apposent leurs signatures sur la quittance administrative, avec celle du maire.

La quittance ne comporte qu'un seul droit de timbre de 10 centimes si la somme portée sur le mandat est indivise entre les ayants droit. — V. n° 1851.

2099. — Les dispositions qui précèdent sont applicables aux quittances d'indemnités pour occupations temporaires de terrains en matière de travaux publics. (*L. 29 décembre 1892, art. 10.*)

2100. — Les receveurs municipaux doivent s'assurer de l'identité des parties prenantes, et n'acquitter les mandats qu'entre les mains des créanciers véritables ou de leurs ayants cause, soit en faisant signer en leur présence, soit en exigeant la justification des signatures qui ne leur seraient pas suffisamment connues. (*Inst. gén., art. 661 et 1006.*)

Ils doivent aussi, en cas de rature ou surcharge, exiger la régularisation par le signataire. — V. RATURES ET SURCHARGES.

2101. — La quittance est apposée sur le mandat de payement ; elle ne doit contenir ni restrictions, ni réserves. Lorsqu'elle est produite séparément, comme il arrive si elle doit être extraite d'un registre à souche ou qu'elle est remplacée par un récépissé à talon, ou si la quittance se trouve au bas des factures ou mémoires, le mandat n'en doit pas moins être quittancé *pour ordre et par duplicata.*

2102. — Les mandats de payement auxquels sont joints des états nominatifs de liquidation, émargés par des ayants droit qui ne reçoivent pas personnellement du receveur la somme qui leur est due, doivent porter l'acquit de la personne autorisée à recevoir en leur nom le montant du mandat. — V. nos 2037 et 3056, PIÈCES JUSTIFICATIVES, §§ 64 et suiv.

2103. — Le receveur municipal qui paie à un intermédiaire des états de journées de travaux revêtus à l'avance d'attestations que les ouvriers sont tous illettrés, commet une faute lourde et une grave infraction aux prescriptions édictées ci-dessus pour le payement des dépenses communales, et se rend responsable des détournements commis par la partie prenante. *(Arr. Cour des comptes, 29 juillet 1890 et 25 oct. 1891.)*

2104. — Les payements faits à des illettrés ne sont libératoires qu'autant que la partie prenante a été payée en présence de deux témoins majeurs de l'un ou l'autre sexe, d'accord avec la déclaration signée par ces derniers et par le comptable.

Si cette déclaration est inexacte et que les fonds aient été remis à d'autres qu'aux titulaires des mandats, le comptable est tenu de rapporter au juge la preuve que ceux-ci ont été réellement désintéressés. L'attestation des personnes interposées ne suffit pas. *(Arr. Cour des comptes. 29 février 1892.)*

2105. — Le titulaire d'un mandat a le droit de faire recevoir par un mandataire la somme qui lui est due. Le receveur doit se faire remettre, dans ce cas, une expédition en forme de la procuration notariée, si elle a été passée en minute, ou l'original en brevet, si c'est ce dernier mode qui a été adopté, et joindre cette pièce à l'appui du mandat quittancé. — V. C. *civ. art. 1984 et suiv.* Toutefois, les dispositions qui précèdent n'ayant pour objet que d'assurer la responsabilité du comptable, si ce dernier n'a aucun doute sur l'identité du mandant et du mandataire, le mandat peut être payé sur la production d'une procuration sous seing privé, énonçant clairement la somme à toucher et la date de son ordonnancement. Cette pièce n'est pas assujettie à l'enregistrement, mais il est bon que la signature du mandant soit légalisée par le maire de la commune qu'il habite.

2106. — Les receveurs municipaux doivent exiger une procuration spéciale qui donne plein pouvoir au mandataire de toucher le montant de la créance due au mandant. Il faut tenir compte que, d'après l'article 1988 du Code civil, un mandat conçu en termes généraux n'embrasse que les actes d'administration.

2107. — Un mandat délivré au nom de personnes associées ne peut être payé que sur la production de l'acte de société, ou d'un extrait de cet acte, délivré par le greffier du tribunal de commerce du lieu dans lequel la société est établie. L'extrait doit contenir les énonciations indiquées à l'article 57 de la loi du 24 juillet 1867.

Si l'une des parties figurant sur le mandat ne sait ou ne peut signer, il doit être délivré une quittance notariée.

2107 *bis*. — Les associations qui ont à toucher un mandat n'excédant pas 500 francs, peuvent communiquer simplement au receveur municipal les actes constatant leur existence légale et la qualité de leurs représentants, sans être astreintes à se dessaisir desdites pièces. Les receveurs municipaux mentionnent sur le mandat qu'il leur a été justifié que l'associé ou le gérant intervenant au payement a droit à la signature sociale. *(Circ. compt. publ., 30 oct. 1899, § 3.)*

2108. — Un mandat émis au nom d'une compagnie de chemin de fer peut être quittancé par le chef de gare, qui est, en raison de ses fonctions, l'intermédiaire de la compagnie qui l'emploie. *(Jurispr. Cour des Comptes, 1er mai 1888.)*

2108 *bis*. — Les mandats délivrés au nom d'un receveur des postes pour des redevances dues par une commune doivent être payés par le receveur municipal au bureau de poste. *(Sol. fin. 14 février 1905.)*

2109. — En cas de faillite d'un créancier, le mandat est payé au syndic sur la production d'une ordonnance du juge-commissaire de la faillite, revêtue du sceau du tribunal. *(C. comm., art. 471, 485 et 489.)*

Dans le cas où plusieurs syndics auraient été nommés, V. C. comm., art. 465.

Si, à la suite d'un concordat, le failli a repris la direction de ses affaires, il doit produire une expédition dudit concordat et du jugement d'homologation rendu conformément à l'article 513 du Code de commerce. Dans ce cas, le receveur peut payer entre les mains du failli après l'expiration des délais d'appel du jugement, fixés à deux mois par l'article 645 du même Code.

En outre des pièces qui viennent d'être énoncées, le comptable doit exiger l'expédition ou l'extrait du procès-verbal dressé par le juge-commissaire, conformément à l'article 519 du Code de commerce.

2109 bis. — Aux termes de l'article 527 du Code de commerce, le jugement qui prononce la clôture des opérations de la faillite pour insuffisance d'actif fait rentrer chaque créancier dans l'exercice de ses actions individuelles, tant contre les biens que contre la personne du failli, mais, d'accord sur ce point avec la presque unanimité des auteurs, la jurisprudence décide que le jugement de clôture pour insuffisance d'actif ne fait cesser ni le dessaisissement du failli (*Cour cass. 11 juill. et 10 nov. 1885*), ni les fonctions du syndic (*Cour cass. 31 mai 1897*).

L'accomplissement des formalités prescrites pour l'expropriation pour cause d'utilité publique ne relève pas les incapables, et en particulier les faillis, de leur incapacité de toucher personnellement l'indemnité d'expropriation.

Alors même que le syndic aurait omis de faire inscrire sur l'immeuble exproprié l'hypothèque de la masse (*Code de com., art. 490*), le comptable chargé de payer l'indemnité d'expropriation ne saurait, depuis la loi du 28 mai 1838, prétendre qu'il ignore l'état de faillite du propriétaire de l'immeuble.

Par conséquent, si le comptable verse le montant de l'indemnité d'expropriation entre les mains d'un propriétaire dont la faillite a été clôturée pour insuffisance d'actif, il effectue en tout état de cause un payement nul et se trouve tenu de payer une seconde fois au syndic le montant de l'indemnité. (*Trib. de com. St-Nazaire, 27 mars 1903.*)

2110. — Lorsqu'il s'agit d'un payement à effectuer à la suite d'un jugement, le comptable doit exiger, indépendamment des justifications relatives au payement, une expédition du jugement qui condamne la commune ; il doit se faire remettre, en outre, un certificat de l'avoué de la partie poursuivante constatant la date de la signification du jugement faite au domicile de la partie condamnée, et l'attestation du greffier constatant qu'il n'existe contre le jugement ni opposition ni appel. (*C. proc. civ., art. 548 à 550.*)

2111. — Si l'une des pièces énumérées ci-dessus a déjà été produite à l'appui d'un mandat payé précédemment, il importe d'indiquer l'article du compte auquel est rattachée ladite pièce. Mention de ces productions doit être faite sur le carnet (*Modèle n° 303*) des dépenses à payer en plusieurs années. — V. n° 3014.

2112. — Le mandat délivré au nom d'une femme faisant le commerce, et qui a pour objet des fournitures faites par elle, peut lui être payé sans qu'il soit besoin de l'assistance ou de l'autorisation de son mari (*C. civ., art. 220 ; C. comm., art. 4, 5 et 7*). — En dehors de là, la femme doit être autorisée et assistée par son mari, ou, à défaut de l'acquit du mari, elle doit produire une autorisation de lui par-devant notaire. Toutefois le mari, sous le régime de la communauté et comme chef, peut donner seul quittance d'une somme mandatée au nom de sa femme, si le contrat de mariage ne s'y oppose pas ; il est préférable cependant d'avoir l'acquit des deux conjoints, car si le décès de la femme était survenu au moment du payement, le mari n'aurait plus qualité pour toucher seul sans produire de nouvelles justifications.

2113. — Lorsque, dans les actes de vente ou de cession de biens propres au mari ou appartenant à la communauté, une femme mariée est intervenue, conformément à la loi du 13 février 1889, pour renoncer à son hypothèque légale, le payement du prix ne doit être fait qu'avec son concours (sans préjudice du droit des autres créanciers), attendu que son droit d'hypothèque se trouve transporté sur le prix. Le mandat de payement doit donc être quittancé par le mari et la femme.

2114. — La quittance d'une femme séparée de biens est régulière lorsqu'elle est appuyée de l'acte qui établit la séparation.

De même, les payements à des femmes séparées de corps pour des sommes leur appartenant exclusivement, peuvent être effectués sur leur simple signature. (*L. 6 févr. 1893, modifiant les art. 311 à 1449 du Code civil.*) — Il y a lieu, dans ce cas, d'exiger la justification de séparation de corps.

Lorsque le mandat de payement et le titre de la créance constatent que l'ayant droit est une femme divorcée, le payement peut en être fait sur la simple quittance de l'ayant droit.

Mais si le divorce est postérieur au titre de la créance (mémoire, acte de vente, bail, etc), la femme divorcée doit produire à l'appui du mandat de payement : 1° l'extrait des registres de l'état civil constatant que le jugement ou arrêt prononçant le divorce a été transcrit conformément à l'article 252 du Code civil modifié par la loi du 18 avril 1886 ; 2° l'acte de liquidation, ou un certificat de propriété, ou tout autre acte constatant que la créance lui a été attribuée ou lui est propre, à moins que les deux époux ne concourent au payement.

2115. — Si, aux termes de l'article 1549 du Code civil, le mari a seul l'administration des biens dotaux pendant le mariage et le droit de recevoir le remboursement des capitaux dotaux, ce droit est modifié lorsqu'il est obligé, par le contrat de mariage, de faire emploi des capitaux.

Dans ce cas, le mari ne peut décharger valablement le débiteur qu'en justifiant de l'emploi prescrit par le contrat ; tout payement, pour être libératoire, devant, suivant l'article 1239 du Code civil, être fait à une personne ayant capacité pour le recevoir.

Le débiteur qui paie le capital dotal à la femme assistée de son mari commet une faute lourde s'il ne se fait pas communiquer le contrat de mariage.

La femme mariée sous le régime dotal ne peut renoncer aux garanties qui ont été stipulées dans l'intérêt de la famille pour la conservation de la dot, ni ratifier l'emploi que son mari a fait contrairement aux prescriptions de cet emploi. (*Arr. Cour d'appel de Paris, 11 mars 1886.*)

2116. — En cas de licitation d'un immeuble appartenant par indivis à une femme dotale, la portion du prix de l'adjudication revenant à cette femme est soumise au remploi prescrit par l'article 1558 du Code civil, alors même qu'elle serait payée à la femme, non au moyen d'une soulte mise à la charge de l'héritier adjudicataire, mais en effet dépendant de la succession ; surtout si ce remploi était, en outre, exigé par le contrat de mariage, et si les effets héréditaires attribués à la femme faisaient également partie d'autres successions comprises dans le même partage.

En conséquence, l'héritier adjudicataire, de même que l'acquéreur d'un bien dotal dont le prix est soumis à remploi, répond du défaut de remploi. (*Arr. Cour cass. 10 mars 1856; Dalloz, année 1856, 1re partie, p. 155.*)

2117. — *Payement des sommes dues à des mineurs.* — *Pouvoirs du tuteur.* — Lorsqu'il s'agit de verser entre les mains d'un tuteur un capital dont le remboursement est obligatoire, tel qu'un cautionnement d'adjudicataire, une obligation communale, le prix d'un immeuble aliéné du vivant de l'époux prédécédé, le payement peut être effectué entre les mains du tuteur, sans autre justification que celle de sa qualité. Dans ce cas, on n'a pas à exiger ni l'assistance du subrogé-tuteur, ni aucune délibération du conseil de famille, ni jugement d'homologation pris spécialement à l'effet d'habiliter le tuteur à toucher la somme provenant du remboursement. (*Circ. 31 mars 1890, n° 113 de la Dette inscrite ; n° 1602 de la Comptabilité publique.*)

2117 bis. — Lorsqu'une commune acquiert en vertu du droit commun un immeuble appartenant à un mineur, le receveur municipal doit, conformément aux articles 457 et 458 du Code civil, exiger, à l'appui du payement du prix d'acquisition, l'autorisation du conseil de famille dûment homologuée par le tribunal. (*Arr. Cour des comptes, 13 nov. 1902.*) — V. PIÈCES JUSTIFICATIVES, § 155.

Payements à faire à des héritiers. — V. n° 2234.

Quittances collectives. — V. n°s 1850, 1851 et 3030.

2118. — *Mandats passibles de retenues pour le service des pensions civiles et en vertu d'oppositions.* — Les traitements passibles des retenues pour le service des pensions civiles sont portés en dépense pour le brut, et il est fait recette du montant de ces retenues. Il en est de même à l'égard des retenues pour fonds de retraite et en vertu d'oppositions. Ces diverses retenues doivent être versées au receveur des finances : celle de la première espèce, pour le compte du Trésor ; les autres pour le compte de la Caisse des dépôts. Il convient d'enregistrer les oppositions sur un carnet spécial. (*Inst. gén. art. 1007.*) — V. PENSIONS CIVILES, PENSIONS DE RETRAITES, RETENUES, SAISIES-ARRÊTS OU OPPOSITIONS.

2119. — *Timbre des quittances et autres actes.* — Les quittances des parties prenantes, pour les payements effectués par les receveurs municipaux, doivent être timbrées à 10 centimes, sauf toutefois les exceptions qui vont être spécifiées. (*Inst. gén. art. 1008 ; L. 23 août 1871, art. 18.*)

2120. — Les quittances des sommes de 10 francs et au-dessous sont affranchies du timbre, lorsqu'elles n'ont pas pour objet un acompte ou un payement final sur une plus forte somme.

Sont également exempts du timbre : 1° les quittances des indigents pour les secours qui leur sont accordés à ce titre (V. n°s 2835 et suiv.), ainsi que celles des indigents employés aux travaux à exécuter sur les chemins vicinaux, à quelques sommes qu'elles puissent s'élever ; 2° les quittances des indemnités accordées pour incendie, inondation, épizootie et autres cas fortuits ; 3° les quittances des sous-officiers et soldats données sur les mandats de toute nature, ainsi que pour les indemnités de route qui leur sont allouées (V. n° 1638) ; 4° les récépissés des sommes versées aux receveurs des finances pour le compte des communes ; 5° les quittances des sommes allouées pour réparation de chemins par les ateliers de charité, lorsqu'il n'y a ni fournisseurs ni entrepreneurs, *et que l'on n'emploie que des indigents;* 6° les quittances des gratifications payées aux sapeurs-pompiers lorsqu'ils font partie intégrante de l'armée (V. n° 2234, § 97) ; 7° celles qui sont données par les receveurs de l'enregistrement pour le prix du papier timbré et des timbres mobiles (V. n° 3006) ; 8° les quittances et décomptes pour les pensions d'aliénés indigents à la charge des communes ; 9° les quittances des sommes payées pour le service des enfants assistés et pour le service médical gratuit (V. n° 2841) ; 10° enfin, les quittances des sommes allouées à titre de subvention aux bureaux de charité et aux sociétés de secours mutuels, lorsqu'il est expressément mentionné dans les mandats que ces subventions ont une *affectation charitable* (V. n° 2866). *(L. 13 brumaire an VII ; Inst. gén., art. 1009 modifié par la loi du 23 août 1871, art. 18 et 20.)*

2121. — Lorsqu'il s'agit de l'application du timbre des quittances. on ne doit pas avoir égard à la somme inscrite au budget, mais bien au montant de la créance due à la partie prenante à l'époque du payement ; ainsi, un ouvrier ou fournisseur, à qui il ne serait dû que 10 francs pour travaux ou fournitures, n'aurait pas de timbre à payer, bien que l'ordonnancement du maire soit sur un crédit plus élevé.

De même, un employé communal ayant un traitement annuel de 120 francs peut en toucher le montant sans payer de timbre, s'il a le soin de faire ordonnancer son traitement tous les mois et en toucher le montant, de façon que le jour où il donne quittance sur le mandat il ne lui soit pas dû plus d'un mois, soit 10 francs. *(L. 23 août 1871, art. 20, n° 2 ; Décis. min. Fin. 13 janv. 1883 ; Inst. enreg. 6 mars 1883, n° 2679, § 7.)*

2122. — Sont soumises au timbre : 1° les quittances des sommes payées pour indemnité, gratification, supplément de traitement aux employés de mairie, agents-voyers, gardes champêtres, etc., sur les fonds des amendes de police correctionnelle ou d'autres fonds locaux ;

2° les quittances de subventions ou secours à d'anciens employés ou à leurs familles, lorsqu'il n'est pas fait mention d'indigence ; 3° les quittances de pensions des aliénés non indigents ; les quittances pour payements ou remboursements faits à des comices agricoles ou sociétés d'agriculture. *(Inst. gén., art. 631.)*

Sont également soumises au timbre, les quittances de salaires délivrées par les conservateurs des hypothèques pour la transcription des actes de vente. *(Décis. min. 12 juill. 1873.)* — V. n° 1124.

En ce qui concerne le timbre des quittances collectives, V. n° 1850, 1851 et 3030.

2123. — Mais les pièces désignées ci-après sont exemptes des droits de timbre :

1° Les quittances des sommes payées pour dépenses des aliénés et des malades et incurables indigents. *(Décis. min. Fin. 10 mai 1834, 18 octobre 1838, 28 juillet 1845 et 11 décembre 1857)* ;

2° Les quittances pour secours à d'anciens employés ou agents communaux et du service de la police, ou à leurs familles, lorsqu'il est fait mention de l'indigence.

Pour motiver l'exemption de timbre en faveur des indigents, il n'est pas nécessaire que les secours leur soient remis directement ; cette exemption s'applique aussi aux quittances constatant les payements faits à des tiers pour secourir des indigents, lorsque l'indigence est constatée. *(Inst. gén., art. 631 ; Inst. enreg. 23 juin 1877.)* — V. n° 2837.

2124. — Les mandats de payement ne sont pas, par eux-mêmes. assujettis au timbre ; l'acquit qui est mis au bas est passible du timbre de dépense s'il s'agit d'une dépense excédant 10 francs, mais le timbre cesse d'être exigible, si, indépendamment de cet acquit, lequel, du reste, doit toujours être donné pour ordre, les factures ou mémoires sont quittancés par les parties prenantes (V. n° 1847 et suiv.), ou si la quittance est fournie sur une feuille timbrée distincte. *(Inst. gén., art. 1012 ; Solut. enreg. 10 déc. 1881.)* — V. MÉMOIRES, TIMBRES MOBILES, n° 2984 et suiv.

Payements pour le compte du trésorier-payeur général.

2125. — *Concours des receveurs particuliers et des percepteurs. — Carnet à tenir par les percepteurs pour l'enregistrement journalier des pièces de dépenses.* — Les receveurs particuliers et les percepteurs doivent faire, sur les fonds de leurs recettes, pour le service du trésorier-payeur général, tous les payements pour lesquels leur concours est jugé nécessaire.

Ces payements sont valablement effectués sur la présentation soit des lettres d'avis ou des mandats délivrés au nom des créanciers, soit de toute autre pièce en tenant lieu, et revêtus du *Vu bon à payer*, apposé par le trésorier-payeur général. Ce visa ne doit jamais être conditionnel, sauf, s'il y a lieu, l'obligation de timbrer les quittances. Il est conçu en ces termes :

Vu	par le receveur particulier à….
bon	par le percepteur de la commune de….;
à	À défaut de celui-ci,
payer.	par le percepteur ayant la même résidence.

Le receveur particulier doit, quand la demande lui en est faite, acquitter toutes les dépenses dont le payement est assigné sur les comptables de son arrondissement. Enfin, les receveurs particuliers et les percepteurs doivent offrir leur entremise aux parties intéressées pour faire parvenir au trésorier-payeur général les mandats dont elles désirent le changement d'assignation.

Si des oppositions étaient formées après le visa des mandats, le trésorier-payeur général en transmettrait l'avis, immédiatement aux comptables appelés à faire le payement, ainsi qu'au receveur particulier.

Les percepteurs qui acquittent une dépense pour le compte du trésorier-payeur général sont tenus de faire connaître, par une déclaration signée et dont la formule est imprimée sur les mandats, que le payement a été fait par eux. Cette déclaration et la signature peuvent être remplacées par l'apposition d'un timbre portant les mots : *Payé par le percepteur de...*

Le trésorier-payeur général retient par devers lui les pièces annexées aux mandats, attendu qu'il est seul chargé de les examiner. Il renvoie, dès lors, les mandats sans aucune pièce à l'appui et après les avoir visés, à l'ordonnateur local, qui en fait opérer la remise aux ayants droit.

Lorsqu'il s'agit de subsides à payer à des étrangers réfugiés en France, le payement doit être refusé, si le réfugié ne se présente pas *en personne* et muni de l'extrait du bulletin individuel qui est destiné à constater son identité. Il doit être donné avis au préfet, par l'entremise du trésorier-payeur général, de la cause du refus de payement.

Les payements relatifs aux dépenses de chaque exercice doivent cesser le 30 avril de la seconde année de cet exercice dans l'arrondissement du chef-lieu, et le 20 du même mois dans les autres arrondissements. Toutefois, pour le service départemental, les payements relatifs aux dépenses de chaque exercice doivent cesser le 28 février de la seconde année de cet exercice dans l'arrondissement du chef-lieu, et le 20 du même mois dans les autres arrondissements. (*Circ. compt. publ. 28 fév. 1889, § 1er et 27 janv. 1900, § 2.*)

Les dépenses imputables au *chapitre des exercices clos* sont payables jusqu'au 31 décembre de l'année dans l'arrondissement du chef-lieu, et jusqu'au 20 du même mois dans les autres arrondissements.

L'observation de ces règles et la quittance régulière et datée de chaque partie prenante suffisent pour dégager la responsabilité du comptable qui a effectué les payements. Les comptables doivent, d'ailleurs, prendre toutes les précautions nécessaires pour n'acquitter les mandats qu'entre les mains des créanciers véritables ou de leurs ayants cause, soit en faisant signer en leur présence, soit en exigeant la justification des signatures qui ne leur seraient pas suffisamment connues. (*Inst. gén., art. 661; Circ. compt. publ. 22 mars 1867, § 2.*)

Ils doivent aussi, en cas de rature ou de surcharge exiger la régularisation par le signataire. — V. RATURES ET SURCHARGES.

Les percepteurs ne doivent acquitter les mandats pour le compte du trésorier-payeur général, qu'avec des fonds appartenant au Trésor; ils ne peuvent, dans aucun cas, employer les fonds communaux au payement des dépenses publiques.

En cas d'insuffisance de fonds, il y a lieu de se conformer aux prescriptions énoncées aux nos 2129 et suivants, ou de demander des fonds de subvention. — V. nos 1354 et suiv. et Caisse, no 803.

2126. — Les percepteurs doivent avoir un carnet destiné à l'enregistrement journalier des pièces de dépenses *(dépenses publiques et dépenses de trésorerie),* lequel contient les renseignements ci-après :

1° Dates des payements;
2° Nature des dépenses;
3° Numéros des acquits;
4° Noms des signataires;
5° Sommes payées (A comprendre dans l'encaisse);
6° Montant des versements et des échanges et total général après chaque versement ou échange.
7° *Observations.* — La colonne 6 doit donner le montant des pièces versées ou échangées du 1er janvier au 31 décembre. *(Circ. compt. publ. 23 avril 1881, § 7 et 21 juin 1898, § 13.)*

2127. — La formalité du *visa* n'est pas exigée : 1° pour le payement de la solde des militaires en route, ni pour les payements nécessités par le passage des troupes, lesquels s'effectuent sur la seule présentation des mandats délivrés par les intendants et les sous-intendants militaires, ou par les sous-préfets lorsqu'ils remplacent ces fonctionnaires, mais il est nécessaire que le percepteur soit désigné sur les mandats; 2° pour le payement des arrérages de rentes.

Cette dernière nature de payements, ainsi que les payements pour le service de la guerre et pour quelques autres services, exigent des dispositions spéciales. (*Inst. gén., art. 662.*)
— V. FRAIS DE ROUTE, GUERRE, INTÉRÊTS DE CAUTIONNEMENTS, RENTES SUR L'ÉTAT, RENTES VIAGÈRES.

2128. — *Quittances des parties prenantes.* — Les parties prenantes doivent dater elles-mêmes leurs quittances et y désigner la commune où le payement a lieu.

Lorsque les parties prenantes sont illettrées et que la somme à payer ne dépasse pas 150 francs, les comptables qui font le payement pour le compte du trésorier-payeur général sont tenus de faire certifier par deux témoins majeurs de l'un ou l'autre sexe la déclaration du porteur du mandat et le fait du payement, et d'apposer, à côté de ce certificat, *leur propre signature,* afin d'attester que la formalité s'est accomplie en leur présence. Ils sont responsables de l'exécution de ces dispositions.

Si la somme excède 150 francs, la quittance doit être donnée en présence d'un notaire; cette quittance est admise à l'enregistrement gratis; elle est seulement assujettie au timbre. Les quittances relatives à des indemnités de dépossession de terrains sont données, même lorsque la somme excède 150 francs, dans la forme des actes administratifs, en exécution de l'article 56 de la loi du 3 mai 1841; elles sont enregistrées et timbrées gratis, conformément à l'article 58 de la même loi. La preuve testimoniale est autorisée pour des sommes supérieures à 150 francs, lorsqu'il s'agit de payements de secours accordés à titre gratuit, de payements de prix d'achat de chevaux pour le service de la remonte, et de payements faits à des condamnés libérés; mais l'exemption ne s'étend pas aux héritiers de ces derniers.

Si les quittances à donner pour le payement des ordonnances et mandats sont produites séparément, comme il arrive lorsqu'elles doivent être extraites d'un registre à souche ou qu'elles sont remplacées par des récépissés à talon, et si les quittances se trouvent au bas des factures, mémoires ou contrats, l'ordonnance ou le mandat de payement ne doit pas moins être quittancé pour ordre et par duplicata.

Lorsque les titres, factures ou mémoires portant quittance sont revêtus du timbre de 10 centimes, l'acquit donné pour ordre au bas des ordonnances ou mandats n'entraîne pas la nécessité d'un second timbre.

Les comptables qui payent les dépenses sont tenus de veiller à ce que les acquits *soient datés du jour même du payement*; dans le cas où les parties prenantes seraient illettrées, ce serait à l'agent de la dépense à mettre lui-même la date. S'il arrivait qu'un mandat déjà quittancé et daté ne fût pas payé le jour de sa date, cette date devrait être rectifiée, et la rectification approuvée par la partie prenante, ou par le comptable qui ferait le payement. *(Inst. gén., art. 709; Circ. compt. publ. 26 juin 1886, § 9.)*

Timbre des quittances. — V. nᵒˢ 1638 2084 et suiv.

Quittances collectives. — V. nᵒˢ 1850 et 1851.

2129. — *Échange des pièces de dépenses acquittées par les percepteurs contre les fonds en numéraire dont peuvent disposer les receveurs des régies financières.* — Les percepteurs sont exclusivement chargés, avec les receveurs particuliers, d'effectuer tous les payements pour le compte de la trésorerie générale.

En cas d'insuffisance de fonds, les percepteurs peuvent s'en approvisionner auprès des receveurs des régies financières de la même résidence, en leur remettant, en échange du numéraire, des pièces de dépenses précédemment acquittées sur les fonds de la perception.

A l'appui de sa demande de fonds, le percepteur fournit un bordereau détaillé, signé par lui, des mandats à échanger. Les pièces de dépenses, versées au receveur des régies financières, doivent, d'ailleurs, être revêtues du timbre de la perception.

Ces receveurs ne peuvent être tenus de faire des versements exceptionnels à la recette des finances, mais ils doivent comprendre les mandats échangés dans leurs plus prochains versements à la recette des finances.

Les percepteurs restent seuls responsables de la régularité des payements faits par eux, et conséquemment, si des pièces susceptibles de rejet étaient versées aux receveurs des finances, ceux-ci devraient néanmoins les admettre dans les versements des receveurs des régies financières et leur en délivrer récépissé, sauf à les mettre ultérieurement à la charge des percepteurs qui les auraient indûment payées.

Pour prévenir les rejets de l'espèce, les percepteurs doivent s'abstenir d'échanger aucune pièce un mois avant la clôture de l'exercice, c'est-à-dire dans le courant de février, d'avril, d'août ou de décembre, selon que les dépenses appartiennent à l'un des services désignés à l'article 661 de l'Instruction générale (V. nᵒ 2125). En aucun cas, ils ne doivent comprendre dans leurs échanges des pièces concernant les services municipaux ou hospitaliers. *(Circ. compt. publ. 22 mars 1867, § 2, et 27 avril 1867 § 3.)*

Il est interdit aux comptables de comprendre dans l'échange des pièces celles qui ne seraient pas revêtues du visa du receveur des finances. *(Circ. compt. publ. 17 mars 1905 § 1.)*

2130. — En principe, l'échange des pièces de dépenses n'est autorisé qu'entre les comptables habitant la même résidence. Toutefois, quand le percepteur se trouve en tournée réglementaire dans une des communes de sa circonscription, il doit être considéré comme étant dans la résidence que lui imposent ses fonctions, et s'il existe dans cette commune un receveur appartenant aux régies, rien ne s'oppose à ce que le percepteur fasse avec lui un échange de pièces de dépenses contre du numéraire. *(Circ. compt. publ. 8 sept. 1875, § 5.)* — V. FONDS DE SUBVENTION.

2131. — *Intervention des receveurs des régies financières dans le payement des dépenses publiques.* — *Cas d'absence du percepteur.* — Les receveurs des régies financières sont tenus de payer les mandats de la trésorerie générale dans les localités où il n'existe pas de percepteur, de même ils doivent payer ces mandats dans les localités où il existe un percepteur *lorsque ce dernier est absent pour une cause réglementaire* (tournées dans les communes ou versements à la recette des finances). Dans ce cas ils payent directement pour le compte du trésorier général et non pour le compte du percepteur puisqu'ils effectuent directement le versement de leurs pièces de dépenses à la recette des finances.

C'est dans ce sens que doivent être interprétées les instructions rappelées ci-dessus. *(Circ. compt. publ. 25 juin 1884, § 6.)*

2132. — *Versement des mandats à la recette des finances.* — Les acquits constatant les payements faits par les percepteurs pour le service des trésoriers-payeurs généraux doivent être compris dans le plus prochain versement qu'ils effectuent à la recette particulière. *(Inst. gén., art. 711.)*

2133. — *Perte de mandat.* — En cas de perte d'un mandat ou d'un extrait d'ordonnance de payement, le créancier ne peut en obtenir un duplicata que sur sa déclaration de perte et sur le certificat du trésorier-payeur général constatant le non-payement du mandat ou de l'extrait d'ordonnance primitif. Si le mandat ou l'extrait d'ordonnance a été visé payable à la caisse d'un comptable du département, le trésorier-payeur général se fait délivrer par ce comptable une attestation énonçant que la pièce dont le duplicata est réclamé ne figure pas au nombre des pièces acquittées dont le versement reste à faire, et qu'il a été pris note de l'invitation de ne pas payer le primata. *(Inst. gén., art. 710.)*

2134. — *Payement des indemnités aux délégués sénatoriaux.* — Les quittances données par les délégués sénatoriaux pour le payement des indemnités qui leur sont allouées, sont exemptes de timbre. *(Circ. compt. publ. 22 janvier 1876, § 5.)*

2135. — *Payement hors session des indemnités des sénateurs et des députés.* — Le payement des indemnités des sénateurs et des députés a lieu, hors session et pendant la durée des ajournements ou prorogations des chambres, au chef-lieu de l'arrondissement où ils résident, lorsqu'ils en font la demande à la questure.

Les mandats, dont l'acquit est soumis au timbre de 10 centimes, sont payés par tous les trésoriers-payeurs généraux et receveurs particuliers des finances, ainsi que par les trésoriers-payeurs d'Afrique et leurs préposés, quel que soit le département où les sénateurs et les députés résident au moment du payement. Ils peuvent également, mais sur l'autorisation du receveur des finances de l'arrondissement, *être acquittés par les percepteurs.*

Les comptables n'ont d'autre formalité à exiger de la part des parties prenantes que la preuve de leur identité.

Aucun payement ne doit être effectué dans les départements au delà du 31 janvier de chaque année. *(Circ. compt. publ. 7 août 1876.)*

Péages communaux (Droits de).

2136. — Les droits de *péages communaux* et les droits de *pesage, mesurage et jaugeage,* sont établis en vertu de tarifs et règlements proposés par les conseils municipaux, et adressés aux sous-préfets pour être remis aux préfets, qui statuent.

Les droits de *pesage, mesurage et jaugeage*

peuvent, suivant les convenances locales, être perçus par voie de régie simple, de régie intéressée, ou de bail à ferme. Les conditions de ces différents modes ont été indiquées au sujet des droits d'octroi (V. nos 1995 et suiv.). Pour la nature et le mode de réalisation du cautionnement, il y a lieu de suivre les indications du dernier alinéa de l'article 924 de l'Instruction générale (V. no 2005). *(Inst. gén., art. 926 ; L. 5 avril 1884, art. 68, § 7, et art. 133, § 8.)*
— V. LOCATION DES PLACES, PIÈCES JUSTIFICATIVES, § 15.

2137. — Les quittances délivrées par les receveurs municipaux pour prix de ferme des droits de péages communaux sont soumises au timbre de 25 centimes. — V. QUITTANCES.

Pêche (Droits de). — V. BAUX.

Pensions annuelles aux vieillards, aux infirmes et aux incurables. — V. SECOURS, no 2837 bis.

Pensions à prix de journées. — V. HOSPICES.

Pensions civiles.

2138. — *Fonctionnaires et employés qui ont droit à pension. — Retenues exercées sur leurs traitements.* — Les fonctionnaires et employés directement rétribués par l'État ont droit à pension et supportent indistinctement, sans pouvoir les répéter dans aucun cas, les retenues ci-après :

1o Une retenue de 5 % sur les sommes payées à titre de traitement fixe ou éventuel, de préciput, de supplément constituant à tout autre titre un émolument personnel ;

2o Une retenue du douzième des mêmes rétributions lors de la première nomination ou dans le cas de réintégration, à prélever par quart sur les quatre premières mensualités et du douzième de toute augmentation ultérieure ;

3o Les retenues pour cause de congés et d'absences ou par mesure disciplinaire.

Les receveurs particuliers et les percepteurs-receveurs des communes et d'établissements de bienfaisance, ainsi que les agents ressortissant au ministère des Finances qui sont rétribués par des salaires ou remises variables, supportent ces retenues sur les trois quarts seulement de leurs émoluments de toute nature, le dernier quart étant considéré comme indemnité de loyer et de frais de bureau. *(L. 9 juin 1853, art. 3; Décr. 9 novembre 1853, art. 20; L. 29 mars 1897, art. 28.* — V. RETENUES, nos 2763 et suiv.

2139. — *Droit à la pension.* — Le droit à la pension de retraite, en ce qui concerne les percepteurs, est acquis par ancienneté à soixante ans d'âge et après trente ans accomplis de services. — Il suffit de cinquante-cinq ans d'âge et de vingt-cinq ans de services pour les fonctionnaires qui ont passé quinze ans dans la partie active.

Est dispensé de la condition d'âge, le titulaire reconnu par le ministre hors d'état de continuer ses fonctions. *(L. 9 juin 1853, art. 5.)*

2140. — Bien que le droit à la pension de retraite soit acquis par ancienneté à soixante ans d'âge et après trente ans accomplis de services, les percepteurs qui remplissent ces conditions n'ont pas le droit d'exiger leur admission à la retraite.

Ainsi, les fonctionnaires et employés civils qui remplissent les conditions imposées par l'article 5 de la loi du 9 juin 1853, ne peuvent faire valoir leurs droits à une pension de retraite qu'autant qu'ils ont été régulièrement relevés de leurs fonctions et qu'ils y ont été formellement autorisés par l'administration. *(Arr. Cons. d'Et., 17 janvier 1889.)*

2140 bis. — La faculté que la loi du 9 juin 1853 et le décret du 9 novembre suivant confèrent aux ministres d'admettre les fonctionnaires civils à faire valoir leurs droits à la retraite, ne peut donner lieu à aucun règlement ayant pour objet de fixer une limite d'âge au delà de laquelle les titulaires de certains emplois ne peuvent être maintenus en fonctions. *(Loi de finances du 30 déc. 1903, art. 18.)*

2141. — *Bases de la pension.* — La pension est basée sur la moyenne des traitements et émoluments de toute nature soumis à retenue, dont l'ayant droit a joui pendant les six années *antérieures* à celle dans le cours de laquelle cesse l'activité. *(L. 9 juin 1853, art. 6; Décr. 9 novembre 1853, art. 28.)*

Il suit de là qu'un percepteur cessant ses fonctions, par exemple, le 30 décembre 1880, ne peut demander à ce que les six dernières années d'exercice soient comptées du 30 décembre 1874 au 30 décembre 1880. D'après les dispositions de l'article 28 du décret du 9 novembre 1853, et de divers arrêts conformes, les six dernières années doivent être comptées du 1er janvier 1874 au 1er janvier 1880, année pendant laquelle le comptable a cessé ses fonctions. Toutefois, on prend l'année de sortie de fonctions elle-même, si la remise de service a lieu le 31 décembre. *(Circ. compt. publ. 8 févr. 1886, § 1er.)*

2142. — Aux termes du paragraphe 4 de la circulaire du 29 février 1864, les trésoriers généraux doivent, lorsqu'un percepteur est mis à la retraite, adresser à la Direction générale de la comptabilité publique un état comparatif du traitement moyen des six dernières années.

Dans cet état, on doit comprendre les dixièmes qui auraient été alloués au percepteur par les communes et les établissements de bienfaisance, ainsi que les remises touchées par le comptable dans le cas d'une gestion fractionnée. *(Circ. compt. publ. 21 mars 1884, § 5.)*

2143. — La pension est réglée pour chaque année de services civils, à un soixantième du traitement moyen. — Néanmoins, pour vingt-cinq ans de service entièrement rendus dans la partie active, elle est de la moitié du traitement moyen, avec accroissement pour chaque année de services en sus, d'un cinquantième du traitement. — En aucun cas, elle ne peut excéder ni les trois-quarts du traitement moyen, ni les maxima déterminés ci-après. *(L. 9 juin 1853, art. 7.)*

2144. — Le maximum des pensions est de 1,000 francs pour les traitements de 2,401 francs à 3,200 francs; de la moitié du traitement moyen pour les traitements de 3,201 francs à 8,000 francs; de 4,000 francs pour les traitements de 8,001 à 9,000 francs; de 4,500 francs pour les traitements de 9,001 à 10,500 francs; de 5,000 francs pour les traitements de 10,501 à 12,000 francs; de 6,000 francs au-dessus de 12,000 francs. *(L. 9 juin 1853, tableau annexe n° 3.)*

2145. — Un percepteur admis à la retraite peut, à l'aide de l'état ci-après, connaître le chiffre de la pension qui lui sera allouée.

Supposons, par exemple, que ses remises se soient élevées, pour les six années *antérieures* à celle où le comptable a cessé ses fonctions,

à.. F.   30,240   »
On déduit le quart, non sujet à
la retenue   7,560   »
Il reste............   22,680   »

lequel, divisé par 6, représente un traitement moyen *net* de.................. F.   3,780   »
dont le soixantième est de   63   »

Si le comptable a trente ans ou plus de services, il a droit à une pension égale à 30 soixantièmes, soit 1,890 francs.

S'il a moins de trente ans, vingt-cinq par exemple, il a droit à 25 soixantièmes, soit 1,575 francs.

2146. — Les anciens services des percepteurs dans les armées de terre et de mer concourent avec leurs services civils pour établir le droit à pension et pour compter pour leur durée effective, pourvu toutefois que la durée des services civils soit au moins de douze ans. Si les services militaires ont déjà été rémunérés par une pension, ils n'entrent pas dans le calcul de la liquidation. S'ils n'ont pas été rémunérés par une pension, la liquidation est opérée d'après le minimum affecté au grade par les lois en vigueur à la date où ils ont été terminés. (*L. 9 juin 1853, art. 8; 28 avril 1893, art. 50.*)

2147. — Les services des percepteurs comme anciens employés de préfecture ou de sous-préfecture rétribués sur les fonds d'abonnement comptent, quelle que soit leur durée, pour l'établissement du droit à pension et pour la liquidation, pourvu que la durée des services comme percepteurs soit au moins de douze ans. (*L. 9 juin 1853, art. 9.*)

2147 bis. — *Cumul des pensions concédées à des officiers et assimilés avec des traitements civils.* — L'art. 31 de la loi du 26 décembre 1890, concernant le cumul des pensions militaires concédées depuis le 1er janvier 1891 à des officiers et assimilés avec des traitements civils payés par l'État, les départements, les communes ou les établissements publics, n'est applicable que dans le cas où le montant du traitement civil et de la pension dépasse la somme de six mille francs (6.000 fr.), ou de la dernière solde d'activité si elle est supérieure à ce chiffre.

Lorsque le montant dépasse ce maximum, il y est ramené par la suspension d'une partie de la pension.

Lorsque le traitement civil est égal ou supérieur au maximum fixé par le premier paragraphe, la totalité de la pension est suspendue tant que le titulaire jouit de ce traitement. (*L. 31 déc. 1897.*)

2148. — *Pensions exceptionnelles pour cause de blessures ou d'infirmités.* — Peuvent exceptionnellement obtenir pension, quels que soient leur âge et la durée de leur activité :

1° Les fonctionnaires ou employés qui ont été mis hors d'état de continuer leur service, soit par suite d'un acte de dévouement dans un intérêt public ou en exposant leurs jours pour sauver la vie d'un de leurs concitoyens, soit par suite de lutte ou combat soutenu dans l'exercice de leurs fonctions ;

La pension est alors de la moitié du dernier traitement, sans pouvoir excéder le maximum déterminé par la loi ;

2° Ceux qu'un accident grave, résultant notoirement de l'exercice de leurs fonctions, met dans l'impossibilité de les continuer ;

Dans ce cas, la pension est liquidée à raison d'un soixantième du dernier traitement pour chaque année de service civil ; elle ne peut être inférieure au sixième dudit traitement.

Peuvent également obtenir pension, s'ils comptent cinquante ans d'âge et vingt ans de services dans la partie sédentaire, ceux que des infirmités graves, résultant de l'exercice de leurs fonctions, mettent dans l'impossibilité de les continuer, ou dont l'emploi a été supprimé.

La pension est alors liquidée à raison d'un soixantième du traitement moyen pour chaque année de service civil. (*L. 9 juin 1853, art. 11 et 12.*)

2149. — Dans les deux premiers cas spécifiés ci-dessus, l'événement donnant ouverture au droit à pension doit être constaté par un procès-verbal en due forme dressé sur les lieux et au moment où il est survenu. A défaut de procès-verbal, cette constatation peut s'établir par un acte de notoriété rédigé sur la déclaration des témoins de l'événement ou des personnes qui ont été à même d'en connaître et d'en apprécier les conséquences. Cet acte doit être corroboré par les attestations conformes de l'autorité municipale et par celles des supérieurs immédiats du fonctionnaire.

Dans le cas d'infirmités graves, prévu par l'article 11 de la loi du 9 juin, ces infirmités et leurs causes sont constatées par les médecins qui ont donné leurs soins au fonctionnaire et par un médecin désigné par l'administration et assermenté. Ces certificats doivent être également corroborés par l'attestation de l'autorité municipale et celle des supérieurs immédiats du fonctionnaire. (*Décr. 9 nov. 1853, art. 35.*)

2150. — Dans tous les cas exceptionnels, mentionnés plus haut, il est tenu compte à l'employé de ses services militaires de terre et de mer, suivant le mode spécial de rémunération réglé par l'article 8 de la loi, indépendamment de la liquidation déterminée pour les services civils.

La liquidation s'établit, dans les mêmes cas, sur le traitement moyen, lorsqu'il est plus favorable à l'employé que le traitement d'activité. (*Décr. 9 novembre 1853, art. 36.*)

2150 bis. — *Jurisprudence.* — Une attaque de paralysie, même provoquée par un travail excessif, ne constitue pas l'accident grave donnant droit à une pension exceptionnelle en vertu de l'article 11, § 2, de la loi du 9 juin 1853. (*Arr. Cons. d'État, 26 avril 1901.*)

Mais, a droit à pension par application de l'article 11, § 3, de la loi du 9 juin 1853, le percepteur qui comptant 50 ans d'âge et 20 ans de services, est atteint de troubles cérébraux provenant de congestions contractées au cours de tournées de recouvrement par de fortes chaleurs en pays montagneux. (*Arr. Cons. d'État, 8 mars 1901.*)

2151. — *Pensions des veuves et secours aux orphelins.* — *Veuves.* — La veuve de tout fonctionnaire ou employé décédé après vingt-cinq ans de service a droit, si elle compte six ans de mariage, à une pension égale au tiers de pension produite par la liquidation des services de son mari. Une pension temporaire de même importance est accordée à l'orphelin ou aux orphelins mineurs du fonctionnaire, lorsque la mère sera décédée, ou inha-

bile à recueillir la pension ou déchue de ses
droits.

Le droit à pension n'existe pas pour la veuve
dans le cas de séparation de corps prononcée
sur la demande du mari. (*L. 9 juin 1853,
art. 13, et 28 avril 1893, art. 50 ; Circ.
compt. publ. 20 juillet 1893, § 4.*)

2152. — Ont droit à pension :
1° La veuve du fonctionnaire ou employé
qui, dans l'exercice ou à l'occasion de ses fonctions, a perdu la vie dans un naufrage ou par
suite d'un acte de dévouement dans un intérêt
public ou de lutte dans l'exercice de ses fonctions, soit immédiatement, soit par suite de
l'événement. La pension de la veuve est alors
des deux tiers de celle que le mari aurait obtenue ou pu obtenir ;
2° La veuve dont le mari a perdu la vie par
un accident grave résultant notoirement de
l'exercice de ses fonctions ou par suite de cet
accident. La pension de la veuve est alors du
tiers de celle que le mari aurait obtenue ou pu
obtenir.

Dans ces deux cas, il suffit que le mariage
ait été contracté antérieurement à l'événement
qui a amené la mort ou la mise à la retraite du
mari. (*L. 9 juin 1853, art. 14.*)

2153. — *Orphelins.* — L'orphelin ou les
orphelins mineurs d'un fonctionnaire ou employé ayant obtenu pension, ou ayant accompli
la durée de service nécessaire pour l'obtenir,
ou ayant perdu la vie dans un des cas prévus
ci-dessus, ont droit à une pension lorsque la
mère est ou décédée, ou inhabile à recueillir
la pension, ou déchue de ses droits.

Cette pension est, quel que soit le nombre
des enfants, égale à la pension que la mère
aurait obtenue ou pu obtenir. Elle est partagée
entre eux par égales portions, et payée jusqu'à
ce que le plus jeune des enfants ait atteint
l'âge de vingt et un ans accomplis, la part de
ceux qui décéderaient ou celle des majeurs
faisant retour aux mineurs.

S'il existe une veuve et un ou plusieurs
orphelins mineurs provenant d'un mariage antérieur du fonctionnaire, il est prélevé sur la
pension de la veuve, et sauf réversibilité en sa
faveur, un quart au profit de l'orphelin du premier lit, s'il n'en existe qu'un en âge de mino-
rité, et la moitié s'il en existe plusieurs. (*L.
9 juin 1853, art 16 et 28 avril 1893, art. 50.*)

2154. — Les enfants orphelins des fonctionnaires décédés pensionnaires ne peuvent obtenir
de secours à titre de reversion qu'autant que le
mariage dont ils sont issus a précédé la mise
en retraite de leur père. (*Décr. 9 nov. 1853,
art. 34.*)

2155. — *Justification du droit à la pension.* — *Mode de liquidation.* — Aucune
pension n'est liquidée qu'autant que le fonc-

tionnaire a été préalablement admis à faire valoir ses droits à la retraite. (*L. 9 juin 1853,
art. 19.*) — V. n° 2140.

Le temps passé en disponibilité sans traitement, par un fonctionnaire du département des
finances, ne peut compter pour constituer le
droit à pension. (*Arr. Cons. d'État, 20 nov.
1891; Dalloz, 1893, 3° partie, p. 19.*)

2156. — Les demandes de pensions formées
par les percepteurs ou par leurs veuves doivent,
à peine de déchéance, être adressées au ministre des Finances, avec les pièces à l'appui, à
partir, savoir : pour les titulaires, du jour où
ils ont été admis à faire valoir leurs droits à la
retraite, ou du jour de la cessation de leurs
fonctions, s'ils ont été autorisés à les continuer
après cette admission, et, pour les veuves, du
jour du décès du titulaire.

Les demandes de secours annuels pour les
orphelins doivent être présentées dans le même
délai, à partir du jour du décès de leur père
ou de celui de leur mère. (*L. 9 juin 1853,
art. 22.*)

2157. — Les pensions sont liquidées d'après
la durée des services, en négligeant sur le résultat final du décompte les fractions de mois et de
franc. Les services civils ne sont comptés que
de la date du premier traitement d'activité. Le
temps du surnumérariat n'est compté dans
aucun cas. (*L. 9 juin 1853, art. 23.*)

2158. — La liquidation des pensions des
percepteurs, de leurs veuves et orphelins est
faite par le ministre des Finances qui la soumet
au Conseil d'État. Le décret de concession est
rendu sur la proposition du même ministre et
contresigné par lui. (*L. 9 juin 1853, art. 24.*)
— V. PERCEPTEURS, n° 2203.

2159. — Les pensions et secours annuels
sont inscrits au grand-livre de la dette publique.
(*L. 9 juin 1853, art. 17.*)

2160. — *Pièces à produire par les percepteurs admis à la retraite.* — Le percepteur admis à la retraite doit produire, indépendamment de son acte de naissance et d'une déclaration de domicile :
1° Pour la justification des services civils, un
extrait dûment certifié des registres et sommiers
du ministère des Finances (*et de chacune des
autres administrations dans lesquelles il aurait exercé des fonctions donnant droit à pension*), énonçant ses nom et prénoms, sa qualité,
la date et le lieu de sa naissance, la date de son
entrée dans l'emploi avec traitement, la série
de ses grades et services, l'époque et les motifs
de leur cessation, et le montant du traitement
dont il a joui pendant chacune des six dernières
années de son activité ;
2° Pour la justification des services militaires de terre ou de mer, un certificat directement

émané du ministère de la Guerre ou de celui de la Marine.

Les actes de notoriété, les congés de réforme et les actes de licenciement ne sont pas admis pour la justification des services militaires. Lorsque des actes de cette nature sont produits, ils sont renvoyés au ministère de la Guerre ou à celui de la Marine qui les remplace, s'il y a lieu, par un certificat authentique.

Les services des employés de préfectures et de sous-préfectures sont justifiés par un certificat du préfet ou du sous-préfet constatant que le titulaire a été rétribué sur des fonds d'abonnement, et ce certificat doit être visé par le ministre de l'Intérieur. (Décr. 9 nov. 1853, art. 31.)

2161. — Les veuves prétendant à pension fournissent, indépendamment des pièces que leur mari aurait été obligé de produire :

1° Leur acte de naissance ;
2° L'acte de décès de l'employé ou du pensionnaire;
3° L'acte de célébration du mariage ;
4° Un certificat de non-séparation de corps ;
5° Dans le cas où il y aurait eu séparation de corps la veuve doit justifier que cette séparation a été prononcée sur sa demande.

Les orphelins prétendant à pension fournissent, indépendamment des pièces que leur père aurait été obligé de produire :

1° Leur acte de naissance ;
2° L'acte de décès de leur père ;
3° L'acte de célébration de mariage de leurs père et mère ;
4° Une expédition ou un extrait de l'acte de tutelle ;
5° En cas de prédécès de la mère, son acte de décès ;
6° En cas de séparation de corps, expédition du jugement qui a prononcé la séparation ou un certificat du greffier du tribunal qui a rendu le jugement ;
En cas de second mariage, acte de célébration.

Les veuves et orphelins prétendant à pension produisent le brevet délivré à leur mari ou père, lorsqu'il est décédé en jouissance de pension, ou une déclaration constatant la perte de ce titre. (Décr. 9 novembre 1853, art. 32.)

2162. — Si le comptable a été justiciable de la Cour des comptes, soit en deniers, soit en matières, il doit produire un certificat de la comptabilité générale des finances constatant, sauf justification ultérieure du quitus de la Cour des comptes, que la vérification provisoire de sa gestion ne relève aucun débet à sa charge. Si le prétendant à pension n'est pas justiciable direct de la Cour des comptes, sa situation en fin de gestion est constatée par un certificat du comptable supérieur duquel il relève. (Décr. 9 novembre 1853, art. 33.)

2163. — *Jouissance de la pension. — Incessibilité. — Payement des arrérages. — Prescription.* — La jouissance de la pension commence du jour de la cessation du traitement ou du lendemain du décès du fonction-

naire; celle du secours annuel, du lendemain du décès du fonctionnaire ou du décès de la veuve. Il ne peut, en aucun cas, y avoir lieu au rappel de plus de trois années d'arrérages antérieurs à la date de l'insertion au *Bulletin des lois* du décret de concession. (L. 9 juin 1853, art. 25.)

2164. — Les pensions sont incessibles. Aucune saisie ou retenue ne peut être opérée du vivant du pensionnaire que jusqu'à concurrence d'un cinquième pour débet envers l'État, ou pour des créances privilégiées, aux termes de l'article 2101 du Code civil, et d'un tiers dans les circonstances prévues par les articles 203, 205, 206, 207 et 214 du même Code. (L. 9 juin 1853, art. 26.) —V. AMENDES, n°s 290 et suiv.

En ce qui concerne les rentes viagères délivrées, au titre de la caisse nationale des retraites, en vertu de la loi du 9 avril 1898, l'article 3 de ladite loi déclare que ces rentes sont incessibles et insaisissables.

Pour les secours, V. n° 2838 bis.

2165. — Les pensions et secours annuels sont payés par trimestre; ils sont rayés des livres du Trésor après trois ans de non-réclamation, sans que leur rétablissement donne lieu à aucun rappel d'arrérages antérieurs à la réclamation. La même déchéance est applicable aux héritiers ou ayants cause des pensionnaires qui n'ont pas produit la justification de leurs droits dans les trois ans qui suivent la date du décès de leur auteur. (L. 9 juin 1853, art. 30.)

2166. — Tout titulaire d'une pension inscrite au Trésor doit produire, pour le payement, un certificat de vie délivré par un notaire, conformément à l'ordonnance du 6 juin 1839, lequel certificat contient, en exécution des articles 14 et 15 de la loi du 15 mai 1818, la déclaration relative au cumul.

La rétribution des notaires pour la délivrance des certificats de vie est fixée ainsi qu'il suit:

Pour chaque trimestre à percevoir;
De 600 francs et au-dessus, 50 centimes;
De 600 à 301 francs, 35 centimes ;
De 300 à 101 francs 25 centimes;
De 100 à 50 francs, 20 centimes;
Au-dessous de 50 francs, 0 centime. (Décr. 9 novembre 1853, art. 46.)

2166 bis. — *Contrôle de l'existence des pensionnaires de l'État.* — *Envoi périodique aux percepteurs de bulletins de renseignements individuels.* — Dans le but de contrôler avec certitude l'existence de tous les pensionnaires de l'État, les trésoriers généraux doivent adresser périodiquement aux percepteurs des bulletins de renseignements individuels. La seconde partie de ces bulletins est complétée par les percepteurs qui répondent, sous leur responsabilité, au questionnaire imprimé qu'elle comporte, et apposent leur signature sur la formule avant d'en faire le renvoi. *(Circ. compt. publ. 23 avril 1904, § 1er.)*

2167. — *Perte du droit à pension.* — Tout fonctionnaire ou employé démissionnaire, destitué, révoqué d'emploi, perd ses droits à la pension. S'il est remis en activité, son premier service lui est compté. — Celui qui est constitué en déficit pour détournement de deniers ou de matières, ou convaincu de malversation, perd ses droits à la pension, lors même qu'elle aurait été liquidée ou inscrite. — La même disposition est applicable au fonctionnaire convaincu de s'être démis de son emploi à prix d'argent, et à celui qui aurait été condamné à une peine afflictive ou infamante. Dans ce dernier cas, s'il y a réhabilitation, les droits à la pension sont rétablis. *(Loi 9 juin 1853, art. 27.)*

2168. — La déchéance du droit à pension, dans le cas de révocation ou de destitution prévue par l'article 27 de la loi du 9 juin 1853, n'est encourue par le fonctionnaire que si la révocation ou la destitution résulte manifestement des termes de la décision ministérielle qui lui a retiré ses fonctions. *(Arr. Cons. d'Et. 27 novembre 1885.)*

Secours. — V. nos 2202 et suiv.

Pensions militaires. — CUMUL. *(L. 26 déc. 1890, art. 31; Décr. 17 novembre 1894; L. 31 mars 1897.)*

Pensions de retraite des employés des mairies, des octrois, des administrations et établissements publics.

2169. — *Payement des pensions.* — Le payement des *pensions des employés des mairies, des octrois* et *des établissements publics,* est effectué, ainsi qu'il est dit ci-après, par les receveurs des communes et des établissements, au moyen des fonds que la Caisse des dépôts fait mettre à leur disposition par les trésoriers généraux. *(Inst. gén., art. 533.)*

2170. — Le payement des pensions ou retraites a lieu tous les trois mois, et s'effectue pour les pensionnaires domiciliés dans la commune de la résidence du receveur municipal, sur des mandats payables par ce comptable et dont l'envoi doit être fait par le maire à la Caisse des dépôts et consignations, qui autorise le receveur des finances à en verser le montant au receveur municipal. Ce versement ne donne pas lieu à la délivrance d'une quittance à souche, comme ne constituant qu'un simple mouvement de fonds. Il ne doit être remis, en échange des fonds remboursés ou

des quittances des pensionnaires, que de simples reçus, dont il appartient à la Caisse des dépôts de déterminer la forme. *(Circ. compt. gén., 15 mai 1863, § 5.)*

2171. — Lorsque des pensions doivent être payées ailleurs que dans la commune, le maire envoie à la Caisse des dépôts, au lieu de mandats, des états indiquant les noms, prénoms et résidences des pensionnaires, la somme à payer à chacun d'eux et les justifications à produire. La Caisse des dépôts adresse aussitôt aux trésoriers généraux des départements où résident les ayants droit l'autorisation, valable pour l'année sauf avis contraire, d'acquitter les pensions, nonobstant la clôture de l'exercice, et dès que les pièces justificatives lui sont parvenues, elle les fait remettre au receveur municipal qui doit se faire délivrer en échange pour être envoyées à la Caisse des dépôts, non des quittances à souche, mais de simples quittances conformes au *Modèle n° 4* annexé à l'Instruction de la Caisse des dépôts du 30 novembre 1877. Les receveurs des communes et établissements font à la fois recette et dépense du montant desdites quittances.

Le mode d'après lequel ces opérations doivent être décrites par les receveurs est indiqué à l'article 1485 de l'Instruction générale, rappelé ci-dessous n° 2174. *(Inst. gén., art. 1099; Inst. Caisse des dépôts 30 novembre 1877, art. 24 et 27.)*

2172. — Dans le courant du premier trimestre de chaque année, la Caisse des dépôts adresse une copie de son compte courant à chaque administration communale. Ce compte est communiqué au receveur, qui le vérifie en le rapprochant de celui qu'il tient lui-même, et en fait une copie pour le produire à l'appui de son compte de gestion, conformément au § 38 de la nomenclature annexée à l'article 1542 de l'Instruction générale. *(Inst. gén., art. 1400; Inst. Caisse des dépôts 30 novembre 1877, art. 9.)* — V. PIÈCES JUSTIFICATIVES, § 54.

2173. — Les pensions de retraite sont incessibles et insaisissables, sur quelque caisse qu'elles soient payées, si ce n'est jusqu'à concurrence d'un cinquième pour des créances privilégiées, aux termes de l'article 2101 du Code civil, et d'un tiers dans les cas prévus par les articles 203, 205, 206, 207 et 214 du même Code. *(Inst. gén., art. 1101.)*

2174. — *Écritures.* — Les receveurs municipaux qui se trouvent chargés du service des fonds de retraites ou pensions des employés de la mairie, de l'octroi et des administrations locales, doivent ouvrir sur leur *livre des comptes divers* les trois comptes désignés ci-après :

Fonds de retraites ou pensions des employés de.....;

Caisse des dépôts et consignations, s/c de fonds de retraites des employés de... déposés en numéraire ;

Caisse des dépôts et consignations, s/c de fonds de retraites convertis en rentes sur l'État.

Le premier de ces comptes fait partie de la *première section* du livre des comptes divers, § 2 ; les deux derniers font partie de la *troisième section*, affectée aux comptes de valeurs et de fonds placés.

Les trois comptes sont employés de la manière suivante :

En payant chaque mois les traitements dus aux employés, les receveurs portent d'abord en dépense, sur leur *livre de détail*, le montant des traitements, *sans déduction des retenues* ; puis, en opérant ces retenues, ils s'en chargent immédiatement en recette au compte : *Fonds de retraites ou pensions des employés de...*

Les receveurs portent également en *recette*, à ce compte, les autres produits qui seraient affectés, par l'autorité compétente, à l'accroissement du fonds de retraites.

Lorsque, ensuite, ils font le versement des produits aux receveurs des finances préposés de la caisse des dépôts et consignations, ils constatent ce versement en *dépense* au compte : *Caisse des dépôts et consignations, s/c de fonds de retraites déposés en numéraire.*

Quand les fonds déposés ont été employés à l'achat de rentes sur l'État, le receveur, sur l'avis qu'il en reçoit, porte le capital employé au *crédit* du compte : *Caisse des dépôts et consignations, s/c de fonds de retraites déposés en numéraire,* et au *débit* du compte : *Caisse des dépôts et consignations, s/c de fonds de retraites convertis en rentes sur l'État.* Ce dernier compte est immédiatement crédité de pareille somme par le débit du compte : *Fonds de retraites,* lequel présente ainsi un solde qui se trouve d'accord avec le numéraire restant en caisse. L'opération en sens inverse a lieu en cas de *vente de rentes.*

A l'expiration de chaque semestre, le receveur porte le montant des arrérages exigibles en *dépense* au compte de la *Caisse des dépôts et consignations, s/c de fonds de retraites déposés en numéraire,* et en *recette* au compte : *Fonds de retraites,* etc.

Tous les trois mois, le comptable reçoit du receveur des finances la somme nécessaire pour payer aux employés retraités domiciliés dans la commune les termes échus de leur pension. Il constate cette double opération en portant le montant de la somme reçue au *crédit* du compte : *Caisse des dépôts,* etc., et le payement des pensions de retraites en *dépense* au compte : *Fonds de retraites,* etc. Il passe les mêmes écritures à l'égard du montant des quittances des employés en résidence ailleurs que dans la commune, lesquelles lui sont transmises par la Caisse des dépôts, ainsi qu'il est expliqué à l'article 1099 de l'Instruction géné-

rale (V. nº 2171). (*Inst. gén., art. 1485 ; Circ. compt. publ. 10 juillet 1865, § 2).* — V. Pièces justificatives, § 173.

Pensions et allocations attribuées aux ouvriers mineurs.

2174 bis. — La loi de finances du 31 mars 1903 renferme en faveur des ouvriers mineurs d'importantes dispositions qui font l'objet des articles 84 à 98 de ladite loi. Cette loi a fait l'objet d'une circulaire de la comptabilité publique aux trésoriers-payeurs généraux et receveurs particuliers des finances en date du 24 décembre 1903 ; elle indique : § 1 *les dispositions générales* ; § 2 *l'imputation de la dépense par exercice* ; § 3 *Payement à présentation des majorations et des allocations* ; § 4 *Payements faits entre les mains de mandataires ou d'héritiers* ; § 5 *Dispense des droits de timbre et d'enregistrement* ; § 6 *Changement de résidence des titulaires* ; § 7 *Délais de prescription.*

Enfin, la circulaire prescrit aux chefs de service de notifier aux comptables subordonnés les dispositions dont ils ont à assurer l'exécution.

Pensions et rentes viagères. — V. RENTES VIAGÈRES.

Percepteurs-receveurs de communes et d'établissements de bienfaisance.

2175. — *Attributions.* — Les percepteurs ont seuls titre pour effectuer et poursuivre le recouvrement des contributions directes appartenant soit à l'État, soit aux départements, soit aux communes. Ils ne peuvent exiger aucune somme des contribuables s'ils ne sont porteurs d'un rôle rendu exécutoire par le préfet et publié par le maire dans chaque commune. (*Inst. gén., art. 69 et 70.*) — V. RECOUVREMENT, RÔLES.

2176. — Ils sont *de droit* receveurs des communes et des établissements de bienfaisance de leur circonscription, sauf la faculté, que la loi réserve aux communes et établissements dont le revenu excède 60,000 francs, de demander que ces fonctions soient confiées à un receveur spécial.

Dans tous les cas de vacance d'une recette municipale spéciale, le service doit leur en être immédiatement remis, sans qu'il y ait lieu de réclamer l'intervention de l'autorité administrative. (*Inst. gén., art. 1217, 1218 et 1220 ; L. 25 févr. 1901, art. 50.*)

Les percepteurs gèrent alors comme titulaires et non comme intérimaires ; ils ont droit à l'intégralité des remises afférentes à cette gestion et sont passibles de la retenue du vingtième au profit du Trésor pour le service des pensions civiles. Ils seraient également passibles de la retenue du 1er douzième d'augmentation, et astreints à verser un complément de cautionnement, si la gestion accessoire dont il s'agit se prolongeait. (*Circ. compt. gén. 12 févr. 1861, § 4.*) — V. BUREAUX DE BIENFAISANCE, RECEVEURS DES COMMUNES.

2177. — Ils peuvent être nommés receveurs d'une association syndicale, et être chargés de recouvrer des souscriptions ou des taxes contributives pour des travaux d'intérêt commun. (*Inst. gén., art. 636 et 1273.*) — Voir SYNDICATS.

2178. — Les percepteurs concourent au travail des mutations pour l'assiette des contributions directes. (*Inst. gén., art. 23 à 45.*) — V. MUTATIONS FONCIÈRES.

2179. — *Classification des perceptions.* — Les perceptions dont le produit est supérieur à 13,000 francs sont considérées comme perceptions hors classe.

Les autres perceptions sont divisées, suivant l'importance de leurs remises, en quatre classes, qui comprennent :

La 1re, les emplois d'un produit de 8,001 à 13,000 francs ;

La 2e, les emplois d'un produit de 5,001 à 8,000 francs ;

La 3e, les emplois d'un produit de 3,001 à 5,000 francs ;

La 4e, les emplois d'un produit inférieur à 3,000 francs. (*Décr. 13 mars 1900, art. 9.*)

Pour les perceptions où la recette des communes et des établissements de bienfaisance est réunie, de droit, à celle des contributions directes, la classe est déterminée à raison du produit total des émoluments résultant de ces différents services.

Les perceptions qui deviennent vacantes sont classées à raison du dernier produit constaté. La classification est faite au moyen des renseignements que contient l'état (*Modèle n° 252*) mentionné à l'article 1224 de l'Instruction générale. (*Inst. gén., art. 1197.*)

2179 bis. — Les dixièmes alloués en sus des traitements municipaux et hospitaliers ne sont pas pris en considération pour déterminer la classe d'une perception, en cas de vacance du poste.

Ils entrent au contraire en ligne de compte pour l'élévation de classe sur place, sans qu'on ait à distinguer à cet égard s'ils ont été touchés par le titulaire actuel ou par son prédécesseur. (*Journal des percepteurs, année 1901, p. 330.*)

2180. — Sauf les exceptions nécessitées par les circonstances locales, les perceptions sont formées de communes dépendant d'un même canton. En général, les cantons sont divisés en deux ou trois perceptions. (*Inst. gén., art. 1198.*)

2181. — *Nomination et avancement des percepteurs.* — Nul ne peut être nommé percepteur s'il n'a exercé pendant deux ans comme percepteur surnuméraire, à moins qu'il ne soit inscrit sur la liste des sous-officiers présentés pour une perception en exécution de la loi du 18 mars 1889 ou qu'il ne remplisse les conditions indiquées aux articles 7 et 8 du présent décret. (*Décr. 13 mars 1900, art. 1er.*) — V. n°s 2190 et suiv.

Les percepteurs surnuméraires ne sont admissibles qu'aux perceptions de 4e classe.

Dans les départements où les perceptions de 4e classe ne forment pas le quart du nombre total des emplois, cette proportion peut être complétée par les perceptions du produit le moins élevé dans la classe supérieure.

Quel que soit le produit de l'emploi ainsi attribué, le titulaire est nommé en qualité de percepteur de 4e classe et est soumis, pour les promotions ultérieures, aux mêmes conditions d'avancement que les agents de ce grade. (*Inst. gén., art. 1204.*)

Une moitié des perceptions de 4e classe est réservée aux sous-officiers qui remplissent les conditions énoncées au n° 2190.

2182. — Indépendamment de la condition de deux ans d'exercice mentionnée ci-dessus, aucun percepteur surnuméraire ne peut être proposé pour une perception de 4e classe s'il n'est justifié, par la déclaration du receveur particulier, confirmée par celle du trésorier général du département :

1° Qu'il a travaillé avec zèle et intelligence pendant le temps de son surnumérariat, soit chez les receveurs des finances près desquels il a été placé, soit dans les fonctions d'agent spécial ou de gérant intérimaire qui lui auraient été confiées ;

2° Qu'il possède une connaissance suffisante des règlements qui régissent le service et la comptabilité de la perception des contributions directes et des communes. (*Inst. gén., art. 1205.*)

2183. — Les percepteurs surnuméraires sont nommés à des postes de 4e classe dans toute l'étendue du territoire sans distinction de département. (*Décr. 14 avril 1894, art. 9.*) — V. PERCEPTEURS SURNUMÉRAIRES.

2184. — *Conditions d'avancement.* — Le stage minimum dans chaque classe, nécessaire pour être promu à la classe supérieure, est fixé à :

Trois ans dans la 4e classe ;
Cinq ans dans la 3e classe ;
Six ans dans la 2e classe ;

Six ans dans la 1re classe.

Ces conditions de stage ne sont pas exigées pour les mutations qui peuvent avoir lieu dans une même classe.

Peuvent, à titre exceptionnel, être promus directement :

A la 2e classe, les percepteurs comptant au moins neuf ans de services dans la 4e classe ;

A la 1re classe, les percepteurs comptant au moins douze ans de services dans la 3e classe. (*Inst. gén. art. 1206; Décr. 13 mars 1900, art. 12.*)

2185. — L'avancement sur place peut être accordé aux percepteurs qui justifient du minimum de grade établi à l'article précédent, à la condition, toutefois, que le produit de leur emploi ait dépassé, pendant trois années consécutives, le maximum de la classe à laquelle ils appartiennent. (*Décr. 13 mars 1900, art. 13.*)

Si, au contraire, il survient, dans le produit d'une perception, une diminution qui la fasse descendre dans une classe inférieure, le percepteur n'est pas déclassé ; il conserve les droits à l'avancement que lui donnait le classement existant à l'époque de sa nomination. (*Inst. gén., art. 1206.*)

2185 bis. — Peuvent exceptionnellement être promus à la classe supérieure sans avoir à justifier du stage prescrit par l'article 13 ci-dessus, les percepteurs qui ont reçu des blessures graves en soutenant une lutte ou un combat dans l'exercice de leurs fonctions. (*Décr. 13 mars 1900, art. 14.*)

2186. — Les dixièmes municipaux et hospitaliers accordés aux percepteurs, constituant un émolument réel, doivent entrer en ligne de compte dans le traitement sur lequel sont basées les demandes d'élévation de classe sur place. (*Circ. compt. publ. 4 avril 1889, § 2,*) — V. n° 2170 bis.

2187. — *Prélèvements à opérer sur les remises des perceptions hors classe, de 1re et de 2e classe :*

1° *Réorganisation de perception.* — *Adjonction d'un service.* — Lorsqu'une perception éprouve une modification par suite, soit d'une réorganisation des communes qui la composent, soit de l'adjonction d'un nouveau service (recette municipale ou hospitalière, syndicat, etc.), le titulaire maintenu dans l'emploi modifié est assujetti au prélèvement indiqué au n° 2188, sans qu'il y ait à) distinguer si, précédemment il était ou non assujetti au prélèvement.

Le prélèvement doit être appliqué ou le taux en être surélevé, alors même que la classe personnelle du comptable demeurerait sans changement. Cette règle est applicable même au cas où la recette municipale ou hospitalière n'est rattachée à la perception qu'à *titre provisoire*, en attendant la désignation et l'installation d'un nouveau receveur.

2° *Retrait d'un service.* — En cas du retrait d'un des services confiés à un percepteur, le prélèvement est supprimé ou le taux en est réduit en raison du produit brut de l'emploi modifié.

3° *Elévation de classe sur place.* — En dehors des cas prévus dans les deux paragraphes ci-dessus (réorganisation de perception, adjonction ou retrait d'un service, le taux du prélèvement assigné à un percepteur n'éprouve aucune variation *pendant toute la durée de ses fonctions dans le même emploi.* (*Décis. min., 6 mars 1898 et 22 fév. 1899 ; Circ. compt. publ., 20 mars 1899, § 1er et 25 avril 1901, § 3.*)

2188. — D'après l'arrêté ministériel du 6 août 1879, il doit être opéré, sur le produit des perceptions de 1re et de 2e classe devenues vacantes depuis le 1er août 1879, un prélèvement :

De 20 %, pour les perceptions d'un produit supérieur à 13,000 francs ;

De 15 %, pour les perceptions de 8,001 à 13,000 francs ;

De 10 %, pour les perceptions de 5,001 à 8,000 francs.

Ce prélèvement ne porte que sur les remises budgétaires, remises sur contributions directes et sur taxes y assimilées et frais de perception, à l'exclusion des remises sur amendes et des traitements municipaux.

2189. — *Nominations réservées au ministre et aux préfets.* — Les percepteurs sont placés sous les ordres des trésoriers généraux et des receveurs particuliers.

Le ministre des finances nomme d'office aux perceptions des trois premières classes, à moins que les préfets n'aient été spécialement autorisés à présenter des candidats.

Il nomme, en outre, sur la proposition des préfets, et sur une liste de trois candidats contenant les indications propres à faire apprécier l'aptitude et les titres de chacun d'eux, aux perceptions de 4e classe, en tenant compte des dispositions du décret du 26 août 1905, *tableau E*, qui réserve une moitié des perceptions de 4e classe aux sous-officiers rengagés comptant au moins dix ans de service, dont quatre ans dans le grade de sous-officier. Les propositions à faire à l'administration sont préparées par le trésorier général ; celui-ci soumet son travail au préfet, qui l'adresse au ministre avec ses observations.

Une partie des perceptions de la dernière classe est, dans chaque département, à la nomination du préfet.

Dans les départements où les perceptions de 4e classe (*3,000 francs et au-dessous*) ne forment pas le quart du nombre total des perceptions, cette proportion est complétée au point de vue du droit de nomination attribué aux préfets, par les perceptions du produit le moins élevé au-dessus de 3,000 francs. Toutefois, les percepteurs qui débutent ainsi par une perception supérieure à 3,000 francs, n'ont que le titre de percepteurs de 4e classe.

Pour chacune de ces nominations, le trésorier général soumet au préfet une liste de trois candidats, établie comme il est dit ci-dessus, et sur laquelle le préfet doit choisir exclusivement. *(Inst. gén., art. 1207 ; Décr. 13 avril 1861, art. 5, § 6 ; Circ. min. Fin. 23 avril 1861 ; Décr. 13 mars 1900, art., 10 et 26 août 1905, tableau E.)*

2190. — *Candidats exceptionnels.* — Sont dispensés des conditions de surnumérariat indiquées à l'article 1204 de l'Instruction générale *(rappelé ci-dessus, n° 2184)*, et sont admissibles aux perceptions de diverses classes :

1° Les personnes justifiant de dix ans *au moins*, de services administratifs rétribués directement par l'État ou de services militaires (V. n° 2199) ;

2° Celles que des blessures reçues dans un service commandé auraient mis hors d'état de continuer leur carrière ;

3° Les employés des administrations publiques dont les fonctions auraient cessé ou cesseraient par une suppression d'emploi.

Sont admissibles, bien que ne remplissant pas les conditions énoncées ci-dessus, les services :

1° Des maires ;

2° Des receveurs municipaux ;

3° Des employés de préfecture ou de sous-préfecture ;

4° Des employés de trésorerie générale ou de recette particulière ;

5° Des employés non commissionnés de l'administration centrale des finances et des directions départementales des contributions directes.

Toutefois, à l'égard de ces trois dernières catégories, les services ne sont valables qu'autant qu'ils ont été rétribués et rendus après l'âge de vingt-un ans accomplis. *(Décr. 13 mars 1900, art. 7.)*

2191. — Il ne peut être attribué aux candidatures exceptionnelles, autorisées par l'article 7, plus du tiers des vacances dans la 3e classe et plus du quart des vacances dans la deuxième et dans la première classe.

Ne sont pas considérés comme candidats exceptionnels les trésoriers-payeurs généraux et les receveurs particuliers des finances. *(Déc. 13 mars 1900, art. 11.)*

2192. — Afin de faciliter aux préfets les moyens soit de rédiger ou de contrôler les certificats à produire à l'appui de ces demandes, soit de fournir à l'administration supérieure les renseignements qu'elle réclamerait en ce qui con-

cerne les deux dernières catégories de candidats ci-dessus désignés, les trésoriers généraux et les receveurs d'arrondissement *(ceux-ci par l'intermédiaire de la trésorerie générale)* doivent, au commencement de chaque année, déposer à la préfecture un état de situation du personnel de leurs employés *(Modèle n° 249)*, et donner immédiatement avis à la préfecture de la date et des motifs des changements qui surviendraient dans ce personnel pendant le cours de l'année.

De leur côté, les préfets font tenir au courant un *sommier nominatif* sur lequel sont dépouillés, à mesure de leur réception, les divers renseignements sus-mentionnés.

Enfin, les inspecteurs des finances doivent, lors de leurs tournées annuelles, s'assurer de la régularité et de l'exactitude des communications ci-dessus prescrites. *(Inst. gén. art. 1210.)*

2193. — Les candidats qui, d'après les dispositions précédentes, ont à faire valoir, soit auprès du ministre, soit auprès des préfets, des services militaires ou administratifs, comme titre à l'obtention d'une perception doivent produire : 1° un extrait de leur acte de naissance ; 2° des états de services militaires, dûment justifiés, ou des certificats de leurs chefs respectifs, constatant la nature et la durée de leurs services.

Les employés réformés des administrations publiques ont à produire, avec l'extrait de leur acte de naissance, un certificat du chef de leur administration, énonçant la nature et la durée de leurs services, les appointements dont ils jouissaient et la cause de leur mise à la réforme. *(Inst. gén., art. 1211.)*

2194. — Les receveurs municipaux spéciaux sont admis à concourir pour l'emploi de percepteurs. Ils doivent, toutefois, compter dix années au moins de service en cette qualité, à dater de leur majorité. *(Décr. 13 mars 1900, art. 7.)*

2195. — Des perceptions de 1re, 2e et 3e classe, dont le nombre ne peut être inférieur à quinze ni supérieur à vingt sont annuellement attribuées aux agents de l'administration des contributions directes. *(Décr. 26 mars 1879, art. 2.)*

2196. — Peuvent seuls obtenir : Des perceptions de 1re classe, les inspecteurs, les contrôleurs principaux hors classe, les contrôleurs principaux de Paris et les contrôleurs principaux de 1re classe.

Des perceptions de 2e classe, les contrôleurs principaux de 2e classe et les contrôleurs hors classe.

Des perceptions de 3e classe, les contrôleurs ordinaires. *(Décr. 18 juill. 1892, art. 1er.)*

Les dispositions qui précèdent sont applicables, par assimilation de grade, aux premiers commis de direction et aux agents de la direction générale des contributions directes.

Elles sont applicables également aux agents en disponibilité et aux agents démissionnaires. (*Décr. 18 juillet 1892, art 2.*)

2197. — La limite d'âge d'admission pour les postulants dispensés des conditions de surnumérariat est fixée à cinquante ans. Toutefois, la limite d'âge de cinquante ans est portée à cinquante-cinq pour les officiers retraités et pour les candidats justifiant de dix ans au moins de services publics valables pour la retraite, et à cinquante-sept ans pour les agents de l'administration des finances justifiant de vingt ans au moins de services publics valables pour la retraite. (*Inst. gén. art. 1212*; *Décr. 14 janvier 1905.*)

2198. — Les agents de l'administration des contributions directes peuvent être appelés exceptionnellement aux fonctions de percepteurs suivant les dispositions ci-dessus.

2199. — *Dispositions particulières aux anciens sous-officiers.* — Une moitié des perceptions de 4e classe est réservée aux sous-officiers rengagés comptant au moins dix ans de service, dont quatre ans dans le grade de sous-officier.

L'examen à subir par les candidats comprend : Épreuve écrite. — Rédaction sur une question comprise dans les matières suivantes : assiette des impôts directs et des taxes assimilées. Différence entre les impôts de quotité et les impôts de répartition. Recouvrements. Poursuites. Écritures de la perception. Responsabilité des percepteurs. Comptabilité des communes et des établissements de bienfaisance. Amendes. Examen oral sur les mêmes matières.

La commission d'examen est composée de cinq membres, à savoir : 3 officiers et 2 membres civils. Un des membres militaires remplit les fonctions de président. La présence de trois membres, dont un civil, est nécessaire pour la validité des délibérations. En cas de partage, le président a voix prépondérante.

Les membres civils doivent appartenir, autant que possible, aux cadres de l'administration dont dépend l'emploi sollicité. (*Décr. 26 août 1905, art. 5 et 8 ; Tableau E, 1re catégorie.*)

Installation des percepteurs. — V. nos 1696 et suiv.

Absence des comptables. — V. ARMÉE, CONGÉS.

Vacances par suite de décès ou de démission. — V. nos 1283 et suiv. et 1878.

2200. — *Demandes d'avancement.* — Les demandes d'avancement dans les perceptions sont reçues et transmises au ministre des Finances par les préfets qui y joignent leurs observations ; elles sont également accompagnées des observations des receveurs particuliers et des trésoriers généraux. Ces demandes sont communiquées à la Direction générale de la comptabilité publique, et inscrites, s'il y a lieu, sur les listes d'avancement tenues à la direction du personnel. (*Inst. gén., art. 1215.*)

Les demandes d'avancement doivent être écrites sur *papier timbré*. (*Circ. compt. publ. 10 septembre 1871.*)

2201. — Les demandes d'avancement formées par les percepteurs et qui parviennent au ministère sans avoir passé par la voie hiérarchique, sont considérées comme nulles et non avenues. (*Circ. min. Fin. 27 décembre 1861, 30 septembre 1871 et 10 déc. 1880.*)

Des feuilles individuelles destinées aux comptables sont adressées dans les premiers jours de janvier aux trésoriers généraux pour être transmises aux intéressés.

Les percepteurs fournissent les renseignements qui sont demandés et font connaître très clairement l'avancement qu'ils sollicitent.

A moins de motifs justifiés par des circonstances imprévues, aucune demande ne doit être adressée à l'Administration dans le courant de l'année. (*Circ. Direct. du pers. 31 déc. 1895.*)

2201 bis. — *Communication des notes composant le dossier des comptables.* — Tous les fonctionnaires civils et militaires, tous les employés et ouvriers de toutes administrations publiques ont droit à la communication personnelle et confidentielle de toutes les notes, feuilles signalétiques et tous autres documents composant leur dossier ; soit avant d'être l'objet d'une mesure disciplinaire ou d'un déplacement d'office, soit avant d'être retardés dans leur avancement à l'ancienneté. (*Loi de finances, 22 avril 1905, art. 65.*)

2202. — *Admission des percepteurs au droit à pension.* — *Leur mise à la retraite.* — *Allocation de secours.* — Les percepteurs-receveurs de communes et d'établissements de bienfaisance sont, depuis le 1er janvier 1854, soumis au régime des pensions civiles. (*Inst. gén., art. 1280.*) — V. PENSIONS CIVILES.

2203. — Un fonds de *secours* existe, en outre, au budget pour les *agents de la perception, leurs veuves et leurs orphelins.*

Chaque année, au mois de janvier, les receveurs des finances doivent former et le préfet doit transmettre au ministre un état (*Modèle n° 260*) des percepteurs qui, pour une cause quelconque, seraient reconnus notoirement incapables de remplir personnellement leurs fonctions, et, tant que l'incapacité n'a pas cessé, les comptables qui n'auraient pas été remplacés doivent être portés sur l'état dont il s'agit. Le ministre, sur les observations du directeur général de la comptabilité publique et les propositions du directeur du personnel, décide quels sont les percepteurs qui peuvent être provisoirement maintenus en activité; ceux qui, à raison de leur insuffisance, doiventêtre mis à la réforme ou à la retraite; enfin, ceux auxquels des secours paraissent devoir être accordés.

Ces secours ne peuvent excéder le cinquième des remises de la dernière année d'activité. Les secours qui sont accordés aux veuves et aux orphelins ne peuvent dépasser le maximum de 300 francs. *(Inst. gén., art. 1281.)*

2204. — Les secours sont alloués pour un an et ne sont renouvelés qu'autant que la demande et la proposition en sont faites chaque année.

Les préfets et les receveurs des finances, par l'intermédiaire de ces administrateurs, doivent aussitôt qu'ils sont informés du décès des personnes qui ont, dans le courant de l'année, formé des demandes de secours, en donner avis au ministre *(direction du personnel). (Inst. gén., art. 1282.)*

2205. — Les propositions de mise à la réforme ou à la retraite, ou, le cas échéant, les déclarations négatives, sont adressées par les préfets au ministre, dans la première quinzaine de février.

Les demandes de secours doivent être appuyées d'une feuille de renseignements conforme au *Modèle n° 261. (Inst. gén., art. 1283.)*

2206. — Les demandes de secours et les pièces à l'appui sont exemptes du droit de timbre. *(Circ. min. Fin. 28 juillet 1860.)*

Il en est de même des reçus délivrés à l'occasion de la transmission des lettres d'avis d'ordonnancement de secours. — Mais le timbre de 10 centimes est dû pour l'acquit donné lors du payement effectif du secours. *(Circ. compt. publ. 9 mars 1875. § 6.)*

Percepteurs surnuméraires.

2207. — *Recrutement. — Concours. — Répartition.* — Les percepteurs surnuméraires sont recrutés par voie de concours unique pour toute la France. *(Décr. 13 mars 1900, art. 2.)*

2208. — Les percepteurs surnuméraires sont répartis entre les différents départements, suivant la proportion déterminée par le ministre des Finances. — Leur nombre ne peut dépasser 150. *(Décr. 13 avril 1902, art. 1er.)*

2209. — Lorsqu'un concours pour l'emploi de percepteur surnuméraire est reconnu nécessaire, des centres d'examen sont ouverts simultanément à Paris et dans un certain nombre de villes que désigne le ministre. Des avis insérés au *Journal officiel* font connaître la date du concours. *(Arr. min. Fin. 21 nov. 1901, art. 1er.)*

2210. — Nul ne peut concourir pour l'emploi de percepteur surnuméraire s'il a moins de vingt-un ans ou plus de vingt-sept ans au premier janvier qui précède l'ouverture du concours. Toutefois, la limite d'âge de vingt-sept ans est prorogée, pour les candidats qui ont accompli leur service militaire, d'une durée égale au temps passé sous les drapeaux, sans que cette prorogation puisse excéder trois ans.

Tout candidat doit produire les pièces suivantes :

1° Une demande sur papier timbré ;

2° Une expédition authentique de son acte de naissance et, s'il y a lieu, la preuve qu'il a acquis la nationalité française ;

3° Une pièce faisant connaître sa situation au point de vue de la loi sur le recrutement ;

4° Un certificat de bonne vie et mœurs délivré par le maire du lieu de sa résidence ;

5° Une déclaration devant le maire de sa résidence constatant que, soit par lui-même, soit par ses parents, il dispose de ressources suffisantes pour assurer son existence pendant la durée de son stage ;

6° L'engagement éventuel de servir dans le département, quel qu'il soit, auquel l'administration l'affectera.

Le ministre arrête la liste des candidats et fixe, suivant les besoins du service, le nombre des jeunes gens à admettre à la suite du concours. *(Arr. min. Fin. 21 nov. 1901, art. 2.)*

Le ministre nomme une commission chargée de choisir les sujets de composition et de corriger les épreuves des candidats. Cette commission est composée d'un président et de quatre membres choisis parmi les agents supérieurs de l'administration centrale.

Les sujets de composition sont uniformes ; ils sont transmis par les soins de la direction du personnel dans chaque centre d'examen. Les enveloppes cachetées qui les renferment ne doivent être ouvertes qu'en présence des candidats et au moment de chaque épreuve. *(Arr. min. Fin. 21 nov. 1901, art. 3.)*

Le programme du concours est réglé comme il suit :

1° Une page d'écriture faite sous la dictée, sur papier non réglé, sans que le candidat puisse, pour en corriger l'orthographe, s'aider d'aucun livre ou secours étranger ;

2° Deux problèmes d'arithmétique ;

3° La copie d'un tableau conforme à un modèle donné et pouvant comporter des calculs. La valeur numérique de cette épreuve est déterminée d'après l'exactitude des opérations et la façon dont le tableau est dressé ;

4° La rédaction d'une note sur une question d'administration et de finances prise dans les matières suivantes :

1. — *Organisation politique, administrative et judiciaire de la France :*

1° Lois constitutionnelles. Pouvoir législatif. Pouvoir exécutif ;

2° Organisation et rôle des différents ministères, du Conseil d'État et de la Cour des comptes ;

3° Le département, l'administration départementale (préfets, sous-préfets, conseils de préfecture, conseils généraux, conseils d'arrondissement) ;

4° La commune, l'administration communale (conseils municipaux, maires) ;

5° Justice de paix, tribunaux de police correctionnelle, tribunaux civils, cours d'assises, cours d'appel, cour de cassation.

II. — *Contentieux administratif.*

1° Juridictions administratives ;

2° Séparation des pouvoirs administratifs et judiciaires. Conflits ;

3° Séparation des pouvoirs administratif et ecclésiastique. Appels comme d'abus.

III. — *Impôts et revenus publics :*

1° Notions générales sur les impôts ;

2° Assiette, recouvrement et contentieux des divers impôts ;

3° Classification hiérarchique des agents financiers dans les départements et indication sommaire des fonctions dont ils sont chargés.

IV. — *Principes fondamentaux de la comptabilité publique :*

1° Budget de l'État, budget des départements, des communes et des établissements publics ;

2° Préparation, vote, exécution, règlement et contrôle de ces différents budgets ;

3° Ordonnateurs, comptables du Trésor, autres comptables de deniers publics. *(Arr. min. Fin. 21 nov. 1901, art. 4.)*

V. — *Notions générales sur le domaine public, sur les expropriations pour cause d'utilité publique et les servitudes d'utilité publique.*

Il est attribué à chacune des épreuves une valeur numérique exprimée par les chiffres suivants : — 0, nul. — 1, 2, 3, 4, mal. — 5, 6, 7, 8, médiocre. — 9, 10, 11, 12, assez bien. — 13, 14, 15, 16, bien. — 17, 18, 19, 20, très bien. La valeur relative des épreuves est déterminée par un coefficient indiqué ci-après, qui doit être multiplié par le nombre de points obtenus :

Rédaction 12. — Arithmétique 7. — Orthographe 6. — Tableau 3. — Écriture 2. — *(Arr. min. Fin. 21 nov. 1901, art. 5.)*

Tout candidat qui, pour un motif quelconque, n'a pu prendre part aux épreuves en même temps que les autres concurrents est écarté du concours.

Celui qui serait convaincu de s'être aidé d'un livre ou de tout secours étranger, ou d'avoir donné des conseils à d'autres concurrents, serait éliminé et ne pourrait plus se présenter à un examen subséquent. *(Arr. min. Fin. 21 nov. 1901, art. 6.)*

Une majoration de points de 5 °/₀ est accordée aux candidats qui produisent un ou plusieurs diplômes constatant leur admission aux grades universitaires suivants :

Bachelier ès-lettres ;

Bachelier ès-sciences complet;

Bachelier de l'enseignement secondaire classique (lettres-philosophie ou lettres-mathématiques) ;

Bachelier de l'enseignement secondaire moderne (lettres-philosophie ou lettres-sciences ou lettres mathématiques) ;

Bachelier de l'enseignement secondaire spécial.

Les candidats qui produisent le diplôme de licencié bénéficieront d'une majoration de points de 10 °/₀. *(Arr. min. Fin. 21 nov. 1901, art. 7.)*

L'admission des candidats est prononcée par le ministre, sur la proposition de la commission d'examen, d'après le nombre total des points obtenus par chacun d'eux. *(Arr. min. Fin. 21 nov. 1901, art. 8.)*

Les candidats déclarés admis à la suite du concours sont nommés surnuméraires, au fur et à mesure des vacances, d'après l'ordre de classement. *(Arr. min. Fin. 21 nov. 1901, art. 9.)*

Le percepteur surnuméraire qui est appelé sous les drapeaux est réintégré sur la liste générale de classement, au moment de sa libération, immédiatement après ceux de ses collègues qui le précédaient sur cette liste. Toutefois, sa titularisation ne peut avoir lieu avant qu'il ait accompli d'une façon effective le stage minimum réglementaire de deux années. *(Arr. min. Fin. 21 nov. 1901, art. 10.)*

Les candidats qui n'ont pas été déclarés admis peuvent être appelés à deux seulement des concours ultérieurs, pourvu, toutefois, qu'ils n'aient pas dépassé la limite d'âge fixée par l'article 2 du présent arrêté. *(Arr. min. Fin. 21 nov. 1901, art. 11.)*

2211. — *Nomination. — Fonctions. — Durée du surnumérariat, etc.* — Les candidats admis au concours sont nommés surnuméraires, au fur et à mesure des vacances, d'après l'ordre de classement. *(Décr. 13 mars 1900, art. 6.)*

2212. — La durée du surnumérariat est fixée à deux ans au minimum. *(Décr. 13 mars 1900, art. 1ᵉʳ.)*

2213 et 2214. — L'examen professionnel, dit de classement, établi par l'article 7 du décret ... 14 avril 1894, est supprimé. *(Circ. Direction du personnel, 18 avril 1900.)*

2215. — Les percepteurs surnuméraires sont tenus de prêter serment avant d'entrer en fonctions ; l'acte de prestation de serment est soumis au droit fixe d'enregistrement de *trois francs*, en conformité de l'article 4 de la loi du 28 février 1872. Lorsque les surnuméraires sont ensuite nommés percepteurs, ils restent soumis, quant à la prestation de serment, aux dispositions de l'article 1234 de l'Instruction générale. *(Inst. gén., art. 1202, dernier alinéa.)*

2216. — Aussitôt après l'entrée en fonction d'un percepteur surnuméraire, le receveur des finances près duquel il est placé lui fait remplir, en deux expéditions, une feuille conforme au *Modèle n° 247 ;* une des expéditions est adressée, par le trésorier général, à la direction du personnel, l'autre à la Direction générale de la comptabilité publique. *(Inst. gén., art. 1203.)*

2216 bis. — Les percepteurs surnuméraires sont placés sous les ordres du trésorier-payeur général du département dans lequel ils sont nommés ; ils sont employés, sous la direction des receveurs d'arrondissement, aux travaux relatifs aux services confiés aux percepteurs titulaires.

Il est recommandé aux receveurs d'arrondissement de diriger les occupations des surnuméraires de la façon non seulement la plus profitable pour le service, mais encore la plus utile pour l'instruction de ces derniers. *(Circ. Direction du personnel 18 avril 1900.)*

2217. — Les surnuméraires ne peuvent s'absenter sans congés ; ils sont soumis, pour les congés, aux mêmes règles que les percepteurs. *(Inst. gén., art. 1216, dernier alinéa.)*

2218. — *Nomination des surnuméraires comme percepteurs.* — La nomination des percepteurs surnuméraires à des postes de 4e classe a lieu dans toute l'étendue du territoire sans distinction de département. *(Décr. 14 avril 1894, art. 9.)* — V. n°s 2181 et suiv.

Perceptions (Organisation des). — Voir n° 2179.

Péremption des titres. — V. ACTES ET MESURES CONSERVATOIRES, INSCRIPTIONS HYPOTHÉCAIRES, PRESCRIPTIONS.

Péremption d'instance. — V. C. proc. civ. art. 397 et suiv.

Perforeuse. — V. RENTES SUR L'ÉTAT, n° 2693 bis.

Permis de chasse (Droits de).

2219. — *Quotité et mode de versement.* — Les permis de chasse accordés en vertu de la loi du 3 mai 1844 donnent lieu :

1° Au payement d'un droit de 18 francs revenant au Trésor en acquit du prix de la formule du permis ;

2° Au payement d'un droit de 10 francs au profit de la commune dans laquelle le demandeur du permis a son domicile ou sa résidence, et dont le maire a donné l'avis exigé par l'article 5 de la loi précitée.

Les personnes qui veulent obtenir un permis de chasse doivent payer ces droits à la caisse du percepteur de leur commune ; aucune demande n'est admise si elle n'est accompagnée de la quittance de ce comptable. Les permis sont délivrés par le sous-préfet sur l'avis du maire. *(Inst. gén., art. 591 ; Décr. 13 avril 1861, art. 6, § 3; L. 2 juin 1875, art. 6.)*

2220. — Le percepteur n'a à se préoccuper ni du domicile réel, ni de la résidence du requérant. Son devoir est de recevoir la somme de 28 francs qui lui est offerte et d'imputer le montant du droit revenant à la commune conformément à la demande du déposant, et dont le maire a donné l'avis exigé par l'article 5 de la loi du 3 mai 1844.

Le comptable ne peut imputer d'office le versement aux impôts dus par le contribuable, qu'en cas de rejet de la demande de permis. — V. n° 2223.

2221. — *Mention à inscrire sur les quittances.* — Chaque quittance de droits de permis de chasse doit porter, en caractères très ostensibles, ces mots: *La présente quittance ne peut tenir lieu de permis.*

Les trésoriers généraux ont à veiller à ce que les percepteurs n'omettent pas cette mention ; ils s'en assurent facilement au moyen des quittances versées par le receveur du timbre. *(Inst. gén., art. 592.)*

Les percepteurs doivent, en outre, inscrire sur chaque quittance de permis de chasse avec la désignation de la *commune*, celle de la *perception*. *(Inst. gén., art. 600.)*

2222. — *Duplicata de quittances.* — Les percepteurs ne peuvent délivrer des duplicata de quittances de droits de permis de chasse que sur une autorisation du préfet ou du sous-préfet, contenant l'indication des circonstances de la perte de la quittance. *(Circ. compt. publ. 6 décembre 1865, § 3.)*

2223. — *Remboursement des droits en cas de rejet d'une demande de permis.* — En cas de rejet d'une demande de permis, la décision est notifiée au maire et au trésorier général, pour que le remboursement des droits soit immédiatement opéré, à moins que le demandeur ne soit débiteur envers le Trésor, auquel cas la somme versée par lui est retenue pour être appliquée, jusqu'à due concurrence, à l'extinction de la dette.

Le trésorier général se concerte, s'il y a lieu, avec le préfet pour le retrait de la somme portée au compte de la commune. *(Inst. gén., art. 591.)* — V. n° 2404.

2224. — Les quittances de permis de chasse demeurent valables pour l'obtention des permis, quelque soit leur date.

Le remboursement des droits versés dans la caisse du percepteur ne peut avoir lieu que dans le cas où le permis a été refusé par le préfet, aux termes de la loi du 3 mai 1844. *(Circ. min. Int. 1er février 1860.)*

2225. — Les remboursements qui doivent avoir lieu par suite de rejet de demande de permis sont justifiés dans la comptabilité du trésorier général par une ampliation des décisions qui les autorisent, par les quittances des parties prenantes et par celles des percepteurs, qui doivent être rendues. *(Inst. gén., art. 599.)*

Quant au remboursement à faire par la commune, il est justifié, dans la comptabilité du receveur municipal, par un mandat du maire, accompagné d'une copie de la décision autorisant le remboursement.

2226. — *Titres de perception.* — Les titres de perception des droits de permis de chasse sont formés, chaque mois, de la manière suivante : les percepteurs fournissent, à l'appui du versement de la portion des droits revenant au Trésor, des bordereaux dans la forme du *Modèle n° 160* ; ces bordereaux en ce qui concerne les arrondissements de sous-préfecture, sont transmis chaque dizaine au trésorier général, qui, après y avoir joint ceux des percepteurs de l'arrondissement chef-lieu, en récapitule le montant sur un état conforme au *Modèle n° 161*, qui est soumis au visa du préfet.

Il est pris note, dans les recettes des finances, des versements faits par les percepteurs à titre de *droits de permis de chasse*. Ce renseignement est nécessaire comme élément de vérification des bordereaux de situation de ces comptables. *(Inst. gén., art. 597.)*

2227. — *Comptabilité.* — La comptabilité des droits de permis de chasse doit présenter la distinction des exercices ; *l'exercice est déterminé par la date des quittances des percepteurs.*

En conséquence, les versements de ces comptables qui comprennent des droits afférents à chacun des deux exercices en cours d'exécution doivent donner lieu à des bordereaux distincts. *(Inst. gén., art. 598.)*

2228. — Comme on l'a vu ci-dessus, les individus auxquels des permis de chasse sont accordés doivent payer, indépendamment du droit de 18 francs revenant au Trésor, un droit de 10 francs au profit de la commune dans laquelle ils ont leur résidence ou leur domicile, et dont le maire a donné l'avis exigé par l'article 5 de la loi du 3 mai 1844. Ce droit de 10 francs est recouvré par le percepteur des contributions directes en même temps que le droit dû au Trésor. *(Inst. gén., art. 913.)*

2229. — Les percepteurs qui sont en même temps receveurs municipaux font recette directement, au compte de la commune, des droits de permis de chasse perçus à son profit. Ceux qui ne sont pas receveurs municipaux, après s'être chargés en recette des droits perçus, en versant, au moins tous les dix jours, le montant

au receveur spécial de la commune, qui leur en fournit sa quittance à souche. — V. ci-après, n° 2230.

Pour surveiller la perception du droit communal, les receveurs des finances doivent, au moyen des bordereaux des percepteurs, prendre note, sur le carnet *(Modèle n° 262)*, des sommes versées à ces comptables. *(Inst. gén., art. 914.)*

2230. — Les percepteurs portent en *recette*, au compte des *droits de permis de chasse* ouvert à la deuxième section, § 2, du livre des comptes divers, les payements qui leur sont faits par les individus qui veulent obtenir les permis. Ils y enregistrent, en *dépense*, les versements qu'ils font au receveur particulier de leur arrondissement.

Ainsi qu'il est dit plus haut, la portion revenant aux communes dans les droits de permis de chasse est recouvrée en même temps que le droit dû au Trésor ; si le percepteur est chargé de la gestion communale, il porte le montant des recettes de l'espèce directement au compte de chaque commune ; s'il n'est pas receveur municipal, elles font l'objet d'un compte spécial ouvert à la 1re section, § 2, du livre des comptes divers, sous le titre de *droits de permis de chasse recouvrés au profit de la commune de...* auquel le comptable porte, en *recette*, les sommes perçues à ce titre, et en *dépense*, les versements qu'il en fait au receveur municipal. *(Inst. gén., art. 1486.)*

Les feuilles employées à la tenue de ce dernier compte sont assujetties au timbre de dimension. *(Circ. compt. publ. 10 juin 1896, § 3.)*

2231. — *Gratuité du service des permis de chasse.* — Le service des permis de chasse n'exigeant, de la part des receveurs des finances et des percepteurs, ni déplacements ni poursuites, ne donne lieu à aucune remise en faveur des comptables sur la portion des droits revenant au Trésor. La portion attribuée aux communes est comprise dans les revenus ordinaires qui, aux termes du décret du 27 juin 1876, article 7, motivent le maintien ou la révision du traitement des receveurs municipaux. *(Inst. gén., art. 601.)*

2232. — *Jurisprudence.* — La personne qui veut obtenir un permis de chasse doit s'adresser au maire de son domicile légal ou de sa résidence.

Et par résidence il faut entendre un établissement assez notable et ayant duré un temps assez long pour que l'autorité administrative puisse connaître suffisamment les antécédents et les habitudes de l'impétrant.

Telle n'est pas la commune sur le territoire de laquelle l'impétrant va, plusieurs fois chaque année, seulement passer la journée pour y chasser.

En conséquence, cette commune est tenue de restituer à celle du domicile du permissionnaire les droits relatifs à des permis qu'elle a encaissés sans droit. (*Trib. civ. de Besançon, 10 juillet 1877 ; Dalloz, 1880, 3ᵉ partie, p. 55 ; Trib. civ. d'Aix, 25 févr. 1896.*)

2233. — *Remboursement de droits indûment perçus*. — La jurisprudence qui précède ne laisse aucun doute sur l'utilité qu'il y a pour un maire de ne donner un avis pour l'obtention d'un permis de chasse qu'aux personnes ayant dans sa commune une résidence ou un domicile légal. Telles sont, du reste, les dispositions de l'article 5 de la loi du 3 mai 1844.

Si, contrairement à cette règle générale, une commune a perçu à tort le droit de 10 francs revenant à la commune où l'impétrant a réellement son domicile ou sa résidence, le maire de la commune lésée doit demander au préfet de prendre un arrêté à l'effet de faire restituer les 10 francs à la commune qui y a droit.

Dans ce cas, le receveur municipal qui a perçu les 10 francs les rembourse au moyen d'un mandat délivré par le maire au nom du receveur municipal de la commune réclamante. A ce mandat, qui est quittancé par ordre, est jointe la quittance à souche de la partie prenante, ainsi que l'arrêté du préfet.

Le comptable qui encaisse les 10 francs produit, comme titre de perception, une copie de l'arrêté du préfet.

Permis de stationnement (Droits de). — V. nᵒ 1802.

Personnelle-mobilière (Contribution). — V. CONTRIBUTIONS DIRECTES, RECOUVREMENT.

Perte de mandats de payement. — V. nᵒˢ 1831 *bis* et 2133.

Perte de matière imposable. — V. DÉCHARGES ET RÉDUCTIONS.

Perte de fonds. — V. nᵒ 3122.

Perte de revenus. — V. nᵒˢ 1287 et suiv.

Pesage, mesurage et jaugeage (Droits de). — V. nᵒ 2136.

Pharmaciens, épiciers-droguistes (Droits de visite chez les). — V. nᵒ 1393.

Pièces de dépenses. — V. PAYEMENT, PIÈCES JUSTIFICATIVES.

Pièces de monnaie fausses. — V. MONNAIES.

Pièces justificatives à produire à l'appui des comptes de gestion.

2234. — Les comptes de gestion des receveurs municipaux doivent être appuyés de pièces justificatives de la recette et de la dépense qui sont déterminées par les lois et règlements, et les pièces, classées par chapitres et articles, doivent être détaillées dans des inventaires ou bordereaux qui sont joints aux comptes.

Lorsqu'un article, soit de la recette, soit de la dépense, est justifié par plusieurs pièces, elles doivent être récapitulées sur une fiche ou au moins en marge de la première de ces pièces.

Chaque pièce justificative, tant de la recette que de la dépense, doit d'ailleurs être revêtue du numéro d'ordre de l'article du compte auquel elle se rapporte. — V. COMPTES DE GESTION, nᵒˢ 979 et suiv.

Ces justifications sont indiquées dans les tableaux qui suivent.

Il y a lieu d'appeler l'attention des comptables sur les points suivants :

1ᵒ Les pièces qui doivent être timbrées sont indiquées par l'initiale (*T*) ; celles qui n'ont pas cette indication ne sont pas soumises au timbre. — V., en outre, les articles 631, 843 à 847 et 1008 à 1016 de l'Instruction générale, rappelés aux numéros 2449 et suiv., 2555 et suiv. et 2902.

Pour les pièces sujettes à l'enregistrement, V. nᵒˢ 1373, 1463 et suiv.

2ᵒ Les copies, ou extraits d'actes produits par les receveurs des communes et d'établissements publics, pour la justification des recettes ou des dépenses, sont soumis à la formalité du timbre, à moins qu'il ne s'agisse de justifier une opération de recette ou de dépense avant que le titre puisse être produit, auquel cas les copies ou extraits sont exempts du timbre, mais à la condition qu'ils portent la mention expresse que *l'expédition en forme est retenue par le receveur afin de suivre l'opération, et qu'elle sera jointe au compte de l'année pendant laquelle l'opération sera terminée. (Déc. min. 5 oct. 1843 et 18 avril 1846 ; Inst. adm. de l'enreg. 30 avril 1846 ; Circ. compt. gén., 24 juill. 1846, et 12 juillet 1853.)* — V. aussi l'article 1543, rappelé ci-après, nᵒ 2235.

3ᵒ En cas de décès du titulaire d'une créance la somme due est payée aux héritiers sur la production soit d'un certificat de propriété (*L. 28 floréal an VII et Décr. 18 sept. 1806*), soit des pièces d'hérédité, d'après les règles du droit commun. Pour les sommes de 150 fr. et au-dessous, il suffit d'un certificat d'hérédité délivré par le maire de la résidence du défunt, si cette *commune* est celle où l'acte de décès a été dressé. Dans le cas contraire, l'acte de décès régulièrement établi.

Chaque ayant droit peut toucher séparément la somme qui lui revient, et lorsque le payement des créances est inférieur à 50 fr., un seul héritier qui en fait la demande peut, sur la production des pièces ordinaires, donner quittance en se portant fort pour ses cohéritiers, *(Circ. compt. publ. 31 déc. 1896. § 2 et 30 mai 1901, § 4.)*

Pour le timbre des quittances, V. nᵒˢ 1850, 1851, 2984 et 3030. — En ce qui concerne les obligations des usufruitiers, V. Code civil, art. 600 et suiv.

Le certificat du maire est établi sur papier *timbré*, mais il est dispensé des formalités de l'enregistrement. *(Circ. compt. publ. 17 juill. 1897, § 2.)*

Il doit attester que M... est décédé, *ab intestat*, à... le... 19..., et qu'il a laissé pour seuls et uniques héritiers un *tel* et un *tel*, qui ont seuls droit de toucher et recevoir le payement de la somme de... provenant de...

Le maire peut, à titre surérogatoire s'il le juge utile, délivrer le certificat sur l'attestation de deux témoins majeurs de l'un ou de l'autre sexe. *(Circ. compt. publ. 27 nov. 1899 § 4.)*

La signature du maire doit être légalisée par le sous-préfet.

Quant au certificat de propriété ou de notoriété, il doit être délivré par le notaire détenteur de la minute, lorsqu'il y a eu inventaire ou partage par acte public, ou transmission gratuite à titre entre-vifs ou par testament.

Il doit l'être par le juge de paix du domicile du décédé, sur l'attestation de deux témoins, lorsqu'il n'existe aucun desdits actes en forme authentique.

Si la propriété est constatée par un jugement, c'est au greffier dépositaire de la minute à délivrer le certificat.

Les certificats délivrés par un notaire ou un juge de paix doivent être légalisés par le président du tribunal civil lorsqu'ils proviennent d'un département autre que celui où s'effectue le payement.

Les actes notariés doivent porter l'empreinte du sceau des notaires qui les ont dressés.

Pour les cas qui précèdent, consulter, s'il est nécessaire, le *Code des comptes de gestion*, 7ᵉ édition, nᵒˢ 76 et suiv.

4ᵒ Les ratures et surcharges sur les pièces justificatives doivent être approuvées et exigent toujours une seconde signature. *(Circ. aux payeurs, 30 juill. 1852.)*

Tout renvoi ayant pour objet d'ajouter des énonciations omises doit également être approuvé par les mêmes signatures. L'approbation ne peut être considérée comme valable, si la rectification est simplement interlignée au-dessus de la signature primitive, sans apposition d'une nouvelle signature.

5ᵒ L'usage des griffes pour les signatures est interdit. *(Circ. min. Int. 6 juillet et 1ᵉʳ août 1843.)*

6ᵒ Les opérations non prévues dans la nomenclature ci-après doivent être justifiées d'après les mêmes règles que celles avec lesquelles elles ont le plus d'analogie. *(Inst. gén., art. 1542.)*

En ce qui concerne les opérations dont les justifications ont déjà été produites ou jointes à d'autres pièces, V. nᵒˢ 2235 et suiv.

« La Cour des comptes, et le conseil de préfecture qui est soumis aux mêmes règles, ne peuvent, en ce qui concerne les communes et les établissements de bienfaisance, exiger, à l'appui des payements faits par les comptables, d'autres pièces que celles énumérées dans les nomenclatures arrêtées de concert par les ministres de l'Intérieur et des Finances.

» Si les nomenclatures sont muettes à l'égard de certaines dépenses, ou s'il s'élève quelque doute sur la manière d'appliquer les prescriptions qu'elles contiennent, c'est aux ministres de l'Intérieur et des Finances qu'il appartient de réparer l'omission ou d'interpréter le sens de leurs instructions, en décidant de quelle manière les dépenses qui font l'objet de la difficulté doivent être justifiées.

» La décision statuant sur le litige une fois notifiée au comptable couvre entièrement sa responsabilité et devient pour lui obligatoire. » *(Circ. min. Int. 30 novembre 1876.)* — Voir nᵒˢ 2090 et suiv.

Les pièces justificatives, tant de la recette que de la dépense, doivent être visées par le maire, ou par le président de la commission administrative lorsqu'il s'agit d'un établissement de bienfaisance. Le sceau de la mairie doit toujours accompagner la signature du maire.

Les signatures données pour acquits sur les mandats de payement doivent être orthographiées comme les noms indiqués sur ces mandats. Il en est de même pour les noms inscrits sur les pièces justificatives jointes à l'appui d'une dépense. En cas de changement ou de modification dans l'orthographe d'un nom indiqué sur plusieurs pièces, ne serait-ce que pour une lettre seulement, il y a lieu d'exiger un acte d'identité, qui consiste en un acte de notoriété basé sur les actes de naissance des individus.

Quant aux erreurs de noms existant dans les actes de l'état civil, elles doivent être rectifiées par un jugement ; celles concernant les prénoms ou autres désignations, par un acte de notoriété délivré par un notaire ou un juge de paix.

Les dépenses doivent être ordonnancées aux noms des créanciers réels, et lorsque les mandats sont payés à des tiers ils justifient de leurs droits. — V. nᵒˢ 2105 et suiv.

Un mandat, ne dépassant pas 150 fr., délivré au nom d'une partie prenante illettrée, peut être payé en présence de deux témoins majeurs de l'un ou de l'autre sexe qui signent avec le comptable. *(Circ. compt. publ. 27 nov. 1899, § 4.)*

Nomenclature des opérations de recettes et de dépenses des communes et des établissements de bienfaisance et indication des justifications à produire pour chacune d'elles par les receveurs municipaux à l'appui de leurs comptes de gestion annuelle. (Tableau de l'article 1542 de l'Instruction générale du 20 juin 1859 ; Instruction des chemins vicinaux du 6 décembre 1870 ; Circulaires et instructions postérieures à l'Instruction générale du 20 juin 1859.)

COMMUNES. — RECETTES.	
DÉSIGNATION DES RECETTES.	JUSTIFICATIONS.
RECETTES ORDINAIRES.	
1. Centimes additionnels ordinaires ajoutés aux contributions directes.(*Inst. gén., art. 13 ; tabl. de l'art. 1542, § 1er.*) — V. n° 1658 et suiv.	Un extrait des rôles, certifié par le receveur des finances ou par le percepteur, quand il n'est pas receveur municipal, et visé par le maire. NOTA. — On peut justifier la recette des centimes communaux ordinaires et extraordinaires par un certificat ou extrait collectif certifié par le receveur des finances et visé par le maire. Sur ce certificat, on a soin d'indiquer les numéros du compte, ainsi que les articles du budget.
2. Attributions sur les patentes. (*Inst. gén., art. 120 ; tabl. de l'art. 1542, § 1er.*)	Mêmes justifications qu'au paragraphe précédent.
3. Attributions sur la contribution des voitures et chevaux. (*L. 23 juill. 1872, art. 10, et 22 déc. 1879.*) — V. n° 3119 et suiv.	Un extrait des rôles, appuyé des certificats détachés des ordonnances de dégrèvements, justifiant la réduction de la recette.
4. Attributions sur la taxe des vélocipèdes. (*L. 28 avril 1893.*)—V. n° 3083.	Mêmes justifications qu'au paragraphe précédent.
5. Permis de chasse, part revenant à la commune. (*Inst. gén., art. 591, 913 et 914 ; tabl. de l'art. 1542, § 2.*) — V. n° 2219 et suiv.	Un état détaillé des droits perçus, certifié par le percepteur et visé par le maire. Pour les remboursements à faire en cas de rejet d'une demande, V. § 141 bis.
6. Attributions sur amendes. (*Inst. des amendes, art. 442; Inst. gén., tabl. de l'art. 1542, § 3.*) — Voir n° 465 et suiv.	1° *Pour les amendes de police rurale et municipale*, un état, certifié par le préfet, des amendes dont le produit a dû être versé au receveur municipal par le trésorier général, ou la copie, certifiée par le maire, du mandat délivré au nom du receveur municipal, ou, enfin, l'avis indiquant le montant des amendes à percevoir. 2° *Pour les amendes de police correctionnelle et de grande voirie*, un extrait de l'état de distribution, certifié par le préfet, ou copie, certifiée par le maire, du mandat délivré au nom du receveur municipal, ou, enfin, avis de la préfecture indiquant la somme à percevoir. 3° *Pour les amendes concernant la chasse*, une copie, certifiée par le maire, du mandat délivré au nom du receveur municipal. 4° *Pour les amendes et confiscations relatives à l'octroi*, bulletins de versement à la caisse municipale ; procès-verbaux constatant les contraventions, les transactions ou les jugements intervenus ; actes de vente, s'il y a lieu. — V. OCTROI, n° 2007 et suiv.

COMMUNES. — RECETTES.

DÉSIGNATION DES RECETTES.	JUSTIFICATIONS.
6. Attributions sur amendes (suite).	5° *Amendes encourues par les receveurs municipaux pour retard dans la présentation des comptes de gestion (Inst. gén., art. 1556),* ampliation de l'arrêté du conseil de préfecture ou de l'arrêt de la Cour des comptes fixant le chiffre de l'amende. 6° *Amendes pour délits forestiers,* état des sommes recouvrées par le percepteur, certifié par le receveur des finances, et visé par le maire.
7. Prix de ferme des maisons, usines et biens ruraux, et location des droits de chasse et de pêche. *(Inst. gén., art. 854 à 858; tabl. de l'art. 1542, § 4.)* — V. BAUX, n°ˢ 675 et suiv.	Des copies ou extraits, non timbrés, des baux ou autres titres, pour les prix de ferme dont il est compté *pour la première fois,* et des baux renouvelés pendant l'année, et, s'il y a lieu, la justification de la réalisation des cautionnements prévus par le cahier des charges ; — *pour les comptes suivants,* certificat du maire indiquant la somme qui était à recouvrer pour l'exercice et désignation du compte auquel sont joints les copies ou extraits des titres. — *A l'expiration des baux,* les expéditions elles-mêmes (T). — V. n° 2235. *En cas de résiliation du bail :* la convention amiable ou le jugement devenu définitif qui stipule la résiliation (T) et délibération du conseil municipal qui l'autorise, s'il y a convention amiable. *Pour les propriétés indivises* entre plusieurs communes, les pièces justificatives doivent être produites par le comptable centralisateur. Quant à chacune des autres communes, il doit être produit un certificat du maire indiquant la date du titre, la somme totale à recouvrer et la part revenant à la commune. *Pour les locations verbales,* délibération du conseil municipal autorisant ces locations ; certificat du maire indiquant la désignation des immeubles, le nom des locataires ou fermiers, la durée des baux, l'époque de l'échéance des loyers et la somme à recouvrer ; si la location s'élève à plus de *100 francs,* ou que la durée du bail dépasse trois ans, certificat constatant que la déclaration de location verbale a été faite conformément aux prescriptions de l'article 11 de la loi du 23 août 1871,et de l'article 6 de la loi du 28 février 1872 ; ce certificat doit indiquer la date de la déclaration et les droits perçus par le Trésor.
8. Produits des établissements d'eaux minérales. *(Inst. gén., art. 859 ; tabl. de l'art. 1542, § 5.)*	Si l'établissement *est affermé,* mêmes justifications qu'au paragraphe précédent. Si l'établissement *est en régie simple,* arrêté du préfet qui autorise la régie ; copie du compte du régisseur comptable faisant ressortir le produit net revenant à la commune.
9. Produits de l'usine à gaz. *(Inst. min. Int. 14 mars 1878)*	Dans le cas où l'usine est affermée, mêmes justifications qu'au § 7. — Si l'usine est en régie, arrêté du préfet qui autorise la mise en régie ; états (T), dressés par le directeur de l'usine, de la vente du gaz par abonnement et de la vente à terme des autres produits (coke goudron, etc.) ; ces états approuvés par le maire et rendus exécutoires par le sous-préfet (Inst. min. Int. 14 mars 1878) ; état dressé par l'économe ou régisseur du montant des ventes au comptant. Si l'usine a été concédée à la charge par le concessionnaire de remplir certaines obligations : traité (T) entre la commune et le concessionnaire, et, s'il y a lieu, compte des opérations dûment approuvé.

COMMUNES. — RECETTES.

DÉSIGNATION DES RECETTES.	JUSTIFICATIONS.
10. **Produits des promenades et des places publiques :** Location des chaises, vente d'arbres et arbustes, fascines, etc. (*Inst. gén., art. 854 à 858.*) — V. Baux, nᵒˢ 675 et suiv.	Copie de la décision qui a déterminé les droits à percevoir. Dans le cas d'adjudication, les mêmes justifications qu'au § 7. Pour les ventes d'arbres, justifications indiquées au § 44.
11. **Rentes foncières dues par des particuliers.** (*Inst. gén., art. 860; tabl. de l'art. 1542, § 6.*) — V. nᵒˢ 2749 et suiv.	Des copies ou extraits des titres de rentes dont il est compté pour la première fois ; avec les comptes suivants, certificat du maire indiquant le montant de la rente et la date de l'échéance pour l'exercice, et désignation du compte auquel sont joints les copies ou extraits des titres.
12. **Rentes sur l'Etat.** (*Inst. gén., art. 861; tabl. de l'art. 1542, § 7.*) — V. nᵒ 2711 et suiv.	Certificat du maire indiquant la date, le numéro et le montant des inscriptions nouvelles, et constatant la somme qui était à recouvrer pour l'exercice.

13. L'état des propriétés foncières, rentes et créances, mentionné à l'article 810 de l'Instruction générale (*V. nᵒ 980*), et dont le *Modèle* est donné sous le nᵒ 223, doit être produit avec le compte de gestion, à l'appui des recettes désignées aux §§ 7, 8 à 12. (*Inst. gén., tabl. de l'art. 1542, § 8.*)

14. **Droits d'octroi, produit brut.** (*Inst. gén., art. 915 à 920 et 936 à 938; tabl. de l'art. 1542, § 9.*) — V. nᵒˢ 1992 et suiv.	Si le receveur compte *pour la première fois* des droits d'octroi, il doit produire le décret qui autorise l'octroi et qui fixe le tarif. Il produit ensuite, chaque année, les pièces indiquées ci-après savoir :

Pour l'octroi en régie simple : — 1ᵒ le bordereau récapitulatif (*Modèle Q*), arrêté à la fin de l'année par le directeur des contributions indirectes, et accompagné d'un relevé sommaire (*Modèle Y*) par bureau de perception, que l'agent chargé du contrôle administratif doit former et remettre au receveur municipal pour les recettes constatées par les états que cet agent reçoit chaque mois des receveurs d'octroi ; — 2ᵒ un bordereau formé par le receveur municipal, certifié par le maire, et présentant le montant *par bureau de perception* des bulletins de versements faits à la caisse du comptable (*Circ. 31 janv. 1828*).

Pour l'octroi en régie intéressée, les mêmes pièces auxquelles sont ajoutées : — 1ᵒ avec le premier compte, la copie, non timbrée, du bail ou traité (*Modèle X*) ; — 2ᵒ à la fin de chaque année, le compte provisoire des bénéfices partagés avec le régisseur ; — 3ᵒ en fin de bail, le compte définitif de ces bénéfices et l'expédition (*T*) du bail.— V. nᵒ 2235.

Pour l'octroi en ferme, avec le premier compte, une copie non timbrée du bail (*Modèle X*), et en fin de bail l'expédition (*T*). — Pour les comptes intermédiaires, certificat du maire, indiquant la somme qui était à recouvrer pour l'exercice.

Pour l'octroi perçu par abonnement avec la régie des contributions indirectes ; — 1ᵒ avec le premier compte, l'acte d'abonnement et la convention faite avec la régie pour les traitements fixes ou éventuels des préposés (*Modèles U et V*) ; — 2ᵒ les bordereaux constatant les versements effectués à la caisse municipale, et le bordereau récapitulatif arrêté, à la fin de l'année, par le directeur des

COMMUNES. — RECETTES.	
DÉSIGNATION DES RECETTES.	JUSTIFICATIONS.
14. Droits d'octroi (suite).	contributions indirectes ou le chef de service de l'arrondissement, contradictoirement avec le maire. *Pour les recettes accessoires,* les extraits, dûment certifiés des réglements de l'octroi, et les actes qui ont fixé les recettes accidentelles *(Circ. 12 déc. 1828).* *Pour les recettes d'ordre,* V. § 55.
15. Droits de pesage, mesurage et jaugeage, produit brut. (*Inst. gén., art. 926, tabl. de l'article 1542,* § *10.*) — V. n° 2136.	*Pour les produits dont il est compté pour la première fois,* arrêté du préfet autorisant la perception des droits, ou arrêté du sous-préfet qui a homologué les droits *(Décr. du 13 avril 1861).* *Pour les droits perçus en vertu d'un bail à ferme,* une copie de ce bail, non timbrée pour la première année, et en fin de bail l'expédition en forme. Pour les autres années, certificat du maire indiquant la somme qui était à recouvrer pour l'exercice. — V. n° 2235. *Pour les droits perçus en régie simple,* un état des produit bruts, divisé par mois, et présentant les bases et le décompte de la perception ; cet état certifié par l'agent de la recette et arrêté par le maire. — Il doit être fait recette du montant intégral des produits sans aucune déduction pour les frais de perception et de régie qui doivent être portés distinctement en dépense *(Arr. Cour des comptes 29 mai 1901 et 28 avril 1902).* *Pour les droits perçus en régie intéressée :* — 1° Copie du bail ou traité, non timbré, avec le premier compte et l'expédition en forme au compte final; — 2° les bordereaux constatant les versements effectués à la caisse municipale; —3° le compte des bénéfices partagés avec le régisseur. *Pour les recouvrements faits au moyen de tickets,* V. n° 1804 *bis* et *Services hors budget,* § 63 *bis* et 182 *bis.*
16. Droits de location des places, dans les halles, foires, marchés et abattoirs. *(Inst. gén., article 925 ; tabl. de l'art. 1542,* § *11* — V. n°s 1802 et suiv.)	Mêmes justifications qu'au paragraphe précédent.
17. Droits de stationnement sur la voie publique et sur les ports et rivières. *(Inst. gén., art. 925 ; tabl. de l'art. 1522,* § *12.*)	Mêmes justifications que pour les droits de pesage, etc., § 15.
18. Droits de voirie. (*Inst. gén., art. 925 ; tabl. de l'art. 1542,* § *13.*)	Pour la première fois, copie certifiée de l'arrêté du préfet qui a déterminé les droits à percevoir. États détaillés (T) et certifiés des permissions accordées par le maire et des droits qui en sont résultés. — Les états doivent présenter les bases et le décompte de la perception *(Arr. Cour des Comptes 15 févr. 1899).*
19. Produit de l'enlèvement des boues et immondices. (*L. 5 avril 1884, art. 133,* §*10.*)	Justifications indiquées au mot *Boues et immondices,* n° 724, ou, suivant le cas, celles mentionnées au § 15 ci-dessus.

COMMUNES. — RECETTES.

DÉSIGNATION DES RECETTES.	JUSTIFICATIONS.
20. Taxes pour travaux d'art, de salubrité, etc. (*Tabl. de l'art. 1542, § 14.*)	Pour la première fois, copie certifiée de l'arrêté du préfet qui a établi les taxes. Le rôle *(T)* arrêté par le préfet. Du reste, mêmes justifications que pour les droits de pesage, § 15.
21. Concessions d'eau et autres dûment autorisées. (*Inst. gén., art. 927 ; tabl. de l'art. 1542, § 15.*) — V. n° 1061.	Lorsque le produit paraît pour la première fois au compte, copie de la délibération du conseil municipal qui a réglé le tarif, approuvée par le préfet ; pour les concessions faites dans l'année, copie *(T)* certifiée des actes enregistrés ; pour les concessions faites pendant les années précédentes, état certifié par le maire.
22. Concessions de terrains dans les cimetières. (*Inst. gén., art. 927 ; tabl. de l'art. 1542, § 16.* — V. n°s 1065 et suiv.	Lorsque le produit paraît pour la première fois au compte, copie de la délibération du conseil municipal qui a réglé le tarif, approuvée par le préfet. Expéditions *(T)* des actes de concessions, portant la mention de l'enregistrement.
22 *bis* Service des pompes funèbres. (*L. 28 déc. 1904 ; Circ. min., Int. 25 fév. 1905.*) — V. n° 2282 bis.	Lorsque le produit paraît pour la première fois au compte, copie de la délibération du conseil municipal qui a réglé le tarif, approuvée par le préfet. Si le service se fait en régie directe, état certifié par le maire indiquant la somme à percevoir. S'il y a une entreprise, procès-verbal d'adjudication *(T)* ou marché de gré à gré *(T)*, l'un et l'autre portant la mention de l'enregistrement.
23. Produit des expéditions des actes de l'état civil et des actes administratifs. (*Inst. gén., art. 928 ; tabl. de l'art. 1542, § 17.*) — V. n°s 1507 et suiv.	État certifié par le maire, indiquant la nature et le nombre d'actes dont il a été délivré des expéditions, ainsi que le produit des droits, ou certificat négatif du maire. Lorsque les droits d'expédition sont alloués au secrétaire de la mairie, V. n° 1510.
24. Coupes ordinaires de bois. (*Inst. gén. art. 862 à 868 ; tabl. de l'art. 1542, § 18 ; Circ. compt. publ. 20 mai 1893, § 1er.*) — V. n°s 1237 et suiv.	Le procès-verbal d'adjudication *(T)* enregistré, et bordereau récapitulatif à l'appui ; extrait *(T)* du compte des charges. — Ces titres doivent être produits à l'appui du compte de gestion de l'exercice, soldés ou non soldés (*Arr. Cour des comptes, 5 janvier 1883*). Pour les coupes extraordinaires, V. § 48.
25. Coupes de bois d'affouage. (*Inst. gén., art. 870 à 873 ; tabl. de l'art. 1542, § 19.*) — V. n°s 31 et suiv.	Le rôle des taxes *(T)*, arrêté par le préfet, si la coupe a été distribuée en nature entre les habitants. Le procès-verbal d'adjudication *(T)* enregistré, et cahier des charges *(T)*, si la coupe ou portion de la coupe a été vendue au profit de la caisse communale pour faire face aux charges inhérentes aux bois.
26. Produits accessoires des bois communaux. (*Inst. gén., art. 875 à 878 ; tabl. de l'art. 1542 § 20.*)	Les titres de perception, tels qu'ils sont prescrits par les articles ci-contre. — V. COUPES DE BOIS, n°s 1266 à 1268 et 1563.

COMMUNES. — RECETTES.

DÉSIGNATION DES RECETTES.	JUSTIFICATIONS.
27. Droits perçus dans les écoles préparatoires à l'enseignement des lettres et des sciences et dans les écoles préparatoires de médecine et de pharmacie. (*Inst. gén.*, *art. 879*; *tabl. de l'art. 1542, § 21.*) — V. n°° 1397 et suiv.	État des droits perçus, conforme au *Modèle n° 102.*
28. Produit du collège communal. (*Inst. gén.*, *art. 880*; *tabl. de l'art. 1542, § 22.*) — V. n°° 956 et suiv.	Copie, dûment certifiée, du compte rendu par le principal et faisant ressortir le bénéfice de la gestion annuelle du collège, et, lorsque la rétribution payée par les élèves est perçue au profit de la commune, états nominatifs trimestriels portant décompte de cette rétribution. — En cas de poursuites, V. n°° 1485 et suiv.
29. Cotisations particulières pour le pâturage, le pavage, etc. (*Inst. gén.*, *art. 851 et 884*; *tabl. de l'art. 1542, § 23.*) — V. n°° 2076 et suiv.	Pour la première fois, copie de la délibération du conseil municipal qui a réglé le tarif, approuvée par le préfet. Le rôle arrêté par le préfet (*T*). Ordonnances de décharge, s'il y lieu.
30. Recettes pour lesquelles les lois et règlements n'ont pas prescrit un mode spécial de recouvrement. *Inst. gén.*, *art. 852 et 1054*; *L. 5 avril 1884, art. 154.*) — V. n°° 1485 et suiv.	État dressé par le maire, exempt de timbre lorsqu'il n'a pas été rendu exécutoire par le visa du sous-préfet et qu'il est simplement signé par le maire. — V. § 53.
31. Chemins vicinaux. (*Inst. 6 déc. 1870, art. 238.*)	1° *Produit des centimes spéciaux ou des centimes extraordinaires*, extrait des rôles généraux ou spéciaux des contributions directes délivré par le percepteur, visé par le maire et le receveur des finances; 2° *Prestations ou taxe vicinale*, copie certifiée par le maire de l'exécutoire du rôle, et, pour établir le montant des réductions, les ordonnances de décharges (*Circ. min. Int. 1er août 1874*); 3° *Subventions spéciales*, arrêtés de fixation rendus par le conseil de préfecture ou décision de la commission départementale, selon que ces subventions auront été réglées dans la forme des expertises ou dans celle des abonnements; 4° *Souscriptions particulières ou provenant d'associations particulières*, copie ou extrait du titre de souscription ou le titre lui-même appuyé de l'acceptation donnée par le préfet, et, dans le cas de réduction du titre, les ordonnances de décharge; Les écrits sous seing privé destinés à constater ces souscriptions sont affranchis du timbre et de l'enregistrement (*Inst. gén., art. 88, § 15*); 5° *Emprunts à la caisse des chemins vicinaux ou à toute autre caisse*, copie de la délibération du conseil municipal, de l'arrêté du préfet, du décret ou de la loi autorisant l'emprunt; copie, certifiée par le maire, des actes qui ont réglé les conditions de l'emprunt; 6° *Aliénation de délaissés d'anciens chemins déclassés*, arrêté pré-

COMMUNES. — RECETTES.	
DÉSIGNATION DES RECETTES.	JUSTIFICATIONS.
31. Chemins vicinaux (suite).	fectoral autorisant la vente ; expédition *(T)* du procès-verbal d'adjudication ou de l'acte de vente à l'amiable ; décompte des intérêts, s'il y a lieu. Si le titre n'est pas apuré à la fin de l'exercice, extrait sur papier libre avec mention que le titre en forme sera produit ultérieurement ; 7° *Subventions de l'État ou du département,* certificat du receveur des finances, visé par le maire, établissant le montant des subventions accordées ; 8° *Contraventions pour élagage, anticipations, etc. (Inst. chem. vic., art. 294, 295, 311 et suiv.),* procès-verbaux timbrés et enregistrés des maires, adjoints, commissaires de police, agents-voyers et gardes champêtres ; 9° *Subventions pour la dégradation des chemins (Inst. chem. vic., art. 110 à 115),* ampliation de l'arrêté du préfet, en conseil de préfecture, réglant les subventions.
32. Chemins ruraux. *(L. 20 août 1881.)*	Mêmes justifications qu'au paragraphe précédent.
33. Taxe municipale sur les chiens. *(Inst. gén.. art. 893 à 912 ; tabl. de l'art. 1542, § 26.)*	Ampliation ou extrait certifié du décret qui a fixé le tarif de la taxe ; copie, certifiée par le maire, de l'exécutoire du rôle de la taxe ; ordonnances de dégrèvements qui justifient la réduction du rôle.
34. Intérêts de fonds placés au Trésor public. *(Inst. gén., art. 766, 774 et 940 ; tabl. de l'art. 1542, § 27.)*	Ampliation des décomptes annuels, certifiée par le receveur des finances.
35. Indemnités pour enrôlements volontaires. *(Inst. gén., art. 941 ; tabl. de l'art. 1542, § 28.)* — V. n° 1467.	Copie, certifiée, des mandats délivrés par les intendants militaires.
36. Centimes additionnels spéciaux pour impositions communales, gardes champêtres, chemins vicinaux, etc., *(Inst. gén., art. 13 à 17 ; tabl. de l'art. 1542, § 29.)*	Mêmes justifications qu'au § 1°.
37. Centimes pour contribuer aux dépenses des syndicats des communes. *(L. 22 avril 1898, art. 177.)* — V. n° 1664.	Mêmes justifications qu'au § 1°.
38. Centimes additionnels pour le service de l'assistance médicale gratuite. *(L. 15 juill. 1893, art. 27.)* — V. n° 1664.	Mêmes justifications qu'au § 1°, et, s'il est nécessaire, les pièces énoncées au § 193.

COMMUNES. — RECETTES

DÉSIGNATION DES RECETTES.	JUSTIFICATIONS.
39. Frais de perception des centimes communaux. (*Inst. gén., art. 18.*)	Mêmes justifications qu'au § 1er.
40. Recouvrement des avances pour droits de transmission et pour impôt sur le revenu des obligations communales. (*L. 23 juin 1857; 16 sept. 1871, art. 11; 29 juin 1872 et 21 juin 1875; Circ. de la compt. publ. 25 août 1879.*)	État détaillé mensuel (*Modèle n° 55*), certifié par le receveur municipal et visé par le maire. — V. EMPRUNTS n°s 1449, 1450 et suiv. — Lorsque l'avance de l'impôt n'est contrebalancée dans les comptes par aucune recette, produire un certificat explicatif, indiquant le motif pour lequel la commune a pris à sa charge le montant de cet impôt. (*Jurisp. de la Cour des comptes.*) — V. n° 1457.
41. Taxes accessoires, télégraphiques ou téléphoniques, perçues dans les bureaux municipaux. (*L. 21 mars 1878; décr. 9 juill. 1890.*)	Lorsque le produit paraît pour la première fois au compte, copie ou extrait du décret ou de l'arrêté qui a autorisé la perception de la taxe. État du produit, certifié par l'agent de la recette et visé par le maire.
RECETTES EXTRAORDINAIRES.	
42. Impositions locales extraordinaires de toute nature. (*Inst. gén., art. 16, 17, 942 et 943; tabl. de l'art. 1542, § 29.*) — V. n°s 1664 et suiv.	Les ampliations ou extraits, certifiés par le maire des lois, décrets, arrêtés préfectoraux ou délibérations du conseil municipal dûment approuvées qui autorisent les impositions. L'extrait des rôles, certifié par le receveur des finances et visé par le maire.
43. Subventions de l'État ou du département pour divers services.	Copie de la déclaration de versement adressée par le trésorier général au receveur municipal, ou, si la subvention a fait l'objet d'un mandat délivré par le préfet, copie certifiée par le maire, faisant connaître le numéro, la date, l'ordonnancement et le montant du mandat. Pour les subventions spéciales aux chemins vicinaux, V. § 31-7°.
44. Produit des ventes de meubles et d'immeubles. (*Inst. gén., art. 944; tabl. de l'art. 1542, § 30.*)	Ampliation de l'arrêté du préfet qui a autorisé la vente, en vertu de la loi du 5 avril 1884, art. 68, 2°, ou délibération du conseil municipal dûment approuvée. Expédition en due forme des procès-verbaux d'adjudication ou autres actes qui ont déterminé le prix et les conditions des ventes, quand elle est produite avec le compte final, et copie lorsqu'il s'agit d'une justification provisoire (*V. n° 2235*). — S'il s'agit d'un prix productif d'intérêt, décompte de la recette en capital et intérêts (*Modèle n° 515*). — Les intérêts doivent être comptés comme il est dit au n° 1724. Pour les ventes verbales de peu d'importance : 1° délibération du conseil municipal, dûment approuvée, autorisant les ventes ; — 2° état (*T*) certifié par le maire, indiquant les noms des débiteurs, les dates des ventes, la nature des produits ou objets, le montant du prix de vente à recouvrer et l'époque du payement. — V. ALIÉNATIONS D'IMMEUBLES, n°s 46 et suiv., ÉTATS EXÉCUTOIRES, n° 1488.

COMMUNES. — RECETTES.

DÉSIGNATION DES RECETTES.	JUSTIFICATIONS.
45. **Indemnité en cas d'incendie.**	Les pièces énoncées au mot *Assurances*, n° 653.
46. **Legs et donations.** (*Inst. gén., art. 946 à 952; tabl. de l'art. 1542, § 31.*) — V. n°ˢ 1751 et suiv.	Ampliation des décrets, des arrêtés du préfet ou des délibérations du conseil municipal dûment approuvées, qui ont autorisé l'acceptation des dons et legs, en vertu de la loi du 5 avril 1884, art. 111 et suiv. modifiés par la loi du 4 février 1901 ; extrait certifié des inventaires, partages ou actes de ventes, etc., établissant les droits de la commune, quand ce n'est pas une somme fixe qui a été léguée (T). — V. Legs, n°ˢ 1768 et suiv. *Pour les dons manuels,* copie de la délibération du conseil municipal et état certifié par le receveur municipal, et visé par le maire, des sommes encaissées. — V. Dons, n°ˢ 1379 et suiv. En ce qui concerne les dépenses, V. § 171.
47. **Produit de l'amortissement des rentes sur particuliers.** (*Inst. gén., art. 953; tabl. de l'art. 1542, § 32.*) — V. n° 2728.	Décompte dûment arrêté, indiquant la rente annuelle, le taux, l'échéance, le capital et la date de l'amortissement (T). Ampliation de l'arrêté préfectoral d'autorisation, lorsque les remboursements ont été faits sous la déduction d'un cinquième du capital, en vertu de l'instruction du ministre de l'Intérieur du 24 septembre 1825. Lorsqu'il s'agit de *remboursements de capitaux* non constitués en rentes proprement dites, expédition (T) de l'acte constitutif de la créance, ou un extrait dudit acte (T) indiquant l'origine de la créance, la somme, l'époque de l'exigibilité, tant en capital qu'en intérêts.
48. **Coupes extraordinaires de bois.** (*Inst. gén., art. 954 à 965; tabl. de l'art. 1542, § 33; Circ. de la compt. publ. 20 mai 1893, § 1ᵉʳ.*) — V. n°ˢ 1254 et suiv.	Copie ou date des décrets qui ont autorisé les ventes ; — procès-verbaux d'adjudication (T) récapitulés dans un bordereau ; — extrait du cahier des charges (T). — V. Actes, n° 19 *bis.* Pour les coupes ordinaires, V. § 24.
49. **Emprunts.** (*Inst. gén., art. 967 à 970; tabl. de l'art. 1542, § 34; Circ. compt. publ. 25 août 1879.*) — V. n°ˢ 1420 et suiv.	Date de la loi ou ampliation du décret d'autorisation, en vertu de la loi du 5 avril 1884, art. 143, ou expédition de la délibération du conseil municipal prise en conformité des articles 141 et suivants de la même loi ; copie, certifiée par le maire, des actes qui ont réglé les conditions de l'emprunt (T) si c'est la copie qui a été délivrée à la commune pour lui servir de titre. Lorsqu'il s'agit d'un emprunt par voie de souscription publique, un état Modèle n° 9, Circ. compt. publ. 25 août 1879), certifié par le maire. *Pour les intérêts de retard,* bordereau détaillé (Modèle n° 15, Circ. compt. publ. 25 août 1879), certifié par le receveur municipal et approuvé par le maire. En ce qui concerne le recouvrement des droits à payer au Trésor pour valeurs au porteur ou transmissibles sans transfert et autres taxes sur le revenu. — V. Emprunts, n°ˢ 1449 et suiv.
50. **Intérêts de prêts différés au Crédit foncier.**	Voir le paragraphe 149.

24

COMMUNES. — RECETTES.

DÉSIGNATION DES RECETTES.	JUSTIFICATIONS.
51. Produit de la vente d'inscriptions de rentes sur l'État, d'obligations ou autres valeurs industrielles, et remboursement de ces dernières valeurs. *Inst. gén., art. 972 et 973 ; tabl. de l'art. 1542, § 35.)* — V. n°s 2717 et suiv.	Ampliation des arrêtés du préfet qui ont autorisé les ventes ; bordereau de l'agent de change qui en établit le prix *(T).* *Pour le remboursement des valeurs industrielles,* décompte indiquant la nature de la valeur, le numéro, le montant brut, l'époque d'exigibilité et, s'il y a lieu, les impôts et frais à déduire.
52. Frais d'expertise avancés sur les fonds des communes. *(Inst. gén., art. 139.)* — V. n° 1511.	Copie certifiée de l'arrêté du préfet portant condamnation.
53. Recettes accidentelles et imprévues. *(Inst. gén., art. 971 ; tabl. de l'art. 1542, § 37.)* — V. n°s 1485 et suiv., 1557 et 2577.	Titres, actes, extraits de jugements ou arrêts, certificats ou bulletins de recettes *(timbrés ou non timbrés, suivant le cas)* qui constituent les produits, et états dûment arrêtés, qui en déterminent le montant. — V. §§ 29 et 30. S'il s'agit du produit de souscriptions volontaires, état (T) des souscriptions, rendu exécutoire par le préfet ou le sous-préfet, conformément à l'article 154 de la loi du 5 avril 1884 ; délibération du conseil municipal dûment approuvée. Pour les forcements en recette prononcés par les conseils de préfecture ou la Cour des comptes : — 1° ampliation de l'arrêté ou extrait des décisions et observations, ou encore, état explicatif des forcements volontaires effectués par le comptable, certifié par le maire ; — 2° quittance à souche du comptable délivrée à lui-même. Pour les excédents de versements, V. § 58.
SERVICES HORS BUDGET. **54.** Fonds de retraites. *(Inst. gén., tabl. de l'art. 1542, § 38.)* :	
Retenues sur traitements et part dans les saisies et amendes d'octroi. *(Inst. gén., art. 1007, 1096, 1097, 1100, 1462 et 1485.)*	Pour la première fois, ampliation ou extrait des décisions qui déterminent les retenues ; chaque année, état nominatif annuel, arrêté par le maire, des employés qui ont subi les retenues, et indiquant, avec le chiffre des traitements, le montant et la nature de ces retenues. Pour la part revenant au fonds de retraites dans le produit des saisies et amendes d'octroi, les états de répartition mentionnés au § 174.
Semestres de rentes. *Inst. gén., art. 1099 et 1485.)*	État, certifié par le maire, indiquant le montant des inscriptions. *(Circ. compt. publ. 15 juin 1864, § 7.)*
Recettes accidentelles. *Inst. gén., art. 1096 et 1485.)*	Titres qui constituent les produits, timbrés ou non timbrés, suivant le cas *(V. le § 46 quand il s'agit de legs et donations)* ; et états, dûment arrêtés, qui en déterminent le montant. Copie du compte remis par la caisse des dépôts.
55. Recettes d'ordre de l'octroi. *Inst. gén., tabl., de l'art. 1542, § 39)* :	

COMMUNES. — RECETTES.

DÉSIGNATION DES RECETTES.	JUSTIFICATIONS.
Consignations pour saisies et amendes. (*Inst. gén., art. 1102, 1462 et 1540.*)	Bulletins de versements à la caisse municipale ; — procès-verbaux constatant les contraventions, les transactions ou les jugements intervenus (*T*) ; — actes de ventes, s'il y a lieu *(T)*.
Consignations sur passe-debout. (*Inst. gén., art. 1102 et 1463.*)	Bulletins de versements, déjà cités, et relevés mensuels des recettes et des dépenses sur passe-debout.
Remises allouées aux employés par l'administration des contributions indirectes. (*Inst. gén., art. 1102 et 1464.*)	Bulletins de versements, déjà cités, appuyés des décomptes de remises revenant aux employés.
Produit net des ventes faites dans les entrepôts. (*Inst. gén., art. 1102 et 1465.*)	Procès-verbaux constatant le produit des ventes et pièces justificatives des déductions à opérer sur ce produit.
56. Coupe affouagère distribuée en nature. (*Inst. gén., art. 874 et 1103; tabl. de l'art. 1542, § 40.*)	Certificat du maire constatant l'estimation de la coupe, détaillée par quantité, par nature de produits et par contenance.
57. Dépôts de garantie et cautionnements pour adjudications et marchés. (*Inst. gén., art. 1026 à 1028, 1104 et 1480; tabl. de l'art. 1542, § 41.*) — V. n° 863.	État, certifié par le maire, des dépôts et des cautionnements, qui ont dû être reçus, et présentant, dans des colonnes distinctes, les dépôts et les cautionnements *en numéraire* et *en rentes* sur *l'État*.
58. Excédents de versements sur les produits communaux. (*Inst. gén., art. 888, § 8, art. 910 et 1105 ; tabl. de l'art. 1542, § 42.* — V. n°s 1502 et suiv.	Relevé, dressé par le receveur et certifié par le maire, des excédents par nature de produits. En ce qui concerne l'application au compte de la commune des excédents de versements non réclamés à la fin de la seconde année de l'exercice : État nominatif des ayants-droit, certifié par le receveur municipal et visé par le maire. — V. n°s 1504 et suiv.
58 *bis.* Frais de poursuites communales par la poste. (*Circ. compt. publ., 28 août 1902, § 26.*) — V. n°s 2459 *bis*, § 26.)	Relevés mod. n° 15 établis dans la forme du mod. n° 1, visés par le receveur des finances et par le maire.
59. Retenues pour le service des pensions civiles et en vertu d'oppositions. (*Inst. gén., art. 346, 1107, 1106 et 1473, tabl. de l'art. 1542, § 43.*)	État, certifié par le maire, des retenues opérées.

COMMUNES. — DÉPENSES.

DÉSIGNATION DES DÉPENSES.	JUSTIFICATIONS A PRODUIRE A L'APPUI DES MANDATS DE L'ORDONNATEUR [1].
60. Cotisations particulières. (*Inst. gén.*, art. 1108 et 1476; tabl. de l'art. 1542, § 45.) — V. n°s 1233 et suiv.	Rôles et états (T) établissant les taxes, dûment approuvés.
61. Part allouée aux pauvres ou aux hospices dans le produit des concessions de terrains dans les cimetières. (*Inst. gén.*, art. 927; tabl. de l'art. 1542, § 46.) — V. n°s 1068 et suiv.	Relevé, certifié par le maire, des actes de concessions indiquées au § 22.
62. Recettes faites avant l'ouverture de l'exercice. (*Inst. gén.*, art. 1100 et 1492; tabl. de l'art. 1542, § 47). — V. n°s 2582 e suiv.	État détaillé des recettes, certifié par le maire.
63. Caisse des écoles. (*L. du 10 avril 1867; Circ. compt. publ. 15 oct. 1867, § 3; L. 28 mars 1882, art. 17; Circ. min. Inst. publ. 29 mars 1882.*) — V. n°s 806 et suiv.	1° *Pour la première fois*, expédition de la délibération du conseil municipal, approuvée par le préfet, qui constitue la caisse; 2° *Subvention de la commune, du département ou de l'État*, ampliation des arrêtés ou copie, certifiée par le maire, des mandats délivrés au profit de la caisse; 3° *Cotisations volontaires*, état nominatif des sommes versées, certifié par le maire; 4° *Dons et legs*, autorisation du Préfet, ou délibération du conseil municipal dûment approuvée; 5° *Intérêts de fonds placés au Trésor*, même justification qu'au § 34; 6° *Produit de rentes*, état, certifié par le maire, indiquant les numéros, la date de la jouissance et le montant des inscriptions, ainsi que le produit des rentes pour l'année.
63 *bis*. Perception de produits communaux (droits de places et de stationnement) au moyen de tickets. (*Circ. compt. publ.*, 25 sept. 1901, § 13.) — V. n° 1804 *bis*.	*Remise des tickets aux agents* : les quittances d'ordre desdits agents.
DÉPENSES ORDINAIRES. 64. Traitements, gages et salaires des agents et autres employés de la commune. (*Inst. gén.* art. 993; tabl. de l'art. 1542, § 50.) — V. n°s 2603 et 3022.	La quittance ou l'état émargé des parties prenantes, énonçant leurs noms, leur grade ou leur emploi; le montant de leurs traitements, gages ou salaires, par année, par trimestre ou par mois; les retenues pour pensions de retraites ou pensions civiles, s'il y a lieu, et le restant net à payer. En cas d'ordonnancement individuel, mandat avec les mêmes énonciations. En principe, les traitements sont payables *à terme échu*, le 1er pour

1. Pour l'examen des mandats et autres pièces justificatives, voir *Paiement des dépenses* n°s 2084 et suivants.

COMMUNES. — DÉPENSES.

DÉSIGNATION DES DÉPENSES.	JUSTIFICATIONS A PRODUIRE A L'APPUI DES MANDATS DE L'ORDONNATEUR.
64. Traitements, etc. (suite).	le mois écoulé. Toutefois les comptables sont autorisés à payer le dernier jour du mois les traitements ou émoluments dus par les communes. — Lorsque le dernier jour du mois est un dimanche ou un jour férié, le payement doit être reporté au lendemain. Il est expressément recommandé aux comptables de n'apporter aucune exception aux règles qui précèdent et de n'accueillir aucune demande de payement de mandats qui leur seraient présentés avant le dernier jour du mois, peu importe la date de l'ordonnancement. (*Circ. compt. publ. 26 sept. 1896, § 5 et 13 mars 1897*). Pour la liquidation des traitements, tous les mois sont indistinctement comptés pour trente jours. — V. nᵒˢ 2603 et 3022. Lorsqu'il s'agit d'une gratification, V. nᵒ 737. Le maire ainsi que les adjoints et les conseillers municipaux ne peuvent recevoir aucun traitement, gage ou salaire de la commune. — V. nᵒ 1111. En ce qui concerne les indemnités qui peuvent leur être allouées, V. §§ 147 et 148. Nota. — Les quittances pour traitement, salaires, gratifications, indemnités, sont sujettes au timbre de 10 centimes, si la somme due pour le temps de service expiré excède 10 francs. V. nᵒ 2121. — Les états d'émargement sont exempts du timbre de dimension ; mais ils doivent être revêtus d'autant de timbres de 10 centimes qu'il y a de parties prenantes, recevant au terme de traitement supérieur à 10 francs (*Inst. nᵒ 1370, § 9, rappelée dans une décision du ministre des finances du 13 janvier 1883 ; Inst. enreg. 6 mars 1883 ; nᵒ 2670, § 7.*) Lorsqu'un état d'émargement comprend 5, 10 et 20 quittances, il est préférable d'employer des timbres de 50 centimes, 1 franc et 2 francs. — V. Timbres, nᵒ 2084.
65. Frais de bureau de la mairie : chauffage, éclairage, fournitures de papier, encre, plumes, crayons, etc. (*Inst. gén., art. 1021 à 1024; tabl. de l'art. 1542, § 54.*) — V. nᵒˢ 3036 et suiv.	Factures ou mémoires réglés des fournitures (T) et relatant, lorsqu'il y a lieu, les numéros sous lesquels les objets sont inscrits au catalogue ou à l'inventaire (V. nᵒ 1735) ; — copie (T), dûment certifiée, du procès-verbal d'adjudication ; — soumissions, conventions et marchés, dans tous les cas où ces voies ont dû être employées ; — certificats de réception, décompte des livraisons (T). Pour les menues dépenses n'excédant pas 10 francs, on peut se dispenser de produire un mémoire en indiquant dans le corps du mandat la date et le détail des fournitures. — V. nᵒ 1841. Dans tous les cas, les dépenses d'imprimés à l'usage d'une commune ne peuvent être quittancées par le secrétaire de la mairie. Le receveur doit exiger, conformément à la règle générale, la quittance du fournisseur, créancier réel. (*Arr. Cour des comptes, 25 nov. 1898.*) Parmi les frais de bureau de la mairie, on ne peut imputer sur le crédit alloué à ce sujet le prix des cartes de visite du maire et des conseillers municipaux et le montant des frais de distribution de ces cartes. Le juge des comptes ne peut allouer de semblables dépenses sans une délibération du conseil municipal, approuvée par le préfet, ouvrant à cet effet un crédit spécial. (*Arr. Cour des comptes, 8 mars 1897.*) Lorsque les frais de bureau de la mairie sont alloués à forfait ou à titre d'indemnité au maire, et que la somme inscrite au budget est créditée pour cet objet, quittance, (T) si la somme payée excède 10 francs. Dans ce cas, le mandat est ordonnancé par l'adjoint.

COMMUNES. — DÉPENSES.

DÉSIGNATION DES DÉPENSES.	JUSTIFICATIONS A PRODUIRE A L'APPUI DES MANDATS DE L'ORDONNATEUR.
66. Traitement du receveur municipal. (*Circ. compt. publ. 26 août 1876*, § 2, *et 9 juillet 1881*, § 6.) — V. n°ˢ 2589 et suiv.	1° *Pour le traitement fixe*, production, à l'appui du premier mandat, d'une ampliation de l'arrêté préfectoral portant fixation du traitement ; toutefois, cette justification doit être renouvelée en cas de mutation de comptable, de modification du traitement, ou, enfin, de changement de juridiction ; En cas de mutations de comptables V. n° 2603, et, pour le décompte de traitement, n° 3022. 2° *Pour le dixième en plus*, production, à l'appui du premier mandat, d'une copie certifiée de la délibération du conseil municipal, dûment approuvée. — Pour les années suivantes, on indique le compte auquel est jointe cette copie. — V. n° 2604. Nota. — Les mandats délivrés au nom des receveurs municipaux doivent être conformes au modèle, annexe n° 5, joint à la circulaire de la comptabilité publique du 26 août 1876, § 2 (V. n° 2603). — En faisant dépense de ces mandats, les comptables ont à se charger en recette du montant des retenues à opérer pour le service des pensions civiles V. n°ˢ 2708 et suiv.).
67. Frais de bureau du receveur municipal dépassant le quart du traitement. (*Circ. compt. publ. 26 août 1876*, § 2.)	Si la somme est allouée à forfait, quittance du receveur, (T) si elle excède 10 francs. — En cas de réclamation contre le refus du conseil municipal, état détaillé des frais dûment approuvé par le préfet. — V. n° 2607, 2608 et 2609.
68. Frais de perception des centimes communaux. (*Inst. gén., art. 18* ; *Circ. compt. publ. 28 mars 1884*, § 2. — V. n° 1578.	Les frais de perception des centimes communaux ne figurent plus aux budgets des communes. (*Circ. compt. publ., 24 juin 1898*, § 7). — V. n° 1578.
69. Indemnité au receveur municipal pour travaux extraordinaires, frais de déplacements, etc.	Délibération du conseil municipal, dûment approuvée, et, s'il y a lieu, état ou mémoire (T) des dépenses. Quittance, (T) lorsque la somme excède 10 francs.
70. Traitement du commissaire de police et frais de bureau. (*Inst. gén., art. 611 à 613* ; *tabl. de l'art. 1542*, § 71.)	Extrait, certifié par le maire, de l'arrêté du préfet qui fixe le montant de la cotisation à la charge de la commune ; — récépissé du receveur des finances constatant le versement de la cotisation, ou extrait de ce récépissé. — V. Récépissés, n° 2573 et suiv. Lorsque le traitement est payé directement par la commune, mêmes justifications qu'au § 64.
71. Traitement des appariteurs ou agents de police et du tambour afficheur. (*Inst. gén., art. 993 à 1011.*)	Mêmes justifications qu'au § 64.
72. Salaire des gardes champêtres. (*Inst. gén., art. 993 et 1011.*)	Mêmes justifications qu'au § 64.
73. Salaire des gardes forestiers. (*Inst. gén., art. 611 à 613.*)	Mêmes justifications qu'au § 70.

COMMUNES. — DÉPENSES.	
DÉSIGNATION DES DÉPENSES.	JUSTIFICATIONS A PRODUIRE A L'APPUI DES MANDATS DE L'ORDONNATEUR.
73 *bis*. Contingent des communes dans les dépenses des conseils de Prud'hommes. (*Circ. compt. publ.* 20 *janv.* 1886, § 2.) — V. n° 1123.	Récépissé du receveur des finances, ou extrait de ce récépissé.
74. Abonnement à diverses publications administratives. (*Inst. gén., art. 626 ; tabl. de l'art. 1542,* § 71.) — V. n° 2.	Récépissé du receveur des finances, ou extrait de ce récépissé. — V. Récépissés, n°° 2573 et suiv.
75. Abonnements à des publications périodiques. — V. n° 3.	Décision administrative qui autorise la dépense ; — quittance du prix d'abonnement, timbrée à 10 centimes si la somme est supérieure à 10 francs. (*Circ. compt. publ.* 11 *janv.* 1877, § 3.) Le crédit porté au budget avec désignation de la publication peut tenir lieu de la décision.
76. Achats d'ouvrages administratifs.	Factures ou mémoires réglés des fournitures (T) et relatant, lorsqu'il y a lieu, les numéros sous lesquels les objets sont inscrits au catalogue ou à l'inventaire de la mairie.
77. Frais de registres de l'état civil et des livrets de famille, et la portion de la table décennale des actes de l'état civil à la charge des communes. (*Inst. gén., art. 611 à 613; tabl. de l'art. 1542,* § 71 ; *L.* 5 *avril 1884, art.* 136, § 4.)	Extrait, certifié par le maire, de l'arrêté du préfet qui a fixé le montant de la cotisation à la charge de la commune ; — récépissé du receveur des finances constatant le versement, ou extrait de ce récépissé. — V. Récépissés, n°° 2573 et suiv. Les feuilles supplémentaires peuvent être payées au receveur de l'enregistrement qui quittance le mandat délivré par le maire. Pour les frais de reliure, mémoire (T) des fournitures, à moins que la somme n'excédant pas 10 francs, le détail soit donné dans le corps du mandat.
78. Frais d'impression à la charge de la commune. (*Inst. gén.. art. 611 à 613; tabl. de l'art. 1542,* § 71.)	Extrait, certifié par le maire, de l'arrêté du préfet qui a fixé le montant de la cotisation ; — récépissé du receveur des finances constatant le versement, ou extrait de ce récépissé. — V. Récépissés, n°° 2573 et suiv. En ce qui concerne les frais d'impressions qui ne rentrent pas dans la nomenclature des cotisations (V. n° 1228), délibération du conseil municipal qui a expressément consenti la dépense ; Mémoires (T) des fournisseurs. (*Jurisp. de la Cour des comptes.*)
79. Frais de confection des matrices, rôles et avertissements à la charge de la commune. (*Inst. gén., art. 611 à 613.*)	Mêmes justifications qu'au paragraphe précédent.
80. Frais d'extraits du casier judiciaire réclamés par les maires pour la revision des listes électorales. Payement des frais aux greffiers. (*C. compt. publ.* 8 *déc.* 1891, § 3.)	Acquit de la partie prenante, ou, lorsque le paiement a lieu par la poste, quittance pour ordre du receveur des postes sur le mandat de payement auquel est annexé le talon du mandat-carte envoyé au bureau payeur. — V. n° 1516.

COMMUNES. — DÉPENSES.

DÉSIGNATION DES DÉPENSES.	JUSTIFICATIONS A PRODUIRE A L'APPUI DES MANDATS DE L'ORDONNATEUR.
81. Timbre des comptes et registres de la comptabilité communale. (*Inst. gén., art. 1302 et 1470.*)	Quittance du receveur de l'enregistrement qui a timbré les comptes et registres. — V. Timbre, n°° 2966, 2967, 3005 et 3006.
82. Achat de timbres. — Payement de droits d'enregistrement. (*Inst. gén., art. 1017.*)	Quittance du receveur de l'enregistrement. *(Circ. min. Int. 16 oct. 1875 ; Circ. compt. publ. 6 déc. 1876.)* — V. Timbres, n°° 3005 et suiv. et le nota du § 144.
83. Quittances timbrées pour subventions, secours, etc., à la charge des communes.	État des avances faites par le receveur municipal, visé par le maire, indiquant le nombre des timbres fournis et les quittances sur lesquelles ces timbres ont été apposés. Cet état peut être donné dans le corps du mandat. — V. n°° 3001 à 3006.
84. Contributions des biens communaux. (*Inst. gén., art. 993 ; tabl. de l'art. 1542, § 65.*) — V. n°° 1185 et suiv.	Avertissements et quittances à souche des percepteurs. Lorsque les avertissements sont au nom d'une section de commune, délibération du conseil municipal décidant que tel article sera payé par la commune. — V. n° 1185, derniers alinéas. Si la cote est indivise, décompte arrêté par le maire faisant connaître la quote-part à payer par la commune.
85. Taxe des biens de mainmorte. (*Inst. gén., article 993.*)	Mêmes justifications qu'au paragraphe précédent.
86. Assurances contre l'incendie. — V. n° 652.	Quittance à souche de l'agent d'assurance *(T)* s'il s'agit d'une dépense excédant 10 francs *(V. n° 1849)* ; — avec le mandat de la première année, délibération du conseil municipal portant autorisation en vertu de l'article 64 de la loi du 5 avril 1884, et copie ou extrait de la police d'assurance ou de l'avenant ; — à l'expiration de la police, original dudit acte. — Les contrats d'assurances ne sont pas passibles du timbre de dimension, l'article 8 de la loi du 29 décembre 1884 les assujettissant au droit de timbre par abonnement *(Circ. compt. publ. 9 août 1904, § 2).* — Pour les comptes intermédiaires, indication du mandat auquel sont jointes les pièces *(V. n° 2255).* Il est bon d'indiquer également dans le corps du mandat, le numéro et la durée de la police, son expiration et l'annuité à laquelle s'applique le payement. En ce qui concerne les assurances mutuelles, décompte certifié des répartitions, indiquant la quote-part à la charge de la commune (ce décompte peut être donné sur la quittance à souche de l'agent d'assurance). La quittance de cotisation d'assurances mutuelles contre l'incendie ne renferme qu'un seul acte, alors même qu'elle contient, en tête, un bordereau présentant le détail de la dette, et, par suite, ne peut être assujettie qu'à un seul droit de timbre de 10 centimes lorsque la somme excède 10 francs *(Solut. enreg. 26 mars 1888).* Le bordereau serait passible du timbre de dimension s'il formait un acte distinct qui, par ce fait, constituerait, avec la quittance, deux pièces justificatives. Pour la recette des indemnités en cas de sinistre, V. n° 653.

COMMUNES. — DÉPENSES.	
DÉSIGNATION DES DÉPENSES.	JUSTIFICATIONS A PRODUIRE A L'APPUI DES MANDATS DE L'ORDONNATEUR.
87. Loyer de la maison commune et autres immeubles. — V. n°ˢ 1098 et 1105.	A l'appui du mandat de la première année, délibération du conseil municipal réglant les conditions du bail, et copie ou extrait, non timbré, du bail enregistré ; à l'expiration du bail, expédition (T) dûment certifiée dudit acte. — Pour les comptes intermédiaires, indication du mandat auquel sont jointes les pièces (V. n° 2235). Il est bon également d'indiquer dans le corps du mandat, la durée du bail, son expiration et l'année à laquelle s'applique le payement. Lorsque le bail excède une durée de plus de dix-huit années, le receveur municipal, avant de payer le premier terme de loyer, doit exiger que le bail soit transcrit au bureau des hypothèques, en conformité de l'article 2 de la loi du 23 mars 1855. (Arr. Cour des comptes, 30 nov. 1898.) Si le bail est verbal, délibération du conseil municipal autorisant la location, et, lorsque la somme excède 100 francs ou que la durée du bail dépasse trois ans, certificat du maire, constatant que la déclaration de location verbale a été faite conformément aux prescriptions de l'article 11 de la loi du 23 août 1871, et de l'article 6 de la loi du 28 février 1872 ; ce certificat doit indiquer la date de la déclaration et les droits perçus par le Trésor. — La quittance constatant le payement des droits peut remplacer le certificat du maire. Un loyer verbal ne peut, en aucun cas, être payé par anticipation. Dans le cas où l'immeuble aurait changé de propriétaire postérieurement au bail, extrait (T) de l'acte de vente ou de partage, donation, etc. Lorsqu'il s'agit du versement de la part contributive de la commune pour le loyer du bureau du télégraphe, quittance à souche du receveur des postes, timbrée à 25 centimes si elle excède 10 francs.
88. Frais d'entretien de la maison commune et autres immeubles communaux. (Inst. gén., articles 1020 à 1024 ; tabl. de l'art. 1542, § 59 à 61.) — V. TRAVAUX, n°ˢ 3034 et suiv.	Pour les réparations de simple entretien n'excédant pas 300 fr., soumission (T) de l'entrepreneur, acceptée par le maire, avec mention de l'enregistrement, ou mémoire (T) des réparations exécutées par économie, dûment réglé et visé par le maire. Pour les réparations s'élevant à plus de 300 fr., V. §§ 157 et suiv. Lorsqu'il s'agit de menues dépenses n'excédant pas 10 francs, on peut se dispenser de produire un mémoire en indiquant dans le corps du mandat la date et le détail des travaux ou fournitures. — V. n° 1841.
89. Dépenses ordinaires pour achats et réparations d'objets mobiliers, etc. (Inst. gén., art. 1021 à 1024 ; tabl. de l'art. 1542, § 54.)	Factures ou mémoires réglés des fournitures ou réparations (T) relatant, lorsqu'il y a lieu, les numéros sous lesquels les objets sont inscrits au catalogue ou à l'inventaire de la mairie ; — copie (T), dûment certifiée, lorsqu'elle est produite avec le compte final du procès-verbal d'adjudication, cahier des charges, devis, soumissions, conventions et marchés, dans tous les cas où ces voies ont dû être employées ; — certificats de réception, décompte des livraisons (T). — V. § 157 et TRAVAUX, n°ˢ 3034 et suiv.
90. Achat du mobilier scolaire.	Mêmes justifications qu'au paragraphe précédent : plus un certificat de l'inspecteur primaire, visé par l'inspecteur d'académie, constatant que les objets mobiliers remplissent les conditions prescrites par les instructions. — Ce certificat peut être donné sur les factures ou mémoires des fournisseurs. — Pour les achats de livres, V. §§ 106, 107 et 108.

COMMUNES. — DÉPENSES.

DÉSIGNATION DES DÉPENSES.	JUSTIFICATIONS A PRODUIRE A L'APPUI DES MANDATS DE L'ORDONNATEUR.
91. Entretien des aqueducs, fontaines, puits, mares, lavoirs publics, etc. (*Inst. gén., art. 1020 à 1024.*)	Mêmes justifications qu'au § 88, sauf dans le cas suivant : Lorsque l'entretien annuel est concédé par bail à un entrepreneur, copie ou extrait, non timbré, du procès-verbal d'adjudication ou traité de gré à gré, et avec le compte final l'expédition (T) du bail.
92. Entretien des pavés, promenades et jardins publics.	Mêmes justifications qu'au paragraphe précédent. Pour le traitement des gardiens et des jardiniers, justifications indiquées au § 64.
93. Primes accordées pour les bestiaux amenés aux foires.	État nominatif (T) dressé et certifié par le maire, mentionnant la nature, le montant des primes, ainsi que les personnes qui les ont obtenues, ledit état dûment acquitté par les parties prenantes ; chaque acquit au-dessus de 10 francs est passible du timbre de 10 centimes.
94. Traitement (ou indemnité) du vétérinaire inspecteur, dans les communes où se tiennent des foires ou marchés à bestiaux. (*L. 21 juill. 1881, art. 27 à 39.*)	Délibération du conseil municipal, dûment approuvée, fixant le chiffre du traitement (ou de l'indemnité), dans le cas où il n'y aurait pas un crédit spécial ouvert au budget pour cette dépense.
95. Enlèvement des boues et immondices.	Justifications indiquées au mot BOUES ET IMMONDICES, n° 721.
96. Entretien des pompes à incendie et accessoires. (*Circ. compt. publ. 10 mars 1905, § 5.*) — V. n° 2834.	Mémoires des fournitures ou réparations (T), réglés par le maire et visés par le chef de corps. (*Décr. 10 nov. 1905, art. 56*). — V. §§ 89 et 90.
97. Traitement et gratifications accordées aux sapeurs-pompiers. (*Circ. compt. publ. 10 mars 1905, § 5.*) — V. n° 2834.	Mandat du maire, visé par le chef de corps, quittancé par la partie ou état d'émargement. — Les quittances des sommes supérieures à 10 francs sont soumises au timbre de 10 centimes, lorsque le corps des sapeurs-pompiers n'est pas constitué militairement et qu'il ne fait pas partie intégrante de l'armée. (*Décis. min. Fin. 19 janv. 1881.*) — Dans tous les cas, celles données par les officiers sont toujours assujetties au timbre de 10 centimes.
98. Primes pour destruction d'animaux ou d'insectes nuisibles. (*L. 5 avril 1884, art. 90, n° 9.*)	Délibération du conseil municipal fixant le tarif des primes ; État ou décompte des sommes dues (T) visé par le maire et quittancé par les parties prenantes. Les quittances ou émargements supérieurs à 10 francs sont passibles du timbre de 10 centimes. Lorsque l'on n'emploie que des indigents et que l'attestation en est donnée par le maire, l'exemption de timbre est générale pour les pièces justificatives et les quittances. Les mandats de primes n'excédant pas 10 francs peuvent n'être accompagnés d'aucune pièce justificative, si on a soin de porter dans le corps des mandats les indications suffisantes pour établir le droit à l'indemnité. — V. n° 1841.
99. Entretien de l'horloge.	Lorsque le soin de monter et d'entretenir l'horloge est confié à un employé de la commune, moyennant un salaire annuel, quittance de la partie prenante, (T) si elle excède 10 francs. — V. § 64. Pour les réparations, mêmes justifications qu'au § 88.

COMMUNES. — DÉPENSES.

DÉSIGNATION DES DÉPENSES.	JUSTIFICATIONS A PRODUIRE A L'APPUI DES MANDATS DE L'ORDONNATEUR.
100. Dépenses de l'éclairage.	*Pour les achats et réparations :* — factures ou mémoires des fournitures ou réparations (T) ; — copie ou extrait du procès-verbal d'adjudication, soumissions, conventions et marchés, dans tous les cas où ces voies ont dû être employées ; — copie (T) de ces actes, lorsqu'elle est produite avec le compte final. — V. § 157. *Si le service est fait en régie :* — mémoire (T) des fournisseurs ; — état émargé des préposés, et acquits (T). — V. § 64.
101. Constatation et service des décès.	Mémoire (T) du médecin qui a constaté les décès, à moins que, pour ce service, on n'alloue un traitement fixe ; dans ce cas, mêmes justifications qu'au § 64.
102. Indemnités de résidence des instituteurs et institutrices. (*Circ. compt. publ. 21 mars 1892, § 1er.*). — V. n° 1719.	1° Arrêté du préfet fixant le chiffre de l'indemnité ; 2° Mandat du maire indiquant le mois, trimestre, semestre ou année que concerne l'indemnité.
103. Indemnités pour les cours d'adultes aux instituteurs primaires.	1° Traité de gré à gré (T), fixant entre la commune et l'instituteur les conditions de rémunération ou délibération du conseil municipal tenant lieu de cette pièce ; la délibération est inutile lorsqu'il existe un crédit spécial ayant pour titre : *indemnité à l'instituteur pour les cours d'adultes* ; 2° Quittance de la partie prenante, (T) si elle excède 10 francs.
104. Location et entretien de la maison d'école.	Mêmes justifications qu'aux §§ 87 et 88.
105. Chauffage et éclairage des salles de classes. (*Circ. min. Inst. publ. 15 janv. 1883 ; L. 5 avril 1884. art. 136, § 9. et 30 oct. 1886, art. 14.*)	Factures ou mémoires des fournisseurs *(T).* En cas d'adjudication, mêmes justifications qu'au § 89. Lorsque la dépense est allouée par abonnement en vertu d'une délibération du conseil municipal ou d'un crédit ouvert au budget avec mention de l'abonnement, quittance *(T)* de l'ayant droit.
105 bis. Subvention à la Caisse des écoles. (*Circ. compt. publ. 15 oct. 1867.*) — V. n°s 806 et suiv.	Quittance timbrée à 10 centimes du trésorier.
106. Achats de livres pour l'école. — Fournitures scolaires pour les indigents.	Factures ou mémoires des fournitures *(T)* et relatant, lorsqu'il y a lieu, les numéros sous lesquels les ouvrages sont inscrits au catalogue officiel de l'instruction publique. Pour les fournitures scolaires aux élèves indigents, mémoire (T), visé par le maire, indiquant le détail des fournitures. (*Solut. Min. Int., 10 oct. 1904.*) Lorsque les directeurs ou directrices d'écoles sont chargés d'assurer le service des fournitures scolaires à raison d'une indemnité forfaitaire de tant par élève, les payements qui leur sont effectués doivent donner lieu à l'établissement de mémoires sur timbre et non à un simple décompte administratif. (*Arr. Cour des comptes 22 juin et 28 déc. 1899*). Pour les achats du mobilier scolaire, V. § 90.

COMMUNES. — DÉPENSES.

DÉSIGNATION DES DÉPENSES.	JUSTIFICATIONS A PRODUIRE A L'APPUI DES MANDATS DE L'ORDONNATEUR.
107. Achats de livres pour la bibliothèque scolaire.	Factures ou mémoires des fournitures (T) relatant les numéros sous lesquels les ouvrages sont inscrits au catalogue officiel de l'instruction publique. — Indiquer également les numéros sous lesquels les livres ont été inscrits au catalogue ou à l'inventaire de la mairie. — V. n° 1735.
108. Achats de livres pour distribution de prix.	1° Factures ou mémoires des fournisseurs (T), indiquant le nombre et le titre des ouvrages. — V. § 106. 2° Certificat de distribution dressé par l'instituteur et visé par le maire. Pour la dépense des livrets de caisse d'épargne donnés en prix aux élèves des écoles communales : état nominatif des enfants attributaires de livrets ou certificat d'un membre de la commission administrative de la caisse d'épargne constatant l'emploi en livrets de la somme ordonnancée. (Arr. Cour des comptes, 9 fév. 1899.) Quittance non timbrée du préposé de la caisse d'épargne.
108 bis. Subvention à la Société scolaire de secours mutuels et de retraite.	Quittance à souche du trésorier, timbrée à 10 centimes si le montant de la subvention excède 10 francs.
109. Loyer du presbytère.	Mêmes justifications qu'au § 87.
110. Indemnité de logement aux ministres du culte salariés par l'État.	Quittance de la partie prenante, (T) si elle excède 10 francs. En cas de location, justifications indiquées au § 87.
111. Supplément de traitement au curé ou desservant.	Quittance de la partie prenante, (T) si elle excède 10 francs.
112. Achat et entretien d'objets relatifs au culte.	Mêmes justifications qu'au § 88.
113. Subvention à la fabrique en cas d'insuffisance de ses revenus. (Inst. gén., art. 996.) — V. n° 1518.	Quittance à souche du trésorier, timbrée à 25 centimes si le montant de la subvention est supérieur à 10 francs.
114. Clôture, entretien et translation des cimetières. (L. 5 avril 1884, art. 136, § 13.) — V. n° 947.	Mêmes justifications qu'au § 88 pour les réparations et entretien. — Pour les acquisitions de terrain, V. § 151. — Pour le traitement des gardiens, concierges, fossoyeurs, etc., V. § 64.
115. Ateliers de charité. (Inst. gén., art. 889 et 1009.)	Décision, lorsqu'il y a lieu, qui a autorisé l'exécution des travaux par voie de régie, et a nommé le régisseur, V. § 160. États des journées, dressés et certifiés par le régisseur, visés par le maire et quittancés par les parties prenantes. Ces pièces sont exemptes de timbre lorsqu'il n'y a ni fournisseurs ni entrepreneurs, et que l'on n'emploie que des indigents. — V. n°° 654, 2120 et 2835.

COMMUNES. — DÉPENSES.

DÉSIGNATION DES DÉPENSES.	JUSTIFICATIONS A PRODUIRE A L'APPUI DES COMPTES DE L'ORDONNATEUR.
116. Contingent de la commune dans la dépense des enfants assistés. (*Inst. gén., art. 616.*)	Extrait de l'arrêté préfectoral fixant le contingent ; — récépissé du receveur des finances, ou extrait de ce récépissé.
117. Dépenses des aliénés à la charge de la commune. (*Inst. gén., art. 618.*)	Mêmes justifications qu'au paragraphe précédent.
118. Dépenses des malades, vieillards et incurables indigents placés dans les hospices et hôpitaux. (*Inst. gén., art. 621 et 995 ; Circ. compt. publ. 30 juin 1890, § 16.*) — V. nᵒˢ 1650 et suiv.	Ces dépenses sont, ainsi que l'indiquent les articles de l'Instruction générale rappelés ci-contre, centralisées au même compte que les fonds destinés aux dépenses des aliénés. On produit dans ce cas : — 1° les états de recouvrement arrêtés par le préfet ; — 2° le récépissé du receveur des finances, ou extrait de ce récépissé. En ce qui concerne les dépenses relatives à l'assistance médicale gratuite, V. § 239. Pour les secours en argent, V. Secours, nᵒˢ 2835 et suiv.
119. Prix de pensions à la charge des communes dans les établissements nationaux de bienfaisance. (*Circ. compt. publ. 13 mars 1888, § 3.*)	Acquit provisoire du receveur des finances, en attendant la quittance du receveur de l'établissement. — V. nᵒ 1475 et Secours, nᵒˢ 2835 et suiv.
120. Dépenses et frais de route des indigents envoyés par les communes aux eaux thermales ou à un hospice.	1° Décision du conseil municipal désignant les indigents ; 2° Décompte (T) des dépenses.
121. Subventions aux hospices et autres établissements de bienfaisance. (*Inst. gén., art. 994; tabl. de l'art. 1542, § 67.*)	Quittance à souche du receveur ou trésorier, timbrée à 25 centimes, à moins qu'il ne soit expressément mentionné dans les mandats que les subventions ont une affectation charitable. — V. Subventions, nᵒ 2866. Pour les subventions aux sociétés de secours mutuels, quittance du trésorier, (T) si la somme excède 10 francs. — V. nᵒ 2847.
122. Subvention au comice agricole.	Mandat portant quittance du trésorier, (T) si le montant de la subvention est supérieur à 10 francs.
122 *bis*. Subvention allouée en vue d'une dépense déterminée.	Produire à l'appui du mandat la justification que la subvention a reçu un emploi conforme à sa destination spéciale. (*Arr. Cour des comptes, 13 mars 1899, 2 mai, 25 mai et 50 mai 1899.*) L'acquit (T) de la partie prenante suffit si la subvention est allouée sans aucune indication déterminée.
122 *ter*. Subventions à des Sociétés musicales, de gymnastiques, etc.	Quittance à souche, timbrée à 10 centimes, du trésorier.

COMMUNES. — DÉPENSES.

DÉSIGNATION DES DÉPENSES.	JUSTIFICATIONS A PRODUIRE A L'APPUI DES MANDATS DE L'ORDONNATEUR.
123. Pensions et secours. (*Inst. gén., art. 980 ; tabl. de l'art. 1542, § 53.*)	Pour la première fois, copie de l'arrêté fixant la pension ou le secours ; — mandat quittancé ; — certificat de vie lorque la quittance n'est pas donnée par le titulaire, ou que le secours est payé dans une autre commune. La quittance est passible du timbre de 10 centimes lorsque la somme excède 10 francs, à moins qu'il ne soit fait mention expresse de l'indigence de la partie prenante. — Le certificat de vie doit être également timbré si l'indigence de la partie n'est pas constatée. — V. Secours, nᵒˢ 2835 et suiv. En ce qui concerne les fonds de retraites, V. § 173.
124. Secours aux indigents et aux familles nécessiteuses.	Mêmes justifications qu'au § 238. — V. aussi §§ 118 et suiv. Pour les secours aux familles nécessiteuses des soldats de la réserve et de l'armée territoriale appelés sous les drapeaux : — délibération du conseil municipal désignant les ayants droit et fixant le montant du secours, si toutefois, il n'existe pas un crédit spécial ouvert au budget. — Les quittances sont exemptes de timbre, V. nᵒˢ 2835 et suiv. Lorsque le crédit voté au budget est mis à la disposition du maire pour distribution d'aumônes, de secours, etc., le conseil municipal ne peut dispenser le maire de produire les justifications d'emploi. *(Arr. Cour des comptes, 31 mai 1904 et 26 déc. 1904.)*
125. Dépenses des collèges communaux. (*Inst. gén., art. 880 et 996; tabl. de l'art. 1542, § 52.*) — V. nᵒˢ 956 et suiv.	Copie, dûment certifiée, du compte rendu par le principal et faisant ressortir la perte de la gestion annuelle du collège ; — états de traitements, certifiés par le principal, dûment émargés par les régents (T à 10 centimes pour chaque acquit excédant 10 francs), et portant mention des retenues pour le service des pensions civiles. V. § 64. Pour les dépenses en régie, il y a lieu d'observer les instructions rappelées au nᵒ 3056. En ce qui concerne les quittances délivrées par l'économe, V. nᵒ 958.
126. Dépenses des chemins vicinaux. (*Inst. gén., art. 888, §§ 4 et 10; Inst. ch. vic., art. 239, § 1ᵉʳ.*)	1ᵒ *Pour les prestations en nature*, extrait du rôle établissant le relevé des journées ou des tâches effectuées en nature, émargé le surveillant des travaux, certifié par l'agent-voyer cantonal, visé par l'agent-voyer d'arrondissement et revêtu de l'attestation du maire que les travaux ont été accomplis ; — quittance à souche du receveur municipal. — La répartition entre la grande et la petite vicinalité est établie d'après l'arrêté du préfet fixant la part revenant à chaque catégorie de chemins. — V. nᵒ 942. En cas de mutation de comptables avant l'arrivée de l'extrait du rôle, on produit une copie, certifiée par le maire, de la page qui termine l'état d'indication *(Modèle nᵒ 16)*, suivie d'une déclaration du receveur ainsi conçue : « Le receveur municipal entrant en fonctions certifie que les cotes acquittées en nature et qui font l'objet de l'état d'indication qui lui a été remis ce jour, et dont le présent est un extrait, ont été émargées sur le rôle de la commune. » *(Circ. compt. publ. 9 mars 1875, § 2.)* 2ᵒ *Pour les travaux exécutés par économie et n'excédant pas 500 francs*, mémoires ou états de journées des ouvriers ou fournisseurs (T), dûment certifiés par les agents du service vicinal. Le paiement des ouvriers peut s'effectuer de deux manières : Si tous habitent la même commune, on délivre un mandat collectif au nom d'un des ouvriers, libellé : *un tel et divers dénommés dans l'état ci-joint*, et état nominatif *(Modèles nᵒˢ 21 et 28)*, des journées ou des tâches, indiquant le lieu, les dates de l'exécution, la désigna-

COMMUNES. — DÉPENSES.

DÉSIGNATION DES DÉPENSES.	JUSTIFICATIONS A PRODUIRE A L'APPUI DES MANDATS DE L'ORDONNATEUR.
126. Dépenses des chemins vicinaux. (Suite.)	tion des travaux, ou le nombre de journées, le prix de l'unité et la somme à payer ; ledit état soumis (indépendamment du timbre de 10 centimes dû par chaque émargement supérieur à 10 francs) à un seul droit de timbre de dimension lorsque son montant s'élève à plus de 10 francs et quel que soit le nombre des sommes portées excédant ce chiffre. S'ils ne sont pas domiciliés dans la même localité, il est délivré à chacun d'eux un mandat individuel relatant les énonciations ci-dessus, assujetti au timbre de dimension s'il excède 10 francs ; les énonciations dont il s'agit constituent un véritable mémoire. (*Circ. min. Int. 31 mai et 16 oct. 1873.*) — Le mandat, bien que n'excédant pas 10 francs, serait passible du timbre si le détail était donné au dos. (*Circ. min. Int. 1er mars 1902).* — V. n° 1813. 3° *Pour les autres dépenses et les travaux extraordinaires.* V. §§ 128 à 133, 156 et 160.
127. Dépenses des chemins ruraux. (*L. 20 août 1881 ; Circ. min. Int. 27 août 1881 et 3 janv. 1883.*)	Mêmes justifications qu'au paragraphe précédent, sauf que les pièces à fournir par l'agent-voyer pour les chemins vicinaux sont délivrées par le maire pour les chemins ruraux. — V. CHEMINS RURAUX, n° 924.
128. Contingent de la commune dans les travaux des chemins vicinaux de grande communication et d'intérêt commun, si le contingent doit être acquitté en tout ou en partie en argent. (*Inst. chem. vic., art. 239, § 6.*)	Extrait de l'arrêté du préfet ; — récépissé du receveur des finances, indiquant, ainsi qu'il est prescrit au n° 941, dernier alinéa, la catégorie et le numéro de chaque chemin auquel la dépense se rapporte. NOTA. — Les comptables doivent s'assurer que les sommes réclamées concordent bien avec celles portées sur l'arrêté du préfet, dont il est question au n° 941, 3° alinéa.
129. Concours dans le traitement des agents-voyers. (*Inst. chemins vic., art. 239, § 7.*)	Mêmes justifications qu'au paragraphe précédent.
130. Frais de confection de rôles et d'états matrice. *Inst. chem. vic., art. 239, § 8.*)	Justifications indiquées au § 78.
131. Salaire des cantonniers employés sur les chemins vicinaux ordinaires. (*Inst. ch. vic., art. 239, § 9.*)	Décompte du salaire (*Modèle n° 25*), dressé par l'agent-voyer cantonal, visé par l'agent-voyer d'arrondissement et par le maire. (*Circ. min. Int. 31 mai et 16 oct. 1873.*) — Lorsque les cantonniers sont payés à la journée ou à la tâche, rôle de journées (T) dressé et visé comme il est indiqué pour le décompte du salaire. — V. CANTONNIERS, n° 861.
132. Salaire des cantonniers employés sur les chemins ruraux. — V. n° 924.	Mêmes justifications qu'au paragraphe précédent, sauf que les pièces à fournir sont délivrées par le maire.

COMMUNES. — DÉPENSES.

DÉSIGNATION DES DÉPENSES.	JUSTIFICATIONS A PRODUIRE A L'APPUI DES MANDATS DE L'ORDONNATEUR.
133. Travaux entrepris en commun par plusieurs communes et salaires y relatifs. (*Inst. ch. vic., art. 39, § 10.*)	Extrait de l'arrêté du préfet : récépissé du receveur des finances. Le tout sans préjudice des titres des parties suivant les cas. — V. § 159.
134. Dépenses des octrois. (*Inst. gén., art. 915, 916 et 923; tabl. de l'art. 1542, § 62.*)	1° *Pour les dépenses du personnel*, mêmes justifications qu'au § 64. Toutefois, lorsque la perception des droits s'opère par voie d'abonnement avec l'administration des contributions indirectes, on ne produit que l'expédition de la convention faite avec la régie, déjà demandée à la recette (*Circ. compt. publ. 30 juillet 1867, § 5*) ; 2° *Pour les dépenses du matériel*, factures ou mémoires réglés des fournitures (T) et relatant, lorsqu'il y a lieu, les numéros sous lesquels les objets sont inscrits à l'inventaire ; copie dûment certifiée (T) lorsqu'elle est produite avec le compte final, du procès-verbal d'adjudication, cahier des charges, devis, soumissions, conventions et marchés, dans tous les cas où ces voies ont dû être employées ; certificat de réception, décompte des livraisons (T) ; 3° *Pour les dépenses accessoires*, les extraits dûment certifiés du règlement de l'octroi, déjà demandés pour les recettes accessoires, et les actes qui ont fixé lesdites dépenses ; 4° *Pour les dépenses imprévues*, les mémoires, factures, conventions et marchés, dans les cas où ces voies sont employées (T) ; les décomptes de livraisons et les quittances des parties prenantes (T) ; 5° *Pour l'indemnité d'exercice due à l'administration des contributions indirectes*, le décompte dûment arrêté de l'indemnité: les quittances du receveur des contributions indirectes (T) ; 6° *Pour l'ensemble des frais de perception*, la copie, dûment certifiée, de l'arrêté du préfet, qui a fixé ces frais, en vertu de l'article 6 du décret du 12 février 1870, ou la mention de cet arrêté sur le bordereau de décembre ; 7° *Pour les dépenses d'ordre*, se reporter au § 174. NOTA. — Les quittances délivrées aux receveurs municipaux par les receveurs principaux des contributions indirectes pour le remboursement des traitements des préposés des octrois, ainsi que celles à donner pour les indemnités d'exercice, ne sont assujetties qu'au timbre spécial de la régie, dont le prix est de 10 centimes (*Circ. compt. publ. 24 juin 1875*).
135. Prélèvement pour frais de casernement et d'occupation des lits militaires. (*Inst. gén., art. 993; tabl. de l'art. 1542, § 63.*)	1° Les extraits des décomptes dressés par les intendants militaires et les administrations locales, lesquels doivent être certifiés par le directeur des contributions indirectes ou le chef de service dans l'arrondissement; 2° Les quittances (T) des receveurs des contributions indirectes (V. le NOTA à la suite du paragraphe précédent) ; 3° Ampliation du décret qui peut avoir réglé un abonnement fixe, conformément à l'article 10 de l'ordonnance du 5 août 1818.
136. Remplacement de la contribution mobilière. (*Inst. gén., art. 6 et 993; tabl. de l'art. 1542, § 66.*)	Décret qui autorise le remplacement ; extrait de l'état de répartition des contributions, et récépissé du receveur des finances.

COMMUNES. — DÉPENSES.

DÉSIGNATION DES DÉPENSES.	JUSTIFICATIONS A PRODUIRE A L'APPUI DES MANDATS DE L'ORDONNATEUR.
137. Frais d'administration des bois communaux. (*Inst. gén., art. 878.*)	Quittance (*T*) du receveur des domaines qui a perçu la taxe, et extrait, dûment certifié, de l'état dans lequel elle a été déterminée.
138. Frais d'exploitation des coupes affouagères. (*Inst. gén., art. 1030 ; tabl. de l'art. 1542, § 69.*)	Copie dûment certifiée, non timbrée, lorsqu'elle est produite à l'appui du premier payement, et (*T*) lorsqu'elle est produite avec le mandat de solde, du procès-verbal d'adjudication, et, en outre, à l'appui du dernier payement, certificat de récolement de la coupe (*T*) délivré par l'agent forestier et constatant que l'entrepreneur a rempli ses obligations.
139. Dépenses imprévues. (*Inst. gén., art. 819 ; tabl. de l'art. 1542, § 70 ; L. 5 avril 1884, art. 147.*)	Quittance de la partie prenante, (*T*) si elle excède 10 francs, et, s'il y a lieu, les factures ou mémoires des travaux et fournitures (*T*), ou les justifications prescrites suivant la nature des dépenses. Indépendamment des pièces justificatives, produire, lorsqu'il y a lieu, la délibération du conseil municipal qui a statué sur les dépenses (*Arr. Cour des comptes, 27 nov. 1890, 4 mai 1894 et 27 juin 1895*). — Voir BUDGETS, nᵒˢ 734 à 738, 970 et 1273.
140. Fêtes publiques.	Factures ou mémoires (*T*) des fournitures et ouvrages ; — copie (*T*) du procès-verbal d'adjudication, soumissions, conventions et marchés dans le cas où ces voies ont dû être employées. Pour les distributions de secours en argent aux indigents ; — mandats individuels, ou états nominatifs de distributions, certifiés par l'ordonnateur et émargés par les parties prenantes. — V. SECOURS, nᵒˢ 2835 et suiv. Pour les distributions de secours en nature ; — mémoires (*T*) des fournitures et liste nominative des indigents secourus. — V. § 238. Lorsqu'un intermédiaire a été chargé de régler les frais d'une fête publique, le mandat qui lui est délivré doit être appuyé des mémoires (*T*), des créanciers réels et de l'état d'émargement (*T*), des ouvriers employés à l'occasion de la fête. (*Jurisp. constante de la Cour des comptes*).
141. Recensement de la population. (*L. 5 avril 1884, art. 136, § 3.*)	Factures ou mémoires (*T*) des fournitures ou travaux, à moins que le crédit ouvert ne soit spécialement alloué à titre d'indemnité ; dans ce dernier cas, mêmes justifications qu'au § 64.
141 bis. Remboursement par suite de rejet d'une demande de permis de chasse. — V. nᵒ 2225.	Copie de la décision autorisant le remboursement.
DÉPENSES DIVERSES.	
142. Avances pour droits de transmission et pour impôt sur le revenu des obligations communales. (*L. 23 juin 1857, 16 sept. 1871, art. 11, 29 juin 1872 et 21 juin 1875 ; Circ. compt. publ. 25 août 1879.*)	1° Décompte des sommes dues (ce décompte peut être donné dans le corps du mandat) ; 2° Récépissé du receveur de l'enregistrement, (*T*) si la somme excède 10 francs. — V. EMPRUNTS, nᵒˢ 1449 et suiv. Pour le cas où la commune prendrait ces droits à sa charge, V. nᵒ 1457 et le § 40 ci-dessus.

P.-J. SERRIER

COMMUNES. — DÉPENSES.

DÉSIGNATION DES DÉPENSES.	JUSTIFICATIONS A PRODUIRE A L'APPUI DES MANDATS DE L'ORDONNATEUR.
143. Timbre des obligations communales par abonnement. (*L. 5 juin 1850, art. 27 et 31*; *23 août 1871, art. 2*; *Circ. compt. publ. 25 août 1879*.)	1° Décompte des sommes dues (ce décompte peut être donné dans le corps du mandat) ; 2° Quittance du receveur de l'enregistrement, (T) si la somme excède 10 francs. — V. Emprunts, n° 1446.
144. Frais de transcription en matière hypothécaire.	État des salaires et des frais, certifié par le conservateur (*cet état est exempt du timbre : Décis. min. Fin. 8 mai 1856*) ; quittance timbrée à 10 centimes si le salaire excède 10 francs. Nota. — Lorsqu'il n'y a pas de crédit spécial ouvert au budget, les salaires et les frais peuvent être imputés sur le crédit ouvert pour payer le prix des acquisitions.
145. Droits de locations verbales de biens communaux. (*L. 25 août 1871, art. 11 et 14*.)	1° Extrait, certifié par le maire, de la déclaration de location, ou énonciation, dans le corps du mandat, des renseignements contenus dans la déclaration ; 2° Quittance à souche du receveur de l'enregistrement ou du percepteur, (T) si elle excède 10 francs.
146. Frais de poursuites communaux admis en non-valeurs.	Quittance à souche du receveur municipal ; — indication de l'état de cotes irrecouvrables auquel est joint l'arrêté du préfet qui alloue la décharge.
146 bis. Frais de poursuites communales par la poste. (*Circ. compt. publ. 28 août 1902,* § 26.) — V. n° 2469 bis, § 26.	Relevés modèle n° 15, dûment visés par le receveur des finances et le sous-préfet et quittancés par le receveur des postes.
147. Indemnités aux maires pour frais de représentation. (*L. 5 avril 1884, art. 74; Circ. min. Int. 15 mai 1884*.) — V. n° 1111.	Délibération du conseil municipal, dûment approuvée, allouant une indemnité pour frais de représentation, et, s'il y a lieu, état ou mémoire (T) des dépenses, accompagné autant que possible des quittances des créanciers réels constatant les avances faites (*Arr. Cour des comptes, 12 déc. 1898*.) Le conseil municipal ne peut dispenser le maire, auquel des avances ont été consenties, de rapporter les quittances des créanciers réels et toutes pièces justificatives d'emploi. — Il ne saurait également accorder une allocation par voie d'abonnement. (*Arr. Cour des Comptes 16 avril 1891 et 15 déc. 1902.*) Pour le cas où une dépense serait ordonnancée sur le crédit des dépenses imprévues, V. n°° 734 et suiv.
148. Remboursement de frais nécessités pour l'exécution des mandats spéciaux confiés aux maires ou aux conseillers municipaux. (*L. 5 avril 1874, art. 74*.) — V. n° 1111.	Délibération du conseil municipal, dûment approuvée, portant ouverture de crédit et déterminant le mandat spécial ; État ou mémoire (T) des dépenses. (*Arr. Cour des Comptes, 19 mars 1901.*)

COMMUNES. — DÉPENSES.

DÉSIGNATION DES DÉPENSES.	JUSTIFICATIONS A PRODUIRE A L'APPUI DES MANDATS DE L'ORDONNATEUR.
DÉPENSES EXTRAORDINAIRES. 149. Remboursements d'emprunts. (*Inst. gén., art. 970 ; tabl. de l'art. 1542, § 68 ; Circ. compt. publ. 15 nov. 1869. § 6, et 25 août 1879.*) — Voir nᵒˢ 1420 et suiv.	*Pour les remboursements ;* — copie du traité ou ampliation de l'acte qui a réglé les conditions de l'emprunt ; quittances des ayants droit *(T)*, ou, s'il y a lieu, les obligations timbrées et dûment quittancées ; — récépissé *(T)* de la Caisse des dépôts et consignations ; — état présentant la situation à la fin de l'année *(aujourd'hui remplacé par l'état du passif des communes à joindre au nombre des pièces générales du compte).'* — V. nᵒ 1481. Lorsque les remboursements ont lieu par voie de tirage au sort, on doit produire, outre les titres amortis, une copie de l'acte ou procès-verbal de tirage au sort qui a désigné les obligations comme remboursables, plus le bordereau de remboursement *(Modèle nᵒ 29).* (*Circ. compt. publ. 25 août 1879. § 35.*) Le créancier, porteur de plusieurs coupons excédant 10 francs, ne doit qu'un seul droit de timbre de 10 centimes lorsque les acquits mis sur le bordereau de payement *(Modèle nᵒ 24)* et le mandat ont été donnés en même temps. — Mais, à défaut du bordereau de payement, il est dû autant de timbres qu'il y a de coupons revêtus d'une mention de payement. *(Solut. enreg. 27 mars et 18 octobre 1883.)* Lorsqu'il s'agit d'un remboursement d'obligations au porteur, il suffit de la quittance de la personne qui présente les titres ; mais, pour le remboursement d'obligations nominatives, il convient dans tous les cas d'exiger la quittance des titulaires ou de leurs héritiers ou ayants cause, justifiant de leurs droits *(Régl. 25 juin 1879, art. 52 Circ. compt. publ. 25 août 1879, § 35 ; Arr. Cour des comptes, 15 juin 1899).* Les quittances des acomptes versés sur une obligation libérable par versements périodiques sont soumises à un droit de timbre de 10 c., même lorsque les quittances des versements successifs ont été délivrées sur un seul et même acte. (*Arr. Cour cass. 29 avril 1884.*) *Pour le payement des intérêts ;* — quittances *(T)* des parties prenantes, ou récépissé *(T)* du receveur des finances pour les sommes dues à la caisse des chemins vicinaux, etc. Pour tout ce qui concerne les autres justifications relatives au contrôle du payement des coupons, il y a lieu de se reporter à la circulaire de la comptabilité publique du 25 août 1879, §§ 32 et suiv. Les comptables doivent veiller à ce que les mandats de régularisation et les états récapitulatifs soient spéciaux par emprunts, *par échéance* et par nature de titres. Lorsqu'une même échéance comporte plusieurs mandats de régularisation, il y a lieu d'établir, par échéance, une récapitulation de ces mandats et de la joindre à l'état sommaire. Le paragraphe 32, 4ᵉ de la circulaire du 25 août 1879 doit donc être complété comme il suit : — l'état sommaire *(Modèle nᵒ 27)* mentionné au paragraphe 31, visé et certifié par le maire, et accompagné d'une récapitulation, par échéance, des mandats de régularisation délivrés par le maire, conformément aux dispositions du paragraphe 30, toutes les fois qu'il aura été délivré plusieurs mandats pour une même échéance. *(Circ. compt. publ. 30 juin 1830, § 28.)* Pour les envois de fonds à la Caisse des dépôts et consignations, V. nᵒ 1433. Nota. — Tout titre original ou au porteur doit être frappé d'un timbre d'annulation (timbre *payé*). *Remboursements dus au Crédit foncier.* — Les mandats délivrés

COMMUNES. — DÉPENSES.

DÉSIGNATION DES DÉPENSES.	JUSTIFICATIONS A PRODUIRE A L'APPUI DES MANDATS DE L'ORDONNATEUR.
449. Remboursements d'emprunts (suite).	pour des remboursements dus au Crédit foncier, concernant des prêts scolaires ou autres, sont appuyés des quittances semestrielles d'annuités qui sont fournies par le receveur des finances. — Lorsque dans le décompte de ces quittances il y a des prêts différés à déduire, le receveur municipal s'en charge en recette. Le mandat du maire est porté en dépense pour le montant intégral du semestre d'annuité, et la somme déduite pour prêt différé est justifiée par la quittance à souche timbrée du receveur municipal qui est annexée à celle du Crédit foncier. — Si le montant des prêts différés ne figure pas en recette, au budget, le receveur municipal peut ne passer écriture que du montant net de l'annuité, déduction faite des intérêts bonifiés, mais les quittances délivrées par le Crédit foncier à l'appui du payement de l'annuité doivent indiquer les bases et les éléments du décompte relatif aux intérêts bonifiés sur la portion de l'emprunt non réalisé. (*Arr. Cour des comptes, 2 mai 1899).* En cas de remboursement anticipé d'un emprunt, on produit le décompte de remboursement portant quittance du Crédit foncier. Les comptables doivent veiller à ce que le remboursement des emprunts soit effectué avec ponctualité, de façon à éviter des intérêts de retard dont ils pourraient être rendus responsables. — V. n° 1431. Il est bon également que les receveurs municipaux ne perdent pas de vue les règles à observer pour tous les remboursements d'emprunts, lesquelles sont énoncées au n° 1442.
450. Dépenses extraordinaires pour achat d'objets mobiliers, denrées, matières et marchandises. (*Inst. gén.,* art. 1021 à 1024; tabl. de l'art. 1542, § 54.) — V. n°s 3034 et suiv.	Factures ou mémoires réglés des fournitures *(T)* et relatant, lorsqu'il y a lieu, les numéros sous lesquels les objets sont inscrits à l'inventaire de la mairie ; — copie, dûment certifiée et *(T)* lorsqu'elle est produite avec le compte final du procès-verbal d'adjudication, extrait du cahier des charges, devis, soumissions, conventions et marchés, dans tous les cas où ces voies ont dû être employées aux termes de l'ordonnance royale du 14 novembre 1837, du décret du 25 mars 1852 *(§ 48 du tabl. A)* et des instructions du ministère de l'intérieur des 9 juin 1838 et 5 mai 1852; certificats de réception, décompte des livraisons *(T).* — V. § 457 et TRAVAUX, n°s 3034 et suiv.
451. Échanges et acquisitions de propriétés immobilières, par voie d'amiable composition et de consentement volontaire, d'après les règles du droit commun. (*Inst. gén., art. 1018;* tabl. de l'art. 1542, § 55.) — V. ACQUISITIONS, n°s 10 et suiv.	1° Ampliation de l'arrêté du préfet autorisant l'acquisition ou l'échange, ou délibération du conseil municipal, dûment approuvée, réglant les acquisitions en vertu de l'article 68, §§ 2 et 3 de la loi du 5 avril 1884 ; 2° Expédition en due forme du contrat, notarié ou administratif lorsqu'il est produit avec le compte final et, lorsqu'il s'agit d'une justification provisoire, copie portant mention de l'enregistrement et de la transcription. (V. n° 2235) ; 3° Certificat *(T)* négatif, délivré après la transcription par le conservateur des hypothèques, relatant expressément qu'il s'applique aux mentions et transcriptions désignées par les articles 1 et 2 de la loi du 23 mars 1855, ainsi qu'aux transcriptions de saisies, de donations ou de substitutions et qu'il n'y a pas d'inscription au profit du Crédit foncier ; ou, s'il y a lieu, état *(T)* des inscriptions, et, en outre, état desdites transcriptions et mentions *(Circ. min. Int., 51 juillet 1865).* Le certificat doit tenir compte en outre : 1° des inscriptions ayant une existence légale au jour de la transcription ; 2° celles qui seraient survenues jusqu'à l'expiration du délai de quinzaine ayant suivi cette

COMMUNES. — DÉPENSES.	

DÉSIGNATION DES DÉPENSES.	JUSTIFICATIONS A PRODUIRE A L'APPUI DES MANDATS DE L'ORDONNATEUR.
151. Échanges et acquisitions de propriétés immobilières, etc. (suite).	formalité *(Circ. min. int. 12 décembre 1905, § 5)*. Si le vendeur était décédé avant la transcription, l'état sur transcription devrait également être requis contre les héritiers ; car, dans l'intervalle qui s'est écoulé entre le décès du vendeur et la transcription de l'acte de vente, l'immeuble aliéné pourrait se trouver grevé du chef des héritiers. — On ne doit pas comprendre dans l'état des inscriptions celle qui a été prise d'office au profit du vendeur, puisque cette inscription devient sans objet et sans cause par le seul fait de la libération de la commune, qui reste libre de faire opérer ensuite à ses frais la radiation de cette inscription, à moins que, par suite du peu d'utilité de cette radiation et en vue d'éviter la dépense qu'elle nécessite, il ne paraisse préférable de laisser tomber naturellement l'inscription par effet de la péremption résultant de l'article 2154 du Code civil *(Circ. compt. publ. 30 juillet 1867, § 1er ; Arr. Cour des comptes, 23 mars 1899)* ; *Dans le cas où ledit certificat ou état ne serait pas délivré quarante-cinq jours au moins après l'acte d'acquisition, et s'il ne résulte pas, d'ailleurs, des énonciations mêmes de l'acte que la propriété appartenait, depuis plus de quarante-cinq jours avant la transcription, à ceux de qui la commune acquiert :* 4° Certificat *(T)* spécial, constatant qu'à l'expiration du délai précité de quarante-cinq jours, il n'a pas été pris d'inscriptions en vertu de l'article 6 de la loi du 23 mars 1855 ; ou, s'il y a lieu, état *(T)* de ces inscriptions. *Dans le cas où il existerait des inscriptions, V. § 155 ci-après ;* 5° Décompte en principal et intérêts du prix d'acquisition *(Modèle n° 516)*. — V. n° 1724. A l'appui d'un payement d'intérêts effectué antérieurement au prix principal : 1° Mention de la transcription du contrat au bureau des hypothèques sur la copie de l'acte de vente mise au soutien du premier payement d'intérêts ; 2° Certificat de l'ordonnateur attestant que le contrat n'a pas été notifié aux créanciers et que ceux-ci n'ont pas fait sommation de payer ou de délaisser. *(Circ. compt. publ. 21 juin 1898, § 4.)* CES PIÈCES NE SONT PRODUITES QU'EN CAS DE PURGE]. Et pour établir la purge des hypothèques légales : 1° Certificat *(T)* du greffier du tribunal civil constatant le dépôt et l'affiche du contrat au greffe pendant deux mois ; 2° Copie *(T)* de la signification de ce dépôt au procureur de la République et aux parties désignées en l'article 2194 du Code civil. — V. PURGE, n° 2544 ; 3° Journal ou feuille d'annonces, dans lequel a été publiée la signification faite au procureur de la République ; 4° Certificat *(T)* du conservateur constatant que, dans le délai de deux mois, il n'a été pris aucune inscription sur les immeubles vendus, ou, s'il y a lieu, état *(T)* des inscriptions. NOTA. — Les pièces relatives à la purge des hypothèques doivent être produites en original ; une quittance notariée attestant que la purge a été faite ne constitue pas une justification suffisante. *(Arr. Cour des comptes, 11 juillet 1898 et 2 avril 1901.)* 5° Lorsqu'il existe des inscriptions, si le montant du prix n'est pas versé à la caisse des dépôts et consignations : — Certificat *(T)* du conservateur des hypothèques, constatant la radiation desdites inscrip-

COMMUNES. — DÉPENSES.	
DÉSIGNATION DES DÉPENSES.	JUSTIFICATIONS A PRODUIRE A L'APPUI DES MANDATS DE L'ORDONNATEUR.
151. Échanges et acquisitions de propriétés immobilières, etc. (suite).	tions, ou quittance notariée portant mainlevée des inscriptions. V. § 155. Le maire de la commune, autorisé à cet effet par la délibération du conseil municipal, approuvée par le préfet, peut se dispenser de remplir les formalités de la purge des hypothèques, lorsqu'il s'agit d'acquisitions d'immeubles faites de gré à gré et dont le prix n'excède pas 500 francs. Dans ce cas, le prix de l'acquisition peut être versé entre les mains du vendeur sans qu'il soit nécessaire de produire un certificat négatif d'inscriptions hypothécaires, et de procéder à la purge des hypothèques inscrites ou non inscrites. Toutefois, cette faculté est subordonnée à des informations préalables des ordonnateurs et des comptables sur la solvabilité des vendeurs et sur la situation hypothécaire des biens vendus *(Circ. compt. publ. 8 mai 1872, § 3 et 30 sept. suiv., § 2).* — Mais la dispense de purge n'entraîne pas celle de la transcription, qui doit toujours avoir lieu, à quelque somme que s'élève l'acquisition ; il ne peut être dérogé à cette règle qu'en ce qui concerne les acquisitions faites en vertu de la loi du 3 mai 1841 *(Décret 14 juill. 1866; Avis du Cons. d'Ét. 31 mars 1869; Circ. compt. publ. 15 novembre 1869, § 2 ; Arr. Cour des comptes 13 juin 1899).* En cas d'acquisition sur saisie immobilière, les créanciers n'ayant plus d'action que sur le prix, il n'y a pas lieu de procéder à la purge des hypothèques légales, attendu que le jugement d'adjudication, dûment transcrit, purge toutes les hypothèques *(L. 21 mai 1858).* — Il n'y a pas lieu, non plus, de procéder à la purge des hypothèques sur les immeubles vendus par des départements, des communes ou des établissements publics, sauf le cas exceptionnel où l'immeuble récemment acquis par le département, la commune ou l'établissement vendeur, pourrait être grevé du chef des précédents propriétaires. — V. PURGE DES HYPOTHÈQUES, TRANSCRIPTION. NOTA. — Les receveurs doivent se reporter, en outre, au § 155 ci-après et à l'article 1018 de l'Instruction générale. surtout quand il s'agit de biens dotaux. — Voir aussi PAYEMENT. nos 2112 et suiv.
152. Acquisitions d'immeubles par application de la loi du 3 mai 1841 sur l'expropriation pour cause d'utilité publique. *(Inst. gén., art. 1018 et 1019; tabl. de l'art. 1542, § 56.)* — V. ACQUISITIONS, nos 10 et suiv.	*En cas de convention amiable :* 1° Arrêté du préfet, pris en conseil de préfecture, mentionnant la date de la loi ou du décret qui a déterminé les propriétés particulières auxquelles l'expropriation était applicable ; 2° Copie, visée pour timbre et enregistrée gratis, de l'acte de vente mentionnant les déclarations et annotations du conservateur des hypothèques qui a opéré la transcription ; 3° Certificat du maire constatant que, préalablement à la transcription, l'acte de vente a été publié et affiché conformément à l'article 15 de la loi du 3 mai 1841 et suivant les formes de l'article 6 (ce certificat doit toujours être daté huit jours au moins après l'accomplissement des formalités de publication, d'affiche et d'insertions) ; 4° Exemplaire certifié du journal où l'insertion a été faite ; NOTA.— Les formalités de publication et d'insertion doivent toujours précéder la transcription, à peine de nullité de la transcription. — V. ACQUISITIONS, n° 12 et PURGE, n° 2548 bis. 5° Certificat du maire, délivré huit jours francs au moins après les publications et affiches ci-dessus mentionnées, et constatant qu'aucun

COMMUNES. — DÉPENSES.

DÉSIGNATION DES DÉPENSES.	JUSTIFICATIONS A PRODUIRE A L'APPUI DES MANDATS DE L'ORDONNATEUR.
	tiers ne s'est fait connaître comme intéressé au règlement de l'indemnité *(L. 3 mai 1841, art. 21, § 2)* ;
	6° Certificat du conservateur, délivré quinze jours au moins après la transcription, et indiquant s'il existe ou non des inscriptions sur les propriétaires ou usufruitiers désignés au contrat d'acquisition. — Il n'y a pas lieu de s'occuper de l'inscription prise d'office au profit du vendeur. — V. § 151, 3°.
	7° Décompte en principal et intérêts du prix d'acquisition *(Modèle n° 316).*
	NOTA. — Les pièces énoncées aux n°ˢ 3°, 4°, 5° et 6° ne sont produites qu'en cas de purge *(V. n° 2548)* : celles qui, dans les cas ordinaires, seraient sujettes au timbre doivent être visées pour timbre *gratis*. Dans le cas où il existerait des inscriptions, V. § 155.
	En cas d'expropriation :
	1° Arrêté du préfet, pris en conseil de préfecture, mentionnant la date de la loi ou du décret qui a autorisé l'exécution des travaux pour lesquels l'expropriation a été demandée ;
	2° Copie ou extrait du jugement d'expropriation mentionnant textuellement la transcription en énonçant la date de la notification ;
	3° 4° Les justifications mentionnées sous les mêmes numéros en cas de convention amiable ;
	5° 6° 7° Les justifications mentionnées sous les mêmes numéros en cas de convention amiable ;
152. Acquisitions d'immeubles, etc. (suite.)	8° Si les offres faites par l'administration municipale, conformément à l'article 23 de la loi du 3 mai 1841, ont été acceptées, copie du contrat contenant règlement de l'indemnité ; dans le cas contraire, copie ou extrait de la décision du jury portant fixation de l'indemnité d'expropriation ;
	9° Si, conformément à l'article 53 de la même loi, il a été fait des offres réelles, une expédition de l'arrêté du maire ordonnant et motivant lesdites offres, ainsi que la consignation qui doit les suivre à défaut d'acceptation régulière ; le procès-verbal d'offres constatant le refus de l'ayant droit, ou, dans le cas d'acceptation, le payement de la somme due, indépendamment de l'acquit mis, pour ordre, au bas du mandat du maire, et, lorsque la consignation a eu lieu, le procès-verbal de consignation et le récépissé du receveur des finances. — V. l'art. 1019 de l'Inst. gén., rappelé au mot ACQUISITIONS, n° 17.
	A l'égard de la transcription et de la purge, le maire de la commune, autorisé à cet effet par délibération du conseil municipal, approuvée par le préfet, peut se dispenser de remplir ces formalités quand il s'agit d'acquisitions faites en vertu de la loi du 3 mai 1841 et dont le prix n'excède pas 500 francs. *(Avis du Cons. d'Ét. 31 mars 1869 ; Circ. compt. publ. 15 nov. 1869, § 2).*— Voir, en outre, les §§ 153 et suiv.
	NOTA. — A l'exception des quittances des parties prenantes qui sont passibles du timbre de 10 centimes, toutes les pièces sont exemptes du droit de timbre ; mais celles qui, dans les cas ordinaires, y seraient sujettes, doivent être visées pour timbre *gratis*. — Toutefois, les pièces qui sont produites par la partie ou ses héritiers pour établir, en cas de besoin, leurs droits ou qualité, restent soumises aux règles du droit commun. — V. PAYEMENT, n°ˢ 2003 et suiv. Est soumis au timbre, le mémoire produit à l'appui d'un mandat de payement pour frais d'insertion dans un journal d'un acte d'expropriation *(Sol. enreg. 16 mars 1903)*. — V. MÉMOIRES.

COMMUNES. — DÉPENSES.

DÉSIGNATION DES DÉPENSES.	JUSTIFICATIONS A PRODUIRE A L'APPUI DES MANDATS DE L'ORDONNATEUR.
153. Acquisitions et échanges de propriétés immobilières pour l'ouverture, le redressement et l'élargissement des chemins vicinaux et des chemins ruraux. (*Loi 21 mai 1836, art. 15 et 16; 20 août 1881, art. 13; Inst. chem. vic. 6 déc. 1870, art. 239, § 4, modifié; Circ. min. Int. 16 juin 1877 et 3 janv. 1883; L. 5 avril 1884, art. 68, §§ 2 et 3; L. 13 avril 1900, art. 3.*) — V. ACQUISITIONS, nᵒˢ 10 et suiv.	**CHAPITRE Iᵉʳ. — Ouverture et Redressement.** SECTION Iʳᵉ. — ACQUISITION D'IMMEUBLES EN CAS DE CONVENTION AMIABLE. ARTICLE Iᵉʳ. — *Convention portant à la fois sur la cession et sur le prix.* § 1. — Terrains non bâtis, ni clos de mur ou de haies vives. 1° Décision de la Commission départementale déclarant les travaux d'utilité publique ; ladite décision, accompagnée de la mention expresse qu'elle n'a été l'objet d'aucun des recours énumérés par les articles 47 et 88 de la loi du 10 août 1871 ; Et, dans le cas où la décision aurait été frappée d'appel : décision du conseil général ou du Conseil d'État ; 2° Délibération du conseil municipal, si la dépense totalisée avec celles des autres acquisitions déjà votées dans le même exercice ne dépasse pas les limites des ressources ordinaires et extraordinaires que les communes peuvent se créer sans autorisation spéciale ; Et, de plus, ampliation de l'arrêté pris par le préfet en conseil de préfecture pour autoriser l'acquisition, si la dépense totalisée avec celles des autres acquisitions déjà votées dans le même exercice dépasse les limites des ressources ordinaires et extraordinaires que les communes peuvent se créer sans autorisation spéciale ; 3° Expédition ou extrait de l'acte de cession amiable (T) (1) lorsqu'il est produit avec le compte final, et non timbré lorsqu'il s'agit d'une justification provisoire ; ladite expédition ou ledit extrait portant mention de la transcription et de l'enregistrement, et constatant que le vendeur a produit les titres qui établissent sa possession ; NOTA. — Les portions contiguës appartenant à un même propriétaire doivent faire l'objet d'un seul acte de vente. Si le vendeur n'est pas l'individu dénommé à la matrice des rôles, le contrat doit indiquer comment la propriété est passée du propriétaire désigné par la matrice des rôles à celui qui consent la vente. Si la désignation portée à la matrice des rôles est inexacte ou incomplète, le vendeur doit prouver l'inexactitude ou l'erreur, par la production d'un bail, d'un acte de vente, d'un partage ou d'un acte authentique. A défaut d'acte authentique, l'identité doit être prouvée par un certificat du maire (I) délivré sur la déclaration de deux témoins au moins. Ces justifications doivent être énoncées au contrat. Si la propriété vendue appartient à des mineurs, V. le § 155. 4° Certificat du maire constatant que, préalablement à la transcription, l'acte de vente a été publié et affiché, conformément à l'article 15 de la loi du 3 mai 1841, et suivant les formes de l'article 6 (ce certificat doit toujours être daté huit jours au moins après l'accomplissement des formalités de publication, d'affiche et d'insertion) ; 5° Exemplaire certifié du journal où l'insertion a été faite ; (les formalités de publication, dont l'accomplissement doit être constaté par le certificat, portent sur l'acte de cession) ; NOTA. — Les formalités de publication et d'insertion doivent toujours précéder la transcription, à peine de nullité de la transcription. — V. ACQUISITIONS D'IMMEUBLES, n° 12. 6° Certificat du maire délivré huit jours au moins après les publications et affiches ci-dessus mentionnées, et constatant qu'aucun tiers

1 Voir à la fin du paragraphe le chapitre IV concernant les dispositions relatives au timbre et à l'enregistrement.

COMMUNES. — DÉPENSES.

DÉSIGNATION DES DÉPENSES.	JUSTIFICATIONS A PRODUIRE A L'APPUI DES MANDATS DE L'ORDONNATEUR.
	ne s'est fait connaître comme intéressé au règlement de l'indemnité *(L. 5 mai 1841, art. 21, § 2)*;

7° Certificat négatif *(T)* ou état *(T)* des inscriptions, délivré par le conservateur des hypothèques, quinze jours au moins après la transcription.— Si le vendeur était décédé avant la transcription, V. § 151, 3°.

NOTA. — Les inscriptions dont la non-existence ou la radiation doit être justifiée sont exclusivement celles dont l'immeuble se trouve grevé du chef soit du vendeur, soit du propriétaire désigné par la matrice cadastrale, ou de leurs auteurs ; il est inutile de justifier de la radiation de l'inscription prise d'office au profit du vendeur qui a traité avec la commune.

Dans le cas où il existe des inscriptions, et si le montant du prix n'est pas versé à la Caisse des dépôts et consignations :

8° Certificat *(T)* de radiation délivré par le conservateur des hypothèques, ou quittance notariée portant mainlevée des inscriptions ;

9° Décompte en principal et intérêts du prix d'acquisition *(Modèle n° 316)*;

10° Certificat de payement délivré par l'agent-voyer cantonal et visé par l'agent-voyer d'arrondissement, si l'acquisition concerne les chemins vicinaux ordinaires ; délivré par le maire, si l'acquisition s'applique à un chemin rural ; cette pièce est exempte de timbre *(Circ. compt. publ. 20 août 1892, § 2.)*;

11° Quittance de l'ayant droit, *(T)* si elle excède 10 francs.

Les quittances peuvent être passées dans la forme des actes administratifs *(L. 5 mai 1841, art. 56)*. — V. n°ˢ 2097 et suiv.

NOTA. — Lorsque l'indemnité ne dépasse pas 500 francs, les pièces relatives à la purge des hypothèques, n°ˢ 4 à 7, et le certificat du conservateur n° 8, peuvent être remplacés par une délibération du conseil municipal, approuvée par le préfet, dispensant le maire de faire remplir les formalités de la purge des hypothèques ; en outre, en vertu de la même délibération, et quand même elle ne l'aurait pas spécifié, l'acte ne sera pas soumis à la transcription.

En cas de consignation du montant du prix de vente à la Caisse des dépôts et consignations, on produit les pièces mentionnées ci-dessus, à l'exception de la quittance de l'ayant droit, et, lorsque la consignation est motivée par l'existence d'inscriptions hypothécaires, des états d'inscriptions qui sont remis à la Caisse des dépôts et consignations.

Et, en outre :

12° Arrêté du maire prescrivant la consignation et en énonçant les motifs. Si la consignation a pour cause l'existence d'inscriptions hypothécaires, l'arrêté visera la date de la délivrance par le conservateur de l'état des inscriptions;

13° Récépissé du préposé de la Caisse des dépôts et consignations ;

§ 2. — Terrains bâtis ou clos de murs ou de haies vives.

Si l'utilité publique a été déclarée :

1° Copie du décret déclarant les travaux d'utilité publique ;

2° Les pièces mentionnées au § 1ᵉʳ, sous les n°ˢ 2° à 13°.

Si l'utilité publique n'a pas été déclarée :

1° Délibération du conseil municipal, si la dépense totalisée avec celles des autres acquisitions déjà votées dans le même exercice ne

DÉSIGNATION : **153.** Acquisitions et échanges de propriétés immobilières pour l'ouverture, le redressement et l'élargissement des chemins vicinaux et des chemins ruraux (suite).

COMMUNES. — DÉPENSES.

DÉSIGNATION DES DÉPENSES.	JUSTIFICATIONS A PRODUIRE A L'APPUI DES MANDATS DE L'ORDONNATEUR.
153. Acquisitions et échanges de propriétés immobilières pour l'ouverture, le redressement et l'élargissement des chemins vicinaux et des chemins ruraux (suite).	dépasse pas les limites des ressources ordinaires et extraordinaires que les communes peuvent se créer sans autorisation spéciale ; Et, de plus, ampliation de l'arrêté pris par le préfet, en conseil de préfecture pour autoriser l'acquisition, si la dépense totalisée avec celles des autres acquisitions déjà votées dans le même exercice dépasse les limites des ressources ordinaires et extraordinaires que les communes peuvent se créer sans autorisation spéciale ; 2° Copie certifiée du contrat *(T)* lorsqu'elle est produite avec le compte final, non timbrée lorsqu'il s'agit d'une justification provisoire ; ladite copie portant mention de la transcription et de l'enregistrement, indiquant les précédents propriétaires et constatant que le vendeur a produit les titres qui établissent sa possession ; 3° Certificat *(T)* négatif délivré après transcription par le conservateur des hypothèques, relatant expressément qu'il s'applique aux mentions et transcriptions désignées par les articles 1 et 2 de la loi du 23 mars 1855, ainsi qu'aux transcriptions de saisies, de donations ou de substitutions ; Ou, s'il y a lieu, état *(T)* des inscriptions et, en outre, état desdites transcriptions et mentions. Si le vendeur était décédé avant la transcription, V. § 151, 3°. Nota.— Les inscriptions dont la non-existence ou la radiation doit être justifiée sont exclusivement celles qui intéressent les tiers, c'est-à-dire celles dont l'immeuble pourrait être grevé du chef du vendeur ou des précédents propriétaires ; il est inutile de justifier de la radiation de l'inscription prise d'office au profit du vendeur qui a traité avec la commune. *Dans le cas où ledit certificat ou état ne serait pas délivré quarante-cinq jours au moins après l'acte d'acquisition, et s'il ne résulte pas, d'ailleurs, des énonciations mêmes de l'acte, que la propriété appartenait, depuis plus de quarante-cinq jours avant la transcription, à ceux de qui la commune acquiert :* 4° Certificat *(T)* spécial, constatant, après l'expiration du délai précité, qu'il n'a pas été pris d'inscription en vertu de l'article 6 de la loi du 23 mars 1855 ; Ou, s'il y a lieu, état *(T)* de ces inscriptions. *Dans le cas où il existerait des inscriptions, si le montant du prix n'est pas versé à la Caisse des consignations :* 5° Certificat *(T)* de radiation desdites inscriptions, délivré par le conservateur des hypothèques, ou quittance notariée portant mainlevée des inscriptions ; 6° Décompte en principal et intérêts du prix d'acquisition *(Modèle n° 316)* ; 7° Certificat de payement délivré par l'agent-voyer cantonal et visé par l'agent-voyer d'arrondissement pour les chemins vicinaux ordinaires, et délivré par le maire pour les chemins ruraux. Cette pièce est exempte de timbre *(Circ. compt. publ. 20 août 1892, § 2)* ; Et pour établir la purge des hypothèques légales : 8° Certificat *(T)* du greffier du Tribunal civil constatant le dépôt de l'acte d'acquisition après la transcription et son affichage au greffe pendant deux mois ; 9° Exploit *(T)* de notification de ce dépôt au procureur de la République et aux parties désignées à l'article 2194 du Code civil ; 10° Exemplaire certifié du journal ou de la feuille d'annonces dans lequel a été inséré l'exploit de notification ;

COMMUNES. — DÉPENSES.

DÉSIGNATION DES DÉPENSES.	JUSTIFICATIONS A PRODUIRE A L'APPUI DES MANDATS DE L'ORDONNATEUR.
	11° Certificat *(T)* du conservateur des hypothèques constatant que, depuis la transcription jusqu'à l'expiration du délai de deux mois à dater de l'insertion de l'exploit dans la feuille d'annonces, il n'a été pris aucune inscription sur l'immeuble vendu ;
	Ou, s'il y a lieu, état *(T)* des inscriptions.
	Les pièces relatives à la purge des hypothèques doivent être produites en original
	Dans le cas où il existerait des inscriptions, si le montant du prix n'est pas versé à la Caisse des consignations:
	12° Certificat *(T)* de radiation desdites inscriptions, délivré par le conservateur des hypothèques, ou quittance notariée portant mainlevée des inscriptions.
	NOTA. — Les maires des communes, autorisés à cet effet par délibérations des conseils municipaux, approuvées par les préfets, peuvent se dispenser de remplir les formalités de purge des hypothèques pour les acquisitions d'immeubles faites de gré à gré et dont le prix n'excède pas 40 francs. Dans ce cas, les communes peuvent se libérer entre les mains des vendeurs sans avoir besoin de produire un certificat du conservateur des hypothèques constatant l'existence ou la non-existence d'inscriptions hypothécaires ; mais elles ne peuvent se dispenser de faire transcrire leur contrat d'acquisition que lorsque les immeubles ont été acquis en vertu de la loi du 3 mai 1841.
153 Acquisitions et échanges de propriétés immobilières pour l'ouverture, le redressement et l'élargissement des chemins vicinaux et des chemins ruraux (suite)	En cas d'acquisition sur saisie immobilière, les créanciers n'ayant plus d'action que sur le prix, il n'y a pas lieu de procéder à la purge des hypothèques légales attendu que le jugement d'adjudication dûment transcrit purge toutes les hypothèques.— Il n'y a pas lieu, non plus, de procéder à la purge des hypothèques, sur les immeubles vendus par l'État, ni à celles des hypothèques légales des immeubles vendus par des départements, des communes et des établissements publics, sauf le cas exceptionnel où l'immeuble récemment acquis par le département, la commune ou l'établissement vendeur pourrait être grevé du chef des précédents propriétaires.
	Si le montant du prix d'acquisition est versé à la Caisse des dépôts et consignations par suite d'obstacles au payement, tels que l'existence d'inscriptions hypothécaires ou oppositions, il y a lieu de produire les pièces ci-dessus, à l'exception, lorsque la consignation est motivée par l'existence d'inscriptions hypothécaires, des états d'inscriptions n° 3 et 11, qui sont remis à la caisse des dépôts ;
	Et, en outre :
	13° Arrêté du maire prescrivant la consignation, en énonçant les motifs, et, si elle a pour cause l'existence d'inscriptions hypothécaires, visant la date de la délivrance des états d'inscriptions ;
	14° Récépissé du préposé de la Caisse des dépôts et consignations.
	ARTICLE 2. — *Convention portant accord sur la cession, mais réservant au jury la fixation du prix.*
	§ 1. — S'il s'agit de terrains non bâtis ni clos de murs ou de haies vives.
	Toutes les justifications indiquées au § 1 de l'article 1er.
	Et, en outre : décision du jury rendue exécutoire par le magistrat-directeur, contenant règlement de l'indemnité, et, s'il y a lieu, répartition des dépens. — V. ACQUISITIONS, n° 15.
	§ 2. — S'il s'agit de terrains bâtis ou clos de murs ou de haies vives.
	1° Copie du décret déclarant les travaux d'utilité publique ;
	2° Les pièces indiquées au § 1 de l'article 1er, sous les n°s 2° à 13° ;
	3° Et, en outre : décision du jury rendue exécutoire par le magistrat-

COMMUNES. — DÉPENSES.

DÉSIGNATION DES DÉPENSES.	JUSTIFICATIONS A PRODUIRE A L'APPUI DES MANDATS DE L'ORDONNATEUR.
	directeur, contenant règlement de l'indemnité, et, s'il y a lieu, répartition des dépens. — V. Acquisitions, n° 15.

ARTICLE 3. — *Convention sur le prix seulement, postérieure à la translation de propriété par voie d'expropriation, quelle que soit la nature des terrains.*

1° Copie *(T)* ou extrait *(T)* du jugement d'expropriation, relatant textuellement la mention de la transcription et énonçant la date de la notification ;

2° Certificat du maire constatant que, préalablement à la transcription, le jugement a été publié et affiché conformément à l'article 15 de la loi du 3 mai 1841, et suivant les formes de l'article 6 de ladite loi (ce certificat doit toujours être daté huit jours au moins après l'accomplissement des formalités de publication, d'affiche et d'insertion) ;

3° Exemplaire certifié du journal où l'insertion a été faite (l'insertion doit être faite antérieurement à la transcription) ;

4° Convention *(T)* dûment approuvée, contenant règlement de l'indemnité ;

Et, de plus :

Les justifications mentionnées à l'article 1er, § 1, sous les n°s 6°, 7°, 8°, 9°, 10°, 11°, 12° et 13°.

153. **Acquisitions et échanges de propriétés immobilières pour l'ouverture, le redressement et l'élargissement des chemins vicinaux et des chemins ruraux (suite).**

SECTION II. — ACQUISITION FAITE EN DEHORS DE TOUTE CONVENTION AMIABLE.

1° Copie *(T)* ou extrait *(T)* du jugement d'expropriation, mentionnant textuellement la transcription et énonçant la date de la notification ;

2° Certificat du maire constatant que, préalablement à la transcription, le jugement a été publié et affiché, conformément à l'article 15 de la loi du 3 mai 1841 et suivant les formes édictées par l'article 6 de ladite loi (ce certificat doit toujours être daté huit jours au moins après l'accomplissement des formalités de publication, d'affiche et d'insertion) ;

3° Exemplaire certifié de la feuille d'annonces judiciaires dans laquelle a été inséré l'extrait du jugement (l'insertion doit être faite antérieurement à la transcription) ;

NOTA. — Les formalités de publication, d'affichage et d'insertion, mentionnées ci-dessus doivent avoir été remplies antérieurement à la transcription, à peine de nullité de la transcription.

4° Certificat négatif *(T)* ou état *(T)* des inscriptions, délivrées par le conservateur des hypothèques, quinze jours au moins après la transcription. — Si le vendeur était décédé avant la transcription, V. § 151-3°.

Dans le cas où il existe des inscriptions, et si le montant du prix n'est pas versé à la Caisse des consignations :

5° Certificat de radiation *(T)* délivré par le conservateur des hypothèques, ou quittance notariée portant mainlevée des inscriptions ;

NOTA. — Les inscriptions dont la non-existence ou la radiation doit être justifiée sont exclusivement celles dont l'immeuble pouvait être grevé du chef des propriétaires désignés par le jugement d'expropriation.

6° Certificat du maire délivré au moins huit jours après les publica-

COMMUNES. — DÉPENSES.

DÉSIGNATION DES DÉPENSES.	JUSTIFICATIONS A PRODUIRE A L'APPUI DES MANDATS DE L'ORDONNATEUR.
	tions et affiches ci-dessus mentionnées, et constatant qu'aucun tiers ne s'est fait connaître comme intéressé au règlement de l'indemnité ; 7° Décision du jury rendue exécutoire par le magistrat-directeur et contenant règlement de l'indemnité, et, s'il y a lieu, répartition des dépens ; 8° Décompte en principal et intérêts du prix d'acquisition ; La portion des dépens mise à la charge du vendeur peut être déduite du montant du prix d'acquisition. — V. Acquisitions, n° 15. 9° Certificat de payement délivré par l'agent-voyer cantonal et visé par l'agent-voyer d'arrondissement pour les chemins vicinaux ordinaires, et délivré par le maire pour les chemins ruraux ; cette pièce est exempte de timbre (Circ. compt. publ. 20 août 1892, § 2) ; 10° Quittance de l'ayant droit, (T) si elle excède 10 francs. En outre : En cas de consignation du prix de vente, V. chapitre Ier, section Ire, article 1er. Nota. — Si, par application de l'article 53 de la loi du 3 mai 1841, l'administration a fait des offres réelles, il doit être produit une expédition du procès-verbal des offres constatant le refus de l'ayant droit, ou, dans le cas d'acceptation, le payement de la somme due, et, lorsque la consignation a eu lieu, une expédition du procès-verbal de consignation.
153. Acquisitions et échanges de propriétés immobilières pour l'ouverture, le redressement et l'élargissement des chemins vicinaux et des chemins ruraux (suite).	SECTION III. — PRISE DE POSSESSION, POUR CAUSE D'URGENCE DE TERRAINS NON BATIS. ARTICLE 1er. — Consignation provisoire. 1° Copie (T) ou extrait (T) du jugement d'expropriation relatant textuellement la mention de la transcription et énonçant la date de la notification ; 2° Certificat du maire, constatant que, préalablement à la transcription, le jugement a été publié et affiché, conformément à l'article 15 de la loi du 3 mai 1841, et suivant les formes prescrites par l'article 6 de ladite loi ; 3° Exemplaire certifié du journal dans lequel a été inséré l'extrait du jugement (cette insertion doit être faite antérieurement à la transcription) ; 4° Extrait ou mention du décret qui déclare l'urgence ; 5° Jugement qui fixe le montant de la somme à consigner par l'expropriant ; 6° Arrêté du maire motivant et prescrivant la consignation provisoire, qui doit comprendre, indépendamment de la somme fixée par le tribunal, les deux années d'intérêts exigées par l'article 69 de la loi du 3 mai 1841 ; 7° Récépissé du préposé de la Caisse des consignations (T). ARTICLE 2. — Payement du complément dans le cas où la consignation est inférieure au montant de l'indemnité. 1° Indication du mandat, auquel copie ou extrait du jugement d'expropriation a été joint au moment de la consignation provisoire ; 2° Décision du jury suivie de l'ordonnance d'exécution rendue par

COMMUNES. — DÉPENSES.

DÉSIGNATION DES DÉPENSES.	JUSTIFICATIONS A PRODUIRE A L'APPUI DES MANDATS DE L'ORDONNATEUR.
	le magistrat-directeur, contenant règlement de l'indemnité, et, s'il y a lieu, répartition des dépens ;
	3° Décompte en principal et intérêts du prix d'acquisition portant, s'il y a lieu, déduction des dépens mis à la charge des vendeurs. Les intérêts courent du jour où l'administration est entrée en possession;
	4° Arrêté du maire, rappelant la somme précédemment consignée, ainsi que la date et le numéro du mandat primitif, déterminant le solde à consigner et ordonnant la consignation de ce solde, ainsi que la conversion de la consignation provisoire en consignation définitive;
	(Cet arrêté doit expliquer si la consignation est faite à la charge ou non d'inscriptions hypothécaires, et s'il existe ou non d'autres obstacles au payement entre les mains du propriétaire dépossédé : il doit relater, en outre, la date du certificat négatif ou de l'état des inscriptions délivré par le conservateur des hypothèques ; le certificat ou l'état lui-même est remis à la Caisse des consignations.)
	5° Déclaration de l'agent de la Caisse des consignations, constatant la conversion de la consignation provisoire en consignation définitive;
	6° Récépissé du préposé de la Caisse des consignations.
	CHAPITRE II. — **Élargissement.**
	SECTION 1re. — EN CAS D'ACCORD SUR LE PRIX.
153. Acquisitions et échanges de propriétés immobilières pour l'ouverture. le redressement et l'élargissement des chemins vicinaux et des chemins ruraux (suite).	ARTICLE 1er. — *Terrains non bâtis ni clos de murs.*
	1° Ampliation de la décision approuvant le règlement du prix ou la fixation de la soulte ;
	2° Expédition ou extrait de l'acte portant arrangement amiable timbré, lorsqu'il est produit avec le compte final, et non timbré lorsqu'il s'agit d'une justification provisoire ; ladite expédition ou ledit extrait constatant que le vendeur a produit les titres qui établissent sa possession ;
	3° L'acte qui a prescrit l'élargissement, c'est-à-dire la décision de la commission départementale ; ladite décision portant mention de transcription et de l'enregistrement, et spécifiant qu'elle n'a été l'objet d'aucun des recours énoncés par les articles 47 et 88 de la loi du 10 août 1871 ;
	Et, dans le cas où la décision aurait été frappée d'appel : décision du conseil général ;
	4° Toutes les pièces spécifiées au chapitre Ier, section Ire, article 1er, § 1, sous les nos 4', 5°, 6°, 7°, 8°, 9', 10°, 11°, 12° et 13°.
	ARTICLE 2. — *Terrains bâtis ou clos de murs.*
	En cas de convention amiable portant à la fois sur la cession et sur le prix :
	Les pièces mentionnées au chapitre Ier, section Ire, article 1er, § 2.
	En cas de convention portant accord sur la cession mais réservant au jury la fixation du prix ;
	Les pièces mentionnées au chapitre Ier, section Ire, article 2, § 2.
	En cas de convention sur le prix seulement, postérieure à la translation de propriété par voie d'expropriation :
	Les pièces mentionnées au chapitre Ier, section Ire, article 3.

DÉSIGNATION DES DÉPENSES.	JUSTIFICATIONS A PRODUIRE A L'APPUI DES MANDATS DE L'ORDONNATEUR.
	COMMUNES. — DÉPENSES.

DÉSIGNATION DES DÉPENSES.	JUSTIFICATIONS A PRODUIRE A L'APPUI DES MANDATS DE L'ORDONNATEUR.
153. Acquisitions et échanges de propriétés immobilières pour l'ouverture, le redressement et l'élargissement des chemins vicinaux et des chemins ruraux (suite).	SECTION II. — EN CAS DE DÉSACCORD SUR LE PRIX. ARTICLE 1er. — *Terrains non bâtis ni clos de murs.* 1° L'acte qui a prescrit l'élargissement, c'est-à-dire la décision de la commission départementale ; ladite décision mentionnant textuellement la transcription, énonçant la date de la notification et spécifiant que la décision n'a été l'objet d'aucun des recours énumérés par les articles 47 et 88 de la loi du 10 août 1871 ; *Et, dans le cas où la décision aurait été frappée d'appel :* décision du conseil général ; 2° Expédition de la décision du juge de paix fixant le chiffre de l'indemnité, ou jugement du tribunal civil, s'il y a eu appel de la sentence du juge de paix ; 3° Les pièces spécifiées au chapitre 1er, section II, sous les n°ˢ 2°, 3°, 4°, 5°, 6°, 7°, 8°, 9° et 10°. *En cas de consignation du prix de vente,* voir le chapitre 1er, section 1re, article 1er, § 1. ARTICLE 2. — *Terrains bâtis ou clos de murs.* Les pièces spécifiées au chapitre 1er, section II. SECTION III. — ALIGNEMENT. ARTICLE 1er. — *Terrains non bâtis ni clos de murs.* Il y a lieu d'appliquer les règles posées en matière d'élargissement. ARTICLE 2. — *Terrains bâtis ou clos de murs.* En cas d'acquisition par voie d'alignement, lorsqu'il existe un plan général dûment homologué, et lorsque le propriétaire fait démolir sa maison, ou qu'il est forcé de la démolir pour cause de péril ou de vétusté, l'arrêté d'alignement individuel délivré par le maire emporte dépossession de la partie retranchable, et les formalités de purge, s'il y a lieu, doivent s'effectuer conformément à la loi du 3 mai 1841: 1° Arrêté individuel d'alignement visant la date de l'homologation du plan général, en conformité duquel il doit être donné, relatant textuellement la mention de la transcription et énonçant la date de la notification ; 2° Les pièces spécifiées au chapitre 1er, section 1re, article 1er, § 1, sous les n°ˢ 4°, 5°, 6°, 7°, 8°, 9°, 10°, 11°, 12° et 13° (l'arrêté d'alignement tient la place du jugement) ; 3° Convention amiable *(T)* dûment approuvée, s'il y a lieu, ou, à défaut, décision du jury rendue exécutoire par le magistrat-directeur contenant règlement de l'indemnité, et, s'il y a lieu, répartition des dépens. Lorsque, pour l'exécution du plan d'alignement, on n'attend pas que le propriétaire démolisse, soit volontairement, soit pour cause de péril ou de vétusté, les constructions frappées de la servitude de reculement, il faut distinguer si la commune acquiert, en vertu d'un dé-

COMMUNES. — DÉPENSES.

DÉSIGNATION DES DÉPENSES.	JUSTIFICATIONS A PRODUIRE A L'APPUI DES MANDATS DE L'ORDONNATEUR.
153. Acquisitions et échanges de propriétés immobilières pour l'ouverture, le redressement et l'élargissement des chemins vicinaux et des chemins ruraux (suite).	crét déclaratif d'utilité publique, l'immeuble dont le sol doit être incorporé à la voie publique, ou si elle l'acquiert en vertu d'un simple arrangement amiable sans un pareil décret. Il est procédé à la purge des hypothèques : dans le premier cas, conformément aux prescriptions de la loi du 3 mai 1841 ; dans le second cas, selon les dispositions du Code civil. Les pièces justificatives à produire sont : *Dans le premier cas :* S'il y a eu convention amiable, Toutes les pièces spécifiées au chapitre Ier, section Ire ; A défaut de convention amiable, Toutes les pièces spécifiées au chapitre Ier, section II ; *Dans le second cas :* 1° La décision homologuant le plan ; 2° Toutes les pièces mentionnées au chapitre Ier, section Ire, article 1er, § 2, dans le cas où l'utilité publique n'a pas été déclarée. NOTA. — Lorsqu'il existe un plan d'alignement régulièrement approuvé, les acquisitions d'immeubles opérées pour l'ouverture, le redressement, l'élargissement ou l'alignement des chemins vicinaux ou ruraux reconnus et des rues ou places publiques doivent, dans tous les cas sans exception, donner lieu à la purge de la loi de 1841 et tous les actes ou contrats sont visés pour timbre et enregistrés gratis. Depuis la loi du 13 avril 1900, art. 3, il n'y a plus à distinguer à cet égard si les terrains sont bâtis ou non bâtis, si l'acquisition a lieu en vertu d'une convention amiable ou d'un jugement d'expropriation. Mais s'il n'existe pas de plan d'alignement régulièrement approuvé, les acquisitions pour l'ouverture, le redressement ou l'élargissement des voies ci-dessus visées ne paraissent devoir bénéficier de la purge de la loi de 1841 et de l'exemption des droits de timbre que s'il s'agit de terrains non bâtis ou de terrains bâtis, mais dont les constructions sont démolies par l'effet de la servitude de reculement. Pour tous les autres terrains bâtis nécessaires à la voie publique, la purge doit être faite conformément au Code civil, à moins toutefois que la commune ne recoure à l'expropriation pour cause d'utilité publique en vertu d'un décret spécial et les droits de timbre et d'enregistrement sont exigibles à moins encore qu'il n'y ait un décret déclaratif d'utilité publique ou que la commune ne se trouve au nombre de celles jouissant du bénéfice du décret du 26 mars 1852 (Inst. enreg. 25 mai 1900, n° 312 ; *Journal des Percepteurs*, année 1901, p. 286 et 311). CHAPITRE III. — **Indemnités accessoires en cas d'expropriation. — Indemnités mobilières, locatives ou industrielles.** 1° En cas de convention amiable : Convention *(T)* dûment approuvée, s'il y a lieu ; 2° En cas de règlement par le jury ; Décision du jury, suivie de l'ordonnance d'exécution rendue par le magistrat-directeur, contenant règlement de l'indemnité, et s'il y a lieu, répartition des dépens. — V. Acquisitions, n° 45. Ou 3° en cas de règlement par le juge de paix : Expédition de la décision du juge de paix fixant le chiffre de l'indemnité, ou jugement du tribunal civil, s'il y a eu appel de la sentence du juge de paix. *Pour tout ce qui concerne les autres dépenses relatives à des indemnités*, V. §§ 154 et 156. CHAPITRE IV. — **Dispositions relatives au timbre et à l'enregistrement.** Tous les actes passés soit en vertu d'une déclaration publique, soit

COMMUNES. — DÉPENSES.

DÉSIGNATION DES DÉPENSES.	JUSTIFICATIONS A PRODUIRE A L'APPUI DES MANDATS DE L'ORDONNATEUR.
153. Acquisitions et échanges de propriétés immobilières pour l'ouverture, le redressement et l'élargissement des chemins vicinaux et des chemins ruraux (suite).	pour l'exécution d'un plan d'alignement, dans le cas où le propriétaire riverain est obligé de s'y soumettre, sont visés pour timbre et enregistrés *gratis*, lorsqu'il y a lieu à la formalité de l'enregistrement. *(L. 5 mai 1841, art. 58.)* Il en est de même à l'égard des actes ayant pour objet les acquisitions de terrains bâtis ou non bâtis, faites en exécution du décret du 26 mars 1852, pour l'ouverture, le redressement ou l'élargissement des rues formant le prolongement des chemins vicinaux, dans les communes auxquelles les dispositions de ce décret ont été déclarées applicables en vertu de son article 9. *(Décr. 26 mars 1852, art. 2.)* Les quittances pures et simples sont passibles du timbre de 10 centimes créé par l'article 18 de la loi du 23 août 1871. — V. PAYEMENT, n°° 2097 et suiv.
154. Indemnités pour occupations temporaires de terrains. *(L. 29 déc. 1892.)*	1° Arrêté préfectoral indiquant le nom de la commune où est situé le terrain à occuper, le numéro du plan cadastral de ce terrain et le nom du propriétaire inscrit sur la matrice des rôles ; 2° Certificat du maire constatant l'affichage de l'arrêté préfectoral dans la commune siège de l'occupation, et journal (ou feuilles d'annonces) de l'arrondissement ou, à défaut, du département, contenant l'insertion dudit arrêté ; 3° Convention amiable réglant le chiffre de l'indemnité, ou, à défaut, arrêté du Conseil de préfecture rendu sur rapport d'expert. (L'action en indemnité se prescrit par le laps de deux ans *(L. 29 décembre 1892, art. 17.)* — V. le nota du § 156. NOTA.— Toutes les pièces sont exemptes du droit de timbre; mais celles qui, dans les cas ordinaires, y seraient sujettes, doivent être visées pour timbre *gratis (L. 29 déc. 1892, art. 19)*. — Toutefois, les pièces qui sont produites par les parties pour établir, en cas de besoin, leurs droits ou qualité, restent soumises aux règles du droit commun.

155. Nota concernant les §§ 151, 152, 153 et 154. — Si la propriété vendue appartient en totalité ou en partie à des mineurs, interdits, absents ou incapables, le contrat doit rappeler l'autorisation donnée par le tribunal d'accepter les offres de la commune (V. les articles 457 à 459 du Code civil ou, suivant les cas, les articles 13 et suivants de la loi du 3 mai 1841). Il en est de même pour les immeubles dotaux. — Dans tous les cas, fournir la justification du remploi, lorsqu'il est ordonné.

(L'autorisation du tribunal d'accepter les offres de la commune n'est nécessaire que s'il y a eu réellement acceptation d'offres et non dans le cas où une décision du jury aurait fixé le prix de l'acquisition ou de l'indemnité. Dans ce dernier cas, la décision du jury est souveraine. Il n'est pas également nécessaire de produire l'autorisation du tribunal pour les immeubles dotaux, lorsque l'aliénation est permise par le contrat de mariage, en exécution de l'article 1557 du Code civil.)

Toutes les formalités hypothécaires doivent être accomplies dans l'ordre indiqué par l'article 1018 de l'Instruction générale. — V. ACQUISITIONS, n° 12 ; PURGE DES HYPOTHÈQUES.

S'il existe des inscriptions hypothécaires ou oppositions qui empêchent que le payement puisse être fait au vendeur, le prix de vente est versé à la Caisse des dépôts et consignations en vertu d'un arrêté du maire qui est produit avec le récépissé (T) du préposé de ladite caisse, et toutes les pièces énoncées ci-dessus, à l'exception du certificat ou de l'état des inscriptions délivré par le conservateur. Cette pièce est remplacée par le reçu du préposé de la Caisse des dépôts à qui elle est remise *(Inst. gén., art. 1042, § 58.)* — L'arrêté du maire prescrivant la consignation doit énoncer les motifs de cette consignation, et, si elle a pour cause l'existence d'inscriptions hypothécaires, viser la date de la délivrance des états d'inscriptions. — V. au mot ACQUISITIONS, n°° 13 et suiv.

COMMUNES. — DÉPENSES.

DÉSIGNATION DES DÉPENSES.	JUSTIFICATIONS A PRODUIRE A L'APPUI DES MANDATS DE L'ORDONNATEUR.

155. Nota concernant les §§ 151, 152, 153 et 154 (Suite). — Lorsqu'il existe des inscriptions et que le montant du prix n'est pas versé à la Caisse des consignations, on produit un certificat *(T)* de radiation desdites inscriptions, délivré par le conservateur des hypothèques, ou une quittance notariée portant mainlevée des inscriptions.

En ce qui concerne les saisies-arrêts ou oppositions, V. nᵒˢ 2811 et suiv.

Toutes les fois qu'un immeuble cédé pour cause d'utilité publique appartient en propre à une femme mariée, et que le contrat de cession ne s'explique pas d'une manière précise à l'égard des conventions matrimoniales qui régissent les intérêts des époux, le devoir du comptable chargé du payement est de se faire représenter le contrat qui règle ces conventions, afin de savoir s'il n'y aurait pas lieu d'exiger le remploi des deniers, ou un certificat de l'autorité qui a passé le contrat de vente, attestant, sur la déclaration des époux, que ces derniers sont mariés sans contrat de mariage *(Circ. compt. gén., 25 mai 1852, § 6)*. Toutefois, pour les sommes au-dessous de 500 francs, on doit s'abstenir de demander la production du contrat de mariage, et, lors même que les femmes sont mariées sous le régime dotal, le payement peut être fait sans justification de remploi *(Circ. compt. publ., 13 mars 1877, § 4, et 9 mars 1900, § 5)*.

Lorsque le contrat de mariage d'époux mariés sous le régime dotal contient une clause aux termes de laquelle le mari ne peut recevoir le prix des immeubles dotaux qu'à la charge d'en donner reconnaissance sur des biens immeubles d'une valeur suffisante ou d'en effectuer le remploi en acquisition d'immeubles de même valeur, le receveur municipal doit exiger les garanties nécessaires et ne pas se contenter, au moment d'effectuer le payement, de la simple reconnaissance du mari ou de l'engagement pris par toute autre personne de rapporter la preuve du remploi et autres justifications dans un délai déterminé.

Pour les autres cas qui peuvent se présenter, V. PAYEMENT, nᵒˢ 2112 et suiv., et ACQUISITIONS D'IMMEUBLES, nᵒ 12.

---

156. Indemnités relatives soit à des extractions de matériaux, soit à des dépôts ou enlèvements de terre, soit à des occupations temporaires de terrains. *(Inst. chem. vic., art. 239, § 5.)*

Si l'indemnité a été fixée à l'amiable :

1° L'accord, visé pour timbre *gratis*, fait entre l'administration et le propriétaire, et approuvé par le préfet;

2° Certificat de payement délivré par l'agent-voyer cantonal et visé par l'agent-voyer d'arrondissement pour les chemins vicinaux ordinaires ; délivré par le maire pour les chemins ruraux. Cette pièce est exempte de timbre *(Circ. compt. publ., 20 août 1892, § 2).*

Si l'indemnité n'a pas été fixée à l'amiable :

1° Extrait de l'arrêté préfectoral qui autorise les extractions de matériaux ou les occupations temporaires de terrains;

2° Arrêté du conseil de préfecture qui a fixé l'indemnité ;

3° Certificats de notification et de non-pourvoi ou arrêt du Conseil d'État ;

4° Certificat de payement délivré par l'agent-voyer cantonal, visé par l'agent-voyer d'arrondissement pour les chemins vicinaux ; délivré par le maire pour les chemins ruraux.

Pour les indemnités accessoires en cas d'expropriation, V. § 153, chapitre III; et 154, en ce qui concerne les indemnités pour occupations temporaires de terrain.

NOTA. — L'action en indemnité des propriétaires pour les terrains qui ont servi à la confection des chemins vicinaux se prescrit par le laps de deux ans *(L. 21 mai 1836, art. 18).*

Les receveurs municipaux ne peuvent, en conséquence, payer l'indemnité à plus de deux ans de date, sans une délibération du conseil municipal, dûment approuvée, relevant les créanciers de la déchéance.

COMMUNES. — DÉPENSES.

DÉSIGNATION DES DÉPENSES.	JUSTIFICATIONS A PRODUIRE A L'APPUI DES MANDATS DE L'ORDONNATEUR.
157. Constructions et grosses réparations. (*Inst. gén.*, art. *1020 à 1022; tabl. de l'art. 1542, § 59.*) — V. n°s 3034 et suiv.	*A l'appui du premier acompte :* 1° Décision approbative des travaux ; cette décision peut résulter de l'approbation des plans et devis, etc. — V. n°s 3034 et suiv. ; 2° Copie ou extrait du procès-verbal d'adjudication publique, non timbré, mais avec la mention que l'expédition (*T*) sera fournie avec le mandat pour solde; 3° Extrait, non timbré, du cahier des charges, indiquant le montant du cautionnement et les conditions de payement. (*Circ. compt. publ., 9 mars 1875, § 5*); 4° Justification de la réalisation du cautionnement par une déclaration de versement (*T*) du receveur des finances, et suivant le cas, déclaration du maire, approuvée par le préfet, constatant qu'il n'y a pas eu lieu d'exiger ce cautionnement ; 5° Certificat de l'architecte ou du surveillant des travaux, visé par le maire, constatant l'avancement des travaux et le montant de la somme à payer (*T*) ; *Pour les acomptes subséquents,* certificat de l'architecte, visé par le maire, rappelant les acomptes payés antérieurement et indiquant la somme nouvelle à payer (*T*). — En ce qui concerne les communes ayant plus de 100.000 fr. de revenus : États sommaires (*mod. n° 4*) présentant la situation des payements faits sur les travaux dont l'exécution embrasse plusieurs années (*Circ. compt. publ. 10 sept. 1900, § 2*). *Quant au solde des travaux :* 1° Expédition en due forme du procès-verbal d'adjudication (*T*) ; 2° Décompte général (*T*) ; 3° Procès-verbal de réception définitive (*T*) ; 4° Cahier des charges (*T*) ; 5° Devis estimatif ou série de prix (*T*). La série des prix ne peut remplacer le devis que dans le cas où le cahier des charges ou le procès-verbal d'adjudication contient l'indication précise des travaux à exécuter ; s'il en est différemment, il y a lieu d'exiger le devis estimatif quand bien même la série des prix aurait été produite (*Sol. min. Fin. 30 mai 1905*) ; 6° Dans le cas d'adjudication à prix ferme, le procès-verbal de réception seulement (*T*). Lorsque le montant du décompte général excède le montant de l'adjudication ou des travaux autorisés, l'approbation de l'autorité compétente (*V. n°s 3034 et suiv.*), pour cet excédent, doit être fournie séparément par une décision spéciale, ou au bas du devis estimatif ou bordereau de prix supplémentaire, dûment timbré et enregistré. Toutes les fois que les prix d'application de ce bordereau ne sont pas les mêmes que ceux prévus au projet, il est produit un bordereau (*T*) d'application de ces nouveaux prix, revêtu de l'approbation de l'autorité compétente. — V. n°s 3058 et suiv. Lorsque, après procès-verbal de réception définitive, les payements doivent être faits en plusieurs années, décompte de la dépense (*modèle n° 547*). En cas de contestations, les intérêts ne sont dus que lorsqu'ils ont été stipulés par un contrat ou un jugement, ou alloués par une décision administrative (*Jurisp.*). Lorsque l'adjudicataire d'un service communal a reçu en dépôt de la commune des objets de matériel qu'il s'est engagé à restituer à

COMMUNES. — DÉPENSES.

DÉSIGNATION DES DÉPENSES.	JUSTIFICATIONS A PRODUIRE A L'APPUI DES MANDATS DE L'ORDONNATEUR.
157. Constructions et grosses réparations (suite).	l'expiration de son marché, le receveur municipal doit produire, à l'appui de son compte, un certificat du maire attestant que cette restitution a eu lieu. (*Arr. Cour. des comptes*, 25 *mai* 1899.) *S'il n'y a pas eu d'adjudication*, dans les cas prévus par l'ordonnance du 14 novembre 1837, et l'instruction du ministère de l'Intérieur du 9 juin 1838 (*Art. 1022 de l'Inst. gén.*) : 1° Autorisation du préfet (V. n° 3055) ; 2° Marchés de gré à gré (T), et, lorsqu'il y a lieu, devis (T) et cahier des charges (T); 3° Mémoires réglés et visés (T) : 4° États de journées (T) ou certificat de réception des travaux ou fournitures (T). Ce certificat est délivré soit par l'architecte, soit par un homme de l'art ou, enfin, par deux délégués choisis par le conseil municipal et pris dans son sein. En cas de traité à forfait, et lorsque le marché de gré à gré porte que l'ouvrier ou le fournisseur exécutera les travaux ou livrera les fournitures conformément au devis dressé à cet effet, il est nécessaire quand même de produire un mémoire (T) certifié par l'entrepreneur, arrêté par le maire. (*Arr. Cour des comptes*, 6 mai 1897.) Lorsqu'on a recours aux marchés de gré à gré, V. le Nota du § 160 et Travaux, n° 3037. Pour les réparations de simple entretien n'excédant pas 300 francs, V. § 88.
158. Travaux en régie. (*Inst. gén.*, art. 993 et 1014 ; tabl. de l'art. 1542. § 61.)	Décision approbative des travaux et copie de l'arrêté du maire nommant le régisseur ; — mandat d'avances quittancé par le régisseur ; — relevé des payements certifié par lui et appuyé des rôles de journées (T), si le montant total est supérieur à 10 francs, ledit état dûment émargé pour acquit (T), par chaque ouvrier ayant à recevoir une somme supérieure à 10 fr., — pour les fournitures, mémoires dûment certifiés et visés (T). — V. Travaux, n°° 3041 et suiv., et le § 160 ci-après.
159. Travaux entrepris en commun par plusieurs communes.	Quittance à souche du receveur centralisateur ; — pièces établissant la part contributive. Le receveur de la commune qui centralise les fonds doit justifier la dépense selon les règles indiquées ci-dessus.
160. Travaux sur les chemins vicinaux. (*Inst. chem. vic. art.* 239, §§ 2 et 3, modifiés ; Circ. min. Int. 31 mai 1875.)	*Pour les prestations en nature*, et autres dépenses ordinaires, justifications indiquées aux §§ 126 à 133. *Pour les travaux en régie*, autorisation du préfet de faire les travaux en régie, si les travaux à exécuter sur un même chemin s'élèvent à plus de 300 francs. — V. Travaux, n°° 3037 et suiv. Et, selon le cas : S'il y a un entrepreneur à la tâche, l'état (T) de ses travaux ou fournitures, certifié par lui et par l'agent-voyer cantonal, visé par l'agent-voyer d'arrondissement. S'il n'y a que des fournisseurs et ouvriers employés sous la surveillance du maire ou d'un agent-voyer : 1° Mémoires ou factures (T) certifiés par les fournisseurs, par l'agent-voyer cantonal et visés par l'agent-voyer d'arrondissement ; 2° États nominatifs des journées d'ouvriers dûment émargés pour

COMMUNES. — DÉPENSES.

DÉSIGNATION DES DÉPENSES.	JUSTIFICATIONS A PRODUIRE A L'APPUI DES MANDATS DE L'ORDONNATEUR.
160. Travaux sur les chemins vicinaux (suite).	acquit (chaque quittance supérieure à 10 francs timbrée à 10 centimes) par la signature des ouvriers, certifiés par l'agent-voyer cantonal et visés par l'agent-voyer d'arrondissement et le maire ; lesdits états doivent indiquer distinctement, pour chaque ouvrier, le lieu des travaux, les dates exactes des journées de chacun, leur nombre, le prix de la journée et le total revenant à chaque ouvrier. Lorsque les tâcherons désignés sur les états dont il s'agit doivent être payés directement par l'agent chargé de la régie, ces pièces destinées alors uniquement à justifier de l'emploi des fonds confiés au régisseur, sont exemptes du timbre de dimension. Mais il n'en est plus de même quand les sommes dues aux tâcherons leur sont versées par les comptables sur mandats individuels. Dans ce cas, les états constituent de véritables mémoires et sont, à ce titre, soumis au timbre de dimension (*Décis. min. Fin. 8 juill. 1884 ; Circ. compt. publ. 4 mai 1885, § 8 ; Décis. min. 29 mai 1888 ; Inst. enreg. 20 juin 1890, n° 2794, § 3*). Les avances faites à un régisseur sont justifiées par lui, suivant le cas, par les pièces ci-dessus indiquées ; à l'appui du premier payement, on produit, en outre, copie de l'arrêté du maire nommant le régisseur. — V. n°° 3035 et suiv. Les quittances des ouvriers dont l'indigence est régulièrement constatée par une mention spéciale mise par l'ordonnateur sur la pièce qui doit recevoir la quittance, sont exemptes du timbre de 10 centimes (*Circ. min. Int. 31 mai 1875*). — V. ATELIERS DE CHARITÉ, n° 651. *Pour les travaux exécutés en vertu d'adjudication ou de marché de gré à gré*, à l'appui du premier acompte : 1° Décision approbative des travaux ; cette décision peut résulter de l'approbation des plans et devis, etc. — V. n°° 3034 et suiv. 2° Copie ou extrait du procès-verbal d'adjudication ou du marché, non timbré, mais avec la mention que l'expédition *(T)* sera fournie avec le mandat pour solde ; 3° Extrait, non timbré, du cahier des charges (*Circ. compt. publ. 9 mars 1875, § 3*) ; — V. n° 801. 4° Justification de la réalisation du cautionnement par une déclaration de versement *(T)* du receveur des finances, et, suivant le cas, déclaration du maire, approuvée par le préfet, constatant qu'il n'y a pas eu lieu d'exiger ce cautionnement ; 5° Certificat *(T)* de l'agent-voyer cantonal, visé par l'agent-voyer d'arrondissement et le maire, constatant l'avancement des travaux et le montant de la somme à payer. *Pour les acomptes subséquents*, certificat *(T)* de l'agent-voyer cantonal, visé par l'agent-voyer d'arrondissement et le maire, rappelant les sommes payées antérieurement et le montant du nouveau mandat à payer. — Lorsqu'il s'agit de communes ayant plus de 100.000 fr. de revenus : États sommaires *(mod. n° 4)* présentant la situation des payements faits sur les travaux dont l'exécution embrasse plusieurs années (*Circ. compt. publ. 10 sept. 1900, § 2*). *Quant au solde des travaux :* 1° Certificat *(T)* de l'agent-voyer cantonal, visé par l'agent-voyer d'arrondissement et le maire, indiquant les acomptes payés et le restant net à payer ;

COMMUNES. — DÉPENSES.	
DÉSIGNATION DES DÉPENSES.	JUSTIFICATIONS A PRODUIRE A L'APPUI DES MANDATS DE L'ORDONNATEUR.
160. Travaux sur les chemins vicinaux (suite).	2° Expédition en due forme du procès-verbal d'adjudication ou du marché *(T)* ; 3° Bordereau des prix ou détail estimatif *(T)* (la production de ces pièces est inutile quand la soumission énonce les quantités, les prix et les conditions d'exécution des ouvrages) ; 4° Cahier des charges *(T)* ; 5° Procès-verbal de réception définitive *(T)* ; 6° Décompte général des travaux *(T)*. (Circ. min. Int. 31 mai 1876.) Dans le cas d'adjudication à prix ferme, il n'est pas nécessaire de produire un décompte général, mais le procès-verbal de réception définitive seulement. Lorsque le montant du décompte général excède le montant de l'adjudication ou des travaux autorisés, l'approbation de l'autorité compétente (V. n°° 3054 et suiv.), pour cet excédent, est donnée séparément par une décision spéciale, ou au bas du détail estimatif ou bordereau de prix supplémentaire, dûment timbré et enregistré. Toutes les fois que les prix d'application de ce bordereau ne sont pas les mêmes que ceux prévus au projet, il y a lieu de produire un nouveau bordereau *(T)* d'application de ces prix, revêtu de l'approbation de l'autorité compétente. — V. n°° 3058 et suiv. Le marché ou soumission tient lieu de détail estimatif ou bordereau des prix lorsqu'il énonce les quantités, les prix et les conditions d'exécution des ouvrages. 7° Justification, s'il y a lieu, par un certificat du maire, de la restitution par l'adjudicataire des objets de matériel qu'il aurait reçu en dépôt de la commune. *(Arr. Cour des Comptes 25 mai 1898.)* NOTA. — Lorsqu'on a recours au marché de gré à gré, l'administration préfectorale est tenue de faire connaître, sous forme de considérant, un exposé très sommaire des faits ou circonstances qui l'ont obligée à s'écarter des règles habituelles (Circ. min. Int. 7 avril 1873, et Circ. compt. publ. 17 mai suivant, § 2.) — V. TRAVAUX, n°° 3037 et suiv.
161. Travaux sur chemins ruraux. (Loi 20 août 1881 ; Circ. min. Int. 3 janv. 1883.)	Mêmes justifications qu'au paragraphe précédent, sauf que les pièces à délivrer par l'agent-voyer pour les chemins vicinaux sont fournies par le maire pour les chemins ruraux.
DÉPENSES DIVERSES.	
162. Honoraires d'architectes. — V. n°° 593 et suiv.	1° Décision de l'administration municipale fixant le taux des honoraires dans le cas où la fixation ne résulterait pas d'autres pièces justificatives ; 2° Décompte *(T)*, dressé et certifié par l'architecte et arrêté par le maire ; ledit décompte présentant le détail des mémoires de travaux dont le montant sert de base aux allocations, faisant ressortir la somme proportionnelle à laquelle a droit l'architecte, et rappelant, s'il y a lieu, les acomptes précédemment payés.
163. Honoraires d'avocats.	Mémoire détaillé *(T)* des frais et plaidoiries, et, en cas de désaccord avec l'administration municipale, taxé par le conseil de discipline de l'ordre, ou jugement qui peut avoir fixé les honoraires.

COMMUNES. — DÉPENSES.

DÉSIGNATION DES DÉPENSES.	JUSTIFICATIONS A PRODUIRE A L'APPUI DES MANDATS DE L'ORDONNATEUR.
164. Frais d'actes notariés; honoraires des notaires, huissiers, greffiers, avoués et experts. (*Circ. compt. publ. 8 déc. 1891*, § 1er.)	État détaillé *(T)*, indiquant pour chaque acte les déboursés et honoraires, taxé par le président du tribunal, ou par le juge de paix, suivant le cas, ou délibération du conseil municipal, approuvée par le préfet, acceptant l'état de frais, s'il s'agit d'actes non susceptibles de taxation. V. le Nota du § 144. Pour les frais de procédure et d'experts devant le conseil de préfecture, la taxe de ces frais est faite par le président du conseil de préfecture. En cas de prescription des honoraires, délibération du conseil municipal dûment approuvée.
165. Frais d'enregistrement.	Justifications indiquées au § 82. — V. le Nota du § 144.
166. Frais de purge des hypothèques légales.	État détaillé *(T)* des frais, certifié par l'avoué, taxé s'il y a lieu *(V. § 164)*, et visé par le maire. — V. le Nota du § 144.
167. Frais de transcription en matière hypothécaire.	État des salaires et des frais, certifié par le conservateur; Quittance, *(T)* si elle excède 10 francs.
168. Frais de procès.	1° État détaillé des frais à payer *(T)*, dressé par l'avoué et taxé par le président ou l'un des juges du tribunal civil, ou exécutoire *(T)* des dépens, quittancé par les officiers ministériels; 2° Extrait *(T)* du jugement, arrêt ou transaction qui a mis les frais à la charge de la commune et accordé, s'il y a lieu, distraction au profit de l'avoué qui les a avancés. La production de cette pièce n'est pas obligatoire si l'exécutoire des dépens établit suffisamment le montant de la condamnation; 3° Copie certifiée de la délibération du conseil municipal ou de la commission administrative, approuvée par le préfet, autorisant soit l'abandon des poursuites, soit l'acquiescement au jugement, soit l'admission en non-valeur des frais qui ont été avancés et qui sont irrecouvrables; 4° Quittance des ayants droit *(T)*. Les frais de procès et de poursuites exposés par la commune ou l'établissement sont avancés, quand il y a lieu, sur les fonds de la caisse communale ou hospitalière, et ceux qui, à un titre quelconque, doivent être supportés par la commune ou l'établissement, sont mandatés au nom du receveur, et dépense en est faite au budget; pour les autres frais, les mandats sont délivrés soit au nom des officiers ministériels ou des avocats, soit au nom de la partie adverse qui en aurait fait l'avance. (*Circ. compt. publ. 8 déc. 1891*, § 1er.) Lorsqu'il s'agit d'un procès à soutenir ou d'un procès en cours pour lequel la commune se trouve dans la nécessité de payer, avant la solution définitive de l'affaire, une provision à l'avoué ou à l'avocat de la commune, il y a lieu de produire à l'appui du mandat de payement une copie de la délibération du conseil municipal votant la dépense. Dans le cas où il y aurait lieu de verser une provision *ad litem* à l'adversaire de la municipalité, le receveur devrait exiger, à l'appui du mandat, l'extrait *(T)* du jugement allouant la provision et une copie de la délibération municipale relative au vote de la somme allouée. (*Solut. min. Int. 30 avril 1895.*)

COMMUNES. — DÉPENSES.

DÉSIGNATION DES DÉPENSES.	JUSTIFICATIONS A PRODUIRE A L'APPUI DES MANDATS DE L'ORDONNATEUR.
168 *bis*. Frais d'expertise. — V. n° 1511 *bis*.	État (T) des frais certifié par l'expert et visé par le maire ; — Décision qui met ces frais à la charge de la commune.
169. Achats de rentes sur l'État. (*Inst. gén. art. 1499*.) — V. n°s 2711 et suiv.	1° Copie de la délibération du conseil municipal approuvée par le préfet ; 2° Bordereau de l'agent de change ; 3° Quittance (T) du receveur des finances donnée sur le mandat de payement.
170. Placements sur particuliers.	1° Expédition de l'acte de l'autorité supérieure qui a approuvé le placement ; 2° Expédition (T) du contrat ; 3° Copie du bordereau de l'inscription hypothécaire.
171. Remboursement à un exécuteur testamentaire des frais faits pour des legs universels. (*C. civ., art. 1031*.)	1° Expédition (T) de l'acte notarié contenant le décompte des déboursés ; 2° Expédition de la délibération du conseil municipal acceptant ce compte, ou expédition (T) du jugement qui l'a homologué ; (*Si ces pièces étaient jointes à l'appui de la recette ou avaient été déjà produites, s'y référer par une mention indicative.*) 3° Mémoires (T) accompagnés des reçus (T) des sommes avancées ; 4° Quittance (T) de l'exécuteur testamentaire.
172. Taxations du trésorier général sur le produit des coupes extraordinaires de bois. (*Inst. gén., art. 905 ; tabl. de l'art. 1542, § 51*.)	Extrait du décompte (*Modèle n° 89*), certifié par le préfet ; — quittance du trésorier général, (T) si elle excède 10 francs. NOTA. — Les mandats délivrés au profit du trésorier général doivent contenir la mention relative aux retenues pour pensions civiles.
SERVICE HORS BUDGET. 173. Fonds de retraites : Payement de retraites ou pensions. (*Inst. gén., art. 1099 et 1485 ; tabl. de l'art. 1542, § 72*.)	1° Quittances des parties prenantes, (T) *si la somme payée excède 10 francs* ; 2° Certificat de vie (T) du pensionnaire lorsque la quittance n'est pas donnée par le titulaire, ou que la pension est payée dans une autre commune. — V. § 123. Pour le versement des retenues, récépissé du receveur des finances.
174. Dépenses d'ordre de l'octroi. (*Inst. gén., tabl. de l'art. 1542, § 79*) : Consignations pour saisies et amendes. (*Inst. gén., art. 1102 et 1462*.)	*Pour les remboursements*, décisions qui les autorisent et quittances des parties prenantes (T) ; *Pour les frais divers*, pièces justificatives de ces frais ; *Pour les droits fraudés*, déclaration de recette du receveur du bureau central, au bas de l'état de répartition (*Modèle P*) ; *Pour la part revenant aux saisissants*, ledit état (T), émargé par les parties prenantes (*chaque acquit de plus de 10 francs passible du timbre de 10 centimes*), ou, en cas de saisies mixtes, par le receveur principal des contributions indirectes. — V. le NOTA du § 134. *Pour la part revenant à la commune* et pour la part *affectée au fonds de retraites*, le même état et quittance du receveur municipal, ladite quittance passible du timbre de 25 centimes si la somme excède 10 francs. — V. n° 2010. États récapitulatifs mensuels ou trimestriels des consignations restituées ou réparties (*Modèle P bis*).

COMMUNES. — DÉPENSES.	
DÉSIGNATION DES DÉPENSES.	JUSTIFICATIONS A PRODUIRE A L'APPUI DES MANDATS DE L'ORDONNATEUR.
Consignations sur passe-debout. (*Inst. gén.*, *art. 1102 et 1463.*)	1° Relevés mensuels (*déjà cités au § 55*), indiquant, d'une part, les remboursements, justifiés par les quittances des parties prenantes (*T*); et, d'autre part, les sommes converties en perception définitive ; 2° Certificat de sortie des objets qui ont donné lieu aux consignations.
Remises allouées aux employés par l'administration des contributions indirectes. (*Inst. gén., art. 1102 et 1464.*)	État de répartition (*T*) dressé par le maire et dûment émargé par les parties prenantes (*chaque acquit excédant 10 francs est passible du timbre de 10 centimes*).
Produit des ventes faites dans les entrepôts. (*Inst. gén., art. 1102 et 1465.*)	Quittances des ayants droit, (*T*) si la somme excède 10 francs.
175. Coupe affouagère distribuée en nature. (*Inst. gén., art. 874 et 1103; tabl. de l'art. 1542, § 74.*)	État nominatif, certifié par le maire et présentant, par contenance de chaque lot, ou par nature de produit, la part afférente à chacun des habitants et émargement de ceux-ci (*chaque acquit est passible du timbre de 10 centimes pour toute somme excédant 10 francs*).
176. Remboursement et emploi en cautionnement des dépôts de garantie pour adjudications et marchés. (*Inst. gén., art. 1026 à 1029, 1104 et 1480; tabl. de l'art. 1542, § 75.*)	*Pour les dépôts restitués*, certificat (*T*) du président de l'adjudication constatant que les parties prenantes n'ont pas été déclarées adjudicataires ; — décharges (timbrées à 10 centimes) au verso des quittances à souche (*T*) du receveur municipal ou des récépissés (*T*) du receveur des finances. *Pour les dépôts en numéraire convertis en cautionnements,* déclaration du receveur des finances constatant le versement à sa caisse. — Cette pièce est exempte de timbre, mais il doit être fait mention qu'elle est délivrée au receveur municipal pour l'ordre de la comptabilité (*Circ. compt. publ. 17 déc. 1854, § 1er.*) — V. n° 2969. *Pour les inscriptions de rentes affectées aux cautionnements définitifs*, reçu ou accusé de réception (*T*) du directeur de l'enregistrement ou de l'agent judiciaire du Trésor.
177. Excédents de versements sur les produits communaux. (*Inst. gén., art. 1105; tabl. de l'art. 1542, § 76.*) — V. n° 1302 et suiv.	Quittances des parties intéressées, ou quittances à souche des receveurs municipaux constatant l'application aux comptes des communes des sommes non réclamées. — Ces quittances, étant considérées comme opération d'ordre, sont, comme avant la loi du 23 août 1871, exemptes de timbre (*art. 20, § 5, de cette dernière loi*). (*Circ. compt. publ. 14 avril 1872, n° 24, § 8.*) — Toutefois, l'exemption de timbre ne s'applique qu'aux remboursements d'excédents provenant de *taxes communales assimilées aux contributions directes, chiens et prestations*. (*Circ. compt. publ. 8 décembre 1891, § 2 ; Inst. enreg. 6 juillet 1892.*)
178. Versements des retenues pour le service des pensions civiles et en vertu d'oppositions. (*Inst. gén., art. 1007 et 1106 ; tabl. de l'art. 1542, § 77.*)	Récépissés ou extraits des récépissés du receveur des finances.

COMMUNES. — DÉPENSES.	
DÉSIGNATION DES DÉPENSES.	JUSTIFICATIONS A PRODUIRE A L'APPUI DES MANDATS DE L'ORDONNATEUR.
179. Cotisations particulières. (*Inst. gén., art. 1108 et 1476; tabl. de l'art. 1542, § 79.*)	Mémoires et états de fournitures et travaux (T); — quittances des parties prenantes (T).
180. Part allouée aux pauvres ou aux hospices dans le produit des concessions de terrains dans les cimetières. (*Inst. gén., art. 927; tabl. de l'art. 1542, § 80.*) — V. nᵒˢ 1068 et suiv.	Quittances à souche du receveur des hospices.
181. Application au compte de la commune des recettes faites avant l'ouverture de l'exercice. (*Inst. gén., art. 1109 et 1492; tabl. de l'art. 1542, § 81.*) — Voir nᵒˢ 2582 et suiv.	État, certifié par le maire, des sommes précédemment recouvrées, avec indication des articles du compte auquel ces sommes ont été appliquées.
182. Caisse des écoles. (*Loi 10 avril 1867; Circ. compt. publ. 15 oct. 1867, § 3; L. 28 mars 1882, art. 17.*) — V. nᵒˢ 806 et suiv.	Mémoire ou facture (T) des fournitures certifié par la partie intéressée et approuvé par le maire. *Pour les placements en rentes sur l'État,* justifications indiquées au § 169.
182 *bis*. Perception de produits communaux (droits de places et de stationnement) à l'aide de tickets. (*Circ. compt. publ. 25 sept. 1901, § 13.*) — V. nᵒ 1804 *bis*.	*Versement de fonds par les agents :* les quittances à souche, non timbrées, du receveur municipal.

ÉTABLISSEMENTS DE BIENFAISANCE.

RECETTES ORDINAIRES
(en deniers).

183. Loyer des maisons et terrains. (*Inst. gén., art. 1056; tabl. de l'art. 1542, § 82.*)	Mêmes justifications que pour les recettes de pareille nature concernant les communes. — V. § 7.
184. Fermage en argent des biens ruraux. (*Inst. gén., art. 1056; tabl. de l'art. 1542, § 83.*)	Idem. — V. §§ 7 et 214.

ÉTABLISSEMENTS DE BIENFAISANCE — RECETTES.

DÉSIGNATION DES RECETTES.	JUSTIFICATIONS.
185. Rentes sur l'État. (*Inst. gén.*, *art.* 1058; *tabl. de l'art.* 1542, § 84.)	*Idem*. — V. § 12.
186. Rentes sur particuliers et sur les communes. (*Inst. gén.*, *art.* 1058; *tabl. de l'art.* 1542, § 85.)	*Idem*. — V. § 11.
187. Coupes ordinaires de bois. (*Inst. gén.*, *art.* 1057; *tabl. de l'art.* 1542, § 86.)	*Idem*. — V. § 24.
188. Intérêts de fonds placés au Trésor. (*Inst. gén.*, *tabl. de l'art.* 1542, § 87.)	Mêmes justifications que pour les recettes de pareille nature concernant les communes. — V. § 34.
189. Fonds alloués sur l'octroi et sur les autres fonds communaux. (*Inst. gén.*, *art.* 1065 et 1074; *tabl. de l'art.* 1542, § 88.)	Extrait du budget de la commune, et, s'il y a lieu, des autorisations supplémentaires.
190. Subventions de la commune, du département ou de l'État. (*Inst. gén.*, *art.* 1065.) — V. nos 2865 et suiv.	Extrait, certifié par le président de la commission, des mandats délivrés au profit de l'établissement, ou bien certificat du receveur des finances attestant le montant de la subvention.
191. Produit du droit des pauvres sur les spectacles, bals et concerts. (*Inst. gén.*, *art.* 1066; *tabl. de l'art.* 1542, § 89.) — V. nos 1386 et suiv.	États certifiés des droits perçus en régie simple; — actes d'abonnement ou de mise en ferme quand il y a lieu (T). Lorsqu'il existe un bureau de bienfaisance et un hospice, délibération du conseil municipal, dûment approuvée, déterminant la part revenant à chaque établissement.
192. Journées de militaires. (*Inst. gén.*, *art.* 1067; *tabl. de l'art.* 1542, § 90.) — V. nº 1749.	Décomptes (T) arrêtés contradictoirement entre la commission administrative et l'intendance militaire, ou certificat du président de la commission administrative relatant, avec leurs numéros et leurs dates, les mandats de remboursement émis sur la Caisse du Trésor.
193. Pensions à prix de journées. (*Inst. gén.*, *art.* 1068; *tabl. de l'art.* 1542, § 91.) — V. nos 1647 et suiv.	Lorsque le produit paraît pour la première fois au compte, copie de l'arrêté préfectoral qui a fixé le prix des pensions. État nominatif trimestriel (T) portant décompte, certifié par le président de la commission administrative, indiquant les noms et prénoms des pensionnaires et malades, la date de l'entrée, celle de la sortie ou du décès, le nombre et le prix des journées et le montant du produit; ledit état appuyé, s'il y a lieu, des traités ou engagements dont il est compté pour la première fois, passés entre l'administration et les pensionnaires, approuvés par le préfet. Les titres de recette doivent indiquer les droits constatés au profit

ÉTABLISSEMENTS DE BIENFAISANCE. — RECETTES.

DÉSIGNATION DES RECETTES.	JUSTIFICATIONS.
193. Pensions à prix de journées (suite).	des établissements; les comptables justifient des sommes encaissées et font ressortir les restes à recouvrer. *(Circ. compt. publ. 25 avril 1904, § 2.)*
194. Pensions annuelles. *(Inst.gén.,art.1069; tabl. de l'art. 1542, § 92.)* — V. n° 1648.	Pour la première année, copie ou extrait du titre constitutif approuvé par le préfet ; Pour chaque année, états nominatifs trimestriels *(T.)*, rappelant les conditions d'admission et portant décompte des sommes dues. — V. le paragraphe précédent, 2ᵉ alinéa.
195. Ressources affectées au service de l'assistance médicale gratuite. *(L. 15 juillet 1893.)* — Voir n°ˢ 616, 637, 638 et 643.	*Pour la première fois,* copie ou extrait des décrets ou arrêtés préfectoraux qui ont autorisé les fondations, et copie des actes de donation. *Chaque année,* justification du produit, suivant sa nature, par un certificat du président du bureau d'assistance, indiquant la somme qui était à recouvrer pour l'exercice.
196. Produit de la pharmacie. *(Inst. gén., tabl. de l'art. 1542; § 93.)*	États détaillés des livraisons faites ou des objets confectionnés, avec leur évaluation en deniers, certifiés par l'économe et visés par le président de la commission administrative.
197. Produit du travail de la maison. *(Inst. gén., art. 1070; tabl. de l'art. 1542; § 94.)*	Mêmes justifications qu'au paragraphe précédent.
198. Produit de la vente des effets des décédés. *(Inst.gén.,art.1070; tabl. de l'art. 1542. § 95.)*	Procès-verbaux d'adjudication *(T)*, traités de gré à gré *(T)*, ou autres actes, dûment approuvés, qui ont déterminé le prix et les conditions de vente.
199. Dons, aumônes et collectes, quêtes et souscriptions. *(Inst.gén., art. 1071 à 1073; tabl. de l'art. 1542, § 96.)* — V. n°ˢ 1379 et suiv.	État détaillé nominatif, ou liste de souscription, s'il y a lieu, des sommes à percevoir, certifié par le président de la commission administrative. Pour les legs et donations, V. § 46.
200. Loteries. *(Inst. gén., art. 1053 ; Circ. min. Int. 17 fév. 1860; Décr. 13 avril 1861, art. 6.)* — V. n°ˢ 1379 et suiv. et 1821.	1° Extrait, dûment certifié, de l'arrêté du préfet, ou du sous-préfet jusqu'à concurrence de 2,000 francs, qui autorise la loterie ; 2° Certificat du président de la commission administrative constatant le nombre de billets émis et placés, le prix du billet et le produit.
201. Produit des fêtes de bienfaisance. — V. n°ˢ 1379 et suiv., 1386 et 1821.	Compte dûment certifié par le président, organisateur des fêtes, indiquant le produit des entrées ou billets, les frais payés et le restant net.
202. Remboursements des dépenses des enfants assistés *(Inst. gén., art. 1074 à 1076; tabl. de l'art. 1542, § 97.)*	État, certifié par le préfet, des mandats délivrés par ce magistrat au profit de l'établissement, avec les numéros et les dates de ces mandats ; — états de rapprochement, par exercice, entre la recette et la dépense des enfants assistés, relatant la part de la dépense qui pourrait incomber à l'hospice.

ÉTABLISSEMENTS DE BIENFAISANCE. — RECETTES.

DÉSIGNATION DES RECETTES.	JUSTIFICATIONS.
203. Amendes et confisca-tions. (*Inst. gén., art. 1077 ; tabl. de l'art. 1542 ; § 98.*)	Ampliation des États de distribution des amendes, arrêtés par le préfet, ou certificat du président de la commission administrative relatant les allocations faites à l'établissement.
204. Produit de la vente des denrées ou grains ex-cédant les besoins de l'établissement. (*Inst. gén., art. 1080 et 1460 ; tabl. de l'art. 1542 ; § 99.*)	Procès-verbaux d'adjudication (T) ou états détaillés des produits, et, s'il y a lieu, les mercuriales.
205. Attributions sur les con-cessions de terrains dans les cimetières. (*Inst. gén., art. 927 ; tabl. de l'art. 1542, § 100.*) — V. nos 1068 et suiv.	État détaillé, certifié par le maire, énonçant la date des actes de concessions délivrés pendant l'année, la date de l'enregistrement et le montant revenant à l'établissement. Lorsqu'il existe un bureau de bienfaisance et un hospice, délibéra-tion du conseil municipal dûment approuvée, déterminant la part revenant à chaque établissement.
RECETTES EXTRAORDINAIRES (en deniers).	
206. Coupes extraordinaires de bois. (*Inst. gén., tabl. de l'art. 1542, § 101.*)	Justifications indiquées au § 48.
207. Legs et donations. (*Inst. gén., tabl. de l'art. 1542, § 102.*)	Justifications indiquées au § 46.
208. Cession d'objets mobi-liers de toute nature par les pensionnaires de l'hospice. (*Inst. gén., art. 1069.*) — V. nos 1648.	Copie (T) de l'acte de cession, contenant le détail et l'évaluation en argent des objets cédés, dûment approuvé par le préfet, ou délibéra-tion de la commission administrative acceptant les dons de minime importance. Copie (T) des actes constitutifs de rentes, pensions, revenus, etc., et approuvés.
209. Rachats de rentes. (*Inst. gén., tabl. de l'art. 1542, § 103.*)	Justifications indiquées au § 47.
210. Remboursements de ca-pitaux. (*Inst. gén., tabl. de l'art. 1542, § 104.*)	Ampliation des actes constitutifs des créances de l'établissement (T).
211. Vente de meubles et d'immeubles. (*Inst. gén., tabl. de l'art. 1542, § 105.*)	Justifications indiquées au § 44.
212. Emprunts.	Justifications indiquées au § 49.
213. Recettes accidentelles et imprévues. (*Inst. gén. art. 1082.*)	Justifications indiquées au § 53.

ÉTABLISSEMENTS DE BIENFAISANCE. — RECETTES.	
DÉSIGNATION DES RECETTES.	JUSTIFICATIONS.
RECETTES DES PRODUITS EN NATURE.	
214. Fermages et rentes en grains, denrées et autres produits. (*Inst. gén. art. 1078. 1079 et 1460 ; tabl. de l'art. 1542, § 106.*)	Mêmes justifications qu'au § 7; de plus, relevé détaillé établissant l'évaluation en argent, et appuyé, s'il y a lieu, des mercuriales.
215. Produits des domaines et jardins exploités par l'administration. (*Inst. gén., art. 1078, 1079 et 1460; tabl. de l'art. 1542, § 107.*)	Un état dûment certifié des produits et de leur évaluation en deniers.
SERVICES HORS BUDGET.	
216. Fonds de retraites (*Inst. gén., tabl. de l'art. 1542, § 108.*)	Justifications indiquées au § 54, sauf ce qui est relatif aux amendes d'octroi.
217. Dépôts de garantie et cautionnements pour adjudications et marchés. (*Inst. gén., tabl. de l'art. 1542, § 109.*)	Justifications indiquées au § 57.
218. Retenues en vertu d'oppositions. (*Inst. gén., tabl. de l'art. 1542, § 110.*)	Justifications indiquées au § 59.
219. Fonds appartenant aux enfants assistés ou deniers pupillaires. (*Inst. gén., art. 1070 et 1110; tabl. de l'art. 1542, § 111.*)	État des sommes reçues pour le compte de chaque enfant, certifié par le président de la commission administrative.
220. Dépôts d'argent et d'objets précieux. (*Inst. gén., art. 1111; tabl. de l'art. 1542, § 112.*) — V. nos 1360 et suiv.)	État certifié par un membre de la commission administrative, présentant le détail des objets existant à la fin de l'année précédente et de ceux qui ont été déposés depuis cette époque, ou certificat négatif.
221. Recettes faites avant l'ouverture de l'exercice. (*Inst. gén., art. 1109 et 1492; tabl. de l'art. 1542, § 113.*)	État détaillé des recettes, certifié par le président de la commission administrative.
222. Excédents de versements sur des produits de l'établissement. (*Inst. gén., art. 1105 et 1488.*)	Relevé, dressé par le receveur et certifié par le président de la commission administrative, des excédents par nature de produits.

ÉTABLISSEMENTS DE BIENFAISANCE. — DÉPENSES.

DÉSIGNATION DES DÉPENSES.	JUSTIFICATIONS A PRODUIRE A L'APPUI DES MANDATS DE L'ORDONNATEUR.
DÉPENSES ORDINAIRES.	
223. Traitement du receveur. (*Inst. gén., tabl. de l'art. 1542, § 114.*)	Mêmes justifications que pour le traitement des receveurs municipaux, §§ 66 et 67.
224. Appointements. gages et salaires des agents et préposés. (*Inst. gén., tabl. de l'art. 1542, § 115.*)	Mêmes justifications que pour les dépenses semblables à la charge des communes, § 64.
225. Frais de bureau.	Mêmes justifications qu'au § 65.
226. Timbre des comptes et registres de la comptabilité.	Mêmes justifications qu'au § 81.
227. Achat de timbres. — Payement de droits d'enregistrement.	Mêmes justifications qu'au § 82.
228. Contributions assises sur les biens. — Taxes des biens de mainmorte.	Justifications indiquées aux §§ 84 et 85.
229. Assurances contre l'incendie.	Mêmes justifications qu'au § 86.
230. Impressions à la charge des établissements.	Factures ou mémoires (T) des fournitures, réglés par l'ordonnateur. Si la somme est versée au compte des cotisations, mêmes justifications qu'au § 78.
231. Dépenses ordinaires pour achats d'objets mobiliers, denrées, matières et marchandises. (*Inst. gén., art. 1091 et 1094; tabl. de l'art. 1542, § 117.*)	Justifications indiquées au § 89. Toutefois, s'il s'agit de fournitures, d'aliments et d'objets de consommation, produire l'arrêté du préfet qui aurait autorisé les traités de gré à gré. — V. n°° 3062 et suiv.
232. Avances aux économes ou aux sœurs hospitalières pour les menues dépenses. (*Inst. gén., art. 1499.*) — V. n°° 1406 et suiv.	Bordereau des payements faits sur les sommes avancées, certifié et visé par le président de la commission administrative et appuyé des mémoires ou factures (T), attestés par l'économe ou la sœur hospitalière; quittances des ayants droit, (T) pour chaque acquit au-dessus de 10 francs.
233. Réparations de simple entretien n'excédant pas 300 francs.	Justifications indiquées au § 88, sauf que le visa du maire est remplacé par celui de l'ordonnateur.
234. Frais de recouvrement de rentes payables hors de l'arrondissement. (*Inst. gén., art. 1063.*)	Quittance du percepteur constatant le payement de ces remises (T lorsqu'elle excède 10 francs).

ÉTABLISSEMENTS DE BIENFAISANCE. — DÉPENSES.

DÉSIGNATION DES DÉPENSES.	JUSTIFICATIONS A PRODUIRE A L'APPUI DES MANDATS DE L'ORDONNATEUR.
235. Allocations aux médecins et sages-femmes.	Mémoire *(T)* visé par l'ordonnateur, ou mandat individuel, en cas de traitement annuel indiquant la période que concerne le payement. — V. Hospices, n° 1653 ; Service médical gratuit.
236. Dépenses de pharmacie. — Médicaments.	Factures ou mémoires *(T)* des pharmaciens ou autres fournisseurs, visés par l'ordonnateur. Les quittances sont exemptes du timbre de 10 centimes.— V. n° 1653. En ce qui concerne les dépenses du service de l'assistance médicale gratuite, V. § 239.
237. Pensions ou rentes à la charge de l'établissement.	*Pour les pensions,* mêmes justifications qu'au § 123. *Pour les rentes,* extrait dûment certifié de l'acte constitutif ; quittance de la partie prenante, *(T) si la somme due excède 10 francs.*
238. Secours aux indigents.	*Pour les secours en argent :* Décision de la commission administrative lorsqu'il s'agit d'un secours permanent. — Pour un secours accidentel et de peu d'importance, mandat individuel quittancé par la partie prenante, ou état nominatif de distribution, certifié par l'ordonnateur et émargé par les parties prenantes. — V. n°s 2835 et suiv. *Pour les fournitures de pain, viande et vêtements aux indigents :* Mémoire *(T)* du fournisseur ou, s'il y a lieu, procès-verbal d'adjudication ou marché *(T).* *Pour les secours en nature distribués aux indigents au moyen de bons remis aux fournisseurs :* — 1° Mémoires *(T)* des fournitures certifiés par les ayants droit, réglés et visés par l'ordonnateur ; — 2° Certificat de l'ordonnateur attestant la conformité des mémoires et des bons (ce certificat peut être donné sur les mémoires par une mention spéciale); — 3° Et, s'il y a lieu, procès-verbaux d'adjudication ou marchés *(T)* et autres pièces justificatives prévues par l'instruction générale pour les achats de fournitures. *(Circ. compt. publ. 31 juill. 1905, § 2.)* — La quittance du fournisseur est exempte du timbre de 10 centimes lorsqu'il est fait mention de l'indigence attestée par l'ordonnateur. *(Solut. enreg. 5 sept. 1882.)* — V. Hospices n° 1653, Secours n°s 2835 et suiv. Lorsqu'il s'agit de frais de transport dans un établissement de bienfaisance ou de dépenses funéraires, mémoire *(T)* des ouvriers ou fournisseurs. Lorsqu'on a recours à une adjudication ou à un marché de gré à gré, mêmes justifications qu'au § 231. — V. n° 3066. En ce qui concerne les dépenses du service de l'assistance médicale gratuite, V. le paragraphe suivant. S'il s'agit de fonds votés par la commune et mis à la disposition du maire, V. § 124.
239. Dépenses du service de l'assistance médicale gratuite. *(L. 15 juil. 1893, art. 26.)* — Voir n°s 636, 637, 647 et suiv.	Lorsque les bureaux d'assistance n'ont pas de patrimoine, le contingent qui incombe aux communes débitrices est versé au département qui centralise toutes les dépenses. — Les justifications à produire au receveur municipal sont : — 1° Extrait de l'arrêté préfectoral fixant le contingent ; — 2° Récépissé du receveur des finances, ou extrait de ce récépissé. — Il faut tenir compte, que dans ce cas, les dépenses relatives aux frais d'imprimés, aux visites, aux consultations, aux opérations, à la fourniture des remèdes et appareils, aux frais de séjour des malades dans les établissements hospitaliers, sont mandatées par le préfet. Pour les bureaux d'assistance ayant des ressources suffisantes et pourvoyant, par eux-mêmes, à toutes leurs dépenses, les justifications à produire sont les suivantes :

ÉTABLISSEMENTS DE BIENFAISANCE. — DÉPENSES.

DÉSIGNATION DES DÉPENSES.	JUSTIFICATIONS A PRODUIRE A L'APPUI DES MANDATS DE L'ORDONNATEUR.
239. Dépenses du service de l'assistance médicale gratuite (suite).	1° *Honoraires des médecins, chirurgiens et sages-femmes* : — Mémoire visé par le président du bureau d'assistance, ou mandat individuel, en cas de traitement annuel indiquant la période que concerne le payement. 2° *Médicaments et appareils* : Factures ou mémoires des pharmaciens ou autres fournisseurs, visés par le président du bureau d'assistance. Ces factures ou mémoires doivent faire ressortir tous les éléments constitutifs de la créance : «Nature et quantité des médicaments fournis pour chaque malade, prix de l'unité d'après le tarif réglementaire, le numéro de référence à ce tarif, s'il y a lieu, le produit du décompte pour chaque médicament et le prix des manipulations». Pour les autres dépenses, V. §§ 118 et suiv. et 238. Nota. — Les mémoires, quittances et autres pièces produites au bureau d'assistance médicale à l'appui des dépenses ci-dessus, par les médecins, les pharmaciens, les hôpitaux, etc., sont exempts de timbre; mais l'immunité ne saurait être étendue aux mémoires présentés à un établissement hospitalier où seraient soignés des malades assistés, attendu que la production de ces documents n'intéresse pas, dans ce cas, la gestion du bureau d'assistance qui n'est redevable que du prix, fixé à forfait, des journées de malades. *(L. 15 juil. 1893, art. 32 ; Déc. min. 25 août 1894 ; Inst. enreg. 8 juill. 1895, n° 2887; § 5 ; Circ. compt. publ. 15 déc. 1896, § 9)*
240. Dépenses imprévues.	Justifications indiquées au § 139, sauf qu'il y a toujours lieu de produire l'autorisation du préfet ou du sous-préfet *(Sol. min. Int. 21 mars 1896).*
241. Dépenses diverses.	Justifications indiquées aux §§ 142 à 146.
DÉPENSES EN NATURE.	
242. Livraisons à l'économe des produits de fermages ou rentes en deniers. *(Inst. gén., art. 1078 à 1080 et 1460; tabl. de l'art. 1542, § 121.)* — V. n° 1780.	Les procès-verbaux d'entrée en magasin, dressés conformément à l'instruction du 20 novembre 1836.
243. Livraisons à l'économe des produits des domaines et jardins exploités par l'administration. *(Inst. gén., art. 1078 à 1080 et 1460; tabl. de l'art. 1542, § 122.)* — V. n° 1780.	Un état, dûment certifié, des produits et de leur évaluation en argent.
DÉPENSES EXTRAORDINAIRES.	
244. Remboursements d'emprunts.	Justifications indiquées au § 149.
245. Dépenses extraordinaires pour achats d'objets mobiliers, denrées, matières et marchandises.	Justifications indiquées au § 150, sauf que le visa du maire est remplacé par celui de l'ordonnateur. — V. TRAVAUX ET FOURNITURES, n°s 3062 et suiv.
246. Échanges et acquisitions de propriétés immobilières *(Inst. gén. tabl. de l'art. 1542, § 118.)*	Mêmes justifications que pour les acquisitions et échanges effectués pour les communes, d'après les règles du droit commun. — V. § 151 et PURGE DES HYPOTHÈQUES, n°s 2512 et suiv.

ÉTABLISSEMENTS DE BIENFAISANCE. — DÉPENSES.

DÉSIGNATION DES DÉPENSES.	JUSTIFICATIONS A PRODUIRE A L'APPUI DES MANDATS DE L'ORDONNATEUR.
247. Constructions et grosses réparations. (*Inst. gén., tabl. de l'art. 1542, § 119.*)	Justifications indiquées au § 157, sauf que le visa du maire est remplacé par celui de l'ordonnateur. — V. TRAVAUX ET FOURNITURES, nᵒˢ 3062 et suiv.
248. Achats de rentes sur l'État. — V. nᵒˢ 2745 et suiv.	1° Copie de la délibération du conseil municipal, prise sur la demande de la commission administrative (V. nᵒ 786), ladite délibération dûment approuvée par le préfet ; 2° Bordereau de l'agent de change ; 3° Quittance *(T)* du receveur des finances donnée sur le mandat de payement.
249. Placements sur particuliers.	Justifications indiquées au § 170.
250. Dépenses diverses extraordinaires.	Justifications indiquées aux §§ 162 et 168.
SERVICES HORS BUDGET. 251. Payement de retraites et pensions. (*Inst. gén. tabl. de l'art. 1542, § 123.*)	Justifications indiquées au § 173.
252. Remboursements et emploi en cautionnements des dépôts de garantie pour adjudications et marchés. (*Inst. gén., tabl. de l'art. 1542, § 124.*)	Justifications indiquées au § 176.
253. Excédents de versements sur des produits de l'établissement.	Justifications indiquées au § 177.
254. Versements des retenues en vertu d'oppositions. (*Inst. gén., tabl. de l'art. 1542, § 125.*)	Justifications indiquées au § 178.
255. Versements ou emploi des deniers pupillaires. (*Inst. gén., art. 1070 et 1110; tabl. de l'art. 1542, § 126.*)	Pour les placements de fonds, la preuve des versements, et, dans le cas où, à la majorité de l'enfant, une somme lui aurait été remise, quittance de l'enfant et compte de tutelle. Pour les payements faits à des héritiers, quittance *(T)* et justification de leurs droits.
256. Dépôts d'argent et d'objets précieux. (*Inst. gén., art. 1111; tabl. de l'art. 1542, § 127.*) — V. nᵒˢ 1366 et suiv.	1° Quittances des ayants droit pour les objets restitués et qui doivent être estimés en argent ; 2° État des objets qui auraient été vendus au profit de l'établissement (*Inst. gén., art. 1070, rappelé au nᵒ 4590*) ; 3° État des objets restant en dépôt. Ces deux états certifiés par un membre de la commission administrative.
257. Application des recettes faites avant l'ouverture de l'exercice. (*Inst. gén., tabl. de l'art. 1542, § 128.*)	Justifications indiquées au § 181.

Indépendamment des justifications indiquées dans le tableau qui précède, les receveurs joignent à leur compte divers documents indiqués à *Comptes de gestion*, n° 1000.

2235. — *Recettes ou dépenses échelonnées sur plusieurs années.* — Quand une recette ou une dépense est échelonnée sur plusieurs années, la production du titre original ne doit avoir lieu qu'avec le compte de l'année pendant laquelle l'opération a été définitivement consommée ; jusque-là, les receveurs fournissent, avec le compte final du premier exercice, des copies ou extraits des titres, lesquels sont exempts du timbre suivant le cas (V. n° 19 *bis*), à la condition qu'ils portent la mention expresse que *l'expédition en due forme est retenue par le receveur afin de suivre l'opération, et qu'elle sera jointe au compte de l'année pendant laquelle l'opération sera terminée*; et ils désignent, dans les comptes suivants, le compte auquel sont joints ces extraits ou copies ; en ce qui concerne la recette, ils produisent, avec le compte final de chaque exercice, un certificat du maire ou de la commission administrative indiquant la somme qui était à recouvrer pour l'exercice. Ce certificat peut être collectif lorsqu'il y a plusieurs titres de même nature.

Les *titres originaux* sont, pour les comptables, non les *minutes* des *baux, procès-verbaux d'adjudication* et autres contrats, lesquels doivent rester déposées aux archives des mairies ou des établissements de bienfaisance, mais les expéditions en forme de ces actes qui, aux termes de l'article 822 de l'instruction générale, sont délivrées aux receveurs. (*Inst. gén., art. 1543.*) — V. ACTES, n°s 19 et suiv. COPIES, TITRES DE RECETTES ET DE DÉPENSES.

2236. — Les receveurs municipaux ne doivent pas perdre de vue les prescriptions énoncées au numéro précédent. Ils doivent, pour la première année, produire des copies ou extraits des titres non timbrés suivant le cas (V. n° 19 *bis*), et conserver avec soin les expéditions en due forme pour suivre l'opération de recette ou de dépense.

Pour la recette, l'expédition en due forme leur est indispensable puisqu'ils ne peuvent réclamer aucune somme des redevables s'ils n'ont un titre régulier. Cette pièce, qui doit rester entre leurs mains jusqu'à la fin de l'opération, sert, au besoin, à faire connaître les époques de versements à opérer par les redevables et les charges qui leur sont quelquefois imposées en sus des versements qu'ils ont à effectuer.

En ce qui concerne la dépense, l'utilité de conserver les expéditions en due forme des pièces justificatives jusqu'au mandat de solde a également une très grande importance, attendu qu'à chaque mandat d'acompte, pour une dépense à payer en plusieurs années,

le comptable, avant, d'effectuer le payement, doit s'assurer si le mandat délivré répond bien aux conditions de payement insérées dans le cahier des charges; il se rend compte aussi, lorsqu'il s'agit de travaux ou fournitures, si le tout a été exécuté conformément aux plans, devis, etc.

Si, par suite de l'insuffisance des ressources de la commune, une dépense faite et entièrement liquidée ne pouvait être acquittée pour son montant intégral, on aurait à produire, à l'appui du premier payement, les pièces justificatives, et, pour les payements suivants, on indiquerait avec le plus grand soin le mandat auquel les pièces sont jointes.

Lorsqu'il s'agit d'une dépense peu importante et qui se règle dans l'année, notamment le prix du loyer d'un immeuble loué par la commune ou le payement de travaux ou fournitures ayant fait l'objet d'un marché de gré à gré, il peut arriver que les maires ne voyant aucune utilité de conserver les minutes, joignent ces pièces à l'appui des mandats ; dans ce cas, les receveurs municipaux n'ont pas à distinguer entre les titres originaux et les expéditions en forme, il suffit, pour assurer la validité des payements, que les uns ou les autres de ces documents leur soient remis.

Une décision du ministre de l'Intérieur, en date du 5 janvier 1878, dit : sans doute il est préférable que les administrations municipales ne se dessaisissent pas des originaux, mais les receveurs municipaux n'ont pas à se faire juges de cette question ; il suffit pour eux que les pièces produites soient régulières et qu'elles établissent nettement les droits des créanciers des communes,

Il est bon d'ajouter également que toutes les pièces justificatives relatives à la purge des hypothèques doivent être produites en original. — V. ORDONNANCEMENT, PAYEMENT DES DÉPENSES DES COMMUNES.

Justifications diverses pouvant être fournies par une seule pièce. — V. PIÈCES JUSTIFICATIVES, § 1er *nota*.

2237. — *Mentions de références.* — Le receveur qui se réfère, pour justifier une dépense, à des pièces précédemment fournies, doit indiquer sur le mandat l'article du compte à l'appui duquel ces pièces ont été jointes. Toutefois, cette référence n'est recevable que pour des pièces produites à des comptes soumis à la même juridiction.

Pour les renseignements à enregistrer sur le carnet des dépenses à payer en plusieurs années, V. n° 3014, 2°.

En ce qui concerne les coupures de récépissés comprenant plusieurs articles du compte, V. n° 2576.

2237 bis. — *Documents altérés.* — *Duplicata.* — *Timbre.* — *Exemption.* —

Lorsque les pièces et documents de comptabilité sujets au timbre, qu'un receveur municipal doit fournir à l'appui de sa comptabilité, ont été égarés à la poste, l'administration, par une extension bienveillante de la loi du 25 mars 1817, art. 74, qui a exempté de l'impôt les pièces destinées à remplacer les registres de l'État civil perdus ou incendiés par les évènements de la guerre, admet que les duplicata créés pour remplacer les originaux égarés, peuvent être visés pour timbre gratis, pourvu qu'il soit fait mention de leur destination. (Sol. Enreg. 23 févr. 1896.)

Piqueurs. — V. CANTONNIERS.

Placements au Trésor par les communes et établissements publics.

2238. — Les communes, les hospices, les monts-de-piété, les fabriques d'église, les sociétés de charité maternelle, les crèches approuvées et les établissements publics, ainsi que les associations syndicales et les caisses des écoles, dont le service et la comptabilité sont placés sous la surveillance des receveurs des finances, sont seuls admis à placer leurs fonds au Trésor avec intérêts.

Ils versent, à cet effet, aux receveurs des finances, qui leur en délivrent des récépissés à talon, toutes les sommes excédant les besoins de leur service et s'élevant à 100 francs au moins. Des sommes inférieures peuvent toutefois être placées, soit d'office, soit par suite de liquidations administratives.

Les receveurs des finances ne peuvent admettre à titre de placements au Trésor public, avec intérêts, des fonds qui ne seraient pas de nature à être portés immédiatement au compte courant d'une commune ou de l'un des établissements désignés ci-dessus.

Les comptables qui auraient reçu des placements avec intérêts d'établissements autres que ceux dont il s'agit, seraient appelés à couvrir le Trésor du préjudice qu'il aurait supporté. (Inst. gén., art. 756.)

2239. — Les fonds libres de toute provenance appartenant aux communes et aux établissements de bienfaisance sont appliqués sans distinction au compte des fonds placés avec intérêts. (Inst. gén., art. 756 ; Circ. compt. publ. 31 déc. 1896, § 1er et 19 fév. 1897, § 3.)

2240. — L'obligation de placer les fonds disponibles au Trésor ne s'applique qu'aux sommes destinées à acquitter les dépenses votées ou en cours d'exécution, et nullement aux capitaux sans emploi fixe ou prochain.

Pour ces derniers, il est plus rationnel et plus avantageux à la fois de les employer en achats de rente 3 % sur l'État, puisque cet emploi offre aux communes et établissements, avec les mêmes gages de sécurité, un intérêt plus élevé que le compte courant au Trésor. (Circ. compt. publ. 10 juillet 1865, § 5.) — V. RENTES.

2241. — L'administration est généralement défavorable à la possession des titres au porteur par les communes. Toutefois, le placement en titres nominatifs n'est pas obligatoire. Mais il n'en est pas moins certain que ces placements offrent plus de garanties que tous autres et doivent, dès lors, être préférés par les communes et les établissements publics.

Les titres au porteur que pourraient posséder des communes sont convertis en rentes nominatives sans aucun frais pour les communes. (Circ. min. Int. 23 août 1876.)

Les receveurs municipaux ne peuvent rester dépositaires de titres au porteur. — V. RENTES, n° 2712.

2242. — Indépendamment des sommes que les communes et les établissements précités versent directement chez les receveurs des finances, à titre de placements au Trésor public, ces comptables sont chargés de recevoir, à ce titre, les produits de coupes extraordinaires de bois, qu'ils recouvrent eux-mêmes pour le compte des communes et des établissements.

Les receveurs des finances font aussi le placement au Trésor public du montant des déficits constatés aux caisses des percepteurs en qualité de receveurs des communes et des établissements publics, et que les receveurs des finances sont tenus de solder de leurs deniers personnels. (Inst. gén., art. 757.)

2243. — Enfin, il peut être effectué au Trésor public même, au profit des communes et établissements, des versements qui proviennent, soit de recouvrements faits à Paris pour leur compte, soit de la liquidation des cautionnements des receveurs municipaux en débet. Le caissier du Trésor en délivre des récépissés au nom des trésoriers généraux des départements dont les communes et établissements font partie. Ces récépissés sont remis à la Direction générale de la comptabilité publique, qui les adresse immédiatement aux trésoriers généraux.

Les préfets reçoivent, en même temps que ces trésoriers, l'avis des placements ainsi faits par l'entremise du caissier central du Trésor. (Inst. gén., art. 758.)

2244. — Les trésoriers généraux, pour lesquels les récépissés précités constituent une remise de fonds faite au caissier du Trésor pour leur compte, font dépense du montant de chaque récépissé, le jour même de la réception de cette pièce, à titre d'envoi au caissier, en même temps qu'ils s'en chargent en recette à titre de placement des communes et des établissements publics, si les placements concernent des communes ou établissements de l'*arrondissement du chef-lieu*. Ils délivrent alors leurs récépissés au nom des communes ou établissements. *(Inst. gén., art. 759.)*

2245. — Si les placements faits à Paris ou au chef-lieu du département concernent des *communes ou établissements situés dans des arrondissements de sous-préfecture*, les trésoriers généraux en donnent immédiatement crédit et avis aux receveurs particuliers de ces arrondissements, en leur prescrivant de se charger en recette du montant des versements, à titre de *placements au Trésor public*, et d'en délivrer les récépissés au nom des communes ou établissements. *(Inst. gén., art. 760.)*

2246. — Les placements de fonds au Trésor exigent, de la part des receveurs des finances, la délivrance de récépissés, série D. *(Circ. compt. publ. 26 déc. 1896.)* Ces récépissés sont exempts de timbre. *(Circ. compt. publ. 14 avril 1872, n° 32.)*

2247. — *Remboursements sur les fonds placés.* — Lorsque les besoins du service exigent qu'une partie ou la totalité des fonds placés soit remboursée par le Trésor, le receveur de chaque commune ou établissement en présente la demande à l'ordonnateur qui a qualité pour autoriser les remboursements, quelle que soit la quotité de la somme retirée. *(Circ. compt. publ. 19 nov. 1898, § 5.)*

Cette circulaire renouvelle aux comptables l'interdiction formelle d'accepter des maires, soit des mandats en blanc pour les dépenses communales, soit des reconnaissances en blanc pour les remboursements de fonds placés. — V. n° 1833.

2248. — Dans le cas où le maire refuserait l'ordonnancement sans motif légitime, et notamment pour mettre obstacle au payement d'une dépense mandatée d'office par le préfet en vertu des articles 149 et 152 de la loi du 5 avril 1884, il y aurait lieu de demander au préfet de faire mention de cette circonstance à la suite de l'arrêté portant autorisation de remboursement, en invitant le comptable à passer outre au payement. *(Circ. compt. publ. 20 septembre 1887, § 4, 13 mars 1888, § 2 et 19 nov. 1898, § 5.)*

2249. — En principe, on ne doit retirer que la somme dont on a réellement besoin. Mais il ne faut pas conclure de là qu'on soit obligé de faire des retraits de fonds jusqu'à y comprendre des fractions de franc et de centime; il est de règle, au contraire, de ne délivrer des mandats de remboursement que pour des sommes de 20 francs en 20 francs. Le plus souvent même, dans le but d'éviter des retraits successifs pour payer de petites dépenses qui peuvent être ordonnancées d'un moment à l'autre, il est bon de faire les mandats de remboursements par chiffres de 100 francs.

2250. — Lorsque les retraits de fonds placés au Trésor s'élèvent à *10,000 francs* et plus, le maire est tenu d'en aviser le receveur des finances au moins trois jours à l'avance. *(Circ. compt. publ. 14 août 1867, § 3.)*

2251. — Les remboursements sont faits par les trésoriers généraux et par les receveurs particuliers, sur la représentation d'un *mandat* conforme au *Modèle n° 208*. Ce mandat doit être quittancé par le receveur de la commune ou de l'établissement. La quittance est exempte de timbre. *(Circ. compt. publ. 14 avril 1872, n° 32.)*

En opérant les remboursements, les receveurs des finances doivent les inscrire *eux-mêmes* sur le livre récapitulatif dans la colonne relative aux valeurs de portefeuille. *(Inst. gén., art. 762.)* — V. n° 1795.

2251 bis. — Les remboursements de fonds ont lieu les jours où le percepteur se rend à la recette des finances pour effectuer ses versements. — Si, par suite d'une circonstance imprévue, il y avait lieu de faire un retrait de fonds en dehors des jours de versement, le comptable n'est nullement tenu de se rendre à ses frais à la recette des finances.

Pour éviter toute difficulté à cet égard, les maires doivent avertir, en temps utile, les comptables des payements à effectuer, afin que des mesures soient prises pour retirer les fonds nécessaires au prochain versement. — V. n° 2025.

2252. — *Tenue des comptes courants par les receveurs des finances.* — Les trésoriers généraux, pour les fonds des communes et établissements de l'arrondissement du chef-lieu du département, et les receveurs particuliers, pour les fonds des communes et établissements de leur arrondissement, tiennent un *compte courant* au nom de chaque établissement de chaque commune.

Les communes et les établissements sont crédités, dans ces comptes, de leurs placements et ils y sont débités des remboursements, savoir : valeur au 5 de chaque mois, pour toutes les opérations de la première dizaine ; valeur au 15 de chaque mois, pour celles de la deuxième dizaine ; valeur au 25 de chaque mois pour celles de la troisième dizaine.

Les placements effectués *sans l'intervention des receveurs municipaux* sont portés au crédit des communes ou des établissements valeur du cinquième jour de la dizaine pendant laquelle les receveurs des finances en ont fait recette. *(Inst. gén., art. 763.)*

Il doit être procédé de la manière suivante

pour le calcul des nombres : 1° négliger les centimes de la somme sur laquelle s'établissent les nombres, en augmentant toutefois cette somme de 1 franc lorsque les centimes s'élèvent au-dessus de 50 ; 2° opérer de même sur le produit de la multiplication qui donne les nombres, c'est-à-dire qu'on doit retrancher les deux derniers chiffres et les remplacer, lorsqu'ils s'élèvent au-dessus de 50, par l'augmentation d'un nombre. (*Inst. gén., art. 763, en note.*)

2253. — Les trésoriers généraux contrôlent successivement les opérations qui ont dû être portées par les receveurs particuliers au compte courant de chaque commune ou établissement. Ils vérifient, en outre, après l'expiration de l'année, l'exactitude des capitaux et des intérêts portés par les receveurs particuliers dans les décomptes dont il va être parlé. (*Inst. gén., art. 764.*)

2254. — Les trésoriers généraux doivent, au moyen des comptes ouverts dans leurs *livres des comptes courants* pour l'arrondissement du chef-lieu, et au moyen des renseignements qu'ils se font donner au besoin par les receveurs d'arrondissement, justifier aux préfets, lorsque ces administrateurs en font la demande, de la situation de chaque commune et établissement, à raison de ses fonds placés au Trésor public. Les receveurs particuliers, pour leur arrondissement respectif, doivent de même, lorsqu'ils en sont requis, donner communication de leurs *livres des comptes courants* aux sous-préfets. (*Inst. gén., art. 765.*)

2255. — *Décompte d'intérêts annuels.* — A la fin de chaque année, les trésoriers généraux et les receveurs particuliers arrêtent les comptes ouverts à chaque commune et établissement public autorisé à placer *avec intérêts*, et dressent, suivant le *Modèle n° 209*, le décompte des intérêts à leur allouer. Le taux qui doit servir de base au calcul de ces intérêts est fixé tous les ans par le ministre des Finances, avec les autres conditions du service du Trésor. (Actuellement, ce taux est de 1 1/2 % pour les communes et les établissements de bienfaisance.) — (*Circ. compt. publ. 31 décembre 1896, § 1er.*)
Les intérêts doivent être calculés sur toutes les sommes portées au débit et au crédit des comptes courants, quelle qu'en soit la quotité. (*Inst. gén., art. 766.*)

2256. — Il est opéré, sur les intérêts alloués par le Trésor aux communes et établissements, une *retenue* dont le taux est aussi fixé annuellement par les décisions du ministre ; cette retenue est attribuée aux receveurs des finances, pour les indemniser des soins et des frais qu'exige d'eux le service des placements et remboursements. Sur la portion de remise qui revient aux receveurs particuliers des arrondissements de sous-préfecture, il est prélevé un vingtième en faveur du trésorier général. (*Inst. gén., art. 767 ; Arr. min. 16 décembre 1865.*)

2257. — Les décomptes individuels de placements dressés, dans chaque arrondissement de sous-préfecture, au nom des communes et établissements publics, d'après les bases indiquées ci-dessus, sont immédiatement envoyés par les receveurs particuliers au trésorier général, qui les vérifie et assure la conformité de leurs résultats avec ceux du *relevé sommaire* dont il est parlé ci-après. (*Inst. gén., art. 768.*)

2258. — Le trésorier général adresse à la direction du mouvement des fonds des *bordereaux récapitulatifs* des placements et des remboursements effectués *pendant chaque dizaine*. Avant de faire l'envoi de ces bordereaux, il en inscrit les résultats sur un relevé *sommaire* conforme au *Modèle n° 210*, qui présente, pour l'arrondissement du chef-lieu et pour l'ensemble des arrondissements de sous-préfecture, le montant des placements et des remboursements de chaque dizaine, les époques auxquelles les communes et établissements sont crédités ou débités, le nombre de jours jusqu'au 31 décembre et les produits en nombre. A la fin de l'année, les receveurs arrêtent leurs minutes ; ils font faire l'addition des sommes et des nombres, et ils font compléter les calculs de manière à déterminer le montant des intérêts dus aux communes et établissements, ainsi que les remises attribuées aux receveurs des finances sur ces intérêts. Les intérêts résultant du relevé sommaire doivent être identiques avec ceux qui sont produits par les décomptes individuels, sauf les modifications prévues à la note *C* du *Modèle n° 210* précité.
Les relevés sommaires sont terminés par un tableau de répartition qui présente d'une manière distincte les intérêts dus aux communes et établissements publics, et les remises appartenant au trésorier général ainsi qu'à chaque receveur particulier. (*Inst. gén., art. 769.*)

2259. — Une expédition des *relevés* dont il s'agit est adressée au ministère des Finances, dans le courant du mois de janvier de chaque année, pour l'année précédente, afin que les résultats en soient reconnus par la direction du mouvement général des fonds et ordonnancés par le ministre. (*Inst. gén., art. 770.*)

2260. — Les ordonnances ministérielles sont délivrées au nom des communes et des établissements pour le montant des *intérêts* alloués à leur profit.
Des lettres d'avis de ces ordonnances sont expédiées aux trésoriers généraux, qui en remettent un extrait à chaque receveur particulier.
Le montant des ordonnances délivrées au nom des communes et des établissements est

porté immédiatement par le Trésor au compte général des *placements*, et les trésoriers généraux, ainsi que les receveurs particuliers, ont seulement à en faire l'application, d'après les décomptes établis, au crédit des comptes individuels ouverts aux communes et établissements.

Ce crédit est donné *valeur au 5 janvier de l'année courante*. (*Inst. gén., art. 771*.)

2261. — Le trésorier général doit, au moment même de la réception des lettres d'avis, remettre au préfet les décomptes *d'intérêts* dressés pour chaque arrondissement; le préfet les lui rend après les avoir fait examiner, et il donne avis de cette remise aux sous-préfets et aux maires; le trésorier général et les receveurs particuliers les font alors parvenir aux receveurs des communes et des établissements, qui doivent leur en remettre des quittances à souche, ainsi qu'il est dit ci-après. (*Inst. gén., art. 772*.)

2262. — *Recette des intérêts.* — Les intérêts produits par les placements faits par les communes constituent une recette dont les receveurs municipaux doivent se charger dans leur comptabilité, à titre *d'intérêts sur les fonds placés en compte courant au Trésor public*. Ils inscrivent cette recette au journal à souche, en détachent la quittance et la remettent au receveur des finances. Il est délivré une seule quittance pour toutes les communes de la perception, avec le détail, par commune, des intérêts alloués. Il est fait dépense de ces intérêts au compte des placements de fonds au Trésor.

Les intérêts de fonds placés doivent figurer en recette dans le budget et dans le compte de l'exercice correspondant à l'année pendant laquelle ils ont été produits. (*Inst. gén., art. 940*.) — V. PIÈCES JUSTIFICATIVES, § 34.

Les quittances des intérêts de fonds placés au Trésor sont exemptes de timbre. (*Inst. gén., art. 844*.)

2263. — *Compte à ouvrir au Trésor public pour les fonds placés en c/c.* — Les sommes versées en compte courant au Trésor sur les fonds des communes et des établissements publics sont portées au *débit* d'un compte ayant pour titre : *Trésor public*. Ce compte, divisé en autant de colonnes qu'il existe de communes ou d'établissements dans la perception, est *crédité* des remboursements successifs.

Au commencement de chaque année, il est débité et les comptes des communes et des établissements sont crédités des intérêts acquis pour l'année précédente.

Les remboursements sont, en outre, inscrits par le receveur des finances lui-même sur le livre récapitulatif. (*Inst. gén., art. 1494*.)

Le compte *Trésor public* est ouvert à la troisième section du livre des comptes divers des percepteurs.

2263 bis. — *Contrôle des fonds placés, soit au Trésor, soit à la Caisse des dépôts et consignations.* — Aux termes d'un décret en date du 25 décembre 1896, les communes et établissements de toute nature autorisés à déposer leurs fonds au Trésor doivent avoir un carnet de compte courant, sur lequel les receveurs des finances sont tenus, sous leur responsabilité, d'inscrire les dépôts et les retraits de fonds et de mentionner, après chaque opération, le montant en toutes lettres du nouveau solde du compte courant dans leurs écritures. Chaque mention doit être signée par le receveur des finances ou son fondé de pouvoirs et appuyée du timbre humide de la recette des finances.

Les percepteurs et receveurs municipaux chargés de la comptabilité de plusieurs communes et établissements de bienfaisance comprennent les différents comptes courants dont ils ont la gestion sur un même carnet, en ayant soin de les séparer complètement et de réserver pour chaque commune ou établissement le nombre de pages nécessaires à l'inscription de toutes les opérations d'une année. (*Circ. compt. publ. 26 déc. 1896, § 8*.) — V. n° 1795.

L'article 3 du décret du 4 janvier 1897 porte que les receveurs des finances doivent établir, semestriellement, une situation des comptes courants des communes et des établissements avec le Trésor public.

Cette situation est envoyée aux comptables pour être visée et retournée aussitôt. (*Circ. compt. publ., 26 déc. 1896, § 9 et 19 mars 1897, § 4er*.)

2263 ter. — *Placements et remboursements des fonds appartenant aux fabriques d'églises. — Intervention des percepteurs.* — Les fabriques d'églises sont tenues d'effectuer le dépôt de leurs fonds libres en compte courant avec le Trésor public, à l'exclusion de tout autre placement et particulièrement des versements aux caisses d'épargne. Ce dépôt, aux termes de l'article 44 de l'instruction ministérielle du 15 décembre 1893, doit être opéré à la caisse du receveur particulier dans la circonscription duquel se trouvent les fabriques.

Toutefois, afin d'atténuer autant que possible les difficultés auxquelles peut donner lieu une application rigoureuse des règlements, il a été décidé que pour les versements et les retraits de fonds ne dépassant pas 1,000 francs, les percepteurs doivent servir d'intermédiaires entre les trésoriers de fabriques qui trouveraient avantage à se servir de leur concours et les receveurs des finances.

Les opérations qui sont effectuées dans ces conditions sont décrites de la manière suivante:

Au moment du versement par le trésorier de la fabrique, le percepteur en applique le montant au compte : *Receveur des finances s/c de fonds de subvention*, et remet à la partie

versante une quittance à souche portant mention que ladite quittance devra être échangée
dans le délai de huit jours contre un récépissé
à talon libératoire. Le jour même, il avise du
dépôt le receveur particulier qui crédite le
compte : *Communes et établissements publics,
L/C de fonds placés avec intérêts,* par le débit
du compte : *Percepteurs, L/C de fonds de subvention pour le service du Trésor,* et adresse
son récépissé au percepteur. Celui-ci remet
immédiatement ledit récépissé au trésorier de
la fabrique en échange de la quittance à souche qui est transmise sans délai au receveur
particulier, pour justifier dans ses écritures la
dépense constatée au compte : *Percepteurs
L/C de fonds de subvention,* etc.

En ce qui concerne les retraits de fonds,
les trésoriers de fabriques ont également la
faculté de recourir à l'intervention des percepteurs ; les autorisations de remboursement
délivrées par l'évêque, ou par l'un de ses vicai-
res généraux agréés, sont déposés à l'encaissement chez ces comptables qui peuvent en
effectuer le payement aussitôt qu'elles leur ont
été renvoyées par le receveur des finances de
l'arrondissement, revêtues de la mention « *Vu
bon à payer.* »

Au moment des versements ou des retraits
de fonds, les trésoriers de fabriques doivent
représenter le carnet de compte courant dont
la tenue est prescrite par le décret du 4 janvier 1897 ; ce carnet est envoyé sous chargement au receveur des finances qui y indique,
conformément à l'article 4er dudit décret, les
opérations effectuées, et inscrit en toutes lettres le nouveau solde créditeur du compte courant. (*Circ. compt. publ. 16 janvier 1897,* § 3.)
— V. *Fabriques d'églises.*

Places aux halles, foires et marchés (Location des). — V. nᵒˢ 1802 et suiv.

Plans et devis. — V. DEVIS, TRAVAUX.

Poids et mesures (Rétributions pour la vérification des).

2264. — *Nature et assiette des droits.*
— Les poids et mesures employés dans le commerce sont soumis à une vérification et à un
poinçonnage qui sont faits par les agents chargés, dans chaque département, de veiller, sous
la direction des préfets et sous-préfets, au
maintien du système métrique. Indépendamment de la vérification première des instruments
neufs et de la vérification nouvelle des instruments rajustés, il est fait une vérification
annuelle pour laquelle les commerçants, marchands et fabricants sont soumis au payement
de droits au profit du Trésor. (*Inst. gén.,
art. 259.*)

2265. — Sont assujettis à la vérification les
commerces, industries et professions désignés
au tableau A joint au décret du 26 février 1873.

Les commerces, industries et professions
analogues à ceux qui sont énumérés dans ce
tableau et qui n'y ont pas été compris, peuvent
être soumis à la vérification par arrêtés spéciaux
des préfets, sauf l'approbation du ministre de
l'Agriculture et du Commerce.

Tous les trois ans des tableaux additionnels
contenant les commerces, industries et professions assujettis en vertu de ces arrêtés, sont
l'objet de décrets rendus dans la forme des
règlements d'administration publique. (*Décr.
26 février 1873, art. 6.*)

2266. — Les assujettis doivent être pourvus
de séries complètes de poids et mesures dont
ils font usage d'après la nature de leurs opérations, conformément aux désignations du tableau B annexé au décret du 26 février 1873.

Les poids et mesures isolés autres que les
poids et mesures hors série ne sont point tolé-
rés. (*Décr. 26 février 1873, art. 7.*)

2267. — La vérification est faite, chaque
année, dans toutes les communes. Le préfet
règle l'ordre dans lequel les diverses communes
sont vérifiées. (*Décr. 26 février 1873, art. 8.*)

2268. — La loi qui prescrit la vérification
des poids et mesures permet bien au préfet
d'autoriser cette vérification à la mairie où les
commerçants peuvent les apporter, mais l'arrêté préfectoral qui leur en fait une obligation
est illégal.

Si les commerçants n'usent pas de cette
faculté, la loi impose aux vérificateurs le devoir de se transporter à leur domicile pour
faire cette vérification. (*Arr. Cour cass. 21 nov.
1884.*)

2269. — Les droits de vérification sont
perçus conformément au tarif annexé au décret
du 17 décembre 1894.

2270. — La vérification première des poids
et mesures et instruments de pesage neufs ou
rajustés est faite gratuitement. (*L. de finances,
21 juillet 1894, art. 5.*)

2271. — Les droits de la vérification périodique sont payés pour tous les poids, mesures
et instruments de pesage désignés au tarif et
que les assujettis ont en leur possession. (*Décr.
26 février 1873, art. 11, et 17 déc. 1894.*)

2272. — L'application du tarif se fait au
moyen d'*états-matrices* que forment les vérificateurs des poids et mesures, et qui sont adressés au préfet et transmis par lui au directeur
des contributions directes, pour être vérifiés et
arrêtés par ce chef de service. (*Inst. gén.,
art. 261.*)

2273. — *Établissement des rôles.* — Au moyen des états-matrices, le directeur dresse les rôles. Ces rôles sont établis par arrondissement de perception ; ils doivent être émis et rendus exécutoires à mesure que les vérifications sont terminées dans les communes d'une même perception, de telle sorte que leur mise en recouvrement commence au mois d'avril, se continue successivement et soit terminée au 1ᵉʳ septembre.

Il est établi, avant la fin de chaque année, des rôles supplémentaires pour les vérifications qui n'auraient pu être faites dans les délais ci-dessus indiqués. Ces rôles doivent être émis avant le 31 janvier de l'année qui suit celle pour laquelle ils ont été émis. *(Inst. gén., art. 262; Circ. admin. des contr. dir. 25 nov. 1859 et 30 avril 1903.)*

2274. — *Remise des rôles aux comptables.* — Les rôles sont remis aux percepteurs, après avoir été rendus exécutoires par le préfet, et sont publiés par les maires comme ceux des contributions directes.

Les règles relatives à la remise des rôles et des états du montant des rôles des contributions directes sont applicables aux rôles des rétributions pour la vérification des poids et mesures. *(Inst. gén., art. 263.)*

2275. — *Recouvrement et poursuites.* — Les rétributions pour la vérification des poids et mesures sont exigibles *dans la quinzaine* de la publication des rôles, et en un seul versement.

Il n'est pas adressé d'avertissements particuliers aux redevables pour ces rétributions ; les percepteurs doivent leur faire remettre un avis dans la forme du *Modèle nᵒ 67*, lequel tient lieu de sommation sans frais.

Sauf les exceptions qui viennent d'être indiquées, le recouvrement des rétributions et les poursuites qu'il nécessite sont soumis aux mêmes règles que celles qui sont prescrites pour les contributions directes.

Les marchands *ambulants* sont astreints à payer les droits avant d'être portés au rôle. La perception de ces droits s'opère d'après des bulletins que les vérificateurs des poids et mesures remettent aux redevables et que ceux-ci présentent aux percepteurs. Les percepteurs s'en chargent en recette, et ils conservent avec soin les bulletins, afin de s'en servir pour l'émargement du rôle à intervenir. Si, à raison de l'époque probable de l'émission de ce rôle, les droits devaient appartenir à un exercice non encore ouvert, il en serait provisoirement fait recette au compte des recettes à classer.

Aussitôt après l'émission du rôle, les recouvrements sont appliqués définitivement au compte des droits de vérification des poids et mesures de l'exercice qu'ils concernent. *(Inst. gén., art. 264; Circ. compt. publ. 12 déc. 1874, § 1ᵉʳ.)*

2276. — Les rétributions pour la vérification des poids et mesures étant recouvrées à titre de produits divers, les recettes et les dépenses y relatives sont enregistrées à un compte particulier ouvert à la *deuxième section du livre des comptes divers*. *(Inst. gén., art. 1473.)*

2277. — *Frais de perception.* — Les percepteurs reçoivent, sur les rétributions pour la vérification des poids et mesures, des remises dont le taux est uniformément fixé à 3 centimes par franc du montant brut des rôles et qui leur sont payées au fur et à mesure de leur versement, sur les décomptes établis par les trésoriers-payeurs généraux et en vertu de mandats délivrés par les préfets. — V. nᵒ 2672.

Les receveurs des finances ont droit aussi à des taxations sur le même produit. *(Inst. gén., art. 265 et 266.)*

2278. — *Frais de confection de rôles.* — L'indemnité due aux directeurs des contributions directes, à raison des frais de confection des rôles des rétributions pour la vérification des poids et mesures, est payée en vertu des ordonnances du ministère des finances sur le crédit général qui lui est ouvert pour ce service, et elle est acquittée aux caisses des trésoriers-payeurs généraux dans les départements. *(Inst. gén., art. 267.)*

2279. — *Réclamations.* — Les réclamations concernant les rétributions pour la vérification des poids et mesures sont exemptes de timbre. *(Circ. contr. dir. 31 juillet 1826.)* — V. RÉCLAMATIONS.

2280. — *Dégrèvement et non-valeurs.* — Les individus assujettis à la taxe pour la vérification des poids et mesures obtiennent, suivant le même mode que pour les contributions directes, la *décharge* entière de leur cote, s'il est reconnu qu'ils ne devaient pas être compris dans le rôle des rétributions, ou une *réduction*, lorsqu'ils y ont été compris pour une taxe plus forte que celle qui résulte de l'assortiment de poids et mesures assigné à leur profession, ou, enfin, des *remises ou modérations*, s'ils sont reconnus hors d'état de payer.

Les demandes en *décharges* et *réductions* à former par les contribuables doivent être présentées, pour chaque commune, dans les trois mois qui suivent la publication des rôles, et les demandes en *remises ou modérations*, avant l'expiration de l'année d'émission de ces mêmes rôles.

Les demandes des percepteurs pour l'admission en non-valeurs des *cotes indûment imposées* et des *cotes irrecouvrables* font l'objet d'un seul et même état à présenter *dans les trois premiers mois de l'année qui suit celle pendant laquelle les rôles ont été publiés.*

L'état est dressé en simple expédition; il comprend les cotes indûment imposées ou devenues irrecouvrables dans toutes les communes de la perception.

Les dégrèvements et non-valeurs sur les rétributions sont payés en vertu d'ordonnances de délégation du ministre des Finances, expédiées, d'après la demande des directeurs des contributions, sur le crédit spécial qui est affecté à ce service. *(Inst. gén., art. 268; Circ. compt. publ., 15 sept. 1894.)*

2281. — Les préfets délivrent, pour ces dépenses, des ordonnances de dégrèvement semblables aux ordonnances de non-valeurs sur les contributions directes. Ces ordonnances ne peuvent être émises qu'après l'allocation des crédits de délégation. Elles sont remises aux trésoriers généraux qui, après les avoir enregistrées sur le carnet mentionné à l'article 179 de l'Instruction générale, les transmettent aux percepteurs par l'entremise des receveurs particuliers, et il en est tenu compte aux contribuables suivant les règles établies par les articles 207 à 219 de l'Instruction générale concernant les ordonnances sur les contributions directes.

Les receveurs et les percepteurs se conforment également aux prescriptions contenues dans ces articles pour les excédents de versements qui seraient dus à des contribuables sur les rétributions des poids et mesures. *(Inst. gén., art. 269.)* — V. nᵒˢ 2040 et suiv.

Police (Dépenses de).

2282. — Aux termes des articles 7 et 8 du décret du 28 mars 1852, le chef-lieu de canton, ou la commune désignée pour être le siège du commissariat, doit, avec l'État et les autres communes comprises dans la circonscription cantonale, concourir à la dépense des émoluments du commissaire de police, d'après les bases déterminées soit par les lois existantes, soit par le préfet en conseil de préfecture.

Les diverses ressources destinées aux dépenses de police sont centralisées au compte des *cotisations*, sous le titre de *fonds destinés aux traitements et frais concernant le service de la police. (Inst. gén., art. 623.)* — V. COTISATIONS MUNICIPALES.

En ce qui concerne le traitement des agents de police communaux, V. PIÈCES JUSTIFICATIVES, § 71.

Pompes à incendie (Entretien des). — V. PIÈCES JUSTIFICATIVES, § 96.

Pompes funèbres (Service des).

2282 bis. — *Attribution du service aux communes.* — Le service extérieur des pompes funèbres appartient aux communes *à titre de service public*.

L'établissement des tarifs appartient aux conseils municipaux qui ont toute latitude pour déterminer le nombre des classes qu'ils jugent convenable, eu égard à l'importance de la population et aux usages locaux. Ils peuvent aussi se borner à organiser un transport uniforme pour toutes les inhumations sans distinction, avec une taxe fixe à la charge de toutes les personnes non indigentes.

Aucune taxe ne peut être exigée pour les présentations et stations à l'église ou au temple.

Le service doit être fait gratuitement pour les indigents.

Les tarifs sont soumis à l'approbation de l'autorité préfectorale dans les communes ayant moins de 3 millions de revenus ; dans celles dont les revenus sont supérieurs à ce chiffre, ils ne peuvent être approuvés que par décret.

Les conseils municipaux ne doivent pas rechercher dans l'évaluation des tarifs un moyen d'accroître les ressources des budgets en vue des dépenses générales de la commune.

Les communes peuvent exploiter elles-mêmes, en régie directe, le service des pompes funèbres et des inhumations ou le donner à l'entreprise en passant des adjudications ou des marchés de gré à gré.

Les adjudications et marchés doivent être approuvés par le préfet. *(Loi 28 déc. 1904; Circ. min. int. 25 fév. 1905.)* — V. PIÈCES JUSTIFICATIVES, § 22 bis.

Pompiers (Sapeurs-). — V. nᵒ 2834.

Portes et fenêtres (Contribution des). — *Établissement et répartition de l'impôt.* — V. CONTRIBUTIONS DIRECTES, nᵒ 1177.

2283. — *Recouvrement.* — La contribution des portes et fenêtres est exigible contre les propriétaires et usufruitiers, fermiers et locataires principaux des maisons, bâtiments et usines, sauf leur recours contre les locataires particuliers pour le remboursement de la somme due à raison des locaux par eux occupés. *(L. 4 frimaire an VII, art. 12; Com. Durieu, t. 1, p. 415.)*

2284. — Lorsque le même bâtiment est occupé par le propriétaire et un ou plusieurs locataires seulement, la contribution des portes et fenêtres d'un usage commun est acquittée par les propriétaires ou usufruitiers. *(L. 4 frimaire an VII, art. 15.)*

2285. — La contribution des portes et fenêtres jouit du même privilège que les autres contributions directes. *(L. 12 novembre 1808;*

comme aussi elle se poursuit contre les redevables de la même manière et aux mêmes
époques. *(Arrêté 16 thermidor an VIII.)*

2286. — Le rôle ne comprend que le propriétaire de la maison ou l'usufruitier. Toutefois
les fonctionnaires, les ecclésiastiques et les employés civils et militaires, logés gratuitement
dans des bâtiments appartenant à l'État, aux
départements, aux communes et aux hospices,
sont imposés nominativement pour les portes
et fenêtres des parties de ces bâtiments servant
à leur habitation personnelle. *(L. 21 avril
1832, art. 27.)*
En cas de déménagement, et par analogie
aux dispositions énoncées dans les circulaires
rappelées au n° 4308, la contribution des portes
et fenêtres peut être payée proportionnellement
au temps pendant lequel chaque fonctionnaire
a exercé ses fonctions.

2287. — Les fonctionnaires, les ecclésiastiques et les employés dénommés au numéro
précédent, qui changent de résidence avant la
publication des rôles dans lesquels ils sont imposés, doivent former une demande en mutation
de cote. A défaut, ils peuvent être tenus d'acquitter l'impôt, sauf leur recours contre leurs
successeurs dans les locaux pour lesquels ils ont
été imposés. — V. MUTATIONS DE COTES.

2288. — La contribution des portes et fenêtres n'est pas due pour les locaux affectés à un
service public et distincts de l'habitation personnelle. *(L. 4 frimaire an VII, art. 5; Arr.
Cons. d'Ét. 18 juin 1875.)*

Porteurs de contraintes.

2289. — Les poursuites en matière de contributions directes sont exercées par des porteurs de contraintes qui agissent dans tous les
degrés de poursuites. *(Règl. pours., art. 28,
modifié par la loi du 9 février 1877 ; Circ.
min. Fin. 19 février 1877 ; Com. Durieu, t.
I, p. 475 et suiv.)*
Toutefois les lois de finances des 13 avril 1898
(art. 55) et 25 février 1901 *(art. 49)* ont autorisé l'administration à faire notifier par la poste
les *sommations avec frais et les commandements* concernant les contributions directes,
les taxes assimilées, les amendes et condamnations pécuniaires. — V. POURSUITES par la
poste et par huissier n° 2459 bis.

2290. — Le nombre des porteurs de contraintes est réglé, pour chaque arrondissement,
par le préfet, sur la proposition du trésorier
général. *(Règl. pours., art. 29.)*

2291. — *Nomination et fonctions.* —
Les porteurs de contraintes à employer dans
un arrondissement sont désignés par le sous-

préfet, sur la proposition du receveur particulier.
Les porteurs de contraintes sont commissionnés par le préfet. Ils prêtent serment devant le sous-préfet. *(Règl. pours., art. 30 ;
Com. Durieu, t. I, p. 479 et suiv.)*

2292. — Aucun des individus attachés au
service des autorités administratives et à celui
des receveurs et des percepteurs ne peut remplir les fonctions de porteur de contraintes.
(Règl. pours., art. 31.)

2293. — Les porteurs de contraintes sont à
la disposition du receveur particulier des finances dans chaque arrondissement, et ne peuvent
être employés par les percepteurs que d'après
son ordre. Ils doivent résider dans la commune
chef-lieu de l'arrondissement, sauf les exceptions autorisées par le préfet. *(Règl. pours.,
art. 32.)*

2294. — Les porteurs de contraintes, dans
l'exercice de leurs fonctions, doivent être munis
de leur commission. Ils la mentionnent dans
leurs actes et la représentent quand ils en sont
requis. *(Règl. pours., art. 33.)*

2295. — Les porteurs de contraintes remplissent les fonctions d'huissier pour les contributions directes, et, en cette qualité, ils font les
commandements, saisies et ventes, à moins
qu'il n'existe des commissaires-priseurs dans
le lieu où ils exercent leurs poursuites ; dans ce
cas, les commissaires-priseurs sont chargés de
préférence des ventes, conformément aux dispositions de l'article 34 de la loi de finances
du 23 juillet 1820, et ils sont tenus de se soumettre, pour le payement de leurs frais, aux
fixations déterminées par les préfets. Les receveurs des finances doivent veiller à ce qu'il
ne soit pas dérogé à cette loi.
Les porteurs de contraintes ne sont pas assujettis au droit de patente. *(Règl. pours., art.
34 ; Com. Durieu, t. I, p. 486 et suiv ; Circ.
compt. publ. 9 mars 1900, § 2.)*

2296. — Les porteurs de contraintes sont
responsables des frais des procédures annulées
par leur faute et sont même passibles de dommages-intérêts envers la partie. *(Règl. pours.,
art. 105; C. proc., art. 71 et 1031; Com.
Durieu, t. II, p. 203.)* — V. POURSUITES, n°s
2433 et 2434.

2297. — Dans les arrondissements où il ne
se trouve pas de porteurs de contraintes ayant
les qualités et les connaissances nécessaires,
les sous-préfets autorisent les receveurs des
finances à se servir des huissiers près les tribunaux, pour l'exécution des actes réservés aux
porteurs de contraintes, en se conformant, pour
les frais, aux fixations arrêtées par le préfet,

Les huissiers doivent, dans ce cas, être commissionnés porteurs de contraintes. (*Règl. pours.*, *art. 35 et 35 bis*.)

2298. — Les huissiers peuvent être requis d'exercer contre les redevables les actes de leur ministère ; dans ce cas, leurs émoluments sont fixés d'après les tarifs énoncés dans la *circulaire de la comptabilité publique du 28 août 1902, §§ 30 et suiv.* — V. n° 2459 *bis.*

2299. — Les porteurs de contraintes ne peuvent, dans aucun cas, ni sous aucun prétexte, recevoir aucune somme des percepteurs ni des contribuables pour leur salaire, ou pour les contributions, à peine de destitution.

Les percepteurs qui leur remettraient des fonds en resteraient responsables, et les contribuables qui payeraient entre leurs mains s'exposeraient à payer deux fois. (*Règl.pours.*, *art. 38.*)

2300. — Les porteurs de contraintes sont assujettis à tenir un répertoire, coté et paraphé par le juge de paix du chef-lieu d'arrondissement, et visé gratuitement pour timbre par le receveur de l'enregistrement ; ils y portent tous les actes de leur ministère sujets au timbre et à l'enregistrement, soit gratis, soit payés, sous peine d'une amende de 5 francs par chaque omission.

Indépendamment des détails prescrits par l'article 50 de la loi du 22 frimaire an VII, ce répertoire doit contenir, dans une colonne distincte, le coût de chaque acte, d'après les fixations arrêtées par le préfet.

Dans les dix premiers jours de chaque trimestre, ce répertoire est présenté au receveur de l'enregistrement pour être revêtu de son visa. Le porteur de contraintes qui diffère cette présentation est puni d'une amende de 10 francs pour chaque dizaine de retard.

Le porteur de contraintes est tenu, en outre, de communiquer son répertoire, à toute réquisition, aux préposés de l'enregistrement qui se présentent chez lui pour le vérifier, à peine d'une amende de 50 francs en cas de refus.

Il le communique au percepteur, au maire, au sous-préfet, au receveur de l'arrondissement et aux inspecteurs des finances en tournée, toutes les fois qu'il en est requis. (*Règl. pours.*, *art. 39* ; *Com. Durieu, t. I, p. 499 et suiv.*)

2301. — En cas d'injures ou de rébellion contre les agents de poursuites, ils se retirent auprès du maire pour en dresser procès-verbal. Ce procès-verbal, visé par le maire, est enregistré et envoyé au sous-préfet, lequel dénonce le fait aux tribunaux, s'il y a lieu. (*Règl. pours.*, *art. 40* ; *Com. Durieu, t. I, p. 504 et suiv.*)

2302. — *Salaire et indemnité des porteurs de contraintes.* — *Secours.* — Il est alloué aux porteurs de contraintes des départements autres que celui de la Seine, indépendamment du salaire résultant des actes de poursuites qu'ils ont à exécuter, une indemnité fixe de 400 francs, payable à raison de 100 francs par trimestre.

Sur la proposition du trésorier général, et après approbation du ministre des Finances, l'indemnité des agents les plus méritants peut être élevée à 500 francs, et l'indemnité des agents de cette catégorie qui comptent dix années de service peut exceptionnellement être portée à 600 francs.

L'indemnité exceptionnelle de 600 francs ne peut être accordée qu'aux agents qui ont été admis pendant une année au moins, sans interruption, au bénéfice de l'indemnité annuelle de 500 francs. (*Arr. min. Fin. 14 mars 1884, art. 2.*)

Le maximum des secours alloués aux anciens porteurs de contraintes, à leurs veuves et à leurs orphelins, est de 150 francs. (*Arr. min. Fin. 14 mars 1884, art. 3.*)

Les trésoriers-payeurs généraux doivent dresser avec soin l'*État A*, joint à la circulaire de la comptabilité publique du 10 janvier 1894 et se conformer très exactement aux recommandations énoncées dans cette circulaire, qui a trait à la répartition des indemnités à allouer aux porteurs de contraintes.

2303. — Les indemnités et secours mentionnés à l'article précédent sont imputés sur le chapitre ouvert à la troisième partie du budget du ministère des Finances, sous le titre de : *Indemnités et secours aux porteurs de contraintes.* Ils sont payés d'après les états dressés et certifiés par le receveur des finances de l'arrondissement, et en vertu de mandats délivrés par le préfet du département. (*Arr. min. Fin. 14 mars 1884, art. 4.*)

2304. — Dans la quinzaine qui suit l'expiration de chaque trimestre, les trésoriers généraux adressent au ministre (*Direction générale de la comptabilité publique*) un état récapitulatif présentant, par arrondissement, le montant des allocations faites pour le trimestre précédent dans leur département respectif, et contenant, en outre, les explications nécessaires pour faire apprécier, s'il y a lieu, les motifs des différences existant dans le chiffre des diverses allocations. (*Arr. min. Fin. 14 mars 1884, art. 5.*)

2305. — *Retenues à effectuer pour la Caisse de la vieillesse sur les indemnités des porteurs de contraintes.* — Les porteurs de contraintes sont astreints à opérer des placements périodiques à la Caisse des retraites pour la vieillesse, et en conséquence les indemnités qui leur sont allouées par le Trésor sont soumises à une retenue annuelle de 20 francs, quel que soit le chiffre de l'indemnité. Ces versements sont facultatifs pour les agents qui ont dépassé l'âge de quarante-cinq ans.

Les versements sont faits aux receveurs des finances qui opèrent eux-mêmes les retenues au moment du payement des allocations. *(Circ. compt. gén. 29 sept. 1861, § 5, 7 mai 1862, § 1er, et 16 déc. 1863, § 17.)*

Poste. — V. Envois de fonds, Franchise.

Poursuites pour le recouvrement des contributions directes et des taxes assimilées.

2306. — *Délai dans lequel les poursuites peuvent commencer.* — Le contribuable qui n'a pas acquitté, au premier du mois, le douzième échu pour le mois précédent, est dans le cas d'être poursuivi. *(Règl. pours., art. 20 ; Com. Durieu, t. I, p. 413 et suiv.)*

2307. — Les comptables doivent, avant de s'engager en des poursuites, s'assurer de la position des contribuables contre qui elles sont dirigées.

En principe, on ne doit poursuivre que le contribuable imposé au rôle (V. n° 2506); mais si ce contribuable est décédé, ou, sans être décédé, représenté par un fermier ou locataire responsable de l'impôt, ou, enfin, par un dépositaire de deniers affectés au privilège du Trésor, ou encore par un propriétaire responsable de l'impôt de son locataire, les comptables ne doivent pas omettre d'indiquer, tant sur la contrainte que dans les actes de poursuites, que X...est poursuivi pour le payement de la cote du sieur..., comme garant et responsable en sa qualité de... — V. Contribuable, Décès, Déménagement, n°s 1315 et suiv.; Dépositaires et débiteurs de deniers, Fermiers et locataires, Héritiers, Privilège du Trésor, Réclamations.

2308. — La femme séparée de biens peut être poursuivie au lieu et place de son mari insolvable pour le recouvrement de la contribution mobilière inscrite au rôle à son nom. — Cette responsabilité de la femme séparée de biens résulte des dispositions de l'article 1448 du Code civil.

Mais les comptables doivent, comme il est dit ci-dessus, indiquer, tant sur la contrainte que dans les actes de poursuites, qu'une telle (nom de la femme) est poursuivie pour la contribution mobilière imposée au nom de son mari pour le domicile commun.

2308 bis. — Le mobilier meublant l'appartement occupé par les deux époux, qu'il appartienne au mari ou à la femme séparée de biens, constitue, au profit du Trésor, un gage que le percepteur a le droit de saisir pour assurer le recouvrement de la contribution personnelle-mobilière et du droit proportionnel de la patente. *(Trib. civil de Pontarlier, 2 juin 1896.)*

2308 ter. — Une veuve n'est pas tenue du payement d'une contribution mobilière inscrite au nom de son mari décédé depuis plusieurs années.

Il n'appartient pas au préfet de modifier un rôle après que ce rôle a été publié et notamment, de remplacer le nom d'un contribuable décédé par celui de sa veuve. *(Arr. Cons. d'Etat 26 octobre 1895.)*

2309. — *Sommation gratis.* — Le percepteur ne peut commencer les poursuites avec frais qu'après avoir prévenu le contribuable retardataire par une *sommation gratis (modèle n° 1).* Cette sommation, qui est à la charge du percepteur, est donnée au domicile du redevable, s'il réside dans la commune; s'il n'y réside pas, elle est remise à son principal fermier, locataire ou régisseur, ou bien à la personne qui le représente et, à défaut, au maire de la commune. Elle doit être remise huit jours avant le premier acte de poursuites qui donne lieu à des frais ; mais le percepteur n'est pas tenu de la renouveler pour la contribution d'un même contribuable dans le courant de l'exercice.

Les percepteurs doivent cependant, dans leurs relations habituelles avec les contribuables, avoir soin de rappeler à ceux-ci les avertissements qu'ils ont reçus et employer à leur égard tous les moyens de persuasion; ils doivent même se transporter chez les redevables lorsque, dans des circonstances extraordinaires, les receveurs des finances jugent cette démarche utile.

En général, il convient de n'actionner à la fois qu'un nombre restreint de contribuables retardataires, choisis avec discernement, et de pousser vivement les poursuites jusqu'au dernier degré contre ceux dont la mauvaise volonté est évidente.

La date de la remise au contribuable de la *sommation gratis* doit être constatée à l'article du rôle, en tête de la colonne d'émargement *(Inst. gén., art. 98 et 1299; Règl. pours., art. 21 et 21 bis ; Com. Durieu, t. I, p. 438 et suiv.)*

2310. — La sommation sans frais n'est soumise à aucune forme spéciale et peut être adressée au contribuable sous forme de lettre missive. *(Arr. Cour cass. 19 mars 1873.)* — V. n° 674 bis.

Le fait que la signature du percepteur est imprimée ne peut entraîner la nullité de cette sommation. *(Arr. Cons. d'Et. 3 déc. 1886.)*

De même, ne serait pas nulle, une sommation sans frais renfermant une simple erreur dans le numéro de l'article du rôle, si d'un autre côté, elle contient des renseignements suffisants pour ne laisser aucun doute sur son objet. (Jurisp.)

2311. — Contraintes. — Aucune poursuite donnant lieu à des frais ne peut être exercée dans une commune qu'en vertu d'une contrainte nominative décernée par le receveur particulier de l'arrondissement, visée par le sous-préfet. Une autorisation de ce dernier est, en outre, nécessaire pour qu'il puisse être procédé à la vente des objets saisis. La saisie-arrêt, seule, étant un acte purement conservatoire, n'exige ni contrainte ni autorisation préalable. Pour cet acte, comme pour tous les actes postérieurs au commandement, lesquels sont faits en vertu de la contrainte décernée pour ce dernier acte, le percepteur remet au porteur de contraintes un état présentant la situation des contribuables en retard, et portant injonction à cet agent de faire les diligences nécessaires. Le modèle de l'état est donné sous le n° 8, à la suite du règlement sur les poursuites. Dans aucun cas, on ne doit proclamer ni afficher les noms des contribuables portés en tête de la contrainte. (Inst. gén., art. 99 ; Règl. pours., art. 23; Com. Durieu, t. 1 p. 446 et suiv.)

2312. — La même contrainte peut comprendre les contributions directes et les taxes communales assimilées dues par le même contribuable ; mais, une fois la poursuite exercée, le coût des frais doit être imputé au service qui comporte la plus forte dette, et qui doit, dès lors, être présumée avoir motivé la poursuite. (Circ. compt. gén., 26 janv. 1869, § 2.) — Il y a toutefois exception en ce qui concerne les poursuites par la poste. — V. n° 2459 bis, § 5.

2313. — Doivent être imputés au compte des frais de poursuites concernant le service municipal, les frais faits contre un contribuable poursuivi pour une somme de 10 francs, exigible, déduction faite des acomptes versés, sur une cote de contribution s'élevant à 150 francs et dans laquelle poursuite sont compris 12 fr. 75, montant des termes échus sur chiens et prestations; le plus fort arriéré [se trouvant, dans ce cas, sur les taxes communales.

Pour l'enregistrement des actes de poursuites sujets à cette formalité, V. n°s 2419 et suiv.

Lorsqu'il peut y avoir des doutes pour l'imputation des frais, il est préférable d'exercer des poursuites pour chaque nature de contribution. — Pour les poursuites par la poste, V. n° 2459 bis, § 5.

2314. — La réunion des deux dettes dans le même acte n'empêche pas qu'on doive recourir à l'autorisation du maire quand il s'agit de taxes communales (chiens, prestations, etc.).

Si le maire refuse l'autorisation (V. n° 2756), il est passé outre aux poursuites relatives aux contributions directes, et les produits communaux sont plus tard, s'il y a lieu, l'objet d'une poursuite spéciale. Toutefois si, dans la contrainte mixte, la dette envers le Trésor est la plus forte, il n'est pas besoin de recourir à l'autorisation du maire, puisque, dans ce cas, la poursuite pour la dette communale est purement accessoire et n'occasionne aucun accroissement de frais à la charge du débiteur. En ce qui concerne les poursuites par la poste, V. n° 2459 bis, § 5.

Le service qui a supporté l'imputation des frais de la sommation avec frais, doit supporter également celle des frais ultérieurs. (Circ. compt. publ. 15 décembre 1864, § 2.)

Pour faciliter l'application de cette règle, les comptables doivent porter sur les états de payement les mentions indiquées au n° 2449.

2315. — Les contraintes sont dressées en double expédition; l'une reste entre les mains du percepteur, et ce comptable remet l'autre à l'agent de poursuites chargé de son exécution, après avoir vérifié la situation des contribuables qui y sont portés, et avoir biffé le nom de ceux qui se seraient libérés dans l'intervalle. Il est expressément recommandé aux agents de poursuites de présenter, aussi souvent que possible, leurs contraintes aux percepteurs, afin que les contribuables qui se seraient libérés puissent en être rayés; dans les villes, et, en général, dans les localités qui le permettent, les porteurs de contraintes doivent remplir cette formalité chaque jour avant d'aller en tournée. (Inst. gén., art. 100.)

2316. — Les percepteurs demandent au receveur d'arrondissement qu'il soit décerné des contraintes contre les contribuables en retard, toutes les fois qu'ils le jugent nécessaire pour l'exactitude du recouvrement. Néanmoins, les receveurs d'arrondissement peuvent d'office décerner ces contraintes, en se conformant à l'ordre et aux règles établis pour les degrés de poursuites. (Règl. pours., art. 24; Com. Durieu, t. 1, p. 455.) — V. n° 2449.

2317. — Toute contrainte, soit qu'elle ait été provoquée par les percepteurs, soit qu'elle ait été décernée d'office par le receveur des finances, soit sur les rôles ou des états des principaux retardataires, doit être précédée d'un état nominatif des contribuables à poursuivre; elle est inscrite au pied même de l'état.

L'expédition de la contrainte remise à l'agent de poursuites doit être produite à l'appui des états de frais soumis à la taxe. (Inst. gén., art. 101.)

2318. — Le nom de chacun des contribuables portés sur les contraintes doit recevoir un numéro d'ordre ; la série de ces numéros est renouvelée sur chaque contrainte, et les numéros donnés au nom des contribuables sont relatés sur les bulletins ou actes à eux signifiés.

Les contraintes indiquent, en outre, la date de la remise des bulletins ou des actes.

Les receveurs des finances, en apposant leur visa sur les contraintes, doivent y constater le nombre des contribuables à poursuivre.

Ces receveurs donnent aux contraintes délivrées pendant l'année une série de numéros d'ordre *par perception*. Ils les enregistrent sur un carnet où ils doivent indiquer la suite donnée à chacune d'elles. Ils mentionnent également sur ce carnet les autorisations de ventes données par le sous-préfet. (*Inst. gén.*, *art. 102.*)

2319. — La contrainte délivrée par le receveur particulier n'est point sujette au timbre; elle est décernée collectivement pour celles des communes de l'arrondissement de perception où le recouvrement est arriéré; elle ne peut être spéciale que dans le cas où une commune seule est en retard de payement. (*Règl. pours., art. 25; Com. Durieu, t. 1, p. 456.*)

2320. — Les poursuites contre les contribuables en retard doivent coïncider, autant que possible, avec les époques de tournées du percepteur. (*Règl. pours., art. 26.*)

Elles pourraient être arguées de nullité si le percepteur avait négligé de faire sa tournée mensuelle. — V. Tournées de recouvrement.

2321 et 2322. — La publication de la contrainte a été abrogée par le Décret du 18 novembre 1897. (*Circ. compt. publ. 15 décembre 1897, § 44.*)

Contraintes à décerner contre des contribuables domiciliés hors de l'arrondissement. — V. Contraintes extérieures.

Contribuables habitant une perception contiguë. — V. 2459 bis, § 4.

2323. — *Degrés de poursuites.* — Les degrés de poursuites sont établis ainsi qu'il suit, savoir :

1er degré : *Sommation avec frais* ;
2e degré : *Commandement* ;
3e degré : *Saisie* ;
4e degré : *Vente*. (*Inst. gén., art. 104; Règl. pours., art. 44; L. 9 fév. 1877 ; Circ. min. Fin. 19 février 1877.*)

2324. — *Premier degré de poursuites.* — *Sommation avec frais.* — Les poursuites par voie de sommation avec frais sont employées contre les contribuables retardataires qui ne se sont pas libérés huit jours après la sommation *gratis*, mentionnée plus haut *ve* 2309. *Règl. pours., art. 12, modifié par la loi du 9 février 1877; Circ. min. Fin. 19 février 1877.)*

2325. — Les poursuites comprennent, sans division d'exercices, toutes les sommes dues par le même contribuable : d'un autre côté, il est de principe que les poursuites se font pour les termes échus et à échoir jusqu'au jour du payement. Lors donc qu'un contribuable, qui a été soumis à la sommation avec frais, devient débiteur de nouveaux douzièmes sans avoir, depuis la date du bulletin de la même sommation, payé intégralement la somme qui était alors exigible, le même acte de poursuites ne doit pas être répété pour ces nouveaux douzièmes; il doit être procédé pour la totalité de la dette par les degrés de poursuites subséquents, à moins qu'il ne s'agisse de douzièmes appartenant à l'exercice suivant ; il en est de même pour les poursuites des autres degrés qu'il y aurait à exercer ultérieurement.

Le prix de chaque bulletin est fixé conformément au tarif annexé au règlement sur les poursuites. (*Règl. pours., art. 22 et 13 bis ; Com. Durieu, t. I, p. 443 et 517.*)

2326. — Un contribuable poursuivi, n'apportant au percepteur qu'un acompte sur la somme exigible, ne saurait se prévaloir de ce payement pour arrêter les frais. Les poursuites peuvent être continuées, ne serait-ce que pour les frais non acquittés ou une partie des douzièmes échus au jour du versement de l'acompte. (*Com. Durieu, t. 1, p. 343, et t. II, Jurisp. p. 176.*) — V. nos 2344, 2353 et 2359.

2327. — Lorsqu'un contribuable, poursuivi pour des contributions d'anciens exercices, devient débiteur sur un rôle nouvellement émis, il convient de laisser les poursuites commencées en l'état où elles se trouvent (sauf, s'il y avait lieu de craindre la disparition du gage du Trésor, à les pousser exceptionnellement jusqu'à la saisie) et de recommencer tous les degrés de poursuites pour la nouvelle dette, en comprenant toutefois l'ancienne dette dans les actes à signifier. (*Note ajoutée par l'Administration à l'article 13 bis du Règlement sur les poursuites de 1839, dans l'édition qu'elle a donnée en 1860, à titre d'annexe de l'Instruction générale du 20 juin 1859 ; Com. Durieu, t. 1, p. 518.*)

2328. — Un percepteur qui, par oubli, aurait omis de comprendre dans une contrainte décernée pour l'exercice courant une cote due antérieurement par le contribuable, ne pourrait se prévaloir de cette omission pour faire opérer une saisie comprenant l'exercice antérieur et l'exercice courant. (*Arr. Cour d'appel de Grenoble, 25 février 1882 ; Dalloz 1882, 2e partie, p. 230.*)

Il suit de là qu'une saisie ne peut comprendre que les sommes dues pour les cotes figurant sur la contrainte primitive, et qu'on ne pourrait valablement ajouter sur un état de saisie des sommes provenant de rôles émis depuis que les poursuites ont été commencées. (*Jurisp.*)

2329. — Un acte de poursuite décerné contre un contribuable en retard et comprenant, outre les douzièmes échus, des termes non encore exigibles ne pourrait être annulé par ce fait, attendu que la demande a un objet et que les frais sont les mêmes. La contrainte n'opère, du reste, que dans les limites des sommes exigibles, et le contribuable peut arrêter les frais en payant les termes échus.

Pour éviter toute réclamation, les percepteurs doivent néanmoins avoir soin de ne comprendre dans les actes de poursuites (*Commandement et saisie*) que les douzièmes exigibles. — V. nᵒˢ 2341 *bis* et 2433.

2330. — Aucune disposition de loi ne déterminant les formes de la *sommation avec frais*, le contribuable ne peut se faire un moyen de nullité de ce que le bulletin de sommation ne porte pas la date de la contrainte en vertu de laquelle ladite sommation a été délivrée ;

Ou de ce qu'il ne mentionne pas le nom de la personne à qui il a été remis ;

Ou de ce que, à raison d'une ordonnance de dégrèvement survenue, la somme qu'il porte différerait de celle qui est portée sur la sommation sans frais ;

Ou de ce qu'il ne porterait pas l'indication de la somme due ;

Ou de ce qu'il indiquerait le chiffre total de l'imposition et non celui des douzièmes exigibles, alors qu'en fait l'administration n'a jamais exigé que le payement de ces douzièmes. (*Arr. Cons. d'Ét. 6 août 1886 et 3 déc. 1886; Dalloz 1888, 3ᵉ partie, p. 14.*)

2331. — La sommation avec frais peut être exercée contre plusieurs contribuables retardataires à la fois, sans distinction du montant des cotes. (*Règl. pours., art. 44, modifié par la loi du 9 fév. 1877; Circ. min. Fin. 19 février 1877.*) — V. nᵒ 2312.

2332. — La poursuite par voie de sommation avec frais peut être employée huit jours après la délivrance de la sommation *gratis*, ainsi qu'il a été déjà dit ci-dessus. (*Règl. pours., art. 45.*)

2333. — Cette poursuite est notifiée à chacun des redevables par un acte ou bulletin imprimé et rédigé dans la forme du *Modèle nᵒ 3*, d'après un état nominatif dressé par le percepteur, remis à l'agent de poursuites, et au pied duquel la contrainte est décernée (*Modèle nᵒ 2*). (*Règl. pours., art. 46.*)

2334. — Les agents de poursuites remettent entre les mains des maires, qui en donnent récépissé sur la contrainte, les bulletins qui n'auraient pu être signifiés, par suite de l'absence du contribuable et de toute autre personne apte à les recevoir. (*Règl. pours., art. 47.*)

2335. — Le salaire de l'agent de poursuites employé à la sommation avec frais consiste en une somme fixe, par bulletin de sommation. (*Règl. pours., art. 48.*)

2336. — *Deuxième degré de poursuites.* — *Commandement.* — Le commandement n'a lieu que trois jours après la sommation avec frais. (*Règl. pours., art. 55; Com. Durieu, t. I, p. 524 et suiv.*)

2337. — Les trois jours doivent être francs, c'est-à-dire que le jour de la signification de la sommation avec frais ni celui qui complète le troisième jour ne doivent pas être comptés ; si le dernier jour du délai est un jour férié, le délai est prorogé au lendemain. (*C. pr. civ., art. 1033, modifié par la loi du 3 mai 1862; Com. Durieu, t. I, p. 525.*) Toutefois, ce délai peut, dans certains cas, être abrégé. — V. nᵒ 2406.

2338. — Aucune signification ni exécution ne peut être faite, du 1ᵉʳ octobre jusqu'au 31 mars, avant six heures du matin et après six heures du soir, et depuis le 1ᵉʳ avril jusqu'au 30 septembre, avant quatre heures du matin et après neuf heures du soir, non plus que les fêtes légales, si ce n'est en vertu de permission de juge, dans le cas où il y aurait péril en la demeure. (*C. pr. civ., art. 1037.*)

En ce qui concerne les poursuites par la poste, V. nᵒ 2459 *bis*, § 16.

2339. — Aucun contribuable retardataire ne peut être poursuivi par voie de commandement qu'en vertu d'une contrainte qui le désigne nominativement.

Cette contrainte est décernée à la suite d'un état envoyé préalablement par le percepteur, ou dressé par le receveur particulier, d'après l'inspection des rôles et la situation des poursuites (*Modèle nᵒ 5*).

La contrainte comprend l'ordre de procéder à la saisie, si le contribuable ne se libère pas dans le délai de trois jours, à compter de la signification du commandement. (*Règl. pours., art. 56; Com. Durieu, t. I, p. 526 et suiv.*)

2340. — Lorsqu'un contribuable veut faire des offres réelles au percepteur, il peut les signifier au domicile élu dans le commandement; mais il ne peut les réaliser par le payement qu'au domicile réel du comptable, ou entre ses mains dans le lieu où il se trouve en tournée, c'est-à-dire au lieu où doit se faire le payement de l'impôt. (*Note de l'article 56 du Règlement.*) — V. OFFRES RÉELLES, nᵒˢ 2020 et suiv.; TOURNÉES DE RECOUVREMENT, nᵒ 3024.

2341. — Les commandements sont faits et délivrés par les porteurs de contraintes, sur des imprimés conformes au *Modèle nᵒ 6*, annexé au Règlement sur les poursuites. (*Règl. pours., art. 57; Com. Durieu, t. I, p. 529 et suiv.*)

Ils doivent, indépendamment des formalités ordinaires des exploits, contenir, à peine de nullité, toutes les énonciations indiquées aux articles 61, 63, 67 et 68 du Code de procédure civile et mentionner que les poursuites ont lieu pour le montant des termes échus sans préjudice des termes à échoir et des frais faits et à faire. — V. nos 2335 et suiv. et 2373.

2341 bis. — Un commandement n'est pas nul parce qu'il exprime une somme supérieure aux douzièmes exigibles (Code civil, art. 2216; Cour cass. 13 juin 1894 et 18 mai 1903.) — Mais pour éviter toute réclamation, les percepteurs doivent avoir soin de ne comprendre que les douzièmes exigibles. Ainsi il a été jugé que lorsqu'un commandement a procédé pour une somme supérieure à celle due et que le contribuable y a fait opposition, le percepteur qui ne prend pas spontanément à sa charge le coût de l'opposition occasionnée par l'erreur commise dans la rédaction de l'acte, s'expose à s'y voir judiciairement condamner et à supporter en outre une partie des dépens de l'instance. (Trib. civil de Carcassonne, 27 janvier 1898.)

2342. — Un commandement ne peut être signifié un jour férié, ni pendant la nuit, c'est-à-dire, depuis le 1er octobre jusqu'au 31 mars, avant six heures du matin et après six heures du soir, et depuis le 1er avril jusqu'au 30 septembre, avant quatre heures du matin et après neuf heures du soir, non plus que les jours de fêtes légales, si ce n'est en vertu de permission du juge, dans le cas où il y aurait péril en la demeure. (C. pr. civ., art. 1037; Com. Darieu, t. I, p. 536.) — Pour les poursuites par la poste. v. no 2459 bis, § 16.

2343. — Les mentions et constatations prescrites par l'article 68 du Code de procédure civile, aux termes duquel l'huissier chargé de signifier un commandement est tenu d'indiquer : 1° l'absence de la personne ou de tout parent ou serviteur ; 2° le refus par le voisin de recevoir la copie de l'exploit ; 3° le visa par le maire de l'original de l'exploit, sont prescrites à peine de nullité.

Ces prescriptions s'appliquent non seulement aux huissiers, mais aussi aux porteurs de contraintes chargés par le percepteur de signifier un commandement pour le recouvrement des impôts.

En conséquence, un commandement qui ne contient pas les mentions ci-dessus indiquées est entaché de nullité.

Et cette nullité engage la responsabilité non du porteur de contraintes, mais du percepteur, qui a seul titre et qualité pour le recouvrement des contributions. (Arr. Cour d'Orléans, 24 décembre 1890 ; Com. Darieu, t. II, Jurisp., p. 271.) — V. no 2434.

Dans l'espèce, le percepteur a été condamné à 100 francs de dommages-intérêts et aux frais pour avoir fait procéder à une saisie à la suite d'un commandement n'indiquant pas les mentions et constatations ci-dessus indiquées.

2343 bis. — Pour se conformer au paragraphe ajouté à l'article 68 du Code de procédure civile par la loi du 15 février 1899, les porteurs de contraintes doivent avoir soin, lorsque la copie d'exploit est remise à toute autre personne que la partie elle-même ou le procureur de la République, de délivrer cette copie sous enveloppe fermée, ne portant d'autre indication, d'un côté, que les nom et demeure de la partie, et, de l'autre, le cachet imprimé « Recette des finances de... service des porteurs de contraintes ».

Les dispositions qui précèdent ne sont pas applicables aux sommations avec frais. (Circ. compt. publ. 25 juill. 1899, § 10.)

Les porteurs de contraintes ne doivent pas perdre de vue que les copies des exploits doivent porter toutes les mentions inscrites sur l'original, sous peine de nullité, et que ces copies (commandement et saisies), lorsqu'elles sont notifiées à une autre personne que la partie elle-même ou le procureur de la République, sont nulles si elles n'ont pas été délivrées sous enveloppe fermée, ainsi que le prescrit la loi du 15 février 1899 rappelée ci-dessus. (Trib. de Tarbes, 11 juill. 1899 ; Jurisp. constante.)

2344. — Le percepteur n'est pas tenu de signifier un nouveau commandement pour les douzièmes échus depuis le premier ; il suffit que ce commandement ait été signifié avec réserve des termes à échoir.

Sont dès lors insuffisantes les offres limitées aux douzièmes mentionnés dans le commandement alors qu'au jour où elles sont faites d'autres douzièmes sont arrivés à échéance. (Arr. Cour d'appel d'Orléans, 1er décembre 1894.) — V. nos 2325 et suiv.

2345. — Pour se conformer aux dispositions de l'article 584 du Code de procédure civile, le percepteur doit élire domicile dans la commune où doit se faire l'exécution.

Toutefois, l'omission d'une élection de domicile par le percepteur, dans la commune où doit se faire l'exécution, n'entraîne pas la nullité de l'acte. (Trib. civ. de Lyon, 20 juin 1884; de Chaumont, 6 fév. 1889; de Béthune, 24 déc. 1894 ; de la Flèche, 29 mars 1898.)

2345 bis. — Un commandement est nul en la forme pour défaut sur la copie de la mention complète du parlant à..., mais ce moyen de nullité n'est recevable qu'autant qu'il est soulevé dans l'opposition aux poursuites ou dans les conclusions prises par la partie adverse avant toute défense au fond. (Trib. de Grenoble, 20 février 1897.)

2346. — Le prix du commandement est fixé uniformément pour l'original et la copie signifiés, tous frais de *timbre* et de transport compris, et indépendamment du droit d'enregistrement, lorsqu'il y a lieu à ce droit. — V. n°s 2413 et suiv.

L'original du commandement est collectif pour tous les contribuables poursuivis le même jour, dans la même commune (*Modèle n° 7*). (*Règl. pours., art. 58.*) — Rien ne s'oppose cependant à ce que des contribuables de plusieurs communes soient compris dans le même original de commandement. (*Note de l'article 58 du Règlement; Com. Durieu, t. I, p. 541 et suiv.*)

2347. — Le commandement n'est pas sujet à péremption : ainsi, le percepteur peut suivre la saisie-exécution des meubles d'un redevable, quelle que soit l'époque de la signification antérieure du commandement. (*Com. Durieu, t. II, p. 9.*)

En ce qui concerne l'exercice de la contrainte par corps pour le recouvrement des amendes, V. n°s 360 et suiv.

2348. — Lorsqu'un contribuable retardataire est domicilié hors de l'arrondissement dans lequel il est imposé, sans y être représenté par un fermier locataire ou régisseur, il peut être procédé immédiatement contre lui par voie de sommation avec frais. Dans ce cas, on dresse une contrainte extérieure qui est remise au receveur de l'arrondissement. — V. CONTRAINTES EXTÉRIEURES.

2349. — *Troisième degré de poursuites.* — *Saisie.* — La saisie des meubles et effets (c'est-à-dire la *saisie-exécution*), ou celle des fruits pendants par racine (appelée *saisie-brandon*), est toujours précédée d'un commandement ; elle ne peut avoir lieu que trois jours francs après la signification dudit commandement ; elle est effectuée en exécution de la même contrainte. (*Règl. pours., art. 63 ; Com. Durieu, t. II, p. 7 et suiv.*) — V. MEUBLES, n°s 1852 et suiv.; PRIVILÈGE.

Pour la saisie-arrêt, V. n°s 2344 et 2390.

2350. — La voie de la saisie-exécution n'est ouverte au créancier qu'autant que les meubles qu'il veut saisir-exécuter sont encore aux mains de son débiteur ; s'ils sont détenus par un tiers, ce n'est que par la voie de la saisie-arrêt qu'il peut être procédé. (*Arr. Cour cass., 4 déc. 1867 ; Com. Durieu, t. II, p. 175, et Jurisp., p. 200.*) — V. n°s 2390 et suiv.

2351. — La saisie-exécution peut être faite en observant seulement le délai d'un jour après le commandement fixé par l'article 583 du Code de procédure, quand il y a lieu de craindre la disparition du gage de la contribution. — V. n° 2406.

2352. — Il ne peut être procédé à la saisie des fruits pendants par racine, ou à la saisie-brandon, que dans les six semaines qui précèdent l'époque ordinaire de la maturité des fruits. (*Règl. pours., art. 64 ; C. pr. civ., art. 626 ; Com. Durieu, t. II, p. 10 et suiv.*) — Cette saisie est valable nonobstant la vente de grains en vert qu'aurait pu faire le contribuable avant les six semaines qui précèdent la maturité. (*Jur. trib. civil d'Alençon. 26 novembre 1833 ; Com. Durieu, t. I, p. 230.*) — V. PRIVILÈGE, n°s 2521 et suiv.

2353. — La saisie est faite pour tous les termes échus des contributions, et pour ceux qui seront devenus exigibles au jour de la vente, quoique le commandement ait exprimé une somme moindre. (*Règl. pours., art. 65 ; Com. Durieu, t. II, p. 15.*) — V. n° 2344.

Elle peut être pratiquée sur la généralité des biens appartenant au redevable situés dans l'arrondissement, bien qu'en dehors de la perception. (*Arr. Cour de Bordeaux, 5 juin 1832 ; Com. Durieu, t. II, Jurisp., p. 161.*) — V. n°s 1145, 2510 et suiv.

2354. — Les saisies s'exécutent d'après les formes prescrites pour les saisies judiciaires, titre VIII, livre V, articles 583 et suivants du Code de procédure civile. (*Règl. pours., art. 66 ; Com. Durieu, t. II, p. 16 et suiv.*)

2355. — Les formalités dont l'observation est prescrite par le titre VIII du livre V du Code de procédure civile sont celles relatives aux saisies-exécutions. Cette saisie est appelée *exécution* parce qu'elle dépouille par une exécution réelle le débiteur de ses meubles, qui sont vendus sans qu'il soit besoin de recourir à la justice.

La plupart des formalités prescrites pour la saisie-exécution sont observées pour la saisie-brandon (*C. pr. civ., art. 626 et suiv.*). — Cependant l'assistance de témoins n'est pas nécessaire pour cette dernière ; non plus que l'itératif commandement si la saisie est faite hors de la présence du saisi. (*Com. Durieu, t. II, p. 16, 29, 30 et suiv.*)

Le garde champêtre est établi gardien, à moins qu'il ne soit compris dans l'exclusion portée par l'article 598 du Code de procédure ; s'il n'est présent, la saisie lui est signifiée ; il est aussi laissé copie au maire de la commune de la situation, et l'original est visé par lui. Si les communes sur lesquelles les biens sont situés sont contiguës ou voisines, il est établi un seul gardien, autre néanmoins qu'un garde champêtre : le visa est donné par le maire de la commune du chef-lieu de l'exploitation, et, s'il n'y en a pas, par le maire de la commune où est située la majeure partie des biens. (*C. pr. civ., art. 628 ; Com. Durieu, t. II, p. 30.*)

2356. — La saisie est exécutée nonobstant toute opposition, sauf à l'opposant à se pour-

voir, par-devant le sous-préfet, contre le requérant. (Règl. pours., art. 67 ; Com. Durieu,
t. II, p. 33 et suiv.)

2357. — La décision du sous-préfet ne ferait
pas obstacle à ce que la partie se pourvût devant
le président du Tribunal, si l'opposition était de
nature à être jugée en référé par ce magistrat;
si, par exemple, elle était fondée sur une irrégularité de forme. (Com. Durieu, t. II, p. 35.)

2358. — Si, au moment où le porteur de
contraintes vient à effectuer une saisie dans
l'étendue de la commune du chef-lieu de perception, le contribuable retardataire demande à se
libérer chez le percepteur, l'agent de poursuites
doit, sur la déclaration écrite du contribuable,
suspendre la saisie, et, sur le vu de la quittance
du percepteur, il inscrit dans son procès-verbal
le motif qui lui a fait suspendre son opération.
Dans ce cas, le contribuable doit seulement le
prix du timbre du procès-verbal, pour les
vacations du porteur de contraintes, le prix
d'une journée de vivres et de logement, ainsi que
le salaire des assistants, d'après le tarif arrêté
par le préfet.
Si la saisie a lieu dans une commune autre
que celle du chef-lieu de perception, et que le
contribuable demande également à se libérer
chez le percepteur, le porteur de contraintes est
constitué gardien provisoire pendant tout le
temps que le retardataire emploie à effectuer sa
libération, et, sur le vu de la quittance du percepteur, il inscrit dans son procès-verbal, comme
il a été précédemment indiqué, le motif qui lui
a fait discontinuer la saisie. Dans ce second cas
le contribuable ne doit au porteur de contraintes, savoir :
S'il justifie de la quittance du percepteur
dans la première journée de l'opération, que le
prix d'une journée de vivres et de logement et
le salaire des assistants ;
Et si cette justification ne peut être donnée
que dans la journée du lendemain, que le prix
de deux journées de vivres et de logement et
le salaire des assistants.
Dans les cas précités, le porteur de contraintes est tenu de faire mention à la suite du procès-verbal de suspension de saisie, de la date de
la quittance du percepteur, et de la somme pour
laquelle elle a été délivrée.
À la fin de la seconde journée, si le contribuable retardataire n'a pas opéré sa libération
ou n'en justifie pas, le porteur de contraintes
exécute la saisie ; alors le contribuable doit, indépendamment des frais de la saisie, deux journées de vivres et de logement. (Règl. pours.,
art. 68, modifié par la loi du 9 février 1877 ;
Circ. min. Fin. 19 février 1877 ; Com. Durieu, t. II, p. 37 et suiv.)

2359. — Si le contribuable qui demande à
se libérer, à l'effet d'arrêter la saisie, n'apporte
au percepteur qu'un acompte sur les termes

échus, ce comptable peut le recevoir sans
crainte de nuire à la validité des poursuites,
toutes choses demeurant en état. Si l'acompte
a quelque importance et témoigne de la bonne
volonté du redevable, le percepteur peut cependant, sous sa responsabilité, donner ordre par
écrit au porteur de contraintes de cesser les
poursuites. (Com. Durieu, t. II, p. 41.) — V.
ACOMPTES, OFFRES RÉELLES, nos 2020 et suiv.

2360. — En cas de revendication des meubles et effets saisis, l'opposition n'est portée
devant les tribunaux qu'après avoir été, conformément aux lois des 5 novembre 1790 et
12 novembre 1808, déférée à l'autorité administrative. En conséquence, le percepteur se
pourvoit auprès du sous-préfet, par l'intermédiaire du receveur particulier, pour qu'il y soit
statué par le préfet sous le plus bref délai.
(Règl. pours., art. 69 ; Com. Durieu, t. II,
p. 46 et suiv.) — V. PRIVILÈGE, nº 2529.

2361. — Le référé administratif est spécial
à l'action en revendication de meubles saisis,
et à la demande en revendication de meubles également saisis, mais déclarés insaisissables.
(Arr. Cons. d'Ét. 29 août 1809.) — Il peut être
formé soit par le percepteur, soit par l'opposant.
(L. 12 nov. 1808, art. 4.) — Mais le référé
formé par le percepteur ne dispense pas la partie opposante de la remise du mémoire prescrit par la loi du 5 novembre 1790. — Quant
aux autres contestations qui surgiraient dans
le cours des poursuites, le référé administratif
n'est obligatoire que pour le percepteur. (Com.
Durieu, t. I, p. 19, en note.)

2362. — En cas de revendication d'objets
saisis, l'obligation de remettre au préfet un
mémoire explicatif avant de porter l'affaire
devant le tribunal, incombe, à peine nullité,
au revendiquant et non au percepteur.
Ainsi la demande en revendication formée
dans le cas de saisie de meubles pour le payement de contributions ne peut être portée
devant les tribunaux qu'après avoir été soumise
à l'autorité administrative par l'une des parties
intéressées, savoir, par le revendiquant, la
partie saisie ou un tiers ayant des droits quelconques sur les meubles saisis.
Mais le percepteur contre lequel cette demande est formée n'a aucune formalité à remplir, alors surtout qu'il se borne à opposer à
la demande en revendication une fin de non-
recevoir tirée précisément de l'inobservation
de l'article 4 de la loi de 1808. (Arr. Cour
d'Aix 27 mai 1893 ; Cour de Paris 21 janv.
1896.) — V. nº 2529, 4º.

2363. — La demande en revendication d'objets saisis est nulle lorsqu'elle n'énonce pas les
preuves de propriété sur lesquelles elle s'appuie.
Le percepteur peut proposer cette nullité,

pour la première fois, devant le juge d'appel. (*Arr. Cour d'appel de Montpellier, 29 mars 1895.*)

En cas de revendication de meubles saisis, si, malgré l'art. 608 C. pr. civ., l'opposition au gardien de la saisie n'a été dénoncée au saisissant, celui-ci n'encourt aucune responsabilité pour avoir fait procéder à la vente après l'expiration des délais impartis par l'art. 613 du même code alors qu'il ignorait en fait l'existence de cette opposition. (*Trib. civ. de la Seine, 17 déc. 1895.*)

2364. — Le porteur de contraintes qui, se présentant pour saisir, trouve une saisie déjà faite, se borne à procéder au récolement des meubles et effets saisis, et, s'il y a lieu, provoque la vente, ainsi qu'il est prescrit par les articles 611 et 612 du Code de procédure civile. (*Règl. pours., art. 70 ; Com. Durieu, t. II, p. 53 et suiv.*)

Toutefois, il n'y a pas lieu à récolement lorsqu'une propriété a été saisie et vendue dans son ensemble à la barre du tribunal, et que les objets saisis n'ont été ni indiqués, ni spécifiés, ni énumérés dans l'acte de saisie. Dans ce cas, c'est à bon droit qu'une saisie-exécution est pratiquée au profit du Trésor par le porteur de contraintes, sur les fruits et revenus de l'immeuble assujetti à l'impôt. (*Jug. Trib. civil de Tulle, 13 janv. 1893.*) — V. nᵒˢ 2521 et suiv.

2365. — Lorsque le porteur de contraintes ne peut exécuter sa commission parce que les portes sont fermées ou que l'ouverture en est refusée, il a le droit d'établir un gardien pour empêcher le divertissement.

Il se retire sur-le-champ devant le juge de paix, le commissaire de police, le maire ou l'adjoint, lequel autorise l'ouverture des portes, y assiste et reste présent à la saisie des meubles et effets.

L'ouverture des portes et la saisie sont constatées par un seul procès-verbal dressé par le porteur de contraintes, et signé, en outre, par le fonctionnaire qui a été requis. (*Règl. pours., art. 71 ; C. pr. civ., art. 587 ; Com. Durieu, t. II, p. 58 et suiv.*)

2366. — Le commissaire de police qui est dûment requis par un porteur de contraintes, pour être présent à l'ouverture de portes de contribuables récalcitrants, a droit à un salaire conformément aux dispositions du décret du 16 février 1807, article 32. (*Solut. min. Fin. 7 janvier 1893.*)

Dans ce cas, les frais de vacation sont ajoutés aux autres frais de poursuites à la charge du contribuable.

2367. — Le procès-verbal de saisie fait mention de la réquisition faite au saisi de présenter un gardien volontaire. Le porteur de con-

traintes est tenu d'admettre ce gardien, sur l'attestation de solvabilité donnée par le maire de la commune. (*Règl. pours., art. 72 ; Com. Durieu, t. II, p. 62 et suiv.*)

2368. — Si le saisi ne présente pas de gardien, le porteur de contraintes en établit un d'office, en observant les prohibitions portées par l'article 598 du Code de procédure civile. (*Règl. pours., art. 73 ; Com. Durieu, t. II, p. 64.*)

2369. — Il ne peut être établi qu'un seul gardien. Dans le cas où la nature des objets saisis en exigerait un plus grand nombre, il y serait pourvu sur l'avis du maire de la commune. (*Règl. pours., art 74 ; Com. Durieu, t. II, p. 67.*)

2370. — Les gardiens à la saisie sont contraignables, par corps, dans les cas de poursuite prévus par les articles 400 et 401 du Code pénal. (*Règl. pours., art. 75 ; L. 22 juillet 1867.*)

2371. — Si le gardien d'effets mobiliers saisis ne les représente pas, le percepteur se pourvoit auprès du sous-préfet en autorisation de poursuivre ce gardien devant le tribunal civil, à l'effet de le faire condamner au payement des contributions dues et des frais de poursuites. (*Règl. pours., art. 76.*)

2372. — En cas de soustraction frauduleuse, les gardiens d'objets saisis, autres que le saisi lui-même, peuvent être poursuivis par la voie criminelle.

Le contribuable qui aura détruit, détourné ou tenté de détourner les objets saisis sur lui et confiés à sa garde, est passible des peines portées à l'article 408 du Code pénal. Il est passible des peines portées à l'article 401, si la garde des objets saisis et par lui détruits ou détournés avait été confiée à un tiers. (*Règl. pours., art. 76 bis ; Com. Durieu, t. II, p. 68 et suiv.*)

2373. — L'acceptation du gardiennat constitue un dépôt volontaire dont la preuve ne peut résulter que de la signature du gardien au pied du procès-verbal de saisie ou de la déclaration qu'il ne sait signer.

A défaut de preuve d'acceptation, et en cas de détournement des objets saisis, l'individu prétendu gardien ne tombe pas sous l'application de l'article 408 du Code pénal. (*Cour d'appel de Lyon, 5 janvier 1881 ; Com. Durieu, t. II, Jurisp., p. 244.*)

2374. — Ne peuvent être saisis pour contributions arriérées et frais faits à ce sujet, outre les objets détaillés dans l'article 592 du Code de procédure et 524 du Code civil :

Les lits et vêtements nécessaires au contribuable et à sa famille ;

Les outils et métiers à travailler ;

Les chevaux, bœufs, mulets et autres bêtes de somme ou de trait servant au labour ;

Les charrues, charrettes, ustensiles et instruments aratoires, harnais de bêtes de labourage ;

Les livres relatifs à la profession du saisi, jusqu'à la somme de trois cents francs, à son choix ;

Les machines et instruments servant à l'enseignement pratique ou l'exercice des sciences et arts, jusqu'à concurrence de la même somme et au choix du saisi ;

Les équipements des militaires, suivant l'ordonnance et le grade ;

Il est laissé au contribuable saisi une vache à lait, ou deux chèvres, ou trois brebis, à son choix, avec les pailles, fourrages et grains nécessaires pour la nourriture et la litière de ces animaux pendant un mois ; plus la quantité de grains ou de graines nécessaires à l'ensemencement ordinaire des terres.

Les abeilles ne sont saisissables que dans les mois de décembre, janvier et février. — Les vers à soie ne peuvent être saisis pendant leur travail. Il en est de même des feuilles de mûrier qui leur sont nécessaires. (L. 4 avril 1889, art. 10 et 11.)

Les porteurs de contraintes qui contreviennent à ces dispositions, sont passibles d'une amende de 100 francs, (Règl. pours., art. 77 ; Com. Durieu, t. II, p. 76 et suiv.)

2375. — Les chevaux, harnais et voitures d'un entrepreneur de transport de dépêches ne sauraient être assimilés aux outils nécessaires aux artisans pour leurs opérations personnelles et ne peuvent être, par conséquent, considérés comme insaisissables. (Arr. Cour d'appel Orléans, 28 février 1890.)

2376. — Les animaux et les instruments attachés au service et à l'exploitation d'un immeuble frappé de saisie réelle, faisant corps avec le fonds dont ils suivent nécessairement le sort aussi longtemps qu'ils y demeurent attachés, sont implicitement compris dans la saisie de cet immeuble. (Arr. Cour cass. 12 novembre 1890.)

Objets qui doivent être considérés comme meubles ou immeubles. — V. nᵒˢ 1852 et suiv.

2377. — A défaut d'objets saisissables, et lorsqu'il sera constant qu'il n'existe aucun moyen d'obtenir le payement de la cote d'un contribuable, il est dressé un procès-verbal de carence, en présence de deux témoins. Ce procès-verbal doit être certifié par le maire.

Le préfet décide, selon les différents cas d'insolvabilité, s'il y a lieu de mettre les frais de ce procès-verbal à la charge du percepteur, ou s'ils sont susceptibles d'être imputés, comme la cote elle-même, sur le fonds de non-valeurs. (Règl. pours., art. 78 ; Com. Durieu, t. II, p. 85 et suiv.)

Les procès-verbaux de carence dressés par les porteurs de contraintes sont exempts de timbre ; ils doivent être inscrits au répertoire tenu par ces agents et présentés à la formalité de l'enregistrement dans les quatre jours, non compris celui de la date. (Circ. compt. publ. 20 décembre 1895, § 7 ; Inst. Enreg. 29 sept. 1896.) — V nᵒˢ 2419 et suiv.

2378. — L'insolvabilité des contribuables est constatée de la manière suivante :

1ᵒ Pour les retardataires qui auraient *primitivement* été réputés solvables, et contre lesquels une saisie précédée de commandement aurait été intentée, il sera fait usage des procès-verbaux de carence prescrits par l'article 78 ; ces procès-verbaux seront individuels ou collectifs, suivant le nombre des contribuables insolvables contre lesquels la saisie aurait été dirigée dans le même jour ;

2ᵒ Pour les contribuables dont l'insolvabilité serait notoire, la formalité des procès-verbaux de carence n'aura pas lieu ; les percepteurs devront seulement, au moment où ils reconnaîtront cette insolvabilité, obtenir (en exécution de l'arrêté du gouvernement du 6 messidor an X) des certificats des maires attestant l'indigence desdits contribuables. Ces comptables conservent leurs certificats pour justifier du non-recouvrement des cotes, et pour former, en fin d'exercice, leurs états de cotes irrecouvrables.

Quant aux procès-verbaux de carence, ils sont rédigés en double original et sur papier libre.

L'un des doubles reste entre les mains des percepteurs, pour être joint comme pièce justificative à l'appui des états de cotes irrecouvrables ; l'autre double est mis à l'appui des états de payement du salaire des porteurs de contraintes, pour rester ensuite à la recette particulière.

Le salaire des porteurs de contraintes et des témoins pour les procès-verbaux de carence est fixé par le tarif préfectoral.

Dans le cas où les témoins auraient été pris hors de la commune, leur salaire serait alloué comme si la saisie avait été effectuée, et conformément à la taxe réglée pour ce dernier acte. (Règl. pours., art. 78 bis; Com. Durieu, t. II, p. 85 et suiv.)

2379. — *Quatrième degré de poursuites.* — *Vente.* — Aucune vente ne peut s'effectuer qu'en vertu d'une autorisation spéciale du sous-préfet, accordée sur la demande expresse du percepteur, par l'intermédiaire du receveur particulier.

L'avis du receveur particulier et l'autorisation du sous-préfet sont placés à la suite de la demande du percepteur. (*Règl. pours., art. 79; Com. Durieu, t. II, p. 92.*)

2380. — Il n'est procédé à la vente des meubles et effets saisis, et des fruits pendants par racine, que huit jours après la clôture du procès-verbal de saisie.

Néanmoins, ce délai peut être abrégé avec l'autorisation du sous-préfet et celle du tribunal, lorsqu'il y a lieu de craindre le dépérissement des objets saisis. (*Règl. pours., art. 80; Com. Durieu, t. II, p. 94 et suiv.*)

L'autorisation de vendre doit toujours précéder l'apposition des affiches annonçant la vente. (*Com. Durieu, t. II, p. 101.*)

2381. — Pour la saisie-brandon, le délai de huitaine ne court qu'à partir de la date du procès-verbal constatant l'apposition des affiches. (*C. pr. civ., art. 629.*)

Le délai de huit jours, *au moins*, entre la signification de la saisie au débiteur et la vente ayant été fixé par le Code de procédure, article 613, il convient de ne l'abréger qu'avec l'autorisation du tribunal, outre celle du sous-préfet.

La loi ne fixe aucun délai après lequel la saisie serait périmée; il a même été jugé que la vente d'effets saisis peut avoir lieu plusieurs années après le commandement ou le procès-verbal de saisie. (*Com. Durieu, t. II, p. 95.*)

2382. — Les ventes de meubles sont faites par les commissaires-priseurs, dans les villes où ils sont établis. (*L. 23 juill. 1820, art. 31.*)

Toutes autres ventes sont faites par les porteurs de contraintes, dans les formes usitées pour celles qui ont lieu par autorité de justice. (*C. pr. civ., titres VIII et IX, livre V.*)

Les porteurs de contraintes et commissaires-priseurs sont tenus, sous leur responsabilité, de discontinuer la vente aussitôt que son produit est suffisant pour solder le montant des contributions dues et les frais de poursuites, ainsi que le montant des créances, pour lesquelles des oppositions auraient été régulièrement formées sur le produit de la vente. (*Règl. pours., art. 81; Com. Durieu, t. II, p. 97 et suiv.*)

2383. — La vente doit avoir lieu dans la commune où s'opère la saisie. Il ne peut être dérogé à cette règle que d'après l'autorisation du maire et celle du tribunal. Dans ce dernier cas, la vente s'opère au marché le plus voisin, ou à celui qui est jugé le plus avantageux.

Les frais de transport des meubles et objets saisis sont réglés par le sous-préfet. (*Règl. pours., art. 82; C. pr. civ., art. 617; Com. Durieu, t. II, p. 110 et suiv.*)

2384. — Lorsque le porteur de contraintes se présente pour procéder au récolement et

l'enlèvement des meubles pour la vente et qu'il trouve les portes fermées, il doit, comme dans les cas de saisies (V. ci-dessus l'article 74 du Règlement) requérir l'intervention d'un des fonctionnaires désignés à l'article 587 du Code de procédure, et au besoin en référer au receveur des finances, pour que celui-ci se concerte avec l'autorité judiciaire sur les mesures à prendre conformément aux articles 607 et 806 du Code de procédure. (*Com. Durieu, t. I, p. 24, en note, et t. II, p. 98.*)

2385. — Il est défendu aux porteurs de contraintes et percepteurs de s'adjuger ou faire adjuger aucun des objets vendus en conséquence des poursuites faites ou dirigées par eux, sous peine de destitution. (*Règl. pours., art. 83.*)

2386. — Le percepteur doit être présent à la vente ou s'y faire représenter pour en recevoir les deniers. Il est responsable desdits deniers. (*Règl. pours., art. 84; Com. Durieu, t. II, p. 113 et suiv.*)

2387. — Immédiatement après avoir reçu le produit de la vente, le percepteur émarge les rôles, jusqu'à concurrence des sommes dues par le saisi, et lui en délivre quittance à souche.

Il conserve en ses mains le surplus du produit de la vente jusqu'après la taxe des frais et en délivre quittance à souche à titre d'excédent de versement (V. n° 1500). Aussitôt la réception des états de frais régulièrement taxés, le percepteur établit le compte définitif du redevable: ce compte est inscrit à la suite du procès-verbal de vente et signé contradictoirement par le contribuable et le percepteur.

S'il a été formé des oppositions régulières, la somme excédant ce qui est dû au Trésor et les frais taxés est remise, sur le consentement écrit du saisi, aux créanciers opposants. En cas de contestation, cet excédent après avoir été constaté au compte des excédents de versements, est versé à la Caisse des dépôts et consignations. (*Règl. pours., art. 85; Com. Durieu, t. II, p. 118 et suiv.*)

2388. — En cas de contestation sur la légalité de la vente et d'opposition sur les fonds en provenant, le percepteur procède par voie de référé administratif, ainsi qu'il est prescrit à l'article 69 du règlement. (*Règl. pours., art. 86; Com. Durieu, t. II, p. 122.*)

2389. — Toute vente faite contrairement aux formalités prescrites par les lois donne lieu à des poursuites contre ceux qui y ont procédé, et les frais faits restent à leur charge. (*Règl. pours., art. 87; Com. Durieu, t. II, p. 124.*)

2390. — *Moyens conservatoires. — Saisie-arrêt ou opposition.* — A défaut de payement de contributions par un receveur, agent, économe, notaire, commissaire-priseur ou autre dépositaire et débiteur de deniers provenant d'un redevable, le percepteur fait, entre les mains desdits dépositaires et débiteurs de deniers, une saisie-arrêt ou opposition. (*Règl. pours., art. 88* ; *Com. Durieu, t. II, p. 124 et suiv.*)

2391. — La saisie-arrêt ne doit être employée que dans les cas où les deniers ne sont pas affectés au privilège du Trésor ; dans le cas contraire, il y aurait lieu de procéder par voie de sommation directe au détenteur, et de poursuites personnelles contre lui s'il n'obtempérait pas à la sommation. — V. DÉPOSITAIRES ET DÉBITEURS DE DENIERS, PRIVILÈGE.

2392. — La saisie-arrêt ou opposition s'opère à la requête du percepteur par le ministère d'un huissier ou d'un porteur de contraintes, sans autre diligence et sans qu'il soit besoin d'autorisation préalable, suivant les formes réglées par le titre VII, livre V du Code de procédure civile (*art. 557 à 582*) ; il en suit l'effet conformément aux dispositions de ce Code.

La saisie-arrêt, n'est pas nécessaire lorsque le percepteur a fait constater sa demande ou sa saisie-arrêt dans un procès-verbal de vente de récolte ou d'effets mobiliers, dressé par un officier ministériel. (*Règl. pours., art. 89* ; *Com. Durieu, t. II, p. 125 et suiv.*)

2393. — La saisie-arrêt, étant un acte purement conservatoire, n'exige ni contrainte, ni autorisation préalable. (*Inst. gén., art. 99.*) Mais lorsque le percepteur, pour suivre l'effet de la saisie-arrêt, devra dénoncer l'opposition au débiteur saisi et l'assigner en validité (*C. pr. civ., art. 563*), il est prudent qu'il en prévienne le receveur des finances et lui demande ses instructions. (*Com. Durieu, t. II, p. 126 et suiv.*)

2394. — La saisie-arrêt ne s'exerce pas uniquement sur les deniers : elle peut être également formée sur des effets mobiliers. Dans ce cas, le tiers saisi est tenu de joindre à sa déclaration un état détaillé desdits effets. (*C. pr. civ., art. 557 et 578.*) Cette déclaration équivaut à un procès-verbal de saisie ; elle en tient lieu et doit servir à la vente ultérieure des effets. (*Com. Durieu, t. II, p. 136.*)

2395. — Une saisie-arrêt peut s'étendre sur ce qui est dû à terme, comme sur les sommes actuellement exigibles. (*Arr. Cour d'Orléans, 21 nov. 1822* ; *Com. Durieu, t. II, p 138.*) Mais elle ne doit s'exercer que pour des créances exigibles. (*Com. Durieu, t. I, p. 280, et t. II, p. 139.*)

2396. — La saisie-arrêt pratiquée sur toutes les sommes que le tiers saisi doit ou devra au débiteur ne saurait atteindre le prix d'une vente

réalisée après cette saisie. (*Cour. cass. 15 mai 1876* ; *Trib. de Vassy, 6 avril 1883* ; *Cour cass., 19 novembre 1884.*)

2397. — Les sommes dues, même sous forme de rente, au titulaire d'un bureau de tabac par celui auquel il en a loué la gérance peuvent être l'objet d'une saisie-arrêt ; elles ne représentent ni une pension, ni un traitement. (*Trib. civ. de Dié, 23 nov. 1864* ; *Trib. Seine, 10 août 1869.*)

Un arrêt de la Cour d'appel d'Amiens, en date du 27 novembre 1877 (*Dalloz 1878, 2e partie, p. 9*), admet également que le produit résultant de la location du droit de gérer ou d'exploiter un bureau de tabac peut être saisi pour la totalité.

Toutefois, il a été décidé que le prix de la location d'un bureau de tabac est assimilable au traitement de certains fonctionnaires, et notamment à celui des percepteurs ; il présente un caractère essentiellement alimentaire.

Par suite, le prix de location ne peut être saisi-arrêté pour la totalité, et les tribunaux dans le cas où une saisie-arrêt a été pratiquée, ont le droit de réduire les effets de cette saisie dans une mesure qui varie suivant les circonstances, notamment en tenant compte de la situation du titulaire du bureau de tabac. (*Trib. civ. de Villefranche, 27 avril 1877* ; *Dalloz 1879, 3e partie, p. 30* ; *Arr. Cour d'appel de Paris, 4 mars 1893* ; *Com. Durieu, t. II, p. 160* ; *Arr. Cour cass., 8 février 1899 et 20 déc. 1899.*)

En ce qui concerne les saisies-arrêts sur le traitement des fonctionnaires, V. n° 2810.

2398. — Les pensions de retraite accordées sur une caisse communale peuvent être déclarées insaisissables lorsqu'il résulte des circonstances qu'elles ont un caractère alimentaire. (*Arr. Cour d'Aix, 24 mai 1865.*)

En ce qui concerne les pensions accordées par l'État, V. n° 2464.

Enfin, pour les objets que l'on peut saisir-arrêter et pour ceux qui sont déclarés insaisissables en tout ou en partie, V. *Com. Durieu, t. II, p. 137 et suiv.*

2399. — Les salaires des ouvriers ne sont pas insaisissables comme le sont les pensions alimentaires. — Le patron qui paie son ouvrier au mépris d'une opposition, sous le motif que le travail est payé à l'heure et cesserait si une retenue était opérée, engage sa responsabilité et peut être tenu de payer au créancier opposant le montant de sa créance avec intérêts et frais. (*Jug. trib. civ. de la Seine, 21 juill. 1877* ; *Com. Durieu, t. II, Jurisp., p. 233.*)

Il est bon de distinguer si le salaire de l'ouvrier est plus que suffisant pour pourvoir à son alimentation personnelle ; dans le cas contraire, il ne serait pas prudent d'exercer des poursuites qui pourraient être attaquées en invoquant l'article 581 du Code de procédure civile.

2399 *bis*. — La loi du 12 janvier 1895 sur la saisie-arrêt des salaires d'ouvriers et des petits traitements a laissé subsister la procédure spéciale organisée par la loi du 12 novembre 1808 pour le recouvrement des contributions directes.

Le percepteur peut, en conséquence, s'il s'agit de *contributions privilégiées*, s'adresser directement, par voie de simple demande, à la personne débitrice des salaires ou appointements, laquelle est tenue de payer les contributions dans la limite du dixième saisissable et ce nonobstant toutes autres oppositions. *(Sol. min. Fin., 26 janvier 1899.)* — V. n°s 1344 et suiv. et 2819.

2400. — Il appartient aux tribunaux d'apprécier si les traitements et salaires des ouvriers et autres employés ne présentent pas, en raison de leur insuffisance, un caractère alimentaire qui doit les mettre à l'abri de toute saisie. — Il en est ainsi lorsque le traitement d'un employé lui procure à peine le moyen de subvenir à ses besoins matériels. *(Cour d'appel de Bordeaux 11 mars 1892; Cour d'appel d'Aix, 1er mars 1894.)*

Il résulte également d'un jugement du tribunal civil de Limoges en date du 20 juin 1893, que le salaire d'un ouvrier peut être déclaré insaisissable, comme ayant un caractère alimentaire, lorsqu'il est constant qu'il est nécessaire au saisi pour subvenir aux besoins de sa famille.

2401. — Les sommes dues par les patrons à leurs ouvriers sont des valeurs mobilières sur lesquelles le Trésor a un privilège pour le payement des contributions autres que la contribution foncière. Il suit de là que les patrons, étant débiteurs de fonds affectés au privilège du Trésor, peuvent être poursuivis directement pour les sommes qu'ils doivent ou qui sont entre leurs mains, conformément aux dispositions de l'article 14 du règlement sur les poursuites. — V. Dépositaires et débiteurs de deniers.

2402. — Une saisie-arrêt peut être pratiquée sur les sommes dues par l'État à des entrepreneurs du service de la poste aux lettres, à raison de ce service. *(Arr. Cour de cass. 27 août 1883.)*

2403. — Lorsqu'il est dû à la fois une cote foncière, laquelle n'est privilégiée que sur les fruits et revenus des biens soumis à cette contribution, et une cote mobilière ou toute autre taxe n'ayant privilège que sur les objets mobiliers, le percepteur doit agir par voie de sommation directe à l'égard des tiers détenteurs pour les contributions privilégiées, et, pour celles n'ayant aucun privilège, par voie de saisie-arrêt. Afin de diminuer les frais, un seul

acte peut suffire; il réunit alors la sommation et la saisie-arrêt. *(Com. Durieu, t. II, p. 161.)* — V. n°s 1347 et suiv.

2404. — Le percepteur peut ne pas se dessaisir des sommes qu'il pourrait devoir à un redevable en sa qualité de receveur municipal; s'il a privilège sur la somme due, il retient sans autre formalité le montant de l'impôt; dans le cas contraire, il se fait signifier à lui-même, comme receveur municipal et tiers détenteur, une saisie-arrêt. *(Com. Durieu, t. I, p. 240, et t. II, Jurisp., p. 279.)* — V. n°s 1347 et suiv.

Toutefois, le percepteur ne peut faire aucune retenue sur les sommes dues aux nourrices des enfants assistés, ni sur les secours accordés par l'État. — V. n°s 1461 et 2838 *bis*.

S'il arrivait qu'un créancier d'une commune ne voulût pas se présenter à la caisse municipale pour toucher sa créance, sous prétexte qu'étant lui-même débiteur de contributions s'élevant au-dessus de ce qui lui est dû, le receveur municipal, s'il était détenteur du mandat et des pièces justificatives, pourrait passer écriture de ce mandat, et il joindrait à l'appui la quittance à souche ainsi que les extraits de rôles faisant l'objet des contributions *échues et privilégiées*. Dans ce cas, il serait fait mention sur la quittance des prescriptions de la loi du 12 novembre 1808, rappelée au n° 1344.

La marche à suivre serait la même, s'il s'agissait d'un redevable d'amendes et condamnations.

2405. — Lorsque la saisie-arrêt ou opposition doit être faite entre les mains d'un receveur ou de tout autre dépositaire de deniers publics, le porteur de contraintes se conforme aux formalités prescrites par le décret du 18 août 1807. *(Règl. pours., art. 90 ; Com. Durieu, t. II, p. 168.)*

2406. — *Poursuites à exercer d'urgence.* — Lorsqu'un percepteur est averti d'un commencement d'enlèvement furtif de meubles ou de fruits, et qu'il y a lieu de craindre la disparition du gage de la contribution, il a le droit, s'il y a déjà eu un commandement, de faire procéder immédiatement, et sans ordre ni autorisation, à la saisie-exécution par un porteur de contraintes, et, à son défaut, par un huissier des tribunaux. *(Règl. pours., art. 91.)*

Le mot *immédiatement* dont se sert cet article doit s'entendre de cette manière : que le percepteur n'est pas obligé, dans ce cas, d'attendre, pour procéder à la saisie, les trois jours fixés par l'article 63 du règlement ; mais il doit, dans tous les cas, observer le délai d'un jour pour se conformer aux prescriptions de l'article 583 du Code de procédure civile. *(Com. Durieu, t. II, p. 172; Arr. Cour d'appel de Douai, 31 mars 1881.)*

2407. — Si le commandement n'a pas été fait, le percepteur établit d'office, soit au domicile du contribuable, soit dans le lieu où existe le gage de l'impôt, un gardien chargé de veiller à sa conservation, en attendant qu'il puisse être procédé aux poursuites ultérieures, qui commenceront sous trois jours au plus tard. *(Règl. pours., art. 92.)*

2408. — Un gardien ne peut légalement tenir son pouvoir de s'opposer à l'enlèvement des meubles que d'une contrainte régulièrement décernée par le receveur des finances, ou, à défaut, dans les circonstances exceptionnelles, d'une autorisation spéciale du président du tribunal civil. Sa mission ne peut se borner qu'à surveiller le divertissement des meubles, et à s'assurer, autant que possible, du lieu où ils seraient transportés, en attendant qu'on puisse commencer les poursuites légales.

Si, dans l'intervalle que le percepteur met pour obtenir une contrainte du receveur des finances, le débiteur faisait transporter ses meubles chez un tiers, il y aurait lieu, dans ce cas, de procéder par voie de saisie-arrêt. *(Com. Durieu, t. II, p. 174 et suiv.; Arr. Cour d'appel de Douai, 31 mars 1881.)*

2409. — Lorsqu'il y a lieu d'appliquer les dispositions autorisées par les articles 91 et 92 ci-dessus, le percepteur en informe le maire de la commune du contribuable et en rend compte au receveur particulier, en lui demandant ses instructions.

Dans tous les cas, la vente ne peut être faite que dans la forme ordinaire. *(Règl. pours., art. 93 ; Com. Durieu, t. II, p. 170 et suiv.)*

2410. — La voie de la saisie-exécution n'est ouverte au créancier qu'autant que les meubles qu'il veut saisir-exécuter sont encore aux mains de son débiteur; s'ils sont détenus par un tiers, ce n'est que par la voie de la saisie-arrêt qu'il peut être procédé. *(Arr. Cour de cass. 4 déc. 1867 ; Com. Durieu, t. II, p. 175.)*

2411. — *Saisie foraine.* — Le percepteur peut agir par voie de *saisie foraine* pour le recouvrement de la patente des marchands forains. Cette saisie peut être pratiquée, sans titre exécutoire, avec la permission du président du Tribunal de première instance, et même du juge de paix du lieu où sont les effets *(C. pr. civ., art. 822)*. Elle s'exécute sans commandement préalable ; mais il faut toujours que le procès-verbal de saisie contienne commandement de payer. *(Com. Durien, t. II, p. 178.)*

2412. — *Dispositions communes aux poursuites de divers degrés.* — *Timbre et enregistrement des actes de poursuites.* — *Mesures à prendre pour la validité.* — Les bulletins de sommation avec frais ne sont sujets ni au timbre, ni à l'enregistrement. *(Règl. pours., art. 94.)*

Il en est de même des sommations aux tiers détenteurs et aux propriétaires. *(Circ. compt. publ., 27 avril 1895, § 2.)* — V. n°s 1344 et suiv.

2413. — Les actes de commandement, saisie-arrêt, saisie-exécution, vente et tous les autres actes y relatifs doivent être sur papier timbré et enregistrés dans les quatre jours, non compris celui de la date. *(Règl. pours., art. 95 ; Com. Durieu, t. II, p. 180, 187 et suiv.)* — Il en est de même des procès-verbaux de carence. — V. n° 2377.

2414. — Les originaux de commandements collectifs peuvent être rédigés sur la même feuille de papier timbré. *(Règl. pours., art. 95 bis ; Com. Durieu, t. II, p. 180 et suiv.)*

2415. — Le porteur de contraintes, après avoir rédigé l'original de son commandement, est tenu, avant toute signification, d'apposer sur cet original le nombre de timbres mobiles nécessaires à l'acquittement des droits de timbre des copies. Il colle ces timbres à la marge gauche de la première page de l'original immédiatement au-dessous de l'empreinte des timbres. Il est tenu, en outre, sous peine d'une amende de 50 francs, d'indiquer distinctement au bas de l'original et des copies de chaque commandement : 1° le nombre de feuilles employées tant pour les copies de l'original que pour les copies de pièces signifiées ; 2° le montant des droits de timbre dus à raison de la dimension de ces feuilles. *(Circ. compt. publ. 20 mai 1874, § 1er, et 18 avril 1889, § 3.)*

2416. — Les placards à apposer par les porteurs de contraintes aux lieux déterminés par le Code de procédure ont le caractère de copies d'exploit et doivent, par suite, être rédigés sur des formules revêtues du timbre spécial, le procès-verbal d'apposition d'affiches et l'exemplaire qui y reste annexé comme original devant seuls porter l'empreinte du timbre de dimension.

Les agents de poursuites doivent avoir soin : 1° de coller en marge du procès-verbal des timbres en quantité suffisante pour représenter le montant des droits dus en raison des copies employées en placards ; 2° d'indiquer, par une mention spéciale, au bas de l'original et de chaque copie, le nombre de feuilles employées et le montant des droits. *(Circ. compt. publ. 18 avril 1889, § 3.)*

2417. — Les frais de sommation à des tiers, de saisie-arrêt, saisie-exécution, saisie-brandon, vente, et de tous les actes qui s'y rapportent, sont fixés conformément au tarif général des frais de poursuites arrêté par le préfet dans chaque département. *(Règl. pours. art. 96.)*

2418. — Sont enregistrés gratis les actes de poursuites et tous autres actes, tant en action qu'en défense, ayant pour objet le recouvrement des contributions publiques et de toutes autres sommes dues à l'État, ainsi que des contributions locales, lorsqu'il s'agit de cotes, droits ou créances non excédant, en total, la somme de 100 francs. *(Règl. pours., art. 97.)*

2419. — Une décision du ministre des finances, en date du 11 mars 1850, porte que l'exemption du droit d'enregistrement est applicable lorsque la somme réclamée et excédant 100 francs ne se compose que de cotes de 100 francs et au-dessous appartenant soit à des exercices différents, soit à des rôles de diverses communes, dont le recouvrement est confié au même percepteur. C'est donc l'importance de chacune des cotes qui doit être prise en considération, soit que la dette se rapporte à divers exercices, soit qu'elle appartienne à différentes communes ; et il a été reconnu que, pour que la formalité fût appliquée gratuitement, il suffisait dans le cas prévu qu'aucune des cotes n'excédât 100 francs.

Or, les contributions directes et les taxes communales assimilées forment deux dettes parfaitement distinctes, bien que comprises dans le même acte de poursuites, et ne peuvent être confondues, car elles se rapportent à des cotes différentes. Dès lors, les actes de poursuites collectives ne donnent pas lieu à l'application du droit d'enregistrement toutes les fois que, pour le même contribuable, aucune des cotes n'est supérieure à 100 francs. Ainsi, par exemple, un commandement est fait pour une cote mobilière et une taxe de patente de 60 francs chacune, l'acte doit profiter de la gratuité, bien que le total des deux cotes réunies excède 100 francs. De même un commandement fait pour un article comprenant une contribution foncière de 90 fr. et une contribution des portes et fenêtres de 30 fr. doit être enregistré gratis attendu que ces deux impositions, bien que réunies sur un même avertissement, constituent deux cotes dont aucune n'excède 100 fr.

Afin de faciliter l'application de cette règle, les percepteurs ont à grouper, en vue de l'enregistrement des commandements collectifs, d'une part, les contribuables qui payant au total plus de 100 francs d'impôts ne sont poursuivis néanmoins pour aucune cote supérieure à cette somme et ont droit, par conséquent, à la gratuité de l'enregistrement, et, d'autre part, les contribuables qui sont poursuivis pour une ou plusieurs cotes supérieures à 100 francs.

Les comptables doivent, en outre, annoter le commandement collectif d'une mention analogue à celle concernant les contribuables qui se sont libérés dans le délai de quatre jours et portant que les *contribuables inscrits sous les numéros..... à..... pour une somme*

supérieure à 100 francs *(colonne 7 du commandement) ne sont débiteurs d'aucune cote excédant ladite somme*. Il est enfin nécessaire que les comptables remplissent avec le plus grand soin les colonnes 1 à 7 du commandement et, plus spécialement, qu'ils inscrivent dans la colonne 6, intitulée : « *Articles des rôles* » le numéro de l'article principal du contribuable où se trouvent rattachées les diverses cotes dont il est débiteur.

En ce qui concerne les poursuites par voie de saisie, les comptables ne doivent pas omettre d'appeler l'attention des porteurs de contraintes et des huissiers sur les exploits qui, ayant pour objet des sommes supérieures à 100 fr., n'en doivent pas moins être enregistrés gratis comme ne comprenant que des cotes inférieures à ce chiffre.

Spécialement, pour les saisies faites par huissier, le percepteur doit inscrire sur la réquisition, *Modèle n° 24,* une mention analogue à celle qu'il est tenu d'ajouter sur le commandement collectif.

La confusion des dettes dans les états de payement de frais imputables soit au Trésor soit aux communes, étant de nature à faire naître de l'incertitude dans l'esprit du juge des comptes, les chiffres inscrits dans la colonne du montant des cotes lui permettant seuls d'apprécier si l'enregistrement devait ou non avoir lieu gratis, il convient qu'indépendamment des mentions particulières que les comptables doivent déjà porter, selon les circonstances à la colonne d'*Observations,* lorsque, par exemple *(États de payement des frais de commandement; Modèle n° 10 bis),* le droit d'enregistrement n'a pas été appliqué par suite de la libération intégrale du contribuable dans le délai de quatre jours, une double indication soit, en outre, consignée dans la même colonne, savoir : 1° la distinction des dettes par nature *(colonnes 6 et 12 de la contrainte par voie de commandement),* qui permettra au juge des comptes de s'assurer s'il y avait lieu ou non d'exiger le droit d'enregistrement ; 2° la distinction par nature de dettes des sommes pour lesquelles le contribuable était poursuivi *(colonnes 11 et 17 de la même contrainte),* qui permettra d'apprécier si les frais faits étaient imputables au Trésor ou à la commune. *(Circ. compt. publ. 15 novembre 1869, 31 mars 1898, § 7 et 10 mars 1905, § 1er.)*

2420. — L'exemption du droit d'enregistrement n'a lieu que relativement à la quotité de la cote et non à celle du terme échu ou du reliquat ; ainsi le droit fixe de 1 franc, plus le double décime et demi, soit 1 fr. 25, est dû sur toutes les poursuites, quelque modique qu'en soit l'objet, lorsque la cote excède 100 francs. *(Décr. 5 germinal an XIII; Circ. compt. publ. 3 mars 1874, § 3; Com. Durieu, t. II, p. 190; L. 28 avril 1893, art. 22; Circ. compt, publ. 29 juillet 1893, § 2.)*

2421. — Lorsque, dans le délai de quatre jours mentionné à l'article 95, les contribuables se seront libérés intégralement, c'est-à-dire auront effectué le payement total de la somme qui fait l'objet des poursuites (V. nᵒˢ 2325 et suiv. et 2344), tous les actes de poursuites, les procès-verbaux de vente exceptés, non encore présentés à l'enregistrement, peuvent, quoique ayant pour objet le recouvrement de cotes excédant 100 francs, être admis à la formalité *gratis*. Dans ce cas, indépendamment de l'annotation sur le répertoire, déjà prescrite par la décision du 28 juin 1822, les porteurs de contraintes doivent faire mention, sur l'acte de poursuites, de la libération intégrale du redevable, et faire certifier cette déclaration par le percepteur. (*Règl. pours.*, art. 98; *Com. Durieu*, t. II, p. 190 et suiv.)

Les comptables mentionnent, en outre, la double indication prescrite par la circulaire rappelée ci-dessus, nᵒ 2419.

On ne doit pas comprendre dans le délai de quatre jours fixé pour l'enregistrement des actes de poursuites le jour de la date de l'acte. (*Jurisp.*)

2422. — Dans un commandement collectif, il est dû autant de droits d'enregistrement qu'il y a de cotes individuelles excédant 100 francs. (*Com. Durieu*, t. I, p. 512, et t. II, p. 186.) Mais le contribuable qui, compris dans un commandement collectif, se serait libéré avant l'enregistrement, alors même que les autres redevables, compris dans le même acte, n'auraient pas acquitté leur dette, se trouverait exempt du droit d'enregistrement par suite de l'exception prononcée par l'article 98 rappelé ci-dessus. (*Com. Durieu*, t. II, p. 193.)

2423. — Les affiches annonçant la vente des objets saisis sont sujettes au timbre ; les exemplaires d'affiches qui restent annexés au procès-verbal d'affiche, et ceux qui doivent être apposés aux lieux indiqués par l'article 617 du Code de procédure, sont passibles du droit *d'après leur dimension*, comme tous les autres actes judiciaires. Quant aux exemplaires apposés ailleurs qu'aux endroits désignés par la loi, ils ne sont sujets, comme affiches volontaires, qu'au timbre spécial des affiches qui est de 5 à 20 centimes suivant la grandeur. Le papier destiné aux affiches doit être présenté au timbre avant l'impression. (*Inst. gén.*, art. 108.) — V. nᵒ 2445.

2424. — Chacun des actes de poursuites délivrés par les porteurs de contraintes relate le prix auquel il a été taxé, sous peine de nullité. (*Règl. pours.*, art. 99 ; *Com. Durieu*, t. II, p. 193.)

2425. — Les fixations déterminées pour les prix des divers actes de poursuites doivent être affichées dans chaque bureau de perception et à la mairie de chaque commune. (*Règl. pours.*, art. 100.)

Timbre et enregistrement des actes de poursuites sur amendes. — V. AMENDES, nᵒˢ 276 et suiv.

2426. — *Imprimés des actes de poursuites.* — Les receveurs particuliers des finances font imprimer et fournissent aux porteurs de contraintes, dans leurs arrondissements respectifs, les formules de sommation avec frais, celles de commandement indiquées aux articles 46 et 57, les états de frais dont il sera question à l'article 102, et généralement tous les modèles d'actes et de procès-verbaux relatifs aux poursuites.

Les actes de tous les degrés, sans exception, à distribuer aux contribuables, doivent être imprimés sur un papier de couleur différente pour chaque degré de poursuite. Les couleurs sont les mêmes dans tous les départements ; chaque formule d'acte est revêtue du cachet du receveur particulier apposé à la main, et remise en compte, par ce dernier, aux agents de poursuites.

Les frais d'impression déterminés d'avance par le préfet, sur la proposition du trésorier général, sont payés par les receveurs particuliers et supportés, soit par les agents de poursuites, soit par les percepteurs, soit enfin par les receveurs eux-mêmes, ainsi qu'il est réglé, pour chaque nature de frais, par la décision ministérielle du 23 juillet 1822, notifiée aux receveurs des finances par la circulaire du 2 août 1822 (V. ci-après, nᵒ 2428). Il ne peut y avoir lieu à aucune répétition contre les contribuables pour le prix de ces imprimés. (*Règl. pours.*, art. 101, modifié par la loi du 9 fév. 1877 ; *Circ. min. Fin.* 19 février 1877.)

2427. — Tous ces imprimés, à partir du commandement inclusivement, sont timbrés au moyen de timbres mobiles de dimension. Les trésoriers généraux et les receveurs des finances ont la faculté d'apposer ces timbres avant tout usage et de les oblitérer avec la griffe réglementaire.

Ils sont sur papiers de couleurs différentes, savoir :

Sommations sans frais, sur papier vert ;
Sommations avec frais, sur papier jaune ;
Commandements, sur papier bleu ;
Saisies, sur papier rouge ;
Ventes, sur papier gris ;
Actes conservatoires, sur papier blanc. (*Règl. pours.*, art. 101 bis, modifié par la loi du 9 février 1877 et Circ. compt. publ. 15 nov. 1900, § 8.)

2428. — Les frais de sommation gratis, les états de redevables à poursuivre par voie de sommation avec frais, de commandement, de saisie-exécution et autres actes extraordinaires, ainsi que les états de payement des différents actes, sont à la charge des percepteurs, attendu que ces actes et états sont la conséquence des devoirs de ces comptables.

Les frais de bulletins de sommations avec frais, des originaux et copies de commandements, saisies, ventes, affiches, etc., sont à la charge du porteur de contraintes, qui en est couvert par le salaire qui lui est alloué.

Les receveurs des finances supportent les frais de l'état général et trimestriel des frais faits dans leur arrondissement, ces frais résultant de leur gestion et de leur comptabilité. (*Com. Durieu, t. II, p. 197.*)

2429. — Les receveurs des finances remettent en compte aux porteurs de contraintes les diverses formules imprimées nécessaires aux poursuites, et ils constatent cette remise sur un carnet particulier, ainsi que l'emploi des formules. Ce carnet sert, en même temps, à suivre le remboursement des sommes dont les receveurs des finances se sont mis en avance, tant pour les prix des imprimés que pour celui du timbre. Ce prix est payé comptant par les porteurs de contraintes, ou, à défaut, prélevé sur la somme leur revenant pour les poursuites auxquelles les formules ont été employées.

Les porteurs de contraintes doivent avoir, de leur côté, un carnet d'entrée et de sortie des divers imprimés qui leur sont remis en compte ; les receveurs des finances leur indiquent la forme de ce carnet, qui doit être analogue à celui qu'ils tiennent eux-mêmes.

Les porteurs de contraintes tiennent, en outre, un répertoire de leurs actes (*art. 39 du Règlement sur les poursuites, cité au n° 2300*). Les receveurs des finances doivent se faire représenter ce répertoire au moins deux fois par an, et y consigner les résultats de l'examen qu'ils en ont fait.

Il est formellement interdit aux percepteurs et aux porteurs de contraintes de rédiger aucun acte de poursuite sur des imprimés autres que ceux qui leur sont fournis par les receveurs des finances. Tous ces imprimés doivent être revêtus du cachet de la recette particulière.(*Inst. gén. art. 107.*)

2430. — *Justification, règlement et recouvrement des frais de poursuites.* — Les listes nominatives constatant les poursuites exercées par voie de sommation avec frais, l'état des commandements signifiés et le bordereau des frais résultant de tous autres actes, sont dressés en double expédition, certifiés par les agents de poursuites, signés par le percepteur, et adressés au receveur particulier, qui, après les avoir vérifiés, en arrête provisoirement le montant et les remet au sous-préfet, avec les pièces dont ils doivent être accompagnés. Ces listes, états et bordereaux ne doivent comprendre que les frais résultant de la contrainte qui a prescrit les poursuites. Ils indiquent les noms des retardataires, la somme pour laquelle chacun d'eux a été poursuivi, la date des actes, le prix de chaque acte de poursuites, d'après les fixations arrêtées par le préfet (*Modèles n°° 9, 10, 11, 12, 13 et 14*).

Les porteurs de contraintes joignent à l'appui les originaux des actes de commandement, saisie et vente, et la contrainte ou autorisation en vertu de laquelle ils ont agi. (*Règl. pours., art. 102.*)

Lorsqu'il s'agit du recouvrement des produits communaux, l'état de frais est fait en simple expédition. (*Note de l'article 102 du Règlement.*)

2431. — Le sous-préfet, après vérification, arrête et rend exécutoires les états de frais. Il en tient registre et renvoie sans retard les deux expéditions au receveur particulier.(*Règl. pours., art. 103.*)

On doit indiquer, sur les états de payements, le montant et la date de la taxe des frais. (*Note sur l'article 103 du Règlement.*)

2432. — Lorsque le receveur particulier, en vérifiant l'état des frais de poursuites, reconnaît des abus dans l'application des tarifs, il propose au sous-préfet de réduire les frais à ce qui sera légitimement dû à l'agent de poursuites. Le sous-préfet peut opérer d'office cette réduction quand il le juge nécessaire. *Règl., pours., art. 104.*)

2433. — Seront rejetés et mis à la charge de l'agent qui les aura exécutés ou du comptable qui les aura provoqués :

1° Les frais de poursuites sujets à l'enregistrement, non constatés par la production des actes originaux ;

2° Les frais à l'appui desquels ne sera pas rapportée la contrainte ou l'autorisation spéciale du receveur particulier ;

3° Tous les frais faits contre des contribuables notoirement insolvables à l'époque où ils ont été poursuivis, ou pour des taxes résultant d'erreurs évidentes sur les rôles, dont le percepteur aurait négligé de demander la rectification ;

4° Les poursuites de toute nature exercées arbitrairement ou dans un ordre contraire à celui tracé par le règlement. (*Règl. pours., art. 105; Com. Durieu, t. II, p. 200 et suiv.*) — V. n° 2341 *bis.*

2434. — La responsabilité respective des percepteurs et des porteurs de contraintes, relativement à la nullité des poursuites exercées contre les redevables, doit être déterminée :

Pour les percepteurs, en tout ce qui tient à la direction, ou au fond même des poursuites ;

Pour les porteurs de contraintes, en tout ce qui concerne la forme dans laquelle les poursuites sont exercées, et leur exécution proprement dite. (*Com. Durieu, t. II, p. 205 et suiv. — V. n°° 2341 et 2341 bis.*

2435. — Les originaux des actes de poursuites et autres pièces produites à l'appui restent déposés à la recette particulière, pour y avoir recours au besoin. (*Règl. pours., art. 106.*)

2436. — Le salaire et le prix des actes dus aux porteurs de contraintes sont payés par le receveur particulier sur la quittance de ces agents, mise au pied des expéditions des états définitivement arrêtés par le sous-préfet.

Il est expressément défendu aux percepteurs de payer directement les salaires et actes de poursuites aux porteurs de contraintes. (*Règl. pours., art. 107; Com. Durieu, t. II, p.207.*)

2437. — Les receveurs particuliers sont tenus de constater dans leurs écritures, à deux comptes spéciaux, la totalité des sommes payées par eux pour frais de poursuites, et des remboursements qui leur en sont faits par les percepteurs.

Ils envoient successivement à la trésorerie générale une des expéditions des états de frais acquittés par les agents de poursuites. Ces pièces sont produites à la Cour des comptes par le trésorier général à l'appui de son compte annuel. (*Règl. pours., art. 108; Com. Durieu, t. II, p. 208.*)

2438. — La seconde expédition des états de frais rendus exécutoires par le sous-préfet est remise par le receveur particulier au percepteur, qui en devient comptable envers le receveur particulier, et est chargé d'en suivre le recouvrement sur les contribuables y dénommés. (*Règl. pours., art. 109; Inst. gén., art. 582.*)

2439. — Les trésoriers généraux prennent charge, à la fin de chaque mois, comme *titres de perception*, des états de frais admis en dépense pendant le mois.

L'exercice auquel ces titres de perception doivent être appliqués est déterminé, savoir: pour les poursuites, par voie de sommation avec frais et de commandement, *par l'année pendant laquelle les contraintes ont été rendues exécutoires*; pour la saisie-arrêt et les poursuites postérieures au commandement, *par l'année pendant laquelle ont été dressés les états mentionnés à l'article 99 de l'Instruction générale* (Modèle n° 8 du Réglement sur les poursuites). — V. n° 2311.

Les receveurs des finances doivent, avant de remettre aux percepteurs les états de frais à recouvrer par eux, indiquer, pour chacun de ces états, l'exercice auquel il appartient.

Les percepteurs émargent sur les états de frais, en présence des parties versantes, les payements qui leur sont faits, en y rapportant les numéros des quittances qu'ils sont tenus de délivrer pour ces recettes. Ils doivent, en outre, annoter *sur les rôles*, à l'article de chaque contribuable, et dans les colonnes réservées pour cet objet, le montant des frais taxés, ainsi

que les recouvrements à mesure qu'ils sont effectués. (*Inst. gén., art. 583; Règl. pours., art. 110.*)

2440. — Si le contribuable poursuivi veut se libérer des frais sans attendre la taxe, il est admis à en consigner le montant entre les mains du percepteur, qui lui en donne une quittance détachée de son livre à souche, et émarge le payement sur le double de la contrainte restée entre ses mains.

A la réception de l'état des frais taxés, le percepteur y émarge, jusqu'à concurrence des frais à la charge du contribuable, la somme provisoirement consignée par ce dernier. — Si elle excède, il tient compte de cet excédent au contribuable de la manière prescrite pour les excédents provenant des contributions directes (V. n°° 1489 et suiv.). — Si, au contraire, la somme consignée ne couvre pas le montant des frais taxés, il suit le remboursement du surplus, conformément à ce qui est prescrit par l'article 109.

Dans tous les cas, en transportant au rôle les états des frais taxés, il émarge les sommes versées pour ces frais par les contribuables. (*Règl. pours., art. 110 bis; Com. Durieu, t. II, p. 210 et suiv.*)

2441. — Tout contribuable taxé est en droit d'exiger du percepteur la communication de l'état de frais sur lequel il est porté. (*Règl. pours., art. 111.*)

2442. — Le percepteur prévenu d'avoir frauduleusement, soit avant, soit après la taxe, exigé des frais, pour une somme plus forte que celle qui est fixée par le tarif ou arrêtée dans l'état de frais, sera traduit devant les tribunaux pour y être jugé comme concussionnaire. (*Règl. pours., art. 112; Com. Durieu, t. II, p. 213.*)

2443. — Les recouvrements effectués sur les contribuables doivent recevoir les imputations d'exercice qui ont été données aux titres de perception auxquels ils se rapportent. Les percepteurs ne peuvent donc se dispenser, lors de leurs versements, d'en établir la distinction par exercice. Les récépissés qui leur sont fournis par les receveurs des finances, ainsi que les articles de recettes qui y correspondent, doivent contenir les mêmes désignations. (*Inst. gén., art. 584.*)

2444. — Les percepteurs doivent avoir, sur le livre des comptes divers, un compte intitulé: *Frais de poursuites pour le recouvrement des contributions publiques*, et où sont, d'une part, portés, par journée, les recouvrements constatés au journal à souche, et, d'autre part, les versements faits au receveur des finances.

Le montant des *états de frais* qui constituent les *titres de perception* est inscrit dans

des colonnes distinctes pour les divers exercices. Chaque exercice est déterminé par la date
de la contrainte ou de l'état n° 8 (V. n° 2439),
laquelle date doit être indiquée sur les états
transmis aux percepteurs.

Comme point de départ du compte des frais
de poursuites, au commencement de chaque
année, les percepteurs doivent rapporter le
montant total des *titres de perception*, des *recouvrements* et des *versements* relatifs aux frais
du dernier exercice, lorsqu'il existe des restes
à recouvrer. (*Inst. gén., art. 1474.*)

2445. — Les délais fixés pour le recouvrement et l'apurement des rôles de chaque exercice, et indiqués à l'article 93 de l'Instruction
générale, sont les mêmes pour le recouvrement
des sommes portées dans les états de frais de
poursuites.

En conséquence, les trésoriers généraux pour
l'arrondissement du chef-lieu, ainsi que les
receveurs particuliers pour leur arrondissement
respectif, doivent à la date du 30 novembre de
la seconde année de chaque exercice, et sans
préjudice des écritures d'ordre à passer à la fin
du mois d'août, solder les états de frais, dont
le montant a été appliqué à l'exercice expiré ;
ils portent les restes à recouvrer au compte
collectif qu'ils ouvrent aux percepteurs, comme
correspondants de la trésorerie générale, pour
les restes à recouvrer sur les diverses contributions ; les percepteurs, de leur côté, à l'expiration de la troisième année, doivent rembourser
de leurs deniers personnels, aux receveurs des
finances, les sommes qui resteraient à recouvrer sur les mêmes états ; ils s'en chargent en
recette, se délivrent à eux-mêmes des quittances
détachées du livre à souche, et en versent immédiatement le montant au receveur particulier.

Dans les arrondissements autres que le chef-
lieu, cette opération doit être déterminée au
20 décembre, afin que la somme versée au receveur particulier puisse être portée par lui en
recette à cette date et être constatée par le trésorier général avant la fin de l'année.

Les percepteurs doivent aussi remettre les
états de frais de poursuites de l'exercice soldé
par eux, avec les rôles des exercices expirés,
pour que le dépôt en soit fait aux archives de
la sous-préfecture. — V. DÉPÔT DES RÔLES.

Les comptables qui ont fait l'avance de frais
restant à recouvrer sur les contribuables en
poursuivent la rentrée selon les règles prescrites pour les contributions directes (V. n° 2748).
(*Inst. gén., art. 585.*)

2446. — Les frais de poursuites qui ont été
reconnus irrecouvrables sont compris dans les
ordonnances de décharges délivrés par le directeur des contributions directes. (*Inst. gén.,
art. 586, modifié ; Circ. Direct. gén. contr.
dir. 4 décembre 1893, n° 846.*) — V. n° 2039.

2447. — Le payement et le recouvrement
des frais auxquels peuvent donner lieu les contraintes décernées contre des contribuables domiciliés hors de l'arrondissement où ils sont
imposés, s'effectuent selon le mode réglé à
l'article 1136 de l'Instruction générale. (*Inst.
gén., art. 587.*) — V. CONTRAINTES EXTÉRIEU-
RES, n° 4135.

2448. — A la fin de chaque trimestre, les
receveurs particuliers remettent au sous-préfet
un état présentant, par nature de poursuites,
les frais faits contre les contribuables en retard.
Cet état est transmis au préfet par le sous-préfet ; les receveurs particuliers en adressent un
double, visé par ce dernier, au trésorier général du département, qui le transmet au ministère des Finances, après en avoir reconnu la
conformité avec ses écritures. (*Règl. pours.,
art. 113.*)

2449. — *Surveillance et direction des
poursuites par les receveurs des finances.*
— Indépendamment de la surveillance qui
doit être exercée par l'autorité administrative
sur les poursuites et les frais auxquels elles
donnent lieu, le trésorier général et les receveurs particuliers des finances sont tenus de
prendre des informations sur la conduite des
percepteurs et les porteurs de contraintes,
dans l'exercice des poursuites effectuées contre
les contribuables ; de s'assurer que lesdites
poursuites ne sont faites que dans les cas prévus, dans les formes voulues et suivant les
tarifs arrêtés, et de provoquer des mesures de
répression contre les abus qui parviendraient
à leur connaissance. (*Règl. pours., art. 114.*)

2450. — Ils n'ont pas seulement à faire
faire l'application des moyens de contrainte
autorisés par le règlement sur les poursuites ;
ils doivent aussi prévenir les abus qui consis-
teraient à faire de ces moyens un emploi rigoureux et intempestif contre certains contribuables, tandis que d'autres seraient l'objet de
ménagements illicites. A cet effet, ils se font
remettre, quand ils le jugent nécessaire, et
indépendamment de l'état des contribuables en
retard, dont la formation est prescrite par le
règlement précité, une liste des plus imposés
(*Modèle n° 26-1*), au moyen de laquelle ils
peuvent reconnaître si ces contribuables ne
seraient pas indûment ménagés, et donner s'il
y a lieu, l'ordre de les poursuivre.

Dans ce cas, les receveurs décernent, d'office, des contraintes, et les remettent aux
agents de poursuites, lesquels doivent toutefois
ne faire aucun acte avant de s'être présentés
chez les percepteurs, attendu que ces comptables ont, préalablement, à s'assurer sur les rôles
si les contribuables n'auraient pas fait des versements qui réduiraient d'autant l'arriéré ou
devraient même faire suspendre les poursuites,

et que, d'ailleurs, ils sont tenus de surveiller et de diriger les porteurs de contraintes.

Les receveurs des finances doivent, enfin, se constituer les directeurs des poursuites dans leur arrondissement respectif. Afin de fournir à l'administration le moyen de juger s'ils s'acquittent de cette obligation et de suivre la marche du recouvrement, les trésoriers généraux adressent à la Direction générale de la comptabilité publique :

1° Le 6 de chaque mois, au plus tard, un relevé sommaire de la situation de ces deux branches du service dans chaque arrondissement au dernier jour du mois précédent ;

2° A l'expiration de l'année, un rapport et des états présentant avec détail la même situation dans chaque perception.

Sur le relevé sommaire du mois de janvier doivent figurer dans les premières colonnes les restes à recouvrer de l'exercice qui finit, et, dans les colonnes suivantes, les recouvrements effectués, par anticipation, sur l'exercice qui commence. (*Inst. gén., art. 1300; Circ. compt. publ.* 15 déc. 1864, § 1, et 2 févr. 1881, § 6.)

2451. — *Réclamations. — Compétence.* — Les réclamations concernant la perception des contributions directes sont du ressort de l'autorité administrative. Les poursuites auxquelles cette perception donne lieu ressortissent, savoir : La sommation avec frais à l'autorité administrative, et les autres actes de poursuites, à partir du commandement, aux tribunaux ordinaires (*Règl. pours., art. 19, modifié par la loi du 9 février 1877; Circ. compt. publ.* 19 février 1877; Com. Durieu, t. 1, p. 363 et suiv.)

Pour tous les cas qui peuvent se présenter concernant les réclamations et la compétence en matière de poursuites, il y a lieu de se reporter à la table des matières du *Commentaire Durieu*, au mot *compétence*, page 370, et au tome 1er, p. 364 à 412. — Voir également, au sujet, des questions de jurisprudence et de compétence de l'autorité judiciaire, *Revue des services financiers*, année 1896, p. 371 à 400.

2452. — Il appartient au conseil de préfecture de connaître de la demande d'un contribuable en nullité d'une contrainte, fondée sur ce qu'il se serait valablement libéré par un payement antérieur.

Le percepteur a qualité pour déférer au Conseil d'État un arrêté par lequel le conseil de préfecture annule la contrainte en se fondant sur ce que le payement, dans les conditions où il a été fait, a libéré le contribuable.

Le pourvoi formé par le percepteur, en matière de contributions directes, peut être introduit sans le ministère d'un avocat au Conseil d'État.

Ne peut être considéré comme libéré à l'égard du Trésor un particulier qui se borne à alléguer qu'il aurait remis le montant de ses contributions dans le bureau du percepteur au père du fondé de pouvoirs qui se serait chargé de le remettre à celui-ci, mais sans établir ni la production d'une quittance réglementaire, ni par un autre acte, le prétendu payement qui n'a pas été inscrit sur le registre de la perception. (*Arr. Cons. d'Ét.* 21 juillet 1876; *Dalloz* 1877, 3e partie, p. 2; Com. Durieu, t. II, Jurisp., p. 230.)

2453. — Le conseil de préfecture est incompétent pour annuler un commandement et pour statuer sur une question de privilège. (*Arr. Cons. d'Ét.* 22 janvier 1875 et 8 mai 1886.)

De même, l'autorité judiciaire est seule compétente pour décider si le Trésor peut exercer sur les fonds entre les mains du liquidateur d'une société en nom collectif les privilèges appartenant au Trésor en vertu de la loi du 12 novembre 1808. (*Arr. Cons. d'Ét.* 22 décembre 1882; *Dalloz* 1884, 3e partie, p. 87.)

Si les tribunaux civils sont compétents pour apprécier la validité des poursuites en matière de contributions directes, à partir du commandement, c'est à la condition que la contestation ne porte que sur la forme et la validité des actes de poursuites. Lorsque l'opposition est basée sur une question de validité des rôles, il appartient à l'autorité administrative d'en connaître. (*Trib. civ. de Grenoble,* 2 juillet 1896; *Cour cassation* 10 déc. 1900.)

2453 bis. — Une demande tendant à l'annulation d'un commandement à fin de payement d'une taxe syndicale, motif pris de ce que la taxe réclamée n'est pas due et que le commandement a été fait sans droit et sans titre, constitue une demande de décharge d'une taxe assimilée aux contributions directes et doit être portée devant le conseil de préfecture. (*Trib. des conflits,* 30 avril 1898.)

2454. — Le particulier qui, poursuivi comme héritier d'un contribuable en payement de contributions inscrites au nom de celui-ci, prétend qu'il n'a pas cette qualité, soulève ainsi une question préjudicielle dont la connaissance n'appartient qu'aux tribunaux civils.

De même, l'autorité judiciaire est seule compétente pour statuer sur la demande d'un contribuable en restitution des sommes qu'il a déboursées pour frais de commandement, saisie et vente mobilière. (*Arr. Cons. d'Ét.* 9 août 1877; *Dalloz* 1878, 3e partie, p. 10.)

Pour la responsabilité des propriétaires en cas de déménagement, V. nos 1334 et suiv.

2455. — L'autorité judiciaire est également compétente pour connaître d'une demande en nullité de saisie pratiquée par un percepteur sur les meubles de la femme, pour avoir payement des contributions inscrites au nom du

mari. Il en est de même de la demande en
remboursement des sommes indûment versées.
(*Trib. des conflits 30 juin 1877*; *Com. Durieu,
t. II, Jurisp., p. 232.*) — V. n° 2451.

2456. — Le litige ayant pour objet la restitution d'une somme versée à la femme d'un
percepteur pour être employée au payement
des contributions directes, et qui n'aurait pas
reçu cette destination, est de la compétence de
l'autorité judiciaire. (*Trib. des conflits, 13 déc.
1888*; *Com. Durieu, t. II, Jurisp., p. 262.*)

2457. — Un percepteur est recevable à déférer au conseil d'État un arrêté du conseil de
préfecture portant qu'il devra rembourser à un
contribuable le montant d'un impôt qu'il lui
avait indûment réclamé. (*Cons. d'Ét. 24 mai
1890*; *Dalloz 1892, 3e partie, p. 18.*)
Dans l'espèce, il s'agissait du payement d'une
contribution par un héritier prétendant n'avoir
pas cette qualité.

2457 bis. — Les tribunaux civils, conformant leur jurisprudence à celle du tribunal des
conflits, admettent depuis plusieurs années la
distinction suivante : *compétence judiciaire* si
la nullité de l'acte de poursuite judiciaire est
demandée pour un vice de forme; *compétence
administrative* si la prétendue nullité met en
discussion sur la réalité, l'existence ou la quotité de la dette. (*Grenoble, 28 avril 1890*;
Seine, 7 mars 1899; *Provins, 18 avril 1901*;
Marseille, 26 février 1903; *Cour cassation
10 déc. 1900.*)

2458. — *Poursuites irrégulières. — Désistement. — Formalités.* — Lorsque des
poursuites ont été dirigées irrégulièrement
contre un contribuable ou un prétendu contribuable et que l'irrégularité est établie d'une
façon évidente, le devoir du comptable est de
les arrêter avant qu'elles soient déférées à l'autorité compétente, par un désistement notifié
par le demandeur au défendeur, sauf au demandeur à les reprendre dans une forme régulière.
Le désistement du percepteur relatif à un ou
plusieurs actes de poursuites n'a pas besoin
d'être accepté par le défendeur. Il suffit que ce
désistement soit signifié avec offre de supporter
les frais des actes irréguliers pour que la partie
adverse ne soit pas fondée à former ou à suivre
son opposition. Le percepteur peut donc simultanément se désister des poursuites irrégulières
qui sont dès lors considérées comme nulles et
non avenues, et procéder à de nouvelles poursuites.
Lorsque, sur un acte de poursuite, irrégulier
dans la forme, une instance a été engagée
devant le tribunal, et des avoués constitués de
part et d'autre, le désistement doit se faire par
acte d'avoué à avoué.

Après notification du désistement, les poursuites doivent être recommencées en prenant
pour point de départ le premier acte irrégulier.
Les actes antérieurs sont maintenus et les frais
sont à la charge du défendeur.

2459. — *Actes de poursuites qui interrompent la prescription.* — Les actes de
poursuites qui interrompent la prescription
sont : la *sommation avec frais*; le *commandement* et la *saisie*; la *saisie-arrêt validée*; la
saisie-exécution; la *saisie-brandon*; la *citation
en justice*, etc. (*Com. Durieu, t. I, p. 349 et
suiv.*)
Pour les amendes et condamnations, V. numéro 248.

*Difficultés qui peuvent s'élever dans le
cours des poursuites dirigées contre les
contribuables.* — V. n°s 1377.

2459 bis. § 1er. — *Notification par la
poste et par les huissiers des actes de
poursuites concernant les contributions
directes, les taxes assimilées et les amendes.* — Les lois de finances des 13 avril 1898
(art. 53) et 25 février 1901 (art. 49) autorisent
les percepteurs à faire notifier par la poste les
sommations avec frais et les *commandements*
concernant les contributions directes, les taxes
assimilées, les amendes et condamnations pécuniaires. Cette mesure permet de supprimer,
sauf dans les grandes villes, les porteurs de
contraintes dont les attributions principales
consistent précisément dans la notification des
sommations avec frais et des commandements;
quant aux actes ultérieurs de poursuites que
ces agents étaient également chargés de notifier, leur signification est assurée soit par les
huissiers, soit par les porteurs de contraintes
qui sont maintenus en exercice. (*Circ. compt.
publ. 28 août 1902, § 1er.*)

2459 bis. § 2. — *Notification à faire
par la poste. — Tableau des circonscriptions de distribution postale pour servir
à l'établissement des états de sommations
et des commandements.* — Aux termes des
articles 4 et 6 du décret du 24 avril 1902, les
sommations avec frais et les commandements
à notifier par le service des postes doivent
être groupés par circonscription de distribution
postale, c'est-à-dire par tournée de facteur, et
donner lieu à autant d'états de poursuites
qu'il y a de facteurs, chargés de la distribution.
À cet effet, les percepteurs doivent posséder
un tableau présentant le nombre et le plan des
circonscriptions de distribution postale existant dans les communes de leur réunion. Ce
tableau doit être établi par les comptables à
l'aide des renseignements qu'ils doivent recueillir auprès des receveurs des postes du ressort
de leur perception. Les agents des postes doivent signaler d'office aux percepteurs et aux

receveurs municipaux intéressés toute modification qui, après l'envoi des premiers renseignements, viendrait à se produire dans les circonscriptions de distribution. Le tableau dressé comme il vient d'être dit est rectifié avec soin à chaque modification ; il est conservé, ainsi que les documents qui ont servi à l'établir, dans les bureaux des percepteurs-receveurs municipaux et laissé au comptable entrant lors des remises de service. En outre, les receveurs des finances se font remettre un double de tous les tableaux dressés par les percepteurs de leur arrondissement et tiennent constamment à jour ces documents qui leur permettent de contrôler les états de poursuites et de décerner, s'il y a lieu, des contraintes d'office. Les percepteurs doivent, à cet effet, aviser sans retard la recette des finances de toute modification survenue dans les tournées des facteurs. (Circ. compt. publ. 28 août 1902, § 2.)

2459 bis, § 3. — *Limitation du nombre des actes de poursuites à notifier le même jour par le même facteur.* — Les comptables ne doivent faire distribuer, le même jour, par le même facteur, qu'un nombre d'actes n'excédant pas en principe *quinze*. Les comptables peuvent, d'ailleurs, préparer plusieurs états pour une même circonscription et les soumettre simultanément au receveur des finances, mais à la condition de ne les déposer à la poste qu'à raison d'*un* par jour. Il est bien entendu que des états concernant des circonscriptions *différentes* peuvent être déposés en même temps ; ce qu'il faut éviter seulement, c'est que le même facteur ait trop de notifications à faire dans une seule journée. (Circ. compt. publ. 28 août 1902, § 3.)

2459 bis, 4. — *Actes de poursuites destinés à des redevables habitant en dehors de la perception.* — Les percepteurs peuvent sous leur responsabilité et sous le contrôle du receveur des finances, expédier par la poste des actes de poursuites dans les communes des perceptions voisines, *situées dans le même arrondissement.* Dans ce cas, les comptables expéditeurs doivent se renseigner, auprès des percepteurs, du domicile des redevables, sur l'itinéraire des facteurs distributeurs et recueillir toutes les indications utiles sur les débiteurs à poursuivre. En outre, pour éviter qu'un même facteur soit chargé, le même jour, de trop nombreuses notifications, le receveur des finances doit s'abstenir de viser en même temps des états provenant de comptables différents mais destinés à la même circonscription de distribution et comprenant au total plus de quinze actes à notifier. (Circ. 28 août 1902, § 4, modifié par la circ. compt. publ. 10 oct. 1904, § 1er.)

2459 bis, § 5. — *Rédaction en simple exemplaire des états de poursuites par voie*

de sommation avec frais. — *Transmission de ces états au receveur des finances pour délivrance de la contrainte.* — *Visa par le sous-préfet.* — *Renvoi au percepteur.* — Les comptables qui ont à faire exercer *par la poste* des poursuites par voie de sommation avec frais contre des contribuables retardataires doivent, au préalable, faire décerner contrainte contre ces contribuables. A cet effet, ils dressent sur des cadres conformes au modèle n° 4, un ou plusieurs états de poursuites, chaque état ne devant comprendre que des contribuables habitant dans une même circonscription de distribution postale et au nombre maximum de quinze.

L'état de poursuites n'est établi qu'en *simple exemplaire* et ne fait ressortir ni les termes exigibles, ni les sommes restant dues sur l'exercice courant. Pour le dresser, les comptables commencent par inscrire les noms du département, de l'arrondissement et de la perception d'où il émane ; ils indiquent *d'une manière très lisible*, dans la case réservée à cet effet, le bureau de poste *destinataire*; ensuite, ils n'ont qu'à remplir les colonnes 1 à 12 inclusivement, puis à dater et à signer la certification figurant dans la case supérieure gauche et de la dernière page.

La colonne 5 porte pour titre « *demeures* » des contribuables, ce qui doit s'entendre non seulement du domicile proprement dit, mais encore de la simple résidence. A la différence de ce qui est exigé pour les commandements, les sommations avec frais peuvent être notifiées en effet à la simple résidence des débiteurs.

L'imputation à donner aux frais est indiquée dans la colonne 12, au moyen de la lettre T ou C suivant que les frais concernent le service du Trésor ou des communes. En cas de poursuites collectives pour le recouvrement de contributions directes et de taxes communales assimilées, les frais doivent être imputés au compte du Trésor. Les maires n'ont à intervenir que pour autoriser les poursuites contre des redevables débiteurs exclusivement de taxes communales. Ces dernières poursuites peuvent d'ailleurs être comprises sur un seul et même état avec les poursuites imputables au compte du Trésor.

Les comptables doivent s'assurer avec beaucoup de soin que les redevables qu'ils inscrivent sur l'état de poursuites sont tous débiteurs de termes exigibles, sinon ils pourraient engager leur responsabilité. Il demeure, en outre, expressément entendu que, lorsque les contribuables se présentent pour se libérer, ils peuvent, *avant tout versement*, exiger que le comptable calcule et leur indique les sommes restant exigibles, à cette époque de l'année, sur leurs contributions.

L'état dressé conformément aux explications qui précèdent doit être transmis à la recette des finances, après avoir été enregistré sur un carnet modèle n° 21. Le receveur des finances en opère la vérification, raye *à l'encre noire* les contribuables qui ne doivent pas être poursuivis, sans avoir à modifier les numéros d'ordre inscrits par le percepteur dans la colonne n° 1. Il décerne ensuite dans la case réservée à cet effet la contrainte à fin de sommation, la fait rendre exécutoire par le préfet ou, dans les arrondissements de sous-préfecture, par le sous-préfet, et renvoie l'état au percepteur ou au receveur municipal intéressé, après en avoir pris note sur un carnet modèle n° 22.

Tout état de poursuites qui ne soulève aucune objection de la part de la recette des finances, doit, le jour même de son arrivée ou le lendemain au plus tard, être renvoyé, dûment approuvé, au comptable intéressé ou être soumis au visa du préfet ou du sous-préfet si cette formalité est exigée. Dans ce dernier cas, la recette des finances doit veiller à ce que le visa soit donné sans retard ; elle doit prendre notamment toutes dispositions utiles pour être en mesure de renvoyer, le lendemain ou le surlendemain de leur arrivée, les états dont l'urgence lui aurait été signalée par les comptables subordonnés. (*Circ. compt. publ. 28 août 1902, § 5 et 10 oct. 1904, §§ 2 et 3.*)

2459 bis, § 6. — *Rédaction par le percepteur des sommations avec frais d'après l'état de poursuites. — Inscription au rôle du coût de chaque sommation.* — Dès le retour de l'état de poursuites dûment revêtu de la contrainte exécutoire, le percepteur ou le receveur municipal vérifie si, depuis le moment où il a été dressé, quelques-uns des contribuables ne se seraient pas libérés des termes exigibles. Dans l'affirmative, il les raye de l'état par un trait *à l'encre rouge* sans pouvoir les remplacer par de nouveaux contribuables et sans avoir à modifier les numéros d'ordre.

Cette vérification effectuée, le comptable établit, pour chacun des contribuables maintenus sur l'état, une sommation avec frais conforme au modèle n° 2 et destinée à être envoyée pliée de la même manière que les télégrammes.

Le percepteur commence par mentionner très lisiblement sur la partie extérieure de la sommation les nom et adresse du contribuable poursuivi, ainsi que le numéro d'ordre attribué à ce contribuable sur l'état de poursuites. Dans le tableau placé à l'intérieur de la sommation, il inscrit les contributions dues et les acomptes payés ; cette inscription peut être faite en une seule ligne et sans qu'il soit besoin de détailler les différentes cotes ou les différents acomptes.

Si la partie poursuivie n'est pas le contribuable inscrit au rôle, si notamment il s'agit de poursuivre un héritier ou un propriétaire responsable des contributions de son locataire, il est indispensable de compléter le second alinéa de la sommation. Pour un propriétaire, par exemple, cette addition sera libellée ainsi :

« Le contribuable dénommé ci-contre est soumis à la poursuite par voie de sommation avec frais et sommé d'acquitter, dans LES TROIS JOURS au plus tard, les termes exigibles et non encore payés des contributions relatées dans le cadre ci-dessus, imposées au nom de M... et dont M... est responsable en qualité de propriétaire jusqu'à concurrence de la somme de... »

Toutes les sommations doivent être signées par le percepteur et porter les noms de la perception et de la commune ainsi que l'indication des jours de recette. Lorsqu'elles ont été collationnées et pliées suivant les indications du modèle, il ne reste plus au percepteur qu'à les affranchir et à les déposer à la poste avec la contrainte qui s'y réfère, après en avoir pris note au carnet modèle n° 21 et avoir inscrit à l'article principal du rôle de chaque débiteur les frais qui sont dus pour la notification. Ces frais fixés à 0 fr. 20 par sommation en vertu de l'arrêté ministériel du 16 juillet 1902 sont portés dans les colonnes 6 et 7 du rôle avec le numéro d'ordre de l'état de poursuites. Cette inscription faite *avant la taxe* est rendue nécessaire par la suppression de la deuxième expédition de l'état de poursuites ; mais il est bien entendu que si la sommation ne peut être distribuée par la poste ou si, pour tout autre motif, les frais ne sont pas admis ultérieurement en taxe, l'inscription faite au rôle doit être annulée et les motifs de cette annulation consignés sommairement dans la colonne des renseignements divers (col. 10 du rôle).

Pour établir les états de poursuites, il importe essentiellement de remarquer que les comptables ne doivent pas se référer uniquement aux adresses portées aux rôles et qu'ils sont dans l'obligation de tenir compte des changements de domicile. Ils doivent notamment utiliser les renseignements qu'ils peuvent recueillir à cet égard soit au cours des tournées de recouvrement, soit lors de la distribution des premiers avertissements et des sommations sans frais ou de la réception des déclarations de déménagements. Ils ont en outre l'obligation de mentionner ces renseignements sur leur cahier de notes ainsi que sur les extraits qu'ils adressent, chaque semestre, aux contrôleurs des contributions directes (V. n° 1931). (*Circ. compt. publ. 28 août 1902, § 6 et 10 oct. 1904, § 18.*)

2459 bis, § 7. — *Affranchissement et dépôt des sommations au guichet du bureau de poste.* — Le percepteur doit prélever sur son encaisse, *au moment même de l'expédition des sommations*, les fonds nécessaires pour l'achat des timbres-poste destinés à l'affranchissement des sommations ; il ne lui est pas permis de conserver dans sa caisse, en représentation de numéraire, des timbres-poste achetés à l'avance.

En conformité de l'article 48 de la loi de finances du 30 mars 1902 chaque sommation d'un poids n'excédant pas cinq grammes doit comporter un affranchissement de 0 fr. 01 auquel doit s'ajouter le droit fixe de recommandation de 0 fr. 10.

Le percepteur doit donc apposer sur chaque sommation, à l'endroit indiqué par le modèle, deux timbres-poste, l'un de 10 centimes, l'autre de 1 centime, qui servent à assurer la fermeture du pli. Il forme, avec les sommations ainsi fermées et la contrainte qui s'y réfère, une liasse qu'il lie au besoin au moyen d'un croisé de ficelle. La contrainte doit toujours être placée à découvert au-dessus de la liasse, de manière à ce qu'on puisse lire très facilement le nom du bureau de poste destinataire.

Cette liasse est déposée, non dans la boîte, mais au *guichet* du bureau de poste de la résidence du percepteur ou à défaut, au guichet du bureau de poste le plus voisin.

Il est formellement interdit aux percepteurs de faire notifier des sommations autres que celles dont l'envoi a été régulièrement autorisé. Les receveurs des postes doivent refuser toute sommation qui ne serait pas appuyée d'une contrainte revêtue des signatures et cachets du receveur des finances, du sous-préfet ou du préfet dans l'arrondissement chef-lieu. Au moment du dépôt de la liasse au guichet des postes, le receveur doit s'assurer, en conséquence, que la contrainte porte ces signatures et cachets et que les sommations déposées correspondent en nombre à celles figurant sur la contrainte.

Si cette vérification ne fait apparaître aucune irrégularité, le receveur des postes accepte la liasse et en délivre deux reçus dont l'un est extrait du registre n° 510 *bis* et dont l'autre est apposé pour ordre sur la contrainte elle-même (cadre B de la dernière page). Ces reçus sont exempts de timbre (Sol. enreg. 4 juillet 1901). Sur le récépissé extrait du registre n° 510 *bis* comme sur celui donné sur la contrainte, le receveur des postes indique *en toutes lettres* le nombre des sommations expédiées ; il appose ensuite le timbre à date sur ces récépissés, sur la contrainte ainsi que sur chaque sommation à la place réservée à cet effet à côté de l'adresse. Le reçu extrait du registre n° 510 *bis* est remis au percepteur et conservé *provisoirement* par lui dans sa caisse en représentation du numéraire employé à l'achat des timbres-poste. Quant aux sommations et à la contrainte, elles sont expédiées, *par les soins du receveur des postes*, sur le bureau de destination dans les mêmes conditions que les objets recommandés affranchis à prix réduit. Si les contribuables poursuivis habitent dans la circonscription même du bureau où s'effectue le dépôt, les sommations sont mises directement en distribution par ce bureau qui, dans ce cas, est en même temps bureau de départ et bureau de destination. (*Circ. compt. publ. 28 août 1902, § 7.*)

2459 *bis*, § 8. — *Distribution des sommations par les facteurs des postes*. — Le bureau de destination prend en charge les sommations et appose sur chacune d'elles, à la place réservée à cet effet au verso, le timbre portant la date de la distribution.

L'administration recommande instamment aux receveurs d'apposer avec beaucoup de soin le timbre à date, de manière à ce que l'empreinte de ce timbre soit très nette et permette toujours de distinguer la date du jour de la distribution, qui est le point de départ du délai accordé au contribuable pour se libérer.

Le facteur chargé de la distribution reçoit avec la contrainte toutes les sommations portées sur cette contrainte alors même qu'une ou plusieurs d'entre elles concerneraient d'autres circonscriptions de distribution.

La contrainte tient lieu au facteur de carnet de distribution et doit, en conséquence, être émargée par les parties qui reçoivent les sommations. Il est essentiel de rappeler ici qu'en conformité des instructions sur le service des postes, les facteurs et receveurs ne doivent, sous aucun prétexte, laisser consulter par des particuliers les contraintes dont il sont porteurs. Étant donnés les inconvénients qui pourraient résulter de la divulgation des poursuites, il est même recommandé aux facteurs, lorsqu'ils font émarger les contraintes, de ne laisser apparaître que la case destinée à recevoir la signature de l'intéressé.

Muni des sommations et de la contrainte, le facteur doit tout d'abord se présenter à la demeure du destinataire telle qu'elle est indiquée sur la contrainte. Différents cas peuvent alors se produire.

1° *Le facteur rencontre à la demeure du destinataire soit le destinataire lui-même, soit un de ses parents ou serviteurs et l'une ou l'autre de ces personnes accepte de signer le reçu sur la contrainte.*

Dans ce cas, le facteur distribue la sommation et fait signer le reçu dans la colonne 17 en indiquant dans la colonne d'observations le nom et la qualité de la personne qui a signé, si cette personne n'est pas le destinataire lui-même.

2° *Le facteur rencontre à la demeure du destinataire, soit le destinataire, soit un de ses parents ou serviteurs, mais aucune de ces personnes ne peut ou ne veut signer.*

Dans ce cas, le facteur porte dans la colonne 17 le mot *Mairie* et dans la colonne d'observations il inscrit Refus (ou) incapacité de signer du destinataire (ou) d'un parent (ou) d'un serviteur. Il laisse alors à la demeure du destinataire un avis modèle n° 3, et conserve la sommation pour être remise à la mairie soit immédiatement, soit lors de la plus prochaine distribution.

3° *Le facteur ne rencontre personne à la demeure du destinataire, mais il trouve un voisin du destinataire qui accepte de signer le reçu.*

Dans ce cas, le facteur remet la sommation au voisin, après l'avoir fait signer dans la colonne 17. Il inscrit dans la colonne d'observations la mention : M... (nom du signataire), voisin.

4° *Le facteur ne rencontre personne à la demeure du destinataire, mais il trouve un voisin qui ne peut ou ne veut signer.*

Dans ce cas, le facteur porte dans la colonne 17 le mot *Mairie* et dans la colonne d'observations, il inscrit : Refus (ou) Incapacité de signer de M..., voisin. Il laisse ensuite à la demeure du destinataire un avis modèle n° 3, et conserve la sommation pour être remise à la mairie soit immédiatement, soit lors de la plus prochaine distribution.

5° *Le facteur ne rencontre personne à la demeure du destinataire et ne découvre aucun voisin.*

Le facteur porte alors dans la colonne 17 le mot *Mairie* et dans la colonne d'observations « Destinataire et voisins absents ». Il laisse ensuite un avis modèle n° 3 à la demeure du destinataire et conserve la sommation pour être remise à la mairie soit immédiatement, soit lors de la plus prochaine distribution.

Il convient d'envisager maintenant les erreurs qui peuvent avoir été commises : 1° dans la détermination de la circonscription chargée de la distribution ; 2° dans les adresses des contribuables. Tel est l'objet de l'article 3 du décret du 24 avril 1902.

1° Si la demeure indiquée sur la contrainte n'est pas située dans la circonscription de distribution, le facteur conserve la sommation pour être renvoyée au percepteur et porte sur la contrainte, dans la colonne d'observations, une mention ainsi libellée : « En dehors de ma circonscription ».

2° Si la demeure indiquée sur la contrainte est située dans la circonscription de distribution, mais si le contribuable n'habite pas ou n'habite plus à cette adresse, le facteur inscrit l'adresse exacte dans la colonne 18 de la contrainte et sur la sommation, si toutefois il peut notifier cette sommation le *jour même*, conformément aux règles énoncées plus haut. S'il ne le peut pas ou si l'adresse exacte lui est inconnue, il conserve, sans la modifier, la sommation pour être renvoyée au percepteur, et il se borne à mettre dans la colonne d'observations de la contrainte « M..., demeure à ..., rue..., n°.. , » ou, s'il ne connaît pas l'adresse : Inconnu à l'adresse indiquée ».

A la fin de la distribution, le facteur doit remplir le certificat de distribution placé à la dernière page de la contrainte (cadre C) en ayant soin notamment d'inscrire très lisiblement son nom, de manière à ce qu'on puisse ultérieurement lui payer les indemnités auxquelles il aurait droit. (*Circ. compt. publ.* 28 août 1902, § 8.)

2459 *bis*, § 9. — *Dépôt des sommations à la mairie, soit en cas d'absence des desti-*

nataires, de leurs parents, serviteurs ou voisins, soit en cas d'incapacité ou de refus de ces personnes de signer. — Cas où une même commune se trouve desservie par plusieurs bureaux de poste. — Toutes les sommations en regard desquelles le facteur a inscrit le mot *Mairie* dans la colonne 17 de la contrainte, c'est-à-dire toutes les sommations qui n'ont pas été distribuées, soit par suite d'absence des destinataires, de leurs parents, serviteurs ou voisins, soit par suite d'incapacité ou de refus de ces personnes de signer, doivent être déposées contre décharge à la mairie soit au cours de la tournée si le facteur n'est pas encore passé à la mairie ou s'il doit y repasser, soit lors de la plus prochaine distribution.

Dans ce dernier cas, le dépôt peut être effectué par un autre facteur et n'avoir lieu que le *lendemain*. Mais, alors même qu'il en est ainsi, il n'y a pas lieu d'apposer sur la sommation un nouveau timbre à date de distribution, le délai accordé au contribuable pour se libérer partant du jour où la sommation a été présentée à sa demeure, c'est-à-dire du jour où il a été avisé administrativement, au moyen de l'avis modèle n° 3 des poursuites dirigées contre lui.

Dans tous les cas, le facteur qui effectue le dépôt doit remplir et signer le cadre D placé à la dernière page de la contrainte, et y faire apposer la décharge de la mairie en indiquant les numéros d'ordre des sommations. La décharge peut être donnée non seulement par le maire ou l'adjoint, mais encore par toute personne autorisée à recevoir la correspondance du maire en son absence. On suit, à cet égard, les règles tracées par l'article 775 de l'instruction générale sur le service des postes.

Lorsqu'une même commune se trouve desservie par plusieurs bureaux de poste, les bureaux qui n'ont pas la mairie dans leur circonscription ne doivent pas renvoyer au percepteur les actes à déposer entre les mains du maire ou des agents qui le représentent. En pareil cas, c'est au bureau de poste qui a fait effectuer la tentative de distribution à la demeure des redevables, à expédier directement l'état de poursuites, avec tous les actes non notifiés, au bureau de poste dont dépend la mairie. Ce dernier bureau fait remettre à la mairie les actes qui doivent y être déposés ; il fait également remplir le certificat de dépôt (cadre C) sans modifier en rien les autres parties de l'état de poursuites, transmet aux débiteurs intéressés les avis modèle n° 11 et renvoie au percepteur l'état de poursuites avec les actes non distribués (Voir p. 492, circulaire du ministère du Commerce, de l'Industrie, des Postes et des Télégraphes). (*Circ. compt. publ.* 28 août 1902, § 9 et 10 oct. 1904, § 4.)

2459 *bis*, § 10. — *Renvoi au percepteur de la contrainte et des sommations non distribuées.* — *Irrégularités constatées* *dans les notifications postales. — Avis à donner au service des postes.* — Lorsque les opérations de distribution sont terminées, le receveur du bureau de poste, qui a sous ses ordres le facteur distributeur, doit s'assurer : 1° que les colonnes 17 et 18 contiennent les émargements et mentions réglementaires ; 2° que le certificat de distribution est régulièrement rempli ainsi que le cadre D (dépôt à la mairie) ; 3° que le facteur a joint à la contrainte les sommations non distribuées. Cette vérification achevée, il appose son visa au bas des certificats de distribution et de dépôt à la mairie (cadres C et D) et renvoie au percepteur, par le plus prochain courrier et sous chargement d'office, l'état de poursuites (mod. n° 1) avec les sommations non distribuées pour quelque motif que ce soit.

Aux termes de l'article 4 du décret du 24 avril 1902, ce renvoi doit avoir lieu au plus tard le surlendemain du jour où la distribution a été commencée.

Dès le retour de la contrainte signifiée, le percepteur est tenu de vérifier les émargements et mentions réglementaires. S'il constate une lacune et plus généralement toute irrégularité relevée dans les notifications postales, il en avise le receveur des finances qui apprécie s'il y a lieu de faire recommencer la notification ou de faire compléter les mentions consignées par le service des postes sur la contrainte. Dans aucun cas, l'acte lui-même ne doit être rectifié et les renseignements complémentaires que peut demander le receveur des finances (nouvelles adresses des débiteurs auxquels les actes n'ont pu être remis) doivent être fournis par note séparée et sans que le percepteur ait à renvoyer la contrainte. D'autre part, la sommation avec frais étant un acte de poursuite administrative, non soumis aux causes de nullité édictées pour les exploits par le Code de procédure civile, les receveurs des finances n'ont à faire recommencer la notification que s'il est établi, en fait, que la sommation n'est pas parvenue au véritable intéressé ou aux personnes autorisées à la recevoir pour lui.

Lorsqu'il existe une lacune qui n'est pas de nature à être comblée même par note séparée, il importe néanmoins que le receveur des finances en donne, par lui-même ou par l'intermédiaire du percepteur, avis au receveur du bureau de poste intéressé, de manière à éviter le retour d'irrégularités, qui, parfois, peuvent vicier les poursuites. Si, malgré les notes ou avis transmis, les irrégularités se perpétuaient, les comptables devraient en référer par la voie hiérarchique au directeur départemental, et, au besoin, à la direction générale de la comptabilité publique.

Les comptables sont d'ailleurs tenus de contrôler la régularité non seulement des originaux mais aussi des copies qui souvent leur sont représentées par les débiteurs ; ils ont à vérifier notamment si les actes remis aux contribuables portent le timbre à date du bureau de destination et si les copies de commandement sont signées par le facteur distributeur. (*Circ. compt. publ. 28 août 1902, § 10 et 10 octobre 1904, § 6.*)

2459 bis, § 11. — *Faculté de remettre à la poste, sans nouvel affranchissement, les sommations non distribuées.* — D'après les dispositions combinées des articles 48 de la loi de finances du 30 mars 1902 et 5 du décret du 24 avril 1902, les comptables ont la faculté de tenter de faire notifier, sans nouvel affranchissement, les sommations non distribuées par suite d'erreurs d'adresse, de fausse indication de circonscription de distribution, etc., etc. Toutefois, cette faculté ne peut s'exercer que dans les *huit jours* qui suivent la réception, par les percepteurs, des sommations non distribuées. Après l'expiration du délai de huit jours, les percepteurs sont tenus, s'ils veulent faire poursuivre les contribuables, de rédiger une nouvelle contrainte et de nouvelles sommations comme si aucune tentative de poursuites n'avait encore eu lieu.

Les comptables mettent le délai de huit jours à profit pour s'enquérir de l'adresse exacte des contribuables qui n'ont pu être touchés par une première sommation. S'il s'agit seulement d'une fausse direction sur une circonscription de distribution postale, le percepteur fait opérer immédiatement la réexpédition sur le bureau de la circonscription intéressée.

Pour effectuer la réexpédition de sommations sans nouvel affranchissement, les percepteurs n'ont aucune autorisation à demander, ni aucune nouvelle contrainte à faire décerner. Ils rayent simplement par un trait en croix les timbres à date apposés sur les sommations, modifient, s'il y a lieu, les numéros d'ordre ainsi que les adresses de ces sommations, et rédigent un état (mod. n° 4) dont ils remplissent les colonnes 1 à 6 inclusivement et auquel ils donnent le même numéro d'ordre qu'à l'état primitif en faisant suivre toutefois ce numéro du mot *bis*. Cet état, qui est certifié par le comptable, n'est soumis ni au receveur des finances ni au sous-préfet ; il tient lieu, pour la poste, de la contrainte (Décret du 24 avril 1902, art. 5).

Les sommations accompagnées de l'état modèle n° 4 certifié par le percepteur sont déposées au guichet du bureau de poste après enregistrement de l'envoi au carnet modèle n° 21. Le receveur des postes n'a qu'à contrôler si les sommations sont toutes frappées des timbres à date et revêtues des timbres-poste constatant leur première transmission et, par voie de conséquence implicite, leur inscription régulière sur une première contrainte. Le receveur délivre au percepteur un récépissé extrait du registre n° 510 bis, mais en spécifiant expressément sur ce récépissé que les sommations sont à réexpédier SANS FRAIS. Ce reçu est conservé comme pièce d'ordre par le percepteur. Les sommations sont frappées de nouveaux timbres à date et mises en distribution comme s'il s'agissait de sommations expédiées pour la première fois.

Il convient d'ailleurs d'éviter autant que possible ces réexpéditions en ne faisant procéder aux premières poursuites qu'après avoir recueilli tous les renseignements utiles dans les communes, lors des tournées de recouvrement. Il ne faut pas, enfin, perdre de vue qu'en conformité des règles posées au paragraphe IV, la réexpédition n'est possible que si elle est faite dans le ressort de la perception ou d'une perception voisine dans laquelle on peut expédier des actes de poursuites.

Le percepteur conserve dans ses archives la première contrainte, alors même qu'elle ne comprend aucun acte notifié. (*Circ. compt. publ. 28 août 1902, § 11.*)

2459 bis, 12. — *Notification des sommations à des tiers détenteurs.* — Dans l'état actuel de la jurisprudence administrative, les sommations notifiées à des tiers détenteurs en conformité de la loi du 12 novembre 1808, revêtent deux formes différentes : la forme d'un simple avis distribué par le garde champêtre ou par la poste dans les conditions des imprimés placés sous bandes; la forme d'un acte assimilable aux sommations avec frais, notifié comme elles par le porteur de contraintes et avec les mêmes garanties.

Les comptables peuvent continuer à se servir du premier mode de notification lorsque les tiers détenteurs sont des dépositaires publics (notaires, commissaires-priseurs, huissiers, etc.) pris en cette qualité et constitués, par l'effet de la loi et dans l'exercice de leurs fonctions, détenteurs de deniers affectés au privilège du Trésor. En effet, alors même qu'ils nieraient avoir reçu la sommation, ces dépositaires n'en devraient pas moins conserver les deniers à la disposition du percepteur, tout au moins jusqu'à la péremption du privilège (*Cour de cassation, 21 mai 1883 ; Circ. 30 juin 1891, § VII*).

Quant aux sommations à tiers détenteurs à notifier dans les mêmes formes que les sommations avec frais, elles peuvent être remises à la poste pour être distribuées conformément aux règles détaillées aux paragraphes précédents, sauf que l'état original qui sert d'état de distribution n'est pas visé par le sous-préfet et qu'il doit porter simplement le visa et le cachet du receveur des finances.

Cet état doit être conforme au modèle n° 5 et les sommations qui l'accompagnent doivent être établies suivant le modèle n° 6. Pour réexpédier, dans les conditions prévues au § XI, les sommations non distribuées, les per-

cepteurs font usage du modèle n° 4. (*Circ. compt. publ. 28 août 1902, § 12.*)

2459 bis, § 13. — *Commandements à notifier par la poste. — Contrainte décernée sur le commandement collectif original dressé par le percepteur.* — D'après les instructions en vigueur pour la notification des commandements par les porteurs de contraintes, les percepteurs doivent établir, en double exemplaire, un état qui est indépendant du commandement proprement dit.

Ce système est complètement modifié pour la signification des commandements *par la poste* : les états des contribuables ou des condamnés à poursuivre sont supprimés, et la contrainte ou l'autorisation de poursuivre est apposée sur l'original même du commandement dressé en simple exemplaire.

Pour les poursuites par la poste, le commandement original est collectif, même en matière d'amendes ; il contient d'ailleurs, sous forme de tableau, notification du titre qui, pour les amendes, consiste dans l'extrait du jugement.

En ce qui concerne le nombre de redevables à comprendre sur un même original, il convient de tenir compte de deux considérations. D'abord, il importe de ne pas surcharger le service des postes par des notifications trop nombreuses à faire par le même facteur dans une seule journée; sur ce point, il y a lieu d'appliquer les règles tracées pour les sommations avec frais. D'autre part, il ne faut pas perdre de vue que les commandements originaux doivent être soumis au timbre *après notification* ; dès lors, pour ne pas grossir dans des conditions anormales les dépenses du nouveau service, il convient, sauf exception dûment motivée, de comprendre au minimum *deux* redevables par original.

Les modèles du commandement original et des copies ont été donnés par le règlement d'administration publique du 24 avril 1902, c'est-à-dire par un décret pris en vertu d'une délégation de la loi et qui, par conséquent, a pu régulièrement modifier sur plusieurs points les dispositions du Code de procédure civile.

Le percepteur qui veut notifier par la poste des commandements dans une circonscription déterminée de distribution postale doit commencer par remplir la première partie de l'original collectif (modèle n° 7 pour les contributions directes et les taxes assimilées; modèle n° 9 pour les amendes et condamnations pécuniaires).

La partie de l'original à remplir par le percepteur comprend indépendamment des noms du département, de la perception, du bureau destinataire, la certification figurant à la dernière page, et en outre les colonnes 1 à 10 inclusivement s'il s'agit de contributions directes ou de taxes assimilées et les colonnes 1 à 8 inclusivement s'il s'agit d'amendes ou de condamnations pécuniaires.

De même que pour les sommations, le percepteur n'a pas à calculer les douzièmes exigibles pour les commandements concernant les contributions directes ou les taxes assimilées : les observations données au paragraphe V trouvent également ici leur application. Pour les amendes, le percepteur, inscrit le total de chaque extrait, les acomptes payés et le reste dû.

L'imputation des frais du commandement à mentionner dans la colonne 10 (mod. 7) est déterminée par l'imputation des frais de la sommation : le service qui a supporté l'imputation des frais du premier degré de poursuite supporte donc l'imputation de tous les frais ultérieurs (Circulaire du 15 décembre 1864, §2).

Après enregistrement au carnet modèle n° 21, l'original dressé conformément aux indications qui précèdent est transmis à la recette des finances qui le vérifie, raye à *l'encre noire* les contribuables qui ne devraient pas être poursuivis, délivre s'il s'agit d'amendes l'autorisation de poursuivre et, s'il s'agit de contributions directes, décerne et fait viser la contrainte par le préfet ou le sous-préfet.

Dans le cas où, en supprimant les contribuables rayés, on pourrait diminuer le nombre des pages de l'original, le receveur des finances devrait, à moins d'urgence, faire recommencer cet acte par le percepteur.

L'original dûment approuvé et enregistré au carnet n° 22 est renvoyé par le receveur des finances au percepteur. Celui-ci raye à *l'encre rouge* les contribuables qui, dans l'intervalle, se seraient libérés des termes exigibles et rédige les copies de commandements. *(Circ. compt. publ. 28 août 1902, § 13.)*

2459 bis, § 14. — *Rédaction par le percepteur des copies de commandements.* — *Inscription au rôle du coût des commandements.* — Les copies de commandements sont rédigées sur des formules conformes aux modèles 8 (contributions directes) ou 10 (amendes) de dimensions égales à celles de la demi-feuille de papier timbré.

Le percepteur remplit le recto et le verso des copies, de manière à ce que le facteur chargé de la distribution n'ait plus qu'à apposer sa signature au verso.

Si le débiteur poursuivi n'est pas le contribuable inscrit au rôle, le comptable complète la formule de commandement suivant les règles posées pour les sommations avec frais (voir § VI). Lorsqu'il s'agit de poursuivre une partie civile qui, en droit, n'est jamais contraignable par corps (Instr. 5 juillet 1895, art. 333), le percepteur raye sur le commandement spécial aux amendes, les mots « ou par la contrainte par corps ».

A la différence des sommations, les copies de commandements sont destinées à être expédiées à *découvert* ; elles sont simplement pliées en quatre, l'espace réservé aux timbres de la poste devant toujours rester visible. Ainsi pliées, elles sont réunies au commandement collectif auquel elles se réfèrent et le tout est rassemblé en une liasse, de telle sorte que le commandement original se trouve au-dessus et présente d'une façon très apparente l'indication du bureau destinataire. Conformément aux règles tracées pour l'envoi des sommations, le percepteur, avant de remettre les commandements à la poste, prend note de cette remise sur son carnet modèle n° 21 et inscrit à l'article en charge d'amendes les frais qui seront dus pour la signification des commandements et qui sont de 1 fr. 50 en matière de contributions directes et de 2 francs en matière d'amendes, non compris les droits d'enregistrement. *(Circ. compt. publ. 28 août 1902, § 14.)*

2459 bis. § 15. — *Affranchissement et dépôt des commandements au guichet du bureau de poste.* — Les copies de commandements, qui ne doivent jamais peser plus de cinq grammes, sont affranchies à 0 fr. 11 par application des dispositions de la loi du 30 mars 1902 (affranchissement 0 fr. 01, droit fixe de recommandation 0 fr. 10). Les timbres-poste sont apposés dans les cases réservées à cet effet au recto des copies. Pour l'achat de ces timbres, les comptables se conforment aux règles indiquées au § VII.

La liasse comprenant le commandement original et les copies qui s'y réfèrent est déposée au guichet du bureau de poste. Le receveur vérifie si le commandement original porte la signature et le cachet du receveur des finances, en matière d'amendes et, en outre, la signature et le cachet du sous-préfet ou du préfet en matière de contributions directes. Il délivre deux reçus, dont l'un est apposé sur l'original du commandement et, l'autre, indiquant en toutes lettres le nombre des commandements, est extrait du registre n° 510 bis pour tenir lieu, dans la caisse du percepteur, de la somme employée à l'achat des timbres-poste. Les timbres à date du bureau de départ sont apposés sur l'original sur et sur toutes les copies du commandement dans la case réservée à cet effet au recto. Ces copies accompagnées du commandement original sont ensuite transmises sur le bureau de destination, comme il est prescrit pour les sommations. *(Circ. compt. publ. 28 août 1902, § 15.)*

2459 bis, § 16. — *Distribution des commandements par les facteurs des postes.* — Après avoir pris en charge les copies de commandements, le bureau de destination appose sur chacune d'elles d'une manière très nette et dans la case spéciale réservée au recto l'empreinte du timbre portant la date de la distribution.

Le facteur chargé de cette distribution reçoit avec l'original du commandement, sur lequel doivent figurer les émargements des destinataires, toutes les copies sans exception inscrites sur cet original.

A la différence des sommations, les copies de commandements ne peuvent être remises par le facteur *qu'aux destinataires eux-mêmes, à l'exclusion de leurs parents, serviteurs ou voisins.* (Voir ci-après les deux derniers alinéas du § 16). Il faut, en outre, que les destinataires donnent reçu sur l'original (col. 13 du mod. n° 7 et col. 11 du mod. 9). Avant de remettre la copie de commandement, le facteur est tenu de la revêtir de sa signature, à la place indiquée au bas de la seconde page.

Si le destinataire n'est pas présent à son domicile, ou s'il ne veut ou ne peut donner reçu, le facteur inscrit le mot *Mairie* dans la colonne de l'original réservée à la signature des destinataires et conserve la copie du commandement pour être déposée contre décharge à la mairie.

La décharge du destinataire ou, à défaut, la décharge de la mairie, est exigée *à peine de nullité du commandement.*

Si des erreurs ont été commises dans les adresses des contribuables ou dans l'indication de la circonscription de distribution, le facteur se conforme aux règles prévues en pareil cas pour les sommations (voir § VIII), mais en ayant soin lorsque, malgré ces erreurs, il peut signifier le jour même la copie de commandement, de ne remettre cette copie *qu'au destinataire* et contre reçu ou de la conserver pour être déposée à la mairie.

A la fin de la distribution, le facteur doit dater et signer l'original du commandement en indiquant: 1° le nombre des commandements distribués; 2° le nombre des commandements qui sont ou seront déposés à la mairie; 3° le nombre des commandements non distribués (cadre B. de la formule). *(Circ. compt. publ. 28 août 1902, § 16.)*

En présence des dispositions formelles énoncées ci-dessus où il est dit que les copies de commandements ne peuvent être remises par le facteur *qu'aux destinataires eux-mêmes* ou, à leur défaut, à la mairie, il suit qu'il serait irrégulier de remettre les commandements entre les mains des mandataires accrédités par les contribuables pour la réception de leur correspondance. *(Décr. 24 avril 1902, art. 7 ; Inst. n° 540, Bulletin mensuel des postes d'août 1902; Lettre Dir. gén., compt. publ. 20 octobre 1904.)*

L'article 49 de la loi de finances du 25 février 1901 et le règlement d'administration publique du 24 avril 1902 n'ayant pas spécifié que les significations de commandements ne pourraient être faites ni les dimanches ni les jours de fêtes légales, il s'ensuit qu'elles sont soumises aux règles ordinaires de la distribution postale et peuvent être opérées au cours de toutes les distributions effectuées en semaine et les dimanches et les jours fériés. *(Trib. civ. de Pontivy, 9 nov. 1904.)*

2459 bis, § 17. — *Dépôt des commandements à la mairie, soit en cas d'absence des destinataires, soit en cas d'incapacité ou de refus de ces derniers de signer. — Mentions à inscrire par les facteurs sur les originaux.* — Tous les commandements pour lesquels figure le mot *Mairie* dans la colonne réservée aux émargements, c'est-à-dire tous ceux qui n'ont pu être distribués soit par suite d'absence momentanée des destinataires, soit par suite d'incapacité ou de refus de ces derniers de signer, doivent être déposés à la mairie dans la même tournée, ou dans une tournée subséquente, mais au plus tard dans la journée qui suit la présentation à domicile (Décret du 24 avril 1902, art. 7).

Si le dépôt à la mairie a lieu le lendemain du jour de la présentation à domicile, le receveur des postes doit annuler par un trait en croix le timbre à date figurant sur la copie de commandement et apposer un nouveau timbre indiquant la date du dépôt à la mairie. Lorsque l'apposition d'un nouveau timbre à date est rendue impossible, comme par exemple lorsque la distribution est confiée à un facteur de relais qui ne rentre pas au bureau de poste, le facteur doit annuler lui-même par un trait à l'encre la date figurant dans l'empreinte du timbre de distribution et signer à côté de cette date annulée une mention ainsi libellée : « Je dis le (inscrire ici la date du dépôt à la mairie). Le facteur, (apposer ici la signature) ». A la différence de ce qui a lieu pour la sommation, le délai accordé au contribuable ne peut en effet courir que du jour où la signification est faite à domicile ou à la mairie et il est nécessaire de faire connaître ce jour au contribuable.

Le facteur chargé d'effectuer le dépôt à la mairie appose sa signature au bas de la deuxième page de la copie du commandement, place cette copie dans une enveloppe ne comportant aucune indication d'origine et sur laquelle il inscrit *uniquement* le nom et le domicile du contribuable auquel elle est destinée. Il ferme ensuite cette enveloppe et la remet contre décharge au maire, à l'adjoint ou à toute personne autorisée à recevoir la correspondance du maire en son absence. *(Inst. gén. des postes, art. 775.)* La décharge est apposée dans le cadre réservé à cet effet au dos de l'original (cadre C). *(Circ. compt. publ. 28 août 1902, § 17.)*

En conformité des dispositions combinées des articles 2, 3 et 7 du décret du 24 avril 1902, les facteurs ont l'obligation de mentionner, dans la colonne d'observations des commandements originaux, les motifs de dépôt à la mairie et de non distribution des copies. Si, en particulier, le destinataire d'un commandement n'est pas présent à son domicile au moment de la distribution postale ou s'il ne veut ou ne peut signer le reçu, le facteur doit inscrire le mot *Mairie* dans la colonne d'émargement et porter dans la colonne d'observations, l'une des trois mentions suivantes : 1° *Destinataire absent* ; 2° *Refus de signer* ; 3° *Incapacité de signer*. (Voir page 492, circulaire du ministre du Commerce, de l'Industrie, des Postes et Télégraphes). (Circ. compt. publ. 10 oct. 1904, § 5.)

2459 bis, § 18. — *Envoi par le receveur des postes du bureau de distribution d'un avis recommandé à tout contribuable dont le commandement a été déposé à la mairie.* — *Renvoi au percepteur du commandement original et des copies non signifiées.* — Le receveur du bureau de poste de distribution est tenu de s'assurer, immédiatement après la distribution : — 1° que, pour tout commandement signifié, l'original porte la signature du *destinataire lui-même* ou la décharge de la *mairie* ; — 2° que la colonne d'observations contient les indications réglementaires pour tout commandement qui n'a pu être distribué, c'est-à-dire qui n'a pu être remis ni au destinataire, ni à la mairie ; — 3° que tous les commandements non distribués sont annexés à l'original ; — 4° que les cadres B et C figurant à la dernière page de l'original sont régulièrement remplis.

Ces vérifications terminées, le receveur appose son visa au bas des cadres B et C et adresse un avis recommandé conforme au modèle n° 11 à tout contribuable dont le commandement a été déposé à la mairie (Décret du 24 avril 1902, art. 7).

Cette formalité constitue une garantie supplémentaire pour le contribuable, mais elle ne fait pas partie de la notification proprement dite et ne saurait, en aucune façon, modifier la date de cette notification qui est celle indiquée sur le commandement par le cachet de distribution de la poste.

Dès que les avis modèle n° 11 sont préparés ou, si aucun commandement n'a été déposé à la mairie, dès que l'original a été vérifié, le receveur renvoie cette pièce au percepteur avec les copies non signifiées ; cet envoi est effectué sous chargement d'office.

A la réception de cet envoi, le percepteur vérifie les émargements et mentions réglementaires et signale au receveur des finances les irrégularités qu'il a constatées. Le receveur des finances fait compléter, s'il est nécessaire, les indications relatives aux motifs de non-distribution et aux nouvelles adresses, sans avoir jamais à renvoyer l'original. Quant aux irrégularités qui seraient de nature à entraîner l'annulation des commandements (absence d'émargement du destinataire ou de décharge de la mairie), il importe de remarquer qu'en

principe elles ne rendent pas la notification nulle de *plein droit*. Si donc il n'est pas nécessaire de procéder à des poursuites subséquentes, il est inutile de recommencer la notification. (Circ. compt. publ. 28 août 1902, § 18 et 10 oct. 1904, § 6.) — V. ci-dessus, § 10.

2459 bis, § 19. — *Faculté de remettre à la poste, sans nouvel affranchissement, les commandements non distribués.* — Les règles posées pour la réexpédition en franchise des sommations dans un délai de huit jours sont en principe applicables aux commandements non signifiés.

Le comptable n'a donc pas à faire délivrer une nouvelle contrainte ou une nouvelle autorisation de poursuivre. Il se borne à porter les commandements retournés non distribués sur un nouvel original conforme au modèle n° 7 ou au modèle n° 9, dont il remplit les colonnes 1 à 10 (mod. n° 7) ou 1 à 8 (mod. n° 9) et auquel il donne le même numéro d'ordre qu'à l'original ou aux originaux primitifs avec addition du mot *bis*. Dans la case réservée à la contrainte (mod. n° 7) ou à l'autorisation de poursuivre (mod. n° 9), il signe lui-même une mention rappelant cette contrainte ou cette autorisation (Décret du 24 avril 1902, art. 8). Ces mentions sont libellées ainsi : « La contrainte a été rendue exécutoire par le préfet (ou le sous-préfet) à la date du... (ou) aux dates des... » ou « le receveur des finances a donné l'autorisation de poursuivre à la date du (ou) aux dates des... »

Le nouvel original appuyé des copies sur lesquelles le percepteur a rayé préalablement par un trait en croix les timbres à date et modifié, s'il y a lieu, les adresses et les numéros d'ordre, est déposé au guichet du bureau de poste, après enregistrement de l'envoi au carnet modèle n° 21. Le receveur des postes s'assure que les commandements portés sur l'original sont frappés des timbres à date attestant leur première transmission et, par voie de conséquence, leur inscription sur un premier original régulièrement visé par le receveur des finances. Il délivre reçu des commandements suivant les règles tracées au paragraphe X pour les sommations.

Il importe de remarquer que le nouvel original doit être soumis *ultérieurement* au timbre de dimension et comme, le plus souvent, le premier original contient des commandements signifiés et est dès lors assujetti également au timbre, il en résulte pour le service des frais supplémentaires que les comptables doivent s'efforcer d'éviter. (Circ. compt. publ. 28 août 1902, § 19.)

2459 bis, § 20. — *Timbres de dimension et de copie à apposer sur les originaux des commandements signifiés.* — Dès le retour d'un original comprenant des commandements *notifiés*, le percepteur est tenu d'apposer en marge de cet original : — 1° un ou plusieurs timbres mobiles de dimension représentant les droits de timbre dus à raison de la dimension de l'original ; — 2° autant de timbres mobiles de copies à 60 centimes qu'il y a de copies *signifiées* ; les copies retournées non distribuées n'entrent donc pas en ligne de compte (Décret du 24 avril 1902, art. 9).

La place réservée sur l'original pour l'apposition des timbres mobiles étant très limitée, les percepteurs doivent, le cas échéant, employer des figurines de différentes valeurs et apposer, par exemple, une figurine de 6 francs au lieu de dix figurines à 60 centimes.

Les timbres sont oblitérés, non par le percepteur mais par le receveur de l'enregistrement, au moment de l'enregistrement de l'original.

Les percepteurs étant tenus de timbrer eux-mêmes lese ommandements doivent faire de leurs deniers personnels l'avance des timbres de ces actes de poursuites. Cette avance n'est d'ailleurs que de très courte durée, les comptables devant en être couverts immédiatement après l'enregistrement des actes, comme il est expliqué au paragraphe suivant. (*Circ. compt. publ. 28 août 1902, § 20.*)

2459 *bis*, § 21. — *Enregistrement des commandements.* — Après avoir été revêtu de timbres mobiles de dimension et de copies, tout original comprenant un ou plusieurs commandements *notifiés* doit être soumis à l'enregistrement par le percepteur.

Cette formalité est accomplie au gré du comptable, soit au bureau d'enregistrement de sa résidence, soit au bureau de la commune où l'acte a été notifié (Loi du 22 frimaire an VII, art. 26) et, au plus tard, dans le délai de quatre jours fixé pour les exploits (Loi du 22 frimaire an VII, art. 20) ; toutefois ce délai ne court que du jour de la réception par le comptable de l'original notifié (Décret du 24 avril 1902, art. 9).

Le percepteur certifie cette date sur l'original ; en cas de contestation sur la date, il peut être tenu de représenter l'enveloppe portant le timbre de la poste. Il mentionne également sur l'original les commandements qui doivent être enregistrés gratis en n'oubliant pas que la gratuité est accordée lorsque le contribuable s'est libéré *avant* l'enregistrement, dans le délai de quatre jours, ou lorsqu'aucune des cotes ou des condamnations pour lesquelles il est poursuivi, considérées à leur origine et abstraction faite des acomptes versés, n'est supérieure à 100 francs (Circ. du 31 mars 1898, § 7). Ces deux mentions sont libellées ainsi : « Le présent commandement a été reçu par le percepteur le... ; les contribuables inscrits sous les numéros..., se sont libérés dans le délai de quatre jours, ceux inscrits sous les numéros..., ne sont débiteurs d'aucune cote (ou)

condamnation excédant 100 francs ». Les dispositions de la circulaire du 31 mars 1898, § 7, étant fréquemment perdues de vue ou mal comprises, les receveurs des finances, toutes les fois qu'ils en ont l'occasion, doivent en surveiller l'application pour éviter aux contribuables des droits d'enregistrement abusifs. — V. n° 2419.

Si le percepteur ne se trouve pas dans la localité où réside le receveur d'enregistrement, il doit lui envoyer par la poste, en franchise et sous chargement, les commandements à enregistrer de façon à ce qu'ils arrivent à destination avant l'expiration du délai de quatre jours, calculé comme il est indiqué ci-dessus. Le percepteur prend note de cet envoi au carnet n° 21.

Dans tous les cas, les percepteurs-receveurs municipaux n'ont pas à acquitter les droits d'enregistrement entre les mains du receveur ; ils se bornent à joindre à l'original un « bon pour enregistrement de commandements ». Cette pièce est établie sur une formule qui contient deux parties dont la première est réservée au *bon d'enregistrement* proprement dit (mod. n° 12), et la seconde, au décompte des timbres mobiles apposés par le percepteur sur l'original soumis à l'enregistrement (mod. n° 13). Le receveur d'enregistrement conserve le bon modèle n° 12 comme numéraire et le comprend dans son plus prochain versement à la recette des finances ; quant au décompte des timbres mobiles, il le remet directement au percepteur après l'avoir arrêté en toutes lettres et revêtu de sa signature.

Lorsque le percepteur n'est pas sur les lieux pour retirer l'original enregistré, le receveur de l'enregistrement le lui renvoie par la poste en franchise et *sous chargement*, au plus tard le lendemain du jour où il l'a reçu. Il y joint le décompte des timbres mobiles dûment arrêté et signé.

Aussitôt que le percepteur est en possession de ce décompte, il est autorisé à le comprendre dans son encaisse au lieu et place de numéraire et à se couvrir ainsi de son avance. (*Circ. compt. publ. 28 août 1902, § 21.*)

2459 *bis*, § 22. — *Tarifs des sommations et des commandements notifiés par la poste.* — Aux termes de l'arrêté ministériel du 16 juillet 1902, la sommation est tarifée uniformément à 0 fr. 20 ; quant aux commandements, leur coût, y compris les droits de timbre de l'original et de la copie, mais non compris les droits d'enregistrement, est de 1 fr. 50 en matière de contributions directes ou de taxes assimilées et de 2 francs en matière d'amendes et de condamnations pécuniaires.

Les frais sont dus par les redevables dès le moment où le percepteur a remis les actes à la poste (*Arr. min. 16 juillet 1902, art. 2*) mais sous la réserve : — 1° que ces actes ont été notifiés aux parties intéressées ou déposés à

POURSUITES.

la mairie en conformité des dispositions des articles 2, 3 et 7 du décret du 24 avril 1902 ; — 2° qu'ils ont été admis ultérieurement en taxe par le préfet ou le sous-préfet.

Si les actes n'ont pu être notifiés et reviennent au percepteur, les redevables ne doivent aucun frais. Spécialement, on ne saurait en aucun cas leur réclamer les frais se référant à l'affranchissement ou les frais du timbre de l'original comprenant à la fois des commandements notifiés et des commandements non notifiés. On rappelle ici que si l'original ne comprend exclusivement que des commandements non notifiés, il ne doit pas être soumis au timbre et que d'autre part les copies non notifiées ne donnent jamais lieu à l'apposition de timbres-copies. Quant aux frais d'affranchissement, ils restent en principe à la charge de l'administration si, pour un motif quelconque, l'acte ne peut être réexpédié dans les conditions des articles 5 et 8 du décret du 24 avril 1902. (*Circ. compt. publ. 28 août 1902, § 22.*)

2459 bis, § 22 bis. — *Frais de poursuites exposés pour le recouvrement d'une contrainte extérieure.* — *Prise en charge et recouvrement.* — Lorsque la mise en recouvrement d'une contrainte extérieure ou d'une commission extérieure a rendu nécessaire des poursuites, il convient de distinguer si les actes remis à la poste ont pu, ou non, être notifiés.

Dans le cas où la notification a pu être effectuée, il n'y a aucun frais à recouvrer sur les redevables, ainsi qu'il est dit ci-dessus, § 22.

Si les actes de poursuites ont pu être notifiés, deux hypothèses sont à envisager :

1° Les frais de poursuites ont été recouvrés. Ils sont alors pris en charge, payés et portés en recette exclusivement dans l'arrondissement où ont eu lieu les poursuites et le percepteur qui a émis la contrainte ne reçoit que le montant des cotes, abstraction faite des frais acquittés par le redevable. Pour la prise en charge, le payement et le recouvrement des frais, les règles à suivre sont celles que prévoit la circulaire du 28 août 1902 concernant les frais par la poste.

2° Les frais sont irrecouvrables. Dans ce cas, ils nécessitent des écritures dans l'arrondissement où ont eu lieu les poursuites et dans celui d'où émane la contrainte. Dans l'arrondissement où les poursuites ont été effectuées, les opérations sont les mêmes que si les frais étaient recouvrés, avec cette différence qu'au lieu d'être versés par le redevable, les frais sont payés par la recette des finances, sauf imputation ultérieure dans l'arrondissement d'où émane la contrainte. En conséquence, le percepteur qui a reçu la contrainte pour la recouvrer, prend charge des frais taxés conformément aux prescriptions de la circulaire du 28 août 1902 et dans les mêmes conditions que si les poursuites avaient été effectuées pour

son propre compte. Le receveur des finances sous les ordres duquel il est placé, procède de même et porte en dépense, suivant les règles posées par la circulaire susvisée, les frais d'affranchissement, de timbre, d'enregistrement ainsi que les indemnités revenant aux agents des postes. En outre, pour permettre au percepteur d'apurer ses prises en charge, il lui verse, non pas les frais déboursés, mais les frais taxés *restant à recouvrer sur le redevable* ; ce versement est fait contre remise d'une quittance à souche, des pièces justifiant l'irrecouvrabilité ainsi que d'un relevé, modèle A, *dressé en double exemplaire* et comprenant le détail des frais. Avant d'être admis par le receveur des finances, le relevé modèle A est d'ailleurs contrôlé par lui et rapproché des états de poursuites taxés que le percepteur est tenu de communiquer sauf restitution immédiate, ou renvoi dans le plus bref délai sous chargement d'office.

Un double du relevé modèle A est remis au percepteur qui a délivré la contrainte extérieure pour lui servir de titre de perception et pour lui permettre de suivre, s'il y a lieu, l'admission des frais en non valeurs......

Si les contraintes extérieures ont nécessité des poursuites, les frais irrecouvrables sont portés sur le relevé modèle A avec les frais de poursuites par la poste, mais, bien entendu, le receveur des finances de l'arrondissement où ont été exercées les poursuites prend charge des frais d'huissier au titre des comptes anciens de poursuites.

Enfin, dans le cas où une contrainte extérieure est émise pour le compte d'une commune, les frais, dans l'arrondissement où s'opèrent les poursuites, sont toujours imputés au compte *du Trésor*. Ils sont ensuite soldés comme il est indiqué ci-dessus pour les contraintes concernant les contributions directes ; mais, en cas d'irrecouvrabilité, le relevé modèle A est dressé en simple exemplaire seulement et, dans l'arrondissement d'où émane la contrainte, le receveur des finances se fait rembourser le montant du relevé modèle A par le receveur municipal intéressé, auquel il remet ledit relevé avec la quittance à souche et les autres pièces y annexées. Ce dernier comptable porte la somme ainsi remboursée au compte *Avances pour frais de poursuites concernant les communes*. (*Circ. compt. publ. 10 oct. 1904, § 8.*) — V. les n°ˢ 1135 et suiv.

2459 bis. § 23. — *Indemnités revenant aux facteurs et aux receveurs des postes pour la notification des sommations et des commandements.* — Un arrêté du ministre des finances, en date du 16 juillet 1902, a fixé ces indemnités de la manière suivante :

Indemnités revenant aux facteurs :

· *a)* Par sommation remise contre reçu au destinataire, à un de ses parents, serviteurs ou voisins ou par sommation mentionnée dans la colonne d'émargements de la contrainte comme devant être remise à la mairie. 0 f 05

(b Par commandement remis contre reçu au destinataire lui-même ou mentionné dans la colonne d'émargements de l'original comme devant être remis à la mairie. . . . . 0 f 05

2° *Indemnités revenant au receveur des postes du bureau de distribution :*

Par commandement remis au destinataire lui-même ou à la mairie. . . 0 f 10

Les comptables ont à remarquer que les actes retournés comme non distribués ne donnent lieu à aucune indemnité et qu'au cas où le dépôt à la mairie est fait par un facteur autre que celui qui a présenté l'acte à la demeure du redevable, l'indemnité revient au facteur qui a fait la tentative de distribution à la demeure du redevable, à l'exclusion de celui qui a effectué le dépôt à la mairie. (*Circ. compt. publ. 28 août 1902, § 23.*)

Indemnités dues aux facteurs-receveurs. — Les facteurs-receveurs peuvent toucher, indépendamment de l'indemnité accordée aux facteurs, celle prévue pour les receveurs (0 fr. 10 par commandement distribué). Il faut tenir compte, en effet, que les facteurs-receveurs sont tenus non seulement de fournir les enveloppes pour les commandements et qu'ils ont encore de rédiger les avis modèle n° 11 et que l'indemnité de 0 fr. 10 a été précisément accordée en considération de cette double obligation. (*Circ. compt. publ 10 oct. 1904, § 7.*)

2459 bis, § 24. — *Taxe des frais.* — Dès que le bureau de distribution a renvoyé la contrainte à fin de sommation ou dès que le bureau d'enregistrement a enregistré l'original d'un commandement, le percepteur doit remplir les formalités nécessaires en vue de faire taxer les frais par le préfet dans l'arrondissement chef-lieu et par le sous-préfet dans les arrondissements de sous-préfecture. Toutefois, si le service des postes a renvoyé la contrainte ou l'original avec des actes *non distribués*, le percepteur, avant de faire procéder à la taxe, doit attendre la réexpédition de ces actes ou l'expiration du délai de huit jours fixé par l'article 5 du décret du 24 avril 1902. Le comptable est tenu, en effet, comme on le verra plus loin, de joindre à l'état à taxer tous les actes non distribués ou d'indiquer au receveur des finances la date de leur réexpédition.

Pour bien saisir les explications qui vont suivre et qui se réfèrent à la taxe et à la comptabilité des frais de poursuites, il importe de remarquer qu'avec le système de notification par le service des postes, il n'y a pas concordance entre les frais réclamés aux contribuables et les frais avancés par le Trésor ou par les communes pour la signification des actes.

Ainsi, d'après l'arrêté ministériel du 16 juillet 1902, le contribuable poursuivi doit payer 0 fr. 20 pour la sommation avec frais, alors que cet acte revient en principe à 0 fr. 16 au Trésor et aux communes. Il en résulte donc pour le Trésor ou les communes un bénéfice qui peut toutefois disparaître et faire place à une perte lorsque la première sommation ayant été expédiée sur une fausse adresse, le comptable n'est pas en mesure de faire la réexpédition en franchise dans le délai réglementaire de huit jours. Il y a lieu alors d'acquitter un nouvel affranchissement et un nouveau droit de recommandation, ce qui fait ressortir, pour le Trésor ou les communes, le prix de la sommation à 0 fr. 27, alors que cet acte reste tarifé pour le contribuable à 0 fr. 20. Des constatations analogues pourraient être faites pour le commandement. Il est donc essentiel de distinguer très nettement : d'une part, les frais à recouvrer sur les contribuables d'après le tarif arrêté par le ministre ; d'autre part, les frais à payer par le Trésor ou par les communes pour faire signifier les actes.

En ce qui concerne les sommations, les frais à recouvrer sur les contribuables comprennent exclusivement la somme de 0 fr. 20 par acte *notifié*. Dès le renvoi de la contrainte par la poste, le percepteur porte, dans la colonne 15, en regard de chaque sommation notifiée, la somme de 0 fr. 20 ; il additionne ensuite cette colonne et remplit, à la dernière page, la première partie du cadre E qui doit présenter un résultat conforme au total de la colonne 15.

Les frais de sommation à avancer par le Trésor ou par les communes consistent dans les frais d'affranchissement et les indemnités revenant aux facteurs des postes ; ces frais sont détaillés par le percepteur dans les colonnes 13 et 14 et récapitulés dans la deuxième partie du cadre E. Le comptable doit avoir soin de ne compter d'affranchissement que pour les sommations expédiées et de ne calculer d'indemnité en faveur des agents des postes que pour les sommations distribuées. Les frais d'affranchissement doivent d'ailleurs concorder avec le reçu de la poste.

Les frais de commandement à recouvrer sur les contribuables comprennent le coût de cet acte tel qu'il est fixé par l'arrêté ministériel (1 fr. 50 ou 2 fr.) et, s'il y a lieu, les droits d'enregistrement ; ces derniers droits sont détaillés dans la colonne 11 (commandement pour contributions directes) ou 9 (commandement pour amendes). Les frais à avancer par le Trésor ou par les communes consistent en indemnités aux agents des postes et en frais d'affranchissement, de timbre, d'enregistrement. Le percepteur doit récapituler tous ces frais dans le tableau placé à la dernière page de l'original (cadre D).

S'il s'agit d'un état de réexpédition de sommations (mod. n° 4) ou d'un original pour réexpédition de commandements, le percepteur n'a pas à rappeler les frais d'affranchissement qui ont dû être taxés sur la contrainte (mod. n° 1) ou sur le premier original conservé dans les archives de la perception.

Dans le cas où un original comprend à la fois des commandements à imputer au service du Trésor et d'autres au service des communes, le prix du timbre de *l'original* est partagé entre le Trésor et les communes proportionnellement au nombre des commandements et par fractions indivisibles de 5 centimes. Ainsi, pour un original timbré à 1 fr. 20 et comprenant 15 commandements dont un pour une commune, la commune supporte 0 fr. 10 et l'État 1 fr. 10.

Ces opérations effectuées, le percepteur transmet au receveur des finances par la poste et sous chargement l'état à taxer (contrainte modèle n° 1, état n° 4 ou n° 5, ou original de commandement). A cet envoi qui est enregistré au carnet modèle n° 21, le percepteur annexe tous les actes non distribués ou mentionne le nombre des actes réexpédiés avec la date de cette réexpédition.

Le receveur des finances détruit les actes non distribués et prend note des actes indiqués comme réexpédiés pour en suivre ultérieurement la taxe. Il vérifie dans toutes ses parties l'état qui lui est soumis; s'il relève des irrégularités commises par le percepteur dans l'exécution des poursuites, si par exemple il constate des erreurs dans la détermination des circonscriptions de distribution ou dans l'indication des adresses des contribuables et si ces erreurs proviennent du fait du comptable et doivent entraîner des frais supplémentaires d'affranchissement ou de timbre, il peut proposer au préfet ou au sous-préfet de laisser les frais à la charge du percepteur. Si des irrégularités ont été commises par les agents des postes, le receveur des finances peut proposer de supprimer les indemnités revenant à ces agents pour la signification desdits actes *(Arr. min. 16 juillet 1902, art. 4).*

Le préfet ou le sous-préfet approuve, après vérification, l'imputation des frais à porter en dépense et arrête le montant des frais à recouvrer sur les redevables. Pour être en mesure de contrôler ultérieurement les états récapitulatifs qui lui sont soumis, comme il est expliqué au paragraphe suivant, il ouvre sur le registre spécial qu'il doit tenir en conformité de l'article 103 du règlement sur les poursuites, un compte à chaque percepteur et à chaque receveur municipal spécial et inscrit successivement à ce compte les frais qu'il taxe. Pour les poursuites par la poste, le registre à tenir par les préfets et sous-préfets est établi dans la forme du modèle n° 23, et les comptes réservés aux percepteurs sont divisés en deux parties dont l'une est affectée aux poursuites par la poste en matière de contributions directes et de taxes assimilées et l'autre aux poursuites par la poste en matière d'amendes. Dans la partie concernant les contributions

directes et les taxes assimilées, les frais à imputer au service des communes sont inscrits à l'encre rouge.

Chaque état dûment taxé est restitué, sans retard, au receveur des finances qui, après en avoir pris charge sur un livre auxiliaire modèle n° 19 (voir § XXV), le renvoie sous chargement au percepteur pour que celui-ci soit en mesure de poursuivre le recouvrement des frais.

Il reste entendu d'ailleurs que, conformément à la règle générale posée par l'article 110 *bis* du règlement sur les poursuites, les redevables peuvent se libérer des frais avant la taxe, sauf au percepteur à restituer ultérieurement les sommes non admises en taxe. Dans tous les cas, le payement des frais doit être émargé immédiatement au rôle et le numéro de la quittance à souche inscrit sur l'original de l'acte de poursuite dès que cette pièce est réintégrée à la perception. Une fois renvoyé dûment taxé au percepteur, l'original doit rester entre les mains de ce comptable au lieu d'être remis au receveur des finances comme le prescrit l'article 106 du règlement du 21 décembre 1839 en matière de poursuites exécutées par porteur de contraintes. *(Circ. compt. publ. 28 août 1902, § 24.)*

2459 *bis*, § 25. — *Relevé des frais taxés à établir périodiquement par les percepteurs.* — Suivant l'importance des communes et des indemnités à payer aux agents des postes, les receveurs des finances font établir tous les mois ou tous les trimestres par les percepteurs et par les receveurs municipaux spéciaux un relevé récapitulatif des frais taxés sur chacun des originaux (mod. n° 14 pour les perceptions et mod. n° 15 pour le service communal).

Les comptables doivent avoir soin de grouper sur ces relevés les actes notifiés par un même facteur de manière à faire ressortir la somme totale à payer à ce facteur ainsi qu'au receveur dont il dépend, soit sur les fonds du Trésor, soit sur les fonds des communes. Les chiffres concernant les communes sont inscrits à l'encre rouge; ceux concernant le Trésor sont portés à l'encre noire. Tout original comprenant des frais intéressant le Trésor et une commune comporte sur le relevé général deux lignes superposées. Par exception, sur les relevés établis par les receveurs municipaux *spéciaux*, les chiffres concernant les communes sont inscrits à l'encre noire.

Lorsque les relevés contiennent à la fois des frais à imputer au service du Trésor et des communes, le percepteur doit établir, indépendamment du relevé récapitulatif général, autant de relevés mod. n° 15 qu'il y a de communes intéressées et n'inscrire sur chacun de ces relevés que les frais concernant exclusivement la commune qui y est dénommée. Le nom de cette commune est porté en tête du relevé...

Le complément de ce paragraphe concerne les

pièces à dresser par le receveur des finances et le payement des indemnités revenant aux facteurs et aux receveurs des postes. (*Circ. compt. publ. 28 août 1902, § 25.*)

Les percepteurs ne doivent pas comprendre sur un seul et même relevé modèle n° 14 des frais afférents aux contributions directes et ceux concernant les amendes. Pour éviter toute erreur à cet égard, les comptables doivent mentionner expressément en tête des relevés modèle n° 14 le service que ces relevés concernent. A cet effet, il convient d'ajouter à la suite du titre actuel (Frais des actes de poursuites notifiés par le service des postes) les mots : *en matière d...* Il faut tenir compte également que, dans les premiers mois de l'année, il doit être établi des états distincts par exercice, l'exercice étant déterminé par la date du visa exécutoire pour les sommations et les commandements concernant les contributions directes et par l'année de consignation des extraits pour les commandements relatifs aux amendes. (*Circ. compt. publ. 10 octobre 1904, § 14.*)

2459 bis, § 26. — *Dispositions de comptabilité concernant les percepteurs, les percepteurs-receveurs municipaux et les receveurs spéciaux. — Epoque de versement à la recette des finances des reçus 510 bis et des décomptes modèle n° 13. — Constatation en dépense des frais portés sur les relevés modèle n° 15.* — Des explications qui précèdent, il ressort que les percepteurs doivent : — 1° comprendre dans leur encaisse les reçus de la poste représentant les sommes employées à l'achat des timbres-poste pour l'affranchissement des sommations avec frais et des commandements ; — 2° avancer de leurs deniers personnels les sommes nécessaires à l'achat des timbres mobiles de dimension et de copies, et se rembourser de cette avance à l'aide du décompte certifié par le receveur d'enregistrement ; — 3° faire enregistrer les commandements sur simple bon et sans avoir aucune somme à débourser.

Aucune de ces trois opérations ne doit figurer dans les écritures des percepteurs. Les comptables doivent donc conserver comme numéraire les reçus 510 *bis* et les décomptes n° 13 jusqu'au moment où ils remettent à la recette des finances le relevé modèle n° 14 ; ils annexent alors au relevé les reçus et les décomptes qui s'y réfèrent, et s'en font couvrir par le receveur des finances. Tant qu'ils sont conservés en caisse, les reçus et les décomptes doivent d'ailleurs faire l'objet d'une fiche sur laquelle ils sont récapitulés.

Indépendamment de la prise en charge des frais aux rôles, au carnet des amendes et au carnet d'ordre, les seules opérations que les percepteurs aient à retracer dans leur comptabilité consistent exclusivement dans le recou-

vrement des frais sur les contribuables et dans les versements à la recette des finances des sommes ainsi recouvrées. A cet effet, les percepteurs ouvrent à la 2° section, § 1er, du livre des comptes divers, deux nouveaux comptes : le premier, sous la rubrique : *Poursuites par la poste en matière de contributions directes* ; le second, sous la rubrique : *Poursuites par la poste en matière d'amendes.* Ils constatent en recette à ces comptes les recouvrements de frais opérés sur les contribuables et les débiteurs d'amendes et en dépense les versements effectués à la recette des finances.

Pour les poursuites concernant le service communal par la poste les percepteurs-receveurs municipaux ouvrent à la 1re section, § 2, du livre des comptes divers, sous la rubrique : *Frais de poursuites communales par la poste* un compte qui est subdivisé en autant de parties qu'il y a de communes intéressées. A ce compte, qui présente la distinction des opérations par année, ils enregistrent tout d'abord les titres de perception ; ils constatent ensuite au nom de chaque commune ; en dépense, les frais payés pour faire exercer par la poste les poursuites communales ; en recette, les frais de poursuites communales recouvrés sur les redevables. Ce compte doit être placé dans le cadre n° 1 du bordereau de situation sommaire immédiatement au-dessous et dans le même tableau que le compte de recouvrements de frais de poursuites.

Dans les cas de poursuites collectives pour le Trésor et les communes, les percepteurs-receveurs municipaux doivent indiquer sur les reçus de la poste, les décomptes de timbres mobiles et les bons d'enregistrement : d'une part, le total des frais à payer par le Trésor, d'autre part, le total des frais à imputer au service communal. Quant aux indemnités à payer aux agents des postes pour le service communal, on a vu précédemment qu'elles font l'objet de relevés distincts, modèle n° 15.

Les dépenses intéressant le service communal ne doivent pas être constatées immédiatement au compte : *Frais de poursuites communales par la poste.* Ce n'est qu'après la réception du relevé modèle n° 15 acquitté par le receveur des postes que le percepteur-receveur municipal est autorisé à porter en dépense les frais acquittés ; jusque-là, les pièces afférentes à ce relevé (reçus n° 510 *bis*, décomptes n° 13, détail des droits d'enregistrement) doivent figurer comme valeur de caisse.

Lors du plus prochain versement le percepteur-receveur municipal inscrit en dépense les frais d'affranchissement et de timbres mobiles imputables aux communes et il rembourse le cas échéant au receveur des finances l'avance que ce chef de service a faite de ses deniers personnels soit pour l'enregistrement, soit pour les indemnités payées aux agents des postes en raison de la notification de poursuites communales. Le remboursement des droits d'enregistrement est mentionné sur les originaux de commandements par le receveur des finances; quant au remboursement des indemnités payées aux agents des postes, il est constaté par la remise au percepteur-receveur municipal du relevé modèle n° 15 dûment quittancé par le receveur des postes.

Jusqu'à la réception de ce relevé, les dépenses d'affranchissement, de timbres mobiles et d'enregistrement sont justifiées provisoirement dans la comptabilité communale par les originaux des actes de poursuites dûment taxés et revêtus de la mention relative au remboursement des droits d'enregistrement. Dans les comptes de gestion, les relevés modèle n° 15, dûment visés par le receveur des postes, remplacent les originaux qui sont conservés par le percepteur-receveur municipal.

Quant aux reçus de la poste, aux décomptes certifiés de timbres mobiles et aux bons d'enregistrement, ils sont versés à la recette des finances mais seulement pour la somme concernant le Trésor. Si les poursuites ont été faites exclusivement pour les communes, les reçus de la poste, les décomptes et les bons sont remis à la recette des finances qui les annule et les rend au percepteur pour être conservés dans ses archives.

Pour justifier dans leur compte de gestion les sommes recouvrées au titre de frais de poursuites communales, les percepteurs-receveurs municipaux établissent pour chaque commune intéressée, au moyen des relevés modèle n° 15 et dans la forme du modèle n° 17, un titre de perception qu'ils font viser par le receveur des finances et par le maire.

Les restes à recouvrer ressortant de la comparaison des prises en charge avec les recouvrements effectués sont apurés suivant les règles suivantes:

Au 31 décembre de chaque année, les receveurs municipaux doivent: 1° comparer pour chaque commune les recouvrements effectués aux titres émis et reporter la différence, c'est-à-dire les titres restant à recouvrer, au compte de l'année suivante; 2° comparer également pour chaque commune les recouvrements et les dépenses; si cette comparaison fait ressortir un excédent de recouvrements, les comptables transportent cet excédent au compte des recettes accidentelles de la commune intéressée en faisant dépense au compte: Poursuitescommunales par la poste. Ce compte se trouve ainsi définitivement soldé et la dépense est justifiée par la quittance à souche de la recette accidentelle.

Si, au contraire, il existe un excédent de dépenses, cet excédent est couvert au moyen d'un mandat communal délivré soit sur le crédit des dépenses imprévues, soit sur un crédit spécial et qui, porté en recettes au compte susvisé, sert à solder ce compte. Avant d'être utilisé, le mandat communal doit d'ailleurs

être visé par la recette des finances qui en porte le montant au compte des poursuites par la poste. Il résulte des explications qui précèdent qu'à la fin de l'année, le c/ Poursuites communales par la poste, doit être exactement balancé en recettes et en dépenses et que les comptables ne doivent reporter à la gestion suivante que l'excédent des titres de perception restant à recouvrer. (Circ. compt. publ. 28 août 1902, § 26 et 10 oct. 1904, §§ 9, 10 et 11.)

2459 bis, § 27. — Dispositions de comptabilité concernant les receveurs particuliers.... (Circ. comp. publ., 28 août 1902, § 27.)

2459 bis, § 28. — Dispositions de comptabilité concernant les trésoriers-payeurs généraux.... (Circ. compt. publ. 28 août 1902, § 28.)

2459 bis, § 29. — Notifications à faire par les huissiers. — Actes dont les huissiers peuvent être chargés à la requête des percepteurs. — Les sommations et les commandements devant être notifiés en principe par la poste, les huissiers n'ont le plus généralement que pour les actes de poursuites ultérieurs; toutefois les receveurs des finances doivent faire appel de préférence aux porteurs de contraintes maintenus dans les grandes villes... (Circ. compt. publ., 28 août 1902, § 29.)

Les paragraphes 30 et 44 de la circulaire du 28 août 1902 concernent: — § 30. Choix de l'huissier chargé d'instrumenter. — Réquisition à lui remettre. — § 31. Recouvrement par les huissiers, sur les redevables, des sommes dues et des frais.—Conditions auxquelles des délais de payement peuvent être accordés aux redevables. — § 32. Payement des frais par le receveur des finances après taxation par le juge. — § 33. Règles générales de la taxe des frais. — § 34. Taxe des frais de transport. — § 35. Taxe des frais de commandement. — § 36. Taxe des frais de la saisie-exécution. — § 37. Taxe des procès-verbaux de récolement prévus par les articles 606 et 611 du Code de procédure civile. Taxe des procès-verbaux de carence. — § 38. Taxe des frais de garde. — § 39. Taxe de la signification de vente. — § 40. Taxe des frais de vente. — § 41. Taxe de la saisie-brandon. — § 42. Taxe de la saisie-arrêt.

Le paragraphe 43 a trait à des dispositions transitoires.

Enfin, le paragraphe 44 et dernier concerne la fourniture des imprimés. Il indique que les percepteurs ont à s'approvisionner à leurs frais des imprimés qu'ils doivent utiliser personnellement (mod. n°s 1 et 2, 4 à 10, 12 à 15, 21, 24, 25 et 27).

Il est expressément interdit aux comptables de modifier les modèles.

La circulaire du 28 août 1902 a été adressée à tous les percepteurs et receveurs municipaux spéciaux. Cette circulaire fait partie des archives de la perception, et, en cas de mutation de comptable, doit être remise au successeur (*dernier alinéa du § 44*).

2459 bis, § 30. — *Abus à éviter en ce qui concerne les poursuites par huissier.* — 1° Lorsqu'un huissier procède à une saisie pour le compte d'un simple particulier, il peut redouter de voir surgir d'autres créanciers qui peuvent venir réclamer une partie du prix des meubles vendus (*Cass. 17 déc. 1860*). Aussi, dans certains cas, peut-il être prudent pour l'huissier de saisir la totalité ou la plus grande partie des objets saisissables du débiteur. Mais la situation est différente lorsque l'huissier instrumente pour la rentrée de contributions directes ou de taxes assimilées. Le recouvrement de ces contributions ou taxes étant, en principe garanti par un privilège *qui passe avant tout autre* (*Lois des 12 novembre 1808 et 30 mars 1902, art. 58*), l'huissier n'a pas à craindre que d'autres créanciers viennent en concurrence avec le percepteur et, en règle générale, il doit limiter la saisie aux objets dont le prix est présumé devoir couvrir, avec une certaine marge, le montant des contributions dues et des frais. Dans la généralité des cas, la saisie opérée contre un contribuable ne doit donc comporter, comme l'indique du reste la circulaire du 28 août 1902, qu'une seule vacation et le procès-verbal original, sur lequel il est inutile de reproduire la copie du titre figurant déjà en tête du commandement, ne doit pas exiger plus d'une feuille de papier timbré à 0 fr. 60. Il importe que les percepteurs et les receveurs municipaux adressent aux huissiers qu'ils emploient des recommandations dans ce sens et que les receveurs des finances veillent à ce qu'il en soit tenu compte.

2° Aux termes des articles 596 et 597 du Code de procédure civile, si le saisi offre un gardien solvable et qui accepte cette mission, l'huissier est tenu de l'admettre ; si le saisi n'use pas du droit de désigner le gardien, c'est à l'huissier de le choisir. D'autre part, d'après l'article 598 du même code, le saisi, son conjoint, ses parents alliés et domestiques peuvent être établis gardiens, de leur consentement et de celui du saisissant.

Sauf de très rares exceptions, il est de l'intérêt des comptables d'accepter pour gardien le saisi ou l'une des autres personnes visées à l'article 598, car de ce fait, les frais de poursuites sont diminués. Mais le plus souvent, le saisi ignore qu'il peut soit réclamer la garde des objets saisis, soit désigner un gardien ; et l'huissier ne recevant aucune offre à cet égard, en profite souvent pour établir comme gardien une personne qu'il a un intérêt personnel à voir rémunérer.

En vue de prévenir des abus de ce genre, le règlement sur les poursuites du 21 décembre 1859 prescrit à l'agent de poursuites de faire mention sur le procès-verbal de la réquisition adressée au saisi de présenter un gardien. Bien que cette prescription ne figure pas dans le Code de procédure civile, il ne faut pas perdre de vue que l'huissier est le mandataire de la partie poursuivante et qu'il doit accepter d'elle toutes directions qui ne sont pas contraires à l'ordre public. Spécialement le saisissant peut, en donnant par avance le consentement prévu à l'article 598 du Code de procédure civile, prescrire à l'huissier de renseigner sur leurs droits les personnes visées à cet article et d'accepter l'une d'elles pour gardien, si elle y consent, ou de remettre la garde au tiers désigné par le saisi. Telle est la marche que tout comptable saisissant doit adopter, à moins de circonstances exceptionnelles dont il reste juge sous le contrôle de ses chefs hiérarchiques. En règle générale, l'huissier ne doit donc choisir lui-même le gardien qu'en cas d'impossibilité de faire accepter la garde par l'une des personnes visées à l'article 598 ou de faire désigner le gardien par le saisi. Le comptable peut du reste décharger expressément l'huissier, si ce dernier l'exigeait, de la responsabilité qu'il peut encourir à raison de l'acceptation d'un gardien notoirement insolvable, sauf à prendre, pour l'avenir, des dispositions spéciales si, de parti pris, l'officier ministériel commettait à cet égard des fautes lourdes. Dans le cas où il serait établi que, d'une manière habituelle, l'huissier ne se conforme pas aux recommandations du comptable intéressé, le receveur des finances devrait lui retirer la clientèle du Trésor ou, s'il n'existait pas d'autre agent de poursuites dans la circonscription, signaler les faits au procureur de la République.

3° Dans le but de toucher plusieurs droits de transport, certains huissiers signifient, à plusieurs jours d'intervalle, des actes compris dans une même réquisition et susceptibles d'être notifiés aisément dans une seule course, conformément aux dispositions du paragraphe XXXIV de la circulaire du 28 août 1902.

Les comptables doivent, autant que possible, grouper les actes de cette catégorie dans les réquisitions modèles nos 24 et 25 ; en transmettant ces réquisitions à l'huissier, ils lui signalent les actes qu'il lui donnent mandat d'effectuer dans une même course et tiennent la main à ce que ce mandat soit rempli.

4° La circulaire du 28 août 1902, page 44 prescrit de faire taxer les frais, même lorsque ceux-ci ont été payés directement à l'huissier.

Il peut arriver, que, pour éviter la taxe, l'huissier cherche à dissimuler au percepteur des poursuites effectuées. Les comptables doivent surveiller, d'une manière spéciale, cette partie du service et s'assurer, le cas échéant, que les versements ont été obtenus sans poursuites. (*Circ. compt. publ.* 10 oct. 1904, § 16.)

Poursuites pour le recouvrement des amendes. — V. nᵒˢ 268 et suiv.

Poursuites pour le recouvrement des revenus des communes et des établissements de bienfaisance.

2460. — *Taxes communales assimilées aux contributions directes.* — Les poursuites concernant les produits communaux assimilés, pour le recouvrement, aux contributions directes, s'exercent suivant le mode réglé pour ces contributions, c'est-à-dire par voie de contrainte, et, comme les receveurs municipaux sont placés sous la surveillance des receveurs des finances, ce sont ces derniers comptables qui décernent les contraintes et autorisent l'emploi des porteurs de contraintes. Ces produits sont, d'une part, les taxes particulières dues par les habitants ou propriétaires en vertu des lois et usages locaux et répartis par délibération du conseil municipal, telles que les *taxes de pavage*, les *taxes d'affouage*, et d'autre part, les *prestations pour chemins vicinaux et la taxe sur les chiens*. Les frais de poursuites sont déterminés par le tarif en usage dans le département et les états en sont soumis à l'autorité administrative, qui taxe les frais faits pour le recouvrement des contributions directes. Les frais ainsi déterminés sont payés par les receveurs des finances avec leurs fonds personnels; mais ces receveurs sont autorisés à s'en faire convrir *immédiatement* par les receveurs municipaux, qui les prélèvent à titre d'avances, sur les fonds libres des communes, sauf remboursement par les redevables. (*Inst. gén., art. 851.*) — V. nᵒˢ 2344 et suiv.

Les états de frais concernant les produits communaux sont faits en simple expédition. — V. nᵒ 2130, dernier alinéa.

En ce qui concerne l'autorisation des poursuites et l'imputation des frais, V. nᵒ 2344.

2461. — Les *frais de poursuites* que les receveurs municipaux et d'établissements sont tenus de rembourser aux receveurs des finances, ainsi qu'il est dit au numéro précédent, font, avec les *frais de procédure* payés directement par eux, l'objet de deux comptes qu'ils ouvrent : l'un à la 3ᵐᵉ section du livre des comptes divers, affecté aux *avances à recouvrer* et aux *valeurs de portefeuille* ; l'autre à la 1ʳᵉ section, § 2, sous le titre de *recouvrements de frais de poursuites et de procédure concernant le service municipal et hospitalier*. Les receveurs constatent au premier compte les *payements* de frais, et au second les *recouvrements* opérés ainsi que les sommes reconnues irrecouvrables, et qui doivent, dès lors, être portées en dépense à la charge des communes. A la fin de chaque mois, ils soldent ce dernier compte en y inscrivant en *dépense* le montant des recouvrements du mois et en le transportant au premier compte en atténuation des avances.

Les titres de perception sont enregistrés au compte ouvert à la 2ᵐᵉ section du livre des comptes, et, de même qu'au compte des frais de poursuites concernant les contributions, une colonne spéciale est affectée à chacun des exercices en cours d'exécution. (*Inst. gén., art. 1175 et 1197.*)

Pour les ordonnances de décharge sur frais de poursuites, V. nᵒ 2065.

2462. — *Recettes municipales non assimilées aux contributions directes.* — Les poursuites relatives aux recettes municipales et hospitalières pour lesquelles les lois et règlements n'ont pas prescrit un mode spécial de recouvrement, sont faites d'après les règles du droit commun. Ces poursuites ont deux premiers degrés que les receveurs municipaux, porteurs de titres exécutoires (V. nᵒ 1485), peuvent employer :

Le *commandement* par ministère d'huissier, à la requête du maire ;

La *saisie-exécution* des meubles, en observant les formalités prescrites par le Code de procédure.

Après ce dernier acte de poursuites, le receveur informe le maire « qu'il a fait procéder à la saisie-exécution ; que, par le procès-verbal de cette saisie, en date du... la vente a été, conformément au Code de procédure, indiquée pour le... du mois de... et qu'à moins d'ordres contraires de sa part, il passera outre à *la vente*.»

Si le receveur ne reçoit pas d'ordre de sursis, il passe outre *à la vente*.

Si le maire juge, au contraire, qu'il y a lieu de surseoir, il doit en donner l'ordre écrit au receveur, qui suspend alors ses poursuites. Lorsque le sursis doit se prolonger pendant un temps assez long, le maire demande au préfet l'autorisation de réunir le conseil municipal pour lui en référer ; la délibération du conseil municipal est ensuite soumise à l'approbation de cet administrateur.

Les receveurs municipaux sont tenus de donner avis, dans les vingt-quatre heures, au préfet du département ou au receveur des finances sous la surveillance duquel ils sont placés, des ordres de sursis qu'ils ont reçus des maires.

Lorsqu'il y a lieu de procéder à des poursuites judiciaires autres que celles dont il vient d'être parlé, ces poursuites sont exercées par les maires, qui peuvent, sans autorisation préalable, intenter toute action possessoire ou y défendre, et faire tous actes conservatoires ou interruptifs de déchéance. La commune peut aussi, sans autorisation, défendre aux oppositions dans le cas prévu par l'article 852 de l'Instruction générale (V. n° 1485). Enfin, le maire peut, en vertu d'une délibération du conseil municipal, se pourvoir devant le Conseil d'État contre le refus d'autorisation, et il n'a pas besoin d'être autorisé pour défendre aux appels formés contre la commune.

La saisie-arrêt étant un acte purement conservatoire, le receveur est compétent pour y faire procéder sans aucune autorisation ; mais il doit en donner immédiatement connaissance au maire, afin que ce fonctionnaire puisse examiner s'il convient de dénoncer la saisie avec assignation validité, et en demander l'autorisation de se présenter devant le tribunal. (*Inst. gén., art. 850 ; L. 5 avril 1884, art. 154 et 8 janv. 1905, art. 1er.*)

2462 *bis*. — *Jurisprudence*. — Les taxes communales pour le recouvrement desquelles les poursuites énoncées ci-dessus, 1er alinéa, doivent être exercées, comprennent : *les droits d'octroi ; les droits de stationnement et de location sur la voie publique ; les droits de place dans les halles, foires et marchés ; les droits de péage, de pesage, mesurage et jaugeage ; les taxes perçues dans les abattoirs, et, enfin, les droits de voirie.*

Les contraintes sont signifiées à la requête du maire, et, après avoir été visées par ce dernier, rendues exécutoires par le juge de paix. L'emploi d'un état exécutoire par le sous-préfet dans la forme de l'article 154 de la loi du 5 avril 1884 serait insuffisant et vicierait les poursuites. Cet état ne peut être employé, suivant le cas, que pour le recouvrement *des taxes d'affouage, de pâturage, de tourbage, de pavage et de trottoirs, de balayage, etc.* (*Arr. Cour. cass. 25 février 1896 et 15 février 1899.*)

2462 *ter*. — *Action en justice*. — *Maire*. — *Question de propriété*. — *Taxe municipale*. — *Contrainte*. — *Opposition*. — *Nullité*. — Lorsque des contribuables, actionnés en payement d'une taxe comme occupant un terrain communal, ont fait opposition à la contrainte décernée par le receveur municipal en soutenant que ce terrain n'appartenait pas à la commune, l'exception ainsi formulée soulève une question de propriété communale et le maire a seul qualité pour y défendre.

Dès lors, est irrégulière et doit être annulée la procédure suivie entre les opposants et le receveur municipal seul, sans que le maire ait été mis en cause. (*Arr. Cour cass., 10 fév. 1897 ; Dalloz, 1897, 1re partie, p. 220.*)

2462 *quater*. — *Poursuites*. — *Maire*. — *Saisie-immobilière*. — *Validité*. — Lorsqu'il s'agit du recouvrement d'une somme due à une commune, il n'est pas nécessaire aux termes de la loi du 5 avril 1884, art. 154, que les poursuites soient faites au nom du maire de la commune.

Le receveur municipal, seul chargé de recou-

vrer les recettes communales sous sa responsabilité, a seul qualité pour exercer les poursuites, et notamment pour pratiquer une saisie immobilière.

En conséquence, doit être rejetée la demande en nullité d'une poursuite en saisie-immobilière pratiquée par un receveur municipal pour obtenir le payement d'une somme due à la commune.

Il suffit, pour la régularité et la validité de la procédure de saisie-immobilière, que le commandement, délivré à la requête du receveur municipal, ait été connu du maire, notifié avec son autorisation et en vertu de l'exécutoire délivré par lui et visé par le sous-préfet. (*Arr. Cour d'appel de Limoges, 1er fév. 1899.*)

Poursuites judiciaires contre les percepteurs.

2463. — L'article 75 de la Constitution de l'an VIII ayant été abrogé par le décret du gouvernement de la Défense nationale du 19 septembre 1870, les fonctionnaires publics de tout ordre peuvent être poursuivis sans autorisation.

2464. — *Jurisprudence*. — Le décret du 19 septembre 1870, qui abroge l'article 75 de la Constitution de l'an VIII, n'a porté aucune atteinte au principe de la séparation des pouvoirs administratif et judiciaire, et, par suite, n'a pas eu pour conséquence d'autoriser les tribunaux à connaître des actions en dommages-intérêts dirigées contre des fonctionnaires à raison d'actes administratifs. (*Cour de Rennes, 8 décembre 1879 ; Dalloz, 1880, 2e partie, p. 200.*)

Mais l'autorité judiciaire est compétente, à l'exclusion de l'autorité administrative, pour connaître des fautes personnelles commises par des fonctionnaires dans l'exercice de leurs fonctions. (*Cour de Dijon, 10 août 1893 ; Dalloz 1894, 2e partie, p. 340.*)

Pourvois et revision contre les arrêts et arrêtés rendus sur les comptes de gestion. — V. nos 1030 et suiv.

Pourvois contre les arrêts et arrêtés statuant sur les états de cotes indûment imposées et de cotes irrecouvrables. — V. n° 1203.

Préfets et sous-préfets (Attributions des). — *Les attributions des préfets et sous-préfets sont indiquées à chacun des mots où ces fonctionnaires exercent une compétence.*

Prélèvements autorisés sur les revenus des communes. — V. n° 1338.

Préposés de l'enregistrement. — *Communication à leur faire.* — V. n° 1466.

Préposés en chef d'octroi. — V. Octroi, Retenues, n°s 2772 et suiv.

Presbytères.

2465. — Les règles relatives aux réparations des églises sont également applicables aux presbytères ; la dépense est à la charge de la fabrique, et, en cas d'insuffisance de ses ressources, à celle de la commune. (*Inst. gén., art. 980 ; Décr. 31 mai 1862, art. 486 ; L. 5 avril 1884, art. 136, § 12.*)

2466. — L'obligation de la commune en cas d'insuffisance des ressources de la fabrique existe même lorsque le presbytère est la propriété particulière de la fabrique. (*Arr. Cons. d'Et. 24 août 1849.*)

2467. — Si la commune est dans l'impossibilité de pourvoir à la dépense, un secours peut lui être accordé par le ministre des Cultes sur les fonds de l'Etat. Les demandes de secours doivent parvenir au ministère des Cultes dès le 15 octobre pour l'année suivante. (*Circ. min. des Cultes, 12 août 1850.*)

2468. — Les presbytères, soit qu'ils appartiennent à la commune ou à la fabrique, sont exempts de la contribution foncière par application de l'article 105 de la loi du 3 frimaire an VII. (*Arr. Cons. d'Et. 10 mars 1862.*)

Mais il n'en est pas de même des bâtiments appartenant à des particuliers qui sont affectés à usage de presbytères, alors même que les propriétaires en céderaient gratuitement la jouissance.

Les portes et fenêtres sont imposables au nom des curés ou desservants, conformément à l'article 27 de la loi du 21 avril 1832. — V. n° 2286.

Prescription.

2469. — Toutes les actions, tant réelles que personnelles, se prescrivent par trente ans. (*C. civ., art. 2262.*) — V. Actes et mesures conservatoires, Inscriptions hypothécaires, Rentes sur particuliers.

Prescription des restes à recouvrer sur contributions directes et sur produits communaux. — V. n°s 2748, 2754 et suiv.

Prescription des amendes et des frais de justice. — V. n°s 212 et suiv.

Actes de poursuites qui interrompent la prescription. — V. n° 2459.

Prescriptions particulières concernant le salaire des ouvriers et fournisseurs, les sommes dues aux huissiers, avoués, etc. — V. C. civ., art. 2271 et suiv., et L. du 5 août 1881.

Prestation de serment. — V. n°s 1696 et 2215.

Prestations pour chemins vicinaux.

2470. — *Vote des prestations.* — Les prestations sont votées par le conseil municipal dans sa session du mois de mai. (*Inst. chemin vic. 6 déc. 1870, art. 64 à 75 ; L. 5 avril 1884, art. 133, § 14.*)

Il en est ainsi lorsque les prestations sont remplacées par une taxe vicinale. — V. n° 2503.

2471. — *Assiette de la prestation.* — Est passible de la prestation tout habitant de la commune, mâle, valide, âgé de dix-huit ans au moins et de soixante ans au plus, célibataire ou marié, quelle que soit sa profession, pourvu qu'il soit porté au rôle des contributions directes.

S'il est chef de famille ou d'établissement, à titre de propriétaire, de régisseur, de fermier ou de colon partiaire, il doit la prestation, non seulement pour sa personne, mais encore pour chaque individu, mâle, valide, âgé de dix-huit ans au moins et de soixante ans au plus, membre ou serviteur de la famille et résidant dans la commune, ainsi que pour chaque bête de trait, de somme ou de selle, et pour chaque charrette, voiture attelée ou voiture automobile, au service de la famille ou de l'établissement dans la commune.

Tout individu, même non habitant de la commune, même du sexe féminin, même invalide, même âgé de moins de dix-huit ans et de plus de soixante ans, même non porté nominativement aux rôles des contributions directes, s'il est chef d'une famille qui habite la commune, ou si, à titre de propriétaire, de régisseur, de fermier ou de colon partiaire, il est chef d'une exploitation agricole ou d'un établissement situé dans la commune, doit la prestation, non pour sa personne, mais pour tout ce qui, personnes ou choses, dans les conditions indiquées à l'alinéa précédent, dépend de l'exploitation ou de l'établissement dont il est propriétaire ou qu'il gère à quelque titre que ce soit. (*Inst. chem. vic., art. 76.*)

2472. — Les soldats de la réserve, membres ou soutiens de famille, résidant dans la commune, sont imposables à la prestation. *(Jurisp. du Cons. d'Ét.; Inst. sur les mutations, 2 mars 1886, art. 128.)*

2473. — Le propriétaire qui a plusieurs résidences, qu'il habite alternativement, est passible de la prestation en nature dans la commune où il a son principal établissement.

S'il a, dans chacune de ces résidences, un établissement permanent en domestiques, voitures, bêtes de somme, de trait ou de selle, il doit être imposé, dans chaque commune, pour ce qui lui appartient dans cette commune.

Si ses domestiques, ses animaux et ses voitures passent avec lui temporairement d'une résidence à une autre, il ne doit être imposé pour ses moyens d'exploitation que dans le lieu de son principal établissement. *(Inst. chem. vic., art. 77.)*

2474. — Lorsqu'un domaine est exploité par un métayer qui a reçu du propriétaire des animaux à cheptel et qui profite de leur travail; lorsque, en outre, ce métayer figure au rôle de la contribution personnelle-mobilière, ce métayer doit être considéré comme chef d'établissement dans le sens de l'article 3 de la loi du 21 mai 1836, et c'est lui et non pas le propriétaire, qui doit être imposé à la taxe des prestations en nature. *(Arr. Cons. d'Ét. 23 mai 1884 et 19 février 1892.)*

Si, au lieu du métayer, le maître était imposé, par exemple: X... pour son colon ou son exploitation à..., le propriétaire imposé serait, dans ce cas, responsable de la cote, sauf son recours contre son métayer.

Pour les réclamations, le droit de présenter une demande en décharge n'appartient qu'au contribuable dont le nom figure au rôle. Toutefois, si ce contribuable était inconnu, le percepteur aurait à porter la cote sur ses états de cotes indûment imposées. — V. n°s 1197 et 2502.

2475. — Sont considérés comme serviteurs tous ceux qui ont dans la maison des fonctions subordonnées à la volonté du maître, et qui reçoivent des gages ou un salaire annuel et permanent.

Sont considérés comme membres de la famille les enfants qui habitent chez leur père, alors même qu'ils sont portés au rôle des contributions directes.

Ne sont pas considérés comme serviteurs:

1° Les ouvriers qui travaillent à la journée ou à la tâche, qui ne sont employés que passagèrement pendant le temps de la moisson ou d'un travail temporaire;

2° Les employés, contremaîtres, chefs d'ateliers et maîtres ouvriers attachés à l'exploitation d'établissements industriels;

3° Les postillons titulaires des relais de poste;

4° L'individu qui vit à son ménage.

Les individus compris dans ces différentes catégories doivent, s'il y a lieu, être imposés à la prestation en nature pour leur propre compte dans la commune de leur domicile ou du domicile de leur famille. *(Inst. chem. vic., art. 78.)*

2476. — Ne donnent pas lieu à l'imposition de la prestation en nature: 1° les bêtes de somme, de trait ou de selle que leur âge, ou tout autre cause, ne permet pas d'assujettir au travail; 2° celles qui sont destinées à la consommation, à la reproduction, et celles qui ne sont possédées que comme objet de commerce, à moins que, nonobstant leur destination, le possesseur n'en retire un travail; 3° les chevaux des relais de poste, mais seulement dans la limite du nombre fixé pour chaque relai par les règlements de l'administration des postes; 4° les chevaux que les agents du gouvernement sont tenus, par les règlements émanés de leur administration, de posséder pour l'accomplissement de leur exercice. *(Inst. chem. vic., art. 79.)*

2477. — Ne doivent être considérées comme attelées et, par conséquent, donner lieu à l'imposition de la prestation en nature, que les voitures dont le propriétaire possède d'une manière permanente le nombre de chevaux ou d'animaux de trait nécessaire pour qu'elles puissent être employées simultanément. *(Inst. chem. vic., art. 80.)*

2478. — *Rédaction des états-matrices. — Confection des rôles. — Remise de ces rôles aux comptables.* — Il est rédigé, pour chaque commune, par le contrôleur des contributions directes, assisté du maire, des répartiteurs et du receveur municipal, un état-matrice des contribuables soumis à la prestation.

Pour faciliter la rédaction de cette matrice, le receveur municipal est tenu de garder état de tous les changements survenus dans la situation des contribuables et dont il a connaissance. Il prend note de tous les individus qui, par oubli, ou autrement, n'auraient pas été compris dans les matrices précédentes, ainsi que des erreurs signalées par les agents-voyers. *(Inst. chem. vic., art. 81.)*

2479. — L'ordre des tournées du contrôleur est réglé par le directeur des contributions directes, qui en informe le préfet. Les maires en sont prévenus à l'avance par les soins de l'administration des contributions directes pour qu'ils convoquent les répartiteurs en temps utile. Le receveur municipal est averti par le trésorier général. *(Inst. chem. vic., art. 82.)*

2480. — Si le maire et les répartiteurs refusent de prêter leur concours pour la rédaction de l'état-matrice, le contrôleur, assisté du receveur municipal, procède à la formation de cet état, qui est, dans ce cas, soumis, par le directeur, et avec son avis, à l'approbation du préfet.

Toutes les difficultés relatives à la confection de l'état-matrice sont soumises au préfet. (Inst. chem. vic., art. 83.)

2481. — L'état-matrice présente pour chaque article : 1° les nom et prénoms et le domicile de l'individu sur lequel la cote est assise ; 2° le nombre des membres ou serviteurs de la famille, celui des bêtes de trait ou de selle, et celui des charrettes ou des voitures attelées qui doivent servir de base à l'imposition.

L'état-matrice est divisé en sections correspondant à celles du cadastre et dressé par ordre alphabétique du nom des contribuables ; il est disposé de manière à pouvoir servir pendant trois ans. Un certain nombre d'articles est laissé en blanc à la fin de l'état, pour recevoir les additions qui deviendraient nécessaires au moment de chaque revision annuelle.

L'état-matrice est soumis à l'approbation du préfet lors de son renouvellement intégral. (Inst. chem. vic., art. 84.)

2482. — L'état-matrice est, aussitôt après sa confection ou sa revision, transmis au directeur des contributions directes ; il sert de base à la rédaction du rôle que ce dernier doit préparer pour la commune, en raison du nombre de journées votées ou imposées d'office et suivant la notification qu'il en a reçue du préfet. (Inst. chem. vic., art. 85.)

2483. — Le rôle présente, pour chaque article, le montant total en argent de chaque cote et le détail de son évaluation par chaque espèce de journées, d'après l'état-matrice et d'après le tarif arrêté par le conseil général du département, conformément aux dispositions du 1er paragraphe de l'article 4 de la loi du 21 mai 1836.

Il porte en tête la mention de la délibération du conseil municipal qui a voté la prestation, ou de l'arrêté du préfet qui a ordonné une imposition d'office.

Il est arrêté et certifié par le directeur des contributions directes et rendu exécutoire par le préfet.

Si un rôle supplémentaire est nécessaire, il est dressé de la même manière que le rôle primitif. (Inst. chem. vic., art. 86.)

Sont imposables au rôle supplémentaire des prestations, alors même qu'ils ne sont pas portés au rôle des contributions directes, s'ils réunissent d'ailleurs les autres conditions requises par l'article 3 de la loi du 21 mai 1836 (Voir ci-dessus nos 2471 et suiv.) et s'ils ne sont pas réputés indigents :

1° Les contribuables qui ont fixé leur habitation dans la commune ou qui sont devenus chefs de famille ou d'établissement entre l'époque du travail des mutations et le 1er janvier ;

2° Les contribuables qui ont été omis au rôle primitif et ceux qui ont antérieurement au 1er janvier, augmenté le nombre de leurs émoluments imposables.

Le rôle supplémentaire est publié avant le 1er avril (L. de fin. 24 févr. 1900, art. 9.)

2484. — Indépendamment du rôle, le directeur des contributions directes prépare les avertissements aux contribuables et les remet au préfet en même temps que le rôle.

Ces avertissements comprennent tous les détails portés au rôle ; ils indiquent la date de la délibération du conseil municipal ou de l'arrêté d'imposition d'office du préfet, ainsi que celle de la décision rendant le rôle exécutoire, et contiennent une mise en demeure aux contribuables de déclarer, dans le délai d'un mois, à dater de la publication du rôle, s'ils entendent se libérer en nature, avec avis qu'à défaut de déclaration leur cote est de droit exigible en argent, aux termes de l'article 4 de la loi du 21 mai 1836. (Inst. chem. vic., art. 87.)

2485. — Le rôle et les avertissements sont transmis au préfet par le directeur, au fur et à mesure de leur rédaction, et de manière que la publication du rôle ait lieu au plus tard le 1er novembre. (Inst. chem. vic., art. 88.)

2486. — Le préfet envoie ces pièces, par l'intermédiaire du trésorier général, au receveur municipal.

Ce dernier remet immédiatement le rôle au maire de la commune, qui doit en faire la publication à l'époque fixée à l'article précédent et dans les formes prescrites pour les rôles des contributions directes. Aussitôt après cette publication, qui est certifiée par le maire sur le rôle même, le receveur municipal fait parvenir sans frais les avertissements aux contribuables. (Inst. chem. vic., art. 89.)

Par analogie avec les instructions énoncées au n° 2956 concernant la taxe des chiens, la plupart des municipalités assurent la distribution des avertissements, mais aucune instruction ne leur impose cette obligation.

2487. — Si le maire néglige ou refuse de faire la publication du rôle, ainsi que de recevoir les déclarations d'option dont il va être parlé, le préfet y fait procéder par un délégué spécial en vertu de l'article 85 de la loi du 5 avril 1884. (Inst. chem. vic., art. 90.)

2488. — *Déclarations d'option.* — Les déclarations d'option sont reçues par le maire et inscrites immédiatement à leur date, sur un registre spécial ; elles sont constatées soit par la signature du déclarant, soit par une croix apposée par lui en présence de deux témoins, soit par l'annexion, au registre, du bulletin rempli, daté, signé par le contribuable et envoyé au maire après avoir été détaché de la feuille d'avertissement.

A défaut de l'accomplissement de ces formalités, la cote est exigible en argent. (Inst. chem. vic., art. 91.)

2489. — A l'expiration du délai d'un mois fixé par l'article 87, le registre des déclarations est clos par le maire, puis transmis au receveur municipal qui le vérifie et en annote les indications dans une colonne spéciale du rôle. *(Inst. chem. vic., art. 92.)*

2490. — *Extraits des rôles à adresser par les receveurs municipaux.* — Dans la quinzaine qui suit, le receveur municipal dresse et envoie au préfet pour être transmis au maire, un extrait du rôle comprenant, suivant l'ordre des articles, le nom de chacun des contribuables qui a déclaré vouloir s'acquitter en nature, ainsi que le nombre des journées d'hommes, d'animaux et de charrois qu'il doit exécuter et le montant total de sa cote.

Cet extrait est totalisé et certifié exact par le receveur municipal; il comporte le résumé des cotes inscrites au rôle et l'indication du total des cotes exigibles en argent par suite de la non-déclaration d'option.

Le receveur municipal joint à cet extrait un état *(Modèle n° 7)* comprenant, pour chacune des communes de sa perception, le montant total du rôle et sa division en nature et en argent, d'après les déclarations d'option. *(Inst. chem. vic., art. 93.)*

2491. — Une copie de l'état *(Modèle n° 7)* est adressée au receveur des finances, afin qu'il soit pris note sur le carnet des revenus communaux du montant des cotes à recouvrer en argent. *(Inst. gén., art. 888, § 4.)*

Il est bon d'inscrire, par une annotation sur la couverture des rôles, les totaux des sommes à acquitter en nature et en argent.

2492. — *Recouvrement. — Réclamations. — Dégrèvements. — Ordonnances de décharges.* — Les cotes payables en argent pour défaut de déclaration sont exigibles par douzièmes.

Il en est de même de celles à payer en argent par suite de l'inexécution ou de l'exécution incomplète des travaux ou des journées demandées au prestataire; mais le premier payement fait par le contribuable doit comprendre les douzièmes échus. *(Inst. chem. vic., art. 97.)*

2493. — Les poursuites à exercer pour la rentrée des cotes exigibles en argent sont faites comme en matière de contributions directes. *(Inst. chem. vic., art. 98.)* — V. POURSUITES, n° 2460 ; PRIVILÈGE, n° 2529.

2494. — Les percepteurs-receveurs municipaux sont responsables envers les communes du recouvrement des rôles de prestations, comme du recouvrement de toute autre ressource communale.

Si, à l'époque de la clôture de l'exercice, ces rôles n'étaient pas entièrement soldés, les restes à recouvrer seraient reportés au budget supplémentaire de la commune pour l'exercice suivant.

Le comptable s'exposerait à être forcé en recette, s'il ne prenait soin de justifier, au moment où le compte de l'exercice clos est rendu au conseil municipal, qu'il a fait toutes les diligences pour opérer le recouvrement exact des rôles, et s'il ne prouvait que la rentrée des ressources encore dues n'a été retardée que par des obstacles qu'il lui a été impossible de surmonter. Dans ce cas, il devrait demander l'approbation de l'état des cotes qu'il n'a pu recouvrer. *(Inst. chem. vic., art. 99.)* — V. n° 932.

2495. — En ce qui concerne le recouvrement des prestations en nature, l'agent-voyer cantonal dresse, au commencement de l'année, et au vu de l'extrait remis par le receveur municipal, pour chaque chemin de grande communication et d'intérêt commun, pour les chemins vicinaux ordinaires du réseau subventionné et pour ceux du réseau non subventionné, un état indiquant les prestataires qui y seront appelés et les travaux qui leur seront demandés. *(Inst. chem. vic., art. 134, modifié ; Circ. compt. publ. 9 mars 1875, § 2.)*

2496. — Cinq jours au moins avant l'époque fixée pour l'ouverture des travaux, le maire fait remettre à chaque contribuable soumis à la prestation un bulletin signé de lui, portant réquisition de se rendre, muni des outils indiqués, tel jour et à telle heure, sur tel chemin. *(Inst. chem. vic., art. 135.)*

2497. — L'état d'indication des travaux à faire et des prestataires convoqués est remis au surveillant, qui fait l'appel de ces prestataires sur le lieu indiqué dans le bulletin de réquisition, marque les absents et tient note de l'emploi des journées effectuées. *(Inst. chem. vic., art. 138.)*

2498. — La journée de prestation n'est réputée acquittée que si le surveillant reconnaît qu'elle a été convenablement employée. Dans le cas contraire, il n'est tenu compte au prestataire que de la fraction de journée répondant au temps pendant lequel il a travaillé.

Le surveillant indique, à la fin de chaque jour, au dos du bulletin de réquisition, le nombre et l'espèce de journées ou de fractions de journées dont le prestataire doit être acquitté. Il certifie, en même temps, cet acquit dans la colonne d'émargement de l'extrait de rôle qui lui a été remis.

Les difficultés qui pourraient s'élever sont résolues par le maire et l'agent-voyer cantonal, et, en cas de désaccord, par le préfet, sur l'avis de l'agent-voyer en chef, sauf recours devant l'autorité compétente. *(Inst. chem. vic., art. 142.)*

2499. — Lorsque les prestations sont terminées sur un chemin de grande communication ou d'intérêt commun, ou sur l'ensemble des chemins vicinaux ordinaires de chaque réseau, le surveillant remet l'état d'indication émargé à l'agent-voyer cantonal. Celui-ci fait, en présence du maire, la réception des travaux effectués. Il en inscrit le décompte résumé sur la dernière page de l'état, porte le résultat sur son carnet, et adresse l'état à l'agent-voyer d'arrondissement, après avoir émargé sur l'extrait de rôle les cotes ou parties de cotes acquittées en nature.

L'agent-voyer d'arrondissement, après inscription des dépenses faites, transmet cet état au receveur municipal par l'intermédiaire du receveur des finances. Le receveur municipal émarge sur le rôle général de la commune les cotes et parties de cotes acquittées en nature, totalise lesdites cotes et en inscrit le montant en un seul article sur son registre à souche. Il opère ensuite le recouvrement des journées ou portions de journées restant dues.

Après l'achèvement complet des travaux de prestations de la commune, l'agent-voyer cantonal envoie l'extrait de rôle émargé à l'agent-voyer d'arrondissement qui le fait remettre au receveur municipal en échange des différents états d'indication adressés à ce comptable pendant l'exécution des travaux. (*Inst. chem. vic.*, *art. 143* ; *Circ. compt. publ. 9 mars 1875, § 2.*) — V. PIÈCES JUSTIFICATIVES, § 426.

2500. — Quand les prestations sont converties en tâches, le maire adresse à chaque contribuable soumis à la prestation un bulletin de réquisition indiquant les travaux à effectuer ou les matériaux à fournir, ainsi que le délai dans lequel ces tâches doivent être exécutées. Le détail et l'emplacement des travaux à faire sont inscrits sur le bulletin et indiqués sur le terrain par les soins de l'agent-voyer cantonal. (*Inst. chem. vic.*, *art. 145.*)

2501. — La réception des travaux en tâches est faite par l'agent-voyer cantonal assisté du maire, soit au fur et à mesure de l'avancement des travaux, soit à l'expiration du délai fixé pour leur achèvement. Le prestataire est convoqué pour cette réception. Il n'est complètement libéré que si les travaux satisfont, pour la quantité et la qualité, aux conditions du tarif de conversion en tâches. Dans le cas contraire, sa cote n'est acquittée que pour la valeur des travaux effectués. La retenue à faire pour mettre les travaux en état de réception est déterminée de concert par le maire et l'agent-voyer cantonal. En cas de difficultés, il est statué par le préfet sur l'avis de l'agent-voyer en chef, et sauf recours devant l'autorité compétente. L'agent-voyer cantonal inscrit le décompte résumé des travaux effectués sur la dernière page, le soumet à la signature du maire, porte

les résultats sur son carnet, et adresse l'état à l'agent-voyer d'arrondissement, après avoir émargé les cotes ou parties de cotes acquittées sur l'extrait de rôle.

Il est ensuite procédé conformément aux deux derniers paragraphes de l'article 143 ci-dessus. (*Inst. chem. vic , art. 146.*)

2502. — Les réclamations pour cotes indûment imposées sont présentées avant l'expiration du mois de mars de l'année que concernent les rôles de prestations, soit par les individus portés dans ces rôles (V. n°° 2616 et suiv.), soit par les receveurs municipaux, qui dressent, à cet effet, pour chaque commune, un état collectif.

Les percepteurs-receveurs municipaux et les receveurs municipaux spéciaux doivent inscrire d'office, sur les états de cotes indûment imposées, les taxes concernant les jeunes soldats incorporés au 1ᵉʳ janvier de l'année à laquelle se rapporte le rôle, lorsque les intéressés, *nominativement imposés au rôle*, ne peuvent former eux-mêmes, en temps utile, une demande en décharge. (*Circ. compt. publ. 18 novembre 1880, § 3.*)

Les états de cotes irrecouvrables ne sont formés qu'après la clôture de l'exercice (c'est-à-dire *au 31 mars de la seconde année*) et sont soumis au conseil municipal avec l'état des restes à recouvrer dont il est parlé à l'article 825 de l'Instruction générale. Les états de cotes irrecouvrables sont ensuite adressés au préfet par l'intermédiaire du sous-préfet.

Les réclamations en matière de prestations sont, à l'exception des demandes des percepteurs pour cotes irrecouvrables, instruites et jugées comme celles qui sont relatives aux contributions directes. Il est statué par le conseil de préfecture sur les demandes en décharge et réduction (*cotes indûment imposées*), et par le préfet sur les demandes en remise et modération présentées par les redevables, ainsi que sur les états de cotes considérées comme irrecouvrables.

Les dégrèvements donnent lieu, dans tous les cas, à la délivrance d'ordonnances par le directeur des contributions directes. Ces ordonnances ne sont portées ni en recette ni en dépense ; leur montant est simplement déduit de celui des rôles, après qu'elles ont été inscrites aux articles des contribuables dégrevés et sur un carnet spécial, ainsi qu'il est indiqué aux articles 1449 et 1468 de l'Instruction générale. Si quelques-uns des individus dégrevés ont payé une partie ou la totalité des sommes allouées en dégrèvement, il en résulte des excédents que le receveur doit régulariser immédiatement ; il opère à cet effet une réduction de recette au compte de la commune d'une somme égale à ces excédents, et il la transporte au compte des *excédents de versements* (V. n° 1504), avec désignation des parties intéressées. Si, à la fin de la deuxième année de l'exercice, quelques sommes n'ont pas été remboursées, elles sont portées au compte de la commune, à titre de *recette accidentelle*, d'après la marche indiquée aux articles 1405 et 1488 de l'Instruction générale. Cette recette est justifiée par un état nominatif des ayants droit, certifié par le maire qui reste chargé d'en informer l'autorité préfectorale. Si des remboursements sont ensuite réclamés, ils sont effectués selon les règles suivies pour les dépenses communales.

Toutefois, le mode de réduction indiqué ci-dessus ne peut être employé, après la clôture de la première année de l'exercice, que s'il existe des recouvrements réalisés depuis le 1er janvier de l'année suivante, ou des restes à recouvrer prochainement réalisables, qui puissent supporter la déduction des remboursements d'excédents auxquels auraient droit les contribuables dégrevés. Dans le cas contraire, les remboursements devraient être imputés soit sur le crédit des dépenses des chemins vicinaux, soit sur celui des dépenses imprévues, ou faire l'objet d'un crédit spécial.

Il n'est pas constaté d'excédent de versement lorsqu'il s'agit de dégrèvements alloués pour des cotes d'abord jugées irrecouvrables et sur lesquelles des versements auraient ensuite été obtenus ; dans ce cas, l'ordonnance n'est employée que pour la somme restant à recouvrer, ainsi qu'il est dit à l'article 215 de l'Instruction générale au sujet des ordonnances concernant les contributions directes.

A la fin de chaque année, le préfet, après avoir pris l'avis de l'agent-voyer en chef, détermine à quels chemins sont appliquées les décharges, remises et non-valeurs accordées sur les prestations. L'état de ces imputations est transmis à l'agent-voyer en chef et au receveur municipal.

Si un contribuable ne s'acquitte pas exactement des journées de travail ou des tâches qui lui sont imposées, sa cote ou la portion de cote restant due devient exigible en argent. L'état d'indication fait connaître au receveur municipal les prestataires qui se trouvent dans ce cas et qui doivent être poursuivis.

Les prestations en nature doivent être effectuées dans l'année pour laquelle elles ont été votées ; en conséquence, les ajournements que les maires auraient jugé convenable d'accorder pour l'acquittement des cotes en nature ne pourraient jamais s'étendre au delà du 31 décembre, et toute cote qui n'a pas été acquittée en nature à cette époque, devenant exigible en argent si le contribuable a été mis en demeure de faire les travaux, doit être poursuivie comme telle par le receveur municipal.

Les fermiers ou colons qui, par suite de fin de bail, devraient quitter la commune avant l'époque fixée pour l'emploi des prestations, peuvent être admis à effectuer leurs travaux avant leur départ.

Les prestations en nature doivent, d'ailleurs, être acquittées aux époques que les préfets ont déterminées dans leur règlement sur le service des chemins vicinaux. S'il devenait nécessaire de changer ces époques pour certaines communes, les modifications feraient l'objet d'un arrêté spécial du préfet, rendu sur la demande du maire, l'avis du conseil municipal et du sous-préfet, et le rapport des agents-voyers.

Le produit des prestations est, sur les points non spécifiés, soumis aux règles d'apurement prescrites pour tous les produits communaux. (*Inst. gén.*, art. 888, §§ 8, 9, 10 et 11 ; *Inst. chem. vic.*, art. 96 et 132.) — V. CHEMINS VICINAUX, n° 932.

2502 bis. — Lorsqu'un contribuable a acquitté intégralement ses prestations en nature, et qu'il vient à obtenir décharge d'une partie de la taxe pour laquelle il figurait au rôle, il y a lieu de lui rembourser en numéraire le montant de la décharge. Dans ce cas, le receveur doit se conformer à l'article 888, § 8, de l'Instruction générale rappelé ci-dessus.

2503, § 1er. — *Taxe vicinale destinée à remplacer les prestations.* — L'article 5 de la loi de finances du 31 mars 1903 autorise les communes à remplacer, en tout ou en partie, par une taxe vicinale les prestations pour chemins vicinaux. Cette nouvelle taxe est constituée par des centimes additionnels aux rôles des quatre contributions directes et peut, sous certaines conditions, être acquittée en nature.

La taxe vicinale doit être perçue sur tous les contribuables de la commune, *sans exceptions*, ainsi on n'a pas à tenir compte de l'âge, du sexe, ni des propriétaires forains.

D'après les dispositions arrêtées par les départements de l'Intérieur et des Finances, la taxe vicinale est incorporée dans les rôles des contributions directes, *sauf pour les communes où il existe un receveur municipal spécial.* Cette règle est applicable même lorsque la taxe des prestations n'a pas été intégralement remplacée par des centimes additionnels. Dans ce dernier cas, il est établi, dans la forme ordinaire, un rôle de prestations distinct pour les journées maintenues.

Des avertissements spéciaux sont rédigés pour la taxe vicinale conformément aux indications contenues dans la circulaire du 4 novembre 1903, n° 4032. Ces avertissements sont imprimés sur papier jaune.

Pour les communes ayant un receveur municipal spécial et pour lesquelles il est établi un rôle spécial de la taxe vicinale, il a été décidé que les articles de cette taxe inférieurs à 10 centimes sont exclus des rôles. Par exception, lorsqu'un même article comporte à la fois une taxe de prestations et une taxe vicinale, cette dernière taxe doit figurer au rôle, quelque minime qu'elle soit.

Mais dans les communes où il n'y a pas de receveur municipal spécial, toutes les cotes, même inférieures à 10 centimes, sont incorporées dans les rôles généraux et des patentes. (*Circ. compt. publ. 4 fév. 1904, § 1ᵉʳ; Circ. Dir. gén. cont. dir. 31 juillet 1905. Jurisp. du Conseil d'État.*)

2503, § 2. — *Comptables chargés du recouvrement des rôles.* — *Publication des rôles.* — *Distribution des avertissements.* — Le recouvrement de la taxe vicinale incombe aux receveurs municipaux, les percepteurs n'ont, par conséquent, à intervenir en cette matière que lorsqu'ils sont chargés du service de la recette municipale.

Les receveurs municipaux, aussitôt après la publication des rôles, font distribuer les avertissements dûment complétés par l'indication de la date de publication et des jours de tournées. D'après une décision du ministre de l'Intérieur, les frais de cette distribution doivent rester à la charge des receveurs municipaux, par analogie avec la règle adoptée pour les avertissements de prestations. Si toutefois, pour une commune déterminée, les frais de distribution d'avertissements ajoutés aux autres frais de bureau du comptable excèdent le quart de son traitement, l'excédent peut être laissé à la charge de la commune conformément aux dispositions de l'article 6 du décret du 27 juin 1876.

D'un autre côté, la taxe vicinale faisant partie des revenus ordinaires de la commune au même titre que les prestations, son recouvrement se trouve rémunéré par le traitement fixe : le receveur municipal n'a donc droit de ce chef à aucune allocation spéciale. (*Circ. compl. publ. 4 février 1904, § 2.*)

2503, § 3. — *Déclarations d'option.* — *Conditions exigées pour leur acceptation.* — Les déclarations d'option sont reçues à la mairie, sur un registre spécial, dans le délai d'un mois, à partir de la publication des rôles, comme en matière de prestations. Mais elles ne sont admises, pour la taxe vicinale, que si cette taxe est égale ou supérieure à un franc.

Cette disposition appelle un commentaire dans les deux cas suivants :

1° Lorsqu'une commune n'a remplacé que partiellement les prestations et qu'un même article de rôle comprend une taxe de prestations et une taxe vicinale, il faut, pour savoir si le redevable peut se libérer en nature de la taxe vicinale, considérer cette taxe *isolément*, c'est-à-dire abstraction faite de la taxe des prestations (*Circ. du ministre de l'Intérieur du 3 novembre 1903*). En d'autres termes, d'après la solution adoptée par le ministère de l'Intérieur, on doit envisager dans l'espèce, non pas le total de l'article, mais la taxe vicinale séparément et voir si cette taxe est d'au moins un franc, auquel cas seulement elle peut faire l'objet d'une déclaration d'option. Pour la taxe des prestations, la libération en na-

ture demeure autorisée sans distinction de somme. Aussi le redevable qui veut user de la faculté d'option est-il tenu de mentionner expressément dans sa déclaration s'il entend acquitter en nature les deux taxes, ou l'une d'elles seulement. Le registre déposé à la mairie contient en conséquence des colonnes spéciales dans lesquelles peuvent être consignées, le cas échéant, pour un même article, deux options distinctes applicables, l'une à la prestation, l'autre à la taxe vicinale ;

2° Lorsqu'un *même rôle* comprend plusieurs articles de taxe vicinale concernant *le même redevable*, ces articles peuvent être groupés dans une même déclaration d'option et c'est alors le *total des taxes vicinales* figurant dans cette déclaration qu'il faut envisager pour savoir si le minimum d'un franc est ou non atteint et si par conséquent la libération en nature est ou non permise. Les receveurs municipaux spéciaux peuvent, surtout la première année, éprouver des hésitations pour déterminer si des articles différents concernent un même redevable; ils ont en tout cas le droit de demander sur ce point, soit verbalement, soit par écrit, les renseignements que possède le percepteur de leur commune. (*Circ. compt. publ. 4 février 1904, § 3.*)

2503, § 4. — *Vérification par le receveur municipal des déclarations d'option.* — *Établissement de l'extrait de rôle.* — À l'expiration du délai d'un mois fixé pour la réception des déclarations d'option, le maire transmet le registre de ces déclarations au receveur municipal qui le vérifie, en annote les indications sur le rôle et dresse, pour être envoyé au service vicinal, un extrait de rôle indiquant les redevables qui ont demandé à se libérer en nature.

La vérification du receveur municipal doit porter sur les deux points suivants : 1° les mentions du registre de la mairie sont-telles conformes à celles du rôle? 2° les taxes vicinales dont les redevables demandent l'acquittement en nature sont-elles au moins égales à un franc ? Le comptable rectifie d'office, d'après le rôle et sous sa responsabilité, les erreurs matérielles qui ont pu se glisser dans les déclarations ; ces rectifications sont faites à l'encre rouge sur le registre. D'autre part, s'il reconnaît que des déclarations ont été reçues à tort par le maire pour des taxes vicinales inférieures à un franc, il en fait mention, à l'encre rouge, sur le registre transmis par la mairie et porte la déclaration également à l'encre rouge *seulement pour mémoire* sur l'extrait de rôle. Dans les totaux de cet extrait de rôle, les déclarations ainsi reçues irrégulièrement par la mairie sont déduites, sous la responsabilité du comptable, des taxes à acquitter en nature et ajoutées aux taxes exigibles en argent. En regard de ces déductions et additions, le comptable inscrit la mention :

« *Taxes vicinales inférieures à un franc et qui ont fait à tort l'objet d'une déclaration d'option*».
Le receveur municipal en poursuit ensuite le recouvrement en argent, sauf aux intéressés à se pourvoir devant qui de droit s'ils s'y croient fondés.

Le receveur municipal a d'ailleurs soin d'annoter sur son rôle non-seulement les déclarations régulières mais aussi les modifications qu'il a fait subir aux déclarations irrégulières. Dans les communes ayant un receveur municipal spécial et lorsque les prestations subsistent en partie, le rôle comprend deux colonnes distinctes pour l'inscription des déclarations et il est indispensable que le comptable mentionne *séparément*, dans ces colonnes, les déclarations concernant, d'une part les prestations, d'autre part la taxe vicinale. (*Circ. compt. publ. 4 février 1904, § 4.*)

Pour la taxe portée aux rôles des contributions, les annotations pour les déclarations en nature, peuvent être inscrites dans la colonne 12 du rôle.

2503, § 5. — *Règles concernant le recouvrement.* — *Privilège de la commune.* — La taxe vicinale étant constituée par des centimes additionnels, le recouvrement des cotes exigibles en argent doit s'effectuer comme en matière de contributions directes.

D'autre part, il importe de remarquer que, lorsque des propriétés sont affermées, la taxe vicinale est imposée au nom du propriétaire et non à celui du fermier. Au regard de la commune, le propriétaire est donc seul débiteur personnel de la taxe vicinale. Mais, dans leurs rapports entre eux, le propriétaire et le fermier peuvent convenir que le second payera en l'acquit du premier la taxe vicinale basée sur la contribution foncière de la propriété affermée. Bien qu'en droit des conventions de cette nature ne soient pas opposables à la commune, le comptable n'en doit pas moins, si la demande lui en est faite par l'une des parties intéressées, prendre note au rôle que le payement de la taxe vicinale doit être réclamé *amiablement* chaque année au fermier. Mais, en cas de non payement amiable, le comptable est tenu de se retourner contre le propriétaire, le contribuable nominativement imposé pouvant seul être l'objet de poursuites directes.

Il reste entendu d'ailleurs que, si la taxe vicinale est basée sur une cote foncière s'appliquant à plusieurs immeubles ou sur d'autres contributions que la contribution foncière, le receveur municipal n'a pas à faire la ventilation de la part incombant au fermier en vertu du contrat de fermage. Il ne peut que prendre note au rôle de la somme que les parties lui indiquent elles-mêmes comme devant être acquittée par le fermier, sans que cette mention puisse autoriser contre ce dernier des poursuites directes et personnelles. En outre, le

fermier a toujours la faculté de faire effacer pour l'avenir l'annotation portée au rôle et d'après laquelle le payement de la taxe vicinale doit être effectué par lui pour le compte du propriétaire.

« Aux termes de l'article 58 de la loi de finances du 30 mars 1902, les dispositions de » la loi du 12 novembre 1808 sont applicables » aux taxes *communales* assimilées aux contri-» butions directes. Toutefois, le privilège ainsi » créé prend rang immédiatement après celui » du Trésor public. » — V. nos 2528 et suiv.

La taxe vicinale, en raison de son caractère de taxe communale assimilée aux contributions directes, rentre incontestablement dans les prévisions de l'article 58 de la loi de 1902. Mais le privilège de la loi de 1808 étant d'une nature mixte selon qu'il s'applique à la contribution foncière et aux taxes assimilées à cette contribution, ou bien aux autres contributions et taxes directes et personnelles, la question se pose de savoir quelle est la nature du privilège qui garantit le recouvrement de la taxe vicinale. En l'absence d'une disposition formelle de la loi qui a créé la taxe vicinale, cette question ne paraît pouvoir être résolue qu'à l'aide d'une distinction. Il semble, en effet, qu'au point de vue du privilège, la taxe vicinale doive être décomposée en deux parties comprenant : la première, les centimes additionnels à la contribution foncière ; la seconde, les centimes additionnels aux autres contributions. Ces divers centimes sont d'ailleurs portés distinctement sur le rôle ainsi que sur les avertissements : il est donc facile de savoir quel est le montant de chacune des deux parties indiquées ci-dessus. Pour la première partie, qui forme en quelque sorte un accessoire de l'impôt foncier, le privilège de la commune semble devoir être de même nature que celui de la contribution foncière, mais pour la taxe vicinale, le privilège communal doit passer après celui du Trésor. En ce qui concerne la seconde partie, elle semble, pour des raisons analogues, garantie par un privilège de même nature que celui des contributions mobilières, des portes et fenêtres et des patentes, mais passant immédiatement après ce dernier privilège.

Dans le cas où un immeuble a changé de propriétaire et où le nouveau propriétaire n'est pas encore imposé à la taxe vicinale, le comptable conserve une action personnelle contre l'ancien propriétaire inscrit au rôle ; mais il peut également, s'il le juge utile, faire valoir le privilège sur les fruits et revenus de l'immeuble pour la portion de la taxe vicinale assise sur la contribution foncière de cet immeuble. Les poursuites doivent alors être exercées suivant les prescriptions de la *Circulaire du 15 mai 1888, § 1er*. — V. nº 2506.

Le comptable peut aussi faire notifier des sommations aux tiers détenteurs de deniers provenant du chef des redevables de taxes vicinales et affectés au privilège de la commune. Il a donc le droit de se faire remettre par ce moyen les loyers ou fermages d'un immeuble pour le payement de la taxe vicinale assise sur la contribution foncière de cet immeuble et tous les fonds dus au redevable sans distinction pour le payement de la taxe vicinale assise sur les autres contributions. Dans tous les cas, la sommation doit être limitée aux cotes de l'année échue et de l'année courante *(Loi du 12 novembre 1808, art. 1 et 2).* *(Circ. compt. publ. 4 février 1904, § 5.)* — V. n° 2529.

2503, § 6. — *Dégrèvements.* — *Mutations de cotes.* — *Transferts.* — La taxe vicinale étant basée sur les quatre contributions directes, toute décharge ou réduction obtenue par un contribuable sur l'une de ces contributions donne lieu d'office, d'après les instructions transmises au service de l'assiette, à un dégrèvement correspondant sur la taxe vicinale du même contribuable *(Circ. contrib. dir. 4 nov. 1903).* Ces dégrèvements font l'objet de deux ordonnances : la première, émise sur le budget de l'État est inscrite en recette par le percepteur ; la seconde, afférente à la taxe vicinale, est portée en déduction du produit revenant à la commune.

De même, d'après la circulaire susvisée du service de l'assiette, les mutations de cotes prononcées en matière de contribution foncière, donnent lieu d'office à une mutation de cote pour la portion de la taxe vicinale correspondant à la contribution foncière, objet de la mutation. Une règle analogue est adoptée pour les transferts de patentes, lesquels sont suivis d'un transfert d'office de la taxe vicinale assise sur la patente transférée. Ces mutations et transferts sont d'ailleurs notifiés aux comptables dans les formes ordinaires.

A l'inverse des décharges et réductions, les dégrèvements qui sont accordés, en matière de contributions, à titre d'exemptions temporaires ou de remises et modérations, ne doivent pas affecter la taxe vicinale. *(Circ. compt. publ. 4 février 1904, § 6.)*

2503, § 7. — *Écritures.* — *Comptabilité.* — Les écritures auxquelles doit donner lieu la taxe vicinale, notamment la constatation en recette et l'inscription en dépense des cotes acquittées en nature, sont passées suivant le mode adopté actuellement pour les prestations. *(Circ. compt. publ. 4 février 1904, § 7.)*

2503, § 8. — *Cotes irrecouvrables.* — *États à dresser par les comptables.* — L'état de cotes irrecouvrables dressé pour les contributions directes ne peut servir de base pour l'allocation en non-valeurs des cotes vicinales irrecouvrables ; il est absolument indispensable que les receveurs municipaux fassent connaître dans un état spécial les taxes vicinales ou la portion de ces taxes dont le recouvrement n'a pu être obtenu *(Sol. fin. 14 mai 1904.)*

2503, § 9. — *Indemnité au Directeur des contributions directes.* — Les rétributions allouées pour le calcul des taxes et la confection des avertissements sont fixées au taux unique de quatre centimes cinq dixièmes (0.045) par article comprenant une taxe vicinale.

Mais pour les communes ayant *un receveur municipal spécial* ces rétributions sont fixées conformément aux indications suivantes :

Remplacement intégral des prestations.	Par feuille de tête de rôle.	0f50
	Par article de rôle........	0f06
Remplacement partiel par une taxe vicinale.	Par feuille de tête de rôle.	0f50
	Par article ne comprenant qu'une taxe vicinale ou une cote de prestations.	0f06
	Par article comprenant à la fois les deux taxes...	0f08

(Circ. Dir. gén. cont. dir. 31 juillet 1905.)

2503, § 10. — *Rôles auxiliaires de locataires ou fermiers.* — La répartition de la taxe vicinale entre les propriétaires et les fermiers ne peut être effectuée d'office, mais seulement sur la demande des intéressés.

Ce travail incombe aux Directeurs des contributions directes. *(L. 19 juillet 1905, art. 5; Circ. Dir. gén. cont. dir. 31 juillet 1905, n° 1046.)*

Prestations pour les chemins ruraux. — V. n° 923.

Preuve testimoniale. — V. n°ˢ 2093 et 2128.

Primes d'assurance. — V. ASSURANCES CONTRE L'INCENDIE.

Principaux locataires. — V. DÉMÉNAGEMENT, n°ˢ 1345 et suiv.

Prisons (Dépôts de fonds par les agents des). — V. RECETTES DIVERSES.

Privilège du Trésor pour le recouvrement des contributions directes et des taxes assimilées.

2504. — Le privilège attribué au Trésor public et aux percepteurs agissant en son nom, pour le recouvrement des contributions directes s'exerce *avant tout autre.* Il est réglé ainsi qu'il suit :

1° Pour l'année échue et l'année courante de la contribution foncière tant en principal qu'en centimes additionnels et supplémentaires sur les récoltes, fruits, loyers et revenus des biens immeubles sujets à la contribution;

2° Pour l'année échue et l'année courante, des autres contributions directes, générales et spéciales, sur tous les meubles et effets mobiliers appartenant aux redevables, en quelque lieu qu'ils se trouvent. *(L. 12 nov. 1808, art. 1er; Inst. gén., art. 77; Règl. pours., art. 11; Com. Durieu, t. I, p. 144 et suiv.)*

Toutefois, le privilège des contributions directes est primé par les frais de justice faits dans l'intérêt commun de tous les créanciers. — V. n° 2531.

En cas de retard dans le jugement d'une réclamation, le privilège du Trésor ne peut s'exercer que pour l'année échue et l'année courante. *(Arr. cour cass. 4 juill. 1900.)* — V. n° 2626.

2505. — L'acquéreur d'une propriété doit, en conséquence du privilège ci-dessus, s'assurer que les contributions imposées sur cette propriété ont été payées jusqu'au jour de la vente, nonobstant toutes clauses contraires des cahiers des charges.

Cette obligation existe également pour tous les adjudicataires d'immeubles vendus par autorité de justice. *(Inst. gén., art. 78; Règl. pours., art. 11; Com. Durieu, t. I, p. 144, 217 et suiv.)* — V. n° 2522 et suiv.

2506. — En principe, et sauf les cas de responsabilité limitativement prévus par la loi, le débiteur direct et personnel de la contribution est celui qui est porté nominativement au rôle. Tant que l'acquéreur n'a pas été substitué au vendeur, par voie de mutation de cote, il ne peut être mis en cause qu'indirectement, s'il est établi qu'il est détenteur de fruits naturels ou civils produits par l'immeuble et grevés du privilège du Trésor; mais le percepteur ne peut exercer régulièrement son action qu'à la condition de viser les fruits eux-mêmes directement, par exemple par voie de saisie-exécution s'ils étaient récoltés, ou de saisie-brandon s'ils étaient encore sur pied, ou de saisie-arrêt s'il s'agit de loyer dû par un locataire de l'immeuble. Dans aucun cas, il n'en résulte le droit pour le Trésor d'actionner personnellement l'acquéreur. *(Circ. compt. publ. 15 mai 1888, § 1.)* — V. n° 1641 et suiv., 2307, 2525 et suiv.

2507. — Le privilège attribué au Trésor pour le recouvrement des contributions directes ne préjudicie point aux actions qu'il peut exercer sur les biens des redevables, en vertu du droit commun et comme tout autre créancier. *(L. 12 nov. 1808, art. 3; Inst. gén., art. 79; Règl. pours., art. 12; Com. Durieu, t. I, p. 231 et suiv.)* — V. Poursuites, n° 2390 et suiv.

2508. — Lorsqu'il y a lieu à l'expropriation forcée des immeubles des redevables, elle n'est poursuivie qu'avec l'autorisation du ministre des Finances, sur la proposition du receveur particulier et l'avis du préfet. *(Règl. pours., art. 12 bis; Com. Durieu, t. I, p. 231 et suiv.)*

2509. — Les droits et privilèges attribués au Trésor public pour le recouvrement des contributions directes s'étendent au recouvrement des frais dûment taxés. *(Inst. gén., art. 88; Règl. pours., art. 17; Com. Durieu, t. I, p. 343.)*

2510. — De ce qui précède il suit, rigoureusement parlant, que le percepteur peut poursuivre le payement de toute contribution sur toute espèce de biens appartenant au redevable; qu'ainsi par exemple, on ne saurait lui contester le droit de faire saisir et vendre, s'il le juge nécessaire, pour le recouvrement de la contribution foncière, tout aussi bien les meubles des contribuables débiteurs que les fruits de l'immeuble imposé. Cependant, par mesure de prudence, il est préférable de ne diriger les poursuites que sur l'espèce de biens particulièrement affectée au privilège de la contribution spéciale pour laquelle la contrainte est exercée. On évite ainsi de se trouver avec d'autres créanciers privilégiés qui pourraient invoquer la loi du 12 novembre 1808, rappelée ci-dessus, n° 2504. *(Com. Durieu, t. I, p. 148, 232 et suiv.)*

En ce qui concerne l'obligation des fermiers, V. n° 1555 et suiv.

2511. — Sont soumis aux mêmes dispositions qui précèdent et jouissent du même privilège que les contributions directes : les redevances des mines, la taxe des biens de mainmorte, les rétributions pour la vérification des poids et mesures, les droits de visite chez les pharmaciens et épiciers-droguistes, la contribution sur les chevaux et voitures, la taxe sur les vélocipèdes, la taxe sur les billards, la taxe sur les cercles, la taxe militaire, le droit d'épreuve des appareils à vapeur, le droit de vérification des alcoomètres et des densimètres, les redevances pour la rétribution des délégués mineurs, les prestations pour chemins vicinaux, la taxe municipale sur les chiens, et généralement toutes les taxes assimilées aux contributions directes. *(Com. Durieu, t. I, p. 162, 169, 172 et suiv., et t. II, Jarisp., p. 201.)* — V. n° 2528 et suiv.

2512. — Le privilège ne s'exerçant que pour l'année échue et l'année courante, s'il était dû au percepteur par un contribuable trois années d'impôts, y compris l'année courante, il ne pourrait être payé par préférence aux autres créanciers que pour les deux dernières années.

L'année échue et l'année courante ne peuvent s'entendre que de l'année pour laquelle l'impôt a été établi, c'est-à-dire du 1er janvier au 31 décembre. Ainsi, un percepteur à qui il serait dû pour contributions, les six derniers mois de 1893, toute l'année de 1894 et les premiers mois de l'année courante (1895), ne pourrait exercer son privilège que pour 1894 et 1895. Pour les six derniers mois de 1893, il n'aurait que les droits d'un créancier ordinaire. (*Com. Durieu, t. I, p. 149 et 249 : Trib. civ. de Nice, 21 juillet 1883.*)

De même, lorsqu'il s'agit d'impôts dus par un contribuable failli en décembre, le percepteur ne peut réclamer sur l'actif de la faillite que l'année échue et l'année courante. — V. FAILLITE, nos 1524 et suiv.

2513. — *Privilège de la contribution foncière.* — Ainsi qu'il a été dit au n° 2501, le privilège du Trésor, en ce qui concerne la contribution foncière, est limité pour l'année échue et l'année courante, aux récoltes, fruits, loyers et revenus des immeubles, et non aux immeubles eux-mêmes. Si ceux-ci étaient vendus et que les créanciers eussent à s'en distribuer le prix, le Trésor ne pourrait rien prétendre qu'après les créanciers hypothécaires, et même après les créanciers privilégiés dont il est parlé dans les articles 2101 et 2103 du Code civil. (*Com. Durieu, t. I, p. 150, et t. II, Jurisp., p. 137.*) — V. nos 2525 et suiv.

2514. — Au reste, le Trésor n'a pas, pour la contribution foncière, un privilège qui frappe d'une manière générale sur tous les fruits et revenus des immeubles que peut posséder un contribuable. Il n'a de préférence sur les autres créanciers, à l'égard des revenus d'un fonds, que pour le payement de la cote d'impôt à laquelle ce fonds est particulièrement imposé. Tel est le sens de la loi du 12 novembre 1808, qui donne privilège sur les fruits et revenus des biens immeubles sujets à la contribution. (*Com. Durieu, t. I, p. 161 ; Jug. trib. de Nice, 21 juillet 1883.*)

2515. — On a dit plus haut, n° 2513, que le Trésor n'avait pas de privilège sur le prix d'un immeuble vendu et qu'il ne pouvait y rien prétendre qu'après les créanciers hypothécaires et par concurrence avec les créanciers ordinaires. Cependant, si l'immeuble avait été vendu avec ses récoltes sur pied, le percepteur devrait faire valoir le privilège du Trésor sur la portion du prix d'adjudication qui pourrait être afférente aux fruits que la propriété portait.

Si la vente devait être faite aux enchères publiques, et que l'adjudication en fût pas définitivement passée, le percepteur aurait le droit de faire saisir les récoltes lors même que la vente se ferait par saisie immobilière, attendu qu'il est de principe que l'action du Trésor, pour le recouvrement de l'impôt, ne saurait être entravée par les formalités des procédures ordinaires suivies à la requête des

créanciers ordinaires des redevables. C'est ce qui a été implicitement décidé par arrêts des 9 mars 1808, 12 août 1811, 9 janvier 1813 et 29 août 1836, qui ont reconnu que les règles de la faillite ne sont point applicables à la créance privilégiée du Trésor sur les biens du redevable failli, et qu'en conséquence l'administration peut en poursuivre directement la vente, à l'exclusion des syndics de la faillite. (*Com. Durieu, t. I, p. 221, et t. II, Jurisp., p. 105, 113, 118 et 171.*)

2516. — Aux termes de l'article 1er de la loi du 12 novembre 1808 (V. n° 2504), le privilège du Trésor pour le recouvrement de la contribution foncière s'exerce avant tout autre sur les récoltes, fruits, loyers et revenus des immeubles sujets à la contribution. Ce droit de préférence doit, par suite, porter sur les intérêts du prix de vente, lorsque l'immeuble a été vendu.

Les greffiers des tribunaux civils sont tenus, toutes les fois qu'un ordre amiable s'ouvre d'en donner avis au percepteur du lieu où est situé l'immeuble dont l'adjudication est prononcée.

Cet avis peut être adressé en franchise sous le couvert du procureur de la République, en même temps que sont transmises les convocations du juge chargé de l'ordre, prescrites par l'article 751 du Code de procédure civile.

Les percepteurs sont ainsi mis en demeure, le cas échéant, de produire utilement leurs titres et d'obtenir la collocation à laquelle ils ont droit. (*Circ. min. Just. aux procureurs gén. 16 janvier 1889.*)

2517. — Les dispositions de la loi du 12 novembre 1808 et un arrêt de la Cour de cassation du 1er août 1898 portent que le privilège du Trésor ne peut être atteint par l'immobilisation des fruits et qu'il doit conserver aussi son rang dans la collocation, nonobstant les expressions des articles 682 et 685 du Code de procédure civile. L'article 2098 du Code civil dispose également que le privilège du Trésor est réglé par les lois qui le concernent.

Pour résumer ce qui précède, il y a lieu d'établir les principes suivants :

En cas de vente de l'immeuble soumis à la contribution foncière :

1° Le Trésor n'a aucun recours contre l'acquéreur personnellement, si ce n'est comme tout autre créancier, pour l'obliger à représenter son prix, lorsque ce prix n'a pas encore été payé par lui ;

2° Il n'a aucun privilège sur le prix du fonds ;

3° Mais, comme il est privilégié sur les fruits, il peut, soit avant, soit après la vente consommée, faire saisir directement les récoltes qui existeraient sur l'immeuble, et si l'adjudication est déjà passée, il peut également demander à être colloqué sur la portion du prix qui représente les fruits, ou sur les fruits eux-mêmes si ce sont des fruits civils. *(Com. Durieu, t. I, p. 224.)* — V. Dépositaires et débiteurs de deniers.

Aux instructions qui précèdent, il est bon d'ajouter, ainsi qu'il est dit ci-après, nos 2525 et suivants, que l'acquéreur d'une propriété foncière est tenu de souffrir l'exercice du privilège du Trésor, sur les fruits de l'immeuble, pour l'année échue et l'année courante.

2518. — L'action accordée au Trésor pour le recouvrement des contributions foncières par la loi du 12 novembre 1808 peut, en cas de vente des immeubles, s'exercer par privilège sur les intérêts du prix qui n'ont pas été immobilisés au profit des créanciers hypothécaires. *(Trib. civ. de Nevers 1er août 1893, confirmé par Arr. Cour de Bourges, 8 janvier 1894; Cour de cass. 4 déc. 1895 et 1er août 1898.)*

2519. — La clause du cahier des charges d'une adjudication sur saisie immobilière, qui impose à l'adjudicataire l'obligation de payer les contributions arriérées, ne peut être contestée après l'adjudication par les créanciers hypothécaires et doit être limitée au payement de la contribution foncière. *(Trib. civ. Cahors, 9 juin 1880; Com. Durieu, t. II, Jurisp., p. 243.)*

2520. — Si un contribuable vend sa récolte encore sur pied à un tiers quilui en compte le prix, le percepteur peut-il, nonobstant cette aliénation, faire saisir-brandonner ladite récolte, et en poursuivre la vente au profit du Trésor? Divers cas peuvent se présenter :

La vente intervenue entre le contribuable et le tiers acquéreur a-t-elle été faite de bonne foi, principalement de la part de ce dernier, et sans qu'on puisse accuser les parties d'avoir voulu frauder le privilège du Trésor? S'il y a eu connivence frauduleuse, il est incontestable que la vente peut être annulée, et, par suite, les droits du Trésor demeurent entiers.

Dans le cas contraire, la vente conclue sans fraude ne suffit pas pour empêcher l'exercice du privilège du Trésor. Si le prix est encore dû, l'acquéreur peut être sommé de payer les contributions dues jusqu'à concurrence des sommes dont il serait encore débiteur. *(L. 12 nov. 1808, art. 2.)* — V. nos 1344 et suiv.

Si l'acquéreur se disait libéré, il faudrait que sa libération fût prouvée par une quittance régulière. *(Com. Durieu, t. I, p. 226 et suiv.)*

2521. — La vente faite par le redevable ne ferait pas non plus obstacle à l'exercice des droits du Trésor, si elle n'avait pas acquis, conformément à l'article 1328 du Code civil, date certaine antérieure aux poursuites du percepteur.

Dans ce cas, l'enregistrement de l'acte de vente doit avoir une date antérieure aux poursuites.

Enfin la vente qui aurait été faite de bonne foi et qui aurait une date certaine antérieure aux poursuites ne suffirait pas pour éteindre le privilège du Trésor; il faudrait encore que la chose eût été matériellement livrée à l'acquéreur. Dans le cas contraire, le percepteur devrait recourir aux mesures conservatoires propres à empêcher la disparition du gage de la contribution. *(Com. Durieu, t. I, p. 226 et suiv.*

2522. — Le privilège du Trésor ne périt pas par le seul fait du propriétaire de vendre à un tiers soit son mobilier, soit ses récoltes. L'acquéreur doit, avant de se libérer, s'assurer du payement des impôts dus pour l'année échue et l'année courante.

Le percepteur est donc en droit de faire saisir, par exemple, les fruits et récoltes qui se trouvent sur l'immeuble imposé, sans s'occuper s'ils ont été vendus et payés au propriétaire imposé.

L'action en revendication qui serait formée par l'acquéreur devrait être repoussée. *(Trib. civ. d'Évreux, 9 mai 1883, confirmé en appel par la Cour de Rouen en février 1884 ; Com. Durieu, t. I, p. 229, et t. II, Jurisp., p. 247.)* — V. ci-après, nos 2525 et suiv.

2523. — *Jurisprudence.* — L'article 2098 du Code civil qui dispose que le Trésor public ne peut obtenir de privilège au préjudice des droits antérieurement acquis des tiers, doit s'entendre des droits acquis antérieurement aux lois qui ont organisé le privilège du Trésor, et non pas des droits antérieurs à toute époque où la créance privilégiée du Trésor a pris naissance. *(Trib. civ. de Bordeaux, 2 février 1876 ; Cour d'appel de Pau, 13 mai 1896.)*

2524. — Le privilège du Trésor, pour le recouvrement des contributions directes, s'exerce sur la récolte entière de l'immeuble imposé, sans en distraire la part du colon partiaire. *(Trib. 1re inst. de Montauban, 23 août 1834 ; Com. Durieu, t. II. Jurisp., p. 169.)*

2525. — Le privilège établi au profit du Trésor sur les fruits et revenus des biens immeubles, pour la contribution foncière de l'année échue et de l'année courante, affecte ces fruits et revenus, encore que l'immeuble assujetti aurait cessé d'appartenir au redevable. *(Trib. civ. de Draguignan, 15 juillet 1843 ; Arr. Cour cass. 6.juillet 1852 et 26 mai 1886 ; Cour de Rouen, 1er février 1893 ; Com. Durieu, t. I, p. 219 et 416, et t. II, Jurisp., p. 181, 189, 253 et 287 ; Cour. cass. 1er août 1898.)*

2525 bis. — L'immobilisation des fruits naturels et civils résultant de la transcription de la saisie pratiquée sur un immeuble ne saurait faire obstacle à l'exercice du privilège du Trésor pour l'impôt foncier de l'année échue et de l'année courante.

En déclarant que les loyers immobilisés sont distribués par ordre hypothécaire, l'art. 685 du Code de procédure civile n'exclut pas les privilèges, puisque l'ordre des hypothèques est de ne venir qu'après les privilèges. (*Arr. cour. d'appel d'Amiens, 31 janvier 1899.*)— V. n° 2517.

2526. — L'acquéreur d'une propriété foncière est tenu de souffrir l'exercice du privilège du Trésor sur les fruits de l'immeuble pour l'année échue et l'année courante, même lorsqu'il a payé son prix. (*Trib. de Saint-Jean-d'Angély, 30 décembre 1869; Com. Durieu, t. II, Jurisp., p. 203.*)

Il en est de même des acquéreurs de coupes de bois. — V. n° 9.

2527. — L'article 4er, § 4er, de la loi du 12 novembre 1808 établit au profit du Trésor public un privilège qui *s'exerce avant tout autre*, sur les récoltes, fruits, loyers, et revenus des biens immeubles sujets à la contribution, pour la contribution de l'année échue et de l'année courante. Ces termes généraux embrassent tous les revenus des immeubles, sans distinguer si les biens ont changé de maître ou sont restés aux mains du même propriétaire, à la différence du § 2 dudit article qui ne frappe du privilège, à raison de la contribution mobilière, que les meubles et effets mobiliers n'ayant pas cessé d'être ceux des redevables.

La saisie-arrêt que le percepteur fait pratiquer entre les mains d'un locataire, sur le montant de ses loyers, et pour la contribution de l'année échue et de l'année courante, est valable au fond et régulière dans la forme, bien que l'ancien propriétaire soit encore inscrit au rôle.

Le nouveau propriétaire de l'immeuble dont les loyers ont été frappés de saisie-arrêt par le percepteur excipe donc vainement, pour en contester la validité, de ce que cette opposition a été formée en vertu de rôles de contribution et en vertu d'une contrainte sur lesquels il n'était pas nominativement inscrit. (*Trib. civ. de Versailles, 4 décembre 1884 ; Arr. Cour cass. 26 mai 1886 ; Cour de Rouen, 1er févr. 1893 ; Com. Durieu, t. II, Jurisp., p. 253 et 287.*) — V. n°s 2506 et suiv.

Privilège en cas de transport de loyer. — V. n° 1830.

2528. — *Privilège des contributions personnelle et mobilière, des portes et fenêtres, des patentes et des taxes assimilées aux contributions directes.* — On a vu plus haut, n° 2504, que le privilège du Trésor pour ces contributions s'exerce pour l'année échue et l'année courante sur tous les meubles et effets mobiliers appartenant aux redevables en quelque lieu qu'ils se trouvent. On remarquera

que ce privilège est beaucoup plus étendu que celui de la contribution foncière. Celui-ci ne porte, en effet, que sur les fruits et revenus des immeubles, tandis que l'autre, portant sur tous les objets mobiliers, comprend même ces fruits et revenus, qui sont meubles aux termes de l'article 528 du Code civil. — V. MEUBLES n°s 1852 et suiv.

Les dispositions énoncées ci-dessus à l'occasion du privilège des contributions directes sont entièrement applicables au privilège des autres natures de contributions. — V. n° 2511.

2529. — L'article 58 de la loi de finances du 30 mars 1902 porte que les dispositions de la loi du 12 novembre 1808 sont applicables aux taxes communales assimilées aux contributions directes. Toutefois, le privilège ainsi créé prend rang immédiatement après celui du Trésor public.

Par suite de l'extension aux communes du bénéfice de la loi du 12 novembre 1808 découlent les conséquences suivantes :

1° Le privilège est limité, aux taxes de l'année échue et de l'année courante et n'est primé que par le privilège de l'impôt direct. Par conséquent, le privilège des taxes communales est préférable aux autres privilèges du Trésor public (régie des contributions indirectes, douanes, frais de justice criminelle, correctionnelle et de simple police, etc.), à l'exception toutefois du privilège des droits de timbre et des amendes y relatives qui vient au même rang que celui de l'impôt direct.

2° Le privilège des taxes communales est tantôt le privilège de l'impôt foncier, tantôt celui de l'impôt mobilier, selon que la taxe qu'il s'agit de recouvrer est, par sa nature, assimilée à l'un ou à l'autre de ces impôts. Dans le premier cas, il frappe les récoltes, fruits, loyers et revenus des biens immeubles sujets à la taxe et s'exerce, abstraction faite de la mutation de propriété. Dans le second cas, il porte sur les meubles et autres effets mobiliers appartenant aux redevables en quelque lieu qu'ils se trouvent.

3° Tous fermiers, locataires, notaires, commissaires-priseurs et autres dépositaires et débiteurs de deniers provenant du chef des redevables et affectés au privilège des taxes communales sont tenus, sur la demande qui leur en est faite, de payer en l'acquit des redevables et sur le montant des fonds qu'ils doivent ou qui sont entre leurs mains, jusqu'à concurrence de tout ou partie des taxes dues par ces derniers.

4° Enfin, les demandes en revendication des meubles et autres effets mobiliers compris dans les saisies faites en vue du recouvrement des taxes communales assimilées aux contributions directes ne peuvent être portées devant les tribunaux ordinaires qu'après avoir été soumises à l'autorité administrative.

A ce sujet, il ne faut pas perdre de vue que

la formalité du dépôt du mémoire à l'autorité administrative est prescrite à peine de nullité de l'assignation et qu'elle incombe au revendiquant (*arrêts de la Cour d'Aix du 27 mai 1898 et de la Cour de Paris du 21 janvier 1896*). Les percepteurs et les receveurs municipaux, dans les conclusions prises en leur nom, ne doivent pas manquer, le cas échéant, de faire relever ce vice de forme qui doit être opposé à la partie adverse avant toute défense au fond (*Cassation, 6 mars 1901*). (*Circ. compt. publ. 10 mai 1902, § 3.*)

En ce qui concerne le privilège de la taxe vicinale, V. n° 2503, § 5.

2530. — Les communes ne sont pas privilégiées pour le recouvrement des droits d'octroi ; elles ne peuvent dès lors exercer sur les meubles et effets mobiliers des redevables le privilège édicté par l'article 47 du décret du 1ᵉʳ germinal an XIII (22 mars 1805). (*Jug. Trib. comm. de Strasbourg, 8 octobre 1862 ; Trib. civ. de Lyon, 31 décembre 1873.*)

Les communes n'ont pas également de privilège pour le recouvrement des droits de stationnement sur la voie publique. (*Jug. Trib. Comm. de la Seine, 10 octobre 1887.*)

Le dispositif de ce dernier jugement porte que les droits de stationnement, étant classés parmi les recettes ordinaires des communes à côté des octrois municipaux et des droits de place perçus dans les halles, foires et marchés, doivent être considérés comme taxes locales de la même nature que les octrois municipaux, et, par ce fait, ne sont assimilables, en ce qui touche le privilège, ni aux contributions directes, ni aux contributions indirectes.

En ce qui concerne le recouvrement des droits de premier pavage, les villes ne jouissent d'aucun privilège sur les immeubles des contribuables. (*Cour cass. 31 mai 1880 ; Com. Durieu, t. II, Jurisp., p. 242.*)

Pour les droits de voirie, les villes n'ont aucun privilège sur les meubles des redevables. (*Cour cass. 21 janvier 1891; Com. Durieu, t. II, Jurisp., p. 274.*)

Mais le privilège édicté par la loi du 12 novembre 1808 est applicable aux taxes syndicales d'arrosage. (*Trib. civ. d'Oran, 15 mars 1886; Com. Durieu, t. II, Jurisp., p. 252.*)

Toutefois, il résulte d'un arrêt de la Cour de Cassation en date du 26 janvier 1903 qu'aucun texte n'a étendu à la perception des taxes dues aux associations syndicales organisées pour le dessèchement des marais et la construction ou l'entretien des digues, le privilège que la loi du 12 novembre 1808 a établi au profit du Trésor pour le recouvrement de la contribution foncière.

2531. — Le privilège général des contributions personnelle et mobilière, des portes et fenêtres et des patentes, ainsi que les taxes assimilées, prime les frais funéraires et de dernière maladie, le salaire des gens de service, les fournitures faites au débiteur ou à sa famille, la créance du propriétaire sur les meubles qui garnissent la maison ou la ferme. Il prime aussi celui du gagiste comme celui de l'aubergiste et du voiturier. (*Com. Durieu, t. 1, p. 191, 198 et suiv.; Trib. civ. de Lille, 15 juill. 1895.*)

Par contre, le privilège des contributions directes est primé par les frais de justice (*commandement, saisie et vente*), en un mot les frais que le Trésor lui-même serait obligé de faire pour arriver à la vente des meubles. Mais les contributions devraient être payées avant les frais qui auraient été faits par un seul créancier dans la poursuite d'une action à lui particulière, attendu que les frais de justice qui priment le privilège des contributions directes sont seulement ceux qui ont été exposés dans l'intérêt commun de tous les créanciers. (*Com. Durieu, t. 1, p. 185 et suiv. ; Arr. Cour cass. 25 juillet 1893.*)

2532. — Parmi les frais de justice privilégiés, on ne doit pas comprendre les frais d'administration d'une faillite. Ainsi on doit distraire du compte du syndic :

1° Inscriptions hypothécaires en faveur de la masse ;

2° Convocation des créanciers présumés ;

3° Timbre du procès-verbal de réunion des créanciers ;

4° Jugement déclaratif de la faillite et frais y relatifs, ainsi que tout ce qui a été payé au greffier à ce sujet ;

5° Indemnité du syndic. (*Arr. Cour cass. 20 août 1821 ; Com. Durieu, t. 1, p. 186, en note ; Jug. Trib. de Gaillac, 31 juill. 1888 ; Cour cass. 2 févr. 1897.*)

Le percepteur doit exiger, au besoin, que le syndic d'une faillite justifie par un état, dûment taxé, les frais de justice primant le privilège du Trésor, et, en cas de refus, en référer au président du Tribunal civil. — V. n°ˢ 1355 et 1524.

2533. — Les meubles et effets mobiliers qui se trouvent entre les mains du redevable, mais qui sont déclarés insaisissables, ou qui appartiennent à un tiers, ne tombent pas sous le privilège du Trésor. (*Com. Durieu, t. 1, p. 196.*)

2534. — Le privilège n'existe également pas sur les meubles vendus et livrés de bonne foi par le redevable avant toute poursuite, notamment la saisie. (*Com. Durieu, t. 1, p. 226 et suiv., et t. II, Jurisp., p. 132, 166, 167 et 185.*) — V. n°ˢ 2520 et suiv.

Privilège des frais de justice. — V. n°ˢ 1355 et 2531.

2535. — *Privilèges divers.* — Dans le cas où divers privilèges du Trésor se trouveraient en concours avec l'impôt direct, par

exemple celui de la régie des contributions
indirectes, celui des douanes, celui des frais de
justice criminelle, correctionnelle ou de police,
et celui établi sur les biens des comptables chargés de la recette ou du payement des deniers
de l'État, le privilège des contributions directes
aurait la priorité ; c'est une conséquence des
termes de l'article 1er de la loi du 12 novembre 1808 et de l'article 2101 du Code civil qui
énumère les privilèges généraux primant ceux
qu'on vient d'énoncer, et qui sont eux-mêmes
primés par le privilège de l'impôt direct.

Quant au privilège des droits de timbre et des
amendes y relatives, il se trouve au même rang
que celui des contributions directes (L. 28 avril
1816, art. 76). C'est donc le cas de l'application de l'article 2097 du Code civil qui porte :
« Les créanciers privilégiés qui sont dans le
même rang, sont payés par concurrence. »
(Com. Durieu, t. I, p. 211 et suiv.)

2536.— Lorsque la régie des douanes et la
régie des contributions directes se trouvent en
concours sur les biens du même débiteur pour
l'exercice de leur privilège, le privilège de cette
dernière régie prime celui de la première.
(Arr. Cour cass. 9 mars 1885.)

2537. — *Compétence.* — Les tribunaux
sont seuls compétents pour statuer sur les questions de privilège. (Com. Durieu, t. I, p. 231
et 396, et t. II, Jurisp., p. 179, 195 et 211.)
— V. Dépositaires et débiteurs de deniers
provenant du chef des redevables, Faillite, Fermiers, Poursuites, Saisies-arrêts.

Privilège pour le recouvrement des amen-des et condamnations. — Voir nos 233 et suiv.

Procès (Frais de). — V. Pièces justifica-tives, § 168.

Procès-verbal de carence.— V. Poursui-tes, no 2377.

Procès-verbal de clôture des registres. — V. nos 953 et suiv.

Procès-verbal d'injures.— V. nos 2067 et suiv.

Procès-verbal de réception définitive de travaux. — V. Travaux.

Procuration. — V. Payement des dépenses des communes, nos 2105 et suiv.

Produit des expéditions des actes de l'état-civil. — V. nos 1507 et suiv.

Produits communaux.— V. Revenus des communes.

Produits de coupes de bois. — V. nos 1242 et suiv.

Produits divers. — Recettes a enregis-trer sous ce titre au journal a souche et au livre récapitulatif. — V. nos 1733 et 1792.

Produits en nature. — V. nos 2793 et suiv.

Produits éventuels départementaux.

2538. — Les receveurs des finances sont
chargés de recouvrer, outre les centimes additionnels pour dépenses départementales, les
divers produits éventuels qui sont destinés
aux mêmes dépenses et qui appartiennent
aux budgets des départements. Ces produits
sont indiqués à l'article 443 de l'Instruction
générale. — V. Aliénés, Chemins vicinaux,
Eaux minérales, Enfants assistés, Frais
et honoraires dus par des particuliers
pour travaux d'intérêt public. Souscriptions, Travaux d'intérêt commun.

2539.— *Dispositions communes à
tous les produits éventuels départementaux. — Mode de recouvrement. —
Titres de perception. — Poursuites.* —
Le recouvrement des divers produits éventuels
départementaux s'opère en vertu des rôles, ou
états de produits, rendus exécutoires, par les
préfets, et par eux remis aux trésoriers généraux, qui doivent en prendre charge dans leur
comptabilité, comme titres de perception. Ces
titres se composent de baux, procès-verbaux
d'adjudication, actes de vente, états de rôles,
états de répartition sur les communes, actes
d'engagement des débiteurs, certificats de livraison, états d'attribution, décomptes, ordres
de reversements, états de frais ou arrêtés du
préfet constatant les sommes à recouvrer.

Lorsque les actes stipulent des prix payables
en plusieurs années, des copies certifiées des
actes sont fournies aux trésoriers généraux à
l'appui de la recette de la première année ;
mention est faite de cette justification lors des

recettes ultérieures, et les expéditions des actes ou les actes eux-mêmes sont produits à l'appui du recouvrement final. Si quelques produits sont perçus par des agents intermédiaires, et si les receveurs des finances ont seulement à en encaisser le montant, les titres de perception sont accompagnés d'états dressés par l'agent qui a effectué la recette, visés par le chef du service (directeur des contributions indirectes, ingénieur en chef, agent-voyer en chef), et certifiés par le préfet. *(Inst. gén., art. 444.)*

Les comptables chargés du recouvrement sont tenus de faire, sous leur responsabilité, toutes les diligences nécessaires pour assurer la rentrée des produits ; mais, avant de commencer des poursuites, ils doivent en référer au préfet.

En cas d'opposition de la part des redevables, ces oppositions, lorsque la matière est de la compétence des tribunaux ordinaires, sont jugées comme affaires sommaires.

La loi, en réglant que les rôles et états de produits sont rendus exécutoires par les préfets, autorise les poursuites par voie administrative, c'est-à-dire comme en matières de contributions directes, et, en cas de difficulté sur le payement, la contestation doit être déférée aux conseils de préfecture.

Les trésoriers généraux font provisoirement l'avance, avec leurs fonds personnels, des frais que les poursuites peuvent exiger, et ils se pourvoient immédiatement auprès du préfet pour en obtenir le remboursement sur les fonds du budget départemental. Le recouvrement des frais sur les redevables s'effectue ensuite à titre de produits éventuels départementaux, en vertu d'états rendus exécutoires par le préfet. *(Inst. gén., art. 445.)*

2540. — Les receveurs des finances doivent, lorsque les comptables ont concouru au recouvrement des produits, partager avec eux la remise qui leur est allouée *(déduction faite des frais de bureau et de la retenue de 5 °/₀).* — *(Inst. gén., art. 489 ;* Circ. compt. publ. 29 déc. 1866, § 8.) — V. nᵒˢ 2580 et suiv.

2541. — *Versements de contingents communaux.* — *Cas où le récépissé est exempt de timbre.* — Les récépissés relatifs aux contingents communaux centralisés au compte des produits éventuels départementaux, pour les chemins de grande communication et d'intérêt commun, sont assujettis au timbre de 25 centimes quand il s'agit de contingents facultatifs, c'est-à-dire de souscriptions particulières des communes. — Mais ils sont exempts de la formalité du timbre dans le cas où les contingents sont obligatoires et rattachés dans un intérêt d'ordre et de comptabilité au budget départemental. *(Circ. compt. publ. 6 mai 1874, § 9.)*

2541 bis. — *Comptabilité.* — Les mandats de paiement ou les coupures de récépissés portant ordonnancement des maires sont acquittés par le receveur des finances ; les comptables n'ont pas à faire usage des comptes « *cotisations municipales et produits éventuels départementaux* ». *(Décis. administration centrale.)*

Produits universitaires. — V. nᵒ 1397.

Propriétaire (Délégation du) sur ses fermiers. — V. nᵒˢ 1301 et suiv.

Propriétaires et principaux locataires (Obligation et responsabilité des). — V. nᵒˢ 1315 et suiv.

Propriétaires et usufruitiers. — V. CONTRIBUABLE.

Propriété exemptée de l'impôt foncier. — V. CONTRIBUTIONS DIRECTES.

Propriété vendue et indivise. — V. nᵒ 1155.

Prud'hommes (Dépenses des conseils de). V. nᵒ 1123.

Publicateur de la mairie (Traitement du). V. nᵒ 3022.

Publication des rôles. — V. nᵒ 2800.

Publications administratives (Abonnement à des). — V. nᵒ 2.

Publications faites par des fonctionnaires.

2541 bis. — Les fonctionnaires ou agents de l'administration des finances qui ont l'intention de publier des ouvrages ou écrits se rattachant à des questions d'ordre administratif ou financier, doivent préalablement être autorisés par le Ministre des finances.

Les auteurs de ces publications ne peuvent, en vue de la vente de leurs ouvrages, faire de propagande auprès de leurs subordonnés ou de tous ceux sur qui ils peuvent ou sont censés pouvoir exercer leur autorité. Ils doivent, d'autre part, s'interdire d'apparaître personnellement dans les opérations qui sont plus spécialement du domaine de l'éditeur et s'abstenir notamment de recevoir eux-mêmes les souscriptions.

Dans aucun cas, ils ne peuvent user de la franchise postale pour l'envoi des prospectus, circulaires, bons de souscription ou tous autres imprimés de même nature, destinés à faciliter la diffusion ou la vente de leurs ouvrages. *(Circ. min. Fin. 5 mars et 20 avril 1901.)*

Punitions. — V. AGENT SPÉCIAL, COMPTE DE GESTION, EXPRÈS, RÉSIDENCE, RETENUES, VÉRIFICATION DE CAISSE.

Purge des hypothèques.

2542. — La purge des privilèges et hypothèques est facultative pour les particuliers; mais elle est obligatoire en ce qui concerne les acquisitions et échanges de propriétés immobilières faits par les communes et les établissements publics.

Toutefois, les communes et les établissements de bienfaisance peuvent être dispensés, par délibérations des conseils municipaux ou des commissions administratives approuvées par le préfet, de procéder aux formalités de la purge des hypothèques, lorsque le prix d'acquisition n'excède pas 500 francs, soit que l'acquisition ait été faite de gré à gré, ou en vertu de la loi du 3 mai 1841 sur l'expropriation pour cause d'utilité publique. *(Ordonn. 18 avril 1842, art. 2 ; Décr. 14 juillet 1866 et 7 juin 1875 ; Circ. min. Int. 24 juillet 1875.)* — V. PIÈCES JUSTIFICATIVES, §§ 151 et suiv.

2543. — L'exercice du droit conféré aux communes et aux établissements de bienfaisance n'est pas subordonné à la production préalable d'un certificat négatif d'inscription hypothécaire. Ce certificat ne doit donc pas être exigé pour les acquisitions n'excédant pas 500 francs et qui sont dispensées de la purge. *(Avis Cons. d'Ét. 31 mars 1869 ; Circ. compt. publ. 15 novembre 1869, § 2.)*

L'administration supérieure ne peut, en aucun cas, étendre la dispense de purge à des acquisitions excédant 500 francs. *(Solut. min. Int. Bull. off. année 1867, n° 10 ; Jurisp. constante.)*

Ainsi, la solvabilité du vendeur ne saurait dispenser la commune de procéder à l'accomplissement de la purge des hypothèques lorsque l'immeuble acquis est d'un prix supérieur à 500 francs. *(Cour des comptes, 22 déc. 1852.)*

Il en serait de même pour des vendeurs, mariés sous le régime de la communauté, qui n'auraient jamais rempli de fonctions emportant hypothèque légale. *(Cour des comptes, 18 nov. 1904.)*

2543 bis. — Les conseils municipaux ne peuvent, par voie de disposition générale, dis-

penser de la purge des hypothèques les acquisitions de moins de 500 francs; il est nécessaire de produire une délibération spéciale pour chaque acquisition. *(Arr. Cour des comptes 1er juin 1897.)*

2544. — La renonciation de la femme à son hypothèque sur l'immeuble vendu par son mari à une commune ne dispense pas cette dernière de recourir aux formalités de la purge, attendu que l'immeuble peut se trouver grevé d'autres hypothèques légales provenant du fait soit du vendeur actuel, soit des précédents propriétaires. *(L. 13 février 1889 ; Solut. min. Int. 15 janvier 1890 et 6 octobre 1891.)* — V. PIÈCES JUSTIFICATIVES, § 151.

2545. — L'accomplissement des formalités de purge des hypothèques est obligatoire lorsque l'acquisition d'un immeuble a eu lieu moyennant payement d'une rente annuelle et viagère dont le chiffre de rente représente un capital supérieur à 500 francs, attendu que les conseils municipaux ne peuvent, par délibération approuvée par le préfet, dispenser de l'accomplissement des formalités de purge des hypothèques que lorsque le prix d'achat est inférieur à 500 francs. *(Arr. Cour des comptes, 22 novembre 1889, 3 janv. 1901 et 27 oct. 1904.)*

Dans l'espèce, il s'agissait de la vente d'une maison moyennant le payement au profit du vendeur d'une rente annuelle et viagère de 200 francs, et sur laquelle maison il n'existait aucune inscription hypothécaire.

2546. — Sont également assujetties à la formalité de la purge des hypothèques les acquisitions d'immeubles dont le prix excède 500 fr., et qui sont faites par voie d'échange, lors même que les biens échangés ne donnent pas lieu au payement d'une soulte. *(Arr. Cour des comptes, 8 mai 1891, 15 déc. 1891 et 12 mai 1893.)*

Les formalités de transcription et de purge sont également nécessaires pour les cessions gratuites de terrains à la commune lorsque le prix d'évaluation excède 500 francs. *(Arr. Cour des comptes 17 juin 1899.)*

2547. — Les formalités de la purge des hypothèques, doivent être remplies en ce qui concerne l'acquisition faite par une commune d'un immeuble appartenant à un bureau de bienfaisance, et dont le prix excède 500 francs. *(Solut. min. Int. Bull. off. année 1864 n° 26.)* Toutefois, on ne doit produire cette justification que dans le cas où il existerait des hypothèques légales du chef des précédents propriétaires. *(Règl. min. Fin. 26 déc. 1866, chap. K, § 4, Justifications communes.)*

2548. — La purge des hypothèques, dans le cas de cession amiable à la suite d'expropriation pour cause d'utilité publique, n'est régulière que si elle a été opérée selon les termes de la

loi du 3 mai 1841 *(art. 15 à 19)*, et non d'a-
près les formes tracées par les articles 2181 et
suivants du Code civil et par la loi du 23 mars
1855 concernant les formalités de purge hypothécaire suivant le droit commun. *(Circ. compt.
publ. 16 juillet 1874, § 1er ; Arr. Cour des
comptes, 24 octobre 1892, 12 mai 1893, 25 nov.
1898 et 22 nov. 1904.)*

Les receveurs municipaux ne doivent pas
perdre de vue ces prescriptions. Ils doivent bien
se pénétrer que la purge des hypothèques
diffère soit qu'il s'agisse d'acquisitions volontaires d'après les règles du droit commun, soit
que les acquisitions aient eu lieu par application
de la loi du 3 mai 1841 sur l'expropriation pour
cause d'utilité publique.

Dans le premier cas, il y a lieu d'exiger les
pièces justificatives énumérées au n° 2234,
§ 151 ; dans le second cas, c'est-à-dire si *l'utilité
publique a été déclarée*, celles spécifiées au
même numéro, sous les paragraphes 152 et 153.

S'il arrivait qu'une purge eût été faite à tort,
contrairement aux règles énoncées ci-dessus,
il y aurait lieu d'exiger une nouvelle purge.
*(Arr. Cour des comptes, 5 août 1895 et 17 févr.
1896.)*

2548 bis. — La purge de la loi du 3 mai
1841, la seule à effectuer en matière d'acquisitions pour cause d'utilité publique, exige trois
séries de formalités, savoir : 1° *les publications*
(publication et affichage de l'acte d'acquisition, dans la commune de la situation des
biens, insertion de l'acte d'adjudication dans
un journal d'annonces légales de l'arrondissement ou, à défaut, du département) ; 2° *la transcription* de l'acte d'acquisition au bureau du
conservateur des hypothèques constatant la
non-existence d'inscriptions. Ces formalités
doivent être accomplies dans l'ordre et dans
les délais prescrits par la loi : les publications
doivent, *à peine de nullité de la purge, précéder
la transcription* ; quant au certificat du conservateur, il doit être délivré au plus tôt à
l'expiration des quinze jours qui suivent la
transcription opérée comme il vient d'être
dit. — V. PIÈCES JUSTIFICATIVES, §§ 152 et
153.

Pour la purge concernant des acquisitions
volontaires faites selon les règles du droit
commun, V. PIÈCES JUSTIFICATIVES, § 151.

2549. — *Frais de purge.* — Les frais de
purge hypothécaire en ce qui concerne les
acquisitions faites par les communes sont à la
charge de ces dernières, sauf stipulation contraire dans l'acte de vente.

Q

Quérabilité. — V. RECOUVREMENT, TOUR-
NÉES DE RECOUVREMENT.

Questions à résoudre. — V. DIFFICULTÉS.

Quêtes pour les pauvres. — V. n°s 1379, 1386
et suiv.

Quinze-Vingts (Hospice des).

2550. — La quittance apposée sur les certificats de vie produits à titre de justification du
payement des secours viagers accordés aux
aveugles de l'hospice des Quinze-Vingts est
exempte du droit de timbre de 10 centimes.
(Circ. compt. publ. 5 avril 1873.)

Quittances.

2551. — *Délivrance par les percepteurs.*
— Les percepteurs, les receveurs des communes et d'établissements de bienfaisance délivrent immédiatement quittance pour toutes les
sommes qui sont versées à leur caisse ; ces
quittances doivent être extraites d'un *journal
à souche*. Ils sont tenus, en outre, d'émarger
au rôle ou sur les titres de recettes, chaque
payement *au moment même où il a lieu et en
présence de la partie versante.* (*Inst. gén., art.
74, 75, 842 et 1055 ; Circ. compt. publ., 21
juin 1898, § 9.*)

Il est interdit aux percepteurs de signer à
l'avance les quittances attenantes à leur livre
à souche. *(Inst. gén., art. 1446.)* — V. JOUR-
NAL A SOUCHE.

2552. — Le contribuable qui paie plusieurs
articles le concernant a la faculté de choisir les
cotes qu'il préfère acquitter ; il ne saurait, sous
prétexte de charger le travail du comptable,
exiger les quittances distinctes pour chaque
article, à moins que, par suite d'une réclamation
à faire, il demandât une quittance spéciale pour
la cote donnant lieu à réclamation. Mais il faut
tenir compte que, lorsque le percepteur ne
délivre qu'une quittance, il doit donner le
détail de tous les articles de rôles auxquels
s'applique le versement. — V. IMPUTATION
DE PAYEMENT.

2553. — Les quittances libèrent le contribuable à défaut d'émargement au rôle. *(Com.
Durieu, t. I, p. 155.)* — V. ÉMARGEMENT.

2553 *bis.* — Une quittance délivrée pour la cote de l'exercice courant ne constitue pas une présomption légale du payement de la cote concernant l'exercice précédent. — V. ÉMARGEMENT. IMPUTATION DE PAYEMENT.

2554. — Les quittances à souche des percepteurs constatant le payement des contributions directes et des taxes assimilées *(redevances des mines, taxes des biens de mainmorte, droits de vérification des poids et mesures, droits de visite chez les pharmaciens, contributions sur les voitures et chevaux, taxe sur les vélocipèdes, taxe sur les billards, taxe sur les cercles, taxe militaire, etc)* sont exemptes de timbre.(*L. 13 brumaire an VII, art. 16*; *Circ. compt. publ. 14 avril 1872, n° 1.*)

En ce qui concerne le service des amendes, V. n°° 536 et suiv.

2555. — *Quittances délivrées par les receveurs des communes.* — *Timbre.* — Les quittances délivrées par les receveurs des communes et des établissements de bienfaisance, sauf les exceptions mentionnées ci-dessous, doivent être timbrées lorsque la recette excède 10 francs, ou lorsque, n'excédant pas 10 francs, elle a pour objet un acompte ou un payement final sur une plus forte somme. La délivrance de ces quittances est obligatoire. Le prix du timbre est à la charge de la partie versante; il est fixé à 25 centimes, et s'ajoute de plein droit, lorsqu'il est exigible, au montant de la somme due et est soumis au même mode de recouvrement. (*Inst. gén., art. 843* ; *L. 8 juill. 1865, art. 4.*) — V. TIMBRE, n°° 2970 et suiv., SUBVENTIONS, etc.

2556. — En disant que le prix du timbre s'ajoute de plein droit au montant de la somme due, la loi va au-devant des résistances qui pourraient se produire. Si l'on suppose, par exemple, une dette de 20 francs, l'addition du prix du timbre la portera à 20 fr. 25 ; qu'un débiteur récalcitrant vienne ensuite prétendre qu'il ne doit que 20 francs, et ne verse effectivement que cette somme, le receveur ne doit lui délivrer une quittance que de 19 fr. 75, défalcation faite du prix du timbre. De cette manière le redevable ne se trouvant pas libéré, il peut, dès lors, être poursuivi pour le reliquat comme il aurait pu l'être pour la totalité de la dette elle-même, sans préjudice, bien entendu, d'un second droit de timbre au moment du payement de ce reliquat, puisqu'il s'agirait d'une quittance finale sur une somme excédant 10 francs. (*Circ. compt. publ. 10 juill. 1865, § 1er.*)

2557. — *Cas où il existe une quittance notariée.* — La délivrance d'une quittance à souche timbrée n'est pas obligatoire quand il existe déjà une quittance timbrée notariée. Dans ce cas, le comptable doit conserver la quittance adhérente à la souche, en annotant les renseignements nécessaires pour sa justification.

Mais si, pour un motif quelconque, la partie ou le notaire demande la délivrance d'une quittance détachée du journal à souche, cette quittance doit être revêtue d'un timbre de 25 centimes. (*Circ. compt. publ. 15 nov. 1869, § 5.*)

2558. — *Quittance unique pour plusieurs créances.* — Les sommes dues à divers titres par un même débiteur peuvent être portées dans la même quittance timbrée quand elles sont versées en même temps, parce qu'elles ne forment alors qu'un seul payement. (*Circ. compt. publ. 26 juin 1866, § 5.*)

Il importe peu que l'une ou l'autre des créances soit inférieure à 10 francs si, réunies, elles excèdent ce chiffre. Mais on peut délivrer des quittances non timbrées pour chaque dette ne s'élevant pas dans son ensemble à plus de 10 francs. (*Solut. enreg.*)

2559. — *Exemption de timbre.* — Sont exemptes de timbre, même pour des sommes supérieures à 10 francs :

1° Les quittances délivrées au receveur des finances pour le payement des centimes communaux, attributions sur les patentes, arrérages de rentes sur l'État, attributions sur le produit des amendes et intérêts des fonds placés au Trésor ;

2° Les quittances apposées sur les mandats de remboursement des fonds placés au Trésor :

3° Les quittances pour droits de permis de chasse ;

4° Les quittances délivrées pour le payement du montant des prestations en nature et en argent destinées à la réparation des chemins vicinaux, ainsi que celles concernant la taxe vicinale ;

5° Les quittances délivrées pour le payement de la taxe municipale sur les chiens. (*Inst. gén., art. 844.*)

6° Les quittances d'ordre que les comptables peuvent, dans certains cas, se délivrer à eux-mêmes pour des sommes qui ne sortent pas de leur caisse. (*Inst. enreg. 20 juin 1890, n° 2794, § 6.*)

Sont également exemptes du timbre, les quittances relatives au service de l'assistance médicale gratuite. (*L. 15 juillet 1893, art. 32.*)

En ce qui concerne les retenues pour pensions civiles, V. n° 2771.

2560. — *Quittances soumises au timbre de 25 centimes.* — Ne peuvent être assimilées à ces dernières quittances, et sont dès lors soumises au droit de timbre, quand elles excèdent 10 francs : 1° celles qui sont délivrées pour le payement des coupes d'affouage, soit qu'on n'exige de la part des habitants d'autre rétribution que celle des frais occasionnés par les coupes elles-mêmes, soit qu'on perçoive, en sus des frais, une somme imposée pour subvenir aux dépenses de la commune (V . n° 34);

2° celles qui sont données pour le payement des taxes établies sur les bestiaux conduits aux pâturages communaux, ces taxes représentant le loyer des pâturages (V. n° 2077);

3° les quittances souscrites au nom des trésoriers généraux ou autres agents comptables du Trésor pour subventions ou secours accordés par l'État, et applicables aux chemins vicinaux, à moins que la somme accordée ne doive être employée à établir des ateliers de charité;

4° les quittances, délivrées par les receveurs municipaux, des subventions pour le service de l'instruction primaire. (*Inst. gén., art. 845.*)

2561. — Sont également soumises au timbre, les quittances des prix de ferme des maisons, usines, biens ruraux, rentes sur particuliers, subventions, souscriptions volontaires, produits des octrois, droits de place dans les halles, foires et marchés, droits de mesurage et pesage, prix de concessions dans les cimetières et autres concessions, taxes particulières ou locales, telles que celles relatives au payement des coupes d'affouage, de pavage, et, en un mot, toutes taxes ayant un caractère purement local et d'intérêt privé. (*Circ. compt. publ. 10 juill. 1865, § 1er*) — V. ALIÉNÉS, n° 55; BAUX, n° 682; CONCESSIONS D'EAU, n° 1064; CONCESSIONS DANS LES CIMETIÈRES, n° 1073; COUPES ORDINAIRES DE BOIS, n° 1269; DONS ET AUMÔNES, n° 1381; EMPRUNTS, n° 1422; LEGS, n° 1771; LOCATIONS DES PLACES, n° 1803; OCTROI, n° 2000; SOUSCRIPTIONS, n° 2850 et 2857; SUBVENTIONS, n°s 2863, 2866 et 2872; SYNDICATS, n° 2889, etc.

2562. — *Délivrance de plusieurs quittances sur une déjà timbrée.* — Les dispositions de l'article 23 de la loi du 13 brumaire an VII, d'après lesquelles il peut être donné plusieurs quittances sur une même feuille de papier timbré, pour acompte d'une seule et même créance ou d'un seul terme de fermage ou de loyer, sont applicables aux quittances délivrées par les comptables de deniers publics, qui sont restées soumises à la législation qui leur est spéciale. (*L. 23 août 1871, art. 20, § 4.*)

Les comptables ont donc la faculté, dans les cas ci-dessus spécifiés, de constater, à la suite d'une première quittance, revêtue du timbre mobile à 25 centimes, les payements subséquents, sans apposer de nouveaux timbres sur les formules de quittance à souche, correspondant aux articles qui mentionnent ces payements. Dans ce cas, on laisse attenantes au journal à souche, les formules de quittance correspondant aux autres acomptes, après les avoir biffées et y avoir porté la mention que la quittance de ces acomptes est donnée sur une précédente quittance délivrée le........ sous le n°........ et revêtue du timbre. Il y aurait contravention, si, à défaut de la représentation de la première quittance, pour un motif quelconque, les comptables délivraient de nouvelles quittances non revêtues du timbre mobile, en se bornant à y inscrire la mention dont il vient d'être parlé. (*Circ. compt. publ. 1er déc. 1865, § 1er; Solut. enreg. 30 nov. 1875; Circ. compt. publ. 10 nov. 1887, § 3.*)

2563. — Les dispositions qui précèdent ne sont pas applicables en ce qui concerne les quittances ou acquits prévus par l'article 18 de la loi du 23 août 1871, lesquels sont soumis à un droit de timbre de 10 centimes. — V. TIMBRE, n°s 2984 et suiv.

2564. — *Difficultés au sujet du timbre.* — S'il s'élève, au reste, quelques difficultés au sujet du timbre des quittances et pièces de comptabilité, les receveurs municipaux doivent en référer au receveur des finances de leur arrondissement, qui se concerte, par l'entremise du trésorier général, avec le directeur de l'enregistrement et des domaines du département, et leur fait connaître la décision intervenue. (*Inst. gén., art. 846.*)

2565. — *Duplicata de quittances.* — Les duplicata de quittances dont la demande serait faite, soit par les contribuables, soit par les débiteurs des communes et des établissements de bienfaisance, ne doivent pas être délivrés sur des formules détachées du journal à souche. Les percepteurs emploient pour l'expédition de ces duplicata tel autre papier qu'ils jugent convenable.

Lorsqu'il s'agit d'une recette qui, par sa nature ou son importance, a donné lieu à la délivrance d'une première quittance timbrée, le duplicata doit être revêtu du timbre de 25 centimes, créé en exécution de l'article 4 de la loi du 8 juillet 1865. (*Inst. gén., art. 1446.*)

Pour les duplicata de quittance de permis de chasse, V. n° 2222.

En ce qui a trait aux quittances de la caisse d'épargne on ne doit jamais délivrer de duplicata, V. n° 838.

2566. — *Légalisation des quittances délivrées par les comptables.* — Il est de principe que tout acte émané d'un officier public doit être légalisé, lorsqu'il est produit hors du lieu où ce fonctionnaire exerce ses fonctions. Toutefois, il a été reconnu qu'il n'y avait pas lieu d'exiger la légalisation des quittances délivrées par les comptables (percepteurs et receveurs de l'enregistrement), la forme même de ces quittances étant une garantie suffisante de leur sincérité.

Si, pour un cas exceptionnel, la légalisation paraissait nécessaire, elle devrait être effectuée non plus par les maires, mais par les supérieurs hiérarchiques des comptables. (*Circ. de la chancellerie, 16 janvier 1889; Circ. compt. publ. 18 avril 1889, § 8.*)

Quittances délivrées pour des sous-criptions, subventions. — V. nᵒˢ 2850 et 2866.

Quittances des parties prenantes données pour le payement des dépenses communales. — V. nᵒˢ 1832, 1847 et suiv.

Quittances de secours. — V. nᵒˢ 2835 et suiv.

Quittances et effets à encaisser pour le compte d'agences de recouvrement. — *Défense expresse aux percepteurs de se charger de ces recouvrements.* V. nᵒ 1413.

Quitus (Certificats de) — V. CAUTIONNEMENTS, nᵒˢ 890 et suiv.

R

Rapport du contrôleur et du directeur sur le concours des percepteurs au travail des mutations. — V. nᵒˢ 1934 et suiv.

Rapport sur les vérifications des comptables. — V. VÉRIFICATION DE CAISSE.

Rattachements à faire sur les rôles. — V. nᵒ 2809.

Ratures et surcharges.

2567. — Toute surcharge ou rature est interdite. (*Inst. gén., art. 1440, dernier alinéa.*) — V. nᵒ 2234.

Reboisement et gazonnement des montagnes.

2568. — *Concours de l'État.* — Des subventions peuvent être accordées aux communes, aux établissements publics et aux particuliers pour le reboisement des terrains situés sur le sommet ou sur la pente des montagnes.

Ces subventions, qui consistent soit en la délivrance de graines ou de plants, soit en argent, soit en travaux, sont accordées par le ministre de l'Agriculture. (*L. 4 avril 1882, art. 5; Décr. 11 juillet 1882, art. 14.*) — V. SUBVENTIONS.

Recensement de la population (Dépense pour le). — V. nᵒ 1338, PIÈCES JUSTIFICATIVES, § 141.

Récépissés.

2569. — *Forme et contrôle.* — Tout versement en numéraire ou autres valeurs, fait aux caisses des receveurs des finances pour un service public, doit donner lieu à la délivrance *immédiate d'un récépissé.*

Ce récépissé, pour être libératoire et former titre envers le Trésor doit être détaché d'une formule à talon.

L'expédition des récépissés par les comptables ne doit jamais être différée, pour quelque motif que ce soit. (*Inst. gén., art. 1370, 1ᵉʳ, 2ᵉ et 3ᵉ alinéas; Circ. compt. publ. 26 déc. 1896.*)

2570. — Les récépissés collectifs (série A) à délivrer aux percepteurs comprennent, avec les détails nécessaires, tous les produits ou services énoncés sur le bordereau de versement; mais pour permettre au trésorier général de connaître exactement le montant des versements accusés par les percepteurs des arrondissements de sous-préfectures chacun de ces comptables doit adresser *directement* au trésorier général, à la date du 21 ou du 22 de chaque mois, un état conforme au modèle nᵒ 2, indiquant le chiffre des versements qu'il a effectués pendant les deux premières dizaines du mois et la troisième dizaine du mois précédent, avec la distinction des produits ayant fait l'objet de récépissés collectifs et des versements ayant donné lieu à la délivrance de récépissés spéciaux.

Des états semblables doivent être également adressés le 1ᵉʳ ou le 2 de chaque mois, à la trésorerie générale par les percepteurs de l'arrondissement chef-lieu pour les versements effectués pendant le mois précédent. (*Circ. compt. publ., 26 déc. 1896, § 4.*)

Le modèle des états comporte deux colonnes, l'une affectée aux récépissés collectifs, l'autre aux récépissés spéciaux; les premiers sont les récépissés de la série A qui sont délivrés aux percepteurs au titre *des comptes qui figurent sur lesdits récépissés,* et qui doivent d'ailleurs être employés, même lorsque le versement d'un percepteur ne concerne qu'un seul produit; quant aux autres versements faits par les percepteurs, ils doivent donner lieu à la délivrance de récépissés spéciaux (séries C et D). (*Circ. compt. publ., 13 mars 1897, § 4.*)

2571. — Tout receveur qui aurait délivré des bons ou quittances provisoires, soit aux percepteurs, soit aux particuliers et débiteurs divers de l'État, et tout percepteur qui n'aurait pas retiré un récépissé à talon de chacun de ses versements, encourraient, par ce seul fait, la peine de la révocation. Seraient considérés comme bons provisoires les mandats que les receveurs délivreraient aux percepteurs en échange de leurs versements, au lieu de récépissés à talon.

Il est expressément interdit aux receveurs, sous peine d'une répression sévère, de jamais se prêter à recevoir des fonds sans en remettre immédiatement les récépissés. (*Circ. compt. publ. 26 déc. 1896.*)

2572. — Les formules de récépissés à délivrer aux comptables publics doivent contenir le texte de l'article 1er de la loi de finances de 1897.

Les receveurs ne doivent jamais délivrer de récépissés par *duplicata*. Si, par un motif quelconque, il leur est demandé une pièce destinée à remplacer un récépissé, ils fournissent une *déclaration de versement*. (*Inst. gén., art. 1372 ; Circ. compt. publ. 26 déc. 1896.*)

2573. — La délivrance aux percepteurs de récépissés spéciaux par nature de produits occasionnait aux receveurs des finances un travail considérable qui a paru pouvoir être notablement diminué au moyen de récépissés collectifs par catégories de services. Depuis 1897, il est fait usage de récépissés comportant quatre types distincts, correspondant chacun à une catégorie de recettes déterminées avec une série propre de numéros d'ordre, savoir :

Catégorie A. — Récépissés pour versements des percepteurs, numérotés à partir du n° 1 (papier bleu clair) ;

Catégorie B. — Récépissés pour versements des receveurs des régies financières, numérotés à partir du numéro 10,001 (papier rose) ;

Catégorie C. — Récépissés concernant les divers comptes de la caisse des dépôts et consignations, numérotés à partir du numéro 20,001 (papier jaune clair) ;

Catégorie D. — Récépissés relatifs aux autres services de la trésorerie générale, numérotés à partir du n° 30,001 (papier blanc).

En ce qui touche le service des cotisations municipales, les receveurs des finances délivrent aux communes dont les receveurs sont justiciables de la Cour des comptes, au lieu de récépissés distincts pour chaque produit, des déclarations de versement par extrait.

Les receveurs des finances doivent avoir soin de faire mention de la délivrance de chaque déclaration au verso du talon du récépissé correspondant, et d'apposer leur timbre sec sur chacune de ces pièces. (*Inst. gén., art. 613.* — *Circ. compt. publ. 26 déc. 1896.*)

2574. — *Timbre des récépissés.* — Les récépissés délivrés par les receveurs des finances pour les versements de cotisations municipales sont exempts de timbre, ces versements constituant une opération d'ordre intérieur, et ayant pour but de centraliser les fonds destinés à l'acquittement des dépenses (*Circ. compt. publ. 14 avril 1872, n° 39.*)

Mais lorsqu'il s'agit de versements facultatifs faits par les communes pour des souscriptions particulières, les récépissés sont, dans ce cas, soumis au timbre. Il n'y a d'exception que pour les versements des contingents obligatoires. (*Circ. compt. publ. 6 mai 1874, § 3.*)

2575. — Les récépissés de sommes versées pour le compte de plusieurs communes ne sont passibles que d'un seul droit de timbre à 25 centimes. (*Circ. compt. publ. 29 mai 1872, § 3.*)

Il faut noter, toutefois, qu'il n'est dû aucun timbre pour les récépissés constatant le versement de sommes constituant des mouvements d'ordre intérieur, notamment les placements et les remboursements de fonds placés au Trésor.

2576. — *Coupures de récépissés.* — Les coupures de récépissés que fournissent les receveurs municipaux, pour justifier des dépenses, doivent être appuyées d'un ordonnancement du maire indiquant le chapitre et l'article du budget où la dépense doit être imputée.

Lorsque l'imprimé le comporte, l'ordonnancement du maire peut être donné sur la coupure même de récépissé.

Dans tous les cas, les numéros du compte doivent être portés sur chaque coupure de récépissé. Il convient d'inscrire ces numéros à l'encre rouge, en haut de chaque pièce, à droite.

Lorsqu'une coupure comprend plusieurs articles du compte, il est essentiel que chaque article soit inscrit à gauche et bien vis-à-vis de la désignation du crédit, dans le même ordre que le crédit est porté au budget et au compte.

A chaque article du compte, on indique par une mention de référence, où se trouve la coupure de récépissé.

En général, il est préférable de produire une justification pour chaque dépense.

Recettes accidentelles.

2577. — Les receveurs des communes et des établissements de bienfaisance sont tenus de verser, de leurs deniers personnels, à leur caisse, le montant des débets qui seraient mis à leur charge par les arrêtés rendus sur leur compte de gestion annuelle, pour *forcements de recette, rejets de dépenses irrégulières,* ou *erreurs commises au préjudice des communes.* Ces versements sont classés dans leur comptabilité à titre de *recettes accidentelles,* sauf ceux qui se rapporteraient à des articles de recette non soldés et qui en compléteraient ainsi le recouvrement.

Les receveurs peuvent aussi avoir à opérer diverses recettes imprévues, en vertu d'autorisations supplémentaires et de titres de perception qui leur sont remis à cet effet. Ces recettes figurent dans les comptes sous la désignation du produit qu'elles ont pour objet. *(Inst. gén., art. 971 et 1082.)* — V. Pièces justificatives, § 53.

2578. — Le droit de timbre à 25 centimes est applicable aux quittances des receveurs municipaux et hospitaliers, relatives à des recettes accidentelles et imprévues, opérées pour le compte des communes ou des établissements de bienfaisance. Mais les quittances pour versement de trop-perçu sont exemptes de timbre, ces versements n'étant que la suite d'erreurs, et ne constituant, dès lors, que des opérations d'ordre intérieur. *(Circ. compt. publ. 14 avril 1872, n° 14.)*

Recettes des communes et des établissements de bienfaisance.

2579. — Les recettes des communes et des établissements de bienfaisance ne peuvent être faites que par les receveurs des communes et des établissements, et en vertu des budgets de chaque exercice ou d'autorisations spéciales. *(L. 5 avril 1884, art. 153.)* — V. Budgets, Gestion occulte, Receveurs des communes, Revenus des communes, Titres de recettes.

Recettes d'ordre des octrois. — V. Octroi.

Recettes diverses opérées pour le compte du receveur des finances.

2580. — Quand les percepteurs ont des recettes à effectuer pour le compte du receveur des finances, ils doivent porter ces recettes à un compte ayant pour titre : *Recettes diverses opérées pour le compte du receveur des finances.* Ce compte doit être ouvert à la deuxième section, § 2, du livre des comptes divers. Lorsqu'il y a lieu, une colonne est ouverte pour chaque nature de recette. *(Circ. compt. publ. 22 septembre 1865, § 8.)* — V. n° 2540.

2581. — *Produits divers du budget.* — En principe, les percepteurs ne doivent encaisser que les sommes recouvrables en vertu de rôles et de titres de perception relatifs aux services qui sont dans leurs attributions, et c'est seulement dans ces limites que les quittances à souche qu'ils délivrent sont libératoires pour les parties versantes ; mais les comptables peuvent, en outre, *sur une délégation de leur chef de service,* recevoir, à titre exceptionnel, divers produits budgétaires dont le recouvrement est confié aux receveurs des finances ; dans ce cas, les quittances à souche qu'ils remettent à la partie versante ne constituent qu'un titre provisoire qui doit être échangé ultérieurement contre le récépissé réglementaire du receveur des finances.

Les délégations données aux percepteurs ont pour objet, dans la pratique, de les autoriser à recevoir des sommes de peu d'importance et d'éviter ainsi au public des déplacements onéreux, pour les opérations qui ne paraissent pas compter de frais de cette nature.

Les percepteurs constatent les recouvrements qu'ils ont été exceptionnellement autorisés à effectuer, dans le cas dont il s'agit, à un compte à ouvrir à la deuxième section du livre des comptes divers, § 2, sous le titre de *Produits divers du budget recouvrés pour le compte du receveur des finances.* Lors de son prochain versement, le percepteur fournit, à l'appui de la somme recouvrée, un état détaillé des parties versantes avec indication des motifs de versements. Le receveur des finances délivre, au nom de chacun des ayants droit, des récépissés qui sont aussitôt transmis au percepteur.

Lorsque le récépissé doit être soumis au timbre, les percepteurs doivent comprendre d'une manière distincte sur leur quittance la somme de 25 centimes ; les comptables doivent avoir soin, d'ailleurs, d'informer, dans tous les cas, les parties versantes que la quittance à souche qu'ils délivrent, par mesure exceptionnelle et pour leur éviter un déplacement, est un titre provisoire, échangeable ultérieurement contre un récépissé définitif, et ils inscrivent à cet effet sur ladite quittance la mention : *quittance provisoire.* Les quittances retirées des mains des parties, au moment de cet échange, sont ensuite transmises à la recette des finances, qui les conserve dans ses archives.

Les percepteurs ne doivent faire emploi du compte ci-dessus décrit, ainsi que l'indique du reste son intitulé, que pour y imputer les revenus publics et produits budgétaires recouvrés exceptionnellement par eux, à l'exclusion de tous autres recouvrements qui n'auraient pas pour objet le service du Trésor. *(Circ. compt. publ. 8 janvier 1890, § 1er.)*

Recettes faites avant l'ouverture de l'exercice.

2582. — Il peut arriver que quelques débiteurs des communes ou des établissements de bienfaisance demandent à se libérer par anticipation, *avant l'ouverture de l'exercice* auquel les produits appartiennent.

Ces payements sont considérés comme des opérations hors budget et sont constatés à un compte spécial ; à l'époque de l'ouverture de l'exercice, le montant en est transporté au compte de la commune ou de l'établissement qu'ils concernent. *(Inst. gén., art. 1109.)*

2583. — Les sommes ainsi versées par anticipation sont provisoirement portées au *crédit* d'un compte spécial qui est classé à la 1re section, § 2, du livre des comptes divers. A l'ouverture de l'exercice auquel les produits appartiennent, le montant des versements effectués est porté au *débit* du compte provisoire et au *crédit* des communes ou établissements. *(Inst. gén., art. 1492.)* — V. SERVICES HORS BUDGET.

2583 bis. — Les fermages stipulés payables à une date déterminée appartiennent à l'exercice correspondant à cette date, sans qu'il y ait lieu de rechercher si le payement s'applique à telle ou telle année de jouissance.

En tout cas, les comptables ne peuvent modifier, de leur propre autorité, les imputations figurant à cet égard dans les budgets régulièrement approuvés. *(Sol. min. Int. 15 mars 1905.)*

Receveurs des communes et des établissements de bienfaisance.

2584. — *Attributions.* — Les recettes et dépenses communales s'effectuent par un comptable chargé, seul et sous sa responsabilité, de poursuivre la rentrée de tous les revenus de la commune et de toutes sommes qui lui seraient dues, ainsi que d'acquitter les dépenses ordonnancées par le maire jusqu'à concurrence des crédits régulièrement ouverts.

Tous les rôles d'impositions, taxes et cotisations locales, doivent parvenir à ce comptable par l'intermédiaire des receveurs des finances. *(Inst. gén., art. 822 ; L. 5 avril 1884, art. 153.)* — V. TITRES DE RECETTES.

2585. — Toutes les recettes municipales pour lesquelles les lois et règlements n'ont pas prescrit un mode spécial de recouvrement s'effectuent sur des états dressés par le maire. Ces états sont exécutoires après qu'ils ont été visés par le préfet ou le sous-préfet. *(L. 5 avril 1884, art. 154.)* — V. ÉTATS EXÉCUTOIRES, nos 1485 et suiv.

2586. — Toute personne, autre que le receveur municipal, qui, sans autorisation légale, se serait ingérée dans le maniement des deniers de la commune, est, par ce seul fait, constituée comptable ; elle peut, en outre, être poursuivie en vertu de l'article 258 du Code pénal, comme s'étant immiscée sans titre dans des fonctions publiques. *(Inst. gén., art. 812 ; L. 5 avril 1884, art. 155.)* — V. GESTION OCCULTE.

2587. — Les règles qui viennent d'être indiquées s'appliquent aux établissements de bienfaisance. *(Inst. gén., art. 1047.)*

2588. — Les fonctions de receveur municipal sont remplies par le percepteur ou, à son défaut, dans les chefs-lieux d'arrondissement, par un percepteur en résidence désigné à cet effet par le ministre des finances.

Néanmoins, dans les communes dont les revenus ordinaires excèdent 60,000 francs, ces fonctions peuvent être confiées, sur la demande du conseil municipal, à un receveur municipal spécial.

Ce receveur spécial est nommé sur une liste de trois noms présentée par le conseil municipal.

Il est nommé par le préfet dans les communes dont le revenu ne dépasse pas 300,000 francs, et par le Président de la République, sur la proposition du ministre des Finances, dans les communes dont le revenu est supérieur.

En cas de refus, le conseil municipal doit faire de nouvelles présentations. *(L. 5 avril 1884, art. 156 et 25 fév. 1901, art. 50 ; Circ. compt. publ. 30 mai 1901, § 11.)*

Pour la détermination du chiffre des revenus à envisager en cas de nomination d'un receveur municipal spécial (*Voir Circ. compt. publ. 30 mai 1901, § 11.)*

Conditions attachées à la nomination et aux fonctions des receveurs qui sont en même temps percepteurs. — V. nos 2175 et suiv.

2589. — *Traitement des receveurs municipaux et hospitaliers.* — Depuis le 1er janvier 1877, les receveurs des communes, des hospices et des bureaux de bienfaisance sont rémunérés au moyen d'un traitement fixe, arrêté par le préfet, sur la proposition du trésorier général, et d'après les bases indiquées ci-après. *(Décr. 27 juin 1876 ; art. 1er.)*

2590. — Ce traitement est déterminé par l'application du tarif des ordonnances des 17 avril et 23 mai 1839, et du décret du 7 octobre 1850, à la moyenne des opérations tant ordinaires qu'extraordinaires de recettes et de dépenses, effectuées pendant les exercices 1867, 1868, 1869, 1872 et 1873, déduction faite des opérations non passibles de remises pendant les mêmes exercices, et sans tenir compte du dixième en plus dont les conseils municipaux et les commissions administratives auraient augmenté le tarif des ordonnances et décrets précités. *(Décr. 27 juin 1876, art. 2.)* — V. n° 2604.

2591. — Si, pendant un ou plusieurs des cinq exercices énumérés à l'article 2, des opérations exceptionnelles ont été exécutées par les communes et les établissements, le préfet, pour la fixation du traitement, pourra, sur la demande des communes ou des établissements, distraire ces opérations du décompte. (*Décr.* 27 juin 1876, art. 3.)

2592. — *Réclamations contre le chiffre du traitement.* — Les réclamations formées par les receveurs, les communes et les établissements contre le chiffre du traitement arrêté par le préfet, sont soumises au ministre de l'Intérieur, qui statue définitivement. Elles doivent être présentées dans le délai de deux mois à partir de la notification de l'arrêté du préfet. (*Décr.* 27 juin 1876, art. 4.)

2593. — *Dixième du traitement.* — Les conseils municipaux et les commissions administratives peuvent, avec l'approbation du préfet, et sur l'avis du trésorier général, élever d'un dixième le traitement de leur receveur, fixé comme il vient d'être dit. (*Décr.* 27 juin 1876, art. 5.)

Cette augmentation est personnelle au comptable qui l'a obtenue. — V. n° 2604.

2594. — *Frais de bureau.* — Les frais de bureau ne sont supportés par les receveurs que jusqu'à concurrence du quart de leur traitement ; le surplus est à la charge de la commune ou de l'établissement. — V. n°ˢ 2607 et suiv.

En cas de désaccord entre le comptable et la commune ou l'établissement sur le chiffre de ces frais, le préfet statue après avoir pris l'avis du trésorier général et sauf recours au ministre de l'Intérieur. (*Décr.* 27 juin 1876, art. 6.) — V. PIÈCES JUSTIFICATIVES, § 67.

2595. — *Revision du traitement.* — Chaque fois que la moyenne des revenus ordinaires d'une commune, d'un hospice ou d'un bureau de bienfaisance, se trouve, pour les cinq derniers exercices, supérieure ou inférieure d'un dixième à la moyenne des exercices qui ont servi à fixer la rémunération annuelle du receveur, la commune, l'établissement ou le comptable, peut demander au préfet la revision du traitement.

Le préfet, après avoir pris l'avis du trésorier général et de la faculté de procéder à ladite revision ou de l'ajourner, sauf recours des parties intéressées au ministre de l'Intérieur. (*Décr.* 1ᵉʳ août 1891, art. 2 ; *Circ. compt. publ.* 6 août 1891.)

Dans les communes où il existe un collège de garçons ou de jeunes filles, ou un internat municipal annexé soit au collège, soit au lycée de jeunes filles, le receveur municipal peut demander la revision de son traitement sans attendre l'expiration du délai de cinq ans prévu par l'article 2 du décret ci-dessus. (*Décr.* 23 déc. 1899 ; *Circ. compt. publ.* 14 fév. 1900 § 2.)

2596. — Si la revision est accordée, l'augmentation ou la réduction de traitement est calculée au moyen de l'application du tarif doublé des ordonnances des 17 avril et 23 mai 1839, à tous les revenus ordinaires formant la différence en plus ou en moins. Ce tarif est employé suivant les tranches dans lesquelles tomberaient lesdits revenus, si l'on avait à calculer des remises conformément aux ordonnances précitées. (*Décr.* 1ᵉʳ août 1891, art. 3 ; *Circ. compt. publ.* 6 août 1891.)

En ce qui a trait à la classification des centimes pour insuffisance de revenus, voir *Circ. compt. publ.* 30 mai 1901, § 11.

2597. — Des arrêtés du ministre de l'Intérieur peuvent, par mesure générale, écarter des revenus ordinaires devant servir de base aux rapprochements et aux calculs indiqués dans les articles 2 et 3 qui précèdent, tout ou partie des subventions qui seraient accordées aux communes par l'État ou les départements. (*Décr.* 1ᵉʳ août 1891, art. 4 ; *Circ. compt. publ.* 6 août 1891.)

2598. — Le tarif doublé des ordonnances des 17 avril et 23 mai 1839 est de :

1° Sur les premiers 5,000 fr. ... 4 » °⁄₀ ;
2° Sur les 25,000 fr. suivants. ... 3 » °⁄₀ ;
3° Sur les 70,000 fr. suivants. ... 1 50 °⁄₀ ;
4° Sur les 100,000 fr. suivants, jusqu'à 1 million ...... » 66 °⁄₀ ;
5° Au-dessus de 1 million.... » 24 °⁄₀ ;

2599. — Les demandes en revision formulées par les receveurs des communes et des établissements de bienfaisance doivent être présentées avant le 1ᵉʳ août et transmises à cette date à la recette des finances. (*Circ. min. Int* 30 juin 1884.) — Voir n°ˢ 2611 et suiv.

Lorsque les demandes en revision sont formées par les communes ou les établissements de bienfaisance, la fourniture et la rédaction des imprimés y relatifs incombent à ceux qui provoquent cette mesure.

Mais les receveurs municipaux doivent donner aux municipalités et aux commissions administratives tous les renseignements utiles à la rédaction des cadres prescrits par les instructions ministérielles. (*Circ. compt. publ.* 20 déc. 1895, § 6.)

2599 bis. — Une demande formée par une commune, même après le 1ᵉʳ août, en vue d'obtenir la revision du traitement du receveur municipal, peut recevoir son effet le 1ᵉʳ janvier suivant, si la décision est notifiée à l'intéressé avant le 1ᵉʳ novembre. (*Sol. min. Int.* 24 nov. 1896.)

2600. — La décision par laquelle le ministre de l'Intérieur, sur le recours de la commune, annule un arrêté par lequel le préfet avait procédé à la revision du traitement d'un receveur municipal, est susceptible d'être déférée au Conseil d'État.

Le recours doit, à peine de déchéance, être introduit par le ministère d'un avocat au Conseil d'État par la voie contentieuse. *(Arr. Cons. d'Ét. 8 août 1888 et 24 nov. 1893.)*

2600 bis. — *Création de commune.* — En cas de création de commune, le calcul du traitement du receveur municipal doit être fixé proportionnellement au montant des revenus ordinaires conservés par chaque territoire. *(Cir. compt. publ. 27 janv. 1903, § 2.)*

2601. — *Création d'un établissement de bienfaisance.* — En cas de création d'un établissement de bienfaisance, le traitement du receveur est fixé par le préfet, sauf le recours indiqué à l'article 4, en prenant pour base le chiffre des revenus ordinaires prévus au budget du nouvel établissement, et en appliquant le tarif doublé des ordonnances de 1839.

Le traitement ainsi fixé peut être revisé, dans les conditions déterminées à l'article 7, à partir de l'expiration des cinq premiers exercices. *(Décr. 27 juin 1876, art. 8.)*

2602. — *Receveurs spéciaux des villes de Paris et de Lyon.* — Le présent décret n'est applicable ni aux villes de Paris et de Lyon, ni à l'administration générale de l'assistance publique à Paris, déjà soumises pour le traitement de leur receveur à un régime spécial. *(Décr. 27 juin 1876, art. 9.)*

2603. — *Mode de payement du traitement.* — Le traitement déterminé par le préfet, sur la proposition du trésorier général suivant l'article 1er du décret précité, est payable sur *mandat du maire* par mois ou par trimestre, selon les convenances du receveur; il est soumis, pour les trois quarts, aux retenues spécifiées par la loi du 9 juin 1853 sur les pensions civiles, un quart étant toujours considéré comme destiné à faire face aux frais de bureau.

Cette dépense est justifiée par les pièces énoncées à *Pièces justificatives, § 66.* *(Circ. compt. publ. 26 août 1876, § 2.)*

En cas de mutations de comptables, le traitement municipal afférent au jour de la remise du service est acquis au receveur sortant sans qu'il y ait à se préoccuper de l'heure à laquelle ont eu lieu la remise de service du comptable et l'installation de son successeur. *(Circ. compt. publ. 20 mars 1899, § 2.)*

2604. — *Faculté accordée aux administrations municipales et hospitalières.* — Les conseils municipaux et les commissions administratives conservent, d'après l'article 5 du décret ci-dessus précité, le droit d'élever d'un dixième le traitement du receveur. Mais cette augmentation ne peut être qu'une récompense accordée pour des travaux exceptionnels ou pour de longs et honorables services. Elle est essentiellement *personnelle* au comptable qui l'a obtenue, et, s'il vient à être remplacé dans le cours de l'année, son successeur n'en profite pas de plein droit.

La délibération du conseil municipal ou de la commission administrative votant l'allocation du dixième doit être jointe au compte de gestion de la première année; elle continue à avoir son effet pour les années suivantes, à moins qu'une nouvelle délibération n'ait annulé la précédente.

L'allocation du dixième est, comme le traitement fixe dont elle est un supplément, soumise aux retenues prescrites par la loi du 9 juin 1853 sur les pensions civiles.

Il est à remarquer que si les administrations municipales et hospitalières ont la faculté d'accorder aux comptables, dans certains cas, une augmentation de traitement, elles n'ont plus, comme sous l'empire des ordonnances de 1839, le droit inverse d'abaisser d'un dixième le chiffre de ce traitement. *(Circ. min. Int. 1er août 1876; Circ. compt. publ. 9 juillet 1881, § 6.)* — V. Pièces justificatives, § 66.

2605. — L'allocation du dixième de traitement étant une dépense facultative pour la commune ou l'établissement, le conseil municipal et la commission administrative peuvent toujours la supprimer lors du vote des budgets annuels, si elle ne leur semble pas justifiée.

Le préfet, de son côté, ne peut intervenir en faveur du comptable par la procédure de l'inscription d'office. *(Jurisp.)*

2606. — On a vu plus haut que la délibération votant l'allocation du dixième continue à avoir son effet pour les années suivantes, à moins qu'une nouvelle délibération n'ait annulé la précédente.

Nous pensons qu'en cas de revision de traitement, il doit être produit une nouvelle délibération pour l'allocation du dixième du traitement normal résultant de la revision.

2607. — *Frais de bureau.* — L'article 6 du décret cité plus haut n° 2594, concernant les frais de bureau, a eu pour objet de parer à une situation qui se présente dans certaines grandes villes où des travaux très importants, des expropriations, le service d'emprunts considérables, etc., imposent aux receveurs l'emploi d'un personnel et d'un matériel dont les frais réduisent les émoluments des comptables à un chiffre qui n'est plus en rapport avec leur travail et leur responsabilité. Ce n'est, en effet, que très exceptionnellement, qu'un receveur-percepteur peut être entraîné à des frais dépassant le quart de ses allocations.

Lorsque les frais de bureau excèdent le quart du traitement fixe, cet excédent est à la charge de la commune pour laquelle il constitue une dépense obligatoire. Tous les imprimés rentrent dans la masse des frais de bureau et sont soumis à la même règle.

Il peut arriver que des contestations s'élèvent entre la commune ou l'établissement et le comptable, soit sur le chiffre des frais de bureau que celui-ci prétendrait avoir à supporter, soit sur l'utilité d'une partie de ces frais, que le receveur, dans le but d'alléger son travail, pourrait peut-être exagérer, dans la prévision qu'ils ne resteraient pas à sa charge au delà d'un certain chiffre. Dans ce cas, le comptable qui réclame contre le refus du conseil municipal ou de la commission administrative d'inscrire au budget une certaine partie des frais de bureau qu'il prétendrait excéder le quart de son traitement, doit adresser au préfet un état détaillé de ces frais. Le préfet communique la réclamation au trésorier général pour avoir son avis, et il statue par une décision qui est notifiée aux parties intéressées.

Le recours au ministre contre cette décision est soumis aux mêmes règles que celui relatif à la fixation du traitement. Il doit, par conséquent, être adressé dans le délai de deux mois à partir de la notification.

Toute somme allouée en sus du traitement pour faire face aux frais de bureau ne supporte pas la retenue pour les pensions civiles *(Circ. min. Int. 1er août 1876.)*

2608. — Les frais de bureau dépassant le quart du traitement peuvent être alloués à forfait ; ils sont, dans ce cas, inscrits au budget sous le titre de : *Indemnité à forfait au receveur municipal comme complément de frais de bureau.*

Lorsque ces frais ont été réglés ainsi par le préfet, il n'appartient pas au conseil de préfecture de rejeter la dépense du compte, par le motif qu'elle serait excessive, et que les frais dont il s'agit n'ont pas excédé le quart du traitement fixe qui y est affecté. *(Arr. Cour des comptes, 2 juin 1882, 24 janvier 1884, 14 janvier 1886, 4 avril 1887, 28 avril 1892 et 4 mai 1894.)* — V. PIÈCES JUSTIFICATIVES, § 67.

2609. — Un crédit inscrit au budget sous le titre de : *Frais de bureau et d'impressions,* n'autorise pas le receveur municipal à toucher une indemnité sur ce crédit sans une délibération spéciale du conseil municipal, dûment approuvée par le préfet. *(Arr. Cour des comptes, 6 juill. 1897.)*

Il en est ainsi pour une indemnité ordonnancée sur le crédit des dépenses imprévues. *(Arr. Cour des comptes, 4 mai 1894.)* — V. n°s 734 et suiv., PIÈCES JUSTIFICATIVES, § 69.

2610. — *Décomptes de remises devant servir à la fixation du traitement des receveurs.* — L'administration a réservé aux receveurs municipaux ou hospitaliers le soin d'établir eux-mêmes les décomptes des remises devant servir de base à la fixation de leur traitement. *(Circ. compt. publ. 26 août 1876, § 3.)*

2611. — Les receveurs municipaux peuvent, dans les cas prévus par l'article 2 du décret rappelé ci-dessus, n° 2595, demander la revision de leur traitement.

A l'appui de chaque demande, laquelle doit parvenir avant le 1er août, les comptables doivent joindre les modèles A et B (annexes n°s 2 et 3) et les états présentant le développement des recettes ordinaires des cinq derniers exercices (annexes n°s 4 et 5). Tous ces imprimés sont à la charge des comptables. *(Circ. compt. publ. 9 juillet 1881, §§ 1 à 5, 8 et 9.)*

Lorsque des demandes en revision sont formées par les communes, V. n° 2599.

2612. — Les expéditions des décomptes de remises définitivement arrêtées doivent être conservées dans les archives de la recette municipale ou hospitalière ; elles ne sauraient en être distraites sous aucun prétexte, ces documents devant servir de point de départ pour la revision ultérieure du traitement des receveurs, lorsque, pendant une période de cinq années, les recettes ordinaires auront été supérieures ou inférieures d'un dixième à la moyenne inscrite dans les décomptes. *(Circ. compt. publ. 26 août 1876, § 3.)*

Receveurs des postes. — V. FONDS DE SUBVENTION, n° 1551.

Receveurs particuliers des finances.

2613. — *Nomination.* — Les receveurs particuliers sont nommés par le Président de la République, sur la présentation du ministre des Finances. *(Inst. gén., art. 1353.)*

2613 bis. — Nul ne peut être nommé receveur particulier des finances ou percepteur des contributions directes s'il a dépassé l'âge de cinquante ans. Toutefois, la limite d'âge de cinquante ans est portée à cinquante-cinq ans pour les officiers retraités et pour les candidats justifiant de dix ans au moins de services publics valables pour la retraite, et à cinquante-sept ans pour les agents de l'administration des finances justifiant de vingt ans au moins de services publics valables pour la retraite. *(Décr. 14 janvier 1905.)*

Aucun percepteur, s'il n'est titulaire d'un emploi hors classe, ne peut être nommé receveur particulier des finances de 1re classe.

Aucun percepteur, s'il n'est au moins titulaire d'un emploi de 1re classe, ne peut être nommé receveur particulier des finances de 2e classe. *(Décr. 21 juin 1901, art. 2 et 3.)*

2614. — *Admission.* — L'admission aux emplois de receveurs particuliers des finances est réglée comme il suit :

Une moitié des vacances est réservée aux percepteurs ayant au moins cinq ans de services, l'autre moitié aux candidats ayant cinq ans de services publics, soit civils, soit militaires ; il y a lieu toutefois, de tenir compte des conditions énoncées au numéro précédent.

Aucun receveur particulier ne peut obtenir une recette d'une classe supérieure, s'il ne compte trois ans d'exercice dans une classe immédiatement inférieure. Cette condition de trois ans d'exercice n'est pas exigée pour les mutations qui peuvent avoir lieu dans la même classe. (*L. 25 juillet 1879, art. 4.*)

2615. — *Responsabilité.* — Les receveurs particuliers sont chargés de la surveillance des percepteurs-receveurs municipaux. — V. DÉFICIT, SURVEILLANCE, VÉRIFICATION DE CAISSE.

Indemnité accordée pour le service de la perception de ville. (Circ. compt. publ. 9 juin, 1902, § 3.) — V. n° 2679.

Réclamations en matière de contributions directes et de taxes assimilées.

2616. — Tout contribuable qui se croit imposé à tort ou surtaxé, soit dans les *rôles généraux des quatre contributions directes*, soit dans ceux de la *taxe des prestations en nature*, peut en faire la déclaration à la mairie du lieu de l'imposition dans le mois qui suit la publication desdits rôles.

Cette déclaration est reçue, sans frais ni formalités, sur un registre tenu à la mairie ; elle est signée par le réclamant ou son mandataire, à qui il est remis un récépissé de la déclaration.

Celles de ces déclarations qui, après un examen sommaire, ont pu être immédiatement reconnues fondées, sont analysées par les agents des contributions directes sur un état qui est revêtu de l'avis du maire ou de celui des répartiteurs, suivant le cas, ainsi que de celui du directeur des contributions directes. Le dégrèvement est ensuite, sans autre formalité, prononcé par le directeur.

Les contribuables dont les déclarations n'ont pas été portées ou maintenues sur l'état dont il s'agit en sont avisés et ils ont la faculté de présenter des demandes en dégrèvement dans les formes ordinaires dans un délai d'un mois à partir de la date de la notification, sans préjudice des délais fixés par les lois du 21 avril 1832, article 28 et du 29 décembre 1884, article 4, rappelées ci-après. (*L. 21 juillet 1887, art. 2 et 6 déc. 1897, art. 13.*) — V. n° 2619.

Les contribuables sont invités à produire leur avertissement ou un extrait du rôle à l'appui de leur déclaration.

2617. — Tout contribuable qui se croit imposé à tort ou surtaxé adresse sa demande en décharge ou réduction au préfet ou au sous-préfet dans les trois mois de la publication du rôle, mais sans préjudice des délais accordés par les lois pour des cas spéciaux. — Pour les déclarations à la mairie, voir le numéro précédent.

Cette demande doit mentionner, à peine de non-recevabilité, la contribution à laquelle elle s'applique et, à défaut de la production de l'avertissement, le numéro de l'article du rôle sous lequel figure cette contribution ; elle doit contenir, indépendamment de l'indication de son objet, l'exposé sommaire des moyens par lesquels son auteur prétend la justifier.

Il doit être formé une demande distincte pour chaque commune, et cette demande est exempte de timbre si elle a pour objet une cote moindre de *trente francs.*

Les demandes entachées d'un des vices de forme prévus aux deux paragraphes précédents sont, avant toute instruction au fond, déposées à la préfecture ou à la sous-préfecture, conformément aux prescriptions de l'article 29 de la loi du 21 avril 1832 ; les intéressés sont avisés en même temps qu'ils sont admis à les régulariser par la simple production des pièces ou indications dont l'absence a été constatée. La régularisation peut valablement être faite dans les dix jours qui suivent la réception de cet avis et, dans tous les cas, jusqu'à l'expiration des délais fixés pour la présentation des réclamations.

Nul n'est admis à introduire ou à soutenir une réclamation pour autrui s'il ne justifie d'un mandat régulier. Le mandat doit être, à peine de nullité, écrit sur papier timbré et enregistré à moins que la demande à laquelle il s'applique n'ait pour objet une cote inférieure à 30 francs ; il doit, sous la même sanction, être produit en même temps que la réclamation lorsque celle-ci est introduite par le mandataire.

Les frais de timbre et d'enregistrement du mandat sont, comme les frais de timbre de la demande, compris dans les dépens de l'instance ; ils sont liquidés et attribués ou compensés dans les conditions prévues au dernier paragraphe de l'article 42 de la loi du 28 mars 1897.

Lorsqu'une réclamation n'a pas été jugée dans les six mois qui suivent sa présentation, le contribuable a la faculté, dans la limite du dégrèvement sollicité par lui, de différer le payement des termes qui viennent à échoir sur la contribution contestée, à la condition d'avoir préalablement, dans sa demande, manifesté cette intention et fixé le montant ou les bases du dégrèvement auquel il prétend. (*Loi de finances du 13 juillet 1903, art. 17.*)

Il suit des dispositions qui précèdent et des exemples donnés par la circulaire de la comptabilité publique en date du 10 septembre 1905 qu'un contribuable qui, dans sa réclamation a manifesté l'intention de bénéficier de la loi de sursis est tenu d'acquitter la contribution contestée de la façon suivante, lorsque la réclamation n'a pas été jugée dans les six mois : 1° les termes échus lors du dépôt de la réclamation : 2° 6 termes exigibles après le dépôt de la réclamation.

Il y a ensuite à partager le restant de la cote (après en avoir déduit le dégrèvement sollicité) entre les mois restant à courir.

Il est à remarquer que les réclamations enregistrées après le 30 juin, n'étant plus suspensives, les comptables n'ont désormais à se préoccuper que de celles qui ont été introduites *avant le 1er juillet.*

Les notifications à faire par les soins de la direction des contributions directes aux percepteurs ou receveurs municipaux qui ne sont pas à la résidence du contrôle sont donc limitées aux seuls réclamants qui ont introduit leurs réclamations avant cette date et qui ont, en outre, valablement demandé à bénéficier du droit de sursis.

Quand un contribuable demande un dégrèvement sur plusieurs contributions, il faut, d'après les termes mêmes de la loi considérer distinctement chacune des cotes en litige pour déterminer les sommes dont le réclamant est en droit de suspendre le payement. On n'opérerait donc pas régulièrement en totalisant, d'une part, toutes les cotes ayant donné lieu à réclamation et, d'autre part, tous les acomptes versés sur ces cotes. Lorsqu'il s'agit de cotes comprises sous un seul et même article de rôle et que la quittance ne mentionne pas l'imputation donnée aux versements effectués sur cet article, ces versements doivent être réputés faits proportionnellement aux différentes cotes. (*Circ. compt. publ.* 19 *mai* 1903, § 1er, 26 *janv.* 1904, § 2 *et* 10 *sept.* 1905, § 1er.) — V. nos 2625 et 2752.

2618. — La faculté accordée aux contribuables en réclamation de différer le payement des termes de leur cotisation qui viennent à échoir après l'expiration des six mois qui suivent la réclamation, ne s'entend que de la portion d'impôts spéciale à l'objet du litige, à l'exclusion des sommes pouvant figurer cumulativement dans le même article du rôle; d'où la conséquence que c'est seulement pour cette portion d'impôt que le réclamant est en droit de surseoir au payement jusqu'à décision, ainsi qu'il est dit ci-dessus.

Lorsque le percepteur se trouve en présence de réclamants résolus à user de la faculté de sursis, et qu'il n'a pas le moyen, d'après les seules données du rôle, de dégager la partie exigible de l'article litigieux, il doit demander, par la voie hiérarchique, au service des contributions directes, sur quels points porte la réclamation, et de quelles sommes le contribuable est en droit d'ajourner le payement. (*Circ. compt. publ.* 18 *avril* 1889, § 1er; *Inst.*

sur les réclamations. 29 *janv.* 1898, *art.* 18, 157 *et* 158.) V. nos 2625 et suiv.

2619. — Lorsque le maire ou les répartiteurs, d'une part, et le directeur des contributions directes, d'autre part, sont d'avis d'accueillir intégralement une demande en décharge ou en réduction relative aux contributions directes ou aux taxes assimilées, le dégrèvement est, sans autre formalité, prononcé par le directeur.

Le même mode de procéder est employé à l'égard des déclarations faites à la mairie en conformité de l'article 2 de la loi du 21 juillet 1887 et des états particuliers des cotes indûment imposées autorisés par l'article 3 de la même loi. (*L.* 6 *déc.* 1897, *art.* 13 ; *Circ. compt. publ.* 8 *février* 1898, § 3.)

2620. — Dans le *cas* où, par suite de *faux ou double emploi,* des cotes seraient indûment imposées dans les rôles des contributions directes ou des taxes y assimilées, le délai pour la présentation des réclamations ne prend fin que trois mois après que le contribuable a eu connaissance officielle des poursuites dirigées contre lui par le percepteur pour le recouvrement de la cotisation indûment imposée.

Les poursuites ne commençant qu'avec la sommation avec frais, s'il arrivait que cet acte ne parvînt pas à destination, ce serait de la première des poursuites ultérieures dont le contribuable aurait officiellement connaissance que compterait le délai de trois mois.(*L.* 29 *déc.* 1884, *art.* 4 ; *Circ. Dir. gén. contr. dir.* 16 *févr.* 1885 ; *Arr. Cons. d'Et.* 14 *mai* 1891.)

En l'absence de toute poursuite, et lorsqu'il s'agit d'une cote imposée par *faux ou double emploi,* le délai de trois mois, pour réclamer, court du jour du payement effectué par le contribuable. (*Arr. Cons. d'Et.* 27 *mai* 1887, 4 *nov.* 1887, 30 *juin* 1891 et 19 *nov.* 1892.)

2621. — Lorsque la réclamation ne porte que sur une partie du rôle, le contribuable n'est pas recevable à se prévaloir du bénéfice du délai spécial établi par l'article 4 de la loi du 29 décembre 1884, énoncé ci-dessus, le faux emploi devant affecter l'intégralité de la cote. (*Arr. Cons. d'Et.* 17 *mars* 1894.)

Pour les cotes formant double emploi ou mal établies, Voir COTES INDÛMENT IMPOSÉES, n° 1204.

2622. — Les réclamations concernant les prestations doivent être présentées, avant le 31 mars, au sous-préfet de l'arrondissement; elles peuvent être libellées sur papier libre. (*Inst. chem. vicin.* 6 *décembre* 1870, *art.* 94 ; *Inst. sur les réclamations,* 29 *janvier* 1898, *art.* 19.) — Le réclamant doit joindre l'avertissement ou un extrait du rôle.

2623. — Pour tenir lieu de toute autre réclamation, le contribuable imposé à tort au rôle des prestations peut en faire la déclaration sur le registre tenu à la mairie avant le 31 janvier, ainsi qu'il est dit plus haut, n° 2616.

En ce qui concerne les réclamations des propriétés bâties, V. *Contributions directes*, n°ˢ 1163, 1288 et suiv.

2624. — Les demandes en dégrèvement d'impôt ne peuvent être transmises au sous-préfet en franchise, sous le contreseing des maires. Elles doivent être adressées, par les signataires et à leurs frais, aux fonctionnaires chargés de les examiner. (*Circ. min. Int. 21 avril 1859 et 15 mai 1872.*)

2625. — *Avis à donner aux percepteurs.* — Lorsque les taxes contre lesquelles des réclamations ont été faites sont maintenues, les percepteurs doivent en recevoir avis, afin qu'ils puissent exercer les poursuites nécessaires ; ils doivent être aussi informés des décisions prises pour les divisions ou mutations de cotes, afin que les poursuites puissent être dirigées en conséquence. A cet effet, les trésoriers généraux reçoivent des directeurs des contributions directes, et font passer aux percepteurs des relevés, faisant connaître la suite donnée aux réclamations.

En ce qui concerne les perceptions ou les recettes municipales dont les titulaires ont leur résidence effective dans la même localité que le contrôleur, les comptables intéressés relèvent directement sur les registres des réclamations du contrôle les demandes *en décharge ou en réduction* reçues par le contrôleur, ainsi que les décisions portant rejet des réclamations de même nature; ils n'ont, toutefois, qu'à relever les réclamations annotées *à l'encre rouge*, dans la colonne 9 du registre, de la mention S. P. (*suspension de payement*) et à prendre note du chiffre du dégrèvement qui figure en regard.

Lorsque les réclamants et l'administration ne sont pas d'accord sur la quotité de la somme à laquelle s'applique le droit de sursis, les observations des contribuables sont immédiatement portées, par le service des contributions directes, à la connaissance du percepteur, qui apprécie s'il doit en tenir compte dans le calcul des douzièmes exigibles. (*Inst. gén., art. 76 et 143; Circ. compt. publ. 31 mai 1895, § 7, 19 mai 1903, § 1ᵉʳ et 26 janv. 1904,§ 2.*) — V. Cotes indûment imposées, Cotes irrecouvrables, Décharges et réductions, Mutations de cotes, Ordonnances de décharge.

2626. — *Jurisprudence.* — Par un arrêt du 4 juillet 1900, la Cour de cassation a décidé qu'un percepteur empêché, par une réclamation pendante devant le conseil de préfecture, de recouvrer intégralement les contributions de plusieurs années consécutives, ne peut, au moment où il reprend la faculté de pratiquer des poursuites, exercer le droit de préférence du Trésor à l'égard des cotisations des années antérieures à l'année échue et à l'année courante. Il s'agissait, dans l'espèce, des droits de patente à recouvrer sur une société déclarée en état de liquidation judiciaire au cours d'une demande en réduction.

Cette jurisprudence étant de nature à entraîner un préjudice grave pour le Trésor, les conseils de préfecture ont été invités à statuer sur toutes les instances en matière de contributions directes assez tôt pour que les percepteurs, immédiatement prévenus, puissent faire valoir leurs droits avant le 31 décembre de la seconde année, afin d'éviter que la créance du Trésor ne dégénère de créance privilégiée en simple créance chirographaire. (*Circ. min. Int, 10 mai 1901.*)

Mais il faut tenir compte que l'opposition formée à des poursuites postérieures au rejet d'une demande par le conseil de préfecture ne serait pas admissible par le motif d'un recours au Conseil d'État, ledit recours n'étant pas suspensif d'exécution. (*Arr. Cons. d'Et. 30 octobre 1848, 14 avril 1870 et 27 mai 1887.*)

2627. — Une réclamation pendante pour l'année précédente ne dispense pas le contribuable de faire, dans les délais voulus, une nouvelle réclamation pour la contribution afférente à l'année courante. (*Arr. Cons. d'Et. 31 mars 1859.*)

2628. — La réclamation relative à l'impôt personnel seul n'est pas assujettie au droit de timbre lorsque le montant de cet impôt est inférieur à trente francs. (*Arr. Cons. d'Et. 18 janvier 1860 ; Inst. sur les réclamations, 29 janvier 1898, art. 18.*)

Il en est de même pour une réclamation concernant une cote mobilière, lorsque cette contribution, séparée de l'impôt personnel, n'atteint pas le chiffre de trente francs.(*Arr. Cons. d'Et. 13 mai 1887.*)

2629. — Le contribuable, dont la réclamation, supérieure à 30 francs, a été rejetée, comme n'étant pas rédigée sur timbre, est recevable à faire admettre sa réclamation en la renouvelant sur papier timbré, avant que le conseil de préfecture ait statué. (*Arr. Cons. d'Et. 27 décembre 1878.*)

Mais une demande reproduite sur papier timbré, postérieurement à l'arrêté attaqué, ne peut avoir pour effet de relever le réclamant de la déchéance qu'il a encourue. (*Arr. Cons. d'Et. 4 juill. 1891.*)

2630. — Les frais de timbre concernant les réclamations en décharge ou en réduction de contributions directes ou de taxes assimilées, sauf le cas d'exemption de ces frais, sont supportés par la partie qui succombe. Ils peuvent, en raison des circonstances de l'affaire, être compensés en tout ou en partie. Ils sont liquidés et attribués ou compensés par la décision qui statue sur le litige. (L. 29 mars 1897, art. 42; Inst. sur les réclamations, 29 janv. 1898, art. 153 à 156.)

2631. — Lorsqu'à la suite d'une réclamation reconnue fondée il y a lieu de rembourser des contributions, droits ou taxes indûment perçus, le Trésor, le département, la commune ou l'établissement public pour le compte duquel la perception a été faite doivent rembourser au pétitionnaire, en même temps que le principal, le montant des droits de timbre auxquels a été assujettie la pétition conformément à l'article 12 de la loi du 13 brumaire an VII. (L. de finances 29 mars 1897, art. 42.)

Les droits de timbre ne peuvent donner lieu à remboursement dans le cas où le contribuable avait le droit de présenter sa demande sur papier libre. (Inst. sur les réclamations, 29 janv. 1898, art. 156.)

2632. — Les demandes en dégrèvement motivées sur la fermeture de magasins à la suite de décès doivent, à peine de déchéance, être présentées dans les trois mois à partir du jour où le droit de réclamer s'ouvre pour les héritiers du patentable décédé. (Arr. Cons. d'Et. 6 mai 1863.)

En cas de faillite, elles doivent être formées dans les trois mois à partir de la déclaration de la faillite. (Arr. Cons. d'Et. 16 février 1866 et 27 janvier 1882.)

2633. — La publication des rôles ne fait courir le délai de la réclamation et n'autorise la déchéance, après trois mois, qu'autant que le rôle a été rendu exécutoire. (Arr. Cons. d'Et. 1er juin 1869.)

2634. — Le contribuable contre lequel le Conseil de préfecture a prononcé la déchéance faute de ce qu'il n'avait pas joint à sa demande l'avertissement ou un extrait du rôle, ne peut être relevé de cette déchéance en justifiant devant le Conseil d'Etat de la production de cette pièce postérieurement à l'arrêté du Conseil de préfecture. (Jurisp.)

2635. — Un contribuable qui, dans le délai de trois mois de la publication des rôles, a présenté une réclamation dont il lui a été fait renvoi pour qu'il y joigne l'extrait du rôle, doit être considéré comme ayant réclamé dans le délai légal, bien que la réclamation nouvelle ne soit parvenue à la sous-préfecture qu'après l'expiration de ce délai. (Arr. Cons. d'Et. 24 juin 1881, 3 novembre 1882 et 22 juillet 1884.)

2636. — Lorsque le recouvrement d'une somme se poursuit, comme en matière de contributions directes, s'il n'a pas été publié de rôle pour recouvrement, un commandement

notifié au débiteur par les agents du service des contributions fait courir le délai de réclamation (trois mois) fixé par les lois de 1832 et de 1844. (Arr. Cons. d'Et. 28 juin 1869.)

2637. — C'est au sous-préfet (et non pas au maire) que doivent être adressées, dans le délai de trois mois, les demandes en décharge ou réduction des contributions directes.

Le réclamant ne peut donc prétexter d'une réclamation adressée à ce dernier magistrat, pour éviter l'application des règles de la déchéance. (Arr. Cons. d'Et. 30 juin 1869.)

2638. — Lorsqu'une réclamation est rejetée par le Conseil de préfecture, le payement de la cote par le contribuable n'emporte pas acquiescement et fin de non-recevoir qui empêche le pourvoi devant le Conseil d'Etat. (Arr. Cons. d'Et. 4 décembre 1871.)

2639. — Un contribuable a droit à la décharge de la contribution personnelle et mobilière à laquelle il a été imposé dans la commune qu'il a quittée, avant le 1er janvier, si par sa réclamation, il demande, par application de l'article 28 de la loi du 21 avril 1832, à être porté sur le rôle de sa nouvelle résidence. (Arr. Cons. d'Et. 4 avril 1873.)

Mais n'est pas recevable une demande d'inscription au rôle, dans la commune de la nouvelle résidence, formée plus de trois mois après la publication du rôle dans cette commune. (Arr. Cons. d'Et., 2 février 1894.)

2640. — Une demande en discontinuation de poursuites portée devant le tribunal ne relève pas un contribuable de la déchéance encourue, si sa réclamation est déposée plus de trois mois après la publication des rôles.(Cons. de préfect. de la Seine, 23 février 1875.)

Récoltes. — V. Fruits, Poursuites, nos 2349 et suiv.; Privilège, nos 2513 et suiv.

Recours. — V. Comptes de gestion, Déficit, Difficultés, Poursuites, nos 2451 et suiv.; Réclamations.

Recouvrement des amendes et condamnations pécuniaires. — V. Amendes, nos 444 et suiv.

Recouvrement des contributions directes et des taxes assimilées.

2641. — Les contributions directes sont payables par douzièmes. Chaque douzième est exigible le premier du mois, pour le mois qui précède. Néanmoins, pour la contribution des patentes et pour la contribution mobilière, lorsqu'elle est comprise dans le même rôle que celle des patentes, les douzièmes échus, si le rôle est émis postérieurement au 1er mars, ne sont pas immédiatement exigibles ; le recouvrement en est fait par portions égales en même temps que celui des douzièmes non échus, c'est-à-dire que la cote se divise, pour le payement, en autant de termes qu'il reste de mois à courir. — En cas de réclamation, V. nos 2617 et suiv.

Il est accordé quelque délai de payement aux contribuables compris dans les rôles supplémentaires des patentes du quatrième trimestre ; ces contribuables peuvent être admis à diviser leur dette en deux ou trois termes, comme les patentables compris dans les rôles du troisième trimestre.

Les contributions sont quérables dans les communes ; mais elles doivent être payées au bureau que le percepteur y aura établi pour ses recettes *(Inst. gén., art. 61.)*— V. TOURNÉES DE RECOUVREMENT.

Elles sont payables en argent. — V. MONNAIES.

2641 bis. — Les débiteurs de faibles sommes peuvent se libérer en un seul terme ; mais pour les cotes un peu élevées, l'administration insiste auprès des comptables pour qu'ils réagissent auprès des contribuables en les invitant à payer en plusieurs termes. On doit observer cette règle en ce qui concerne les impôts à la charge des communes et des établissements charitables. *(Circ. compt. publ. 17 juillet 1897, § 7 et 9 août 1898, § 5.)*

2642. — Bien que les contribuables aient la faculté d'acquitter leurs contributions à la caisse d'un percepteur autre que celui de la commune de l'imposition (V. n° 2651 bis), il peut arriver que des redevables envoient le montant de leur cote en un mandat-poste ou mandat-carte. Malgré que ce mode de payement ne soit pas prévu par les instructions, les comptables, dans le but de faciliter les recouvrements, peuvent accepter ce mode de libération, lorsque, toutefois, cela ne leur occasionne aucun frais pour toucher les fonds au bureau de poste.

2643. — Les recouvrements que les percepteurs effectuent doivent être exactement appliqués par eux à l'exercice pour lequel les fonds sont versés par les contribuables. La même règle doit être suivie par les receveurs des finances à l'égard des versements des percepteurs. *(Inst. gén., art. 92.)* — V. RÔLES.

2644. — Si, comme il est dit plus haut, les contributions sont payables par douzièmes, il est évident que ces termes ont été établis en faveur du contribuable, et que celui-ci peut, à son gré, payer plus d'un douzième à la fois, et même sa cote tout entière ; mais d'après le principe posé dans l'article 1244 du Code civil, il ne pourrait obliger le percepteur à recevoir des payements de moins d'un douzième. *(Com. Durieu, t. I, p. 72.)* — V. ACOMPTES, IMPUTATION DE PAYEMENT.

2645. — Les droits de visite chez les pharmaciens, épiciers-droguistes, et les rétributions pour la vérification des poids et mesures sont exigibles en un seul payement dans la quinzaine de la publication des rôles. — V. n°° 1393 et 2275.

La taxe sur les cercles est payable en une seule fois, dans le mois qui suit la publication du rôle. — V. n° 913.

2646. — Les marchands forains et colporteurs, et tous autres patentables dont la profession n'est pas exercée à demeure fixe, sont tenus d'acquitter le montant total de leur cote au moment où l'avertissement-formule imprimé sur papier rose leur est délivré. *(Inst. gén. art. 62 ; L. 15 juillet 1880, art. 29.)* — V. n°° 1561 et 1839.

2647. — En cas de déménagement hors du ressort de la perception et de vente volontaire ou forcée, la contribution personnelle-mobilière et la contribution des patentes sont exigibles pour la totalité de l'année courante. En cas de décès, la même disposition s'applique à la contribution *personnelle-mobilière* ; mais la contribution des *patentes* n'est due que pour le *mois entier pendant lequel le décès a eu lieu, et pour les douzièmes antérieurs non soldés* ; il en est de même pour le cas de fermeture des magasins, boutiques et ateliers par suite de *liquidation judiciaire* ou de *faillite déclarée* ; sur la réclamation des parties intéressées, il est accordé décharge du surplus de la taxe. A défaut de réclamation dans le délai légal, ou dans le cas de rejet de la demande, la contribution est due pour l'année entière. *(L. 21 avril 1832, art. 22, 15 juillet 1880, art. 28 et 30, et 11 août 1890, art. 30 ; Inst. gén., art. 63.)* — V. DÉCÈS, DÉMÉNAGEMENT, FAILLITE, HÉRITIERS, RÉCLAMATIONS.

2648. — Le payement des contributions à la charge de l'État, des départements ou des communes, ayant lieu en vertu de mandats délivrés sur des comptables publics, les percepteurs ont à en faire toucher le montant aux caisses de ces comptables. *(Inst. gén., art. 66.)*

Quant aux contributions dues par les compagnies de chemins de fer, V. n° 1489 bis.

2649. — Les contribuables qui se croient fondés à réclamer ne sont pas moins obligés au payement des termes échus et de ceux qui viendraient à échoir pendant les six mois qui suivent la réclamation et dans lesquels elle doit être jugée définitivement. *(Inst. gén., art. 67.)* — V. RÉCLAMATIONS, n°° 2617 et suiv.

2650. — Nul fonctionnaire n'a le droit de surseoir au recouvrement des contributions directes, ni aux poursuites régulières qui ont ce recouvrement pour objet. Seulement, lorsqu'il est constaté que des contribuables ont éprouvé des pertes résultant d'événements désastreux qui les ont mis dans l'impossibilité de payer, le préfet en informe le trésorier général, afin de prévenir des poursuites pour des contributions qui devraient définitivement être couvertes par le fonds de non-valeurs. Le trésorier général reçoit aussi, dans le même but, l'avis des ordonnances de décharges à intervenir en faveur des contribuables indûment imposés et qui ont été dégrevés. *(Inst. gén., art. 68; Règl. pours., art. 7; Com. Durieu, t. I, p. 112.)* — V. DÉCHARGES ET RÉDUCTIONS, ORDONNANCES DE DÉCHARGES, RÉCLAMATIONS.

2651. — Les percepteurs ont seuls titre pour effectuer et poursuivre le recouvrement des contributions directes appartenant soit à l'État, soit aux départements, soit aux communes. *(Inst. gén., art. 69; Règl. pours., art. 8; Com. Durieu, t. I, p. 115.)*

Ils ne peuvent exiger aucune somme des contribuables, s'ils ne sont porteurs d'un rôle confectionné par le directeur des contributions directes, rendu exécutoire par le préfet, et publié dans chaque commune par le maire. *(Règl. pours., art. 9; Com. Durieu, t. I, p. 136 et suiv.)* — V. AVERTISSEMENTS, CONTRIBUABLES, DÉMÉNAGEMENT, DÉPOSITAIRES DE DENIERS, ÉMARGEMENTS, FERMIERS, IMPUTATION DE PAYEMENT, JOURNAL A SOUCHE, POURSUITES, PRIVILÈGE, QUITTANCES, RESTES A RECOUVRER, RÔLES, TITRES DE RECETTES, TOURNÉES DE RECOUVREMENT, VERSEMENTS.

2651 bis. § 1ᵉʳ. — *Lieu de payement laissé au choix du contribuable.* — Les contribuables ont la faculté d'acquitter leurs contributions et taxes assimilées à la caisse d'un percepteur autre que celui de la commune de l'imposition. — Lorsqu'il s'agit d'une taxe de vélocipède, V. nᵒˢ 3083 bis, § 10 et 3083 ter, § 10.

Ces versements sont admis sur la présentation d'un avertissement, d'un extrait de rôle, d'un acte de poursuite ou d'une autre pièce officielle constatant la dette du contribuable. Ils doivent comprendre la totalité ou le solde d'un ou de plusieurs articles de rôle et ne peuvent être effectués passé le 1ᵉʳ juillet de l'année de l'imposition pour les rôles publiés pendant le 1ᵉʳ trimestre, et passé un délai de trois mois, y compris celui de la publication, pour les rôles publiés pendant les trois derniers trimestres. *(Arr. min. Fin. 20 oct. 1900, art. 1ᵉʳ.)*

Les contribuables restent débiteurs des frais de poursuites exposés par le percepteur du lieu de l'imposition avant la réception de l'avis de recouvrement que le percepteur qui a reçu les fonds est tenu de transmettre sans retard par la poste. *(Arr. min. Fin. 20 oct. 1900, art. 2.)*

Les recouvrements visés à l'article 1ᵉʳ ne donnent droit à aucune remise au profit du percepteur qui les effectue. *(Arr. min. Fin. 20 oct. 1900, art. 3.)*

Ainsi que l'indique d'une manière expresse l'article 1ᵉʳ, le nouvel arrêté s'applique au payement des contributions directes et aussi des taxes assimilées. Par ces derniers mots, il faut entendre non seulement les taxes assimilées perçues au profit du Trésor, mais encore les taxes assimilées établies au profit des communes, qui sont soumises au même mode de recouvrement et sont susceptibles de figurer sur les mêmes actes de poursuites. L'arrêté, au contraire, n'est pas applicable aux autres créances des communes recouvrables soit en vertu des principes du droit commun, soit au moyen d'un état rendu exécutoire par le préfet ou le sous-préfet, soit enfin au moyen d'une contrainte visée par le juge de paix comme en matière de contributions indirectes.

D'après les termes mêmes de l'article 1ᵉʳ, le contribuable a, en principe, toute liberté pour choisir le percepteur auquel il désire verser ses contributions ou taxes assimilées ; en particulier, il n'est tenu de justifier d'aucune condition de domicile ou de résidence et peut se libérer, par exemple, dans une ville où il est simplement de passage. Son choix à cet égard n'est limité qu'à un seul point de vue : il ne peut porter, en dehors du comptable détenteur du rôle, que sur un percepteur étranger à la commune de l'imposition. Ainsi, dans les villes où résident plusieurs percepteurs, les contribuables ne sont pas autorisés à solder entre les mains d'un de ces comptables des contributions imposées dans une autre perception ayant son siège dans la même localité. A Paris, par exemple, un contribuable ne peut pas venir payer dans le 1ᵉʳ arrondissement les contributions auxquelles il est imposé dans le 19ᵉ arrondissement. L'arrêté ministériel n'a, en effet, pour but exclusif que d'éviter des déplacements ou des transports de fonds au contribuable qui ne se trouve pas dans la commune de l'imposition ; mais s'il s'y trouve au moment où il se dispose à acquitter ses impôts, il n'existe aucun motif suffisant pour lui permettre de se libérer à une caisse autre que celle du percepteur détenteur du rôle.

En dehors de l'exception ci-dessus, tout contribuable a la faculté d'acquitter ses contributions et taxes assimilées dans une perception quelconque, *soit au siège même de cette perception, soit au bureau de recette que le percepteur établit au cours de ses tournées de recouvrement (Circ. compt. publ. 10 déc. 1900, § 1ᵉʳ.)*

2651 bis § 2. — *Conditions auxquelles sont subordonnés les versements de contributions et de taxes assimilées effectués* *dans une perception autre que celle de l'imposition (versements dits de contributions extérieures.)* — Mais, dans tous les cas, pour être accepté par un percepteur autre que celui de la commune de l'imposition, le versement de contributions ou de taxes assimilées doit satisfaire à certaines conditions :

1° Production par la partie versante d'une pièce officielle indiquant les cotes à solder ;

2° Interdiction de versements fractionnés en dehors du versement pour solde ;

3° Délais des versements.

La première condition ne paraît pas comporter de longues explications. Il suffit que le contribuable produise une pièce émanant de la perception où il est imposé et indiquant expressément les contributions à solder. En dehors d'un avertissement, d'un extrait de rôle ou d'un acte de poursuite, toute pièce telle qu'un simple avis officieux ou une lettre du percepteur doit être considérée comme suffisante, du moment qu'elle contient les indications nécessaires à la rédaction de la quittance. L'omission du numéro de l'article de rôle ne doit même pas motiver un refus d'encaissement si, d'autre part, le nom de la commune de l'imposition, la nature et l'année de la contribution sont indiqués. Il est d'ailleurs recommandé aux comptables d'inscrire autant que possible, sur toutes les pièces destinées à des contribuables domiciliés en dehors de la perception, les mentions nécessaires à la rédaction de la quittance.

En second lieu, l'article 1er dispose que les versements en dehors de la perception du lieu d'imposition doivent comprendre la totalité ou le solde d'un ou de plusieurs articles de rôle. Pour ces versements, les comptables ne doivent donc jamais accepter *moins d'un article de rôle* ou *moins du reliquat restant à payer sur un article de rôle*. Soit, par exemple, un article de 40 francs sur lequel le contribuable a déjà payé un acompte de 10 francs ou obtenu un dégrèvement d'égale somme, le versement effectué en dehors de la perception d'imposition doit nécessairement comprendre le solde, soit 30 fr. Les acomptes ou les dégrèvements sont justifiés par la production soit des quittances à souche, soit des avis de dégrèvement, soit de toute autre pièce officielle indiquant les versements faits ou les dégrèvements obtenus par le contribuable. Si le contribuable est débiteur de plusieurs articles de rôles, il a la faculté de solder l'un seulement de ces articles, en laissant les autres impayés ; mais il doit être entendu que, si l'article comprend des contributions de diverses natures, la partie versante ne peut le scinder pour n'acquitter que l'une seulement de ces contributions.

La faculté accordée aux contribuables de se libérer dans une perception autre que celle de l'imposition ne doit jamais favoriser les payements tardifs. C'est pourquoi l'arrêté ministériel décide que les versements de contributions extérieures ne sont plus admis, passé le

1er juillet, pour les rôles publiés dans les trois premiers mois et, passé un délai de trois mois à partir de la publication, pour les autres rôles. Le percepteur détenteur du rôle est d'ailleurs libre de provoquer, s'il le juge utile, des poursuites contre tel ou tel contribuable avant l'expiration de ces délais extrêmes.

L'avertissement ou l'extrait de rôle étant les pièces le plus ordinairement produites au moment du payement et ces pièces devant contenir obligatoirement la date de la publication du rôle, le percepteur peut contrôler facilement si le contribuable est encore dans les délais. Sur les autres pièces, la date de la publication du rôle ne doit pas figurer obligatoirement, mais, dorénavant, le percepteur doit la mentionner toutes les fois que les actes sont destinés à des contribuables domiciliés en dehors de la perception. En cas d'omission à cet égard, si le percepteur du lieu de versement éprouve quelque incertitude au sujet de la date exacte de publication, il doit accepter le payement comme étant fait dans les délais. (*Circ. compt. publ. 10 déc. 1900, § 2.*)

2651 bis. § 3. — *Maintien des dispositions des circulaires des 20 novembre 1867, § 2 et 30 décembre 1867, § 11.* — L'arrêté ministériel du 20 octobre 1900 laisse subsister les dispositions des circulaires des 20 novembre 1867, § 2 et 30 décembre 1867, § 11, en vertu desquelles les receveurs des finances peuvent, à titre exceptionnel, autoriser le versement direct à leur caisse de contributions dues, dans une commune quelconque, par des sociétés ou de simples particuliers. Ce mode de libération est aujourd'hui peu utilisé, à raison des facilités nouvelles accordées par l'arrêté du 20 octobre 1900 ; mais, dans certains cas spéciaux, le receveur des finances peut avoir intérêt à autoriser le versement direct à sa caisse de contributions. (*Circ. compt. publ. 10 déc. 1900, § 3.*)

2651 bis. § 4. — *Dispositions de comptabilité concernant les recouvrements de contributions extérieures.* — Le percepteur qui reçoit, conformément à l'arrêté du 20 octobre 1900 des contributions non imposées dans sa perception doit en faire immédiatement recette sur son journal à souche dans la colonne des taxes et produits divers (col. 8) et délivrer à la partie versante la quittance correspondante : cette quittance est libératoire pour le contribuable.

Les recouvrements de contributions opérés dans ces conditions font en outre l'objet d'un compte nouveau à ouvrir en tête du paragraphe 2 de la section 2 du livre des comptes divers sous la rubrique : *Recouvrements de contributions extérieures*. Les percepteurs transportent chaque soir à ce compte les recouvrements inscrits, comme il vient d'être dit, dans la colonne 8 du journal à souche.

En outre, le percepteur qui a encaissé des contributions extérieures doit en aviser *directement* et en franchise le percepteur du lieu de l'imposition au moyen d'un avis conforme au modèle n° 1. Cet avis doit être mis à la poste *le jour même du recouvrement*, ou le lendemain au plus tard lorsque le recouvrement a été fait un jour de tournée.

La mention de cette remise est faite sur la souche du journal de la manière suivante : « Avis à (indiquer ici le nom de la perception destinataire) le (indiquer ici la date de l'envoi) 190 . » Dans le cas où le percepteur recouvrerait, dans la même journée, plusieurs articles extérieurs destinés à la même perception, il peut les comprendre dans un seul et même avis modèle n° 1. Un double de l'avis est dans tous les cas rédigé par le percepteur et conservé provisoirement par lui pour être produit ensuite à l'appui de son versement à la recette des finances.

Au reçu de l'avis n° 1, le percepteur du lieu de l'imposition doit donner immédiatement à cette pièce un numéro d'ordre, y apposer la date de réception et se borner à en prendre note au rôle sans faire l'émargement et sans constater de recette au journal à souche. La réception de l'avis modèle n° 1 est mentionnée de la manière suivante dans la colonne 12 réservée sur les nouveaux rôles aux renseignements divers : « Avis de recouvrement n° (somme en chiffres). » Cette mention rappelle au comptable que la somme indiquée à la suite du numéro d'ordre de l'avis a été recouvrée et que cette recette lui sera transmise dans un bref délai par l'intermédiaire de la recette des finances.

A cet effet, le percepteur qui a effectué le recouvrement de contributions extérieures doit les comprendre dans son versement à la recette des finances en ayant soin de joindre à l'appui le double de chacun des avis modèle n° 1 établis au moment du recouvrement.

Le receveur des finances délivre au percepteur un récépissé à talon pour les recouvrements qui lui sont ainsi versés et s'en charge en recette au crédit d'un compte de correspondants du Trésor à ouvrir, à la suite du compte des recouvrements en vertu de contraintes, sous la rubrique : *Recouvrements de contributions extérieures.*

Pour la transmission aux comptables intéressés des recettes portées à ce nouveau compte, les trésoriers généraux et les receveurs particuliers suivent une marche analogue à celle prescrite pour la transmission des recouvrements en vertu de contraintes.

Dès que le receveur des finances du lieu de l'imposition a reçu un duplicata d'avis modèle n° 1, avec la recette correspondante, il doit en informer le percepteur intéressé. Cette notification consiste dans la simple transmission au percepteur du duplicata dûment *revêtu du cachet de la recette des finances.*

Au reçu du duplicata revêtu du cachet de son chef de service, le percepteur doit y apposer la date de réception, lui donner le même numéro d'ordre que celui du primata et s'assurer de la concordance des deux pièces. Ces formalités remplies, le comptable fait recette au journal à souche des contributions inscrites sur le duplicata et les émarge aux rôles, le jour même. La quittance à souche délivrée au nom du receveur des finances. Contributions extérieures. (Duplicata n° (indiquer ici le n° de la perception de (indiquer ici le nom de la perception — perception et département — qui a effectué le recouvrement). Sur la souche, les recouvrements sont répartis le cas échéant, entre les colonnes de contributions, de frais de poursuites et de recettes des communes. S'il y a un excédent, V. n° 1499 *bis*. La quittance à souche est comprise dans le plus prochain versement du comptable et elle sert à justifier le débit donné dans les écritures de la trésorerie générale au compte : *Recouvrements de contributions extérieures.*

Les duplicata d'avis modèle n° 1 réunis aux primata sont classés dans l'ordre numérique et conservés avec soin dans les archives des percepteurs.

Il est tenu dans les recettes des finances, pour les duplicata reçus soit de perceptions de l'arrondissement, soit de trésoreries générales, un carnet conforme au modèle n° 2. Ce carnet qui sert de livre auxiliaire pour le compte : *Recouvrements de contributions extérieures,* permet de suivre la prise en charge régulière des duplicata par les percepteurs. *(Circ. compt. publ. 10 déc. 1900, § 1.)*

2651 bis. § 5. — *Frais de poursuites exposés par le percepteur du lieu de l'imposition antérieurement à la réception de l'avis de recouvrement extérieur.* — L'arrêté ministériel prévoit expressément dans son article 2 que les contribuables restent débiteurs des frais exposés par le percepteur du lieu de l'imposition avant réception de l'avis de recouvrement modèle n° 1. C'est là un point sur lequel les comptables ne doivent pas manquer d'attirer l'attention des contribuables qui viennent se libérer sur la présentation d'une sommation sans frais ou d'un acte de poursuite.

Mais les frais exposés par le percepteur du lieu de l'imposition pour le recouvrement de cotes portées sur un avis de recouvrement qui lui serait déjà parvenu, resteraient à la charge du comptable. De son côté, le percepteur du lieu de recouvrement serait responsable des frais inutiles qu'aurait entraînés un retard dans l'envoi de l'avis modèle n° 1. Il ne paraît pas nécessaire de faire transmettre par le comptable destinataire un accusé de réception, mais il est instamment recommandé au comptable qui a effectué le recouvrement, de même qu'au percepteur du lieu de l'imposition de se conformer très exactement aux dispositions relatives, soit à l'annotation sur le journal à souche ou sur le rôle de l'envoi ou de l'arrivée des avis modèle n° 1, soit à l'inscription sur ces dernières pièces de la date de réception et du numéro d'ordre. *(Circ. compt. publ. 10 décembre 1900, § 5.)*

2651 *bis*, § 6. — *Gratuité pour les percepteurs du service des recouvrements de contributions extérieures.* — *Publicité à donner à l'arrêté ministériel du 20 octobre 1900.* — Les recouvrements de contributions extérieures ne donnent lieu à aucune remise au profit du comptable qui les effectue. Tous les percepteurs, sans exception, doivent donc assurer gratuitement ce service et s'approvisionner à leurs frais des imprimés réglementaires.

Il importe que les comptables fournissent aux contribuables tous les renseignements utiles au sujet des facilités accordées pour le versement des contributions ; ils doivent afficher le texte de l'arrêté ministériel, d'une manière très apparente, dans la partie de leur bureau réservée au public. *(Circ. compt. publ. 10 déc. 1900, § 6.)*

Recouvrement des revenus des communes et des établissements de bienfaisance. — V. n°° 2785 et suiv.

Recrutement de l'armée.—V.ARMÉE TERRITORIALE, TAXE MILITAIRE.

Rectifications d'écriture. — V. n° 1474.

Redevances des mines.

2652. — *Assiette des redevances.* — Une contribution spéciale est assise sur les mines, indépendamment de la contribution foncière du terrain occupé pour leur exploitation.

Cette contribution se divise en *redevance fixe* et en *redevance proportionnelle*.

La *redevance fixe* est de 10 francs par kilomètre carré de la superficie comprise dans le périmètre de la concession.

La *redevance proportionnelle* est ordinairement du vingtième du produit net de l'exploitation, calculé d'après la totalité des produits extraits ; elle ne peut l'excéder, et les concessionnaires ont la faculté de demander qu'elle soit convertie en un *abonnement*. *(Inst. gén., art. 228.)*

2653. — Les tableaux des mines indiquant les sommes à imposer pour la *redevance fixe* sont arrêtés par les préfets et transmis aux directeurs des contributions directes, qui reçoivent, en outre, pour l'assiette de la *redevance proportionnelle*, une matrice de rôle arrêtée, d'après les états d'exploitation, par l'ingénieur des mines de la circonscription, et les états certifiés des *abonnements admis. (Inst. gén., art. 229; Décr. 8 sept. 1899.)*

2654. — *Établissement et remise aux comptables des rôles de redevances.* — D'après ces éléments, les directeurs des contributions directes dressent des rôles spéciaux qui comprennent les sommes à payer par les concessionnaires de mines de chaque département, avec désignation des communes où ces mines sont situées. Les directeurs ajoutent au principal des redevances ou abonnements les centimes additionnels dont l'imposition est autorisée par la loi annuelle du budget, pour remises des receveurs des finances, frais de perception et pour non-valeurs.

Le préfet arrête ensuite les rôles et les rend exécutoires, sauf le recours des contribuables. *(Décr. 11 février 1874, art. 1er.)*

Ces rôles sont remis aux percepteurs avec les avertissements et publiés d'après les règles établies pour ceux des contributions directes. *(Inst. gén., art. 230 et 231.)*

2655. — *Recouvrement et poursuites.* — *Privilège.* — Le recouvrement des redevances des mines, et les poursuites auxquelles il donnerait lieu, sont soumis au mode établi pour les contributions directes. Seulement, lorsque le terrain occupé par une mine embrasse plusieurs communes, le percepteur de la commune où sont situés les bâtiments, usines et maisons de direction, est seul chargé du recouvrement. *(Inst. gén., art. 232.)*

2656. — Les quittances à souche, délivrées par les percepteurs, du montant des redevances des mines, sont exemptes de timbre. *(Circ. compt. publ. 14 avril 1872, n° 1er.)* — V. QUITTANCES.

2657. — Le privilège du Trésor, pour le recouvrement des redevances des mines, s'exerce, comme pour la contribution foncière, sur les loyers et revenus des mines et des carrières qui sont en exploitation sur le fonds imposé. *(L. 21 avril 1810, art. 37 ; Com. Durieu, t. 1, p. 152 et suiv.)* — V. PRIVILÈGE DU TRÉSOR.

2658. — Les mines sont immeubles.

Sont aussi immeubles, les bâtiments, machines, les puits, galeries et autres travaux établis à demeure, conformément à l'article 524 du Code civil.

Sont aussi immeubles, par destination, les chevaux, agrès, outils et ustensiles servant à l'exploitation.

Ne sont considérés comme chevaux attachés à l'exploitation que ceux qui sont exclusivement attachés aux travaux intérieurs des mines.

Néanmoins, les actions ou intérêts dans une société ou entreprise pour l'exploitation des mines sont réputés meubles, conformément à l'article 529 du Code civil. (*L. 21 avril 1810, art. 8.*)

Sont meubles, les matières extraites, les approvisionnements et autres objets mobiliers. (*L. 21 avril 1810, art. 9.*)

2659. — *Comptabilité.* — Le produit des redevances des mines est enregistré dans la colonne du journal à souche intitulée : *Taxes et produits divers.* Un compte particulier est ouvert à ce produit dans la deuxième section du livre des comptes divers. Les recettes y relatives y sont enregistrées par journée, dans la colonne de l'exercice auquel elles appartiennent, et il est successivement fait dépense des versements que les percepteurs effectuent aux caisses des receveurs particuliers. (*Inst. gén., art. 1449, 1471 et 1473.*)

2660. — *Dépenses.* — Les dépenses relatives aux redevances des mines sont : 1° les frais de perception ; 2° les frais de confection des rôles et d'expertises ; 3° les remises et modérations, décharges et réductions. (*Inst. gén., art. 233.*)

2661. — Les *frais de perception* se composent : des remises allouées aux percepteurs qui sont fixées d'après le tarif décroissant de 1874 ; des frais de distribution des premiers avertissements. (*Inst. gén., art. 234 ; Circ. compt. publ. 30 mai 1901, § 14.*)

2662. — La rétribution allouée au directeur des contributions directes pour les *frais de confection* des rôles de redevances des mines, ainsi que les frais occasionnés par les *expertises* auxquelles a donné lieu la vérification des demandes en dégrèvement, sont payés sur le produit des centimes additionnels imposés pour non-valeurs. (*Inst. gén., art. 235.*)

2663. — *Remises et modérations, décharges et réductions.* — Lorsque le concessionnaire d'une mine a éprouvé des pertes par suite d'événements extraordinaires, il peut obtenir soit la *remise* entière de sa redevance fixe et de sa redevance proportionnelle, soit une simple *modération.*

Si un contribuable porté au rôle des redevances des mines a cessé d'être imposable, il lui est accordé *décharge* de ces redevances.

S'il a été seulement trop imposé, il a droit à une *réduction* de cote.

Ces remises et modérations, décharges et réductions, sont allouées aux contribuables sur le produit des centimes additionnels pour non-valeurs ajoutés dans les rôles au principal des redevances. (*Inst. gén., art. 236.*)

Les réclamations en décharge ou réduction sont présentées, instruites et jugées, comme en matière de contributions directes. — V. RÉCLAMATIONS.

2664. — *Crédits, ordonnancement et payement des dépenses.* — Les règles établies pour les contributions directes sont également applicables aux *crédits*, à l'*ordonnancement* et au *payement* des dépenses sur les redevances des mines, sauf les dispositions spéciales qui suivent. (*Inst. gén., art. 237.*)

2665. — Le *crédit pour les remises des percepteurs* sont fixées d'après le tarif décroissant de 1874 (V. n° 2671) ; il en est de même des remises sur la taxe des biens de mainmorte. (*Circ. comp. publ. 30 mai 1901, § 14 et 19 mai 1903, § 2.*)

2666. — Les percepteurs peuvent, pour les frais de distribution des premiers avertissements et leurs remises sur droits de vérification des poids et mesures, etc., souscrire et envoyer au receveur des finances des quittances séparées des mandats du préfet. Elles sont ensuite annexées à l'état de liquidation préparé au dos de ces mandats. (*Circ. compt. publ. 1er déc. 1865, § 9 et 20 mars 1866, § 3.*)

Redevances pour frais de surveillance des fabriques de margarine et d'oléo-margarine.

2666 bis. — Les fabriques de margarine et d'oléo-margarine ont été soumises à la surveillance d'inspecteurs nommés par le Gouvernement par l'article 6 de la loi du 16 avril 1897 concernant la répression de la fraude dans le commerce du beurre et la fabrication de la margarine. Le traitement des inspecteurs a été mis, par l'article 8, à la charge des établissements surveillés.

L'article 18 du décret du 9 novembre 1897 portant règlement d'administration publique pour l'exécution de la loi du 16 avril 1897 édicte que « l'état des frais à rembourser par chaque fabricant, d'après le nombre des agents affectés à la surveillance de son usine, est arrêté chaque année par le ministre de l'Agriculture et transmis au ministre des Finances, qui en assure le recouvrement, comme en matière de contributions directes » et la loi du 13 avril 1898 a rangé parmi les taxes assimilées à ces contributions les redevances pour frais de surveillance des fabriques de margarine et d'oléo-margarine.

Les rôles de redevance sont établis mensuellement par les directeurs des contributions directes au vu d'états-matrices dressés par les soins des bureaux des préfectures.

Il n'est pas délivré d'avertissements aux contribuables et la taxe est immédiatement exigible.

Les percepteurs constatent à un compte particulier du livre des comptes divers intitulé : *Redevances pour frais de surveillance des fabriques de margarine, etc.*, les opérations y relatives, conformément au mode suivi pour les redevances des mines, la taxe des biens de mainmorte, etc. *(Circ. compt. publ. 9 août 1898, § 2.)*

Redevances pour la rétribution des délégués mineurs.

2667. — *Recouvrement.* — Les redevances pour la rétribution des délégués à la sécurité des ouvriers mineurs, perçues en exécution de l'article 16 de la loi du 8 juillet 1890, sont recouvrées au moyen de rôles mensuels Le montant de ces rôles est exigible en une seule fois dans les quinze jours de la publication. Il est délivré des avertissements aux redevables à raison de 5 centimes par article.*(L. de finances, 27 décembre 1890, art. 14.)*

2668. — *Écritures.* — Les percepteurs ouvrent, à la 2ᵉ section du livre des comptes divers, un compte particulier intitulé : *Redevances pour la rétribution des délégués mineurs*, où les opérations relatives y sont décrites, comme ce qui a lieu pour les autres taxes assimilées. *(Circ. compt. publ. 18 février 1891, § 8.)*

2669. — *Remises.* — Les percepteurs ont droit à une remise de 3 centimes par franc payables par trimestre, en vertu de mandats préparés dans les bureaux des receveurs des finances. *(Circ. compt. publ. 18 févr. 1891, § 8.)*

Référé. — V. Poursuites, nᵒˢ 2361 et suiv.

Réforme (Mise à la). — V. nᵒˢ 2202 et suiv.

Refus de payement. — V. nᵒˢ 2083 et suiv.

Régie simple ou régie intéressée (Droits perçus par). — V. Location des places, Octroi, Péages communaux.

Régie (Travaux en). — V. nᵒ 3056.

Régisseur. — Voir Fermiers, Poursuites, nᵒ 2309.

Registres. — V. Imprimés, Livres.

Registres de l'état civil (Frais de). — V. Cotisations municipales.

Réhabilitation.

2670. — Les demandes en réhabilitation, formées en vertu de la loi du 14 août 1885, doivent être appuyées des quittances à souche revêtues du timbre de 25 centimes délivrées par les percepteurs. Mais, lorsqu'il s'agit de condamnations recouvrées par les receveurs de l'enregistrement, il y a lieu de produire une quittance établie sur papier timbré de dimension. *(Circ. compt. publ. 18 avril 1889, § 7.)*

Pour la légalisation des quittances, V. nᵒ 2566.

En ce qui concerne les condamnations prononcées avant le 1ᵉʳ janvier 1874, la quittance est remplacée par un certificat administratif constatant que l'amende ne figure pas sur l'état des articles restant à recouvrer au 1ᵉʳ janvier 1874 remis à cette date par les receveurs de l'enregistrement aux receveurs des finances.

Ces certificats sont délivrés directement par les receveurs des finances.*(Circ. compt. publ. 30 juin 1900, § 9.)* — V. nᵒ 862 bis.

Réimpositions. — V. Décharges et réductions.

Rejet de dépense. — V. Comptes de gestion, nᵒ 1014.

Remboursement de capitaux. — V. Rentes sur particuliers, nᵒ 2728.

Remboursements de cautionnement. — V. Cautionnements.

Remboursements d'excédents de versements. — V. nᵒˢ 1491 et suiv.

Remboursements de fonds placés au Trésor. — V. nᵒˢ 2247 et suiv.

Remise de service. — V. Gérant intérimaire, Installation, Mutations de percepteurs.

Remises des percepteurs.

2671. — *Base et fixation des remises.* — Les remises des percepteurs ont pour base, d'une part, *un tarif décroissant*, gradué d'après l'importance des rôles à recouvrer ; d'autre part, une *allocation fixe* pour chaque article des rôles généraux et supplémentaires.

Depuis 1875, et dans les départements autres que ceux de la Corse et de la Seine, les remises proportionnelles allouées aux percepteurs des contributions directes, sur le montant des rôles de chaque perception, sont calculés d'après les bases suivantes :

2 francs °/₀ sur les premiers 20,000 francs ;
1 fr. 50 °/₀ sur les 280,000 francs suivants ;
50 centimes °/₀ de 300,001 à 600,000 francs ;
10 — °/° de 600,001 à 900,000 francs :
5 — °/₀ au-dessus de 900,000 francs ;
(Arr. min. 20 novembre 1874.)

A partir de 1887, l'allocation accordée aux percepteurs des contributions directes, pour chaque article des rôles généraux et supplémentaires, est fixée à 20 centimes pour tous les départements autres que celui de la Corse.

Est maintenu, pour le département de la Corse, le taux de 25 centimes par article de rôles fixé par l'arrêté ministériel du 10 novembre 1869.

Est maintenue, pour les perceptions de 4ᵉ classe (2.400 francs et au-dessous), l'allocation de 22 centimes par article de rôles fixée par l'arrêté ministériel du 20 novembre 1874. *(Arr. min. 8 mars 1887 ; Circ. compt. publ. 16 mars 1887 et 18 février 1891.)*

Cette allocation n'est pas due pour les articles des rôles spéciaux établis pour les impositions communales qui n'auraient pu être comprises dans les rôles primitifs.

Il n'est point non plus alloué de remises aux percepteurs sur la portion de la contribution personnelle-mobilière qui, dans quelques villes est prélevée sur les produits de l'octroi, attendu que cette portion de contribution doit être versée directement par le receveur municipal au receveur des finances ; mais le produit des *huit centimes* par franc à prélever sur le principal des patentes au profit des communes reste compris dans les sommes sur lesquelles sont calculées les remises dues par le Trésor aux percepteurs. *(Inst. gén., art. 113, et Circ. compt. publ. 30 juillet 1867, § 7.)*

2672. — Une allocation de 3 centimes par franc est allouée aux percepteurs sur le montant des impositions communales, des impositions pour frais de Bourses et de Chambres de commerce et des taxes additionnelles pour fonds de garantie. Ces remises leur sont payées comme celles sur contributions directes. — V. nᵒˢ 1368, 1578 et 2673 et suiv.

Il en est ainsi pour les remises concernant les redevances des mines et des biens de mainmorte qui sont fixées d'après le tarif décroissant de 1874. — V. nᵒˢ 2665, 2671 et 2673.

Les percepteurs jouissent également d'une remise uniforme de 3 °/₀ sur le montant des rôles de la rétribution pour la vérification des poids et mesures, des droits de visite chez les pharmaciens et épiciers-droguistes, de la contribution sur les voitures et chevaux, de la taxe sur les billards, de la taxe sur les cercles, de la taxe militaire, de la taxe sur les vélocipèdes, des droits d'épreuve des appareils à vapeur, des

redevances pour la rétribution des délégués mineurs. Ces remises leur sont allouées au fur et à mesure de leurs versements, en vertu de mandats des préfets, contenant décompte de liquidation, et sans qu'il soit nécessaire d'attendre l'avis des ordonnances de délégation. *(Inst. gén. art. 238.)*

Les percepteurs ont également droit à une remise de 3 °/₀ sur le produit des souscriptions pour travaux d'intérêt commun dont ils peuvent exceptionnellement être chargés d'opérer le recouvrement. — V. nᵒ 3067.

Il leur est aussi alloué une remise de 3 °/₀ sur le produit des amendes et condamnations ; cette remise est élevée à 6 °/₀ pour les articles des surséances, lorsqu'ils sont ultérieurement recouvrés. — V. AMENDES, nᵒ 469.

Il est, en outre, alloué aux percepteurs une allocation de 05 centimes pour chaque déclaration de location verbale. — V. nᵒˢ 1819 et 1820.

Enfin, lorsque les percepteurs sont choisis pour trésoriers d'associations syndicales, ils ont droit à des remises qui sont réglées par le ministre des Finances sur la proposition des syndicats et l'avis du préfet *(Inst. gén. art. 1238.)*

Des remises sont également dues aux comptables lorsqu'ils prêtent leur concours aux receveurs des finances pour des recouvrements à opérer par ces derniers. — V. nᵒˢ 1411, 1590, 2540 et 3075.

2673. — *Allocations aux percepteurs des remises proportionnelles et des frais de perception.* — Les remises proportionnelles et les frais de perception sont alloués aux percepteurs, par douzièmes, le dernier jour de chaque mois, d'après une liquidation provisoire basée sur les décomptes définitifs de l'avant-dernier exercice. Par exception, il n'est pas mandaté d'allocation à la fin du mois de décembre.

La dernière allocation est faite après l'établissement des décomptes définitifs de remises ; elle comprend le solde des remises et le solde des frais de perception calculés sur le montant des rôles de l'année écoulée.

Si, à l'époque de la délivrance des mandats pour solde de remises et de frais de perception, les restes à recouvrer excèdent un demi-douzième, le trésorier général peut ajourner le payement pour solde entre les mains de l'ayant droit jusqu'à l'apurement de tout ou partie des sommes restant à recouvrer. *(Arr. min. Fin. 4 juin 1904, art. 1ᵉʳ ; Circ. compt. publ. 25 mars 1905.)*

2674. — Au cas où un percepteur cesse ses fonctions ou change de poste, les remises et les frais de perception lui sont alloués au prorata de son temps de service pendant l'année courante et d'après une liquidation définitive basée sur le montant des rôles émis au jour de sa sortie de fonctions.

En ce qui concerne le comptable entrant, les remises et les frais de perception sont calculés selon la règle posée au paragraphe 1ᵉʳ de l'article 1ᵉʳ; ils font ensuite l'objet d'une liquidation définitive qui est également établie au prorata du temps de service et d'après le montant des rôles émis.

Pour l'établissement des liquidations définitives visées aux deux paragraphes qui précèdent, les rôles émis au cours de la gestion d'un comptable sont réputés émis le premier jour de cette gestion.

Les remises et les frais de perception afférents aux rôles émis dans le premier trimestre d'une année, au titre de l'année précédente, sont acquis intégralement aux comptables en fonctions au moment de l'émission desdits rôles. (*Arr. min.Fin. 4 juin 1904, art. 2; Circ. compt. publ. 25 mars 1905.*)

2675. — Si, à l'époque de la sortie de fonctions d'un comptable, les rôles généraux des contributions foncière, personnelle-mobilière, des portes et fenêtres et des patentes ne sont pas encore émis, la liquidation définitive est ajournée jusqu'à leur émission.

Dans ce cas, les rôles généraux ainsi que les autres rôles de l'année en cours émis à la même date que les rôles généraux ou à une date antérieure sont, pour le règlement des remises et des frais de perception, réputés émis le 1ᵉʳ janvier de ladite année. (*Arr. min. Fin. 4 juin 1904, art. 3; Circ. compt. publ. 25 mars 1905.*)

2676. — Lorsque la liquidation définitive fait ressortir un trop-payé, le remboursement en est poursuivi contre les intéressés ou leurs ayants cause.

Si, par suite de la négligence du comptable sortant, les recouvrements sur contributions directes ou sur taxes assimilées sont inférieurs de plus d'un demi-douzième à la moyenne de ceux des trois années précédentes, le ministre peut, sur la proposition du trésorier général, priver le comptable de tout ou partie des remises correspondant aux recouvrements laissés en souffrance.

La même décision détermine si ces remises doivent être attribuées au comptable entrant ou au Trésor à titre de recettes accidentelles. (*Arr. min. Fin. 4 juin 1904, art. 4; Circ. compt. publ. 25 mars 1905.*)

2676 bis. — Les remises sur produits universitaires et sur amendes sont allouées au prorata des recouvrements. (*Arr. min. Fin. 4 juin 1904, art. 5.*)

2677. — En ce qui concerne les allocations des taxes énumérées plus haut, n° 2672, il n'est apporté aucun changement au mode de payement de ces allocations. (*Circ. compt. publ. 20 mars 1866, § 3.*)

2678. — L'allocation accordée aux percepteurs pour les déclarations de locations verbales leur est payée ainsi qu'il est indiqué aux n°ˢ 1819 et 1820.

Prélèvement à opérer sur le produit des perceptions de 1ʳᵉ et de 2ᵉ classe. — V. n° 2188.

2679. — *Mutations de comptables par suite de décès ou de changement de résidence.* — En cas de décès d'un percepteur ou de changement de résidence, les remises sont calculées ainsi qu'il est indiqué ci-dessus, n°ˢ 2674 et suiv.

En ce qui concerne l'indemnité accordée aux receveurs des finances chargés d'un service de perception de ville, en cas de mutation de comptables, Voir *Circ. compt. publ. 9 janvier 1902, § 3.*

2680. — Dans le cas de mutations de comptables, les remises des percepteurs concernant les rôles spéciaux d'impositions communales sont allouées comme les autres remises. (*Circ. compt. publ. 30 juillet 1867, § 6 et 9 janv. 1902, § 3.*)

2681. — Le calcul des sommes revenant à chaque comptable est fait cumulativement pour toutes les communes d'une même perception. Le nom de la perception est seul désigné dans les états de liquidation. Ces états et les mandats de remises des percepteurs étant établis par le trésorier général pour l'ensemble du département, ce comptable est seul chargé de constater l'intégralité de la dépense, ainsi que l'intégralité de la retenue 5 % y afférente. (*Inst. gén., art. 196; Circ. comp. publ. 15 fév. 1866, § 6.*)

Remises sur divers services spéciaux confiés aux percepteurs. — V. n° 2672.

Remises afférentes aux intérims. — V. AGENT SPÉCIAL, GÉRANT INTÉRIMAIRE.

Remises des receveurs municipaux et hospitaliers. — V. n°ˢ 2589 et suiv.

Remises et modérations sur contributions directes. — V. DÉCHARGES ET RÉDUCTIONS.

Remplacement de la contribution personnelle-mobilière par des droits d'octroi. — V. n° 1166.

Remplacement de comptables. — V. MUTATIONS DE PERCEPTEURS.

Remploi de capitaux. — V. Pièces justificatives, § 155.

Rentes sur l'État.

2682. — *Achats et ventes.* — Aux termes de l'ordonnance royale du 14 avril 1819, les trésoriers généraux sont chargés d'office, à la volonté des particuliers, des communes et des établissements publics, de faire effectuer, pour leur compte et sans frais, sauf ceux de courtage justifiés par bordereaux d'agents de change, tous les *achats et ventes de rentes sur l'État* qu'ils jugent à propos de leur confier.

Les receveurs d'arrondissement sont tenus d'intervenir dans ces opérations lorsque le trésorier général les en charge, mais seulement comme ses correspondants particuliers, et ils doivent porter directement à son compte les recettes et les payements auxquels elles donnent lieu. *(Inst. gén., art. 1156 et suiv.)*

2683. — Les titres de rentes existant dans le portefeuille des receveurs des finances par suite d'achat ou de renouvellement, et qui n'ont pas été retirés dans le délai d'un mois, à partir de l'avis adressé aux parties, peuvent être renvoyés à Paris et déposés à la Caisse centrale. *(Circ. compt. publ. 28 mai 1875, § 2.)*

2683 bis, § 1er. — *Participation des percepteurs au service des achats et ventes de rentes sur l'État.* — Un arrêté du ministre des Finances en date du 13 février 1900 autorise les percepteurs des contributions directes à recevoir des particuliers domiciliés dans le ressort de leur perception, sous les conditions qui sont indiquées plus loin, les demandes d'achat ou de vente de rentes françaises, et à délivrer reçu des fonds et des titres qui sont déposés à cet effet entre leurs mains par les intéressés. La négociation elle-même est, comme précédemment, effectuée exclusivement par les soins des receveurs des finances *(Circ. compt. publ. 27 avril 1900, § 1er.)*

2683 bis, § 2. — *Conditions auxquelles est subordonné le concours des percepteurs.* — Il est interdit aux percepteurs de recevoir de la même personne et dans la même journée des commissions d'achat pour plus de 100 francs de rente, ce qui suppose un capital d'environ 3,000 francs.

Si le déposant désire réunir les inscriptions provenant de l'achat à d'autres titres du même fonds, ces derniers ne doivent être acceptés par les percepteurs que s'ils sont nominatifs ou mixtes.

Le règlement d'un achat de rente nominative ou mixte peut avoir lieu par l'entremise du percepteur, mais le règlement d'un *achat de rente au porteur ne peut être effectué qu'à la* *caisse du receveur des finances de l'arrondissement.*

Dans le même ordre d'idées, l'intervention des percepteurs pour *les ventes de rentes* n'est autorisée que pour les titres nominatifs ou mixtes ; elle peut être demandée, quelle que soit la somme de rente représentée par ces titres ; mais la partie doit, *pour le règlement de l'opération, se rendre à la recette des finances,* sur l'avis qui lui est donné par le comptable supérieur.

Les nouvelles dispositions ont l'avantage d'épargner aux rentiers au moins l'un des deux voyages qu'ils étaient obligés précédemment de faire à la recette des finances.

Les demandes d'achat ou de vente de rentes par l'intermédiaire des percepteurs doivent être formées exclusivement à la résidence de ces comptables, et il n'est pas permis aux rentiers de déposer leurs fonds et leurs titres dans une autre localité que celle où réside le percepteur, ni ailleurs qu'au bureau de ce comptable.

L'arrêté ministériel du 13 février fait aux percepteurs une obligation rigoureuse de transmettre à la recette des finances, le jour même où ils les ont reçues, les demandes d'achat et de vente de rentes et les titres déposés à leur caisse ; il importe essentiellement que les receveurs des finances soient avisés, sans aucun retard, des dépôts de fonds ou de titres effectués, à fin d'achat ou de vente de rentes, à la caisse des comptables sous leurs ordres.

Les percepteurs qui ne se conformeraient pas à la prescription ci-dessus s'exposeraient à des mesures disciplinaires très sévères. *(Circ. compt. publ. 27 avril 1900, § 2.)*

2683 bis, § 3. — *Achats et ventes de rentes à effectuer pour le compte des communes et des établissements publics.* — En ce qui concerne les achats et les ventes de rentes à effectuer pour le compte des communes et des établissements publics, l'article 1er de l'arrêté ministériel du 13 février dernier établit une distinction, basée sur les motifs suivants :

Les dépôts de fonds ou de titres en vue d'achat ou de vente de rente, ne donnent lieu, dans la comptabilité communale ou hospitalière, à aucune écriture ; les fonds et les titres sont remplacés momentanément, dans la caisse du comptable, par la reconnaissance à souche du receveur des finances. Rien ne s'oppose par conséquent, pour les receveurs spéciaux, à ce que le reçu du percepteur tienne lieu, dans leur caisse, de la reconnaissance du receveur des finances ; mais il y aurait inconvénient à autoriser un percepteur, remplissant les fonctions de receveur municipal, d'établissement de bienfaisance ou de fabrique, à mettre son propre reçu dans sa caisse ou dans son portefeuille à la place des valeurs qui les composent. Aussi, le deuxième alinéa de l'article 1er de l'arrêté ministériel restreint-il aux communes et aux établissements dont les deniers sont gérés par un receveur ou un trésorier spécial, la faculté d'employer l'intermédiaire du percepteur pour l'exécution des achats et ventes de rentes.*(Circ. compt., publ. 27 avril 1900, § 3.)*

2683 bis, § 4. — *Remise aux percepteurs d'un bulletin télégraphique quotidien des cours de la rente.* — Le bureau de poste doit remettre chaque jour aux percepteurs une copie du Bulletin télégraphique de la Bourse. Dès sa réception, ce bulletin doit être affiché dans le bureau des comptables, de manière que le public puisse toujours en prendre facilement connaissance. *(Circ. compt. publ. 27 avril 1900, § 4.)*

2683 bis, § 5. — *Désignation des percepteurs qui n'ont pas à concourir à l'exécution de l'arrêté ministériel du 13 février 1900.* — *Comptables habitant la même résidence.* — Les trésoriers généraux désignent, de concert avec le préfet, les percepteurs qui doivent concourir à l'exécution de l'arrêté ministériel du 13 février 1900. *(Circ. compt. publ. 27 avril 1900, § 5 et 30 juin 1900, § 3.)*

2683 bis, § 6. — *Responsabilité qu'entraîne pour les comptables l'exécution du nouveau service.* — Le trésorier général ne peut être rendu responsable des opérations d'achat et de vente de rentes dont l'exécution a été confiée aux receveurs particuliers sous ses ordres, du moment où il n'a pas eu connaissance de ces opérations.

A l'égard des opérations confiées aux percepteurs, la responsabilité du comptable supérieur n'est susceptible d'être mise en cause qu'à partir du moment où le receveur des finances a été informé du dépôt fait à la caisse de son subordonné, c'est-à-dire, en réalité, à partir du moment où il a lui-même reçu les fonds (ou la quittance représentative de ces fonds), ainsi que les titres remis au percepteur à l'occasion d'un achat ou d'une vente de rente. Jusqu'à ce moment, la responsabilité pécuniaire du percepteur est seule engagée à l'égard des tiers. *(Circ. compt. publ. 27 avril 1900, § 6.)*

2683 bis, § 7. — *Mesures de comptabilité.* — 1° *Achats de rentes ;* 2° *Ventes de rentes ;* 3° *Arbitrages de rentes.* — Les achats et ventes de rentes, effectués par l'entremise des percepteurs doivent avoir lieu dans les conditions indiquées par l'article 1456 de l'Instruction générale.

Les dispositions de comptabilité ci-après ont, en conséquence, été adoptées :

1° *Achats de rentes.* — Les percepteurs sont munis de formules de reçus spéciaux à titre de dépôts de fonds pour achat de rentes, conformes au modèle n° 1 et comportant trois parties, savoir : un *reçu* destiné à la partie ; un *talon* ou *volant* à adresser au receveur des finances, et une *souche* restant au bureau de la perception.

Les formules sont reliées par carnets de 50 ou de 100 feuilles ; elles sont numérotées par les soins du receveur des finances, à partir du n° 1 dans chaque perception, et l'ordre des numéros suivi sans interruption ; mais, afin d'établir une distinction entre les formules provenant des différentes perceptions d'un même arrondissement, il y a lieu d'affecter spécialement à chaque perception une lettre de l'alphabet, et d'apposer, de préférence avec un composteur, cette marque d'origine, à côté du numéro d'ordre de chaque formule. Chaque reçu est frappé du timbre sec du receveur des finances. Les carnets sont fournis aux percepteurs par le receveur des finances exclusivement, et ils servent, même en cas de mutation de comptables, jusqu'à épuisement des formules y contenues. Les reçus souscrits dans une même perception portent ainsi des numéros d'ordre se suivant exactement, ce qui permet au receveur des finances de s'assurer d'une manière constante, qu'il n'existe aucune lacune dans les transmissions qui lui sont faites ; le receveur des finances contrôle au surplus les opérations de l'espèce, au moyen d'un carnet tenu par perception et dont il est parlé plus loin. Au cas où une formule a été employée à tort ou inutilement, le percepteur doit, après l'avoir annulée, la renvoyer, avec le talon y attenant, au receveur des finances qui en prend note sur son carnet, afin d'y conserver trace de l'emploi de toutes les formules mises à la disposition de chaque percepteur.

Le reçu remis à la partie mentionne qu'il doit, pour être valable, être revêtu du timbre sec du receveur des finances et que ce dernier avisera *directement* la partie versante dès que la commission d'achat lui sera parvenue ; il y est également indiqué d'une façon très apparente que les opérations d'achat de rente confiées aux receveurs des finances et aux percepteurs ne peuvent donner lieu à aucun recours en garantie contre le Trésor *(Article 6 de l'Ordonnance du 8 décembre 1832.).*

Lorsqu'une demande d'achat de rente lui est présentée, le percepteur fait signer à la partie une *commission* ; puis il remplit les trois parties de la formule, et détache, d'une part, le *reçu* proprement dit, qu'il remet à l'intéressé, après avoir eu soin d'y apposer le timbre-quittance de 0 fr. 10, et, d'autre part, le talon ou *volant* à envoyer, comme il est dit plus loin, à la recette des finances, et sur lequel il ne doit pas omettre *d'indiquer exactement l'adresse de la partie versante* ; il ressort en outre dans la colonne *ad hoc* de la *souche* les sommes versées en numéraire, de manière à reporter successivement sur les formules remplics pendant une même journée le montant des encaissements afférents à cette journée. A la fin de la journée, il prend charge du total des versements sur son registre à souche ordinaire à titre de : *fonds de subvention pour le service du Trésor*, et, après avoir annoté en conséquence la souche du dernier reçu sur laquelle figure le chiffre des opérations de recette de la journée, il adresse au receveur des finances, *sous pli chargé* :

1° Les commissions d'achat, ainsi que les titres nominatifs à réunir, s'il y a lieu (article 2 de l'arrêté) ;

2° Les *talons* des reçus remis aux parties ;

3° Un bordereau récapitulatif des commissions d'achat (modèle n° 2) ;

4° La quittance à souche de fonds de subvention.

Cet envoi doit être fait *chaque jour*, sous peine de mesures disciplinaires, en cas d'infraction (voir § 2 ci-dessus). Le percepteur est en outre tenu d'indiquer à l'encre rouge sur sa situation journalière de caisse (modèle 4 de la circulaire du 28 juillet 1898), en regard de la ligne *numéraire*, la somme provenant de fonds déposés pour achats de rentes dont il se trouve détenteur. Le comptable supérieur est ainsi mis à même d'apprécier si le percepteur a une encaisse trop élevée, et de lui prescrire, s'il y a lieu, un envoi spécial et immédiat des fonds dont il s'agit ; il lui délivre d'ailleurs récépissé de cet envoi dans les conditions prévues par l'article 1675 de l'Instruction générale.

Au reçu des pièces adressées par le percepteur, le receveur des finances crédite le compte *Divers L/C* d'achats *de rentes* sur l'État, en débitant le compte *Percepteurs L/C d'envois de fonds pour le service du Trésor* ; il délivre alors, pour ordre, une reconnaissance non timbrée pour chacune des opérations commencées par le percepteur, en ayant soin de mentionner sur cette reconnaissance, ainsi que sur la souche correspondante, la perception qui a transmis l'ordre d'achat, ainsi que le numéro du reçu délivré par le percepteur : il renvoie à ce comptable, revêtu de son accusé de réception, le bordereau récapitulatif, modèle n° 2.

Le même jour, le receveur des finances adresse à la partie versante une lettre imprimée (modèle A), affranchie au tarif réduit, l'informant que le percepteur d... a donné avis à la recette des finances du versement de... francs effectué à sa caisse le... en... vue d'un achat de... francs de rente et que l'ordre d'achat a été transmis à la chambre syndicale des agents de change, à Paris.

Au reçu des titres achetés, le receveur des finances passe les écritures ordinaires et prévient l'intéressé d'avoir à se présenter le plus tôt possible, muni du reçu délivré par le percepteur, soit à la recette des finances, s'il s'agit de titres au porteur, soit chez le percepteur, s'il s'agit de titres nominatifs ou mixtes, afin

de prendre livraison de ces titres et de procéder au règlement de l'opération, en touchant le reliquat de   francs, ou en versant le complément de   francs. Il est fait usage à cet effet des formules de lettres modèles B et B *bis*.

Les titres nominatifs et mixtes provenant de l'achat sont envoyés immédiatement au percepteur, accompagnés du bordereau de la chambre syndicale des agents de change et de la reconnaissance à souche du receveur des finances, sur laquelle le comptable supérieur a préparé le décompte du règlement à opérer avec la partie.

Les trésoriers généraux constatent cet envoi dans leurs écritures au débit d'un nouveau compte de correspondants administratifs à ouvrir au n° 113 sous le titre : *Percepteurs L/C de titres de rentes achetés* par le crédit du compte de portefeuille : Titres de rentes remis par le caissier du Trésor et la chambre syndicale. Dans les arrondissements de sous-préfecture, le même compte : *Percepteurs L/C de titres de rentes achetés* est classé au § 4 et débité au crédit du compte : *Titres de rentes achetés remis par le trésorier général*.

De son côté, le percepteur doit constater dans ses écritures, pour la tenue du bordereau d'achat, la réception et la remise des titres de rentes achetés par son intermédiaire. De plus, afin qu'il y ait à toute époque accord entre le total des opérations de recettes et de dépenses portées dans la comptabilité des percepteurs au compte *Remise de titres de rentes achetés à délivrer à divers* et celles qui ont été constatées au débit et au crédit du compte *Percepteurs L/C de titres de rentes achetés* sur les livres des receveurs des finances, le percepteur ne passe écriture de la remise des titres aux parties que le jour où il verse à la recette des finances la reconnaissance acquittée. Jusqu'à ce moment, ladite reconnaissance tient lieu dans son portefeuille du titre qu'il n'est plus à même de représenter.

Lors de la délivrance des titres aux parties, il retire du tiers les mains le reçu primitif, fait signer pour décharge la reconnaissance à souche émanant de la recette des finances, et y appose le timbre de 0 fr. 10 ; il fait alors dépense au compte ci-dessus : *Remise de titres de rentes achetés à délivrer à divers* et recette au compte : *Titres de rentes achetés, etc.*

S'il y a un reliquat à rembourser, le percepteur en paie le montant et fait donner par l'acheteur une décharge unique comprenant à la fois le reçu des titres et la quittance du trop versé, puis il transmet l'acquit à la recette des finances avec ses pièces de dépenses, en ayant soin, bien entendu, d'y annexer le reçu primitif restitué par la partie.

Si, au contraire, le rentier a un complément à verser, le percepteur procède comme lors du dépôt de la provision, c'est-à-dire qu'il délivre un nouveau reçu, timbré à 0 fr. 10, qu'il joint au dossier, indépendamment d'une quittance à souche de fonds de subvention à fournir avec la situation journalière de caisse. La décharge des titres doit, dès lors, être donnée sur la première reconnaissance à souche souscrite par le receveur des finances, par dérogation à la règle posée par la circulaire du 21 juillet 1893, § 8.

Afin d'éviter autant que possible les complications d'écritures qui résultent forcément de ces versements complémentaires, les percepteurs doivent calculer originairement le capital à verser en vue de l'achat d'une somme de rente déterminée, de telle sorte que, même en ajoutant au prix principal les frais accessoires de courtage, l'opération se règle habituellement par un excédent à restituer à la partie.

Lors du versement à la recette des finances de la reconnaissance dûment acquittée et accompagnée des pièces à l'appui, le receveur des finances crédite le compte n° 413 : *Percepteurs L/C de titres de rentes achetés*, en débitant, savoir : dans l'arrondissement chef-lieu, le compte : *Divers L/C d'achat de rentes sur l'État*, et dans les arrondissements de sous-préfectures, le compte : *Divers L/C de titres de rentes achetés*. Il délivre d'ailleurs, s'il y a lieu, la reconnaissance à souche complémentaire prévue par la circulaire précitée du 21 juillet 1893, de telle sorte que tous les fonds reçus à fin d'achat de rentes figurent sur les livres de la recette des finances, quelle que soit la caisse à laquelle aura été opéré le versement matériel.

Le compte : *Percepteurs L/C de titres de rentes achetés* n'étant pas susceptible de justification, il n'est pas nécessaire de centraliser dans la comptabilité de la trésorerie générale les mouvements de titres provenant d'achats entre les percepteurs particuliers et les percepteurs de leur arrondissement, non plus que d'y constater le renvoi par ces percepteurs des reconnaissances acquittées.

Les receveurs des finances ont à tenir un carnet d'enregistrement, destiné à leur permettre de suivre exactement, par perception, la délivrance des reçus souscrits par chacun des comptables sous leurs ordres, ainsi que la remise directe aux parties des titres au porteur, l'envoi aux percepteurs des titres nominatifs et mixtes provenant d'achat et la rentrée des reconnaissances afférentes à ces derniers titres. Le modèle de ce carnet est donné sous le n° 3.

2° *Ventes de rentes.* — Ainsi qu'il est expliqué plus haut (§ 2), le rôle du percepteur, en ce qui concerne les ventes de rentes, consiste uniquement à recevoir les ordres relatifs à la négociation d'inscriptions nominatives et mixtes, à donner reçu de ces inscriptions et à envoyer le dossier à la recette des finances.

Les percepteurs à qui les particuliers remettent un titre de rente destiné à être vendu dé-

livrent immédiatement reçu, mais la reconnaissance à souche doit être souscrite par le receveur des finances seul, lequel est d'ailleurs exclusivement chargé de procéder au règlement de l'opération.

Les percepteurs doivent en conséquence être munis, pour les ventes, de formules de reçus à talon et à souche analogues à celles qui servent pour les achats. Ces formules, dont le modèle est donné sous le n° 4, sont réunies par 50 ou par 100 dans des carnets dont les percepteurs sont approvisionnés, au fur et à mesure de leurs besoins, par le receveur des finances de leur arrondissement. Avant de mettre un carnet en service, le comptable supérieur aura soin de timbrer et de numéroter les formules, ainsi qu'il est prescrit ci-dessus à l'occasion des achats.

Le reçu destiné à la partie et qui est frappé du timbre sec de la recette des finances, mentionne : 1° Que les opérations de ventes de rentes effectuées par l'entremise des receveurs des finances et des percepteurs ne peuvent donner lieu à aucun recours en garantie contre le Trésor, conformément à l'Ordonnance du 8 décembre 1832 ; 2° Que la recette des finances avisera directement le déposant dès que l'ordre de vente lui sera parvenu ; enfin que le règlement des opérations de ventes de rentes (nominatives et mixtes) effectuées par l'entremise des percepteurs doit avoir lieu exclusivement à la caisse du receveur des finances de l'arrondissement.

Lors de la réception des titres, le percepteur remet au déposant le reçu timbré à 0 fr. 10, et lui fait signer l'ordre de vente ; le soir même, il adresse, *sous pli chargé*, au receveur des finances : 1° l'ordre de vente, accompagné des titres ; 2° le talon du reçu de dépôt *relatant exactement l'adresse de la partie*, et 3° un bordereau récapitulatif des ordres de vente (*modèle n° 5*).

Pas plus qu'à la recette des finances, cette opération ne donne lieu à aucune écriture chez le percepteur.

Dès que le receveur des finances est en possession des titres destinés à être vendus, il en donne avis à la partie par une lettre conforme au modèle C, renvoie le bordereau récapitulatif au percepteur, revêtu de son accusé de réception, et souscrit, pour ordre, sa reconnaissance à souche non timbrée qu'il annote comme il est dit plus haut à propos des reconnaissances pour achat de rentes, et qu'il conserve jusqu'à ce que la partie convoquée par lettre (modèle D), se présente à sa caisse pour opérer le règlement de la vente, en rapportant le reçu délivré par le percepteur : l'opération suit alors son cours ordinaire, le reçu (*T*) du percepteur devant, bien entendu, rester annexé à la reconnaissance du receveur des finances, dont il forme le complément nécessaire.

Les receveurs des finances tiennent, pour les achats, un carnet d'enregistrement qui leur permet de suivre, par perception, les opérations de vente de rentes reçues par les percepteurs. Le modèle de ce carnet est donné sous le numéro 6.

3° *Arbitrages de rentes.* — L'arrêté ministériel du 13 février ne contient aucune disposition spéciale au sujet des arbitrages de rentes; or, comme une opération d'arbitrage suppose d'abord une vente, les règles à appliquer sont celles qui sont prescrites ci-dessus pour les ventes. Les percepteurs peuvent donc recevoir en dépôt, quelle que soit la somme de rente, les inscriptions nominatives ou mixtes à arbitrer; ils font souscrire à la fois une commission de vente et une commission d'achat (circulaire de la direction du mouvement général des fonds du 12 mars 1883, § 1er), mais ils ne remettent à la partie qu'un reçu de titres destinés à être vendus, sans passer par conséquent aucune écriture.

Lorsque l'opération est terminée, le règlement doit, en principe, être effectué à la recette des finances. Toutefois, si les nouveaux titres à délivrer sont nominatifs ou mixtes, le receveur des finances peut recourir à l'entremise du percepteur; dans ce cas, il lui envoie les inscriptions de rentes avec la reconnaissance à faire revêtir de la décharge de l'ayant-droit; il avise en même temps l'intéressé d'avoir à se présenter chez le percepteur, muni de son reçu, et il passe les écritures relatives à l'envoi de titres provenant d'achat, c'est-à-dire qu'il débite le compte : *Percepteurs L/C de titres de rentes achetés.* De son côté, le percepteur fait recette du montant en rentes des titres au compte : *Remise de titres de rentes achetés à délivrer à divers* et dépenses au compte: *Titres de rentes achetés remis par le receveur des finances* ; il adresse sa quittance à souche à son chef de service. Une écriture inverse est passée par le percepteur au moment de la délivrance des titres. Au cas où la partie a un versement complémentaire à opérer ou un reliquat à recevoir, il est procédé de la manière indiquée ci-dessus (1°) pour le règlement des opérations d'achat de rentes.

Quant aux opérations d'arbitrage de valeurs françaises contre des rentes françaises et, à plus forte raison d'arbitrage de valeurs étrangères contre les mêmes rentes, elles ne peuvent jamais être exécutées par l'entremise des percepteurs (voir circulaire de la direction du mouvement général des fonds du 31 décembre 1897, § 2). (*Circ. compt. publ.* 27 *avril* 1900, § 7 *et* 10 *mai* 1902. § 2.)

2683 *bis,* §8. — *Imprimés.* — *Dépenses d'affranchissement.* — *Frais d'envoi de fonds.* — Les percepteurs devant recevoir une rémunération pour les achats de rente effectués par leur intermédiaire (article 6 de l'arrêté ministériel) il est équitable de leur imposer la même obligation, au moins en ce qui concerne les carnets de reçus de fonds ou de titres déposés en vue d'achats ou de ventes de rentes, puisque ces carnets sont à leur usage exclusif. Les percepteurs ont donc à tenir compte du coût de ces carnets à leur chef de service, lequel doit, dans un intérêt de contrôle et de surveillance, se réserver le soin de les fournir aux comptables sous ses ordres.

Par contre, les receveurs des finances approvisionnent gratuitement les percepteurs des formules de commissions d'achat, de commissions de vente et de bordereaux récapitulatifs (modèles 2 et 5); ils ont en outre à supporter la dépense afférente aux autres imprimés dont l'emploi est prescrit par la présente circulaire (lettres d'avis, carnets d'enregistrement) ainsi que la dépense d'affranchissement des avis à adresser aux parties.

Quant aux frais du transport des fonds déposés aux caisses des percepteurs en vue d'achats de rentes, ils sont à la charge du trésorier général lorsqu'un envoi spécial a été prescrit au percepteur (voir § 7, 1°). (*Circ. compt. publ.,* 27 *avril* 1900, § 8.)

2683 *bis,* § 9. — *Commissions.* — Les percepteurs ont droit à une commission de 0.75 centimes par mille francs de capital pour tous achats de rentes. (*Circ. compt. publ.* 27 *avril* 1900, § 9.)

2683 *bis,* § 10. — *Publicité à donner à l'arrêté ministériel du 13 février 1900.* — Des affiches destinées à porter à la connaissance du public les conditions auxquelles les percepteurs sont autorisés à prêter leur concours aux particuliers pour les opérations d'achat et de vente de rentes sur l'État ont été distribuées aux comptables. Ces affiches doivent rester placardées dans les bureaux des percepteurs. (*Circ. compt. publ.,* 27 *avril* 1900, § 10.)

2684. — *Ordres de Bourse.* — Les comptables subordonnés ne peuvent s'approprier les fonds ou valeurs dont le public les charge de faire emploi à la Bourse, en transmettant directement les ordres d'achat ou de vente à des agents de change, sans les faire passer par l'intermédiaire du trésorier-payeur général.

Les prescriptions en vigueur sur ce point sont les suivantes :

1° Toute opération *à terme* est formellement interdite, à quelque titre que ce soit, à tous les comptables appartenant à l'administration des finances ;

2° Le trésorier-payeur général, dans chaque département, peut seul entrer en relations avec les agents de change pour l'exécution des ordres de Bourse, lesquels doivent être strictement limités aux achats et ventes au comptant de rentes ou valeurs du Trésor et de valeurs françaises ;

3° Les receveurs particuliers des finances ne peuvent accepter pour le compte de leur chef hiérarchique des ordres de cette nature, qu'à la condition d'y être expressément autorisés par lui, et de n'y donner suite que par son intermédiaire ; il leur est interdit de se mettre directement en rapport avec un agent de change, alors même qu'il s'agirait d'opérations ayant trait à la gestion de leur fortune personnelle ;

4° Il est interdit aux percepteurs d'accepter un ordre de Bourse quelconque, de recevoir des fonds ou des titres pour un emploi de ce genre, et les comptables supérieurs sous les ordres desquels ils sont placés ne peuvent leur donner aucune autorisation contraire à cette prohibition.

Pour assurer l'exacte observation des dispositions qui précèdent, le ministre des Finances en a donné connaissance aux chambres syndicales d'agents de change en les invitant à transmettre à tous les membres de leur compagnie l'ordre de n'accepter aucune opération, même au comptant, qui leur serait demandée en dehors de l'entremise du trésorier général du département, par un comptable direct sous ses ordres, alors même qu'elle concernerait les intérêts patrimoniaux de ce comptable, et, à plus forte raison, par tout individu prenant la qualité de fondé de pouvoirs ou d'employé de trésorerie générale, de recette particulière ou de perception. (*Circ. min. Fin. 12 octobre 1880.*)

2685. — *Payement direct par les percepteurs des arrérages de rentes nominatives.* — Les percepteurs des contributions directes dans les départements sont chargés de payer directement les arrérages des inscriptions nominatives des rentes 3 °/₀ et 3 °/₀ amortissable que les titulaires ont expressément demandé à toucher à leur caisse. (*Arrêté min. Fin. 14 nov. 1899, art. 1ᵉʳ ; Circ. compt. publ. 21 déc. 1899, § 1ᵉʳ et 4 avril 1900, § 1ᵉʳ.*)

2685 bis. — *Établissements d'extraits d'états d'arrérages destinés aux percepteurs.* — A cet effet, les trésoriers-payeurs généraux et les receveurs particuliers des finances ont à établir, pour leur arrondissement respectif, des extraits par perception, de l'état permanent afférent à chaque nature de rente, et ils y font figurer les titulaires qui ont demandé, dans la forme indiquée au paragraphe suivant, à être payés par les soins d'un percepteur ; ils annotent, en même temps, leur état permanent par la mention, en regard des numéros des inscriptions payables dans les perceptions de leur ressort, du nom de ces perceptions. Ils doivent veiller à ce que ces annotations soient faites avec beaucoup de soin, afin d'éviter les payements par double emploi. (*Circ. compt. publ. 21 déc. 1899, § 2.*)

2685 ter. — *Déclarations à signer par les rentiers.* — *Changement de résiden-*ce dans l'intérieur et en dehors du département. — Aux termes de l'article 5 de l'arrêté ministériel du 14 novembre, tout rentier qui, inscrit dans un département, désire être payé à la caisse d'un percepteur, doit faire sa déclaration au receveur des finances de l'arrondissement dans lequel il touche habituellement ses arrérages. Cette déclaration doit être faite quinze jours au moins avant la date de la prochaine échéance sur un modèle (n° 1) qui lui est remis à cet effet.

Tout rentier qui, inscrit dans une perception, désire être payé dans une autre perception du même département, a la faculté de faire sa déclaration, soit à la recette des finances de l'arrondissement, soit à la perception où sa rente se trouve assignée. Les déclarations de changement de résidence (modèle n° 1) reçues par les percepteurs sont détaillées sur un relevé (modèle n° 2) et adressées au receveur des finances de l'arrondissement quinze jours avant l'ouverture du trimestre à échoir. Le receveur des finances conserve les déclarations souscrites par les rentiers qui demandent à être payés dans une autre perception du même arrondissement, et il transmet les autres au trésorier-payeur général dix jours au moins avant chaque échéance en même temps que les déclarations qu'il a reçues directement ; il se sert également à cet effet du relevé (mod. n° 2).

Ce relevé, revêtu de l'accusé de réception du comptable destinataire, est renvoyé, suivant le cas, soit au percepteur, soit au receveur particulier.

Les comptables ne doivent pas perdre de vue que les déclarations de changement de résidence ne doivent d'après l'article 5 de l'arrêté ministériel, être reçues qu'au vu du titre, et, que, comme elles doivent être signées par la partie intéressée sur une formule spéciale, elles ne peuvent être faites par correspondance ; toutefois, on ne saurait exiger que le titulaire, qui peut être mineur, malade, absent, etc., vienne faire en personne au chef-lieu d'arrondissement la déclaration réglementaire. Celle-ci peut donc être libellée et signée par un tiers, pourvu qu'il soit porteur du titre, ce qui implique qu'il agit en vertu d'un mandat verbal du rentier.

De même, les percepteurs peuvent servir au besoin d'intermédiaires officieux pour la présentation à la recette des finances des demandes d'assignation de payement, accompagnées des titres y relatifs, mais à la double condition, d'une part, qu'ils présentent ou transmettent à la recette des finances les inscriptions de rente auxquelles s'appliquent les déclarations de changement de résidence (modèle n° 1 de la circulaire du 21 décembre 1899), d'autre part que ces déclarations elles-mêmes, qui doivent porter la signature des rentiers ou de leurs représentants, soient en outre certifiées sincères et véritables par les percepteurs.

Les rentiers domiciliés dans les communes rurales restent libres de ne pas profiter des avantages qui leur sont offerts pour l'encaissement immédiat de leurs arrérages à chaque échéance, ils peuvent parfaitement, s'ils le préfèrent, continuer à percevoir ces arrérages, comme par le passé, sur quittance préalablement visée par le receveur des finances.

Il est spécifié à l'article 6 que, dans le cas où, au moment de faire sa déclaration, le rentier a à recevoir un ou plusieurs trimestres échus, il doit préalablement en toucher le montant, l'autorisation de procéder directement au payement des arrérages n'étant donnée au percepteur que pour l'échéance qui suit la déclaration.

Lorsqu'un rentier demande à être payé dans un autre département, le receveur particulier ou le percepteur qui reçoit la déclaration doit la faire figurer à part sur le relevé (modèle n° 2). Le trésorier général est ainsi mis à même de fournir à la Direction de la dette inscrite, les bulletins individuels de déclaration de changement de résidence prescrits par la circulaire de cette Direction du 15 février 1851 (art. 671 de l'Instruction générale). Les rentiers qui préfèrent ne faire leur déclaration que dans le nouveau département doivent s'adresser directement au trésorier général de ce département. De toute façon, s'ils désirent, dans le nouveau département, toucher leurs arrérages à une caisse autre que celle du trésorier général, ils doivent faire en outre, la déclaration visée dans l'article 5 de l'arrêté ministériel.

Pour ne pas éprouver de retard dans le payement de leurs arrérages, les rentiers qui changent de département doivent en faire la demande au plus tard aux époques ci-après, savoir :

À la Direction de la dette inscrite, à Paris, vingt jours au moins avant l'ouverture du payement, c'est-à-dire :

Pour la rente 3 %, les 10 mars, 10 juin, 10 septembre et 10 décembre ;

Pour la rente 3 % amortissable, les 25 mars, 25 juin, 25 septembre et 25 décembre ;

À la trésorerie générale et aux recettes particulières des finances, cinq jours avant les époques ci-dessus.

Lorsque les déclarations de changement de résidence en dehors du département sont reçues chez les percepteurs, elles doivent, pour parvenir en temps utile, être faites dix jours au moins avant les mêmes époques. (Circ. compt. publ. 21 déc. 1899, § 3 et 4 avril 1900, § 1er.)

2686. — *Notifications à adresser trimestriellement par les trésoriers généraux aux receveurs particuliers, et par les receveurs particuliers aux percepteurs.* — Chaque trimestre, et quatre jours avant chaque échéance, le trésorier-payeur général adresse aux receveurs particuliers sous ses ordres une lettre d'avis (mod. n° 3) donnant le détail : 1° des inscriptions à ajouter sur les états d'arrérages ; 2° de celles qui doivent en être rayées comme ayant cessé d'être payables dans l'arrondissement par suite de transferts, de changements d'assignation de payement, etc.

Après avoir annoté sur leurs états les augmentations et les déductions prescrites, les receveurs particuliers certifient au bas de la lettre d'avis l'accomplissement de la formalité et ils font le renvoi de ladite lettre à la trésorerie générale ; puis ils notifient eux-mêmes aux percepteurs de leur arrondissement, au moyen d'une lettre d'avis analogue (mod. n° 4), qui leur est ultérieurement renvoyée dans les conditions indiquées ci-dessus, les modifications en plus ou en moins que ces comptables doivent apporter à leurs propres états d'arrérages, soit que ces modifications résultent des instructions émanant de la trésorerie générale, soit qu'elles se rapportent aux déclarations de changement de résidence dans l'intérieur de l'arrondissement que les receveurs des finances ont reçues des rentiers, ou qui leur sont parvenues par l'entremise des percepteurs.

L'autorisation de procéder directement au payement des arrérages n'est donnée aux percepteurs que pour l'échéance qui suit la déclaration. Par conséquent, dans le cas où, au moment de faire sa déclaration, le rentier a à recevoir un ou plusieurs trimestres échus, il doit préalablement en toucher le montant, ainsi qu'il est dit plus haut, n° 2685 ter. (Circ. compt. publ. 21 déc. 1899, § 1.)

2686 bis. — *Interdiction de rendre payables à la caisse des percepteurs les arrérages de rentes assujettis à des conditions spéciales de payement.* — L'article 4 de l'arrêté dispose que les arrérages de rentes qui sont assujettis à des conditions spéciales de payement ne sont payés par les percepteurs que sur visa du receveur des finances. Les inscriptions de cette nature ne sont donc pas susceptibles d'être inscrites sur les extraits d'états d'arrérages des percepteurs. Cette interdiction s'applique notamment aux espèces ci-après, énumérées dans le règlement sur la comptabilité du Ministère des Finances du 26 novembre 1866 (page 135) :

1° Lorsque la nue propriété de la rente appartient au domaine de l'État, l'usufruitier a à fournir, au moment du payement, un certificat de vie délivré, soit par le maire de la commune où il réside, soit par un notaire ;

2° Dans le cas où la rente est affectée à une dotation reversible, le majoratire doit produire un certificat de vie notarié et légalisé portant quittance de la somme perçue.

Les inscriptions immatriculées au nom des communes, établissements de bienfaisance, établissements publics, fabriques, lycées, etc., peuvent être assignées sur la caisse des percepteurs ; mais il est rappelé que la quittance de payement des arrérages doit être appuyée de la quittance à souche du receveur de la commune ou de l'établissement (circulaire aux receveurs généraux du 16 octobre 1833 et article 1450 de l'Instruction générale). V. n° 2713. *(Circ. compt. publ. 21 déc. 1899, § 5.)*

Payement des rentes 3 °/₀ allouées aux anciens bénéficiaires de dotations sur le canal du Midi. — Ces payements sont effectués pour le compte de la caisse centrale du Trésor et constatés dans les écritures au compte « *Valeurs représentatives* » ; ils ne doivent être faits par l'intermédiaire des percepteurs que sur visa préalable du receveur des finances. *(Circ. compt. publ. 21 déc. 1899, § 5 et 17 mars 1905, § 3.)*

2686 ter. — *Formalités à observer par les percepteurs au moment du payement.* — Avant de procéder au payement, les percepteurs doivent s'assurer de la conformité des indications figurant sur le titre avec celles que présentent leurs extraits d'états d'arrérages, au point de vue de la série et du numéro de l'inscription, du montant annuel de la rente et du nombre de trimestres à payer. Ils établissent ensuite un bordereau quittance de couleur différente pour chaque nature de rente (Blanc pour les rentes 3 °/₀ ; Bleu clair pour les rentes 3 °/₀ amortissable), et le font signer par la partie en apposant sur la quittance, ainsi que dans les cases du titre, l'estampille dont il est question ci-après.

Les arrérages des inscriptions nominatives sont payables entre les mains de toute personne porteur du titre, sur la présentation de ce titre. Si une partie prenante illettrée ou infirme est hors d'état de donner quittance, les percepteurs doivent, lorsque la somme à toucher n'excède pas 150 francs, transcrire, à la place de l'acquit, la déclaration qui leur est faite, la signer, et la faire signer par deux témoins présents au payement.

La comptabilité des rentes nominatives 3 °/₀ et 3¹/₂°/₀ amortissable étant suivie par série et par exercice, les percepteurs doivent tenir compte de ces deux éléments au moment où ils établissent les quittances. Si un rentier présente plusieurs inscriptions, il doit souscrire autant de quittances que ces inscriptions comportent de séries ; d'autre part, s'il a plusieurs trimestres à toucher, il doit souscrire autant de quittances qu'il y a d'exercices sur lesquels sont imputables ces trimestres. Par exemple, si un rentier présente quatre titres de la même série, sur chacun desquels sont dus les quatre trimestres d'un même exercice, ces titres peuvent faire l'objet d'une quittance unique. Si, au contraire, un rentier présente deux titres de séries différentes sur chacun desquels sont dus le dernier trimestre de l'exercice précédent et le premier trimestre de l'exercice courant, il y a lieu de lui faire signer quatre quittances.

La comptabilité des rentes 3 °/₀ amortissables est suivie par volume : les dispositions qui précèdent sont applicables aux quittances de rentes 3 °/₀ amortissable, sauf qu'au lieu de les établir par série et par exercice, les comptables doivent les établir par volume et par exercice. *(Circ. compt. publ., 21 déc. 1899, § 6.)*

2687. — *Payement des rentes 3 °/₀ amortissable.* — Les titulaires d'inscriptions nominatives 3 °/₀ amortissable comprenant une portion de rente qui appartient à une série sortie au tirage du 1ᵉʳ mars de chaque année ont droit à l'intégralité de leurs arrérages pour l'échéance qui suit le tirage, c'est-à-dire pour celle du 16 avril suivant. Mais aucun payement ne doit plus être fait sur ces inscriptions.

Si le titre ne comprend que la série amortie, le rentier doit en demander le remboursement à la Caisse centrale. Si, au contraire, le titre n'est pas entièrement remboursable, il y a lieu de l'adresser à la Direction de la dette inscrite, qui délivre en échange un certificat de remboursement afférent à la portion sortie au tirage et un nouveau titre formant le solde de l'inscription primitive.

Les comptables continuent à prêter leur entremise aux rentiers pour leur faciliter ces opérations.

En ce qui les concerne, les percepteurs doivent apporter la plus grande attention à ne pas commettre d'erreur de payement sur les rentes dont il s'agit. Il leur suffit de rapprocher avec soin les numéros des séries mentionnés sur les extraits d'inscriptions 3 °/₀ amortissable qui leur sont présentés de la nomenclature suivante qui comprend les vingt-et-une séries amorties jusqu'à ce jour :

1879.....	116	1886.....	86	1893.....	102
1880.....	8	1887.....	170	1894.....	35
1881.....	171	1888.....	161	1895.....	118
1882.....	163	1889.....	130	1896.....	58
1883.....	156	1890.....	19	1897.....	47
1884.....	3	1891.....	91	1898.....	74
1885.....	127	1892.....	52	1899.....	61

Il convient de veiller à ce que cette liste soit rigoureusement tenue à jour chaque année. *(Circ. compt. publ., 21 déc. 1899, § 7.)*

2687 bis. — *Certificats d'inscription ayant plus de dix ans de date.* — Lorsque les cases disposées au verso d'un titre sont toutes remplies par les estampilles, c'est-à-dire lorsqu'une inscription a dix ans de date aucun payement ne doit plus être effectué (art. 9 de la loi du 22 floréal an VII), sous quelque prétexte que ce soit.

Les percepteurs doivent donc avoir soin, lorsqu'ils acquittent l'avant-dernier trimestre payable sur une inscription, d'indiquer au rentier les formalités qu'il a à remplir pour obtenir sans dérangement un nouveau titre : ils le préviennent d'avoir à se munir dans ce but d'un certificat de vie (¹) et de l'apporter en venant toucher le dernier trimestre. Les percepteurs reçoivent alors le titre en dépôt pour renouvellement et ils délivrent à la partie une quittance extraite de leur livre à souche *(Circ. du 10 fév. 1883, § 1). — V. n° 2699. — (Circ. compt. publ., 21 déc. 1899, § 8.)*

(1) Ce certificat de vie est délivré par le maire sur papier timbré à 0 fr. 60. La signature du maire est légalisée par le sous-préfet.

2687 ter. — *Titres frappés d'une cote d'inventaire.* — Dans le cas où les titres sont revêtus d'une cote d'inventaire, il y a lieu de surseoir à tout payement, attendu que les arrérages ne doivent plus être acquittés qu'après la mutation dont les rentes sont devenues susceptibles et au vu des nouvelles inscriptions provenant de cette mutation. Le payement opéré malgré l'apposition d'une cote d'inventaire peut, en cas de réclamation, rester à la charge du comptable. *(Circ. compt. publ., 21 déc. 1899, § 9.)*

2688. — *Décès du titulaire de la rente.* — Les percepteurs doivent également suspendre le payement des rentes inscrites au nom de titulaires dont le décès leur est connu. Ils rendent au déposant le titre qui leur a été présenté, après l'avoir revêtu au recto de la mention à *régulariser*. Cette mention doit être signée par le comptable et suivie de l'apposition du timbre de la perception.

Dans les deux cas qui viennent d'être envisagés, le percepteur doit annoter son état d'arrérages et informer le receveur des finances. *(Circ. compt. publ., 21 déc. 1899, § 10.)*

2688 bis. — *Empêchements administratifs. — Oppositions. — Titres perdus.* — Lorsqu'un empêchement administratif a été mis d'office par la Direction de la dette inscrite au payement des arrérages d'une inscription assignée payable chez un percepteur, le trésorier général donne immédiatement avis dudit empêchement au percepteur, par l'intermédiaire du receveur particulier, s'il y a lieu. La levée de l'empêchement est notifiée de la même manière au percepteur.

Les titulaires des rentes sont en droit de faire opposition au payement des arrérages, soit par voie de signification d'huissier faite à l'agent judiciaire du Trésor, soit par voie de requête au ministre des finances (Direction de la dette inscrite) ; l'opposition peut être pratiquée également entre les mains du trésorier général chargé du payement. S'il s'agit d'une inscription payable chez un percepteur, il convient de notifier le plus tôt possible l'opposition à ce comptable qui en prend note sur son état d'arrérages.

Si un rentier informe le percepteur qu'il a perdu son titre, celui-ci l'engage à former opposition suivant l'un des modes indiqués ci-

dessus, mais il reçoit la déclaration de perte à titre de simple renseignement et l'annexe à son état d'arrérages ; il s'abstient dans la suite de faire aucun payement sur l'inscription visée par ladite déclaration, en attendant qu'il ait reçu les instructions de son chef de service, auquel il a à en référer immédiatement. *(Circ. compt. publ. 21 déc. 1899, § 11.)*

2688 ter. — *Limitation, quant au montant en rente, des inscriptions nominatives qui peuvent être rendues payables à la caisse des percepteurs.* — Aux termes de l'article 3 de l'arrêté ministériel du 15 novembre, les inscriptions de rentes nominatives d'un même fonds appartenant à la même personne et dont le montant cumulé ne dépasse pas la somme annuelle de 2,000 fr. peuvent seules être rendues payables à la caisse des percepteurs. Par conséquent, les receveurs des finances conservent le visa préalable des quittances de rente concernant les inscriptions qui représentent pour le titulaire plus de 2,000 fr. de rente annuelle du même fonds ; mais rien ne s'oppose à ce qu'un même porteur présente chez un percepteur des inscriptions de rentes appartenant à plusieurs titulaires, quelle que soit la somme à payer pourvu que ces inscriptions figurent sur les registres de la perception, *(Circ. compt. publ. 21 déc. 1899, § 12.)*

2689. — *Interdiction faite aux percepteurs de payer, sans visa préalable du receveur des finances, les arrérages sur exercices clos et sur exercices périmés.* — Les percepteurs ne sont autorisés à payer que les arrérages afférents à l'exercice courant et à l'exercice précédent jusqu'à l'époque de sa clôture. Les arrérages restant dus sur exercices clos, ainsi que sur les exercices périmés non frappés de déchéance, ne peuvent être acquittés par les percepteurs que sur quittances visées (article 7 de l'arrêté ministériel). Le visa des quittances dont il s'agit est réservé au trésorier-payeur général du département.

Il résulte de la disposition qui précède que les percepteurs ne peuvent acquitter à la fois sur une même inscription que six trimestres au maximum pour la rente 3 % et cinq trimestres au maximum pour la rente 3 % amortissable. D'un autre côté, si un titre leur est présenté, comportant au nombre des arrérages arriérés, des termes afférents à un ou plusieurs exercices clos, ils doivent refuser tout payement immédiat sur ce titre. En effet, on ne saurait scinder un payement d'arrérages échus, ni admettre qu'on acquitte des termes récents en laissant impayés des termes antérieurs.

Lorsque le cas se produit, le percepteur adresse le titre au receveur des finances de son arrondissement, qui le transmet au trésorier-payeur général, et celui-ci, après examen des états d'arrérages et des bulletins mobiles, prépare les quittances relatives aux exercices clos et y appose son *Va bon à payer*, après avoir estampillé le titre pour les trimestres auxquels se rapportent ces quittances. Les pièces sont ensuite renvoyées, par la voie hiérarchique, au percepteur, qui établit la quittance afférente à l'exercice en cours (ou deux quittances s'il y a deux exercices en cours) et procède au payement de la somme totale due au rentier. Il émarge en même temps ses extraits d'états d'arrérages de la manière indiquée plus loin (§ 15) et il appose sur le titre les estampilles correspondant aux différents trimestres payés sur les exercices en cours, conformément aux instructions données dans le paragraphe suivant.

Les rappels d'arrérages, à quelque exercice que ces arrérages appartiennent, même à un exercice courant, sont payés exclusivement par le receveur des finances ou sur quittance visée par lui. Le rentier n'est admis à recevoir directement ses arrérages chez le percepteur qu'après le payement du rappel. *(Circ. compt. publ., 21 déc. 1899, § 13.)*

2689 bis. — *Estampillage des titres par les percepteurs.* — Les percepteurs doivent estampiller les titres de rente au moment même du payement. — *La date à laquelle a lieu le payement est mise à la main par le percepteur, sur le timbre uniforme dont ils sont pourvus.*

Il importe que le timbre estampille occupe exactement la place qui lui est dévolue au verso du titre, dans les cases affectées spécialement à chaque trimestre.

Toute erreur de case doit être soigneusement évitée, car elle entraînerait pour les payements ultérieurs des difficultés sérieuses.

L'acquittement simultané de plusieurs termes nécessite l'apposition des timbres dans toutes les cases réservées aux échéances qu'embrasse le payement effectué, ainsi que la répétition dans chaque case de la date à laquelle il a eu lieu.

Lorsqu'un payement fait à tort donne lieu à un reversement d'arrérages, ou bien lorsqu'un timbre a été apposé par erreur dans une case qui ne lui était pas destinée, le percepteur doit annuler l'estampille erronée au moyen de deux barres tirées en diagonale et approuver cette rature par une mention manuscrite datée et signée par lui.

Ultérieurement, lorsque le trimestre dont il s'agit est réellement touché, la constatation du payement se fait en dehors du cadre ordinaire dans la partie blanche à gauche du cadre imprimé au verso du titre. L'empreinte du timbre est précédée ou suivie de l'énonciation manuscrite du terme acquitté, dûment signée par le percepteur. Autant que possible, cette annotation marginale doit être placée en face de l'estampille précédemment annulée. *(Circ. compt. publ. 21 déc. 1899, § 14.)*

2689 ter. — *Émargement par les percepteurs sur leurs extraits d'états d'arrérages des trimestres payés par leurs soins.* — Les percepteurs doivent émarger sur leurs extraits d'états d'arrérages les payements qu'ils ont effectués, en ayant soin, comme l'indique l'article 674 de l'Instruction générale, de préparer d'abord les quittances d'après les inscriptions, puis d'émarger les états d'après les quittances.

Quinze jours avant l'époque de clôture de l'exercice, c'est-à-dire le 15 avril, ils dressent, pour chaque nature, un état détaillé par trimestre des arrérages restant à payer, et ils inscrivent la mention E. R. (État de restes) dans les cases correspondantes de leurs états nominatifs. Dans le cas où le payement des trimestres appartenant à un exercice clos est ultérieurement autorisé par la trésorerie générale, ainsi qu'il est expliqué plus haut (§ 13), ils ont soin d'annoter leurs états en mentionnant dans les cases marquées E. R. la date du payement, précédée de l'indication *sur visa*.

Les receveurs particuliers n'ont pas à émarger sur les états d'arrérages les payements faits directement par les percepteurs de leur arrondissement ; ils continuent seulement à former, en ce qui concerne les rentes demeurées payables à leur caisse, les états de restes prescrits par l'article 688 de l'Instruction générale, mais ils transmettent à la Trésorerie générale, avec leurs états de fin d'exercice, les documents de même nature fournis par les percepteurs.

Il est à peine besoin d'ajouter que le soin de former en fin d'exercice et en fin de gestion les états de restes des différentes natures de rentes destinés à l'administration centrale, incombe exclusivement, comme par le passé, au trésorier-payeur général qui a la charge d'émarger sur les états généraux l'ensemble des quittances payées dans tout le département. *(Circ. compt. publ. 21 déc. 1899, § 15.)*

2690. — *Payement des arrérages de rentes par les percepteurs au cours des tournées de recouvrement. — Fonds de subvention à fournir aux percepteurs.* — Les percepteurs sont tenus d'effectuer les payements d'arrérages, non seulement au siège de la perception, mais encore dans chacune des communes de leur réunion, au cours des tournées de recouvrement. Ils doivent en conséquence emporter dans leurs tournées, non seulement les extraits de registres concernant les différentes natures de rentes, les timbres et tampons devant servir à l'estampillage des titres, ainsi que des formules de bordereaux-quittances et de déclarations de changement de résidence, mais aussi les fonds nécessaires pour faire face aux payements d'arrérages qui peuvent leur être réclamés. V. n° 3018.

Les receveurs des finances doivent approvisionner les caisses des percepteurs des fonds destinés à assurer le payement des dépenses publiques : ils doivent donc veiller à ce que ces comptables soient en mesure, dès le premier jour de chaque échéance, de faire face à l'intégralité des payements d'arrérages qui peuvent leur être réclamés, et ils leur font parvenir à cet effet, s'il y a lieu, les fonds de subvention nécessaires (V. n° 1554 et suiv.). (*Circ. compt. publ. 21 déc. 1899, §§ 16 et 17.*)

2690 *bis*. — *Interdiction aux percepteurs de donner des renseignements sur les rentes*. — Les percepteurs ne doivent sous aucun prétexte fournir de renseignements sur les inscriptions nominatives dont ils sont chargés d'assurer le payement, ni même sur les titres au porteur. *Cette prohibition est absolue.*

Ils doivent se borner à inviter les intéressés à adresser à la Direction de la dette inscrite une demande sur papier timbré, revêtue de leur signature dûment légalisée. (*Circ. compt. publ.*, 21 déc. 1899, § 18.)

2690 *ter*. — *Responsabilités qu'entraîne le nouveau service confié aux percepteurs*. — Les percepteurs doivent apporter les plus grands soins à ce que l'émargement de leurs extraits d'états d'arrérages ainsi que l'estampillage des titres soient faits avec une rigoureuse exactitude ; en ce qui concerne cette dernière formalité ils ne doivent pas perdre de vue que la responsabilité d'un double payement incombe au comptable qui aurait omis d'apposer le timbre-estampille. D'autre part, il importe que les états d'arrérages soient émargés au moment même du payement, et que ces états soient constamment tenus à jour, de conformité avec les avis d'accroissement et de déduction.

Les percepteurs sont personnellement responsables des mauvais payements qui peuvent être la conséquence d'une négligence quelconque de leur part, et ils doivent, par suite, rétablir dans leur caisse le montant des quittances qui leur seraient rejetées comme ayant été indûment comprises en dépense. Si le reversement imposé à cette occasion à un percepteur n'était pas immédiatement opéré, le comptable se trouverait en état de déficit matériel. (*Circ. compt. publ.* 21 déc. 1899, § 19.)

2691. — *Observations relatives aux pièces de dépenses*. — *Apposition du cachet de la perception*. — *Inscription sur un carnet spécial*. — *Versement à la recette des finances*. — En même temps qu'ils apposent au verso du titre destiné à l'estampillage des trimestres payés, les percepteurs doivent appliquer le cachet (Payé par le percepteur de..., sur les bordereaux-quittances

revêtus de l'acquit des parties prenantes (Voir § 6) En outre, ils doivent enregistrer les quittances sur un carnet spécial affecté à chaque nature de rente (modèle n° 11 de la circulaire du 20 septembre 1866, § 13) afin d'être, à toute époque, en mesure de fournir les renseignements qui peuvent leur être demandés par leur chef de service au sujet des payements faits par leurs soins, et de pouvoir également contrôler leurs propres états de restes ; ils ne doivent pas omettre d'inscrire, dans la colonne d'observations, l'époque à laquelle ils ont compris les quittances dans leur versement à la recette des finances. Les carnets sont tenus par exercice et additionnés chaque jour ; le montant des totaux, par journée, est porté, en une seule somme, sur le carnet d'enregistrement journalier des pièces de dépenses payées pour le compte du trésorier général. Les carnets afférents à chaque exercice peuvent, bien entendu, surtout dans les perceptions où le service des rentes n'est pas très chargé, être réunis de manière à ne former qu'un seul registre.

Enfin, les percepteurs comprennent les quittances payées dans leur plus prochain versement à la recette des finances, après les avoir classées par exercice, et dans chaque exercice, par séries, d'après l'ordre numérique des inscriptions. Ils observent seulement que les quittances payées dans le dernier mois de l'exercice doivent, pour pouvoir être admises à la trésorerie générale, être versées aux recettes particulières le 20 avril au plus tard. (*Circ. compt. publ.* 21 déc. 1899, § 20.)

2691 *bis*. — *Imprimés*. — Les imprimés destinés à la formation des états d'arrérages des percepteurs sont fournis aux trésoriers-payeurs généraux par la Direction de la dette inscrite, comme le sont les déclarations de changement de département. Ces comptables supérieurs doivent, de leur côté, approvisionner les receveurs particuliers et les percepteurs de leur département des formules de quittances de rentes et des autres imprimés qui leur sont nécessaires.

Toutefois, reste à la charge des percepteurs, le carnet d'enregistrement des quittances de rentes (modèle n° 11 de la circulaire du 20 septembre 1866) sur lequel les comptables ont à enregistrer les quittances payées par leurs soins. (*Circ. compt. publ.*, 21 déc. 1899, § 21 et 13 nov. 1900, § 6.)

2691 *ter*. — *Publicité à donner à l'arrêté ministériel du 14 novembre 1899*. — Les percepteurs doivent avoir constamment affiché, dans un endroit apparent de leurs bureaux, l'avis relatif au payement direct par eux des arrérages de rentes nominatives sur l'État. (*Circ. compt. publ.*, 21 déc. 1899, § 22.)

2692. — *Coupons des rentes mixtes et au porteur*. — Les coupons des rentes mixtes et au porteur sont payables aussi chez tous les percepteurs, autres que ceux de la résidence des receveurs des finances.

Ces payements ont lieu sur la présentation des inscriptions.

Pour prévenir toute espèce de fraude et de perte, les comptables ne font les payements de cette nature qu'après avoir eux-mêmes détaché les coupons qui sont annexés aux inscriptions de rentes ou, si ces coupons se trouvent détachés, après les avoir rapprochés du titre dont ils dépendent. Toutefois, les comptables ne doivent exiger la représentation des titres que dans le seul cas où il y aurait des motifs de suspecter la validité des coupons ou la légitimité de leur possession par le porteur. Mais ils ne doivent payer que sur des bordereaux signés par la partie prenante, et indiquant son nom et son domicile, ainsi que les numéros des coupons présentés. En cas de doute sur la validité des coupons ou sur la légitimité de leur possession par le porteur, le trésorier-payeur général transmet le coupon, avant payement, au caissier du Trésor, et il en donne avis à la direction du mouvement des fonds ; le caissier le fait encaisser après vérification, et il en fait alors porter le montant au crédit du trésorier-payeur général, auquel il délivre son récépissé ; sur l'avis de l'encaissement, le trésorier-payeur général fait compter les arrérages à la partie intéressée. (*Inst. gén., art. 689* ; *Circ. compt. publ. 25 mars 1865 et 14 avril 1866.*)

2693. — Dans le cas où des oppositions seraient signifiées au Trésor par suite de perte de titres, les trésoriers généraux doivent en donner immédiatement avis aux receveurs particuliers et aux percepteurs de leur département.

En cas d'insuffisance de fonds, les percepteurs doivent en demander, sans délai, au receveur des finances de leur arrondissement. Les frais d'envoi de ces fonds, ainsi que le prix des bordereaux susmentionnés, sont naturellement à la charge du trésorier général qui jouit de commissions rémunératives pour le service des rentes. (*Circ. compt. publ. 25 mars 1865 et 12 août 1866, § 7.*)

2693 bis. — Les coupons payés par les percepteurs doivent être perforés au moment même du payement ; ils sont annulés au moyen de la perforeuse dans la partie droite, de telle sorte que les chiffres soient disposés horizontalement et qu'un espace suffisant soit réservé à gauche pour permettre l'apposition de l'empreinte de la trésorerie générale ou de la recette des finances. Il est bon d'ajouter que la perforation doit être toute entière dans le corps même du coupon. (*Circ. compt. publ. 7 juillet 1904 et 12 décembre suivant, § 2.*).

En cas de mutation, les perforeuses sont obligatoirement acquises, par le nouveau titulaire, sous déduction, pour chaque année de service, de la dépréciation normale de 10 %

causée par l'usage. Les comptables sortant de fonctions ne peuvent demander le remboursement du prix des plots qu'ils se seraient procurés, même tout récemment. (*Circ. compt. publ. 12 déc. 1904, § 2.*)

2694. — Lorsqu'un comptable a perforé à tort un coupon non échu, il doit, avant de rendre cette valeur à la partie, le revêtir au verso d'une *mention datée et signée par lui-même*, constatant l'annulation faite à tort ou par erreur ; cette mention est contresignée par le trésorier général pour légalisation. (*Circ. compt. publ. 12 août 1886, § 7 et 12 déc. 1904, § 2.*)

2694 bis. — *Payement des coupons sur le point d'être atteints par la prescription.* — Les coupons payés par les comptables du Trésor, et qui se trouveraient encore entre leurs mains à la date d'expiration de la période quinquennale pendant laquelle ils sont payables, doivent être transmis d'urgence, *par paquet spécial*, et au plus tard le lendemain de la date de prescription pour les envois des percepteurs aux receveurs des finances.

Lorsque, pour une cause quelconque, les envois n'ont pu avoir lieu dans ces délais, et que les coupons sont parvenus au Payeur central de la Dette inscrite trop tard pour qu'il puisse les comprendre dans sa comptabilité, les comptables doivent s'adresser à la Direction de la Dette inscrite pour faire valoir leurs droits et demander, s'il y a lieu, le réordonnancement à leur profit des coupons atteints par la prescription. Mais ils ne doivent sous aucun prétexte se faire rembourser par les porteurs de titres de rentes, le montant de coupons régulièrement payés dans les délais fixés par la loi. (*Circ. compt. publ., 24 juin 1896, § 4.*)

2695. — *Coupons de rentes et de valeurs du Trésor.* — Les percepteurs doivent, comme pour les rentes dont il est parlé ci-dessus, prêter leur concours, en ce qui concerne le payement des arrérages des valeurs ci-après : rente 3 % amortissable, bons de liquidation, obligations à longue échéance ou à court terme. (*Circ. compt. publ., 9 décembre 1879, § 1er.*)

2696. — Les comptables doivent vérifier, avec le plus grand soin, les listes de tirages avant de payer les coupons de valeurs du Trésor amortissables par voie de tirage au sort. Il leur incombe de rejeter les coupons qui proviennent de titres de rente 3 % amortissable au porteur compris dans des séries amorties. (*Circ. compt. publ. 12 juillet 1888, § 5.*)

2697. — *Envoi de titres de rentes par la poste.* — Les titres de rentes nominatives ou au porteur expédiés par les receveurs des finances et les percepteurs peuvent indistinctement être admis au bénéfice du *chargement* en franchise *sous bandes*. Les titres peuvent être recouverts intérieurement de feuilles de papier non fermées. *(Décis. min. Fin. 9 février 1863.)*

2698. — *Perte de titres de rentes nominatives ou au porteur*. — En cas de perte d'un titre de rente nominative, le propriétaire du titre doit, pour en obtenir un autre, en faire la déclaration devant le maire de la commune de son domicile, en présence de deux témoins majeurs qui signent avec le déclarant et le maire. *(Décr. 3 messidor an XII.)*

La déclaration de perte est établie sur timbre, conformément à la loi du 13 brumaire an VII. Elle doit être légalisée par le préfet ou le sous-préfet et visée ensuite par le trésorier-payeur général du département, qui y mentionne la date du dernier trimestre acquitté sur la pension et qui la transmet à la Direction de la dette inscrite. *(Circ. du Directeur de la dette inscrite, 26 septembre 1887.)*

Pour les titres au porteur, le rentier qui a perdu ou détruit une inscription peut demander la conversion du titre perdu en une inscription nominative, sous la condition de laisser celle-ci, pendant vingt ans, en dépôt au Trésor, à titre de cautionnement.

Il fournit, en outre, une inscription de rente nominative représentant la valeur de cinq années d'arrérages en sus du montant de tous les coupons restés attachés au titre adiré.

Ces inscriptions sont affectées en garantie, en vertu d'un acte à souscrire avec l'agent judiciaire du Trésor, qui remet en échange la partie des bordereaux d'annuel pour la perception trimestrielle des arrérages. *(Circ. du Directeur de la dette inscrite, 27 sept. 1890.)*

Il y a lieu de se conformer également aux dispositions des lois des 15 juin 1872 et 8 février 1902.

2699. — *Intervention des percepteurs dans le renouvellement des titres de rentes sur l'État et valeurs du Trésor*. — A la date du 1er février 1883, le ministre des Finances a décidé que les percepteurs sont tenus de concourir aux opérations de *réunion, renouvellement, mutation, etc.*, de *titres de rentes sur l'État*, mais en limitant exclusivement leur intervention aux titres nominatifs. Toutefois cette intervention peut s'étendre aux titres mixtes, mais seulement *lorsque ces titres sont entièrement dépourvus de coupons*, cas qui ne se présente en général que dans les opérations de renouvellement *(Décision du 17 mars 1883)*. — Il est interdit à ces comptables, d'une manière absolue, sous peine de mesure disciplinaire et de révocation en cas de récidive, de se charger, soit officiellement, soit officieusement, de la transmission aux receveurs des finances de titres de rentes ou autres valeurs du Trésor *au porteur* déposés en vue de renouvellement, mutation, etc., par analogie

avec ce qui a lieu pour les mouvements de fonds qu'occasionnent les achats et ventes de valeurs sur l'État. Enfin les trésoriers généraux ne peuvent, en aucun cas et sous quelque prétexte que ce soit, autoriser, même sous leur responsabilité personnelle, une dérogation à ces prescriptions.

Pour l'exécution de ces dispositions, les percepteurs ouvrent, à la 2e section, § 2 du livre des comptes divers, les comptes ci-après : *Dépôts de titres nominatifs de rentes pour réunion, renouvellement, mutation, etc.*; *Dépôts de titres mixtes de rentes à renouveler*. Ils font recette à ces comptes du montant en rentes des titres nominatifs déposés, et ils en font dépense lors de la remise des nouveaux titres aux parties. Les percepteurs délivrent, au moment du dépôt, une quittance extraite du livre à souche. Ils annexent à chaque dépôt une *fiche (Modèle n° 5)*, qui est conservée par la recette des finances pour y consigner les divers renseignements qui lui permettent de suivre ces opérations depuis le dépôt des titres jusqu'à la rentrée des reconnaissances acquittées.

L'envoi des titres à renouveler doit être fait *le jour même du dépôt*, avec l'indication des nom, prénom et domicile des déposants, au receveur des finances, qui envoie en échange les reconnaissances de dépôts réglementaires, que les percepteurs conservent jusqu'à la remise des nouveaux titres aux parties. Les reconnaissances doivent mentionner le numéro de la quittance à souche.

Aussitôt qu'ils ont reçu les nouveaux titres, les receveurs des finances les transmettent aux percepteurs avec un *bordereau d'envoi (Modèle n° 6)*, qui doit leur être envoyé, revêtu de l'accusé de réception des comptables, *le jour même de l'arrivée des titres*.

Pour diminuer autant qu'il est possible la responsabilité des receveurs des finances en cas de fausse direction, de perte ou de détournement des valeurs, le bordereau *(Modèle n° 6)* doit être mis sous un pli *distinct* de celui qui renferme les titres, de façon à servir de lettre d'avis. Dans le cas où les valeurs annoncées ne parviendraient pas, en même temps que le bordereau, au percepteur, ce comptable devrait s'enquérir, *immédiatement et personnellement*, à la poste, du sort du paquet attendu et, s'il y a lieu, en donner avis *par la voie télégraphique* à son chef hiérarchique pour lui permettre de procéder à une enquête sans aucun délai.

Les receveurs des finances doivent avoir soin d'adresser, *en même temps*, aux parties intéressées un avis imprimé les invitant à aller retirer immédiatement chez leur percepteur les titres de rentes renouvelés. Ultérieurement, les reconnaissances, revêtues de la décharge des parties, sont renvoyées avec la quittance à souche à la recette des finances.

Une affiche doit être placardée dans un endroit apparent des bureaux des percepteurs pour faire connaître en quoi consiste leur intervention. (*Circ. compt. publ. 10 février 1883, § 1er, 21 mars 1883, § 2, et 31 octobre 1884, §§ 4 et 7.*)

2700. — *Écritures.* — Indépendamment des comptes : *Dépôts de titres nominatifs de rentes pour réunion, renouvellement, mutation, etc.*, et *Dépôts de titres mixtes de rentes à renouveler*, ouverts à la 2e section, § 2, du livre des comptes divers, comme il est dit plus haut, les percepteurs ouvrent deux nouveaux comptes de valeurs à la 3e section du même livre intitulés : *Titres nominatifs de rentes déposés pour réunion, renouvellement, mutation, etc.* ; *Titres mixtes déposés pour renouvellement.* Ils font dépense à ce compte du montant des rentes déposées, et recette du montant des nouveaux titres au fur et à mesure de leur remise aux parties. Le solde du compte est justifié par les reconnaissances de dépôts auxquelles sont joints ultérieurement les nouveaux titres transmis par le receveur des finances. (*Circ. compt. publ. 21 mars 1883, § 2, et 31 octobre 1884, § 4.*)

2701. — *Reconnaissances de dépôts de titres de rentes.* — *Exemption de timbre.* — Les reconnaissances de dépôts de titres de rentes sur l'État destinées à être échangées par suite de réunion, renouvellement, mutation, etc., sont exemptes de timbre. Il en est de même des décharges données lors du retrait des nouveaux titres. (*Circ. compt. publ. 29 juillet 1874, § 6.*)

2702. — *Pièces à remettre aux percepteurs à l'appui des inscriptions.* — Les rentiers qui déposent des titres en vue de renouvellement, réunion, mutation, etc., doivent remettre à l'appui les pièces énumérées ci-après.

2703. — *Inscriptions déposées pour renouvellement.* — Un certificat de vie, sur papier timbré, délivré par le maire de la résidence du titulaire, doit être apposé à côté de la signature de ce magistrat. En outre, la signature doit être légalisée par le préfet ou le sous-préfet ou par le juge de paix du canton.

Les nom et prénoms, inscrits sur le certificat de vie, doivent être conformes à ceux du libellé des titres et énumérés dans le même ordre.

Dans le cas de désaccord, un acte de notoriété appuyé de l'acte de naissance du titulaire est indispensable pour justifier de l'identité. Toutefois l'acte de naissance n'est point exigé pour une simple interversion de prénoms, ni pour une légère différence dans l'orthographe du nom.

Pour les titres de rentes appartenant aux communes et aux établissements de bienfaisance, il suffit d'une réquisition du receveur municipal mise au verso de l'extrait d'inscription, à la condition que la signature du comptable soit légalisée.

2704. — *Inscriptions déposées pour réunion.* — Les titres d'un même fonds, ayant un libellé exactement conforme, peuvent être réunis sans la production d'aucune pièce, à la condition qu'ils n'ont pas dix années d'existence, c'est-à-dire que toutes les cases destinées à recevoir les estampilles pour constater le payement des arrérages ne sont pas épuisées.

Les titres dont toutes les cases seraient remplies, même un seul, nécessitent la production d'un certificat de vie du titulaire.

2705. — *Inscriptions déposées pour transfert et mutation.* — 1°Certificat de propriété énonçant en tête les inscriptions qui en font l'objet et en reproduisant le libellé complet ; un seul certificat est suffisant pour tous les titres à transférer ou à mutationner, quelle que soit leur nature ;

2° Certificat du receveur de l'enregistrement et non quittance des droits, à l'effet de constater que la rente a été comprise dans la déclaration faite à cette administration, lorsque la mutation d'une rente est requise par suite de décès ; ledit certificat visé par le directeur de l'enregistrement et par le préfet.

Les *certificats de propriété* sont délivrés en France par les notaires, les juges de paix et les greffiers des tribunaux de première instance et d'appel.

2706. — *Certificats à délivrer par les notaires.* — Le droit de délivrance appartient au notaire détenteur soit de la minute de l'un des quatre actes suivants : inventaire, partage, donation, testament, soit de la minute d'un acte translatif quelconque ayant trait à la propriété de la rente, tel que contrat de mariage, transport de droits successifs, acceptation de donation, délivrance de legs, dépôt avec reconnaissance d'écritures d'actes sous seing privé, nantissement, etc.

La signature des notaires est légalisée par le président du tribunal civil de l'arrondissement. Elle peut l'être aussi par le juge de paix de leur canton, lorsqu'ils n'exercent pas dans les chefs-lieux de département ou d'arrondissement.

2707. — *Certificats à délivrer par les juges de paix.* — Les juges de paix ne sont compétents pour les certificats concernant les titulaires décédés dans leur ressort, qu'en l'absence de tout autre acte translatif, attributif de propriété et lorsque les droits des nouveaux propriétaires résultent uniquement des dispositions de la loi sans être modifiés ou constatés par aucun acte antérieur ou postérieur au décès du titulaire. Ainsi ils cessent d'avoir qualité lorsqu'il existe : 1° un acte de notoriété quelconque ayant trait à l'hérédité ; 2° un jugement en vertu duquel la mutation s'est opérée ; 3° actes quelconques dressés au greffe du tribunal, tels qu'actes d'acceptation ou de renonciation, soit d'une communauté, soit d'une succession ; 4° actes sous seing privé, tels que ceux contenant partage ou transport de droits successifs.

Les certificats de propriété sont délivrés en brevet par les juges de paix ; leur signature doit être légalisée par le président du tribunal civil de l'arrondissement dans lequel ils exercent leurs fonctions.

2708. — *Certificats à délivrer par les greffiers.* — Le greffier du tribunal civil de la cour d'appel délivre le certificat de propriété, lorsque, par suite de contestations litigieuses, les droits des nouveaux propriétaires de la rente sont établis par un jugement ou un arrêt. La signature est légalisée par le président du tribunal ou de la cour.

2709. — *Insaisissabilité des rentes.* — Les rentes sur l'État sont insaisissables. Mais il n'en est pas de même des arrérages. (*Com. Darieu, t. II, p. 144.*)

Le principe d'après lequel les rentes sur l'État sont insaisissables s'applique au profit du titulaire des rentes, même en cas de faillite. (*L. 8 nivôse an VI et 22 floréal an VII.*)

En conséquence, le syndic de la faillite ne peut obtenir la remise, entre ses mains, d'un titre de rente appartenant au failli et le faire vendre au profit de la masse. En vain soutiendrait-il qu'il est le mandataire du failli, le mandat cessant toutes les fois que les intérêts personnels de celui-ci sont en opposition avec ceux du créancier. (*Arr. Cour d'Aix, 31 juillet 1882; Dalloz 1884, 2° partie, p. 94.*)

2710. — Les arrérages des rentes sur l'État déjà touchés et se trouvant aux mains d'un mandataire ne sont point insaisissables, et peuvent, en conséquence, être frappés d'une saisie-arrêt aux mains de ce dernier. Mais, sauf ce cas exceptionnel, les arrérages de rentes sur l'État, non payés, sont, comme les rentes elles-mêmes, insaisissables. (*Trib. civ. de Lyon, 19 décembre 1883.*)

S'il était dû au Trésor des contributions privilégiées, le percepteur n'aurait qu'à faire une simple demande au détenteur de fonds. — V. n°s 1344 et suiv.

2711. — *Rentes possédées par les communes et les établissements de bienfaisance.* — Les communes et les établissements de bienfaisance peuvent être propriétaires de *rentes sur l'État,* soit par suite de l'exécution de la loi du 20 mars 1813, qui a prescrit le payement en inscriptions de rentes du prix de leurs biens cédés et vendus en vertu de cette loi, soit par l'emploi, à l'achat de ren-

tes, de capitaux provenant de remboursements faits par des particuliers, d'aliénations, de soultes d'échanges et de legs et donations.

Le placement en rentes sur l'État s'opère en vertu d'une délibération du conseil municipal, approuvée par le préfet. Les capitaux disponibles sont versés au trésorier général du département, qui doit faire faire immédiatement l'achat des rentes au profit des communes ou établissements et en remettre les inscriptions au receveur municipal.

Les arrérages de ces rentes sont payés chaque trimestre par les receveurs des finances aux receveurs municipaux. (*Inst. gén., art. 861 et 1058.*). — Pour l'imputation des trimestres, V. n° 2714.

2712. — Les titres au porteur légués ou donnés aux communes ne doivent pas être gardés dans la caisse du receveur municipal. Ils sont déposés à la caisse centrale du Trésor public à Paris. (*Arr. min. Fin. 27 novembre 1873 et 2 juin 1874.*)

Pour arriver au dépôt dont il s'agit, le receveur de la commune doit remettre au trésorier général, par la voie hiérarchique, avec un inventaire détaillé, les titres au porteur qui lui seraient parvenus. Le trésorier général lui délivre un reçu provisoire sur papier libre et transmet au caissier-payeur central, avec un bordereau récapitulatif, les titres à déposer. Le caissier-payeur central délivre au nom de la commune un récépissé de dépôt qui tient lieu des valeurs elles-mêmes dans la caisse du receveur.

Les coupons sont détachés d'office, à chaque échéance, par la caisse centrale et transmis au trésorier général qui en fait la remise au receveur de la commune.

Lorsque, plus tard, la commune veut aliéner tout ou partie des valeurs mobilières au porteur déposées à la caisse centrale, le retrait a lieu par l'entremise du trésorier général sur la production du récépissé de dépôt revêtu au verso de l'autorisation préfectorale, de la décharge de la commune, du visa du trésorier général, et accompagné de la délibération du conseil municipal.

Ces dispositions sont également applicables aux établissements de bienfaisance. — V. PLACEMENTS AU TRÉSOR, n° 2241.

2713. — *Arrérages de rentes.* — Les quittances détachées des livres à souche que les receveurs municipaux ont à délivrer pour les arrérages de rentes sur l'État appartenant aux communes et établissements dont ils gèrent les revenus sont indépendantes de celles que les mêmes receveurs ont à souscrire, comme porteurs des titres, dans la forme réglée pour le service de la dette inscrite. Seulement, les comptables peuvent constater, sur l'une des deux quittances, qu'elle est souscrite par duplicata. Ils peuvent aussi faire un seul article de recette et délivrer une seule quittance à souche, lorsqu'ils reçoivent à la fois des arrérages sur plusieurs inscriptions d'une même *série*, sauf à détailler la recette par commune et établissement. *(Inst. gén., art. 1150.)*

2714. — Les percepteurs et les receveurs spéciaux des communes et des établissements charitables ne doivent pas omettre de toucher dès les premiers jours de chaque échéance les arrérages échus. *(Circ. compt. publ. 9 août 1898, § 5.)*

Le trimestre des rentes échéant au 1er janvier doit être appliqué à l'exercice qui commence. *(Circ. compt. publ. 26 janv. 1863, § 1.)*

2715. — *Achats de rentes sur l'État.* — Les reçus délivrés par les receveurs des finances, en échange des versements qui leur sont faits pour des *achats de rentes sur l'État,* sont considérés comme valeur, jusqu'au moment de la remise des pièces fixant définitivement les sommes employées aux achats de rentes. Le montant des versements est alors porté au *débit* du compte : *Achats de rentes sur l'État,* ouvert à la troisième section du livre des comptes divers. Lorsque les achats sont effectués, leur montant est porté au *débit* des comptes des communes et établissements, et au *crédit* du compte des valeurs. *(Inst. gén., art. 1499.)*

2716. — Les acquits donnés sur les mandats de payement délivrés au nom des receveurs des finances pour achats de rentes par les communes ou établissements publics, doivent être timbrés à 10 centimes. *(Circ. compt. publ. 25 février 1886, § 4.)* — V. Pièces justificatives, §§ 169 et 248.

2717. — *Produit de la vente d'inscriptions de rentes sur l'État.* — Les inscriptions de rentes sur l'État possédées par les communes et les établissements de bienfaisance sont considérées comme immeubles ; leur aliénation est, dès lors, soumise aux règles rappelées à l'article 944 de l'Instruction générale. *(Inst. gén., art. 972.)* — V. n° 46 et Pièces justificatives, § 51.

2718. — Sur la représentation des décisions qui accordent les autorisations de vente, les trésoriers généraux font les dispositions nécessaires pour la vente des inscriptions de rentes, et en versent le produit aux receveurs des communes ou établissements.

Le produit de la vente devant faire partie des ressources prévues au budget, il en est fait recette comme des autres produits municipaux ou hospitaliers. *(Inst. gén., art. 973.)*

Perte d'un titre de rente. — V. n°s 1058 et 2698.

Rentes sur particuliers.

2719. — *Recouvrement.* — Le revenu qui résulte, pour les communes et les établisse-

ments de bienfaisance des *rentes foncières, dues par des particuliers,* est établi par les titres constitutifs qui engagent les particuliers envers les communes ou établissements de bienfaisance. Le recouvrement doit en être poursuivi contre les débiteurs d'après les règles ordinaires.

Le débiteur peut être contraint au rachat s'il cesse de remplir ses obligations pendant deux ans. Lorsque la rente est *quérable,* il doit préalablement avoir été mis en demeure. *(Inst. gén., art. 860; C. civ., art. 1912.)* V. Pièces justificatives, § 11.

Le capital de la rente constituée en perpétuel devient aussi exigible en cas de faillite ou de déconfiture du débiteur. *(C. civ., art. 1913.)*

2720. — Le débiteur d'une rente peut être contraint à fournir à ses frais un titre nouvel à son créancier ou à ses ayants cause après vingt-huit ans de la date du dernier titre *(C. civ.; art. 2263.)* — Les receveurs doivent exiger en temps utile les titres constitutifs de rentes et empêcher les prescriptions. Ils ne doivent pas perdre de vue que les titres de rentes sur particuliers doivent être renouvelés lorsqu'ils ont vingt-huit ans, à l'effet d'empêcher la prescription de la créance qui court nonobstant le renouvellement régulier des inscriptions hypothécaires. *(Arr. Cour des comptes, 8 déc. 1899.)* V. Actes et mesures conservatoires, Inscriptions hypothécaires, Prescriptions.

2721. — C'est au receveur municipal qu'incombe le soin de réclamer au débiteur le titre nouvel qui doit reconnaître le droit de la commune et, à défaut, d'interrompre la prescription de ce droit.

Pour arriver à ce résultat, il doit adresser au débiteur, à l'expiration de la vingt-huitième année du titre, une demande amiable de renouvellement du titre. Si cette demande reste sans effet, il met, d'accord avec le maire, le débiteur en demeure, par acte d'huissier, de se présenter chez un notaire, autant que possible chez celui qui est détenteur de la minute, pour procéder au renouvellement du titre. Si le débiteur n'obtempère pas à cette mise en demeure, il y a lieu de l'assigner, en reconnaissance de la dette, devant le tribunal civil. Le jugement qui intervient tient lieu du titre nouvel.

C'est au maire, dûment autorisé, conformément à la loi du 5 avril 1884, article 90, n° 8, et article 121, à introduire l'instance par ministère d'avoué.

Dans le cas où le maire ne prendrait pas les mesures en temps utile, le receveur municipal devrait signaler ce fait au préfet.

2721 bis. — Lorsqu'un receveur municipal a laissé périmer une inscription hypothécaire prise pour garantie du paiement d'une rente sur particulier, il doit rapporter la preuve d'une nouvelle inscription avec certificat du conservateur des hypothèques attestant qu'aucune autre inscription pouvant primer celle du service public n'a été prise entre la prescription et le renouvellement de ladite hypothèque. (Arr. Cour des comptes, 27 nov. 1901.)

2722. — Lorsque des particuliers, débiteurs de rentes en argent envers les hospices et autres établissements de bienfaisance, résident dans un arrondissement autre que celui où les établissements sont situés, les percepteurs des communes où habitent les débiteurs sont chargés d'effectuer les recouvrements pour le compte des établissements créanciers ; ces comptables peuvent également, dans les mêmes circonstances, être chargés du recouvrement de toute autre créance appartenant à des hospices ou établissements charitables.

A cet effet, les receveurs d'hospices font parvenir au trésorier général de leur département, par l'entremise des commissions administratives, les titres des recettes à opérer pour leur compte. Ces titres sont, suivant le cas, envoyés par le trésorier général, sans qu'il ait à en passer écriture, soit aux percepteurs du chef-lieu, soit aux receveurs particuliers, soit aux trésoriers généraux d'autres départements. Les receveurs des finances, chargés de faire opérer des recouvrements de l'espèce, en prennent note sur le carnet dont la tenue est indiquée à l'article 1290 de l'Instruction générale.

Les percepteurs versent les fonds qu'ils ont recouvrés pour les hospices au receveur des finances de leur arrondissement, qui leur en délivre un récépissé comptable.

Les quittances que les receveurs d'hospices donnent lorsque les sommes recouvrées pour leur compte leur sont payées, sont exemptes du droit de timbre, ce droit devant être exigé pour les quittances à délivrer aux débiteurs lorsqu'ils se libèrent entre les mains des percepteurs. (Inst. gén., art. 1059 ; Circ. compt. publ. 14 avril 1872, n° 60.)

2723. — Pour constater ces recouvrements, les percepteurs ouvrent, sur leur livre des comptes divers, un compte intitulé : *Rentes et créances à recouvrer pour des établissements étrangers à mon arrondissement de perception.* Ils y inscrivent, en *recette*, les recouvrements qu'ils effectuent à ce titre, et en *dépense :* 1° les remises qui leur reviennent sur ces recouvrements et pour lesquelles ils ont à souscrire une déclaration de retenue ; 2° les sommes versées au receveur des finances de l'arrondissement, déduction faite de ces remises. Ils doivent, en outre, enregistrer, sur un carnet conforme au *Modèle n° 302,* les titres de créances qui leur sont remis, en désignant les établissements propriétaires, le montant et les dates d'échéances des rentes et créances à recouvrer, enfin les sommes perçues. (Inst. gén., 1060 et 1481.)

2724. — Les percepteurs n'ont besoin d'aucune procuration des receveurs d'hospices pour recouvrer les rentes et créances dues à ces établissements.

Ils ont qualité pour poursuivre et libérer les débiteurs. Quand ceux-ci le demandent, ils ne peuvent leur refuser une quittance notariée, dont les termes devront être préalablement approuvés par la commission administrative de l'établissement intéressé.

Les poursuites ont lieu à la requête de l'administration intéressée et à la diligence du percepteur, qui doit se conformer aux règles de procédure déterminées pour la nature du titre à exécuter, en s'arrêtant à la saisie-brandon ou à la saisie-exécution inclusivement. S'il y a lieu à l'expropriation du débiteur, ou s'il s'élève des difficultés qui donnent ouverture à des actions judiciaires, le percepteur, après avoir fait des actes conservatoires, prévient l'administration intéressée, et celle-ci avise à la suite qui doit être donnée à l'affaire.

Il convient, au reste, d'assurer, autant que possible, les recouvrements sans aucune poursuite. Les rentes dues aux hospices étant, en général, quérables, les comptables ont à se transporter chez les débiteurs ; si, à la première réquisition, le payement de la rente échue est refusé, ou si le débiteur est absent, le percepteur l'informe ou le fait informer du jour le plus prochain où il doit se rendre dans la commune, et ce n'est qu'en cas de non-succès de la seconde démarche, faite au jour indiqué, qu'il convient de commencer les poursuites. Si, néanmoins, la sûreté du recouvrement exige de plus promptes mesures, le percepteur ne doit pas négliger de les prendre immédiatement. (Inst. gén., art. 1061.)

2725. — Les percepteurs seraient responsables des non-valeurs qui résulteraient de leur négligence ; ils répondraient également des prescriptions et des péremptions qui seraient encourues par suite du défaut de renouvellement des titres et des inscriptions hypothécaires. Toutefois, ils n'encourent de responsabilité pour la péremption des titres qu'autant que les receveurs des hospices intéressés les ont requis, par l'intermédiaire du trésorier général des finances, de faire les actes conservatoires, pour empêcher la péremption des titres dont ils sont détenteurs, six mois au moins avant l'expiration des délais.

Les receveurs des finances sont tenus, sous leur responsabilité, de surveiller l'accomplissement des obligations imposées aux percepteurs pour le recouvrement des rentes et créances des hospices. (Inst. gén., art. 1062.) — V. Actes et mesures conservatoires, Inscriptions, Prescriptions.

2726. — *Remises dues aux percepteurs sur les recouvrements.* — Les percepteurs ont droit sur leurs recouvrements pour le compte des hospices à desremises dont le taux est fixé sur la *proposition de la commission administrative de l'établissement propriétaire*, par le préfet du *département où le recouvrement doit avoir lieu*, sans pouvoir néanmoins excéder 5 centimes par franc. A cet effet, les commissions administratives, en envoyant aux trésoriers généraux des finances les titres des rentes de créances à recouvrer, y joignent leurs propositions pour la fixation des remises, et le trésorier général, en faisant parvenir les titres à ces derniers, transmet les propositions des commissions, avec son avis, au préfet de son département, qui statue immédiatement et envoie une ampliation de son arrêté au trésorier général, afin que celui-ci en donne connaissance aux percepteurs.

Les percepteurs sont autorisés à retenir leurs remises sur le produit des recettes effectuées par eux. Ils en souscrivent une déclaration qui est transmise aux receveurs des hospices, avec les sommes versées en numéraire, par l'intermédiaire des receveurs des finances, mais sans donner lieu à aucune écriture de la part de ces derniers. Les receveurs des hospices ont seuls à en faire dépense dans leur comptabilité, après qu'elles ont été visées par l'ordonnateur.

Lorsqu'un percepteur intervient pour le recouvrement des créances appartenant à un établissement de bienfaisance situé dans l'arrondissement du domicile du débiteur, les remises auxquelles il peut avoir droit se règlent de gré à gré entre ce comptable et le receveur de l'établissement ; il ne saurait y avoir lieu au payement de doubles remises.(*Inst.gén., art. 1063.*)

2727. — Les receveurs des finances peuvent, quand ils le jugent convenable, opérer eux-mêmes les recouvrements dont il est question ci-dessus. (*Inst. gén., art. 1064.*)

2728. — *Remboursement de capitaux.* — Le remboursement des capitaux placés sur des particuliers peut être fait aux communes quand les débiteurs le proposent ; mais ceux-ci doivent, un mois d'avance, remettre aux maires une demande en deux expéditions, qui sont adressées au préfet; l'une est renvoyée aux maires après approbation, l'autre est transmise au trésorier général, qui l'envoie aux receveurs municipaux par l'intermédiaire du receveur particulier des finances.

Les receveurs municipaux doivent refuser les remboursements si ces formalités n'ont pas été remplies.

Pour les petites rentes, pour celles qui offrent peu de garantie, et pour celles dont la perception est difficile, les remboursements peuvent être acceptés sous la déduction d'un cinquième du capital ; mais ces remboursements doivent être autorisés par un arrêté du préfet.

Les receveurs de l'enregistrement doivent donner connaissance au trésorier général, par l'intermédiaire de leur directeur, des actes

ayant pour objet le remboursement des capitaux de rentes. (*Inst. gén., art., 953*)— V. Pièces justificatives, § 47.

2729. — *Timbre.* — Les quittances relatives aux payements ou au remboursement des rentes dues aux communes par les particuliers sont sujettes au timbre de 25 centimes.—Celles qui constatent les payements, ou les remboursements de rentes dues par les communes aux particuliers, sont assujetties au timbre de 10 centimes. — V. n° 2722.

2729 bis. — *Rente perpétuelle.* — *Rachat.* — *Taux.* — Lorsqu'un légataire universel est tenu, par testament, de remettre chaque année une certaine somme, léguée à un bureau de bienfaisance, à titre gratuit, le taux du rachat de la rente doit être calculé d'après l'intention présumée du testateur.

Lorsque ce dernier n'a point usé du droit qui lui appartenait de déterminer le mode et le taux du rachat de la rente par lui léguée, il a par là même laissé son légataire universel sous l'empire du droit commun, avec la faculté, en conséquence, de racheter au denier vingt. (*Arr. Cour d'appel de Grenoble, 3 mars 1896.*)

Rentes viagères.

2730. — *Payement.* — Les receveurs des finances et les percepteurs interviennent pour le service des rentes viagères et des pensions dues par l'État, ainsi que pour le payement des secours aux anciens militaires. Ils sont tenus de prêter leur ministère pour la transmission au trésorier-payeur général et le renvoi, sans frais, des certificats de vie et autres pièces ayant pour objet le recouvrement, par les titulaires, des arrérages de ces pensions et secours. Il est recommandé aux comptables de mettre beaucoup de célérité dans ces envois. Lors du retour des pièces, ils en donnent avis aux parties intéressées, par la voie de la poste, si elles consentent à payer le port de la lettre.

Les arrérages des pensions et des rentes viagères sont payés au porteur du titre et du certificat de vie du titulaire, *visé par le trésorier payeur général ou par le receveur particulier*. Mais les arrérages dus au moment du décès des titulaires ne peuvent être payés qu'aux ayants droit ou à leurs représentants : seulement, lorsque la somme n'excède pas 50 francs, l'acquit peut être donné par un seul des ayants droit, à la condition qu'il se porte fort pour ses cohéritiers.

Il est recommandé tout spécialement aux percepteurs de ne procéder jamais au payement d'arrérages de pension sur la seule production d'un certificat de vie, fût-il revêtu du « Vu bon à payer » de la recette des finances. Ils doivent toujours, en pareil cas, se faire représenter l'extrait d'inscription, de manière à pouvoir en rapprocher les énonciations de celles du certificat de vie, et en vérifier l'estampillage. *(Circ. compt. publ. 26 juin 1902, § 5.)*

Les dispositions qui précèdent sont applicables aux pensions ou rentes viagères de la caisse de la vieillesse. Les certificats de vie des pensionnaires de cette caisse sont exempts de timbre. *(Inst. gén., art. 701.)* — V. PAYEMENT POUR LE COMPTE DU TRÉSORIER-PAYEUR GÉNÉRAL, PENSIONS CIVILES, n° 2166 *bis*.

2731. — Les dispositions énoncées au numéro précédent sont applicables aux pensions civiles et militaires de la marine et des colonies, ainsi qu'aux demi-soldes et pensions à la charge de l'établissement des invalides de la marine. — Les sommes dues peuvent être payées par les percepteurs, mais seulement après visa du receveur des finances de l'arrondissement. — Les percepteurs reçoivent une allocation de 1/4 °/₀ du montant des payements effectués par eux. *(Décr. 17 novembre 1885, art. 11 ; Circ. compt. publ., 11 décembre 1885, § 13.)*

A la fin de chaque semestre, les percepteurs adressent au receveur des finances un état des sommes payées pour le compte de l'établissement des invalides de la marine. Cet état indique l'allocation de 25 c. p. °/₀ qui leur revient.

2732. — *Quittances.* — Les quittances des rentes viagères sont assujetties au timbre de 10 centimes et ce timbre est à la charge du rentier. *(Circ. compt. publ. 14 avril 1872, n° 23, et 30 mars 1877, § 1ᵉʳ ; Circ. caisse des dépôts et consig. 16 mars 1893.)*

Toutefois, l'immunité des droits de timbre dont les pièces relatives à la Caisse des retraites pour la vieillesse et aux Sociétés de Secours mutuels jouissent en vertu des articles 24 de la loi du 20 juillet 1886 et 19 de la loi du 1ᵉʳ avril 1898, s'applique aux quittances délivrées en exécution de ces lois pour remboursement de capitaux réservés et paiement d'arrérages de rentes viagères et de pensions de retraites. *(Circ. Caisse des dépôts et consig., 8 juin 1899, § 5.)*

Sont également exemptes de timbre, les quittances de secours payées aux indigents par la Caisse des invalides de la marine. *(Circ. compt. publ. 30 janv. 1890, § 5.)* — V. SECOURS, n°ˢ 2835 et suiv.

Réparations — V. TRAVAUX.

Répartiteurs (Commissaires).

2733. — Les répartiteurs sont au nombre de sept, savoir : le maire et son adjoint et cinq contribuables choisis parmi les propriétaires fonciers de la commune, dont deux au moins domiciliés dans ladite commune, s'il s'en trouve de tels. *(L. 3 frimaire an VII, art. 9.)*

Ils sont nommés par le sous-préfet sur une liste dressée par le conseil municipal. *(L. 5 avril 1884, art. 61.)* — V. n° 1098.

Leurs attributions sont indiquées à : *Mutations foncières, Prestations, Répartition, Taxe municipale sur les chiens,* etc.

Répartition des contributions directes entre les départements, les arrondissements, les communes et les contribuables.

2734. — La loi de finances fixe le contingent de chaque département, en principal, pour les contributions *foncière, personnelle-mobilière et des portes et fenêtres.* Ce contingent est réparti entre les arrondissements et les communes de chaque département.

Les contingents que la loi a fixés peuvent, toutefois, éprouver des augmentations ou des réductions, par suite des changements qui surviennent dans la matière imposable non bâtie *(biens de l'Etat restitués ou vendus, alluvions, corrosions).* Depuis le 1ᵉʳ janvier 1891, il n'est plus assigné de contingents aux départements, arrondissements et communes en matière de contribution foncière des propriétés bâties *(L. 8 août 1890, art. 4).* Le contingent de chaque département, dans la contribution *personnelle-mobilière,* est augmenté en proportion de la valeur locative des maisons nouvellement construites ou reconstruites, à mesure que ces maisons sont imposées à la contribution foncière ; l'augmentation est du vingtième de la valeur locative des locaux consacrés à l'habitation personnelle. De même contingent de la contribution personnelle-mobilière est diminué du montant en principal des cotisations personnelles-mobilières afférentes aux maisons qui ont été détruites ou démolies. Enfin, les contingents de la contribution des portes et fenêtres sont modifiés lorsque, à la suite des dénombrements quinquennaux de la population, les communes passent dans une catégorie inférieure ou supérieure à celle dont elles faisaient partie.

L'estimation des propriétés bâties devenues imposables est faite par les commissaires-répartiteurs, assistés du contrôleur des contributions ; elle est arrêtée par le préfet, qui peut, s'il le juge convenable, faire préalablement procéder à la revision par deux experts, dont l'un est nommé par lui, et l'autre par le maire de la commune. Les frais d'expertise sont imposés sur la commune, par addition aux centimes communaux ordinaires, si l'évaluation est reconnue inexacte ; dans le cas contraire, ils sont imputés sur les fonds ordinaires de non-valeurs.

Pour connaître les propriétés qui deviennent imposables, ou qui cessent de l'être, les contrôleurs des contributions et les répartiteurs font annuellement le parcours des communes ; ils s'aident des notes fournies par les percepteurs (V. n° 797), et des registres tenus dans les mairies pour les demandes d'alignement.(*Inst. gén., art. 20, modifié ; L. 8 août 1890, art. 4 et suiv.*) — V. CONTRIBUTIONS DIRECTES, n°s 1162 et suiv.

2735. — La contribution des *patentes* étant un impôt de quotité, la loi de finances n'en présente le montant que par approximation et sauf l'application du tarif dans chaque département (*Inst. gén., art. 21*).

2736. — Le répartement des contributions *foncière, personnelle-mobilière* et *des portes et fenêtres*, entre les arrondissements de sous-préfecture, est fait par les conseils généraux du département.

Le sous-répartement entre les communes est effectué par les conseils d'arrondissement.

Les tableaux de répartement et de sous-répartement sont remis, par les soins des préfets, aux directeurs des contributions directes.(*Inst. gén., art. 22*).

2737. — Les directeurs des contributions procèdent alors à la répartition sur les contribuables, au moyen de matrices qui présentent les noms et prénoms, la demeure et la profession des contribuables, et les éléments de chaque impôt.

Cette répartition exige les travaux préparatoires qui ont pour objet la constatation des changements ou mutations survenus dans la matière imposable ou dans la situation des contribuables. (*Inst. gén., art. 23.*)—V. MUTATIONS FONCIÈRES.

Répertoire des porteurs de contraintes. — V. n° 2300.

Réservistes (Secours aux). — V. PIÈCES JUSTIFICATIVES, § 124.

Résidence des contribuables (Changement de). — V. DÉMÉNAGEMENT.

Résidence des percepteurs.

2738. —Les percepteurs-receveurs des communes et établissements de bienfaisance sont tenus de résider au *chef-lieu* de leur perception, à moins qu'une ville ou commune étran-gère à cette perception n'ait été désignée comme résidence, par mesure organique ; ils ne peuvent fixer leur domicile dans une autre commune qu'en vertu d'une autorisation expresse du ministre. Pour obtenir cette autorisation, les percepteurs doivent présenter au receveur des finances une demande accompagnée des délibérations des conseils municipaux de toutes les communes de la perception, et d'un plan faisant connaître, d'après les indications données par le *Modèle n° 255*, la position des communes, leur population, les chemins qui les relient et les distances qui les séparent, lesquelles doivent être exprimées en kilomètres. (*Inst. gén., art. 1247.*)

2739. — Il est expressément interdit aux percepteurs qui ont à se pourvoir à l'effet de résider dans une commune autre que le chef-lieu de leur perception, de rédiger à l'avance le dispositif des délibérations des conseils municipaux ; ils doivent se borner à remettre aux maires une copie, sur papier libre, de leur demande, contenant l'exposé des raisons sur lesquelles elle se fonde.

Dans le cours des sessions périodiques, ou dans des réunions spécialement autorisées, chacun des conseils municipaux des communes intéressées examine soigneusement et avec une entière indépendance les demandes de l'espèce ; l'avis motivé qui résulte de cette délibération est envoyé directement à la préfecture ou à la sous-préfecture, sans passer par les mains du percepteur. (*Circ. min. Fin. 27 décembre 1861.*)

2740. — Le receveur particulier, après avoir soumis la demande au sous-préfet, l'adresse au trésorier général, et celui-ci la remet au préfet, qui l'envoie au ministre avec ses observations.

Les percepteurs qui habiteraient, *sans autorisation*, une commune autre que le chef-lieu de leur perception, seraient considérés comme absents de leur résidence sans congé,et seraient passibles de la retenue prescrite par l'article 1264 de l'instruction générale, sans préjudice des peines plus graves qui seraient prononcées contre eux.Sont réputés ne pas résider au chef-lieu de leur réunion les percepteurs qui n'y habitent pas d'une manière permanente, bien qu'ils y aient un domicile. (*Inst. gén., art. 1248.*)

2741. — Il est recommandé aux receveurs des finances et aux préfets d'apporter le plus grand soin dans l'examen des demandes de résidence des percepteurs, ainsi que dans leur appréciation sur chacune d'elles, et de ne prendre en considération que les seuls intérêts du service, surtout lorsqu'il s'agit d'autoriser un percepteur à fixer son domicile dans une commune étrangère à sa circonscription. Dans le cas où la demande concerne une commune de la perception autre que le chef-lieu, et que les convenances du service permettent d'y avoir égard, il est nécessaire d'examiner, avant tout, s'il n'est pas préférable de changer le chef-lieu et de le transporter dans la commune désignée. (*Inst. gén., art. 1249.*)

2742. — Les autorisations de résidence sont personnelles aux percepteurs qui les ont obtenues. En cas de vacance, le nouveau percepteur doit établir son domicile effectif et son bureau de recette au chef-lieu de la perception, ou produire, dans les trois mois de son entrée en fonctions, toutes les pièces et justifications exigées. Néanmoins, si, dans les trois ans qui suivent l'autorisation précédemment accordée, la perception devient vacante, et si le nouveau titulaire demande que cette autorisation lui soit continuée, il peut se dispenser de produire les avis des conseils municipaux ; dans ce cas, le préfet et les receveurs des finances sont seuls à exprimer leur opinion. (*Inst. gén., art. 1250.*)

2743. — Les receveurs des finances doivent mentionner, dans les résumés de vérification des percepteurs à former pour le ministère des Finances, la commune où chaque percepteur *réside de fait*, et leur opinion sur la convenance de cette résidence. (*Inst. gén., art. 1251.*)

Résiliation. — V. BAUX, TRAVAUX.

Responsabilité des percepteurs. — V. COTES IRRECOUVRABLES, MUTATIONS DE PERCEPTEURS, POURSUITES, nos 2433 et 2434; RESTES A RECOUVRER, RÔLES.

Responsabilité des receveurs des communes et établissements de bienfaisance. — V. ACTES ET MESURES CONSERVATOIRES, ADJUDICATIONS, COMPTES DE GESTION, ÉTAT DES RESTES A RECOUVRER SUR LES REVENUS DES COMMUNES, FORCEMENTS DE RECETTE, GESTION OCCULTE, INSCRIPTIONS HYPOTHÉCAIRES, MUTATIONS DE PERCEPTEURS-RECEVEURS, PAYEMENT DES DÉPENSES DES COMMUNES, RENTES SUR PARTICULIERS, REVENUS DES COMMUNES, TIMBRE, TITRES DE RECETTES ET DE DÉPENSES.

Responsabilité des propriétaires et principaux locataires en cas de déménagement de leurs locataires. — V. DÉMÉNAGEMENT, nos 1345 et suiv.

Responsabilité des receveurs des finances. — V. DÉFICIT, SURVEILLANCE, VÉRIFICATION.

Restes à payer sur les dépenses communales. — V. CRÉDITS nos 1275 et suiv. ÉTAT DES RESTES A PAYER nº 1479.

Restes à recouvrer sur les contributions directes.

2744. — Pour compléter le recouvrement des contributions de chaque exercice, il est accordé un délai fixé au *30 novembre* de l'année qui suit celle dont l'exercice prend son nom.

A l'expiration de ce délai, les trésoriers généraux pour l'arrondissement du chef-lieu et les receveurs particuliers pour leur arrondissement respectif sont obligés de tenir compte au Trésor, de leurs deniers personnels, de la partie de ces rôles qui n'aurait pas été soldée par des recouvrements réels sur les contribuables, ou par des ordonnances de dégrèvements.

Les receveurs ont, d'ailleurs, à l'expiration du mois d'avril, à effectuer, pour solder l'exercice, une opération d'ordre qui est indiquée à l'article 589 de l'Instruction générale. (*Inst. gén., art. 93 et 1121; L. 25 janvier 1889.*)

2745. — Il est interdit aux receveurs des finances de faire solder par les percepteurs, en leur lieu et place, la partie des rôles non recouvrée sur les contributions de l'exercice expiré. (*Circ. compt. publ., 14 octobre 1886, § 2.*)

2746. — Nonobstant les dispositions qui précèdent, les rôles de l'exercice soldé d'office restent entre les mains des percepteurs, qui sont autorisés à poursuivre, au nom du Trésor, la rentrée des restes à recouvrer, jusqu'à la fin de la troisième année de l'ouverture de l'exercice. (*Inst. gén., art. 94.*)

2747. — En conséquence, les receveurs des finances doivent, à l'époque du 30 novembre de la seconde année de l'exercice, solder le compte d'ordre mentionné à l'article 589 de l'Instruction générale, par le débit d'un compte collectif qu'ils ouvrent aux percepteurs pour les restes à recouvrer sur les contributions, et auquel ils appliquent les versements que ces comptables opèrent ultérieurement en atténuation de ces restes à recouvrer.

Pour suivre ces rentrées, les receveurs doivent laisser ouvert le compte individuel qu'ils ont avec chaque percepteur.

Lors des versements qui leur sont faits, ils délivrent aux percepteurs, à titre de *recettes sur les restes à recouvrer*, des récépissés à talon, dont ils portent le montant au compte individuel et au compte collectif. (*Inst. gén., art. 1122.*)

2748. — Les percepteurs qui auraient laissé écouler les trois années accordées pour l'apurement des rôles sans terminer le recouvrement, sont tenus de solder, *de leurs propres deniers* le montant des cotes ou portions de cotes restant alors à recouvrer, et ils doivent en faire recette à titre de *contributions directes* en s'en délivrant à eux-mêmes une quittance à souche. Ils demeurent créanciers particuliers des contribuables et sont subrogés aux droits du Trésor, qu'ils exercent par les moyens ordinaires de poursuites, à l'aide d'un état de restes à recouvrer dressé dans la forme du *Modèle n° 306*, lequel état, après avoir été vérifié par le receveur des finances, est certifié exact par le sous-préfet, sans qu'il soit nécessaire de le revêtir de la formule exécutoire, les rôles qui sont déposés à la sous-préfecture pouvant être consultés en cas de contestation.

L'article 1500 de l'Instruction générale, rappelé ci-dessous, trace les règles à observer pour la constatation des rentrées qu'ils obtiennent sur ces restes à recouvrer.

Les percepteurs qui, pendant les trois années accordées pour le recouvrement des rôles, n'ont exercé aucune poursuite contre un contribuable, ou qui, après avoir commencé les poursuites, les ont abandonnées pendant trois ans, sont déchus de leurs droits contre les redevables, et toutes nouvelles poursuites leur sont interdites. (*Inst. gén., art. 95; Règl. pours., art. 18; Com. Durieu, t. I, p. 345 et suiv.*)

2749. — Le percepteur qui a soldé en fin de troisième année les restes à recouvrer se trouve légalement subrogé, par l'effet de ce payement, aux droits et actions qui appartenaient au Trésor, et reste soumis aux mêmes exceptions : la prescription de trois ans peut notamment lui être utilement opposée. (*Trib. civ. de Saint-Nazaire, 19 mai 1894.*)

Pour les actes de poursuites qui interrompent la prescription, V. n° 2459.

2750. — En cas de mutation de comptables, le percepteur entrant poursuit la rentrée des cotes arriérées, pour le compte de son prédécesseur. (*Circ. min. Fin. 21 janvier 1836; Com. Durieu, t. I, p. 361.*)

La part de responsabilité que cette obligation impose aux anciens et aux nouveaux titulaires, et les droits ainsi que les devoirs respectifs de ces comptables, sont réglés par les articles 1340 et suivants de l'Instruction générale. — V. n°s 1891 et suiv.

2751. — Le versement de l'arriéré doit être fait par les percepteurs dès le 20 décembre de la troisième année de l'exercice, afin que leur compte pour les restes à recouvrer puisse être soldé par les trésoriers généraux dans les écritures du mois de décembre. Si les percepteurs n'ont point effectué ce versement à l'époque ci-dessus, les receveurs particuliers doivent, à cette même époque du 20 décembre, solder le compte des restes à recouvrer par celui de leurs fonds particuliers, et les trésoriers généraux font la même opération par le débit du compte

ouvert aux receveurs particuliers. L'arriéré non soldé des deniers des percepteurs rentre alors dans la classe des *débets*, dont les receveurs des finances ont à suivre le recouvrement pour leur propre compte. (*Inst. gén., art. 1124.*)

2752. — Les percepteurs sont dispensés de verser, le 20 décembre de la troisième année de l'exercice, le montant des cotes ou portions de cotes pour lesquelles le contribuable est encore en droit, à cette date, d'invoquer le bénéfice de l'article 28 de la loi du 21 avril 1832. (V. n°s 2616 et suiv.)

Lorsque, la réclamation ayant été rejetée, la cote n'a pas été recouvrée dans les six mois à partir de la date de la décision, les percepteurs sont tenus d'en verser le montant, de leurs deniers personnels, à l'expiration de ce délai. (*Circ. compt. publ. 29 novembre 1895 et 19 mai 1903, § 1er.*) — V. RÉCLAMATIONS, n°s 2625 et suiv.

2753. — Les dispositions qui précèdent sont en outre, applicables aux restes à recouvrer sur les *redevances des mines*, sur *la taxe des biens de mainmorte*, sur les *rétributions pour la vérification des poids et mesures*, la *contribution sur les voitures et chevaux*, la *taxe sur les vélocipèdes*, la *taxe sur les billards*, la *taxe sur les cercles*, la *taxe militaire* et sur les *frais de poursuites*; elles le sont même pour les *taxes de pavage* (V. n° 2081). Les receveurs portent l'avance qu'ils font sur ces restes à recouvrer et les rentrées obtenues, au même compte collectif qu'ils ont ouvert aux percepteurs pour les restes à recouvrer sur les contributions directes. (*Inst. gén., art. 1125.*)

2754. — *Compte des avances pour restes à recouvrer*. — Les percepteurs qui soldent de leurs deniers la portion des contributions et des frais de poursuites, non recouvrée à l'expiration de la troisième année de l'exercice, doivent en porter le montant au débit d'un compte d'*avances* qu'ils ouvrent à la 3e section de leur livre des comptes divers, sous le titre de : *Divers, L'c de restes à payer sur les contributions et sur les frais de poursuites de l'exercice 19...*, en se référant, pour les noms des contribuables débiteurs et pour la somme due par chacun d'eux, aux détails contenus dans l'état des restes à recouvrer qu'ils ont à dresser en exécution de l'article 95, rappelé plus haut. Ils enregistrent au journal à souche les recouvrements qu'ils effectuent en atténuation de leur avance; mais, comme elle leur est personnelle, ils se bornent à inscrire la somme reçue au-dessous ou en regard du nom du contribuable avec la mention *pour mémoire* dans la colonne des *produits divers*; par la même raison, ils doivent s'abstenir de faire figurer dans leurs bordereaux de situation le solde du compte dont il s'agit. (*Inst. gén., art. 1500.*)

Etat des restes à recouvrer. — V. n°s 1798 et suiv.

Responsabilité en cas de mutations de percepteurs. — V. n° 1897.

Restes à recouvrer sur les produits communaux.

2755. — Le recouvrement des produits communaux de chaque exercice doit être terminé le 31 mars de la seconde année, et le conseil de préfecture ou la Cour des comptes, à qui il appartient d'apurer définitivement les comptes des receveurs municipaux, conserve le droit de forcer ces comptables en recette, quand ils n'ont pas fourni toutes les justifications nécessaires à leur décharge. — V. n°s 932, 974, 976, 1221, 1480, 1557, 2789 et 2792.

2756. — Lorsque le conseil municipal d'une commune a, par une délibération dûment approuvée, interdit au receveur municipal d'exercer des poursuites contre les débiteurs retardataires, la responsabilité du receveur se trouve, par ce fait, entièrement dégagée. Mais il y a lieu, dans ce cas, de produire la délibération à l'appui du compte de gestion.

2757. — Quant aux recettes municipales pour lesquelles les lois et règlements n'ont pas prescrit un mode spécial de recouvrement, et qui s'effectuent, en conformité de l'article 154 de la loi du 5 avril 1884, sur des états dressés par le maire, les receveurs municipaux doivent avoir soin de prendre toutes les mesures nécessaires pour effectuer le recouvrement des créances aux époques indiquées dans les titres de recettes. — V. n° 2789.

En ce qui concerne la prescription, un arrêt du Conseil d'État en date du 31 mars 1882 porte que les règles spéciales au recouvrement des contributions directes, notamment la déchéance édictée par l'article 149 de la loi du 3 frimaire an VII (V. ci-dessus, n° 2748), ne sont pas applicables au recouvrement des sommes dues aux communes sur des états dressés par le maire. — V. POURSUITES, n° 2462.

Responsabilité des comptables en cas de mutations. — V. n°s 1883 et suiv.

Restes à recouvrer sur le produit des amendes et condamnations. — V. n°s 549 et suiv.

Restitutions au Trésor.

2758. — Les sommes versées au receveur des finances à titre de restitutions à l'État sont reçues pour le compte du caissier central du Trésor. (*Inst. gén., art. 1129.*)

2759. — Lorsque des versements à titre de *restitutions au Trésor* sont faits aux percepteurs, il en est souscrit des quittances à souche par ces comptables. Si la partie désire ne pas être nommée, le versement est reçu comme étant fait par un anonyme. Les quittances non retirées sont remises au receveur des finances. Ces versements font, dans la comptabilité des percepteurs, l'objet d'un compte intitulé : *Divers, L/c de restitutions au Trésor*. Les comptables comprennent dans leur plus prochain versement à la recette des finances les sommes qu'ils reçoivent à ce titre, et il leur en est délivré des récépissés à talon. (*Inst. gén., art. 1490.*)

2760. — Les récépissés des receveurs des finances (ou les quittances à souche délivrées par les percepteurs), opérant la libération des débiteurs, sont soumis au timbre. La dépense d'ordre en est affranchie. (*Circ. compt. publ. 14 avril 1872, n° 54.*)

Restitutions et dommages-intérêts alloués à des communes en réparation de délits commis dans leurs bois. — V. AMENDES, n° 427.

Retenues en vertu d'oppositions. — V. SAISIES-ARRÊTS.

Retenues par mesure disciplinaire.

2761. — Les receveurs des finances ne peuvent infliger d'office des retenues de traitement aux percepteurs, par voie disciplinaire, pour inconduite, négligence ou manquement au service. Ils doivent consulter obligatoirement l'administration supérieure.

Le rapport des chefs de service doit, autant que possible, être accompagné des moyens de défense ou des explications du subordonné et contenir un exposé précis des faits motivant la privation de traitement.

Les receveurs des finances conservent, dans les cas graves, la faculté de procéder d'office à la suspension d'un comptable ou de placer auprès de lui un agent spécial, sauf à en rendre immédiatement compte à l'administration centrale. (*Circ. compt. publ., 26 déc. 1899, § 2.*)

2762. — Lorsqu'un chef de service propose des mesures disciplinaires contre un comptable, celui-ci doit être mis en demeure de fournir des moyens de défense. — V. n° 2201 *bis*.

Retenues sur traitements pour le service des pensions civiles.

2763. — Les receveurs des finances sont appelés à percevoir pour le service des pensions civiles :

1° Les retenues auxquelles sont soumis leurs émoluments et les émoluments de leurs subordonnés ;

2° Celles qui doivent être exercées sur les traitements des fonctionnaires et employés dépendant d'administrations qui ont une comptabilité spéciale, ou qui sont rétribués sur des fonds autres que ceux de l'État ;

3° Toutes les retenues, qui, quoique n'appartenant pas à ces catégories, ne sont pas exercées au moment où les traitements sont payés et par le comptable sur la caisse duquel les mandats sont émis ; le tout ainsi qu'il est expliqué ci-après. (*Inst. gén., art. 341.*)

2764. — Aux termes des articles 3 et 18 de la loi du 9 juin 1853 et 15 du décret du 9 novembre suivant, les fonctionnaires et employés nommés à partir du 1er janvier 1854, ou en exercice à cette époque, en droit à pension et supportent indistinctement, sans pouvoir les répéter dans aucun cas, les retenues ci-après :

1° Une retenue de 5 % sur les sommes payées à titre de traitement fixe ou éventuel, de préciput, de supplément de traitement, de remises proportionnelles de salaires, on constituant, à tout autre titre, un émolument personnel ;

2° Une retenue du douzième des mêmes rétributions lors de la première nomination ou dans le cas de réintégration, à prélever par quart sur les quatre premières mensualités, et du douzième des augmentations ultérieures. (*L. de finances 29 mars 1897, art. 28; Circ. compt. publ., 9 août 1897.*)

3° Les retenues pour cause de congés et d'absences, ou par mesure disciplinaire.

Les fonctionnaires et employés qui, par mesure disciplinaire ou par mutation volontaire d'emploi, sont descendus à un traitement inférieur, subissent la retenue du premier douzième des augmentations ultérieures. (*Inst. gén., art. 342.*)

Toutefois, le fonctionnaire dont le traitement s'est trouvé réduit à la suite d'une mutation imposée par nécessité de service ne subit pas la retenue du premier douzième des augmentations ultérieures, une mutation par mesure de service n'étant pas assimilable à la mutation volontaire d'emploi. (*Avis Cons. d'Et. 10 juill. 1891.*) — V. PENSIONS CIVILES.

Un fonctionnaire auquel une pension de retraite a été concédée ne doit pas, s'il est nommé ultérieurement à un nouvel emploi, verser au Trésor la retenue du premier douzième de l'intégralité de son nouveau traitement. (*Avis Cons. d'État, 22 juillet 1896.*)

2765. — Les receveurs des finances et les percepteurs admis à la retraite ou remplacés définitivement pour n'importe quel motif doivent verser également la retenue du premier douzième d'augmentation qui résulte de la comparaison du traitement moyen des six dernières années, avec le dernier traitement frappé de la retenue, lorsque le comptable remplacé n'a pas subi de retenue de premier douzième depuis plus de six ans.

Dans le cas contraire, le total doit être divisé, non plus par six, mais par le nombre des exercices écoulés depuis la dernière retenue. (*Circ. compt. publ. 29 février 1864, § 1; 30 mars 1866, § 2; 17 décembre 1884, § 4; et 8 février 1886, § 2.*)

Cette obligation est personnelle aux comptables, et ne s'étend pas à la veuve d'un percepteur qui est en instance pour obtenir la pension de retraite à laquelle avait droit son mari. (*Circ. compt. publ. 1er déc. 1865, § 7.*)

2766. — *Base des retenues concernant les percepteurs-receveurs municipaux.* — Pour les percepteurs, les retenues ne portent, comme pour les autres agents du ministère des Finances rétribués par des salaires ou des remises variables, que sur les trois quarts de leurs émoluments, le dernier quart étant considéré comme indemnité de loyer et de frais de bureau; mais, d'après les dispositions générales et spéciales des articles 3 et 4 de la loi, et 13 et 20 du décret, déjà cités plus haut, elles s'exercent tant sur la portion de ces émoluments qui leur est payée par l'État, que sur celle qu'ils reçoivent des communes et établissements publics et des associations syndicales. (*Inst. gén., art. 343.*)

2767. — *Comptabilité et écritures.* — Les mandats de remises des percepteurs étant établis par le trésorier général pour l'ensemble au département, ce comptable est seul chargé de constater l'intégralité de la dépense, ainsi que l'intégralité de la retenue de 5 %, y afférente. (*Circ. compt. publ. 15 fév. 1866, § 6.*)

2768. — Les percepteurs-receveurs municipaux doivent faire dépense du montant brut du traitement fixe qui leur est acquis en cette dernière qualité; il en est de même des remises qui leur seraient dues comme trésoriers d'associations syndicales, et se charger en recette, d'après la marche indiquée ci-après, du montant des retenues à exercer sur ces divers émoluments. (*Inst. gén., art. 346 Modifié.*) — V. n° 1578.

2769. — Les recettes provenant des retenues pour le service des pensions civiles doivent être appliquées à l'*exercice* sur lequel s'impute la dépense des émoluments qui ont supporté les retenues. (*Inst. gén., art. 374.*)

2770. — Comme il est dit ci-dessus, les traitements passibles de retenues pour le service des pensions civiles sont portés en dépense pour le brut au compte de la commune, et il est fait recette, *au moment des allocations*, du montant de ces retenues *(Inst. gén., art. 369 et 1007 ; Circ. compt. publ. 29 juin 1894, § 2.)*

Cette recette est portée à un compte spécial ouvert à la 1re section, § 2 du livre des comptes divers.

Les recettes y sont enregistrées, par journée, dans la colonne de l'exercice auquel elles appartiennent, et il est successivement fait dépense des versements que les comptables effectuent aux caisses des receveurs particuliers. *(Inst. gén., art. 1106 et 1473)*. — V. PIÈCES JUSTIFICATIVES, §§ 59 et 178.

Les retenues doivent être opérées régulièrement en fin de mois pour les traitements qui se payent par mois, et en fin de trimestre sur les remises qui ne se règlent que par trimestre.

Les receveurs municipaux comprennent ces retenues dans leur prochain versement à la recette des finances. *(Circ. compt. publ., 12 déc. 1902, § 3.)*

2771. — Les quittances des retenues pour le service des pensions civiles sont exemptes de timbre, quand ces retenues ne sont qu'un prélèvement opéré sur les traitements et ne constituent pas un versement effectif. Dans le cas contraire, le versement des retenues est soumis au droit de timbre de 25 centimes. *(Circ. compt. publ. 14 avril 1872, n° 5.)*

2772. — *Agents divers pour lesquels les receveurs des finances ont à percevoir des retenues.* — Comme il a été dit à l'article 341 de l'Instruction générale, rappelé ci-dessous, n° 2763, les receveurs des finances ont à percevoir, outre les retenues exercées sur leurs propres émoluments et sur ceux de leurs subordonnés, celles qui concernent plusieurs employés et fonctionnaires dépendant d'administrations qui ont une comptabilité spéciale ou qui, sont rétribués sur des fonds autres que ceux de l'État (tels sont les fonctionnaires et employés du ministère des Travaux publics attachés au service municipal de Paris et de quelques autres villes ; les préposés en chef des octrois ; les fonctionnaires du corps enseignant, autres que ceux qui font partie de l'administration académique et de l'enseignement supérieur, dont les traitements sont acquittés par les trésoriers-payeurs généraux) ; enfin, les retenues qui, pour une cause quelconque, ne sont pas ou n'ont pas été exercées au moment même du payement et par le comptable sur la caisse duquel les ordonnances ou mandats sont ou étaient émis.

Outre les retenues spécifiées ci-dessus (V. n° 2764), les préposés en chef des octrois ont à supporter la retenue du quart de leur part dans le produit net des saisies et amendes. *(Inst. gén. art. 359.)*

Pour ces derniers, lorsqu'une saisie intéresse

à la fois le Trésor et la commune, la retenue à opérer par le receveur municipal ne doit porter que sur la quote part versée à la commune. *(Circ. compt. publ. 4 mai 1885, § 2.)*

Les remises allouées par les communes aux préposés en chef des octrois sur les produits de l'octroi sont passibles des retenues pour le service des pensions civiles. *(Arr. Cons. d'Ét. 30 juillet 1880 ; Cour des comptes, 30 mars 1885.)*

Mais sont exemptes de ces retenues les gratifications éventuelles allouées par l'administration des contributions indirectes aux préposés d'octroi. *(Cour des comptes, 10 juin 1884.)*

2773. — *Titres de perception de ces retenues.* — Pour les agents attachés aux administrations qui ont une comptabilité spéciale, la perception des retenues a lieu sur un bordereau mensuel remis au receveur des finances par l'ordonnateur, qui en fait en même temps verser le montant.

À l'égard des employés qui sont rétribués sur d'autres fonds que ceux de l'État, et qui ont néanmoins droit à pension, conformément à l'article 4, paragraphe dernier, de la loi du 9 juin, les ministres adressent, chaque trimestre, au ministre des Finances, des états nominatifs, par département, desdits fonctionnaires et employés ; ces états sont ensuite transmis, comme titre de perception, aux trésoriers généraux. Ceux des agents qui résident en France doivent effectuer le versement des retenues dans les premiers jours du trimestre qui suit le trimestre échu. Ceux qui résident à l'étranger sont autorisés à faire ou à faire faire un seul versement par an. Il est délivré, pour chaque versement, une déclaration tenant lieu de duplicata de récépissé, à transmettre par la partie versante au ministère auquel les employés ressortissent.

Pour les agents attachés au service local des colonies, il est formé, tous les trois mois, au ministère du Commerce et des Colonies, des états récapitulatifs des retenues opérées, lesquels sont transmis aux trésoriers généraux par les soins de la comptabilité des finances.

Pour les préposés en chef des octrois, les receveurs des finances se font remettre par les receveurs municipaux, à l'appui de chaque versement, comme titre de perception *provisoire*, une déclaration du maire indiquant le montant et la nature des retenues à verser, et à la fin du mois de décembre, comme titre de perception *définitif*, un état certifié par le receveur municipal, visé par le maire, et exprimant le montant des émoluments tant fixes qu'éventuels du préposé, et les retenues de diverses natures que ce dernier a dû subir pendant l'année.

Enfin, par suite des dispositions de la circulaire du 28 février 1863, paragraphe 4, qui a prescrit le payement du salaire des gardes forestiers communaux et hospitaliers sur les fonds de cotisations affectés aux travaux d'intérêt commun et à divers salaires, les receveurs municipaux n'ont plus à intervenir pour opérer les retenues, soit pour le service des pensions civiles, soit pour la caisse de la vieillesse; les receveurs particuliers restent également étrangers à leur encaissement, et, par suite, les trésoriers-payeurs généraux peuvent constater en une seule fois au compte des cotisations la dépense de chacune des deux natures de retenues. *(Inst. gén., art. 360; Circ. compt. publ. 15 mai 1863 § 4.)*

2774. — *Retenues à exercer sur les traitements des fonctionnaires et agents du ministère de l'Instruction publique.* — Quant aux retenues à exercer sur les émoluments des fonctionnaires et agents dépendant du ministère de l'Instruction publique, elles exigent des explications spéciales, eu égard à la part directe que les receveurs des finances et leurs subordonnés ont à prendre à cette partie du service. *(Inst. gén. art. 361.)*

2775. — *Professeurs et agents des lycées.* — Les retenues afférentes aux traitements, tant fixes qu'éventuels, des professeurs et autres agents des lycées, sont précomptées chaque mois ou chaque trimestre, à l'instant du payement, par l'économe, et par lui versées à la caisse du receveur des finances. *(Inst. gén., art. 362.)*

Le versement doit s'effectuer régulièrement par mois ou au moins par trimestre. *(Circ. compt. publ. 12 déc. 1902, § 3.)*

2776. — Le receveur municipal qui acquitte les traitements des professeurs est responsable du prélèvement des retenues. *(Arr. Cour des Comptes, 16 décembre 1891.)*

2777. — *Fonctionnaires des écoles secondaires de médecine et de pharmacie.* — Les retenues à exercer sur les traitements des fonctionnaires des écoles secondaires de médecine et de pharmacie et des collèges communaux en régie au compte des villes, sont précomptées de la même manière par le receveur municipal, au moment où il paye ces traitements. *(Inst. gén., art. 363.)*

2778. — A l'égard des collèges communaux où le pensionnat est au compte des principaux, le montant des retenues est précompté par le receveur municipal sur les différents termes de la subvention allouée par la ville à l'établissement.

Dans les collèges auxquels la ville n'alloue pas de subvention, les retenues sont précomptées par le principal, et celui-ci les verse directement à la caisse du receveur des finances. *(Inst. gén., art. 364.)*

2779. — *Professeurs et agents des collèges communaux.* — A l'appui de chaque versement, il est produit au receveur des finances, comme titre de perception *provisoire,* une déclaration sommaire *(Modèle n° 91),* certifiée, suivant le cas, par le proviseur du lycée, le directeur de l'école ou le principal du collège, et indiquant le *montant* et la *nature des retenues* à verser. A la fin du mois de décembre, il doit être remis à ce comptable, pour lui servir de titre de perception *définitif,* dans la forme des états de traitements, un état nominatif des fonctionnaires et employés *(Modèle n° 92),* présentant, pour l'année entière et pour chaque nature de traitement, fixe ou éventuel, le *montant des traitements* et celui des *retenues revenant au Trésor.* Ces états doivent être certifiés, comme les titres provisoires par le proviseur, le directeur ou le principal, et être visés par le recteur. *(Inst. gén., art. 365.)*

2780. — Le directeur et les maîtres adjoints des écoles primaires annexées à quelques collèges communaux font partie du personnel des collèges, et doivent figurer sur les mêmes états de traitements que les autres fonctionnaires. *(Inst. gén., art. 366.)*

2781. — *Retenues sur les traitements des instituteurs primaires.* — Les instituteurs, titulaires ou adjoints, *lorsqu'ils sont pourvus d'un brevet de capacité,* et à l'exception de ceux qui appartiennent à des corporations religieuses, sont soumis, quel que soit leur âge, pour les différentes allocations qu'ils touchent aux mêmes retenues que les autres fonctionnaires de l'Instruction publique. Ces retenues sont celles de 5 %, et du premier douzième de traitement et d'augmentation ; elles s'exercent sur le montant du traitement, quelle que soit l'origine des allocations dont il se compose. Toutefois, ne sont pas assujetties aux retenues pour pensions civiles les allocations accordées pour les cours d'adultes *(Circ. compt. publ. 29 juin 1866, § 7);* l'allocation de 100 francs concernant la médaille d'argent *(Circ. compt. publ. 29 mai 1890, § 5);* l'indemnité de résidence *(L. 19 juillet 1889).* — Les mandats sont délivrés et quittancés pour la somme brute et il est fait recette des retenues pour pensions civiles. Ces retenues sont précomptées par les trésoriers généraux sur les mandats de traitements. Les comptables qui acquittent les mandats n'ont simplement qu'à tenir compte aux parties de la *somme nette à payer.*

2782. — *Retenues exercées sur le traitement des institutrices communales.* — Sous le rapport des retenues pour le service des pensions civiles, les institutrices sont entièrement assimilées aux instituteurs. *(Inst. gén., art. 368.)*

2782 bis. — *Retenues sur les traitements des fonctionnaires des cours secondaires de jeunes filles.* — Les dispositions énoncées ci-dessus n° 2779, sont applicables aux fonctionnaires des cours secondaires de jeunes filles. *(Loi de finances du 22 avril 1905, art. 39 ; Circ. compt. publ. 29 nov. 1905, § 1er.)*

Retenues sur traitements destinées à des fonds de retraites.

2783. — Les sommes provenant des retenues exercées, en vertu d'autorisations légales, sur les traitements des employés des mairies, des octrois des administrations et établissements publics, pour former des *fonds de pensions ou caisses de retraites*, doivent être versées à la Caisse des dépôts et consignations par les receveurs des communes et établissements.

Les receveurs sont tenus de faire ce versement aussitôt après que les retenues ont été exercées, ou au moins tous les mois, et ils en sont libérés par un récépissé du caissier de la Caisse des dépôts, ou des préposés de cette caisse dans les départements. *(Inst. gén., art. 1096 à 1098.)* — V. Pensions de retraite, Pièces justificatives, §§ 54 et 173.

Retraites. — V. Pensions civiles, Pensions de retraite.

Rétributions dues par les pharmaciens épiciers-droguistes. — V. Droits de visite.

Rétributions pour la vérification des poids et mesures. — V. Poids et mesures.

Revenus des communes.

2784. — *Nomenclature.* — Les recettes des communes sont *ordinaires* ou *extraordinaires.*

Les recettes *ordinaires* se composent :

1° Des revenus de tous les biens dont les habitants n'ont pas la jouissance en nature (prix de ferme des maisons, usines, biens ruraux, etc. ; rentes sur particuliers, rentes sur l'État, coupes ordinaires de bois et produits accessoires de ces coupes) ;

2° Des cotisations imposées annuellement sur les ayants droit aux fruits qui se perçoivent en nature ;

3° Du produit des centimes ordinaires et autres ressources affectées aux communes par les lois de finances (centimes communaux ordinaires ; impositions, prestations, subventions ; souscriptions volontaires et indemnités pour l'établissement, l'entretien et la réparation des chemins vicinaux ; imposition pour le garde champêtre) ;

4° Du produit de la portion accordée aux communes dans l'impôt des patentes, dans la contribution sur les voitures et sur les chevaux et sur la taxe des vélocipèdes ;

5° Du produit de la portion revenant aux communes dans les droits de permis de chasse ;

6° Du produit des octrois municipaux ;

7° Du produit des droits de place perçus dans les halles, foires, marchés, abattoirs, d'après les tarifs dûment autorisés ;

8° Du produit des permis de stationnement et des locations sur la voie publique, sur les ports et rivières et autres lieux publics ;

9° Du produit des péages communaux ; des droits de pesage, mesurage et jaugeage ; des droits de voirie et autres droits légalement établis ;

10° Du produit des terrains communaux affectés aux inhumations et de la part revenant aux communes dans le prix des concessions dans les cimetières ;

11° Du produit des concessions d'eau ; de l'enlèvement des boues et immondices de la voie publique, et autres concessions autorisées pour les services communaux ;

12° Du produit des expéditions des actes administratifs et des actes de l'état civil ;

13° De la portion que les lois accordent aux communes dans le produit des amendes prononcées par les tribunaux de simple police et par ceux de police correctionnelle ;

14° Des intérêts des fonds placés au Trésor public ;

15° D'une portion des droits à percevoir dans les écoles préparatoires à l'enseignement des lettres et des sciences, et dans les écoles préparatoires de médecine et de pharmacie ;

16° Du bénéfice résultant de l'administration des collèges ;

17° Des indemnités pour enrôlements volontaires ;

18° Du produit de la taxe municipale sur les chiens ;

19° Et, généralement, du produit de toutes les taxes de ville et de police dont la perception est autorisée par les lois dans l'intérêt des communes et de toutes les ressources annuelles et permanentes.

L'établissement des centimes pour insuffisance de revenus est autorisé par arrêté du préfet lorsqu'il s'agit de dépenses obligatoires.

Il est approuvé par décret dans les autres cas. V. n° 1638.

Les recettes *extraordinaires* se composent :

1° Des contributions extraordinaires dûment autorisées ;

2° Du prix des biens aliénés ;

3° Des dons et legs ;

4° Du remboursement des capitaux exigibles et des rentes rachetées ;

5° Du produit des coupes extraordinaires de bois ;

6° Du produit des emprunts ;

7° Du prix de vente des inscriptions de rentes sur l'État ;

8° Des secours accordés par l'État ou par les administrations locales pour réparations aux édifices communaux ou autres dépenses ;

9° Du produit des taxes ou des surtaxes d'octroi spécialement affectées à des dépenses extraordinaires et à des remboursements d'emprunts ;

Et de toutes autres recettes accidentelles.

Enfin, il existe dans les communes des revenus extraordinaires propres à chaque localité et qu'on ne peut spécifier ici. Il suffit de faire remarquer que, quelle qu'en soit l'origine le droit des communes à en percevoir le montant doit, comme pour les autres revenus, résulter du budget et de titres réguliers admis par les délibérations des conseils municipaux, et dûment approuvées. (*Inst. gén., art. 840*; *Décr. 31 mai 1862, art. 184 et 185*; *L. 5 avril 1884, art. 133 et 134.*)

Pour tout ce qui concerne les titres, recouvrements et justifications des recettes mentionnées ci-dessus, voir chacun des numéros où il est fait mention de ces articles, et notamment le tableau des pièces justificatives.

2785. — *Recouvrement*. — Les receveurs municipaux recouvrent les divers produits aux échéances déterminées par les titres de perception ou par l'administration. (*Inst. gén., art. 841.*)

2786. — Ils délivrent des quittances pour toutes les sommes versées à leur caisse. Ces quittances sont détachées d'un journal à souche.

Indépendamment des quittances fournies aux parties versantes, les receveurs doivent émarger les payements sur les titres de recettes.

Les règles relatives aux monnaies qui doivent entrer dans la composition des payements sont relatées aux articles 97 et 647 de l'Instruction générale. (*Inst. gén., art. 842.*) — V. EMARGEMENTS, JOURNAL A SOUCHE, MONNAIES, QUITTANCES.

2787. — Les communes sont, pour le recouvrement de leurs revenus, sous l'empire du droit commun, et soumises aux règles ordinaires de la procédure, sauf les exceptions réglées par la loi. (*Inst. gén., art. 848.*) — V. ÉTATS EXÉCUTOIRES, POURSUITES, n°s 2460 et suiv.; RESTES A RECOUVRER, n°s 2755 et suiv.

2788. — Les receveurs municipaux sont seuls chargés, sous leur responsabilité personnelle d'effectuer le recouvrement des revenus des communes et d'en poursuivre la rentrée. Ils sont tenus de veiller à la conservation des domaines, droits, privilèges et hypothèques; de requérir à cet effet l'inscription au bureau des hypothèques de tous les titres qui en sont susceptibles; enfin, de tenir registre de ces inscriptions et autres poursuites et diligences. (*Inst. gén., art. 849*; *L. 5 avril 1884, art. 153.*) — V. ACTES ET MESURES CONSERVATOIRES, GESTION OCCULTE, INSCRIPTIONS HYPOTHÉCAIRES.

2789.—*Responsabilité du receveur municipal*. — Serait responsable des fermages arriérés le receveur d'une commune qui, par suite de l'insolvabilité du fermier n'aurait point pris de mesures conservatoires et n'aurait point sollicité du Conseil municipal, à la fin de chaque exercice, l'admission en décharge des sommes restant à recouvrer. (*Arr. Cour des comptes, 21 décembre 1887.*) — V. n°s 2755 et suiv.

Revenus des établissements de bienfaisance.

2790. — *Nomenclature*. — Les revenus des hospices et autres établissements de charité sont divisés, comme les revenus des communes, en revenus ordinaires et revenus extraordinaires.

Les produits dont ils se composent sont généralement ceux dont l'indication suit, savoir:

REVENUS ORDINAIRES.

Prix de ferme des maisons et biens ruraux;
Produits des coupes ordinaires de bois;
Rentes sur l'État;
Rentes sur particuliers;
Intérêts des fonds placés au Trésor;
Fonds alloués sur les octrois municipaux;
Part attribuée aux pauvres dans le prix de concessions dans les cimetières;
Produits des droits sur les spectacles, bals, concerts, etc.;
Journées de militaires;
Journées des malades et incurables indigents des communes privées d'établissements hospitaliers;
Prix de vente des objets fabriqués par les individus admis dans chaque établissement;
Dons, aumônes et collectes;
Fonds alloués pour le service des enfants assistés;
Amendes et confiscations;
Recettes en nature;
Prix de vente des denrées ou grains récoltés par l'établissement et excédant ses besoins;

REVENUS EXTRAORDINAIRES.

Prix des coupes extraordinaires;
Legs et donations;
Remboursement de capitaux;
Prix de vente d'inscriptions de rentes sur l'État;
Emprunts;
Recettes accidentelles.

Voir chacun de ces mots et le tableau des pièces justificatives.

Les établissements de bienfaisance possèdent, en outre, des revenus propres à chaque localité, et trop variés pour qu'on en donne ici la nomenclature; mais, comme pour les communes, la perception ne doit en être opérée qu'en vertu de titres homologués par l'autorité compétente; les recettes se rattachent, suivant ces titres, aux deux classes de produits qui viennent d'être établies. (*Inst. gén., art. 1053.*)

2791. — *Recouvrement*. — Les receveurs des établissements de bienfaisance recouvrent, comme il est dit au n° 2785, en ce qui concerne les revenus des communes, les divers produits aux échéances déterminées par les titres de perception et par les règlements administratifs; et, attendu que les hospices, bureaux de bienfaisance ou autres établissements charitables sont, sauf quelques exceptions créées par la loi, sous l'empire du droit commun pour la perception de leurs revenus, leurs receveurs doivent, comme ceux des communes, veiller à la conservation des domaines, droits, privilèges et hypothèques, requérir à cet effet les inscriptions nécessaires, et en tenir registre. *(Inst. gén., art. 1054.)* — V. ACTES ET MESURES CONSERVATOIRES, BUREAUX DE BIENFAISANCE, INSCRIPTIONS HYPOTHÉCAIRES, HOSPICES, POURSUITES.

2792. — *Responsabilité du receveur.* — Est responsable des fermages arriérés le receveur d'un établissement de bienfaisance qui, par suite de l'insolvabilité du fermier, n'a point pris de mesures conservatoires et n'a point sollicité de la Commission administrative, à la fin de chaque exercice, l'admission en décharge des sommes restant à recouvrer. *(Arr. Cour des comptes, 21 déc. 1887.)* — V. nᵒˢ 2755 et suiv.

2793. — *Revenus en nature.* — Sous le titre de revenus en nature on désigne les produits des biens ruraux, des jardins et des basses-cours, qui sont perçus en nature pour être consommés dans l'établissement.

Ces produits sont constatés par les baux passés avec les fermiers, pour les grains ou denrées qui proviennent de domaines affermés, et par des états de recette, pour les grains ou denrées qui proviennent de domaines exploités directement par l'administration.

Les revenus en nature, pour être compris dans les budgets des hospices, dont ils forment un chapitre distinct, sont évalués en argent d'après le prix moyen des mercuriales au marché le plus voisin. *(Inst. gén., art. 1078.)*

2794. — Les receveurs des établissements de bienfaisance sont responsables de la rentrée des *revenus en nature*, comme du recouvrement des revenus en argent, et ils ne peuvent dégager leur responsabilité qu'en justifiant de la remise qu'ils ont fait faire entre les mains des économes, des grains et denrées versés par les fermiers ou achetés pour le service des établissements. Ils doivent, en conséquence, suivre la rentrée de ces produits aux échéances, et employer, au besoin, contre les fermiers ou autres débiteurs, les mêmes moyens de poursuites que pour le recouvrement des revenus en argent. L'économe est chargé de recevoir directement des fermiers et autres débiteurs les denrées et revenus en nature, contre un reçu provisoire, non sujet au timbre, et qui doit être immédiatement échangé contre une quittance à souche.

Les receveurs n'encourent aucune responsabilité pour les *revenus en nature* qui proviennent de domaines exploités directement par l'administration de l'établissement ; ces revenus n'entrent que pour ordre dans leurs comptes, et ils y sont justifiés par un état, dûment certifié, des produits et de leur valeur. *(Inst. gén., art. 1079.)*

2795. — Lorsque les grains ou denrées provenant des domaines exploités ou affermés,

ou d'achats, excèdent les besoins de l'établissement, il peut y avoir lieu de vendre cet excédent, qui sort ainsi de la *comptabilité en matière* pour entrer dans la *comptabilité en deniers*.

L'acte d'adjudication détermine les époques de payement. En cas de retard, le recouvrement doit être poursuivi par voie de *commandement, de saisie*, etc. *(Inst. gén., art. 1080.)* — V. POURSUITES, nᵒˢ 2462 et suiv.

Comptabilité. — V. nᵒ 1780.

Revision des arrêts et arrêtés rendus sur les comptes de gestion. — V. nᵒˢ 1030 et suiv.

Rôles des contributions directes.

2796. — *Établissement.* — Le directeur des contributions directes procède à la confection des rôles d'après les matrices et les états de changements qui ont été arrêtés pour les contributions foncière, personnelle-mobilière et des portes et fenêtres, par les commissaires répartiteurs et le contrôleur, et, pour la contribution des patentes, par le contrôleur assisté du maire ou de son délégué.

Il est formé, pour chaque commune, deux rôles : l'un, pour les contributions foncière, personnelle-mobilière et des portes et fenêtres ; — l'autre, pour la contribution des patentes. Dans quelques villes, le recensement a lieu simultanément pour la contribution personnelle-mobilière et pour la contribution des patentes ; le même rôle comprend alors ces deux contributions. *(Inst. gén., art. 50.)*

2797. — Toutes les impositions départementales ou communales doivent être comprises dans les rôles primitifs. Lorsqu'une imposition n'a pu être autorisée avant la confection des rôles primitifs de l'année pour laquelle cette imposition a été votée, l'imposition est ajournée à l'année suivante, à moins d'une nécessité absolue, auquel cas ces impositions font l'objet de rôles spéciaux. *(Inst. gén., art. 51.)* — V. IMPOSITIONS.

2798. — Il est, d'ailleurs, établi des *rôles supplémentaires* et des *rôles spéciaux* dans différents cas prévus par les règlements. Il est notamment fait, chaque trimestre, des *rôles supplémentaires de patentes*, où sont portés les individus qui se trouvent dans l'une des catégories désignées aux alinéas 3 et 4 de l'article 9 de l'Instruction générale (V. nᵒ 1180), ainsi que les individus qui, quoique exerçant une profession, un commerce ou une industrie avant le 1ᵉʳ janvier, n'ont pas été compris dans les rôles primitifs, ou ceux qui, pour des faits antérieurs à cette même époque, sont passibles d'une augmentation de droits; mais les droits ne sont dus alors qu'à partir du 1er janvier de l'année pour laquelle le rôle primitif a été émis. (*Inst. gén., art. 52*; *L. 15 juillet 1880, art. 28.*)

2799. — Le dernier délai pour l'émission des rôles est fixé au 31 janvier de la seconde année de l'exercice. Les rôles qui seraient émis ultérieurement devraient être rattachés à l'exercice suivant. (*Inst. gén., art. 1871.*)

2800. — *Remise des rôles, des avertissements et des formules de patentes aux receveurs des finances et aux percepteurs.* — *Publication des rôles.* — Tous les rôles, à mesure de leur confection, sont présentés, par les directeurs des contributions directes, à la signature des préfets, qui les rendent exécutoires.

Les directeurs transmettent directement aux percepteurs les avertissements.

Le même mode de transmission a lieu en ce qui concerne seulement les trois catégories de rôles ci-après : — 1° rôles généraux des contributions foncière, personnelle-mobilière et des portes et fenêtres ; — 2° rôles des contributions foncière et des portes et fenêtres ; — 3° rôles des contributions personnelle-mobilière et des patentes.

Les feuilles de tête de ces rôles, qui sont nécessaires aux receveurs des finances pour la prise en charge des sommes à recouvrer par les percepteurs, parviennent à ces comptables par la voie hiérarchique. (*Circ. compt. publ., 15 déc. 1897, § 11.*)

Les percepteurs doivent, dès la réception des rôles, transmettre aux maires un avis conforme au modèle annexé à la circulaire de la comptabilité publique du 9 janvier 1902, § 2, les invitant à faire la publication.

La publication des rôles consiste dans une affiche, sur papier non timbré, que le maire fait apposer à la porte principale de la mairie et aux endroits accoutumés le *dimanche* qui suit la réception de l'avis transmis par le percepteur. Cette affiche porte avertissement aux contribuables que le rôle est revêtu des formalités prescrites par la loi ; qu'il est entre les mains du percepteur, et que chaque contribuable doit acquitter la somme pour laquelle il est porté audit rôle entre les mains dudit percepteur dans les délais de la loi, faute de quoi il y sera contraint.

Les maires, après avoir rempli cette formalité, en certifient l'accomplissement sur les avis qu'ils renvoient sans retard au comptable. Le percepteur signe alors le certificat de publicité des rôles dont le libellé figure à la suite de l'arrêté d'homologation sur la feuille de tête et transmet les avis, avec un bordereau récapitulatif, aux receveurs des finances, pour être transmis au directeur des contributions directes. (*Circ. compt. publ. 9 janv. 1902, § 2.*)

En ce qui concerne l'avis à adresser aussitôt la distribution des avertissements, V. n° 666.

2801. — Aux termes de l'article 2 de la loi du 21 juillet 1887, tout contribuable qui se croit imposé à tort ou surtaxé, soit dans les rôles généraux des quatre contributions directes, soit dans ceux de la taxe des prestations en nature, peut en faire la déclaration à la mairie du lieu de l'imposition dans le mois qui suit la publication desdits rôles.

Pour faciliter les dispositions qui précèdent, les directeurs des contributions directes sont invités à faire parvenir aux receveurs des finances les rôles des contributions directes, en temps utile, de façon à ce que les percepteurs puissent les faire publier le premier dimanche de janvier. Les avertissements sont ensuite adressés sans retard aux contribuables après y avoir porté les énonciations indiquées ci-après, n° 2806. (*Circ. compt. publ. 15 déc. 1887.*) — V. RÉCLAMATIONS, n°s 2646 et suiv.

2802. — Les rôles envoyés aux receveurs des finances par les directeurs doivent être accompagnés d'un état présentant, par perception et par commune, le nombre des rôles envoyés, ainsi que la date de l'envoi. Une colonne de cet état est destinée à l'émargement des percepteurs, constatant que les rôles ont été reçus par eux. (*Inst. gén., art. 54.*)

2803. — Les rôles, sauf le cas prévu au dernier alinéa de l'article 1871, sont imputés à l'exercice qui prend son nom de l'année pendant laquelle est acquis au Trésor les droits qui en font l'objet. (*Inst. gén., art. 92.*)

2804. — *Vérification des rôles par les percepteurs.* — Les erreurs matérielles qui auraient été commises dans la confection ou l'expédition des rôles, telles qu'omissions, substitutions, transpositions dans l'indication des noms, professions ou domiciles, et même dans les cotisations de contribuables, ne doivent point être rectifiées d'office par les percepteurs.

Elles font l'objet, sous *forme d'état*, d'une demande en rectification, que le directeur soumet, avec son avis, à l'approbation du préfet. L'état est ensuite renvoyé au percepteur pour être annexé aux rôles à titre de pièces rectificatives. Le directeur rédige de nouveaux avertissements et les fait parvenir aux intéressés par l'intermédiaire du maire de la commune de leur domicile. Ces contribuables sont admis, sans préjudice des autres délais fixés par les lois en vigueur, à réclamer, dans les trois mois de la remise des nouveaux avertissements, contre les cotisations qui en font l'objet.

Les erreurs doivent être signalées aussitôt après la réception et l'examen des rôles ; elles ne sont pas de nature à figurer sur les états de cotes indûment imposées.

Les percepteurs doivent, en outre, vérifier les additions de chaque article et de chaque page des rôles, ainsi que la récapitulation générale. Cette vérification doit être faite dans les quatre mois qui suivent la réception des rôles. *(Inst. gén., art. 55 ; L. 6 déc. 1897, art. 14 ; Circ. compt. publ., 8 fév. 1898, § 3.)*

En ce qui concerne les renseignements à recueillir pour l'amélioration de l'assiette des contributions, V. Cahier de notes.

2805. — *Envoi des avertissements.* — Les directeurs envoient directement aux percepteurs les avertissements préparés au nom des contribuables, comme il est énoncé ci-dessus n° 2800. *(Inst. gén., art. 56 ; Circ. compt. publ., 15 déc. 1897, § 11.)*

2806. — Immédiatement après la publication des rôles, le percepteur est tenu de faire parvenir aux contribuables les avertissements qui leur sont destinés, après y avoir indiqué : 1° la date de cette publication ; 2° le lieu, le jour et l'heure où son bureau est ouvert aux contribuables. *(Inst. gén., art. 71.)*

Il est donné avis au receveur des finances de la remise des avertissements aux contribuables. V. AVERTISSEMENTS, n° 666.

2807. — Les avertissements-formules de patentes imprimés sur papier rose concernant les marchands forains, ne doivent être remis aux intéressés que contre complet payement de la patente. — V. n° 4561.

2808. — *Recouvrements des rôles.* — Les percepteurs opèrent le recouvrement des rôles conformément aux règles tracées par les articles 61 à 110 de l'Instruction générale. — V. ÉMARGEMENTS, POURSUITES, RECOUVREMENT.

2809. — *Rattachements à faire sur les rôles.* — Pour faciliter le recouvrement, les comptables doivent rattacher à l'article principal de chaque contribuable les divers produits et taxes dont il est redevable dans la perception. *(Circ. compt. publ. 26 juin 1866, § 1er.)*

Les percepteurs ont intérêt à ce que les rattachements soient faits avec le plus grand soin ; ils évitent ainsi de faire des oublis pour des cotes dues par le même contribuable.

Pour ces rattachements, on inscrit en regard de la principale cote le montant de l'article, puis on ajoute toutes les autres contributions à payer par le même redevable, de façon à avoir immédiatement sous les yeux le total de ce qui est dû tant sur contributions que sur taxes assimilées. On peut faire séparément le total des contributions et celui des taxes assimilées, cela est utile principalement lorsqu'on a besoin de dresser un état de poursuites. Aux articles reportés, on indique en regard, dans l'espace réservé aux rattachements, la commune et l'article où la cote est réunie.

Lorsqu'un contribuable paye en plusieurs fois, il est mieux, quand l'acompte est suffisant, de prendre toutes les petites cotes et de mettre le surplus sur l'article principal ; aux rattachements, colonne des payements effectués, on porte le total de la somme versée, et on a soin d'indiquer, en regard des petites cotes, par le signe P, que ces cotes sont réglées ou bien on ressort les cotes payées. Plus tard, lorsqu'on vient solder, la différence de l'acompte versé avec le total des sommes dues se trouve seulement sur l'article principal. — V. ÉMARGEMENT, IMPUTATION DE PAYEMENT, QUITTANCES.

2810. — *Relevé des articles intercalés figurant dans les rôles.* — Il arrive souvent, notamment l'année qui précède le renouvellement des matrices générales, que des contribuables ne sont pas placés dans l'ordre alphabétique, ce qui occasionne des recherches assez longues lorsque les redevables viennent payer.

Pour obvier à cet inconvénient, il est bon que les comptables inscrivent sur une fiche qu'ils adaptent au rôle les articles et les noms des contribuables intercalés.

Extraits de rôles à fournir par les percepteurs. — V. n° 1515.

Apurement des rôles. — V. n°s 2748 et suiv.

Dépôts des rôles. — V. n°s 1362 et suiv.

Rôles des taxes assimilées aux contributions directes. — V. TAXES ASSIMILÉES.

Rôles auxiliaires. — V. n°s 1301 et suiv.

S

Saisies-arrêts ou oppositions. — *Cas où le percepteur doit agir par cette voie.* — V. POURSUITES, n°s 2390 et suiv. ; PRIVILÈGE DU TRÉSOR.

Saisies-arrêts ou oppositions pratiquées entre les mains des comptables.

2811. — *Effet des saisies ou oppositions.* — *Validité, etc.* — Tout receveur, dépositaire,administrateur de caisses de deniers publics, entre les mains duquel il existe une saisie-arrêt ou opposition sur une partie prenante, ne peut vider ses mains sans le consentement des parties intéressées ou sans y être autorisé par justice. (Décr. 18 août 1807, art. 9.) — V. nos 2824 et 2825.

En cas de cession de créance avant toute saisie-arrêt, V. nos 3027 et suiv.

2812. — La saisie-arrêt ou opposition formée entre les mains des receveurs, dépositaires ou administrateurs de caisses ou deniers publics, n'est point valable, si l'exploit n'est fait à la personne préposée pour le recevoir, et s'il n'est visé par elle sur l'original, ou, en cas de refus, par le procureur de la République. (C. pr. civ., art. 561.)

2813. — Les comptables délivrent, lorsqu'ils en sont requis soit par la partie saisie, soit par l'un des créanciers opposants, leurs représentants ou ayants cause, extrait ou état des oppositions ou significations grevant les sommes consignées, à la charge, par la partie, de fournir le papier timbré nécessaire. Sont toutefois dispensés du timbre, les extraits ou états délivrés sur la demande et dans l'intérêt de l'administration. (Inst. gén., art. 517.)

2814. — Les oppositions et significations doivent contenir les noms, qualités et demeure du saisissant et du saisi, la somme pour laquelle la saisie est faite et la désignation de la créance saisie. Elles doivent, en outre, contenir copie ou extrait du titre du saisissant, ou de l'ordonnance du juge qui a autorisé la saisie; faute de quoi, elles ne sont ni visées ni reçues, et elles restent sans effet.

Dans ce cas, le conservateur ou comptable mentionne et motive son refus en marge de l'original. L'opposition n'ayant d'effet que pour la somme pour laquelle elle est formée, les comptables doivent payer au créancier tout le surplus de la somme ordonnancée et non saisie. — Voir, toutefois, le dernier alinéa du no 2824.

L'administration ne pouvant, en aucun cas, être appelée en déclaration affirmative, les comptables ou agents de l'administration délivrent, lorsqu'ils en sont requis par le saisissant ou autre créancier opposant, un certificat énonçant les sommes ordonnancées sur leur caisse et restées dues à la partie saisie. (Inst. gén., art. 519; C. pr. civ. art. 569; Com. Durieu, t. II, p. 132; Circ. min. Justice, 8 juin 1896.)

2815. — La saisie-arrêt faite entre les mains des comptables n'est pas dispensée d'ailleurs de la dénonciation au saisi, ni de la demande en validité. (C. pr. civ., art. 563 et suiv.)

2816. — La demande en validité d'une saisie-arrêt ou opposition formée entre les mains

des représentants du Trésor public n'a pas besoin de leur être dénoncée. (Décr. 18 août 1807.)

Sont nuls, en conséquence, les payements par eux faits au mépris d'une opposition régulièrement suivie d'une demande en validité qui ne leur a pas été contre-dénoncée. (Arr. Cour cass. 12 nov. 1877; Dalloz 1878, 1re partie, p. 153.)

2817. — Lorsque des saisies-arrêts ou oppositions ne sont pas suivies de dénonciation avec demande en validité, conformément aux articles 563 et 565 du Code de procédure civile, les préposés n'en doivent pas moins exiger une mainlevée amiable ou judiciaire. D'ailleurs, une saisie-arrêt faute de dénonciation n'est pas nulle de plein droit; il faut que cette nullité soit prononcée en justice. (Inst. gén. sur le service des consignations, art. 93.)

2818. — Les saisies-arrêts, oppositions, ainsi que toutes autres significations faites aux préposés de la Caisse des dépôts, ayant pour objet d'arrêter un payement, n'ont d'effet que pendant cinq années, à compter de leur date, si elles n'ont pas été renouvelées dans ce délai, quels que soient les actes, traités ou jugements intervenus sur lesdites saisies-arrêts, oppositions et significations. (L. 8 juillet 1837, art. 11; Inst. gén. sur le service des consignations, art. 95.)

2819. — *Quotité saisissable sur les traitements.* — Les appointements ou traitements des employés ou commis et des fonctionnaires ne sont saisissables que jusqu'à concurrence du dixième lorsqu'ils n'excèdent pas 2,000 francs par an; ceux dépassant ce chiffre sont saisissables jusqu'à concurrence du cinquième sur les premiers 4,000 francs, du quart sur les 5,000 francs suivants, et du tiers sur la portion excédant 6,000 francs, à quelque somme qu'elle s'élève, et ce jusqu'à l'entier acquittement des créances. (L. 21 ventôse an IX; Com. Durieu, t. II, p. 147 et suiv.; L. 12 janvier 1895, art. 1er.) — V. Poursuites, nos 2390 et suiv.

Les salaires des ouvriers et gens de service ne sont saisissables que jusqu'à concurrence du dixième, quel que soit le montant des salaires. (L. 12 janvier 1895, art. 1er.)

2820. — *Saisies-arrêts sur les sommes dues aux entrepreneurs.* — Les sommes dues aux entrepreneurs de travaux publics ne peuvent être frappées de saisie-arrêt, ni d'opposition au préjudice soit des ouvriers auxquels des salaires sont dus, soit des fournisseurs qui sont créanciers à raison de fournitures de matériaux et d'autres objets servant à la construction des ouvrages.

Les sommes dues aux ouvriers, pour salaire, sont payées de préférence à celles dues aux fournisseurs. (L. 26 juillet 1891, art. unique.)

2821. — *Quittances des retenues.* — Les quittances des retenues faites en vertu d'oppositions sont passibles du timbre de 25 centimes, attendu que ces retenues constituent un versement effectif. (*Circ. compt. publ. 14 avril 1872, n° 5.*)

Mais le récépissé de versement à la recette des finances est exempt du droit de quittance, une même opération ne pouvant donner lieu à la perception de deux timbres. — V. *Circ. compt. publ., 8 mars 1898, § 4.*

2822. — *Compte spécial à ouvrir pour les retenues.* — Les retenues faites en vertu d'oppositions sont portées en recette à un compte spécial ouvert à la 2° section du livre des comptes divers. (*Inst. gén., art. 1106.*) V. SERVICES HORS BUDGET.

Elles sont ensuite versées au receveur des finances pour le compte de la Caisse des dépôts et consignations.

Il convient d'enregistrer les oppositions sur un carnet spécial.

2823. — *Oppositions sur les deniers communaux.* — Il ne doit pas être reçu d'opposition sur les deniers communaux. — Voir n°° 48 et 49. Les personnes qui prétendent être créancières des communes doivent se pourvoir devant l'autorité administrative, pour qu'il soit statué, s'il y a lieu, sur le mode de payement. (*Inst. gén., art. 1007; Cour d'appel de Paris, 11 janvier 1889; Cour d'appel de Rennes, 21 janvier 1892.*)

Pour les inscriptions hypothécaires, V. n° 1695.

2823 bis. — *Mandats communaux frappés d'oppositions et concernant des dépenses autres que des traitements.* — La consignation, pour être valable, ne peut avoir lieu, suivant le cas, qu'après des offres réelles. — V. *Acquisitions d'immeubles*, n°° 13 et suiv., *Pièces justificatives, § 155.*

2824. — *Mainlevées des saisies-arrêts ou oppositions.* — Les mainlevées d'oppositions, à moins qu'elles ne résultent d'un jugement, doivent être données par un acte passé devant notaire, en minute ou en brevet. Toutefois, on peut admettre les mainlevées consenties par actes sous signatures privées dûment enregistrées et légalisées par les autorités compétentes *(maire, préfet ou sous-préfet).*

Lorsque la mainlevée est donnée par acte notarié en brevet, ou par acte sous seing privé, timbré, signé de l'opposant et légalisé, l'*original* de l'opposition doit y être joint, afin d'enlever au tiers le droit d'attaquer la validité de la mainlevée. Dans aucun cas, la mainlevée ne doit être mise au bas de l'original de l'opposition, la loi défendant de mettre deux actes sur la même feuille de papier timbré.

Dans le cas où il y aurait plusieurs créan-

ciers opposants, le receveur, alors même que plusieurs d'entre eux auraient donné mainlevée, ne pourrait pas payer le mandat, même en retenant le montant des oppositions qui existeraient encore; ce serait aux parties intéressées, si elles le jugeaient utile, de faire prononcer par les tribunaux la réduction de l'opposition à une somme déterminée. — V. n° 2811.

Lorsqu'il n'existe pas d'accord entre le saisissant et le saisi, les tribunaux ne sauraient avoir le droit de restreindre ou de supprimer les effets de la saisie-arrêt, en affectant spécialement au créancier une certaine somme consignée. (*Jug. Trib. civ. d'Avranches, 12 février 1904.*)

2825. — Les jugements qui prononcent une mainlevée, une radiation d'inscription hypothécaire, un payement, ou quelque autre chose à faire par un tiers ou à sa charge, ne sont exécutoires par les tiers ou contre eux, même après les délais de l'opposition ou de l'appel, que sur le certificat de l'avoué de la partie poursuivante, contenant la date de la signification du jugement faite au domicile de la partie condamnée, et sur l'attestation du greffier constatant qu'il n'existe contre le jugement ni opposition ni appel. (*C. pr. civ., art. 548; Arr. Cour cass. 25 mai 1841 et 9 juin 1858.*)

2825 bis. — *Saisies-arrêts des salaires et des petits traitements.* — Les significations des saisies-arrêts sur les petits traitements dont le montant est ordonnancé sur la caisse des trésoriers-payeurs généraux doivent être faites à ces derniers comptables et non entre les mains des receveurs particuliers et des percepteurs chargés d'en effectuer le payement. (*Arr. Cour cass., 11 mai 1896; Circ. du chef de service du contentieux 22 juin 1896, § 1er.*)

2826. — *Oppositions sur les traitements des instituteurs.* — Les oppositions qui pourraient être faites sur les traitements des instituteurs doivent être signifiées aux trésoriers-payeurs généraux, responsables des payements effectués, et non entre les mains des receveurs des communes, dont le rôle se borne à verser les contingents afférents auxdits traitements. (*Circ. compt. publ. 22 déc. 1875, § 3.*)

2827. — *Oppositions sur le salaire des ouvriers et tâcherons.* — La notification des oppositions formées par des créanciers sur les salaires des ouvriers employés à des travaux communaux, exécutés en régie, doit être faite au régisseur et non au receveur municipal. — V. TRAVAUX, n° 3056.

2827 bis. — *Saisies-arrêts sur les traitements des fonctionnaires publics.* — Les saisies-arrêts pratiquées sur les appointements des fonctionnaires publics du département doivent être signifiées au trésorier-payeur général. Il n'y a d'exception qu'en ce qui concerne les traitements des agents de l'administration des postes et télégraphes. Dans ce cas, les saisies-arrêts doivent être faites entre les mains du receveur principal qui délivre les mandats. *(Arr. Cour cass., 11 janv. 1899.)*

Saisie-exécution et saisie-brandon. — V. Poursuites, nᵒˢ 2349 et suiv.

Saisies ou retenues sur les pensions et secours. — V. nᵒˢ 2164 et 2838 bis.

Salaire des ouvriers employés sur les chemins vicinaux. — V. Pièces justificatives, § 126, 2ᵒ.

Privilège du Trésor sur le salaire des ouvriers. — V. Poursuites, nᵒˢ 2399 et suiv.

Salles d'asile.

2828 à 2833. — *Traitement des directrices et sous-directrices. (Loi de finances de 1905.)* — V. Instruction primaire.

Sapeurs-pompiers.

2834. — Les corps de sapeurs-pompiers sont organisés par commune en vertu d'arrêtés préfectoraux qui fixent leur effectif d'après la population et l'importance du matériel de secours en service dans la commune. *(Décr. 29 déc. 1875 et 10 nov. 1903.)*

Les dépenses relatives aux sapeurs-pompiers doivent être justifiées de la même manière que les autres dépenses municipales. Il en résulte que les comptables sont tenus d'exiger les justifications d'emploi des subventions allouées à la compagnie. Par exemple, ils ne sauraient se contenter de l'acquit de l'officier chargé de procéder à la répartition d'indemnités revenant aux hommes. — V. Pièces justificatives, §§ 96 et 97.

En ce qui concerne les sommes mises par l'Etat à la disposition des communes pour les sapeurs-pompiers et pour le matériel d'incendie, les receveurs municipaux ne doivent pas perdre de vue que ces sommes ne peuvent être détournées de leur affectation.... *(Circ. compt. publ. 10 mars 1905, § 5.)*

Sceau de la mairie. — V. nᵒ 2234, 7ᵒ.

Scellés (Apposition des) après le décès des comptables. — V. nᵒ 1284.

Secours à d'anciens percepteurs, à leurs veuves et leurs orphelins. — V. nᵒˢ 2203 et suiv.

Secours aux communes et aux hospices pour des œuvres de bienfaisance. — V. Souscriptions, Subventions.

Secours aux indigents.

2835. — *Quittances.* — Les quittances de secours données par des indigents sont exemptes de timbre. *(L. 13 brumaire an VII, art. 16.)* — Mais il faut que les secours aient été accordés pour l'indigence. *(Solut. enreg. 18 décembre 1871.)*

Sont également exemptes de timbre les quittances de secours données par des inondés.

Il en est de même pour les acquits des sommes versées à titre de secours aux familles des soldats de la réserve ou de l'armée territoriale.

Lorsque les parties prenantes sont illettrées, les quittances sont remplacées par celles de deux témoins, quel que soit le montant du payement. *(Circ. compt. publ., 17 août 1875 et 9 mars 1900, § 4.)*

Ces prescriptions ne s'étendent pas aux héritiers.

2836. — L'attestation d'indigence doit être donnée sur le mandat, sous la forme d'une mention composée de la lettre I *(indigent)* suivie des mots : *Exemption de timbre*, et du 13 brumaire an VII, article 16, ladite mention signée par l'ordonnateur. *(Circ. compt. publ. 18 juin 1889, § 4.)*

Cette mesure s'applique indistinctement à tous les services qui accordent des secours, c'est-à-dire aussi bien aux divers ministères qu'aux administrations spéciales, comme l'établissement des invalides de la marine et la grande chancellerie de la Légion d'honneur. *(Circ. compt. publ., 31 janvier 1890, § 5.)*

Les comptables ne doivent pas perdre de vue que le timbre de quittance de 10 centimes doit être apposé sur tous les mandats de secours supérieurs à 10 francs, lorsque l'indigence de la partie n'y a pas été attestée expressément par l'ordonnateur. *(Circ. compt. publ., 9 mars 1901, § 2.)*

Lorsqu'il s'agit de secours qui, par leur nature même et leur objet, ne peuvent être attribués qu'à des indigents, notamment les quittances de secours allouées aux familles des soldats de la réserve et de l'armée territoriale, l'absence de la mention d'indigence sur les mandats ne met pas obstacle à ce que les reçus donnés par des personnes secourues profitent de l'immunité d'impôt. (*Circ. compt. publ., 9 mars 1900, § 4 ; Sol. enreg. 21 sept. 1904.*)

2837. — *Payement de secours par intermédiaires.* — L'exemption du timbre édictée par la loi du 13 brumaire an VII n'est pas limitée au cas où les secours sont remis directement aux indigents ; elle s'applique aussi aux quittances constatant le payement de sommes versées à des tiers pour venir spécialement en aide à des personnes dont l'indigence est certifiée par l'attestation énoncée ci-dessus, ou pour payer des dépenses faites à leur profit. (*Inst. gén., art. 631, § 10 ; Inst. Dir. gén. enreg. 23 juin 1877, et 5 septembre 1882.*) — V. HOSPICES, n°ˢ 1632 et 1653 ; MÉMOIRES, n° 1841; PIÈCES JUSTIFICATIVES, §§ 118 et suiv., 123, 124, 238 et 239.

2837 bis. — *Secours annuels aux vieillards, aux infirmes et aux incurables.* — Les allocations périodiques servies aux vieillards, aux infirmes et aux incurables en exécution de l'article 43 de la loi de finances du 29 mars 1897 ont le caractère de secours accordés à des indigents ; par suite, les quittances des termes échus bénéficient de l'exemption du timbre. — Les secours ne peuvent être saisis que pour cause d'aliments. — V. n° 2838 bis.

La circulaire du ministre de l'Intérieur aux préfets en date du 1er août 1901, ainsi que la circulaire de la comptabilité publique en date du 25 septembre 1901, § 11, énumère divers renseignements qu'il peut être utile, au besoin, de consulter, notamment lorsque la partie ne pouvant toucher elle-même sa pension est obligée de donner un pouvoir permanent ; il y a également le cas de décès, etc.

Secours de route à des voyageurs indigents. — V. n° 1585.

Secours mutuels. — V. SOCIÉTÉS DE SECOURS MUTUELS.

Secours publics.

2838. — Chaque année, des fonds sont mis, par le gouvernement, à la disposition des préfets pour aider et secourir les personnes nécessiteuses qui ont éprouvé soit des pertes de maisons ou de récoltes, soit des pertes de bestiaux, par suite d'incendie, de grêle ou de tout autre événement extraordinaire. Ces secours sont indépendants des dégrèvements qui peuvent être accordés, pour les mêmes causes, sur les contributions directes.—V. DÉCHARGES ET RÉDUCTIONS.

2838 bis. — Les secours accordés par l'État sont, en principe, insaisissables, sauf pour les aliments. Il en est ainsi spécialement des secours accordés par le Ministère de l'Agriculture aux cultivateurs qui ont éprouvé des pertes de récoltes ou de bestiaux ; il n'y a d'exception à cette règle que si les créanciers sont porteurs de titres postérieurs à la décision ministérielle portant allocation de secours.

Il suit de ces dispositions que les comptables doivent payer intégralement les secours alloués alors même que les bénéficiaires seraient redevables de la totalité ou d'une partie de leurs impôts.

L'imputation d'office du montant des secours à l'acquittement des contributions ne peut donc avoir lieu sans le consentement formel des bénéficiaires, à moins toutefois qu'il ne s'agisse de cotisations comprises dans des rôles publiés postérieurement à l'allocation du secours. (*Circ. compt. publ., 24 avril 1899, § 2.*)

Pour les pensions, V. n° 2464.

2839. — L'article 16 de la loi du 13 brumaire an VII, qui exempte de timbre les demandes de secours, en dispense également les *quittances des secours payés aux indigents*, ainsi que les quittances des *indemnités pour incendies, inondations, épizooties et autres cas fortuits*. Ces dispositions ont été maintenues par la loi du 23 août 1871. (*Circ. compt. publ., 14 avril 1872, n° 24, § 10.*) — V. n°ˢ 2835 et suiv.

2840. — Les percepteurs n'ont pas à délivrer de quittances à souche, lorsqu'ils touchent à la caisse du receveur des finances le montant des mandats ayant pour objet des *secours collectifs*, à la charge d'en distribuer les fonds aux parties intéressées. Comme ils interviennent, dans ce cas, en qualité de simples agents de distribution, ils n'ont pas à faire recette des fonds dans leur comptabilité ; ils sont seulement tenus de rapporter au receveur des finances, les quittances des créanciers réels et de quittancer, pour ordre, les mandats qui auraient été délivrés à leur nom. (*Inst. gén. art. 1451.*)

Secours temporaires aux enfants des familles nécessiteuses. — V. ENFANTS ASSISTÉS, n°ˢ 1460 et suiv.

Secrétaires et employés de mairie (Traitement des). — V. n° 3022.

Sénateurs et députés (Indemnités aux). — V. n°ˢ 2134 et suiv.

Séquestres (Obligation des) pour le payement des contributions. — V. n°ˢ 1344 et suiv.

Serment (Prestation de) des percepteurs et des percepteurs surnuméraires.— V. nᵒˢ 1696, 1697 et 2215.

Service de la police municipale. — V. Police, nᵒ 2282.

Service médical gratuit.

2841.— Les quittances des sommes payées pour le service médical gratuit sont exemptes des droits de timbre.(*Inst. gén., art. 631 et 1009 ; L. 15 juill. 1893, art. 32.*)

Mais il y a lieu d'appliquer le timbre de 10 centimes sur les quittances d'indemnités accordées aux médecins et officiers de santé, pour vaccinations gratuites, lorsque ces indemnités sont converties en traitement annuel. (*Décis. min. Fin. 31 mars 1824 ; Inst. enreg. 1132-16.*)—V. Assistance aux Vieillards, nᵒˢ 604 *bis* et suiv.; Hospices, nᵒ 1653 ; Pièces justificatives, § 239.

Service militaire. — V. Armée territoriale.

Service vicinal. — V. Chemins vicinaux.

Services hors budget.

2842. — Indépendamment des recettes et des dépenses à effectuer en exécution des budgets des communes et des établissements de bienfaisance, les receveurs municipaux et hospitaliers sont chargés des diverses opérations qui ont généralement pour objet :

1° Les fonds de retraites ou de pensions des employés des mairies, etc. ;

2° Les recettes et les dépenses d'ordre des octrois ;

3° Les coupes affouagères délivrées gratuitement ;

4° Les dépôts de garantie et les cautionnements pour adjudications et marchés ;

5° Les excédents de versements sur les produits communaux (prestations pour chemins vicinaux, taxe sur les chiens) ;

6° Les retenues à opérer pour le service des pensions civiles et en vertu d'oppositions ;

7° Caisse des écoles (*Circ. compt publ. 15 octobre 1867*) ;

8° Les cotisations particulières établies en vertu d'usages locaux, etc. ;

9° Les recettes faites avant l'ouverture de l'exercice ;

10° Les fonds appartenant aux enfants assistés ou deniers pupillaires ;

11° La part attribuée aux pauvres ou aux hospices dans les produits des concessions dans les cimetières, quand le receveur municipal n'est pas en même temps receveur hospitalier ;

12° Les dépôts d'argent et d'objets précieux faits par les personnes admises dans les hôpitaux et hospices. (*Inst. gén., art. 1095 et 1540*) ;

13° Les frais de poursuites et de procédure concernant le service municipal ;

14° Les frais de poursuites communales par la poste ;

15° Droits de permis de chasse recouvrés pour le C/ de la ville de... qui a un receveur spécial ;

16° Divers, L/c de tickets en dépôt.

Voir chacun de ces mots, ainsi que la page placée en tête du livre des comptes divers sous le titre : *Répertoire.*

2843. — Les opérations concernant les services hors budget sont enregistrées à la 1ʳᵉ section du § 2 du livre des comptes divers, et les receveurs municipaux en rendent compte dans une partie distincte de leur compte de gestion. V. Pièces justificatives, 54 à 63 et 173 à 182.

Session de mai. — V. Budgets, Conseils municipaux.

Signature.

2844. — L'usage des griffes pour les signatures est interdit sur toutes les pièces justificatives, mandats, mémoires, quittances et autres actes.

Les signatures au crayon n'ont aucune valeur et ne peuvent être acceptées. (*Inst. gén. art. 1542, §§ 4 et 5 en note; Circ. min. Int. 6 juillet et 1ᵉʳ août 1843.*) — V. nᵒ 2234.

Situation financière des communes.

2845. — Les situations financières des communes, qui peuvent être demandées par l'administration ou par les maires aux receveurs municipaux à l'effet de connaître le montant des fonds libres à l'époque du   , sont ordinairement dressées d'après le modèle ci-après :

	F.	C.
RECETTES		
Montant des recettes ordinaires et extraordinaires du budget primitif de 190		
Montant des recettes du budget supplémentaire, ou chapitres additionnels au budget primitif (on ne doit pas comprendre les sommes réputées irrecouvrables).............		
Recettes effectuées sur des articles non prévus par le budget primitif et les chapitres additionnels......		
Recettes en excédents d'articles prévus par le budget........................		
TOTAL GÉNÉRAL des Recettes faites ou présumées à l'époque ci-dessus.........		
DÉPENSES		
Dépenses ordinaires et extraordinaires prévues par le budget primitif de 190		
Dépenses par le budget supplémentaire ou chapitres additionnels au budget primitif (il y a lieu de s'assurer que les dépenses restant à payer et ayant une affectation sont bien reportées au budget.) — V. BUDGETS, n° 763, dernier alinéa.............		
Crédits accordés par des autorisations spéciales. — V. CRÉDITS, n° 1276.............		
TOTAL GÉNÉRAL des Dépenses faites ou présumées à l'époque ci-dessus.........		
BALANCE		
Recettes............		
Dépenses......		
EXCÉDENT LIBRE................................. ....,.		

Certifié exact par le receveur municipal soussigné.

A   , le   190.

Situation journalière de caisse. — V. CAISSE, n° 803.

Société nationale d'assistance pour les aveugles travailleurs.

2846. — Les agents des finances doivent prêter leur concours :

1° Pour l'encaissement des souscriptions provoquées par la Société nationale d'assistance pour les aveugles travailleurs, société placée sous le patronage du ministre de l'Intérieur ;

2° Pour le payement des secours alloués auxdits aveugles dans les départements.

Au commencement de chaque année, l'administration de l'hospice national des Quinze-Vingts adresse au trésorier général un état des sommes à recouvrer (Modèle n° 1), indiquant les noms des souscripteurs ou des donateurs, leur domicile et la somme à verser.

Cet état est accompagné de fiches individuelles (Modèle n° 2), contenant les mêmes renseignements, et destinées au percepteur du domicile du souscripteur.

Les percepteurs provoquent le versement des souscriptions par les voies amiables, sans avoir à exercer de poursuites contre les souscripteurs retardataires. Les souscriptions recueillies donnent lieu à la délivrance aux parties versantes d'une quittance extraite du journal à souche, et elles sont constatées au crédit d'un compte à ouvrir à la 2° section, § 2 du livre des comptes divers, sous le titre de : Société nationale d'assistance pour les aveugles travailleurs, lequel est débité des versements faits à la recette des finances. Les fiches individuelles susmentionnées sont rendues en même temps à la recette des finances après avoir été revêtues par le percepteur, soit d'une déclaration de versement, soit d'une note indicative des motifs qui se sont opposés au recouvrement de la souscription.

Toutes les fiches doivent être rentrées à la recette particulière pendant la deuxième dizaine du mois de juin, et à la trésorerie générale, pendant la troisième dizaine.

Les payements font l'objet de mandats individuels (Modèle n° 3) délivrés par le directeur des Quinze-Vingts, au nom des personnes secourues. Ces mandats, qui sont transmis directement par l'administration de l'hospice aux parties intéressées, sont payables à la caisse de la trésorerie générale, ou, sur son visa, à celles des receveurs particuliers ou des percepteurs de la résidence des aveugles secourus. (Circ. compt. publ. 6 octobre 1880, § 2.)

Sociétés de secours mutuels.

2847. — Intervention des percepteurs. — Dans les communes où n'existe pas un préposé de la Caisse des dépôts et consignations (trésorier général ou receveur particulier des finances), les sociétés de secours mutuels approuvées sont admises à opérer entre les mains des percepteurs, et, à défaut de percepteur, entre les mains des receveurs des postes et télégraphes, agissant pour le compte de la Caisse des dépôts et consignations :

1° Les dépôts et retraits se rapportant à leur compte courant de fonds libres;

2° Les versements se rapportant à leur fonds commun de retraites. *(L. 7 juillet 1900, art. 1er ; Décr. 28 nov. 1901, art. 1er à 8.)*

Une instruction de la Caisse des dépôts et consignations aux percepteurs en date du 30 novembre 1901 donne tous les renseignements ayant trait à ce service.

2847 bis. — *Timbre.* — Sont exemptes de timbre les quittances données par les trésoriers des sociétés de secours mutuels.

Cette exemption ne s'applique toutefois pas aux sociétés approuvées visées à l'article 28 de la loi du 1er avril 1898, c'est-à-dire à celles qui accordent à leurs membres ou à quelques uns seulement des indemnités moyennes ou supérieures à 5 francs par jour, des allocations annuelles ou des pensions supérieures à 360 francs et des capitaux en cas de vie ou de décès supérieurs à 3.000 francs. *(Circ. caisse des dépôts et consignations, 1er août 1902.* — V. Pièces justificatives, § 121.)

2848. — En ce qui concerne les subventions allouées par l'État, les départements ou les communes, les reçus de ces subventions sont exemptés du droit de timbre-quittance, à condition que la société de secours mutuels ne se trouve dans aucun des cas prévus par l'article 28 de la loi du 1er avril 1898 comme emportant exclusion des avantages accordés au point de vue fiscal. *(Circ. compt. publ. 27 janv. 1903, § 3.)* — V. Subventions nos 2864 et suiv.

Solidarité. — V. nos 148 [et suiv., 1465, 1640 et suiv.

Solution des questions concernant le service. — V. Difficultés.

Sommation gratis.

2849. — La sommation gratis doit toujours précéder les poursuites. — V. Contraintes extérieures, Poursuites.

Elle tient lieu d'avertissement lorsqu'il s'agit d'articles de rôles spéciaux de peu d'importance et des rétributions pour poids et mesures.

Sommations avec frais et autres actes. — V. Poursuites, nos 2324 et suiv.,2412 et suiv.

Sommier des surséances concernant les amendes et condamnations. — Voir nos 566 et suiv.

Soumissionnaires de travaux et fournitures. — V. Cautionnements, Travaux.

Souscriptions pour des œuvres de bienfaisance et de charité.

2850. — Les souscriptions faites pour des œuvres de charité doivent être versées dans la caisse du receveur municipal. — V. nos 1625 et 1773.

Les quittances des sommes versées aux établissements charitables pour leurs besoins généraux et sans affectations spéciales au profit des pauvres, sont passibles du timbre de 25 centimes quand elles sont délivrées pour des sommes supérieures à 10 francs.

Mais sont exemptes de timbre les quittances de secours payés par des particuliers à des bureaux de bienfaisance, pourvu que ces secours soient spécialement et exclusivement affectés à des indigents. La direction générale de l'enregistrement estime que la preuve peut résulter suffisamment de la mention *Don pour les pauvres.* *(Circ. compt. publ. 31 juillet 1903, § 2; Sol. enreg. 21 juin 1905.)*

2851. — *Listes de souscriptions.* — *Timbre.* — Les souscriptions doivent être écrites sur papier timbré *(L. 13 brumaire an VII, art. 12).* — Toutefois, il y a exception pour celles concernant les chemins vicinaux. *(Inst. gén., art. 888, § 13.)*

Souscriptions pour travaux d'intérêt commun. — V. n° 3067, Pièces justificatives, § 53.

Souscriptions particulières pour les chemins vicinaux et les chemins ruraux.

2852. — Les souscriptions particulières applicables aux dépenses des chemins vicinaux ordinaires et des chemins ruraux sont acceptées par le conseil municipal, sous l'approbation du préfet, donnée sur l'avis de l'agent-voyer en chef.

Avis de l'acceptation est donné aux souscripteurs. Si la souscription est faite par listes collectives, cette acceptation est portée à la connaissance des souscripteurs par une simple publication faite dans la commune suivant la forme ordinaire. (*Inst. chem. vic., art. 101*; *L. 20 août 1881*; *Circ. min. Int. 27 août 1881.*)

La jurisprudence a cependant admis que l'offre de subvention, faite par un particulier pour concourir aux dépenses d'un travail public communal, devient définitive et irrévocable par l'approbation donnée par le préfet à la délibération du conseil municipal acceptant cette offre, sans qu'il soit nécessaire que l'administration fasse notifier à ce particulier l'acceptation de sa souscription, et dès lors, postérieurement à cette acceptation, celui-ci ne peut plus subordonner le payement de sa souscription à des conditions nouvelles. (*Arr. Cons. d'Et. 31 mars 1882.*)

2853. — En cas de décès du souscripteur, l'autorité judiciaire est compétente pour décider si un des héritiers auquel est réclamé le montant de la souscription n'est tenu de la dette de son auteur que pour sa part et portion. (*Arr. Cons. d'Et. 31 mars 1882.*)

2854. — L'offre de concourir aux dépenses d'un travail public n'est pas au nombre des obligations qui s'éteignent de plein droit par la mort de l'obligé. (*Arr. Cons. d'Et. 17 décembre 1886 et 15 janvier 1892*; *Dalloz 1893, 3ᵉ partie, p. 51, et les renvois.*)

2855. — Le recouvrement des souscriptions en argent est fait conformément aux dispositions de l'article 154 de la loi du 5 avril 1884. — V. Poursuites, nᵒ 2462.

Si les souscriptions ont été faites en journées de prestation, et qu'il y ait lieu d'en poursuivre le recouvrement en argent, elles peuvent être évaluées conformément au tarif adopté pour la prestation, dans la commune sur le territoire de laquelle les travaux auraient dû être exécutés. Dans les autres cas, le recouvrement est fait d'après la valeur indiquée sur la liste de souscription. (*Inst. chem. vic., art. 102*; *Circ. min. Int. 27 août 1881.*) — V. Pièces justificatives, § 31, nᵒ 4.

2856. — Les souscriptions, qui ne sont que le résultat de contrats volontaires, n'ont pas le caractère de contributions et sont dès lors soumises à toutes les règles du droit commun. — V. nᵒˢ 2462 et 2757.

Il n'en est pas ainsi des subventions. — V. nᵒ 2868.

2857. — Sont sujettes au timbre de 25 centimes les quittances délivrées par les receveurs municipaux aux débiteurs de souscriptions volontaires pour dépenses concernant les chemins vicinaux. (*Inst. enreg., nᵒ 1391.*)

2858. — *Jurisprudence. — Condition non accomplie.* — Une souscription pour un

travail public est réputée non avenue quand la condition sous laquelle elle a été faite ne s'est pas accomplie. (*Arr. Cons. d'Et. 5 janv. 1893.*)

2859. — Une souscription n'est valable et n'oblige celui qui l'a faite qu'autant qu'elle a été acceptée par l'autorité compétente. Jusqu'à ce moment, le souscripteur a le droit de retirer son offre. (*Arr. Cons. d'Et. 27 juin 1884.*)

Par un nouvel arrêt en date du 24 mai 1895, le Conseil d'Etat a décidé le contraire, il porte que le particulier ne peut retirer son offre de souscription, sous prétexte que la délibération du conseil municipal n'a pas été approuvée.

2860. — *Réclamations. — Compétence.* — Les difficultés qui peuvent s'élever sur le sens, la portée et les effets d'une souscription pour l'exécution d'un travail public, rentrent dans les contestations dont la connaissance a été attribuée au conseil de préfecture par l'article 4 de la *Loi du 28 pluviôse an VIII.* (*Cour cass. 19 mars 1884 et 2 juin 1899.*)

Restes à recouvrer. — Prescriptions. — V. nᵒ 2757.

Souscriptions recueillies par des particuliers. — V. Gestion occulte, nᵒˢ 1627 et suiv.

Sous-locataires. — V. Fermiers et locataires.

Sous-préfets (Attributions des). — *Les attributions des sous-préfets sont indiquées à chacun des mots où ces fonctionnaires exercent une compétence.*

Spectacles (Droit des pauvres sur les). — V. nᵒˢ 1386 et suiv.

Stationnement sur la voie publique (Droit de permis de). — V. Location des places, Pièces justificatives, § 17.

Subvention (Fonds de). — V. nᵒˢ 1551 et suiv.

Subventions aux communes.

2861. — Des secours ou subventions peuvent être accordées aux communes, sur leur demande, par l'Etat ou par les administrations locales, pour subvenir à des réparations d'édifices communaux ou à d'autres dépenses auxquelles les ressources des communes ne leur permettraient pas de pourvoir. (*Inst. gén., art. 974.*)

2862. — L'autorité qui alloue les secours ou subventions en détermine l'emploi ; néanmoins, cet emploi ne peut avoir lieu qu'en vertu d'un crédit préalablement ouvert (V. n°ˢ 733 et 763). — Une copie ou un extrait de la décision qui a alloué les secours ou subventions doit être remis au receveur municipal pour lui servir d'autorisation supplémentaire de recette.

Les mandats délivrés pour le payement des secours ou subventions aux communes doivent parvenir aux receveurs municipaux par l'entremise des receveurs des finances.

Lors du règlement définitif du budget de l'exercice, le recouvrement et l'emploi des secours ou subventions sont rattachés à ce budget. (*Inst. gén., art. 975.*)

2863. — *Timbre.* — Les quittances délivrées aux receveurs des finances et autres agents comptables, pour subventions allouées aux communes sur les fonds de l'État, du département ou des cotisations municipales, sont assujetties au timbre de 25 centimes. (*Décis. min. Fin. 21 août 1865; Inst. enreg. 23-11-42.*)

On ne doit délivrer qu'une seule quittance pour un mandat de subventions comprenant plusieurs communes. (*Solut. enreg. 17 avril 1874.*)

Subventions communales ou autres en faveur des établissements de bienfaisance.

2864. — *Les fonds alloués dans les budgets des communes au profit des hospices et des bureaux de bienfaisance* sont ordonnancés par douzièmes, de mois en mois, au nom des trésoriers de ces établissements, qui en deviennent comptables.

C'est également au nom de ces trésoriers que sont ordonnancés les autres *fonds de subvention que les communes fournissent aux établissements de bienfaisance pour acquisitions, reconstructions et réparations extraordinaires* ; mais les mandats ne sont délivrés que par acomptes proportionnés aux besoins. (*Inst. gén., art. 994.*)

2865. — La quotité des fonds que les communes doivent prélever sur les produits de leur octroi, pour les verser dans les caisses des établissements de charité, est déterminée chaque année par l'autorité qui règle les budgets, d'après les demandes des commissions administratives et les délibérations prises sur ces demandes par les conseils municipaux.

Les subventions ainsi réglées doivent être versées entre les mains des receveurs des éta-

blissements, par les receveurs des communes, dans la proportion d'un douzième par mois. En conséquence, les receveurs des établissements doivent, le 1ᵉʳ de chaque mois, demander au maire de leur commune le mandat nécessaire pour toucher les fonds chez le receveur municipal. Si la délivrance de ces mandats, ou le payement de la somme ordonnancée, éprouvait des difficultés ou des retards, les receveurs des établissements en informeraient les commissions administratives, pour que celles-ci pussent provoquer, auprès de l'autorité supérieure, les mesures qui seraient reconnues nécessaires. (*Inst. gén., art. 1065.*)

2866. — *Timbre.* — Les quittances de secours payés aux établissements de bienfaisance sont exemptes de timbre, pourvu que ces secours soient spécialement et exclusivement affectés à des indigents. — Mais les quittances de subventions ou remises de fonds faites à ces établissements dans leur intérêt général et sans affectation déterminée au profit des pauvres, restent passibles du timbre, conformément au droit commun. (*Circ. compt. publ. 26 janvier 1870; Inst. enreg. 23 juin 1877 ; Circ. compt. publ. 31 juillet 1903, § 2.*)

Subventions de l'État aux communes pour secours aux familles nécessiteuses des réservistes et des soldats de l'armée territoriale.

2866 *bis.* — Sont exemptes de timbre, les quittances des subventions allouées par l'État aux communes en vue de venir en aide aux familles nécessiteuses des soldats de la réserve ou de l'armée territoriale, à la condition de mentionner la destination des sommes reçues. *Circ. compt. publ., 27 janv. 1903, § 3.*)

En ce qui concerne les acquits donnés par les familles secourues, Voir n° 2835.

Subventions pour les chemins vicinaux et les chemins ruraux.

2867. — *Subventions particulières.* — Les propriétaires ou les établissements publics dont les exploitations ou entreprises industrielles dégradent les chemins doivent payer des *subventions particulières.* Ces subventions sont réglées par les conseils de préfecture, d'après des expertises contradictoires.

Les subventions peuvent être payées en argent ou en prestations en nature, au choix des subventionnaires ; dans ce dernier cas, elles doivent être comprises dans le rôle ordinaire des prestations, ou donner lieu à un rôle supplémentaire ; elles peuvent aussi être déterminées par abonnement, et elles sont réglées alors par la commission départementale.

Les subventions sont réglées annuellement, sans que, dans aucun cas, la décision puisse s'étendre à plusieurs années.

Enfin, des *souscriptions volontaires* (V. n° 2852) peuvent être obtenues pour les dépenses des chemins vicinaux et des chemins ruraux. *(Inst. gén., art. 886 et 887 ; Inst. chem. vic., art. 110 à 115 ; L. 20 août 1881, art. 11.)*

2868. — Le recouvrement des subventions en argent s'opère comme en matière de contributions directes. *(Inst. chem. vic., art. 116.)* — V. PIÈCES JUSTIFICATIVES, § 31, n° 9.

Les quittances sont passibles du timbre de 25 centimes. *(L. 8 juillet 1865, art. 4.)*

2869. — *Privilège.* — Les subventions, comme les prestations, ayant le caractère d'une contribution directe et personnelle et étant perçues dans l'intérêt d'un service public, doivent jouir, à ce titre, du privilège de la loi du 12 novembre 1808. *(Com. Durieu, t. I. p. 474 et suiv.)* — V. POURSUITES, n° 2460 ; PRIVILÈGE, n°s 2511, 2528 et suiv.

Il n'en est pas de même des souscriptions. — V. n° 2856.

2870. — *Subventions de l'État ou du département.* — Les communes peuvent recevoir, sur les fonds de l'État ou du département, en vertu du vote des conseils généraux de département, des subventions destinées soit à compléter les ressources qui leur sont nécessaires pour les dépenses de leurs chemins de petite vicinalité, soit à créer des ateliers de charité pour les indigents qui sont employés à l'entretien des chemins. Les receveurs municipaux touchent ces subventions à la caisse du trésorier général, sur mandats du préfet, et ils demeurent comptables de leur emploi. Si cependant les ateliers de charité étaient dirigés par un agent spécial, les mandats seraient délivrés au nom de cet agent, et c'est lui qui fournirait les justifications au payeur du Trésor selon les règles prescrites pour les services régis par économie. Dans ce cas, la recette des subventions ne serait pas rattachée à la comptabilité municipale. *(Inst. gén., art. 889.)* — V. ATELIERS DE CHARITÉ, CHEMINS VICINAUX.

2871. — *Comptabilité.* — Au moment où le receveur municipal porte en recette, sur les bordereaux détaillés, des subventions pour chemins vicinaux, il est bon qu'il ouvre *en dépense*, au chapitre des autorisations spéciales, un article du montant de la recette intitulé : *Subventions pour chemins vicinaux*. En opérant ainsi, cette recette, qui a une affectation spéciale (V. n° 933), se trouve créditée en dépense, et peut, dès lors, être mandatée. Dans ce cas, le recouvrement tient lieu d'autorisation spéciale. — V. n°s 1275 et suiv. et 2862.

2872. — *Timbre.* — Les quittances délivrées par les receveurs municipaux pour subventions aux chemins vicinaux sont passibles du timbre de 25 centimes, lorsque la cote est supérieure à 10 francs. *(L. 8 juill. 1865, art. 4 ; Arr. Cons. d'Ét. 19 mars 1886).* — V. QUITTANCES.

Subventions pour l'Instruction primaire. — V. n°s 1703 et suiv.

Successions (Renonciation aux). — Voir *Code civil*, art. 784 et suiv.

Successions vacantes. — V. *Code civil*, art. 811 et suiv. ; DÉPOSITAIRES ET DÉBITEURS DE DENIERS, HÉRITIERS ET LÉGATAIRES.

Surcharges. — V. n° 2567.

Surnuméraires (Percepteurs). — Voir n°s 2207 et suiv.

Sursis. — V. POURSUITES, RECOUVREMENT.

Surveillance et responsabilité des receveurs des finances pour la gestion des percepteurs-receveurs municipaux.

2873. — Les receveurs des finances sont tenus, pour toutes les gestions confiées *aux percepteurs*, de surveiller le recouvrement exact des produits aux échéances fixées par les titres et par l'administration, l'acquittement régulier et la justification des dépenses, la conservation des deniers, la tenue des écritures, la reddition et l'apurement des comptes. *(Inst. gén. art. 1284.)*

2874. — La gestion des percepteurs des contributions directes, pour tous les services dont ils peuvent se trouver cumulativement chargés est placée sous la surveillance et la responsabilité des receveurs des finances. *(Inst. gén. art. 1285.)*

2875. — Les règles de surveillance concernant les percepteurs font l'objet des articles 1284 à 1316 de l'Instruction générale. — Voir AGENT SPÉCIAL, COMPTES DE GESTION, DÉFICIT, POURSUITES, VÉRIFICATION DE CAISSE.

2876. — *Limites à observer par les receveurs des finances dans l'exercice de leur surveillance.* — Les receveurs des finances sont tenus, en exerçant leur surveillance, de se renfermer dans les termes des règlements qui déterminent les attributions respectives des administrateurs et des comptables ; ils ne peuvent, en ce qui concerne la partie administrative du service, que proposer les mesures dont ils reconnaîtraient la nécessité ; leur intervention et leur devoir, à cet égard, se bornent à appeler l'attention de l'autorité locale sur les faits qui réclameraient son examen ; mais *l'exactitude des recouvrements et des payements, la tenue des écritures, l'intégrité des caisses, la reddition et l'apurement des comptes*, doivent être l'objet de la surveillance directe du comptable supérieur.

La loi, en appelant les receveurs des finances à surveiller la gestion des receveurs spéciaux de communes et d'établissements publics, ayant eu surtout en vue d'offrir aux autorités municipales un concours éclairé et toujours empressé à faciliter la marche du service par d'utiles directions, les receveurs surveillants doivent exercer cette attribution de manière à éviter des conflits ou autres difficultés préjudiciables au bien de l'administration. (*Inst. gén. art. 1320.*)

Une circulaire du directeur de la comptabilité publique en date du 24 août 1878 prescrit aux receveurs des finances des instructions complémentaires en ce qui concerne la surveillance qu'ils doivent exercer sur la gestion des percepteurs-receveurs municipaux.

Suspension des percepteurs-receveurs des communes. — V. Vérification de caisse.

Syndicats.

2877. — On désigne sous ce nom des associations composées de propriétaires ou de particuliers et de communes, et formées en vue de l'exécution de travaux d'intérêt commun.

Ces associations sont régies par la loi du 21 juin 1865, qui comprend 26 articles, par celle du 22 décembre 1888, portant modification de la loi du 21 juin 1865, et par le décret du 9 mars 1894, portant règlement d'administration publique sur les associations syndicales.

2877 bis. — Les associations syndicales autorisées présentent les caractères essentiels d'établissements publics vis-à-vis desquels ne peuvent être suivies les voies d'exécution instituées par le Code de procédure civile. (*Trib. des conflits, 9 déc. 1899.*)

2878. — *Receveur*. — Les fonctions de receveur de l'association sont confiées soit à un receveur spécial désigné par le syndicat et agréé par le préfet, soit à un percepteur des contributions directes de l'une des communes de la situation des lieux, nommé par le préfet,

sur la proposition du syndicat, le trésorier-payeur général entendu.

S'il y a un receveur spécial, le montant de son cautionnement et la quotité de ses émoluments sont déterminés par le préfet, sur la proposition du syndicat. Ce cautionnement peut être versé en rentes ou en numéraire pour la totalité.

Si le receveur est percepteur des contributions directes, son cautionnement et ses émoluments ne peuvent être fixés qu'avec l'assentiment du trésorier-payeur général et, en cas de désaccord, par le ministre des Finances. (*Décr. 9 mars 1894, art. 59 ; Circ. compt. publ. 27 janv. 1903, § 4.*)

2879. — *Recouvrement des taxes. — Rôles, etc.* — Le receveur est chargé, seul et sous sa responsabilité, de poursuivre la rentrée des revenus et des taxes de l'association, ainsi que de toutes les sommes qui lui seraient dues. (*Décr. 9 mars 1894, art. 60.*)

2880. — Les rôles sont préparés par le receveur, d'après les états de répartitions établis conformément aux dispositions des articles 41 et 42 du décret.

Ils sont arrêtés par le syndicat, rendus exécutoires par le préfet et publiés dans les formes prescrites pour les contributions directes.

Si le syndicat refuse de faire procéder à la confection des rôles, il y est pourvu par un agent spécial désigné par le préfet.

Le préfet peut, dans le cas où il a pris un arrêté d'inscription d'office et si le syndicat ne tient pas compte de cette décision dans les rôles dressés par lui, modifier le montant des taxes de façon à assurer, en tenant compte des états de répartition précités, le payement total de toutes les dépenses inscrites au budget. (*Décr. 9 mars 1894, art. 61.*)

2881. — Les taxes portées aux rôles sont payables en une seule fois, sauf décision contraire du préfet.

Cette décision est publiée en même temps que les rôles et fixe les époques auxquelles les payements doivent avoir lieu. (*Décr. 9 mars 1894, art. 62.*)

2882. — Le receveur est responsable du défaut de payement des taxes dans les délais fixé par les rôles, à moins qu'il ne justifie de poursuites faites contre les contribuables en retard. (*Décr. 10 décembre 1878, art. 27.*) Pour le privilège, V. n° 2530.

Poursuites. — V. n°s 2306 et suiv. et 2453 bis et suiv.

Privilège. — V. n° 2530.

2883. — *Comptabilité*. — Les recettes effectuées par les percepteurs sont portées au journal à souche et au livre récapitulatif dans la colonne des *produits divers*. Les opérations de recette et de dépense sont enregistrées à un compte spécial ouvert à la première section,§ 2, du livre des comptes divers. (*Inst. gén., art. 1449, 1471 et 1504.*)—V. *Mém.* ,1905, p.401.

2884. — Les règles établies pour les maires et les receveurs des communes, en ce qui concerne l'ordonnancement et l'acquittement des dépenses, ainsi que la gestion, la présentation et l'examen des comptes, sont applicables aux directeurs et aux agents comptables des associations syndicales.

Les agents comptables sont soumis aux conditions de surveillance et de responsabilité imposées aux comptables communaux. (*Décr. 9 mars 1894, art. 63.*)

2885. — Il suit des dispositions qui précèdent que tous les comptables des associations syndicales *autorisées*, sans distinguer s'ils sont ou non percepteurs, se trouvent soumis à la surveillance du receveur des finances, dans les mêmes conditions que les receveurs des communes.

Pour ce qui concerne les associations syndicales *libres*, elles restent placées en dehors du contrôle de l'administration des finances. (*Circ. compt. publ. 14 août 1894.*)

2886. — Chaque année, avant le vote du budget, le directeur soumet à l'approbation du syndicat le compte de l'exercice clos.

Une copie du compte ainsi approuvé est transmise au préfet. (*Décr. 9 mars 1894,art. 64.*)

2887. — Le directeur ou l'agent désigné d'office par le préfet peuvent seuls délivrer des mandats. En cas de refus d'ordonnancer une dépense régulièrement inscrite et liquide, il est statué par le préfet, en conseil de préfecture. Dans ce cas, l'arrêté du préfet tient lieu de mandat. (*Décr. 9 mars 1894, art. 65.*)

2888. — Les comptes annuels du receveur sont, après vérification du receveur des finances, soumis au syndicat qui les arrête, sauf règlement définitif par le conseil de préfecture ou la Cour des comptes.

Une copie conforme du compte d'administration du directeur approuvé par le syndicat est transmise par le comptable à la juridiction compétente, comme élément de contrôle de sa gestion. (*Décr. 9 mars 1894, art. 66.*)

Les pièces justificatives à joindre aux comptes de gestion sont les mêmes que celles des communes avec lesquelles les recettes ou dépenses ont le plus d'analogie. — V. n°s 2234, §§ 1er et suiv.

2889. — *Timbre.* — Les rôles, registres et quittances sont exempts de timbre (*Inst. gén. art. 628.*) — V. cependant le dernier alinéa du n° 1278.

Les feuilles du livre des comptes divers ne sont pas passibles du timbre. — V. n° 1786.

La minute des comptes de gestion reste seule soumise au timbre.

Syndicats des communes. — Voir le titre VIII, articles 169 à 180, ajouté à la loi du 5 avril 1884 par la loi du 22 mars 1890.

Syndics de faillite. — V. Dépositaires et débiteurs de deniers, Faillite.

T

Tables décennales des registres de l'état civil. — V. Cotisations municipales.

Tambour afficheur (Traitement du). — V. Pièces justificatives, § 71.

Taupiers (Salaire des). — V. n° 1233.

Taxe additionnelle pour fonds de garantie. V. Accidents du travail.

Taxe des biens de mainmorte.

2890. — *Nature et assiette des droits.* — Il est établi sur les biens immeubles passibles de la contribution foncière, appartenant aux départements, communes, hospices, séminaires, fabriques, congrégations religieuses, consistoires, établissements de charité, bureaux de bienfaisance, sociétés anonymes et tous établissements publics légalement autorisés, une taxe annuelle représentative des droits de transmission entre-vifs et par décès. Elle est calculée à raison de 70 centimes par franc du principal de la contribution foncière; cette taxe est, en outre, soumise aux décimes auxquels sont assujettis les droits d'enregistrement; elle prend le nom de *taxe des biens de mainmorte*. (*Inst. gén. art. 249*; *L. 30 mars 1872, art. 5.*)

2891. — Sont exempts de la taxe:

1° Les immeubles qui ne donneraient pas lieu à une cote supérieure à 15 centimes;

2° Les chemins de fer et celles de leurs dépendances qui doivent faire retour à l'Etat, et font, dès lors, comme les chemins eux-mêmes, partie du domaine public ;

3° Les canaux de navigation, comme étant affectés à un service public perpétuel, à raison et par suite duquel ils ont le caractère de biens dépendant du domaine public, quels que soient d'ailleurs les termes dans lesquels la concession a été faite. (*Inst. gén., art. 250.*)

2892. — *Rôles.* — *Recouvrement.* — Les formes prescrites pour l'assiette et le recouvrement de la contribution foncière sont suivies à l'égard de la taxe des biens de mainmorte. En conséquence, les rôles sont homologués par le préfet, transmis aux agents de la perception, publiés et recouvrés comme ceux des contributions directes ; les percepteurs doivent présenter dans les mêmes délais que pour ces contributions les états des cotes indûment imposées et des cotes irrecouvrables. (*Inst. gén., art. 251.*)

2893. — Il y a lieu d'établir des rôles supplémentaires pour la taxe des biens de mainmorte : 1° lorsque des propriétés deviennent passibles de cette taxe au cours de l'année ; 2° lorsque des propriétés imposables au 1er janvier ont été omises au rôle primitif. Dans le premier cas, la taxe est due à partir du 1er du mois dans lequel les propriétés deviennent imposables ; dans le second, elle l'est pour l'année entière ; mais, à quelque époque que remonte l'omission, l'impôt ne peut être exigé que pour les douze mois de l'année pendant laquelle l'omission a été reconnue. (*L. 29 décembre 1884, art. 2 ; Circ. Dir. gén. contr. dir. 16 février 1885.*)

2894. — Les sommes dues par les communes peuvent être ordonnancées à la fin de chaque mois. (*Inst. gén., art. 993.*)

2895. — La taxe des biens de mainmorte étant recouvrée à titre de produits divers, un compte particulier est ouvert à ce produit à la deuxième section du livre des comptes divers. (*Inst. gén., art. 1473.*)

2896. — *Dépenses.* — Les dépenses relatives à la taxe des biens de mainmorte se composent :

1° Des remises des percepteurs fixées au tarif décroissant de 1874. — V. n° 2671 ;

2° Des frais de premier avertissement aux contribuables ;

3° Des frais d'impression et de confection de relevés, matrices, rôles et autres cadres, alloués aux directeurs à raison de 15 centimes par article ;

4° Des non-valeurs. (*Inst. gén., art. 253 ; Circ. compt. publ. 19 mai 1903, § 2.*)

2897. — Les remises des percepteurs et les frais de premier avertissement (2 centimes par article) sont alloués à ces comptables de la même manière que pour les contributions directes. — V. n°s 2671 et suiv.

2898. — Les frais d'impression et de confection des matrices et des rôles sont mandatés au profit des directeurs sur les caisses des trésoriers-payeurs généraux.(*Inst. gén., art. 255.*)

2899. — Les non-valeurs donnent lieu à la délivrance d'ordonnances de dégrèvement dans la même forme que celles des contributions directes. (*Inst. gén., art. 256.*)

2900. — *Réclamations.* — Les demandes en décharge et réduction sont présentées, instruites et jugées dans les formes et délais prescrits pour les contributions directes. — V. n°s 2616 et suiv.

Taxe militaire.

2901 à 2930. — La nouvelle loi sur le recrutement de l'armée (21 mars 1905) abroge ce qui est énoncé à ces numéros.

Taxe municipale sur les chiens.

2931. — Il est établi dans toutes les communes, et à leur profit, en vertu de la loi du 2 mai 1855, une taxe sur les chiens. (*Inst. gén., art. 893.*)

2932. — *Base et quotité de la taxe.* — *Lieu de l'imposition.* — Cette taxe ne peut excéder 10 francs, ni être inférieure à 1 franc, et il ne peut être établi que deux catégories. La taxe la plus élevée porte sur les chiens d'agrément ou servant à la chasse. La taxe la moins élevée porte sur les chiens de garde, comprenant ceux qui servent à guider les aveugles, à garder les troupeaux, les habitations, magasins, ateliers, etc., et, en général tous ceux qui ne sont pas compris dans la catégorie précédente.

Les chiens qui, d'après leur emploi, peuvent être classés également dans la première ou dans la seconde catégorie, sont rangés dans celle dont la taxe est la plus élevée.

Tous les possesseurs de chiens, même l'indigent, doivent être imposés. (*Inst. gén., art. 894.*)

2933. — Divers arrêts du Conseil d'Etat décident qu'en règle générale, sans tenir compte de la race, on doit ranger dans la première catégorie, outre les chiens servant à la chasse, tous ceux d'agrément ou employés à un usage mixte. (*Répertoire de Jauvel, p. 107 et suiv.*)

Ainsi un chien qui n'est pas tenu à l'attache, qui circule librement dans la maison de son maître et l'accompagne dans ses promenades, ne saurait être considéré comme chien de garde. Il doit être, en conséquence, soumis à la taxe de la première catégorie. (*Arr. Cons. d'Et., 1er août 1884 et 7 janvier 1889.*)

2934. — D'après la jurisprudence du Conseil d'Etat, un chien qui se trouve, au 1er janvier, dans une commune où il est d'ailleurs demeuré pendant une grande partie de l'année, est imposable dans le rôle de cette commune, sans qu'il y ait lieu de s'arrêter à la circonstance qu'il aurait été imposé dans une autre localité. (*Arr. Cons. d'Et., 28 mars 1884.*)

2935. — Des décrets, rendus en Conseil d'État, règlent, sur la proposition des conseils municipaux, et après avis des conseils généraux, les tarifs à appliquer dans chaque commune. A défaut de présentation de tarifs par les communes, ou d'avis émis par le conseil général, il est statué d'office, sur la proposition du préfet. (*Inst. gén., art. 895.*)

2936. — Les tarifs peuvent être revisés à la fin de chaque période de trois ans. (*Inst. gén., art. 896.*)

2937. — La taxe est due pour les chiens possédés au 1er janvier, à l'exception de ceux qui, à cette époque, sont encore nourris par la mère.

Elle est due pour l'année entière.

Lorsque le contribuable décède dans le courant de l'année, ses héritiers sont redevables de la portion de la taxe non encore acquittée. (*Décr. 4 août 1855, art. 2 et 3; Inst. gén., art. 897.*)

2938. — En cas de déménagement du contribuable hors du ressort de la perception, la taxe est immédiatement exigible pour la totalité de l'année courante. (*Décr. 4 août 1855, art. 4; Inst. gén., art. 898.*) — V. DÉMÉNAGEMENT.

2939. — *Déclarations à faire par les possesseurs de chiens. — Registres y relatifs.* — Du 1er octobre de chaque année au 15 janvier de l'année suivante, les possesseurs de chiens doivent faire, à la mairie, une déclaration indiquant le nombre de leurs chiens et les usages auxquels ils sont destinés, en se conformant aux distinctions ci-dessus rappelées.

Ceux qui ont fait cette déclaration avant le 1er janvier doivent la rectifier, s'il est survenu quelque changement dans le nombre ou la destination de leurs chiens. (*Décr. 4 août 1855, art. 5; Inst. gén., art. 899.*)

2940. — Les possesseurs de chiens ne sont pas tenus de renouveler tous les ans leur déclaration. La taxe à laquelle ils ont été soumis continue à être imposée, et est payée par eux jusqu'à déclaration contraire.

Toutefois, le changement de résidence du contribuable hors de la commune ou du ressort de la perception, ainsi que toute modification dans le nombre et la destination des chiens entraînant une aggravation de taxe, rend une nouvelle déclaration obligatoire. (*Décr. 3 août 1861, art. 1er.*)

2941. — Les déclarations sont inscrites sur un registre spécial conforme au *Modèle n° 236*. Il en est donné reçu aux déclarants; les récépissés font mention des noms et prénoms du déclarant, de la date de la déclaration, du nombre et de l'usage des chiens déclarés. (*Décr. 4 août 1855; art. 6; Inst. gén., art. 900.*)

2942. — *Accroissement de taxe pour omission de déclaration ou déclaration inexacte.* — Sont passibles d'un accroissement de taxe :

1° Celui qui, possédant un ou plusieurs chiens, n'a pas fait de déclaration ;

2° Celui qui a fait une déclaration incomplète ou inexacte.

Dans le premier cas, la taxe est triplée, et dans le second, elle est doublée pour les chiens non déclarés ou portés avec une fausse désignation. (*Décr. 4 août 1855, art. 17 ; 3 août 1861, art. 1er ; Inst. gén., art. 901.*)

2943. — Le contribuable qui, en déclarant son chien, refuse de faire connaître l'usage auquel il l'emploie, est passible de la triple taxe comme ne faisant pas la déclaration prescrite par la loi. (*Arr. Cons. d'Et. 24 mars 1859.*)

2944. — Le contribuable ayant été inscrit d'office à la triple taxe, pour une année déterminée, n'est pas tenu de faire pour l'année suivante une déclaration, s'il n'est survenu, en ce qui concerne le chien imposé, aucune modification entraînant une aggravation de taxe. (*Arr. Cons. d'Et. 24 juillet 1863 et 16 août 1865.*)

2945. — *Rédaction de l'état-matrice par les répartiteurs assistés du contrôleur.* — A partir du 1er février, les maires et les répartiteurs, assistés du contrôleur des contributions directes, rédigent un état-matrice des personnes imposables. Les formules de l'état-matrice sont envoyées aux contrôleurs par le directeur des contributions directes. L'ordre de la tournée des contrôleurs est réglé par un itinéraire dont le projet, approuvé par le directeur des contributions directes avant le 15 janvier de chaque année, est notifié aux maires des communes intéressées, huit jours au moins à l'avance.

Les maires convoquent les répartiteurs pour les jours fixés; le contrôleur se rend dans les communes aux mêmes jours, et, de concert, ils procèdent sans interruption à la formation des états-matrices.

Si le maire et les répartiteurs refusent de prêter leur concours pour la rédaction de l'état-matrice, le contrôleur procède à la formation de cet état, qui, dans ce cas, est soumis au préfet par le directeur des contributions directes.

En cas de contestation entre le contrôleur et le maire et les répartiteurs, il est, sur le rapport du directeur des contributions directes, statué par le préfet, sauf référé au ministre de l'Intérieur, si la décision était contraire à la proposition du directeur, et, dans tous les cas, sans préjudice pour le contribuable du droit de réclamer après la mise en recouvrement du rôle. (*Inst. gén.*, *art. 902* ; *Décr. 22 décembre 1886* ; *Circ. compt. publ. 14 janv. 1887*, § *12* ; *Inst. Dir. contr. dir. 10 janvier 1887*.)

2946. — L'avis émis par les répartiteurs doit être signé, à peine de nullité, par cinq répartiteurs, y compris le maire et l'adjoint, répartiteurs de droit. (*L. 3 frimaire, an VII, art. 24* ; *Arr. Cons. d'Ét. 7 avril 1858 et 18 décembre 1874*.)

2947. — L'état-matrice présente les noms, prénoms et demeures des imposables, le nombre de chiens qu'ils possèdent et la catégorie à laquelle chaque animal appartient.

Cet état relate, en outre, les déclarations faites par les possesseurs de chiens, avec les détails nécessaires pour permettre d'apprécier les différences entre les déclarations et les faits constatés. (*Décr. 4 août 1855, art. 8* ; *Inst. gén. art. 903*.)

2948. — Les états-matrices doivent être dressés, pour les villes et pour les communes à l'égard desquelles il est possible d'opérer ainsi, dans l'ordre des quartiers, des rues et des numéros de maisons ; pour les autres communes, dans l'ordre alphabétique. Cet ordre étant celui qui paraît le plus propre à prévenir les omissions, on ne peut se dispenser de le suivre que dans le cas où quelques circonstances locales l'exigeraient absolument et il doit alors être fait mention de ces circonstances en tête de la matrice. (*Inst. gén., art. 904* ; *Inst. Dir. contr. dir. 10 janvier 1887*.)

2949. — Les maires et les répartiteurs, assistés du contrôleur, inscrivent dans les colonnes 7 et 8 de l'état-matrice le nombre et la catégorie des chiens à mentionner en regard de chaque imposable. Ils se reportent ensuite au registre (*Modèle n° 236*), pour s'assurer si les redevables ont fait ou non la déclaration de leurs chiens. Dans l'affirmative, ils annotent dans les colonnes 4, 5 et 6 de l'état-matrice les résultats des déclarations consignées sur le registre, et après les avoir comparées aux faits qu'ils ont eux-mêmes constatés, ils mentionnent s'il y a lieu, dans la colonne 9, les explications nécessaires pour mettre le directeur des contri-

butions directes à portée d'appliquer les accroissements de taxes prévus le cas de déclaration incomplète ou inexacte.

Quant aux redevables qui n'ont pas fait de déclaration, il n'y a, bien entendu, aucune indication à fournir à leur égard dans les colonnes 4, 5 et 6, mais il n'en est pas moins nécessaire d'opérer un rapprochement entre leur position antérieure, sous le rapport de la taxe et les constatations faites par les répartiteurs ; ce rapprochement peut s'effectuer au moyen du rôle de l'année qui précède celle pour laquelle l'état-matrice est dressé.

S'il y a parfaite conformité entre les faits reconnus par les répartiteurs et ceux qui ont servi précédemment de base à la cotisation, on peut, dans ce cas, se borner à insérer dans la colonne 9, les mots *sans changements*. Mais s'il est démontré par la comparaison des éléments dont il s'agit : 1° que le contribuable n'était pas encore imposé au rôle de la commune soit qu'il ne possédât pas de chiens à cette époque, soit qu'il résidât et qu'il fût taxé alors dans une autre localité ; 2° qu'il était antérieurement taxé pour un nombre de chiens moindre que le nombre nouvellement constaté, ou pour des chiens de la catégorie inférieure, les répartiteurs doivent avoir soin de fournir sur ces faits, dans la colonne 9, des explications suffisamment précises, pour que les aggravations de taxes résultant du défaut de déclaration ou de la non rectification de la déclaration antérieure puissent être exactement déterminées. (*Circ. compt. gén. 15 novembre 1861, § 3, Inst. Dir. contr. dir. 10 janvier 1887*.)

2950. — *Transmission des états-matrices au directeur des contributions directes.* Les états-matrices sont, aussitôt après leur confection ou leur revision, transmis par le contrôleur au directeur des contributions directes, qui les complète immédiatement en remplissant les colonnes 10 à 15, et en appliquant les taxes conformément au décret spécial qui les a fixées, et aux dispositions de la loi relative aux accroissements de taxe.(*Inst.gén., art. 906* ; *Décr. 22 décembre 1886* ; *Inst. Dir. contr. dir. 10 janvier 1887*.)

2951. — *Envoi des rôles et des avertissements aux receveurs municipaux.* — Le directeur rédige ensuite les rôles et les avertissements, et il les transmet, après que les rôles ont été rendus exécutoires par le préfet, aux receveurs des finances, pour être remis aux receveurs municipaux, afin qu'ils fassent publier les rôles et qu'ils opèrent le recouvrement comme en matière de contributions directes. Ces rôles ne sont pas assujettis au timbre, la taxe qui en fait l'objet étant considérée comme une contribution directe. (*Inst. gén., art. 907*.)

2952. — *Rôles supplémentaires.* — Lorsque, après la rédaction de l'état-matrice dressé comme il est dit ci-dessus, nº 2945, il est découvert des faits pouvant donner lieu à des accroissements de taxe, c'est-à-dire des omissions de déclarations ou des déclarations inexactes concernant des chiens qui existaient au 1er janvier, il en est pris note soit par le maire, soit par le contrôleur, et, à l'expiration du 1er semestre, le maire, les répartiteurs et les contrôleurs rédigent un état-matrice, qui est immédiatement adressé au directeur des contributions directes, et ce fonctionnaire dresse un rôle supplémentaire, qui est rendu exécutoire publié et recouvré comme le rôle primitif. Il serait établi un nouveau rôle en fin d'année pour les faits de même nature qui seraient reconnus dans le cours du deuxième semestre. (*Inst. gén.*, *art. 908.*)

Les rôles supplémentaires doivent être établis et publiés avant l'expiration de l'année à laquelle se rapportent les faits qu'ils constatent. (*Arr. Cons. d'Ét. 15 février 1864.*)

2953. — *État du montant des rôles.* — Aussitôt après l'émission des rôles, le directeur adresse au préfet un état (*Modèle nº 10*) présentant par commune le montant des états-matrices avec l'indication des principaux résultats des états-matrices. Il n'est pas remis d'état du montant des rôles de la taxe municipale sur les chiens aux receveurs des finances ; ces comptables prennent note des sommes à recouvrer d'après les rôles mêmes. (*Inst. gén.*, *art. 909*; *Inst. Dir. contr. dir. 10 janvier 1887.*)

2954. — *Recouvrement des rôles.* — *Cotes indûment imposées et irrecouvrables.* — *Poursuites.* — Les receveurs municipaux doivent faire publier les rôles sans aucun retard, inscrire sur les avertissements la date de cette publication, à partir de laquelle court le délai de trois mois pour les réclamations, et faire distribuer ces avertissements aux imposés. Ils forment, s'il y a lieu, des états de cotes *indûment imposées* et des états de cotes *irrecouvrables*. Les règles à suivre à cet égard, ainsi que pour l'emploi des ordonnances de dégrèvements, sont les mêmes que celles concernant les rôles de prestations pour les chemins vicinaux. — V. nº 2502.

La taxe sur les chiens étant, d'ailleurs, comme il vient d'être dit, assimilée, pour le recouvrement, aux contributions directes, ce recouvrement s'opère dans les mêmes formes que ces dernières. (*Inst. gén.*, *art. 910.*) — V. POURSUITES, PRIVILÈGE, RÉCLAMATIONS, RECOUVREMENT.

2955. — Aucune disposition de loi n'autorise la saisie et la vente du chien imposé.

Il appartient à l'administration municipale de chercher un autre moyen de contrainte.

2955 bis. — *Payement des taxes afférentes aux chiens du service des douanes.* — En vue d'éviter aux préposés des douanes de faire l'avance des taxes sur les chiens de service, ces taxes sont acquittées par le receveur principal à la caisse du receveur des finances. À l'appui de chacun des versements de cette nature, il est produit un relevé donnant, par perception ou par recette municipale, le détail des taxes acquittées.

Les receveurs des finances font recette de ces taxes au C/ *Recouvrement en vertu de contraintes* et le récépissé qu'ils délivrent au receveur principal est échangé ultérieurement contre les quittances à souche des receveurs municipaux intéressés, suivant la marche tracée par la circulaire du 30 décembre 1867, § 3. (*Circ. compt. publ.*, *9 août 1904*, § 6.) — V. nº 4190.

2956. — *Distribution des avertissements.* — Il n'est pas alloué d'indemnité spéciale aux receveurs municipaux pour la distribution des avertissements. (*Inst. gén.*, *art. 911.*) — Les comptables remettent ces avertissements au maire de chaque commune ou les envoient en franchise à ce dernier qui doit en assurer la distribution. (*Décr. 2 mai 1900*; *Circ. compt. publ. 30 juin 1900* § 7.)

Quant à la distribution des sommations sans frais et des avis officieux, cette charge incombe aux receveurs municipaux. (*Arr. Cour des comptes 18 juillet 1898.*)

2957. *Dépense.* — La part contributive des communes dans la dépense pour le payement des indemnités attribuées aux agents des contributions directes est fixée, comme l'indique l'article 612 de l'Instruction générale, par des arrêtés pris par les préfets, au vu d'états par arrondissement, fournis par la direction des contributions directes et indiquant le nombre d'articles inscrits au rôle de chaque commune.

Cette dépense est centralisée au compte des cotisations municipales (V. nos 4225 et suiv.). (*Circ. compt. publ. 14 janvier 1887*, § 12.)

Taxe sur le revenu des valeurs mobilières. — V. EMPRUNTS, nos 4445 et suiv.

Taxe sur les billards. — V. BILLARDS.

Taxe sur les cercles. — V. CERCLES.

Taxe sur les vélocipèdes. — V. VÉLOCIPÈDES.

Taxe vicinale. — V. PRESTATIONS, nº 2503.

Taxes assimilées aux contributions directes.

2958. — Les taxes assimilées aux contributions directes sont énoncées aux mots : Bu-

LARDS PUBLICS, CERCLES, DROITS DE VISITE CHEZ LES PHARMACIENS, FRAIS DE BOURSES ET DE CHAMBRES DE COMMERCE, PATURAGE, POIDS ET MESURES. PRESTATIONS POUR CHEMINS VICINAUX, REDEVANCES DES MINES, SYNDICATS, TAXE DES BIENS DE MAINMORTE, TAXE MUNICIPALE SUR LES CHIENS, TAXE SUR LES VÉLOCIPÈDES, VOITURES ET CHEVAUX, ETC.

Ces taxes sont soumises aux mêmes dispositions et jouissent du même privilège que les contributions directes. — V. POURSUITES, nº 2460, PRIVILÈGE, nᵒˢ 2528 et suiv.

2958 bis. — Depuis le 1ᵉʳ janvier 1897, la contribution sur les voitures, chevaux, etc., la taxe sur les vélocipèdes et la taxe sur les billards sont comprises dans un seul et même rôle. (Circ. compt. publ., 30 avril 1897, § 4.)

Les percepteurs réunissent dans un compte intitulé : Taxes sur les billards, chevaux, voitures et vélocipèdes, le montant des recouvrements effectués sur les trois contributions ci-dessus désignées, y compris les frais d'avertissements. (Circ. compt. publ., 29 mai 1897, § 1ᵉʳ.)

Le résumé inscrit sur la feuille de tête du rôle indique (colonne 8) la portion du principal revenant à la commune pour chaque nature de taxes.

Taxes diverses. — V. AFFOUAGE, COTISATIONS ET TAXES PARTICULIÈRES, CURAGE, PATURAGE, PAVAGE.

Télégraphie privée (Taxe de la).

2959. — Les percepteurs n'ont plus à intervenir pour recevoir les versements prévus à l'article 322 de l'Instruction générale, concernant la taxe de la télégraphie privée. (Circ. compt. publ. 10 avril 1878, § 12.)

2960. — Recouvrement des frais de dommages causés au matériel des lignes télégraphiques. — Le recouvrement de ces frais a lieu en vertu de conventions par lesquelles les auteurs des dommages s'engagent à payer les frais dont le chiffre a été fixé entre eux et les agents télégraphiques, soit à la caisse du receveur des finances, soit à celle du percepteur le plus voisin. L'acte est toujours adressé au premier comptable.

Immédiatement après chaque versement, une déclaration tenant lieu de duplicata de récépissé est adressée au directeur des lignes télégraphiques.

Ces versements sont reçus à titre de recettes accidentelles. (Inst. gén., art. 390.)

2961. — Le percepteur délivre, pour les sommes qui lui sont versées à ce titre, des quittances à souche timbrées lorsque la recette excède 10 francs. Il porte ces sommes à un compte spécial, et les comprend dans son prochain versement à la recette des finances. (Inst. gén., art. 1477.)

Franchise télégraphique. — V. nº 1612.

Terres incultes. — V. BIENS INCULTES, MARAIS.

Testaments. — V. LEGS ET DONATIONS.

Théâtres et spectacles (Droit des pauvres sur les). — V. nᵒˢ 1386 et suiv.

Tickets. — V. nº 1804 bis.

Tiers détenteurs. — V. DÉPOSITAIRES ET DÉBITEURS DE DENIERS.

Timbre.

2962. — Le droit de timbre est exigé pour toutes les conventions formant titre entre les communes et les particuliers, tels que les actes portant transmission de propriété, d'usufruit ou de jouissance, sauf les actes relatifs aux *acquisitions et expropriations* pour cause d'utilité publique, pour le service des *chemins vicinaux* et celui de la voirie, dans les cas prévus par l'article 9 du décret du 26 mars 1852 ; les actes de bail ou de loyer; les adjudications et marchés de toute nature, aux enchères ou au rabais, ou sur soumission, et les cautionnements relatifs à ces actes. Sont également soumis au timbre les certificats de propriété, les procès-verbaux d'expertise, les cahiers des charges, les affiches de toutes espèces, les certificats de vie des pensionnaires ou rentiers viagers, à moins qu'il ne s'agisse de pensionnaires sur fonds de retenues dont l'indigence est constatée; les extraits ou expéditions des actes déposés aux mairies, les mandats ou effets à échéance ou à vue, les mémoires de frais ou honoraires, enfin les diverses pièces indiquées comme sujettes au timbre dans les tableaux qui font suite à l'article 1542 de l'Instruction générale (Inst. gén., art. 1015.) — V. ENREGISTREMENT, PIÈCES JUSTIFICATIVES.

Pour ce qui concerne le timbre des *cahiers des charges, des copies et des devis,* V. ces mots.

2963. — *Timbre à l'extraordinaire.* — Sont soumis au timbre extraordinaire les affiches et imprimés de formules d'actes de poursuites, les titres d'obligation souscrits par les communes et les établissements publics.

Timbre des actes de poursuites. — V. nos 2412 et suiv.

Timbre des obligations communales. — V. Emprunts, n° 1446.

2964. — *Timbres mobiles de dimension et papier timbré.* — Le droit de timbre perçu à raison de la dimension du papier est fixé comme il suit :

Demi-feuille de petit papier : 0 fr. 50, plus 2 décimes. Total 0 fr. 60.

Feuille de petit papier : 1 fr., plus 2 décimes. Total 1 fr. 20.

Feuille de moyen papier : 1 fr. 50, plus 2 décimes. Total 1 fr. 80.

Feuille de grand papier : 2 francs, plus 2 décimes. Total 2 fr. 40.

Feuille de grand registre : 3 francs, plus 2 décimes. Total 3 fr. 60.

(L. 2 juillet 1862. art. 17, et 23 août 1871, art. 2.)

2965. — Pour les minutes et originaux d'actes, ainsi que pour les répertoires et registres sujets au timbre de dimension, on peut employer indifféremment l'une ou l'autre sorte de papier frappé du timbre de dimension.

Mais les copies ou expéditions des actes retenues en minute ne peuvent, quand elles sont sujettes au timbre, être délivrées que sur des feuilles de moyen papier dont le prix (*y compris les 2 décimes*) est de 1 fr. 80.

Ces copies ne peuvent contenir plus de 25 lignes à la page. (*L. 13 brumaire an VII, art. 20*) — V. Actes, Copies.

Quant aux minutes des actes, aucune disposition de loi ne limite le nombre des lignes qui peuvent être écrites sur les feuilles de papier timbré.

Dans aucun cas, l'empreinte du timbre ne peut être couverte d'écriture ni altérée. (*L. 13 brumaire an VII, art. 21.*)

2966. — Les timbres mobiles de dimension ne peuvent être apposés sur les papiers soumis au timbre que par les receveurs de l'enregistrement. — Toutefois, les receveurs municipaux sont autorisés à apposer sur les mémoires des entrepreneurs et fournisseurs des communes des timbres mobiles de dimension. Les percepteurs sont autorisés également à apposer et oblitérer, au lieu et place des receveurs de l'enregistrement, le timbre auquel est assujettie toute demande de permis de chasse. Cette faculté s'exerce dans les conditions prévues par la circulaire du 25 septembre 1897, rappelée au n° 1841 *bis*. (*L. 2 juill. 1862, art. 24 ; Décr. 29 oct. 1862, art. 1er ; Circ. compt. publ., 15 déc. 1897, § 8 et 29 nov. 1905, § 5.*)

Les timbres mobiles de 60 centimes ne peuvent remplacer ceux de 10 centimes, lesquels sont spéciaux aux quittances, reçus et décharges. (*Inst. enregist. 23 juin 1877.*) — De même, les timbres de 10 centimes ne peuvent être apposés au lieu et place des timbres de 60 centimes.

2967. — Les receveurs municipaux ne pourraient, sans contravention, apposer et oblitérer des timbres de dimension sur des registres, certificats et autres pièces dont le timbrage est réservé aux receveurs de l'enregistrement. (*Circ. compt. publ. 27 mars 1865, § 4.*)

2968. — Sont soumis au timbre de dimension, les feuilles du livre des comptes divers employées pour le service des communes et des établissements de bienfaisance, la minute des comptes de gestion, les commissions des percepteurs et tous autres actes pouvant former titre de défense.

2969. — Doivent être rédigées sur papier au timbre de dimension, les déclarations de versement de cautionnements, délivrées par les receveurs particuliers des finances à des entrepreneurs de travaux, pour être jointes à l'appui du premier mandat de payement.

Mais ces pièces sont exemptes de timbre lorsqu'elles sont délivrées à titre de document de comptabilité pour régularité d'écritures des comptables qui ont encaissé les cautionnements. Dans ce cas, les déclarations doivent être émargées d'une mention explicite ne laissant aucun doute sur leur caractère de pièce d'ordre. (*Circ. compt. publ., 17 déc. 1884, § 1er.*)

2970. — *Timbres mobiles de 25 centimes.* — Le timbre des quittances de produits et revenus de toute nature, délivrées par les comptables de deniers publics, réduit à 20 centimes par la loi du 8 juillet 1865, a été élevé à 25 centimes par l'article 2 de la loi du 23 août 1871.

La délivrance de ces quittances est obligatoire. Le prix du timbre, lorsqu'il est exigible, s'ajoute de plein droit, au montant de la somme due et est soumis au même mode de recouvrement.

« Sont maintenues, toutefois, les dispositions de l'article 16 de la loi du 13 brumaire an VII, qui exempte du timbre les quittances concernant les contributions directes et les taxes assimilées, ainsi que toutes les quittances pour créances en sommes non excédant 10 francs, quand il ne s'agit pas d'un acompte ou d'une quittance finale sur une plus forte somme. » (*L. 8 juill. 1865, art. 4.*) — V. Quittances, Subventions, etc.

2971. — Les timbres mobiles sont apposés et annulés *immédiatement*, au moyen d'une grille, par les fonctionnaires chargés du recouvrement, et qui ont été désignés par le ministre des finances pour suppléer, à cet effet, les préposés de l'enregistrement. (*Décr. 29 oct. 1862, art. 1er.*)

2972. — Aux termes de l'article 1er de l'arrêté ministériel du 20 juillet 1863, les trésoriers généraux, les receveurs des finances, les percepteurs, les receveurs des communes, d'établissements de bienfaisance, d'asiles d'aliénés et de dépôts de mendicité, ainsi que les secrétaires agents comptables des établissements d'enseignement supérieur, sont autorisés à faire usage des timbres mobiles, mais seulement pour les quittances et les récépissés qu'ils délivrent. L'application des timbres mobiles sur tous autres actes ou écrits est expressément interdite. *(Circ. compt. publ. 27 sept. 1863, 27 mars 1865, § 4 ; 10 oct. 1868, § 8.)*

2973. — Les griffes dont les fonctionnaires indiqués ci-dessus font usage pour annuler les timbres mobiles qu'ils ont apposés, doivent avoir une forme et porter des lettres initiales différentes suivant la catégorie de comptables. Pour les percepteurs de villes, les percepteurs-receveurs municipaux et les receveurs municipaux spéciaux, les lettres initiales sont *R. M.* ou la griffe *(Payé)* utilisée pour l'oblitération des timbres de dimension apposés sur les mémoires. (V. n° 4841 bis, dernier alinéa.)

Ces griffes sont appliquées à l'encre grasse, de manière qu'une partie de l'empreinte soit imprimée sur la feuille de papier, de chaque côté du timbre mobile. *(Arr. min. Fin. 20 juill. 1863, art. 2 ; Circ. compt. publ. 28 novembre 1863.)*

2974. — La mutilation, même légère, d'un timbre mobile constitue une altération prohibée par l'article 24 de la loi du 13 brumaire an VII et est passible d'une amende de 5 francs en principal. *(Solut. enreg. 30 nov. 1892 ; Circ. compt. publ. 20 mai 1893, § 2.)*

2975. — Pour faciliter la vérification des timbres employés, les comptables peuvent appliquer la griffe sur la souche de la quittance comme cela a lieu sur le timbre mobile ; mais il y aurait contravention si une partie du timbre restait adhérente au talon du journal. — V. n° 2982 et suiv.

2976. — Les fonctionnaires doivent prendre dans les bureaux de l'enregistrement les timbres mobiles qui leur sont nécessaires. Ils en payent le prix comptant et les comprennent comme numéraire dans leurs situations de caisse. *(Arr. min. Fin. 20 juill. 1863, art. 4.)*

2977. — Les infractions aux dispositions de l'article 1er du décret du 29 octobre 1862 et à celles de l'arrêté du 20 juillet 1863 (V. ci-dessus n° 2966 et suiv.) peuvent donner lieu, indépendamment des amendes et de la responsabilité édictées en cas de contravention, à l'application des peines disciplinaires autorisées par les lois et règlements. *(Arr. min. Fin. 20 juill. 1863, art. 5 ; Circ. compt. publ. 30 juillet 1867, § 11.)*

2978. — Les timbres mobiles portant la trace d'une double oblitération constituent une contravention. Ce fait établissant que les timbres ont été employés deux fois, il s'ensuit inévitablement que les pièces sur lesquelles ils se trouvent doivent être considérées comme non timbrées, ce qui rend chaque comptable passible d'une amende de 50 francs en principal, outre les droits du timbre. *(Circ. compt. publ. 10 oct. 1868, § 7.)*

2979. — Le timbre de 25 centimes n'est applicable qu'aux quittances de produits et revenus de toute nature délivrées par les comptables de deniers publics, c'est-à-dire aux quittances constatant des recettes, à l'exclusion de celles qui sont relatives à des dépenses. *(Circ. compt. publ. 10 oct. 1868, § 8.)* — V. Quittances.

2980. — Les frais d'achat et d'entretien des griffes et des tampons, ceux des fournitures de l'encre grasse et de toutes autres dépenses relatives à l'oblitération des timbres mobiles, sont à la charge des fonctionnaires autorisés à suppléer les préposés de l'enregistrement pour cette opération. *(Arr. min. Fin. 20 juill. 1863, art. 6.)*

2981. — En cas de mutation de comptables, la griffe servant à oblitérer les timbres mobiles doit être remise par le comptable entrant en fonctions, sauf, à ce dernier, à tenir compte à son prédécesseur de 1 franc, prix qui a été réclamé par l'administration lors de l'envoi des griffes.

2982. — *Carnet d'achat des timbres mobiles à 25 centimes.* — Pour justifier la perception régulière du droit de timbre à 25 centimes, les percepteurs-receveurs municipaux doivent tenir un carnet conforme au modèle annexé à la circulaire de la Direction générale de la comptabilité publique du 1er décembre 1865.

2983. — Le rapprochement du carnet d'achat et du journal à souche doit toujours faire ressortir un excédent de timbres égal aux quantités restant en caisse.

Les comptables ne doivent pas perdre de vue qu'il leur est interdit d'employer les timbres pour des échanges de fonds et qu'ils ne peuvent, sous aucun prétexte, échanger entre eux ou avec le receveur des finances des timbres de 25 centimes soit pour se couvrir de frais de poursuites dont ils ont fait l'avance, soit pour former l'appoint de leurs versements, soit encore pour fournir l'équivalent d'une pièce de dépense rejetée. *(Circ. compt. publ. 27 avril 1895, § 1er.)*

2984. — *Timbres mobiles de 10 et de 50 centimes, de 1 franc et de 2 francs. — Quittances ou acquits soumis au droit de timbre.* — Sont soumis à un droit de timbre de 10 centimes :

1° Les quittances ou acquits donnés au pied des factures et mémoires, les quittances pures et simples, reçus ou décharges de sommes, titres, valeurs ou objets, et généralement tous les titres, de quelque nature qu'ils soient, signés ou non signés, qui emporteraient libération, reçu ou décharge (V. n° 1849);

2° Les chèques tels qu'ils sont définis par la loi du 14 juin 1865, dont l'article 7 est et demeure abrogé.

Le droit est dû pour chaque acte, reçu, décharge ou quittance; il peut être acquitté par l'apposition d'un timbre mobile, à l'exception toutefois du droit sur les chèques, lesquels ne peuvent être remis à celui qui doit en faire usage sans qu'ils aient été préalablement revêtus de l'empreinte du timbre à l'extraordinaire.

Le droit de timbre de 10 centimes n'est applicable qu'aux actes faits sous signature privée et ne contenant pas de dispositions autres que celles spécifiées au présent article. (L. 23 août 1871, art. 18.)

Il est établi, pour l'exécution de l'article 18 de la loi du 23 août 1871, des timbres mobiles de 10 et 50 centimes, de 1 franc et de 2 francs.

Ces timbres sont exclusivement destinés à timbrer les états dits d'émargement, les registres de factage et de camionnage et autres documents constatant les payements ou remises d'objets pour lesquels il est dû un droit de timbre de 10 centimes par chaque payement excédant 10 francs ou pour chaque objet reçu ou déposé.

Les timbres mobiles de 50 centimes, 1 franc et 2 francs, et les timbres mobiles de 10 centimes employés pour l'appoint, sont apposés et oblitérés par les comptables de deniers publics, dans les conditions et sous la responsabilité édictée par l'article 3 du décret du 27 novembre 1871. (Décr. 29 avril 1881.)

Les timbres mobiles de 50 centimes, 1 franc et 2 francs doivent servir au timbrage de 5,10 et 20 quittances; la valeur des timbres apposés sur chaque page doit, autant que possible, correspondre au montant cumulé des droits afférents aux acquits contenus dans cette même page, sans toutefois qu'un mode d'opérer différent soit une cause de refus de payement. (Circ. compt. publ. 23 mai 1881, § 1er.)

En ce qui concerne le timbre des quittances collectives, V. n°s 1850, 1851 et 3030.

2985. — Une remise de 2 °/₀ sur le timbre est accordée, à titre de déchet, à ceux qui font timbrer préalablement leurs formules de quittances, reçus ou décharges. (L. 23 août 1871, art. 19.)

2986. — Exemption. — Sont seuls exceptés du droit de timbre de 10 centimes :

1° Les acquits inscrits sur les chèques ainsi que sur les lettres de change, billets à ordre et autres effets de commerce assujettis au droit proportionnel ;

2° Les quittances de 10 francs et au-dessous, quand il ne s'agit pas d'un acompte ou d'une quittance finale sur une plus forte somme :

3° Les quittances énumérées en l'article 16 de la loi du 13 brumaire an VII (V. n° 2120), à l'exception de celles relatives aux traitements et émoluments des fonctionnaires, officiers des armées de terre et de mer et employés salariés par l'État, les départements, les communes et tous les établissements publics;

4° Les quittances délivrées par les comptables de deniers publics, celles des douanes, des contributions indirectes et des postes qui restent soumises à la législation qui leur est spéciale. (L. 23 août 1871, art. 20.) — V. PAYEMENT DES DÉPENSES DES COMMUNES, n°s 2149 et suiv.

2987. — Apposition des timbres. — Oblitération. — Le timbre mobile de 10 centimes est apposé sur les quittances ou acquits donnés au pied des factures et mémoires, les quittances pures et simples, les reçus ou décharges de sommes, titres, valeurs ou objets, et généralement sur tous les titres, de quelque nature qu'ils soient, signés ou non signés, et qui emporteraient libération, reçu ou décharge.

Ce timbre est collé et immédiatement oblitéré par l'apposition à l'encre noire, en travers du timbre, de la signature du créancier ou de celui qui donne reçu ou décharge, ainsi que la date de l'oblitération.

Cette signature peut être remplacée par une griffe, apposée à l'encre grasse, faisant connaître le nom ou la raison sociale du créancier et la date de l'oblitération du timbre. (Décr. 27 novembre 1871, art. 2; Circ. compt. publ. 21 mars 1892, § 7.)

2988. — Lorsque l'oblitération du timbre n'est point effectuée par les comptables au moyen d'une griffe spéciale, le créancier doit donner une signature pour acquit en dehors de celle apposée pour l'oblitération du timbre. (Circ. compt. publ. 12 novembre 1882, § 2, et 21 mars 1892, § 7.)

2989. — Les ordonnances, taxes, exécutoires, et généralement tous mandats payables sur les caisses publiques, les bordereaux, quittances, reçus ou autres pièces, peuvent être revêtus du timbre à 10 centimes par les agents chargés du payement. Le timbre est oblitéré au moyen d'une griffe par ces agents, qui demeurent responsables des contraventions commises à raison des pièces acquittées à leur caisse. (Décr. 27 novembre 1871, art. 3.)

2990. — Contraventions. — Toute contravention aux dispositions de l'article 18, rappelé ci-dessus, n° 2984, est passible d'une amende de 50 francs. L'amende est due par chaque acte, écrit, quittance, reçu ou décharge pour lequel le droit de timbre n'a pas été acquitté.

Le droit de timbre est à la charge du débiteur; néanmoins, le créancier qui a donné quittance, reçu ou décharge en contravention aux dispositions de l'article 18 est tenu personnellement et sans recours, nonobstant toute stipulation contraire, du montant des droits, frais et amendes. (*L. 23 août 1871, art. 23* ; *Arr. Cour cass. 15 fév. 1882 et 24 fév. 1893.*)

2991. — Toute infraction aux dispositions du règlement d'administration publique est punie d'une amende de 20 francs.

Sont considérés comme non timbrés :

1° Les actes, pièces ou écrits sur lesquels un timbre mobile aurait été apposé sans l'accomplissement des conditions prescrites par le règlement d'administration publique, ou sur lesquels aurait été apposé un timbre ayant déjà servi ;

2° Les actes, pièces ou écrits sur lesquels un timbre mobile aurait été apposé en dehors des cas prévus par l'article 18 précité. (*L. 23 août 1871, art. 24.*)

2992. — Les timbres mobiles sont spéciaux pour les quittances, reçus et décharges ; de même qu'ils ne sauraient tenir lieu du timbre de dimension, lorsque ce dernier est exigible, ils ne peuvent non plus être remplacés par ce timbre. Si donc un état de payement collectif comprend douze émargements, aux douze timbres de quittance qui doivent être apposés on ne peut substituer, bien que représentant une valeur égale, un timbre de dimension de 1 fr. 20. (*Circ. compt. publ. 30 décembre 1872, § 6, et 9 fév. 1877, § 3* ; *Inst. enreg. 23 juin 1877.*) — Les comptables ne peuvent employer que les timbres indiqués plus haut, n° 2984.

2993. — Les acquits ou quittances sur lesquels un timbre mobile aurait été apposé *sans être oblitéré* sont considérés comme *non timbrés*. (*Circ. compt. publ. 1ᵉʳ mars 1867, § 2.*)

2994. — Un timbre mobile apposé sur une précédente quittance et oblitéré constitue une contravention, lors même que la première quittance aurait été supprimée sans avoir servi. (*L. 11 juin 1859, art. 21, 27 juillet 1870, art. 6* ; *Décr. 19 février 1874, art. 4* ; *Circ. compt. publ. 26 août 1879, § 2.*)

2994 bis. — L'apposition inutile d'un timbre mobile à l'appui d'un acquit n'est pas une cause de rejet, ni de contravention ; elle ne peut motiver que l'obligation de rembourser le prix du timbre lorsque c'est le payeur qui a indûment exigé l'apposition.

2995. — *Amendes.* — Indépendamment de l'amende fiscale exigible sur l'écrit revêtu d'un timbre mobile ayant déjà servi, il peut encore être prononcé, contre celui qui a fait usage de ce timbre, une amende correctionnelle. (*L. 11 juin 1859, art. 21.*)

2996. — Les dispositions qui précèdent sont applicables aux quittances de 25 centimes délivrées par les receveurs municipaux.

2997. — *Timbre mobile insuffisant.* — Lorsqu'un comptable appose sur une quittance qu'il délivre un timbre mobile de 10 centimes au lieu d'un timbre mobile de 25 centimes, la quittance est considérée comme non timbrée, et il est dû par le comptable, indépendamment de l'amende, un droit de timbre de 25 centimes, sans qu'il y ait lieu de tenir compte du droit de 10 centimes payé. (*Solut. enreg.*)

2998. — *Responsabilité des comptables.* — Depuis la décision ministérielle du 5 juillet 1897 qui a autorisé les comptables à apposer les timbres mobiles de dimension sur les mémoires, soit manuscrits, soit rédigés sur des formules imprimées, les receveurs des communes et des établissements de bienfaisance sont *responsables* des droits et amendes de timbre pour les mémoires produits à leur caisse, non timbrés ou insuffisamment timbrés. (*Circ. compt. publ. 25 sept. 1897, § 4.*) — V. n° 1841 *bis*.

2999. — En ce qui concerne les pièces justificatives, autres que les mémoires, les comptables doivent signaler au directeur de l'enregistrement les omissions ou insuffisances de perception de droits de timbre ou d'enregistrement qu'ils pourraient remarquer dans les pièces ou actes qui leur sont produits. — V. n° 1466, dernier alinéa.

3000. — Il est donné avis au trésorier général, par le directeur de l'enregistrement du département, des infractions aux lois sur le timbre commises par les receveurs municipaux et hospitaliers. (*Circ. compt. publ. 10 oct. 1868, § 9.*)

3001. — *Frais de timbre.* — Lorsque les communes et établissements publics n'ont pas pris les mesures convenables pour faire payer, par les parties prenantes, les frais de timbre des quittances ou acquits qui leur sont délivrés, ils doivent faire porter ces frais dans leurs budgets, comme les autres frais d'administration, l'article 1248 du Code civil et la loi du 23 avril 1871, article 23, mettant les frais du payement à la charge du débiteur. (*Inst. gén., art. 1017.*)

3002. — La Caisse des dépôts et consignations doit, comme tout autre débiteur, supporter le droit de timbre de quittance. (*Arr. Cour cass. 22 février 1893* ; *Circ. Caisse des dépôts et consign. 16 mars 1893.*)

En ce qui concerne le timbre des quittances fournies à la République, ou délivrées en son nom, il est à la charge des particuliers qui les donnent ou les reçoivent. (*L. 13 brumaire an VI, art. 29.*)

3003. — Si l'article 1248 du Code civil porte que les frais de payement sont à la charge du débiteur, cette disposition, qui s'applique au droit du timbre de quittance, ne saurait être étendue aux droits perçus à l'occasion de mémoires et autres pièces qui servent à établir la créance. Dès lors, les droits de timbre des mémoires ou factures sont à la charge des ouvriers ou fournisseurs.

Il en est ainsi pour les états de frais et décomptes produits par les hospices, asiles d'aliénés et autres établissements dépositaires, pour obtenir le payement des frais d'hospitalisation d'indigents ; le timbre doit être supporté par les établissements hospitaliers et non par les départements ou les communes (*Arr. Cons. d'Ét. du 23 janvier 1894; Circ. compt. publ., 12 mai 1894, § 5.*)

En ce qui concerne les dépenses relatives à l'assistance médicale gratuite, l'exemption de timbre est générale pour toutes les pièces et quittances. — V. PIÈCES JUSTIFICATIVES, § 239.

3004. — Les receveurs municipaux doivent se tenir approvisionnés de timbres de 10 centimes, car le prix du timbre ne peut être ajouté à la somme qui fait l'objet du mandat et doit être acquitté séparément. (*Circ. min. Int. 31 mai 1875.*) — Cette circulaire, bien que spéciale aux dépenses des chemins vicinaux, peut servir de règle pour toute autre dépense. Toutefois, lorsqu'il s'agit, par exemple, d'une prime d'assurance et que le crédit alloué au budget est suffisant pour ajouter le timbre de 10 centimes apposé sur la quittance de l'agent, nous pensons qu'il n'y a aucune irrégularité dans le payement de la dépense.

3005. — *Achat de timbres.* — *Payement des droits d'enregistrement.* — Aux termes de l'article 1248 du Code civil et de la loi du 23 août 1871, les communes, lorsqu'elles sont débitrices, sont tenues de supporter le droit de timbre de 10 centimes auquel sont assujettis les quittances et les acquits. Pour satisfaire à cette obligation, les receveurs municipaux chargés des payements doivent s'approvisionner de timbres mobiles. Ils se font, en conséquence, délivrer par le maire un mandat dont l'importance est calculée suivant les besoins présumés, se présentent chez le receveur de l'enregistrement, remettent à ce comptable le montant des timbres qui leur sont délivrés et lui font acquitter le mandat qui doit les couvrir de cette dépense.

Les receveurs municipaux sont tenus également de faire timbrer les feuilles de leur livre des comptes divers et celles de leurs comptes de gestion. Quelquefois aussi, les communes font timbrer à l'avance un certain nombre de formules, de mémoires et factures. Enfin, elles ont souvent à acquitter des droits d'enregistrement. Dans ces circonstances, les receveurs municipaux procèdent comme il est indiqué plus haut : ils paient le prix des timbres ou le montant des droits au receveur de l'enregistrement, et lui font acquitter un mandat qu'ils joignent à leur compte pour justification de la dépense. (*Circ. min. Int. 16 octobre 1875.* — V. PIÈCES JUSTIFICATIVES, §§ 81 et 82.

3005 bis. — Les dépenses de frais de timbre des mandats et autres pièces à la charge des communes, ne peuvent, dans aucun cas, être allouées par abonnement à forfait soit avec le receveur municipal, soit avec le secrétaire de mairie. (*Jurisp. constante de la Cour des comptes.*)

3006. — D'après l'article 631 de l'Instruction générale du 20 juin 1859, les quittances de sommes versées aux receveurs de l'enregistrement, pour le prix du papier timbré, sont exemptes de timbre. La même immunité est applicable aux quittances du prix des timbres mobiles achetés par les receveurs municipaux. (*Circ. compt. publ. 6 décembre 1876, § 4.*)

Titres de rente nominative ou au porteur.
— V. RENTES SUR L'ÉTAT.

Titres de recettes et de dépenses.

3007. — *Transmission aux receveurs municipaux par l'entremise des receveurs des finances.* — Les receveurs des communes et des établissements de bienfaisance doivent recevoir, indépendamment des budgets, une expédition en forme de tous les baux, contrats, jugements, déclarations, titres nouvels et autres rôles d'impositions, taxes et cotisations locales concernant les revenus dont la perception leur est confiée, et ils sont autorisés à demander, au besoin, que les originaux de ces divers actes leur soient remis avec leur récépissé ; ces documents, ainsi que les budgets eux-mêmes, leur parviennent, ainsi qu'il est dit ci-après, par l'entremise des receveurs des finances (*Inst. gén., art. 822 et 1051.*)

3008. — La disposition énoncée au numéro précédent a pour objet d'assurer l'action des receveurs contre les débiteurs des communes ou établissements de bienfaisance, par toutes les voies de droit. Il en résulte que les titres en vertu desquels ces receveurs opèrent leurs recouvrements et peuvent exercer des poursuites, doivent être réguliers et en bonne forme. Partant qu'ils consistent en originaux d'actes ou en expéditions, ils ne peuvent être écrits, sauf les exceptions reconnues, que sur papier timbré. (*Jurisprudence de l'enregistrement.*) — V. nᵒˢ 2235 et suiv.

3009. — Lorsque des actes notariés, tels que ceux d'acquisition, de vente, d'échange doivent être soumis à l'approbation préfectorale, le notaire délivre, à titre de document destiné à l'administration, deux copies sur papier libre. Ces copies, qui doivent être immédiatement adressées par le maire à la préfecture, ne dispensent pas de la délivrance de la grosse exécutoire qui doit être transmise au receveur municipal comme titre de recette. (Circ. min. Int. 27 octobre 1864, et Salut. 1865, n° 11.) — V. ACTES, COPIES.

3010. — Les rôles de toute nature, ainsi que les budgets et autres titres de recettes et de dépenses, ne doivent parvenir aux receveurs municipaux que par l'entremise des receveurs des finances. Ces derniers doivent réclamer la remise de ces pièces, lorsqu'ils reconnaissent que cette remise n'est pas faite en temps utile. (Inst. gén., art. 1288.)

3011. — Les receveurs municipaux et d'établissements, à qui des titres de perception parviendraient par une voie autre que celle qui vient d'être indiquée, et sans être revêtus du visa ou du cachet du receveur des finances, devraient, en donnant avis à ce receveur, les renvoyer aux fonctionnaires qui les leur auraient adressés. Les receveurs des finances doivent, lors des vérifications de la comptabilité de leurs subordonnés, s'assurer que ceux-ci se conforment à cette prescription. (Inst. gén., art. 1289.)
Toutefois, en ce qui concerne l'encaissement des fonds provenant de dons, aumônes, collectes, etc., V. n° 1380.

3012. — L'obligation imposée aux receveurs municipaux et hospitaliers de renvoyer aux fonctionnaires qui les leur auraient adressés les titres transmis autrement que par la voie hiérarchique, a pour sanction l'emploi de mesures disciplinaires à l'égard des comptables qui y manqueraient. (Circ. min. Fin. 20 juill. 1863, § 2; Circ. compt. publ. 24 août 1878, § 6.)

3013. — Pour faciliter l'exécution des dispositions qui précèdent, les maires et les receveurs des finances sont autorisés à correspondre entre eux en franchise, sous bandes, pour la transmission régulière et hiérarchique des titres de perception. (Circ. compt. publ. 25 juin 1863, § 2.)

3014. — Carnet d'enregistrement des titres. — Pour assurer la rentrée exacte des produits et le payement régulier des dépenses, les receveurs des communes et des établissements de bienfaisance doivent tenir un carnet (Modèle n° 303), sur lequel ils enregistrent avec détail :
1° En ce qui concerne la recette, tous les titres de perception qui leur parviennent ;
2° En ce qui concerne la dépense, les divers

renseignements dont ils ont besoin, quand les payements doivent se prolonger pendant plusieurs années, pour s'assurer que les ordonnancements n'excèdent pas la somme due.
Les comptables doivent, de plus, annexer à chaque titre de recette une note de renseignements (Modèle n° 304) qui en résume la teneur. (Inst. gén., art. 1503.)

Conservation des titres. — V. n° 18.

Titres ou états exécutoires.—Voir n°s 1485 et suiv.

Titres nouveaux. — V. PRESCRIPTIONS, RENTES SUR PARTICULIERS.

Tourbières.

3015. — Il appartient au conseil municipal de régler le mode de jouissance des tourbières communales en exploitation pour l'usage commun des habitants, conformément aux articles 61 et 68 de la loi du 5 avril 1884.
Une redevance au profit de la commune peut être exigée des habitants qui participent aux tourbières. Cette redevance est répartie par délibération du conseil municipal, approuvée par le préfet, conformément à l'article 140 de la loi du 5 avril 1884.
Les rôles des taxes sont passibles du timbre de dimension. Les quittances sont soumises au timbre de 25 centimes lorsqu'elles excèdent 10 francs ou qu'elles concernent un acompte sur une cote excédant ce chiffre.
Les poursuites sont exercées comme en matière de contributions directes.

Tournées des mutations. — V. MUTATIONS, n°s 1900 et suiv.

Tournées de recouvrement.

3016. — Les percepteurs sont tenus de se rendre, à des jours déterminés, dans les communes de leur perception autres que celle où ils sont obligés de résider. (Règl. pours., art. 26.) V. POURSUITES, n° 2320.

3017. — Les jours du mois ou de la semaine où les percepteurs se rendent dans chacune des communes de leur arrondissement de perception, pour faire leur recette, doivent être déterminés à l'avance par le sous-préfet, sur l'avis du receveur particulier de l'arrondissement ; celui-ci règle les époques de versement à la recette particulière. L'itinéraire ainsi fixé doit être affiché constamment dans le bureau du percepteur et dans celui du receveur particulier. *(Inst. gén., art. 73; Com. Du-rieu, t. I, p. 466 et suiv.)*

3018. — Les percepteurs en tournées ne sont pas seulement chargés du recouvrement des contributions, mais ils sont tenus d'acquitter, dans la limite des recouvrements, les mandats de traitement des fonctionnaires, les pensions, les arrérages de rentes, etc.

Les comptables doivent également acquitter les mandats communaux qui leur sont présentés, lorsque l'encaisse des communes est suffisante pour parer à ces dépenses. Toutefois, pour les mandats autres que ceux de traitement des employés communaux, ils ne peuvent être tenus d'acquitter immédiatement les dépenses dont l'ordonnancement demande un examen attentif.

Dans ce dernier cas, les comptables se concertent avec les maires pour que ces derniers les avisent, autant que possible, des payements qu'ils auront à faire et leur communiquent, pour examen, avant l'ordonnancement de la dépense, les pièces se rapportant à des payements importants ou difficiles.

Pour être toujours en mesure de donner satisfaction aux porteurs de mandats et aux rentiers, les comptables en tournée sont tenus d'emporter avec eux des fonds en rapport avec les besoins présumés. *(Circ. compt. publ. 22 sept. 1877, § 3 et 19 nov. 1898, § 6.)* — V. n° 2130.

En ce qui concerne les règles à observer pour assurer la sincérité des payements, voir n°ˢ 2100 et suiv. et 2125.

Les percepteurs en tournées de recouvrement doivent emporter avec eux, non seulement les fonds nécessaires pour payer les mandats, titres de rentes, etc., mais aussi les extraits de registres nécessaires pour l'estampillage des titres, ainsi que des formules de bordereaux-quittances et de déclarations de changement de résidence (V. n° 2690).

Ils doivent aussi emporter des plaques de contrôle pour les vélocipèdes, afin de satisfaire aux demandes des intéressés (V. n° 3083 *bis*, § 4).

3019. — Les percepteurs ne peuvent être dispensés de se rendre dans chaque commune au moins un fois par mois. *(Arr. Cons. d'Ét. 18 juin 1868; Com. Durieu, t. II, p. 204.)* Toutefois, les tournées de recouvrement n'étant prescrites que dans le but de faciliter les contribuables pour se libérer et de diminuer autant que possible les frais de poursuites, lorsqu'un percepteur, par suite de sa résidence dans une ville au centre de ses communes, ou par sa présence mensuelle dans certaines foires importantes, procure toutes les commodités qui peuvent convenir aux débiteurs et que les recouvrements se font exactement sans frais, les exigences ne sont plus les mêmes ; dans ce cas,

les bonnes relations entre les contribuables et les comptables sont les meilleurs principes à observer.

Il faut tenir compte aussi que l'arrêt du 18 juin 1868 ne peut faire jurisprudence, en raison des motifs pour lesquels il a été rendu; il s'agissait, en effet, d'un percepteur ayant exercé des poursuites contre un redevable sans au préalable l'avoir mis à portée de se libérer dans sa commune.

Enfin, il est bon d'ajouter que l'administration admet aujourd'hui qu'un percepteur peut être dispensé par le préfet, sur la proposition des chefs de service et après avis des municipalités, de faire, tous les mois, une tournée de perception dans chaque commune, sous cette réserve qu'aucune poursuite ne pourra être exercée contre un contribuable par le percepteur si celui-ci ne s'est préalablement rendu dans la commune, après avis porté à la connaissance des habitants.

3020. — Le bureau de recette du percepteur en cours de tournée doit être établi à la mairie.

Par une lettre en date du 15 novembre 1898, le ministre des Finances a fait remarquer que les maires doivent donner à cet égard toute facilité aux percepteurs, qui, au besoin, peuvent réclamer l'intervention du préfet ou du sous-préfet. — V. Bureau des percepteurs.

Le maire ou son délégué peut faire sonner les cloches de l'église pour annoncer l'arrivée du percepteur en tournée de recette ou de mutations. *(L. 5 avril 1884, art. 100; Régl. min. Justice, 7 août 1884, art. 5, § 6.)*

3021. — Les contributions directes, quérables dans la commune du redevable, sont portables par ce dernier au bureau du percepteur.

Il suit de là que, le jour de recette dans chaque commune étant déterminé d'avance, et étant connu du contribuable, c'est à ce dernier à se mettre en mesure d'acquitter ses contributions lorsqu'il peut le faire, sans déplacement, entre les mains du percepteur à son passage dans la commune. Hormis ce jour, le percepteur ne peut être contraint de revenir dans la commune, son obligation légale étant remplie. *(Com. Durieu, t. I, p. 459 et suiv., et t. II, p. 44 et suiv.)*

Traité de gré à gré. — V. Travaux et fournitures, n°ˢ 3034 et suiv.

Traités d'adjudicataires de coupes de bois. V. n°ˢ 1258 et suiv.

Traitement des employés communaux.

3022. — Les traitements des agents et employés des communes et établissements publics étant payables par douzièmes, les mandats de payement relatifs à ces dépenses sont délivrés à la fin de chaque mois. (*Inst. gén., art. 993.*)

Les traitements ou salaires sont assimilables aux fruits civils qui s'acquièrent jour par jour; ils se payent terme à échu et tous les mois sont comptés pour 30 jours. (*Arr. Cour des comptes, 12 mars 1891.*)

Les quittances *mensuelles* données pour traitements, lorsqu'elles n'excèdent pas 10 francs, ne sont pas sujettes au timbre, quoique le traitement annuel soit supérieur à 10 francs. (*Solut. enreg. 19 février 1872, 26 avril 1873 et 6 mars 1883*). — V. ORDONNANCEMENT, PAYEMENT DES DÉPENSES DES COMMUNES, PIÈCES JUSTIFICATIVES, §§ 64 et 66.

Des règles particulières sont, en outre, applicables à certains traitements communaux.— V. COTISATIONS MUNICIPALES, INSTRUCTION PRIMAIRE, RECEVEURS DES COMMUNES, n° 2603.

Pour les gratifications, V. n° 737.

Transactions. — V. AMENDES, n°⁸ 179 et suiv. ; CONSEILS MUNICIPAUX, n° 1105, 4°.

Transcription en matière hypothécaire.

3023. — La loi du 23 mars 1855, dernière législation sur la transcription en matière hypothécaire, n'ayant pas abrogé la disposition de la loi du 3 mai 1841, qui autorise l'administration à se dispenser de transcrire les actes d'acquisition et de purger les hypothèques lorsque le prix n'excède pas 500 francs, il suit de là que lorsque les communes deviennent propriétaires d'immeubles en vertu de la loi de 1841 précitée, elles ont le droit, en se soumettant aux conditions du décret du 14 juillet 1856, d'user de la faculté de ne pas faire transcrire leur contrat d'acquisition. Mais, en dehors de ce cas spécial, la loi du 23 mars 1855 reprend toute sa force à leur égard, et les administrations municipales restent soumises au droit commun.(*Avis Cons. d'Et. 31 mars 1869* ; *Circ. compt. publ. 15 nov. 1869,§ 2.*) — V. PIÈCES JUSTIFICATIVES, §§ 151, 152 et 153.

3024. — Lorsqu'il y a lieu d'exiger la transcription d'un acte d'acquisition, cette justification doit toujours être postérieure à l'accomplissement de la dernière des formalités de publicité. (*Jurisp. constante de la Cour des comptes.* — V. ACQUISITION, n° 12.

Frais de transcription. — V. PIÈCES JUSTIFICATIVES, § 144.

Transfert de billards.— V. n° 707.

Transfert de patente.

3025. — En cas de cession d'établissement, la patente est, sur la demande du cédant ou du cessionnaire, transférée à ce dernier. La demande est recevable dans le délai de trois mois à partir soit du jour de la cession, soit de la publication du rôle supplémentaire dans lequel le cessionnaire aura été personnellement imposé pour l'établissement cédé. La mutation de cote est réglée par le préfet, et les droits qui formeraient double emploi au préjudice du cessionnaire sont alloués en décharge par le conseil de préfecture.(*L. 15 juill. 1880, art.28.*)

3026. — En cas de cession d'établissement dans le cours de l'année, le transfert des droits de patente au nom du cessionnaire peut être proposé d'office par le contrôleur des contributions directes sur un état spécial. Le cédant et le cessionnaire sont invités à prendre connaissance de cet état à la mairie et à remettre au maire leurs observations dans un délai de dix jours. Passé ce délai, le maire adresse l'état au directeur des contributions directes, avec son avis et les observations qui ont pu être produites; le directeur fait son rapport et le préfet statue. Toutefois, il n'y a pas lieu à statuer s'il existe un désaccord entre les conclusions du directeur et les observations présentées par le cédant ou le cessionnaire.

Il n'est pas, d'ailleurs, dérogé aux dispositions du deuxième paragraphe de l'article 28 de la loi du 15 juillet 1880, rappelé ci-dessus. (*L. 8 août 1890, art. 29* ; *Inst. gén. sur les réclamations, 30 janv. 1892, art. 15 et 96.*) — V. CONTRIBUTION DES PATENTES, RÉCLAMATIONS.

Translations de corps. — V. EXHUMATIONS n° 1506 *bis.*

Transmission (Droits de). — V. EMPRUNTS, n°⁸ 1448 et suiv.

Transport-cession.

3027. — Aux termes de l'article 153 de la loi du 5 avril 1884, le receveur municipal, qui est le seul détenteur des deniers d'une commune, est chargé, *seul et sous sa responsabilité*, d'acquitter les dépenses ordonnancées par le maire.

Dès lors, en cas de cession d'une créance contre une commune, c'est au receveur municipal, et non au maire, que doit être faite la signification de la cession prescrite par l'article 1690 du Code civil. (*Cour d'appel de Douai, 15 mars 1894.*)

Pour tout ce qui concerne les transports-cessions, V.C. pr. civ., art. 557, 584 ; C.civ., art. 1130, 1689 et suiv., 2093, 2114, 2119 et 2214 ; *Com. Durieu*, t. II, p. 142 et suiv.

Pour les transports faits par des entrepreneurs à leurs créanciers, il y a lieu de tenir compte avant toute cession, des dispositions de la loi du 25 juillet 1891, rappelée au n° 2820.

3028. — Les pièces justificatives à produire à l'appui d'un mandat de payement délivré à un cessionnaire sont, outre les pièces ordinaires à fournir, l'expédition authentique de l'acte de transport ou, s'il a été fait sous seing privé, l'exploit de signification et l'acte de transport en original dûment enregistré. — V. PAYEMENT DES DÉPENSES DES COMMUNES, PIÈCES JUSTIFICATIVES, SAISIES-ARRÊTS.

3029. — La cession de créances, dûment notifiée au débiteur, saisissant le cessionnaire à l'égard des tiers, celui-ci peut exiger le payement du débiteur, nonobstant toutes saisies-arrêts ou oppositions pratiquées sur ce dernier, postérieurement à la notification de la cession. (*Cour d'appel de Pau, 1er décembre 1891 ; Dalloz, 1893, 2e partie, p. 47.*)

Dalloz ajoute en note de l'arrêt : « Les saisies pratiquées sur le cédant postérieurement à la signification de la cession ne le sont plus en réalité (sur une partie prenante), cette qualité appartenant désormais au cessionnaire à l'égard du Trésor ou de tous les tiers. D'autre part, en l'absence de toute contestation des créanciers opposants sur l'antériorité de la date de la signification ou sur la validité même du transport, le comptable paye valablement le cessionnaire aux termes de l'article 1690 du Code civil ; il ne pourrait donc, quel que fût, d'ailleurs, le résultat d'une contestation ultérieure sur la validité du titre du cessionnaire, être exposé à payer deux fois. »

La Cour de cassation par un arrêt en date du 17 février 1896 a rendu un jugement conforme aux dispositions énoncées à ce numéro.

Un arrêt de la Cour d'appel de Paris en date du 2 décembre 1898 a décidé également qu'une commune n'est pas fondée à exiger avant le payement d'un transport d'indemnité d'expropriation, la main-levée de saisies-arrêts pratiquées postérieurement à la requête des créanciers du cédant.

3030. — Lorsque, par suite d'un transport en garantie, dûment signifié, le payement est fait sur l'acquit simultané du cédant et du cessionnaire, chacun des acquits produit ses effets propres et donne lieu à un droit de timbre de 10 centimes, lorsque le transport est partiel et qu'il est donné quittance du tout. Mais si la somme entière est transportée, on peut admettre que la signature des deux parties n'est exigée que par mesure d'ordre, et qu'il n'est dû qu'un droit. (*Circ. compt publ. 6 mai 1874,§ 2, n° 3.*)

3031. — *Jurisprudence. — Privilège du Trésor.* — Le privilège édicté par la loi du 12 novembre 1808 ne peut être paralysé par la cession qu'un entrepreneur aurait faite à un tiers, avant toute poursuite de la part du percepteur, de sommes à lui dues par l'Etat ou par une commune pour des travaux exécutés. (*Jurisp. Dalloz, au titre Travaux publics, 661, 666 et 667 ; Com. Durieu, t. I, p. 209 et t. II, p. 140 et 147 ; Jug. Trib. civ. de la Seine, 26 janv. 1883.*) — Il ne faut pas perdre de vue que le privilège du Trésor passe *avant tout autre* et qu'il est réglé ainsi qu'il est dit aux n° 2304 et suiv.

De ce qui précède, il suit qu'un comptable engagerait sa responsabilité en payant au cessionnaire les sommes transférées, sans s'assurer au préalable que le cédant n'est redevable d'aucune contribution. — V. n° 1347 et suiv. et 2404.

Transport de loyer. — V. n° 1530.

Travaux accessoires confiés aux percepteurs.

3032. — Les percepteurs ne peuvent, sans qu'il en ait été référé au ministre des Finances, être appelés à prêter leur concours à des travaux qui ne leur seraient pas prescrits par les instructions. (*Inst. gén., art. 1273.*) — Voir INCOMPATIBILITÉ.

3033. — Les receveurs des finances ne peuvent, à moins d'autorisation spéciale du ministre, exiger des travaux ou la tenue de registres et la mise d'états ou éléments de comptes qui ne seraient pas prévus par les règlements. (*Inst. gén., art. 1287.*)

Travaux et fournitures pour le compte des communes.

3034. — *Autorisation et approbation des travaux.* — Les constructions, les grosses réparations et les travaux de toute nature ne peuvent avoir lieu qu'après que les projets ou devis ont été soumis au préfet et approuvés par lui. (*Inst. gén., art. 1020.*)

Toutefois les conseils municipaux règlent par leurs délibérations, sans avoir besoin de l'approbation de l'autorité supérieure, les projets, plans et devis de construction, de grosses réparations et d'entretien, lorsque la dépense, totalisée avec les dépenses de même nature pendant l'exercice courant, ne dépasse pas les limites des ressources ordinaires et extraordinaires que les communes peuvent se créer sans autorisation spéciale. (V. n° 1661.)

Ce n'est, en principe, que lorsque cette proportion est dépassée que les délibérations sont subordonnées à l'approbation du préfet.

Toutefois, cette règle souffre exception dans certains cas prévus par les lois spéciales, et notamment lorsqu'il s'agit soit de travaux de la grande ou de la moyenne vicinalité, soit d'ouvrages constituant des dépenses communales obligatoires. (*L. 5 avril 1884, art. 68, § 3 et art. 144; (Circ. min. Int. 15 mai 1884.*)

Il est bon d'ajouter qu'aucuns travaux ne doivent être autorisés qu'après qu'il a été pourvu aux moyens d'y satisfaire. (*Circ. min. Int. 16 mai 1892.*)

3035. — Les traités de gré à gré à passer dans les conditions prévues par l'ordonnance du 14 novembre 1837 (V. n° 3041), et qui ont pour objet l'exécution par entreprise des travaux d'ouverture des nouvelles voies publiques et de tous autres travaux communaux, sont approuvés par le préfet, ou par décret si les revenus ordinaires dépassent trois millions. (*L. 5 avril 1884, art. 115.*)

3036. — Les travaux et fournitures à exécuter par entreprise dans l'intérêt des communes sont l'objet soit d'une adjudication, soit d'un traité de gré à gré.

L'adjudication avec publicité et concurrence présente des avantages considérables. Elle permet aux communes d'obtenir les prix les moins élevés et les meilleures garanties. Elle a, en outre, pour résultat d'écarter tout soupçon de partialité ou de collision contre les autorités municipales. Ces considérations ont motivé les dispositions de l'ordonnance du 14 novembre 1837 (V. n° 3041) qui ont prescrit comme règle générale et déterminent les cas exceptionnels où, à raison de circonstances particulières, il peut être traité de gré à gré.

L'article 145 de la loi du 5 avril 1884 maintient implicitement la règle générale en ce qui touche soit les travaux, soit les fournitures et les exceptions énoncées ci-après, n° 3041. Il leur donne même un caractère législatif. Il décide que les traités de gré à gré à passer dans les conditions de l'ordonnance du 14 novembre 1837, et qui ont pour objet l'exécution par entreprise de travaux d'ouverture de voies nouvelles publiques et de tous autres travaux communaux, sont approuvés par le préfet, si les revenus ordinaires de la commune sont inférieurs à trois millions, et par décret s'ils atteignent ou dépassent ce chiffre. (*Circ. min. Int., 15 mai 1884.*)

3037. — Les instructions qui précèdent ne laissent aucun doute sur l'utilité qu'il y a, pour les comptables, d'exiger une adjudication ou un traité de gré à gré pour les travaux et fournitures dépassant 300 francs. Cette règle générale a été rappelée plusieurs fois par les autorités compétentes, notamment par diverses décisions du ministre de l'Intérieur, insérées au

Bulletin officiel, années 1866, n° 44, p. 383; 1867, n° 24, p. 210.

Toutefois, si, par suite de circonstances tout à fait exceptionnelles, des travaux et fournitures s'élevant à plus de 300 francs avaient été exécutés sans avoir fait l'objet des règles ci-dessus, et que, pour obtenir le payement, on produisit à l'appui du mandat de l'ordonnateur, avec les mémoires dûment réglés et visés, une délibération du conseil municipal autorisant l'exécution par économie ou en régie, appuyée de la décision approbative du préfet, faisant connaître, sous forme de considérant, un exposé sommaire des faits et circonstances qui ont obligé l'administration préfectorale à s'écarter des règles habituelles, le receveur municipal n'aurait pas, dans ce cas, à se rendre juge de cette dérogation, et il devrait payer sur la production des pièces sus-énoncées. Mais, en dehors de ce cas tout particulier, les comptables doivent se conformer aux instructions et exiger une adjudication ou un marché de gré à gré. — V. PIÈCES JUSTIFICATIVES, §§ 88, 89, 150, 157, 158 et 160.

Il est bon d'ajouter qu'on ne saurait admettre qu'un même travail ou une même fourniture soit divisée dans des devis ou des marchés partiels dont chacun serait inférieur à 300 francs, tandis qu'ils se rattacheraient à une dépense plus considérable dans son ensemble. Ce moyen détourné d'échapper à la formalité de l'adjudication ou d'un marché de gré à gré engagerait la responsabilité de l'administration communale, et le receveur municipal, avant d'effectuer le payement, devrait signaler ce fait à l'administration supérieure. — V. n° 3042.

3038. — Les crédits ouverts au budget ne constituant que de simples prévisions (V. n° 1271), on n'a pas à tenir compte de leur chiffre, mais bien du montant total de la dépense. Dès lors, on peut payer des travaux ou fournitures ne s'élevant pas *dans leur ensemble*, au moment du payement, à plus de 300 francs, sans avoir besoin dans certains cas, de recourir à une adjudication ou à un marché de gré à gré, bien que le crédit porté au budget soit supérieur à cette somme. — V. n°s 3042 et 3066.

3039. — Les projets de traités avec des entrepreneurs qui, par suite de l'époque reculée des échéances de payement, ou des intérêts déclarés ou dissimulés, engageraient les ressources du budget au delà d'une durée de six années, doivent être soumis, comme en matière d'emprunt, à l'examen du ministre de l'Intérieur. (*Circ. min. Int. 11 mai 1864 et 15 mai 1884.*)

3040. — *Mode de concession et d'exécution des travaux.* — Toutes les entreprises pour travaux et fournitures au nom des communes sont faites avec concurrence et publicité, sauf les exceptions ci-après. (*Inst. gén., art. 1021.*)

3041. — Les administrations locales peuvent faire exécuter, sur les crédits ouverts à leur budget, et sans être obligées de demander l'approbation du préfet ni de recourir à l'adjudication, les travaux de réparation ordinaire et de simple entretien dont la dépense n'excède pas 300 francs ; il peut être traité de gré à gré sauf approbation par le préfet, pour les autres travaux et fournitures dont la valeur n'excède pas 3.000 francs ; il peut également, et sous la même condition, être traité de gré à gré, à quelque somme que s'élèvent les travaux et fournitures :

1° Pour les objets dont la fabrication est exclusivement attribuée à des porteurs de brevets d'invention ou d'importation ;

2° Pour les objets qui n'ont qu'un possesseur unique ;

3° Pour les ouvrages et les objets d'art et de précision dont l'exécution ne peut être confiée qu'à des artistes éprouvés ;

4° Pour les exploitations, fabrications et fournitures qui ne seraient faites qu'à titre d'essai ;

5° Pour les matières et denrées qui, à raison de leur nature particulière et de la spécialité de l'emploi auquel elles sont destinées, doivent être achetées et choisies sur les lieux de production, ou livrées, sans intermédiaire, par les producteurs eux-mêmes ;

6° Pour les fournitures ou travaux qui n'auraient été l'objet d'aucune offre aux adjudications, ou à l'égard desquels il n'aurait été proposé que des prix inacceptables, sans toutefois que l'administration puisse jamais dépasser le maximum arrêté conformément à l'article 1025 de l'Instruction générale ;

7° Pour les fournitures et travaux qui, dans les cas imprévus et d'une urgence absolue et dûment constatée, ne pourraient pas subir les délais de l'adjudication sans qu'il en résultât un préjudice réel pour la commune.

Les adjudications publiques relatives à des fournitures, à des travaux, à des exploitations ou à des fabrications qui ne pourraient être, sans inconvénient, livrés à la concurrence illimitée, peuvent être soumises à des restrictions qui n'admettent à concourir que des personnes préalablement reconnues capables par l'administration, et produisant les titres justificatifs exigés par les cahiers des charges. *(Ordonn. 14 novembre 1837 ; Inst. gén., art. 1022 ; L. 5 avril 1884, art. 115 ; Circ. min. Int. 15 mai 1884.)*

3042. — Lorsque des travaux de réparation ordinaire et de simple entretien excédent 300 francs, la nécessité d'un marché, soit par adjudication, soit de gré à gré, s'impose, alors même que, faute d'entrepreneur par motif d'urgence, ou pour toute autre cause, les travaux seraient exécutés en régie par économie. *(Avis Cons. d'Ét. 10 déc. 1889.)* — Toutefois, lorsque des travaux excédant 300 francs ont été exécutés sans l'accomplissement des formalités

qui précèdent, le receveur municipal n'a pas qualité pour se faire juge des raisons qui ont amené l'autorité préfectorale à s'écarter des règles ordinaires énoncées ci-dessus.

Du moment où les travaux ont été autorisés ou acceptés par une délibération du conseil municipal, dûment approuvée par le préfet, le comptable ne peut, alors même que la dépense excéderait 300 francs, refuser le payement pour défaut de production d'un procès-verbal d'adjudication ou de marché de gré à gré. *(Solut. min. Int. 2 octobre 1894.)*

3043. — Lorsque le préfet a approuvé un traité de gré à gré par une commune pour l'exécution de travaux dont la dépense excède 3.000 francs, le receveur municipal n'est pas fondé à refuser le payement par le motif que ces travaux auraient dû faire l'objet d'une adjudication publique, attendu que les règlements relatifs au mode d'exécution des travaux communaux n'obligent que l'autorité administrative ; que le préfet est compétent, aux termes du décret du 25 mars 1852 *(Tableau A n° 48)*, pour approuver les marchés de gré à gré passés par les communes, et qu'il n'appartient pas au receveur municipal de contrôler la régularité de l'approbation donnée par ce fonctionnaire à un acte qui rentre dans la limite de sa compétence. *(Décis. min. Inst. 29 avril 1880).* — V. Pièces justificatives, §§ 157, 158 et 160.

3044. — Les cahiers des charges déterminent la nature et l'importance des garanties que les fournisseurs ou entrepreneurs ont à produire, soit pour être admis aux adjudications, soit pour répondre à l'exécution de leurs engagements. Ils règlent aussi l'action que l'administration pourra exercer sur ces garanties, en cas d'inexécution de ces engagements.

Il est toujours et nécessairement stipulé que tous les ouvrages exécutés par les entrepreneurs en dehors des autorisations régulières demeurent à la charge personnelle de ces derniers, sans répétition contre les communes.

Les receveurs municipaux seraient responsables des payements qu'ils effectueraient pour des travaux non autorisés. *(Inst. gén., art. 1023.)*

3045. — L'avis des adjudications à passer est publié, sauf les cas d'urgence, un mois à l'avance, par la voie des affiches et par tous les moyens ordinaires de publicité. Cet avis fait connaître le lieu où l'on peut prendre connaissance du cahier des charges ; les autorités chargées de procéder à l'adjudication ; le lieu, le jour et l'heure fixés pour l'adjudication.

Les adjudications et marchés à faire pour le compte des communes doivent être passés par les maires assistés de deux membres du conseil municipal, et le receveur de la commune doit y assister ; les adjudications peuvent avoir lieu au chef-lieu de préfecture ou de sous-préfecture, à la charge par le maire de s'y transporter pour procéder à l'opération, accompagné de deux conseillers municipaux et du receveur. *(Inst. gén., art. 1024.)*

3046. — Les soumissions doivent toujours être remises cachetées en séance publique. Un *maximum* de prix, ou un *minimum* de rabais, arrêté d'avance par l'autorité qui procède à l'adjudication, doit être déposé cacheté, sur le bureau, à l'ouverture de la séance.

Dans le cas où plusieurs soumissionnaires ont offert le même prix, il est procédé, séance tenante, à une adjudication entre ces soumissionnaires seulement, soit sur de nouvelles soumissions, soit à extinction des feux.

Les résultats de chaque adjudication sont constatés par un procès-verbal relatant toutes les circonstances de l'opération.

Les adjudications sont toujours subordonnées à l'approbation du préfet, et ne sont valables et définitives, à l'égard des communes, qu'après cette approbation. *(Inst. gén., art. 1025.)*

3047. — Les associations d'ouvriers français sont admises aux adjudications des travaux communaux, dans les conditions déterminées par le décret du 4 juin 1888, relatif à la participation des sociétés françaises d'ouvriers aux adjudications et marchés passés au nom de l'Etat. *(L. 29 juillet 1893, article unique.)*

D'après cette dernière loi, les sociétés qui se présentent aux adjudications ont le droit d'obtenir la préférence, à égalité de rabais, et sont dispensées de fournir un cautionnement lorsque le montant prévu des travaux ou fournitures faisant l'objet du marché ne dépasse pas cinquante mille (50,000) francs. *(Décr. 4 juin 1888, art. 4 et 5.)*

Pour ce qui a trait aux autres dispositions législatives, V. les articles 1 à 9 de ce décret.

3048. — Les travaux communaux ne peuvent être entrepris qu'après l'approbation des ressources destinées à les acquitter. *(Circ. min. Int. 12 août 1875 et 16 mai 1892.)*

3049. — *Ouvrages ou institutions intéressant plusieurs communes.* — Il arrive souvent que plusieurs communes sont respectivement intéressées à l'exécution et à l'entretien d'ouvrages dont chacune doit profiter, tels qu'un pont destiné à relier leurs rues ou leurs chemins, une digue indispensable pour protéger leurs territoires, un canal nécessaire soit pour assainir ou irriguer les terres comprises dans leurs circonscriptions, soit pour fournir aux habitants l'eau dont ils ont besoin. Elles peuvent également avoir intérêt à réunir leurs ressources pour la fondation de certaines institutions, notamment d'établissements de bienfaisance ou d'écoles professionnelles.

Dans tous ces cas, les questions d'intérêt commun sont débattues dans des conférences où chaque conseil municipal est représenté par une commission spéciale nommée à cet effet et composée de trois membres nommés au scrutin secret.

Les préfets et les sous-préfets des départements et arrondissements comprenant les communes intéressées peuvent toujours assister à ces conférences.

Les décisions qui y sont prises ne sont exécutoires qu'après avoir été ratifiées par tous les conseils municipaux intéressés. *(L. 5 avril 1884, art. 116 et 117; Circ. min. Int. 15 mai 1884.)* — V. n° 3067.

3050. — *Enregistrement.* — Sont assujettis au droit proportionnel d'enregistrement les adjudications et marchés pour constructions, réparations, entretien, approvisionnement et fournitures, etc. *(L. 28 avril 1816, art. 51.)*

Est également passible de l'enregistrement une simple lettre missive ou une soumission par laquelle un fournisseur fait des offres de fournitures à une commune ou à un établissement, lorsque ces offres ont été acceptées par le maire ou par une délibération. Cette lettre ou soumission constitue, dans ce cas, un véritable traité de gré à gré. *(Arr. Cour des comptes, 22 fév. 1807, 9 fév., 13 mars et 12 mai 1809.)* — V. Enregistrement.

Quant aux plans et devis, ils ne sont passibles que du droit fixe. — V. n° 4373.

3051. — Les frais d'enregistrement sont ordinairement mis à la charge de l'entrepreneur ou du fournisseur par une clause du cahier des charges ou du marché; mais la commune qui a figuré dans le contrat peut être recherchée pour le payement des droits, si l'entrepreneur devient insolvable. Les communes doivent donc avoir le soin de ne solder les mémoires qu'après s'être assurées que les droits ont été intégralement acquittés.

3052. — *Ordonnancement et payement.* — Les *travaux d'entretien des propriétés communales*, ainsi que les *dépenses extraordinaires*, de *construction, d'entretien ou de réparation*, ne pouvant être payés qu'après que les services ont été faits, le montant n'en est ordonnancé qu'à mesure de l'exécution de ces services. *(Inst. gén. art. 993.)* — V. Pièces justificatives, §§ 88, 150, 157 et suiv.

Pour les travaux en régie, V. ci-après, n° 3056.

3053. — *Certificats de travaux et procès-verbaux de réception définitive.* — *Quittances.* — Les certificats pour payements d'acompte ou de solde, ou certificats d'avancement de travaux, et les procès-verbaux de réception définitive délivrés aux entrepreneurs, sont passibles du timbre de dimension. *(Inst. gén., art. 631; Circ. compt. publ., 20 août 1892, § 2.)* — V. n° 3003.

3054. — Les quittances ou acquits des entrepreneurs donnés sur les mandats de payement sont passibles du timbre de 10 centimes créé par l'article 18 de la loi du 23 août 1871. Les receveurs municipaux n'ont pas à tenir compte des quittances qui seraient données à la suite des certificats de payement de travaux : ces pièces, n'étant pas considérées comme formant les titres constitutifs de créances, n'ont pas besoin d'être acquittées. (*Circ. compt. publ., 6 juin 1872, § 2.*)

3055. — Quant aux certificats pour payement concernant les travaux en régie (V. ci-après, n° 3056), ils sont exempts du timbre, comme les quittances données par les régisseurs ; mais les états ou mémoires de travaux ou de fournitures qui accompagnent ces certificats doivent être timbrés, d'après la règle générale. Lorsque le montant des fournitures ou travaux n'excède pas 10 francs, le payement peut être fait aux régisseurs sur la production, non d'une facture ou d'un mémoire, mais d'une quittance du fournisseur faite sur papier libre et contenant le détail des fournitures ou travaux. (*Inst. gén., art. 631, 3ᵉ alinéa; Circ. min. Int. 31 mai 1875, § 3.*) — V. MÉMOIRES.

Payement des honoraires des architectes. — V. ARCHITECTES.

3056. — *Avances pour travaux en régie.* — Des avances peuvent être faites, pour les travaux exécutés en régie, notamment en ce qui concerne les chemins vicinaux. Dans ce cas, des fonds sont, avant l'exécution des travaux, remis, sur un mandat du maire, à un agent principal chargé de les répartir. Cet agent quittance le mandat et prend l'engagement écrit de rapporter, dans le délai qui a été fixé, les quittances des créanciers réels, ainsi que toutes les autres pièces justificatives exigées par les règlements. C'est au préfet qu'il appartient d'apprécier les circonstances dans lesquelles la mesure peut être utilement appliquée, et de déterminer, suivant le chiffre des revenus de la commune et l'importance des travaux, le maximum des avances à faire, et le délai dans lequel la justification de l'emploi des sommes devra être produite. En aucun cas, le maximum ne doit excéder 20,000 francs, ni le délai dépasser un mois, limites assignées aux opérations de ce genre concernant les services généraux de l'État. À l'égard des services communaux, il ne doit jamais être nécessaire d'aller jusqu'à ces limites.

Le receveur municipal conserve l'engagement du régisseur pour réclamer, s'il y a lieu, la remise des pièces à l'expiration du délai fixé. (*Inst. gén., art. 608 et 993.*)

3056 bis. — Le receveur municipal qui renouvelle des avances faites à un régisseur pour les dépenses de sa régie doit exiger la justification d'emploi des avances précédentes, et pour les nouvelles avances un mandat régulier de payement. (*Arr. Cour des comptes, 31 mai 1898.*)

3057. — Dans les services régis par économie, les quittances données sur les mandats d'avances, par les agents intermédiaires, sont exemptes de timbre ; mais les acquits des créanciers réels donnés sur les pièces à l'appui desdits mandats sont soumis au timbre de 10 centimes. (*Circ. compt. publ. 14 avril 1872, n° 24, § 5.*) — V. PIÈCES JUSTIFICATIVES, § 160.

3058. — *Travaux supplémentaires en sus des travaux adjugés.* — Ces travaux, comme il a été dit plus haut, n°ˢ 3034 et suiv., doivent être l'objet d'une autorisation régulière.

Les receveurs municipaux seraient responsables des payements qu'ils effectueraient pour des travaux non autorisés. (*Inst. gén., art. 1023.*)

3059. — Les travaux supplémentaires donnent lieu à la perception d'un nouveau droit d'enregistrement dans les conditions déterminées par une décision du ministre des Finances du 11 mars 1859, ainsi conçue :

« Si une des clauses du cahier des charges oblige d'avance l'adjudicataire des travaux intéressant les communes et les établissements publics à se prêter aux modifications dont le projet serait jugé susceptible pendant l'exécution, les travaux supplémentaires sont évidemment effectués en vertu du marché primitif, et le prix est passible du droit proportionnel.

» Lorsque l'entrepreneur souscrit une soumission pour les travaux supplémentaires, cette soumission forme un nouvel acte tombant sous l'application de l'article 78 de la loi du 15 mai 1818, qui assujettit au timbre et à l'enregistrement, dans le délai de 20 jours, les adjudications et marchés de toute nature aux enchères, au rabais ou sur soumission.

» Mais, dans le cas où des travaux supplémentaires auraient été effectués sans avoir été prévus dans le cahier des charges ou le marché, et sans que l'existence d'un nouvel acte pût être établie, ces travaux ne sauraient motiver la demande d'un droit d'enregistrement. » — Voir n° 1193.

3060. — *Jurisprudence.* — L'entrepreneur a droit au payement des travaux exécutés en dehors des prévisions du devis, d'après les ordres de l'architecte aux prescriptions duquel le traité l'obligeait de se conformer et pour pourvoir à des nécessités survenues en cours d'entreprise. (*Arr. Cons. d'Ét. 11 nov. 1881 ; Dalloz 1883, 3ᵉ partie, p. 26.*)

De même, une commune ne peut refuser à un entrepreneur le payement de dépenses supplémentaires, bien qu'elles n'aient pas été autorisées dans les formes prescrites par le cahier des charges, lorsque ces dépenses ont pour cause des erreurs de métré ou des omissions commises dans la rédaction du devis ;

Ou lorsqu'elles proviennent de changements de détail effectués sous la direction de l'architecte et sous les yeux de l'administration municipale qui n'a élevé aucune réclamation. *(Arr. Cons. d'Et. 31 mars 1882 et 19 mai 1882 ; Dalloz 1883, 3e partie, p. 92.)*

Pour les honoraires de l'architecte, V. nos 583 et suiv.

3061. — *Compétence administrative.* — Il appartient au conseil de préfecture, en vertu de la loi du 28 pluviôse an VIII, de prononcer sur les contestations qui peuvent s'élever entre les administrations communales et les entrepreneurs, relativement à l'exécution et au payement de travaux communaux, notamment d'une maison d'école.

Mais il ne lui appartient pas de connaître de la demande formée par un entrepreneur en payement de simples fournitures. *(Arr. Cons. d'Et. 12 déc. 1868 ; Dalloz 1869, 3e partie, p. 100.)*

Travaux et fournitures pour le compte des bureaux de bienfaisance, des hospices et hôpitaux.

3062. — Les bureaux de bienfaisance restent soumis aux mêmes règles que les communes pour les travaux et fournitures. *(Inst. gén., art. 1093.)*

3063. — En ce qui concerne les hospices et hôpitaux, les commissions administratives règlent par leurs délibérations le mode et les conditions des marchés pour fournitures et entretien dont la durée n'excède pas une année, et les travaux de toute nature dont la dépense ne dépasse pas 3,000 francs. Il est recommandé aux commissions d'employer la voie de l'adjudication publique pour les fournitures et les travaux. *(Inst. gén., art. 1091.)*

3064. — Les délibérations des commissions administratives concernant les projets de travaux pour constructions, grosses réparations et démolitions dont la valeur excède 3,000 francs, ainsi que les conditions ou cahier des charges des adjudications de travaux et marchés pour fournitures ou entretien dont la durée excède une année, sont soumises à l'avis des conseils municipaux et suivent, quant aux autorisations, les mêmes règles que les délibérations de ces conseils. *(Inst. gén., art. 1092.)*

3065. — La commission administrative des hospices et hôpitaux peut, d'accord avec le conseil municipal, et sous l'approbation du préfet, traiter de gré à gré, ou par voie d'abonnement, de la fourniture des aliments et des objets de consommation nécessaires aux établissements hospitaliers. *(Inst. gén., art. 1094.)*

3066. — Lorsque l'ensemble des mandats payés annuellement à un fournisseur sur un même article du budget excède 300 francs, mais que chaque mandat considéré isolément est inférieur à cette somme, et qu'il est constaté qu'aucun marché n'est intervenu, il suffit, pour dégager la responsabilité du comptable, que la dépense ait été acquittée sur un crédit régulièrement ouvert et en vertu de mandats appuyés de mémoires en due forme. *(Arr. Cour des comptes, 22 janvier 1894.)*

Dans l'espèce, il s'agissait de fournitures de viande, chaussure, charbon, vêtements et literie, s'élevant ensemble à 1,690 fr. 29, acquittées par un receveur de bureau de bienfaisance sur un article du budget intitulé : *Secours de toute nature.*

Les fournitures avaient été faites successivement sans qu'il ait été généralement dû à un même fournisseur plus de 300 francs

Mais, il a été décidé qu'on doit exiger une délibération dûment approuvée portant dispense d'adjudication ou de marché, lorsque des commandes et des paiements concernant des travaux d'entretien et de fournitures de *même nature* effectués par le *même entrepreneur ou fournisseur*, ont toujours été fractionnés par sommes inférieures à 300 francs, alors que le total de la dépense était supérieur à ce chiffre. *(Arr. Cour des comptes 1 avril et 11 juin 1901.)* — V. n° 3038.

Travaux d'intérêt commun.

3067. — Plusieurs communes peuvent avoir à concourir soit à la dépense de certains travaux, soit au paiement de salaires relatifs à ces travaux ou à d'autres services communaux.

Les contingents que les communes intéressées ont à fournir pour les dépenses de l'espèce sont versés dans les caisses des receveurs des finances et centralisés par le trésorier général, à titre de *cotisations*, sous la dénomination de *Fonds destinés aux travaux d'intérêt commun et à divers salaires.* — V. Cotisations municipales.

Indépendamment des contingents communaux, les receveurs des finances ont quelquefois à recouvrer des souscriptions volontaires ou des taxes contributives, à titre de fonds de concours pour des travaux d'intérêt commun. Lorsque le recouvrement présente des difficultés, à raison soit du grand nombre des souscripteurs, soit du leur éloignement de la recette des finances, les percepteurs peuvent être, par une décision du préfet, chargés de l'opérer. Il leur est alloué, dans ce cas, une remise fixe de 3 % imputable sur le fonds même de cotisation. *(Inst. gén., art. 624 et 1238.)* — V. Produits éventuels, Souscriptions.

Travaux d'intérêt public à la charge de particuliers. — V. n° 1587.

Travaux sur chemins vicinaux.

3068. — *Dispositions générales.* — Les travaux à prix d'argent sont exécutés par voies d'adjudication.

Toutefois, il peut être traité de gré à gré sur série de prix ou à forfait, avec l'autorisation du préfet :

1° Pour les ouvrages et fournitures dont la dépense n'excéderait pas 3,000 francs ;

2° Pour ceux dont l'exécution ne comporterait pas les délais d'une adjudication ;

3° Pour ceux qui, par leur nature ou leur spécialité, exigeraient des conditions particulières d'aptitude de la part de l'entrepreneur ;

4° Enfin, pour ceux dont la mise en adjudication n'aurait pas abouti, comme il est expliqué ci-après.

Les travaux peuvent aussi, avec l'autorisation du préfet être effectués par voie de régie, soit en cas d'urgence, soit lorsque les autres modes d'exécution ont été reconnus impossibles ou moins avantageux. Cette autorisation n'est pas nécessaire toutes les fois que la dépense en argent ne dépasse pas 300 fr. *(Inst. chem. vic., art. 149.)* — V. PIÈCES JUSTIFICATIVES, § 160.

3069. — Les projets se composent des pièces indiquées par l'agent-voyer en chef, suivant l'importance de la nature des travaux à effectuer ; ces pièces sont rédigées conformément au programme annexé à l'instruction sur les chemins vicinaux.

Tous les projets sont approuvés par le préfet, sur l'avis de l'agent-voyer en chef. *(Inst. chem. vic., art. 150.)*

3070. — Les devis ou cahiers des charges des adjudications et des marchés de gré à gré contiennent toujours la condition que les soumissionnaires sont assujettis aux clauses et conditions générales imposées aux entrepreneurs des travaux des chemins vicinaux, et annexés à l'instruction sur les chemins vicinaux. *(Inst. chem. vic., art. 151.)*

3071. — Les adjudications des travaux des chemins vicinaux ordinaires sont passées soit dans la commune de la situation des travaux, soit au chef-lieu de canton, soit à la sous-préfecture. Le bureau se compose, soit du sous-préfet, président, du maire et d'un conseiller municipal, soit du maire, président, et de deux conseillers municipaux. Le receveur municipal et l'agent-voyer assistent à ces adjudications.

L'absence des personnes ci-dessus désignées, autres que le président, et dûment convoquées, n'empêche pas l'adjudication.*(Inst. chem. vic., art. 152.)* — V. ADJUDICATIONS.

Trésor public. — V. PLACEMENT AU TRÉSOR, PRIVILÈGE DU TRÉSOR.

Trésoriers-payeurs généraux.

3072. — Les trésoriers-payeurs généraux sont nommés par le Président de la République, sur la présentation du ministre des Finances. *(Inst. gén., art. 1390.)*

L'admission aux emplois de trésorier-payeur général est réglée comme suit :

Deux tiers des vacances sont réservés aux receveurs particuliers et autres candidats appartenant ou ayant appartenu à un service ressortissant au ministère des finances.

Un tiers des vacances est réservé aux choix du gouvernement. *(Décr. 22 juillet 1882.)*

3073. — Les trésoriers-payeurs généraux remplissent, dans l'arrondissement du chef-lieu de département, les fonctions de receveurs particuliers des finances. Ils sont chargés, comme ces derniers, de la surveillance des percepteurs-receveurs municipaux. — V. SURVEILLANCE, VÉRIFICATION DE CAISSE.

Troncs pour les pauvres. — V. DONS.

Trop perçu. — V. n°s 1499 et 1503.

Trottoirs (Taxes pour l'établissement de). — V. PAVAGE.

Troupeau commun. — V. COTISATIONS ET TAXES PARTICULIÈRES.

U

Usage (Droits d'). — V. BOIS DES COMMUNES. *(C. for., art. 64 et suiv.)*

Usines (Droits de permission d').

3074. — Indépendamment des redevances sur les mines qui sont imposées en exécution des articles 33 et 34 de la loi du 21 avril 1810 pour être recouvrées par les percepteurs, cette loi a, par ses articles 73 et 75, créé des *droits fixes pour permission d'usines métallurgiques*, qui sont recouvrés directement par les receveurs des finances. Le recouvrement de ces droits doit être effectué dans le délai d'*un mois*, à dater de la notification des actes qui les déterminent. *(Inst. gén., art. 245 à 248.)*

3075. — Lorsque les percepteurs ont concouru au recouvrement de ce produit, les receveurs des finances doivent partager avec eux la remise du tiers de centime qui leur est allouée pour cet objet. *(Inst. gén., art. 489.)*

Chômage d'usines. — V. DÉCHARGES ET RÉDUCTIONS.

Usines possédées par les communes. — V. BAUX.

Usufruitier. — V. CONTRIBUABLE, PIÈCES JUSTIFICATIVES, n° 2234.

V

Vacances de maisons et chômage d'usines. — V. DÉCHARGES ET RÉDUCTIONS.

Vacances d'emploi. — V. MUTATIONS DE PERCEPTEURS-RECEVEURS.

Vaccinations. — V. SERVICE MÉDICAL.

Vaine pâture. — V. Loi du 9 juillet 1889 sur le Code rural et les modifications apportées au titre II de ce Code par la loi du 22 juin 1890.

Valeurs de caisse et de portefeuille. — V. n° 1787.

Valeurs mobilières (Impôt sur le revenu des). — V. EMPRUNTS, n°ˢ 1451 et suiv.

Vélocipèdes (Taxe sur les).

3076. — *Assiette de la taxe. — Éléments imposables.* — La taxe sur les vélocipèdes, établie par la loi du 28 avril 1893, est fixée aux chiffres ci-après : six francs (6 fr.) pour les machines à une place ; douze francs (12 fr.) pour les machines à deux places ; et six francs (6 fr.) pour chaque place en plus. — Ces taxes comprennent les centimes pour non-valeur et pour frais de perception.

Pour les vélocipèdes et appareils analogues munis d'une machine motrice, la taxe est fixée au double de celle établie ci-dessus. *(L. 13 avril 1898, art. 5 et 6.)*

Il est délivré des avertissements à raison de 5 centimes par article.

La taxe est due pour les vélocipèdes possédés par les loueurs et destinés à la location.

Sont affranchis de cette taxe :

1° Les vélocipèdes possédés par les marchands et exclusivement destinés à la vente ;

2° Ceux qui sont possédés en conformité de règlements militaires ou administratifs (V. ci-après, n° 3081).

Les possesseurs de vélocipèdes imposables sont passibles de la taxe pour l'année entière, à raison des faits existant au 1ᵉʳ janvier.

Les personnes qui, dans le courant de l'année, deviennent possesseurs de vélocipèdes imposables doivent la taxe à partir du 1ᵉʳ du mois dans lequel le fait s'est produit et sans qu'il y ait lieu de tenir compte des taxes imposées au nom des précédents possesseurs.

Sont également imposables, au moyen de rôles supplémentaires, les possesseurs de vélocipèdes omis dans les rôles primitifs. *(L. 28 avril 1893, art. 10, 11 et 16 ; Inst. Dir. gén. contr. dir. 29 juin 1893.)*

3077. — *Où est due la taxe. — Déclarations.* — La taxe est due dans la commune où les vélocipèdes imposables séjournent le plus habituellement.

Les contribuables sont tenus de faire la déclaration des vélocipèdes à raison desquels ils sont imposables. Cette déclaration doit indiquer la nature des vélocipèdes et leur nombre de places ; elle est faite à la mairie de la commune où la taxe est due en vertu du paragraphe précédent.

Les déclarations sont valables pour toute la durée des faits qui y ont donné lieu. Elles doivent être modifiées au cas de changement, soit dans les bases de la taxe, soit dans le lien de son imposition.

Les déclarations doivent être faites ou modifiées s'il y a lieu :

Pour les rôles primitifs, le 31 janvier, au plus tard, de chaque année ;

Pour les rôles supplémentaires (V. ci-dessus, n° 3076), dans les *trente jours* de la date des faits qui motivent l'imposition.

La déclaration est faite par les personnes imposables ou par leur mandataire sur des formules déposées à la mairie ; elle est signée par le déclarant. Il en est délivré un récépissé mentionnant le nom du déclarant, la date et le détail de la déclaration. *(L. 28 avril 1893, art. 12 et 13 ; Inst. Dir. gén. contr. dir. 29 juin 1893 ; L. 13 avril 1898, art. 7.)*

3078. — *Pénalités.* — Les taxes sont *doublées* pour les éléments imposables qui n'ont pas été déclarés ou qui ont fait l'objet de déclarations tardives ou inexactes. (*L. 28 avril 1893, art. 13 et 13 avril 1898, art. 7.*)

3079. — *Payement de la taxe.* — La taxe sur les vélocipèdes est recouvrée comme en matière de contributions directes. — Voir RECOUVREMENT, POURSUITES, PRIVILÈGE.

Elle est payable par portions égales en autant de termes qu'il reste de mois à courir à dater de la publication du rôle.

La taxe est due *pour l'année entière* à raison des vélocipèdes possédés *à la date du 1er janvier*.

En cas de déménagement hors du ressort de la perception, la taxe ou portion de taxe restant à acquitter est immédiatement exigible.

En cas de décès du redevable, les héritiers sont tenus au payement de la taxe ou portion de taxe non encore acquittée. (*L. 28 avril 1893 ; Inst. Dir. gén. contr. dir. 29 juin 1893.*)

3080. — *Eléments imposables appartenant à des personnes ne jouissant pas de leurs droits.* — Lorsque des vélocipèdes sont possédés par des personnes majeures ou mineures ne jouissant pas de leurs droits, au sens de la loi du 21 avril 1832, les père, mère, tuteur ou curateur de ces personnes leur sont substitués pour les obligations et les charges résultant des articles qui précèdent. — La taxe est imposée en leur nom et recouvrée sur eux. (*L. 28 avril 1893, art. 17.*)

3081. — *Fonctionnaires ou agents exempts de la taxe.* — Sont exempts de la taxe :

1° Les vélocipèdes de toute nature possédés par les administrations publiques, civiles ou militaires ;

2° Les vélocipèdes de toute nature possédés par les fonctionnaires employés ou agents des mêmes administrations, lorsque l'usage leur en est obligatoirement prescrit par un règlement officiel ;

3° Les vélocipèdes ordinaires à une place possédés, à titre facultatif, par les mêmes fonctionnaires, employés ou agents, lorsque la partie de leurs émoluments soumise à la retenue pour les pensions civiles est inférieure à 1,500 fr., et qu'en outre ils utilisent habituellement ces vélocipèdes pour l'exécution du service. (*L. 19 juillet 1900, art. 6.*)

Pour bénéficier de l'exemption de taxe, les agents du service du recouvrement doivent donc remplir les conditions spécifiées au n° 3 ci-dessus qui sont au nombre de quatre, savoir :

1° L'exemption de taxe n'est applicable qu'aux vélocipèdes *ordinaires* à l'exclusion des vélocipèdes à moteur mécanique ;

2° Les vélocipèdes doivent être à une place seulement ;

3° Ils doivent être employés habituellement pour l'exécution du service ;

4° Les agents qui les possèdent doivent avoir des émoluments soumis à retenue inférieurs à 1,500 francs. Les seuls émoluments à considérer sont les émoluments *nets*, abstraction faite des indemnités allouées pour frais de bureau, de tournée, etc.

Par application de ces dispositions, les percepteurs ne peuvent prétendre à l'exemption que si leurs émoluments bruts sont inférieurs à 2,000 francs, puisque de ce chiffre il y a lieu de déduire un quart pour frais de bureau, ce qui ramène les émoluments nets à 1,500 francs.

Quant aux percepteurs surnuméraires, ils sont exempts de la taxe s'il est établi qu'ils emploient habituellement leurs vélocipèdes pour l'exécution de leur service. Ce cas peut se présenter notamment pour les surnuméraires détachés auprès d'un percepteur titulaire.

Les percepteurs titulaires et surnuméraires ainsi que les porteurs de contraintes qui réunissent les conditions requises pour être exemptés de la taxe sont, sur leur demande, portés sur un état que le trésorier général dresse chaque année et qu'il transmet, dûment certifié, à la direction des contributions directes du 1er au 10 février. (*Circ. compt. publ. 9 mars 1901, § 3 ; Circ. min. Int. 22 mars 1901.*)

3082. — *Rôles. — Recouvrement. — Réclamations,* — Les rôles sont établis et recouvrés, et les réclamations sont présentées, instruites et jugées comme en matière de contributions directes. (*L. 28 avril 1893, art. 16 ; Inst. Dir. gén. contr. dir. 29 juin 1893.*)

3083. — *Attributions aux communes.* — Il est attribué aux communes un quart du produit de la taxe, déduction faite des cotes ou portions de cotes allouées en dégrèvement. (*L. 28 avril 1893, art. 15.*)

Le produit des attributions a lieu comme pour la contribution sur les voitures et chevaux (V. nos 3120 et suiv.) — V. PIÈCES JUSTIFICATIVES, § 4.

Remises des percepteurs. — V. n° 2672.

3083 bis, § 1er. — *Plaques de contrôle.* — Tout vélocipède ou appareil analogue doit porter une plaque de contrôle, sur laquelle doivent être inscrits les nom, prénom et adresse du contribuable, ainsi qu'il est dit au n° 3083 ter § 1er. Toute contravention à cette obligation est passible des peines de simple police, sans préjudice du doublement de la taxe qui serait encouru pour défaut ou inexactitude de déclaration.

La plaque de contrôle est valable pour une durée de quatre années (V. nos 3083 ter, § 3.)

La plaque est destinée à prouver aux autorités chargées de verbaliser en matière de simple police que le vélocipède, tel qu'il se comporte, est inscrit sur les registres de l'administration des contributions directes.

Par exception, la plaque d'un vélocipède appartenant à un étranger devant séjourner en France moins de trois mois peut être remplacée par un permis de circulation délivré par le service des douanes à la demande de la partie intéressée (V. § 9.)

Lorsque le séjour en France se prolonge au delà de trois mois, les personnes domiciliées à l'étranger sont tenues d'apposer sur leurs vélocipèdes la plaque de contrôle. Cette plaque leur est délivrée par tout percepteur, après versement du montant total de la taxe dont elles sont passibles. (Loi 13 avril 1898, art. 8 ; Circ. compt. publ. 10 avril 1899, § 1er. L. 24 fév. 1900, art. 4 ; Circ. compt. publ. 9 juin 1900, § 3.)

3083 bis, § 2. — *Description des plaques de contrôle.* — Les plaques de contrôle sont de trois modèles différents : le premier (modèle A) pour les vélocipèdes sans moteur mécanique ; le second (modèle B) pour les vélocipèdes à moteur mécanique ; le troisième (modèle C) pour les vélocipèdes possédés en vertu de règlements administratifs ou militaires et exempts à ce titre d'impôts.

Délivrance des plaques. — La délivrance des plaques du troisième modèle (modèle C) est faite par les soins du directeur des contributions directes ; les percepteurs n'ont donc à intervenir que pour la remise des plaques des modèles A et B.

Renouvellement des plaques. — La partie principale de chaque plaque est réservée au millésime. Les plaques sont renouvelées tous les quatre ans ; elles sont valables du lendemain de la publication du rôle au 1er mai de la dernière année (1). A partir du 1er mai du renouvellement, tous les vélocipèdes doivent être munis d'une plaque au millésime réglementaire. Les plaques de l'ancien millésime ne sont pas retirées des mains des contribuables.

(1) Si le rôle est publié avant le 1er avril, les nouvelles plaques ne sont distribuées qu'à partir du 1er avril.

Dans l'intervalle compris entre la publication du rôle de la dernière année et le 1er mai de la même année, les vélocipèdes peuvent donc porter soit la plaque au millésime de l'année écoulée, soit la plaque au millésime de l'année en cours.

Contrefaçon des plaques. — *Pénalités.* — Les plaques sont frappées d'un poinçon spécial dans le cartouche circulaire placé à la partie supérieure. Toute contrefaçon de ce poinçon de l'État tombe sous le coup des dispositions du Code pénal (Livre III, chapitre 3, section 1re, § 2) et doit être dénoncée par les comptables qui en ont connaissance, au trésorier général chargé d'en saisir immédiatement le Procureur de la République en même temps que l'Administration supérieure. De même, les comptables doivent signaler à l'Administration centrale, par la voie hiérarchique, toutes les autres fraudes qu'ils pourraient découvrir, notamment l'emploi de plaques ne portant pas de poinçon.

Espace réservé sur les plaques où on doit inscrire le nom. — Sur les plaques des modèles A et B, il est réservé à la partie inférieure un espace libre où les contribuables sont tenus ainsi qu'il est dit ci-dessus de faire graver leur nom, prénom et adresse. Aucune mention ne peut être inscrite sur la partie de la plaque affectée au poinçon et au millésime.

Les vélocipèdes doivent être munis d'autant de plaques qu'ils comportent de places.

La plaque de contrôle est fixée par le possesseur du vélocipède sur le tube de direction, soit au moyen de la lame métallique délivrée en même temps que la plaque, soit à l'aide de tout autre procédé et sans se servir par conséquent de la lame.

Les plaques de contrôle doivent toujours rester apparentes. (Décr. 10 déc. 1898, art. 1 et 2; Circ. compt. publ. 10 avril 1899, § 2, et 9 juin 1900, §§ 2 et 3.) — V. n° 3083 ter.

3083 bis, § 3. — *Envoi aux comptables des plaques de contrôle et des lames d'attache.* — D'après les instructions de la Direction des contributions directes, le directeur de chaque département dresse un relevé des plaques présumées nécessaires pour chaque perception. Ce relevé est ensuite envoyé à l'Administration centrale, et des extraits sont transmis aux receveurs des finances pour les perceptions de leur arrondissement respectif.

La Direction générale des contributions directes fait parvenir directement à chaque receveur des finances, par colis postal, le nombre de plaques présumées nécessaires pour son arrondissement, en majorant toutefois ce nombre pour permettre de constituer, dans les bureaux de la recette des finances, une réserve destinée à parer aux besoins imprévus.

A la réception de chaque envoi, le receveur des finances doit vérifier l'état et le poids des colis. Il reste ensuite chargé de remettre à chaque percepteur le nombre de plaques et de lames d'attache qui lui revient d'après l'état dressé par la direction des contributions directes.

Cette remise est effectuée, contre récépissé, au percepteur en personne, le jour de son versement à la recette des finances. Dans le cas où les plaques parviendraient tardivement à la recette des finances et où le plus prochain versement du percepteur ne devrait avoir lieu qu'après la publication du rôle des vélocipèdes, la remise des plaques et des lames au percepteur peut être faite exceptionnellement par la poste. Un décret du 1er avril 1899 a accordé la franchise pour ces envois qui doivent avoir lieu sous chargement. A l'arrivée de ces envois, le percepteur vérifie l'état des colis et il en accuse *immédiatement* réception au receveur des finances.

Les comptables sont responsables des plaques qu'ils ont reçues ; ces plaques doivent être enfermées *dans leur caisse*, avec le numéraire, et représentées à toute vérification de leur service. (*Circ. compt. publ., 10 avril 1899, § 3.*)

3083 bis, § 4. — *Délivrance des plaques aux contribuables. — Règles générales.* — Les plaques étant valables pour une durée de quatre années jusqu'au 30 avril, le percepteur délivre les nouvelles plaques aussitôt la publication du rôle et avant le 1er mai.

Dans le cas où le percepteur recevrait les nouvelles plaques avant le 1er avril, il devrait attendre cette date pour les mettre en circulation.

Date à laquelle les vélocipèdes doivent être munis d'une plaque au millésime de la période en cours. — Au 1er mai, tous les vélocipèdes doivent être munis d'une plaque au millésime de la période en cours. Cette disposition ne peut toutefois autoriser les percepteurs à refuser de remettre des plaques aux contribuables qui ne se présenteraient qu'après le 1er mai : jusqu'à la date fixée pour la délivrance des plaques au millésime d'une nouvelle période, les contribuables ont la faculté de retirer leur plaque pour se mettre en règle avec la loi.

Renvoi des plaques portant l'ancien millésime. — Après la quatrième année, et le lendemain de la publication du nouveau rôle ou, suivant la distinction ci-dessus indiquée, dès le 1er avril, le percepteur n'a plus, dans aucun cas, le droit de délivrer des plaques frappées à l'ancien millésime. Les plaques portant cet ancien millésime et qui resteraient encore entre les mains du comptable, doivent être renvoyées à la recette des finances, suivant la marche tracée plus loin.

Délivrance des plaques et lames d'attache aux contribuables. — Avec chaque plaque de contrôle, le percepteur doit remettre une lame d'attache. La délivrance des plaques et des lames d'attache ne donne lieu à aucune rétribution spéciale ; elle est faite au bureau du percepteur, les jours où ce bureau doit rester ouvert. Les jours de tournée de recouvrement, le percepteur doit emporter avec lui un nombre de plaques et de lames d'attache suffisant pour satisfaire aux demandes des intéressés.

La remise de la plaque ne dispense en aucun cas le percepteur de délivrer une quittance à souche au contribuable lorsque ce dernier paie tout ou partie de la taxe (V. § 5). (*Circ. compt. publ. 10 avril 1899, § 4 et 9 juin 1900, § 3.*)

Lors de la remise des plaques aux contribuables, les percepteurs doivent faire connaître le cas échéant, que, conformément aux nouvelles dispositions de la loi du 24 février 1900, art. 4, les possesseurs de vélocipèdes sont tenus, sous peine de contravention, de faire graver sur les plaques délivrées, dans le cartouche réservé à cet effet, leur nom, prénom et adresse. (*Circ. compt. publ. 19 mars 1900, lettre commune n° 123.*)

3083 bis, § 5. — *Remise des plaques aux contribuables inscrits aux rôles.* — Le contribuable qui est inscrit au rôle primitif des vélocipèdes dans une commune de la perception peut retirer la plaque ou les plaques auxquelles il a droit dès le lendemain de la publication du rôle et, au plus tôt, le 1er avril. — V. ci-dessus, §§ 2 et 4.

Le modèle et le nombre de plaques auxquels a droit le contribuable sont déterminés par le nombre de places et la nature des vélocipèdes inscrits à son nom au rôle.

Chaque place de vélocipède sans moteur donne droit à une plaque du modèle A ; chaque place de vélocipède à moteur donne droit à une plaque du modèle B. Si par exemple, le contribuable est inscrit au rôle pour un vélocipède à une place, sans moteur mécanique, il ne peut retirer qu'une plaque du modèle A. Pour un vélocipède à une place et à moteur mécanique, le contribuable doit obtenir une plaque du modèle B. Lorsque le contribuable est inscrit au rôle pour deux vélocipèdes à une place ou pour un vélocipède à deux places, il peut réclamer deux plaques du modèle A ou B suivant que les appareils sont ou non munis d'un moteur.

Le nombre des plaques à remettre au contribuable varie exclusivement, comme il vient d'être dit, d'après le nombre des *places* de vélocipèdes inscrites au rôle et non d'après le montant des taxes imposées. Ainsi pour un vélocipède à une place *non déclaré*, le contribuable paye une double taxe comme s'il avait deux appareils et cependant il n'a droit qu'à une seule plaque de contrôle.

Payement des douzièmes échus. — Les plaques sont remises aux contribuables inscrits au rôle « contre payement des douzièmes échus ». Mais il est bien évident que le comptable est en outre tenu de s'assurer de l'identité des parties prenantes ; autrement, il suffirait à une personne *non imposée* d'offrir les termes échus sur un article quelconque, soit 1 fr. 50 ou 3 francs, pour obtenir une plaque représentant un impôt de 6 francs ou de 12 fr.

Contribuable ne payant que les douzièmes échus. — Production de l'avertissement, mention à inscrire sur cette pièce. — Si le contribuable n'entend payer, *comme il en a le droit*, que les *douzièmes échus*, il doit représenter l'avertissement qui lui a été envoyé pour sa taxe de vélocipède, cette pièce est considérée, dans l'espèce, comme établissant suffisamment son identité. L'avertissement peut être présenté au percepteur non seulement par le contribuable en personne, mais par un tiers quelconque, même par un mineur, la production de l'avertissement prouvant suffisamment, au cas particulier, le mandat donné au porteur de retirer la plaque. La même personne peut se charger de retirer les plaques de plusieurs contribuables en payant les douzièmes échus et en représentant les avertissements. Au moment de la remise d'une plaque sur la production d'un avertissement et contre payement des douzièmes échus, le percepteur doit inscrire sur l'avertissement, à l'aide d'un composteur ou manuscritement, la mention suivante : « Plaque remise par le percepteur de... ». Si la mention est mise à la main, les mots « par le percepteur de..... » peuvent être remplacés par la signature du comptable ou par le cachet de la perception. Si le même avertissement comporte la délivrance de plusieurs plaques, de deux plaques par exemple, le comptable l'indique ainsi : « Deux plaques remises par le percepteur de..... ». La mention doit toujours être apposée dans la partie du cadre réservée au titre de la colonne 4 (Nature des bases de cotisation).

A défaut de production d'avertissement, le contribuable doit justifier régulièrement de son identité, à moins toutefois qu'il ne soit connu du percepteur. Une carte d'identité photographique, une quittance de loyer, un livret militaire, une carte d'électeur, etc., suffisent pour cette justification. On peut accepter également, au même titre, les cartes d'identité délivrées à leurs membres par les sociétés vélocipédiques, telles que le *Touring Club de France*, l'*Union vélocipédique de France*, etc.

Payement de l'intégralité de la taxe ou, suivant le cas, des douzièmes échus. Mention à inscrire sur le rôle. — Si la partie consent à payer l'*intégralité* de la taxe de vélocipède, elle peut retirer la plaque (ou les plaques si l'article comporte la remise de plusieurs plaques), sans être tenue de représenter l'avertissement et sans avoir à produire aucune justification d'identité.

Dans tous les cas, le comptable doit indiquer, dans la colonne du rôle affectée à cet effet, la date de la remise de la plaque. Toutes les fois que le contribuable ne paye que les douzièmes échus et qu'il ne représente pas son avertissement, le comptable indique au-dessous de cette date, la nature de la pièce d'identité communiquée et restituée immédiatement à la partie intéressée. Si le contribuable est connu du percepteur et ne lui communique pas, pour cette raison, de pièce d'identité, le comptable se borne à mettre, au-dessous de la date de la remise de la plaque, les lettres *S. P.* Cette mention signifie que le contribuable, acquittant seulement les douzièmes échus, n'a pu produire son avertissement, mais qu'étant connu du percepteur, il s'est présenté en personne à la perception et a obtenu la plaque *sans pièce* d'identité.

Calcul des douzièmes échus. — La taxe sur les vélocipèdes est payable par *douzième*, malgré la réunion de cette taxe avec le même rôle que la contribution sur les voitures, chevaux, mules et mulets et la taxe sur les billards qui sont payables d'ordinaire par *neuvième*, ainsi que l'indique l'avertissement. Le comptable ne doit pas avoir égard à cette mention en ce qui concerne la taxe des vélocipèdes et, si le contribuable n'offre pas de lui payer *intégralement* cette taxe, il doit, exiger au moins les *douzièmes* échus. Le calcul de la somme exigible est des plus simples, étant donné que le douzième des taxes de vélocipèdes est toujours de 0 fr. 50 ou d'un multiple de 0 fr. 50. Si, par exemple, le rôle est publié au mois d'avril, il est dû 3 douzièmes, c'est-à-dire 1 fr. 50 pour une bicyclette déclarée à une place sans moteur mécanique, et 3 francs si la bicyclette déclarée est à une place et à moteur mécanique.

Cas où il y a lieu de refuser la plaque. Devoir des comptables. — Si le contribuable se refuse à solder tous les douzièmes échus sur sa taxe de vélocipède au moment où il se présente pour retirer sa plaque, le comptable ne doit pas la lui remettre. L'inobservation de cette prescription pourrait engager la responsabilité du comptable, notamment au cas où la cote deviendrait irrecouvrable. Dans cet ordre d'idées, il importe que, lors du retrait de la plaque, le comptable, après avoir exigé les douzièmes échus, les émarge exactement à l'article des vélocipèdes et ne les impute pas au payement d'un autre article dû par le contribuable. De même, lorsque le contribuable est imposé en même temps pour des voitures, des chevaux et des vélocipèdes et qu'il ne solde pas intégralement tout l'article de rôle, le comptable doit indiquer, d'une manière distincte, sur la souche et sur la quittance, le versement fait *au titre des vélocipèdes*. Si le contribuable solde intégralement tout l'article, c'est-à-dire toute la contribution des voitures, toute la taxe des billards et toute la taxe des vélocipèdes, le percepteur inscrit, sur la souche et sur la quittance, en face du numéro de l'article et du versement fait : les mots « voitures, chevaux, billards et vélocipèdes. » Si le contribuable n'est imposé au rôle que pour des vélocipèdes, le comptable met, sur la souche et sur la quittance, le mot « Vélocipède ».

Contribuable prétendant être surtaxé, etc. — Par exception, lorsque le contribuable prétend qu'il est surtaxé et qu'il déclare être dans l'intention de former une demande en réduction, il peut être admis à retirer des plaques en nombre *inférieur* à celles qui lui reviennent d'après l'imposition; il peut également retirer une plaque du modèle A au lieu d'une plaque du modèle B. Dans ces deux cas, le percepteur ne doit pas exiger les douzièmes échus sur le montant intégral de l'article, mais simplement sur les taxes correspondant aux plaques dont le retrait est demandé. Le fait doit être mentionné sur le rôle ainsi que dans la colonne d'observations du carnet spécial, modèle n° 1, dont il est parlé au paragraphe XII.

Résumé. — Réserve faite de l'exception qui précède, toutes les fois qu'il s'agit d'un contribuable inscrit au rôle, la remise de la plaque est faite, *sans aucune justification*, contre le simple payement de l'intégralité de la taxe des vélocipèdes; si le contribuable n'offre pas de payer intégralement cette taxe, la remise de la plaque ne peut avoir lieu que contre versement des douzièmes échus et présentation de l'avertissement ou d'une pièce d'identité. *(Circ. compt. publ., 10 avril 1899, § 5.)*

3083 bis. § 6. — *Remise des plaques aux contribuables devenus, en cours d'année, possesseurs de vélocipèdes.* — *Déclaration à faire à la mairie.* — Toute personne, qui, dans le courant de l'année, devient possesseur de vélocipèdes imposables dont la taxe à partir du 1er du mois dans lequel le fait s'est produit et sans qu'il y ait lieu de tenir compte des taxes imposées au nom des précédents possesseurs. — V. n° 3076.

Les nouveaux possesseurs doivent faire à la mairie, ainsi qu'il est énoncé au n° 3077, la déclaration de leur vélocipède dans les trente jours de la date des faits qui motivent l'imposition.

Une fois en possession du récépissé de cette déclaration, les nouveaux possesseurs doivent aller réclamer leur plaque au percepteur de la commune où leur déclaration a été faite.

Le percepteur vérifie en premier lieu si les récépissés de déclaration qu'on lui présente ont été délivrés par le maire *d'une commune de sa perception.* Dans la négative, il doit inviter la partie à se rendre chez le percepteur de la commune où la déclaration a été faite.

En second lieu, il convient de remarquer que tous les récépissés de déclaration signés par le maire d'une commune de la perception ne donne pas droit à une plaque. On sait, en effet, que les déclarations doivent être modifiées, en cas notamment de changement dans le lieu de l'imposition des vélocipèdes. — Lorsqu'il reçoit une déclaration modificative de cette nature, le maire remplit la partie du récépissé indiquée par la lettre A. Tout récépissé dont la partie B est remplie ne peut donner droit à la délivrance de plaques pour les vélocipèdes qui y sont indiqués, car le contribuable a déjà pu retirer ces plaques en s'adressant au percepteur de la commune où il est imposé pour l'année courante. De même,

les contribuables qui ne possèdent plus de vélocipèdes et qui en font la déclaration reçoivent un récépissé constatant *qu'ils ne sont plus imposables.* Ces récépissés ne peuvent évidemment donner droit à une plaque.

Ce que doivent contenir les déclarations. — *Payement de la taxe, etc.* — Aux termes de l'article 7 de la loi du 13 avril 1898, les déclarations doivent contenir l'indication, non seulement du nombre des vélocipèdes, mais aussi de leur nature *(avec ou sans moteur mécanique)* et de leur nombre de places. Les contribuables qui se présentent avec des récépissés de déclaration ne contenant pas toutes ces indications doivent être renvoyés au maire qui a reçu les déclarations et qui doit les compléter en approuvant par une nouvelle signature les mots ajoutés.

Lorsque le récépissé de déclaration présenté au percepteur est régulier en la forme, qu'il a été délivré par le maire *d'une commune de la perception* à un contribuable qui a déclaré *être imposable* et que la partie B de l'imprimé n'est pas remplie, le comptable remet les plaques que comportent les vélocipèdes déclarés.

Cette délivrance est faite, dit le décret, sur *la présentation du récépissé de déclaration.* Il résulte implicitement de ces termes que le contribuable n'a, dans ce cas, aucun versement à faire pour obtenir la remise de la plaque. Mais pour lui éviter un nouveau déplacement, le percepteur est autorisé à liquider provisoirement la taxe et à en encaisser le montant intégral.

Lorsque le contribuable accepte de payer immédiatement l'intégralité de la taxe liquidée par le comptable, celui-ci lui remet, *sans aucune justification supplémentaire,* les plaques auxquelles il a droit d'après le récépissé de déclaration.

Lorsque le contribuable préfère ne pas verser immédiatement la taxe, le percepteur doit, s'il ne le connaît pas, lui demander de justifier de son identité, le percepteur doit apposer sur le récépissé de déclaration à restituer comme dans le premier cas examiné ci-dessus (V. § 5). Sans cette précaution, la fraude serait, en effet, trop facile : les personnes de mauvaise foi n'auraient qu'à faire une déclaration sous un faux nom, elles obtiendraient ensuite une plaque sans avoir à verser la moindre somme et la cote qui serait ultérieurement inscrite au rôle ne pourrait être recouvrée.

Dans tous les cas, c'est-à-dire soit que le contribuable verse la totalité de la cote, soit qu'il n'effectue aucun versement et justifie alors de son identité, le percepteur doit apposer sur le récépissé de déclaration à restituer à l'intéressé une mention indiquant la remise de la plaque. Cette mention est placée au-dessous du titre : « Récépissé à remettre au déclarant ».

La remise de la plaque et, le cas échéant, le versement fait par le contribuable sont enregistrés sur le carnet mod. n° 4 dont il est parlé ci-après.

Lorsque le contribuable porteur du récépissé de déclaration ne paye pas la totalité de la taxe, le percepteur inscrit dans la colonne 6 du carnet spécial la nature de la pièce d'identité qui lui a été communiquée ou les lettres S. P. pour indiquer que le contribuable étant connu de lui, a retiré sa plaque sans avoir produit de pièce d'identité.

La liquidation provisoire ne doit être faite, comme il est dit plus haut, que dans le cas seulement où le contribuable offre de payer *l'intégralité* de la taxe. Par conséquent, s'il n'offre de payer qu'une partie de la taxe, le comptable doit refuser d'effectuer la liquidation provisoire et de recevoir le versement offert.

Lorsque le contribuable demande de payer la totalité de la taxe due pour les vélocipèdes portés sur le récépissé de déclaration, le percepteur effectue au vu de ce récépissé la liquidation provisoire sur son carnet mod. n° 1. Il doit remarquer que la taxe est due *à partir du 1er du mois dans lequel le contribuable a déclaré être devenu possesseur* du vélocipède; il calcule le nombre de douzièmes restant à courir depuis le 1er de ce mois jusqu'à la fin de l'année: le nombre de douzièmes ainsi trouvés est multiplié par autant de fois 0.50 que le vélocipède comporte de places. Si le vélocipède est à moteur mécanique, les douzièmes sont multipliés par autant de fois 1 fr. que l'appareil a de places. Ainsi, par exemple, un contribuable qui a déclaré posséder un vélocipède à une place sans moteur depuis le 25 juillet, est imposable pour six douzièmes à 0 fr. 50 soit 3 francs. Pour un vélocipède de même nature à trois places et possédé depuis la même époque, la taxe à imposer est de 9 francs (6×0.50×3).

S'il existe un écart de plus de trente jours entre la date de la déclaration *à la mairie* et la date indiquée par le contribuable comme étant celle de son entrée en possession du vélocipède, la taxe exigible doit être doublée.

Dans le cas où le contribuable se présente avec un récépissé de déclaration *délivré* dans l'année courante, mais indiquant qu'il est possesseur d'un vélocipède depuis les derniers mois de l'année écoulée, le comptable ne doit pas calculer de taxe pour cette année écoulée ; il doit se borner à calculer l'imposition pour la totalité de l'année courante sans avoir jamais, dans ce cas exceptionnel, à doubler la taxe. Ce doublement et la taxe due pour l'année écoulée sont, s'il y a lieu, calculés par le service de l'assiette et compris dans un rôle supplémentaire.

Aux taxes dues par chaque contribuable, il doit être ajouté 0.05 pour frais d'avertissement. Dans les exemples donnés ci-dessus, le contribuable doit donc verser au percepteur 3 fr. 05 ou 9 fr. 05.

Le comptable fait recette au journal à souche, sous le numéro d'ordre du carnet spécial, du montant de la liquidation, y compris les frais d'avertissement, et la quittance à remettre au contribuable est ainsi libellée: « Consignation pour vélocipède ».

Le contribuable est informé, à ce moment, qu'il recevra ultérieurement un avertissement lui indiquant le montant de la somme inscrite au rôle ; que la consignation sera imputée d'office au payement de cette cote (V. § 12) et que ce n'est que dans le cas d'une erreur de liquidation qu'il sera invité soit à toucher l'excédent, soit à solder l'insuffisance.

La même personne peut se charger de retirer les plaques revenant à plusieurs contribuables en présentant les récépissés de déclaration et en versant l'intégralité des taxes.

Si le contribuable a perdu son récépissé de déclaration et ne veut pas attendre l'émission du rôle le concernant pour avoir la plaque, il doit demander au maire de lui délivrer une copie littérale de la déclaration inscrite sur la souche du registre conservé à la mairie. Le percepteur accepte cette copie dûment signée par le maire au lieu et place du récépissé de déclaration, mais il en fait mention sur son carnet mod. n° 1.

Le contribuable qui déclare un vélocipède en cours d'année est généralement compris sur un rôle supplémentaire ; il peut toutefois figurer sur le rôle primitif si la déclaration a lieu dans les premiers jours de janvier. Dans tous les cas, pour éviter, soit de réclamer une somme déjà acquittée, soit de remettre des plaques à des contribuables qui n'y ont plus droit, le percepteur doit, dès la publication du rôle primitif ou supplémentaire, avoir soin d'y reporter les versements inscrits sur le carnet mod. n° 1 (les versements doivent être aussi reportés, le cas échéant, à l'article principal du contribuable sur le rôle général) ; il doit également indiquer, dans la colonne du rôle affectée à la date de la remise de la plaque, le numéro d'ordre sous lequel la plaque est inscrite comme sortie au carnet mod. n° 1.

Il importe de remarquer que les rôles supplémentaires ne visent pas seulement les contribuables qui ont fait une déclaration en cours d'année ; ils comprennent aussi les autres contribuables imposables qui, pour un motif quelconque, ne figurent pas sur le rôle primitif. En ce qui concerne les contribuables qui ne peuvent pas présenter un récépissé de déclaration, il doit être procédé ainsi qu'il est expliqué pour le premier cas examiné ci-dessus (V. § 5) : le percepteur doit exiger au minimum le payement des douzièmes échus. Il en est de même pour le contribuable qui a fait une déclaration si, au lieu de retirer sa plaque au moyen du récépissé de cette déclaration, il attend la publication du rôle et présente alors l'avertissement sans exciper du récépissé.

En résumé, en ce qui concerne les contribuables devenus, en cours d'année, possesseurs de vélocipèdes, la remise de la plaque est faite par le percepteur sur le vu du récépissé de déclaration et contre 'payement de l'intégralité de la taxe. S'il ne consent pas à payer *l'intégralité* de la taxe, le contribuable doit justifier de son identité, à moins qu'il ne soit connu du comptable. (*Circ. compt. publ. 10 avril 1899, § 6.)*

3083 bis, § 7. — *Remises des plaques à des contribuables qui en ont déjà reçu dans l'année courante, mais portant l'ancien millésime.* — Lorsqu'un contribuable se présente à la perception porteur d'un récépissé de déclaration dans les premiers mois de l'année de la dernière période et avant la publication du rôle primitif, il est impossable au titre de l'exercice en cours, mais les nouvelles plaques n'étant pas encore en circulation, il ne peut recevoir qu'une plaque de l'ancien millésime qui est valable jusqu'au 1er mai seulement. Pour lui permettre de circuler pendant les autres mois de l'année, le décret lui donne le droit de se faire délivrer gratuitement une nouvelle plaque du nouveau millésime, dès que les plaques de cette catégorie sont mises en circulation.

L'article 3 du décret qui prévoit ce cas est ainsi conçu : « Les plaques délivrées dans les conditions du paragraphe ci-dessus (plaques délivrées au vu du récépissé de déclaration) portent le millésime en usage au moment où la remise en est faite. Si, à raison de la date de la déclaration, le possesseur du vélocipède ne figure pas sur le rôle primitif, il doit, après la publication dudit rôle et avant le 1er mai, réclamer au percepteur, qui la lui délivre gratuitement, une plaque au nouveau millésime. »

Cet article appelle plusieurs observations. En premier lieu, les mots *avant le 1er mai* ne font pas obstacle à ce que le contribuable retire même *après le 1er mai* la plaque de contrôle, les contribuables devant toujours avoir la possibilité de se mettre en règle avec la loi. A cet égard, on ne peut que renvoyer aux observations qui ont été fournies précédemment sur ce point identique. (Voir § 4).

En second lieu, l'article 3 vise les contribuables qui ne figurent pas sur le rôle primitif, mais il est également applicable aux contribuables qui, devenus possesseurs d'un vélocipède ont fait leur déclaration dans les premiers jours de janvier et sont compris au rôle primitif.

Pour avoir la plaque au nouveau millésime, le contribuable intéressé n'a qu'à présenter au percepteur qui lui a délivré la première plaque, le récépissé de sa déclaration ou la quittance à souche. A l'aide de l'une ou de l'autre de ces pièces, le percepteur se reporte à l'article correspondant de son carnet spécial mod. n° 1 et contrôle si le contribuable a droit à une nouvelle plaque. Dans l'affirmative, il la lui remet sans réclamer aucune autre justification et sans

exiger notamment la remise de l'ancienne plaque, mais il a soin d'apposer sur le récépissé ou sur la quittance la mention indiquant que la nouvelle plaque au millésime de... a été remise. Il mentionne en outre cette remise et la nature des pièces produites (récépissé ou quittance à souche) sur son carnet modèle n° 1.

Si le contribuable ne peut représenter ni le récépissé, ni la quittance, il doit justifier de son identité au percepteur et lui indiquer l'époque à laquelle il a retiré la première plaque. Le percepteur contrôle comme il est dit plus haut, si le contribuable a droit à une seconde plaque, et, dans l'affirmative, il la lui remet en inscrivant sur le carnet modèle n° 1 la pièce d'identité produite ou les lettres S P pour indiquer que le contribuable étant connu n'a pas eu à produire de pièce d'identité.

La plaque au nouveau millésime doit, en principe, comme il est dit ci-dessus, être réclamée au percepteur qui a délivré la première plaque. Mais, lors de la mise en circulation des plaques au nouveau millésime, le contribuable peut se trouver dans une autre commune ; dans ce cas, il est autorisé à se faire délivrer la nouvelle plaque par l'intermédiaire du percepteur de la commune où il se trouve. Ce dernier comptable ne peut toutefois délivrer la plaque qu'après avoir demandé et obtenu l'autorisation du percepteur pour le compte duquel il agit. A cet effet, il se sert d'un imprimé conforme au modèle n° 3 reproduit en annexe. Les percepteurs et les receveurs des finances ont à se conformer très exactement aux indications portées sur cet imprimé. Les receveurs des finances doivent notamment prendre note des imprimés mod. n° 3 qu'ils sont appelés à viser et qui viennent augmenter ou diminuer le nombre des plaques que les percepteurs ont à recouvrer en vertu de leurs rôles. (*Circ. compt. publ. 10 avril 1899, § 7.)*

3083 bis, § 8. — *Remise des plaques aux contribuables qui apportent, en cours d'année, des changements au nombre des places ou à la nature de leurs vélocipèdes.* — Le contribuable peut, en cours d'année, changer ou modifier les vélocipèdes qu'il possède.

Si la matière imposable devient de moindre importance, le principe de l'annualité de l'impôt s'oppose à ce que le contribuable obtienne un dégrèvement quelconque.

Si, par suite de transformation de vélocipède ou de substitution d'un nouvel appareil à l'ancien, le contribuable augmente le nombre de places, il doit en faire la déclaration à la mairie et les plaques lui sont remises pour les nouvelles places déclarées comme il est dit ci-dessus pour le deuxième cas. (V. § 6).

Le contribuable doit encore faire une nouvelle déclaration s'il modifie la *nature* des vélocipèdes. Si, à un vélocipède ordinaire, il substitue un vélocipède à moteur, il doit se munir d'une plaque de motocycle. Cette plaque lui est délivrée sur le vu du récépissé de déclaration indiquant expressément qu'il s'agit d'une substitution.

Dans ce cas, on déduit de la taxe afférente au motocycle pour les mois restant à courir depuis le mois de l'entrée en possession, la taxe imposée pour les mêmes mois du chef du vélocipède ordinaire. Soit, par exemple, un contribuable imposé au rôle primitif pour un vélocipède ordinaire à une place (taxe pour l'année entière : 6 francs), et qui, dans le courant du mois d'août, change cet appareil contre un motocycle à une place. La taxe pour ce motocycle est de 5 francs (5 douzièmes à 1 franc). Mais, pour ces 5 douzièmes, le contribuable est déjà imposé pour 2 fr. 50 à raison de son vélocipède ordinaire (5 douzièmes × 0 fr. 50 = 2 fr. 50) ; il ne doit donc, en plus de la taxe primitive de 6 fr. 05, qu'une nouvelle taxe de 2 fr. 50 plus 5 cent. pour frais d'avertissement. Si le motocycle est à deux places, la nouvelle taxe à payer indépendamment de celle de 6 fr. 05 inscrite au rôle primitif, est de 7 fr. 50 plus 5 cent. pour frais d'avertissement (taxe du motocycle : 5 douzièmes à 2 fr. = 10 fr. — 2 fr. 50 = 7 fr. 50).

Dans le cas où le contribuable remplace, en cours d'année, un motocycle par un vélocipède ordinaire comportant au maximum le double de places, il peut, sans payer aucun supplément de droit, demander au percepteur des plaques de vélocipèdes ordinaires (modèle A), de manière à pouvoir circuler librement. La remise des plaques est faite après justification d'identité et sur le vu du récépissé indiquant expressément la substitution.

Si le vélocipède ordinaire comporte plus du double de places que le motocycle, il convient de procéder comme il est dit plus haut pour le cas de substitution d'un motocycle à un vélocipède ordinaire.

Dans aucun cas, le comptable ne doit retirer des mains du contribuable les plaques qui lui ont été délivrées en premier lieu. (*Circ. compt. publ. 10 avril 1899, § 8.*)

3083 bis, § 9. — *Remise des plaques aux étrangers séjournant en France plus de trois mois.* — D'après l'article 4 du décret « les vélocipèdes possédés par des personnes domiciliées à l'étranger et entrant en France sont admis à circuler sans plaque de contrôle quand le séjour sur le territoire français des possesseurs des appareils ne dépasse pas une durée de trois mois consécutifs.

» Ces personnes doivent, à cet effet, demander aux agents du service des douanes, au moment de leur entrée en France, des permis de circulation qui leur sont délivrés à leurs frais, sur papier timbré à 60 centimes, et dont elles doivent être porteurs pour en justifier à toute réquisition.

» Lorsque leur séjour en France se prolonge au delà de trois mois, les personnes domiciliées à l'étranger sont tenues d'apposer sur leurs vélocipèdes la plaque de contrôle prévue par l'article 1er. *Cette plaque leur est délivrée, par tout percepteur, après versement du montant total de la taxe dont elles sont passibles.* »

En conformité de cet article, la délivrance de la plaque peut être demandée au percepteur d'une commune quelconque sans qu'il y ait lieu de distinguer si l'étranger séjourne ou non dans cette commune. La remise de la plaque est faite, d'autre part, sans aucune déclaration préalable à la mairie, mais *contre versement immédiat de la taxe que liquide le comptable.*

Le percepteur retire des mains de l'étranger le permis de circulation ; il calcule ensuite, d'après la nature du vélocipède mentionné sur le permis et son nombre de places, la taxe exigible pour un mois ; puis il multiplie le chiffre ainsi trouvé par le nombre de douzièmes restant à courir depuis le *1er du mois qui suit l'expiration du permis* (le permis est valable pendant trois mois à partir de la date à laquelle il a été délivré. Conformément à la règle ordinaire, on doit calculer ce délai de quantième à quantième, en n'y comprenant ni le jour de la délivrance du permis ni le jour de l'expiration des trois mois. Un permis délivré, par exemple, le 31 mai est valable jusqu'au 1er septembre, *inclusivement*, et la taxe ne doit être calculée qu'à partir du 1er octobre), de telle sorte que le porteur du permis puisse jouir, dans tous les cas, comme le veut le décret, d'un délai plein de trois mois sans payer de taxe.

Mais il doit demeurer entendu que l'étranger peut se présenter à quelque époque que ce soit pour demander la plaque. Il peut donc la réclamer soit avant l'expiration, soit après l'expiration du permis. Dans ce dernier cas, ni la loi, ni le décret ne prévoyant une double taxe, le comptable doit s'abstenir de la calculer : l'étranger qui circule avec un permis périmé risque seulement de se voir dresser procès-verbal pour défaut de plaque.

Dans tous les cas, quelle que soit l'époque à laquelle l'étranger porteur d'un permis se présente pour réclamer une plaque, le percepteur doit lui retirer des mains le permis et calculer toujours la taxe à partir du 1er du mois qui suit l'expiration du permis. Soit, par exemple, un étranger dont le permis de circulation est venu à expiration en août et qui ne réclame une plaque qu'en décembre, cette plaque ne peut lui être remise que contre payement immédiat de quatre douzièmes (de septembre à la fin de l'année). Le même nombre de douzièmes est exigible si, au lieu de se présenter après l'expiration du permis, l'étranger se présente avant, soit par exemple en juillet.

Par exception, si le permis vient à expiration dans le cours d'une année et si l'étranger ne réclame la plaque que dans le cours de l'année suivante, la taxe ne doit être calculée qu'à partir du 1er janvier de l'année courante, sans aucun rappel pour l'année écoulée : l'étranger doit, dans ce cas, 12 douzièmes de l'année courante. Cette règle ne souffre d'exception que si l'étranger se présente dans le cours du mois de *janvier*. Dans ce cas exceptionnel, le percepteur doit percevoir la taxe : 1° pour les mois de l'année écoulée restant à courir depuis le 1er du mois suivant l'expiration du permis ; 2° pour toute l'année courante.

Les étrangers ne doivent pas recevoir d'avertissement, la taxe à payer par eux n'est jamais augmentée de 0 fr.05, contrairement à ce qui a lieu pour la taxe due par les contribuables résidant en France.

Le percepteur fait la liquidation de la taxe à payer par des étrangers sur le carnet spécial mod. n° 4. La taxe est toujours réputée concerner la commune chef-lieu de la perception.

Si l'étranger refuse de verser le montant intégral de la taxe calculée par le percepteur, celui-ci doit s'abstenir de lui remettre la plaque (ou les plaques si la taxe comporte plusieurs plaques), mais il doit conserver le permis de circulation dans le cas où *ce permis serait expiré*.

Le jour même ou le lendemain au plus tard de leur remise au percepteur, les permis de circulation sont transmis par les soins de ce comptable et par l'intermédiaire de la recette des finances, à la direction des Contributions directes. Si l'étranger a refusé d'acquitter la taxe, le percepteur le mentionne sur le permis. Dans le cas général où l'étranger a versé la taxe liquidée, le comptable inscrit sur le permis : 1° le numéro d'ordre d'inscription de ce permis au compte de sortie du carnet modèle n° 4 ; 2° le numéro de la quittance à souche délivrée ; 3° le montant de la somme versée par l'étranger. La direction des Contributions directes fait figurer les étrangers titulaires de ces permis dans un des rôles qui sont transmis ultérieurement au percepteur.

Les comptables doivent apporter tous leurs soins à la liquidation des taxes dues par des étrangers, car il est le plus souvent impossible dans la suite de poursuivre ces étrangers pour leur faire verser les sommes qu'ils ont payées en moins. Conformément à la règle générale, les trop payés qui sont constatés dans cette partie du service doivent être portés au compte « Excédents de versement » et les moins payés doivent être soldés, à défaut de l'intéressé, par le percepteur lui-même.

Le décret ne prévoit pas le cas où l'étranger, ayant payé la taxe pour tout ou partie d'une année, a reçu en échange une plaque portant l'ancien millésime, les nouvelles plaques n'étant pas encore en circulation. Il convient de combler cette lacune et de décider, par analogie avec le cas prévu à l'article 3, que l'étranger

dont il s'agit peut se faire remettre gratuitement une plaque au nouveau millésime conformément aux règles tracées plus haut (V. § 7).

Si l'étranger n'a pas réclamé à son entrée en France un permis de circulation, il ne peut obtenir de plaque qu'en faisant une déclaration à la mairie, suivant la marche prescrite aux contribuables résidant en France. La déclaration doit être acceptée bien que l'étranger n'ait pas de résidence habituelle dans la commune, mais par analogie avec ce qui est prescrit par la disposition finale de l'article 4 du décret et pour couvrir sa responsabilité, le comptable ne doit délivrer la plaque que contre versement *intégral* de la taxe exigible, liquidée comme il est dit au § 6. (*Circ. compt. publ. 10 avril 1899, § 9.*)

3083 bis, § 10. — *Remise des plaques aux contribuables poursuivis par voie de contrainte extérieure.* — Lorsqu'une taxe de vélocipède est recouvrée par voie de contrainte extérieure, il appartient au percepteur chargé du recouvrement de la contrainte de remettre la plaque au débiteur.

Les percepteurs qui émettent les contraintes doivent avoir soin d'indiquer, sur ces contraintes, à la suite de chaque cote de vélocipède : le nombre de places et la nature du vélocipède imposé ainsi que le nombre, le modèle et le millésime des plaques à délivrer. Si la contrainte est émise pour une cote de l'année écoulée et après la publication du rôle de l'année courante, le percepteur indique qu'il n'y a plus lieu de délivrer de plaques.

Dans le compte d'emploi (V. § 12), les percepteurs ont à tenir compte, sous une rubrique spéciale, des plaques remises par eux ou pour leur compte en vertu de contraintes extérieures et qui viennent augmenter ou diminuer le nombre des plaques qu'ils sont chargés de délivrer d'après leurs rôles.

Le percepteur chargé du recouvrement mentionne la remise de la plaque sur la quittance à souche délivrée au contribuable ; il indique, en outre, d'une manière très apparente, sur les contraintes qu'il renvoie recouvrées, le nombre et le modèle des plaques qu'il a délivrées. Les receveurs des finances intéressés vérifient ces indications et les enregistrent sur leur carnet de contrôle. (*Circ. compt. publ. 10 avril 1899, § 10.*)

En ce qui concerne les règles à suivre pour la délivrance des plaques, V. n° 3083 *ter* § 10.

3083 bis, § 11. — *Remise de nouvelles plaques en remplacement de plaques déclarées perdues.* — Les dispositions de ce paragraphe ont été modifiées par la circulaire de la comptabilité publique du 9 juin 1900, § 4, ainsi qu'il est énoncé au n° 3083 *ter*, §§ 4 et suiv.

3083 bis, § 12. — *Dispositions de comptabilité.* — Les receveurs des finances ainsi

que les percepteurs doivent tenir une comptabilité spéciale pour l'entrée et la sortie des
plaques de contrôle. Cette comptabilité est
divisée par campagne, chaque campagne comprend toutes les opérations relatives aux plaques portant un même millésime.

Dispositions concernant les percepteurs.
— Pour chaque campagne, les percepteurs
doivent : A) tenir un carnet d'entrée et de sortie des plaques de contrôle ; B) dresser un
compte d'emploi présentant la situation des
plaques reçues de la recette des finances et
remises aux contribuables.

A) *Carnet d'entrée et de sortie des plaques de contrôle.* — Le carnet d'entrée et
de sortie est conforme au modèle n° 1 ; avant
de s'en servir, le comptable intéressé doit le
faire coter et parapher par le receveur des finances. Ce carnet contient : 1° un compte
d'entrée pour lequel une page suffit dans
toutes les perceptions ; 2° un compte de sortie dont le nombre de pages varie suivant
l'importance des postes ; 3° un compte des
plaques restituées par les contribuables ayant
cessé d'être possesseurs de vélocipèdes ; 4° un
compte des plaques inutilisables remplacées
gratuitement par le percepteur ; il° deux ou trois
pages en blanc placées à la fin, sur lesquelles
le percepteur mentionne, pour ordre, les plaques qu'il a chargé d'autres percepteurs de
remettre en son lieu et place. Il suffit que le
percepteur mentionne dans cette 3me partie
du carnet : 1° la date de la remise des plaques ; 2° la perception (avec l'indication du
département) chargée de la délivrance des
plaques ; 3° le numéro de l'article du rôle ou
le numéro sous lequel figure le contribuable
sur le compte de la sortie de la campagne
précédente ; 4° le nombre de plaques remises.
Sur la première page du carnet réservé au
compte d'entrée, le receveur des finances inscrit lui-même le nombre de plaques modèles
A et B qu'il remet au percepteur. Lorsque,
par exception, l'envoi est fait par la poste, l'entrée des plaques est inscrite par le percepteur
sauf au receveur des finances à viser cette
inscription, lors du plus prochain versement
du comptable subordonné.
Le compte de sortie est destiné à recevoir
le détail de toutes les plaques qui ont été délivrées par le comptable. Les sorties de plaques
sont inscrites à ce compte par le percepteur
au moment même où elles ont lieu. Toutefois, pour les plaques remises à des contribuables *inscrits au rôle*, le percepteur les enregistre en bloc à la fin de chaque journée. L'article
à passer en fin de journée sur le carnet mod.
n° 1 est ainsi libellé : « Plaques remises ce jour
à des contribuables inscrits aux rôles ».
En ce qui concerne au contraire les plaques
délivrées à des contribuables *ne figurant pas
aux rôles*, le comptable doit passer un article
distinct pour chaque contribuable. Les men-

tions à porter, dans ce cas, dans la colonne 3
sont les suivantes :
1° Pour les plaques remises au vu de récépissés de déclaration, le comptable doit
indiquer : 1° la commune où a été faite la déclaration ; 2° le numéro du récépissé de
cette déclaration ; 3° la date de ce récépissé ;
4° les noms et domicile du déclarant tels
qu'ils figurent sur le récépissé ; 5° la nature
et le nombre de places des vélocipèdes déclarés ; 6° la date de l'entrée en possession
d'après le récépissé de déclaration. Exemple :
Commune de X. Récépissé n° 45, du 20 mai
1905. M. Bernard, demeurant à Z., rue de
Paris, n° 25. Un vélocipède sans moteur à
trois places, possédé depuis le 9 mai 1905.
2° Pour les plaques remises à des contribuables qui ont déjà reçu dans l'année
courante, mais avec l'ancien millésime, le
comptable indique, dans la colonne 3 : 1° le
numéro d'ordre du compte de la campagne
précédente ; 2° la date (jour, mois et an) de
la délivrance des premières plaques ; 3° la date
(jour, mois et an) du récépissé et du permis
de circulation au vu duquel les premières
plaques ont été délivrées. Le comptable a
soin d'indiquer, en outre, dans la colonne d'observations du compte de la campagne précédente, en regard du nom du contribuable intéressé, que la seconde plaque a été remise suivant article n°... du compte de la campagne
nouvelle.
3° Pour les plaques remises à des étrangers
porteurs d'un permis de circulation, le percepteur indique dans la colonne 3 : 1° le bureau
de douane qui a délivré le permis ; 2° le numéro d'ordre du permis ; 3° la date de la délivrance de ce permis ; 4° les noms et domicile
de l'étranger tels qu'ils figurent sur le permis ;
5° la nature et le nombre de places du vélo-
pède porté sur le permis.
4° Pour les plaques remises en vertu de
contraintes extérieures ou d'autorisations mod.
n° 3, le percepteur indique : 1° l'origine de la
contrainte ou de l'autorisation ; 2° la nature et
le nombre de places des vélocipèdes imposés.
Les colonnes 7 à 11 du compte de sortie ne
sont utilisées que dans le cas où il y a lieu
pour le percepteur d'effectuer la liquidation
provisoire de la taxe. Soit le contribuable pris
pour exemple ci-dessus et qui se présente, le
20 mai 1905, en demandant à solder la taxe et
en présentant un récépissé de déclaration du
19 mai constatant qu'il a acquis, depuis le 9
du même mois, un vélocipède sans moteur, à
3 places. Le nombre de douzièmes à imposer
(col. 7) est 8. Dans la colonne suivante, le
comptable inscrit 4 francs (produit de la multiplication des douzièmes par 0 fr. 50) ; dans
la colonne 10, il porte 12 francs (produit de
4 francs par le nombre de places) ; dans la
colonne 11, il inscrit 12 fr. 05 montant de la
taxe, y compris les frais d'avertissement. Si
le vélocipède est à une place, le percepteur

porte 4 francs dans la colonne 10 et 4 fr. 05 dans la colonne 11.

Après avoir été inscrits au journal à souche et au compte de sortie du carnet mod. n° 1, les versements faits à titre de consignation par les porteurs de récépissés, de même que les versements effectués par des étrangers porteurs d'un permis de circulation doivent, par analogie avec ce qui a lieu pour les patentes par anticipation, être imputés immédiatement par le percepteur au compte de la taxe des vélocipèdes de l'exercice qu'ils concernent.

Le compte de sortie est additionné tous les jours où des plaques ont été délivrées et le percepteur doit vérifier si la différence entre les entrées et les sorties est exactement représentée par les plaques restant en caisse.

Le compte de sortie est divisé en deux parties : la première va jusqu'au 31 décembre, la seconde, du 1er janvier suivant jusqu'à la publication du rôle primitif. Au 31 décembre, le total de la 1re partie est arrêté en toutes lettres par le percepteur et reporté en tête de la deuxième partie qui est placée à la suite de la première, sans aucun intervalle blanc. La deuxième partie, donne, de cette façon, le total des plaques délivrées, non pas seulement depuis le 1er janvier, mais depuis le commencement des opérations. — Il résulte de ces explications que, pour connaître le total des plaques délivrées depuis le 1er janvier seulement, c'est-à-dire le total de la 2e partie proprement dite, il suffit de retrancher du total général le total de la 1re partie arrêté en toutes lettres le 31 décembre.

En principe, le total de la première partie représente le total des plaques délivrées à des contribuables qui sont imposés sur les rôles primitifs ou supplémentaires de l'année portée sur les plaques. Inversement, le total de la deuxième partie doit représenter les plaques délivrées à des contribuables ne figurant pas sur les rôles.

Exceptionnellement, des plaques portées dans la première partie peuvent concerner des contribuables ne figurant pas sur les rôles. Il en est ainsi : 1° lorsqu'une plaque portée dans la 1re partie a été remise pour le compte d'un collègue, au vu d'une contrainte extérieure ou d'une autorisation mod. n° 3 ; 2° lorsqu'une plaque a été délivrée à la suite d'une transformation ou d'une substitution de vélocipède ne donnant pas lieu à imposition (V. § 8) ; 3° lorsqu'une plaque a été remise à la fin d'une année à un étranger dont le permis de circulation ne vient à expiration qu'au commencement de l'année suivante. Pour ces trois cas exceptionnels, le comptable souligne à l'encre rouge les inscriptions portées dans la colonne 4 et 5 et indique à l'encre rouge dans la colonne d'observations, qu'il s'agit de plaques délivrées à des contribuables ne figurant pas aux rôles. Ces plaques doivent, comme il est dit plus loin, être dé-

duites de la 1re partie, lorsque le percepteur dresse le compte d'emploi destiné à l'administration supérieure.

Réciproquement, des plaques portées dans la deuxième partie peuvent, par exception, concerner des contribuables inscrits aux rôles. Ce fait exceptionnel se produit : 1° lorsqu'un étranger se présente dans le cours de janvier, porteur d'un permis de circulation donnant lieu à imposition pour l'année écoulée ; 2° lorsqu'un contribuable ayant fait sa déclaration à la mairie avant le 31 décembre, ne se présente qu'après cette date pour retirer la plaque à laquelle il a droit avec le millésime de l'année écoulée ; 3° lorsqu'un contribuable ayant fait sa déclaration à la mairie après le 31 décembre, se présente à la perception dans le cours de janvier avec un récépissé de déclaration constatant qu'il est possesseur de son vélocipède depuis une date antérieure au 1er janvier. — Le contribuable dont il s'agit ne peut toutefois être compris sur le rôle supplémentaire du 4e trimestre de l'année écoulée, qui est émis le 31 janvier au plus tard, que si, quelques jours avant cette date, la déclaration est notifiée par la mairie à la Direction des contributions directes. Dans ces trois cas exceptionnels, le comptable souligne et à l'encre rouge les inscriptions portées dans les colonnes 4 et 5 et indique en observations qu'il s'agit de contribuables qui figurent aux rôles de l'année écoulée. Au moment de la rédaction du compte d'emploi, les plaques concernant ces contribuables sont déduites de la deuxième partie pour être ajoutées à celles de la première partie. Le comptable a soin toutefois de s'assurer, lorsqu'il s'agit du troisième cas susvisé, que le contribuable a bien été compris dans le rôle supplémentaire du 4e trimestre. Dans la négative, il le laisse figurer à la seconde partie.

Dans les perceptions très importantes où le nombre de plaques à délivrer est considérable, le compte de sortie peut être scindé en plusieurs paragraphes, dont le premier est consacré aux plaques remises à des contribuables qui se présentent comme inscrits au rôle ; le deuxième aux plaques remises au vu de récépissés de déclaration ; le troisième aux plaques remises au vu de permis de circulation, etc. Chacun de ces paragraphes est divisé, suivant les indications données ci-dessus, en deux parties dont la première va jusqu'au 31 décembre et la seconde jusqu'à la mise en circulation des plaques au nouveau millésime. Enfin chaque jour, les différents paragraphes sont récapitulés, de manière à présenter le total des plaques sorties dans la journée.

B) Compte d'emploi des percepteurs. — A la fin de chaque campagne, comprenant l'espace de temps qui s'écoule entre la publication de deux rôles primitifs, le percepteur dresse le compte d'emploi des plaques (mod.

n° 2)et le transmet dans le plus bref délai à la recette des finances.

Quant aux plaques déposées dans les mairies et retirées par les comptables (V. n° 3083 *ter*, § 9) elles sont enfermées dans des sacs et remises dès le plus prochain versement à la recette des finances.

Si à l'époque du plus prochain versement, le comptable n'a pas encore eu le temps de rédiger son compte d'emploi, il n'en doit pas moins réintégrer à la recette des finances les plaques ayant cessé d'avoir cours. Le compte d'emploi est ensuite transmis dans un délai très rapproché.

Le compte d'emploi est déposé à la recette des finances, appuyé : 1° des autorisations mod. n° 3 et des avis de remise de plaques (partie C du modèle n° 3) que le percepteur a reçus et qui viennent augmenter ou diminuer le nombre des plaques à remettre en vertu des rôles ; 2° d'un relevé dressé par le percepteur et présentant le détail des contraintes extérieures recouvrées par des collègues ou pour le compte de collègues et qui ont donné lieu à la délivrance de plaques. Le relevé mentionne, pour les contraintes recouvrées par des collègues : 1° le département et la perception où la contrainte a été recouvrée ; 2° le nombre de plaques remises en vertu de la contrainte ; pour les contraintes recouvrées pour le compte de collègues : 1° le département et la perception d'où la contrainte a été envoyée ; 2° le nombre de plaques remises.

La première page du compte d'emploi mod. n° 2 est réservée au compte des plaques concernant des contribuables inscrits sur les rôles primitifs ou supplémentaires de l'année écoulée.

Dans le paragraphe 1er de cette page, le percepteur indique le total des plaques afférentes aux impositions comprises dans les rôles. Ce total est vérifié ultérieurement par la recette des finances à l'aide d'un état qui lui est transmis par la Direction des contributions directes, ainsi qu'il est expliqué plus loin. Le total du § 1er du compte d'emploi doit concorder exactement avec celui porté sous la même rubrique sur l'état de la direction.

Dans le paragraphe II, le percepteur mentionne les plaques afférentes à des impositions comprises dans les rôles et qui cependant n'ont pas été délivrées. Les deux premiers articles de ce paragraphe visent les plaques concernant : 1° des contribuables dont la cote est présentée par le percepteur comme irrecouvrable ou comme indûment imposée pour la totalité ; 2° des contribuables qui ont demandé décharge totale de leur taxe de vélocipède et qui n'ont pas retiré la plaque qui s'y réfère. D'après les dispositions concertées avec la Direction générale des contributions directes, le service de l'assiette doit, lors de l'instruction des demandes en décharge de cette nature, s'assurer auprès

du percepteur si le contribuable a retiré sa plaque. Dans l'affirmative, le directeur des Contributions directes conclut, pour ce seul motif au rejet de la demande en décharge. Les comptables doivent donc avoir soin de donner sur ce point des renseignements très précis aux agents des contributions directes. L'exactitude des chiffres portés par le percepteur pour les deux premiers articles du paragraphe II est d'ailleurs contrôlée par le receveur des finances au moyen de l'état que lui fournit le directeur des Contributions directes. Les chiffres accusés par le percepteur et ceux donnés par la direction doivent encore sur ce point cadrer exactement.

Le troisième article du paragraphe II est relatif aux plaques laissées exceptionnellement entre les mains du percepteur par des contribuables non compris dans les deux premiers articles. Le percepteur porte par exemple en regard du troisième article les plaques destinées à des contribuables qui, ayant vendu leur vélocipède en cours d'année, payent l'impôt, mais refusent de recevoir la plaque (Mention de ce refus doit être faite dans la colonne du rôle affectée à la date de la remise de la plaque). Ce cas se présente d'ailleurs rarement et le plus souvent l'article 3 est laissé en blanc.

Quant aux deux derniers articles du paragraphe II, ils comprennent les plaques que le percepteur a fait remettre aux intéressés par d'autres percepteurs, soit en vertu de contraintes extérieures, soit en vertu d'autorisations mod. n° 3. L'exactitude des chiffres de cet article est contrôlée d'un côté, au moyen des inscriptions enregistrées sur le carnet de contrôle par la recette des finances, lors du passage des contraintes extérieures ou des avis de remise de plaques n° 3 ; d'un autre côté, par les avis de remise de plaques eux-mêmes que le percepteur doit annexer à l'appui de son compte d'emploi et que l'Administration supérieure peut rapprocher des comptes des autres percepteurs intéressés.

Le total du paragraphe III, est fourni par le compte de sortie, 1re partie, du carnet mod. n° 1, après toutefois que le percepteur a fait subir, le cas échéant, à cette 1re partie du compte, les augmentations ou les diminutions qui se trouvent indiquées à l'encre rouge dans la colonne d'observations.

Les percepteurs qui ne scindent pas, en plusieurs paragraphes, le compte de sortie du carnet mod. n° 1 peuvent se borner à donner, dans le cadre réservé au bas de la première page du compte d'emploi, le total des plaques délivrées aux contribuables inscrits aux rôles, sans faire le dépouillement des plaques remises à des contribuables qui se sont présentés porteurs d'un avertissement, ou d'un récépissé de déclaration, ou d'un permis de circulation, etc.

Le nombre des plaques du paragraphe 1er

du compte d'emploi diminué des plaques portées au paragraphe II doit concorder exactement avec le total que le comptable trouve pour le paragraphe III. S'il existe une différence en plus ou en moins, le percepteur et le receveur des finances doivent consigner leurs observations dans le cadre réservé à cet effet à la fin du compte.

Le paragraphe IV du compte d'emploi est affecté aux plaques concernant des contribuables non compris aux rôles. Les chiffres à porter en regard des différents articles de ce paragraphe sont donnés par le dépouillement du compte de sortie, 2ᵉ partie, du carnet mod. nº 1, augmenté ou diminué conformément aux indications portées à l'encre rouge dans la colonne d'observations. A la différence de ce qui a lieu pour le paragraphe III, le percepteur ne peut pas se borner à donner seulement le total général du paragraphe IV, il doit obligatoirement indiquer le nombre des plaques concernant chacun des cinq articles compris dans ce paragraphe.

Les deux derniers articles du paragraphe IV sont contrôlés à l'aide des inscriptions du carnet de contrôle de la recette des finances ainsi que par les autorisations mod. nº 3 qui doivent être jointes au compte du percepteur et qui peuvent être rapprochées par l'Administration supérieure des comptes des autres percepteurs intéressés.

Quant aux trois premiers articles du même paragraphe, ils sont vérifiés à l'aide de l'état transmis au receveur des finances par la direction des contributions directes. Les chiffres accusés par le percepteur pour l'article 2 doivent cadrer exactement avec ceux donnés sous la même rubrique dans l'état susvisé. Pour les articles 1 et 3, il importe de remarquer que l'état de la direction doit fournir le total général des plaques afférentes aux déclarations faites jusqu'au jour de la mise en circulation des nouvelles plaques par des contribuables non inscrits au rôle, mais il peut arriver que quelques-uns de ces contribuables ne se soient pas présentés à la perception pour retirer la plaque au millésime de l'année écoulée. Il en résulte que les chiffres inscrits sur l'état de la direction pour les articles 1 et 3 sont des maxima qui ne doivent jamais être dépassés dans le compte d'emploi, mais qui parfois peuvent n'être pas atteints.

Le paragraphe V du compte d'emploi présente la récapitulation des plaques délivrées par le percepteur. Le total de ce paragraphe doit être égal au total général du compte de sortie du carnet modèle nº 1.

Dans le dernier paragraphe du compte d'emploi le percepteur fait ressortir le nombre de plaques non employées. Toute différence en plus ou en moins dans cette partie du compte est de nature à engager la responsabilité du percepteur. Spécialement, les plaques manquantes peuvent avoir été utilisées par des contribuables pour échapper à l'impôt ; elles peuvent donc être la cause, pour le Trésor, d'un préjudice égal au montant de la taxe (6 fr. ou 12 fr.). Aussi, le percepteur qui ne restitue pas toutes les plaques non employées d'après le compte modèle nº 2 peut être l'objet d'une peine disciplinaire.

En cas de mutation de comptables dans le cours d'une campagne, il n'y a pas lieu de scinder le compte d'emploi ; le percepteur en fonctions à la clôture de la campagne, c'est-à-dire au moment de la mise en circulation des nouvelles plaques, est seul chargé de présenter le compte d'emploi embrassant toute la campagne qui vient de se terminer. Mais lors de chaque mutation de percepteurs, le receveur des finances doit vérifier et arrêter le compte d'entrée et de sortie du carnet modèle nº 1 et de faire prendre charge au comptable entrant du stock de plaques existant en caisse. Si la vérification des écritures faisait apparaître à ce moment une différence en plus ou en moins, le receveur des finances devrait la constater sur le procès-verbal de remise de service et la signaler à la Direction de la comptabilité publique.

Dispositions concernant les receveurs des finances. — Pour chaque campagne, les trésoriers généraux et les receveurs particuliers doivent tenir un carnet de contrôle sur lequel ils enregistrent, au fur et à mesure qu'elles ont lieu, les *entrées* (plaques envoyées par l'administration) et les *sorties* (plaques remises au percepteur). Ils mentionnent également sur ce carnet les autorisations mod. nº 3 et les contraintes extérieures qui ont donné lieu à délivrance de plaques et qui augmentent ou diminue le nombre de plaques à remettre par tel ou tel percepteur. Enfin, sur l'une des dernières pages du carnet, ils dressent un relevé général présentant, sur une seule ligne, *pour chaque perception*, les résultats consignés dans le paragraphe VI des comptes d'emploi.

A l'expiration de chaque période quadriennale, les receveurs des finances se font remettre les plaques non employées par les comptables (le nombre de plaques réintégrées par chaque percepteur doit être inscrit immédiatement sur le relevé général placé à la fin du carnet de contrôle) et reportent sur chaque percepteur le compte d'emploi (mod. nº 2) dont il est parlé ci-dessus. Ils vérifient immédiatement l'exactitude des additions et des résultats qui peuvent être contrôlés à l'aide soit des pièces annexées au compte, soit du carnet de contrôle de la recette des finances, soit enfin du carnet mod. nº 1, que le percepteur est tenu d'apporter (le carnet modèle nº 1 ne peut pas être conservé par la recette des finances, car il peut être utile au percepteur, notamment pour la délivrance de secondes plaques aux contribuables qui en ont déjà reçu dans l'année courante, mais avec le millésime de l'année expirée) au moment où il réintègre les plaques non employées et où il dépose son compte. Si cette première vérification faite fait ressortir des irrégularités graves, le receveur des finances doit en saisir immédiatement la Direction de la comptabilité publique.

Les comptes d'emploi, vérifiés d'une manière sommaire comme il vient d'être dit, sont conservés provisoirement par la recette des finances jusqu'au moment où la direction des contributions directes fait parvenir à la trésorerie générale et à chaque recette particulière l'état dont il est parlé ci-dessus à *Compte d'emploi, 4e alinéa*. (Cet état est transmis à la fin de la tournée des mutations). Le receveur des finances complète alors, à l'aide de cet état, la vérification des comptes d'emploi, qu'il fait redresser, le cas échéant, par les comptables intéressés. Il consigne telles observations qu'il appartient sur la dernière page des comptes et procède aux opérations suivantes :

1° Il établit une copie du relevé général qui a été dressé à la fin de son carnet de contrôle et qui a été rectifié, s'il y a lieu, conformément aux redressements opérés sur les comptes d'emploi à la suite de leur vérification.

2° Il fait suivre cette copie d'un décompte fournissant les cinq renseignements suivants : 1° nombre total de plaques envoyées par l'Administration à la recette des finances ; 2° nombre total de plaques employées d'après tous les comptes des percepteurs (§ 5 de ces comptes); 3° différence représentant le nombre de plaques devant exister à la recette des finances ; 4° nombre de plaques existant effectivement à la recette des finances; 5° différence égale à celle figurant dans les dernières colonnes du relevé général dont il est parlé ci-dessus ;

3° Il rédige un rapport dans lequel il signale nominativement les percepteurs dont les comptes présentent des différences en plus ou en moins ; il propose, en même temps, à l'égard de ces comptables, telles mesures qu'il juge utile.

Les comptes d'emploi accompagnés des pièces ci-dessus et appuyés des documents énumérés au 2e alinéa *Compte d'emploi* sont transmis par chaque receveur particulier à la trésorerie générale. A la suite du décompte relatif à l'arrondissement chef-lieu, le trésorier général reproduit les résultats des décomptes des arrondissements de sous-préfecture, de façon à faire ressortir le nombre *total* de plaques existant à la trésorerie générale et dans les recettes particulières. De même, dans un rapport d'ensemble, il rappelle les rapports des receveurs particuliers et formule son avis et ses propositions au sujet des mesures à prendre à l'égard des comptables de l'arrondissement chef-lieu et des arrondissements de sous-préfecture dont les comptes présentent des différences en plus ou en moins.

Un mois, au plus tard, après l'envoi par la

Direction des Contributions directes des états aux receveurs des finances, les comptes d'emploi mod. n° 2 vérifiés et accompagnés de toutes les pièces qui précèdent doivent être transmis par le trésorier général à la Direction de la Comptabilité publique. (*Circ. compt. publ. 10 avril 1899, § 12 et 9 juin 1900, § 9.*) — Voir les dispositions complémentaires énoncées ci-après, n° 3083 *ter*, § 9.

, 3083 *ter*, §§ 1er et 2. — *Plaques de contrôle.* — *Obligation pour les contribuables, sous peine de contravention, de faire graver leur nom, prénom et adresse sur les plaques de contrôle.* — Les contribuables sont tenus de faire graver, dans le cartouche réservé à cet effet sur la plaque, leur nom, prénom et adresse. Cette obligation est imposée pour rendre plus difficile l'emploi des plaques soustraites à leurs propriétaires ou perdues par ces derniers et que l'administration doit remplacer gratuitement, ainsi qu'il est expliqué ci-dessous, §§ 4 et suiv.

Il convient de remarquer que la plaque de contrôle portant les nom, prénom et adresse, rend inutile toute plaque d'identité qui serait prescrite par des arrêtés préfectoraux. (*L. 24 février 1900* ; *Décret du 11 mai 1900* ; *Circ. compt. publ., 9 juin 1900, § 2.*)

3083 *ter*, § 3. — *Durée de la validité des plaques.* — *Déclaration à faire, dans un délai de quinzaine, par les contribuables qui cessent d'être possesseurs de vélocipèdes et obligations pour ces contribuables de restituer les plaques qui leur ont été délivrées. — Règles à suivre par les percepteurs pour assurer sur ce point l'application de la loi.* — L'article 4 de la loi du 24 février 1900 dispose que les plaques de contrôle seront « à partir du 1er mai 1900, valables pour une durée de quatre années ». Les plaques au millésime de 1900 ayant été valables jusqu'au 30 avril 1904, elles ont été, à cette époque, remplacées par de nouvelles plaques au millésime de 1904.

Les contribuables qui cessent d'être possesseurs de vélocipèdes doivent, dans les quinze jours, en faire la déclaration au maire de la commune de leur résidence et lui remettre en même temps la plaque ou les plaques de contrôle qui leur ont été délivrées. Faute par les contribuables de s'être conformés à cette prescription, ils sont maintenus, pour l'année suivante, au rôle de la commune où ils étaient précédemment imposés (*L. du 24 février 1900, art. 7*).

Afin d'assurer l'application de ces prescriptions, les dispositions suivantes ont été adoptées par le ministre. Toutes les fois qu'un maire reçoit une déclaration portant qu'un contribuable n'est plus imposable à la taxe des vélocipèdes, il doit constater sur la souche du registre des déclarations et sur la copie à transmettre au directeur des contributions directes le nombre et la nature des plaques remises par le contribuable. Dans le cas où le contribuable ne remettrait pas de plaque, le fait serait expressément mentionné sur la souche et sur la copie ci-dessus désignées.

La plaque remise doit, ainsi qu'il est dit ci-dessus, porter les nom, prénom et adresse du contribuable, et, ce dernier ne doit pas omettre de se faire délivrer le récépissé de sa déclaration. — *V. ci-dessous*, § 12.

A chaque tournée mensuelle de recouvrement, le percepteur retire à la mairie les plaques restituées par les contribuables depuis la tournée précédente. Dans les villes, sièges d'une perception, la reprise des plaques par le percepteur a lieu tous les mois au moins, aux dates fixées de concert entre le maire et le comptable.

En retirant les plaques à la mairie, le percepteur indique le nombre de ces plaques au bas de la dernière souche utilisée du registre des déclarations. Cette mention d'ordre dûment datée et signée est ainsi libellée : « Le percepteur soussigné a retiré, ce jour, à la mairie (nombre en lettres) plaques modèle A (nombre en lettres) plaques modèle B. »

Le nombre des plaques retirées par le percepteur est d'autre part porté sur un état daté et signé par le maire et qui est remis immédiatement au comptable, à titre de justification provisoire de prise en charge.

Les plaques ainsi remises par le maire sont enfermées dans la caisse du percepteur et réunies dans un sac spécial de manière à ne pas être confondues avec les plaques bonnes à délivrer. *(Circ. compt. publ. 9 juin 1900, § 3.)*

3083 ter, § 4. — *Remplacement gratuit des plaques perdues ou soustraites.* — L'article 5 de la loi du 24 février 1900, autorise le remplacement gratuit des plaques de contrôle perdues ou soustraites. Le remplacement gratuit des plaques de contrôle perdues ou soustraites est subordonné à une déclaration de perte ou de soustraction. *(Modèle annexe n° 3 ; Circ. compt. publ. 9 juin 1900).*

Lieu assigné pour la déclaration. — En principe, la déclaration doit être faite à la mairie de la commune où le vélocipède est imposé et, s'il n'est pas imposé, à la mairie de la commune où il est imposable, c'est-à-dire à la mairie où il a été déclaré.

Par exception, le contribuable est admis à faire la déclaration dans la commune où a eu lieu la soustraction, lorsque cette commune est distante de plus de 50 kilomètres de celle de l'imposition.

Délai. — Dans tous les cas, la déclaration doit être faite *dans les deux jours* à compter de la date à laquelle l'intéressé a constaté la perte ou la soustraction. *(Loi du 24 février 1900, art. 5).*

Ce délai est de rigueur et ne peut être dépassé pour quelque motif que ce soit. Mais, conformément à la règle admise en matière de contributions directes, on ne doit compter dans le délai ni le jour de la constatation de la perte ou de la soustraction, ni le jour de l'échéance. Si, par exemple, la perte est constatée le 3 juillet, la déclaration peut régulièrement être reçue par le maire jusqu'au 6 juillet au soir.

Les mairies étant généralement fermées les jours fériés, le délai calculé comme il est dit ci-dessus, est prorogé au lendemain lorsqu'il expire un dimanche ou un autre jour férié.

Personne ayant qualité pour faire la déclaration. — La déclaration est faite par le contribuable, par son représentant légal ou par le porteur d'un mandat spécial : ce mandat peut être donné par simple lettre.

Rédaction de la déclaration. — Le maire rédige la déclaration dans la forme du modèle donné en annexe et notifié dans toutes les mairies par l'intermédiaire des préfets. Il est tenu notamment d'indiquer *en toutes lettres* le nombre et la nature des plaques déclarées perdues ou soustraites (plaques afférentes à un vélocipède avec ou sans moteur mécanique), la date à laquelle a été constatée la perte ou la soustraction, etc.

La déclaration doit être rédigée sur papier timbré à 0 fr. 60 aux frais du contribuable.

Pièces justificatives à produire au maire par le déclarant. — Lorsque la déclaration est faite dans la commune où le vélocipède est imposé ou imposable, le déclarant n'est tenu de produire au maire ni avertissement ni récépissé : il doit seulement justifier son identité.

S'il agit en qualité de mandataire, il doit produire en outre le mandat qui lui a été donné, dûment légalisé s'il y a lieu.

Dans le cas prévu par l'article 5 du décret, c'est-à-dire lorsque la déclaration est faite dans une commune autre que celle de l'imposition, le déclarant doit, indépendamment des formalités ci-dessus, communiquer au maire, *pour être représenté ensuite au percepteur*, soit l'avertissement de la taxe sur les vélocipèdes, soit le récépissé délivré en exécution des lois des 28 avril 1893 et 13 avril 1898.

L'avertissement d'une année ne doit être accepté que jusqu'au 1er mai de l'année suivante. Ainsi un avertissement de 1904 n'est valable pour le remplacement gratuit d'une plaque de vélocipède que jusqu'au 1er mai 1905.

Quant au récépissé, il ne peut, d'après l'article 5 du décret, remplacer l'avertissement que lorsque le contribuable n'est pas encore imposé. Le récépissé ne doit donc être admis que lorsqu'il résulte de sa date ou des explications fournies par le contribuable que celui-ci n'a pu encore être mis en possession de l'avertissement constatant son inscription au rôle.

Bien que le décret ne le prévoie pas expressément, on doit également accepter, dans les mêmes conditions que les avertissements, les extraits de rôles régulièrement délivrés par les percepteurs.

Durée de validité de la déclaration. — Le délai de deux jours fixé par l'article 5 de la loi du 24 février 1900 ne s'applique qu'à la formalité même de la déclaration ; mais, la déclaration une fois faite, le contribuable n'est pas tenu de réclamer immédiatement la délivrance d'une nouvelle plaque : il peut en principe utiliser sa déclaration jusqu'à l'expiration du délai de validité de la plaque à remplacer. Toutefois, si un assez long délai s'est écoulé depuis la date d'une déclaration non encore périmée et si de nouveaux rôles primitifs ont été mis en recouvrement, le contribuable doit justifier de son imposition sur le dernier de ces rôles.

Comptable auquel doit être remise la déclaration de perte ou de soustraction. — Le remplacement gratuit des plaques perdues ou soustraites est effectué, dans tous les cas, *sans exception*, par le percepteur de la commune *où a été faite la déclaration de perte ou de soustraction*. C'est donc à ce comptable que doit être remise la déclaration rédigée par le maire.

Avant de procéder au remplacement gratuit de plaques de contrôle, le percepteur doit remplir des formalités qui diffèrent suivant que la déclaration a été faite, ou non, dans la commune où le vélocipède est imposé ou imposable.

Formalités à remplir par le percepteur lorsque la déclaration de perte ou de soustraction a été faite dans la commune où le vélocipède est imposé ou imposable. — Lorsque la déclaration a été faite dans la commune où le vélocipède est imposé ou imposable, le percepteur doit s'assurer :

1° Que la déclaration a été rédigée sur timbre et dans la forme du modèle arrêté par le ministre des Finances. Au cas où des mentions essentielles prévues par ce modèle ne seraient pas reproduites sur la déclaration, le comptable devrait inviter le contribuable à la faire compléter ou rectifier par le maire qui aurait alors à approuver ces additions ou rectifications par un nouveau visa ;

2° Que la commune où la déclaration a été faite dépend de la perception ;

3° Que la déclaration n'est pas périmée et qu'en tout cas elle ne remonte pas à une date trop éloignée, ainsi qu'il est énoncé ci-dessus ;

4° Que la date indiquée comme étant celle de la constatation de la perte ou de la soustraction n'est pas antérieure de plus de deux jours à la date de la déclaration signée par le maire ;

5° Que le contribuable est inscrit au rôle pour le ou les vélocipèdes portés sur la déclaration. Le décret impose au percepteur l'obligation de vérifier la concordance des renseignements inscrits sur la déclaration avec les mentions portées au rôle. Dans aucun cas, le contribuable ne peut, à l'aide d'une déclaration de perte ou de soustraction, réclamer des plaques d'un modèle différent de celui que comporte la taxe comprise au rôle ni des plaques en nombre supérieur à celui que comporte également cette imposition, mais il est bien entendu qu'il peut en réclamer moins.

S'il s'agit d'un contribuable non encore imposé, mais imposable *pour l'année courante* dans la perception, le percepteur doit rapprocher les énonciations de la déclaration des mentions inscrites sur le carnet d'entrée et de sortie de plaques, au moment où la plaque perdue ou soustraite a été délivrée.

Ces vérifications une fois faite, le percepteur remplace gratuitement la plaque ou les plaques mentionnées sur la déclaration comme perdues ou soustraites.

Il importe de remarquer à cet égard que le percepteur ne peut exiger que le contribuable se déplace en personne ; il doit remettre la plaque ou les plaques au porteur de la déclaration, sans réclamer aucun reçu. Mais il conserve, à titre de décharge, la déclaration de perte ou de soustraction à laquelle il donne un numéro d'ordre. Il inscrit en outre la plaque remise gratuitement au compte des sorties de plaques ouvert sur le carnet modèle n° 1 de la circulaire du 10 avril 1899. Enfin, il mentionne le remplacement gratuit sur le rôle de la manière suivante : « Le (jour et mois) 190, remplacé 1 plaque (ou 2, 3, etc.), mod. A (ou mod. B) sur déclaration de perte (ou de soustraction), n° ». Si le contribuable n'est pas encore imposé, le comptable en prend note dans la colonne d'observations du compte de sortie, de manière à pouvoir annoter le rôle dès sa mise en recouvrement.

Formalités à remplir par le percepteur lorsque la déclaration de perte ou de soustraction a été faite dans une commune où le vélocipède n'est ni imposé ni imposable. — Dans le cas qui fait l'objet de l'article 5 du décret, le percepteur n'est tenu de procéder aux vérifications indiquées ci-dessus sous les n°ˢ 1 à 4 et, en outre, il doit :

5° Se faire représenter l'avertissement ou le récépissé délivré en exécution des lois des 28 avril 1893 et 13 avril 1898 ;

6° Vérifier si le lieu de l'imposition est situé à plus de 50 kilomètres de la commune ou a été faite la déclaration ;

7° S'assurer que l'avertissement ou le récépissé concerne bien le contribuable dénommé dans la déclaration ;

8° Contrôler si l'avertissement ou le récépissé est encore valable au point de vue de la date (voir pour les conditions de validité ci-dessus) ;

9° Vérifier si la plaque ou les plaques déclarées perdues ou soustraites ne dépassent pas comme nombre et ne diffèrent pas comme modèle des plaques du vélocipède porté sur l'avertissement ou sur le récépissé ;

10° Contrôler si l'avertissement ou le récépissé se trouve exactement mentionné dans l'avant-dernier paragraphe de la déclaration rédigée par le maire. Si le maire n'a pas exactement reproduit les mentions de l'avertissement ou du récépissé, le percepteur est autorisé à rectifier d'office, *mais sur ce point seulement*, la déclaration ; il doit veiller spécialement à ce que le nom de la commune de l'imposition (indiqué sur l'avertissement ou sur le récépissé) soit très régulièrement reproduit sur la déclaration.

Ces vérifications effectuées, il remet gratuitement au porteur de la déclaration la plaque ou les plaques mentionnées sur cette déclaration comme perdues ou soustraites, mais il est tenu d'observer les formalités suivantes :

1° Il conserve à titre de décharge la déclaration de perte ou de soustraction et, le cas échéant, la procuration qui s'y trouve annexée;

2° Il restitue au porteur l'avertissement ou le récépissé après y avoir mentionné la remise des nouvelles plaques. Cette mention est libellée ainsi : « Remplacé gratuitement une (ou deux, trois, etc.) plaques modèle A (ou modèle B) déclarées perdues (ou soustraites). A.... le... 190. Signature et timbre de la perception » ;

3° Il inscrit la sortie de la plaque ou des plaques au compte des sorties de plaques ouvert sur le carnet modèle n° 1 de la circulaire du 10 avril 1899 ;

4° Il adresse le jour même et directement au percepteur de la commune de l'imposition un avis conforme au modèle n° 1.

Dès que le percepteur destinataire reçoit cet avis, il lui donne un numéro d'ordre, en prend note au rôle ou, en attendant l'émission du rôle, dans la colonne d'observations du compte de sortie de plaques en regard de l'inscription relative à la première plaque retirée par le contribuable. Dans tous les cas, le percepteur destinataire doit s'assurer que le contribuable est imposé ou imposable *pour l'année courante*, dans la perception. Après cette vérification, il envoie, dûment signé et timbré du cachet de la perception, un accusé de réception conforme au modèle n° 2. Cet accusé de réception est destiné à être rattaché à la déclaration de perte conservée par le percepteur qui a délivré les plaques ; il doit être transmis par l'intermédiaire des receveurs des finances, de manière à permettre le contrôle de ces chefs de service. *(Circ. compt. publ. 9 juin 1900, § 4.)*

3083 *ter*, § 5. — *Remplacement, contre payement des droits, des plaques perdues ou soustraites.* — Lorsque la déclaration de perte ou de soustraction n'est pas faite dans le délai de deux jours calculé suivant les règles posées ci-dessus, § 4, ou lorsque les diverses vérifications prescrites au comptable par le paragraphe précédent ne donnent pas un résultat favorable, le contribuable doit, pour obtenir le remplacement d'une plaque perdue ou soustraite : 1° Faire une déclaration à la mairie, comme s'il était devenu possesseur d'un second vélocipède ; 2° Acquitter la taxe des vélocipèdes pour la période comprise entre le premier jour du mois de la perte ou de la soustraction et la fin de l'année ainsi que le prescrit la loi du 24 février 1900, art. 6.

En vue d'éviter un double emploi dans les rôles, le contribuable doit avoir soin de faire mentionner sur le registre des déclarations et sur la déclaration que la déclaration de vélocipède est faite pour obtenir le remplacement d'une plaque perdue ou soustraite. Il fait consigner également d'une manière très exacte sur la déclaration, la date de la perte ou de la soustraction (et non de l'acquisition du vélocipède).

Sur le vu du récépissé de cette déclaration, le percepteur délivre une nouvelle plaque suivant la marche tracée par le paragraphe VI de la circulaire du 10 avril 1899. V. n° 3083 *bis*, § 6. *(Circ. compt. publ. 9 juin 1900, § 5.)*

3083 *ter*, § 6. — *Remplacement gratuit des plaques devenues inutilisables.* — L'article 4, § 3 de la loi du 24 février 1900 dispose que les plaques « devenues inutilisables » peuvent être échangées contre de nouvelles plaques (V. ci-dessus, § 3).

L'échange prévu par cet article ne peut s'appliquer qu'à des plaques du même millésime et du même modèle. La plaque devient inutilisable au sens de l'article 4, lorsque, par exemple, elle est détériorée par suite d'un accident, lorsqu'un changement de domicile rend nécessaire la gravure d'une nouvelle adresse, etc.

Ce remplacement ne doit toutefois être effectué que par le percepteur du lieu de l'imposition, contre remise de la plaque hors d'usage, et sur justification d'identité.

Avant d'opérer le remplacement gratuit d'une plaque de vélocipède inutilisable, le percepteur doit donc :

1° S'assurer de l'identité du contribuable, autrement il s'exposerait à remplacer indûment des plaques volées ou trouvées sur la voie publique ;

2° S'assurer que le contribuable est imposé ou imposable dans la perception, c'est-à-dire, dans l'espèce, qu'il figure au rôle, ou à défaut, sur le compte de sortie comme ayant retiré une première plaque au vu d'un récépissé de déclaration ou d'un permis de circulation qui doit le faire imposer au rôle de l'année courante.

3° Se faire remettre la plaque ou les fragments de plaque hors d'usage mais dans un état tel qu'on puisse facilement reconnaître le *poinçon* de l'État et les inscriptions relatives aux nom, prénom et adresse.

Lorsque le contribuable ne remet qu'une plaque en fragments, il convient de s'assurer que le fragment frappé du poinçon appartient bien à une plaque portant le millésime en cours et du modèle A ou B. A cet effet, il suffit le plus souvent d'examiner les ornements entourant le cartouche et qui sont très différents suivant qu'ils se rapportent à l'un ou à l'autre millésime et à une plaque du modèle A ou du modèle B.

Si, *exceptionnellement*, la plaque est devenue inutilisable avant la gravure des nom, prénom et adresse, le percepteur peut la remplacer à la condition de se faire remettre, avec le fragment portant le poinçon, la partie centrale de la plaque non encore gravée.

Les percepteurs enregistrent au compte de sortie, conformément aux règles indiquées au paragraphe 9 ci-après, les plaques remises en échange des plaques hors d'usage. Ils mentionnent également la délivrance de la nouvelle plaque à l'article du rôle de l'exercice courant, sauf lorsqu'il s'agit d'un contribuable non encore inscrit au rôle, à porter une mention spéciale dans la colonne d'observations du compte des plaques inutilisables afin d'être en mesure d'annoter le rôle dès sa publication.

Les plaques devenues hors d'usage sont enfermées dans la caisse du comptable et réunies dans un sac portant une étiquette spéciale, de manière à ne pas être confondues avec les plaques bonnes à délivrer. Enfin, les fragments d'une nouvelle plaque doivent toujours être assemblés de façon à pouvoir être vérifiés ultérieurement. *(Circ. compt. publ. 9 juin 1900, § 6.)*

3083 ter. § 7. — *Remplacement gratuit des plaques délivrées aux étrangers.* — Le décret du 11 mai 1900 prévoit expressément que les étrangers peuvent obtenir le remplacement gratuit de plaques perdues ou soustraites en faisant une déclaration dans la commune de l'imposition, c'est-à-dire dans la commune où ils ont retiré la plaque perdue ou soustraite.

Mais cette énonciation n'est pas limitative et il convient d'admettre les étrangers à faire une déclaration de perte ou de soustraction dans une autre commune, lorsque celle-ci se trouve distante de plus de 50 kilomètres du lieu de l'imposition. Autrement dit, on applique aux étrangers les mêmes dispositions qu'aux Français sous cette réserve que n'ayant pas reçu d'avertissement, les étrangers doivent toujours produire un extrait de rôle, au lieu et place de l'avertissement, quand ils désirent faire leur déclaration dans une commune autre que celle de l'imposition.

Les étrangers peuvent également obtenir le remplacement des plaques devenues inutilisables dans les conditions indiquées au paragraphe V. *(Circ. compt. publ. 9 juin 1900, § 7.)*

3083 ter, § 8. — *Extension du nombre des agents verbalisateurs.* — *Relevé des condamnations et des taxes encaissées par anticipation à transmettre par les percepteurs à la direction des contributions directes.* — *Autres renseignements à fournir par les percepteurs.* — Les agents verbalisateurs chargés de constater les contraventions sont énoncés ci-après, § 12.

Pour être en mesure d'assurer, s'il y a lieu, l'imposition des contrevenants à la simple taxe ou à la double taxe, le service de l'assiette doit recevoir notification des condamnations encourues par les possesseurs de vélocipèdes en matière de plaques de contrôle.

A cet effet toutes les fois qu'un receveur des finances ou un percepteur reçoit un extrait de jugement rendu en matière de plaques de contrôle, il l'enregistre conformément à la règle générale sur le carnet ou sommier d'enregistrement ou de prise en charge *(mod. nos 7, 8, 9 ou 10 de l'Instruction du 5 juillet 1895)* ; et en outre, il porte à l'encre rouge dans la colonne d'observations de ce carnet la mention « à notifier aux contributions directes ».

A la fin de chaque trimestre, le percepteur dresse sur un état conforme au modèle nº 3, le relevé des jugements ainsi annotés au carnet d'enregistrement ou de prise en charge ; il transmet ce relevé le premier jour du trimestre suivant à la recette des finances, qui le contrôle et le fait parvenir à la direction des contributions directes dans un délai de cinq jours. Il reste entendu d'ailleurs que les percepteurs n'ont pas à notifier l'extrait définitif lorsque, sur un relevé précédent, ils ont déjà notifié l'extrait provisoire concernant la même contravention.

Si l'importance du service l'exige, les comptables peuvent inscrire sur un carnet spécial les extraits à notifier à la direction des contributions directes ; dans ce cas, ils n'ont plus à porter de mentions à l'encre rouge dans la colonne d'observations des carnets d'enregistrement ou de prise en charge.

En même temps que le relevé modèle nº 3 les percepteurs transmettent à la direction des contributions directes, par l'intermédiaire de la recette des finances, un état trimestriel conforme au modèle nº 4, présentant le détail des taxes de vélocipèdes encaissées par anticipation sur le vu de récépissés de déclaration ou de permis de circulation, conformément aux dispositions des paragraphes 6 et 9 de la circulaire du 10 avril 1899. — V. nº 3083 *bis*, §§ 6 et 9.

Le service des contributions directes peut dans certaines circonstances, avoir intérêt à connaître si tel ou tel contribuable s'est fait délivrer une seconde plaque au moyen d'une déclaration de perte ou de soustraction : les percepteurs doivent fournir tous les renseignements qui leur sont demandés à cet égard par les agents du service de l'assiette.

D'autre part, si les comptables sont mis sur la trace de fraudes commises par des contribuables au moyen de déclarations de perte ou de soustraction, ils doivent en référer hiérarchiquement par lettre spéciale à la direction départementale des contributions directes et, le cas échéant, à la direction générale de la comptabilité publique.

Spécialement, lorsque à la réception d'un avis de remplacement gratuit de plaques mod. n° 1 ou d'un accusé de réception mod. n° 2 un percepteur constate qu'un contribuable a obtenu frauduleusement une ou plusieurs plaques, il doit en aviser sans retard le service de l'assiette par la voie hiérarchique. (Circ. compt. publ., 9 juin 1900, § 8.)

3083 ter, § 9. — *Dispositions complémentaires de comptabilité*. — (V. n° 3083 bis § 12.) Les percepteurs doivent ouvrir deux nouveaux comptes sur le carnet d'entrée et de sortie de plaques (Mod. n° 1 de la circulaire du 10 avril 1899).

Ces deux nouveaux comptes sont placés immédiatement après le compte d'entrée des plaques de contrôle.

Le premier de ces comptes est affecté aux plaques restituées par des contribuables ayant cessé d'être possesseurs de vélocipèdes. Ainsi qu'il a été expliqué plus haut, ces plaques sont remises au percepteur par les maires, avec un état récapitulatif à l'appui. Cet état dont le total doit cadrer avec le nombre de plaques effectivement reprises par le percepteur, est, sans aucun délai, enregistré sur une seule ligne sur le compte des plaques restituées. Les divers états remis successivement au comptable reçoivent un numéro d'ordre et sont conservés à titre de justification provisoire de prise en charge. A la fin de chaque campagne, la direction des contributions directes transmet au receveur des finances un relevé donnant, par perception, le nombre des plaques restituées par des contribuables ayant cessé d'être possesseurs de vélocipèdes. Ce nombre doit concorder exactement avec le total du compte tenu par le percepteur.

Le deuxième compte présente la situation des plaques inutilisables remplacées gratuitement par le percepteur. Toutes les fois qu'un contribuable demande le remplacement de plaques inutilisables, le percepteur en prend note à ce compte. Le total journalier des plaques ainsi remplacées est reporté en une seule ligne au compte de sortie de plaques. Les percepteurs dont le compte de sortie est divisé en plusieurs paragraphes (Circ. 10 avril 1899 ; voir n° 3083 bis, § 12, A, dernier alinéa), se bornent à reporter à la récapitulation générale le total journalier des plaques inutilisables remplacées

gratuitement. Le total du compte doit, dans tous les cas, concorder avec le total des plaques inutilisables enfermées dans un sac spécial suivant les règles posées précédemment (V. ci-dessus, § 6).

Aucune modification n'est apportée aux dispositions générales concernant la date de la présentation des comptes d'emploi des plaques de contrôle. Il est donc dressé un compte par campagne, chaque campagne comprenant l'espace de temps qui s'écoule entre la publication de deux rôles primitifs de taxes de vélocipèdes. Mais, les plaques ayant désormais une durée de validité de quatre années, l'année à laquelle se réfère le compte est indiquée dans une parenthèse placée après le millésime.

Ainsi le compte présenté pour les plaques de 1904 délivrées jusqu'à la publication des rôles primitifs de 1905 a pour titre « *Compte d'emploi des plaques de contrôle au millésime de 1904* (1re année).

D'autre part, ce n'est qu'à la fin de la 4e campagne, c'est-à-dire en avril 1908 que les percepteurs devront se conformer aux prescriptions spéciales édictées par la circulaire du 10 avril 1899 (V. 3083 bis, § 12, B) pour la réintégration à la recette des finances des plaques non distribuées. Jusqu'à ce moment, ils conservent donc par devers eux les plaques de 1904 non encore utilisées. Toutefois, pour assurer la régularité des opérations, les percepteurs dressent, à la clôture de chacune des trois premières campagnes, une situation des plaques existant en caisse, et l'envoient le *jour même* à la recette des finances. Cette situation certifiée exacte par le comptable présente sur des lignes distinctes : 1° le total des plaques non encore délivrées ; 2° le total des plaques restituées par des contribuables ayant cessé d'être possesseurs de vélocipèdes ; 3° le total des plaques inutilisables échangées contre les plaques neuves ; 4° le total général.

Lors de son plus prochain versement, le percepteur remet contre reçu à la recette des finances, qui vérifie immédiatement : 1° les plaques inutilisables ; 2° les plaques restituées par des contribuables qui ont cessé d'être possesseurs de vélocipèdes.

A la clôture de chacune des trois premières campagnes qui suivent la mise en circulation de nouvelles plaques, le percepteur arrête conformément aux dispositions de la circulaire du 10 avril 1899 les comptes d'entrée et de sortie de la campagne expirée et ouvre de nouveaux comptes pour la nouvelle campagne. Le premier article du compte d'entrée de la nouvelle campagne comprend le reste des plaques non employées de la campagne précédente.

Il convient, d'autre part, d'ouvrir dans le paragraphe 4 des comptes d'emploi deux nouveaux articles qui prennent respectivement les n°s 6 et 7. L'article n° 6 est ainsi libellé : Plaques perdues ou soustraites remplacées gratuitement en vertu des déclarations de pertes ou de soustractions ci-annexées. L'article 7 a pour titre : Plaques remises gratuitement en échange de plaques inutilisables versées à la recette des finances suivant reçu ci-joint.

La dernière ligne du compte d'emploi réservée à l'inscription des plaques neuves réintégrées à la recette des finances n'est utilisée que la quatrième année de la mise en circulation des plaques. Dans les trois comptes précédents, on substituera au titre : *Plaques réintégrées à la recette des finances*, le titre : *Plaques neuves reportées par le percepteur au compte d'entrée de la campagne suivante.*

Ainsi que l'indique le libellé des articles qui précèdent, le percepteur doit joindre à l'appui du compte d'emploi, indépendamment des pièces prescrites par la circulaire du 10 avril 1899, les déclarations de perte ou de soustraction accompagnées des accusés de réception, mod. n° 2, ainsi que le reçu du receveur des finances constatant la remise à la recette des finances des plaques restituées par des contribuables (plaques inutilisables et plaques restituées par des contribuables ayant cessé d'être possesseurs de vélocipèdes).

Sur le relevé général dressé à la fin de leur carnet de contrôle, les receveurs des finances enregistrent dans une colonne nouvelle les plaques restituées par les contribuables et réintégrées par le percepteur à la clôture de chaque campagne. Les titres du relevé général sont mis d'accord avec les titres du paragraphe VI des comptes d'emploi.

Sur la feuille de tête des rôles de chacune des trois dernières campagnes de la période quatriennale, le directeur des contributions directes mentionne le nombre des plaques afférentes aux nouvelles impositions. De ce nombre, il convient de retrancher les plaques délivrées dans la campagne précédente, 2e partie, et portées sous les articles 1 et 2 du paragraphe IV du compte de cette campagne : on obtient ainsi le total des plaques qui normalement ont dû être délivrées aux nouveaux contribuables inscrits aux rôles. (*Circ. compt. publ. 9 juin 1900, § 9.*)

3083 *ter*, § 10. — *Contributions extérieures.* — *Règles à suivre par le percepteur pour la délivrance des plaques de contrôle.* — Dans la première année de la période quatriennale, tous les contribuables imposés doivent recevoir de nouvelles plaques. Par conséquent, le percepteur qui, dans le cours de cette année, encaisse, pour le compte d'un collègue et au titre des contributions extérieures, la *totalité* d'une taxe de vélocipède, est tenu de délivrer à la partie versante, immédiatement sans autre formalité, la plaque afférente à la taxe encaissée. Le comptable doit, en outre, se conformer aux dispositions ci-après : 1° il enregistre la sortie de la plaque sur le carnet modèle n° 1 de la circulaire du 10 avril 1899, en portant, dans la colonne 3, les

mots « *Contribution extérieure* » suivis du nom du contribuable et du numéro de la quittance à souche et en laissant en blanc les colonnes 7 à 11 ; 2° il indique le nombre et le modèle des plaques délivrées sur la quittance à souche ainsi que sur l'avertissement ou sur la pièce en tenant lieu ; 3° il inscrit, dans la colonne d'observations du primata et du duplicata de l'avis de recouvrement, modèle n° 1 de la circulaire du 10 décembre 1900, la mention suivante : *Remis... plaque modèle A* (ou) *modèle B.* Le receveur des finances qui transmet le duplicata et celui qui le reçoit doivent prendre note de cette remise de plaque, sur leur carnet de contrôle, au compte du percepteur intéressé. Les titres des colonnes de ce carnet sont modifiés en conséquence. A la réception du primata, le percepteur détenteur du rôle, mentionne sur ce rôle la délivrance de la plaque.

Dans les comptes d'emploi, le percepteur fait figurer les plaques remises contre versement de contributions extérieures sur une ligne nouvelle à intercaler entre les n°s 4 et 5 du paragraphe IV et qui doit avoir pour titre : *Plaques de 190... remises pour le compte de collègue, lors de l'encaissement de contributions extérieures.*

Le percepteur pour le compte duquel les plaques ont été délivrées inscrit le total de ces plaques, sous la rubrique : *Plaques délivrées, pour le compte du percepteur, lors du versement de contributions extérieures.*

Enfin, le relevé à joindre au compte d'emploi doit faire ressortir distinctement les plaques remises par le percepteur ou pour son compte lors du versement de contributions extérieures.

Si, au lieu d'acquitter *la totalité* de la taxe de vélocipède, le redevable ne verse que l'acompte final et pour solde, il ne peut, même dans la première année de la période quatriennale, recevoir immédiatement une plaque de contrôle. Cette plaque a pu en effet, lui être délivrée lors du versement du premier acompte et le percepteur qui recouvre la contribution extérieure doit se renseigner à cet égard auprès du comptable détenteur du rôle. A cet effet, il inscrit sur le *primata* de l'avis de recouvrement, modèle n° 1, la mention ci-après : « *Le redevable réclame... plaque, modèle, puis-je lui délivrer ?* ». Le percepteur qui reçoit ce primata doit faire parvenir, directement et *par retour du courrier*, sa réponse à son collègue. Si le comptable détenteur du rôle déclare qu'il y a lieu de remettre la plaque réclamée par le redevable, le percepteur qui a recouvré la contribution extérieure effectue cette remise qui est constatée et contrôlée comme il est dit plus haut pour le cas de versement de la totalité de la taxe. Le percepteur qui rédige le duplicata doit notamment avoir soin d'inscrire dans la colonne d'observations de cette pièce la remise de la plaque et le percepteur du lieu de l'imposition doit mentionner cette remise sur son rôle. Si, exceptionnellement, le duplicata de l'avis de recouvrement était déjà versé à la recette des finances lors de la réception de la réponse du comptable détenteur du rôle, cette réponse, annotée de la remise de la plaque, serait transmise, *par l'intermédiaire du receveur des finances*, pour être annexée au duplicata.

Dans les trois dernières années de la période quadriennale, des plaques ne doivent être remises qu'aux contribuables nouvellement imposés. Par conséquent les règles qui viennent d'être indiquées pour la remise des plaques aux redevables versant un acompte final et pour solde, sont applicables pour la délivrance des plaques aux contribuables qui versent. même la totalité de la taxe, dans le cours des trois dernières années de la période quatriennale. Ces contribuables ayant pu recevoir, dans le cours d'une année précédente. la plaque qui leur revient, le percepteur à la caisse duquel est versée la contribution extérieure, doit toujours transmettre au comptable détenteur du rôle un primata d'avis de recouvrement renfermant la question indiquée ci-dessus. *(Circ. compt. publ. 9 août 1904, § 5.)*

Pour ce qui a trait aux contraintes extérieures, V. n° 3083 *bis*, § 10.

3083 *ter*, § 11. — *Contraventions*. — Est en contravention le possesseur d'un vélocipède qui circule :

1° Sans plaque de contrôle ;

2° Avec un nombre de plaques inférieur à celui des plaques de son appareil ;

3° Avec une plaque d'un modèle autre que celui qui est en service pour la période du 1er mai 1904 au 30 avril 1908 ;

4° Avec une plaque d'un modèle différent de celui que comporte sa machine ;

(Exemple : tricycle à pétrole muni d'une plaque du modèle A, au lieu d'une plaque du modèle B) ;

5° Avec une plaque ne portant pas le poinçon de l'État ;

6° Avec une plaque portant un faux poinçon ;

7° Avec une plaque ne portant pas les indications de nom, prénom et adresse ;

8° Avec une plaque qui n'a pas été fixée à l'endroit réglementaire ou qui n'est pas apparente.

Est également en contravention :

1° La personne domiciliée à l'étranger qui circule sans permis ou avec un permis périmé ;

2° Le loueur de vélocipèdes qui a mis en circulation un appareil dont la plaque ne porte pas son nom, son prénom, etc.

Pénalités. — Les contraventions, constatées par des procès-verbaux, sont punies des peines de simple police. *(Loi des 13 avril 1898, art. 8, et 24 février 1900, art. 8 ; (Circ. compt. publ. 9 juin 1900, annexe n° 4).*

3083 *ter*, § 12. — *Agents chargés de constater les contraventions. — Fonctionnaires et agents municipaux.* — Maires et adjoints. — Gardes-champêtres. — Employés des octrois ayant droit de verbaliser.

Police. — Commissaires de police et agents assermentés de police.

Gendarmerie. — Officiers de gendarmerie, sous-officiers, brigadiers et gendarmes.

Eaux-et-Forêts. — Agents ayant droit de verbaliser.

Poids et mesures. —Employés ayant droit de verbaliser.

Finances. — Employés des contributions indirectes et agents des douanes ayant droit de verbaliser.

Ponts et chaussées et service vicinal. — Ingénieurs des ponts et chaussées. — Conducteurs, agents-voyers, cantonniers-chefs et autres employés du service des ponts et chaussées ou des chemins vicinaux de grande communication, commissionnés à l'effet de constater les contraventions en matière de police de roulage, et, d'une manière générale, toute personne commissionnée par l'autorité départementale pour la surveillance de l'entretien des voies de communication. *(Loi du 24 février 1900. art. 8 ; Circ. compt. publ. 9 juin 1900, annexe n° 4.)*

3083. *ter*, § 13. — *Jurisprudence*. — On a vu ci-dessus, § 3, que les contribuables qui ont cessé de posséder un vélocipède doivent, dans les quinze jours, en faire la déclaration à la mairie de leur résidence et remettre en même temps la plaque ou les plaques de contrôle qui leur ont été délivrées. —V. ci-dessus §§ 4er et suiv.

La déclaration doit être inscrite sur le registre concernant la taxe sur les vélocipèdes, dont il est remis récépissé au déclarant.

Il ne faut pas perdre de vue que les déclarations remises doivent porter les nom, prénom et adresse du contribuable, et que toutes déclarations portant une date antérieure à *quinze jours* sont considérées comme non-avenues ; ainsi, par exemple, une déclaration faite le 5 février portant qu'on n'a plus de vélocipède depuis le 1er janvier ne dispense pas de l'imposition, non seulement pour l'année courante, mais laisse subsister la taxe pour l'année suivante, ce qui, dès lors, oblige le contribuable à payer l'impôt de deux années sans avoir d'appareil imposable. *(L. 24 fév. 1900, art. 7 ; Jurisp. constante.)*

3083 *ter*, § 14. — *Contribuables qui changent de résidence*. — Le possesseur d'un vélocipède qui change de résidence doit :

1° Demander au percepteur de son ancienne

résidence l'échange de sa plaque, devenue inutilisable par suite de la gravure d'une nouvelle adresse, contre une nouvelle plaque. (*Circ.compt.publ. 9 juin 1900, § 6*),V.ci-dessus § 6 ;

2° Faire à la mairie de la même commune, sur le registre des déclarations concernant la taxe sur les vélocipèdes une déclaration de changement de résidence dans laquelle il indique le lieu de son nouveau domicile ;

3° Déclarer à la mairie de sa nouvelle résidence, avant le 31 janvier de l'année suivante, le vélocipède devenu imposable dans la commune en faisant connaître la localité où le même appareil a été soumis à la taxe l'année précédente.

Cette dernière indication permet au contrôleur de porter sur l'état-matrice une mention destinée à prévenir la délivrance d'une nouvelle plaque. (*Circ.admin. cont. dir.,2 juill.1900, n° 970.*)

Ventes. — ALIÉNATIONS D'IMMEUBLES, OBJETS FABRIQUÉS DANS LES HOSPICES,OCTROI, POURSUITES, RENTES SUR L'ÉTAT.

Vérification de caisse et de comptabilité des percepteurs-receveurs municipaux.

3084. — Les receveurs des finances peuvent, toutes les fois qu'ils le jugent utile, appeler les percepteurs au chef-lieu d'arrondissement pour vérifier leur comptabilité, en leur prescrivant d'apporter leurs rôles, leurs registres et tous autres documents et pièces de comptabilité. (*Inst. gén., art. 1286, 6°.*) — V. SURVEILLANCE.

Pour les états et éléments de comptes à exiger des percepteurs, V. n° 1484.

3085. — Outre les vérifications indiquées au numéro précédent,les receveurs des finances doivent faire, chaque année, une tournée d'inspection dans leur arrondissement respectif,afin de vérifier, au domicile de ces comptables, les diverses parties de leur service, et de recueillir sur les lieux mêmes, des informations en ce qui touche soit le service de la perception des contributions, soit celui des communes et établissements de bienfaisance. Ces vérifications doivent être réparties, autant que possible, sur tous les mois de l'année.

En cas d'empêchement, les receveurs particuliers peuvent se faire remplacer par leur fondé de pouvoir pour les vérifications au domicile des comptables placés sous leur surveillance ; mais ils doivent, chaque fois qu'ils sont obligés d'user de cette faculté, en rendre compte au ministre, qui apprécie leurs motifs d'empêchement. Les employés autres que le fondé de pouvoir ordinaire du receveur, non

plus que les percepteurs surnuméraires, ne peuvent jamais être chargés de ces missions. (*Inst. gén., art. 1306 ; Circ. compt. publ. 20 oct. 1877.*)

3086. — Le résultat des vérifications est consigné dans un procès-verbal (*Modèle n° 266*) où sont présentés, dans une série de questions, les principaux points du service que les comptables supérieurs ont à examiner.

Ce procès-verbal est disposé de manière à recevoir les réponses et explications de l'agent vérifié ; si celui-ci ne croit pas devoir user de la faculté qui lui est donnée, mention de son refus est faite au procès-verbal et est signée par lui.

Chaque procès-verbal est fait en deux expéditions :

La première est remise vérifiée, au percepteur qui doit la conserver ; la seconde reste entre les mains du receveur particulier.

Immédiatement après chaque vérification, les receveurs particuliers en adressent, en double expédition, au trésorier général un *résumé* dans la forme du *Modèle n° 267*. Il est conservé minute, dans chaque recette des finances, des résumés de vérification. (*Inst. gén., art. 1307.*) — V. n° 1545.

3087. — Dans les premiers jours de chaque mois, le trésorier général transmet à la Direction générale de la comptabilité publique les *résumés* des vérifications faites pendant le mois écoulé, tant dans les arrondissements de sous-préfecture que dans l'arrondissement du chef-lieu. La lettre d'envoi de ces résumés signale, avec les détails convenables, les percepteurs sur lesquels l'attention de l'administration doit plus particulièrement se porter ; ces documents doivent être classés par arrondissement et par ordre alphabétique de perception.

Les renseignements que les receveurs des finances ont à fournir sur leurs subordonnés doivent être dégagés de toute considération personnelle, et être, conséquemment, l'expression fidèle et complète de la vérité ; l'oubli de ce devoir violerait la justice et compromettrait à la fois leur propre responsabilité et les intérêts du service. (*Inst. gén., art. 1308.*) — V. FEUILLES DE SIGNALEMENT.

3088.— Si la vérification constate des retards dans les recouvrements, ou des irrégularités qui exigent un examen approfondi, tel que l'appel des contribuables, le receveur des finances peut placer auprès du percepteur un *agent spécial*. Si les irrégularités reconnues sont de nature à motiver la suspension du percepteur, il peut lui retirer immédiatement les valeurs dont il serait dépositaire, ainsi que les rôles, registres et pièces concernant les divers services réunis entre ses mains. Le receveur nomme alors un *gérant intérimaire*, et le fait connaître au préfet ou sous-préfet. (*Inst. gén., art. 1309, 1310 et 1321 ; Circ. compt. publ.*

10 mars 1905, § 3.) — V. Agent spécial, Gérant intérimaire.

3089. — Les trésoriers généraux doivent faire chez les comptables de l'arrondissement chef-lieu du département les vérifications mentionnées ci-dessus. En cas d'empêchement, ils peuvent se faire suppléer par leur fondé de pouvoir, ou par l'employé de leurs bureaux spécialement chargé du service de la perception. Ils conservent, d'ailleurs, la faculté de procéder par eux-mêmes ou par leur délégué, lorsqu'ils le jugent nécessaire, à la vérification des percepteurs et receveurs de communes ou d'établissements des arrondissements de sous-préfecture, leur responsabilité pouvant être engagée par le défaut de surveillance des receveurs d'arrondissement. *(Inst. gén., art. 1349 et 1350; Circ. compt. publ. 20 octobre 1877.)*

3090. — Les inspecteurs des finances ont le droit de vérifier la gestion des percepteurs et des receveurs spéciaux, sans qu'il soit besoin d'autorisation préalable; ils peuvent les suspendre de leurs fonctions dans le cas de déficit, en donnant immédiatement connaissance de cette mesure à l'autorité compétente et au receveur des finances, afin qu'il soit pourvu au remplacement provisoire du comptable. *(Inst. gén., art. 1322; Circ. compt. publ. 10 mars 1905, § 3.)*

3091. — *Jurisprudence.* — Le receveur des finances qui n'a pas fait, dans les trois mois de son entrée en fonctions, une vérification approfondie de la comptabilité d'un percepteur, doit couvrir de ses deniers les débets ultérieurement constatés dans la caisse de ce percepteur, et il n'a de recours contre son prédécesseur que pour les débets existant au moment de la dernière vérification annuelle faite par celui-ci. *(Inst. gén., art. 1385.)*

Pour l'application de cette disposition, la vérification du livre récapitulatif faite dans les bureaux du receveur ne peut être considérée comme équivalant à une vérification annuelle. *(Inst. gén., art. 1306.)*

En cas de partage de responsabilité entre deux receveurs successifs, il appartient au ministre des finances de répartir entre eux le cautionnement du comptable infidèle, en tenant compte des fautes respectivement imputables à l'un et à l'autre de ces receveurs. *(Inst. gén., art. 1385, § 10.)*

L'intimé n'est pas recevable à attaquer, par voie d'appel incident, la disposition d'une décision ministérielle rendue au profit d'une partie autre que celle qui s'est pourvue devant le Conseil d'Etat. *(Arr. Cons. d'Ét. 27 juin 1879; Dalloz 1879, 3e partie, p. 108.)*

3092. — Le receveur particulier qui, n'ayant pas vérifié, dans les trois mois de son entrée en charge, les comptes des percepteurs de son arrondissement, est obligé de rembourser les débets constatés dans des exercices antérieurs, ne peut exercer aucun recours contre le trésorier-payeur général sous l'administration duquel ces débets se sont produits. *(Arr. Cour cass. 10 mars 1884; Dalloz 1884, 1re partie, p. 133.)* — V. Déficit, n° 1300.

Vérification des poids et mesures (Rétribution pour la). — V. Poids et mesures.

Vers à soie.

3093. — La loi du 13 janvier 1892 n'était applicable que pendant six ans.

Versements des percepteurs aux receveurs des finances.

3094. — Les receveurs des finances ont le droit d'exiger que le montant des recouvrements faits par les percepteurs sur les contribuables leur soit versé *tous les dix jours.* Toutefois, en déterminant les jours de versement, ils doivent tenir compte de l'importance plus ou moins grande de la perception, de la gestion du titulaire, des frais que lui occasionnent ses versements et des inconvénients qu'il pourrait y avoir pour le service à les rendre trop fréquents.

Dans les villes où les recouvrements sont importants, les percepteurs peuvent être tenus d'effectuer leurs versements à des époques plus rapprochées.

Les percepteurs doivent comprendre dans ces versements la totalité de leurs recettes, soit en numéraire, soit en pièces constatant les payements qu'ils ont faits pour le compte du trésorier-payeur général.

Ils accompagnent chaque versement d'un bordereau énonçant la nature des espèces et la nature ainsi que le détail des pièces justificatives de dépenses. Toutes ces pièces doivent être revêtues de la mention de payement prescrite par l'article 661 de l'Instruction générale.

Les percepteurs ne peuvent faire aucune conversion de leurs recettes en papier de commerce, ni aucun autre échange de valeurs, que sur l'autorisation expresse du trésorier-payeur général et sous sa responsabilité personnelle. *(Inst. gén., art. 89.)*

3095. — Les receveurs des finances ne peuvent pas exiger que les percepteurs leur versent des sommes plus fortes que celles qui ont été recouvrées sur les contribuables, et les avances que les percepteurs feraient volontairement de leurs deniers personnels ne peuvent être admises que dans la limite et suivant les règles

tracées aux articles 1374 et 1376 de l'Instruction générale. *(Inst. gén., art. 90.)*

3096. — Les percepteurs doivent retirer, en
échange de leurs versements, des récépissés
comptables et distincts pour chaque exercice.
Ces récépissés doivent être à *talon*, conformément au décret du 4 janvier 1808 et à l'ordonnance du 12 mai 1833. *(Inst. gén., art. 91.)*
— V. RÉCÉPISSÉS.

3097. — Le livre récapitulatif, dont la tenue
est prescrite aux percepteurs, doit être apporté
à la recette des finances lors de chaque versement. *(Inst. gén., art. 1374.)*

3098. — Les dépenses qui résultent de versements au receveur des finances sont enregistrées par ce receveur lui-même sur le livre
récapitulatif au moment où il délivre ses récépissés. *(Inst. gén., art. 1504, dernier alinéa.)*

3098 bis. — *Versements effectués aux
succursales et bureaux auxiliaires de la
Banque de France par les percepteurs.* —
La circulaire du 31 décembre 1897 relative à
l'application de la loi du 17 novembre précédent, prorogeant le privilège de la Banque de
France, énonce qu'en vertu de l'article 10, § 1er
de cette loi, tous les comptables du Trésor
ont la faculté d'opérer leurs versements dans
les bureaux auxiliaires et dans les succursales
de la Banque.
Les trésoriers généraux qui autorisent des
percepteurs de l'arrondissement chef-lieu, ou
qui, sur la proposition des receveurs particuliers, autorisent des percepteurs, appartenant
aux arrondissements de sous-préfecture, à faire
certains versements à la Banque ne doivent
pas omettre de notifier les noms et qualités
de ces comptables aux directeurs des succursales, ou aux chefs des bureaux auxiliaires.
(Circ. compt. publ. 30 juin 1900, § 1er.)

*État indiquant le chiffre des versements
à adresser directement à la trésorerie générale.* — V. n° 2570.

Veuves des percepteurs (Secours aux). —
V. nos 2203 et suiv.

Vicinalité. — CHEMINS VICINAUX.

Vieillards et incurables indigents. — V.
ASSISTANCE, n° 604 *bis*; HOSPICES, n° 1647 ;
SECOURS, nos 2835 et suiv.

**Visa des registres et pièces de comptabi-
lité.**

3099. — Avant d'en faire usage, les percepteurs doivent faire viser et parapher, au receveur
des finances, le livre récapitulatif et le livre
des comptes divers. *(Circ. compt. publ.
1er août 1896, § 8.)*
En ce qui concerne le visa de divers fonctionnaires compétents, V. CAHIER DE NOTES,
PAYEMENTS POUR LE COMPTE DU TRÉSORIER-
PAYEUR GÉNÉRAL, POURSUITES, RÉCÉPISSÉS.

Voirie (Droits de). — V. LOCATION DES
PLACES, PIÈCES JUSTIFICATIVES, § 18.

**Voitures et chevaux et voitures automo-
biles (Contribution sur les).**

3100. — *Taxe.* — Les lois des 2 juillet 1862
et 23 juillet 1872, qui ont établi une contribution sur les voitures et sur les chevaux ont été
modifiées par la loi du 22 décembre 1879,
complétée par celle du 13 juillet 1900 concernant les voitures automobiles.

3101. — La contribution sur les voitures et
sur les chevaux ainsi que sur les voitures automobiles est établie d'après les tarifs suivants :

TARIF POUR LES VOITURES ET CHEVAUX.

VILLES, COMMUNES OU LOCALITÉS dans lesquelles LE TARIF EST APPLICABLE	SOMME A PAYER non-compris le fonds de non-valeurs PAR CHAQUE		
	VOITURE A		CHEVAL DE SELLE OU D'ATTELAGE
	4 roues	2 roues	
Paris..	60 f.	40 f.	25 f.
Les communes autres que Paris ayant plus de 40,000 âmes de population.	50	25	20
Les communes de 20,001 âmes à 40,000.	40	20	15
Les communes de 10,001 âmes à 20,000.	30	15	12
Les communes de 5,001 âmes à 10,000.	25	10	10
Les communes de 5,000 âmes et au-dessous	10	5	5

(L. 22 décembre 1879, art. 1er.)

TARIF POUR LES VOITURES AUTOMOBILES.

VILLES, COMMUNES OU LOCALITÉS dans lesquelles LE TARIF EST APPLICABLE	pour CHAQUE VOITURE automobile		pour chaque cheval-vapeur ou fraction de chev.-v.
	à 1 ou 2 places	à plus de 2 places	
Paris.	50 f.	90 f.	5 f.
Les communes autres que Paris ayant plus de 40,000 âmes de population.	40	75	5
Les communes de 20,001 à 40,000 âmes.	30	60	5
Les communes de 10,001 à 20,000 âmes.	25	50	5
Les communes de 10,000 et au-dessous.	20	40	5

Les voitures automobiles sont passibles de cette contribution suivant les mêmes règles que les voitures attelées de chevaux, mules et mulets. (L. 13 juillet 1900, art. 5.)

3102. — Les mules et mulets de selle, ainsi que les mules et mulets servant à atteler les voitures imposables à la contribution sur les voitures et les chevaux, sont passibles de cette contribution d'après le même tarif et suivant les mêmes règles que les chevaux. (L. 22 déc. 1879, art. 2.)

3103. — L'article 6 de la loi du 23 juillet 1872 est modifié ainsi qu'il suit :

La taxe est réduite de moitié pour les chevaux et voitures imposables, d'après l'article 5 de la loi du 23 juillet 1872, lorsqu'ils sont employés habituellement pour le service de l'agriculture ou d'une profession quelconque donnant lieu à l'application du droit de patente, sauf en ce qui concerne les professions rangées dans le tableau G annexé à la loi du 18 mai 1850, et dans les tableaux correspondants annexés aux lois de patentes subséquentes. (L. 22 décembre 1879, art. 3.)

3104. — Exemptions. — Ne donnent pas lieu au payement de la taxe les juments et étalons exclusivement consacrés à la reproduction. (L. 2 juillet 1862, art. 7.)

3105. — L'exemption de taxe est étendue :

1° Aux voitures et chevaux affectés exclusivement au service des voitures publiques qui sont soumises aux droits perçus par l'administration des contributions indirectes ;

2° Aux chevaux et voitures possédés par les marchands de chevaux, carrossiers, marchands de voitures, et exclusivement destinés à la vente ou à la location ;

3° Aux chevaux et voitures possédés en conformité des règlements du service militaire ou administratif. (L. 23 juillet 1872, art. 7.)

3106. — Les voitures, chevaux, mules et mulets fournis par des loueurs, marchands ou carrossiers, à des particuliers qui les logent dans des locaux à leur disposition, sont imposables au nom de ces derniers à la contribution sur les chevaux, voitures, mules et mulets, alors même que les voitures, chevaux etc., sont toujours entretenus aux frais des loueurs, marchands ou carrossiers et conduits par une personne à leur service. (L. de finances, 17 juillet 1895, art. 1.)

3107. — Annualité de la taxe. — Supplément de taxe. — Résidence nouvelle. — Pluralité de résidences. — Les possesseurs de chevaux et de voitures imposables sont passibles de la taxe pour l'année entière, en ce qui concerne les faits existant au 1er janvier. Il en est de même pour les voitures automobiles.

Les personnes qui, dans le courant de l'année, deviennent possesseurs de voitures ou de chevaux imposables et de voitures automobiles, doivent la contribution à partir du 1er du mois dans lequel le fait s'est produit, et sans qu'il y ait lieu de tenir compte des taxes imposées au nom des précédents possesseurs. (L. 23 juillet 1872, art. 8, et 13 juillet 1900, art. 5.)

3108. — Dans le cas où, à raison d'une résidence nouvelle, le contribuable devient passible d'une taxe supérieure à celle à laquelle il a été assujetti au 1er janvier, il doit un droit complémentaire égal au montant de la différence, et calculé à partir du 1er du mois dans lequel le changement de résidence s'est produit. (L. 23 juillet 1872, art. 9, § 1er.)

3109. — Si le contribuable a plusieurs résidences, il est, pour les chevaux et les voitures qui le suivent habituellement, imposé dans la commune où il est soumis à la contribution personnelle conformément à l'article 13 de la loi du 21 avril 1832 ; mais la contribution est établie suivant la taxe de la commune dont la population est la plus élevée. Pour les chevaux et les voitures qui restent habituellement attachés à l'une de ces résidences, le contribuable est imposé dans la commune de cette résidence, et suivant la taxe afférente à la population de cette commune. (*L. 2 juillet 1862, art. 10.*)

3110. — *Déclarations.* — Les contribuables sont tenus de faire la déclaration des voitures et des chevaux à raison desquels ils sont imposables, et d'indiquer les différentes communes où ils ont des habitations, en désignant celles où ils ont des éléments de cotisation en permanence.

Les déclarations sont valables pour toute la durée des faits qui y ont donné lieu; elles doivent être modifiées dans le cas de changement de résidence hors de la commune ou du ressort de la perception et dans le cas de modifications survenues dans les bases de cotisations.

Les déclarations sont faites ou modifiées, s'il y a lieu, le 15 janvier, au plus tard de chaque année, à la mairie de l'une des communes où les contribuables ont leur résidence. (*L. 2 juillet 1862, art. 11, §§ 1, 2 et 3.*)

En ce qui concerne les possesseurs de voitures automobiles, ils doivent indiquer, dans les déclarations, la force en chevaux-vapeur du moteur. (*L. 13 juill. 1900, art. 5.*)

3111. — Lorsque, dans le cours de l'année, des personnes deviennent possesseurs de voitures ou de chevaux imposables, ou que, à raison d'une résidence nouvelle, le contribuable devient passible d'une taxe supérieure à celle à laquelle il a été assujetti au 1er janvier, les déclarations prescrites par l'article 11 de la loi du 2 juillet 1862 doivent être effectuées dans le délai de trente jours, à partir de la date à laquelle se sont produits les faits susceptibles de motiver l'imposition de nouvelles taxes ou de suppléments de taxes. (*L. 23 juillet 1872, art. 9, § 2.*)

3112. — Si les déclarations ne sont pas faites dans les délais ci-dessus indiqués, ou si elles sont inexactes ou incomplètes, il y est suppléé, d'office, par le contrôleur des contributions directes, qui est chargé de rédiger, de concert avec le maire et les répartiteurs, l'état-matrice destiné à servir de base à la confection du rôle.

En cas de contestation entre le contrôleur et le maire et les répartiteurs, il est, sur le rapport du directeur des contributions directes, statué par le préfet, sauf référé au ministre des finances, si la décision était contraire à la proposition du directeur, et dans tous les cas, sans préjudice pour le contribuable du droit de réclamer après la mise en recouvrement du rôle. (*L. 2 juillet 1862, art. 11, §§ 4 et 5.*)

3113. — *Double taxe.* — Les taxes sont doublées pour les voitures et les chevaux et automobiles qui n'ont pas été déclarés ou qui ont été déclarés d'une manière inexacte. (*L. 2 juillet 1882, art. 12.*)

3114. — *Rôles et avertissements.* — Les rôles, après avoir été arrêtés et rendus exécutoires par les préfets, sont, comme pour ceux des contributions directes, transmis avec les avertissements aux percepteurs par l'entremise des receveurs des finances. (*Inst. gén., art. 53.*)

3115. — Il y a lieu d'imposer, au moyen de rôles supplémentaires et sans préjudice des accroissements de taxes dont ils seraient passibles pour défaut ou inexactitude de déclaration, les possesseurs de voitures, chevaux, mules ou mulets et voitures automobiles pour ceux de ces éléments d'imposition qu'ils possédaient depuis une époque antérieure au 1er janvier et dont l'imposition aurait été omise dans les rôles primitifs. Mais les droits ne sont dus qu'à partir du 1er janvier de l'année pour laquelle le rôle primitif a été émis. (*L. 29 décembre 1884; Circ. Dir. gén. contr. dir. 16 février 1885.*)

3116. — *Recouvrement.* — Les rôles sont publiés et recouvrés comme en matière de contributions directes. (*L. 2 juill. 1862, art. 13.*)

3117. — *Réclamations.* — Les réclamations sont présentées, instruites et jugées comme en matière de contributions directes.

Elles sont soumises au droit de timbre, lorsqu'elles s'appliquent à des cotisations de 30 fr. et au-dessus. (*Arr. Cons. d'Ét. 13 fév. 1874.*)

3118. — *Fonds de non-valeurs.* — Il est ajouté à l'impôt 5 centimes par franc pour couvrir les décharges, réductions, remises ou modérations, ainsi que les frais d'assiette de l'impôt et ceux de la confection des rôles, qui sont établis, arrêtés, publiés et recouvrés comme en matière de contributions directes. (*L. 2 juillet 1862, art. 13.*)

En cas d'insuffisance, il est pourvu au déficit par des crédits supplémentaires ouverts par décrets. (*L. 13 juillet 1892, art. 28 et 29.*)

3119. — *Attributions aux communes sur la contribution des voitures et des chevaux et voitures automobiles.* — *Dégrèvements.* — *Mode de comptabilité y relatif.* — Il est attribué au communes un vingtième du montant de l'impôt en principal, déduction faite des cotes et portions de cotes dont le dégrèvement aurait été accordé. (*L. 23 juillet 1872, art. 10.*)

3120. — Le produit des attributions est alloué aux communes de la même manière que les centimes communaux (V. n° 1608). — Il est fait compte à ces dernières du montant brut du vingtième de l'impôt, et, en cas de dégrèvement, le remboursement de ce vingtième est effectué au moyen d'un bulletin attenant à l'ordonnance et par voie de réduction de recette dans la comptabilité municipale, d'après une marche analogue à celle qui est prescrite par les articles 888, § 8, et 1347 de l'Instruction générale. — V. PIÈCES JUSTIFICATIVES, § 3.

En conséquence, les attributions sur la contribution des voitures et chevaux doivent figurer pour le net seulement dans les comptes de gestion.

Par suite, le percepteur doit, au moment où il fait emploi d'une ordonnance de dégrèvement, en détacher l'ordre de reversement et le conserver *(comme valeur de caisse ou avance)*, afin, s'il est receveur municipal, de justifier la réduction de recette à opérer au compte de la commune aussitôt après l'encaissement des attributions, et, dans le cas contraire, de présenter la pièce au receveur municipal spécial en lui demandant le payement de la somme qui en fait l'objet.

Si des ordonnances parvenaient aux comptables après la clôture de l'exercice communal, le montant des remboursements serait imputé sur le crédit des dépenses imprévues ou ferait l'objet d'un crédit spécial. *(Circ. compt.publ. 15 mai 1863, § 1er, et 23 janv. 1864, § 1er.)*

Dans ce dernier cas, le maire délivre un mandat au nom de : Le Percepteur. Le bulletin de restitution est joint comme pièce justificative.

3120 bis. — Lorsqu'un percepteur reçoit une ordonnance de décharge concernant la taxe des chevaux et voitures ou vélocipèdes et qu'il est obligé de l'imputer aux excédents de versement, il doit faire recette au compte excédent de versement sur contributions de chevaux et voitures ou vélocipèdes, suivant le cas, de la portion concernant le Trésor et au compte excédent de versement sur produits communaux de la quote-part à rembourser par la commune. Pour se couvrir de cette quote-part, le comptable opère comme il est dit ci-dessus, n° 3120, par voie de réduction de recette au moyen du certificat détaché du bas de l'ordonnance de dégrèvement.

Ainsi, par exemple, pour une ordonnance de décharge de 5 fr. 25, il porte au compte excédent de versement sur contributions, colonne 8 du journal à souche . . . . . 5 fr. »

Au compte excédent de versement sur produits communaux, colonne 9 du journal à souche, la quote-part de la commune, soit . . . . . 0 fr. 25

Total. . . 5 fr. 25

La quittance n'étant comprise au compte du Trésor que pour 5 fr., il résulte une différence de 0 fr. 25 en moins dans la caisse du comptable qui est compensée par la réduction de recette indiquée plus haut.

Pour le remboursement à la partie, on fait une quittance d'excédent de versement sur contributions du montant des 5 fr. perçus et une autre quittance de 0 fr. 25 à imputer sur la recette faite au compte excédent de versement sur produits communaux, services hors budget.

Remises des percepteurs. — V. n° 2672.

Vol de fonds.

3121. — En cas de vol commis à sa caisse aucun comptable public ne peut en obtenir la décharge, s'il ne justifie que ce vol est l'effet d'une force majeure; qu'outre les précautions ordinaires, il avait eu celle de coucher ou de faire coucher un homme sûr dans le lieu où il tenait ses fonds, et que, si c'était au rez-de-chaussée, il avait eu soin de le faire solidement griller.

Il est, en outre, tenu d'informer immédiatement l'autorité supérieure des tentatives qui auraient été faites pour enlever les fonds, quand bien même ces tentatives n'auraient pas été suivies d'effet.

Lorsqu'il y a un vol de fonds, le comptable qui, à moins d'empêchement dûment constaté, n'a pas fait sa déposition à l'autorité locale dans les vingt-quatre heures, est, par ce seul fait, déclaré responsable.

Le ministre des Finances statue sur les réclamations des percepteurs et des receveurs des communes et des établissements de bienfaisance tendant à la décharge de leur responsabilité, au vu des procès-verbaux d'enquête et autres pièces constatant les circonstances du vol, et sauf à prendre préalablement l'avis de la section des finances du Conseil d'État. Ces réclamations sont adressées au ministre des Finances par le préfet du département, qui soumet ses propositions à leur égard; elles doivent être appuyées de l'avis du receveur des finances de l'arrondissement et de celui du trésorier général. En cas de rejet, les comptables sont admis à se pourvoir au Conseil d'État, contre la décision ministérielle, dans le délai de trois mois.

Lorsque le vol porte sur les fonds communaux ou sur les fonds des établissements de bienfaisance, les conseils municipaux et les commissions administratives doivent être entendus, le ministre de l'Intérieur est, en outre, consulté. *(Inst. gén., art. 1271.)*

3122. — Il est statué, dans les formes indiquées ci-dessus, sur les demandes en décharge pour *pertes de fonds*, motivées sur des circonstances de force majeure. *(Inst. gén., art. 1272.)*

Voyageurs indigents (Frais de route aux).
— V. n° 1585.

Modifications survenues pendant l'impression du Répertoire par suite de la loi du 9 décembre 1905 concernant la séparation des Églises et de l'État. Cette loi que nous reproduisons in-extenso contient des dispositions qui annulent ou modifient les titres et numéros ci-après : Cloches (refonte des) n° 952. — Dépenses des communes n° 1338, 17°, 18° et 20°. — Églises, n°ˢ 1414 et 1415. — Fabriques d'églises, n°ˢ 1517 à 1520. — Pièces justificatives, n° 2234, §§ 109 à 113. — Presbytères, n°ˢ 2465 à 2468.

(Extrait du *Journal officiel de la République Française* en date du 11 décembre 1905.)

3123. — LOI concernant la séparation des Églises et de l'Etat

Le Sénat et la Chambre des députés ont adopté,

Le Président de la République promulgue la loi dont la teneur suit :

TITRE Iᵉʳ

PRINCIPES

Art. 1ᵉʳ. — La République assure la liberté de conscience. Elle garantit le libre exercice des cultes sous les seules restrictions édictées ci-après dans l'intérêt de l'ordre public.

Art. 2. — La République ne reconnaît, ne salarie ni ne subventionne aucun culte. En conséquence, à partir du 1ᵉʳ janvier qui suivra la promulgation de la présente loi, seront supprimées des budgets de l'Etat, des départements et des communes, toutes dépenses relatives à l'exercice des cultes. Pourront toutefois être inscrites auxdits budgets les dépenses relatives à des services d'aumônerie et destinées à assurer le libre exercice des cultes dans les établissements publics, tels que lycées, collèges, écoles, hospices, asiles et prisons.

Les établissements publics du culte sont supprimés, sous réserve des dispositions énoncées à l'article 3.

TITRE II

ATTRIBUTION DES BIENS — PENSIONS

Art. 3. — Les établissements dont la suppression est ordonnée par l'article 2 continueront provisoirement de fonctionner, conformément aux dispositions qui les régissent actuellement, jusqu'à l'attribution de leurs biens aux associations prévues par le titre IV et au plus tard jusqu'à l'expiration du délai ci-après :

Dès la promulgation de la présente loi, il sera procédé par les agents de l'administration des domaines à l'inventaire descriptif et estimatif :

1° Des biens mobiliers et immobiliers desdits établissements ;

2° Des biens de l'Etat, des départements et des communes dont les mêmes établissements ont la jouissance.

Ce double inventaire sera dressé contradictoirement avec les représentants légaux des établissements ecclésiastiques ou eux dûment appelés par une notification faite en la forme administrative.

Les agents chargés de l'inventaire auront le droit de se faire communiquer tous titres et documents utiles à leurs opérations.

Art. 4. — Dans le délai d'un an à partir de la promulgation de la présente loi, les biens mobiliers et immobiliers des menses, fabriques, conseils presbytéraux, consistoires et autres établissements publics du culte seront, avec toutes les charges et obligations qui les grèvent et avec leur affectation spéciale, transférés par les représentants légaux de ces établissements aux associations qui, en se conformant aux règles d'organisation générale du culte dont elles se proposent d'assurer l'exercice, se seront légalement formées, suivant les prescriptions de l'article 19, pour l'exercice de ce culte dans les anciennes circonscriptions desdits établissements.

Art. 5. — Ceux des biens désignés à l'article précédent qui proviennent de l'Etat et qui ne sont pas grevés d'une fondation pieuse créée postérieurement à la loi du 18 germinal an X feront retour à l'Etat.

Les attributions de biens ne pourront être faites par les établissements ecclésiastiques qu'un mois après la promulgation du règlement d'administration publique prévu à l'article 43. Faute de quoi la nullité pourra en être demandée devant le tribunal civil par toute partie intéressée ou par le ministère public.

En cas d'aliénation par l'association cultuelle de valeurs mobilières ou d'immeubles faisant partie du patrimoine de l'établissement public dissous, le montant du produit de la vente devra être employé en titres de rente nominatifs ou dans les conditions prévues au paragraphe 2 de l'article 22.

L'acquéreur des biens aliénés sera personnellement responsable de la régularité de cet emploi.

Les biens revendiqués par l'État, les départements ou les communes ne pourront être aliénés, transformés ni modifiés jusqu'à ce qu'il ait été statué sur la revendication par les tribunaux compétents.

Art. 6. — Les associations attributaires des biens des établissements ecclésiastiques supprimés seront tenues des dettes de ces établissements ainsi que de leurs emprunts sous réserve des dispositions du troisième paragraphe du présent article ; tant qu'elles ne seront pas libérées de ce passif, elles auront droit à la jouissance des biens productifs de revenus qui doivent faire retour à l'État en vertu de l'article 5.

Le revenu global desdits biens reste affecté au payement du reliquat des dettes régulières et légales de l'établissement public supprimé, lorsqu'il ne se sera formé aucune association cultuelle apte à recueillir le patrimoine de cet établissement

Les annuités des emprunts contractés pour dépenses relatives aux édifices religieux seront supportées par les associations en proportion du temps pendant lequel elles auront l'usage de ces édifices par application des dispositions du titre III.

Dans le cas où l'État, les départements ou les communes rentreront en possession de ceux des édifices dont ils sont propriétaires, ils seront responsables des dettes régulièrement contractées et afférentes auxdits édifices.

Art. 7. — Les biens mobiliers ou immobiliers grevés d'une affectation charitable ou de toute autre affectation étrangère à l'exercice du culte seront attribués par les représentants légaux des établissements ecclésiastiques, aux services ou établissements publics ou d'utilité publique, dont la destination est conforme à celle desdits biens. Cette attribution devra être approuvée par le préfet du département où siège l'établissement ecclésiastique. En cas de non approbation, il sera statué par décret en conseil d'État.

Toute action en reprise ou en revendication devra être exercée dans un délai de six mois à partir du jour où l'arrêté préfectoral ou le décret approuvant l'attribution aura été inséré au *Journal officiel*. L'action ne pourra être intentée qu'en raison de donations ou de legs et seulement par les auteurs et leurs héritiers en ligne directe.

Art. 8. — Faute par un établissement ecclésiastique d'avoir, dans le délai fixé par

l'article 4, procédé aux attributions ci-dessus prescrites, il y sera pourvu par décret.

À l'expiration dudit délai, les biens à attribuer seront, jusqu'à leur attribution, placés sous séquestre.

Dans le cas où les biens attribués en vertu de l'article 4 et du paragraphe 1er du présent article seront, soit dès l'origine, soit dans la suite, réclamés par plusieurs associations formées pour l'exercice du même culte, l'attribution qui en aura été faite par les représentants de l'établissement ou par décret pourra être contestée devant le conseil d'État statuant au contentieux, lequel prononcera en tenant compte de toutes les circonstances de fait.

La demande sera introduite devant le conseil d'État, dans le délai d'un an à partir de la date du décret ou à partir de la notification, à l'autorité préfectorale, par les représentants légaux des établissements publics du culte, de l'attribution effectuée par eux. Cette notification devra être faite dans le délai d'un mois.

L'attribution pourra être ultérieurement contestée en cas de scission dans l'association nantie, de création d'association nouvelle par suite d'une modification dans le territoire de la circonscription ecclésiastique et dans le cas où l'association attributaire n'est plus en mesure de remplir son objet.

Art. 9. — À défaut de toute association pour recueillir les biens d'un établissement public du culte, ces biens seront attribués par décret aux établissements communaux d'assistance ou de bienfaisance situés dans les limites territoriales de la circonscription ecclésiastique intéressée.

En cas de dissolution d'une association, les biens qui lui auront été dévolus en exécution des articles 4 et 8 seront attribués par décret rendu en conseil d'État, soit à des associations analogues dans la même circonscription ou, à leur défaut, dans les circonscriptions les plus voisines, soit aux établissements visés au paragraphe 1er du présent article.

Toute action en reprise ou en revendication devra être exercée dans un délai de six mois à partir du jour où le décret aura été inséré au *Journal officiel*. L'action ne pourra être intentée qu'en raison de donations ou de legs et seulement par les auteurs et leurs héritiers en ligne directe.

Art. 10. — Les attributions prévues par les articles précédents ne donnent lieu à aucune perception au profit du Trésor.

Art. 11. — Les ministres des cultes qui, lors de la promulgation de la présente loi, seront âgés de plus de soixante ans révolus et qui auront pendant trente ans au moins, rempli des fonctions ecclésiastiques rémunérées par l'Etat, recevront une pension annuelle et viagère égale aux trois quarts de leur traitement.

Ceux qui seront âgés de plus de quarante-cinq ans et qui auront, pendant vingt ans au moins, rempli des fonctions ecclésiastiques rémunérées par l'Etat, recevront une pension annuelle et viagère égale à la moitié de leur traitement.

Les pensions allouées par les deux paragraphes précédents ne pourront pas dépasser 1.500 fr.

En cas de décès des titulaires, ces pensions seront reversibles, jusqu'à concurrence de la moitié de leur montant, au profit de la veuve et des orphelins mineurs laissés par le défunt et, jusqu'à concurrence du quart, au profit de la veuve sans enfants mineurs. A la majorité des orphelins, leur pension s'éteindra de plein droit.

Les ministres des cultes actuellement salariés par l'Etat, qui ne seront pas dans les conditions ci-dessus, recevront, pendant quatre ans à partir de la suppression du budget des cultes, une allocation égale à la totalité de leur traitement pour la première année, aux deux tiers pour la deuxième, à la moitié pour la troisième, au tiers pour la quatrième.

Toutefois dans les communes de moins de 1.000 habitants et pour les ministres des cultes qui continueront à y remplir leurs fonctions, la durée de chacune des quatre périodes ci-dessus indiquées sera doublée.

Les départements et les communes pourront, sous les mêmes conditions que l'Etat, accorder aux ministres des cultes actuellement salariés par eux des pensions ou des allocations établies sur la même base et pour une égale durée.

Réserve est faite des droits acquis en matière de pensions par application de la législation antérieure, ainsi que des secours accordés, soit aux anciens ministres des différents cultes, soit à leur famille.

Les pensions prévues aux deux premiers paragraphes du présent article ne pourront se cumuler avec toute autre pension ou tout autre traitement alloué, à titre quelconque, par l'Etat, les départements ou les communes.

La loi du 27 juin 1885, relative au personnel des facultés de théologie catholique supprimées, est applicable aux professeurs, chargés de cours, maîtres de conférences et étudiants des facultés de théologie protestante.

Les pensions et allocations prévues ci-dessus seront incessibles et insaisissables dans les mêmes conditions que les pensions civiles. Elles cesseront de plein droit en cas de condamnation à une peine afflictive ou infamante ou en cas de condamnation pour l'un des délits prévus aux articles 34 et 35 de la présente loi.

Le droit à l'obtention ou à la jouissance d'une pension ou allocation sera suspendu par les circonstances qui font perdre la qualité de Français, durant la privation de cette qualité.

Les demandes de pension devront être, sous peine de forclusion, formées dans le délai d'un an après la promulgation de la présente loi.

TITRE III

DES ÉDIFICES DES CULTES

Art. 12. — Les édifices qui ont été mis à la disposition de la nation et qui, en vertu de la loi du 18 germinal an X, servent à l'exercice public des cultes ou au logement de leurs ministres (cathédrales, églises, chapelles, temples, synagogues, archevêchés, évêchés, presbytères, séminaires), ainsi que leurs dépendances immobilières et les objets mobiliers qui les garnissaient au moment où lesdits édifices ont été remis aux cultes, sont et demeurent propriété de l'Etat, des départements et des communes.

Pour ces édifices, comme pour ceux postérieurs à la loi du 18 germinal an X, dont l'Etat, les départements et les communes seraient propriétaires, y compris les facultés de théologie protestante, il sera procédé conformément aux dispositions des articles suivants :

Art. 13. — Les édifices servant à l'exercice public du culte, ainsi que les objets mobiliers les garnissant, seront laissés gratuitement à la disposition des établissements publics du culte, puis des associations appelées à les remplacer auxquelles les biens de ces établissements auront été attribués par application des dispositions du titre II.

La cessation de cette jouissance, et s'il y a lieu, son transfert seront prononcés par décret, sauf recours au conseil d'Etat statuant au contentieux :

1° Si l'association bénéficiaire est dissoute ;

2° Si, en dehors des cas de force majeure, le culte cesse d'être célébré pendant plus de six mois consécutifs ;

3° Si la conservation de l'édifice ou celle des objets mobiliers classés en vertu de la loi de 1887 et de l'article 16 de la présente loi est compromise par insuffisance d'entretien, et après mise en demeure dûment notifiée du conseil municipal ou, à son défaut du préfet ;

4° Si l'association cesse de remplir son objet ou si les édifices sont détournés de leur destination ;

5° Si elle ne satisfait pas soit aux obligations de l'article 6 ou du dernier paragraphe du présent article, soit aux prescriptions relatives aux monuments historiques.

La désaffectation de ces immeubles pourra, dans les cas ci-dessus prévus, être prononcée par décret rendu en conseil d'État. En dehors de ces cas, elle ne pourra l'être que par une loi.

Les immeubles autrefois affectés aux cultes et dans lesquels les cérémonies du culte n'auront pas été célébrées pendant le délai d'un an antérieurement à la présente loi, ainsi que ceux qui ne seront pas réclamés par une association cultuelle dans le délai de deux ans après sa promulgation, pourront être désaffectés par décret.

Il en est de même pour les édifices dont la désaffectation aura été demandée antérieurement au 1er juin 1905.

Les établissements publics du culte, puis les associations bénéficiaires seront tenus des réparations de toute nature, ainsi que des frais d'assurance et autres charges afférentes aux édifices et aux meubles les garnissant.

Art. 14. — Les archevêchés, évêchés, les presbytères et leurs dépendances, les grands séminaires et facultés de théologie protestante seront laissés gratuitement à la disposition des établissements publics du culte, puis des associations prévues à l'article 13, savoir : les archevêchés et évêchés pendant une période de deux années ; les presbytères dans les communes où résidera le ministre du culte, les grands séminaires et facultés de théologie protestante pendant cinq années à partir de la promulgation de la présente loi.

Les établissements et associations sont soumis, en ce qui concerne ces édifices, aux obligations prévues par le dernier paragraphe de l'article 13. Toutefois ils ne seront pas tenus des grosses réparations.

La cessation de la jouissance des établissements et associations sera prononcée dans les conditions et suivant les formes déterminées par l'article 13. Les dispositions des paragraphes 3 et 5 du même article sont applicables aux édifices visés par le paragraphe 1er du présent article.

La distraction des parties superflues des presbytères laissés à la disposition des associations cultuelles pourra, pendant le délai prévu au paragraphe 1er, être prononcée pour un service public par décret rendu en conseil d'État.

A l'expiration des délais de jouissance gratuite, la libre disposition des édifices sera rendue à l'État, aux départements ou aux communes.

Les indemnités de logement incombant actuellement aux communes, à défaut de presbytère, par application de l'article 136 de la loi du 5 avril 1884, resteront à leur charge pendant le délai de cinq ans. Elles cesseront de plein droit en cas de dissolution de l'association.

Art. 15. — Dans les départements de la Savoie, de la Haute-Savoie et des Alpes-Maritimes, la jouissance des édifices antérieurs à la loi du 18 germinal an X, servant à l'exercice des cultes ou au logement de leurs ministres, sera attribuée par les communes sur le territoire desquelles ils se trouvent, aux associations cultuelles, dans les conditions indiquées par les articles 12 et suivants de la présente loi. En dehors de ces obligations, les communes pourront disposer librement de la propriété de ces édifices.

Dans ces mêmes départements, les cimetières resteront la propriété des communes.

Art. 16. — Il sera procédé à un classement complémentaire des édifices servant à l'exercice public du culte (cathédrales, églises, chapelles, temples, synagogues, archevêchés, évêchés, presbytères, séminaires), dans lequel devront être compris tous ceux de ces édifices représentant, dans leur ensemble ou dans leurs parties, une valeur artistique ou historique.

Les objets mobiliers ou les immeubles par destination mentionnés à l'article 13, qui n'auraient pas encore été inscrits sur la liste de classement dressée en vertu de la loi du 30 mars 1887, sont, par l'effet de la présente loi, ajoutés à ladite liste. Il sera procédé par le ministre de l'instruction publique et des beaux-arts, dans le délai de trois ans, au classement définitif de ceux de ces objets dont la conservation présenterait, au point de vue de l'histoire ou de l'art, un intérêt suffisant. A l'expiration de ce délai, les autres objets seront déclassés de plein droit.

En outre, les immeubles et les objets mobiliers, attribués en vertu de la présente loi aux associations, pourront être classés dans les mêmes conditions que s'ils appartenaient à des établissements publics.

Il n'est pas dérogé, pour le surplus, aux dispositions de la loi du 30 mars 1887.

Les archives ecclésiastiques et bibliothèques existant dans les archevêchés, évêchés, grands séminaires, paroisses, succursales et leurs dépendances, seront inventoriées et celles qui seront reconnues propriété de l'État lui seront restituées.

Art. 17. — Les immeubles par destination classés en vertu de la loi du 30 mars 1887 ou de la présente loi sont inaliénables et imprescriptibles.

Dans le cas où la vente ou l'échange d'un objet classé seraient autorisés par le ministre de l'instruction publique et des beaux-arts, un droit de préemption est accordé : 1° aux associations cultuelles ; 2° aux communes ; 3° aux départements ; 4° aux musées et sociétés d'art et d'archéologie ; 5° à l'État. Le prix sera fixé par trois experts que désigneront le vendeur, l'acquéreur et le président du tribunal civil.

Si aucun des acquéreurs visés ci-dessus ne fait usage du droit de préemption, la vente sera libre ; mais il est interdit à l'acheteur d'un objet classé de le transporter hors de France.

Nul travail de réparation, restauration ou entretien à faire aux monuments ou objets mobiliers classés ne peut être commencé sans l'autorisation du ministre des beaux-arts, ni exécuté hors de la surveillance de son administration, sous peine, contre les propriétaires, occupants ou détenteurs qui auraient ordonné ces travaux, d'une amende de seize à quinze cents francs (16 à 1.500 fr.).

Toute infraction aux dispositions ci-dessus ainsi qu'à celles de l'article 16 de la présente loi et des articles 4, 10, 11, 12 et 13 de la loi du 30 mars 1887 sera punie d'une amende de cent à dix mille francs (100 à 10.000 fr.) et d'un emprisonnement de six jours à trois mois, ou de l'une de ces deux peines seulement.

La visite des édifices et l'exposition des objets mobiliers classés seront publiques ; elles ne pourront donner lieu à aucune taxe ni redevance.

TITRE IV

DES ASSOCIATIONS POUR L'EXERCICE DES CULTES

Art. 18. — Les associations formées pour subvenir aux frais, à l'entretien et à l'exercice public d'un culte devront être constituées conformément aux articles 5 et suivants du titre 1er de la loi du 1er juillet 1901. Elles seront, en outre, soumises aux prescriptions de la présente loi.

Art. 19. — Ces associations devront avoir exclusivement pour objet l'exercice d'un culte et être composées au moins :

Dans les communes de moins de 1,000 habitants, de sept personnes ;

Dans les communes de 1.000 à 20.000 habitants, de quinze personnes ;

Dans les communes dont le nombre des habitants est supérieur à 20.000, de vingt-cinq personnes majeures, domiciliées ou résidant dans la circonscription religieuse.

Chacun de leurs membres pourra s'en retirer en tout temps, après payement des cotisations échues et de celles de l'année courante, nonobstant toute clause contraire.

Nonobstant toute clause contraire des statuts, les actes de gestion financière et d'administration légale des biens accomplis par les directeurs ou administrateurs seront, chaque année au moins, présentés au contrôle de l'assemblée générale des membres de l'association et soumis à son approbation.

Les associations pourront recevoir, en outre des cotisations prévues par l'article 6 de la loi du 1er juillet 1901, le produit des quêtes et collectes pour les frais du culte, percevoir des rétributions : pour les cérémonies et services religieux même par fondation ; pour la location des bancs et sièges ; pour la fourniture des objets destinés au service des funérailles dans les édifices religieux et à la décoration de ces édifices.

Elles pourront verser, sans donner lieu à perception de droits, le surplus de leurs recettes à d'autres associations constituées pour le même objet.

Elles ne pourront, sous quelque forme que ce soit, recevoir des subventions de l'État, des départements ou des communes. Ne sont pas considérées comme subventions les sommes allouées pour réparations aux monuments classés.

Art. 20. — Ces associations peuvent, dans les formes déterminées par l'article 7 du décret du 16 août 1901, constituer des unions ayant une administration ou une direction centrale ; ces unions seront réglées par l'article 18 et par les cinq derniers paragraphes de l'article 19 de la présente loi.

Art. 21. — Les associations et les unions tiennent un état de leurs recettes et de leurs dépenses ; elles dressent chaque année le compte financier de l'année écoulée et l'état inventorié de leurs biens, meubles et immeubles.

Le contrôle financier est exercé sur les associations et sur les unions par l'administration de l'enregistrement et par l'inspection générale des finances.

Art. 22. — Les associations et unions peuvent employer leurs ressources disponibles à la constitution d'un fonds de réserve suffisant pour assurer les frais et l'entretien du culte et ne pouvant en aucun cas recevoir une autre destination : le montant de cette réserve ne pourra jamais dépasser une somme égale, pour les unions et associations ayant plus de cinq mille francs (5,000 francs) de revenu, à trois fois et, pour les autres associations, à six fois la moyenne annuelle des sommes dépensées par chacune d'elles pour les frais du culte pendant les cinq derniers exercices.

Indépendamment de cette réserve, qui devra être placée en valeurs nominatives, elles pourront constituer une réserve spéciale dont les fonds devront être déposés, en argent ou en titres nominatifs, à la caisse des dépôts et consignations pour être exclusivement affectés, y compris les intérêts, à l'achat, à la construction, à la décoration ou à la réparation d'immeubles ou meubles destinés aux besoins de l'association ou de l'union.

Art. 23. — Seront punis d'une amende de seize francs (16 fr.) à deux cents francs (200 francs) et, en cas de récidive, d'une amende double les directeurs ou administrateurs d'une association ou d'une union qui auront contrevenu aux articles 18, 19, 20, 21 et 22.

Les tribunaux pourront, dans le cas d'infraction au paragraphe 1er de l'article 22, condamner l'association ou l'union à verser l'excédent constaté aux établissements communaux d'assistance ou de bienfaisance.

Ils pourront, en outre, dans tous les cas prévus au paragraphe 1er du présent article, prononcer la dissolution de l'association ou de l'union.

Art. 24. — Les édifices affectés à l'exercice du culte appartenant à l'État, aux départements ou aux communes continueront à être exemptés de l'impôt foncier et de l'impôt des portes et fenêtres.

Les édifices servant au logement des ministres des cultes, les séminaires, les facultés de théologie protestante qui appartiennent à l'État, aux départements ou aux communes, les biens qui sont la propriété des associations et unions sont soumis aux mêmes impôts que ceux des particuliers.

Les associations et unions ne sont en aucun cas assujetties à la taxe d'abonnement ni à celle imposée aux cercles par l'article 33 de la loi du 8 août 1890, pas plus qu'à l'impôt de 4 % sur le revenu établi par les lois du 28 décembre 1880 et du 29 décembre 1884.

TITRE V

POLICE DES CULTES

Art. 25. — Les réunions pour la célébration d'un culte tenues dans les locaux appartenant à une association cultuelle ou mis à sa disposition sont publiques. Elles sont dispensées des formalités de l'article 8 de la loi du 30 juin 1881, mais restent placées sous la surveillance des autorités dans l'intérêt de l'ordre public. Elles ne peuvent avoir lieu qu'après une déclaration faite dans les formes de l'article 2 de la même loi et indiquant le local dans lequel elles seront tenues.

Une seule déclaration suffit pour l'ensemble des réunions permanentes, périodiques ou accidentelles qui auront lieu dans l'année.

Art. 26. — Il est interdit de tenir des réunions politiques dans les locaux servant habituellement à l'exercice d'un culte.

Art. 27. — Les cérémonies, processions et autres manifestations extérieures d'un culte continueront à être réglées en conformité des articles 95 et 97 de la loi municipale du 5 avril 1884.

Les sonneries de cloches seront réglées par arrêté municipal, et, en cas de désaccord entre le maire et le président ou directeur de l'association cultuelle, par arrêté préfectoral.

Le règlement d'administration publique prévu par l'article 43 de la présente loi déterminera les conditions et les cas dans lesquels les sonneries civiles pourront avoir lieu.

Art. 28. — Il est interdit, à l'avenir, d'élever ou d'apposer aucun signe ou emblème religieux sur les monuments publics ou en quelque emplacement public que ce soit, à l'exception des édifices servant au culte, des terrains de sépulture dans les cimetières, des monuments funéraires, ainsi que des musées ou expositions.

Art. 29. — Les contraventions aux articles précédents sont punies des peines de simple police.

Sont passibles de ces peines, dans le cas des articles 25, 26 et 27, ceux qui ont organisé la réunion ou manifestation, ceux qui y ont participé en qualité de ministres du culte et, dans le cas des articles 25 et 26, ceux qui ont fourni le local.

Art. 30. — Conformément aux dispositions de l'article 2 de la loi du 28 mars 1882, l'enseignement religieux ne peut être donné aux enfants âgés de six à treize ans, inscrits dans les écoles publiques, qu'en dehors des heures de classe.

Il sera fait application aux ministres des cultes qui enfreindraient ces prescriptions, des dispositions de l'article 14 de la loi précitée.

Art. 31. — Sont punis d'une amende de seize francs (16 fr.) à deux cents francs (200 fr.) et d'un emprisonnement de six jours à deux mois ou de l'une de ces deux peines seulement ceux qui, soit par voies de fait, violences ou menaces contre un individu, soit en lui faisant craindre de perdre son emploi ou d'exposer à un dommage sa personne, sa famille ou sa fortune, l'auront déterminé à exercer ou à s'abstenir d'exercer un culte, à faire partie ou à cesser de faire partie d'une association cultuelle, à contribuer ou à s'abstenir de contribuer aux frais d'un culte.

Art. 32. — Seront punis des mêmes peines ceux qui auront empêché, retardé ou interrompu les exercices d'un culte par des troubles ou désordres causés dans le local servant à ces exercices.

Art. 33. — Les dispositions des deux articles précédents ne s'appliquent qu'aux troubles, outrages ou voies de fait, dont la nature ou les circonstances ne donneront pas lieu à de plus fortes peines d'après les dispositions du Code pénal.

Art. 34. — Tout ministre d'un culte qui, dans les lieux où s'exerce ce culte, aura publiquement par des discours prononcés, des lectures faites, des écrits distribués ou des affiches apposées, outragé ou diffamé un citoyen chargé d'un service public sera puni d'une amende de cinq cents francs à trois mille francs (500 à 3,000 fr.) et d'un emprisonnement de un mois à un an, ou de l'une de ces deux peines seulement.

La vérité du fait diffamatoire, mais seulement s'il est relatif aux fonctions, pourra être établie devant le tribunal correctionnel dans les formes prévues par l'article 52 de la loi du 29 juillet 1881. Les prescriptions édictées par l'article 65 de la même loi s'appliquent aux délits du présent article et de l'article qui suit.

Art. 35. — Si un discours prononcé ou un écrit affiché ou distribué publiquement dans les lieux où s'exerce le culte, contient une provocation directe à résister à l'exécution des lois ou aux actes légaux de l'autorité publique, ou s'il tend à soulever ou à armer une partie des citoyens contre les autres, le ministre du culte qui s'en sera rendu coupable sera puni d'un emprisonnement de trois mois à deux ans, sans préjudice des peines de la complicité, dans le cas où la provocation aurait été suivie d'une sédition, révolte ou guerre civile.

Art. 36. — Dans le cas de condamnation par les tribunaux de simple police ou de police correctionnelle en application des articles 25 et 26, 34 et 35, l'association constituée pour l'exercice du culte dans l'immeuble où l'infraction a été commise sera civilement responsable.

TITRE VI

DISPOSITIONS GÉNÉRALES

Art. 37. — L'article 463 du Code pénal et la loi du 26 mars 1891 sont applicables à tous les cas dans lesquels la présente loi édicte des pénalités.

Art. 38. — Les congrégations religieuses demeurent soumises aux lois des 1er juillet 1901, 4 décembre 1902 et 7 juillet 1904.

Art. 39. — Les jeunes gens qui ont obtenu à titre d'élèves ecclésiastiques la dispense prévue par l'article 23 de la loi du 15 juillet 1889, continueront à en bénéficier conformément à l'article 99 de la loi du 21 mars 1905, à la condition qu'à l'âge de vingt-six ans ils soient pourvus d'un emploi de ministre du culte rétribué par une association cultuelle et sous réserve des justifications qui seront fixées par un règlement d'administration publique.

Art. 40. — Pendant huit années à partir de la promulgation de la présente loi, les ministres du culte seront inéligibles au conseil municipal dans les communes où ils exerceront leur ministère ecclésiastique.

Art. 41. — Les sommes rendues disponibles chaque année par la suppression du budget des cultes seront réparties entre les communes au prorata du contingent de la contribution foncière des propriétés non bâties qui leur aura été assigné pendant l'exercice qui précédera la promulgation de la présente loi.

Art. 42. — Les dispositions légales relatives aux jours actuellement fériés sont maintenues.

Art. 43. — Un règlement d'administration publique rendu dans les trois mois qui suivront la promulgation de la présente loi déterminera les mesures propres à assurer son application.

Des règlements d'administration publique détermineront les conditions dans lesquelles la présente loi sera applicable à l'Algérie et aux colonies.

Art. 44. — Sont et demeurent abrogées toutes les dispositions relatives à l'organisation publique des cultes antérieurement reconnus par l'État, ainsi que toutes dispositions contraires à la présente loi et notamment :

1° La loi du 18 germinal an X, portant que la convention passée le 26 messidor an IX entre le pape et le gouvernement français, ensemble les articles organiques de ladite convention et des cultes protestants seront exécutés comme des lois de la République ;

2° Le décret du 26 mars 1852 et la loi du 1er août 1879 sur les cultes protestants ;

3° Les décrets du 17 mars 1808, la loi du 8 février 1831 et l'ordonnance du 25 mai 1844 sur le culte israélite ;

4° Les décrets des 22 décembre 1812 et 19 mars 1859 ;

5° Les articles 201 à 208, 260 à 264, 294 du Code pénal ;

6° Les articles 100 et 101, les paragraphes 11 et 12 de l'article 136 et l'article 167 de la loi du 5 avril 1884 ;

7° Le décret du 30 décembre 1809 et l'article 78 de la loi du 26 janvier 1892.

La présente loi, délibérée et adoptée par le Sénat et par la Chambre des députés sera exécutée comme loi de l'Etat.

Fait à Paris, le 9 décembre 1905.

EMILE LOUBET.

Par le Président de la République :

Le Président du Conseil,
Ministre des affaires étrangères,
ROUVIER.

Le Ministre de l'Instruction publique,
des beaux-arts et des cultes,
BIENVENU-MARTIN.

Le Ministre de l'Intérieur,
F. DUBIEF.

Le Ministre des Finances,
P. MERLOU.

Le Ministre des Colonies,
CLÉMENTEL.

TABLEAU

DE

RAPPROCHEMENT DES ARTICLES NON MODIFIÉS DE L'INSTRUCTION GÉNÉRALE

ET AUTRES INSTRUCTIONS

RÈGLEMENT SUR LES POURSUITES, AMENDES, CHEMINS VICINAUX, CIRCULAIRES, SOLUTIONS, ETC.

Avec les Numéros du Répertoire.

INSTRUCTION GÉNÉRALE DU 20 JUIN 1859

ARTICLES de l'Inst.	NUMÉROS du Répert.	ARTICLES de l'Inst.	NUMÉROS du Répert.	ARTICLES de l'Inst.	NUMÉROS du Répert.	ARTICLES de l'Inst.	NUMÉROS du Répert.	ARTICLES de l'Inst.	NUMÉROS du Répert.	ARTICLES de l'Inst.	NUMÉROS du Répert.
1	1158	52	2798	79	2507	104	2323	134	1199	195	Divers.
2	1159	53	2800	80	1529	106	2427		1213		1574
3	1160	54	2802	81	1301	107	2429	135	1200	196	2675
4	1161	55	2804	82	1302	108	2423		1214		2681
5	1165	56	2805	83	1344	109	2430 et suiv.	136	1200	199	1668
6	1166	60	1515	84	1344	110	2306		1215	200	1670
7	1177	61	2644	85	1347	112	1577 et suiv.	138	1296	201	1671
8	1179	62	1839	86	1315	113	2671	139	1511	202	1672
9	1180	63	2647	87	1317	117	1573	140	2062	203	1574
10	896	64	1640	88	2509	118	1578	141	1202		1668
11	897	65	1185	89	3094	119	1668	142	1297	»	»
12	898	66	2648	90	3095	120	656	143	2625	207	2047
13	1658	67	2649	91	3096	121	1287	144	2039	208	2048
14	1659	68	2650	92	2643	122	1288	145 à 176	Divers.	209	2049
15	1564	69	2651		2803	123	1289			210	2050
16	1661 et suiv.	70	2175	93	2744	124	1291	177	2038	»	»
17		71	664	94	2746	125	1293	178	2040	212	1491
18	1578		667	95	2748	126	1294	179	2041		1493
19	900	72	668	96	1362	127	1295	180	2043	213	2055
20	2734	73	3017	97	1858	128	1197	181	2044	»	»
21	2735	74	1416	98	2309	129	1206	182	2045	215	1498
22	2736		2551	99	2311	130	1209	183	2046	216	2054
23	2737	75	2551	100	2315	131	1210	184	2039	217	1499
27	797	76	2625	101	2317	132	1198	185 à 193	Divers.	218	2056
30	2796	77	2504	102	2318		1211			219	2057
51	1666	78	2505	103	1129 et suiv.	133	1212	194	1343	224	2059

ARTICLES de l'Inst.	NUMÉROS du Répert.	ARTICLES de l'Inst.	NUMÉROS du Répert.	ARTICLES de l'Inst.	NUMÉROS du Répert.	ARTICLES de l'Inst.	NUMÉROS du Répert.	ARTICLES de l'Inst.	NUMÉROS du Répert.	ARTICLES de l'Inst.	NUMÉROS du Répert.
»	»	360	2773	597	2226	669	2690	706	888	849	980
226	2061	361	2774	598	2227	670	2691	805	1341		2788
228	2652	362	2775	599	2225	673	2686	811	727	850	2462
229	2653	363	2777	600	2224	689	2602	812	1624	851	2460
230	2654	364	2778	601	2234	690	1633	813	1506	852	1485
231	2654	365	2779	604	1225	691	1634	814	729	854	675
232	2655	366	2780	605	1226	692	1635	815	744	855	676
233	2660	367	2781	606	1227	693	1637	816	746	856	677
234	2661	368	2782	608	3056	694	1728	817	733	857	678
235	2662	369	2770	611	1228	695	1728	819	735	858	680
236	2663	374	2769	612	1220	696	1729	820	739	859	1401
237	2664	379	726	613 {	1230	697	1730	822	3007	860	2719
238	2665	388	796		2573	698	1731	823	747	861	2711
245 à 248 }	3074	390	2060	615 {	1303	699	1733	824	1478	862	1236
		395	1404		1571	700	1734	825	1480	863	1237
249	2800	444 }	2539	616	1459	701	2730	826	965	864	1238
250	2892	445		617	51	709	2128	827	966	865	1239
251	2891	453	1393	618	52	710	2134	828	749	866	1240
253	2896	454	1587	620	54	711	2432	829	750	867	1241
254	2897	480	2540	621	1650	748	1411	830	751	868 {	1242
255	2898	500	804	623	2282	756	2238	831	753		1246
256	2899	517	2813	624 {	1617	757	2242	832	754	869	1248
259	2264	519	2814		3067	758	2243	833	755	870 {	31
260	2265 et suiv.	528	864	626 {	2	759	2244	834	756		33
261	2272	529	863 et suiv.		2122	760	2245	835	757	871	34
262	2273	533	2169	631 {	2123	761	2247	836	758	872	37
263	2274	537	1368		3055	762	2251	837	759	873	38
264	2275	538	1369	633	1834	763	2252	838	760	874	40
265	2277	539	1370	634	1835	764	2253	839	761	875	1266
266	2277	582	2438	635	1836	765	2254	840	2784	876	1267
267	2278	583	2439	636	1837	766	2255	841	2785	877	1268
268	2280	584	2443	638	1278	767	2256	842	2786	878	1563
269	2281	585	2445	654	1551	768	2257	843	2555	880	956
341	2763	586	2446	655	1552	769	2258	844	2559	881	1234
342	2764	587	2447	658	1543	770	2259	845	2560	884	2470 et suiv.
343	2766	591 {	2219	661	2125	771	2260	846	2564	885	1876
346	2768		2223	662	2127	772	2261	848	2787	886	2867
350	2772	592	2221	»	»	795	887	849	18	887	2867

ARTICLES de l'Inst.	NUMÉROS du Répert	ARTICLES de l'Inst.	NUMÉROS du Répert	ARTICLES de l'Inst.	NUMÉROS du Répert	ARTICLES de l'Inst.	NUMÉROS du Répert	ARTICLES de l'Inst.	NUMÉROS du Répert	ARTICLES de l'Inst.	NUMÉROS du Répert
	1503	926	2136	972	2717	1013	1841	1065	2865	1106	2822
888	2490	927	1061	973	2718	1014	1842	1066	1386	1108	1233
	2502		1068	974	2861	1015	2962	1067	1749	»	»
»	»	928	1507	975	2862	1016	1373	1068	1647	1109	2582
889	2870	936	2007	977	1647	1017	3001	1069	1648	1111	1366
891	1571	937	2008	980	1338	1018	10 et 12	1070	1990	1116	1411
892	1464	938	2011	981	1271	1019	17	1071	1379	1117	2071
893	2931	940	2262	982	1272	1020	3034	1072	1752	1118	2072
894	2932	941	1467	983	1273	1021	3040	1073	1772	1119	2074
895	2935	944	46	984	1275	1022	3041	1078	2793	1121	2744
896	2936	945	48	986	2083	1023	3044	1079	2794	1122	2747
897	2937	946	1753	987	2023	1024	3045	1080	2795	1124	2751
898	2938	»	»	988	2032	1025	3046	1082	1557	1125	2753
899	2939	947	1756	989	2033	1026	863	1083	1339	1128	1554
900	2941	948	1757	990	2034	1026	871	1084	1271 et suiv.	1129	2758
901	2942	949	1764	991	2035	1027	867	1085	2083		1129
902	2945	950	1765	992	2036	1028	870	1086	1340	1130	1444
903	2947	951	1767	993	2037	1030	41	1088	1460		1152
904	2948	952	1770	994	2864	1046	775	1089	1461	1131	1146
906	2950	953	2728	995	1650	1047	1625	1090	1195	1132	1148
907	2951	954	1244	957		1048	776	1091	3063	1133	1149
908	2952	955	1254	996	1548	1050	778	1092	784 et 3064	1135	1450
909	2953	956	1255	997	1423	1051	3007	1092		1136	1435
910	2954	957	1256	998	2083	1052	779	1093	3062	1137	1151
911	2956	958	1257	999	2085	1053	2790	1094	1649 et 3065	1138	2016
»	»	959	1253	1000	2086		18			1140	2016
913	2228	959	1258	1001	2087	1054	1485	1095	2842	1141	2017
914	2229	960	1259	1002	2088	1054	2791	1096	2783	1142	2018
915	1992	961	1260	1003	2089	1055	2551	1097	2783	1150	1674
917	1995	962	1261	1004	2092	1056	681	1098	2783	1156	2682
918	1996	963	1262	1005	2093	1057	1236	1099	2174	1166	1250
919	1997	964	1263	1006	2100	1058	2711	1100	2172	1167	1261
920	1998	965	1264		2118	1059	2722	1101	2173	1180	869
921	2001	967	1419	1007	2770	1060	2723	1102	2043	1197	2179
922	2002	969	1423		2823	1061	2724	1103	40	1198	2180
923	2003	970	1430	1008	2119	1062	2725	1104	863	»	»
924	2005	971	1557	1009	2120	1063	2726	1105	1504 et suiv.	»	»
925	1802	971	2577	1012	2124	1064	2727	1106	2770	1202	2215

ARTICLES de l'Inst.	NUMÉROS du Répert.	ARTICLES de l'Inst.	NUMÉROS du Répert.	ARTICLES de l'Inst.	NUMÉROS du Répert.	ARTICLES de l'Inst.	NUMÉROS du Répert.	ARTICLES de l'Inst.	NUMÉROS du Répert.	ARTICLES de l'Inst.	NUMÉROS du Répert.
1203	2216	1253	1076	1289	3011	1337	1886	1429	1603	1470	1786
1204	2181 bis	1254	1077	1293	744	»	»	1430	1604	1471	1787
1205	2182	1255	1078	1294	715	1339	1891	1431	1605	1472	1788
1206	2184 et suiv.	1256	1079	1295	716	1340	1892	1432	1606	1473	Divers.
1207	2189	1257	1080	1296	721	1341	1893	1433	1607	1474	2444
1208	2190	1258	1082	1297	42	1342	1894	1434	1608	1475	2461
»	»	1259	1083	1298	43	1343	1895	1436	1609	1476	1233
1210	2192	1260	1084	1299	2309	1344	1896	1437	1611	1478	1153
1211	2193	1261	1085	1300	2450	1345	1623	1438	674	1479	1787
1212	2197	1262	1087	1301	1377	1346	1378	1440 {	1407 / 2567	1480, 1481 {	863 et suiv. / 2723
1213	1700	1263	1088	1302	1006	1347	1701	1443	1408	1484	1412
1214	1283	1264	1089	1303	1007	1349	3089	1445 {	1737 / 1738	1485	2174
1215	2200	1265	1090	1304	1009	1350	3089	1446 {	2551 / 2565	1486 {	2075 / 2230
1216	2217	1266	1091	1305	1050	1352	1544	1447	1740	1487	1500
1217	2176	1267	1092	1306	3085	1353	2613	1448	1741	1488	1504
1220	2176	1268	1546	1307	3086	1365	1363	1449	1742	1489	1556
1221	876	1269	1549	1308	3087	1367	1376	1450	1743	1490	2759
1222	879	1270	802	1309	3088	1368	948	1451 {	1744 / 2840	1491	1367
1223	880	1271	3121	1310	3088	1370 {	2569 / 2571	1452	1745	1492	2583
1224	881	1272	3122	»	»	1372	2572	1457	1777	1493 {	1243 / 1265
1225	882	1273	1084	1312 à 1316 {	4299	1374 {	659 / 3097	1458	1778	1494	2263
1226	883	1274	800	1319	1375	1375	660	1459	1779	1495	1585
1227 à 1231 {	884	1275	892	1320	2876	1376	661	1460	1780	1496	1543
1232	885	1276	893	1321	3088	1377	1555	1461	1781	1497	2464
1233	886	1277	894	1322	3090	1385	3091	1462	2012	1499 {	1405 / 2745
1234	1696	1278	895	1325	604	1390	3072	1463	2013	1500	2754
1235 {	889 / 1697	1280	2202	1326	1371	1419	1591	1464	2014	1501	1790
1236	1698	1281	2203	1328	1466	1420	1592	1465 {	2004 / 2015	1502	1791
1237	1699	1282	2204	1329	1878	1421	1594	1466	1782	1503 {	1409 / 3014
1238 à 1247 {	2671 et suiv. / 2738	1283	2205	1330	1621	1422	1596	1467	1783	1504	1792
1248	2740	1284	2873	1331	1879	1423	1597	1468	1784	1505	1793
1249	2741	1285 {	1299 / 2874 / 1747	1332	1880	1424	1508	1469	1785	1506	1794
1250	2742	1286 {	1801 / 3084	1333	1881	1425	1599			1507	1795
1251	2743	1287	1484	1334	1882	1426	1600				
1252	1075	1288	3010	1335 {	991 / 1883	1427	1601				
				1336	960	1428	1602				

ARTICLES de l'Inst.	NUMÉROS du Répert.	ARTICLES de l'Inst.	NUMÉROS du Répert.	ARTICLES de l'Inst.	NUMÉROS du Répert.	ARTICLES de l'Inst.	NUMÉROS du Répert.	ARTICLES de l'Inst.	NUMÉROS du Répert.	ARTICLES de l'Inst.	NUMÉROS du Répert.
1508	1796	1520	955	1531	969	1544	982	1554 {	1004	1566	1031
1509	1797	1521	1888	1533	970	1545	983		1011	1567	1032
1510	1798	1522	1889	1534	971	1546 {	991	1556	1012	1568	1033
1511	1799	1523	1890	1535	972		992	1557	1014	1569	1034
1512	1800	1524	1675	1536	973	1547	993	1559	1014 et suiv. 1019	1570	1042
1513	714	1525	1676	1537	974	1548	995	1560	1020	1571	1046
1514	718	1526	1746	1540	2842	1549	996	1561	1022	1572	1048
1515	719	1527	1748	1541	978	1550	999	1562	1023	1573	1049
1516	720	1528	950	1542 {	979	1551	1000	1563	1024	1574	1050
1517	722	1529	967		2234	1552	1002	1564	1025	»	»
1518	953	1530	968	1543	981	1553	994	1565	1030	1576	1410
1819	954									1871	2799

RÈGLEMENT SUR LES POURSUITES

ARTICLES du Règlem.	NUMÉROS du Répert.	ARTICLES du Règlem.	NUMÉROS du Répert.	ARTICLES du Règlem.	NUMÉROS du Répert.	ARTICLES du Règlem.	NUMÉROS du Répert.	ARTICLES du Règlem.	NUMÉROS du Répert.	ARTICLES du Règlem.	NUMÉROS du Répert.
1	2644	14	1344	28	2289	44	2331	66	2354	81	2382
2	1839	15	1345	29	2290	45	2332	67	2356	82	2383
3	1285	16	1347	30	2291	46	2333	68	2358	83	2385
3 bis	1285	16 bis	1317	31	2292	47	2334	69	2360	84	2386
4	1640	17	2509	32	2293	48	2335	70	2364	85	2387
5	1186	18	2748	33	2294	55	2336	71	2365	86	2388
6	2646	19	2451	34	2295	56	2339 et suiv. 2341	72	2367	87	2389
7	2650	20	2306	35	2297	57	2341	73	2368	88	2390
8	2651	21	2309	35 bis	2297	58	2346	74	2369	89	2392
9	2651	21 bis	2309	35 ter	2298	59	1132	75	2370	90	2405
10	664	22	2325	36	2302	59	1133	76	2371	91	2406
11	2504 et suiv.	23	2341	38	2299	60	1134	76 bis	2372	92	2407
12	2507	24	2346	39	2300	61	1135	77	2374	93	2409
12 bis	2508	25	2319	40	2301	62	1138	78	2377	94	2412
13	1529	26	2320	41	2323	63	2349	78 bis	2378	95	2413
13 bis {	1304	26	3016	42	2324	64	2352	79	2379	95 bis	2414
	1302	27	2321	42 bis	2325	65	2353	80	2380	96	2417

ARTICLES du Règlem¹	NUMÉROS du Répert¹ᵉ	ARTICLES du Règlem¹	NUMÉROS du Répert¹ᵉ	ARTICLES du Règlem¹	NUMÉROS du Répert¹ᵉ	ARTICLES du Règlem¹	NUMÉROS du Répert¹ᵉ	ARTICLES du Règlem¹	NUMÉROS du Répert¹ᵉ	ARTICLES du Règlem¹	NUMÉROS du Répert¹ᵉ
97	2418	101	2426	103	2431	106	2435	109	2438	111	2441
98	2421	101 bis	2427	104	2432	107	2436	110	2439	112	2442
99	2424	102	2430	105	2433	108	2437	110 bis	2440	113	2448
100	2425									114	2449

INSTRUCTION SUR LES AMENDES

Les articles de l'Instruction sur les amendes sont classés par ordre et rappelés dans le Répertoire du *n° 59 au n° 592*.

INSTRUCTION DU 6 DÉCEMBRE 1870 SUR LE SERVICE DES CHEMINS VICINAUX

(Articles concernant spécialement le service des Percepteurs-Receveurs municipaux.)

ARTICLES de l'Inst.	NUMÉROS du Répert	ARTICLES de l'Inst.	NUMÉROS du Répert¹ᵉ	ARTICLES de l'Inst.	NUMÉROS du Répert¹ᵉ	ARTICLES de l'Inst.	NUMÉROS du Répert¹ᵉ	ARTICLES de l'Inst.	NUMÉROS du Répert¹ᵉ	ARTICLES de l'Inst.	NUMÉROS du Répert¹ᵉ
63	925	85	2482	97	2492	138	2497	223	928	234	940
71	923	86	2483	98	2493	142	2498	224	929	235	944
76	2470	87	2484	99	2494	143	2499	225	930	236	948
77	2473	88	2485	101	2852	145	2500	226	931	238	2234 § 34
78	2475	89	2486	102	2855	146	2501	227	932		2234, §§ 126
79	2476	90	2487	110 à 115	2867	149	3068	228	933	239	à 133
80	2477	91	2488			150	3069	229	935		et 160
81	2478	92	2489	116	2868	151	3070	230	936		
82	2479	93	2490	132	2502	152	3071	231	937	240	934
83	2480	94	2622	134	2405	211	942	232	938		
84	2481	96	2502	135	2496	212		233	939		

NOMENCLATURE

DES

CIRCULAIRES, SOLUTIONS, DÉCISIONS, ETC., NON MODIFIÉES

PARUES DEPUIS L'INSTRUCTION GÉNÉRALE DU 20 JUIN 1859

SERVICE DES PERCEPTEURS-RECEVEURS MUNICIPAUX

DATE DES CIRCULAIRES.	OBJET DES CIRCULAIRES.	NUMÉROS du répertoire
1860		
Circ. compt. gén. 22 janv.....	Répétition de la taxe spécifiée par l'article 2 de la loi du 20 mai 1854 contre les percepteurs expéditeurs d'avertissements non affranchis et tombés au rebut..............	671
1861		
Circ. compt. gén. 12 fév., § 4.	Recette municipale devenue vacante. — Remise du service au percepteur...	2176
— 3 mai, § 3.	Mesures à observer pour assurer, de la part des fonctionnaires appelés à un autre poste, l'exécution de l'article 22 de la loi du 21 avril 1832, relatif au payement de la contribution personnelle-mobilière.....................	1307
— 15 nov., § 2.	Payement de la contribution personnelle-mobilière des fonctionnaires supérieurs logés dans des bâtiments de l'État..	1308
— — § 3.	Taxe municipale sur les chiens. — Dispense d'une déclaration annuelle	2949
— — § 4.	Transmission des titres de recette aux receveurs municipaux et hospitaliers. — Dispositions exceptionnelles en ce qui concerne l'encaissement des fonds provenant de dons, aumônes, collectes, etc....................	1380
Circ. min. Fin. 27 déc.......	Demandes d'avancement des percepteurs............	2201
— —	Demandes de dispense de résidence formées par les percepteurs...	2730
1862		
Circ. compt. gén. 5 mai......	Heures d'ouverture et de fermeture des bureaux des receveurs des finances et des percepteurs...................	793
— 7 mai, § 2.	Contraintes extérieures. — Remise du premier avertissement aux contribuables qui ont changé de résidence...	665 et 1141
— 31 mai, § 5.	Justification des remboursements d'excédents de versements sur contributions............................	1493
— 30 sept., § 11.	Versements de cotisations municipales. — Récépissés. — Déclarations de versement...........................	1230 et 2573
— 20 déc., § 6.	Nécessité de transmettre avec célérité les ordonnances de dégrèvements	2042
— — § 14.	Fonds de subventions au directeur des postes. — Bordereau justificatif à transmettre à l'inspecteur..........	1551

DATE DES CIRCULAIRES.	OBJET DES CIRCULAIRES.	NUMÉROS du répertoire
1863		
Circ. compt. gén. 26 janv., § 2.	*Poursuites collectives pour le recouvrement des contributions directes et celui des taxes communales assimilées. — Attributions des frais au service qui présente la plus forte dette*	2312
— — § 4	*Imputation, dans la comptabilité communale et hospitalière, du trimestre de rentes 3°/° à l'échéance du 1er janvier.*	2714
Décis. min. Fin. 9 fév	*Envoi par la poste des titres de rentes nominatives ou au porteur. — Peuvent être admis au bénéfice du chargement ou franchise sous bandes*	2697
Circ. compt. gén. 15 mai, § 1er.	*Dégrèvements et attributions aux communes sur la contribution des voitures et chevaux. — Mode de comptabilité y relatif*	3120
Circ. compt publ. 21 juin, § 9.	*Témoins appelés à constater les payements faits à des nourriciers illettrés d'enfants assistés. — Doivent être gratuits*	1462
Circ. min. Fin. 20 juill., § 2.	*Nouvelles recommandations au sujet de la transmission des titres de recettes aux receveurs municipaux et hospitaliers par l'entremise des receveurs des finances*	3012
Circ. min. Int. 31 juill	*États sur transcriptions à délivrer par les conservateurs des hypothèques, dans les cas d'acquisition par l'État, les départements ou les communes*	2234, § 451
Circ. compt. publ. 27 sept	*Création de timbres mobiles. — Emploi de ces timbres pour les quittances et les récépissés délivrés par les comptables et pour les acquits qui leur sont donnés*	2072 et suiv.
— 28 nov., § 1er.	*Griffes oblitérantes des timbres mobiles. — Forme et initiales qu'elles doivent avoir*	2973
— 16 déc., § 20.	*Enregistrement à la préfecture ou à la sous-préfecture, en cas de simple changement de résidence, du serment précédemment prêté par les comptables*	1697
1864		
Circ. compt. publ. 23 janv., § 1er.	*Constatation en dépense du vingtième attribué aux communes sur la contribution des voitures et chevaux*	3120
— — § 3.	*Remboursement des excédents de versements sur les contributions directes*	1494 et 2037
— 19 août, § 2.	*Recouvrement des contributions dues par des employés de chemins de fer, en cas de changement de résidence de ces agents*	1314
— 19 août, § 3.	*Déménagements hors du ressort de la perception. — Conditions dans lesquelles le contribuable peut être admis à payer par termes*	1142 et 1308
— — § 3.	*Dégrèvements accordés à des contribuables domiciliés hors de la commune où ils ont été imposés*	1143 et 1497
— — § 2.	*Avis à adresser aux contribuables à qui il est dû des excédents de versements*	1496
— — § 3.	*Remboursement des excédents de versements non réclamés à la fin de la seconde année de l'exercice*	1492, 2037 et suiv.
— 10 déc., § 1er.	*Mesures à prendre en cas de faillite d'un adjudicataire de coupes de bois ou de ses cautions à l'égard des traites non échues*	1247
— — § 6.	*Recommandation de n'apporter aucun changement dans la disposition ou le format des modèles*	1677
— 15 déc., § 2.	*Instructions relatives à l'exécution des poursuites collectives pour le recouvrement des contributions directes et des taxes communales assimilées*	2314

DATE DES CIRCULAIRES.	OBJET DES CIRCULAIRES.	NUMÉROS du répertoire
Circ. compt. publ. 15 déc., § 3.	*Dispense de l'approbation de l'autorité préfectorale pour les actes de propriété intéressant les communes et les établissements de bienfaisance*	19
1865		
Circ. compt. publ. 25 mars.....	*Payement des coupons de rentes mixtes et au porteur.* — *Concours des percepteurs pour ce service*	2692 et 2693
— 27 mars, § 4.	*Les timbres mobiles de dimension ne peuvent être apposés sur les registres, certificats et autres pièces, que par les receveurs de l'enregistrement*	2967 et 2972
— 10 juill., § 1er.	*Timbre des quittances de produits communaux et hospitaliers.* — *Quittance obligatoire*	1738, 2556 et 2561
— — § 3.	*Adjudications et marchés concernant les communes et les établissements publics.* — *Mode adopté pour assurer le recouvrement des droits supplémentaires d'enregistrement*	1476
— — § 5.	*Emploi des fonds libres appartenant aux communes et aux établissements de bienfaisance*	2240
— — § 6.	*Interprétation de l'article 1438 de l'Instruction générale relatif à l'envoi, par la poste, des avertissements, sommations sans frais et avis officieux.*	671
— — § 8.	*Remise des formules de patentes aux contribuables en même temps que les avertissements*	1561
Circ. min. Int. 1er sept........	*Calcul des intérêts à l'occasion des ventes, échanges et acquisitions*	1724
Circ. compt. publ. 22 sept., § 8.	*Compte à ouvrir par les percepteurs pour les recettes diverses opérées pour le compte du receveur des finances.*	2580
— 1er déc.. § 1er.	*Exécution de l'article 4 de la loi de finances du 8 juillet 1865 concernant le timbre des quittances délivrées par les comptables publics*	2000 et 2562
— — § 3.	*Faculté d'affranchir, au taux des imprimés, les avertissements relatifs aux mutations foncières*	671
— 6 déc., § 3.	*Duplicata de quittances de droits de permis de chasse.* — *Ne peuvent être délivrés que sur une autorisation du préfet ou du sous-préfet*	2222
1866		
Circ. compt. publ. 30 janv.....	*Réforme des comptes de gestion des receveurs des communes et des établissements de bienfaisance.*	968 et suiv.
— — § 12.	*Prix des coupes de bois réglé en traités.* — *A comprendre, l'année de l'adjudication, dans les services hors budget.*	1242 et 1265
— 30 janv., § 13.	*Sommes portées dans les états de restes à payer.* — *Peuvent être mandatées et payées avant la réception des budgets supplémentaires.*	769
— 1er mars, annexe à la Circ. du 30 janv. 1866.	*Réforme des comptes de gestion.* — *Nouveaux modèles*	984 et suiv.
Circ. compt. publ. 30 mars, § 2.	*Retenue du premier douzième à verser par les comptables lors de leur mise à la retraite*	2765
— 14 avril......	*Extension donnée à l'émission des rentes mixtes.* — *Concours obligatoire des percepteurs au payement de ces rentes.*	2692
— 26 juin, § 1er.	*Rattachement à l'article principal des divers articles dus par le même contribuable*	2800

DATE DES CIRCULAIRES.	OBJET DES CIRCULAIRES.	NUMÉROS du répertoire
Circ. compt. publ. 26 juin § 5.	*Taxes communales. — Quittance collective délivrée au même redevable pour plusieurs créances distinctes. — Exigibilité d'un seul droit de timbre.*	2558
— § 9.	*Acte administratif portant quittance.— Prix de terrains. — Service vicinal. — Exemption du timbre et de l'enregistrement.*	2007 et 2128
— 30 juin, § 2.	*Accusé de réception de la notification des arrêtés des conseils de préfecture sur les comptes de gestion.*	1048
— 22 sept., § 5.	*Prix de coupes de bois. Imputation d'exercice en ce qui concerne le dixième et autres frais accessoires.*	1252
1867		
Circ. compt. publ. 1ᵉʳ mars, § 2.	*Griffes oblitérantes des timbres mobiles. — Toute pièce revêtue d'un timbre mobile non oblitéré est réputée non timbrée.*	2993
— 22 mars, § 2.	*Payement des dépenses publiques.— Échange des pièces de dépenses acquittées par les percepteurs contre les fonds en numéraire dont peuvent disposer les receveurs des régies financières.*	2120
— 30 juill., § 1ᵉʳ	*Acquisitions de propriétés immobilières. — Interprétation du § 55 de l'article 1542 de l'Instruction générale, quant à la nature des inscriptions hypothécaires qui s'opposent au payement du prix.*	2234, § 151
— — § 4.	*Dépôt aux mairies des anciens rôles concernant les taxes municipales assimilées pour le recouvrement aux contributions directes.*	1365
— — § 5.	*Déménagement hors du ressort de la perception. — Contrainte extérieure. — Conditions dans lesquelles le redevable peut être admis à payer par termes.*	1142 et 1306
— — § 6.	*Les rôles d'impositions communales doivent donner lieu à une liquidation distincte des remises des percepteurs quand ils sont émis postérieurement au 30 juin.*	2680
— — § 11.	*Recommandation pour l'exacte application des lois et règlements sur le timbre.*	2977
— 14 août, § 3.	*Remboursements de fonds communaux. — Avis préalable à donner au receveur des finances lorsque les retraits s'élèvent à 10,000 francs.*	2250
— 15 oct., § 3.	*Caisse des écoles.*	807 et 808
— 21 oct., § 22.	*Récépissés collectifs à délivrer aux percepteurs.*	2573
— 30 déc., § 1ᵉʳ.	*Visite des pharmacies et magasins de drogueries. — Payement des dépenses et perception des droits pour le compte de l'État.*	1393 et suiv.
— § 3.	*Contributions versées à la trésorerie générale pour le compte des percepteurs. — Quittances à donner aux parties versantes.*	1190
1868		
Circ. compt. publ. 31 mars, § 2.	*Bibliothèques scolaires. — Centralisation des ressources au compte des cotisations municipales.*	686
— 10 avril....	*La circulaire du 10 avril 1868 a été modifiée par la loi municipale du 5 avril 1884. — Voir au Répertoire les mots : Acquisitions d'immeubles, Baux, Budgets, Centimes additionnels, Concessions dans les cimetières, Emprunts, Impositions communales, Legs et donations, Location des places, Octroi, Travaux et fournitures.*	Divers

DATE DES CIRCULAIRES.	OBJET DES CIRCULAIRES.	NUMÉROS du répertoire.
Circ. compt. publ. 10 oct., § 7.	Emploi de timbres mobiles déjà oblitérés. — Contraventions constatées à la charge de divers percepteurs-receveurs municipaux..............................	2978
— § 8.	Le timbre de 25 centimes n'est pas applicable aux quittances données par les créanciers des communes et des établissements publics.........................	2972 et 2979
— § 9.	Notification aux trésoriers-payeurs généraux des contraventions aux lois sur le timbre.......................	3000
— 28 déc....	Caisses d'assurances en cas de décès et en cas d'accidents. — Intervention des percepteurs.......................	820
1869		
Circ. compt. publ 15 nov., § 1er.	Poursuites collectives sur contributions directes et sur taxes communales assimilées — Enregistrement des actes. — Formation du minimum de 100 francs prévu à l'article 97 du règlement pour l'exemption du droit. — Mentions à consigner à la colonne d'observations des états de payement des frais (Modèles n°8 9, 9 bis, 10 et 10 bis) prescrits par la circulaire du 15 décembre 1864.	2419
— § 2	Acquisitions immobilières faites par les communes. — Dispense de purge des hypothèques. — Interprétation du décret du 14 juillet 1866.	2543 et 3023
— 15 nov. § 5.	Payement de produits et revenus communaux. — La délivrance d'une quittance à souche timbrée n'est pas obligatoire quand il existe déjà une quittance timbrée notariée.	2557
— § 6.	État du passif des communes à joindre à l'appui des comptes de gestion des receveurs municipaux...........	1481
— 6 déc., § 1er.	Prêts consentis aux communes par la caisse des chemins vicinaux. — Encaisse des receveurs municipaux.......	1440
— 9 déc., § 2.	Nécessité de n'acquitter les dépenses relatives à la vicinalité que lorsqu'elles ont été constatées et certifiées par les agents du service vicinal............................	934
1870		
Circ. compt. publ. 26 janv., § 1er.	Quittances de secours accordés aux bureaux de bienfaisance sur les fonds de l'État; question de timbre. — Distinction établie par l'administration de l'enregistrement et du timbre............	2866
Circ min. Int. 22 fév.	Les ordonnateurs des dépenses des communes et des établissements de bienfaisance ne peuvent user du droit de réquisition, après le refus de payement opposé par les receveurs municipaux..............................	2090
Circ. compt. publ. 3 août.	Bons du Trésor. — Concours des percepteurs pour l'émission de ces bons	713
1871		
Circ. compt. publ. 19 sept....	Intervention des percepteurs pour la réception des déclarations de locations verbales de biens immeubles........	1806 et suiv.
— 29 nov., § 3.	Déclarations de locations verbales de biens immeubles....	1808 et suiv.

DATE DES CIRCULAIRES.	OBJET DES CIRCULAIRES.	NUMÉROS du répertoire
1872		
Circ. compt. publ. 14 avril....	Solutions de diverses questions sur le timbre. — Voir au Répertoire les mots: Cautionnements, Cotisations, Coupes de bois, Emprunts, Enfants assistés, Excédents de versements, Frais de distribution des premiers avertissements, Frais et honoraires dus par des particuliers, Guerre, Hospices, Mémoires, Produits éventuels départementaux, Quittances, Récépissés, Recettes accidentelles, Rentes, Restitutions au Trésor, Retenues pour pensions civiles, Secours, Timbres, Travaux...........................	Divers
— 29 mai, § 3.	Timbre des récépissés de sommes versées pour le compte de plusieurs communes............................	2575
— 6 juin, § 2.	Travaux communaux. — Payement du prix. — Certificat de payement. — Quittance à la suite. — Timbre........	3054
— 17 juin, § 4.	Exécution de la loi du 23 août 1871. — Ministère de la Guerre. — Timbre des quittances......................	1639
Circ. min. Int. 1er juill.......	Ressources affectées aux chemins vicinaux. — Ne peuvent recevoir une autre destination......................	933
Circ. compt. publ. 30 sept.. § 2.	Acquisitions d'immeubles dont le prix est inférieur à 500 francs. — Dispense de purge et de transcription....	2234, § 151
— 10 déc.. § 2.	Déclarations de locations verbales.— Perception des droits y relatifs...................................	1816
— 30 déc., § 6.	Timbre des quittances. — Spécialité de chaque timbre....	2992
1873		
Circ. compt. publ. 12 fév., § 2.	Modifications apportées au Règlement général sur le service des chemins vicinaux et à l'Instruction du 6 décembre 1870, article 239, § 4............................	2234, § 153
— 5 avril......	Hospice des Quinze-Vingts. — Exemption de timbre de la quittance des certificats de vie......................	2550
— 17 mai, § 2.	Chemins vicinaux.—Payement de travaux exécutés en vertu d'un marché de gré à gré, au lieu de faire l'objet d'adjudication. Mention d'un exposé sommaire des faits et circonstances qui ont obligé l'administration à s'écarter des règles habituelles.....	2234, § 160
— 18 nov., § 2.	Irrégularités commises par les maires. — Mandats en blanc remis à des comptables municipaux. Défense expresse à ces derniers de se prêter en aucune manière à ces graves irrégularités...................................	1833
1874		
Circ. compt. publ. 3 mars, § 3.	Enregistrement des actes de poursuites en matière de contributions directes....................................	2420
— 6 mai, § 2.	Question de timbre. — Acquit de plusieurs fournisseurs.— Quittance donnée par divers héritiers ou ayants droit..	1850, 1851 et 3030
— § 3.	Versement de contingents communaux. — Cas où le récépissé est exempt de timbre................................	2544 et 2574
— 20 mai, § 1er.	Timbre des copies des significations faites par les porteurs de contraintes..............................	2445
— 16 juill.,§ 1er.	Purge des hypothèques, dans le cas de cession amiable à la suite d'expropriation pour cause d'utilité publique...	2548
— 29 juill., § 4.	Frais de poursuites en matière d'amendes. — Enregistrement des actes pour des sommes supérieures à 100 francs.	278

DATE DES CIRCULAIRES.	OBJET DES CIRCULAIRES.	NUMÉROS du répertoire
Circ. compt. publ. 29 juill., § 6.	Reconnaissances de dépôts de titres de rentes. — Exemption du timbre...........	2699
— 5 nov......	Perception de l'impôt sur les locations verbales. — Rémunération des percepteurs..............	1819
1875		
Circ. Caisse des dépôts et consig. 15 janv. ...	Timbres à adresser par les receveurs municipaux à tout envoi de valeurs souscrites, et à toute somme adressée pour remboursement d'emprunt fait à la Caisse des dépôts et consignations........	1433
Circ. compt. publ. 9 mars, § 2.	Prestations en nature. Émargements aux rôles en cas de mutations de comptables.......	2234, § 126
— — § 3.	Constructions et grosses réparations des édifices communaux. — Production d'un extrait du cahier des charges lors du payement du premier acompte.............	2234, §§ 157 et 160
— — § 5.	Répression des comptabilités occultes. — Mandats en blanc et mandats fictifs...........	1833
— — § 6	Reçus délivrés à l'occasion de la transmission des lettres d'avis d'ordonnancement de secours à d'anciens agents du Trésor ou à leurs veuves. — Acquits donnés au bas des lettres d'avis............	2206
Circ. min. Int. 31 mars.	Exécution de l'article 254 de l'Instruction du 6 décembre 1870 sur le service vicinal. — Compte à rendre par les receveurs municipaux.............	944
— 31 mai, § 1er.	Droits d'enregistrement et de timbre exigibles à l'occasion des travaux du service vicinal.............	861 et 3055
— — § 2.	Payements effectués pour le compte du service vicinal...	2234, § 126, 160
— — § 3.	Frais de timbre. — Le prix ne peut être ajouté à la somme qui fait l'objet du mandat.............	3003 et suiv.
Circ. compt. publ. 17 août.....	Secours aux inondés. — Exemption de timbre de la quittance...........	2835
— 25 août.....	Intervention des percepteurs et des receveurs des postes dans le service des caisses d'épargne. — Dispositions législatives et réglementaires.............	826 et suiv.
— 8 sept., § 5.	Explications concernant l'échange, par les percepteurs, des pièces de dépenses contre du numéraire. — Cas où le percepteur et les receveurs des régies financières n'habitent pas la même résidence.............	2130
Circ. min. Int. 16 oct........	Instructions complémentaires à la circulaire du 31 mai 1875, concernant les droits d'enregistrement et de timbre exigibles à l'occasion des travaux du service vicinal.....	861
— —	Achat de timbres. — Payement des droits d'enregistrement.	3005
Circ. compt. publ. 11 déc., § 2.	Publication des rôles. — Recommandation aux percepteurs de suivre auprès des maires l'accomplissement des formalités y relatives.............	2800
— 15 déc......	Patentes des bateliers français. — Duplicata à délivrer par les percepteurs en même temps que les formules et avertissements...........	1562
— 22 déc., § 3.	Traitement des instituteurs primaires.............	1718 et 2826
— 23 déc.......	Taxe de 4 % sur le revenu. — Lots et primes de remboursements afférents aux titres d'emprunts communaux...	1454

DATE DES CIRCULAIRES.	OBJET DES CIRCULAIRES.	NUMÉROS du répertoire
1876		
Circ. compt. publ. 22 janv.,§5.	*Indemnités aux délégués sénatoriaux. — Quittances. — Exemption de timbre.*	2134
— 10 mars, § 5.	*Adjudications et marchés concernant les communes et les établissements publics. — État semestriel à fournir par les receveurs municipaux pour assurer le recouvrement des droits d'enregistrement.*	1476
— 22 mai,§ 1er.	*Emprunts communaux. — Taxe de 4 %. Tenue et communication du carnet des payements par exercice.*	1453
— § 2.	*Amendes et condamnations. — Mise en liberté par suite de grâce. — Ne peut avoir lieu qu'après le payement des sommes dues au Trésor.*	412
— 15 juin, § 4.	*Droits de transmission sur les obligations communales et impôt de 4 %, sur le revenu. — Inscriptions des opérations aux budgets des communes et classement dans les comptes de gestion.*	1456
Circ. min. Int. 1er août	*Rémunération des receveurs municipaux. — Exécution du décret du 27 juin 1876.*	2604 et suiv.
Circ. compt. publ. 7 août	*Payement hors session des indemnités des sénateurs et députés.*	2135
Circ. min. Int. 23 août	*Rentes et valeurs au porteur appartenant aux communes.*	2241
Circ. compt. publ. 26 août	*Rémunération des receveurs municipaux. — Exécution du décret du 27 juin 1876.*	2603 et suiv.
— 10 oct., § 8.	*Légalisation des actes passés en pays étrangers.*	22
Circ. min. Int. 30 nov	*Refus de payement opposé par les receveurs des communes et des établissements de bienfaisance.*	2090 et 2234
Circ. compt. publ. 6 déc., § 4.	*Timbres mobiles achetés par les receveurs municipaux. — Quittance du prix. — Exemption de timbre.*	3006
— 26 déc., § 3.	*Dépenses des malades indigents et des enfants assistés. — Distinction à faire, en ce qui concerne le timbre, entre les mémoires et les quittances.*	1653
1877		
Circ. compt. publ.,11 janv.,§3.	*Abonnements à des publications périodiques. — Justification et question de timbre.*	2234, § 75
— § 6.	*Effets à encaisser pour le compte d'agences de recouvrement — Défense aux percepteurs de se charger du recouvrement d'effets de cette catégorie.*	1443
— 9 fév., § 3.	*Interdiction de l'emploi des timbres mobiles de dimension et des feuilles de papier timbré au lieu et place des timbres de quittance à 10 centimes.*	2092
Circ. min. Fin. 19 fév	*Modifications apportées au règlement sur les poursuites.*	2323 et suiv.
Circ. compt. publ. 13 mars,§ 4.	*Production du contrat de mariage, à l'appui des mandats pour prix d'immeubles appartenant à des femmes mariées.*	2234, § 455
— 30 mars,§1er.	*Rentes viagères pour la vieillesse. — Timbre des quittances.*	2732
— 14 avril,§3.	*Frais de séjour et quittances de secours payés aux hospices en faveur des indigents. — Exemption de timbre.*	55 et 1652
Circ. min. Int. 16 juin	*Acquisitions et échanges de propriétés immobilières pour l'ouverture, le redressement et l'élargissement des chemins vicinaux. — Modifications apportées au § 4 de l'article 239 de l'Instruction sur les chemins vicinaux.*	2234, § 153

DATE DES CIRCULAIRES.	OBJET DES CIRCULAIRES.	NUMÉROS du répertoire
1880		
Circ. min. Int. 16 août......	Droits d'expédition des actes de l'état civil. — Doivent figurer en recette dans les budgets des communes.......	1509 et suiv.
Circ. compt. publ 6 oct.. § 2.	Concours des agents des finances pour l'encaissement des souscriptions provoquées par la Société nationale d'assistance pour les aveugles travailleurs............	2846
Circ. min. Fin. 12 oct......	Achats et ventes de rentes ou valeurs du Trésor. — Ordres de bourse............	2684
Circ. compt. publ 18 nov., § 3.	Chemins vicinaux. —Prestations en nature. — Service militaire. — Cotes indûment imposées..................	2502
Circ. Direction du mouvement gén. des fonds, 20 nov....	Exclusion du billon étranger par les caisses publiques...	1866
Circ. min. Fin. 10 déc.......	Demandes d'avancement formées par les percepteurs. — Doivent toujours être adressées par la voie hiérarchique.	2201
1881		
Décis. min. Fin. 19 janv.....	Quittances données par les sapeurs-pompiers.— Timbre..	2234, § 97
Circ. compt. publ. 4 mars,§ 4.	Certificats de propriété produits pour obtenir le payement de sommes dues par une commune.— Obligation de les faire enregistrer........	2234
— — § 5.	Déclarations de locations verbales de biens immeubles. — — Concours des percepteurs. — Exécution de la loi du 25 août 1871............................	1806
— 23 avril, § 7.	Tenue d'un carnet de pièces de dépenses acquittées par les percepteurs.............................	2126
— 23 mai, § 1er	Droit de timbre des quittances ou reçus délivrés sur états d'émargements. — Création de nouveaux timbres mobiles de 50 centimes, 1 franc et 2 francs.................	2084
Circ. min. Int. 30 juin......	Revision du traitement des receveurs des communes. — Époque où les demandes doivent être présentées.........	2599
Circ. compt. publ. 9 juill. §§ 1 à 5, 8 et 9........................	Revision du traitement des receveurs des communes, hospices et bureaux de bienfaisance. — Exécution de l'article 7 du décret du 27 juin 1876........	2611
Circ. compt. publ 9 juill., § 6.	Traitement des receveurs municipaux. — Allocation du dixième en plus du traitement fixe...............	2604
— 27 sept., § 5.	Timbre des quittances de remboursement d'avances faites par les communes à l'Etat en vue du casernement.......	1570
— — § 6	Quittances de solde et indemnités diverses données par les marins et officiers mariniers. — Exemption des droits de timbre.........................	1638
— 20 déc., § 5.	Caisse d'épargne postale. — Fonds de subvention aux receveurs des postes..................	1551
1882		
Circ. compt. publ. 11 fév., § 6.	Quittances des taxes d'affouage. — Droit de timbre.......	34
— 25 avril, § 2.	Adjudications et marchés concernant des communes ou des établissements publics. — Nouveaux renseignements à donner sur les états semestriels des payements.......	1476
— 12 nov., § 2.	Timbre de quittance. — Explication au sujet de l'acquit donné aux comptables..................	2988

DATE DES CIRCULAIRES.	OBJET DES CIRCULAIRES.	NUMÉROS du répertoire
1883		
Circ. min. Int. 3 janv.....	*Loi du 20 août 1881 sur les chemins ruraux. — Règlements prescrits par l'article 8 de cette loi.................*	2234, § 153
Circ. Direction gén. des contr. directes, 6 janv.....	*Indemnités relatives au travail des mutations.—Propriétés bâties... ....*	1983
Circ. compt. publ. 10 fév.,§ 1er. et 21 mars, § 2.	*Intervention des percepteurs dans le renouvellement des titres de rentes sur l'État et valeurs du Trésor........*	2099
— 16 juin, § 1er.	*Réserve de l'armée active et armée territoriale. — Situation des officiers retraités en vertu de la loi du 22 juin 1878 et nommés comptables du Trésor.................*	600
— 24 août, § 4.	*Payement des mandats d'indemnités de route. — Application de l'article 87 du décret du 12 juin 1867........*	1633 et suiv.
— 20 déc., § 3.	*Rappel des dispositions relatives au payement des intérêts de cautionnement..*	1720
1884		
Circ. compt. publ. 21 mars,§ 5.	*Liquidation de la pension de retraite des percepteurs.....*	2142
— § 6.	*Percepteurs. — Élévation de classe sur place. — Prélèvement à opérer sur les émoluments des percepteurs de 1re et de 2e classe...... ....*	2187
— 12 avril ...	*Fixation des cautionnements des percepteurs et des receveurs municipaux................................*	876 et suiv.
Circ. min. Int. 15 mai.. ...	*Instruction sur l'ensemble des modifications apportées par la loi du 5 avril 1884 à la législation municipale. — Voir au Répertoire les mots : ACQUISITIONS D'IMMEUBLES, BAUX, BUDGETS, CENTIMES ADDITIONNELS, CONCESSIONS DANS LES CIMETIÈRES, CONSEILS MUNICIPAUX, EMPRUNTS, IMPOSITIONS COMMUNALES, LEGS ET DONATIONS, LOCATION DES PLACES, OCTROI, TRAVAUX ET FOURNITURES..................*	Divers
Circ. compt. publ. 25 juin. § 6.	*Intervention des receveurs des régies financières dans le payement des dépenses publiques. — Cas d'absence du percepteur.... ....*	2131
— 31 oct.,§§ 4 et 7.	*Intervention des percepteurs pour l'échange des inscriptions nominatives et le renouvellement des titres mixtes dépourvus de coupons. — Mode de transmission des titres de rentes aux receveurs particuliers et aux percepteurs.*	2099 et suiv.
— 17 déc.,§ 1er.	*Cautionnements des adjudicataires de fournitures et travaux. — Timbre des déclarations de versement.........*	2069
— § 4.	*Retenues pour pensions civiles à exercer sur les émoluments des percepteurs à titre de douzièmes d'augmentation...*	2765
1885		
Circ. compt. publ. 20 fév., § 7.	*Payement des intérêts de cautionnement.— Cas où le titre ne peut être représenté.................................*	1729
— 28 mars, § 1er.	*Caisse des chemins vicinaux et caisse des écoles. — Envoi des récépissés et des quittances à souche à la Caisse des dépôts..*	1439 et 1826
— 4 mai, § 8.	*Timbre. — Travaux en régie.......................*	2234, § 160
1886		
Circ. Direction du mouvement gén. des fonds, 30 janvier...	*Convention monétaire entre la France, la Belgique, la Grèce, l'Italie et la Suisse............................*	1866 et suiv.

DATE DES CIRCULAIRES	OBJET DES CIRCULAIRES.	NUMÉROS du répertoire
Circ. compt. publ. 8 fév., § 1er.	*Liquidation de la pension de retraite des percepteurs. — Calcul du traitement moyen des six dernières années de gestion*	2141
— — § 2.	*Retenue de fin de gestion à exercer sur les émoluments des percepteurs, à titre de douzième d'augmentation*	2765
— 25 fév., § 4.	*Achat de rentes par les communes. — Mandat acquitté par le receveur des finances. — Exigibilité du timbre-quittance*	2716
— 2 mars.....	*Service des mutations foncières. — Envoi d'une nouvelle instruction*	1899
— 12 août, § 7.	*Coupons de rentes et de valeurs du Trésor frappés à tort d'un timbre d'annulation. — Nouvelles explications*	2694
Circ. Direction du mouvement gén. des fonds, 1er sept... ..	*Pièces altérées ou détériorées*	1869
Circ. compt. publ. 14 oct.. § 2.	*Solde des rôles des contributions de l'exercice précédent*	2744
— — § 3	*Armée territoriale. — Situation des adjudants sous-officiers retraités en vertu de la loi du 22 juin 1878 et nommés percepteurs*	600
Circ. Caisse des dépôts et consig. 30 déc...	*Caisse nationale des retraites pour la vieillesse*	813
1887		
Circ. compt. publ. 14 janv.,§ 1er.	*Pensionnaires de l'État décédés dans les établissements hospitaliers. — Prélèvement au profit de ces établissements, sur les arrérages de la pension, des frais de séjour, de traitement et de funérailles*	1655
— 14 janv., § 9.	*Contrôle de la perception des droits sur les fournitures de boissons faites aux établissements publics*	1656
— — § 12.	*Taxe municipale sur les chiens. — Modifications au décret du 4 août 1855 (art. 7 et 9)*	2945 et suiv.
Circ. min. Int. 31 janv....	*Dons manuels faits à des établissements publics. — Droit d'enregistrement*	4382
Circ. compt. publ. 2 mars. § 3.	*Adjudications et marchés concernant les communes. — Observations et nouvelles recommandations pour la production des états semestriels de payements*	1476
— 16 mars	*Abaissement à 20 centimes de l'allocation fixe accordée aux percepteurs des contributions directes par article de rôles*	2671
Circ. Caisse des dépôts et consig. 6 avril......	*Notification d'une décision ministérielle fixant les taxations allouées aux comptables qui sont appelés à prêter leur concours aux opérations de la Caisse nationale des retraites. — Versements reçus chez les percepteurs. — Procurations produites au moment du payement des mandats*	813
Décret 7 mai. . . ..:..	*Modifications dans les conditions d'avancement des percepteurs*	2184
Circ. compt. publ. 10 mai, §§ 1, 2, 3 et 6...	*Brevets de capacité pour l'enseignement primaire.— Droit d'examen. — Certificat d'inscription à délivrer par les inspecteurs d'académie. — Intervention des percepteurs. — Candidats n'ayant pas subi les épreuves. — Candidats ajournés*	1468 et suiv.
Circ. compt. publ. 20 sept..§ 4.	*Remboursement de fonds placés au Trésor. — Délivrance des mandats*	2248
Circ. Direction du mouvement gén. des fonds, 17 oct........	*Admission dans les caisses publiques des pièces d'or russes nouvelles de 10 et de 5 roubles*	1863

DATE DES CIRCULAIRES.	OBJET DES CIRCULAIRES.	NUMÉROS du répertoire
Circ. Dir. mouv. gén. des fonds, 2 nov...	*Percepteurs faisant partie du service de la trésorerie aux armées...*	602
Circ. compt. publ. 10 nov.,§ 1er.	*Service des mutations. — Dispositions complémentaires à l'article 49 de l'Instruction générale du 2 mars 1886...*	1947
— — § 2	*Droits de visite des fabriques et dépôts d'eaux minérales.*	1400
— — § 3.	*Question de timbre. — 1° Caisse des écoles ; — 2° Paye-ment d'acomptes que peuvent verser successivement les fermiers de biens communaux ou les débiteurs d'amendes.*	537 811 et 2562
— — § 4	*Remises allouées aux percepteurs pour le recouvrement des droits relatifs aux brevets de capacité............*	1472
— 15 déc.	*Exécution de l'article 2 de la loi du 21 juillet 1887. — Contribuables imposés à tort ou surtaxés. — Publication des rôles et des avertissements. — Cotes indûment imposées...*	2616 2800 et 1204
— 20 déc., § 3.	*Service des amendes. — Faculté pour les percepteurs de se servir des formules de demandes de renseignements au lieu et place des certificats d'indigence. — Tenue d'un carnet de transmission de ces formules...............*	159 et 160
1888		
Circ. compt. publ. 1er mars, § 3.	*Gratuité des eaux thermales d'Aix-les-Bains au profit des employés de l'État dont le traitement est inférieur à 3.600 francs.........*	1403
— 13 mars, § 2.	*Remboursement de fonds placés par les communes et établissements publics. — Visa des mandats de remboursements par les maires...............*	2248
— — § 3.	*Établissements nationaux de bienfaisance. — Payement du prix de pensions à la charge des communes.........*	1475
Circ. min. Fin. 24 mars....	*Demandes de congé des percepteurs. — Modifications des articles 1260 et 1261 de l'Instruction générale.........*	1084 et 1085
Circ. compt. publ. 2 mai.......	*Réduction du taux de l'intérêt alloué en compte courant aux établissements de bienfaisance..................*	2255
Circ. Direction du mouvement gén. des fonds, 12 mai......	*Fonds de subvention à fournir aux receveurs des postes..*	1552
Circ. compt. publ. 15 mai, § 1er.	*Acquéreurs d'immeubles. — Contribution foncière. — Interprétation de l'article 78 de l'Instruction générale du 20 juin 1859.........*	2506
— 15 mai, § 3	*Congés des percepteurs. — Envoi d'un état annuel....*	1091
— 29 mai, § 1er.	*Fournitures des imprimés nécessaires aux percepteurs-receveurs des communes et d'établissements publics. — Modification aux dispositions de l'article 1524 de l'Instruction générale...............*	1675 et 1676
— 16 juin......	*Réduction des droits de timbre sur les passeports.........*	2071
— 12 juill.,§ 5.	*Valeurs du Trésor amortissables par voie de tirage au sort. — Vérification des listes par les comptables.........*	2696
— 20 août, § 2.	*Contributions afférentes aux hôtels occupés par les officiers généraux.. ....*	1308
1889		
Circ. min. Justice, 16 janv.....	*Privilège du Trésor sur les intérêts du prix de vente des immeubles...........*	2516
Circ. compt. publ. 28 fév.,§ 1er.	*Réduction de l'exercice financier...........*	2125
— — § 8.	*Intérêts des indemnités accordées aux propriétaires dépossédés par suite d'expropriation. — Mode de calcul.....*	15

DATE DES CIRCULAIRES.	OBJET DES CIRCULAIRES.	NUMÉROS du répertoire
Circ. compt. publ. 31 juill.....	*Indemnités de résidence payées directement par les communes aux instituteurs et institutrices primaires....*	1719
— 12 sept. § 2.	*Placement au Trésor, en compte courant avec intérêts, des fonds libres appartenant aux caisses des écoles....*	810
Circ. Direc. de la dette inscrite. 27 sept.......	*Remplacement des inscriptions au porteur perdues ou détruites....*	2698
Circ. Caisse des dépôts et consig. 27 déc., § 2.	*Remboursement, dans les départements, des valeurs souscrites en garantie d'emprunts contractés à la Caisse des dépôts et consignations....*	1426
Circ. compt. publ. 30 déc., § 4.	*Service des amendes. — Contrainte par corps. — Exercice dans le quatrième mois de la condamnation définitive.*	353
1891		
Circ. compt. publ. 18 fév., § 4.	*Déclarations à faire dans les mairies, en cas de constructions nouvelles ou de reconstructions, etc....*	1125
— — § 5.	*Taxe sur les cercles, etc. — Modification à l'assiette de l'impôt....*	901 et suiv.
— — § 6.	*Liquidation judiciaire. — Réduction de la patente....*	917
— — § 8.	*Redevances pour la rétribution des délégués mineurs....*	2667
— — § 9.	*Nouveau mode de payement de la contribution foncière des francs-bords de canaux et rivières canalisées....*	1187
— — § 10.	*Cotes irrecouvrables. — Demande en relevé de déchéance et pourvoi, etc....*	1207 et suiv.
Circ. min. Fin. 1er juin.....	*Armée territoriale. — Non disponibles....*	600 et suiv.
Circ. compt. publ. 10 juill. § 3.	*Allocation aux communes des centimes communaux....*	1668
— § 5.	*Armée territoriale. — Non disponibles....*	600 et suiv.
— 6 août.....	*Modifications apportées au décret du 27 juin 1876, article 7, relatif aux revisions de traitement....*	2595 et suiv.
— 8 déc. § 1er.	*Frais de procès et d'actes notariés à la charge des communes et établissements....*	2234, §§ 164 et 168
— § 2.	*Quittances d'excédents de versements sur produits communaux. — Exemption de timbre....*	2234, § 177
— § 3.	*Extraits des casiers judiciaires pour la revision des listes électorales. — Payement des frais aux greffiers....*	1516 et 2234 § 80
— § 8, 2e.	*Service des amendes. — Application de la loi du 26 mars 1891 sur l'atténuation et l'aggravation des peines. — Mention que doivent comprendre les extraits de jugement en cas de suspension de la peine....*	92
— § 8, 5e.	*Service des amendes. — Inscription hypothécaire pour garantie d'une amende suspendue....*	248
1892		
Inst. gén. 30 janv...........	*Réclamations en matière de contributions directes et de taxes y assimilées....*	2646 et suiv.
Circ. compt. publ. 21 mars, § 1er.	*Indemnité de résidence des instituteurs et des institutrices primaires. — Payement aux intéressés....*	1719
— § 7.	*Apposition et oblitération de timbres mobiles. — Rappel des dispositions réglementaires....*	2988
Circ. Caisse des dépôts et consig. 21 mars.....	*Plaques relatives à la Caisse nationale des retraites pour la vieillesse à apposer à l'extérieur des bureaux des comptables....*	810

DATE DES CIRCULAIRES.	OBJET DES CIRCULAIRES.	NUMEROS du répertoire
Circ.Caisse des dépôts et consig. 29 mars.....	*Taxations, commissions, indemnités et allocations attribuées aux préposés de la Caisse nationale des retraites pour la vieillesse......*	815
Circ. compt. publ.30 juill.,§ 1er.	*Payement des primes allouées aux éducateurs de vers à soie et aux filateurs........................*	3093
— — § 2.	*Encouragements à donner à la culture du lin et du chanvre. — Payement des primes allouées aux cultivateurs*	1776
— 20 août, § 1er.	*Libéralités en faveur des communes et établissements charitables. — Avis à donner aux receveurs des finances. — Devoir des receveurs municipaux et hospitaliers......*	1759
— — § 2.	*Chemins vicinaux. — Certificats de payement délivrés par les agents-voyers. — Question de timbre...........*	2234, §153 et n°3053
— — § 5.	*Sursis au recouvrement des amendes. Ne peut être ordonné par les parquets qu'en cas seulement de recours en grâce.*	169 et suiv.
— 1er déc.......	*Publication des rôles et distribution des avertissements.— Avis à donner aux receveurs des finances............*	666 et 2806
1893		
Circ. compt. publ.20 mai, § 1er.	*Bois des communes et établissements publics. — Vente de coupes. — Payement par anticipation................*	1245
— — § 2.	*Timbres mobiles. — Mutilation des vignettes. — Contravention.......................*	2974
— — § 3.	*Droit d'épreuve des appareils à vapeur. — Recouvrement, etc....................*	1383
— — § 7.	*États de cotes indûment imposées et de cotes irrecouvrables sur contributions.— Suppression d'une expédition.*	1200 et 1214
— 21 juill., § 10.	*Adjudications et marchés concernant l'État, les départements, les communes et les établissements publics. — États semestriels de payement....... ....*	1477
— 29 juill., § 1er.	*Taxe sur les vélocipèdes............................*	3076 et suiv.
— — § 2.	*Actes de poursuites en matière de contributions directes et d'amendes.— Diminution des droits d'enregistrement.*	2420
— — § 4.	*Pensions civiles.— Liquidation des services militaires. — Veuves et orphelins........................*	2151
— 26 déc.........	*Comptabilité des fabriques paroissiales. — Concours des percepteurs........................*	1517
1894		
Circ. min. Fin. 31 mars......	*Livret individuel pour les percepteurs...................*	1545
Décret du 14 avril.............	*Percepteurs surnuméraires....................*	2207 et suiv.
Circ. compt. publ. 10 mai, § 5.	*Quittances délivrées par les brigadiers et gardes forestiers domaniaux. — Exemption du droit de timbre...........*	1618
— § 9.	*Affranchissement au tarif des imprimés sous bandes des avis et avertissements pliés en forme de lettres. — Dispositions spéciales à observer............ ....*	673
— 12 mai, § 2.	*Vélocipèdes possédés par les percepteurs ou porteurs de contraintes. — Exemption d'impôt...............*	3081

DATE DES CIRCULAIRES.	OBJET DES CIRCULAIRES.	NUMÉROS du répertoire
Circ. compt. publ. 12 mai, § 3.	*Ordonnances de dégrèvements et non-valeurs sur contributions directes et taxes assimilées. — Délivrance par les directeurs des contributions directes*	2038 et suiv.
— — § 5.	*Frais de séjour. — Malades indigents. — Timbre des mémoires*	3003
Circ. min. Int. 18 mai.....	*Assistance médicale gratuite*	605 et suiv.
Circ. compt. publ. 29 juin, § 1er.	*Produits universitaires. — Nouveaux droits à percevoir en exécution des décrets du 14 février 1894*	1398
— — § 2.	*Retenues pour pensions civiles à exercer sur les émoluments des percepteurs-receveurs municipaux et sur les traitements payés sur les fonds municipaux. — Obligation de s'en charger en recette au moment du prélèvement des allocations.*	2770
Circ. Caisse des dépôts et consig. 10 juill., § 18.	*Certificats de propriété à produire pour la justification des qualités héréditaires*	2234
Circ. compt. publ. 14 août.....	*Associations syndicales*	2877 et suiv.
— 15 sept.....	*États de cotes indûment imposées et de cotes irrecouvrables. — Nouveaux modèles*	1198 et suiv.
1895		
Circ. Caisse des dépôts et consig. 25 mars....	*Caisse de secours et de retraites des ouvriers mineurs. — Intervention des percepteurs après avis du ministre des Travaux publics*	823
Circ. compt. publ. 27 avr., § 1er.	*Usage abusif des timbres mobiles de 25 centimes*	2083
— — § 2.	*Sommations aux tiers-détenteurs et aux propriétaires. — Exemption des droits de timbre et d'enregistrement*	2442
— — § 3.	*Cotes irrecouvrables. — Demande en relevé de déchéance, etc.*	1207
— 31 mai, § 7.	*Réclamations formées par les contribuables. — Avis à donner aux percepteurs par le service des contributions directes*	2625
Circ. min. Fin. 19 juin.....	*Demande de congé*	1086
Circ. Direction gén. des contr. directes. 8 juill.....	*Extraits des cahiers de notes pour les mutations*	1931
Circ. min. Int. 17 août.....	*Assistance médicale gratuite*	605 et suiv.
Circ. compt. publ. 28 août, § 5.	*Caisse d'épargne. — Maximum des versements annuels de chaque déposant*	827
— 29 nov......	*Restes à recouvrer sur les rôles. — Versement par les percepteurs. — Mesures d'exécution y relatives*	2752
— 20 déc., § 1er.	*Extraits des cahiers de notes pour les mutations*	797
— — § 2.	*Nouvelles annotations autorisées sur les premiers avertissements, sommations sans frais et avis officieux adressés par les percepteurs aux contribuables*	672
— — § 4..	*Bordereau de situation sommaire. — Suppression du visa du maire*	745
— — § 5..	*Journal à souche. — Visa par le receveur des finances* ...	1737
— — § 6..	*Révision du traitement des receveurs municipaux. — Fourniture et rédaction des imprimés y relatifs*	2599
— — § 7..	*Procès-verbaux de carence. — Enregistrement*	2377

DATE DES CIRCULAIRES.	OBJET DES CIRCULAIRES.	NUMÉROS du répertoire
Circ. compt. publ., 9 août....,..	*Prélèvement par quart de la retenue du premier douzième de traitement pour le service des pensions civiles......*	2764
— 25 sept., § 2.	*Contributions dues par les compagnies de chemins de fer.*	1189bis
— — § 3.	*Invitation à venir toucher un excédent de versement. — Affranchissement ....*	1496 et 1497
— — § 4.	*Mémoires dressés par les entrepreneurs et fournisseurs des communes et des établissements de bienfaisance. — Timbre. — Oblitération. — Responsabilité des comptables....................*	1841bis et 2998
— — § 7.	*Service des amendes. — Payement spontané, art. 157 de l'Instruction du 5 juillet 1895. — Dispositions complémentaires. — Jugements provisoires prononcés dans le ressort d'une perception autre que celle où le délinquant est domicilié........................*	146 bis
15 déc., § 8.	*Emploi de la griffe « Payé » pour l'oblitération par les comptables directs du Trésor des timbres mobiles qu'ils sont autorisés à opposer sur les pièces de comptabilité..*	1841bis
— § 11.	*Envoi direct aux percepteurs des rôles et des avertissements ....*	2300 et 2805
— § 12.	*Dépôt des rôles et registres ayant trois ans d'existence....*	1362
— § 13.	*Procès-verbal de clôture des livres et de vérification de caisse au 31 décembre.............................*	718 et 954
— § 14.	*Publication des contraintes. — Visa du maire. — Décret du 18 novembre 1897. — Abrogation des articles 27 et 37 du règlement sur les poursuites....................*	2321 et 2322
— 18 déc.........	*Remise sur les cotes foncières de 25 francs et au-dessous.*	1300bis
— 31 déc........	*Droits universitaires attribués aux Universités ....*	1397 et suiv.
1898		
Circ. compt. publ., 8 fév., § 3.	*Loi du 6 décembre 1897. — Réclamations. — Quittance des termes échus. — Attribution de compétence aux Directeurs des contributions directes. — Rectification des erreurs matérielles. — Renseignements à recueillir par les Percepteurs...........................*	2617 2619 et 2804
— — § 5.	*Comptes de gestion des receveurs des communes et des établissements de bienfaisance. — Suppression d'expéditions..........................*	998 et suiv.
8 mars, § 3.	*Livre de détail spécial des recettes et des dépenses de l'octroi.*	1781
— § 4.	*Retenues en vertu d'opposition. — Récépissés. — Timbre.*	2821
— 31 mars, § 2.	*Service des amendes. — Versements effectués au Trésor par les trésoriers des invalides de la marine à titre d'amendes et de frais de justice. — Timbre des quittances délivrées par les percepteurs............................*	837 bis
— — § 3.	*Correspondance des comptables subordonnés avec l'administration centrale........*	1375
— — § 6.	*Modifications de l'article 59 du règlement sur les poursuites. — Contraintes extérieures. — Contribuables résidant hors du département............................*	1132
— — § 7.	*Actes de poursuites en matière de contributions directes et d'amendes. — Enregistrement. — Exigibilité du droit.*	2419 278 et 279

DATE DES CIRCULAIRES.	OBJET DES CIRCULAIRES.	NUMÉROS du répertoire
Circ. compt. publ. 21 juin, § 4.	*Acquisition d'immeubles suivant les règles du droit commun. — Intérêts payés avant le prix principal. — Justifications à fournir*	2234 § 151
— — § 6.	*Prestations de serment. — Changement de résidence des comptables. — Suppression de la formalité de l'enregistrement*	1697
— — § 7.	*Rattachement au budget de l'État des frais de perception des impositions établies au profit des communes et des bourses et chambres de commerce*	1568 1578 et suiv.
— — § 9.	*Émargement des rôles en présence de la partie versante* ..	1416 et 2551
— — § 10.	*Taxe militaire. — Loi du 15 avril 1898, art. 4*	2901 et suiv. 1140bis
— — § 11.	*Franchise postale réciproque accordée aux percepteurs* ..	1606 et divers
— — § 13.	*Carnet d'enregistrement des pièces de dépenses payées pour le compte du trésorier général*	2126
— 15 juill.......	*Cautionnements. — Exécution de l'article 56 de la loi de finances du 13 avril 1898*	883 et suiv.
— 28 juill.......	*Modifications apportées au journal à souche, au livre récapitulatif, au livre des comptes divers, à la situation de caisse et au bordereau de situation sommaire*	1737 et suiv. 1786 et suiv. 745 et 803
— 9 août, § 2.	*Contribution sur les voitures automobiles et taxe sur les vélocipèdes. — Droits d'épreuve, des récipients, des gaz liquéfiés ou comprimés. — Redevances pour frais de surveillance des fabriques de margarine et d'oléo-margarine.*	3101 1385bis 2666bis
— §§ 3 et 4.	*Comptabilité des Fabriques, Conseils presbytéraux, Consistoires et Communautés israélites. — Intervention des percepteurs. — Forme des quittances. — Timbre*	1517bis
— — § 5.	*Communes et établissements publics. — Encaissement des arrérages de rentes. — Payement des contributions*	2714bis et 2641
— 19 nov.. § 5.	*Communes et établissements de bienfaisance. — Remboursement de fonds placés au Trésor*	2247 et 2248
— — § 6.	*Payement par les percepteurs, en cours de tournée, des mandats de dépenses publiques et des mandats communaux.*	3018
— — § 7.	*Tournées des percepteurs dans les communes. — Installation dans les mairies*	3020
— 19 nov., § 8.	*États des cotes irrecouvrables. — Instruction par le contrôleur. — Communication des rôles par le percepteur ou relevé détaillé à fournir*	1245bis
— 24 déc., ...	*Dégrèvement des petites cotes foncières pour l'année 1889.*	1300bis
1899		
Circ. compt. publ. 20 mars, § 1er	*Prélèvements à opérer sur les remises des perceptions hors classe, de 1re et 2e classe. — Réorganisation de perception. — Adjonction et retrait d'un service. — Élévation de classe sur place*	2187
— — § 2.	*Traitement du receveur municipal. — Remise de service.*	2603
— — § 3.	*Dégrèvement des petites cotes foncières. — Clôture des registres, modèle n° 2*	1300ter
— — § 4.	*Service des amendes. — Des effets du sursis accordés à l'un des co-auteurs d'un même délit condamnés à des amendes solidaires*	210bis

DATE DES CIRCULAIRES.	OBJET DES CIRCULAIRES.	NUMÉROS du répertoire
Circ. compt. publ., 20 mars, § 5.	*Service des amendes. — Modification à introduire dans le texte de l'article 195 de l'Instruction du 5 juillet 1895.*	208
— — § 7.	*Service des amendes. — Cumul des journées de contrainte par corps prononcées par plusieurs jugements contre un même individu.*	344 bis
— 24 mars, § 1er.	*Service des amendes. — Contrainte par corps. — Avis au Parquet des payements effectués par les contraignables après la délivrance des réquisitions.*	376 bis
— — § 2.	*Service des amendes. — Suite donnée par le parquet aux réquisitions à fin de contrainte par corps. — Nécessité d'en aviser les receveurs des finances.*	376 ter
— 10 avril, §§ 1er à 12.	*Modifications apportées par la loi du 13 avril 1898 à la taxe sur les vélocipèdes. — Plaques de contrôle, etc.*	3083bis
— 24 avril. § 1er.	*Payement des frais de perception des centimes communaux et des impositions pour les bourses et chambres de commerce.*	1568 1579 et 1581
— — § 2.	*Secours alloués par le ministère de l'Agriculture. — Insaisissabilité.*	2838bis
Circ. dir. du personnel, 3 mai.	*Mobilisation. — Non disponibilité des percepteurs.*	600 et 601
Circ. compt. publ. 8 mai, § 1er.	*Service des amendes. — Prise en charge des transactions forestières consenties après jugements.*	109
— — § 3.	*Service des amendes. — Conversion, en prestations en nature, des condamnations prononcées pour délits de pêche à la requête de l'administration des forêts.*	193 et 196
— — § 4.	*Service des amendes. — Perception des décimes. — Modification des articles 159 et 180 de l'Instruction du 5 juillet 1895.*	176 et 193
— — § 5.	*Service des amendes. — Interprétation des articles 47 et 260 de l'Instruction du 5 juillet 1895. — Nouveau texte de l'article 260.*	281
— — § 6.	*Service des amendes. — Vente de navires saisis à la requête d'un percepteur.*	306
Circ. Caisse des dépôts et consig. 26 mai...	*Opérations de la caisse nationale d'assurances aux risques prévus par la loi du 9 avril 1898 en cas d'accidents ayant entraîné la mort ou une incapacité permanente de travail.*	849
— 8 juin, § 5.	*Exemption de timbre des quittances d'arrérages de rentes viagères et de pensions de retraites.*	848 et 2732
Circ. compt. publ. 15 juill., § 3.	*Assistance médicale gratuite. — Frais d'imprimés.*	636
— — § 4.	*Fonds de subvention à remettre aux receveurs des postes.*	1553
— — § 10.	*Loi du 15 février 1899, sur le secret des actes signifiés par les huissiers. — Dispositions applicables aux exploits des porteurs de contraintes.*	2343bis
— 30 oct., § 1er.	*Désignation des receveurs chargés de la gestion financière d'établissements de bienfaisance.*	780
— — § 2.	*Passeports à l'intérieur. — Reprise des formules par l'administration de l'enregistrement.*	1543
— — § 3.	*Payement des sommes dues aux sociétés ou associations par les communes et établissements publics.*	2107bis
— — § 4.	*Caisses d'épargne. — Interdiction des libéralités. Refus d'encaissement à opposer par les receveurs municipaux et hospitaliers.*	858 bis
— 27 nov., § 2.	*Payement de la solde de la troupe.*	1636bis

DATE DES CIRCULAIRES.	OBJET DES CIRCULAIRES.	NUMÉROS du répertoire
Circ. compt. publ. 26 déc., § 2.	Retenues de traitement par mesure disciplinaire infligées aux percepteurs et receveurs spéciaux. — Modification de l'article 1511 de l'Instruction générale..................	2671
— 27 déc........	Dégrèvement des petites cotes foncières pour l'année 1900.	1300bis
— 30 déc........	Contributions dues par les compagnies de chemins de fer. — Délai de transmission des avertissements............	1189bis
1900		
Circ. compt. publ. 27 janv. § 2.	Modifications apportées au décret du 12 juillet 1893 sur la comptabilité départementale. — Clôture de l'exercice...	1342 et 2125
Circ. compt. publ. 14 fév., § 1er.	Décret du 7 janvier 1899 et règlement du 4 mai 1899 sur l'administration financière et la comptabilité des collèges communaux et des internats municipaux annexés aux collèges et lycée de jeunes filles.................	956, à 958
— — § 2.	Receveurs municipaux chargés de la gestion financière des établissements d'instruction secondaire. — Revision des traitements. — Décret du 25 décembre 1899.......	2595
— — § 3.	Règlement du 9 septembre 1899 sur la comptabilité des économes dans les établissements publics d'assistance........	1367bis et 1406bis
— — § 4.	Loi sur les accidents du travail. — Taxes pour la constitution d'un fonds de garantie. — Recouvrement par les percepteurs................................	6 bis
— 22 fév.......	Loi du 5 août 1899 sur le casier judiciaire et la réhabilitation de droit................................	862bis
9 mars, § 2.	Ventes mobilières faites par les commissaires-priseurs. — Taxe des frais. — Tarif préfectoral.................	2295
— — § 3.	Dégrèvement des petites cotes foncières. — Indemnités accordées aux percepteurs pour les opérations de 1899....	1300bis
— — § 4.	Secours aux familles des réservistes. — Quittances. — Exemption de timbre................................	2836
— — § 5.	Prix d'immeubles appartenant à des femmes mariées.....	2234, § 155
Décret du 13 mars.................	Recrutement des percepteurs surnuméraires. — Candidatures exceptionnelles. — Nomination et avancement des percepteurs....................................	2179 et suiv.
Circ. min. Int. 28 mars......	Legs faits avec réserve d'usufruit — Acceptation............	1753bis
Circ. compt. publ. 4 avril, § 1er.	Payement direct par les percepteurs des arrérages de rentes nominatives. — Instructions complémentaires.......	2685 et suiv.
— 27 avril, §§ 1er à 10.	Participation des percepteurs, à partir du 1er mai 1900, au service des achats et ventes de rentes sur l'État.........	2683bis §§ 1er à 10
— 30 avril, § 1er.	Dégrèvement des droits d'octroi sur les boissons hygiéniques. — Établissement de taxes de remplacement. — Taxes dont l'établissement est toujours subordonné à l'approbation législative................................	1992bis
Circ. compt. publ. 9 juin, §§ 1er à 9...	Plaques de contrôle pour vélocipèdes (Loi du 24 février 1900. — Décret du 11 mai 1900.) — Modifications apportées par la loi du 24 février 1900, aux dispositions concernant les plaques de contrôle pour vélocipèdes.................	3083ter §§ 1er à 9
— 30 juin, § 2.	Versements effectués aux succursales et bureaux auxiliaires de la Banque de France par les percepteurs et les receveurs des administrations financières.............	3098bis

DATE DES CIRCULAIRES.	OBJET DES CIRCULAIRES.	NUMÉROS du répertoire
Circ. compt. publ. 30 juin. § 3. et 4..	*Participation des percepteurs au service des achats et des ventes de rentes sur l'État*............................	2683bis
— — § 6.	*Avis officieux rédigés sur papier de couleur*.............	674bis
— — § 7.	*Envoi en franchise aux maires des avertissements concernant la taxe sur les chiens*............................	2956
— — § 8.	*Caisses d'épargne.—Maximum de faveur de 15.000 francs.*	837
— — § 9.	*Demande de réhabilitation. — Justification du payement des amendes*................................	2670
— 10 sept.,§ 1er.	*Service de la perception. — Création de titres d'université. — Droits d'études et d'examens à percevoir au profit des universités. (Décret du 21 juillet 1897. — Loi du 30 mai 1899)*................................	1398
— — § 2.	*Travaux communaux. — Entreprises exécutées en plusieurs années. — États sommaires à joindre aux comptes du receveur des communes ayant plus de 100.000 fr. de revenus*................................	2234, §157
— — § 3.	*Caisse d'épargne. — Solution de diverses questions relatives au droit de timbre....*	855
— — § 4.	*Clôture des registres au 31 décembre en ce qui concerne les receveurs spéciaux. — Suppression de l'intervention d'un conseiller municipal*.................	954
— — § 5.	*Travaux exécutés d'office dans les cours d'eau non navigables ni flottables. — Remises à allouer aux comptables chargés du recouvrement des taxes*.............	1279
— — § 6.	*Service des amendes.— Établissement du relevé trimestriel des insolvables*................................	370
— 13 nov. § 5.	*Adjudications et marchés concernant l'État, les départements, les communes et les établissements publics. — Observations relatives à l'établissement des états semestriels de payement*................................	1477
— — § 6.	*Payement direct par les percepteurs des arrérages de rentes nominatives. — Carnet d'enregistrement des quittances de rentes*................................	2694bis
— — § 7.	*Avis officieux rédigés sur papier de couleur. — Contrôle du trésorier général*................................	674 bis
— — § 8.	*Contributions directes et amendes. — Timbrage des formules d'actes de poursuites*	2427
— — § 9.	*Successions des personnes décédées dans les établissements hospitaliers. — Indications à porter sur les relevés trimestriels notifiés à l'administration de l'enregistrement.*	1477bis
— — § 10.	*Service des amendes. — Exécution de la loi du 27 juillet 1900 relative à la transformation en une taxe proportionnelle des droits perçus sur les formalités hypothécaires*................................	253
— 14 nov........	*Loi sur les accidents du travail. — Taxes pour la constitution d'un fonds de garantie. — Instructions complémentaires*................................	6 bis
Décret 9 déc.	*Franchise postale entre les fonctionnaires publics*.........	1592
Circ. compt. publ., 10 déc., § 1 à 6...	*Contributions directes et taxes assimilées. — Lieu de payement laissé en principe au choix du contribuable. — Arrêté ministériel du 20 octobre 1900*.................	2651bis §§1 à 6

DATE DES CIRCULAIRES.	OBJET DES CIRCULAIRES.	NUMÉROS du répertoire
Circ. compt. publ. 29 déc. § 2.	*Dégrèvement des petites cotes foncières pour l'année 1901.* — *Conservation des rôles fonciers de 1898 dans les archives des percepteurs......*	1300bis et 1362
— — § 4.	*Intérêt des déficits ou débets.* — *Versements par les comptables............*	1025bis
1901		
Circ. compt. publ. 31 janv. § 3.	*Aliénés placés volontairement dans les asiles départementaux, etc............*	51
— — § 8.	*Inscription des payements sur les livrets de solde des officiers sans troupes, des corps de troupe, etc........*	1635
— — § 10.	*Frais de perception des taxes additionnelles pour fonds de garantie.* — *Mandatement.* — *Modifications à apporter aux décomptes définitifs des frais de perception et des remises ainsi qu'à l'état n° 252...........*	1584bis
— — § 11.	*Création d'avertissements spéciaux pour les marchands forains et autres patentables non sédentaires.........*	1561
Circ. compt. publ. 9 mars, § 2.	*Mandats de secours payés aux indigents.* — *Conditions auxquelles est subordonnée l'exemption du droit de timbre quittance de 10 centimes............*	2836
— — § 3.	*Taxe sur les vélocipèdes.* — *Exemption.* — *Loi du 15 juillet 1900. art. 6............*	3081
— — § 4.	*Dégrèvement des petites cotes foncières.* — *Indemnités accordées aux percepteurs pour les opérations de 1900....*	1300bis
— — § 5	*Service des amendes.* — *Recouvrement des transactions consenties après jugement.* — *Taux de la remise lorsque l'article provient des surséances............*	469
— 11 mars.......	*Emprunts départementaux.* — *Concours éventuel des percepteurs dans les opérations relatives aux émissions, etc..*	1458bis
Circ. min. fin. 5 mars et 20 avril	*Publications faites par des fonctionnaires.* — *Nécessité d'une autorisation.* — *Interdiction de faire de la propagande auprès des subordonnés............*	2544bis
Circ. min. Int. 22 mars.......	*Taxe sur les vélocipèdes.* — *Exemption............*	3081
— 10 mai.........	*Jugement des réclamations en matière de contributions directes............*	2626
Circ. compt. publ. 30 mai, § 3	*Notification du décret du 18 mars 1901 portant règlement sur le service des frais de route............*	1633
— — § 4.	*Payement à des héritiers de décomptes d'arrérages de pensions et de prorata de traitement.* — *Production de l'acte de décès.* — *Cas de dispense............*	2234
— — § 10.	*Emploi facultatif d'enveloppes ouvertes pour la correspondance officielle des comptables dans les départements.*	1592
— — § 11.	*Création de recettes municipales spéciales.* — *Élévation à 60.000 francs du chiffre des revenus ordinaires.........*	2588
— — § 13.	*Désignation des gérants intérimaires de perception.* — *Modification de l'article 1880 de l'Instruction générale..*	1621
— — § 14.	*Remises des percepteurs sur redevances de mines.* — *Arrêté ministériel du 21 mai 1901............*	2665
— 25 sept., § 9.	*Traitement des agents des douanes et des forêts détachés dans les colonies.* — *Timbres quittances à apposer sur les ordres de payements............*	1638

DATE DES CIRCULAIRES.	OBJET DES CIRCULAIRES.	NUMÉROS du répertoire
Circ. compt. publ. 25 sept., §11.	*Payement de secours annuels aux vieillards, aux infirmes et aux incurables.*	2837bis
— — § 13.	*Perception des produits communaux au moyen de tickets. — Écritures.*	1804bis
— — § 15.	*Service des amendes. — Casier judiciaire et réhabilitation de droit. — Fiches individuelles.*	862bis
Arr. min. fin. 21 nov.	*Concours pour l'emploi de percepteur surnuméraire.*	2209 et suiv.
1902		
Circ. compt. publ. 9 janv.. § 1er.	*Dégrèvement des petites cotes foncières pour l'année 1902. — Conservation des rôles de 1899 dans les archives des percepteurs.*	1300bis
— — § 2.	*Publications des rôles. — Loi du 10 juillet 1901 (art. 17). — Modification de l'art. 53 de l'Instruction générale.*	2800
— — § 3.	*Receveurs des finances chargés d'un service de perception de ville. — Partage des indemnités en cas de mutation de comptables.*	2679
— — § 4.	*État de l'actif et du passif à produire par les receveurs des communes et des établissements de bienfaisance. — Visa*	980 et 1481
26 fév., § 1er.	*Remboursement du dernier tiers des cautionnements. — Production d'un certificat de non-opposition du greffe.*	895bis
— — § 5.	*Contribution foncière des francs-bords de canaux et rivières canalisées.*	1187
— — § 6.	*Délai de présentation des cotes irrecouvrables. — Décision ministérielle du 21 février 1902.*	1206
Circ. min. Int. 1er mars	*Dépenses du service vicinal. — Timbre.*	2234, § 126
Circ. compt. publ. 10 mai, § 2.	*Participation des percepteurs au service des achats et ventes des rentes sur l'État. — Constatation dans les écritures de ces comptables, des opérations relatives à la réception et à la remise des titres achetés par leur intermédiaire.*	2683bis et suiv.
— — § 3.	*Taxes communales assimilées aux contributions directes. — Privilège. — Loi du 30 mars 1902, art. 58.*	2529
Circ. min. Int. 31 mai, § 4	*Impositions et emprunts communaux. — Loi du 7 avril 1902.*	1420 et suiv.
Circ. compt. publ. 26 juin, § 5.	*Précautions à prendre en matière de payements d'arrérages de pensions. — Représentations de l'extrait d'inscription.*	2730
— — § 11.	*Notifications aux receveurs municipaux et comptables assimilés des arrêts de la Cour des comptes et des arrêts des conseils de Préfecture. — Décret du 26 septembre 1901.*	1016
— — § 12.	*Transmission et recouvrement des contraintes envoyées de France en Algérie.*	1152
— 28 août.	*Substitution des facteurs des postes et des huissiers aux porteurs de contraintes.*	2450bis
— 12 déc. § 3.	*Retenues pour pensions civiles exercées sur les traitements des professeurs des collèges communaux. — Versements mensuels à effectuer au Trésor.*	2770 et 2775

DATE DES CIRCULAIRES.	OBJET DES CIRCULAIRES.	NUMÉROS du répertoire
Circ. compt. publ. 12 déc., § 6.	*Indemnités de route. — Inscription des payements sur les livrets des corps de troupe, détachements ou établissements militaires.*	1635
— — § 7.	*Expropriation pour cause d'utilité publique. — Acquisitions poursuivies en vertu d'un plan d'alignement approuvé conformément à l'art. 5 de la loi du 13 avril 1900. — Timbre de quittance.*	2097
— — § 8.	*Gardes forestiers domaniaux et communaux. — Traitements payés sur les fonds des cotisations municipales et particulières. — Quittances. — Exigibilité du timbre de 0 fr. 10 centimes.*	1618
1903		
Circ. compt. publ. 27 janv. § 1er	*Impositions et emprunts communaux. — Loi du 7 avril 1902.*	1420 et suiv.
— — § 2.	*Création de commune. — Calcul du traitement du receveur municipal.*	2600bis
— — § 3.	*Timbre. — Quittances. — Subventions de l'État aux communes pour secours aux familles nécessiteuses des réservistes et des soldats de l'armée territoriale. — Subventions allouées aux sociétés de secours mutuels approuvées.*	2836, 2847 et 2866bis
— — § 4.	*Cautionnement des receveurs d'associations syndicales. — Réalisation en rentes sur l'État.*	2878
— — § 6.	*Dégrèvement des petites cotes foncières. — Conservation des rôles fonciers émis depuis 1898.*	1300bis
— — § 7.	*Rôles auxiliaires. — Frais d'impression, de confection et de distribution des rôles et avertissements. — Loi du 30 mars 1902.*	1303
— 25 avril	*Suppression dans la correspondance officielle des préambules et formules protocolaires.*	1196bis
— 19 mai, § 1er	*Réclamations formées par les contribuables. — Loi du 11 décembre 1902. — Avis à donner aux percepteurs par le service des contributions directes.*	2625
— — § 2.	*Remises des percepteurs sur la taxe des biens de mainmorte. — Arrêté ministériel du 18 mai 1903.*	2896
— — § 3.	*Création de recettes spéciales. — Élévation à 60.000 francs du chiffre des revenus ordinaires.*	780
— — § 4.	*Cautionnements des adjudicataires. — Modification de l'art. 1026 de l'Instruction générale.*	863
— — § 5.	*Timbres. — Quittances. — Accidents du travail. — Frais d'hospitalisation de l'ouvrier.*	1652bis
— 6 juin, § 8.	*Amélioration des retraites des anciens ouvriers mineurs. — Délivrance d'extraits de rôles.*	1515
— 31 juill. § 1er	*Enseignement secondaire des jeunes filles. — Diplômes de fin d'étude. — Droits à verser au Trésor. — Loi du 31 mars 1903, art. 43.*	1472bis
— — § 2.	*Bureau de bienfaisance. — Secours en nature distribués aux indigents. — Justifications à produire. — Conditions de l'exemption du droit de timbre.*	1653 et 2234 § 238

DATE DES CIRCULAIRES.	OBJET DES CIRCULAIRES.	NUMÉROS du répertoire
Circ. compt. publ. 31 juill. § 3.	*Transport des condamnés contraints par corps. — Modification de l'art. 374 de l'Instruction du 5 juillet 1895.....*	398
— 19 sept. § 2.	*Ventes de coupes de bois. — Faculté pour les adjudicataires de remplacer les cautions personnelles par un dépôt de valeurs à la Caisse des dépôts et consignations..*	1242bis
— — § 6.	*Quittances données à l'État par les brigadiers et gardes communaux des eaux et forêts. — Exemption du droit de timbre............*	1618
Circ. min. Int. 12 déc. § 2.....	*Intervention des percepteurs dans les opérations relatives aux emprunts départementaux.........*	1458bis
— — § 3.	*Certificat hypothécaire produit à l'appui du paiement du prix d'un immeuble acquis par expropriation. — Indications à y inscrire.............*	2234. § 151
Circ. compt. publ. 24 déc........	*Majorations de pensions et des allocations attribuées aux ouvriers mineurs.........*	2174bis
1904		
Circ. compt. publ. 19 janv.......	*Assistance médicale gratuite. — Bureau d'assistance. — Budgets............*	649
— 26 janv., § 2.	*Loi du 13 juillet 1903, art. 47. — Modification à la procédure relative aux réclamations formées par les contribuables............*	2617
— — § 4.	*Collèges communaux. — Bordereaux de versement établis par l'agent spécial. — Transmission au receveur municipal par la voie hiérarchique............*	956 à 958
— — § 7.	*Service des amendes. — Loi du 27 juillet 1900. — Droits d'inscription hypothécaire. — Modification de l'art. 229 de l'Instruction du 5 juillet 1895............*	247
Circ. compt. publ. 4 fév., §§ 1er à 7.....	*Taxe vicinale. — Établissement des rôles, etc............*	2503bis §§ 1er à 7,
Circ. compt. publ. 10 mars......	*Plaques de contrôle pour vélocipèdes.— Délivrance des plaques au millésime de 1904............*	3083bis
Circ. dir. mouv. gén. des fonds, 7 mars.....	*Emploi des monnaies de nickel dans les payements.......*	1867
Circ. compt. publ. 23 avril § 1er	*Contrôle de l'existence des pensionnaires de l'État. Envoi périodique aux percepteurs de bulletins de renseignements individuels.....*	2166bis
— 25 avril § 1er.	*Déclarations de locations verbales. — Concours des percepteurs. — Rétribution fixée à 0 fr. 05 par déclaration.*	1819
— — § 2.	*Pensions à prix de journées. — Titres de recettes. — Justification et apurement.............*	2234 § 493
— — § 3.	*Prélèvement de remises. — Percepteurs appelés à gérer une recette municipale ou hospitalière.........*	2187
— — § 5.	*Service des amendes. — Amendes de cassation. — Prescription trentenaire.............*	220
— — § 6.	*Payement des gratifications aux agents verbalisateurs... Modification de l'art. 504 de l'instruction du 5 juillet 1895.*	520
Arrêté min. Fin. 4 juin........	*Mode d'allocation aux percepteurs des remises proportionnelles et des frais de perception............*	2673 et suiv.
Circ. compt. publ. 7 juillet......	*Perforation des coupons de rentes sur l'État au moment du payement............*	2693 et suiv.

DATES DES CIRCULAIRES.	OBJET DES CIRCULAIRES.	NUMEROS du répertoire
Décret 26 août........................	Emplois réservés aux sous-officiers......................	2199
Circ. compt. publ. 10 sept. § 1er	Contribuables en réclamations. — Sursis de payement...	2617
— — § 2.	Ordonnances de dégrèvement. — Délivrance d'une quittance par ordonnance...........................	2030
— — § 4.	Service des amendes. — Modification des articles 540 et 547..	556 et 563
— 29 nov. § 2.	Retenues sur les traitements des fonctionnaires des cours secondaires de jeunes filles.	2782bis
— — § 4.	Contribution des patentes. — Responsabilité des propriétaires et des principaux locataires......................	1317
— — § 5.	Demande en délivrance de permis de chasse. — Apposition et oblitération par les percepteurs du timbre de dimension..	2966
Loi 9 décembre...................	Séparation des Églises et de l'État...................	3123

TABLE ANALYTIQUE

DES

PRINCIPALES MATIÈRES CONTENUES DANS L'OUVRAGE

AVIS TRÈS IMPORTANT. — *Les chiffres gras se rapportent exclusivement aux matières conte-nues dans le* Code pratique de la comptabilité des Communes et des Etablissements de bienfaisance ; *l'ensemble concerne le service des Percepteurs-receveurs municipaux.* — V. l'Avertissement placé en tête de l'ouvrage.

Service des Communes

RECETTES ORDINAIRES

1. Centimes additionnels ordinaires.
2. Attributions sur les patentes.
3. Attributions sur la contribution des voitures et chevaux.
4. Attributions sur la taxe des vélocipèdes.
5. Permis de chasse, part revenant à la commune.
6. Attributions sur amendes.
7. Prix de fermes des maisons, usines et biens ruraux, et location des droits de chasse et de pêche.
8. Produits d'établissements d'eaux minérales.
9. Produits de l'usine à gaz.
10. Produits des promenades et des places publiques.
11. Rentes foncières dues par des particuliers.
12. Rentes sur l'État.
13. État des propriétés foncières.
14. Droits d'octroi.
15. Droits de pesage, mesurage et jaugeage.
16. Droits de location des

places, dans les halles, foires, marchés et abattoirs.
17. Droits de stationnement sur la voie publique et sur les ports et rivières.
18. Droits de voirie.
19. Produit de l'enlèvement des boues et immondices.
20. Taxes pour travaux d'art, de salubrité.
21. Concessions d'eau et autres dûment autorisées.
22. Concessions de terrain dans les cimetières.
22 bis. Service des pompes funèbres.
23. Produit des expéditions des actes de l'état civil et des actes administratifs.
24. Coupes ordinaires de bois.
25. Coupes de bois d'affouage.
26. Produits accessoires des bois communaux.
27. Droits perçus dans les écoles préparatoires à l'enseignement des lettres et des sciences et dans les écoles préparatoires de médecine et de pharmacie.
28. Produit du collège communal.
29. Cotisations particulières.

pour le pâturage, le pavage, etc.
30. Recettes pour lesquelles les lois et réglements n'ont pas prescrit un mode spécial de recouvrement.
31. Chemins vicinaux.
32. Chemins ruraux.
33. Taxe municipale sur les chiens.
34. Intérêts de fonds placés au Trésor public.
35. Indemnités pour enrôlements volontaires.
36. Centimes additionnels spéciaux pour impositions communales garantes champêtres, chemins vicinaux, etc.
37. Centimes pour contribuer aux dépenses des syndicats des communes.
38. Centimes additionnels pour le service de l'assistance médicale gratuite.
39. Frais de perception des centimes communaux.
40. Recouvrement des avances pour droits de transmission et pour impôt sur le revenu des obligations communales.
41. Taxes nécessaires, télégraphiques ou téléphoniques, perçues dans les bureaux municipaux.

RECETTES EXTRAORDINAIRES

42. Impositions locales extraordinaires de toute nature.
43. Subvention de l'État ou du département pour divers services.
44. Produit des ventes de meubles et d'immeubles.
45. Indemnités en cas d'incendie.
46. Legs et donations.
47. Produits de l'amortissement des rentes sur particuliers.
48. Coupes extraordinaires de bois.
49. Emprunts.
50. Intérêts de prêts différés au Crédit foncier.
51. Produit de la vente d'inscriptions de rentes sur l'État.
52. Frais d'expertise avancés sur les fonds des communes.
53. Recettes accidentelles et imprévues.

SERVICES HORS BUDGET

54. Fonds de retraites.
55. Recettes d'ordre de l'octroi.
56. Coupe affouagère distribuée en nature.
57. Dépôts de garantie et cautionnements pour

Recettes ou dépenses échelonnées sur plusieurs années. Titres originaux. Copies, etc., 2235, et 2236. — Mentions de références, 2237. — Documents adhérés, 2237 bis.

Remise des rôles aux comptables, 2274. — Recouvrement et poursuites, 2275 et 2276. — Frais de perception, 2277. — Frais de confection des rôles, 2278. — Réclamations, 2279. — Dégrèvement et non-valeurs, 2280 et 2281.

Police. — Dépenses, **2282.**

Pompes funèbres (Service des), **2282 bis.**

Pompiers (Sapeurs-). — V. [n° **2834.**

Portes et fenêtres. — Établissement et répartition de l'impôt, 1177 et suiv. — Recouvrement, 1283 à 1288.

Porteurs de contraintes. — Nomination et fonctions, 2289 à 2301. Salaire et indemnité des porteurs de contraintes. Secours, 2302 à 2304. — Retenues à effectuer pour la Caisse de la vieillesse, 2305.

Poste. — V. Envois de fonds, Franchise.

Poursuites pour le recouvrement des contributions directes et des taxes assimilées — Délais dans lesquels les poursuites peuvent commencer, 2306. — Précautions à prendre par les percepteurs avant d'exer-

Piqueurs. — V. Cantonniers.

Placements au Trésor par les communes et établissements publics. — Règles générales pour l'admission des placements. Fonds qui ne peuvent être versés au Trésor qu'à titre de fonds placés sans intérêts. Emploi des capitaux sans emploi fixe ou prochain en achats de rente 3 % sur l'État. Titres nominatifs et titres au porteur. Obligations des comptables, etc., **2238** à **2246.** — Remboursements sur les fonds placés, **2247** à **2251.** — Tenue des comptes courants par les receveurs des finances, **2252** à **2254.** — Décomptes d'intérêts annuels, **2255** à **2261.** — Recettes des intérêts **2262.** — Compte à ouvrir au Trésor public pour les fonds placés en comptes courants, **2263.** — Contrôle des fonds placés, 2263 bis.

Places aux halles, etc. — V. n°s **1802** et suiv.

Plans et devis. — V. Devis, Travaux.

Poids et mesures (Rétribution pour la vérification des). — Nature et assiette des droits. Assujettis, etc. **2264** à **2272.** — Établissement des rôles, 2273. —

Angoulême. — Imprimerie L. COQUEMARD et Cⁱᵉ, 42, rue Fontaine-du-Lizier

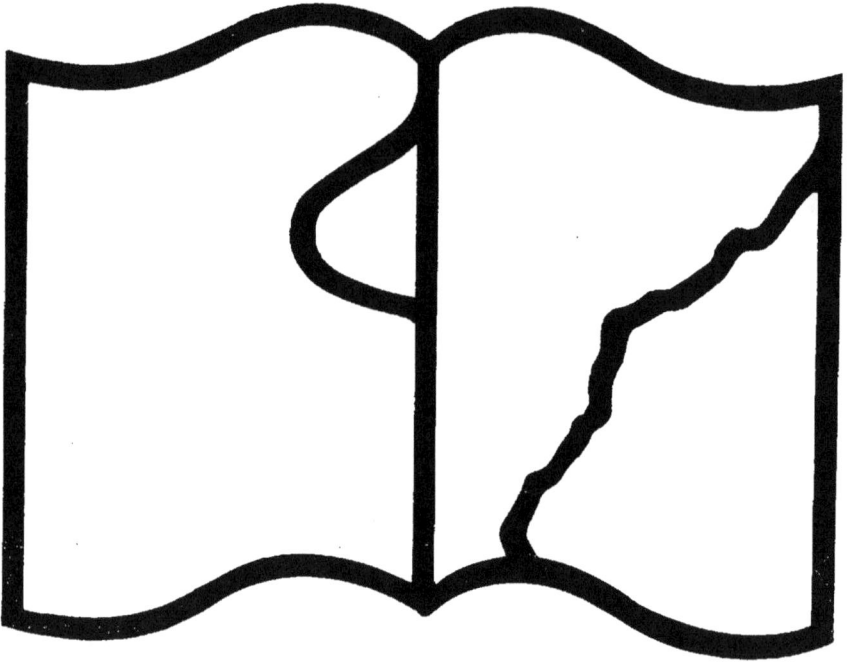

Texte détérioré — reliure défectueuse

NF Z 43-120-11

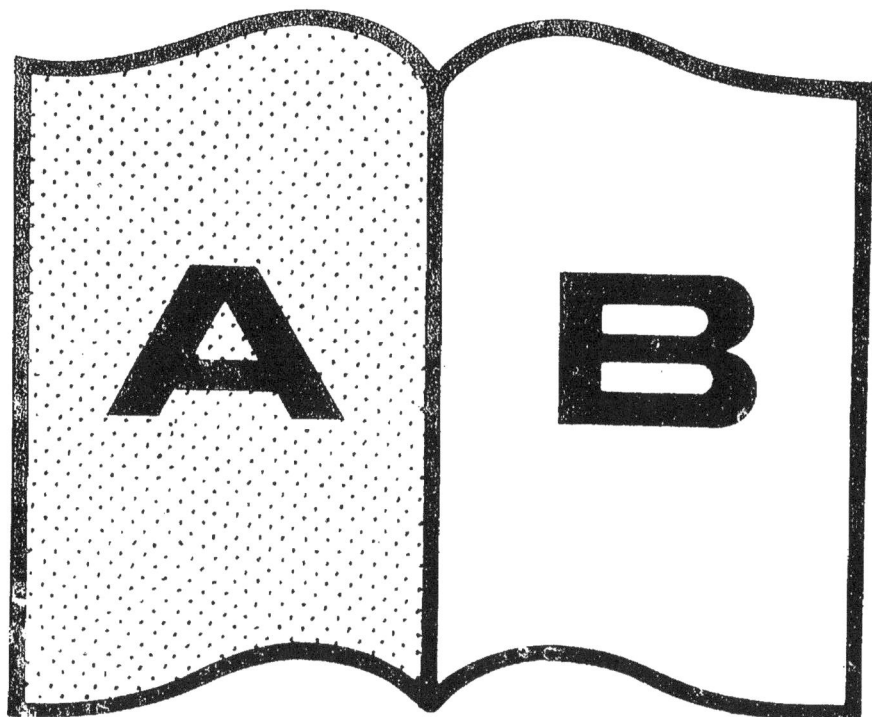

Contraste insuffisant

NF Z 43-120-14

www.ingramcontent.com/pod-product-compliance
Lightning Source LLC
Chambersburg PA
CBHW031444210326
41599CB00016B/2112